समकालीन पाश्चात्य दर्शन
(Contemporary Western Philosophy)

लेखक
बसन्त कुमार लाल
भूतपूर्व प्रोफेसर एवं अध्यक्ष
दर्शनशास्त्र विभाग, मगध विश्वविद्यालय,
बोधगया

मोतीलाल बनारसीदास
दिल्ली, मुम्बई, चेन्नई, कोलकाता,
बंगलूरू, वाराणसी, पटना

अष्टम् पुनर्मुद्रण : दिल्ली, 2016
चतुर्थ संशोधित संस्करण : दिल्ली, 2005
प्रथम संस्करण : 1990

ISBN: 978-81-208-2233-7 (सजिल्द)
ISBN: 978-81-208-2234-4 (अजिल्द)

मोतीलाल बनारसीदास

41 यू.ए. बंग्लो रोड, जवाहर नगर, दिल्ली 110 007
236, नाइंथ मेन, III ब्लॉक, जयनगर, बंगलूरू 560 011
8 महालक्ष्मी चैम्बर, 22, भुलाभाई देसाई रोड, मुम्बई 400 026
203 रायपेट्टा हाई रोड, मैलापुर, चेन्नई 600 004
8 केमेक स्ट्रीट, कोलकाता 700 017
अशोक राजपथ, पटना 800 004
चौक, वाराणसी 221 001

आर.पी. जैन के द्वारा एन ए बी प्रिंटिंग यूनिट,
ए-44, नारायणा, फेज़-1, नई दिल्ली 110 028 में मुद्रित
एवं जे.पी. जैन द्वारा मोतीलाल बनारसीदास
41 यू.ए., बंगलो रोड, जवाहर नगर, दिल्ली-110 007, के लिए प्रकाशित

पुस्तक के सम्बन्ध में कुछ प्रारम्भिक बातें

पुस्तके क्यों लिखी जाती है? आत्म-संतोष? अभिव्यक्ति की आकांक्षा? अपनी पहचान बनाने की इच्छा? नाम, यश, प्रतिष्ठा की अभिलाषा? किसी रिक्तता की चेतना? या फिर अर्थलाभ अथवा अन्य कोई मजबूरी? लेखक निश्चित रूप में कुछ कहते नहीं। शायद यह उनके मन का रहस्य होता है जिसे वे उजागर करना नहीं चाहते। प्रस्तुत पुस्तक जैसी पुस्तकों के लेखक तो प्रेरणा का आधार 'मित्रों एवं छात्रों के आग्रह' को बना देते हैं। किन्तु, यह तो है ही कि मित्रों के असंख्य आग्रहों में हम 'रूप' उन्हीं को देते हें जो अपने 'आत्म-आग्रह' के अनुरूप हो।

मैं जिस आग्रह का उल्लेख कर रहा हूँ वह शायद उन सबों से भिन्न है। वर्षों पहले पटना विश्वविद्यालय में मेरी बेटी मेरी शिष्या भी थी। उसके एम॰ ए॰ वर्ग में मैं इसी विषय को पढ़ाया करता था। उस समय अध्यापन तो अंगरेजी में होता था, किन्तु न जाने क्यों वह बार-बार कहा करती कि मैं **हिन्दी** में इस विषय पर पुस्तक लिख दूँ। बेटी अब नहीं रही, और शायद इसी कारण उसका वह आग्रह सजीव हो गया और सक्रिय भी।

II

पुस्तक में सामान्यतः बीसवीं शताब्दी के कुछ प्रमुख दार्शनिक विचारों का परिचय प्रस्तुत करने का प्रयत्न किया गया है। बीसवीं शताब्दी में भी पुस्तक 1960 से आगे नहीं बढ़ी है। सम्भवतः 1960 के बाद विकसित विचारों के लिए पुस्तक का एक और खण्ड भविष्य में प्रकाशित हो। बीसवीं शताब्दी के पहले के भी कुछ विचारकों का प्रसंगानुसार उल्लेख हुआ है। वह अकारण या अपवाद रूप में नहीं हुआ है, बल्कि अनिवार्य रूप में हुआ है। सोरेन कर्कगार्ड उन्नीसवीं शताब्दी के विचारक हैं। किन्तु, उनके जीवन-काल में उनके विचारों को कोई मान्यता नहीं मिल पायी। बीसवीं शताब्दी के तीसरे तथा चौथे दशक में जब अस्तित्ववाद का प्रभाव बढ़ने लगा, तब उनके विचारों का समुचित स्थापन हुआ। इस दृष्टि से **विचारक** उन्नीसवीं शताब्दी के हैं, किन्तु **विचार** बीसवीं शताब्दी का है। पर्स भी बीसवीं शताब्दी के बहुत पहले के विचारक हैं, फिर भी, उपयोगितावाद के दर्शन के किसी विवरण में उनके विचारों का उल्लेख प्रासंगिक ही नहीं, अनिवार्य है। ब्रैडले की तत्त्व-दर्शन-सम्बन्धी मूल कृति **'Apperarance and Reality'** का प्रकाशन भी बीसवीं शताब्दी के प्रारम्भ के पहले हो चुका था किन्तु उसमें विकसित विचार बीसवीं शताब्दी के प्रथम चरण में ही प्रतिष्ठित हुए।

पाश्चात्य जगत का इस काल में विकसित दार्शनिक चिन्तन बड़ा ही समृद्ध रहा है। उन्नीसवीं शताब्दी में दार्शनिक चिन्तन की जो प्रवृतियाँ जागी थीं, वे सभी बीसवीं शताब्दी के प्रारंभ में परिपक्व रूप में स्थापित हो गयीं। अतः उसी काल से इनके विरूद्ध प्रतिक्रियाएँ भी पनपने लगीं। दार्शनिक प्रतिक्रियाओं की यह विशिष्टता है कि वे पूर्णतया निषेधात्मक नहीं होती; उनकी 'खण्डन-प्रक्रिया' में किसी-न-क़िसी प्रकार की 'मण्डन-प्रवृत्ति' निहित होती ही है। अतः विभिन्न प्रतिक्रियाओं के फलस्वरूप विभिन्न प्रकार के भावात्मक चिन्तन का आविर्भाव हो आया।

उन्नीसवीं शताब्दी का सबसे प्रभावशाली दर्शन हेगेल तथा हेगेल की परम्परा में उत्पन्न हुआ था। इस दर्शन में कल्पित 'निरपेक्ष सत्-विचार' की कल्पना तत्त्व-दर्शन के परिकल्पनात्मक

(Speculative) चिन्तन की सबसे बड़ी उड़ान थी। हेगेल तो पूर्णतया प्रज्ञावादी थे, किन्तु सभी प्रत्ययवादी विचारकों ने अपने 'सत्' की कल्पना को शुद्ध प्रज्ञावादी ढाँचे में नहीं ढाला। फलतः इस प्रकार की प्रत्ययवादी परम्परा में **पाँच** ऐसे विन्दु स्पष्ट हुए जिनके विरूद्ध प्रतिक्रियाएँ स्वभाविक थीं। वे **पाँच** बिन्दु थे—**प्रत्ययवादी प्रवृत्ति, प्रज्ञावाद की अतिशयता, दर्शन तथा तत्त्वमीमांसीय चिन्तन का एकीकरण, परिकल्पनात्मक चिन्तन का बाहुल्य**, तथा इस प्रकार के चिन्तन में निहित **कृत्रिमता**। प्रतिक्रियाएँ कुछ जटिल एवं उलझे रूप में हुयीं। कहीं किसी एक विन्दु के विरूद्ध प्रतिक्रिया हुयी, तो कहीं एक साथ कई विन्दुओं के विरूद्ध। रोचक तथ्य यह है कि यदि इन प्रतिक्रियाओं की दिशा स्पष्ट की जाय, तो इस काल में विकसित सभी 'दर्शनों' का चित्र उभर आता है। उसी का एक संक्षिप्त प्रयास यहाँ किया जा रहा है।

प्रारम्भ में तो हेगेल के 'प्रज्ञावाद की अतिशयता' के विरूद्ध ही प्रतिक्रिया हुयी; ऐसी प्रतिक्रियाएँ हेंगेल की परम्परा के अन्तर्गत भी हुयीं तथा उस परम्परा के बाहर भी। इन लोगों को इस दृष्टि से **प्रतिप्रज्ञावादी** कहा जा सकता है। इंसी के अन्तर्गत निरपेक्ष-सत्- विचार के प्रबल समर्थक ब्रैडले आते हैं, तथा उस परम्परा के बाहर की विचारधाराओं में **उपयोगितावाद** तथा **बर्गसां का प्राणतत्ववाद** प्रतिप्रज्ञावादी है।

बर्गसां तथा उपयोगितावादी विचारक मात्र प्रतिप्रज्ञावादी नहीं, वे तो प्रत्ययवादी चिन्तन के भी विरूद्ध हैं। किन्तु 'प्रत्ययवादी दृष्टि' के विरूद्ध जो स्पष्ट प्रतिक्रिया हुयी, वह प्रत्ययवाद के विरोधी सिद्धान्त **वास्तववाद** की ओर झुक गयी। यूरोप में **'माईनौंग'** तथा **'ब्रैन्टानो'** जैसे विचारकों ने इसकी नींव रखीं, अमेरिका में उपयोगितावाद के साथ-साथ यह भी सँवरने लगा, तथा इंगलैंड में मूर एवं रसेल ने इसे परवान चढ़ाया। **अमेरिकी वास्तववाद** आपसी मतभेद के फलस्वरूप दो शाखाओं में विभाजित हो गया, किन्तु दोनों शाखाएँ मूलतः प्रत्ययवाद एवं वास्तववाद के विवाद से उत्पन्न ज्ञानमीमांसीय विवेचनाओं तक ही सीमित रही।

मूर तथा **रसेल** ने भी ज्ञानमीमांसीय विवेचनाओं को अत्यधिक महत्व दिया, किन्तु उन्हें यह प्रतीत होता रहा कि ज्ञानमीमांसीय विवेचनाएँ सदा अपने से 'परे' की ओर कुछ संकेत देती रहती हैं। अतः उन दोनों ने अपनी ज्ञानमीमांसीय विवेचनाओं को 'जगत' से संबंधित करने का प्रयत्न किया। इसी प्रयत्न में इन लोगों ने 'इन्द्रिय-प्रदत्त' तथा 'भौतिक वस्तु' के संभावित संबंध पर विचार किया। किन्तु, अपने इस विचार में **'मूर'** तथा **'रसेल'** भिन्न-भिन्न दिशाओं में अग्रसर हुए। यहाँ भी दोनों 'प्रत्ययवादी दृष्टि' के विरूद्ध ही अपनी भावात्मक संरचना करते रहे, किन्तु, दोनों दो भिन्न-भिन्न ढंगों से अग्रसर हुए। मूर ने हर 'ज्ञान' तथा 'विचार' का आधार 'सामान्य ज्ञान' को बना दिया, तथा 'वाह्य जगत' एवं 'अन्य मन' आदि समस्याओं की विवेचना भी इसी विचार के अनुरूप की। रसेल की गणितीय एवं वैज्ञानिक शिक्षा ने उन्हें वाध्य किया कि वे 'सामान्य ज्ञान' को भी उसी परिवेश में बिठायें, क्योंकि उन्हें प्रतीत हुआ कि 'सामान्य ज्ञान' भी वैज्ञानिक सत्यों के द्वारा संवारना, निखरता रहता है, 'विज्ञान' जगत के संबंध में जानकारी देता है, अतः रसेल ने अपने ज्ञानमीमांसीय उपकरणों के माध्यम से यह देखना चाहा कि 'जगत' के संबंध में क्या जाना जा सकता है।

'जगत के विषय में क्या जानकारी मिल सकती है?'—यह समस्या केवल रसेल की ही नहीं, उनके सहयोगी **ह्वाइटहेड** की भी समस्या थी। रसेल के समान उन्हें भी गणित एवं भौतिकी की जानकारी उपलब्ध थी, किन्तु, उन्होंने वैज्ञानिक चिन्तन में भी परिकल्पनात्मक चिन्तन की अनिवार्यता देखी। अतः उन्हें प्रतीत हुआ कि 'तत्त्वमीमांसा' एवं पारम्परिक परिकल्पनात्मक चिन्तन' के विरूद्ध

उपयुक्त प्रतिक्रिया तत्त्वमीमांसा का सर्वथा त्याग नहीं, बल्कि ऐसी तत्त्वमीमांसीय व्यवस्था की स्थापना है जो परिकल्पनात्मक चिन्तन को काल्पनिक उड़ान पर नहीं, बल्कि उसके वैज्ञानिक आधार पर संचरित करे। ऐसा ही प्रयास **ह्वाइटहेड** ने किया भी।

मूर तथा **रसेल** ने इससे भिन्न मार्ग अपनाया था। वे दार्शनिक चिन्तन के आधार पर 'भाषा' को आधार बना अपने-अपने ढंग का विश्लेषणात्मक चिन्तन करते रहे। 'भाषा के आधार पर विश्लेषणात्मक चिन्तन' की विधाओं में कुछ विचारकों ने तत्त्वमीमांसीय एवं परिकल्पनात्मक चिन्तन के स्थान पर एक सर्वथा नवीन चिन्तन की संभावना देखी। उन्होंने समझा कि हेगेल तथा हेगेल की परम्परा के विरूद्ध अभी तक जो प्रतिक्रियाएँ हुयी थी, वे सबल मात्र इस कारण नहीं थी, क्योंकि उनमें उस परम्परा के पूर्ण त्याग की स्पष्ट अनुशंसा नहीं थी। अतः उन्होंने समझा कि दार्शनिक चिन्तन के नवीन ढंगों को प्रतिष्ठित करने के लिए तत्त्वमीमांसा का आमूल एवं स्पष्ट निरसन अनिवार्य है। इन लोगों ने यह भी देखा कि 'भाषा पर आधृत विश्लेषणात्मक चिन्तन' में ही इस प्रकार के 'निरसन' का एक सहज माध्यम उपलब्ध है। फलतः **तार्किक भाववादी विचारक** तथा **ट्रैक्टेटस के विटगेन्स्टीन** ने 'भाषा पर आधृत विश्लेषणात्मक चिन्तन' का एक स्वरूप निश्चित किया, तथा उसी आधार पर 'कथनों की अर्थपूर्णता' का एक सिद्धान्त स्थापित करते हुए 'तत्त्वमीमांसीय कथनों' को अर्थपूर्णता की सीमा से बाहर कर दिया।

विटगेन्स्टीन ने अपने 'ट्रैक्टेटस' में केवल इतना ही नहीं किया, वे 'भाषा पर आधृत विश्लेषण' की हर विधा तथा उनमें निहित सूक्ष्मताओं को स्पष्ट करते रहे। उनके विश्लेषण ने यह भी दिखाया कि कैसे अर्थपूर्ण कथन 'तथ्यों के होने' का चित्रण करते हैं, तथा साथ-साथ यह भी स्पष्ट कर दिया कि जहाँ ऐसा चित्रण नहीं होता, वहाँ 'कथन' कथन ही नहीं होते क्योंकि वे वस्तुतः कुछ कहते नहीं हैं।

'ट्रैक्टेटस' तथा 'तार्किक भाववाद' का तात्कालिक प्रभाव कुछ ऐसा रहा कि उस काल में तत्त्वमीमांसीय चिन्तन प्रायः उपेक्षित ही हो गया। अब दार्शनिक चिन्तन की जो समस्याएँ उभरी, वे सामान्यतः 'ट्रैक्टेटस' में ही निरूपित समस्याएँ थीं। इसका परिणाम यह हुआ कि 'दर्शन की प्रतिक्रियात्मक प्रवृत्ति' जिसका ध्यान 'तत्त्वमीमांसा' से हट चुका था, अब इन्हीं समस्याओं' पर अपना ध्यान केन्द्रित कर बैठी।

विटगेन्स्टीन ने स्वयं यही किया। उनहोंने पुनः 'ट्रैक्टेटस' में निरुपित विचारों पर विचार किया तथा उनमें निहित विसंगतियों को समझा। फलतः 'पूर्वकालीन विटगेन्स्टीन' का आलोचक 'उत्तरकालीन विटगेन्स्टीन' बन गया, तथा इसी आलोचना के आधार पर उन्होंने एक सर्वथा नवीन दर्शन का सूत्रपात्र किया। 'ट्रैक्टेटस' के काल से ही उन्हें यह अवगति थी कि दार्शनिक चिन्तन का केन्द्रीय आधार 'भाषा' ही है। किन्तु 'ट्रैक्टेटस' में जिस प्रकार का विश्लेषण निरुपित हुआ, वह एक विशिष्ट, कृत्रिम भाषा का विश्लेषण बन गया। तार्किक भाववादी विचारकों ने इसी प्रकार एक 'आदर्श भाषा' की स्थापना करने की चेष्टा की, क्योंकि वे समझते थे कि जिस कथन का रूपान्तरण उस भाषा में हो सकें वही अर्थपूर्ण हो सकता है। किन्तु, इसके प्रतिक्रिया-स्वरूप उत्तरकालीन 'विटगेन्स्टीन' को लगा कि उस प्रकार का विश्लेषण तो 'विश्लेषण' को बड़ा ही नियमनिष्ठ एवं औपचारिक बना देता है। इस प्रकार के औपचारिक विश्लेषण का क्षेत्र तो अनिवार्यतः बड़ा ही सीमित हो जायगा, क्योंकि 'भाषीय कथनों' की अनन्त संभावनाओं को किसी एक भाषा में रूपान्तरित कर लेना असंभव है। अतः उत्तरकालीन विटगेन्स्टीन ने अब एक सर्वथा नवीन अनौपचारिक विश्लेषण की अनुशंसा की।

विटगेन्स्टीन ने देखा कि इस ढंग से दार्शनिक समस्याओं के साथ सुगमता से जूझा जा सकता

है। उनहोंने दिखाया कि सभी दार्शनिक समस्यायें वस्तुतः 'भाषीय प्रयोगों' के कारण उत्पन्न होती है। अतः उन्होंने **'भाषीय खेल'** का आविष्कार किया। इन खेलों के द्वारा स्पष्ट रूप में दिखाया जा सकता है कि जिन्हें हम 'समस्या' समझते हैं, वे वास्तविक समस्यायें नहीं है, वे तो भाषा के गलत प्रयोगों के कारण समस्या के रूप में प्रकट हो गयी है। अतः भाषीय खेल में 'समस्याओं के समाधान' का अर्थ हैं 'समस्याओं का' लुप्त हो जाना—समाप्त हो जाना।

उत्तरकालीन विटगेन्स्टीन का दार्शनिक चिन्तन पर बड़ा सबल प्रभाव पड़ा। विचारकों को 'परिकल्पनात्मक विधि' के स्थान पर 'भाषा-विश्लेषण' के रूप में दार्शनिक चिन्तन के लिए एक नयी विधि मिल गयी। बाद में विचारकों ने यह भी देखा कि इस विधि से मात्र वही कार्य सम्पन्न नहीं होता जिसका उल्लेख विटगेन्स्टीन ने किया था। इसके प्रयोग से केवल समस्याओं को समाप्त करने का निषेधात्मक कार्य संपन्न नहीं होता, बल्कि यह भावात्मक रूप में भी उपयोगी सिद्ध हुआ। इसके प्रयोग से स्पष्टीकरण होता है, अनेकार्थता दूर होती है, तथा नये-नये प्रश्न उभरते हैं। अतः अब इस विधि का नये-नये क्षेत्रों में, नयी-नयी समस्याओं पर प्रयोग होने लगा, तथा उसी क्रम में यह विधि भी परिष्कृत होती गयी। इस प्रकार **'भाषा-विश्लेषण का दर्शन'** प्रकाश में आया, जिसका एक रूप **राइल** के विचारों में स्पष्ट हुआ तथा जिसका परिपक्क रूप आस्टीन के विचारों में।

इस चिन्तन की एक विशिष्टता यह रही है कि वह तत्त्वमीमांसीय परिकल्पनात्मक चिन्तन से मूलतः भिन्न हो गया। उस चिन्तन में **'सम्पूर्णता'** की व्याख्या होती है, सभी प्रकार की समस्याओं का समाधान एक सम्पूर्ण व्याख्या में उपलब्ध हो जाता है। इसके विपरीत 'भाषा-विश्लेषण' के दर्शन में विश्लेषण की विधि का प्रयोग भिन्न-भिन्न क्षेत्रों में, भिन्न-भिन्न समस्याओं पर, पृथक-पृथक रूप में होता है। अतः इसमें एक प्रकार की **तदर्थता** आ जाती है।

इस प्रकार के दर्शन का प्रभाव सामान्यतः अंगरेजी-भाषी देशों में बड़ा प्रबल रहा है। किन्तु, यूरोप में, विशेषतः जर्मनी, फ्रांस आदि में प्रतिक्रिया का स्वरूप कुछ भिन्न हो गया। इस प्रतिक्रिया की विशिष्टता यह रही कि इस क्षेत्र के विचारक दार्शनिक चिन्तन के पारम्परिक एवं प्रचलित दोनों ढंगों से अंसतुष्ट रहे। इन लोगों ने देखा कि दार्शनिक चिन्तन को सर्वथा नवीन रूप देने के लिए यह आवश्यक हो जाता है कि इसके पारम्परिक एवं प्रचलित ढंगों में निहित विसंगतियों की स्पष्ट समझ हो। अतः इन लोगों ने दार्शनिक चिन्तन के **मूल** में प्रवेश कर उसकी संभावित विसंगतियों तथा उसकी यथार्थता दोनों को समझने का प्रयत्न किया, तथा उसी आधार पर अपनी दार्शनिक संरचना की।

यहाँ भी दो शाखायें फूटी। इन दोनों में कहीं-कहीं कुछ सादृश्यता भी रही, किन्तु सामान्यतः ये दोनों धारायें दो दिशाओं में प्रवाहित हुयीं।

एक नया मार्ग-निर्देश तो एडमण्ड हुसर्रल ने दिया। उन्होंने इस तथ्य को समझा कि हर प्रकार के चिन्तन का मूल, उसका वास्तविक आधार, जिस पर वैचारिक संरचनाएँ होती हैं, वह है 'जो अनुभूत होता है'। चिन्तक को चिन्तन-विषय की जिस ढंग से चेतना होती है, वही वह **मूलाधार** है जिस पर चिन्तन सर्जित होता है। अतः उनकी स्पष्ट अनुशंसा है कि चिन्तन का वास्तविक क्षेत्र **'चेतना'** ही है, तथा चिन्तन का लक्ष्य है 'चेतना में आद्यरूप में प्रदत्त विषय को पकड़ना'। चिन्तन की ऐसी विधि को परिष्कृत करना **'फैनौमेनोलाजी'** के दर्शन का प्राथमिक कार्य बन गया। **हुसर्रल** ने इस प्रकार की एक विधि का प्रतिपादन किया।

यूरोपीय प्रतिक्रिया की दूसरी शाखा **'अस्तित्ववाद'** के दर्शन में प्रकट हुयी। अस्तित्ववादी

विचारकों ने दार्शनिक चिन्तन के पारम्परिक एवं प्रचलित ढंगों के मूल में एक अन्य प्रकार की विसंगति देखी। उन्होंने देखा कि दार्शनिक चिन्तन या तो भावों-विचारों के खेल में उलझा रहा है, या भाषीय सूक्ष्मताओं के विश्लेषण में। इस प्रकार का चिन्तन अस्तित्व की यथार्थताओं से दूर हट जाता है, तथा उनके स्थान पर 'एक कृत्रिम जगत' के खेल में डूब जाता है। दार्शनिक चिन्तन के ढंगों निहित उस **कृत्रिमता** के विरूद्ध **अस्तित्ववाद** एक प्रतिवाद है। वह दार्शनिक चिन्तन को जीवन तथा अस्तित्व की वास्तविकताओं के साथ जोड़ने का प्रयत्न करता है। अतः अस्तित्ववादी चिन्तन का केन्द्र **'मानव-अस्तित्व'** बन जाता है।

IV

जितने प्रकार के दार्शनिक विचारों का उल्लेख ऊपर हुआ है, से सभी वीसवीं शताब्दी में प्रकाश में आये हैं। उन सबों का स्पष्ट प्रभाव भारतीय दर्शन-जगत पर भी है। अतः उनका एक परिचयात्मक विवरण अनिवार्य प्रतीत होता है। हिन्दी में ऐसी पुस्तकों का प्रायः अभाव ही है। इसका एक कारण तो यह है कि इन विचारों में इतनी विविधतायें हैं, तथा इतनी विशद एवं सूक्ष्म व्याख्यायें हैं कि एक पुस्तक में उन सबों के साथ पूर्ण न्याय संभव प्रतीत नहीं होता। दूसरी प्रमुख कठिनाई यह है कि इनमें अधिकतर विचार ऐसे हैं जो विशेष ढंग के—विशेष अर्थों को सूचित करनेवाले भाषीय प्रयोगों पर आधृत हैं। अतः हिन्दी में उनके रुपान्तरण के प्रयास में 'अप्रमाणिकता' का भय लगा रहता है।

प्रस्तुत पुस्तक इन कठिनाइयों की स्पष्ट अनुभूति में इन विचारों के **प्रमाणिक** प्रस्तुतिकरण की दिशा में एक प्रयास है। फिर भी, पुस्तक यह दावा तो नहीं कर सकती है कि यह इस काल में विकसित हर विचार के हर पक्ष पर प्रकाश दे रही है। कुछ विचारक भी छूटें हैं, तथा प्रायः सभी विचारों के कुछ पक्षों का विवरण नहीं हुआ है। इस चयन-कार्य, इस 'काट-छाँट' का पूर्ण दायित्व लेखक पर ही है। लेखक का लक्ष्य है कि विचारों की प्रमाणिकता पर भी आँच न आये तथा उनका सरल एवं स्पष्ट अवबोध संभव हो जाय।

वैसे लेखक को यह अवगति है कि इस प्रकार की पुस्तक अनिवार्यतः 'अपूर्ण' एवं 'अयथेष्ठ' रहती ही है। विचार के इतिहासकारों को इस सीमा के अन्तर्गत ही कार्य करना पड़ता है। ऐसी पुस्तकों की सार्थकता तभी सिद्ध होती है जब वे उस क्षेत्र के प्रति पाठकों को जागरुक कर सकें तथा उनके मन में अभिरूचि उत्पन्न कर सकें। इस काल में विकसित दार्शनिक विचारों की जटिलतायें ऐसी हैं कि इनमें परिलक्षित 'दार्शनिक उलझने' तथा 'विश्लेषण की गुत्थियाँ' सामान्य पाठकों को ही नहीं, बल्कि दर्शनशास्त्र के विद्वानों को भी भयभीत करती है। विचारकों के 'विचार-अभिव्यक्ति के ढंग' भी कहीं-कहीं कुछ इतने अपरिचित प्रतीत होते हैं कि दर्शन के छात्र भी मौलिक रचनाओं में प्रवेश करने में हिचकते हैं। प्रस्तुत पुस्तक जैसी पुस्तकों की सार्थकता इसी में हें कि वे इन बन्धनों को कुछ ढीला कर दें तथा 'प्रारंभिक भय' से मुक्त कर दें। लेखक की सरस्वती-बन्दना यही है कि इस दिशा में पुस्तक सार्थक सिद्ध हो।

'प्रमाणिकता' की माँग की पुष्टि का सामान्य ढंग है कि विवरण के समर्थन में विचारकों की रचनाओं से पंक्तियाँ उधृत होती रहें। यहाँ सामान्य रूप में वैसा नहीं किया गया है, क्योंकि विचारों की उस प्रकार की पुनरावृत्ति से पुस्तक संभवतः आवश्यकता से अधिक मोटी हो जाती। वैसे उसका एक अपवाद भी है। विटगेन्स्टीन के 'ट्रैक्टेटस' में विकसित विचारों के विवरण में 'ट्रैक्टेटस' की पंक्तियों को दुहराया गया है। उसका कारण है कि ट्रैक्टेटस अपने ढंग की अनोखी पुस्तक है। छोटी

सी पुस्तक में केवल सूत्र ही सूत्र हैं। अतः आवश्यक प्रतीत हुआ कि यह निर्देश दे दिया जाय कि कौन सा 'विवरण' किन सूत्रों पर आधृत है।

पुस्तक की भाषा हर स्थल पर 'पुस्तकों' की भाषा जैसी नहीं है। अनेक स्थलों पर 'भाषा-सौन्दर्य' की ओर ध्यान न देकर 'बोल-चाल' की भाषा का प्रयोग हुआ है। भाषा-दर्शन, विश्लेषण आदि के विवरण में तो यह अनिवार्य भी है क्योंकि 'भाषा-विश्लेषण' 'साहित्यिक भाषा' में नहीं किया जा सकता। पुस्तक का लक्ष्य है विचारों का स्पष्टीकरण, उन्हें **समझाना**। अतः इन स्थलों पर लेखक ने अपने को अपने छात्रों के सम्मुख खड़ा कर लिया है।

इसी कारण पुस्तक मूलतः विवरणात्मक है, आलोचनायें, टिप्पणीयाँ, समीक्षायें आदि प्रायः नहीं के बराबर हैं। जिन स्थलों पर कुछ आलोचनायें की गयी है, वहाँ भी वे स्पष्टीकरण-प्रक्रिया के अंग ही हैं, क्योंकि इन आलोचनाओं में बाद के विकसित विचारों के बीज विद्यमान हैं।

इस पुस्तक में एक 'कमी' यह भी है कि यह सर्वाङ्गी नहीं है। पुस्तक इस काल के दार्शनिक विचारों की 'मूलधारा' को ही स्पष्ट करने में लगी रही है, फलतः दार्शनिक विचार की अनेक शाखायें अछूती रह गयी हैं। समकालीन धर्म-दर्शन, नीति-दर्शन, तर्कशास्त्र, समाज एवं राजनीति दर्शन आदि का विवरण पुस्तक में उपलब्ध नहीं है। पुस्तक का लक्ष्य है कि इस काल में विकसित दर्शनों की '**मूल दृष्टि**' से पाठकों को परिचित करा दें।

अन्त में, मैं मोतीलाल बनारसीदास के जैन परिवार को विशेषतः श्री जैनेन्द्र जैन जी (अपने लाली बाबू) को तथा इनकी पटना शाखा के मैनेजर श्री कमला शंकर सिंह जी को धन्यवाद देता हूँ जिन्होंने बड़े धैर्य से इस पुस्तक की प्रतीक्षा की है। मैं अपना आभार उन असंख्य लेखकों के प्रति भी प्रकट करता हूँ, जिनकी रचनाओं के अध्ययन से पुस्तक को बोधगम्य बनाने में सहायता मिली है।

बसन्त कुमार लाल

द्वितीय संस्करण

इस संस्करण में कोई विशेष परिवर्तन नहीं हुआ है, बस केवल 'विश्लेषणात्मक दर्शन' तथा 'अस्तित्ववाद' में कुछ ऐसी बातें जोड़ी गयी हैं। जिनके जुट जाने से 'अवबोध' अधिक सरल प्रतीत होता है। साथ ही अंग्रेजी के शब्दों की अनुक्रमाणिका भी छोड़ दी गयी है।

बसन्त कुमार लाल

तृतीय संस्करण के सम्बन्ध में

पुस्तक के प्रथम संस्करण के बाद ही मित्रों का आग्रह रहा कि पुस्तक में स्ट्रासन के विचारों के लिये स्थान बनाया जाय। हमारे प्रकाशक ने भी इस पर बल दिया। स्ट्रासन तो एक विलक्षण विचारक हैं, वे भी भाषा-दर्शन का उपयोग करते हैं, और आक्सफोर्ड के ही विचारक हैं। फिर भी उन्हें किसी 'छाते' के अन्तर्गत बिठाना उपर्युक्त नहीं प्रतीत होता था। एकाएक हमें ऐसा लगा कि पुस्तक में एक और कमी है। पुस्तक बीसवीं शताब्दी में पनपे दार्शनिक विचारों की सामान्य दृष्टियों की विवेचना है। तार्किक भाववाद के प्रचण्ड आघात के बाद तत्त्वमीमांसीय चिन्तन भी एक नये ढंग में रूप लेकर उभरा। पुस्तक में इसकी चर्चा नहीं थी। तो परिशिष्ट के रूप में हमने इसी की चर्चा कर दी है। इसी के अन्तर्गत स्ट्रासन के 'विवरणात्मक तत्त्वमीमांसा' का भी विवरण प्रस्तुत हुआ है। यह पूरा अध्याय ही नया अध्याय है।

बसन्त कुमार लाल

विषय-सूची
(CONTENT)

अध्याय पृ० सं०

❑

अध्याय 1

एफ० एच० ब्रैडले (१८४६-१९२४)

(F. H. BRADLEY : 1846-1924)

जीवन—फ्रान्सिस हर्वट ब्रैडले का जीवन एक सामान्य अध्ययनशील व्यक्ति के जीवन जैसा ही था। उनका जन्म 1846 में हुआ। उनके पिता चर्च से सम्बन्धित थे, अतः उनकी शिक्षा कुछ वैसे ही ढंग से हुई कॉलेज तथा विश्वविद्यालय की शिक्षा ऑक्सफोर्ड विश्वविद्यालय में ही हुई। उनकी बहाली ऑक्सफोर्ड के मर्टन कॉलेज में हुई, और जीवन भर वे वहीं रहे। अपने जीवन के प्रारम्भिक काल में ही उन्हें किडनी का रोग लग गया, जिसके फलस्वरूप वे प्रायः एकाकी ही रहे। उनकी जो प्रारम्भिक बहाली हुई थी, उसकी एक शर्त यह भी थी कि वे विवाह न करें। ब्रैडले जीवन भर कुँआरे रहे और भ्रमण भी कम करते रहे। वैसे कभी-कभी फ्रांस जाते थे, और कुछ विषयों पर विलियम जेम्स आदि से पत्र व्यवहार भी करते रहे, किन्तु सामान्यतः उनके मित्र भी बहुत नहीं थे। उनकी पुस्तक 'Ethical Studies' जब 1876 में प्रकाशित हुई, तब उनकी प्रसिद्धि बढ़ी, तथा Principles of Logic और Appearance and Reality के प्रकाशन के बाद उनकी ख्याति अत्यधिक बढ़ गयी। 1924 में उन्हें 'आर्डर ऑफ मेरिट' प्रदान किया गया, तथा उसी वर्ष उनका देहान्त हो गया।

भूमिका

यहाँ हमारा उद्देश्य ब्रैडले के विचार के सभी पहलुओं पर प्रकाश देना नहीं है। पाश्चात्य दर्शन के इतिहास में ब्रैडले का स्थान तत्त्वमीमांसीय विचारकों में सर्वोपरि माना जाता है, उनके आदर्शवाद (Idealism) को आदर्शवाद की परिणति के रूप में देखा जाता है। अतः यहाँ हमारा उद्देश्य उनके तत्त्व-मीमांसीय विचार की रूपरेखा खींचने की है। उनका आदर्शवाद तत्त्वमीमांसीय आदर्शवाद (Metaphysical Idealism) का उदाहरण माना जाता है, ज्ञानमीमांसीय प्रत्ययवाद (Epistemological Idealism) का उदाहरण नहीं। इसका कारण मात्र यही है कि उन्होंने परम सत्ता की कल्पना एक **'निरपेक्ष सत्'** के रूप में की, तथा हेगेल के समान विश्व की सभी प्रतीतियों की व्याख्या इसी सत् के द्वारा करने का प्रयत्न किया। अतः ब्रैडले के तत्त्वमीमांसा की रूपरेखा खींचने का अर्थ है, इस **निरपेक्ष सत्** की व्याख्या, तथा यही यहाँ हमारा लक्ष्य भी है। किन्तु, इस निरपेक्ष-सत् के विचार पर ब्रैडले एक सुव्यवस्थित तथा निश्चित ढंग पर पहुँचते हैं। अतः उस ढंग की व्याख्या भी अनिवार्य हो जाती है।

पृष्ठभूमि

सच पूछा जाय तो निरपेक्ष आदर्शवाद को स्पष्ट रूप देने का श्रेय हेगेल को है। उन्होंने ही पहली बार एक ऐसे निरपेक्ष सत् की कल्पना की जो बौद्धिक कोटियों का सुव्यवस्थित तथा संगठित तन्त्र है। उन्होंने बताया कि निरपेक्ष सत् इन भावों अथवा कोटियों की सम्पूर्ण

विभिन्नताओं को अपने अनिवार्य अंश के रूप में समेटे है, फिर भी वह एक इकाई है। विभिन्नता में एकता के रूप में निरपेक्ष सत् में ही सभी भाव समाविष्ट हैं। हेगेल यह भी मानते हैं कि ये भाव पूर्णतया बौद्धिक अथवा वैचारिक हैं। उनका पारस्परिक सम्बन्ध द्वन्दात्मक (Dialectical) है, तथा इन भावों की शृंखला द्वन्दात्मक प्रणाली से व्यवस्थित तथा एक-दूसरे के साथ सम्बन्धित है।

हेगेल के बाद कई विचारकों ने 'निरपेक्ष सत्' के इस भाव को अपने-अपने ढंग से रूप दिया। वे सभी नवहेगेलवादी भी कहे जाते हैं। एक दृष्टि से ब्रैडले भी इस कोटि में आते हैं, क्योंकि उन्होंने भी निरपेक्ष-सत् के भाव को अपनाया तथा उसे अपने ढंग से सजाया। क़िन्तु, एक दूसरी दृष्टि से हिगेल के इस विचार के विरुद्ध प्रतिक्रियायें भी हुई। उन प्रतिक्रियाओं का एक विशेष कारण यह था कि हेगेल ने बौद्धिक कोटियों (rational categories) का एक अम्बार खड़ा कर दिया। बौद्धिकता की इस अतिशयता में लोगों को एकांगिकता की बू आयी। विवेक-शक्ति पर आवश्यकता से अधिक जोर देने के कारण हेगेल के विचारों को एकांगी प्रज्ञावाद (Intellectualism) का उदाहरण माना जाने लगा, तथा इसके विरुद्ध प्रतिक्रियायें हुईं।

इन प्रतिक्रियाओं को सामान्यतः प्रतिप्रज्ञावाद(Anti-intellectualism)के नाम से जाना जाता है। प्रज्ञावाद के विरुद्ध इनकी सामान्य आलोचना यही है कि यह प्रज्ञा अथवा बौद्धिकता को सत् से एकरूप कर देता है। सत् को केवल बौद्धिक मान लेना सत् को सीमित करना है।

वैसे प्रज्ञावाद को दो अर्थों में समझा जाता है, ज्ञानमीमांसीय अर्थ में तथा तत्त्वमीमांसीय अर्थ में, हेगेल का दर्शन दोनों ही अर्थों में प्रज्ञावादी प्रतीत होता है। ज्ञानमीमांसीय प्रज्ञावाद के अनुसार सत्ता के ज्ञान की प्रक्रिया भी बौद्धिक है, तत्त्वमीमांसीय प्रज्ञावाद मानता है कि सत्ता का स्वरूप बौद्धिक है। हेगेल का कहना है कि सत्ता स्वरूपतः बौद्धिक तो है ही, जिस प्रक्रिया से सत्ता का स्वरूप स्पष्ट होता है, वह प्रक्रिया भी बौद्धिक है। इस प्रकार के प्रज्ञावाद के विरुद्ध प्रतिप्रज्ञावादी प्रवृत्तियाँ प्रकाश में आयीं। उपयोगितावादी विचारकों (Pragmatism) ने प्रज्ञावाद का विरोध किया। वे तत्त्वमीमांसीय प्रज्ञावाद के विरोधी हैं, क्योंकि वे स्वीकारते हैं कि सत्ता को प्रज्ञारूप मान लेना अयुक्त है, क्योंकि सत्ता मूलतः गत्यात्मक, परिवर्त्तनशील सत्ता है। उनके अनुसार सत्ता के इस रूप को किसी निश्चयात्मक तत्त्व के रूप में बाँध देना युक्तिसंगत नहीं। वे ज्ञानमीमांसीय प्रज्ञावाद के भी विरोधी हैं, क्योंकि वे स्वीकारते हैं कि मानसिक प्रवृत्तियाँ अनिवार्यतः बौद्धिक नहीं। विवेकशक्ति (Intellect) का विकास जैविक आवश्यकताओं की पूर्ति के लिए होता है, जिससे परिस्थितियों के साथ संयोजन सुगम तथा सरल हो जाय। अतः विवेक सभी ज्ञान का एकमात्र आधार नहीं हो सकता। उनके अनुसार तो विवेक-शक्ति का विकास भी क्रियात्मकता की व्यवहारिक सफलता की माँग के अनुरूप होता है। अतः दोनों ही अर्थों में उपयोगितावाद प्रतिप्रज्ञावादी ही है।

प्रतिप्रज्ञावाद का एक अन्य रूप बर्गसां के दर्शन में दिखाई देता है। वे ज्ञानमीमांसीय दृष्टि से भी प्रज्ञावाद के विरोधी हैं, क्योंकि उनके अनुसार विवेक या बुद्धि के द्वारा सत्ता का ज्ञान नहीं हो सकता, सत्ता का ज्ञन अन्तर्दृष्टि (Intuition) से होता है। विवेक का स्थान निम्न है, वास्तविक ज्ञान का मूल स्रोत अन्तर्दृष्टि है। बर्गसां तत्त्वमीमांसीय दृष्टि से भी प्रतिप्रज्ञावादी है, क्योंकि वे सत्ता को विवेक-रूप (Rational) नहीं मानते, बल्कि प्राणरूप (Vital) मानते हैं।

उसी सन्दर्भ में यह भी कहा जा सकता है कि ब्रैडले के विचारों में भी प्रतिप्रज्ञावाद दिखाई देता है। यह विचारणीय है कि एक दृष्टि से ब्रैडले 'नव-हेगेलवादी' हैं, तो दूसरी दृष्टि से हेगेल के विपरीत प्रतिप्रज्ञावादी हैं। वे नव-हेगेलवादी (New Hagelianism) कहे जाते हैं, क्योंकि वे भी हेगेल के समान निरपेक्ष प्रत्ययवाद की स्थापना करते हैं। फिर भी, वे ज्ञान मीमांसीय तथा तत्त्वमीमांसीय दोनों दृष्टि से प्रतिप्रज्ञावादी भी कहे जा सकते हैं। ज्ञानमीमांसीय दृष्टि से उन्हें प्रतिप्रज्ञावादी इसलिए कहा जाता है, क्योंकि वे यह नहीं मानते कि बुद्धि के द्वारा सत्ता का ज्ञान सम्भव है। हम आगे देखेंगे कि ब्रैडले ने विशद विवेचना के द्वारा यह दिखलाया है कि बौद्धिक कोटियों तथा भावों के द्वारा दिया हुआ चित्र सत्ता का चित्र नहीं हो सकता। वे तत्त्वमीमांसीय दृष्टि से भी प्रतिप्रज्ञावादी कहे जा सकते हैं, क्योंकि उनके अनुसार सत्ता का स्वरूप मात्र बुद्धि-रूप (rational) नहीं हो सकता। उन्हें यह लगता है कि हेगेल का यह विचार सीमित ही नहीं, एकांगी भी है, क्योंकि हमारे मानसिक स्वरूप के अन्तर्गत केवल बुद्धि नहीं, अन्य तत्त्व जैसे संकल्प, भावना आदि भी हैं। इसी कारण वे सत्ता को बौद्धिक नहीं अनुभव-रूप (experience) कहते हैं।

इस प्रकार हम देखते हैं कि हेगेल के समान एक निरपेक्ष सत् को परम् मानते हुए भी ब्रैडले का आध्यात्मवाद (Idealism) हेगेल के आध्यात्मवाद से भिन्न हो जाता है, क्योंकि उस निरपेक्ष सत् का स्वरूप मात्र विवेक-रूप (rational) नहीं रह जाता। इस प्रकार कहा जा सकता है कि ब्रैडले का दार्शनिक विचार हेगेलवाद की परम्परा में रहते हुए भी उसके विरुद्ध एक प्रतिक्रिया है, उनके प्रज्ञावाद के विरुद्ध एक प्रतिवाद है।

आभास और सत् की समस्या

ब्रैडले के तत्त्व-दर्शन को समझने के लिए, उनके द्वारा निरूपित आभास और सत् (Appearance and Reality) की समस्या को स्पष्ट रूप से समझना अनिवार्य है। उनके तत्त्व-दर्शन की मौलिक कृति का नाम ही है *"Appearance and Reality"*। आभास और सत् के मौलिक भेद को स्पष्ट करने के प्रयास में ब्रैडले अपने सत्ता-विचार को स्पष्ट रूप दे देते हैं। इस समस्या को समझाने का ढंग उनका अपना है, और उसी ढंग में सत् का स्वरूप उभरता है। उनके इस ढंग को समझने के लिए आभास और सत् की समस्या को ऐतिहासिक परिप्रेक्ष्य में देखना वांछनीय है, क्योंकि ब्रैडले ने अपनी विवचेना में परोक्ष रूप से इस समस्या के विकास क्रम में उभरे कुछ विचारों का उपयोग किया है।

सच पूछा जाय तो आभास तथा मत् की समस्या पाश्चात्य दर्शन के प्रारम्भिक चरण से ही समस्या बनी रही है, किन्तु समय-समय पर इस समझने का ढंग बदलता रहा है। स्पष्टतः इस समस्या के ऐतिहासिक विकास के क्रम में कुछ ऐसी बातें प्रकाश में आयीं, जिनका प्रभाव ब्रैडले के विचारों पर पड़ा।

वैसे आभास तथा सत् में एक सहज भेद हमारा सहज ज्ञान (Common sense) सदा से करता आया है। साधारण भ्रम के अनुभव में यह भेद स्पष्ट होता है। हम रेल की पटरियों को दूर मिलता हुआ देखते हैं, किन्तु यह भी कहते हैं यह मात्र प्रतीति है, आभास है, सत् नहीं। पानी में पड़े हुए छड़ी के भाग को देखकर हमें लगता है कि छड़ी टेढ़ी है, किन्तु हम यह भी कहते हैं कि ऐसा केवल लगता है, वस्तुतः छड़ी टेढ़ी नहीं, सीधी ही है। सामान्य रस्सी-सर्प-भ्रम के उदाहरण में अन्ततः हम कहते हैं कि सर्प का दिखना आभास था, वास्तविकता सर्प की नहीं रस्सी की थी। तो इन उदाहरणों में आभास तथा सत् के भेद का

आधार इंद्रिय-ज्ञान ही है, जिनमें एक इंद्रिय-ज्ञान को प्रामाणिक मान लिया जाता है तथा दूसरे को अयथार्थ। सहज-ज्ञान इस बात का कोई निश्चित आधार नहीं दे सकता कि किस इन्द्रिय ज्ञान को प्रमाणिक माना जाय, और किसे नहीं, किन्तु यह स्पष्ट है कि इनके अनुसार प्रमाणिक इन्द्रिय ज्ञान से वास्तविकता का बोध होता है, और यह जिस इन्द्रिय-ज्ञान को नकारा जा सकता है वह मात्र आभास ही दे सकता है। अतः सहज ज्ञान में भी आभास और सत् के भेद का एक आधार मिल जाता है, जिस इन्द्रिय-ज्ञान को हम तत्काल दूसरे इन्द्रिय-ज्ञान से नकार दें, वह सत् का ज्ञान नहीं दे सकता, आभास ही प्रस्तुत कर सकता है।

ग्रीक दर्शनों में सत्ता के स्वरूप सम्बन्धी भिन्न-भिन्न सिद्धान्त दिये गये हैं। इन भिन्नताओं के रहते हुए भी ग्रीक दर्शन में सत् और आभास के अन्तर का एक आधार मिल जाता है। **परमेनाइडिज** 'बीइंग' को सत् मानते हैं, उनके अनुसार परिवर्तन मात्र प्रतीति है। इसके विपरीत हिराक्लीटस परिवर्तन हो ही सत् मानते हैं, जड़-अचल तत्त्व सत् नहीं। प्लेटो के अनुसार इन्द्रिय अनुभव से जिस जगत का ज्ञान मिलता है, वह वास्तविक नहीं, आभास मात्र है, सत् भावों (Ideas) में है। इन सभी विभिन्नताओं के पीछे एक सामान्य विचार है। जो हम देखते हैं, इन्द्रियों के द्वारा ग्रहण करते हैं, वह अनिवार्यतः सत् नहीं। सत् की पहचान हमारी बौद्धिकता-विवेक शक्ति (reason) करती है। इन सभी ग्रीक विचारकों की प्रायः मान्यता है कि जब इन्द्रियों पर आश्रित ज्ञान तथा विवेक के द्वारा प्राप्त-ज्ञान को प्रामाणिक मानने का प्रश्न उपस्थित हो तो विवेक को इन्द्रियों की अपेक्षा अधिक प्रमाणिकता मिलती है। जहाँ हमारा विवेक (reason) इन्द्रिय-ज्ञान के विरुद्ध भी हो जाता है, वहाँ भी विवेक ज्ञान को ही प्रमाणिक मानना है। उस दृष्टि से जो दिखाई देता है वह आभास है, जो विवेक के द्वारा स्थापित हो, वह सत् है। इस प्रकार आभास और सत् की समस्या को ग्रीक दर्शन में एक नया आयाम मिलता है, इनका भेद बौद्धिक विवेचन के आधार पर ही स्पष्ट होता है।

आभास और सत् की समस्या बड़े ही स्पष्ट रूप में कांट के दर्शन में प्रगट होती है। कांट ने 'अपने में वस्तु' (thing-in-itself) तथा 'संवृति' अथवा 'दृश्य जगत' (Phenomenon) में भेद किया है। उनका कहना है कि ज्ञान की प्रक्रिया कुछ ऐसी है कि वह सत् को परिवर्तित करके तब जानती है। ज्ञान के आधार कुछ मन के भाव (Categories of understanding) हैं, जिनके माध्यम से ही ज्ञान प्राप्त होता है। तो सत्ता का मौलिक-अपरिवर्तित रूप जाना ही नहीं जा सकता, क्योंकि जानने की प्रक्रिया में ही परिवर्तन हो जाता है। अतः जो ज्ञात होता है वह दृश्य-जगत या संवृत्ति-जगत (Phenomena) है और सत् अज्ञात तथा अज्ञेय रह जाता है। यह दृश्य-जगत् प्रतीति है, आभास है, सत् इससे भिन्न है तथा अज्ञात एवं अज्ञेय है। इस संवृत्ति की प्रतीति और सामान्य भ्रम में भेद है। यह प्रतीति (appearance) प्रतीति होते हुए भी भ्रामक नहीं है। इसकी अनिवार्यता एवं सार्वभौमिकता इसे एक प्रकार की वास्तविकता दे देती है। जैसा कि कांट कहते हैं कि यदि कोई ऐसा स्वप्न है जिसे हर व्यक्ति देखता है और अनिवार्यतः देखता है, तो वह स्वप्न नहीं सत् है। कांट के इस विवेचन से एक महत्त्वपूर्ण तथ्य प्रकाश में आता है। आभास अनिवार्यतः भ्रामक नहीं होता। दृश्य जगत (Phenomena) जिसका हमें ज्ञान होता है वह प्रतीति होते हुए भी भ्रामक नहीं। प्रतीति सत् की ही अभिव्यक्ति है, अतः प्रतीति (appearance) की अवधारणा में उसका भ्रामक होना निहित नहीं।

कांट के बाद आभास और सत् की समस्या पर प्रकाश हेगेल के दर्शन में भी मिलता है। हेगेल ने अपने एक त्रिपदी-सम्बन्ध (Triadic relation) की विवेचना में **'बीइंग'** तथा **'एसेन्स'** में भेद किया है। Being पक्ष (Thesis) है, तथा Essence (Antithesis) विपक्ष है। यहाँ Being एक अभिव्यक्त गुण है जिसका विपक्ष-Essence अथवा सारतत्त्व है। हेगेल के अनुसार इस अर्थ में Being प्रतीति (Appearance) है, क्योंकि यह वह गुण है जो व्यक्त है। अब हेगेल कहते हैं कि विचार अनिवार्यतः Being को इस अर्थ में समझने के लिए इसके विरोधी गुण **सारतत्त्व** (Essence) पर पहुँचता है। किन्तु यह इसीलिए सम्भव है कि वह इन दोनों का समन्वय इनके **सपक्ष** (Synthesis)—Notion (भाव) में कर देता है। आभास और सत् के सम्बन्ध में यहाँ जो तथ्य प्रकाश में आता है, वह यह है कि आभास तथा सारतत्त्व में मौलिक विरोध नहीं, दोनों एक ही समन्वय के दो पहलू हैं।

आभास तथा सत् सम्बन्धी इन सारी दृष्टियों का प्रभाव ब्रैडले के आभास और सत् विचार पर है। उन्होंने इन सारी दृष्टियों को समझा है और उन्हें ध्यान में रखते हुए अपनी समस्या का निरूपण किया है। ग्रीक दर्शनों के प्रभाव में ब्रैडले को एक महत्त्वपूर्ण तथ्य दिखाई देता है कि यह अनिवार्य नहीं कि जो हम देखते हैं वह सत् हो, सत् जो दिखाई देता है उससे सर्वथा भिन्न हो सकता है। ग्रीक दार्शनिकों ने बौद्धिकता के आधार पर सत् के स्वरूप को पकड़ने की चेष्टा की, किन्तु कांट ने कहा कि बौद्धिक कोटियों के द्वारा जो चित्र बनता है, वह आभास का चित्र है, सत् का नहीं। ब्रैडले ने कांट के इस विचार को पकड़ा। उन्होंने कांट के इस मत का भी उपयोग किया कि आभास—आभास होते हुए भी सर्वथा असत् नहीं है।, इस विचार को और प्रशस्त किया हेगेल ने और इस बात पर जोर दिया कि आभास और सत् में निहित कोई विरोध नहीं। ब्रैडले ने इस मत का भी उपयोग किया। इस सबके साथ सहज ज्ञान के द्वारा कही गयी बात भी ब्रैडले ने इस मत का भी उपयोग किया। इन सबके साथ सहज ज्ञान के द्वारा कही गयी बात भी ब्रैडले के लिए बड़ा महत्त्वपूर्ण सिद्ध हुई कि जो नकारा जा सके वह आभास है, सत् नहीं।

अतः इन विवेचनाओं के प्रभाव में ब्रैडले ने आभास और सत् की समस्या में निम्नलिखित तथ्यों को महत्त्व दिया है—(1) ग्रीक दार्शनिकों के समान वे यह स्वीकारते हैं कि जो हम देखते हैं, वह अनिवार्यतः सत् नहीं होता। (2) कांट के समान वे यह मानते हैं कि बौद्धिक कोटियों के द्वारा जो सत्ता का चित्र प्रस्तुत होता है वह सत्ता का चित्र नहीं, आभास है। कांट के ही समान वे यह भी मानते हैं कि आभास के आभास होने का अर्थ भ्रामक होना नहीं है। (3) हेगेल के समान वे यह स्वीकरते हैं कि आभास और सत् में परस्पर विरोध नहीं। (4) सहज-ज्ञान की दृष्टि के अनुरूप वे एक बड़े महत्त्वपूर्ण तथ्य पर जोर देते हैं। जिसे हम नकार सकें, जिसका व्याघात हो सके वह आभास है। इसी आधार पर ब्रैडले यह भी निष्कर्ष निकाल लेते हैं कि जिसे नकारा न जा सके, जिसका व्याघात सम्भव नहीं वह सत् है।

हमें इन सभी तथ्यों की विशद विवेचना करनी है। किन्तु इस विवचेना के लिए हम अब आभास और सत् पर अलग-अलग विचार करेंगे। ब्रैडले ने ऐसा ही किया है। उनकी पुस्तक 'Appearance and Reality' के दो खण्ड हैं, पहला खण्ड आभास का खण्ड है और दूसरा सत् का। आभास और सत् के स्वरूप से सम्बन्धित ऊपर बताये सभी लक्षण इन विवेचनाओं में स्पष्ट होते जायेंगे। आभास की विवेचना के क्रम में ही हमें सत्ता के स्वरूप की विवेचना तक पहुँचने का एक सोपान भी मिल जायगा।

आभास
(Appearance)

जैसा कि हम लोगों ने देखा है ब्रैडले का लक्ष्य सत्ता के स्वरूप को समझना है। किन्तु सत्ता के स्परूप को तत्त्व-चिन्तकों ने अपने-अपने ढंग से समझने का प्रयास किया है। ब्रैडले के प्रयत्न में नवीनता क्या है? ब्रैडले सत्ता के स्वरूप की व्याख्या के पहले यह देखना चाहते हैं कि इस स्वरूप को समझने के जो प्रचलित ढंग हैं, क्या उनसे सत्ता का स्वरूप समझा जा सकता है। ब्रैडले के समय तक दार्शनिकों ने विभिन्न अवधारणाओं, भावों, भाव-कोटियों के द्वारा सत्ता को समझने का प्रयत्न किया है। ब्रैडले उनमें कुछ प्रचलित अवधारणाओं की विवेचना तथा समीक्षा करते हैं और इस निष्कर्ष पर आते हैं कि उनके द्वारा सत्ता का जो चित्र प्रस्तुत होता है वह वस्तुतः सत्ता का चित्र नहीं। वह पूर्णतया भ्रामक भी नहीं, उनमें कुछ तथ्य है, किन्तु वे सत्ता का यथार्थ चित्र नहीं उतार पाते। इसी कारण ब्रैडले कहते हैं कि वे आभास मात्र हैं। आभास को जिस रूप में ब्रैडले समझते हैं, उस रूप में ही उन अवधारणाओं से आभास ही प्राप्त होता है।

उनकी विधि यही है कि ऐसे कुछ प्रचलित भावों की वह आलोचना करते हैं और यह दिखाने को भी चेष्टा करते हैं कि उनमें अनिवार्यतः कुछ विरोधाभास निहित है। अतः उनके द्वारा प्रस्तुत चित्र का निषेध-व्याघात किया जा सकता है, और जिसका निषेध हो सकता है, जो आत्म-व्याघातक हो वह सत्ता का रूप नहीं हो सकता। अधिक से अधिक उन्हें आभास मात्र माना जा सकता है। इस प्रकार के भाव अथवा भाव-कोटियों एवं अवधारणाओं के माध्यम से सोचने के ढंग को वे 'सम्बन्धों के द्वारा विचार' (relational way of thinking) कहते हैं और इस निष्कर्ष पर आते हैं कि इस प्रकार का विचार सत्ता के स्वरूप को स्पष्ट नहीं कर पाता, मात्र आभास देता है। अतः अब हम ब्रैडले के इस निष्कर्ष की स्थापना के ढंग का विवेचन करेंगे। ब्रैडले ने जिस प्रकार कुछ अवधारणाओं तथा भाव-कोटियों की आलोचना की है, उनका उल्लेख करेंगे। मूलतः कुछ प्रमुख अवधारणाओं की आलोचना करते हुए यह दिखलाने का प्रयत्न करेंगे कि कैसे ब्रैडले इस प्रणाली से आभास-सम्बन्धी अपने निष्कर्ष को स्थापना करते हैं।

(क) प्राथमिक गुण और गौण गुण(*Primary Quality and Secondary Quality*)—

बैडले के अनुसार एक ऐसा 'भाव' जिसके द्वारा लॉक आदि विचारकों ने द्रव्य (Matter) के स्वरूप को समझने का प्रयत्न किया है, वह **प्राथमिक गुण** तथा **गौण गुण** के बीच भेद हे। लॉक मानते हैं कि जिन गुणों के द्वारा हम द्रव्य को जानते हैं या द्रव्य का विवरण देते हैं वे दो प्रकार के होते हैं। एक ऐसे गुण हैं जो द्रव्यों के अनिवार्य गुण हैं, जिन्हें द्रव्य से विचार में भी अलग नहीं किया जा सकता। वे उसके प्राथमिक गुण हैं। दूसरे प्रकार के गुण द्रव्य में अनिवार्यतः नहीं रहते, उनका अस्तित्व द्रव्य तथा इन्द्रियों के सम्बन्ध पर आधारित है, उदाहरणतः **विस्तार** द्रव्य का अनिवार्य लक्षण है, इसके बिना द्रव्य की कल्पना नहीं की जा सकती, अतः यह द्रव्य का प्राथमिक गुण है। इसके विपरीत रंग, गन्ध, स्पर्श, स्वाद, आदि गुण द्रव्य में, वस्तु में निहित नहीं होते। जब वस्तु का सम्पर्क किसी इन्द्रिय से होता है, तब उस सम्पर्क के फलस्वरूप वे गुण वस्तु में जुट जाते हैं। यही कारण है कि उन गुणों के सम्बन्ध में कभी-कभी धोखा-भ्रम भी हो सकता है। तो ये सभी गुण द्रव्य के गौण गुण हैं। इस भेद के आधार पर लॉक आदि विचारकों का निष्कर्ष

है कि द्रव्य का मूल स्वरूप उनके प्राथमिक गुणों में है, उनके गौण गुणों में नहीं। गौण गुण द्रव्य के आभास हैं।

अब ब्रैडले कहते हैं कि द्रव्य के स्वरूप को समझने का यह ढंग अयुक्त हैं, क्योंकि प्राथमिक गुण तथा गौण गुण का यह भेद ही दोषपूर्ण है। इस भेद का कोई युक्तिसंगत आधार नहीं। इसे स्पष्ट करने के लिए इस भेद की वे निम्नलिखित आलोचना करते हैं—

(i) ब्रैडले की सबसे पहली आलोचना यह है कि यदि इन दोनों गुणों को द्रव्य के दो प्रकार के पृथक-पृथक गुण के रूप में स्वीकारा जाय, तो प्रश्न उठता है कि इन दोनों गुणों में क्या सम्बन्ध है। गौण गुण भी तो द्रव्य के ही गुण हैं, यदि द्रव्य मूलतः प्राथमिक गुण है तो दोनों के सम्बन्ध का प्रश्न उठ ही जाता है। यदि कहा जाय कि दोनों में कोई सम्बन्ध नहीं, तो गौण गुण का द्रव्य से कोई सम्बन्ध नहीं रह जाता। तब प्रश्न उठता है कि गौण गुण आखिर हैं कहाँ? वे किसके गुण हैं? इसके विपरीत यदि दोनों गुणों में सम्बन्ध स्वीकार लिया जाय, तो दूसरी कठिनाई उपस्थित हो जायगी। तब तो गौण-गुणों के आभास-रूप से प्राथमिक गुण भी अछूता नहीं रह जायगा। अतः दोनों ही अवस्था में ऐसी कठिनाई उपस्थित हो जाती है, जिसका कोई समाधान दिखाई नहीं देता।

(ii) ब्रैडले इस भेद को मानने वाले से पूछते हैं कि इस भेद को स्वीकारने का आधार क्या है। गौण गुणों को गौण इसलिए कहा जाता है कि उनकी उत्पत्ति, उनकी जानकारी तभी होती है जब इन्द्रियों का वस्तु से सम्पर्क होता है। इन्द्रियों के द्वारा जब वस्तु देखी जाती है, तब उसका रंग स्पष्ट होता है। ब्रैडले कहते हैं कि प्राथमिक गुणों का ज्ञान भी तो इसी प्रकार होता है। 'विस्तार' को भी हम उसी प्रकार जानते है जैसे 'रंग' को। बिना इन्द्रिय-वस्तु सम्पर्क के विस्तार को जानने का कोई अन्य माध्यम नहीं। तब, जब दोनों प्रकार के गुणों की अवगति इन्द्रिय-वस्तु पर ही निर्भर है, तो दोनों में आमूल भेद करना युक्तिसंगत नहीं।

(iii) ब्रैडले कहते हैं कि एक दृष्टि से देखा जाय तो जिन्हें हम प्राथमिक गुण कहते हैं वे ही गौण गुणों पर निर्भर करते हैं। उदाहरणतः हम यह सोचें कि 'विस्तार' का ज्ञान हमें कैसे होता है। यह ज्ञान या तो स्पर्श से होता है या आँखों से। दोनों ही अवस्था में विस्तार स्पर्श के गुण या चक्षु के गुण पर निर्भर करते हैं। स्पर्श के गुण पृथक् अथवा चक्षु से प्राप्त गुणों से पृथक् की यथार्थता नहीं रह जाती। उसे पृथक् करके सोचना वास्तविकता से हट जाना है। तो इस दृष्टि से विस्तार ही गौण गुणों पर निर्भर हो जाता है।

(iv) ब्रैडले का कहना है कि वस्तुतः सभी गुण एक जैसे ही हैं, सबों की जानकारी एक ही ढंग से होती है। लॉक जैसे दार्शनिक ने अकारण ही इनमें कुछ को चुन कर अलग कर लिया तथा उसे प्राथमिकता दे दी। यह भेद अकारण है, अतार्किक है।

(v) ब्रैडले यह भी कहते हैं कि किसी भी द्रव्य के गुण उसमें रहते हैं, यदि द्रव्य अपने सभी गुणों का आधार न हो तो वह द्रव्य ही नहीं रह जाता। अब यदि हम यह कहें कि कुछ ही गुण द्रव्य में निहित हैं, यथा अन्य आकस्मिक हैं, तब उन दूसरे प्रकार के गुणों को हम उस द्रव्य का गुण ही क्यों कहें। प्राथमिक गुण तथा गौण गुण के भेद को स्वीकारने वाले विचारक एक ओर तो गौण गुणों को उसी द्रव्य का गुण भी मानते हैं और दूसरी ओर उन्हें आकस्मिक कह देते हैं। यह एक प्रकार का आत्मविरोध हैं; और यही आत्म-विरोध इस भेद का खण्डन है।

इस प्रकार ब्रैडले यह दिखलाते हैं कि इस भेद के आधार पर सत्ता-द्रव्य आदि के स्वरूप—निर्धारण का प्रयत्न निरर्थक है, क्योंकि इस प्रयत्न में ही सत्ता के स्वरूप को खण्डित कर उसके कृत्रिम रूप को प्रस्तुत किया जाता है।

(ख) द्रव्यता तथा विशेषणता (*Substantive and Adjective*)

द्रव्य के स्वरूप पर प्राथमिक तथा गौण गुण के भेद से कहीं अधिक व्यापक विचार द्रव्यता एवं विशेषणता के भेद के आधार पर हुआ है। पाश्चात्य दर्शन ने इस भेद की मान्यता पर ही किसी न किसी रूप में तत्त्वों अथवा द्रव्यों के स्वरूप की कल्पना की है। माना गया है कि द्रव्य तत्त्व हैं जिन्हें कुछ गुण विभूषित करते हैं। गुण विशेषण है, इनसे जो विभूषित होता है, वह विशेष्य द्रव्य हैं। स्वर्ण एक द्रव्य है क्योंकि कुछ विशिष्ट लक्षण है, जिनसे यह विभूषित है। इस भेद पर भौतिकवादी तथा अभौतिकवादी दोनों प्रकार के मतों का प्रतिपादन हुआ है। सामान्यतः विचार का ढंग यही रहा है कि जब भी हम कोई भावात्मक अथवा निषेधात्मक वाक्य की स्थापना करते हैं, तब हम कुछ गुणों का विधेय-रूप में व्यवहार करते हैं। उद्देश्य के साथ या तो उन गुणों को जोड़ते हैं या उद्देश्य से उन गुणों का निषेध करते हैं। जो जोड़ा जाता है अथवा जिसका निषेध होता है, वह गुण है, तथा जिसमें जोड़ा जाता है अथवा जिससे निषेध होता है, वह द्रव्य-रूप है। सोचने का यह ढंग बड़ा व्यापक रहा है तथा ब्रैडले तक के पाश्चात्य दर्शन पर छाया रहा है।

किन्तु ब्रैडले स्पष्टतः कहते हैं कि सोचने के इस ढंग के कारण भी भ्रान्ति उत्पन्न होती हैं। इस प्रकार के भेद पर आधृत जो चित्र उभरता है वह चित्र वास्तविक नहीं हो सकता। ब्रैडले के अनुसार इसका कारण यह है कि यह भेद ही तर्क-संगत नहीं है। अपनी बात को स्पष्ट करने के लिए ब्रैडले इस भेद की कड़ी आलोचना करते हैं। उनकी आलोचना का संक्षिप्त विवरण हम नीचे प्रस्तुत कर रहे हैं।

अपनी आलोचना को स्पष्ट करने के लिए ब्रैडले शक्कर के एक ढेले का उदाहरण लेते हैं। सामान्यतः कहा जाता है कि शक्कर द्रव्य है, मिठास, सफेदी, कड़ापन, चमक आदि उसके गुण हैं—विशेषण है। ब्रैडले की आलोचना है कि इस रूप में वास्तविकता को नहीं समझा जा सकता।

(1) प्रथमतः तो ब्रैडले भी बर्कले के समान ही आपत्ति उठाते हैं और कहते हैं कि इन गुणों के अतिरिक्त इनसे पृथक् शक्कर तो कुछ हो ही नहीं सकता। विचार की दृष्टि से हम यह सोचें कि शक्कर से उसके सारे गुणों को बाहर कर लें और तब देखें कि शक्कर-रूप में क्या शेष बचता है। स्पष्ट है कि यदि मिठास, सफेदी, कड़ापन, आदि गुणों को हम निकाल लें, तो कुछ शेष नहीं बचता। इससे सिद्ध होता है कि गुणों से अलग कोई द्रव्य नहीं है।

(2) ब्रैडले की आलोचना तार्किक रूप ले लेती है। ब्रैडले पूछते हैं कि 'द्रव्यता-शक्कर' का गुणों के साथ क्या सम्बन्ध है। शक्कर मीठा है, सफेद है, कड़ा है, चमकीला है आदि-आदि। अब प्रश्न यह उठता है कि शक्कर के यह सब गुण अलग-अलग है, या यह सब गुण एक साथ हैं। ब्रैडले तार्किक विधि से यह दिखलाते हैं कि इन दोनों विकल्पों को स्वीकारा नहीं जा सकता। हम पहले विकल्प को लें। तब हम कह सकते है कि शक्कर सफेद है। अब यदि शक्कर और सफेद एक हो गये, तो शक्कर को मीठा, कड़ा आदि कैसे कह पायेंगे। इस कठिनाई को हम तार्किक रूप में इस प्रकार व्यक्त कर सकते हैं। यदि शक्कर

और सफेद एक हो गये तो किसी भी वाक्य में शक्कर के स्थान पर सफेद का प्रयोग हो सकता है। तो वाक्य 'शक्कर सफेद है में शक्कर के स्थान पर सफेद को रखने से वाक्य बन जाता है 'सफेद सफेद है'। यह पुनरुक्ति मात्र है। पुनः 'शक्कर मीठा है', 'शक्कर कड़ा है, आदि वाक्यों में भी यदि हम शक्कर के स्थान पर 'सफेद' रख दें, तो वाक्य बन जाता है 'सफेद मीठा है', 'सफेद कड़ा है' आदि। स्पष्टतः ऐसे वाक्य असंगत तथा हास्यास्पद हो जाते हैं। अतः शक्कर को किसी एक गुण के साथ एक रूप में किया जा सकता।

अब मान लें कि शक्कर अपने सभी गुणों की समष्टि है—सम्पूर्णता है। उस अवस्था में पुनः तार्किक कठिनाई उत्पन्न होती है, क्योंकि तब जो वाक्य उभरता है वह इस प्रकार का हो जाता है। 'शक्कर सफेद है या मीठा है या कड़ा है' के स्थान पर वाक्य बनता है ''सफेद + मीठा + कड़ा + चमकलीा + आदि सफेद या मीठा या कड़ा है''। यह वाक्य भी निरर्थक हो जाता है। अतः शक्कर को न किसी एक गुण के साथ, न गुणों की समग्रता के साथ एकरूप किया जा सकता है।

(3) ब्रैडले इस आपत्ति के विरुद्ध एक प्रत्याशित उत्तर की कल्पना करते हैं। वे विचारते हैं कि सम्भवतः कोई कह सकता है कि द्रव्यरूप गुणों की समष्टि नहीं है बल्कि एक नाम है जो निश्चित सम्बन्ध में बँधे हुए कुछ गुणों को दिया जाता है। मिठास, सफेदी आदि जब एक विशेष प्रकार से सम्बन्धित हो जाते हैं, तो वह शक्कर है। 'गुण तथा सम्बन्ध' के द्वारा जो विचार होता है उस पर ब्रैडले ने अलग से आपत्ति दी है। किन्तु, इस स्थल पर भी ब्रैडले बड़े ही महत्त्वपूर्ण तथ्यों पर प्रकाश देते हैं। यहाँ पर गुणों के सम्बन्धित होने की बात की गयी है। यह सम्बन्ध क्या है? सम्बन्ध गुण है या गुण से भिन्न कुछ? यहाँ विधेयकता (Predication) की कठिनाई स्पष्ट हो जाती है। यदि सम्बन्ध गुणों से भिन्न हैं, तो हम शक्कर में कुछ ऐसा जोड़ रहे हैं जो वह नहीं है, और यदि सम्बन्ध भी मिठास, सफेदी जैसा एक गुण है तो हम गुणों के सम्बन्धित होने की बात कह कर शक्कर के सम्बन्ध में कुछ नया नहीं कह रहे हैं।

अपनी इस आपत्ति को सबल बनाने के प्रयत्न में ब्रैडले ने 'सम्बन्धों' के विषय में एक ऐसी युक्ति दे दी है जो काल-क्रम में बाह्य-सम्बन्ध-सिद्धान्त के विरुद्ध एक बड़ा ही सबल तर्क का रूप ले लेती है। ब्रैडले कहते हैं कि ऊपर के तर्क में यह कहा जा सकता है कि 'गुणों' तथा 'सम्बन्धों' की मिलावट की आवश्यकता नहीं है, गुण एक चीज है तथा उनका सम्बन्ध में बँध जाना उनसे अलग एक दूसरी चीज है। इसी अर्थ में जब मिठास, सफेदी, आदि विशेष रूप में सम्बन्धित हो जाते हैं तो वही इनका सम्बन्धित रूप शक्कर है।

ब्रैडले पूछते हैं कि ये गुण आखिर सम्बन्धित कैसे होते हैं? सम्बन्ध गुणों से भिन्न हैं, तो प्रश्न उठता है कि गुण 'क' और 'ख' में सम्बन्ध 'स' कैसे लगता है। इसके लिए 'स' और 'क' में सम्बन्ध होना चाहिए और यह सम्भव होगा। एक दूसरे सम्बन्ध 'स—1' से। अब 'स—1' और 'स' या 'क' के सम्बन्ध के लिए एक तीसरे सम्बन्ध 'स—2' की आवश्यकता होगी। और, इस प्रकार हमारा प्रयास अनवस्था दोष (Fallacy of Infinite Regress) से दूषित हो जाता है।

इस प्रकार ब्रैडले दिखलाते हैं कि हमारा सोचने का ढंग सत् को कोटियों में खण्डित कर देता है और पुनः उन्हें संगठित करने का प्रयत्न करता है। गुण, सम्बन्ध आदि को अलग-अलग कोटियों के रूप में स्वीकार कर उनके द्वारा सत् के स्वरूप को पकड़ने की चेष्टा निरर्थक ही सिद्ध होगी क्योंकि ऐसा संगठन विकृत और कृत्रिम चित्र ही प्रस्तुत कर पायेगा।

(ग) सम्बन्ध और गुण *(Relation and Quality)*

ब्रैडले, सम्बन्ध तथा गुण के के द्वारा जो विचार किया जाता है, उसकी विवेचना अलग से करते हैं। हमने देखा कि द्रव्यता तथा विशेषणता के भेद के खण्डन में यह प्रश्न उठ खड़ा होता है। ब्रैडले, सम्बन्ध और गुण के द्वारा जो चित्र खींचने का प्रयत्न होता है, उसकी आलोचना करते हुए दिखाते हैं कि यह चित्र आत्म-विरोधी है, तर्कसंगत नहीं। यह आत्म-विरोध बस इसी से स्पष्ट हो जाता है कि गुणों के विषय में कोई विचार सम्बन्धों के बिना हो ही नहीं सकता तथा उसी प्रकार सम्बन्ध की कोई अवधारणा बिना गुणों को ध्यान में रखे बन ही नही सकती।

(1) गुण बिना सम्बन्ध के कल्पित नहीं हो सकते। ब्रैडले के अनुसार सत् की अवगति एक अखण्डित अवब्रोध है, गुण, सम्बन्ध, आदि उसी इकाई को विचार के द्वारा खण्डित करने पर उभर पड़ते हैं। अतः जब हम गुण के भाव को पकड़ते हैं, तो स्पष्ट हो जाता है कि ये गुण वे ही पद हैं जो अन्य से सम्बन्धित हैं। उन सम्बन्धों से बाहर अपने में गुण कुछ नहीं है। गुण सम्बन्धों पर निर्भर करते हैं।

(2) सम्बन्ध गुण पर निर्भर करते हैं। सम्बन्ध का अर्थ ही स्पष्ट नहीं हो यदि सम्बन्धवान—जो सम्बन्धित हैं, वह न रहे। सम्बन्ध पदों के बीच होते हैं तथा वे ही पद गुण हैं।

इस प्रकार गुण सम्बन्धों पर निर्भर हैं और सम्बन्ध पदों पर, जो 'गुण' हैं। अतः गुण-सम्बन्ध पर आधृत विचार अनिवार्यतः **चक्रक दोष** से ग्रसित हो जाता है और इस कारण इनके द्वारा खींचा गया वैचारिक चित्र यथार्थ का चित्रण नहीं हो सकता।

ये तो कुछ ऐसी **सामान्य** अवधारणायें हैं जिसके द्वारा सत् के स्वरूप को समझने का प्रयत्न होता है। ब्रैडले प्रायः ठीक ही मानते हैं कि पाश्चात्य दर्शन की परम्परा में किसी न किसी रूप में, किसी न किसी अर्थ में, सत्ता का स्वरूप ऊपर बताये भावों के माध्यम से ही चित्रित होता रहा है। इसी कारण ब्रैडले इन भावों की आलोचना करते हैं और यह दिखलाने का प्रयत्न करते हैं कि ऐसा कोई चित्र सत्ता का चित्र नहीं हो सकता।

ऐसे भावों के अतिरिक्त ब्रैडले ने कुछ ऐसे **विशिष्ट** भावों-अवधारणाओं का भी खण्डन किया है, जिन्हें पाश्चात्य दर्शन में मान्यता मिलती रही है। ऐसे **विशिष्ट** भावों के उदाहरणस्वरूप**दिक्, काल, कारणता, गति तथा परिवर्तन आत्म** आदि के भाव हैं। यहाँ भी ब्रैडले की प्रणाली वैसी ही है, यहाँ भी वे यही दिखाने की चेष्टा करते हैं कि इन भावों के माध्यम से बनाया जो चित्र उभरता है, वह यथार्थ नहीं है, आभास मात्र है। ऐसे सभी भावों की आलोचना का विवरण तो यहाँ देना सम्भव नहीं है, किन्तु उदाहरणस्वरूप हम कुछ भावों को लेकर यह देखेंगे कि ब्रैडले किस प्रकार ऐसे विशिष्ट भावों की भी आलोचना करते हैं।

(क) दिक् तथा काल *(Space and Time)*

ब्रैडले का कहना है कि हमारे प्रायः सभी तत्त्वमिमांसीय विवरणों में स्थान तथा काल की मान्यता मिली है। ऐसे सभी विवरण यह नहीं देख पाते कि स्थान तथा काल की पूर्व-मान्यता पर आधृत होने से ही यथार्थ का यथार्थ रूप विकृत हो जाता है। इसी उद्देश्य से वे इसकी भी आलोचना करते हैं। पहले हम दिक् (Space) के विषय में विचार करेंगे।

ब्रैडले का कहना है कि दिक् की वास्तविकता इसीलिए स्वीकारी जाती है कि दिक् वस्तुओं का सम्बन्ध सूचित करता है। ऊपर-नीचे, दाँये-बायें, आगे-पीछे आदि का सम्बन्ध वास्तविक स्वीकारा जाता है। किन्तु ब्रैडले कहते हैं कि ऐसे विचारों से हमारे व्यवहारिक

कार्य तो अवश्य चल जाते हैं, किन्तु वे सत्ता का चित्र प्रस्तुत नहीं कर सकते। अपनी बात के समर्थन में ब्रैडले का कहना है कि दिक् का विचार वैचारिक विप्रतिषेध (antinomy) प्रस्तुत करते हैं। दिक् के विचार से सम्बन्धित दो विरोधी वाक्य एक साथ तर्कसंगत सिद्ध किये जा सकते हैं। एक जैसे ही तर्कों के आधार पर यह एक साथ सिद्ध किया जा सकता है कि 'दिक् कोई सम्बन्ध नहीं है' और यह भी कि 'दिक् एक प्रकार का सम्बन्ध है।' 'दिक् सम्बन्ध नहीं है',—इसे सिद्ध करने के लिए इतना ही कहना पर्याप्त है कि स्थान को छोटे-छोटे भागों में विभक्त किया जा सकता है। उस दशा ये यह उन भागों का सम्बन्ध नहीं, उनकी समष्टि है। इसके विपरीत 'दिक् सम्बन्ध नहीं है', वाक्य को सिद्ध करने के लिए यह युक्ति दी जा सकती है कि दिक् के जो भी भाग हम लें, उसे हम अपरिमित रूप में विभक्त कर सकते हैं। अतः दिक् इन भागों की समष्टि नहीं, इनके बीच सम्बन्ध है। अतः दिक् के विचार में एक विप्रतिषेघ (antinomy) उत्पन्न हो जाता है, और जैसा कि काण्ट ने दिखाया है, जहाँ वैचारिक विप्रतिषेध उत्पन्न हो, वहाँ सत् का चित्र प्रस्तुत नहीं होता।

काल के सम्बन्ध में भी कुछ इसी प्रकार का तर्क ब्रैडले के द्वारा प्रस्तुत किया गया है। काल के सम्बन्ध में प्रचलित धारणा यही है कि काल प्रस्तुत क्षणों का क्रम है। काल को अनुक्रमण (Succession) कहा गया है। यह अनुक्रमण निमिष-पल-क्षण का अनुक्रमण है। जब यदि इन निमिषों या क्षणों के सम्बन्ध में विचार करते हैं; तो पुनः एक विप्रतिषेध उत्पन्न हो जाता है; या तो ये क्षण सरलतम इकाई हैं, जिनमें कोई अवधि (duration) नहीं है, या उनमें भी अवधि है। ब्रैडले दिखाते हैं कि इन दोनों विकल्पों को समान युक्तियों के आधार पर स्थापित किया जा सकता है। मान ले हमें यह सिद्ध करना है कि हर क्षण में कोई अवधि नहीं है, यह सरलतम इकाई है। किन्तु, तब तो यह क्षण स्वयं काल में नहीं रहेगा। जो स्वयं काल में नहीं है, उसका क्रम काल कैसे होगा। अतः क्षणों में अवधि है। अब उसके विपरीत वाक्य को देखें। हमें सिद्ध करना है कि क्षणों में अवधि नहीं है। इसे भी अस्वीकारने में दूसरे ढंग से आत्मविरोध उत्पन्न हो जाता है। इसे अस्वीकारने का अर्थ है कि क्षणों में अवधि मान लिया जाय। किन्तु, यदि इसे माना गया तो अवधि का विश्लेषण तो अपरिमित (infinite) हो जायेगा, हमें कोई निश्चित क्षण मिल ही नहीं पायेगा, और तब काल क्षणों का अनुक्रमण कैसे होगा। अतः यहाँ भी एक विप्रतिषेध उत्पन्न हो जाता है। इससे भी यही निष्कर्ष निकलता है कि काल की यह अवधारणा व्यावहारिक भले हो, सत् के स्वरूप निर्धारण में सहायक नहीं है।

वैसे काल के भाव के खण्डन में ब्रैडले यह भी कहते हैं कि काल सम्बन्ध-सूचक है जिसके फलस्वरूप यह भी सम्बन्धों में निहित अनवस्था दोष (जिसका उल्लेख ऊपर हुआ है) उससे ग्रसित हो जाता है।

(ख) कारणता (*Causation*)

दार्शनिक चिन्तन के इतिहास में कारणता के भाव को बड़ा महत्त्व दिया गया है। सत् के स्वरूप, जगत की व्याख्या आदि प्रश्नों के तात्त्विक विवेचन में साक्षात् या परोक्ष रूप में कारणता की पूर्वमान्यता काम करती रही है। ब्रैडले का विश्वास है कि कारणता के ढाँचे में ढला हुआ तात्त्विक चित्र सत् का चित्र नहीं हो सकता, यह सम्भव है कि उस ढाँचे से व्यावहारिक समझ सुविधापूर्ण हो जाय। किन्तु, **व्यवहारिकता** को सत् का आधार नहीं बनाया जा सकता। इसी उद्देश्य से ब्रैडले कारणता का भी खण्डन करते हैं। हम उनकी आलोचना का विशद् विवरण तो नहीं दे सकते, उसकी मूल बातों का उल्लेख कर रहे हैं।

जब हम दो इकाइयों में कारण-कार्य सम्बन्ध स्थापित करते हैं, तो हमारा तात्पर्य होता है कि कारण कार्य में परिणत हो जाता है। कारणता का रूप कुछ इस प्रकार प्रगट होता है; 'स' के कारण 'अ' 'ब' में परिवर्तित हो जाता है। उदाहरणतः हम कहते हैं कि कारण अमुक 'अ' के चलते मिट्टी घट में परिवर्तित हो जाता है। इस प्रकार की सामान्य धारणा हमारे प्रायः सभी प्रचलित-व्यवहारिक विचारों का आधार बनी रहती है। किन्तु, ब्रैडले का कहना है कि यदि वास्तविकता की दृष्टि से देखा जाय तो इस सामान्य धारणा का कोई वास्तविक आधार नहीं मिलता, क्योंकि इस धारणा में निहित कुछ ऐसे प्रश्न उठ खड़े होते हैं, जिनका उत्तर नहीं मिल पाता, जैसे पूछा जा सकता है कि (1) 'स' 'अ' में किस प्रकार का, क्या, कैसा अन्तर उत्पन्न करता है? (2) 'स' 'अ' पर कैसे क्रियाशील होता है? (3) 'स' के प्रभाव में 'अ' कैसे परिवर्तित होता है? (4) 'स' को 'अ' से सम्बन्धित करने के लिए एक दूसरे तत्त्व या घटक 'ड' की आवश्यकता होगी और तब 'अनवस्था दोष' से कैसे बचा जा सकता है? कारणता सम्बन्धी कोई विचार इन प्रश्नों का युक्तिसंगत उत्तर नहीं दे सकता। **अतः ब्रैडले का निष्कर्ष होता है कि कारणता की प्रचलित धारणा व्यावहारिक** होते हुए भी सत् का यथार्थ चित्र प्रस्तुत नहीं कर पाता।

(ग) गति और परिवर्तन ***(Motion and Change)***

ब्रैडले गति तथा परिवर्तन की अवधारणा का भी खण्डन करते हैं; क्योंकि वे देखते हैं कि इन अवधारणाओं के माध्यम से भी सत् के स्वरूप को समझने का प्रयास होता है। परिवर्तन की अवधारणा तो एक दृष्टि से बड़ा ही महत्त्वपूर्ण तथा प्राथमिक है। गति भी परिवर्तन का ही एक ढंग है। परिवर्तन में काल की अवधारणा महत्त्वपूर्ण मानी जाती है, और उसके साथ यदि स्थान-परिवर्तन भी होता है तो वह गति है। ब्रैडले ने उपर्युक्त ढंग से ही इसकी भी आलोचना की है। हम यहाँ उनकी आलोचना के 'सार' का ही उल्लेख करेंगे।

ब्रैडले की मूल आलोचना कुछ इस ढंग की है। वे कहते हैं कि मान लें अपरिवर्तित होता है। अब यह 'अ' या तो **काल में है** या **काल में नहीं** है। एक-एक विकल्प को देखें। मान लें कि **अ** काल से बाहर है, काल में नहीं है। हम कहते हैं कि **अ** परिवर्तित हो रहा है; इसका अर्थ हुआ कि **अ** का क्रमशः $अ_1$ $अ_2$ $अ_3$ ......आदि में रूपान्तर हो रहा है। प्रश्न उठता है कि **अ** जो स्वयं काल से बाहर है, वह $अ_1$ $अ_2$ $अ_3$ .....आदि के क्रम से किस प्रकार सम्बन्धित है। यदि यह कहा जाय कि **अ** जो काल से बाहर है और यह क्रम जो काल में है, इसमें किसी प्रकार का सम्बन्ध नहीं तो इसका यह अर्थ होगा कि अ में कोई परिवर्तन नहीं हो रहा और यदि यह कहा जाय कि **अ** में परिवर्तन इसलिए हो रहा है कि **अ** तथा इस क्रम में सम्बन्ध है, तो एक कठिनाई उत्पन्न हो जायगी। वह जो काल से **बाहर** है (अ) उससे जो काल में है ($अ_1$ $अ_2$ आदि का क्रम) कैसे सम्बन्धित हो सकेगा। जो काल में नहीं है; उसका सम्बन्ध जो 'कालिक' है, उससे किसी प्रकार सम्भव नहीं हो सकेगा।

अतः अब दूसरे विकल्प का विश्लेषण करें। मान लें कि अ काल में है। अब प्रश्न यह उठता है कि यदि यह काल में है, तो इसमें—अपने आप में कालिक अवधि (Duration) है या नहीं है? 'है' या 'नहीं है'—दोनों विकल्पों की परीक्षा करें। यदि इसमें कालावधि है, तो इसका अर्थ होगा कि इसमें अन्तभूर्त काल-क्रम है, स्थितियाँ हैं जो क्रमिक रूप में सम्बन्धित हैं। अब **यदि यह** कहें कि 'अ' में परिवर्तन होता है, तो इसका अर्थ होगा कि अ में अन्तर्निहित स्थितियों में परिवर्तन हो रहा है। अर्थात अ के परिवर्तन का अर्थ हो

जाता है, अनेक स्थितियों में परिवर्तन। और, पुनः उन सभी स्थितियों के साथ यही कठिनाई उत्पन्न हो जाती है। इस कठिनाई से बचने के लिए दूसरे विकल्प को भी देखें। मान लें अ में अन्तर्निहित कोई कालावधि (Duration) नहीं है। उस अवस्था में तो अ के परिवर्तन का प्रश्न ही नहीं उठ सकता क्योंकि पहले विकल्प के विश्लेषण में जो कठिनाइयाँ प्रकाश में आयीं, वे पुनः यहाँ भी उपस्थित हो जायेंगी।

अतः ब्रैडले का निष्कर्ष होता है कि परिवर्तन के भाव के आधार पर वास्तविकता को समझने की चेष्टा निरर्थक है, क्योंकि यह भाव सत् का यथार्थ चित्रण नहीं कर सकता, विचार को व्यावहारिक सुविधा अवश्य दे सकता है।

अतः निष्कर्षतः कहा जा सकता है कि ब्रैडले ने आभास और सत् की समस्या को जिस रूप में निरूपित किया है, उसी के अनुरूप उनके आभास-सम्बन्धी निष्कर्ष भी हैं। उनके अनुसार सत् के स्वरूप का आधार बौद्धिक कोटियों के द्वारा स्थापित नहीं किया जा सकता। उपरोक्त विवेचन से स्पष्ट है कि बौद्धिक कोटियाँ आभास ही प्रस्तुत कर सकती हैं, सत् नहीं। किन्तु, आभास इसी कारण है कि सत् उस रूप में दिखाई देता है। वह सत् की प्रतीति है, बौद्धिक कोटियों के ढाँचे में ढली हुई प्रतीति। अतः वह पूर्णतया भ्रामक भी नहीं। जो पूर्णतया अयथार्थ है या भ्रामक है, उसका सत् से सम्बन्ध ऐसा नहीं होता—वह सत् की प्रतीति नहीं होती। अतः आभास, आभास होते हुए भी सत् से सम्बन्धित है। इस सम्बन्ध की विवेचना सत् के स्वरूप की विवेचना के अन्तर्गत होगी। तो आभास का आभास रूप भी तभी स्पष्ट होता है जब सत् की अनुभूति हो। सामान्य व्यावहारिक जीवन आभासों के साथ जी लेता है।

आभास से सत् की ओर ***(Transition from Appearance to Reality)***

अब यह स्पष्ट हो गया कि ब्रैडले के अनुसार आभास का आधार सामान्य व्यावहारिक तथा उपयोगितावादी दृष्टि पर है। सत् के स्परूप को हम अपनी सुविधानुसार खण्डित कर लेते हैं क्योंकि उस पर हमारा व्यवहारिक जीवन आधारित होता है। वस्तुतः—जैसा कि हम देखेंगे—ब्रैडले के अनुसार सत् एक सतत् प्रवाह है। उसके इसी प्रवाह-रूप को पकड़ना सत् का अवबोध है। किन्तु, व्यवहारिक जीवन में हम इस 'प्रवाह' को छोड़ किसी विशेष समय में सत् को पकड़ने की चेष्टा करते हैं। व्यवहारिकता के लिए वह आवश्यक भी प्रतीत होता है। किन्तु व्यवहारिकता की इस दृष्टि को यथार्थ दृष्टि मानना उपयुक्त नहीं। ब्रैडले का कहना है कि यदि व्यवहारिक दृष्टि से प्राप्त इस चित्र को हम वास्तविक समझ लेते हैं, तो यह सत् का अवबोध नहीं, क्योंकि यह सत् के प्रवाह-रूप के स्थान पर सत् के किसी क्षण के प्रदत्त-रूप को चित्रित करने का प्रयत्न है। अनुभूति को व्यवहारिक दृष्टि से विभाजित किया जा सकता है; किन्तु उससे यदि हम यह निष्कर्ष निकालते हैं कि अनुभूति वस्तुतः खण्डित है ही तो यह निष्कर्ष न तर्कसंगत होगा न यथार्थ। अनुभूति का प्रवाह रूप ही सत् का चित्रण है।

तो अनुभूति का खण्डीकरण आभास प्रस्तुत करता है। यही कारण है कि इस प्रकार से प्रस्तुत चित्रों-आभासों का निषेध एवं व्याघात हो सकता है। आभास की चर्चा में दिखाया गया है कि कैसे ब्रैडले इन चित्रों-आभासों का निषेध करते हैं। इसी प्रयत्न में ब्रैडले को सत् की ओर अग्रसर होने का एक आधार मिल जाता है। अनुभव के खण्डित रूप पर सत् के स्वरूप को नहीं समझा जा सकता, किन्तु उस खण्डित रूप की अवगति में सत् के स्वरूप

को समझने का एक आधार मिल जाता है। यह इसी कारण सम्भव होता है क्योंकि, ब्रैडले के अनुसार, हर निषेध अथवा हर व्याघात का एक भावात्मक आधार होता है। इसी भावात्मक आधार के द्वारा ब्रैडले सत् के विचार की ओर अग्रसर होते हैं।

ब्रैडले ने इन निषेधों के इस भावात्मक आधार को दो ढंगों से उभारा है। एक ज्ञान-मीमांसीय ढंग है तथा दूसरा तत्त्वमीमांसीय। ज्ञानमीमांसीय दृष्टि से कहा जा सकता है कि निषेध-प्रक्रिया पूर्णतः निषेधात्मक होता ही नहीं। समीक्षा, आलोचना, निषेध-प्रक्रिया आदि किसी मापदण्ड के अनुसार ही होती है। हर मापदण्ड के विचार में कुछ भावात्मक आधार होता ही है। अब यदि वैचारिक कोटियों के द्वारा चित्रित सत्ता-स्वरूप का इस आधार पर निषेध किया जाता है कि ऐसे सभी चित्र अथवा इन सभी कोटियों का खण्डन किया जा सकता है, तो इसका अर्थ हुआ कि यह विचार मानकर चलता है कि जिसका खण्डन किया जा सकता है, वह सत् नहीं है। इस मापदण्ड का अनिवार्य भावात्मक पहलू यह हो जाता है कि जिसका खण्डन नहीं किया जा सके वह सत् है। अतः निषेध-प्रक्रिया के ज्ञानमीमांसीय विवेचन से सत् के लिए एक भावात्मक मापदण्ड उपलब्ध हो जाता है।

इसी प्रकार के निष्कर्ष पर तत्त्वमीमांसीय विवेचन के आधार पर भी पहुँचा जा सकता है। आभास को आभास क्यों कहा गया है? हमने देखा है कि इसका मूल कारण यही है कि आभास का विचार सम्बन्ध-सूचक कोटियों पर आधृत है। सम्बन्ध-सूचक कोटियाँ सत् को पकड़ने की चेष्टा करती हैं, किन्तु इस प्रयत्न में जो इन्हें उपलब्ध होता है, वह आभास है। अर्थात् आभास **सत् की प्रतीति है**। आभास का आभास रूप इसी कारण स्पष्ट होता है कि वहाँ यह स्पष्ट अनुभूति है कि **वह सत् नहीं है**। इसका अर्थ हुआ कि आभास के आभास रूप को समझने के पीछे भी यह विश्वास है कि सत् है और जो प्राप्त हो रहा है वह सत् नहीं है। जो प्राप्त हो रहा है वह सत् नहीं है, क्योंकि उसका व्याघात हो रहा है, अतः इस विचार के पीछे यह मान्यता है कि सत् वही है जिसका व्याघात सम्भव नहीं।

इस प्रकार आभास-विचार में सत् के विचार का भावात्मक आधार मिल जाता है।

सत् का स्वरूप—निरपेक्ष-सत्-विचार
(Nature of Reality—Absolute)

अब हम ब्रैडले के अनुसार सत् के स्वरूप की विवेचना कर सकते हैं। हम अपनी विवेचना दो प्रारम्भिक टिप्पणियों से प्रारम्भ कर सकते हैं। प्रथम टिप्पणी ब्रैडले के सामान्य 'विश्व-दृष्टि' पर विवरणात्मक टिप्पणी है, तथा दूसरा निरपेक्ष-सत्-सम्बन्धी ब्रैडले के वे सामान्य कथन हैं जिनका उल्लेख उन्होंने अपनी पुस्तक 'आभास एवं सत्' के दूसरे आभास-सम्बन्धी खण्ड के प्रारम्भिक भाग में दिया है।

प्रथमतः तो यह कहा जा सकता है कि ब्रैडले के सामान्य विश्व-दृष्टि को समझने के लिए उस दृष्टि के तीन स्तरों में भेद करना होगा। प्रथम स्तर तात्कालिक-प्रदत्त-अनुभूति का है। इस स्तर की अनुभूति किसी प्रकार के विकार से विकृत नहीं होती, अनुभूति के इस निर्दोष स्तर से सत् की झाँकी मिलती है, क्योंकि सत् इसी क्षण को अपने को प्रकाशित करता है। इस क्षण में किसी प्रकार का भेद नहीं होता, अभी विषय-विषयी का भेद भी नहीं उभरा रहता है। इस स्तर में 'वह है' (The that) तथा 'वह क्या है' (The what) का अन्तर भी स्पष्ट नहीं होता। अनुभूति का यह रूप अविभाज्य इकाई के रूप का है। अतः सत् की 'झाँकी' का यह एक माध्यम बन जाता है। द्वितीय स्तर वैचारिक स्तर का है। यहाँ वैचारिक

कोटियाँ प्रदत्त-अनुभूति को पकड़ने-समझने की चेष्ट करती हैं। अतः इस स्तर में सत् का चित्र इन कोटियों के द्वारा चित्रित होकर उपस्थित होता है। फलतः इस स्तर में जो विचार को उपलब्ध होता है, वह आभास है। आभास के आभास रूप की समझ तथा प्रथम स्तर के अविभाज्य अनुभूति की परख आभास से ऊपर उठने का सोपान बन जाती है, तथा सत् के पूर्णतया अविभाज्य रूप की, अनुभूति के स्तर की अनिवार्यता को स्पष्ट करती है। यह ब्रैडले की विश्व-दृष्टि का तीसरा स्तर है तथा इसी स्तर में उनका निरपेक्ष सत् विचार स्पष्ट होता है। प्रथम स्तर में सत् अविभाज्य इकाई के रूप में उपलब्ध है, किन्तु सत् इन सीमित क्षणों में, किसी एक क्षण के प्रदत्त रूप में सीमित नहीं हो सकता। पुनः आभास भी तो सत् के ही आभास हैं, अतः सत् आभासों को भी अपने में समेटे है, वह भी इस प्रकार कि आभास का आभास रूप—उनका परस्पर विसंगत-रूप—सत् में अपनी विसंगति को खो दे। अतः इन सबों को समेटे हुए सत् एक अविभाज्य इकाई है, तथा वही ब्रैडले का निरपेक्ष सत् है।

इस सामान्य टिप्पणी का औचित्य-समर्थन ब्रैडले के अपने कथनों से होता है। 'सत् के सामान्य रूप' के खण्ड के प्रारम्भ में ही ब्रैडले सत् के स्वरूप के सम्बन्ध में कुछ सामान्य स्थापनायें कर देते हैं। हम उनका उल्लेख करेंगे, क्योंकि उन्हीं के विशदीकरण से ब्रैडले के सत् सम्बन्धी विचार का पूर्ण विवरण उपलब्ध हो जायेगा। ब्रैडले तीन मुख्य स्थापनायें देते हैं—(क) निरपेक्ष सत् आभासों को अपने में अन्तर्विष्ठ करता है। ब्रैडले का कहना है कि सभी आभास निरपेक्ष सत् में संगत रूप में रहते हैं, उनका आभास-रूप सत् में अपनी विसंगति खो देता है। (ख) ब्रैडले के अनुसार निरपेक्ष-सत् एक व्यवस्थित इकाई है, जिसके अंगभूत मूलतत्त्व सजीव अनुभूतियाँ हैं। (ग) ब्रैडले के अनुसार इस निरपेक्ष सत्ता में पूर्ण सामंजस्य है, वह भी इस प्रकार कि वह केवल सैद्धान्तिक सामंजस्य नहीं, बल्कि उसमें व्यावहारिक अपूर्णतायें, कमियाँ, दोष, कष्ट, अशुभ आदि भी पूर्णतया व्यवस्थित रूप में है। वह जो **सर्वोच्च सत्ता है, सर्वोच्च मूल्य** भी है। इन्हीं तीन मूलोक्तियों को ध्यान में रखते हुए, हम ब्रैउले के निरपेक्ष सत् विचार की विवेचना करेंगे, तथा उसी विवेचना में सत् के स्वरूप का स्पष्टीकरण भी हो जायेगा।

हम इस विवेचना को अपने ढंग से व्यवस्थित करने का प्रयास करेंगे। कहा जा सकता है कि ब्रैडले के निरपेक्ष सत्-स्वरूप के विवरण में निम्नलिखित बिन्दुओं को प्रकाश में लाना अनिवार्य है—

(1) प्रथमतः, जैसा कहा जा चुका है, इस बात पर जोर देना ही है कि सत् वही है जिसका व्याघात सम्भव नहीं है।

(2) जिसका व्याघात होता है, उसमें व्याघात के तत्त्व-निहित होते हैं। आभास के स्वरूप में विसंगतियाँ हैं जिसके फलस्वरूप उनका व्याघात हो पाता है। अतः सत् में अन्तर्निहित कोई विसंगति नहीं हो सकती। सत् पूर्णतया आत्म-संगत है।

(3) यहाँ एक प्रश्न उठा खड़ा होता है। आभास भी तो सत् का ही आभास है। तो सत् तथा आभास में क्या सम्बन्ध है? ब्रैडले स्पष्ट कहते हैं कि आभास सत् में ही है, सत् ही आभास के रूप में दिखाई देता है। आभासों का आधार होते हुए भी वह आत्म-संगत है।

(4) इस स्थल पर विचारणीय प्रश्न उठ खड़ा होता है, जिसकी विवेचना ब्रैडले के विचारों के अवबोध के लिए अनिवार्य है। विभिन्न आभास एक दूसरे से भी असंगत हैं,

उनका व्याघात भी हो सकता है, तो वे किस प्रकार सत् में रह सकते हैं? क्या उनका आभास रूप सत् के स्वरूप को प्रभावित या दूषित नहीं कर देता? ब्रैडले इस प्रश्न का नकारात्मक उत्तर देते हैं, क्योंकि उनके अनुसार सत् में पूर्ण सामंजस्य है। आभासों में निहित सभी विरोध सत् में समाप्त हो जाते हैं। ब्रैउले के इस विचार को हम अपने ढंग से एक उपमा के द्वारा समझने का प्रयास कर सकते हैं। मान लें कि हम किसी मेज का विभिन्न कोणों से चित्र उतारते हैं। हर चित्र में मेज ही अभिव्यक्त है। किन्तु, हर चित्र हर दूसरे चित्र से असंगत है। किसी में वह सपाट तख्ता है, तो किसी में उभरा हुआ 'कोना' है। किन्तु ये सभी अंश मेज के ही हैं, मेज में वे एक दूसरे का विरोध नहीं करते, बल्कि एक-दूसरे के साथ वहाँ पूर्ण सामंजस्य है। उसी प्रकार चार अन्धों तथा हाथी की प्रसिद्ध कहानी इस तथ्य को स्पष्ट करती है। हर अन्धा, हाथी को ही छूता है, केले के थम्भ जैसी अनुभूति, सूप जैसी अनुभूति—सभी हाथी की ही अनुभूतियाँ हैं। किन्तु, हाथी में 'केले का थम्भ-रूप' तथा 'सूप-रूप' एक दूसरे से असंगत नहीं? इसी उपमा के आधार पर ब्रैडले के विचार को समझने का प्रयास किया जा सकता है। आभास जब सत् में हैं, तो अपनी सारी विसंगतियों तथा विरोधों को समाप्त कर देता है उनका विरोध आभास के स्तर में हैं, सत् के स्तर में नहीं। इसी अर्थ में सत् आभासों को समेटे हुए पूर्णतया आत्मसंगत है। इसी अर्थ में सत् में पूर्ण आन्तरिक सामंजस्यता है।

(5) सत् के उपर्युक्त विवेचन के आधार पर इसके स्वरूप के सम्बन्ध में एक रुचिकर उक्ति दी गयी है। कहा गया है कि 'सत् विभक्त नहीं है, यद्यपि उसका विभाजन होता है।' (Reality is divisible, but not divided)। इसका अर्थ मात्र यही है कि व्यवहारिक प्रयोजनों की सिद्धि के लिए हम अपनी सुविधानुसार सत् का विभाजन कर लेते हैं। वह विभाजन हमारे व्यवहारिक उद्देश्यों की पूर्ति करता है, किन्तु वस्तुतः सत् विभाज्य नहीं है। इसका तात्विक स्वरूप ऐसा नहीं कि उसके विभक्त अंग हों। अपने में वह पूर्णतया अविभाज्य तथा आत्म-संगत है।

(6) इस आधार पर ब्रैडले बड़ी सुगमता से कह लेते हैं कि सत् एक है—एक इकाई है। सत् के स्वरूप में यह निहित है कि वह अनेक नहीं हो सकता। अनेक सत् की अवधारणा ही सत् के स्वरूप से असंगत है। यदि सत् की अनेकता को स्वीकारा जाय, तो सत् भी आभासों की कोटि में चला आयेगा। यदि अनेक सत् हों, तो वे सभी अपने में पूर्ण हैं, तथा एक दूसरे से स्वतंत्र हैं। जगत उन सभी स्वतंत्र सत्ताओं का सम्बन्ध होगा। किन्तु, तब सत् भी सम्बन्ध के स्वरूप में निहित दोषों से ग्रसित हो जायेगा, तथा सभी सम्बन्धसूचक विचारों के समान सत् का व्याघात भी सम्भव हो जायेगा। ऐसे ही तर्क के आधार पर ब्रैडले सत् को एक मानते हैं। यह पूर्णतया आत्म-संगत इकाई है, क्योंकि इसके अन्तर्गत किसी प्रकार की असंगति अथवा विरोध नहीं है।

(7) सत् के स्वरूप को स्पष्ट करते हुए ब्रैडले ने सत् को **'व्यष्टि'** (Individual) कहा है। इस शब्द के प्रयोग से भ्रान्तियाँ उत्पन्न होती हैं, अतः इसका स्पष्टीकरण वांछनीय है। प्रथमतः तो यह स्पष्ट कर लेना चाहिए कि ब्रैडले ने सत् को **व्यष्टि** कहा है, **व्यक्ति** नहीं।' 'व्यक्ति' की अवधारणा में 'सीमित होने' का भाव है तथा सामान्यतः 'वैयक्तिक' होने का भी भाव है। ब्रैडले का यह तात्पर्य नहीं है। ब्रैडले के अर्थ में 'व्यष्टि' 'एकत्व' तथा 'इकाई' का ऐसा समन्वय है, जो सीमाओं तथा वैयक्तिक घेरों से ऊपर है। धीरेन्द्र मोहन दत्त ने इसकी व्याख्या दर्शन में प्रचलित 'मूर्त सामान्य' (Concrete Universal)

की अवधारणा के द्वारा करने का प्रयास किया है। हम उसका उल्लेख करते हुए इस विचार को स्पष्ट करने की चेष्टा करेंगे। अवधारणात्मक दृष्टि से मूर्त सामान्य एक ऐसा सामान्य है जो अनेकताओं को अपने में समेटे हुए उनकी आंशिक इकाई (Organic unity) है। एक व्यक्ति का व्यष्टि रूप उसके आत्म-संगठित आंशिक इकाई में हैं। वह जन्म लेता है, काल के साथ विभिन्न रूपों में संरचित होता है, किन्तु इन सभी अनेकताओं का संगठन ही उसका व्यक्तिरूप है। यह संगठन केवल किसी एक काल की विभिन्नताओं का संगठन नहीं, बल्कि कालक्रम का—उन सभी कालों का जो उसके जीवन के अंश है—संगठन है। इन अनेकताओं को एक सूत्र में बाँधकर रखने का कारण वह व्यक्ति है। इसी अवधारणा को जब निरपेक्ष सत् पर लगाया जाता है, तो उसे **मूर्त सामान्य** कहा जाता है। हेगेल तथा ब्रैडले दोनों के अनुसार परम सत् मूर्त सामान्य है। इसकी विशिष्टता को समझने के लिए इसे **स्पीनोजा** के सत् की अवधारणा की पृष्ठभूमि में देखना वांछनीय है। स्पीनोजा का सत् अमूर्त सामान्य (abstract universal) है। **स्पीनोजा** के सत् की उपमा प्रायः शेर के मांद से दी जाती है, जिसमें अनेकतायें लुप्त हो जाती हैं। उनके सत् की अवधारणा का अवबोध अनेकता को समेट कर नहीं, बल्कि उनके एक प्रकार के निषेध के द्वारा होता है। अनेकताओं की विशिष्टता सत् नहीं, उनकी विशिष्टताओं से ऊपर उठकर, उन्हें भूल कर ही उनमें सत् को देखा जा सकता है। अतः इस अवधारणा तक अमूर्तीकरण की प्रक्रिया से ही पहुँचा जा सकता है। इसके विपरीत ब्रैडले के सत् की अवधारणा अमूर्त भाव नहीं है; क्योंकि यह सभी अनेकताओं को अपने में समेटे है, यह **एक प्रवाह** है जिससे पृथक् कुछ नहीं है, व्यवहारिक सत्तायें उससे आभसित होती रहती हैं, अपने में वह उन सबों की इकाई है।

(8) अब ब्रैडले के सत्-विचार में निहित एक महत्त्वपूर्ण तथ्य पर विचार करना है। ब्रैडले ने सत्ता के स्वरूप-निर्धारण में स्पष्ट रूप से कहा है कि सत् अनुभूति है (experience)। इस उक्ति से अनेक प्रकार की भ्रान्तियाँ उत्पन्न होती रही हैं, अतः इकसा स्पष्टीकरण अनिवार्य है। सत् को अनुभूति रूप सिद्ध करने के लिए जिस प्रकार की युक्तियाँ दी गयी हैं, उनसे भी इन भ्रान्तियों को बल मिलता है। उन युक्तियों से तो कभी-कभी ऐसा प्रतीत होता है कि ब्रैडले के विचार आत्मनिष्ठ प्रत्ययवाद (Subjective Idealism) के निकट है। वैसी बात नहीं है। हम पहले उन युक्तियों को देखेंगे, जिनके आधार पर ब्रैडले सत्ता को अनुभूति-रूप कहते हैं, और तब उनके इस कथन का स्पष्टीकरण करेंगे।

ब्रैडले की सामान्य युक्ति यही है कि सत् को अनुभूति-रूप मानना ही है। हम किसी तथ्य के अनुभव के विषय में सोचें, इसमें कोई ऐसी बात नहीं आ सकती जिसका आधार संवेदनशील अनुभूति में नहीं है। हर अनुभव का हर अंश संवेदना-युक्त है, अनुभूति विशिष्ट है। अतः स्वीकारना पड़ता है कि सत् ही अनुभूति विशिष्ट है। इसी सामान्य युक्ति के कारण भ्रान्तियाँ उत्पन्न होती हैं, संशय होता है कि क्या सत् वैयक्तिक अनुभवों पर आश्रित है।

ब्रैडले के विचारों में बड़ा सुन्दर स्पष्टीकरण हैः प्रथमतः तो यह समझना अनिवार्य है कि ब्रैडले का अभिप्राय इस तथ्य पर जोर देना है कि जिस सत् का अवबोध तत्त्व-दर्शन का लक्ष्य है, वह किसी बौद्धिक-प्रक्रिया अथवा अनुमान की प्रक्रिया से नहीं जाना जा

सकता, उसका अवबोध साक्षात् अनुभूति में ही सम्भव है। सत् को अनुभूति-रूप कहने का और अधिक सबल प्रमाण क्या हो सकता है—जब सत् मात्र अनुभूति के द्वारा ही उजागर होता है। इससे भ्रान्तियाँ उत्पन्न इसलिए होती हैं कि हमारा सामान्य सोचने का ढंग ज्ञाता तथा ज्ञेय अथवा विषयी एवं विषय के द्वैत के माध्यम से ही चलता है। इसी कारण हम सोचते हैं कि जब हमें अनुभूति होती है, तो सत् का ज्ञान 'हम' पर आश्रित है। ब्रैडले कहते हैं कि प्रारम्भिक अनुभूति में विषय-विषयी, ज्ञाता-ज्ञेय आदि के भेद नहीं रहते। अनुभूति तथा अनुभूति के विषय का भेद नहीं रहता, अनुभूति एक इकाई होती है, वह तो जब विचार इस इकाई को अपने ढंग से पकड़ने की चेष्ट करता है, तब वह इन भेदों को उत्पन्न कर लेता है। यही कारण है कि हमारे वैचारिक ढंगों से सत् का अवबोध नहीं होता, आभास मिलते हैं, हाँ तब यह है कि विचार यदि अपने ही तार्किक ढंगों के अनुरूप विचार करे, तो वह अपने द्वारा सर्जित व्याघातों तथा दोषों को पकड़ सकता है, तथा उसका निर्देश कर सकता है। सत् की इकाई को विचार ही भंग करता है, इससे उत्पन्न विरोधों और दोषों को विचार पकड़ भी सकता है, उनका निर्देश कर सकता है। यह निर्देश पुनः सत् के निरपेक्ष रूप को समझने का सोपान बन जाता है। अतः सत् तो शुद्ध अनुभूति-रूप है ही, भ्रान्तियाँ दोष आदि विचार के द्वारा आरोपित हैं। निष्पक्ष विचार इन दोषों को प्रकाश में भी जा सकता है, जिसको स्पष्ट समझ के आधार पर सत् के शुद्ध अविछिन्न अनुभूति-रूप की अन्तर्दृष्टि रूप ले सकती है।

अतः हम कह सकते हैं कि ब्रैडले के द्वारा कल्पित अनुभूति-रूप सत् को हम तीन स्तरों में बिठा कर समझने का प्रयत्न कर सकते हैं। (1) प्रथम स्तर तो तात्कालिक अनुभूति का है। इसमें सत् एक इकाई के रूप में उपस्थित होता है—प्रदत्त होता है। (2) द्वितीय स्तर पर वैचारिक स्तर है। इसमें विचार अपने सम्बन्ध-सूचक कोटियों के द्वारा उस प्रदत्त-रूप को समझने की चेष्टा करता है। वैचारिक कोटियाँ इस कार्य के लिए सर्वथा असमर्थ हैं, अतः यहाँ आभास प्रस्तुत हो जाता है। हाँ, विचार इन आभासों में निहित विरोधों को स्पष्ट कर सकता है। (3) द्वितीय स्तर में निहित विरोधों की असमझ सत् के अविभाज्य रूप को समझने के लिए एक सोपान बन जाता है। इसी से सम्भवतः एक विशिष्ट अनुभूति, अन्तर्दृष्टि निरपेक्ष सत् के स्वरूप का अवबोध दे सकती है।

(9) उपर्युक्त विवेचन के आधार पर कहा जा सकता है, किसी क्षणं में प्रदत्त अनुभूति सत् की झाँकी अवश्य देती है, किन्तु वह भी सत् के स्वरूप का स्पष्ट निर्देश नहीं कर सकती, क्योंकि सत् किसी 'क्षण' का सत् नहीं, यह तो अनुभूति का सतत् प्रवाह हैं, जो क्षणों में सीमित नहीं। इस प्रवाह की सम्पूर्णता ही निरपेक्ष सत् है।

(10) ब्रैडले ने 'अनुभूति' शब्द का प्रयोग बड़े ही व्यापक अर्थ में किया है। हेगेल ने सत् को बौद्धिक कहा है, किन्तु सत् के स्वरूप का यह विवरण सत् को सीमित करना है, क्योंकि 'बुद्धि' अथवा 'बौद्धिकता' अनुभव की सम्पूर्णता को पूरी तरह ढक लेने में असमर्थ है। इसी कारण ब्रैडले ने सत् को 'अनुभूति' कहा, तथा इस शब्द का व्यवहार इसके पूर्ण व्यापक अर्थ में किया। हेगेल जैसे तत्त्व-दार्शनिक सत् की कल्पना के पीछे एक विशेष उद्देश्य की पूर्ति की बात करते हैं। उन लोगों के अनुसार वह उद्देश्य है **विश्व की व्याख्या**। अतः उनके लिए सत् का अनिवार्य लक्षण हो जाता है—विवेक-शक्ति अथवा बुद्धि की संतुष्टि। किन्तु ब्रैडले कहते हैं कि यदि किसी व्याख्या से भावनात्मक संतुष्टि न

मिले, अथवा क्रियात्मकता की व्याख्या न हो, तो क्या उससे विवेक-शक्ति सन्तुष्ट हो पायेगी? अतः ब्रैडले अनुभूति शब्द के प्रयोग में अस्तित्व के हर पहलू-विचार, भावना, संकल्प, क्रियात्मकता, आदि—को समाविष्ट करते हैं। ब्रैडले तो यहाँ तक कहते हैं इन पहलुओं में किसी प्रकार की विसंगति अपूर्णता का कारण है। वह विसंगति वैचारिक हो सकती है, भावनात्मक हो सकती है, अथवा क्रियात्मक हो सकती है। सभी अपूर्णतायें इन्हीं विसंगतियों के फलस्वरूप हैं। अतः सत् जो सभी विसंगतियों से परे हैं, अनिवार्यतः इन सभी पहलुओं का पूर्ण सामजस्य है। इसी अर्थ में सत् अनुभूति का शुद्ध एवं पूर्ण रूप है।

(11) अनुभूति शब्द का उपर्युक्त अर्थ सत् के स्वरूप के सम्बन्ध में एक और संकेत करता है। सत् केवल व्याख्या का अन्तिम आधार ही नहीं, भावनात्मकता तथा क्रियात्मकता का भी अन्तिम आधार है। वह 'मूल्यों' का भी चरम आधार सिद्ध हो जाता है। इसी अर्थ में सत् को **परम शुभ** भी कहा जाता है। वह पूर्ण भावनात्मक सन्तुष्टि का भी आधार है। इसी कारण सत् को आनन्द-रूप भी कहा जाता है।

(12) ऊपर दिये गये विवरणों के फलस्वरूप एक भ्रान्ति उत्पन्न होती है। 'परम शुभ' 'आनन्द-रूप' आदि विवरणों से ऐसी धारणा बन सकती है कि सत् व्यक्तित्ववान (Personal) है। ब्रैडले स्पष्ट रूप में इस धारणा का खण्डन करते हैं। उनके अनुसार सत् का व्यक्तित्ववान कहना या आत्म-रूप (Selfhood) कहना उचित नहीं, ये सभी अपूर्णता के सूचक हैं, इन विवरणों में सीमित होना निहित है। अतः ये विवरण सत् के विवरण नहीं हो सकते, यदि उसी भाषा में कहना ही है तो ब्रैडले सत् को अधिवैयक्तिक (Super-personal) कहना अधिक उपयुक्त समझेंगे। 'व्यक्तित्ववान' कहने से जिन लक्षणों का बोध होता है, उन्हें तो सत् अपने में समेटे रहता ही है, वह उनसे परे हे, उनसे अत्यधिक ऊपर है।

इस संदर्भ में ब्रैडले व्यक्तित्व (Personality) तथा व्यष्टित्व (Individuality) में भेद करते हैं। व्यक्तित्व अनेकताओं तथा भिन्नताओं का आन्तरिक सामंजस्य है, संगठित रूप है। व्यक्तित्व में कमी है, अपूर्णता है। अतः व्यक्ति में व्यक्तित्व तो है, किन्तु व्यष्टित्व बहुत ही सीमित अंश में है। सत् में पूर्ण व्यष्टित्व है। इसी कारण वह व्यक्तित्ववान नहीं है।

यही कारण है कि ब्रैडले सत् को 'ईश्वर' नहीं कहते, 'ईश्वर' भाव धार्मिक चेतना को सन्तुष्ट करने के लिए कल्पित होता है। उसमें भक्त तथा भगवान् का द्वैत निहित है। भक्त एक पृथक सत्ता बन जाता है जो ईश्वर के प्रति श्रद्धा एवं आस्था की भावना रखता है। उस अर्थ में 'ईश्वर' सीमित है। सत् किसी अर्थ में सीमित नहीं। अतः ईश्वर भी सत् का आभास ही है। दोनों एक रूप नहीं। इस प्रकार' व्यक्तित्व' के लक्षण की विवेचना में ब्रैडले तत्त्व-दर्शन के 'निरपेक्ष सत्' तथा धर्मों के 'ईश्वर' के भेद को स्पष्ट कर देते हैं।

सत् में मात्रा-भेद (*Degrees of Reality*) का प्रश्न

सत् के स्वरूप की विवेचना में सत् में मात्रा-भेद के प्रश्न की विवचेना भी प्रासंगिक है। नवहेगेलवादी विचारकों ने इस प्रश्न पर बड़ा विचार किया है, जिसके फलस्वरूप इस सम्बन्ध में भिन्न भिन्न निष्कर्षों की स्थापना हुई है। इस प्रश्न पर ब्रैडले के विचार स्पष्ट हैं। हम उसका संक्षिप्त विवरण प्रस्तुत कर रहे हैं।

ब्रैडले के दर्शन में यह प्रश्न प्रासंगिक इसलिए हो जाता है, क्योंकि वे कहते हैं कि आभास भी भ्रामक नहीं है, सत् की ही अभिव्यक्ति है। अब यदि आभास सत् में है, तो

सत् का स्वरूप उनसे प्रभावित है, और यदि आभास भ्रामक नहीं है, तो वे भी एक प्रकार से सत् ही हैं। ऐसी धारणा का निकारण करते हुए ब्रैडले कहते हैं कि सत् में मात्रा-भेद नहीं है, किन्तु आभास में सत् सम्बन्धी मात्रा-भेद है। अब हम इसका स्पष्टीकरण करें।

वैसे अन्य नवहेगेलवादियों में इस समस्या पर विशद विचार हुआ है, किन्तु ब्रैडले का उत्तर स्पष्ट है। उनके अनुसार सत् सभी प्रकार के विरोधों से परे है। उसमें कोई विसंगति, कोई आत्मव्याघात्मता नहीं है। अतः सत् सर्वथा पूर्ण है, उसकी पूर्णता अथवा उसके सत् में किसी मात्रा-भेद का कोई प्रश्न ही नहीं उठता। सत् के साथ मात्रा-भेद का प्रश्न पूर्णतया अप्रासंगिक है।

किन्तु आभासों के स्तर पर, सामान्य मानवीय सत्यों के स्तर पर सत् की मात्रा का प्रश्न अप्रासंगिक नहीं। आभास भ्रामक नहीं है, उस अर्थ में वे भी सत् हैं, किन्तु सत् की पूर्णता उनमें नहीं। सत् की पूर्णता केवल निरपेक्ष सत् (Absolute) में है। तब प्रश्न उठता है कि आभास एवं मानवीय सत्यों में सत् किस रूप में हें। ब्रैडले कहते हैं कि उस स्तर में सत् में मात्रा-भेद किया जा सकता हैं। कहा जा सकता है कि मानवीय स्तर में, आभासों में अधिक सत् कम सत्, की बात की जा सकती है। सभी आभास एक जैसे—एक मात्रा में अपूर्ण नहीं हैं। कुछ अधिक पूर्ण हैं, कुछ कम। जो पूर्णता के अधिक निकट हैं वे अधिक पूर्ण हैं, तथा जो पूर्णता की माँगों के निकट नहीं है उनमें सत् की मात्रा कम है। इसका अर्थ है कि ऐसे आभास जिनमें आन्तरिक सामंजस्य अधिक है, असंगति अथवा आत्म-विरोध की मात्रा कम है, वे अधिक सत् हैं। सत् जैसा लक्षण जिसमें अधिक है वह अधिक सत् है। उदाहरणतः ब्रैडले कहेंगे कि आत्म शरीर से अधिक सत् है, क्योंकि आत्म में आत्म-संगति आन्तरिक सामंजस्य शरीर से अधिक है। दोनों आभास ही हैं, किन्तु आत्म में आत्म-तादात्म्य अधिक हैं, विभिन्नताओं का यह पूर्ण संगठित इकाई है।

कुछ समीक्षात्मक टिप्पणियाँ

स्थान की सीमा को ध्यान में रखते हुए यहाँ ब्रैडले के विचारों की विशद् समीक्षा तो नहीं की जा सकती; केवल कुछ प्रमुख आलोचनाओं का उल्लेख करते हुए ब्रैडले के तत्त्व-दर्शन की विशिष्टता को स्पष्ट करने का प्रयत्न किया जा सकता है। ब्रैडले के बाद रसेल, मूर, तार्किक भाववादी विचारक आदि ने ब्रैडले के तत्त्व-दर्शन को 'मॉडल' मानकर तत्त्वमीमांसा की सामान्य आलोचना बड़े तीव्र ढंग से की, तथा उसी सन्दर्भ में ब्रैडले के विचारों के विरुद्ध भी कुछ मौलिक आपत्तियाँ उठायीं। उनमें से कुछ महत्त्वपूर्ण आपत्तियों का हम संक्षिप्त उल्लेख करेंगे।

एक अर्थ में रसेल, मूर आदि विचारकों की आपत्ति एक बिन्दु पर केन्द्रित रही। उन लोगों के अनुसार ब्रैडले के विचार एक भ्रान्तिपूर्ण तर्कशास्त्रीय विश्वास पर आधृत हैं। ब्रैडले ने स्वयं पारम्परिक तर्कशास्त्र-अरस्तू के उद्देश्य-विधेय तर्कशास्त्र की आलोचना की है। किन्तु मूर, रसेल आदि के मत में ब्रैडले किसी न किसी रूप में उसी तर्कशास्त्र को स्वीकार कर चलते हैं, बल्कि अपने विचारों को उस पर आधृत कर देते हैं। उनके सोचने का ढंग उद्देश्य-विधेय के ढंग से इतना बँधा हुआ रहा कि वे सम्बन्धों अथवा गुण-लक्षणों आदि के महत्त्व को पूरी तरह सोच ही न पाये। फलतः सम्बन्धों के सम्बन्ध में उनकी विचित्र धारणा प्रकाश में आयी, जिसके आधार पर उन्होंने अपने सत् एवं आभास विचार की स्थापना की। अतः इन आलोचकों के अनुसार ब्रैडले के विचार अनुपयुक्त तर्कशास्त्रीय आधार पर टिके हैं।

इन विचारों के अनुसार ब्रैडले के विचारों के आधार में एक वैचारिक व्यामिश्र है। वह 'है' (Is) शब्द के भिन्न-भिन्न अर्थों से सम्बन्धित है। इन आलोचकों के अनुसार इस व्यामिश्र की **प्रवृत्ति** हेगेल के विचारों में भी दिखाई देती है, तथा ब्रैडले के विचारों में भी। 'है' शब्द का **प्रयोग** अनेक ढंगों से होता है। 'मेज लाल' है, में लाल का गुण उद्देश्य के साथ जोड़ा जा रहा है। यहाँ 'है' शब्द विधेय की क्रिया सम्पन्न कर रही है। 'तीन और दो पाँच हैं।' इस उदाहरण में है 'तीन और दो' तथा 'पाँच' के बीच समरूपता का निर्देश कर रही है। यह निर्देश कभी-कभी तादात्म-निर्देश का रूप भी ले सकती है। 'सूर्य है', इस उदाहरण में 'है' अस्तित्वनिर्देश कर रहा है। 'है' शब्द के इन विभिन्न अर्थों की विभिन्नता को ब्रैडले सुविधानुसार भुला देते हैं। उदाहरणतः ब्रैडले की इस उक्ति को ही देखें, 'आभास सत् में है।' यहाँ यह स्पष्ट नहीं हो पाता कि किस विशिष्ट अर्थ में 'है' शब्द का प्रयोग हुआ है। इसके विभिन्न अर्थों की मिलावट कर दी गई है। क्या आभास सत्त का विधेय रूप है? क्या आभास सत् से एकरूप है? क्या आभास, सत् में अस्तित्त्ववान हैं? सभी प्रश्नों का उत्तर 'हाँ' तथा 'ना' दोनों में दिया जा सकता है।

ब्रैडले के विचारों के विरुद्ध, मूर की प्रत्ययवाद के विरुद्ध उठायी गयी आपत्तियों के कुछ अंशों को प्रस्तुत किया जा सकता है। उसी प्रकार तार्किक भाववादी विचारकों के द्वारा तत्त्व-मीमांसा निरसन का प्रयत्न भी ब्रैडले के तत्त्व-सम्बन्धी विचारों के विरुद्ध एक गम्भीर चुनौती है। किन्तु, उनका उल्लेख हम यहाँ नहीं कर रहे, क्योंकि उनकी विशद विवेचना करनी है। हम यहाँ एक और आपत्ति का उल्लेख करेंगे।

ब्रैडले के विरुद्ध एक सामान्य आपत्ति यह भी उठायी जाती है कि प्रतिप्रज्ञावादी होते हुए भी, वे ग्रीक दर्शन के प्रभाव में बौद्धिक प्रयासों को सामान्य अनुभव की अपेक्षा अधिक महत्त्व देते हैं। जो सामान्य अनुभव में ज्ञात होता है, वह सब आभास है। इसका आभास रूप कैसे स्पष्ट होता है? ब्रैडले के अनुसार वही बौद्धिक साधन जो आभासों का जनक है, आभास के आभास-रूप को स्पष्ट भी करता है। अर्थात् एक अर्थ में विवेक सत् एवं आभास से सम्बन्धित एक महत्त्वपूर्ण **'वास्तविकता'** को स्पष्ट करता है। मूर जैसे विचारक के अनुसार ब्रैडले के विचारों में निहित यह विरोधाभास मात्र इसी कारण है कि ब्रैडले ने **सहज-ज्ञान** (Common-sense) की उपेक्षा की है। मूर के अनुसार 'ये मेरे दो हाथ हैं' जैसा सहज-ज्ञान इतना स्पष्ट है कि इस ज्ञान पर बौद्धिकता कि 'कैंची' चलाना नाना प्रकार के दोषों का कारण बन कसता है। यही ब्रैडले का मूल दोष है।

किन्तु, ब्रैडले की ओर से यह कहा जा सकता है कि कुछ अंश तक उपर्युक्त सभी आपत्तियाँ ब्रैडले की 'दृष्टि' का उचित मूल्यांकन नहीं कर पातीं। उदाहरणतः जब ब्रैडले 'काल' जैसे भाव का खण्डन करते हैं, तो वे काल के सहज ज्ञान का खण्डन नहीं करते। वे यह नहीं कहते कि जीवन में कालिक-स्थितियाँ उत्पन्न नहीं होतीं। वे यह कदापि नहीं कहते की सामान्य अनुभव कालिक अनुभव नहीं है। जब वे काल को अवास्तविक कहतें हैं, तो उनका अर्थ मात्र यही है कि यदि सत् के स्वरूप को—वास्तविकता को समझने का प्रयत्न इन्हीं क्रमानुभविक कालिक स्थितियों के माध्यम से किया जाय, तो वह प्रयत्न निष्फल होगा। सहज-ज्ञान हमारे व्यवहारिक जीवन को चलाने में सार्थक है, वास्तविकता को चित्रित करने में निष्फल। अब यदि इसी 'व्यवहारिकता' को कोई परम सत् समझे, तो ब्रैडले उनके लिए अप्रासंगिक हैं।

❑

अध्याय 2

उपयोगितावाद

(PRAGMATISM)

भूमिका

उपयोगितावाद के अन्तर्गत विभिन्न विचारकों के विचारों को समेटने का प्रयत्न होता है, किन्तु ऐसे सभी प्रयत्न पूर्णतया समर्थ नहीं हो पाते, क्योंकि उन विचारकों के विचारों में कुछ मौलिक मतभेद हैं, जिसके ऊपर उठना कठिन हो जाता है। वैसे, सामान्यतः उपयोगितावाद को अमेरिका का दर्शन कहा जाता है, इसके कुछ समर्थक इंगलैण्ड में भी हुए हैं। किन्तु, अमेरिका में भी सबों में मतैक्य नहीं है। पर्स ने तो जिन्हें इस विचारधारा का प्रवर्त्तक कहा जाता है, बाद में स्पष्ट रूप से इन नाम को स्वीकारने में असमर्थता प्रकट की तथा उपयोगितावाद (Pragmatism) के स्थान पर अपने विचार के लिए एक दूसरा नाम ही दिया—Pragmaticism (व्यवहारवादितावाद)। फिर भी, इन सभी विचारकों को एक छाते के अन्तर्गत रखना अकारण नहीं है। कम से कम इतना तो कहा ही जा सकता है कि इन सभी विचारकों में एक 'दृष्टि' की समानता है, जीवन की समस्याओं की ओर देखने के ढंग की समानता है। उस सामान्य दृष्टिकोण के विशिष्ट रूप भिन्न-भिन्न हो गये हैं, किन्तु उस दृष्टिकोण की सामान्य पहलुओं की रूपरेखा खींचेंगे, और तब क्रम से **तीन** अमेरिकी विचारकों तथा **एक** अंगरेज विचारक के विचारों का संक्षिप्त विवरण देने का प्रयास करेंगे।

उपयोगितावाद की सामान्य विशिष्टताएँ

इस शब्द को प्रचलित करने का श्रेय विलियम जेम्स को है। अतः हम जब जेम्स के विचारों का विवरण देंगे, तब पुनः उपयोगितावाद की उन विशिष्टताओं का उल्लेख करेंगे, जिन्हें जेम्स ने उभारा है। अभी हम इसका सामान्य अर्थ समझने की चेष्टा करेंगे।

जेम्स ने स्वयं कहा कि 'प्रैगमेटीज्म' शब्द ग्रीक शब्द 'प्रैगमा' से निकला है जिसका अर्थ होता है '**व्यवहार**' तथा '**उपयोगिता**'। उन्होंने यह भी स्वीकारा है कि इस शब्द का उपयोग सर्वप्रथम चार्ल्स सैण्डर्स पर्स ने किया था। पर्स ने कहा था कि हमारे सभी विश्वास कार्य करने के साधन-नियम हैं, अतः किसी विचार के अर्थ को समझने के लिए हमें यह देखना है कि वह किस प्रकार के आचरण-व्यवहार को जन्म दे रहा है। पर्स के इस विचार का विशद् विवेचन हम बाद में करेंगे, किन्तु, जेम्स को पर्स के इन्हीं विचारों में उपयोगितावाद का उद्भव दिखाई देता है। इस बात पर भी अन्य विचारक जेम्स से सहमत नहीं हैं, किन्तु इतना अवश्य कहा जा सकता है कि जो विचार 'व्यवहार', 'कार्य', 'आचरण' आदि पर जोर देता है, वह उपयोगितावादी हो जाता है। यह और बात है कि 'व्यवहार' पर अत्यधिक जोर देने के फलस्वरूप ही जेम्स 'प्रयोजन', 'उपयोगिता आदि पर चला जाता है।

तो, इतना तो स्पष्ट हो जाता है कि उपयोगितावाद का दर्शन 'व्यवहार' को केन्द्रिय स्थान देता है, विचारों की अर्थमूलकता भी व्यवहार पर आधृत हो जाती है। जेम्स कहते हैं कि इस प्रकार की वैचारिक दृष्टि कोई सर्वथा नयी दृष्टि नहीं है, उनके अनुसार तो ऐसी दृष्टि सुकरात, अरस्तू, लॉक, बर्कले, ह्यूम, कांट आदि विचारकों में भी वर्तमान है। उनका कहना है कि यह पुरानी शराब नयी बोतल में प्रस्तुत करने का प्रयत्न है। किन्तु, हम यहाँ जिस दार्शनिक विचारधारा को समझने का प्रयत्न कर रहे हैं, वह एक विशिष्ट पृष्ठभूमि में उन्नीसवीं शताब्दी के अन्तिम काल में प्रकाश में आयी थी। अतः प्राचीन विचारकों का उल्लेख यहाँ प्रासंगिक नहीं है।

हम कह सकते हैं कि उपयोगितावादी विचार का अनुभव भी मूलतः एक प्रतिवाद में है। वह प्रतिवाद निरपेक्षवाद अथवा निरपेक्ष आदर्शवाद (Adsolute Idealism) के विरुद्ध है। हेगेल के विचार का प्रभाव पाश्चात्य बौद्धिक जगत पर इतना प्रचण्ड हुआ कि उसके विरुद्ध प्रतिक्रियायें अनिवार्य थीं। उपयोगितावाद का दर्शन भी ऐसी एक प्रतिक्रिया है। यह भी एक प्रतिप्रज्ञावादी (Anti-intellectual) प्रतिक्रिया है।

तो प्रथमतः यह कहा जा सकता है कि उपयोगितावाद का उद्भव प्रतिप्रज्ञावादी दृष्टि में है। यहाँ प्रतिप्रज्ञावाद के दोनों रूप स्पष्ट हैं। यह **ज्ञानमीमांसीय दृष्टि से प्रतिप्रज्ञावादी** हैं, क्योंकि यह बुद्धि को वह केन्द्रीय स्थान नहीं देता जो उसे हेगेल के दर्शन में प्राप्त है। उपयोगितावाद के अनुसार बुद्धि भी जैविक आवश्यकताओं की पूर्ति के लिए विकसित होती है। उसका मुख्य प्रयोजन जैविक स्थितियों के साथ संगति स्थापित करना है, न कि सत्ता की स्पष्ट अवगति देना। बुद्धि की भी उपयोगिता तथा व्यवहारिकता के अनुसार ही मूल्य है, बुद्धि क्रियात्मक क्रियाओं का अनुगामी है। यह ठीक है कि उपयोगितावाद ब्रैडले या बर्गसाँ के समान अन्तःप्रज्ञा पर जोर देकर बुद्धि को सत्ता-ज्ञान से असंगत नहीं कहता। वह बुद्धि की उपयोगिता देखता है तथा उसी के अनुरूप उसका मूल्य एवं स्थान निर्धारित करता है। उपयोगितावाद तत्त्वमीमांसीय दृष्टि से भी प्रतिप्रज्ञावादी है। तत्त्वमीमांसीय प्रज्ञावाद सत् के स्वरूप को ही बौद्धिक मानता है। उपयोगितावाद यह स्वीकार नहीं कर सकता कि सत् बुद्धि-रूप है। उसके अनुसार तो सत् की क्रियात्मकता उसके बुद्धिरूप से अधिक प्राथमिक है। संकल्प को बुद्धि से अधिक प्राथमिकता दी गयी है। निरपेक्षवाद सत् को पूर्ण निरपेक्ष इकाई मानता है। इसके विपरीत उपयोगितावाद सत् की गत्यात्मकता, परिवर्तनशीलता को मौलिक मानता है। इसी कारण जेम्स ने हेगेल के 'निरपेक्ष सत्' को **'ब्लाक यूनिवर्स'** (Block Universe) कहा है।

इस प्रतिप्रज्ञावादी दृष्टि के अनुरूप उपयोगितावादी दृष्टि का एक रूप पूर्णतया स्पष्ट होता है। यह इतना तो मानता ही है कि ज्ञान सर्वथा असम्भव या संशयात्मक तो नहीं है, अब इसे यह मानना है कि 'पूर्ण ज्ञान' की सम्भावना की बात भी निरर्थक है। अतः उपयोगितावाद के लिए यह स्पष्ट हो जाता है कि हमारे व्यवहारिक कार्यों का प्रयोजन-सिद्धि के लिए यथेष्ट ज्ञान सम्भव है। अतः यह पूर्ण संशयवाद, पूर्ण अज्ञेयवाद तथा दूसरी ओर पूर्ण ज्ञान की सम्भावना के बीच की विचारधारा है। फलतः यह मान कर चलता है कि ज्ञान एक जैविक अनिवार्यता है, जीवन की समस्याओं से जूझने का एक ढंग है। फलतः यह एक ऐसी दृष्टि बन जाती है जो ज्ञान की सापेक्षता, प्रयोजन-निर्भरता एवं व्यावहारिकता पर जोर देती है।

अतः उपयोगितावाद मूलतः एक दृष्टि है, मनोवृत्ति है, जीवन को देखने का एक ढंग है। जेम्स ने इस दृष्टि को व्यापक बना दिया, किन्तु मूलतः यह वैसी दृष्टि है जो

व्यावहारिकता की दृष्टि है। इसी कारण यह मान्यताओं की ओर नहीं देखती, बल्कि परिणामों तथा प्रयोजनों की ओर देखती है। यह मनोवृत्ति मूलतः एक वैचारिक विधि के रूप में व्यक्त होती है। इस विधि के जड़ में यह विश्वास है कि हर वैचारिक अन्तर अथवा भेद का आधार 'व्यवहार' तथा आचार के अन्तर में है। दार्शनिक तथा अन्य सिद्धान्तों का अन्तर अन्ततः व्यवहारिक तथ्यों पर आधृत है। यदि दो विचार ऐसे हैं कि उनके स्वीकारने ने से व्यवहारात्मक अथवा तथ्यात्मक कोई अन्तर नहीं पड़ता, तो वस्तुतः वे दोनों विचार दो नहीं एक ही हैं। यदि दो सिद्धान्त या विचार या भाव परस्पर विरोधी दिखाई देते हैं, तो दोनों की वास्तविकता को परखने के लिए यह देखना चाहिए कि एक को मानने से ऐसा कौन सा व्यावहारिक एवं तथ्यात्मक अन्तर पड़ता है, जो अन्तर दूसरे के मानने से नहीं पड़ता। यदि कोई तथ्यात्मक या व्यवहारात्मक अन्तर नहीं पड़ता, तो इसका अर्थ है कि उन सिद्धान्तों या विचारों में कोई अन्तर नहीं है।

ऐसी विधि के फलस्वरूप उपयोगितावाद अपने ढंग से दार्शनिक मतभेदों को सुलझा लेता है। हर दार्शनिक सिद्धान्त की यथार्थता का मापदण्ड उसकी व्यवहारिकता में है। अतः अपनी ओर से दार्शनिक मतभेदों में उपयोगितावाद कोई पक्ष नहीं लेता। इटालियन उपयोगितावादी विचारक **पैपनी** (Pappini) इस बात की व्याख्या अपने **गलियारा सिद्धान्त** (Corridor Doctrine) के द्वारा करने की चेष्टा करता है। उनका कहना है कि उपयोगितावाद एक दृष्टि से तटस्थता की दृष्टि है, यह एक होटल के गलियारे जैसा है जिसमें अनेक दरवाजे अनेक कमरों के लिए खुलते हैं। यह गलियारा व्यवहारिकता का गलियारा है। उपयोगितावादियों के अनुसार हर व्यक्ति, हर विचारक को उस गलियारे से होकर जाना पड़ता है, भले ही वह अलग-अलग कमरों में जाता रहे और अन्ततः आध्यात्मवादी हो जाय या वास्तववादी या कुछ और।

जेम्स ने इस सिद्धान्त का बड़ा व्यापक उपयोग किया, क्योंकि उनकी मान्यता रही कि उपयोगितावादी दृष्टि जीवन तथा विचार के हर पहलू पर लग सकती है। यह दृष्टि विचारों का अर्थ, उनके क्रिया-परिणामों आदि के आधार पर निरूपित करती है। उपयोगितावाद की मान्यता है कि विचार मात्र सैद्धान्तिक चिन्तन नहीं है। इनके अनुसार अमूर्त भावों का अर्थ भी उनके व्यावहारिकता पर निर्भर है। यही कारण है कि उपयोगितावाद को मूलतः एक वैचारिक विधि के रूप में मान्यता मिली है। किन्तु उपयोगितावादी विचारकों ने अपने-अपने ढंग से इस विधि का प्रयोग विभिन्न क्षेत्रों में किया है।

हम उपयोगितावाद के अन्तर्गत कुछ विशिष्ट विचारकों के कुछ प्रमुख विचारों का उल्लेख करेंगे। उपयोगितावादियों में दृष्टि की समानता अवश्य है, किन्तु कुछ स्थलों पर उनमें मौलिक मतभेद भी है। सभी विचारक एक ही प्रकार की समस्याओं में उलझते भी नहीं, तथा जहाँ उलझते भी हैं, वहाँ उस समस्या पर अपनी छाप छोड़ देते हैं। सबों के विचारों का विशद विवरण यहाँ सम्भव नहीं है, अतः हर विचारक के विचारों के अध्ययन में हम उनके कुछ प्रमुख अंगों का ही उल्लेख करेंगे।

चार्ल्स सैन्डर्स पर्स (1839-1914)

पर्स के सम्बन्ध में कहा जाता है कि वह शायद अमेरिका का सबसे सशक्त बुद्धिजीवी था। विचार तथा जीवन का कोई क्षेत्र ऐसा नहीं था जिस पर पर्स ने कुछ मौलिक मत नहीं दिया। विशिष्ट अमरीकी चिन्तन का स्रोत पर्स के ही विचारों में प्राप्त होता है।

किन्तु अपने जीवन-काल में कुछ जीने के ढंगों के कारण वे नियमित रूप से चिन्तन में भी नहीं लगे रहे, उन्हें कोई विश्वविद्यालय का पद भी नहीं प्राप्त हुआ। अड़तालिस वर्ष की अवस्था में वे सरकार के तटीय सर्वेक्षण सेवा से भी निवृत्त हो गये। वृद्धावस्था में उनकी आर्थिक हालत खराब ही रही, किन्तु वे अपने दार्शनिक विचारों में लगे रहे।

उनके विचारों का क्षेत्र इतना विशद है कि उसकी पूर्ण झांकी प्रस्तुत करना सम्भव नहीं है। हम यहाँ उनके उन्हीं विचारों का उल्लेख करेंगे जिनका सीधा सम्पर्क एवं सम्बन्ध उपयोगितावाद के दर्शन से है।

संशय, विश्वास एवं अन्वेष-प्रक्रिया (*Doubt, Belief and Inquiry*)

पर्स के अनुसार वैचारिक जीवन में संशय तथा विश्वास का बड़ा ही महत्त्वपूर्ण स्थान है। सच पूछा जाय तो पूर्ण वैचारिक जीवन इन्हीं दो सीमाओं के अन्तर्गत बंधा हुआ है। विचार का लक्ष्य **विश्वास की स्थापना** है। इस स्थापना की प्रक्रिया का प्रारम्भ संशय से होता है। यदि संशय न हो, तो वैचारिक प्रक्रिया का उद्भव ही न होगा तथा यह प्रक्रिया तब तक चलती रहेगी जब तक विश्वास स्थापित न हो जाय। विचार की यही प्रक्रिया पर्स की भाषा में **अन्वेषण-प्रक्रिया** है। अन्वेषण संशय तथा विश्वास के बीच की अवस्था है, जिसका प्रारम्भ संशय के कारण हेाता है—संशय के निराकरण के लिए होता है, और यह प्रक्रिया तबतक चलती रहती है जबतक संशय का निराकरण न हो जाय। संशय का निराकरण तभी होता है जब विश्वास स्थापित हो जाता है। अतः कहा जा सकता है कि **वैचारिक प्रक्रिया अन्वेषण की प्रक्रिया है, जिसका प्रारम्भ संशय से है तथा जिसका लक्ष्य विश्वास की स्थापना है**। अब हम पर्स के इस मूल विचार का विशद विवेचन करेंगे। लेकिन यह समझ लेना आवश्यक है कि पर्स के अनुसार विचार एक ऐसी सामान्य प्रक्रिया है जिसका प्रारम्भ ऐन्द्रिक उद्दीपन से होता है तथा जिसका निराकरण उद्देश्यपूर्ण विश्वास की स्थापना से होता है। अतः वैचारिक अन्वेषण या आन्विक्षिकी की विवेचना के लिए **संशय** तथा **विश्वास** के स्वरूप को समझना आवश्यक है।

पर्स का कहना है कि वस्तुतः **संशय** तथा **विश्वास** की संवेदना ही भिन्न होती है। इन संवेदनाओं में ही कुछ ऐसा है कि इन दो स्थितियों में जैविक-आंगिक प्रतिक्रियायें ही दो प्रकार की होती हैं। पर्स ने इसे संशय तथा विश्वास की स्थितियों में अन्तर करते हुए समझाया है—

(1) संशय की स्थिति एक ऐसी स्थिति होती है जिसमें कुछ प्रश्नचिह्न खड़े हो जाते हैं। ऐसा लगता है कि हमें कुछ प्रश्न पूछना है, कुछ ऐसा है जिसक विषय में जानना है। विश्वास में ऐसा नहीं होता, बल्कि विश्वास की स्थिति में ऐसा लगता है कि अब कुछ निश्चित कर सकते हैं, कुछ निर्णय ले सकते हैं, कुछ निर्णय दे सकते हैं।

(2) इस अन्तर से दोनों के बीच एक व्यावहारिक अन्तर स्पष्ट होता है। विश्वास में यह क्षमता है कि वह हमारी क्रियाओं को प्रेरित-संचालित करे, हमारी इच्छाओं की संतुष्टि का कोई मार्ग-निर्देश कर सके। संशय में यह क्षमता नहीं होती। यह एक अनिश्चयता की अवस्था होती है. अतः क्रियाओं को संशय की स्थिति से कोई निश्चित मार्ग-निर्देश नहीं मिल पाता।

(3) इसी कारण पर्स कहते हैं कि संशय एक प्रकार की अशान्ति की अवस्था है। इसमें एक दृष्टि से क्षोभ भी है तथा उत्तेजना भी (Irritation of Doubt)। क्षोभ इसलिए

कि इस स्थिति में अनिश्चतता रहती है, उत्तेजना इसलिए कि इस क्षोभ की स्थिति से मुक्त होने की प्रवृत्ति भी जागी रहती है। इसी कारण पर्स कहते हैं कि संशय असंतोष तथा उद्वीगणता की स्थिति है। किन्तु इस स्थिति में निहित एक अन्य प्रवृत्ति और रहती है। संशय अपनी इस अतृप्ति तथा उद्वीगणता की स्थित से मुक्त होने के लिए भी प्रवृत्त रहता है। संशय इस प्रकार एक आत्म-संघर्ष की स्थिति भी है, जिसका लक्ष्य है अशान्ति तथा उद्वीगणता जो अनिश्चयता के फलस्वरूप है, उन्हें दूर करे तथा किसी निश्चयता की स्थिति को प्राप्त करे। विश्वास उसी प्रकार की स्थिति है जिसमें संशय की अनिश्चयता तथा अतृप्ति नहीं रहती। यह एक शान्तावस्था है जो किसी निश्चित क्रिया की ओर अग्रसर हो सकती है।

(4) संशय अनिश्चयता की स्थिति है, किन्तु निष्क्रियता की स्थिति नहीं। यह तो क्रियाशीलता का एक उपादान है, इसे अपनी उद्वीगणता से मुक्त होना है, अतः यह क्रियाओं को प्रेरित करती है। विश्वास शीघ्र क्रियाशली नहीं होता, किन्तु विश्वास हमें एक ऐसी स्थिति में ला देता है कि हम निश्चित परिस्थिति में एक निश्चित रूप से कार्य करें।

अतः कहा जा सकता है कि संशय एक ऐसी क्रियाशीलता को जन्म देता है, जो तब तक चलती रहती हैं जब तक विश्वास स्थापित न हो जाय। एक प्रकार से कहा जा सकता है संशय विचार का प्रारम्भ करा देता है, जिसका लक्ष्य विश्वास की स्थापना है। विश्वास की स्थापना से ही संशय की उद्वीगणता तथा अशान्ति की अवस्था से मुक्ति मिलती है।

अतः पर्स का कहना है कि संशय एक प्रकार के वैचारिक संघर्ष को जन्म देता है, जो तब तक चलता रहता है जब तक कोई विश्वास स्थापित न हो जाय। इसी वैचारिक संघर्ष को पर्स **अन्वेष-प्रक्रिया** (Inquiry) कहते हैं। वह उपाधि जो अन्वेष-प्रक्रिया के प्रारम्भ का तात्कालिक उपादान है, संशय है। यह अन्वेष-प्रक्रिया का प्रारम्भिक छोर है। इस अन्वेष-प्रक्रिया की समाप्ति विश्वास की स्थापना के साथ होती है। अतः विश्वास की स्थापना अन्वेष-प्रक्रिया का अन्तिम छोर है, लक्ष्य है। यह प्रक्रिया तब तक चलती रहती है जब तक संशय की उद्वीगणता का पूर्ण निराकरण न हो जाय। सच पूछा जाय तो पर्स के अनुसार **विचार अन्वेष-प्रक्रिया ही है**। संशय की प्रासंगिकता एवं उपयोगिता इस बात में है कि यह विचार के प्रारम्भ की अनिवार्य उपाधि है। विचार का लक्ष्य विश्वास की स्थापना है।

'विश्वास की स्थापना' का विश्लेषण करते हुए पर्स कहते हैं कि इसका अर्थ मत या राय निश्चित करना है (Settlement of opinion)। विश्वास स्थापित हो जाता है किसी न किसी रूप में, यदि कोई निश्चित राय या मत उभर पड़े। उस मत या राय का सत्य होना अनिवार्य नहीं है। वह सत्य है या असत्य यह एक भिन्न प्रश्न है। पर्स कहते हैं कि जिस समय कोई राय निश्चित होता है, उस समय यह तय होता है कि अब हमें 'उस' पर विश्वास है और जैसे ही हम किसी चीज पर विश्वास करते हैं, या जैसे ही कोई विश्वास उभर पड़ता है, तो उसमें यह भी विश्वास रहता है कि वह सत्य है। वस्तुतः वह सत्य है या नहीं, इससे कोई अन्तर नहीं पड़ता। विश्वास के उभरने का अर्थ ही है कि उस समय उस विश्वास की सत्यता में भी विश्वास है। इस स्थल पर पर्स के विचार के एक मौलिक पहलू, जिसमें उनकी वैज्ञानिक मनोवृत्ति की अभिव्यक्त है, का उल्लेख करना वांछनीय है। पर्स में सत्यता, ज्ञान, विश्वास आदि के विचार में उनके **भ्रामकत्वता** (Fallibilism) निहित है। अंग्रेजी के इस शब्द से जो उनका तात्पर्य है, उसे एक हिन्दी

के शब्द में बाँधना कठिन है, किन्तु उनका अर्थ यह है कि ऐसा कोई विचार-ज्ञान नहीं है जो भ्रामक सिद्ध न हो सके। हर विचार, हर ज्ञान अस्थायी तथा सामयिक होता है, तथा तभी तक मान्य है जब तक उसमें निहित दोष स्पष्ट न हो जाय।

ऐसे ही विश्वास की स्थापना विचार का—अन्वेष-प्रक्रिया का—लक्ष्य है। अतः **'विश्वास'** पर्स के पत में बड़ा ही महत्त्वपूर्ण स्थान रखता है क्योंकि विचार का लक्ष्य विश्वास की स्थापना है। इस दृष्टि से पर्स विश्वास के स्वरूप को और स्पष्ट करते हैं।

अभी तक इतना ही स्पष्ट हुआ है कि विश्वास की स्थापना के साथ संशय का निराकरण हो जाता है। किन्तु पर्स के अनुसार विश्वास के कुछ निश्चित भावात्मक पहलू भी हैं जो विश्वास-स्थापना के साथ स्पष्ट हो जाते हैं, तथा जिनका महत्त्व हमारी क्रियाओं तथा हमारे व्यवहारों के लिए बड़ा स्पष्ट है।

पहले तो यह कहा ही जा सकता है कि विश्वास की स्थापना में कुछ अवगति भी उत्पन्न हो जाती है। शायद यही कारण है कि विश्वास को कुछ लोग मूलतः ज्ञानात्मक कोटि मानते हैं। जैसा हम देखेंगे कि विश्वास मूलतः तो क्रियात्मक पहलू है, किन्तु जब विश्वास की स्थापना हो जाती है तो यह प्रतीत होता है कि हमने कुछ जान लिया है—हमें कुछ ज्ञान उपलब्ध हुआ है। किस विषय का ज्ञान है—इसकी स्पष्ट अवगति नहीं भी हो सकती, किन्तु यह अवगति रहती है कि कुछ ज्ञानात्मक उपलब्धि हुई है।

किन्तु विश्वास का मौलिक स्वरूप यह है कि इसकी स्थापना का अर्थ होता है कुछ क्रिया या व्यवहार के नियम की स्थापना हो जाती है (establishment of a rule of act **on**)। विश्वास की अनिवार्य अभिव्यक्ति क्रिया के रूप में होती है। विश्वास की स्थापना का अर्थ होता है कि यह अब तय हो गया है कि किस रूप में क्रियाएँ अग्रसर होंगी। यदि दो प्रकार के विश्स्वासों की स्थापना हुई तो इसका अर्थ होता है कि दो प्रकार की क्रियाओं का ढंग निश्चित हो गया है। विश्वासों की पहचान तथा विश्वासों में भेद का आधार यही व्यवहार-नियम हो जाता है।

इस 'स्थापित व्यवहार-नियम' को पर्स **वृत्ति, स्वभाव** या **आदत** (Habit) कहते हैं। पर्स ने जिस रूप में 'Habit' शब्द का व्यवहार किया है, उससे यह स्पष्ट हो जाता है कि उन्होंने इसके बड़े व्यापक अर्थ में इसका उपयोग किया है। Habit शब्द का हिन्दी पर्यायवाची शब्द 'आदत' ही है। किन्तु आदत शब्द के जो सामान्य साहचर्य-अर्थ है, उनसे पर्स का अभिप्राय पूर्णतया स्पष्ट नहीं होता। इस कारण पर्स के तात्पर्य को समझने के लिए तीन शब्दों का व्यवहार किया गया है, **आदत, वृत्ति** तथा **स्वभाव**। आदत से क्रियाओं के नियमितता का बोध होता है, कुछ क्रियायें ऐसी बन जाती हैं कि हम उन्हें प्रायः अपने आप कर लेते हैं। पर्स का भी यह तात्पर्य है। किन्तु सामान्यतः आदत शब्द का उपयोग जड़ पकड़े हुए व्यवहारों को सूचित तो करता है, उस प्रवृत्ति को सूचित नहीं करता जिसकी अभिव्यक्ति आदत में होती है। पर्स के 'Habit' शब्द के व्यवहार में यह अर्थ भी निहित है। इसी कारण कहा जा रहा है कि Habit शब्द से **स्वभाव** का भी बोध होता है। स्वभाव शब्द के प्रयोग से किसी प्रकार के स्थायित्व का बोध नहीं हो सकता, क्योंकि उपयोगितावादी विचारकों के अनुसार, और इसलिए पर्स के अनुसार भी स्वभाव की प्रासंगिकता उसके आनुभविक व्यवहार अथवा उपयोगिता से आंकी जाती है, अतः कोई स्वभाव पूर्णतया स्थायी नहीं हो सकता। (इसके बाद अब हम Habit शब्द के लिए आदत' का ही व्यवहार करेंगे क्योंकि यह 'Habit' के सबसे निकट का शब्द है।)

तो यह कहा जा सकता है कि विश्वास की स्थापना का अर्थ है आदत की स्थापना। विश्वासों में भेद आदतों के आधार पर किया जा सकता है। विश्वासों के स्वरूप निर्धारण का ढंग आदतों की पहचान है। इस उक्ति के पीछे पर्स की एक जबरदस्त मान्यता है, वह मान्यता उनके वैज्ञानिक तथा आनुभविक दृष्टिकोण पर आधृत है। उनकी मान्यता है कि कोई विश्वास अपनी यथार्थता अपने आप नहीं पा सकता। विश्वास की वास्तविक निर्धारणता आन्तरिक में नहीं, इस बात में है कि वह किस रूप में अनुभव तथा आनुभविक विषयों को मान्य है। जो आनुभविक विषयों से पूर्णतया असंगत हो वह वास्तविक विश्वास नहीं हो सकता। यह वैज्ञानिक दृष्टिकोण का सार है। इसी मान्यता के अनुरूप पर्स कहते हैं कि विश्वासों का अर्थ उनसे जनित आदतों के अनुरूप स्पष्ट होता है। किसी विश्वास के अर्थ को स्पष्ट करने का अर्थ है यह देखना कि इसके अनुरूप कौन-सी आदत बनी है। पर्स ने अपनी इस उक्ति को और व्यापक रूप दे दिया है। जब विचार का लक्ष्य ही है विश्वास की स्थापना और जब विश्वास अनिवार्यतः आदतों में अभिव्यक्त होता है, तो यह कहा जा सकता है कि किसी विचार के अर्थ-निरूपण के लिए मात्र यह देखना है कि उस विश्वास से कौन-सी आदत द्योतित होती है। किसी विचार या भाव का अर्थ उसके अनुरूप उत्पन्न आदतों से ही निरूपित हो सकता है। आदत व्यवहार है। अतः कहा जा सकता है कि किसी विचार या भाव का वास्तविक निर्णायक व्यवहार है, व्यवहार के माध्यम से प्राप्त उपकरण है। पर्स ने अपने इस सिद्धान्त को बड़े सरल और तार्किक ढंग से बढ़ाया है। दर्शन जगत को पर्स की यह देन है, तथा दार्शनिक जगत से पर्स की प्रसिद्धि बहुत कुछ इसी सिद्धान्त के कारण है। यह पर्स का **प्रसिद्ध अर्थ-सिद्धान्त** है। अतः अब हम इसकी विशद विवेचना करेंगे।

पर्स का अर्थ सिद्धान्त
(Peirce's Theory of Meaning)

ऊपर कही गयी बातों से स्पष्ट हो जाता है कि पर्स के अनुसार विश्वासों के अर्थ का आधार तथा दो विश्वासों के अन्तर का आधार आदत है। विश्वास एक विशेष परिस्थिति में एक विशेष ढंग से कार्य करने का संकल्प है। कार्य करने का यही नियम आदत है। अतः विचारों तथा विश्वासों का अर्थ-निरूपण 'आदत' के ही संदर्भ में हो सकता है। आदत की सार्थकता कार्य अथवा व्यवहार के द्वारा सिद्ध होती है। इस संदर्भ में पर्स की अपनी उक्ति पर ध्यान देना रुचिकर होगा, अतः नीचे फुटनोट में पर्स के शब्दों में इन बातों को प्रकाश में लाया जा रहा है।[1] इस फुटनोट को ध्यान से पढ़ने पर यह स्पष्ट हो जाता है कि पर्स विश्वास-आदत के अपने विश्लेषण में अपने अर्थ-सिद्धान्त की पृष्ठभूमि प्रस्तुत कर देते

1. ......the whole function of thought is to produce habits of action.......to develop its meaning, we have, therefore, simply to determine what habit it produces, for what a thing means is what habits it involves....What the habit is depends on *when* and *how* it causes us to act. As for the *when*, when stimulus to action is derived from perception; as for the *how*, every purpose of action is to produce some sensible result. Thus we come down to what is tangible and conceivably practical, as the root of every real distinction of thought, no matter how subtle it may be; and there is no distinction of meaning so fine as to consist in anything but a possible difference of practice."
—C. S Peirce, *The Collected Papers of Charles Sanders Peirce*, C. Hartshorne, P. Weise, A. W. Burks ed, 8 vols. Cambridge, Mass 1931-1958.—Vol V-p.400.

हैं। इससे यह भी स्पष्ट हो जाता है कि अर्थ के निरूपण का आधार अन्ततः क्रियाओं-व्यवहारों में है। विश्वास की अनिवार्य अभिव्यक्ति आदत में है, आदत की सार्थकता का आधार क्रियाओं में है, व्यवहारिक कार्यों में है। तो, इसका अर्थ है कि विचार, विश्वास या भाव के अर्थ क्रिया या व्यवहार से ही प्राप्त होता है। हम देखेंगे कि पर्स की वैज्ञानिक भाषा में जिसका अर्थ निरूपण होता है, वह वस्तुतः एक चिह्न, (sign) है। चिह्नों के अन्तर का आधार उनकी विकृति में—उनके अर्थनिर्णयता में है। किसी चिह्न, (वह भाव हो (concept) या प्रस्तावना (proposition) हो), की अर्थनिर्णयता का आधार व्यवहारों में है, उन क्रियाओं में है जिनमें वे फलित होती हैं। इस प्रकार हम अर्थ के एक सर्वथा नवीन सिद्धान्त पर पहुँच जाते हैं। यह ठीक है कि बाद में, बीसवीं शताब्दी में बहुत से विचारकों ने अर्थ के कुछ उसी ढंग के सिद्धान्तों को बढ़ाया तथा तार्किकता दो, किन्तु व्यवहार-आश्रित अर्थ सिद्धान्त के सर्वप्रथम प्रारम्भ करने का श्रेय पर्स को ही दिया जा सकता है। अब हम इस सिद्धान्त की विवेचना कुछ विस्तार में करेंगे।

पर्स के पहले अर्थ के जो सिद्धान्त प्रचलित थे उन्हें समेट कर तीन वर्गों में रखा जा सकता है—

(1) सार-निर्देश के रूप में अर्थ (*Meaning as Stated Essence*)—अर्थ का यह अर्थ अरस्तू के विचारों से प्रभावित रहा। ऐसी मान्यता रही कि किसी भी भाव की परिभाषा का अर्थ है उसके सार गुणों का निर्देश। सार गुणों से तात्पर्य उसके अनिवार्य एवं सार्वभौम लक्षणों से है। 'मनुष्य' का अर्थ ऐसे जीव से है जो विवेकशील है, क्योंकि जीवत्व और विवेकशीलता मनुष्य के अनिवार्य तथा सार्वभौम लक्षण हैं, उसके सार गुण हैं।

किन्तु, इस सिद्धान्त को अर्थ-सिद्धान्त के रूप में मान्यता नहीं मिल पायी, एक तो इस कारण कि इसे मान्यता देने पर अधिकतर भावों या शब्दों का अर्थ-निरूपण हो ही नहीं सकता और दूसरे इस कारण भी कि लोगों को यह अनुभूति हुई कि किसी भाव का अर्थ समझना तथा उसके सार गुणों को जानना सर्वदा एवं सर्वथा एक नहीं है।

(2) निर्देशात्मक अर्थ-सिद्धान्त (*Referential Theory of Meaning*)—इसके अनुसार हर शब्द जो भाव का व्यक्त रूप है किसी वस्तु की ओर निर्देश करता है, जिसमें उसका निहित है। उदाहरणतः कहा जा सकता है कि इस सिद्धान्त के अनुसार 'पुस्तक' शब्द का अर्थ पुस्तक वस्तु है जिसकी ओर यह शब्द निर्देश करता है तथा जिससे ही इस शब्द को सार्थकता मिलती है। यह ठीक है कि बाद में इस सिद्धान्त का परिष्कृत तथा मार्मिक रूप निदर्शनात्मक परिभाषा (Ostensive definition) के रूप में प्रस्तुत होता है, किन्तु पहले अर्थ निरूपण का सबसे प्रचलित ढंग वस्तु को सूचित कर अर्थ बताना था।

इस सिद्धान्त में भी बहुत कठिनाइयाँ थीं, कम से कम इतना तो स्पष्ट हो गया था। कि यह अर्थ को सीमित कर देता है। क्योंकि हर शब्द किसी वस्तु को सुचित नहीं करते। क्रिया शब्द(Verb)या 'अवस्तु'(Nothing)जैसे शब्द किसी वस्तु को सूचित नहीं करते।

(3) प्रतिमामूलक अर्थ-सिद्धान्त (*Imagist Theory of Meaning*)—इस सिद्धान्त के अनुसार किसी शब्द या कथन का अर्थ वे प्रतिमाएँ (Images) हैं जो उससे मन में उत्पन्न होती है। अर्थ प्रतिमा-सूचक है। हम किसी शब्द को समझने के लिए, उसके अर्थ को जानने के लिए उन प्रतिमाओं पर आश्रित होते हैं जो उस शब्द से मन में जागते हैं। बर्कले ने कुछ ऐसे ही मत की स्थापना की थी।

इस सिद्धान्त की कठिनाइयों में कुछ विशिष्ट कठिनाइयाँ हैं कि इसे मान्यता देने से अर्थ-निरूपण सम्भव नहीं होगा क्योकि अर्थ में एक सारभौमता होती है जिसके लिए यह सिद्धांत कोई स्थान नहीं छोड़ता। किसी शब्द के कहने से भिन्न-भिन्न व्यक्तियों के मन में निहित है, तो उस शब्द से भिन्न-भिन्न व्यक्ति, अलग-अलग अर्थ लगायेंगे। पुनः उस अवस्था में भाषा अपने मूल कार्य को सम्पन्न करने में असमर्थ हो जायगी, क्योंकि कोई दूसरी की बातों के समझ ही नहीं पायेगा।

तो, पर्स से पहले अर्थ के तीन सिद्धान्त प्रचलित थे। इनकी विशद आलोचना का कोई प्रसंग यहाँ नहीं है। केवल इतना ही कहा जा सकता है कि पर्स की दृष्टि में इन सभी सिद्धान्तों में एक मौलिक दोष है। ये सभी किसी न किसी रूप में अर्थ की खोज मात्र संज्ञानात्मक (Cognitive) उपकरणों में करने की चेष्ट करते हैं, वे ध्यान भी नहीं देते कि वस्तुतः अर्थ की जड़ें क्रियात्मकता में हैं, व्यवहार में हैं। अतः पर्स ने एक ऐसे सिद्धान्त का प्रतिपादन किया जो उस समय के प्रचलित सिद्धान्तों से सर्वथा भिन्न तथा पूर्णतया मौलिक था।

वैसे पर्स के सिद्धान्त को हम अपने ढंग से तथा एक विशेष अर्थ में एक नाम दे सकते हैं—**संक्रियात्मक अथवा व्यवहारमूलक अर्थ सिद्धान्त** (Operational Theory of Meaning)। इसका सामान्य अर्थ मात्र इतना ही है कि यह एक ऐसे सिद्धान्त को सूचित करता है जिसके अनुसार अर्थ का मूल व्यवहार अथवा क्रियाओं में है।

इसके पहले कि पर्स के अर्थ-सिद्धान्त की रूपरेखा खींची जाय, एक स्पष्टीकरण अनिवार्य हैं। ऊपर की विवेचना से इतना तो स्पष्ट ही हो गया है कि पर्स के अनुसार जिसका हम अर्थ ढूँढ़ते हैं वह कोई 'वस्तु' नहीं, 'प्रतिमा' अथवा 'भाव' भी नहीं। पर्स इस बात की अनिश्चयता से बचने के लिए एक व्यापक शब्द 'चिह्न' (Sign) का व्यवहार करते हैं। उनके अनुसार वस्तुतः हम 'चिह्नों' का अर्थ निरूपण करते हैं, और उनके व्यापक अर्थ में चिह्न के अंतर्गत 'भाव', 'विचार', 'विश्वास', 'शब्द' आदि सभी चले आते हैं।

चिह्नों में भी सभी चिह्न अर्थ-सूचक नहीं होते। पर्स अपने अर्थ-सिद्धान्त को **बौद्धिक चिह्न** (Intellectual Concepts) तक सीमित कर देते हैं। इससे इनका तात्पर्य उन भावों से हैं जिनकी आवश्यकता विचार को पड़ती है। इसका अर्थ उनके अर्थ-सिद्धान्त विवेचना के बाद पूर्णतया स्पष्ट हो जायगा।

पर्स के अर्थ सिद्धान्त के विवरण के प्रारम्भ में पर्स के अपने शब्दों में इस सिद्धान्त निरूपण को उद्धृत करना उचित होगा। पर्स की निम्नलिखित उक्ति प्रसिद्ध ही नहीं, उनके अर्थ सिद्धान्त की आधारशिला के रूप में मान्यता प्राप्त है। वे कहते हैं—

"Consider what effects, that might conceivably have practical bearings, we conceive the object of our conception to have. Then our conception of these effects is the whole of our conception of the object"[1]

इस कथन का सामान्य अर्थ कुछ इस ढंग का है। हमारे विचार के जो विषय हैं, उनके विषय में यह सोचा जा सकता है कि किस प्रकार के व्यवहार में वे फलीभूत हो सकती हैं। ऐसे ही फलों के विचार से उस वैचारिक विषय का अर्थ निर्धारित होता है। इस कथन की व्याख्या के पहले पर्स के एक उदाहरण के द्वारा इसे समझने का प्रयास वांछनीय होगा।

1. Peirce collected works vol. V, P. 402.

उदाहरणतः हम किसी वस्तु को 'कड़ा' कहते हैं। इस चिह्न का क्या अर्थ होगा? पर्स कहते हैं कि पहले हमें यह सोचना है कि इस 'कड़े' का विचार किस प्रकार की क्रियाओं में फलीभूत हो सकता है। सोचने पर कुछ इस प्रकार के 'फलों' का विचार आता है। यदि हम इस पर उँगली से दबाव डालते हैं, तो दबाव प्रतिरोधित होता है, यदि हम उसे खरोंचते हैं, तो अधिकतर वस्तुओं से उस पर खरोंच नहीं होता आदि। पर्स कहते हैं कि 'कड़ा' का अर्थ इन्हीं क्रियाओं के विचारों से निरूपित होता है। 'कड़ा' चिह्न का अब अर्थ यही है वह जिस पर दबाव डालने पर प्रतिरोध हो, खरोंचने पर अधिकतर वस्तुओं से खरोंच न आये आदि-आदि। इसे एक अन्य ढंग के उदाहरण से और स्पष्ट किया जा सकता है। 'वन्ध्या पुत्र'—इससे कोई अर्थ बोध नहीं होता। वह केवल इसी कारण कि इसका कोई क्रियात्मक अथवा व्यवहारमूलक परिणाम नहीं निकल पाता। इस विचार से जनित किसी क्रियाफल का विचार सम्भव ही नहीं।

इन उदाहरणों को ध्यान में रखते हुए अब हम उनके सिद्धान्त की व्याख्या करें। सर्वप्रथम तो यह स्पष्ट ही है कि पर्स के अनुसार अर्थ देने का अर्थ एक शब्द के लिए दूसरा शब्द देना या दूसरे कुछ शब्दों का देना नहीं है। इनके अनुसार अर्थ का अर्थ बोध की **स्पष्टता** अथवा **प्रांजलता** (clarity of apprehension)है। बोध स्पष्ट तभी हो सकता है जब उसके द्वारा सम्भावित क्रियाओं का विचार उसे स्पष्ट करे। अतः अर्थ निरूपण एक प्रकार की अनुवाद-प्रक्रिया है जिसमें किसी चिह्न के लिए एक वैचारिक स्थिति उपस्थित की जाती है जिसमें यह स्पष्ट होता है कि यदि एक प्रकार की क्रिया हो, तो उसका एक प्रकार का फल होगा। वैसे ही फलों के विचार के द्वारा उस चिह्न का अर्थ स्पष्ट होता है। इस सिद्धान्त को और स्पष्ट रूप में समझने के लिए हम कह सकते हैं कि पर्स के अर्थ निरूपण प्रक्रिया को हम चार खण्डों में रख सकते हैं जो इस प्रक्रिया के चार स्तर हैं—

(क) सोपाधिकता का स्तर (*Hypothetical Part*)—सर्वप्रथम सोपाधिक विचार जागता है जिसे हेत्वाश्रित रूप में रखा जा सकता है। उदाहरणतः यह सोचना है कि 'कड़े' के संदर्भ में 'यदि यह करें, तो वह हो सकेगा'। यदि इस प्रकार की क्रिया करें (खरोंचना) तो अमुक फल होगा (खरोंच नहीं आना)।

(ख) व्यवहार का स्तर (*Operational Part*)—तब कुछ निश्चित प्रयोगों का विचार आता है। 'उंगली से खरोंचना' लोहे से खरोंचना आदि।

(ग) पूर्वसूचक स्तर (*Predictive part*)—तब उन प्रयोगों के अनुमानित फलों के विषय में विचार होता है।

(घ) 'फलों' के अनुभव का स्तर (*Experiential Part*)—इस स्तर में हर प्रक्रिया के अनुमानित फलों का बोध होता है। जैसे खरोंचने का फल खरोंच का नहीं होना, दबाने की क्रिया फल प्रतिरोध का अनुभव।

तो अब इन्हीं 'फलों' के माध्यम से बोध स्पष्ट होता है। स्पष्ट है कि पर्स के अनुसार किसी चिंह्न का अर्थ अन्तिम रूप में अथवा पूर्णतया निश्चित रूप में तय नहीं होता। अर्थ-निरूपण का वह उद्देश्य भी नहीं है क्योंकि वह सम्भव भी नहीं है। अर्थ वस्तुतः अर्थ-बोध है। अर्थ-निरूपण का अर्थ यथासम्भव उस अर्थ-बोध को स्पष्ट करना है। ऐसे ही अनुमानित फलों के विचार द्वारा अर्थ स्पष्ट होता है।

कुछ विचारकों ने कहा है कि पर्स के इस अर्थ-सिद्धान्त के दो खण्ड हैं—वैचारिक

सोपाधिकता का खण्ड (Hypothet calism) तथा सम्भावित क्रियाओं के अनुमानित अनुभव का स्तर (Experietialism)। हम कह सकते हैं कि पहले खण्ड के अन्तर्गत ऊपर बताये चार स्तरों में तीन आ जाते हैं, तथा दूसरा खण्ड ऊपर का चौथा स्तर ही है। इस विभाजन का एक ही लक्ष्य है। पर्स यह दिखलाना चाहते हैं कि अर्थ-निरूपण की प्रक्रिया एक सीधी प्रक्रिया नहीं है, ऐसी प्रक्रिया नहीं है जिसमें किसी भाव-चिह्न को सीधे किसी दूसरे भाव से स्पष्ट कर लें। इसमें एक प्रयोगात्मक स्थिति का विचार जागता है, जिसमें हेत्वाश्रित उपकरण उपस्थित हो जाते हैं—'यदि ऐसा करें तो यह होगा।' अब उन्हीं फलित होने वाली क्रियाओं के विचार के द्वारा अर्थ-बोध स्पष्ट होता है।

पर्स के अर्थ-सिद्धान्त की कुछ विशिष्टताएँ

पर्स के अर्थ-सिद्धान्त को समझने के लिए उसकी कुछ विशिष्टताओं को स्पष्ट करना अनिवार्य है—

(1) पर्स के अर्थ-सिद्धान्त की व्याख्या से यह भ्रान्ति उत्पन्न हो सकती है कि अर्थ-निरूपण के लिए कुछ वास्तविक प्रयोग करना पड़ता है। 'कड़े' के अर्थ को जानने के लिए 'कड़ी चीज' को खरोंचना पड़ेगा। पर्स का यह तात्पर्य नहीं। जब वे क्रिया (Operation) पर जोर देते हैं, तो उनका यह तात्पर्य नहीं कि हर अर्थनिरूपण के लिए व्यक्ति को वस्तुतः कुछ प्रयोग करने पड़ते हैं। विशेष प्रयोग में किसी एक व्यक्ति को किसी एक परिस्थिति में किसी विशिष्ट संस्थिति (Collocation) पर कुछ करना पड़ता है। पर्स ऐसा नहीं कहते। यहाँ कोई विशिष्ट प्रयोग नहीं होता **प्रयोग के सम्बन्ध में विचार होता है।**

(2) इसी कारण पर्स कहते हैं कि अर्थ निश्चित प्रयोग (Experiment) से उत्पन्न नहीं होता, **प्रयोगात्मक स्थिति** (Experimental Phenomenon) से उत्पन्न होता है। इससे उनका तात्पर्य है कि अर्थ जानने के लिए व्यक्ति को वस्तुतः कुछ करके नहीं देखना पड़ता, बल्कि सोचना पड़ता है कि ऐसी परिस्थिति में कोई यदि एक प्रकार की क्रिया करे तो उसका क्या फल होगा। अतः यह एक प्रयोग नहीं, प्रयोगात्मक स्थिति का विचार है।

(3) फलतः कहा जा सकता है कि पर्स अर्थ के लिए जब 'क्रियाओं' की बात करते हैं, तो वे क्रियायें वास्तविक-सम्पादित क्रियायें नहीं हैं, बल्कि **क्रिया-विचार** (Conceived action) हैं। अर्थबोध के लिए क्रियाओं की कल्पना कर यह सोचा जाता है कि उन क्रियाओं के सम्भावित फल क्या हैं। इन्हीं 'फलों' के विचार के द्वारा अर्थ-बोध स्पष्ट होता है।

(4) इस स्थल पर एक और तथ्य स्पष्ट होता है। सामान्यतः ऐसा सोचा जाता है कि किसी शब्द या अवधारणा का अर्थ उसके व्यवहार या व्युत्पत्ति के पहले तय होता है। इसी कारण अर्थ में एक प्रकार की निश्चयता मिली हुई होती है। पर्स के अनुसार भूत की ज्ञानात्मक उपलब्धियों का हाथ अर्थनिरूपण में जो भी हो, अर्थ-निरूपण-प्रक्रिया का सम्बन्ध भविष्य से भी है। किसी भाव से जनित क्रियाफल भविष्य से सम्बन्धित है।

(5) अब हम पर्स की महत्त्वपूर्ण उक्ति 'व्यवहारिक क्रिया-परिणाम' (Practical Bearings) का अर्थ स्पष्ट कर सकते हैं। अंगरेजी के 'Bearing' शब्द का अर्थ है 'जो धारण किया गया'। अर्थात् जब पर्स कहते हैं कि किसी अवधारणा के 'Practical Bearings' के विषय में सोचें, तो उनका तात्पर्य यह सोचना है कि जिसका अर्थ ढूंढना है, उसके धारण करने से क्रिया या व्यवहार में क्या अन्तर पड़ेगा।

(6) इससे पर्स के विचार के सम्बन्ध में एक महत्त्वपूर्ण तथ्य पर प्रकाश पड़ता है।

पर्स के ऊपर उद्धृत पंक्तियों को जेम्स ने उपयोगितावाद का जनक माना है। उसी आधार पर जेम्स ने 'उपयोगिता' (utility) को अर्थ एवं सत्य का आधार बना दिया। किन्तु, अब यह स्पष्ट हो गया कि पर्स का यह अभिप्राय नहीं था। पर्स अपने अर्थ-सिद्धान्त में उपयोगिता (utility) की बात नहीं करते। उनके लिए क्रियाओं की व्यवहारिकता के विचार में 'उपयोगिता' का होना अनिवार्य नहीं है। अर्थ-निरूपण की प्रक्रिया उपयोगिता के विषय में नहीं सोचती। 'व्यवहारिकता' तथा उपयोगिता' को पर्स एक नहीं मानते।

(7) इस विवेचना से अब यह भी स्पष्ट हो जाता है कि क्यों पर्स बार-बार कहते हैं कि जिसका अर्थ-निरूपण होता है वे 'चिह्न' हैं। वे 'चिह्न' इस कारण हैं क्योंकि वे अपने में कोई बोध नहीं देते। जब हम किसी शब्द का व्यवहार किसी भाव या अवधारणा के लिए करते हैं, तो हम समझते हैं कि उस शब्द का अर्थ वह अवधारणा है। किन्तु, वस्तुतः दोनों चिह्न ही हैं—एक शाब्दिक चिह्न तथा दूसरा अवधारणात्मक। वे चिह्न मात्र इसलिए हैं कि वे स्वयं अपना अर्थ-बोध देने में असमर्थ हैं। क्रिया-विचार से उनका अर्थ स्पष्ट होता है, और अब वे उस अर्थ को सूचित करते हैं जिसका बोध स्पष्ट हो गया है। इसी कारण पर्स कहते हैं कि हम 'चिह्नों' का अर्थ ढूंढते हैं। यह ठीक है कि चिह्नों के अन्तर्गत वे अवधारणा, भाव, विश्वास आदि सब को रख लेते हैं। उनके लिए इससे कोई अन्तर नहीं पड़ता, क्योंकि उनके अर्थ में वे सभी चिह्न ही हैं।

(8) उपर्युक्त विवेचना से पर्स के अर्थ-बोध की सीमा भी स्पष्ट हो जाती है। पर्स का अर्थ-सिद्धान्त हर प्रकार के चिह्न या हर प्रकार की अवधारणा के अर्थ-निरूपण का प्रयास नहीं करता। उनकी स्पष्ट स्वीकारोक्ति है कि उनका उद्देश्य केवल बौद्धिक-अवधारणाओं (Intellectual Concepts) के अर्थ-निरूपण से है। 'बौद्धिक अवधारणाओं' से उनका तात्पर्य वैसे भावों से है जो विचार के लिए तथा बोध के लिए प्रासंगिक हों। इस विवरण से पर्स के अर्थ-सिद्धान्त की सीमा स्पष्ट करने का प्रयास नहीं करते। फिर भी इस सम्बन्ध में कुछ निश्चित निष्कर्ष स्पष्ट हैं। उनके अनुसार व्यक्तिवाचक संज्ञा का अर्थ-निरूपण नहीं हो सकता, क्योंकि नाममात्र के विचार से उससे जनित किसी क्रिया का विचार उत्पन्न नहीं होता। उसी प्रकार वैसे नामों का भी कोई अर्थ-बोध नहीं होता, जिनसे कोई विशिष्ट वस्तु सूचित होती है। उसी प्रकार तात्कालिक अनुभूतियाँ जैसे 'लाल', 'हरा' आदि का भी अर्थ-निरूपण नहीं हो सकता; क्योंकि 'लाल' शब्द के विचार से 'अनुभूति' जाग सकती है, कोई क्रिया उत्पन्न नहीं होती। इस प्रकार पर्स ने सामान्य ढंग से कुछ भावों को अर्थ-बोध की अपनी सीमा से बाहर कर दिया है। किन्तु, यह कहा ही जा सकता है कि पर्स ने इस सीमा-निर्धारण के कार्य को अस्पष्ट छोड़ दिया है।

(9) इस अर्थ-सिद्धान्त से अभिप्रेत एक महत्त्वपूर्ण तथ्य प्रकाश में आता है। कहा जा सकता है कि पर्स ने अर्थ को व्यक्ति-केन्द्रित बना दिया। एक भाव-विचार से जिस प्रकार के 'क्रियाफल' का विचार व्यक्ति के मन में उपजेगा, उसी के अनुरूप उसे उस भाव का अर्थ-बोध होगा। हर व्यक्ति में यह अपने-अपने ढंग से होगा, अतः एक ही भाव का अर्थ-बोध भिन्न-भिन्न व्यक्तियों में भिन्न-भिन्न होगा। फलतः किसी भाव का कोई सामान्य अर्थ स्पष्ट नहीं होगा और तब दो व्यक्तियों में किसी एक भाव के सम्बन्ध में बातचीत भी असम्भव हो जायेगा। इस सम्भावना के सन्दर्भ में पर्स के अर्थ-सिद्धान्त को समझना अनिवार्य है।

पर्स यह सहज रूप में स्वीकारते हैं कि हर व्यक्ति को अर्थ-बोध अपने अपने ढंग से होता है। दो व्यक्तियों का अर्थ-बोध सर्वथा एक समान तथा एक ढंग का नहीं होता। कड़े शब्द से एक व्यक्ति समझता है कि जिस पर दबाव डालने से प्रतिरोध होता है तथा खरोंचने से खरोंच का निशान नहीं आता। किसी दूसरे व्यक्ति के लिए 'कड़े' के अर्थ-बोध में कड़ापन-माप-सारिणी (Hardness Scale) की कोई संस्था भी आ सकती है जो पहले व्यक्ति के लिए 'कड़े' के अर्थ-बोध का अंग नहीं। किन्तु, पर्स के अनुसार इसका यह अर्थ नहीं कि अर्थ-बोध के अन्तर के कारण दो व्यक्तियों के बीच बातचीत असम्भव है। इस सम्बन्ध में पर्स का मत सहज-ज्ञान-सम्मत भी है तथा तर्कसम्मत भी। पर्स के अनुसार जिस भाव का अर्थबोध दो व्यक्तियों में **सर्वथा** भिन्न है, उस विषय पर स्वभावतः दोनों में बात नहीं हो सकती। किन्तु, जिन भावों के सम्बन्ध में बात होती है या हो सकती है, उसके साथ सन्दर्भ दूसरा है। पर्स इसे **दो** ढंग से व्यक्त करते हैं। एक तो उनका कहना है कि जब किसी भाव के क्रियाफल पर कोई विचार करता है, तो उसके उस विचार में एक **सार्वभौमता** होती है। उस विचार की सार्थकता इसी बात में है कि व्यक्ति को लगे कि जो कोई इस भाव पर विचार करेगा उसे भी क्रियाफल-सम्बन्धी वैसा ही विचार आयेगा जैसा उसे आ रहा है। अतः वैयक्तिक ढंग से एक सार्वभौमिकता उस बोध में है। किन्तु, दूसरा ढंग अधिक स्पष्ट तथा सहज ज्ञान के अनुरूप है। 'कड़ा' के सम्बन्ध में दो व्यक्ति बात कर सकते हैं। यह ठीक है कि इसका अर्थ-बोध भी हर व्यक्ति को बिल्कुल एक जैसा होता है—ऐसा कहने का कोई आधार नहीं है की भिन्नता के रहते हुए भी बातचीत सम्भव है। क्योंकि अर्थबोध में कुछ अंशों की समानता है। उपर्युक्त उदाहरण में दोनों व्यक्तियों के 'कड़े' के अर्थबोध में कुछ अंश समान है। उसी समानता के आधार पर बात होती है। यदि अर्थबोध सर्वथा भिन्न हो, तो बातचीत में व्यामिश्र, भ्रान्ति, अनर्गलता आदि का प्रवेश हो जायेगा। कोई भाव जिसका एक के लिए अर्थबोध स्पष्ट है तथा दूसरे के लिए कोई अर्थबोध नहीं, उस विषय पर दूसरा व्यक्ति बातचीत नहीं कर सकता। ऐसी ही व्याख्याओं के चलते कहा जाता है कि पर्स का अर्थबोध सिद्धान्त सहज ज्ञान के अनुरूप है।

वस्तुतः पर्स का यह अर्थ-सिद्धान्त ऐतिहासिक दृष्टि से बड़ा महत्त्वपूर्ण सिद्ध हुआ, एक तो इस कारण कि जेम्स ने इसे उपयोगितावाद के दर्शन के आधार का रूप दे दिया, तथा दूसरे इस कारण भी कि यह अपने ढंग से सत्य के सत्यापन सिद्धान्त (Verificational Theory of Meaning), जो बाद में बड़ा प्रचलित हुआ, का भी स्रोत सिद्ध हुआ।

कुछ समीक्षात्मक टिप्पणियाँ

पाश्चात्य दर्शन के इतिहास में पर्स के अर्थ-सिद्धान्त का बड़ा महत्त्व है। वह केवल इस कारण नहीं कि यह उपयोगितावादी दर्शन का जनक है, बल्कि इसलिए भी कि बाद के विचारकों को इससे महत्त्वपूर्ण तथ्य प्राप्त हुए जिसके फलस्वरूप अर्थ के सत्यापन सिद्धान्त जैसे प्रभावशाली सिद्धान्त का उद्भव हुआ। फिर भी, इस सिद्धान्त में निहित कुछ दोष हैं, जिसके कारण न केवल उपयोगितावादी विचारकों के बीच कुछ भ्रान्तियाँ उत्पन्न हुईं, बल्कि उन्हीं दोषों की आलोचना में अन्य सिद्धान्तों के उत्पन्न होने का आधार बन गयीं। हम कुछ विशेष आलोचनाओं का उल्लेख करेंगे—

(1) प्रथमतः तो यह कहा ही जा सकता है कि पर्स के सिद्धान्त की मूल अवधारणा 'व्यवहारवादिता' (Practical Bearings) अस्पष्ट ही रह गया है। ऐसा प्रतीत होता है कि पर्स ने जानबूझ कर इसे अस्पष्ट छोड़ दिया, क्योंकि इससे उनको लाभ था।

(2) इस अर्थ-सिद्धान्त की दूसरी मूल अवधारणा 'क्रियाफल विचार' (Conceivable effects) की अवधारणा है। प्रश्न यह है कि क्या किसी भाव पर विचार करने पर उसके सभी क्रियाफल स्पष्ट होते हैं। तथा, जो क्रियाफल दिखाई भी देते हैं वे स्पष्ट रूप में दिखाई देते हैं। इस कठिनाई का निदान पर्स यह सोचकर कर लेते हैं कि हर भाव का अर्थबोध हर व्यक्ति को अलग-अलग होता है। किन्तु, उस अवस्था में तर्कतः यह स्वीकारना पड़ता है कि कोई दो व्यक्ति किसी एक विषय पर बात नहीं कर सकते। इस कठिनाई से बचने का जो संकेत पर्स ने किया है, उससे उपर्युक्त तार्किक तथ्य से छुटकारा नहीं मिलता। यदि दो अर्थ-बोधों में कुछ समानता रहे, तब भी उनकी भिन्नता के फलस्वरूप यह स्वीकारना पड़ता है कि दोनों वस्तुतः एक विषय पर बात नहीं कर रहे।

(3) पर्स के द्वारा दिये गये उदाहरणों के विश्लेषण से उस सिद्धान्त में निहित एक दोष स्पष्ट हो जाता है। 'कड़े' का उदाहरण देते हुए पर्स कहते हैं कि इस पर विचार करने से कुछ क्रियाफल **विचार** स्पष्ट होते हैं, जैसे खरोंचने से खरोंच नहीं आयेगी। प्रश्न है कि यदि पहले से 'कड़े' के विषय में कोई जानकारी न रहे, तो ऐसा विचार उत्पन्न कैसे होगा। पर्स स्पष्टतः कहते तो नहीं हैं, किन्तु उनका एक उत्तर हो सकता है कि जिसकी पहले से कोई जानकारी न हो उसका विचार उत्पन्न ही नहीं होगा, तथा यह भी कि यदि कोई सर्वथा नवीन भाव प्रस्तुत करता है, तो उसके लिए जिसे उसकी कोई जानकारी नहीं है वह कोई अर्थ-बोध नहीं दे सकता। किन्तु, इस उत्तर में भी एक तार्किक प्रश्न अनुत्तरित रह जाता है; पहली जानकारी कैसे होती है? क्या उनका अर्थबोध सिद्धान्त उसकी व्याख्या नहीं कर सकता, तो वह अर्थ-बोध-सिद्धान्त कैसे हैं?

इस आपत्ति के आधार पर अधिक से अधिक इतना ही कहा जा सकता है कि जिसे हम पर्स का अर्थ-सिद्धान्त कहते हैं, वह कोई सिद्धान्त नहीं, **अर्थ-बोध-निरूपण** का अंश भी नहीं है, अर्थ-बोध स्पष्ट करने का एक अयथेष्ठ ढंग हो सकता है।

(4) इस सिद्धान्त से यह भी स्पष्ट नहीं होता कि यह अर्थ-निरूपण का ढंग देता है या अर्थपूर्णता का मापदण्ड। दोनों प्रकार की बातों का समावेश यहाँ दिखाई देता है, जिसके फलस्वरूप यह किसी रूप में पूर्णतया स्पष्ट नहीं हो पाता।

विलियम जेम्स (1842-1909)

उपयोगितावाद को सामान्यतः अमेरीका का दर्शन कहा जाता है। ऐसा नहीं है कि अन्य देशों में इस प्रकार के विचार का प्रादुर्भाव नहीं हुआ, बल्कि यह अवश्य है कि इस विचार को व्यवस्थित दर्शन के रूप में प्रतिष्ठित करने का श्रेय अमरीकी विचारकों का है। ऐसा भी कहा जाता है कि अमेरीका के लोगों के सोचने-जीने का ढंग सामान्यतः व्यवहारिक तथा व्यवहारवादी है, जिसके चलते वहाँ उपयोगितावाद का दर्शन पनप सका। कारण जो हो, यह है कि अमेरिका के कुछ विशिष्ठ विचारकों ने इसे पल्लवित-पुष्पित किया। उनमें तीन विचारकों का महत्त्वपूर्ण स्थान रहा है। **पर्स** के विचारों में इस दर्शन ने जन्म लिया, **जॉन डीवी** के विचारों में यह पूर्णतया विकसित हुआ, क्योंकि डीवी ने जीवन के कुछ क्षेत्रों में (जैसे शिक्षा के क्षेत्र में) इस विचार का सफल व्यवहारिक प्रयोग किया। **विलियम जेम्स** का महत्त्व इस तथ्य में है कि उन्होंने इस दर्शन के सैद्धान्तिक पक्ष को संवारा और रूप दिया। यह ठीक है कि इन तीनों में हर बात पर मतैक्य नहीं, किन्तु यह भी ठीक है कि जेम्स ने अपने ढंग से उपयोगितावाद को एक प्रतिष्ठित दर्शन के रूप में स्थापित

किया। फलतः इसके मूल सिद्धान्त जेम्स के विचारों में विकसित हुए। जेम्स के विचारों का पूर्ण विवरण तो यहाँ सम्भव नहीं है, हम उनके विचारों के कुछ अंशों का संक्षिप्त विवरण यहाँ करेंगे—केवल वैसे विचारों का जो उपयोगितावाद के सैद्धान्तिक पक्ष को स्पष्ट करते हैं। उनके विचारों के कुछ प्रमुख अंशों का—जैसे उनके धर्म-दर्शन का—उल्लेख यहाँ नहीं हो पायेगा।

उनके उपयोगितावादी विचार की पृष्ठभूमि

जेम्स चिकित्सा शास्त्री थे। शरीर-शास्त्र का उनका ज्ञान मन की क्रियात्मकता-सम्बन्धी उनके विचारों को रूप देने में सहायक सिद्ध हुआ। फलतः वे एक मनोविज्ञान-शास्त्री के रूप में भी प्रसिद्ध हुए। वस्तुतः उपयोगितावाद के दर्शन की रूपरेखा खींचने के पहले, उन्हें एक मनोवैज्ञानिक के रूप में ख्याति प्राप्त हो चुकी थी। उनका मनोविज्ञान उनके उपयोगितावाद की पृष्ठभूमि है। हम उनके मनोविज्ञान से मात्र दो विचारों को स्पष्ट करेंगे; क्योंकि उन्हीं दो विचारों का स्पष्ट प्रभाव उनके उपयोगितावाद के दर्शन पर है। एक तो उनकी सामान्य मनोवैज्ञानिक दृष्टि है, तथा दूसरा उनका मन तथा चेतना का मनोवैज्ञानिक विश्लेषण है। उनकी उपयोगितावादी दृष्टि उनके इन्हीं दो विचारों की पृष्ठभूमि में संरचित होती है।

उनके मनोविज्ञान का एक जैविक आधार है। उनका मनोविज्ञान इस विश्वास के साथ अग्रसर होता है कि मनुष्य एक ऐसा आंगिक-संगठन (organism) है, जो सदा वातावरण के साथ अपने को अभियोजित करने के संघर्ष में रत है अतः मन भी कोई तात्विक सत् नहीं, यह एक सतत प्रवाहशील अनुभूतियों का नाम है। मन में कोई स्थायी प्रतिमायें नहीं होतीं, यह तो एक सरित-प्रवाह है जिसमें कोई दरार नहीं, जिसमें एक क्रमता रहती है। अतः हम जिसे मन कहते हैं वह लौक के मन जैसा निष्क्रय नहीं, सदा क्रियात्मक रहता है। अतः यह भी स्वीकारना पड़ता है कि अनुभव का अर्थ मात्र संज्ञानात्मक नहीं, अनुभव केवल चेतना को प्राप्त नहीं करता, बल्कि अनुभव का क्रियात्मक आधार होता है, उसमें क्रियात्मकता होती है। जेम्स यहाँ तक कहते हैं कि प्रत्यक्ष जैसी मानसिक क्रिया में भी केवल सत् का चित्र प्रतिबिम्बित नहीं होता, बल्कि उसमें भी जो ज्ञान प्राप्त होता है वह मन की क्रियात्मकता से संरचित होता है। हम देखेंगे कि जेम्स के इस मनोवैज्ञानिक दृष्टि का स्पष्ट प्रभाव उनके उपयोगितावादी विचारों पर है।

उनका 'विचार' अथवा 'चेतना' का मनोवैज्ञानिक विश्लेषण भी उपयोगितावाद के लिए बड़ा प्रासंगिक है। इस संदर्भ में जेम्स ने 'विचार' तथा 'चेतना' में भेद भी नहीं किया है। अपने मन अथवा चेतना सम्बन्धी विचार को जेम्स ने व्यक्ति तथा प्रयोजनों से जोड़ कर एक नये ढंग की क्रियात्मकता दी है। विचार अथवा चेतना का कार्य व्यक्ति तथा उसके वातावरण के मध्य क्रिया-प्रतिक्रिया के फलस्वरूप उत्पन्न होता है। चेतना सदा वातावरण से उद्दीपनों का चुनाव करती है, यह चुनाव उसकी अभिरुचि एवं उसके प्रयोजनों पर आधृत होता है। ऐसे चुने हुए उपकरणों के द्वारा ही मन की क्रियायें प्रवाहशील होती हैं।

विचार का सतत् प्रवाहशील रहना विचार की विशिष्टता है इसी में विचार की अनिवार्य **गतिशीलता** एवं क्रियात्मकता निहित है। इसी दृष्टि से जेम्स ने विचार के कुछ प्रमुख लक्षणों का उल्लेख किया है। (i) प्रथमतः तो विचार को एक सरित-प्रवाह माना गया है। इस उपमा के आधार पर यह कहा जा सकता है कि विचार में दो लक्षण तो स्पष्ट

हैं ही—एक तो विचार स्थिर रूप में किसी भाव को पकड़कर स्थिर रहने की प्रक्रिया नहीं है, यह सदा परिवर्तित होता रहता है। दूसरी बात यह कि विचार में एक सतत् क्रम है—निरन्तरता है, ठीक उसी प्रकार जिस प्रकार सरित-प्रवाह में होता है। इस क्रम का हर अंश हर दूसरे अंश से सम्बन्धित है। (ii) इससे यह भी स्पष्ट हो जाता है कि जेम्स के अनुसार विचार को जन्मजात-अपरिवर्तित तत्व नहीं है, परिवर्त्तन इसका स्वरूप है। (iii) इस प्रवाह से हर क्षण व्यक्ति को कुछ अपनी रुचि एवं प्रयोजनों के अनुरूप चुन लेता है—इस वैयक्तिक चुनाव से पृथक विचार का कोई अस्तित्व नहीं, अतः विचार वैयक्तिक होता है। (iv) वैयक्तिक होते हुए भी वैचारिक विषयों में एक विशिष्ट प्रकार की वस्तुनिष्ठता (objectivity) होती है। व्यक्ति का विचार संज्ञात्मक है, उसे यह अनुभूति होती है कि कुछ अवगति हो रही है। साथ ही साथ उसे यह भी प्रतीत होता है कि जिस विषय की उसे अवगति हो रही है वह उससे बाहर है—वस्तुनिष्ट है। यह एक विशिष्ठ प्रकार की आत्म-केन्द्रित वस्तुनिष्ठता है। (v) इस प्रकार के विषय के ज्ञान में व्यक्ति अपनी **अभिरुचि** के अनुसार कुछ अंशों को चुन लेता है तो कुछ को छोड़ देता है। इन्हीं चुने गये अंशों के अनुरूप उसका व्यवहारिक जीवन संरचित होता है।

मन और विचार के इसी प्रकार की अवधारणा के अनुरूप जेम्स अपने उपयोगितावाद को रूप देते हैं।

जेम्स की उपयोगितावाद की संक्षिप्त रूपरेखा

वैसे तो उपयोगितावाद के सामान्य स्वरूप का विवरण पहले हो चुका है, तथा उस विवरण में जेम्स के उपयोगितावाद का भी उल्लेख हुआ है, किन्तु अब जेम्स के उपयोगितावाद की पृष्ठभूमि की समझ के आलोक में हम उनके उपयोगितावाद की विशिष्टताओं को संक्षेप में स्पष्ट करेंगे।

प्रथमतः तो यह कहा ही जा सकता है कि जेम्स के अनुसार उपयोगितावाद एक दृष्टि है जो विचार की एक कारगर पद्धति प्रस्तुत करती है। इसी स्थल पर जेम्स ने पर्स से इस विधि को लिया। इस उपयोगितावादी विधि का सरल रूप मात्र इतना ही है कि विचार का आधार उनके व्यावहारिक फलों में है। यदि किसी विचार से कोई व्यावहारिक अन्तर नहीं पड़ता, तो यह विचार वस्तुतः विचार ही नहीं।

इसी कारण इस विधि को उपयोगितावाद कहा गया है। इसका आधार व्यावहारिकता में है। जेम्स के अनुसार शुद्ध सैद्धांतिक विचार हो ही नहीं सकता। भाव विचार प्रयोजनात्मक होते हैं, इनका वातावरण से क्रियात्मक संयोजन होता है। भाव या विचार कर्म अथवा क्रिया की **योजनायें** हैं (Plans for actions), शुद्ध सैद्धान्तिक विचार रिक्त विचार है, उसका कोई अर्थ नहीं।

इसी कारण जेम्स का उपयोगितावाद मूलतः एक विधि के रूप में उभरता है। इस विधि से न केवल योजनाओं का आधार प्राप्त होता है, बल्कि मतभेदों को सुलझाने का सहज ढंग भी मिल जाता है। हर प्रकार के वैचारिक मतभेदों को मात्र इसी ढंग से सुलझाया जा सकता है कि उनके व्यावहारिक परिणामों को देख लिया जाय। विचारों के व्यावहारिक फ़ल विचारों की उपादेयता निश्चित कर देते हैं, जिसके फलस्वरूप मतभेद समाप्त हो जाते हैं।

जेम्स का उपयोगितावाद अनुभववादी तो है ही। जेम्स अनुभव को प्राथमिकता देते हैं, बल्कि हम देखेंगे कि जेम्स का दावा है कि उनका अनुभववाद पारम्परिक अनुभववाद से

अधिक मौलिक है। इसी कारण वे यह भी दावा करते हैं कि उनका उपयोगितावाद तो जाना-पहचाना दर्शन है जो जनमानस को सहज रूप में स्वीकार्य हो सकता है।

जेम्स का उपयोगितावाद एक अर्थ में वास्तववादी भी है। व्यक्ति और आत्मा को केन्द्रीयता देते हुए भी जेम्स विषयों की विषयनिष्ठता को एक स्थान देते हैं। यह ठीक है कि उनके विचार में निहित वास्तववादी धारा (realistic current) सामान्य वास्तववाद के सर्वथा अनुरूप नहीं, किन्तु उनका यह मत है कि यदि विचार पूर्णतया व्यक्ति केन्द्रित हो जाय, यदि विचार का कोई विषयनिष्ठ रूप न हो, यदि एक व्यक्ति का विचार अनिवार्यतः तथा हर रूप में दूसरे व्यक्ति के विचार से सर्वथा भिन्न हो, तो वैसा विचार उपयोगितावादी नहीं हो सकता। इसका स्पष्टीकरण जेम्स के सत्यता सम्बन्धी विचार में पूर्ण रूप में उभर कर आता है।

सच पूछा जाय तो जेम्स के उपयोगितावादी की एक विशिष्टता उनका सत्यता-सिद्धान्त भी है। उस सिद्धान्त की विवेचना हम अलग से करेंगे, फिर भी इतना तो कहा ही जा सकता है कि उस सिद्धान्त में जेम्स के उपयोगितावाद का एक ठोस लक्षण स्पष्ट होता है। उपयोगितावाद यह स्वीकार करता है कि पूर्णतया शाश्वत सत्य की खोज निरर्थक है। सत्य परिस्थिति सापेक्ष होता है, अस्थायी होता है तथा गत्यात्मक होता है। एक परिस्थिति में ऐसा प्रतीत हो सकता है कि इस समय के प्राप्त सत्य में नित्यता है, किन्तु वस्तुतः सत्य सदा प्राप्त होता रहता है, अतः परिवर्तित होता रहता है। इस प्रकार जेम्स का उपयोगितावाद वैज्ञानिक मनोवृत्ति के अनुकूल सिद्ध होता है, वह मनोवृत्ति किसी सत्य को 'अन्तिम सत्य' के रूप में नहीं स्वीकार सकती।

जेम्स के उपयोगितावाद की यह भी विशिष्टता है कि वह इसे एक बड़ा व्यापक रूप देता है तथा इसका प्रयोग विचार के हर क्षेत्र में करने का प्रयास करता है। उदाहरणस्वरूप, जेम्स ने 'ईश्वर', 'अमरता', 'स्वतंत्रता', आदि के भावों का भी उपयोगितावादी अर्थ स्पष्ट किया है, और यह उनके उपयोगितावाद की विशिष्टता भी है तथा मौलिकता भी।

जेम्स का मूलीय (उत्कट) अनुभववाद
(Radical Expericism)

इस स्थल पर जेम्स के उत्कट अनुभववाद की एक संक्षिप्त रूपरेखा खींच देना अनिवार्य प्रतीत होता है। किसी-किसी स्थल पर जेम्स स्वयं कहते हैं कि उनके इस प्रकार के अनुभववाद में उनका सम्पूर्ण दर्शन निहित है।

अपने अनुभववाद तथा पारम्परिक अनुभववाद में भेद करने के उद्देश्य से उन्होंने 'radical' (उत्कट, मूलभूत) शब्द का व्यवहार किया है। उनका विचार भी अनुभववादी है, अतः वे भी अनुभव की केन्द्रियता को स्वीकार करते हैं। किन्तु, उनका दावा है कि ब्रिटिश अनुभववादी परम्परा 'अनुभव' शब्द की व्यापकता तथा मूलभूत अर्थ दोनों के साथ न्याय नहीं कर पाती। उनके अनुसार उस परम्परा में अनुभव शब्द को इतना सीमित कर दिया गया है कि उसकी व्यापकता ही समाप्त हो जाती है। वस्तुतः लोक की परम्परा में अनुभव संवेदना (Sensation) तथा इन्द्रिय-प्रत्यक्ष (Sense-perception) तक ही सीमित रहता है। किन्तु, अपने उत्कट अनुभववादी विचार में जेम्स 'अनुभव' को केवल इन्द्रिय प्रत्यक्ष तक सीमित नहीं करते, बल्कि उसके अन्तर्गत हर प्रकार की अनुभूतियों को रख देते हैं। अनुभव के अन्तर्गत हर प्रकार की वैचारिक तथा भावनात्मक अनुभूतियाँ भी चली आती

हैं। किसी कार्य की ओर प्रेरित होना, अथवा भय आदि की संवेगात्मक अनुभूति, सौन्दर्य-बोध, धार्मिक अनुभूति आदि भी अनुभव है। अतः कोई सिद्धान्त जो इन अनुभवों को अनुभव के क्षेत्र से बाहर रखता है, वह अनुभव को सीमित करता है, उसकी व्यापकता को नष्ट करता है।

जेम्स के अनुसार पारम्परिक अनुभववाद 'अनुभव' शब्द के मूलभूत अर्थ को भी विकृत कर देता है। वहाँ अनुभव के विषय-रूप में केवल उस विषय का उल्लेख होता है जो अनुभव में ज्ञात होता है। किन्तु वह यह भूल जाता है कि अनुभव के विषय के अन्तर्गत केवल विषय-वस्तु नहीं, वे सभी सम्बन्ध भी हैं जिनके साथ विषय-वस्तु ज्ञात होता है। इसी भूल के कारण लाक को द्रव्यादि कोटियों को अलग से जोड़ने की आवश्यकता हुई। उत्कट अनुभववाद अनुभव को एक ऐसा प्रवाह मानता है जिसकी हर कड़ी हर पहले और बाद की कड़ी से जुटी हुई है। लौक 'अनुभव-विषय' के इस स्वरूप को समझने में मौलिक भूल कर बैठता है।

इसी पृष्ठभूमि में जेम्स ने अपने उत्कट अनुभववाद को अपने ढंग से चित्रित किया है। वे कहते हैं कि उनके उत्कट अनुभववाद की प्रथमतः एक पूर्वधारणा है, और तब उसका एक तथ्यात्मक कथन है, तथा अन्त में यह एक सामान्य निष्कर्ष की स्थापना कर देता है।[1] इसकी पूर्वधारणा मात्र यही है कि विचारकों में उन्हीं बातों पर विवाद हो सकता है, जिन्हें अनुभव-आधृत-स्रोतों से परिभाषित किया जा सके।[2] तथ्यात्मक कथन यह है कि वस्तुओं के बीच का सम्बन्ध चाहे वे संयोजक हों या वियोजक भी, विशेष अनुभवों से पूर्णतया—न अधिक न कम— उसी प्रकार सम्बन्धित हैं जिस प्रकार की वस्तुएँ उन अनुभवों से सम्बन्धित हैं।[3] सामान्य निष्कर्ष यह है कि वे सम्बन्ध जो स्वयं भी अनुभव के अंश हैं, अनुभव के विशेष अंशों को क्रमपूर्वक एक दूसरे के साथ जुटे हुए रखते हैं।[4] अब हम इसका स्पष्टीकरण करें।

पूर्वधारणा का अर्थ मात्र यही है कि दार्शनिक चिन्तन का विषय अनिवार्यतः अनुभव से ही प्राप्त है। जो अनुभव से परे हैं, अथवा जिसका अनुभव से कोई सम्बन्ध नहीं उसकी दार्शनिक विचारों के लिए कोई प्रासंगिकता नहीं। इस प्रकार इस पूर्वधारणा से दार्शनिक चिन्तन का विषय-वस्तु तो निश्चित होता ही है, तथा उसकी सीमा भी निर्धारित हो जाती है, ये दोनों अनुभव आश्रित ही सिद्ध होते हैं। इसी से जेम्स के अनुभववाद को उत्कटता प्राप्त होती है।

इस उत्कटता का मूल जेम्स के 'तथ्यात्मक-कथन' में निहित है। इस कथन में इस तथ्य पर जोर दिया गया है कि वस्तुतः अनुभव हर विशेष उदाहरणों में पृथक-पृथक विषयों को पकड़ने का माध्यम नहीं है। ऐसा नहीं है कि जो अनुभव में प्राप्त होता है—वह हर दूसरे

1. "Radical Experience consists (1) First of a postulate, (2) next of a statement of fact and finally (3) of a generalised conclusion"—*Essays in Radical Empiricism*, p. VII.
2. "The postulate is that the only things that shall be debatable among philosophers shall be things definable in terms drawn from experience." Ibid, p. IX.
3. The statement of fact is that the relation between things conjuctive as well as disjunctive, are just as much matters of direct particular experience, neither more nor less so, than the things themselves, Ibid p. X.
4. The generalised conclusion is that therefore the parts of experience hold together from next to next by relations that are themselves parts of experience" Ibid, p. XII

विषय से सर्वथा अलग—एक पृथक इकाई है। अनुभव एक प्रवाह है, जिस प्रवाह में हर अंश एक दूसरे के साथ जुटे हैं। हम अपनी सुविधा के अनुसार, व्यवहारिक उद्देश्यों के लिए उस प्रवाह से इकाइयों को पृथक कर सोचते हैं, किन्तु इसका यह अर्थ नहीं कि उन इकाइयों का अनुभव में सर्वथा स्वतंत्र अस्तित्व है। सामान्यतः हम व्यवहारिकता की माँगों के अनुरूप इन इकाइयों को इतना महत्त्व देते हैं कि उनके सम्बन्धों की उपेक्षा हो जाती है। वस्तुतः ये सम्बन्ध भी उतने ही महत्त्वपूर्ण है जितना कि ये इकाइयाँ।

सामान्य निष्कर्ष में जेम्स का उत्कट अनुभववाद पूर्णतया स्थापित हो जाता है। वहाँ अनुभव की आत्म-पर्याप्तता पूर्णतया विकसित हो जाती है। यह निष्कर्ष यही है कि यदि अनुभव को अपनी सम्पूर्णता में देखें, तो स्पष्ट हो जाता है कि इसे किसी अनुभवातीत तथ्य पर आधारित होने की आवश्यकता नहीं। इसके वस्तुओं को बाँधकर सम्बन्धित रखने के लिए किसी अनुभव से इतर तत्त्व की आवश्यकता नहीं। इन आनुभविक वस्तुओं को जोड़े हुए रखने वाले सम्बन्ध भी अनुभव के ही अंश हैं—अनुभव के विषय हैं। इसका अर्थ हैं कि आनुभविक तथ्यों के द्वारा वैचारिक व्याख्या सम्भव है, तथा यह भी कि इस व्याख्या को किसी अनुभवातीत तथ्य से सहायता लेने की आवश्यकता नहीं।

इस सामान्य निष्कर्ष से एक और तथ्य प्रकाशित होता है जो जेम्स के उत्कट अनुभववाद का एक स्वाभाविक अंग है। यदि अनुभव की आत्म-पर्याप्तता पर इतना जोर दिया जाता है, तो इसका अर्थ होता है कि अनुभव हर प्रकार की व्याख्या प्रस्तुत करने में समर्थ है। दार्शनिक चिन्तन की एक उलझन भरी समस्या रही है भौतिक तथा मानसिक तथ्यों की व्याख्या का प्रश्न। 'भौतिक' की व्याख्या 'भौतिक तथ्यों से यथेष्ठ प्रतीत नहीं होती तथा उसे 'अभौतिक' के ढाँचे में ढालना भी कठिन सिद्ध होता है। उसी प्रकार 'अभौतिक' की व्याख्या भी न तो भौतिक और न अभौतिक तत्त्वों के द्वारा ही पूर्णतया संगत प्रतीत होती है। प्रश्न है कि क्या जेम्स इस उलझनभरी समस्या से बच पाते हैं। यदि उनके दावे के अनुरूप अनुभव हर प्रकार की व्याख्या प्रस्तुत करने में समर्थ हैं, तो क्या अनुभव 'भौतिक' तथा 'अभौतिक एवं मानसिक की व्याख्या भी करने में समर्थ हैं?

जेम्स इस प्रश्न का उत्तर अपने उत्कट अनुभववाद के अनुरूप देते हैं। वे कहते हैं कि अनुभव इनकी व्याख्या करने में समर्थ है, क्योंकि **अपने** में अनुभव न भौतिक है न अभौतिक न वस्तुनिष्ठ है न आत्मनिष्ठ। यह तों 'अनुभव' को देखने के ढंग पर निर्भर करता है। यदि अनुभव को आत्म से संबंधित कर देखा जाय, तो यह वस्तुनिष्ठ प्रतीत होता है। इस स्थल पर जेम्स का **'अनुभववाद'** अथवा **अनुभव की तटस्थता का सिद्धान्त** (Neutralism) स्पष्ट होता है। अनुभव अपने में तटस्थ होता है, यह न भौतिक है न अभौतिक। हमारे देखने के ढंग के अनुरूप यह भौतिक या मानसिक प्रतीत हो सकता है। उदहारणतः किसी मेम के अनुभव को यदि हम अपने अन्य अनुभवों से सम्बन्धित कर देखते हैं, तो यह मानसिक प्रतीत होता है; किन्तु यदि हम इसे अन्य वस्तुओं से सम्बन्धित कर सोचते हैं तो यह भौतिक प्रतीत होता है। अनुभव इन दोनों प्रवाहों में देखा जा सकता है, अपने स्वरूप में न तो यह पूर्णतया भौतिक है न पूर्णतया अभौतिक अथवा मानसिक। जेम्स इस एक उपमा से स्पष्ट करते हैं। निम्नलिखिंत रेखांकन को देखें—

'O' बिन्दु AB में स्थित बिन्दु भी है, C-d, M. N. P. Q आदि रेखाओं में भी स्थित बिन्दुएँ है। जिस रेखा पर ध्यान केन्द्रित कर O को देखा जाय, वह उसका, ही बिन्दु प्रतीत

होता है। किन्तु, वह केवल उसका बिन्दु नहीं, वह अन्य रेखाओं का भी बिन्दू है। अपने में वह एक ही बिन्दू है, सभी रेखाओं से तटस्थ, देखने का ढंग उसे किसी विशेष रेखा पर रख दे सकता है। उसी प्रकार अनुभव अपने में तटस्थ है, जिस चक्र-क्रम में इसे रखा जाय उसी के अनुरूप यह दिखाई देता है।

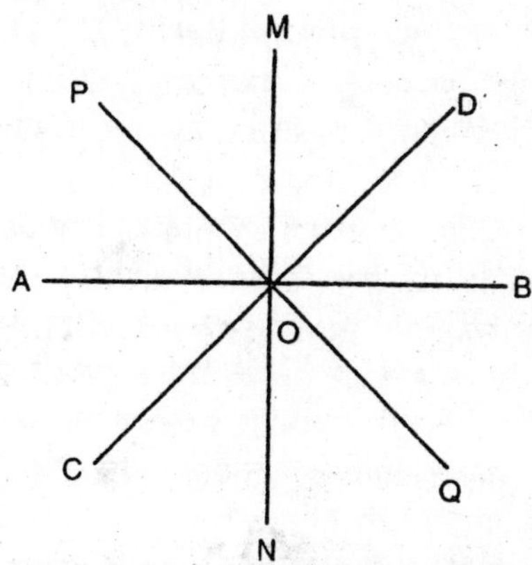

इस प्रकार के तटस्थवाद के परिणामस्वरूप 'भौतिक' एवं 'मानसिक' का द्वैत अपनी तीव्रता खो देता है। यदि उसी अनुभव के विभिन्न रूप देखने के परिणामस्वरूप भौतिक तथा मानसिक का भेद दिखाई देता है, तो इसका अर्थ है कि दोनों परस्पर विरोधी नहीं हैं, जेम्स ऐसा स्वीकार करते हैं। किन्तु, जब जेम्स से पूछा जा सकता है, कि यदि दोनों का आधार तटस्थ अनुभव में है, तो ये दोनों-भौतिक और मानसिक-विरोधी लक्षणों से युक्त क्यों प्रतीत होते हैं? भौतिक' विस्तार युक्त होते हैं, मानसिक तत्वों में विस्तार नहीं होता। जेम्स को ऐसी आपत्तियों का अनुमान है, तथा उन्होंने अपने ढंग से इसका समाधान दिया है। वे कहते हैं कि डेकार्ट के दर्शन के बाद 'भौतिक' तथा 'मानसिक' का द्वैत एवं विरोध तीव्र हो गया, किन्तु वस्तुतः अनुभव ही यह दिखाता हे कि दोनों में कोई मौलिक विरोध नहीं। दोनों में बहुत अर्थों में समानता भी दिखाई देती है। जेम्स ने विभिन्न उदाहरणों के द्वारा इसे स्पष्ट किया है। हम एक—केवल विस्तार का ही उदाहरण ले लें। ऐसा नहीं है कि 'विस्तार' का लक्षण 'मानसिकता' का विरोधी लक्षण है। हमारे बहुत से विचार हैं जो बिना विस्तार को ध्यान में रखे अग्रसर हो ही नहीं सकते। उदाहरणतः हम मन में किसी भूखण्ड की कल्पना करें, किसी विशाल वस्तु की कल्पना करें, बिना विस्तार को सोचें, तो यह कल्पना सम्भव ही नहीं होगी। अतः विस्तार को भी सोचा जाता है।

जेम्स कहते हैं कि 'भौतिक 'तथा 'मानसिक' परस्पर विरोधी नहीं हैं। उनका भेद उन्हें दो प्रकार के सम्बन्धों में बिठा कर देखने के कारण बन जाता है। जब अनुभव को भौतिक वस्तुओं के मण्डल में बिठा कर देखते हैं तो उसका भौतिक रूप स्पष्ट होता है। जैसे वस्तु 'आग' तथा 'पुआल' को सम्बन्धित करने से 'पुआल' जलेगा ही। यह उसका भौतिक सम्बन्ध हुआ। किन्तु, यदि हम आग तथा 'पुआल' के विषय में सोचें, तो जो भौतिक जगत में पुआल के जलने की अनिवार्यता है वह अनिवार्यता मानसिक जगत में नहीं रहेगी। ऐसा सोच सकते हैं कि पुआल आग में डालने के बाद भी नहीं जला। अतः जो भौतिक अनिवार्यता है वह भी अनुभव को भौतिक क्षेत्र में रखने पर निर्भर है। अपने में अनुभव न

भौतिक है न मानसिक, तटस्थ है। इसी कारण जेम्स का कहना है कि जो कुछ भी अनुभूत होता है—अनुभव अपने ही उसे हेज कर रख सकता है। यही अनुभव की आत्म-पर्याप्तता (Self-Sufficinecy) है।

जेम्स का सत्ता विचार
(Conception of Reality)

इस स्थल पर जेम्स के सत्ता-स्वरूप सम्बन्धी विचार की एक संक्षिप्त रूप रेखा देना वांछनीय प्रतीत होता है। अपने उत्कट अनुभववाद के अनुरूप उन्होंने अपनी सत्ता विचार भी स्पष्ट किया है।

इस स्थल पर एक प्रारम्भिक स्पष्टीकरण अनिवार्य है। सत्ता विचार के उल्लेख से यह भ्रांति नहीं उत्पन्न होनी चाहिए कि जेम्स के उपयोगितावादी दर्शन में किसी तत्त्व-दर्शन (Metaphysics) के लिए स्थान बन गया है। उनके सत्ता-विचार का उल्लेख वांछनीय है, क्योंकि यह एक नये ढंग का सत्ता विचार है। यह अनुभव-आश्रित सत्ता विचार है—वह भी ऐसे अनुभव पर आश्रित जिसके आत्म-पर्याप्तता के लक्षण को उभारा गया है। जिस सत्ता के स्वरूप को स्पष्ट करना हमारा उद्देश्य है, वह अनुभव का अंश है, अनुभव के परे नहीं, बल्कि वह तो अनुभव के द्वारा सर्जित है।

जेम्स के अनुसार सत्ता वही है जिससे हम अनुभव में सम्मुख होते हैं। सत्ता अनुभव में है, अनुभव से परे कोई अनुभवातीत तत्त्व नहीं।

सबसे पहले तो यह प्रश्न उठ खड़ा होता है कि यदि सत्ता अनुभव में प्रदत्त है—यदि वह इन्द्रियों के द्वारा सम्पर्क में आता है, तो इस सम्पर्क में आने के पूर्व को स्थिति को भी स्वीकारना पड़ता है। किन्तु जेम्स कहते हैं कि यह अवश्य है कि **इन्द्रिय-अनुभव** हो जाते हैं, वे कहाँ से आते हैं इसे नहीं जाना जा सकता। कांट के समान वे अज्ञात तथा अज्ञेय सत्ता को भी वे नहीं स्वीकारते, क्योंकि उसे स्वीकारने का भी उनके पास कोई आधार नहीं है। उनका कहना है कि प्राथमिक अवगति-सबसे पहली अवगति इन्द्रिय अनुभव की है। इसके पूर्व की स्थिति की कोई अवगति का कोई प्रश्न ही नहीं—इसे बाध्यता कहें, मजबूरी कहें, किन्तु यही यथार्थ है।

इन्द्रियों के माध्यम से अनेकों प्रकार की संवेदनायें आती हैं, हमें सभी संवेदनाओं की अवगति भी नहीं होती। हमारा अनुभव उनमें से कुछ संवेदनाओं को चुन लेता है। इस चुनाव का भी कोई संयोजक-पूर्व निर्धारित आधार नहीं होता। इन चुनी हुई संवेदनाओं में हम व्यवस्था स्थापित करते हैं। हमारा मन चुनाव भी करता है, तथा व्यवस्था भी स्थापित करता है। इस प्रक्रिया में वह पूर्व-अनुभूत अनुभवों से सहायता भी ले सकता है। तभी अवगति होती है। इसका अर्थ है कि हमें जिस सत्ता की अवगति हुई, वह हमारे मन तथा अनुभव के द्वारा सर्जित है। सादृश्यता की भाषा का उपयोग करते हुए जेम्स कहते हैं कि हमें संगमरमर का खण्ड तो अवश्य प्राप्त होता है, किन्तु उसे तराश कर मूर्ति मन ही के द्वारा रचित होती है।

अतः जेम्स के अनुसार जिसे हम सत्ता कहते हैं उसके तीन पहलू हैं। उसका **प्रथम** खण्ड है 'संवेदनाओं का क्रमिक प्रवाह'। इसी सामग्री से सत्ता का अवगत स्वरूप सर्जित होता है। **दूसरा** खण्ड है 'इन संवेदनाओं का पारस्परिक सम्बन्ध'। तथा तृतीय खण्ड है 'पूर्व अनुभवों से ज्ञात सत्य'। इन्हीं के अनुरूप किसी क्षण सत्ता की अवगति होती है। यही

कारण है कि सत्ता का **स्वरूप** व्यक्ति-निर्भर है, देखने के ढंग पर निर्भर है। जिसे हम सत्ता का प्रदत्त स्वरूप कहते हैं, वह वस्तुतः अपने में कुछ नहीं। यह किस रूप में उजागर होता है, यह वरिप्रेक्ष्य तथा देखने के ढंग पर निर्भर करता है। इस प्रकार जेम्स की सत्ता मानवनिर्मित है। यह पूर्वनिष्पन्न रूप में प्राप्त नहीं होती, यह हमारे द्वारा सर्जित है। मानव प्रदत्त तटस्थ सामग्री को अपनी अभिरुचि, उपादेयता, उपयोगिता, प्रयोजन आदि के अनुरूप रूप दे देता है, तथा यही उसका निर्मित रूप सत्ता है।

जेम्स इस बात का एक साक्ष्य भी देते हैं। उनका कहना है कि यही कारण है कि कोई वस्तु किसी दो व्यक्ति को सर्वथा एक रूप में ज्ञात नहीं होती। उदाहरणतः जिस मेज पर मैं लिख रहा हूँ। उसकी सत्ता हमें स्वीकार्य हैं, कोई अन्य जो इस मेज को देख रहा है, उसके लिए भी इस मेज की सत्ता है। किन्तु मेज को सत्ता को हम दोनों के लिए सर्वथा समान नहीं। जेम्स इस आनुभविक तथ्य को एक सामान्य उदाहरण द्वारा स्पष्ट करते हैं। निम्नलिखित चित्र को देखें—भिन्न-भिन्न द्रष्टाओं के लिए यह भिन्न प्रतीत होता है। किसी

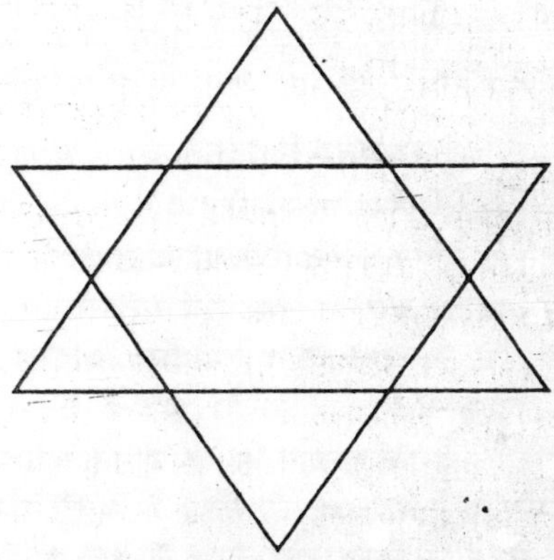

को यह एक दूसरे पर औधें रखे हुए दो त्रिभुज दिखाई देता है, किसी को यह छः त्रिभुजों के द्वारा घिरा हुआ स्थान दिखाई देता है, किसी को यह त्रिपाशर्व-रूप दिखाई देता है, तो किसी को यह तारा का प्रतीक दिखाई देता है। जेम्स के अनुसार यह भिननता इसी कारण है कि इसमें अपनी कोई सत्ता नहीं, वह किसी व्यक्ति के लिए उसी रूप में सत्तावान होता है, जिस रूप में वह इसे अपने अनुभव का अंश बनाता है। अतः जेम्स के अनुसार सत्ता पूर्णतया अनुभव आश्रित है, मानव निर्मित है। यही कारण है कि जेम्स का सत्ता-विचार सामान्य तत्त्व-मीमांसीय सत्ता विचार से सर्वथा भिन्न हो जाता है।

निष्कर्षतः कहा जा सकता है कि जेम्स के अनुसार सत्ता के निम्नलिखित लक्षण हैं—(1) सत्ता अनुभूत होती है—अनुभव में ही ज्ञात होती है। (2) इसका अर्थ है कि सत्ता कोई अनुभवातीत तत्त्व नहीं। (3) सत्ता के आनुभविक तत्त्वों का विश्लेषण किया जा सकता है, जो मूलतः तीन प्रकार के हैं—संवेदनाओं का प्रवाह, उनका सम्बन्ध तथा पूर्व अनुभूत सत्य जिनकी सहायता अनुभूत सत्ता के सर्जन प्रक्रिया में ली जाती है। (4) इसका अर्थ यह है कि सत्ता मानव-निर्मित है—अपनी अपनी अभिरुचि तथा अपने प्रयोजनों के परिप्रेक्ष्य में सत्ता का निर्माण करता है। (5) सत्ता-निर्माण के तत्त्व प्रदत्त होते हैं—कहाँ से कैसे यह नहीं

बताया जा सकता—न तो उनके जानने का कोई साधन ही है। यह बाध्यता स्वीकारनी पड़ती है, किन्तु कारगर सत्ता वही है जो अनुभूत है, तथा जो अनुभूत है वह मानव निर्मित है। (6) इसका यह भी अर्थ है कि सत्ता का कोई शाश्वत रूप नहीं—अनुभव आश्रित होने के कारण वह पूर्णतया (Dynamic) है, परिवर्तनशील है। (7) इससे यह भी सिद्ध होता है कि जेम्स सत्ता की अनेकता (Pluralistic मत) में विश्वास करते हैं। यदि सत्ता मानव-निर्मित है—अनुभवसापेक्ष है—परिप्रेक्ष्य आधृत है, तो इसका अर्थ है कि सत्ता एक नहीं हो सकती। (8) जेम्स के अनुसार सत्ता की वास्तविकता तथा अवास्तविकता उसकी उपादेयता के द्वारा निर्धारित होती है। एक वास्तविक आम तथा मिट्टी के बने आम का अन्तर किसी तात्विक संरचना में नहीं, बल्कि आनुभविक उपादेयता में है—उनकी व्यवहारिकता में है। वास्तविक आम से स्वाद आदि की व्यवहारिक उपादेयता सिद्ध होती है जो मिट्टी के आम के लिए सार्थक नहीं। (9) अतः सत्ता वही है जिससे हमारा अनुभव—सम्पर्क होता है और जिसका हम अपनी व्यवहारिकता तथा उपादेयता के अनुरूप अर्थ-निरूपण करते हैं। अनुभव में ज्ञात 'मेज' को मेज तथा 'कुर्सी' को कुर्सी नाम भी अपने व्यवहारिक प्रयोजनों के सिद्धि के लिए ही दिया जाता है। इन प्रयोजनों से पृथक 'मेज' और 'कुर्सी' एक दूसरे से भिन्न नहीं। उनका मेज-रूप और कुर्सी-रूप भी मानव द्वारा निर्धारित है।

सत्यता-सिद्धान्त
(Doctrine of Truth)

जेम्स के उपयोगितावाद के दर्शन में सर्वाधिक महत्त्व उनके सत्यता-सिद्धान्त को दिया गया है। उसके उत्कट अनुभववाद, उपयोगितावाद एवं सत्ता-विचार का पूर्णतया विकसित रूप उनके सत्यता-सिद्धान्त में है। अतः अब हम उस सिंद्धान्त को स्पष्ट करने की चेष्टा करेंगे।

यह कहना अतिशयोक्ति नहीं कि सत्यता का उपयोगितावादी सिद्धान्त एक मौलिक तथा नवीन सिद्धान्त के रूप में उभरा। यों तो जेम्स के पहले पर्स ने भी सत्यता की अवधारणा को अपने ढंग से स्पष्ट किया और जेम्स के बाद अमेरिका में डूवी ने और इंगलैण्ड में शिलर ने इसे और अधिक संवारा, किन्तु हम जेम्स के विचारों का उल्लेख करेंगे क्योंकि जेम्स का सत्यता सिद्धान्त उपयोगितावादी सत्यता-सिद्धान्त का मूल है।

प्रथमतः कुछ स्पष्टीकरण आवश्यक है। जेम्स की सत्यता-अवधारणा तार्किक भी नहीं ज्ञानमीमांसीय भी नहीं तथा तात्विक भी नहीं। तार्किक चिनतन की परम्परा में सत्यता असत्यता को तर्क-वाक्य या प्रस्तावना (Proposition) का लक्षण माना जाता है, वैसा लक्षण इसके आधार पर प्रस्तावना असत्य या सत्य सिद्ध होते हैं। जेम्स सत्य की इस तार्किक सीमा की बात नहीं करता। ज्ञानमीमांसा में सत्य ज्ञान का लक्ष्य के रूप में स्वीकारा जाता है, जिसके प्राप्त होने ही से ज्ञान ज्ञान होता है। अतः यहाँ 'सत्य' को एक ज्ञानमीमांसीय पृथक कोटि के रूप में स्वीकारा जाता है, तथा उसके उपलब्ध होने की ज्ञानमीमांसीय विधि निर्धारित की जाती है। जेम्स सत्य को एक स्वतंत्र ज्ञानमीमांसीय इकाई नहीं मानते, यह ज्ञान के साथ जुटा अवश्य है, किन्तु यहाँ ज्ञान का प्रचलित अर्थ ही बदल दिया गया। सामान्य ज्ञानमीमांसा में ज्ञान सत् का प्रतिबिम्ब-रूप माना जाता है—यदि वह प्रतिबिम्ब संगत है, तो वही ज्ञान की सत्यता है। उपयोगितावाद में, जैसा कि हम देखेंगे, ज्ञान की इस अवधारणा को ही परिवर्तित कर दिया गया है। उसी प्रकार जेम्स 'सत्य' का

अर्थ सत् या सत्ता (Reality) भी नहीं समझते। सत्य कोई 'तत्व' नहीं—कोई तात्विक सत्ता नहीं।

सच पूछा जाय तो जेम्स के अनुसार **'सत्य'** विचार तथा **विश्वास** का लक्षण है—वह भी ऐसे विचार या विश्वास का जिसकी अभिव्यक्ति क्रियात्मकता में है, क्रियाओं तथा व्यवहारों में है। बात यह है कि उपयोगितावाद का दर्शन ज्ञान के उस जैविक सिद्धान्त पर आश्रित है जो ज्ञान को सत्ता की प्रतिलिपि या नकल के रूप में कल्पित नहीं करता; बल्कि, यह मान कर चलता है कि ज्ञान परिस्थितियों के साथ सफल अभियोजन का एक क्रियात्मक ढंग है। ज्ञान वातावरण के प्रति एक सक्रिय प्रतिक्रिया है—अतः जो ज्ञान में उपलब्ध होता है उसकी प्रासंगिकता भूत के लिए नहीं, बल्कि भविष्य के लिए है, भविष्य की योजनाओं से सम्बन्धित है। जेम्स के अनुसार सत्य इस प्रकार के **जैविक-प्रयोजनात्मक ज्ञान का लक्षण है।**

अतः सत्य के स्वरूप को समझने के लिए उस समय के महत्त्वपूर्ण प्रचलित सत्यता-सिद्धान्तों के आलोक में जेम्स के विचारों को परखें। जेम्स ने स्वयं ऐसा किया है। जेम्स ने उस समय के दो प्रचलित सिद्धान्तों की समीक्षा की है—और उसी समीक्षा के आधार पर अपने सत्यता-सिद्धान्त को रूप दिया है।

जेम्स के समय जो दो महत्त्वपूर्ण प्रचलित सिद्धान्त थे—जिन्हें अभी भी किसी न किसी रूप में प्रश्रय मिलता रहा है—वे हैं **सत्यता का संवादिता-सिद्धान्त** (Correspondence Theory of Truth) तथा **सत्यता का संसक्तता-सिद्धान्त** (Coherence Theory of Truth)। संवादिता-सिद्धान्त अपनी सरलता के कारण अधिक प्रचलित रहा है, तथा संसक्तता-सिद्धान्त अपनी गहनता के कारण अधिक गूढ़ प्रतीत होता रहा है। जेम्स ने दोनों की समीक्षा की है, उनके गुण एवं दोषों को देखा है, तथा उनके गुणों को लेकर उन्हीं के आधार पर अपने उपयोगितावादी सिद्धान्त के अनुरूप सत्यता का स्वरूप-निरूपण किया है।

हम उनके द्वारा की गयी संवादिता-सिद्धान्त की समीक्षा को देखें। वैसे तो संवादिता-सिद्धान्त का स्वरूप भी इतिहास क्रम में बदलता रहा है, किन्तु अपने सरलतम रूप में यह एक स्पष्ट एवं सरल मापदण्ड प्रस्तुत करता है जिसके आधार पर सत्यता को परखा जा सकता है। इसके अनुसार एक भाव या विचार तभी सत्य होता है जब वह सत् के अनुरूप हो। अपने साधारण-सामान्य जीवन में यह सिद्धान्त बड़ा उपयोगी सिद्ध होता है, क्योंकि साधारणतः हम उसी भाव को सत्य स्वीकारते हैं—जिसके अनुरूप अनुभव जगत में कुछ हो। जिस भाव के अनुरूप अनुभव-जगत में कुछ उपलब्ध नहीं, उस भाव की संवादिता अनुभव जगत से नहीं है, अतः वह असत्य है। इसी आधार पर सामान्य प्रत्यक्ष को सत्य तथा भ्रम को असत्य माना जाता है।

जेम्स इस सिद्धान्त की समीक्षा करते हुए इसके गुण तथा दोषों को देखते हैं। इसका एक दोष तो यह है कि एक दृष्टि से यह सिद्धान्त बड़ा सीमित तथा अयथेष्ट सिद्ध होता है। इस सिद्धान्त का उपयोग हर क्षेत्र में नहीं किया जा सकता। किसी-किसी क्षेत्र में तो यदि इसके आधार पर देखा जाय, तो जो विचार स्पष्टतः सत्य है वह भी असत्य बन जायगा। उदाहरणतः बहुत से ऐसे वैज्ञानिक विचार अथवा भाव हैं, जो स्पष्टतः सत्य हैं; किन्तु इस संवादिता सिद्धान्त के अनुरूप वे सत्य सिद्ध नहीं होते। उदाहरणतः—विद्युत-शक्ति का

विचार। इस विचार के अनुरूप अनुभव जगत में कोई बाह्य तत्त्व नहीं, किन्तु क्या इसके फलस्वरूप हम इस भाव को असत्य मान लेंगे। इस सिद्धान्त में निहित एक अन्य दोष भी है। यदि हम यह स्वीकार लें कि वही भाव सत्य है जिसके अनुरूप कोई अनुभव-जगत में तथ्य है, तो इसका यह अर्थ हुआ कि हम हर भाव का अर्थ पूर्णरूपेण तय कर दे रहे हैं, तथा उसके प्रयोग की सीमा भी निश्चित कर दे रहे हैं। उस अवस्था में भावों के निहितार्थ में परिवर्तन तथा विकास के लिए कोई स्थान नहीं रह जाता। तब हमारे अनुभव जगत तथा भाव-जगत-दोनों सिमट कर छोटे हो जायेंगे तथा उनके विकास का कोई प्रश्न ही नहीं रहेगा। ऐसा सत्य एकबारगी निश्चित तथा पूर्णतया निर्धारित हो जायगा—तथा ज्ञान-विज्ञान के विकास का मार्ग अवरुद्ध हो जायगा। जेम्स के अनुसार सत्य का यह विचार अवैज्ञानिक होगा।

फिर भी, जेम्स कहते हैं कि इस सिद्धान्त में एक विशिष्ट गुण भी है। सत्य विशेष तथ्यों की निश्चित प्रतिलिपि का नकल भले ही न हो—सत्य को सत् के अनुरूप तो होना ही चाहिए (agree with reality)। यदि सत्य सत् से स्पष्टतः असंगत हो, तो वह सत्य नहीं हो सकता। अतः संवादिता-सिद्धान्त में सत्य के इस विशेष लक्षण—सत् के साथ उसकी अनुरूपता—को उभारा गया है। जेम्स इसे स्वीकारता है, यह और बात है कि सत् के स्वरूप तथा अनुरूपता के अर्थ के सम्बन्ध में मतभेद हो सकता है। जेम्स के लिए दोनों का अपना विशिष्ट अर्थ है—किन्तु, इतना तो स्वीकारना ही पड़ता है कि सत्य सत् से असंगत नहीं हो सकता।

सत्य का **दूसरा** महत्त्वपूर्ण सिद्धान्त संसक्तता-सिद्धान्त है। इस सिद्धान्त को भी भिन्न-भिन्न विचारकों ने अपने-अपने ढंग से संवारा है, किन्तु अपने सरलतम रूप में इस सिद्धान्त का कहना है कि कोई भाव तभी सत्य माना जा सकता है जब वह पूर्वमान्य तथा पूर्व-स्थापित विश्वासों के साथ संगत हो, उस मान्य विचारमाला (System of beliefs) से उसका कोई विरोध न हो। यदि कोई विचार उससे असंगत है तो उसे असत्य ही कहा जायगा। इस सिद्धान्त के समर्थकों के अनुसार हर काल में एक सत्य—विश्वासों का समूह स्थापित हो जाता है जो मानस का अंग बन जाता है। व्यक्ति उसी के अनुरूप नये भाव-विचारों को सत्य या असत्य कहता है। यदि कोई विचार उसे उस विश्वास-समूह से असंगत प्रतीत होता है, तो वह उसे कभी भी सत्य नहीं कह सकता।

जेम्स इस सिद्धान्त के गुण-दोषों को देखते हैं। जेम्स का कहना है कि इस सिद्धान्त के द्वारा सत्य का स्वरूप निर्धारित होता ही नहीं, क्योंकि इसके अनुसार सत्यता का सम्बन्ध तो एक मान्य—पूर्वस्थापित विचारमाला है—विश्वासों का समूह है। प्रश्न यह है कि इस समूह के विभिन्न अंग कैसे 'सत्य' सिद्ध हुए। इन सत्य-विश्वासों के समूह के गठन का क्रम तथा आधार क्या है। कठिनाई यह है कि किसी सर्वथा नवीन विचार के लिए इस विश्वास समूह का अंग बनने के लिए कोई ढंग दिखाई नहीं देता। यदि सत्य का यह मापदण्ड स्वीकार कर लिया जाय, तो हर ऐसा विचार जो सर्वथा नवीन है, असत्य ही बना रहेगा, क्योंकि सर्वथा नवीन होने के कारण वह इस विचार-माला से असंगत ही रहेगा। जेम्स के अनुसार इस सिद्धान्त में दूसरा दोष यह है कि यदि इस सिद्धान्त को मान्यता दी जाय, तो वैचारिक-प्रगति, वैज्ञानिक विकास का मार्ग ही अवरुद्ध हो जायगा। इतिहास साक्षी है कि इस प्रकार के सिद्धान्त के अनुरूप अनेक बार **सर्वथा** नवीन सत्य विचार को

मान्यता नहीं दी गयी—किन्तु, बाद में उसकी सत्यता को स्वीकारना पड़ा। सूर्य को सौर्य-मण्डल के केन्द्र में स्थिर मानने के कारण कोपरनिकस को दण्ड मिला—उसके विचार प्रचलित विचारमाला से असंगत थे। किनतु, बाद में उस विचार की सत्यता को स्वीकारना पड़ा। अतः जेम्स का कहना है कि इस सिद्धान्त की सबसे बड़ी कमी यही है कि यह हर प्रकार के विकास के क्रम को अवरुद्ध कर देता है।

किन्तु जेम्स यह भी कहते हैं कि यदि संसक्तता शब्द में निहित एक विशेष अर्थ को उभारा जाय, तो इस सिद्धान्त का एक गुण स्पष्ट हो जाता है। संसक्तता का यह भी अर्थ है कि जो विचार अन्य विचारों से संगत है उसमें यह शक्ति होती है कि वह अनुभव के विभिन्न पहलुओं को एक दूसरे से जोड़ सके सम्बन्धित कर सके। इस अर्थ में सत्यता में संसक्तता रह सकती है, क्योंकि वही विचार सत्य हो सकता है जो अनुभव के विभिन्न पहलुओं को सम्बन्धित-संगठित करने की क्षमता रखे।

संवादिता तथा संसक्तता-सिद्धान्तों के समीक्षात्मक अध्ययन के आधार पर जेम्स इन दोनों सिद्धान्तों के गुणदोषों को परखते हैं। अब इन दोनों के गुणों को ध्यान में रखते हुए–उन्हें मिला कर वे अपने उपयोगितावादी सिद्धान्त की नींव रखते हैं। हमने ऊपर देखा है कि जेम्स को संवादिता-सिद्धान्त के गुण के रूप में **सत्य** के स्वरूप के लिए एक महत्त्वपूर्ण तथ्य प्राप्त होता है। सत्य को सत् से **अनुरूप होना चाहिए—सत्य सत् से असंगत नहीं होना चाहिए।** उसी प्रकार संसक्तता-सिद्धान्त में भी जेम्स को सत्य का एक यथार्थ लक्षण प्राप्त होता है। सत्य-विचारों में **अनुभव के विभिन्न पहलुओं को बाँध रखने की क्षमता होनी चाहिए।**

अब जेम्स इन दोनों लक्षणों को मिला कर अपने उपयोगितावादी सिद्धान्त की नींव रखते हैं। इसके लिए उन्होंने एक विशेष उक्ति 'अनुरूप निदर्शकता' (Agreeable Leading) शब्द का प्रयोग किया है। इसमें अनुरूप (Agreeable) शब्द संवादिता-सिद्धान्त का है, तथा निदर्शकता (Leading) संसक्तता-सिद्धान्त के आधार पर लिया हुआ है। इसका अर्थ यह है कि **सत्यता में 'अनुरूप निदर्शकता' का लक्षण होता है, अर्थात् वही भाव सत्य है जो अनुभव के विभिन्न पहलुओं—संज्ञानात्मक, भावात्मक, क्रियात्मक आदि पहलुओं को ऐसी निदर्शकता-प्रवाहकता दे कि वह प्रवाह सत् के अनुरूप हो।**

अब हम इस मूलोक्ति का स्पष्टीकरण करें। जेम्स यह तो स्वीकारते ही हैं कि सत्यता-भावों का, विचारों का लक्षण है। **भाव** सत्य तथा असत्य होते हैं। वे सत्य तभी होते हैं जब वे सत् के अनुरूप हों, असत्य तभी होते हैं जब वे सत् के अनुरूप नहीं। किन्तु 'सत्' की अवधारणा जेम्स में इसके सामान्य अवधारणा से भिन्न है। सत्वाह्य जगत की कोई वस्तुनिष्ठा सत्ता नहीं, अतः इसके अनुरूप होने का अर्थ उसकी नकल होना नहीं है। सत् स्वयं अनुभव-आश्रित है, मानव-निर्मित है। अतः सत् के अनुरूप होने का अर्थ है—वास्तविक अनुभव से एक विशेष ढंग से सम्बन्धित होना। यह तो अनुरूपता का अर्थ हुआ। अब वह विशेष ढंग जिससे भाव अनुभव से सम्बन्धित होता है उसी में निदर्शकता (leading) का लक्षण छिपा है। प्रश्न है कि यह कैसे तय होगा कि भाव सत् के अनुरूप है या नहीं। यह अनुभव से सम्बन्धित होने पर ही तय होगा—यह देखना होगा कि उस भाव में अनुभव को उपयोगी ढंग से प्रवाहित करने की क्षमता है या नहीं। जेम्स इसके लिए एक बड़ा सरल

निर्देश देतें हैं। उनका कहना है कि हम यह सोचें कि यदि यह भाव सत्य है, तो इसे सत्य स्वीकार करने से हमारे अनुभवों में—हमारे भावनात्मक-क्रियात्मक जीवन में क्या अन्तर पड़ता है। यदि हम इस भाव को असत्य मानें, तो जीवन में क्या फर्क पड़ता है। यदि किसी भाव को सत्य मानने से अनुभव जगत के विभिनन पहलू संगठित होते हैं, प्रयोजनों की सिद्धि होती है, भावनाओं को तृप्ति होती है, अर्थात अनुभव प्रवाह ऐसे सन्तोषप्रद रूप में प्रवाहित होता है, जो उसके असत्य को मानने से नहीं होता, तो वह भाव सत्य है। अर्थात् यदि उस भाव के मानने से क्रियात्मक जीवन में—व्यवहारिकता में उपयोगी अन्तर पड़ता है, तो वह भाव सत्य है।

अतः हम कह सकते हैं कि जेम्स के अनुसार सत्यता हमारे भावों-विचारों को मान्यता (Validation) प्रदान करने का ढंग है। यदि कोई भाव सत्य है—तो इसका अर्थ है कि सत् की ओर अग्रसर कराने का यह एक सही माध्यम सिद्ध हुआ। यह सत् उपयोगिता की दृष्टि से सत् है। अतः सत्य भाव उपयोगिता की ओर ले चलने का सफल साधन है। यही कारण है कि **सुकार्यता** अथवा व्यवहार्यता (workability) को सत्य का अनिवार्य लक्षण माना गया है। वही कार्य सत्य है जो फलोत्पादक है। (An idea is true if it works)। इसी कारण जेम्स में 'सत्य' तथा 'उपादेयता' (usefulness) का प्रयोग प्रायः पर्यायवाची ढंग से भी हो जाता है।

इसका अर्थ हुआ कि सत्यता मानव से स्वतंत्र कोई विधा नहीं है, यह कोई ऐसा वस्तुनिष्ठ लक्ष्य नहीं जिसे ज्ञान प्राप्त करना चाहता है। **यह विचारों की उपयोगिता के मूल्यांकन का परिणाम है।** वस्तुतः अपने में कोई भाव या विचार न सत्य है न असत्य।[1] वह सत्य-या असत्य बनता है—सत्यता असत्यता प्राप्त करता है।[1] वस्तुतः हर भाव या विचार में प्रारम्भ में मात्र सत्यता-दावा (Truth claim) रहता है। क्रियाओं-घटनाओं के अनुरूप उनकी उपयोगिता के अनुरूप उसका दावा या तो स्वीकार्य होता है या अस्वीकार्य। अतः अनुभव में सत्यता **प्राप्त** होती है, **उपलब्ध** होती है। जिस प्रकार धन, स्वास्थ्य आदि की उपलब्धि होती है, उसी प्रकार सत्यता भी प्राप्त की जाती है।[2] सत्यता की इस उपलब्धि की विधि को भावों का **प्रमाणीकरण** (Verification) कहा जा सकता है। किन्तु, यह प्रमाणीकरण शुद्ध बौद्धिक अथवा तर्किक प्रमाणीकरण नहीं यह प्रमाणीकरण परिणामों के माध्यम से होता है—वास्तविक व्यवहार में होता है। वास्तविक परिणामों की गणना भी कभी-कभी भावों को अस्थायी रूप में सत्य बना देता है। इसी कारण कहा गया है कि प्रमाणीकरण की विधि सत्यता को मान्यता देने की विध्धि है जिस विचार से इस प्रमाणीकरण की प्रक्रिया का प्रारम्भ हो जाय उस विचार में सत्य होने की क्षमता है, इस प्रक्रिया की परिणति यदि उस भाव की उपयोगिता प्रमाणित करे, तो वह भाव सत्य मान्य होगा।

इसे हम जेम्स के ही एक उदाहरण के द्वारा स्पष्ट करने की चेष्ट करें। मान लें हम घने जंगल के मार्ग भूल गये हैं। अब हमें एक पगडण्डी दिखाई देता है, मुझे विचार आता है इस पगदण्डी से ऐसे स्थान पर पहुँजा जा सकता है जहाँ लोग रह रहे हैं। मेरा यह विचार

1. जेम्स कहते हैं, "The truth of an idea is not an stagnant property inherent in it. Truth *happens* to an idea. It *becomes* true, is *made* true by events......" *Progmatism*, p. 201.

2. Truth is *made* just as health, wealth and strength are made in the course of experience. *Ibid.* p. 218.

सत्य है या असत्य? जेम्स के अनुसार भाव को सत्य स्वीकारा जा सकता है, क्योंकि इसे सत्य स्वीकारने से जंगल से बाहर निकलने का उपयोगी ढंग प्राप्त हो जाता है, हमारी क्रियात्मकता में यह विचार उपयोगी अन्तर प्रस्तुत करता है।

जेम्स के उपयोगितावादी सत्यता-सिद्धान्त की इस संक्षिप्त विवेचना के आधार पर अब हम इसके विशिष्ट लक्षणों को देखें—

(1) सत्यता किसी ज्ञान या तत्व का कोई निश्चित-वस्तुनिष्ठ रूप नहीं।

(2) यह भाव या विचार का लक्षण अवश्य है, किन्तु यह लक्षण उस भाव का अन्त निर्हित लक्षण नहीं, यह उसे प्राप्त होता है।

(3) हर भाव में प्रारम्भ में 'सत्यता-दावा' रह सकता है। उस दावे की उपयोगी सफलता पर जो दावे का मूल्य बनता है, वही उसकी सत्यता है।

(4) अतः सत्यता किसी सत्ता या सत् का प्रतिबिम्ब नहीं, प्रतिलिपि नहीं, उसके संज्ञान का मूल्य भी नहीं। यह तो भावों या विचारों की व्यवहार्यता अथवा सुकार्यता से उत्पन्न मूल्य है?

(5) इसी कारण जेम्स का कहना है कि सत्य भी निर्मित होता है, उपलब्ध होता है, तथा यह भी कि यह उपलब्धि उसकी उपादेयता या उपयोगिता पर निर्भर है।

(6) इसका यह अर्थ है कि सत्य परिस्थिति-सापेक्ष होता है, अन्तःकालीन अथवा सामयिक होता है, अस्थायी होता है।

(7) अब जेम्स के समक्ष यह समस्या आती है कि क्या कोई निरपेक्ष सत्य या शाश्वत सत्य या स्थायी सत्य नहीं होता? यदि ऐसा नहीं होता, तो क्या सत्य को सत्य कहा जा सकता है।

जेम्स के अनुसार उनकें विचारों के विरुद्ध ऐसी आपत्तियाँ इसीलिए उठती हैं, क्योंकि सत्य की प्रचलित धारणा की मजबूत जकड़ के फलस्वरूप सत्य की इस सर्वथा नवीन अवधारणा का यथोचित मूल्यांकन नहीं हो पाता। सच पूछा जाय तो सत्य जन उपयोगिता तथा उपादेयता पर आधृत है, तो उसे अस्थायी होना ही है। ऐसा कोई विचार नहीं हो सकता जिसकी उपादेयता सदा के लिए एक साथ ही निश्चित हो जाय। सत्य में परिवर्तन होता है, जो विचार एक काल में सत्य माने जाते हैं उनके स्थान पर दूसरे विचार सत्य बन जाते हैं। उदाहरणतः पहले टाल्मी सिद्धान्त के अनुरूप माना जाता था कि पृथ्वी अचल है—मध्य में है तथा सूर्य उसके चारों ओर परिक्रमा करता है। बाद में इस सिद्धान्त की उपादेयता समाप्त हो गयी, तथा उसके स्थान पर उसका विरोधी सिद्धान्त सत्य बन गया। सूर्य केन्द्र में स्थापित हो गया तथा पृथ्वी उसके चारों ओर चक्कर देने वाले ग्रहों में एक बन गयी।

किन्तु, जेम्स भी एक भाव के लिए अपवाद करते हैं जिसे वे निरुपाधिक सत्य कह देते हैं। ह्यूम के विचारों के प्रभाव में वे भी स्वीकार कर लेते हैं कि कुछ विशिष्ट उदाहरणों में भावों का पारस्परिक सम्बन्ध निरूपाधिक रूप में—बिना किसी शर्त के सत्य स्वीकारा जा सकता है। वैसे उनकी सामान्य धारणा यही है कि विचार या विश्वास सत्य बनते हैं—विशेष परिस्थिति में अपनी उपयोगिता के अनुरूप।

(8) इस स्थल पर जेम्स को एक आपत्ति की अपेक्षा है—जिसके निराकरण की चेष्टा में वे अपने सत्यता सिद्धान्त के कुछ विशिष्ट लक्षणों को उजागर करते हैं।

उनके विरुद्ध यह कहा जा सकता है उनका सत्य-विचार सत्य को वैयक्तिक अथवा व्यक्ति-केन्द्रित बना देता है। यदि सत्य का मापदण्ड उसकी सुकार्यता (workability) है, तो स्पष्टतः वह व्यक्ति के कार्यों से सम्बन्धित हो जाता है। व्यक्ति ही यह तय करता है कि विचार उसके लिए फलोत्पाद है या नहीं, यह 'फल' भी उसी के प्रयोजन या इच्छा से सम्बन्धित है। तो इसका अर्थ हुआ कि **हर व्यक्ति के लिए हर परिस्थिति में अलग-अलग सत्य होगा।**

जेम्स को ऐसी आपत्ति की आशंका है, तथा इसकी कल्पना करते हुए अपने मत के समर्थन में वे कुछ महत्त्वपूर्ण विचार प्रस्तुत करते हैं। उनका स्पष्ट मत है कि उनके अनुसार प्रतिपादित सत्य-विचार सत्य को व्यक्ति-केन्द्रित नहीं बनाता। इसके लिए वे निम्नलिखित तर्क प्रस्तुत करते हैं—

(क) उनका कहना है कि विचारों की सुकार्यता हवा में निर्धारित नहीं होती—किसी परिस्थिति में, किसी विशेष सन्दर्भ में निर्धारित होती है। उस परिस्थिति एवं सन्दर्भ की तात्कालिक अनुभूति के प्रसंग में ही उस भाव या विचार की सुकार्यता सम्भव है—उस अनुभूति की अवहेलना नहीं हो सकती। उस अनुभूति में कुछ निर्मम तथ्यों (Brute Facts) की अनुभूति होती है—निर्मम इसलिए कि उन्हें बदला नहीं जा सकता। अब जो भाव या विचार सत्यता दावा कर रहा है, वह भी इन निर्मम तथ्यों की अवहेलना नहीं कर सकता—उसकी सुकार्यता को भी इनसे संगत होना ही है। उदाहरणतः यदि कोई कहे कि मेरे लिए यह सत्य है कि 'बर्फ हरा है', तो इस विचार में सुकार्यता आ ही नहीं सकती; क्योंकि इस संदर्भ के निर्मग तथ्य जो बर्फ के साथ जुटे हैं, वे इसकी सुकार्यता को सम्भव होने ही नहीं देंगे। जेम्स जब कहते हैं कि वही विचार सत्य है जो कारगर हो—उपयोगी हो, तो यह अनुभूति है कि कोई उलजलूल विचार किसी परिस्थिति में कारगर और उपयोगी नहीं हो सकता—उस परिस्थिति के स्वरूप से ही, उसमें निहित निर्मम तथ्यों से उसकी व्यवहार्यता सीमित हो जायेगी।

(ख) जेम्स यह भी कहते हैं कि सत्य अस्थायी अथवा मानव-केन्द्रित इस अर्थ में भी नहीं है कि हर क्षण मानव की अभिरूचि तथा प्रयोजनों के अनुरूप उसका स्वरूप बदलता रहता है। नहीं, ऐसा नहीं होता। यदि सूक्ष्मता से देखा जाय, तो किसी विशेष परिस्थिति में किसी विशेष संदर्भ में कोई एक ही विचार कारगर होता है जिसका उस संदर्भ के साथ व्यवहारिक सुनियोजन सम्भव है। ऐसा भी नहीं है कि उसी सन्दर्भ में भिन्न-भिन्न व्यक्तियों की सुकार्यता भिन्न-भिन्न व्यक्तियों की सुकार्यता भिन्न-भिन्न ढंग से होगी। एक सन्दर्भ में व्यवहार्यता एक ही विचार को उपलब्ध होती है।

(ग) जेम्स कहते हैं कि मानव-स्वभाव के कुछ प्राथमिक लक्षण ऐसे हैं जो सत्य को वैयक्तिक नहीं बनने देते। जेम्स कहते हैं कि हम सबों में **बौद्धिकता का स्थायी मनोभाव** (Sentiment of Rationality) विद्यमान है—जो हमें अविवेकी या विवेक शून्य होने से रोकता है। अतः कोई ऐसा भाव जो अविवेकी दृष्टि से मेरे लिए उपयोगी प्रतीत होता है उसमें हम उपयोगिता नहीं दे सकते। व्यक्ति की बौद्धिकता का मनोरूप ही उपयोगिता की कसौटी बनती है।

(घ) जेम्स स्पष्ट रूप से कहते हैं कि सुकार्यता का यह अर्थ ही नहीं कि केवल किसी

विशेष व्यक्ति के लिए उपयोगिता हो। यदि किसी भाव को सत्य मानने से हमें लाभ हो रहा है, तथा अन्य सबों का हानि तो उस भाव में सुकार्यता नहीं।

ऐसे ही तर्कों के द्वारा जेम्स यह दिखलाते हैं कि सत्य मानव-निर्मित तथा परिस्थिति-सापेक्ष होते हुए भी वैयक्तिक या व्यक्ति-केन्द्रित नहीं।

(9) अतः जेम्स के सत्यता सिद्धान्त को उन्नयनवादी (Melioristic) कहा जाता है। इस शब्द का अर्थ है श्रेयष्कर मार्ग की ओर प्रेरित करनेवाला। हमने देखा है कि जेम्स का सत्य सुकार्यता के द्वारा निर्धारित है अतः यह श्रेय लक्ष्य की ओर प्रेरित है।

(10) अन्त में यह कहा जा सकता है कि जेम्स के सत्यता सम्बन्धी उपयोगितावादी सिद्धान्त की अपनी व्यवहारिक उपादेयता है। इस सिद्धान्त में व्यवहारिक उपादेयता है क्योंकि यह वैज्ञानिक दृष्टिकोण के अनुरूप मानता है कि सत्य परिवर्तित होता रहता है। इस सिद्धान्त की विशिष्टता इस बात में है कि यह अपने ढंग से धर्म-नैतिकता आदि का एक नवीन अर्थ निरूपण कर सकता है जो धार्मिकता तथा आधुनिकता के बीच एक प्रकार का समन्वय प्रस्तुत करता है।

जॉन डूवी (John Dewey) (1859—1952)

भूमिका

सच पूछा जाय तो अमेरिकी उपयोगितावाद के विचारकों में सर्वाधिक व्यवहारिक प्रसिद्धि जॉन डूवी को मिली। उसका मूल कारण यह रहा कि डूवी ने उपयोगितावादी विचारों का सफल प्रयोग व्यवहारिक क्षेत्रों में किया। विशेषकर शिक्षा के क्षेत्र में तथा अन्य समाजशास्त्रीय क्षेत्रों में डूबी ने सर्वथा नवीन विचार दिये तथा उनके कार्यान्वयन का सफल निर्देश दिया। इस क्रम में उन्होंने अपने ढंग से उपयोगितावाद को परिमार्जित किया। जेम्स के विचारों के कुछ अंशों का परित्याग करते हुए उन्होंने समकालीन वैज्ञानिक निष्कर्षों पर अपने विचारों को आधृत किया। भौतिकी के कुछ नवीन खोजों तथा जीवशास्त्रीय अनुसंधानों की समझ के आधार पर उन्होंने अपने विचारों को रखा उनका शिक्षा-सिद्धान्त तथा उनका मूल्य-सम्बन्धी सिद्धान्त (Theory of Value) काल क्रम में बड़ा ही प्रतिष्ठित हुआ। किन्तु, यहाँ हम उन सिद्धान्तों पर विचार नहीं करेंगे। यहाँ हम डूबी के सम्पूर्ण विशाल दर्शन की रूपरेखा भी नहीं खींच पायेंगे। यहाँ हमारा संदर्भ उपयोगितावाद का दर्शन है। अतः हम डूबी के विचारों में केवल उन्हीं पहलुओं पर प्रकाश देंगे, जो उपयोगितावाद से पनपे हैं, तथा जिनके आधार पर डूबी ने अपने उपयोगितावादी प्रयोग विभिन्न क्षेत्रों में करने का प्रयत्न किया। अतः हम डूवी के विचारों से केवल दो पहलुओं को पृथक कर उसी पर प्रकाश देंगे। वे हैं— (1) **उपकरणवाद** (Instrumentalism) तथा (2) **प्रकृतिवाद** (Naturalism)।

डूवी का उपकरणवाद
(Instrumentalism)

सच पूछा जाय तो डूवी के विचारों की समझ के लिए उनके प्रकृतिवाद को उनके उपकरणवाद से पहले स्पष्ट करना चाहिए क्योंकि उनके उपकरणवाद में उनके प्रकृतिवादी मान्यताओं के अंश विद्यमान हैं। किन्तु, उपकरणवाद डूवी की मूल दार्शनिक दृष्टि है, बल्कि उनकी प्रकृतिवादी व्याख्या भी जाने अजाने इसी दृष्टि के अनुरूप संरचित हैं। इसी कारण उपकरणवाद की व्याख्या पहले की जा रही है।

वस्तुतः डूवी ने इसी उपकरणवादी दृष्टि का प्रयोग व्यवहारिक क्षेत्रों में किया है—जैसे शिक्षा के क्षेत्र आदि में। इसी दृष्टि की संरचना का एक निषेधात्मक पक्ष भी है, तथा एक भावात्मक पक्ष भी। निषेधात्मक पक्ष में वे दर्शन के प्रचलित तत्त्वमीमांसीय कल्पना के स्पष्टतः विरुद्ध हैं। कई स्थलों पर उन्होंने स्पष्ट रूप में निरपेक्षवादी दर्शन (Absolutism) की आलोचना की है। दार्शनिक दृष्टि की संरचना के अंश ऐसी कल्पना नहीं हो सकती, बल्कि वैसे ही तत्त्व हो सकते हैं जिन्हें अनुभव तथा विज्ञान का आधार प्राप्त है। अपने भावात्मक पक्ष में डूवी दर्शन के एवं नवीन पुनर्निर्माण (Reconstruction) की योजना बनाते हैं, तथा उसी उद्देश्य-सिद्धि के क्रम में अपने उपकरणवाद की स्थापना कर लेते हैं। इसी दार्शनिक पुनर्निर्माण योजना में वे उपयोगितावादी परम्परा से कुछ लेते हुए उस परम्परा को पूर्णतया व्यवहारिक बनाने का प्रयास करते हैं।

वे 'उपकरणवाद' पर कैसे पहुँचते हैं?

डूवी के उपकरणवाद को समझने के लिए यह जानना अनिवार्य है कि वे इस सिद्धान्त तक कैसे पहुँचते हैं। सच पूछा जाय, तो उनके उपकरणवाद की संरचना में उस समय के प्रचलित तीन प्रकार की विचारधारा का स्पष्ट प्रभाव है, वे धारायें हैं—(क) **दार्शनिक** (ख) **वैज्ञानिक**—विशेषतः भौतिकी तथा (ग) **जीव-वैज्ञानिक**। हम देखें कि इन प्रभावों के किन अंशों को उपकरणवाद में संजोया गया है।

(क) दार्शनिक प्रभावों में एक भावात्मक प्रभाव भी है तथा एक निषेधात्मक प्रभाव भी। भावात्मक प्रभाव में अनुभववाद तथा उपयोगितावाद दोनों का प्रभाव स्वभाविक है। इस प्रभाव में अनुभव को केन्द्रियता तो दी ही गयी है, किन्तु अनुभव को पारम्परिक अनुभववाद से भिन्न ढंग से समझा गया। अनुभव की अवधारणा को क्रियात्मक क्रियाशीलता तथा जैविक आवश्यकताओं से सम्बन्धित किया गया है। फलतः डूवी का अनुभववाद सामान्य अनुभववाद नहीं होकर **प्रयोगात्मक अनुभववाद** (Experimental Empiricism) के रूप में उभरा है। अनुभव को उपर्युक्त लक्षणों से मुक्त करने के लिए डूवी ने इस उक्ति का प्रयोग किया है। इस प्रकार के अनुभव का अनिवार्य सम्बन्ध मानव-अभिरुचि के साथ दिखाया गया है। यह उपयोगितावाद के दर्शन का प्रभाव है वही अनुभव कारगर अनुभव होता है—जो अभिरुचि तथा प्रयोजन के अनुरूप हो।

प्रचलित तत्त्वमीमांसीय विचारों का—मूलतः निरपेक्षवाद जैसे दर्शनों का उन पर निषेधात्मक प्रभाव पड़ा। उन विचारों के अनुसार सत्ता एक पूर्ण, निश्चित, निरपेक्ष सत् माना जाता है। यहाँ तक कि उस प्रभाव में जो निरपेक्षवादी नहीं है—वैसे बुद्धिवादी तथा अनुभववादी भी किसी न किसी ढंग से यह स्वीकार कर लेते हैं कि उनका सारा बौद्धिक प्रयास सत्ता के स्वरूप-निर्धारण में ही लगा है। डूवी मानते हैं कि कोई विचार बिना, किसी उद्देश्य-पूर्ति के नहीं होता। एक दृष्टि से जीवशास्त्रीय प्रभाव में डूवी मानते हैं कि विचार भी जीवन के साथ सुनियोजन का ढंग है—अतः वहाँ भी मूलतः सुरक्षा आदि जैसा उद्देश्य ही विचार का प्रेरक है। तत्त्वमीमांसीय विचारक वास्तविक समस्याओं से हट काल्पनिक हो जाते हैं—आनुभविक वास्तविकता से दूर हट जाते हैं।

अतः इन प्रभावों के फलस्वरूप डूवी ऐसे दर्शन की खोज करते हैं जो विचार को अनुभव की वास्तविकता के अनुरूप समस्याओं के समाधान के उद्देश्य से अग्रसर करा सके।

(ख) इस समस्या के समाधान की प्रक्रिया में डूवी के उस समय के प्रचलित वैज्ञानिक तथा मूलतः जीव वैज्ञानिक (biological) सिद्धान्तों से प्रकाश मिलता है।

भौतिकी में वस्तुओं के भौतिक गुण एवं लक्षण के सम्बन्ध में जो विचार भौतिक शास्त्रीय विचारों में प्रचलित था, वह डूवी को बड़ा महत्त्वपूर्ण लगा। इसके अनुसार भौतिक वस्तुओं तथा आनुभविक वस्तुओं में जो गुण दिखाई देते हैं—वे उन वस्तुओं में निहित—उनमें पहले से विद्यमान गुण नहीं हैं। वे तो तब प्रकट होते हैं—स्पष्ट होते हैं जब किसी उद्देश्य से साभिप्राय उनपर कोई क्रिया-व्यवहार किया जाता है। उदाहरणतः **हाइड्रोजन** के विषय में कहा गया है कि "यह एक ऐसा 'गैस' है जिसमें कोई रंग, गन्ध स्वाद नहीं है, किन्तु जिसमें शीघ्र जल उठने की शक्ति निहित है"। इसका यह अर्थ नहीं कि हाइड्रोजन के कुछ पूर्व निश्चित लक्षण हैं जो इसमें विद्यमान हैं—अस्तित्ववान हैं। अपने में इनमें कोई द्योदकता नहीं है। इस उक्ति का अर्थ है कि यदि हाइड्रोजन पर कुछ निश्चित क्रिया-व्यवहार हो, तो उसका कुछ निश्चित परिणाम होगा। यदि इसे आँखों के सामने रखा जाय, तो इन्द्रियों पर कोई प्रतिक्रिया नहीं होगी, यदि जिह्वा पर या नासिका के सामने रखें तब भी कोई प्रतिक्रिया नहीं होगी; किन्तु यदि इसमें एक जलता कण रख दें तो आग भड़केगी अर्थात् जिन्हें हम सामान्यतः वस्तुओं में विद्यमान लक्षण समझते हैं, वे वस्तुतः कुछ क्रिया-प्रतिक्रियाओं के परिणाम हैं। हम देखेंगे कि भौतिकशास्त्र के इस प्रकार के अर्थ निरूपण का सीधा प्रभाव डूवी के उपकरणवाद पर पड़ा है। अब वे मानते हैं कि सत्ता निश्चित गुणों से विभूषित सत्ता नहीं, क्रिया प्रतिक्रियाओं के फ़लस्वरूप सत्ता का स्वरूप स्पष्ट होता है, अतः उसमें परिवर्तनशीलता है।

(ग) **डूबी** के उपकरणवाद पर सबसे स्पष्ट प्रभाव उस समय के प्रचलित जीव-शास्त्रीय विचारों का है। जीव-शास्त्रीय विश्वास है कि जीवों का विकास कुछ जैविक आवश्यकताओं के पूर्ति के लिए होता है। उस दृष्टि से मानव तथा निम्न जीवों में कोई अन्तर नहीं। दोनों में 'जीने' की आवश्यकता है। समय क्रम में जैविक माँगों में अन्तर अवश्य पड़ता है, किन्तु माँगें मूलतः जैविक ही हैं। जैसे-जैसे जीवों की संरचना जटिल होती जाती है, वैसे-वैसे उनकी आवश्यकताएँ भी जटिल होती जाती हैं, किन्तु विकास क्रम चाहे जिस ऊँचाई पर पहुँचे यह तथ्य रह ही जाता है कि उसकी प्रतिक्रियाएँ जैविक आवश्यकताओं की पूर्ति के लिए ही होती है। डूबी इसी से यह **निष्कर्ष** निकालते हैं कि विचार भी जैविक आवश्यकताओं से स्वतंत्र नहीं, विचार को उस संदर्भ में नहीं देखने के कारण ही विचार अवास्तविक एवं काल्पनिक बन जाता है—जैसा कि तत्त्वमीमांसीय विचारों से स्पष्ट है। हम देखेंगे कि डूवी के उपकरणवाद इस मौलिक विचारधारा के अनुरूप ही अग्रसर होता है।

अब उपकरणवाद के उपकरण स्पष्ट हो गये। एक ओर तो विचार का आश्रय तथा क्षेत्र अनुभव बन गया। अनुभवातीत तत्त्वों के विचार के पीछे भी कुछ अनुभव-सम्बन्धी बातें रहती हैं। और इन विचारों के पीछे भी किसी जैविक आवश्यकता की पूर्ति का उद्देश्य रहता है। तो हर अनुभव हथा हर विचार सोद्देश्य है—साभिप्राय है। उस अनुभव तथा उस विचार से किसी विद्यमान-अस्तित्वान गुणों का ज्ञान नहीं होता, बल्कि उस विचार का आधार क्रिया-व्यवहार में है। वह ज्ञान ज्ञान नहीं है जिसमें क्रियात्मकता न हो—जो क्रिया व्यवहार का मध्यम-सोपान न हो। यही तथ्य तो डूवी के उपकरणवाद का मूल है। उपकरणवाद की

मूलोक्ति है कि **''ज्ञान क्रिया का उपकरण है''** (Knowledge is an instrument for action)। अब हम इसकी स्पष्ट विवेचना करेंगे।

उपकरणवाद का स्वरूप

डूवी के उपकरणवाद का मूल आधार है डूवी का यह सिद्धान्त कि **'सभी ज्ञान व्यवहारिक होता है'**। डूवी अपने इस विचार पर जीव-वैज्ञानिक आविष्कारों के अध्ययन के आधार पर पहुँचते हैं। इस अध्ययन से उन्हें यह ज्ञात होता है कि बुद्धि अथवा विचार-शक्ति के विकास का कारण भी जैविक है। कुछ आवश्यकताओं की पूर्ति के लिए ही विचार का उद्भव होता है।

बात यह है कि विकासक्रम में शनैःशनैः विकास-प्रक्रिया में कुछ ऐसे स्तर उभर पड़ते हैं जिसकी कुछ विशिष्टतायें स्पष्ट दिखायी देती हैं—ऐसी विशिष्टतायें जो पहले के स्तर में अनुपस्थित हैं। अर्थात्, विकास-क्रम में कुछ ऐसे स्पष्ट स्तर प्रकट होते हैं जिसकी विशिष्टता कुछ **नवीनताओं** में है। उदाहरणतः **जीवों** के विकास में कुछ ऐसे लक्षण प्रकट हो जाते हैं, जो 'अजीव' तत्त्वों में नहीं है। जैसे इनमें कुछ जैविक माँगें (needs) रहती हैं जो अनांगिक तत्त्वों में नहीं हैं। उसी प्रकार जब जीवों का रूप जटिलतर होता गया, तो उनमें पुनः कुछ नवीन लक्षण स्पष्ट होते गये। जीवों में संवेदना की शक्ति उत्पन्न हुई, जिसका स्वरूप प्रारम्भिक स्तर में भावनात्मक नहीं था, बल्कि एक स्पष्ट मनोभौतिक अनुभूति थी—जो बाद में संवेगात्मक रूप में उभरी। इसी स्तर में जीवों में एक स्थान से दूसरे स्थान तक चलने की शक्ति भी आयी, तथा स्पष्ट उद्दीपनों के प्रति इन्द्रियाँ सजग एवं सचेत हो गयीं।

उसके बाद जैविक विकास में एक ऐसा स्तर आया जिसमें मन, बुद्धि, विचार-शक्ति का विकास हुआ। अब संवेदनायें मात्र संवेगात्मक नहीं, भावनात्क बनीं। संवेदनायें अब सार्थक को गयीं। अब संज्ञानात्मक प्रतिक्रियायें होने लगीं, जिसे व्यवहारिक सार्थकता देने के प्रयास में विचार-शक्ति ने **'भाषा'** का आविष्कार किया। जैविक विकास के इसी स्तर से डूवी का सम्बन्ध है क्योंकि यही स्तर मानवीय स्तर है। अतः इस स्तर का तथा इसके वैचारिक प्रतिक्रिया के स्वरूप की डूवी ने कुछ विशद व्याख्या की है, तथा उसी व्याख्या पर अपने उपकरण वाद को बिठाया है।

अब तो इतीन बातें स्पष्ट हो गयीं—जिन पर डूवी विशेष ध्यान देते हैं। (i) विकास क्रम में हर बाद का स्तर पहले के ही स्तर से विकसित होता है। (ii) इसके विकसित होने का आधार कुछ ऐसी जैविक आवश्यकताएँ हैं जिनकी पूर्ति में पहले के स्तर असमर्थ हैं। (iii) इसका अर्थ है कि विकास के हर स्तर के पीछे जैविक माँगें ही हैं। माँगों का स्वरूप बदलता है—माँगे जैविक ही है। (iv) इन मांगों की पूर्ति की प्रक्रिया में जीवों में कुछ प्रतिक्रियाएँ होती हैं। जीव उद्दीपनों का निष्क्रिय प्राप्तकर्त्ता मात्र नहीं है—उसकी प्रतिक्रिया उसकी अपनी सक्रियता होती है। इन्द्रिय-प्रत्यक्ष भी निष्क्रिय ढंग से उद्दीपनों को प्राप्त नहीं करता, उसमें भी कुछ सक्रियता है, क्रिया-व्यवहार है, तथा उसी क्रिया-व्यवहार के अनुरूप उसमें सार्थकता आती है। उदाहरणतः हल्के या वजनी वस्तु के हल्केपन या भारीपन का प्रत्यक्ष भी बिना क्रिया-व्यवहार के—बिना सक्रिय प्रतिक्रिया के सम्भव नहीं हो सकता। हमने ऊपर देखा है कि किस प्रकार डूवी हाइड्रोजन के वैज्ञानिक विवरण का क्रिया-व्यवहार के द्वारा अर्थ-निरूपण करते हैं।

जब विकास-क्रम में किसी स्तर के प्रादूर्भाव का यही ढंग है तो इससे डूवी यह निष्कर्ष

निकालते हैं कि बुद्धि (Intellect) अथवा प्रज्ञा (Intelligence) अथवा विचार-शक्ति (Thinking) का उद्भव भी जैविक माँगों की पूर्ति के लिए होता है, तथा यह भी कि विशेष परिस्थिति की मांगों के निदान के लिए सक्रिय ढंग से कुछ क्रिया-व्यवहार होते हैं जिन्हें विचार या प्रज्ञात्मक प्रतिक्रिया कहा जाता है। डूवी के इस विचार को कुछ और स्पष्ट करना अनिवार्य है—क्योंकि इसी में उनके उपकरणवाद का विचार निहित है।

वस्तुतः प्रज्ञा (Intelligence) तथा विचार (Thought) की आवश्यकता किसी विशेष परिस्थिति में उत्पन्न होती है। उस परिस्थिति की विशिष्टता यह होती है कि परिस्थितियों से जूझने का जो पहले से स्थापित ढंग (habit) है, वे इस नवीन परिस्थिति से जूझने में समर्थ सिद्ध नहीं होते। जब तक हमारी सामान्य नैत्यिक प्रतिक्रियायें (routine responses) परिस्थितियों से सफल नियोजन रखती हैं, तब तक सोचने की आवश्यकता नहीं होती। किन्तु, ऐसी नवीन स्थिति आ जाती है जिसमें पुराने ढंग कारगर नहीं होते। तब सोचने की आवश्यकता होती है। यही जैविक आवश्यकता है। इस नयी स्थिति से जूझना है ही, अपने ढंग समर्थ सिद्ध नहीं हो रहे। अतः एकाएक प्रतिक्रियाएँ रूक जाती हैं, नैत्यिक प्रवाह में एक ठहराव आता है—तथा इसी ठहराव में इस नवीन समस्या से जूझने के लिए विचार का उद्भव होता है। विकास-क्रम में भी विचार इसी पद्धति से उत्पन्न होता है—किसी समस्या से जूझने के लिए। यह समस्या समस्या होती है क्योंकि इसमें कुछ पुराना—और कुछ नये का मिश्रण होता है। यदि स्थिति पूर्णतया पुरानी होती, तो पहले से चली आ रही प्रतिक्रियायें उनका समाधान कर लेतीं। यदि स्थिति सर्वथा नवीन होती तो प्रतिक्रिया उस स्थिति से विमुख हो जाती। किन्तु कुछ पुराना रहने से यह जाना पहचाना लगता है—और प्रतीत होता है कि इससे जूझा जा सकता है। जूझने के पुराने ढंग निष्फल सिद्ध हो रहे हैं, क्योंकि इसमें कुछ नयापन है। इसीलिए तो यह समस्या है, तथा ऐसी ही समस्याओं के प्रस्तुत होने पर **वैचारिक प्रतिक्रिया** होती है, विचार करना पड़ता है कि इससे कैसे जूझें।

इस वैचारिक प्रतिक्रिया का एक ही लक्ष्य है—कैसे इस नवीन परिस्थिति को अपनी प्रतिक्रिया के अनुरूप बना लें—क्या किया जाय कि यह स्थिति जो द्वन्द्व, विग्रह, अशान्ति, विक्षोभ की स्थिति है वह कैसे इस रूप में आ जाय कि हमारी प्रतिक्रिया के ढंगों में समा सकें। डूवी ने अपने मनौवैज्ञानिक विश्लेषण में इसकी विशद व्याख्या की है, प्रयोग किया है तथा उदाहरणों से स्पष्ट किया है। उनका कहना यही है कि **विचार** भी वातावरण के साथ क्रियात्मक अभियोजन की प्रक्रिया है। ऐसा जटिल से जटिल विचार में होता है। विचार यही तय करता है कि वातावरण में प्रस्तुत स्थिति के साथ किस प्रकार संगत क्रिया-व्यवहार हो।

अतः डूवी का निष्कर्ष होता है कि कोई विचार अथवा कोई ज्ञान शुद्ध सैद्धान्तिक ज्ञान नहीं होता, वह क्रिया-व्यवहारों में अभिव्यक्त होता है। उसकी अभिव्यक्ति अनिवार्यतः क्रिया-व्यवहार में होती है, वह क्रिया-प्रतिक्रिया का माध्यम है, उपकरण है। (Knowledge is an instrument of action) यही उनके **उपकरणवाद** का मूल है, जिसका विशिष्ट अर्थ है कि ज्ञानोपार्जन क्रिया-व्यवहार के एक नये ढंग की उपलब्धि है–Knowing is Knowing by doing),

इस मूल सिद्धान्त को स्पष्ट करने के लिए हम इसके **चार** अंशों को स्पष्ट करें—

(क) कहा जा सकता है कि डूवी का उपकरणवाद ज्ञान के विषयापेक्षावादी सिद्धान्त

(Intentional Theory of Knowledge) पर आधृत है। इस सिद्धान्त के अनुसार ज्ञान न आत्मगत होता है न निरूद्देश्य। ज्ञान को अनिवार्यतः किसी विषय या लक्ष्य की अपेक्षा रहती है—जिस ओर वह विषयोन्मुख होता है। अतः डूवी का उपकरणवाद अनुभववादी होते हुए भी पारम्परिक अनुभववाद से भिन्न है। पारम्परिक अनुभववाद के अनुसार ज्ञान अनुभव की खिड़की से ही अंकित-संग्रहित होता रहता है। ज्ञानात्मक प्रक्रिया केवल अनुभवों को निष्क्रिय ढंग से प्राप्त करने की प्रक्रिया है। डूवी का कहना है कि ज्ञान की चेतना में ज्ञान के विषय तथा उद्देश्य की ओर अग्रसर होना निहित है।

(ख) अतः डूवी के उपकरणवाद का दूसरा अंग है कि ज्ञान का कुछ निश्चित प्रयोजन होता है—जिसकी वह पूर्ति करता है। ज्ञान का उद्भव किसी समस्या के उत्पन्न होने के बाद ही होता है। उस समस्या के समाधान के लिए विचार जाग्रत होता है। यह विचार उस समस्या से जूझने का एक क्रियात्मक ढंग उपलब्ध कराता है—और यही ज्ञानोपार्जन है। इसलिए ज्ञान का एक विशिष्ट प्रयोजन होता है। उपर्युक्त लक्षण में ज्ञान का सामान्य लक्षण स्पष्ट होता है, यहाँ ज्ञान का विशेष लक्षण स्पष्ट होता है। उपकरणवाद की सामान्य मान्यता है कि कोई विचार—कोई ज्ञानोपार्जन निरुद्देश्य नहीं होता, विषयोन्मुख होता है। किन्तु, इस लक्षण में बताया गया है कि हर विशेष ज्ञान का कुछ विशेष प्रयोजन होता है। ज्ञान का कोई सामान्य ढंग का एक प्रयोजन नहीं। प्रयोजन परिस्थिति के अनुरूप निर्धारित होते हैं—तथा हर परिस्थिति में एक तदर्थ (ad hoc) प्रयोजन होता है।

(ग) उपर्युक्त दोनों लक्षणों को मिलाकर डूवी उपकरणवाद की एक विशिष्टता 'प्रयोजनात्मक अनुभववाद' (Experimental Empiricism) के रूप में व्यक्त करते हैं। इसका अर्थ पहले ही स्पष्ट किया गया है। यदि उपकरणवाद यह मानता है कि हर ज्ञान का एक तदर्थ प्रयोजन होता है—वह विशिष्ट परिस्थिति से जूझने के क्रिया व्यवहार का ढंग उपार्जन करता है, तो इसका अर्थ हुआ कि हर ज्ञान अपने ढंग का एक आनुभविक प्रयोग है। स्थिति की नवीनता अथवा समस्यात्मकता (Problematic) की अनुभूति में वह क्रियात्मक प्रयोग करता है। मानव के प्रयोजन, पूर्व अर्जित ज्ञान, अभिरुचि के अनुरूप वह समस्या से जूझने के ढंग की कल्पना करता है (Hypothesis) तथा ऐसे ढंग को अपनाता है, जो उस स्थिति में कारगर प्रतीत हो।

(घ) इसी कारण उपकरणवाद में उपकरणता (Instrumentalism) को केन्द्रीय बनाया गया है। इस प्रकार की क्रियात्मकता ही ज्ञान की परिणति है। जिसे हम 'ज्ञानोपार्जन करना कहते हैं—या जिसे 'प्रज्ञात्मक विचार' कहते हैं, वे सभी माध्यम हैं, उपकरण हैं जिनके द्वारा व्यक्ति परिस्थितियों से जूझने का एक ढंग प्राप्त कर लेता है—अपने प्रतिक्रियात्मक व्यवहारों में एक नयी क्रिया को जोड़ लेता है। शिक्षा के क्षेत्र में अपने प्रयोगों में डूवी ने बड़े सफल ढंग से दिखाया कि कैसे बच्चे कुछ क्रियायें सीखते हैं—जिनसे उनका ज्ञान-क्षेत्र विकसित होता है। क्रियाओं के माध्यम से ज्ञानोपार्जन की विधि उनकी शैक्षणिक विधि है, तथा यह उनके उपकरणवाद का एक सफल प्रयोग है।

अब हम उपकरणवाद के इस सम्पूर्ण सिद्धान्त को डूवी के एक उदाहरण से स्पष्ट करने की चेष्टा करें। एक कुत्ता एक 'वस्तु' (हड्डी का टुकड़ा) देखता है। इस वस्तु की संज्ञानता का क्या अर्थ है? डूवी कहते हैं उसका इस वस्तु के सम्बन्ध में ज्ञान का अर्थ है—वे सभी क्रियायें—व्यवहार आदि जिनके द्वारा यह उस वस्तु के सम्पर्क में आता है। प्रथमतः तो उसे दृष्टि-संवेदना होती है, इस प्रदत्त उद्दीपन से प्रभावित क्रिया होती है। अब

वह कुछ आनुभविक प्रयोग करता है, उसे सूंघता है, खरोंचता है, चाटता है, उठाता है, फेंकता है। हर ऐसी प्रतिक्रिया ही उसे उस वस्तु से जूझने का ढंग देती है—तथा उन्हीं ढंगों के अनुरूप उसे उस वस्तु की जानकारी होती है। उसका ज्ञान क्रियाओं में सन्निहित है। इसलिए उपकरणवाद कहता है कि ज्ञान वस्तुतः क्रियात्मकता में है—कुछ क्रिया-व्यवहारों में है।

इस स्थल पर डूवी के विरुद्ध एक आपत्ति उठायी जा सकती है। डूवी को उस आपत्ति की अपेक्षा है। कहा जा सकता है कि सभी विचार तो क्रिया-व्यवहारात्मक या प्रयोजनात्मक नहीं होते। शुद्ध अवधारणात्मक विचार (Conceptual thinking) का उदाहरण लें। अथवा किसी बीजगणित के उदाहरण को लें "$a^2 - b^2 = (a + b)(a - b)$" इसका व्यवहारिक पक्ष क्या है—इसमें क्रिया व्यवहार कहाँ हैं। इसे यह भी नहीं कहा जा सकता कि यह विचार ही नहीं। किन्तु यह ज्ञान क्रिया के द्वारा ज्ञान कैसे हैं? तथा ज्ञान किस प्रकार की क्रिया का उपकरण है।

डूवी के लिए यह आपत्ति महत्त्वपूर्ण हैं, क्योंकि यदि इसका उत्तर उनके सामान्य विचारों के अनुरूप नहीं दिया जाय, तो डूवी के उपकरणवाद का सिद्धान्त खण्डित हो जायेगा। अतः डूवी इस आपत्ति का अपने ढंग से उत्तर देते हैं, जो निम्नलिखित हैं—

(क) डूवी कहते हैं कि वस्तुतः इस प्रकार के शुद्ध सैद्धान्तिक विचार वास्तविक क्रिया व्यवहार के '**प्रतीकात्मक प्रतिरूप**' हैं। इनका लक्ष्य यही है कि ये अपने ढंग से वास्तविक क्रिया-व्यवहारों के सम्भावित परिणामों का अनुमान करने में सहायता करते हैं। गणित के विभिन्न व्यापार भी अपने ढंग के ऐसे ही प्रतीक हैं, उनसे भी वास्तविक क्रिया-व्यवहारों में गणना करने में सहायता मिलती है। यही तो गणित की प्रासंगिकता है।

(ख) डूवी यह दिखलाते हैं कि ऐसे विचारों का व्यवहारिक जीवन से स्पष्ट सम्बन्ध है। यदि बीजगणित के किसी जानकार से पूछा जाय कि बीजगणित-व्यवहार का व्यवहारिकता से क्या सम्बन्ध है तो सम्भवतः वह कोई उत्तर नहीं दे पायेगा। किन्तु, यह बात उस कारखाने जैसी है जिसमें भिन्न-भिन्न कर्मचारी भिन्न-भिन्न खण्डों के निर्माण में लगे हैं। यदि उनसे पूछा जाय कि जिस खण्ड का वे निर्माण कर रहे हैं उसकी क्या उपयोगिता है, तो सम्भवतः वह नहीं बता पायेंगे। आधुनिक वैज्ञानिक आविष्कारों में यही होता है। वैज्ञानिक यह अनुमान भी नहीं कर सकते कि उनके आविष्कारों का व्यवहारिक उपयोग क्या हो सकता है। अतः डूवी का कहना है कि सभी शुद्ध सैद्धान्तिक ढंग के दिखाई देनेवाले विचार की भी व्यवहारिक उपयोगिता है—भले ही उस विचार का देनेवाला उससे अनभिज्ञ हो। यदि ऐसे विचारों की व्यवहारिक प्रासंगिकता न हो, तो वे काल्पनिक हो जायेंगे या अर्थहीन हो जायेंगे, तथा किसी रूप में टिक नहीं पायेंगे।

(ग) डूवी कहते हैं कि इस प्रकार की आपत्ति में एक तार्किक दोष निहित है। इसी प्रकार के दोषपूर्ण विचार से प्राज्ञानुभविक एवं प्रत्ययवादी विचारों का उद्भव होता है। किसी निश्चित उपयोग की अनभिज्ञता को यहाँ उपयोगों के न होने का आधार मान लिया गया है। बीजगणित के वाक्यों का क्या निश्चित उपयोग है—इसे नहीं बता पाने के आधार बिना विचार किये यह मान लिया गया है कि इनका कोई व्यवहारिक उपयोग ही नहीं है। अपनी अनभिज्ञता को वास्तविक उपयोगिता की कमी का आधार मानकर यह आपत्ति उठायी गयी है यह वैचारिक दोष है।

डूवी के उपकरवाद के कुछ व्यवहारिक परिणाम

डूवी ने अपने उपकरणवाद का प्रयोग व्यवहारिक क्षेत्रों में किया। उन प्रयोगों की सफलता के आधार पर डूवी ने उपकरणवाद के वैचारिक परिणामों को स्पष्ट किया तथा इस प्रकार की उपकरणवाद के स्वरूप को तथा उसकी व्यवहारिकता को और स्पष्ट किया। हम उसकी भी एक संक्षिप्त रूपरेखा खीचेंगे—

(1) डूवी का दावा है कि उपकरणवाद के आधार पर दार्शनिक 'दृष्टि की एक नवीन संरचना (Reconstruction of Philosophical Insight) सम्भव है। उनके अनुसार जिस ढंग से दर्शन विकसित हुआ उस ढंग से तो वह अपने जैविक उद्भव को भूल गया। फलतः वह जैविक आवश्यकताओं तथा व्यवहारिक क्षेत्रों से दूर हटता गया और जीवन तथा जैविक समस्याओं के लिए अप्रासंगिक होता गया। इसी कारण दार्शनिक विचारों में काल्पनिकता की अतिशयता बढ़ती गयी है तथा वह कृत्रिम प्रतीत होने लगा। उपकरणवाद विचारों को मानवीय जैविक आवश्यकताओं के साथ तथा व्यवहारिकता के साथ पुनः संगठित कर देता है। इस आलोक में जो दार्शनिक दृष्टि विकसित होगी वह स्पष्टतः नये ढंग से संरचित होगी—तथा उसमें व्यवहारिक क्रियात्मकता रहेगी ही।

डूवी के उदाहरण के द्वारा इस नवीन संरचना के ढंग को स्पष्ट करें। यदि दार्शनिक विचार जैविक तथा व्यवहारिक आवश्यकताओं के अनुरूप बढ़े, तो इसका एक अर्थ होगा कि हर विचार की परिस्थिति-आधृत प्रासंगिकता होगी। विचारों में **तदर्थता** आयेगी। विशेष परिस्थिति में विशेष समस्या के समाधान के लिए विचार आयेंगे। इसका अर्थ हुआ कि दार्शनिक चिन्तन सभी प्रकार की समस्याओं के एकबारगी निदान का विचार नहीं करेगा। कोई ऐसा सामान्य विचार नहीं उभरेगा जो हर समस्या का एक तात्त्विक निदान दे दे। यह ठीक है कि कोई विचार—कोई निदान अन्तिम नहीं होगा। विचार सतत् क्रियाशील रहेगा, सतत् नवीन रहेगा। उसमें परिवर्तन होते रहेंगे, किन्तु परिवर्तनशीलता तो उसका स्वरूप बन जायेगी। दर्शन की यह संरचना इसके प्रचलित ढंगों से सर्वथा भिन्न तथा नवीन होगी।

(2) उपकरणतावाद का एक अन्य परिणाम यह होता है कि यदि इसे वैचारिक प्रश्रय दिया जाय, तो दार्शनिक चिन्तन में समाजिकता को स्थान देना अनिवार्य हो जाता है। उपकरणवाद जब कहता है कि विचार क्रिया व्यवहारों में निहित है, तथा यह भी कि विचार का उद्भव किसी व्यवहारिक—जैविक आवश्यकता की पूर्ति में होता है, तो यह अनिवार्यतः स्वीकारना पड़ता है कि विचार का संदर्भ सामाजिक है। उपकरणवाद जिन परिस्थितियों एवं समस्याओं की बात करता है वे सभी के अकेलेपन की समस्या नहीं है, वे जिस संदर्भ में उत्पन्न होते हैं वे सामाजिक हैं। क्रिया-व्यवहार की प्रासंगिकता ही सामाजिक संदर्भ में हैं। विचार जिन उद्देश्यों तथा प्रयोजनों की सिद्धि का लक्ष्य रखता है, वे सामाजिक संदर्भ को मान कर चलते हैं। जो विचार सफल सिद्ध होता है—जिसके द्वारा समस्या का निदान मिलता है उसकी सफलता का आधार केवल वैयत्तिक उपयोगिता नहीं, बल्कि सामाजिक मान्यता एवं सामाजिक स्वीकृति है। यदि यह स्वीकृति विचार को न मिली तो वैयत्तिक उद्देश्य की पूर्ति का भी प्रश्न नहीं रहेगा। अतः उपकरणवाद से संयोजित दार्शनिक विचार में समाजिकता के लिए अनिवार्य स्थान बन जाता है।

(3) उपकरणवाद का सबसे प्रबल तथा स्पष्ट परिणाम शिक्षा के क्षेत्र में तथा सीखने के सिद्धान्त पर पड़ा। यदि विचार क्रिया-व्यवहारों से संरचित होता है, तो किसी नये ज्ञान

को सीखने का ढंग हो जाता है—**'कर के सीखो'** (Learning by Doing)। डूवी का यह सीखने का सिद्धांत बड़ा सबल हुआ—प्रारम्भिक शिक्षा-प्रणाली तो प्रायः हर जगह इसी सिद्धान्त पर आधृत होती गयी। इस बात पर जोर दिया गया कि सूचनाओं का अम्बार लगा देने से बच्चा उन्हें आत्मसात नहीं कर लेता। वह उन्हें **रट** ले सकता है, **सीख** नहीं लेता। सीखने का ढंग है कि उसे समस्यात्मक परिस्थितियाँ दे दें—खेलों के रूप में वह उनसे जूझेगा, क्रियाव्यवहार करेगा, और उस रूप में जो विचार पनपेगा वह उसे सुगमता से आत्मसात कर लेगा—सीख लेगा। इस क्षेत्र में डूवी का उपकरणवाद बड़ा सफल सिद्ध हुआ।

(4) उपकरणवादी विचार का एक वैचारिक परिणाम यह भी है कि यह **सत्य, शुभ** आदि भावों में भी प्रवाहकता ला देते हैं। सत्य या शुभ वस्तुनिष्ठ नहीं रह जाते। कोई ऐसे भाव नहीं जो निरपेक्ष ढंग से सत्य या शुभ हो। इसमें स्थायित्व नहीं हो सकता। जिन्हें हम सत्य या शुभ स्वीकारते हैं, वह इसलिए कि अभी तक के क्रिया-व्यवहारों में, परिस्थितियों से सफल समन्वय में वे सहायक सिद्ध हुए हैं। नयी समस्याओं के उपस्थित होने पर सम्भवतः वे कारगर न हों। अतः डूवी का कहना है कि उपकरणवाद हमें रूढ़िवादी तथा परम्परावादी विचार की अन्धी जकड़ से मुक्त करता है, तथा नवीन विकासवादी विचार की ओर उन्मुख करता है।

डूवी का प्रकृतिवाद
(Naturalism)

डूवी के प्रकृतिवादी विचार का विवरण भी अनिवार्य प्रतीत होता है, क्योंकि यह भी अपने ढंग का एक सर्वथा नवीन विचार है। उनका प्रकृतिवाद भी उनके उपकरणवादी विचार के अनुरूप है।

हमारा सामान्य सहज-ज्ञान प्रकृति का अति-सरल अर्थ स्वीकार कर अग्रसर होता है हम यह मान कर चलते हैं कि कुछ विषय हैं जो हमसे स्वतंत्र हैं, तथा हमें उनकी अवगति होती है। अर्थात् सामान्यतः हम 'ज्ञाता' तथा 'ज्ञेय' के द्वैत को स्वीकार कर चलते हैं, और यह भी सामान्य ढंग से माने हुए रहते हैं कि हमारे वही भाव विचार यथार्थ हैं जिनमें तथ्यों की अनुरूपता है—जिनके अनुरूप तथ्यों की वास्तविकता है। हमारे इस सहज-ज्ञान में **'प्रकृति'** का अर्थ इस तथ्यात्मक जगत का समूह है, विषय-जगत है। हमें इस जगत—इस प्रकृति का **अनुभव** होता है।

डूवी को 'प्रकृति' का यह समझ स्वीकार्य नहीं। उनका कहना है कि अनुभववाद तथा वास्तववाद ने प्रकृति को इस ढंग से सोचा, तथा इसी कारण वे वैसी कठिनाइयों में उलझ गये जिनसे वे कभी मुक्त नहीं हुए। बुद्धिवादियों तथा कुछ प्रत्ययवादियों ने इस कठिनाई से बचने की चेष्टा में विचार का अतिक्रमण कर दिया तथा दूसरी सीमा पर चले गये और प्रकृति को 'मन' या 'विचार' पर पूर्णतया आश्रित कर दिया, जिसका परिणाम हुआ कि वे कुछ ऐसी स्वनिर्मित उलझनों में उलझ गये जिनसे वे भी मुक्त नहीं हो सके। (डूवी ने इन सभी विचारों की समीक्षा—आलोचना की है—किन्तु, इस स्थल पर उसका विशद विवरण देना सम्भव नहीं)

डूवी का कहना है कि इन सारी कठिनाइयों के मूल में यही दोष है कि 'प्रकृति' से तथ्यों या विषयों के जगत का बोध किया जाता है, तथा 'अनुभव' को उससे सर्वथा पृथक

एक कोटि माना जाता है। 'अनुभव' और 'प्रकृति' के इस प्रकार के द्वैत को स्वीकारना प्रकृतिवादी दृष्टि नहीं है। प्रकृतिवाद इन्हें एक दूसरे से पृथक नहीं कर सकता—ये परस्पर सापेक्ष हैं।

इस निष्कर्ष पर एक दूसरे ढंग से भी पहुँचा जा सकता है। अपने उपकरणवाद में डूवी इस बात को केन्द्रिय मानते हैं कि मनुष्य परिस्थितियों में रहता है—उनके बीच **क्रिया-प्रतिक्रिया** होती है, तथा उनके ज्ञान-संज्ञान इन्हीं क्रिया-व्यवहारों से संरचित होते हैं। किन्तु उनसे यह तो पूछा ही जा सकता है कि ये परिस्थितियाँ क्या हैं, तथा यह भी कि संज्ञानात्मक क्रिया व्यवहार तथा इन परिस्थितियों की भिन्नता को स्वीकारना अनिवार्य है या नहीं। तत्व मिमांसकों के समान वे तात्विक प्रश्नों में—'जैसे सत् क्या है? 'मन क्या है' आदि प्रश्नों में भले ही न उलझे—किन्तु उन प्रश्नों का उत्तर तो उन्हें देना ही है जो उपकरणवादी विचार के फलस्वरूप उठ खड़े होते हैं। अतः उनके लिए यह विचारना अनिवार्य है कि 'परिस्थितियाँ' किस प्रकार संरचित होती हैं। इन 'परिस्थितियों के वातावरण' से वे क्या समझते हैं? इनके प्रति जो हमारी प्रतिक्रिया होती है, उनका क्या स्वरूप है?

इन्हीं प्रश्नों के उत्तर में **'अनुभव'** (Experience) तथा **'प्रकृति'** (Nature) के विचारों का उल्लेख किया गया है। प्रथमतः तो डूवी यह स्पष्ट कर देते हैं कि उनके प्रकृतिवाद के 'अनुभव' तथा 'प्रकृति' दो अनिवार्य अंग हैं। वे यह भी स्पष्ट कर देते हैं कि इन दोनों को एक दूसरे से सर्वथा भिन्न-पृथक नहीं माना जा सकता। एक के बिना दूसरे की सार्थकता ही नहीं। पहले के सभी विचारधाराओं में यही तो दोष था, वे सभी किसी न किसी रूप में इन्हें एक दूसरे से सर्वथा पृथक मानते रहे—और तब दोनों को जोड़ने या समन्वयित करने या फिर संगठित करने का प्रयास करते रहे। वे सभी यह भूल जाते हैं कि प्रकृति में इस प्रकार का भेद हम वैचारिक दृष्टि से किसी उद्देश्य की पूर्ति के लिए भले ही कर लें, प्रकृति में वस्तुतः ऐसे भेद नहीं हैं। **अनुभव तथा प्रकृति एक ही इकाई के दो पहलू हैं।**

अतः डूवी के प्रकृतिवाद की मूलोक्ति है कि **हमारा अनुभव तथा प्रकृति जिसका कि वह अनुभव है एक दूसरे से सर्वथा पृथक नहीं हैं—बल्कि सदा अनिवार्यतः साथ हैं**। 'अनुभव **प्रकृति में प्रकृति का होता है**।' (Experience is of as well as in Nature....... reaches down into nature, it has depth, it has also breadth and to an indefinitely elastic extent—*Experience and Nature.*)

अतः डूवी के प्रकृतिवाद को स्पष्ट करने के लिए 'अनुभव' तथा 'प्रकृति' दोनों की व्याख्या उनकी प्रकृतिवादी दृष्टि के अनुरूप है। उनके अनुभव-विचार की व्याख्या पहले करें—

(1) डूवी का कहना है कि यह तो हमें मानना ही पड़ेगा कि हम जिसकी भी बात करते हैं—जिस चीज की हमें जानकारी है—वह सब अनुभव है **अनुभव** के अतिरिक्त क्या है, **अनुभव** से परे क्या है, इस प्रकार के प्रश्न निरर्थक हैं, निष्प्रयोजन हैं।

(2) जब अनुभव के अर्थ को इतनी व्यापकता दी जा रही है, तो इसका अर्थ है कि डूवी के इस अनुभव का क्षेत्र बहुत ही विशाल है। पारम्परिक अनुभववाद में अनुभव किसी न किसी रूप में इन्द्रिय-आश्रित बना ही रहता है। डूवी उन सारी सीमाओं को तोड़ देते हैं तथा इसकी व्यापकता को दो ढंगों से बढ़ाते हैं—एक तो अनुभव-विषय को विस्तृत करके

तथा अनुभव में अन्तर्निहित शक्ति का विश्लेषण करके। अनुभव-विषय की दृष्टि से अनुभव की व्यापकता इसलिए बढ़ जाती है कि इसमें अब केवल वे ही विषय नहीं आते जो इन्द्रिय माध्यम से ज्ञात होते हैं, किन्तु वे भी जिनका कभी भी अनुभव हुआ है—या जिनके अनुभव की सम्भावना है। हमारी अपनी इन्द्रियों से सम्पर्क न भी हो, किन्तु यदि उनका अनुभव हुआ है तो वे अनुभव अन्तर्गत हैं। सूर्य, चन्द्रमा, तारे, पहाड़, नदी (जिन्हें हमने नहीं भी देखा है) विकास-क्रम के जीव आदि सभी अनुभव के क्षेत्र में हैं। पुनः अनुभव की शक्ति केवल इन्द्रियों तक ही सीमित नहीं, अनुभव में अन्य शक्तियाँ भी अन्तर्निहित हैं। अतः डूवी के अनुसार अनुभव के अन्तर्गत सौन्दर्यबोध, जादू, मिथक, सामाजिक-राजनीतिक चेतना, साहिंत्यिक संवेदनशीलता, क्रियात्मक साहित्य के प्रति सजगता आदि सभी चले आते हैं।

(3) अतः वह जगत जिससे किसी विशेष काल में हम टकराते हैं—जिसकी हमें तात्कालिक अनुभूति होती है, जिसे हम झेलते हैं, वह भी उतना ही अनुभव का वास्तविक अंग है जितना वह जिसके विषय में हम सोचते हैं या कल्पना करते हैं। प्रकृतिवादी दृष्टि ऐसे किसी अनुभव की उपेक्षा नहीं कर सकती, अन्यथा उस दृष्टि से रचित प्रकृति-विचार अयथेष्ट हो जायेगा, पूर्णतया व्यवहारिक नहीं होगा।

अब हम **डूवी** के 'प्रकृति'-विचार की रुपरेखा खींचें।

(1) सामान्यतः हमें जिसका अनुभव होता है, उसे ही हम प्रकृति कहते हैं। 'प्रकृति' से हम विषय-वस्तुओं का समूह समझते हैं। ये **विषय-वस्तु क्या हैं?** डूवी इनका (Objects का) स्वरूप स्पष्ट करते हैं।

(2) विषय-वस्तु (objects) के स्वरूप को स्पष्ट करने के लिए डूवी ने (events) शब्द का प्रयोग किया है। उनके अर्थ में इसका तात्पर्य है 'जो घटित होता है'[1] यह एक प्रवाह है जिसकी कोई निश्चित विधा नहीं है। इसी कारण विषय वस्तु (objects) को डूवी द्रव्य (substance) नहीं कहते। इसका कोई निश्चित सारतत्व नहीं है।

(3) किसी विशेष अनुभव में उसका एक तात्कालिक स्वरूप स्पष्ट होता है। वैसा ही स्वरूप स्पष्ट होता है जो उस विशेष अनुभव के लिए प्रासंगिक है। उसी का किसी दूसरे अनुभव मं कोई दूसरा स्वरूप—ऐसा जो उस दूसरे अनुभव के लिए प्रासंगिक है—स्पष्ट हो सकता है। उस दूसरे अनुभव के लिए वह इस दूसरे रुप में घटित होता है।

(4) उपर्युक्त विचार को स्पष्ट करते हुए डूवी events (जो घटित होता है) तथा Meaning (अर्थ) में भेद करते हैं। जो घटित होता है उसका कोई एक निश्चित अर्थ नहीं। जो घटित होता है वह कोई तत्त्व या द्रव्य (Substance) नहीं है। यदि वह कोई निश्चित तत्त्व होता, तो उसके माध्यम से उसी के अनुभव की विभिन्नता की व्याख्या नहीं हो पाती।

(5) तब यह है कि हर अनुभव में जो घटित होता है, उसका अर्थ स्पष्ट अवश्य होता है। यह सम्भव है कि उसी का भिन्न-भिन्न अनुभवों में भिन्न-भिन्न अर्थ स्पष्ट हो, किन्तु **कोई** अर्थ स्पष्ट होता ही है। इसलिए अनुभव में जो ज्ञात है, जिसे अनुभव में ज्ञात

---

1. इस स्थल पर 'घटना' शब्द का प्रयोग जानबूझ कर नहीं किया गया है। घटना शब्द का साहचर्य अर्थ कुछ ऐसा है कि वह डूवी के अर्थ को भ्रान्त कर दे सकता है। इससे घटित व्यवहार सूचित होता है—इसमें विशेषता एवं स्थिरता आ जाती है। डूवी के अर्थ में 'event' शब्द में गत्यात्मकता है।

विषय-वस्तु (object) कहते हैं, वह वस्तुतः एक ऐसा 'event' (जो घटित हुआ है) है जिसमें 'अर्थ' (Meaning) जुट गया है। हर विषय-वस्तु **अर्थ-युक्त घटित अनुभव** है। किसी भी प्रकार के विषय-वस्तु (objects) को लें—वह मेज कुर्सी हो, सूर्य तारे हों, कुत्ते बिल्ली हों—वे सभी अर्थयुक्त घटित व्यवहार हैं।

इसे डूवी के ही एक उदाहरण से स्पष्ट कर सकते हैं। अभी जो मेरे समक्ष घटित हो रहा है वह **'कागज का एक टुकड़ा** है। इस कागज का कोई निश्चित—सदा काम देने वाला—अर्थ नहीं। अर्थ की अनेक सम्भावनायें इसमें छिपी हैं। उन्हीं में जो किसी विशेष अनुभव में प्रासंगिक प्रतीत होता है वह उस अनुभव का विषय-वस्तु है, जिसमें जो घटित हो रहा है वह इस प्रासंगिक अर्थ से युक्त हो गया है। अभी मेरे लिए वह अर्थ है—'जिस पर लिखा जा सके। किसी दूसरे आनुभविक संदर्भ में इसका अर्थ हो सकता है 'जिससे आग लगाई जा सके।' किसी अन्य संदर्भ में इसका अर्थ हो सकता है 'काष्ठ-गोर्द (लकड़ी के गुदे) का बना पदार्थ'। किसी अन्य सन्दर्भ में इसका अर्थ हो सकता है 'किसी सम्पत्ति का कानूनी प्रतीक'। कोई और इससे यह समझ सकता है 'वह वस्तु जिसने संस्कृति तथा सभ्यता को नया मोड़ दिया' आदि। अर्थात् यह जो अनुभव में घटित हुआ वह विभिन्न संदर्भों में विभिन्न ढंग से अर्थवान होता है, इसका अपना कोई अनुभव से स्वतंत्र अलग अर्थ नहीं। हम जिसे वस्तु-रूप (object) जानते हैं, वह यही अर्थ-युक्त घटित हुआ तथ्य है—जो हर अनुभव में नये ढंग से ज्ञात हुआ। अतः कोई वस्तु अनुभव से अलग अर्थवान नहीं, कोई अनुभव ऐसा नहीं जो किसी विशेष अर्थ में वस्तु को नहीं पकड़ता। प्रकृतिवाद के इन दोनों पहलुओं पर डूवी समान रूप में जोर देते हैं।

(6) इस प्रकार के विचार का यह भी निष्कर्ष होता है कि डूवी वस्तु के सार-तत्त्व (essence) के विचार को अनावश्यक मानते हैं। जिसे हम सारतत्त्व कहते हैं, वस्तुतः किसी विशेष संदर्भ का अर्थ ही है, हमने उसे इतना महत्त्व दे दिया कि उसे एक प्रकार की शाश्वतता प्रदान कर दी, उसे अर्थ को संदर्भ से अलग कर एक प्रकार का द्रव्यत्व दे दिया। यह किसी विशेष पूर्वाग्रह, पक्षपात अथवा विशेष प्रकार की अभिरुचि के कारण होता है। इस प्रकारका अर्थनिरूपण अनुचित है, गलत है, क्योंकि यह विषयों की—'अनन्त अर्थ-सम्भावना' की पूर्ण उपेक्षा कर देता है।

(7) डूवी का कहना है चिन्तन—विशेष कर दार्शनिक चिन्तन अनुभव की इन सारी विधाओं तथा अर्थों की इन विभिन्नताओं को ध्यान में रख कर ही सार्थक हो सकता है। वस्तुतः दार्शनिक चिन्तन तथा वैज्ञानिक चिन्तन भी पुराने अनुभवों के आधार पर नयी संरचना का प्रयास है। पुराने अनुभवों से प्राप्त अर्थों को नये अनुभवों के अर्थों के आलोक में वैज्ञानिक या दार्शनिक नयी संरचना करता है। वैचारिक प्रगति का अर्थ है इसी प्रकार की नयी संरचनाओं की प्रगति—नये-नये अर्थों का पुराने अनुभवों के साथ जुटते जाना। इसी कारण डूवी का दावा है कि उनका प्रकृतिवाद वैचारिक प्रगति की व्याख्या सुगम रूप में कर देता है।

इस विवेचना के आधार पर डूवी के प्रकृतिवाद के कुछ अन्य लक्षणों पर प्रकाश दिया जा सकता है। उनके अनुसार उनका प्रकृतिवाद साधारण प्रकृतिवाद में निहित तत्त्वों की व्याख्या तो कर ही लेता है, वैसी अनुभूतियों की भी प्रकृतिवादी व्याख्या प्रस्तुत कर देता है जिसके समक्ष साधारण प्रकृतिवाद लड़खड़ाने लगता है।

(क) सामान्यतः प्रकृतिवाद मन (mind) तथा जड़ पदार्थ (matter) की कल्पना

कर उसी के आधार पर अपनी व्याख्या देता है। उनकी भी डूबी अपने प्रकृतिवाद के अनुरूप व्याख्या प्रस्तुत करते हैं। वे कहते हैं कि आनुभविक परिस्थितियों में कुछ स्तर स्पष्ट हो जाते हैं। जड़तत्त्व (matter), जीव (life) तथा मन (mind) ऐसे ही स्तर हैं। उन्हें आनुभविक स्थितियों में ही दर्शाया जा सकता है। जिसे हम जड़ तत्त्व कहते हैं, वह विशेष प्रकार के आनुभविक लक्षणों के अनुरूप अर्थ प्राप्त करता है। जैसे अनुभव में जब तत्त्व काल-क्रम में प्राप्त होते हैं, जब उनका अलग-अलग अनुभव भी होता है तथा उनमें आपसी सम्बन्ध—क्रिया-प्रतिक्रिया की सम्भावना का भी अनुभव होता है, तो उसे हम जड़तत्त्व कहते हैं। जब हमें सहज क्रियाओं तथा प्रतिवर्तनों का अनुभव होता है, जब अनुभव में इन्द्रियाँ तथा नाड़ी-मण्डल के कार्य-व्यवहार की अवगति होती है जो हमारे लिए विषय-वस्तु जैविक (life) अर्थ ले लेता है। उसी प्रकार अनुभव में जब साहचर्य, तार्किक-*सम्बन्ध, कौशल, हेर-फेर आदि का अनुभव होता है, तो वहाँ अर्थ-निरूपण मन (mind)* के अर्थ में होता है। अर्थात्, **जड़, जीव, मन आदि की प्रकृतिवादी व्याख्या भी अनुभव तथा प्रकृति पर ही आश्रित है, जो घटित होता है उसके अनुभव में कौन-सा अर्थ स्पष्ट हुआ—इसी पर आश्रित है।**

(ख) डूबी का दावा है कि उनका प्रकृतिवाद उन तथ्यों की भी व्याख्या कर लेता है जिसे सामान्य ढंग से प्रकृतिवादी रूप में व्याख्यित करना बड़ा कठिन प्रतीत होता है। उनकी कहना है कि हमारे अनुभव में उसके दो प्रमुख लक्षण सदा स्पष्ट होते हैं—(i) अनुभव कभी-कभी उपयोगी रूप में चेतन होता है—यहाँ अनुभव एक ढंग का रसास्वादन है (enjoying) है जैसे कलाकृति, संगीत, नृत्य आदि का अनुभव, (ii) कभी- कभी अनुभव उपयोगी श्रम (useful labour) के रूप में चेतन होता है—जैसे व्यावहारिक तथा क्रियात्मक कार्यों में, वैज्ञानिक अनुसन्धानों में आदि। वस्तुतः इनके पीछे भी कोई तात्विक या आध्यात्मिक बातें नहीं होतीं। अनुभंव की ये भी ऐसी विधायें हैं, जिनमें कुछ नये अर्थों से घटनाएँ सर्जित होती हैं। उदाहरणतः कला-बोध में अनुभव सामान्य ही है, किन्तु वहाँ जो घटित हुआ उसका एक नवीन अर्थ स्पष्ट हुआ। उसकी नवीनता इस बात में है कि वहाँ प्रमुखता अवगति की नहीं है—रसास्वादन की है। वह अनुभव संज्ञानात्मक (cognitive) से अधिक रसानुभूति का अनुभव है। इस प्रकार डूबी के अनुसार उन बातों की व्याख्या भी उनके प्रकृतिवाद से सम्भव है जिसकी व्याख्या के लिए लोग सामान्यतः तात्विकता तथा आध्यात्मिकता की शरण लेते हैं।

(ग) इस प्रकार डूबी के प्रकृतिवाद में यह विश्वास निहित है कि हम अपने भविष्य को सजा सकते हैं—उसका निर्माण कर सकते हैं। भविष्य कोई सर्वथा अन्जान ऊपर से उतर आनेवाली कोई सम्भावना नहीं। अनुभवों में प्राप्त नये अर्थों के अनुरूप ही भविष्य भी निर्मित होता है। सभी ज्ञान-विज्ञान यही करते हैं। यह हमारे अभी के ढंगों पर निर्भर करता है कि हम अपने प्राप्त अनुभव अर्थ-भण्डार तक ही सीमित रहेंगे कि नयी अभिरुचियों के अनुरूप अनुभव की प्रासंगिकता को देखेंगे। इसी दृष्टि से डूबी के प्रकृतिवाद को उन्नयनवादी (Melioristic) कहा जा सकता है।

शिलर का मानववाद
(Schiller's Humanism)

भूमिका

अभी तक हम लोगों ने उपयोगितावाद के सन्दर्भ में जिन विचारकों के विचार का

विवरण प्रस्तुत किया, वे सभी अमरीकी हैं। अब हम उपयोगितावादी दर्शन के एक ब्रिटिश प्रतिनिधि के विचार के एक महत्त्वपूर्ण अंग का संक्षिप्त विवरण करेंगे। वे हैं एफ॰ सी॰ एस॰ शिलर। वैसे शिलर का योगदान सत्यता के अन्य सिद्धान्तों की आलोचना, तथा आकारिक तर्कशास्त्र के खण्डन में अत्यधिक है। इन आलोचकों के द्वारा उन्होंने उपयोगितावाद को सबल बनाया है क्योंकि ये सभी आलोचनाएँ उपयोगितावादी दृष्टि से की गयी हैं। हम यहाँ उन विचारों का विशद विवरण नहीं कर रहे हैं (इस पुस्तक का क्षेत्र इतना विस्तृत है कि हर विचारधारा को सीमित स्थान ही मिल सकता है)। हम यहाँ केवल शिलर के विचारों के एक पहलू पर प्रकाश दे रहे हैं—उनके **मानववाद** पर, वह भी इसलिए कि इससे एक रुचिकर तथ्य प्रकाश में आता है कि कैसे उपयोगितावाद सुगमता से मानववादी हो जाता है।

उनके मानववाद का स्वरूप

वस्तुतः जेम्स के प्रभाव में आने के पहले शिलर प्रत्ययवादी विचारधारा से प्रभावित थे। किन्तु, जेम्स के प्रभाव ने उनके विचारों को एक नया मोड़ दिया। वस्तुतः जेम्स के विचारों में दो धाराएँ साथ-साथ प्रवाहित होती रही हैं—(क) जेम्स के विचार में वस्तुनिष्ठता (objectivity) की ओर प्रवृत् कुछ विचार स्पष्ट होते हैं, तथा (ख) कुछ ऐसी बातें भी दिखाई देती हैं जो जेम्स के विचारों को आत्मनिष्ठ (subjective) बना देती हैं। उनके सत् की अवधारणा में अथवा उनके सत्यता सिद्धान्त में यह आत्मनिष्ठ प्रवृत्ति स्पष्ट दिखाई देती है। किन्तु, परिस्थितियों के विश्लेषण, एक प्रदत्त सत् की अचेतन स्वीकृति, निर्मम तथ्यों की बात आदि में उनके विचार का वस्तुनिष्ठ पहलू स्पष्ट होता है। उनके इस वस्तुनिष्ठता के लिए स्थान बनाने के प्रयत्न को डूबी ने पकड़ा तथा उसी के आधार पर अपने प्रकृतिवाद तथा उपकरणवाद की नींव रखी। उनके विचारों में निहित आत्मनिष्ठ प्रवृत्ति को शिलर ने पकड़ा, तथा उसे इस रूप में विकसित किया कि उपयोगितावाद उनके मानववाद में परिणत हो गया।

शिलर के विचारों का विकास कुछ इस ढंग से होता है कि प्रतीत होता है कि उपयोगितावाद के दर्शन की परिणति मानववाद में होनी ही है। इसे स्पष्ट करने में यह दिखाना अनिवार्य है कि शिलर ने अपने मानववाद की संरचना में जेम्स के तीन विचारों को लिया है तथा उसे अपने ढंग से विकसित किया है। पहला तो जेम्स के द्वारा निरूपति सत् की अवधारणा है। हमने देखा है कि जेम्स के अनुसार सत् कोई पहले से विद्यमान-आद्य सत् के रूप में प्राप्त नहीं होता, यह मानवीय सम्पर्क में निर्मित होता है। इसका स्वरूप बहुत दूर तक इस बात पर निर्भर करता है कि उसे किस सन्दर्भ में, किस उद्देश्य में किस प्रयोजन हेतु देखा जा रहा है। दूसरा विचार जो शिलर ने जेम्स से लिया है वह उनके सत्यता-सिद्धान्त से सम्बन्धित है। वे जेम्स के **'सुकार्यता'** (workability) की सत्यता की परिभाषा नहीं मानते, किन्तु उन्हें यह बड़ा महत्त्वपूर्ण विचार लगता है कि सत्य भी मानव निर्मित है। तीसरी बात भी **जेम्स के उपयोगितावाद** का अंग है। विचार तटस्थ नहीं हो सकता। यह अनिवार्यतः साभिप्राय होता है, किसी प्रयोजन से प्रेरित होता है। विचार का मूल्य उसकी उपयोगिता में है।

अब हम यह देखें कि कैसे शिलर ने इन तीन विचारों को बढ़ा कर मानववाद के तीन

प्रमुख स्तम्भों को स्थापित किया है। यहाँ पर हम सबसे पहले 'तीसरे' विचार को ही लेंगे क्योंकि उससे शिलर की मानववादी **दृष्टि** सर्जित होती है।

उपयोगितावाद की यह दृष्टि कि 'विचार सर्वथा तटस्थ नहीं होता, प्रयोजन से प्रेरित होता है' शिलर को बड़ा महत्त्वपूर्ण प्रतीत होता है। शिलर के अनुसार इसका यह अर्थ है कि चिन्तन अनिवार्यतः मानव से, उसकी अभिरुचि—प्रयोजन से सम्बन्धित है। तार्किक चिन्तन भी मनोवैज्ञानिक तथ्यों का पूर्ण बहिष्कार नहीं कर सकता। चिन्तन मानव करता है, विचार मानवीय है, और मानवीयता के अभिन्न अंग के रूप में मनोवैज्ञानिक तथ्य है। अतः मानवीयता की उपेक्षा चिन्तन कर ही नहीं सकता, यदि कोई ऐसा प्रयत्न करे तो उसका चिन्तन कृत्रिम, अवास्तविक तथा काल्पनिक हो जायगा। शिलर के अनुसार हेगेल का निरपेक्ष विचार इसका स्पष्ट उदाहरण है। हेगेल ने सर्वथा तटस्थ-निरपेक्ष ढंग से विचारा तथा बौद्धिक कोटियों का अम्बार लगाते हुए निरपेक्ष सत् की स्थापना की। किन्तु, परिणाम क्या हुआ? उनकी कोटियाँ रक्तहीन-प्राणहीन कोटियाँ हो गयीं निरपेक्ष सत् का चित्र काल्पनिक चित्र ऐसा हो गया। ऐसा इसी कारण हुआ कि उन्होंने विचार का ही अमानवीयकरण (dehumanisation) कर दिया। अतः शिलर के ऐसे अमानवीयकरण के विरुद्ध हैं। वे तो स्पष्ट दिखाते हैं कि वस्तुतः विचार तो मानवीय सम्बन्ध पर ही निर्भर है। इस प्रकार के सम्बन्ध ज्ञाता तथा ज्ञेय को ही प्रभावित करते हैं। शिलर ने इस प्रभाव को दर्शाने के लिए दिखाया है कि विचार पाँच प्रकार से ज्ञाता तथा ज्ञेय को प्रभावित करता है—**(क)** हर विचार से अनिवार्यतः कुछ चुनाव होता है तथा यह चुनाव व्यक्ति की अभिरुचि तथा उसके प्रयोजन के अनुरूप होता है। **(ख)** चुने हुए भावों विचारों को कुछ अर्थ दिया जाता है। ऐसा नहीं है कि उन विचारों का कोई पूर्व निश्चित अर्थ हो। वे अर्थ मानवीय होते हैं जिन्हें सन्दर्भ तथा उद्देश्य के अनुरूप दिया जाता है। **(ग)** इस अर्थ-निरूपण प्रक्रिया का आधार कुछ क्रिया-व्यवहार है। इस क्रिया-व्यवहार की प्रासंगिता यह है कि वह स्थिति को प्रभावित परिवर्तित करता है। स्थितियाँ उस अवस्था में नहीं रह पातीं जिसमें वे क्रिया-व्यवहार के पहले थीं। **(घ)** अधिकतर उदाहरणों में इन परिवर्तनों का प्रभाव केवल वैयक्तिक नहीं रहता, बल्कि सामाजिक होता है, क्योंकि वैयक्तिक क्रिया-व्यवहारों का प्रभाव अन्य पर पड़ता ही है, जो प्रभाव उनके मतों-विचारों को परिवर्तित करता ही है। **(ङ)** इस पूरी प्रवृत्ति के फलस्वरूप व्यक्ति के ढंग-विचार जीवन में भी परिवर्तन होता ही है। इन बातों के आधार पर शिलर यह निष्कर्ष निकालते हैं कि विचार या चिन्तन निरपेक्ष या पूर्णतया तटस्थ नहीं हो सकता, यह एक साक्षी के समान सत् के ज्ञान को ग्रहण नहीं करता। विचार मानव का है—मानवीय है, अतः मानवीय लक्षणों से युक्त है। यह शिलर के मानववाद का एक महत्त्वपूर्ण अंग बन जाता है। उनका मानववाद इस बात पर जोर देता है कि हर चिन्तन अनिवार्यतः मानवीय है, अतः मानवीय आवश्यकताओं, प्रयोजनों आदि की वह उपेक्षा नहीं कर सकता।

अब हम यह देखें कि जेम्स के सत्-विचार से शिलर के मानववाद का कौन-सा अंग पोषित होता है। जेम्स सत् को मानव-निर्मित कहते हैं, किन्तु उन्हें यह तो स्वीकारना ही पड़ता है कि **कुछ** प्रदत्त होता है जो मानव-निर्मित होकर सत् का रूप लेता है। शिलर को भी इसे स्वीकारने में कोई आपत्ति नहीं। वे भी मानते हैं कि हर अनुभव में हम 'कुछ' से टकराते हैं। वह कुछ अपने में मात्र सम्भावना है, जिसे न सत्य कह सकते हैं न असत्य, उसमें सत्

के रूप में बँध जाने की सम्भावना है। यदि कोई उसे 'वास्तविक सत्' (real relity) कहे तो, शिलर इसे स्वीकार लेंगे, क्योंकि उसकी तात्विकता—उसके अनुभव से पहले की अवस्था का प्रश्न शिलर के लिए न महत्त्चपूर्ण है न प्रासंगिक। हमारा सन्दर्भ वह सत् है जिसके प्रति हमारी क्रिया-प्रतिक्रिया होती है। उस अंजान प्रदत्त में सत् का रूप मानवीय सम्बन्धों के द्वारा ही उपलब्ध होता है। जो कारगर सत् है, जो सत् हमारे लिए प्रासंगिक है, वह मानवीय सम्बन्धों के फलस्वरूप ही उजागर होता है। इस महत्त्वपूर्ण विचार से शिलर अपने मानववाद का एक महत्त्वपूर्ण निष्कर्ष निकाल लेते हैं। सत् जिस रूप में हमारे लिए प्रासंगिक है, वह मानवीय अर्थों के द्वारा ही निरूपित है। मानव के द्वारा दिया गया अर्थ ही सत् का रूप निर्धारित करता है, अतः सत् इस दृष्टि से मानव-निर्मित है।

अब हम यह देखें कि जेम्स के सत्यता-सिद्धान्त के आधार पर शिलर अपने मानववाद में कौन-सा अंश जोड़ते हैं। जेम्स के अनुसार वही भाव सत्य है जो उपयोगी है, फलोत्पादक है, जिसमें सुकार्यता है। शिलर 'सत्य' तथा 'उपयोगिता' को सर्वथा एक या समानार्थ नहीं मानते। 'सत्य सुकार्यता है—फलोत्पादक है'—जेम्स की इस उक्ति का सम्बन्ध सत्यता के उद्भव से है—किस प्रकार सत्य का आविर्भाव होता है उस प्रक्रिया से है। उपयोगिता उस प्रक्रिया का लक्षण है जिससे सत्यता स्थापित होती है। किन्तु, शिलर यह मान लेते हैं कि सभी भाव वस्तुतः प्रारम्भ में न सत्य हैं न असत्य। उनमें सत्यता-दावा (truth claim) रहता है, तथा व्यवहारिकता के द्वारा उस सत्यता-दावा का मूल्यांकन होता है। इस दृष्टि से सत्यता मूल्यांकन-प्रक्रिया (valuation) है, जो व्यवहारिकता की दृष्टि से मूल्यवान होता है, वह सत्य बन जाता है। अतः शिलर के मानववाद की यह भी एक मूलोक्ति है कि सत्यता मानव-निर्मित है तथा यह सदा सतत् नये-नये ढंग से निर्मित होता रहता है। शिलर का मानववाद बेहिचक इस बात पर जोर देता है कि कोई शाश्वत सत्य नहीं है, किसी भाव की सत्यता में स्थायित्व नहीं हो सकता। इस स्थल पर शिलर जेम्स से एक पग और आगे बढ़ जाते हैं। जेम्स ने कुछ भावों में स्थायित्व स्वीकारा था—जैसे गणित के सत्यों में। शिलर इसे भी नहीं स्वीकारते। उदाहरणतः शिलर के अनुसार गणित के वाक्यों—जैसे 2 + 2 = 4 तथा कोई 'स्क्वायर' (वर्ग) वृत्ताकार (circular) नहीं हो सकता आदि में कोई स्थायित्व नहीं है। यह तो मानवीय दृष्टि पर निर्भर करता है कि वह इन वाक्यों को किस अर्थ में ले। यदि 2 इकाइयों और पुनः 2 इकाइयों को अलग-अलग रखें तथा अलग-अलग गणना करें, तो वे चार बनते हैं। किन्तु, पानी के दो बूँद को एक स्थान पर गिरनें दें तथा पुनः दो बूँद को उसी स्थान पर गिरायें तो एक ही बूँद रहेगा। दो शेर और दो बकरी एक स्थान पर रहें तो दो शेर ही बचेगा। उसी प्रकार यदि ज्यामिति के आकारों के संदर्भ में देखें तो 'वर्ग वृत्त नहीं है' सत्य हैं। किन्तु, परिप्रेक्ष्य बदल दें, अर्थ बदल दें तो कह सकते हैं कि लन्दन के कई 'स्क्वायर' वृत्ताकार हैं। अतः सत्य पूर्णतया मानवीय अर्थों पर निर्भर करता है।

अतः शिलर का मानववाद जेम्स के विचारों के आधार पर मानववाद की इमारत खड़ा करता है। उसकी मूलोक्ति है कि विचार या चिन्तन मानवीय है, अतः हर अर्थ-निरूपण मानवीय उद्देश्यों, प्रयोजनों, क्रिया-व्यवहारों के अनुरूप होता है। सत् का स्वरूप भी मानव-निर्मित है, तथा सत्यता-स्थापना का आधार भी मानवीय है।

इसकी कुछ विशेषताएँ

अब हम शिलर के मानववाद के कुछ विशिष्ट लक्षणों—विशेषताओं को स्पष्ट करेंगे—

(1) शिलर के अनुसार 'मानववाद' उपयोगितावादी' से अधिक बुनियादी है, क्योंकि इसकी गहराई अधिक है। बल्कि मानववाद में उपयोगितावादी समाहित हो जाता है। उपयोगितावाद के सीमित होने के कारण ही जेम्स ने कुछ सम्बन्धों को स्थायी सत्यता दे दी, क्योंकि उन्हें उनका उपयोग नहीं दिखाई दिया। किन्तु, वे उन्हें भी मानव-निर्मित स्वीकारते हैं। शिलर ने दिखाया कि मानवीय अर्थों के द्वारा ही वे भी संरचित हैं।

(2) शिलर को सहज ज्ञान के अनुरूप आद्य वास्तववादी विश्वासों से कोई विरोध नहीं। बाह्य जगत के खण्डन की उन्हें कोई आवश्यकता नहीं। वे उसे स्वीकारते हैं। उनका तो मात्र इतना ही कहना है कि वाह्य जगत मानव के लिए अर्थवान तभी होता है जब वह मानवीय अर्थों से संरचित होता है।

(3) शिलर के मानववाद को प्रत्ययवाद से भी कोई मौलिक विरोध नहीं, क्योंकि वह भी मानता है कि सत् मानव-सम्बन्धों पर ही निर्भर है। किन्तु वह प्रत्ययवादी विचार नहीं, क्योंकि वह मान लेता है कि 'कुछ' है जिससे मानव टकराता है। अतः शिलर का मानववाद (realism) तथा प्रत्ययवाद (idealism) दोनों से विरोध नहीं रखते हुए भी उनका समर्थक नहीं।

(4) शिलर का मानववाद व्यक्तिवादी (solispsistic) भी नहीं है। ऐसा कहा जा सकता है कि यदि सत् या सत्य की संरचना का आधार मानव है तो, अन्ततः वह मानव 'व्यक्ति' ही है। व्यक्ति के द्वारा दिये गये अर्थों से ही सत् तथा सत्य अर्जित होते हैं। ऐसी धारणा को इस बात से भी बल मिलता है कि कभी-कभी शिलर के विचारों में ग्रीक दार्शनिक प्रोटागोरस के (होमोमेन्सूरा) मनुष्येव प्रमाण-सिद्धान्त का हवाला मिलता है। इसके अनुसार मानव को ही विश्व का मापदण्ड माना गया है (Man is the measure of the universe)। किन्तु ध्यान से देखने पर स्पष्ट होता है कि शिलर का मानववाद व्यक्तिवादी नहीं है। उनके अनुसार सत्यता उपयोगिता के द्वारा ही निर्धारित होती है, तथा जिस विचार को सामाजिक सहमति प्राप्त न हो—जिससे समाज में विसंगतियाँ, विरोध, संघर्ष उत्पन्न हो, वह विचार उपयोगी नहीं हो सकता। उपयोगिता की पहचान सामाजिक समर्थन में है। अतः ऐसा मानववादी विचार व्यक्तिवादी (solipsistic) नहीं हो सकता।

❑

अध्याय 3

अमेरिकी वास्तववाद

(AMERICAN REALISM1)

भूमिका

बीसवीं शताब्दी के प्रारम्भिक काल में ही, प्रत्ययवादी विचार की प्रतिक्रिया के रूप में, वास्तववादी विचारधारा प्रबल रूप में प्रभावित हुई। जर्मनी, इंगलैण्ड तथा अमेरिका में विचारकों ने वास्तववाद के महत्त्व को समझा, तथा अपने ढंग से इसे संजोया। इस प्रकार के विचार का प्रारम्भ तो जर्मनी में हुआ, किन्तु अंगरेज और अमेरिकी दर्शन में भी इसे प्रतिष्ठा मिली। यहाँ हम अमेरिकी वास्तववाद की एक संक्षिप्त रूपरेखा खींचेंगे। सभी वास्तववादी अमेरिकी विचारकों का उल्लेख तो सम्भव भी नहीं, तथा आवश्यक भी नहीं, क्योंकि हमारा उद्देश्य अमेरिका में वास्तववाद के विकास तथा उसके प्रकारों का एक परिचय देना मात्र है।

प्रत्ययवाद तथा वास्तववाद सामान्यतः ज्ञानमीमांसीय सिद्धान्त के रूप में समझे जाते हैं। ये दोनों सिद्धान्त एक मूल ज्ञानमीमांसीय प्रश्न पर आधृत हैं। ज्ञान का विषय ज्ञाता से स्वतंत्र है या ज्ञाता पर आश्रित? उदाहरणतः मेज का होना उसके देखे जाने पर निर्भर है अथवा वह इससे स्वतन्त्र रूप में है—कोई इसे देखे या न देखे? दोनों उत्तरों के पक्ष-विपक्ष में तर्क प्रस्तुत किये जाते हैं, किन्तु जो उत्तर विषय को चेतना, संज्ञान, ज्ञाता आदि पर आधृत करता है वह प्रत्ययवादी हो जाता है, तथा जो विषय को इनपर आश्रित नहीं करता, इनसे स्वतंत्र मानता है वह वास्तववादी होता है। अर्थात् वास्तववाद के सामान्य अर्थ में ज्ञेय ज्ञाता पर निर्भर नहीं करता, उसका अस्तित्व ज्ञाता से पृथक उससे स्वतंत्र है। उदाहरणतः यह विचार कि—'मेज' का अपना अस्तित्व है, जो है, उसे कोई देखे या न देखे, उसके अस्तित्व पर अन्तर नहीं पड़ता—ऐसे ही विचार को वास्तववादी कहा जाता है।

अमेरिका में इस प्रकार के वास्तववादी विचार के दो उदाहरण स्पष्ट हैं। एक को **नव वास्तववाद** (New-Realism) अथवा (Neo-Realism) कहा गया है, तथा दूसरे को **समीक्षात्मक वास्तववाद** (Critical Realism)। नव वास्तववाद का उद्भव 1992 में छः विचारकों के सामूहिक प्रयास से रचित एक पुस्तक *'The New Realism'* में है। वे विचारक हैं—होल्ट, पेरी, मोन्टेगू, मारभिन, पिटकिन तथा स्पालडिंग। उसी प्रकार समीक्षात्मक वास्तववाद सात विचारकों के प्रयास के फलस्वरूप प्रकाशित एक दूसरी पुस्तक *'Essays in Critical Realism'* में विकसित हुआ। ये सात विचारक हैं—ड्रेक, लभज्वाय, सेलर्स, स्ट्रांग, प्राट, रोगर्स तथा संटायना। इन विचारकों में कुछ, जैसे पहले समूह में पेरी, तथा दूसरे समूह में संटायना—अपने अपने ढंग से स्वतंत्र रूप में प्रसिद्ध हुए। किन्तु, इस पुस्तक में उन सबों के विचारों का पृथक-पृथक विशदीकरण सम्भव नहीं। अतः हम वास्तववाद के इन दोनों रूपों की कुछ उन विशिष्टताओं को स्पष्ट करेंगे, जो इन दोनों

पुस्तकों पर आधृत हैं। इसका यह अर्थ भी नहीं कि अमेरिका में वास्तववाद के बस यही दो रूप प्रकट हुए। अन्य रूप भी हैं। किन्तु, ये दोनों प्रमुख भी रहे तथा मूल वास्तववादी विचार के निकट भी।

नव-वास्तववाद तथा समीक्षात्मक वास्तववाद में भेद

दोनों सिद्धान्त वास्तववादी हैं, अतः दोनों यह स्वीकार करते हैं कि जिस वस्तु को हम देखते हैं, जिसका हमें ज्ञान होता है, उसका अपना मन से स्वतंत्र अस्तित्व है। हम 'मेज' को देखते हैं, दोनों सिद्धान्तों के अनुसार कोई 'मेज' वास्तव में है। फिर भी इन दोनों सिद्धान्तों में अन्तर है, मतभेद है, विरोध भी है। यह सब पूर्णतया स्पष्ट तो अन्त में होगा, किन्तु दोनों के मौलिक भेद के सम्बन्ध में एक प्रारम्भिक समझ रुचिकर होगा।

(1) नव-वास्तववाद को **'ज्ञानमीमांसीय एकवाद'** (Epistemological Monism) कहा जाता है, तथा समीक्षात्मक वास्तववाद को **ज्ञानमीमांसीय द्वैतवाद** (Epistemological Dualism) का सिद्धांत कहा जाता है। दोनों सिद्धांत ज्ञाता तथा ज्ञेय के द्वैत को स्वीकारते हैं, दोनों मानते हैं कि ज्ञाता ज्ञान का विषयी है, जिससे सर्वथा भिन्न ज्ञान का विषय है। फिर भी नववास्तववाद एकवादी है, तथा समीक्षात्मक वास्तववाद द्वैतवादी। यहाँ एकवाद तथा द्वैतवाद का सन्दर्भ ज्ञान का विषय है। नववास्तववाद ज्ञान के विषय के सम्बन्ध में एकवादी है, तथा उसी विषय में समीक्षात्मक वास्तववाद द्वैतवादी है। नववास्तवाद मानता है कि वस्तु जिस रूप में हैं वह उसी रूप में ज्ञात होता है। अब हमें मेज का ज्ञान होता है तो वस्तु मेज अपने मौलिक रूप में ज्ञात होता है। इसके विपरीत समीक्षात्मक वास्तववाद यह मानता है कि वस्तु मेज अपने मौलिक रूप में प्रदत्त नहीं होती। ज्ञाता तथा मेज के बीच एक अन्य विषय और है जो प्रदत्त होता है तथा जिसके माध्यम से मेज का ज्ञान होता है। यह 'मेज' की वस्तुनिष्ठता को नकारता नहीं, किन्तु यह कहता है कि वस्तु जिस रूप में है उस रूप में ज्ञाता उसे नहीं पकड़ता। अतः समीक्षात्मक वास्तववाद ज्ञान के विषयरूप में दो तत्त्वों को स्वीकारता है—एक तो वस्तु तथा दूसरा प्रदत्त (Datum)। इसी कारण यह द्वैतवादी हो जाता है।

(2) इन दोनों के इस मौलिक अंतर को स्पष्ट करने का एक और ढंग बताया गया है। कहा जाता है कि नववास्तववाद ज्ञान के **दो घटकों** वाला सिद्धान्त है। (Two Factor Theory of Knowledge) तथा समीक्षात्मक वास्तववाद **तीन घटकों** वाला सिद्धांत है (Three Factor Theory of Knowledge)। ऊपर नववास्तववाद को एकवादी तथा समीक्षात्मक वास्तववाद को द्वैतवादी कहा गया है, किन्तु उसमें तथा अभी के विवरण में कोई विरोध नहीं है। 'एकवाद' तथा 'द्वैतवाद' ज्ञान के विषय को ध्यान में रखकर बताया जा रहा था, वहाँ प्रश्न है कि ज्ञान का विषय एक है या दो। नववास्तववाद के अनुसार वह एक ही है, तथा समीक्षात्मक वास्तववाद के अनुसार वह दो है। किन्तु यहाँ हम ध्यान ज्ञान के 'घटकों' (Factors) पर रखकर दो या तीन घटकों की बात कर रहे हैं। नववास्तववाद के अनुसार किसी भी संज्ञान में बस दो घटक हैं—ज्ञाता तथा विषय। जो अपने मौलिक रूप में ज्ञाता होता है। किन्तु समीक्षात्मक वास्तववाद के अनुसार ज्ञान के तीन घटक हैं, ज्ञाता, विषय तथा इन दोनों के बीच वह विषय रूप जो प्रदत्त होता है (datum)। विषय जैसा है वैसा प्रदत्त नहीं होता। इन लोगों को विषय के प्रदत्त रूप तथा उसके ज्ञात रूप में अन्तर करना अनिवार्य प्रतीत होता है। इसी कारण यह ज्ञान के तीन घटकों को स्वीकार करता है।

(3) इन दोनों के भेद को और स्पष्ट करने के लिए उन सामान्य तर्कों को भी देखना चाहिए जो दोनों पक्ष अपने-अपने समर्थन में देते हैं। तर्क तो अनेक हैं, कुछ तर्क जटिल भी हैं, किन्तु यहाँ हम केवल उन सामान्य तर्कों का उल्लेख करेंगे जिसके आधार पर ये अपनी-अपनी बातों का समर्थन करते हैं। रुचिकर बात यह है कि दोनों अपने-अपने ढंग से यह दावा भी करते हैं कि उनके ये तर्क सहज-ज्ञान (common-sense) के अनुरूप भी हैं। नववास्तववादी विचारकों का कहना है कि जब हमें किसी वस्तु—मेज—का ज्ञान होता है, तो हम यह नहीं कह सकते कि हमें मेज के भाव का ज्ञान हुआ है, या मेज के किसी प्रदत्त रूप का ज्ञान हुआ है, हमें **'मेज'** का ही ज्ञान होता है, हम मेज को छूते हैं, उस पर बैठकर काम करते हैं। पुनः नववास्तववादी यह भी कहते हैं कि 'मेज के प्रदत्त रूप' तथा पंखें के प्रदत्त रूप' में अन्तर का आधार भी 'मेज' तथा पंखा ही है। इससे भी यही सिद्ध होता है कि हम मेज तथा 'पंखे' को ही जानते हैं, न कि उनके किसी प्रदत्त रूप को।

इसके विपरीत समीक्षात्मक वास्तववाद का मूल तर्क इनसे भिन्न है, तथा वह भी अपने ढंग से सहज-ज्ञान के अनुरूप है। उनका कहना है कि किसी भी वस्तु से संपर्क सामान्यतः इन्द्रियों के माध्यम से ही होता है। इन्द्रियों को अपनी शक्ति होती है जिनके अनुरूप वे गुणों-लक्षणों को पकड़ती हैं। उदाहरणतः किसी इन्द्रिय में—वह चक्षु हो या स्पर्श का अन्य कोई—**'मेज'** या **'पंखे'** को देखने की शक्ति नहीं। चाक्षुश प्रत्यक्ष से **रंग** देखा जा सकता है, आकार देखा जा सकता है, तो रंग, आकार आदि ही इन्द्रियों को प्रदत्त होते हैं। इन **प्रदत्तों** के अस्तित्व को हम कैसे नकार सकते हैं। **स्मृति** का ही उदारहण लें। हम जिस घटना का स्मरण कर रहे हैं, वह घटना अपने मौलिक रूप में उपस्थित तो नहीं हो जाती, उसका कोई विचार ही उपस्थित होता है—जो प्रदत्त है (Datum), जिसके माध्यम से उस घटना का स्मरण होता है। कम से कम 'जिस रूप में वह घटना घटी थी, तथा 'जिस रूप में वह स्मरण हो रही है', इसमें अन्तर तो करना ही पड़ता है।

इस प्रकार हम देखते हैं कि नववास्तववाद तथा समीक्षात्मक वास्तववाद के तर्क अपने-अपने ढंग से सहजज्ञान के अनुरूप ही हैं। फिर भी दोनों में मौलिक अन्तर है। इन तर्कों की युक्तता, अयुक्तता तथा गुण-दोष में अभी हमें नहीं जाना। इनका उल्लेख केवल इन दोनों सिद्धान्तों के अन्तर को स्पष्ट करने के लिए किया गया है। वैसे इन सिद्धांतों के अन्य समर्थक युक्तियों का उल्लेख भी होगा, तथा उनके गुण-दोषों की भी बहुत ही संक्षिप्त विवेचना होगी।

अब हम इन दोनों सिद्धांतों की अलग-अलग विवेचना करेंगे। किन्तु, इस विवेचना में हम इनके कुछ ऐसे प्रमुख अंगों का ही चयन कर रहे हैं, जो इनकी वास्तववादी दृष्टि की पुष्ट करते हैं।

नववास्तववाद
(New Realism)

सामान्य रूपरेखा

नववास्तववाद का मूल लक्ष्य आद्य वास्तवाद (Naive Realism) की पुनर्स्थापित करना है। इनकी मान्यता है कि मनुष्य की मूल दृष्टि वास्तववादी है, वह जिन वस्तुओं के मध्य-जिनके साथ रहता है उनको स्वीकार कर चलता है। जो वैचारिक ढंग से इस दष्टि का खण्डन करते हैं, वे भी वस्तुतः इसे स्वीकार कर ही जीते हैं, अन्यथा उनका रहना-

जीना असंभव हो जाय। अतः इस दृष्टि-इस विश्वास को वैचारिक बल दे प्रतिष्ठित करना नव वास्तववाद का उद्देश्य है।

इन लोगों ने अपने ढंग से विश्लेषण किया है कि यह दृष्टि किस प्रकार अपनी मान्यता खोती रही है, उन्होंने दिखाया है कि आद्य वास्तववाद (Naive Realism) में कुछ कठिनाइयाँ दिखाई दीं, जिनसे बचने के प्रयत्न में वास्तववाद का हनन हो गया। उन कठिनाइयों को वास्तववादी दृष्टि के अनुरूप दूर करने का प्रयत्न नहीं हुआ, बल्कि लोग वास्तववाद को ही छोड़ते चले गये। अतः नववास्तववादी विचारकों ने यह देखने का प्रयत्न किया कि वे कौन सी कठिनाइयाँ थीं, जो वास्तववाद के हनन का कारण बनीं, तथा यह भी कि कैसे उन कठिनाइयों का निराकरण वास्तववादी दृष्टि के अनुरूप किया जा सकता है।

अतः हम यह देखें कि इन विचारकों के अनुसार कैसे आद्य वास्तववाद खण्डित होता गया। इनके अनुसार मानव का सहज ज्ञान भी वास्तववादी है। हम जब कोई वृक्ष देखते हैं, तो यह मानकर चलते हैं कि वस्तुतः एक वृक्ष है। यह हमारी आद्य दृष्टि है। इस आद्य-दृष्टि पर आधृत विचार के दार्शनिक-ऐतिहासिक विवेचन से स्पष्ट होता है कि यह विचार क्रमशः ऐसी अवस्थाओं में परिणत होता रहा है जो इसकी आद्य-दृष्टि को ही पूर्णतया परिणत कर देती है। इन विचारकों के विश्लेषण के अनुसार वास्तववाद के विकास में तीन प्रमुख स्तरों को ढूंढा जा सकता है, जिसमें तीसरे स्तर में आते-आते वास्तववाद समाप्त-प्राय हो जाता है—वे हैं—**आद्य वास्तववाद, एक प्रकार का द्वैतवाद**, तथा **आत्मनिष्ठवाद**। यह विकास वास्तववाद से ही जनित है, किन्तु आत्मनिष्ठवाद में आते-आते वास्तववाद समाप्त हो जाता है।

आद्य वास्तववाद आस्तववाद की मूल स्थिति है जो यह मान कर चलती है कि हम जिस वस्तु को देखते हैं, वह अपने मौलिक रूप में ज्ञात होती है। ऐसे विचार के लिए **भ्रम** की व्याख्या स्पष्टतः कठिन हो जाती है। यदि वस्तु हमें उसी रूप में ज्ञात होती है जो उसका अपना वास्तविक रूप है, तो जब रस्सी में सर्प देखते हैं, तो उसे वस्तुतः सर्प ही होना चाहिए। वास्तववाद के लिए यह कठिनाई थी, किन्तु उस कठिनाई की वास्तववादी व्याख्या ढूंढ़ने के स्थान पर, कुछ विचारकों ने वास्तववाद का स्वरूप ही बदल दिया। लॉक जैसे विचारकों ने इस कठिनाई से बचने का एक **द्वैतवादी** मार्ग निकाल लिया।

इस द्वैतवादी विचार के अनुसार वस्तुतः हम जो देखते हैं, जिसका हमें संज्ञान होता है—वह हमारे मन का ही एक 'भाव' है। अब यह मन का भाव किसी वस्तु के अनुरूप हो सकता है, या नहीं हो सकता। इसके अनुरूप कोई वास्तविक तत्त्व हो भी सकता है, नहीं भी हो सकता। भ्रम में हमारे संज्ञान में ज्ञाता हुआ भाव—वह—भाव जिसका हमें प्रत्यक्ष हुआ—ऐसा है कि उसके अनुरूप वास्तविकता में कुछ नहीं है। हमने सर्प के 'भाव' को देखा, उसके अनुरूप कोई वास्तविक सर्प नहीं, अतः यह भ्रम है। इस प्रकार इन विचारकों ने वास्तववादी विषयों के अन्तर्गत दो तत्त्वों को रख दिया—वस्तु तथा प्रत्यक्ष में प्रदत्त भाव। अतः वास्तववाद एक प्रकार से द्वैतवादी हो गया।

बर्कले जैसे विचारक को इस द्वैतवादी विचार में अन्तर्निहित एक दोष दिखाई दिया। यह द्वैतवादी विचार एक प्रकार से **ज्ञान के प्रतिलिपि सिद्धान्त** (Copy Theory of Knowledge) का प्रतिपादन करता है। किन्तु, प्रश्न यह उठ खड़ा होता है कि हम यह किस प्रकार जानते हैं कि प्रदत्त भाव किसी वास्तविक तत्त्व की प्रतिलिपि है। वास्तविक

प्रतयक्ष में 'प्रदत्त भाव' तथा वास्तविक तत्त्व में अनुरूपता की बात की जाती है, भ्रम में ऐसी अनुरूपता के नहीं होने की बात होती है। किन्तु, इन सब का अर्थ है कि हम 'प्रदत्त भाव' तथा अनुरूप वास्तविक तत्त्व' की तुलना कर सकते हैं। किन्तु जब हमें संज्ञान मात्र 'प्रदत्त भाव' का होता है, यह तुलना कैसे सम्भव है, अथवा हम यह भी कैसे जान सकते हैं कि अनुभव जगत कोई वास्तविक तत्त्व है या नहीं है। इस कठिनाई से बचने का एक ही मार्ग है जिसे बर्कले ने पकड़ा। यदि हमें केवल 'भावों' का संज्ञान होता है तो भावों के अतिरिक्त अन्य कुछ को स्वीकारने का कोई आधार नहीं। इस प्रकार बर्कले आत्मनिष्ठादी विचार (Subjectivism) पर पहुँच जाते हैं, यह दिखाते हुए कि अनुभववादी वास्तववाद तर्कतः आतमनिष्ठवाद तक पहुँच ही जाता है।

अब नववास्तववाद का लक्ष्य है आद्य वास्तववादी दृष्टि को प्रतिष्ठित करना। उनके समान यह भी दिखलाना चाहता है कि हर संज्ञान-प्रक्रिया में मात्र दो घटक होते हैं—ज्ञात तथा ज्ञेय, विषयी तथा विषय। 'विषय' अपने मौलिक रूप में प्रदत्त होता है तथा ज्ञात होता है। ज्ञान प्रक्रिया में 'ज्ञेय' अथवा 'ज्ञान का विषय' उस प्रक्रिया से किसी रूप में परिवर्तित नहीं होता। 'ज्ञेय', 'ज्ञाता' से पूर्णतया स्वतंत्र है। स्पष्ट है कि ऐसे निष्कर्ष की स्थापना के लिए **द्वैतवादी विचार** तथा **आत्मनिष्ठावाद** में दिखों गयी आपत्तियों का निराकरण करना अनिवार्य है। यही कारण है कि नववास्तवादी **आत्मनिष्ठवाद की कड़ी आलोचना करते हैं; प्रत्यक्ष-प्रक्रिया तथा चेतना का विश्लेषण करते हैं**, तथा उस आधार पर **ज्ञान-विषय की स्वतंत्रता की स्थापना करते हैं**, तथा **भ्रम के संबंध में भी अपना विश्लेषण प्रस्तुत करते हैं**, इस संदर्भ में बहुत प्रकार के अन्य प्रश्न भी उठ पड़ते हैं, जिनका विवेचना इन छः विचारकों में कोई न कोई करता ही रहा है, किन्तु, हम उपर्युक्त चार प्रश्नों का ही विवरण प्रस्तुत करेंगे, क्योंकि वे नववास्तववादी योजना को मूलतः स्पष्ट करते हैं। इन विवेचनों में भी हम केवल उन्हीं विचारकों का उल्लेख करेंगे जिन्होंने इन पर विशेष रूप से ध्यान केन्द्रित किया है।

आत्मनिष्ठतावाद की आलोचना *(Criticism of Subjectivism)*

ऊपर बताया जा चुका है कि वास्तववाद की स्थापना के लिए, नववास्तववादी विचारकों के लिए आत्मनिष्ठतावाद की आलोचना अनिवार्य है। वैसे तो यत्र-तत्र ऐसी आलोचनायें भरी पड़ी हैं, किन्तु व्यवस्थित रूप में आलोचनायें आत्मनिष्ठतावाद को युक्तियों में निहित कुछ तर्काभाषों (Fallacies) को उजागर करने में हैं। हम वैसे ही कुछ तर्काभाषों का उल्लेख करेंगे जो नववास्तववादियों के अनुसार आत्मनिष्ठतावाद की समर्थक युक्तियों में आत्मनिहित हैं।

(1) अहंकेन्द्रित विषमावस्था पर आधृत युक्ति में तर्कदोष *(The fallacy of Argument from Ego-Centric Predicament)*

इस तर्कदोष का उल्लेख पेरी ने किया। वह भी पेरी ने 'The New Realism' पुस्तक के प्रकाशित होने के कुछ पहले ही एक लेख में इसका उल्लेख किया था।

पेरी के अनुसार आत्मनिष्ठतावाद की एक मूल युक्ति 'अहंकेन्द्रित विषमावस्था' पर आधारित है। 'विषमावस्था' (Predicament) का अर्थ है कि एक स्थिति जो असुखकर है, सुविधाजनक नहीं है। यह 'असुविधाजनक स्थिति' है। 'अहंकेन्द्रित' (Ego-centric) का अर्थ तो शब्द से ही स्पष्ट है- जो अहं में केन्द्रित हो। आत्मनिष्ठवादी विचारक इस अहंकेन्द्रित

असुविधाजनक स्थिति के आधार पर अपने आत्मनिष्ठवाद की स्थापना करते हैं। यह स्थिति असुविधाजनक इसलिए बतायी गयी है कि हम जो विचार करें, कल्पना करें, सोचें, स्मरण करें, विवेचना करें, यह सब हम 'मन' से ही करते हैं। बिना मन (mind) से संबंधित हुए कोई विचार जागता ही नहीं। इस स्थिति में असुविधा यह है कि इसमें एक विचित्र मजबूरी है। कोई किसी का नाम भी नहीं ले सकता जो मानसिक भाव-नहीं। यदि वह कुछ नाम लेता है, तो इसका अर्थ है कि उसका भाव बन चुका। यही असुविधाजनक स्थिति है, तथा यह स्थिति 'अहं' 'अपने मन' पर केन्द्रित है। इस स्थिति की व्यापकता को आधार बना आत्मनिष्ठवादी अपना एक सबल तर्क बना लेते हैं। वे कहते हैं कि जब 'अहं' या 'मन' से संबंधित किये बिना हम किसी वस्तु का विचार ही नहीं कर सकते, तो इसका अर्थ यह हुआ कि किसी वस्तु का होना-उसका अस्तित्व मन या अहं से स्वतंत्र नहीं है। यह निष्कर्ष आत्मनिष्ठवादी हो गया।

पेरी को इस तर्क में तर्कदोष दिखाई देता है। उनका कहना है कि इस तथ्य 'कि हर वस्तु का विचार मन (mind) से संबंधित करने पर ही होता है' के आधार पर यह निष्कर्ष कि 'हर वस्तु मन पर निर्भर है—मन से स्वतंत्र रह नहीं सकता' न ही निकाला जा सकता। आत्मनिष्ठवादियों के तर्क में तर्क दोष है, जिसे वे स्पष्ट करते हैं।

पेरी कहते हैं कि आत्मनिष्ठवादी विचारक अपने इस अहंकेन्द्रित असुविधाजनक स्थिति पर आधृत तर्क की स्थापना दो प्रकार से कर सकते हैं, आगमनात्मक विधियों का सहारा लेकर, अथवा निगमनात्मक विधि से। उनके अनुसार दोनों अवस्थाओं में तर्कदोष स्पष्ट हो जाता है।

पहले हम यह देखें कि किस प्रकार आगमनात्मक विधियों का सहारा लेकर आत्मनिष्ठवादी अपने इस तर्क की स्थापना कर सकते हैं। उनका आगमनात्मक एक ही ढंग संभव है। विभिन्न उदाहरणों में वे देखते हैं कि हर वस्तु का विचार तभी सम्भव होता है जब वह मन से संबंधित हो जाता है। ऐसा क, ख, ग अनेकों उदाहरण में देखा गया। अतः उन लोगों ने यह निष्कर्ष निकाला कि वस्तु का मन से संबंधित होना हर उदाहरण में अनिवार्य है। पेरी कहते हैं कि जिस आगमनात्मक विधि पर यह तर्क आधृत है, वह **अन्वय विधि** (Method of Agreement) है। किन्तु यह सर्वविदित है कि अन्वय विधि के निष्कर्ष निश्चित नहीं होते, वे अस्थायी होते हैं, उनमें संभावना मात्र होती है। अन्वय विधि के निष्कर्षों में निश्चयता तब आती है जब उन्हें **व्यतिरेक विधि** (Method of Difference) के द्वारा पुष्टि मिलती है। किन्तु, पैरी का कहना है कि उपर्युक्त उदाहरण में व्यतिरेक विधि का प्रयोग हो ही नहीं सकता। व्यतिरेक विधि के लिए निषेधात्मक उदाहरणों का होना अनिवार्य है। किन्तु, उपर्युक्त विषय का कोई निषेधात्मक उदाहरण मिल ही नहीं सकता। हम ऐसा उदाहरण नहीं दिखा सकते कि अमुक वस्तु मन से संबंधित नहीं है, अतः वस्तुतः नहीं ह।, तब इतना तो तय हो जाता है कि आत्मनिष्ठवादियों का अहंकेन्द्रित विषमावस्था पर आधृत युक्ति के निष्कर्ष की पुष्टि संभव नहीं है। अतः आगमनात्मक विधि से सहारा लेकर ये लोग निश्चित निष्कर्ष की स्थापना नहीं कर पाते। इस दोश को एक उपमा से स्पष्ट किया जा सकता है। मान लें किसी की आँख पर एक रंगीन चश्मा सदा लगा रहता है, जिसके फलस्वरूप उसे सब कुछ हरा दिखाई देता है। वह कुछ ऐसा नहीं देख पाता, जो हरा नहीं है। तो क्या वह इस निष्कर्ष की निश्चित स्थापना कर सकता है—कि जो वह देख रहा है वह वस्तुतः हरा है। स्पष्टतः नहीं, आत्मनिष्ठवादी तर्क ऐसा ही है।

अब पेरी यह दिखाते हैं कि अपने निगमनात्मक रूप में भी आत्मनिष्ठवादी विचारकों

को अहंकेन्द्रित विषमावस्था पर आधृत युक्ति तर्कदोष से दूषित है। उनकी इस युक्ति का आधार वाक्य अहंकेन्द्रित विषमावस्था का वाक्य है। यह आधार वाक्य है, *'किसी वस्तु के अस्तित्व का ज्ञात तब नहीं होता जब तक वह मन से संबंधित न हो'* (Nothing is known to exist unless it is an object of knowledge) इस आधार वाक्य से इन लोगों ने यह निष्कर्ष निकाला कि **'किसी वस्तु का अस्तित्व तब तक नहीं होता जब तक वह मन से संबंधित न हो** (Nothing exists unless it is an object of knowledge)। पेरी का कहना है कि इस युक्ति में स्पष्ट तर्क दोष है। निष्कर्ष का निगमन आधार वाक्य के आधार पर नहीं हो रहा है। आधार वाक्य में ज्ञान शब्द महत्त्वपूर्ण है, वहाँ कहा गया है कि **किसी वस्तु के अस्तित्व का ज्ञान** तब तक नहीं होता जब तक वह मन से संबंधित न हो। निष्कर्ष में 'ज्ञान' शब्द (known to) को साफ लुप्त कर दिया गया है, तथा कहा गया कि किसी वस्तु का अस्तित्व तब तक नहीं होता जब तक वह मन से संबंधित न हो। इस लापरवाह 'लोपन'—इस चूक की कोई युक्तता नहीं है। अतः आत्मनिष्ठवादियों का यह तर्क तर्कदोष से ग्रसित है। पेरी का कहना है अहंकेन्द्रित विषमावस्था वैचारिक स्थिति हो सकती है—अस्तित्व का लक्षण नहीं।

इस प्रकार पेरी कहते हैं कि आत्मनिष्ठवादी विचारकों ने इस अहंकेन्द्रित विषमावस्था पर आधृत तर्क (Argument from Ego-Centric Predicament) को बड़ा महत्त्व दिया है, किन्तु अपने दोनों रूपों में यह तर्क तर्कदोष से दूषित है।

2. बहिष्कारी पार्थक्य दोष (***Fallacy of Exclusive Particularity***)

नववास्तववादी विचारकों ने आत्मनिष्ठवाद में एक अन्य मौलिक दोष का उल्लेख किया है जिसे वे बष्किारी पार्थक्यदोष (fallacy of exclusive particularity) कहते हैं। यह तर्कदोष एक विशेष रूप में स्पष्ट होता है। हम किसी एक पद या किसी एक तत्त्व को किसी विशेष व्यवस्था के अंग के रूप में देखते हैं। अब यदि हम यह तर्क दें कि वह पद या तत्त्व बस उसी व्यवस्था का अंग है, तो हम **बहिष्कारी पार्थक्य तर्कदोष** कर रहे हैं। क्योंकि हम उस पद या तत्त्व को इस प्रकार से **पृथक** कर रहे हैं कि उसके किसी अन्य व्यवस्था के साथ संबंधित होने का पूर्ण **बहिष्कार** हो रहा है। बात यह है कि कोई पद या तत्त्व एक दृष्टि से किसी एक व्यवस्था का अंग है, तो वह दूसरी दृष्टि से किसी दूसरी व्यवस्था का भी अंग हो सकता है। उसे किसी एक विशेष व्यवस्था पर सीमित कर देने का अर्थ है कि हमने इतना पृथक कर दिया कि उसके लिए हर अन्य संभावना का बहिष्कार हो गया। यह वैचारिक दोष है।

इसे हम एक उपमा से समझें। निम्नलिखित रेखांकन को देखें—

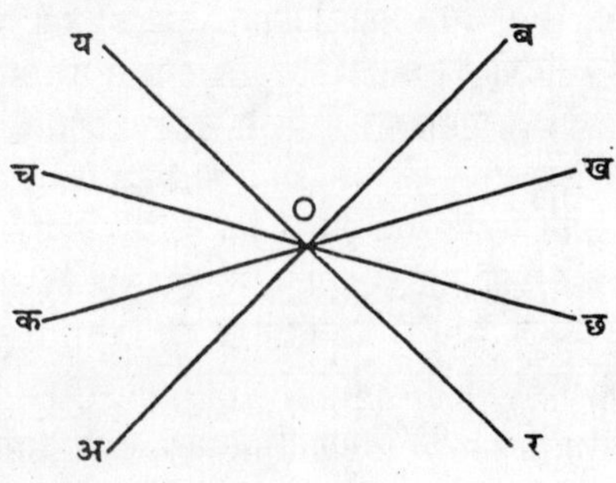

अ ब, क ख, च छ, य र—रेखायें एक बिन्दु O पर मिलती हुई जाती हैं। O—अ ब रेखा का एक बिन्दु अवश्य है, किन्तु यदि इस आधार पर हम यह कहें कि O मात्र अ ब का ही अंग है—तो हम **बहिष्कारी पार्थक्य** दोष कर रहे हैं। हगने O को अ ब पर सीमित कर इतना पृथक कर लिया कि O का अन्य रेखाओं पर होने की संभावना का पूर्ण बहिष्कार कर दिया। हम भूल गये कि O अ ब पर भी है, क ख पर भी य र पर भी तथा अन्य सभी ऐसी रेखाओं पर जो उससे होकर चलें।

नववास्तववादी विचारकों का कहना है कि आत्मनिष्ठवादी तर्क भी इस प्रकार के तर्कदोष से ग्रसित है। आत्मनिष्ठवादी तर्क इस प्रकार है, हमें जिस वस्तु का ज्ञान होता है वह मन से संबंधित है, अतः मन से अलग उनका कोई अस्तित्त्व नहीं हो सकता। यहाँ ये लोग वस्तु को मन तक सीमित कर इतना पृथक कर लेते हैं कि उसके लिए अन्य संभवनाओं का बहिष्कार हो जाता है। वे भूल जाते हैं कि वस्तु एक दृष्टि से मानसिक व्यवस्था का अंग है, तो दूसरी दृष्टि से दूसरी व्यवस्था का भी बिन्दु हो सकता है। अतः उनका यह तर्क बहिष्कारी पार्थक्य दोष (fallacy of exclusive Particularity) से ग्रसित है।

(3) प्रारम्भिक निरूपण के द्वारा परिभाषित करने का दोष (*Fallacy of Definition by Initial Predication*)

नववास्तववादी विचारकों के अनुसार आत्मनिष्ठतावाद में एक अन्य दोष भी दिखाई देता है। वस्तुतः यह दोष बहिष्कारी पार्थक्य दोष जैसा ही है; किन्तु, इसके विवेचन से आत्मनिष्ठतावाद के तर्कों में निहित स्वाभाविकता की व्याख्या भी हो जाती है। इस दोष का अर्थ यही है कि हम वस्तु के उन गुणों को, जिसके द्वारा हम उसे प्रथमतः जानते हैं, उस वस्तु की परिभाषा बना देने की भूल करते हैं। जैसे, मान लें कि हमें एक व्यक्ति का परिचय एक अच्छे क्रिकेट के खिलाड़ी के रूप में होता है। यह हमारे लिए उस व्यक्ति का प्रारम्भिक परिचय है। अब हम ऐसा समझ लें कि वह व्यक्ति मात्र क्रिकेट का खिलाड़ी है, जैसे कि उस व्यक्ति में अन्य कोई बात, कोई गुण नहीं है, तो हम प्रारम्भिक निरुपण के द्वारा परिभाषित करने का दोष कर रहे हैं। इस प्रकार की भूल हम सामान्यतः करते ही हैं। किसी वस्तु के प्रारम्भिक परिचय में प्राप्त गुणों के द्वारा हम उस वस्तु को परिभाषित कर देते हैं। हम यह भूल जाते हैं कि उस वस्तु के अन्य लक्षण-अन्य गुण भी हो सकते हैं जो उतने ही—या उससे अधिक महत्त्वपूर्ण हों।

नववास्तववादी विचारकों के अनुसार आत्मनिष्ठतावादी इसी प्रकार की भूल करते हैं। यह ठीक है कि किसी वस्तु की प्रारम्भिक जानकारी तभी होती है जब वह चेतना में प्रदत हो। हम किसी वस्तु को भी जानते हैं जब वह हमारे मन, या हमारी चेतना से संबंधित हो। यह वस्तु का प्रारम्भिक परिचय है। इस परिचय में यह स्पष्ट होता है कि वस्तु का प्रारंभिक ज्ञान 'मन या चेतंना' से संबंधित होने पर है, किन्तु इसका अर्थ नहीं कि 'मन या चेतना' से संबंधित होना वस्तु की परिभाषा बन जाय। हमें यह नहीं भूलना है कि वस्तु में अन्य महत्वपूर्ण लक्षण भी हो सकते हैं। किन्तु, आत्मनिष्ठतावाद ने यही भूल की। प्रारंभिक परिचय में प्राप्त लक्षण के द्वारा वस्तु को परिभाषित कर दिया। इसी कारण उनका तर्क 'प्रारंभिक निरूपण के द्वारा परिभाषित करने के दोष' से ग्रसित हो गया।

(4) मौन्टेगू के द्वारा की गयी आत्मनिष्ठतावाद की आलोचनायें

एक दूसरे संदर्भ में मौन्टेगू ने आत्मनिष्ठतावादी युक्तियों का खंडन किया है। हम उस

संदर्भ में भी इसका उल्लेख करेंगे, किन्तु नववास्तववादी के द्वारा आत्मनिष्ठतावाद के खंडन के अंतर्गत मौन्टेगू के उन तर्कों का उल्लेख वांछनीय है।

प्रत्यक्ष एवं चेतना के अपने वास्तववादी विश्लेषण के संदर्भ में मौन्टेगू कहते हैं कि वास्तववादी दृष्टि के विरुद्ध आत्मनिष्ठतावादी विचारकों ने **तीन प्रकार** की आपत्तियाँ उठायी हैं। उनके अनुसार सभी प्रत्ययवादी विचारक किसी न किसी रूप में इन्हीं तीन प्रकार के तर्कों के आधार पर वास्तववाद का खंडन तथा आत्मनिष्ठतावाद अथवा प्रत्ययवाद का समर्थन करते रहे हैं। उन तीन प्रकार की युक्तियों का मौन्टेगू ने नामकरण किया है—(क) मनौवैज्ञानिक युक्ति (Psychological Argument), (ख) अन्तर्बोध पर आधृत युक्ति (Intuitional Argument), तथा (ग) शरीरशास्त्रीय युक्ति (Physiological Argument)। उनके इन **तीनों** तर्कों का मौन्टेगू अपने ढंग से खंडन करते हैं। अब हम मौन्टेगू के तर्कों की विवेचना करें।

(क) मनोवैज्ञानिक युक्ति *(PsychologicalArgument)*—इस युक्ति में इस बात को आधार बनाया जाता है कि हमारा मन साक्षात् ढंग से अपने मन के भावों को ही पकड़ता है। हम जो देखते हैं, जिनकी हमें साक्षात् चेतना होती है, वे हमारे मन के भाव ही हो सकते हैं। अतः किसी वस्तु की अवगति परोक्ष रूप में ही हो सकती है, इन भावों के माध्यम से होती है। लॉक जैसे विचारक कहते हैं कि साक्षात् अनुभव में प्राप्त भाव के आधार पर किये गये अनुमान के द्वारा ही वस्तु का ज्ञान होता है। अतः इस युक्ति के अनुसार वस्तुओं की अपनी स्वतंत्रता नहीं है, वे तो मन के भावों के आधार पर अनुमान किये गये तत्त्व हैं। इस प्रकार से मनोवैज्ञानिक विश्लेषण पर आधारित यह युक्ति वास्तववाद का स्पष्ट खंडन करती है।

मौन्टेगू इस युक्ति का उत्तर देते हैं। प्रथमतः तो उनका कहना है कि आत्मनिष्ठतावाद के समर्थकों के इस तर्क में एक आत्मविरोध है। उनकी युक्ति का केन्द्र है यह विचार कि हमें साक्षात् ढंग से किसी वस्तु का 'भाव' प्राप्त होता है। किन्तु, वे यह भूल जाते हैं कि किसी वस्तु के भाव के प्राप्त होने का अर्थ ही है, उस वस्तु की अवगति (To have an idea of a thing is to know the object already)। पुनः उनका कहना है कि इस युक्ति के समर्थक एक सूक्ष्म भेद की उपेक्षा कर देते हैं। जब हमें प्रत्यक्ष होता है, तो प्रत्यक्षीकरण का प्रत्यक्ष-प्रक्रिया का प्रत्यक्ष नहीं होता, बल्कि किसी वस्तु का प्रत्यक्ष होता है। जब हम मेज को देखते हैं, तो हम मेज के प्रत्यक्ष-प्रक्रिया को नहीं देखते, बल्कि वस्तु मेज को देखते हैं। मौन्टेगू का कहना है कि किसी 'भाव' के प्राप्त होने का अर्थ है किसी वस्तु या तत्त्व के भाव को पाना, अर्थात् 'भाव' का प्राप्त होना ही वस्तु का **ज्ञान** है। ऐसा नहीं है कि भाव का प्राप्त होना एक पृथक मनोवैज्ञानिक प्रक्रिया हो, जिसके माध्यम से एक पृथक तत्त्व-वस्तु का ज्ञान होता है। किसी वस्तु के भाव की प्राप्ति तथा उस वस्तु का ज्ञान एक ही बात है। यह तो इतने से ही स्पष्ट हो जाता है कि इन दोनों प्रक्रियाओं की पृथकता को दर्शाया ही नहीं जा सकता। यदि यह पूछा जाय कि भाव प्राप्ति के बाद वस्तु का ज्ञान कोई पृथक ज्ञान है, तो बताया जाय कि वस्तु के ज्ञान में कौन-सी ऐसी नयी चीज प्राप्त हुई जो उस वस्तु के भाव में नहीं थी, तो कोई उत्तर नहीं प्राप्त होगा। अतः **मौन्टेगू** का कहना है कि आत्मनिष्ठतावादी मनोवैज्ञानिक युक्ति युक्तिसंगत नहीं है।

(ख) अन्तर्बोध पर आधृत युक्ति *(IntuitionalArgument)*—मौन्टेगू का कहना है कि अपने मत के समर्थन में ये लोग कुछ ऐसी युक्तियों का उपयोग करते हैं, जो अन्तर्बोध

पर आधृत प्रतीत होता है, क्योंकि कुछ स्थापित आधार वाक्यों में इन्हें अन्तर्बोध होता है अपने निष्कर्ष का। मौन्टेगू के अनुसार इन लोगों ने ऐसी दो प्रकार की युक्तियों का उपयोग किया है, तथा मौन्टेगू उन दोनों प्रकार की युक्तियों का खंडन करते हैं।

(1) अपने प्रथम रूप में इनकी अन्तर्बोध पर आधृत युक्ति कुछ उसी प्रकार की है जैसी युक्ति का विवेचन पेरी ने अहंकेन्द्रित विषमावस्था पर आधृत युक्ति के अंतर्गत किया था। यह युक्ति इस प्रकार की है। इसका आधार वाक्य है, 'वस्तुओं के अस्तित्व को हम तभी जानते हैं, जब हमें उनका ज्ञान होता है'। इसके आधार पर यह निष्कर्ष निकाला जाता है कि 'वस्तुएँ तभी अस्तित्ववान होती हैं जब उनका ज्ञान होता है। स्पष्ट है कि यह निष्कर्ष आत्मनिष्ठतावाद का पोषक तथा वास्तववादी दृष्टि का विरोधी हैं।

मौन्टेगू इस युक्ति के विरुद्ध आपत्ति देते हें। उनका कहना है कि इस युक्ति में 'एक निःसंदेह वाक्य तथा एक बेतुकी अयुक्तता के बीच व्यामिश्रित तादात्म्य स्थापित करने की चेष्टा हुई है (Confused identification of a Truism and an absurdity), इस युक्ति का आधार वाक्य एक निःसंदेह वाक्य है। यह सर्वथा सत्य है कि वस्तुओं के अस्तित्व को हम तभी जानते हैं कि जब हमें उनका ज्ञान होता है। क्निन्तु इस आधार पर यह कहना बेतुका है—अयुक्त है कि वस्तुएँ तभी अस्तित्ववान होती हैं, जब उनका ज्ञान होता है। इस निष्कर्ष पर पहुँचने का तार्किक आधार नहीं है।

(2) अन्तर्बोध पर आधृत आत्मनिष्ठतावादी युक्ति का दूसरा रूप मौन्टेगू के अनुसार निम्नलिखित ढंग का है। इसे हम एक न्याय के रूप में रख सकते हैं।

हर 'भाव' मन में ही उपजता हैं, अतः इसका अर्थ है कि कोई भाव मन से अलग अस्तित्ववान नहीं हो सकता। अब इसे वृहत आधार वाक्य बनाकर निम्नलिखित न्याय तैयार किया जाता है। किसी न किसी रूप में आत्मनिष्ठतावादी अपने मत के समर्थन में इस न्याय का उपयोग करते हैं।

कोई भाव (idea) मन से अलग अस्तित्ववान नहीं हो सकता।

हर वस्तु जो ज्ञात होती है। भाव ही (idea) है।

∴ कोई वस्तु जो ज्ञात होती है, मन से अलग अस्तित्ववान नहीं हो सकती—स्पष्ट है कि इस युक्ति का निष्कर्ष आत्मनिष्ठतावाद का पोषक है।

मौन्टेगू का कहना है कि इस युक्ति में अनेकार्थक मध्यपद दोष (Fallacy of Ambiguous Middle)है। इसके मध्यपद भाव(idea)का दोनों आधार वाक्यों में दो भिन्न-भिन्न अर्थों में व्यवहार हुआ है। वृहत्त आधार वाक्य में जब कहा गया है कि कोई भाव (Idea)मन से अलग नहीं होती। किन्तु लघु आधार वाक्य में भाव(Idea)शब्द का व्यवहार सर्वथा भिन्न अर्थ में किया गया है। वहाँ जब कहा जाता है कि हर वस्तु जो ज्ञात होती है 'भाव' (Idea) है, तो यहाँ भाव का अर्थ 'ज्ञान का विषय' हैं। यहाँ यही कहा जा रहा है कि हर वस्तु जो ज्ञात होती है, वह ज्ञान का विषय है। अतः दोनों आधार वाक्यों में 'भाव' शब्द् का व्यवहार दो विभिन्न अर्थों में हुआ है। यह तर्कदोष है। इसलिए कहा जा सकता है कि आत्मनिष्ठतावादी तर्क अपने इस रूप में भी अयुक्त है।

(ग) शरीरशास्त्रीय युक्ति *(Physiological Argument)*—मौन्टेगू के अनुसार आत्मनिष्ठतावादी कभी-कभी अपने समर्थन में ऐसी युक्ति का सहारा लेते हैं, जिसे शरीरशास्त्रीय युक्ति कहा जा सकता है। इस युक्ति की सामान्य रूपरेखा कुछ इस प्रकार की है। किसी भी संज्ञान में संवेदना होती है, तथा अन्य नाड़ी तथा तन्त्रिका की क्रियायें होती

हैं। इन्हीं शारीरिक-नाड़ी-तंत्रिका क्रियाओं के फलस्वरूप ही किसी वस्तु का ज्ञान होता है। इसका अर्थ है कि इन क्रियाओं से पृथक वस्तु का अस्तित्व नहीं, वस्तु वस्तुतः इन क्रियाओं का उत्पाद है। स्पष्ट है कि इस युक्ति में वास्तववाद की मूल मान्यता का खंडन हो रहा है, क्योंकि वस्तु के स्वतंत्र अस्तित्व का ही हनन हो रहा है।

अतः मौन्टेगू इस युक्ति में निहित तर्कदोष को स्पष्ट करते हैं। उनका कहना है कि इस युक्ति में जो विश्लेषण किया गया है उससे मात्र इतना ही स्थापित होता है कि शारीरिक नाड़ी तन्त्रिका-क्रिया में किसी वस्तु के जानने—ज्ञान पाने के माध्यम हैं। किन्तु इस आधार पर इन लोगों ने यह स्थापित करने की चेष्टा की है कि ये क्रियायें वस्तुओं के 'अस्तित्व' के आधार हैं। यह तर्कदोष है, जो किसी तत्त्व के ज्ञान का माध्यम हो, वह अनिवार्यतः उसके अस्तित्व का आधार नहीं बन जाता। मौन्टेगू का कहना है कि संज्ञान-प्रमाण (ratio cognoscendi) अस्तित्व-प्रमाण (ratio-essendi) नहीं बन सकता। ऐसा होने के लिए संज्ञान-विधि में अस्तित्व का कोई आधार होना अनिवार्य है। मात्र संज्ञान का माध्यम होना अस्तित्व अथवा वस्तु के सार-तत्त्व (essence) का आधार नहीं उपलब्ध कराता। किन्तु इस युक्ति में ऐसा ही माना गया है, तथा यही उसका दोष है।

इस प्रकार मौन्टेगू यह दिखलाते हैं कि आत्मनिष्ठतावाद के समर्थन में सामान्यतः जो तीन प्रकार के तर्कों का सहारा लिया जाता है, वे सभी दोषयुक्त हैं, अतः वे आत्मनिष्ठतावाद को युक्तता प्रदान करने में असमर्थ हैं।

नववास्तववाद का प्रत्यक्ष-प्रक्रिया तथा चेतना-सिद्धांत
(Neorealistic Theory of Perception and Consciousness)

आत्मनिष्ठतावाद के खंडन के बाद अब हम नववास्तववाद के प्रत्यक्ष एवं चेतना सिद्धांत का संक्षिप्त विश्लेषण करेंगे, जिस विश्लेषण में यह भी स्पष्ट हो जायगा कि वास्तववाद की कठिनाई ऐसी नहीं है कि उसे द्वैतवादी हो जाना पड़े (जैसा लॉक ने सोचा था।

नववास्तववाद का प्रत्यक्ष एवं चेतना का सिद्धांत उनकी एक मूल मान्यता पर आधारित है—वह मान्यता है 'सम्बन्ध बाह्य होते हैं, आन्तरिक नहीं, अतः संबंध संबंधवानों को किसी रूप में परिवर्तित नहीं करते। सच पूछा जाय तो यह संबंधस्वरूप विवेचन अपने में एक बड़ा महत्त्वपूर्ण तथा विशद विषय रहा है, तथा यह प्रत्ययवादी तथा वास्तववादी विचारकों के मध्य मतभेद का एक प्रधान बिन्दु भी रहा है। दोनों पक्षों के अपने-अपने सबल तर्क हैं, तथा एक दूसरे के विरोध में पैनी-युक्तियाँ भी हैं। हम इस मतभेद की विवेचना में नहीं उलझेंगे, किन्तु, नववास्तववाद के संबंध-स्वरूप के विषय में कुछ मौलिक बातों का उल्लेख अवश्य करेंगे, क्योंकि उन्हीं बातों के आधार पर उनका प्रत्यक्ष-प्रक्रिया एवं चेतना का विश्लेषण हुआ है।

प्रत्ययवादी विचारक यह मान कर चलते हैं कि 'सभी सम्बन्ध आन्तरिक हैं। इसका अर्थ है कि सम्बन्धों के फलस्वरूप संबंध में आनेवाले तत्त्व के स्वरुप में कुछ अंतर पड़ जाता है। कोई वस्तु संबंधित होने के बाद वैसी नहीं रहती जैसी वह संबंध में आने के पहले थी।

नववास्तववादी इस मत की कड़ी आलोचना करते हैं, उनकी आलोचनायें आनुभविक प्रयोगिक तथा वैचारिक—हर प्रकार की हैं। सबों का उल्लेख नहीं करेंगे—केवल कुछ ऐसी आलोचनाओं का उल्लेख करेंगे जिनका साक्षात प्रभाव प्रस्तुत विषय के विश्लेषण पर है।

उनका कहना है कि संबंधों को आंतरिक कहनेवाले विचारक जैविक अंगों के विभिन्न भागों के आपसी संबंध के सादृश्यता के आधार पर जगत को भी एक आंगिक, इकाई मानते हैं। उनके अनुसार किसी भी जैविक शरीर के अवयवों का आपसी सम्बन्ध आन्तरिक है। हर अवयव की सार्थकता उसके शरीर के अंग बने रहने में हैं, शरीर से पृथक उनका अपना कोई अस्तित्व नहीं। इसी तुलना में वे लोग सभी संबंधों को आन्तरिक मानते हैं, अतः ज्ञाता-ज्ञेय-सम्बन्ध को भी आन्तरिक मानते हैं। इसी कारण उनका कहना है कि ज्ञेय का होना ज्ञाता से संबंधित होने पर निर्भर करता है, उस संबंध से पृथक उसका अपना कोई अस्तित्व नहीं होता।

वैसे तो नववास्तववादी विचारकों ने उपर्युक्त विचार की आलोचना कुछ प्रयोगात्मक उदाहरणों के द्वारा भी किया है। जैसे, वे कहते हैं कि कुछ मछलियों में उनकी पूँछ उनके शरीर से अनिवार्य रूप में सम्बन्धित प्रतीत होता है, किन्तु देखा गया है कि पूँछ के काट लेने पर कोई अन्तर नहीं पड़ता, शीघ्रता से पूंछ फिर बढ़ जाती है। इतना ही नहीं यदि पूँछ लम्बी कटी तो अधिक शीघ्रता से अधिक लंबी पूंछ बढ़ आती है। उसी प्रकार प्रयोग किया गया है कि एक मेढ़क के पीछे के अवयव काट कर दूसरे मेढक में जोड़ा गया है कि एक मेढ़क के पीछे के अवयव काटकर दूसरे मेढक में जोड़ा गया, तो वह जोड़ना सर्वथा कारगर हुआ। ऐसे प्रयोगिक उदाहरणों के द्वारा नववास्तववादी यह दिखलाना चाहते हैं कि शरीर के अवयवों का आपसी सम्बन्ध भी आंतरिक नहीं।

किन्तु, हमारे लिए अधिक प्रासंगिक उनके द्वारा दी गयी कुछ अन्य आलोचनाएँ हैं। उनका कहना है कि यदि यह स्वीकार लिया जाय कि सभी संबंध आंतरिक हैं, तो इसका अर्थ होगा कि विश्व की हर वस्तु हर अन्य संबंधित वस्तु से आंतरिक ढंग से संबंधित है। आंतरिक संबंध से संबंधित वस्तुएँ परिवर्तित होती हैं। हर वस्तु के अनेक विभिन्न संबंध हैं, अतः हर वस्तु अनेकों प्रकार से परिवर्तित हो रहा है। अब एक विषम स्थिति उपस्थित हो जाती है। हम यह कैसे जानेंगे कि वस्तु का अपना स्वरूप क्या था, अर्थात् हम वस्तु के उस मौलिक स्वरूप के विषय में जान ही नहीं पायेंगे जो उसका अपना-संबंधों से अपरिवर्तित-स्वरूप है। और यदि हम उसके अपने स्वरूप को ही नहीं जानेंगे, तो यह कैसे समझ लेंगे कि उसमें परिवर्तन हुआ—किस सम्बन्ध में प्रभाव में क्या परिवर्तन हुआ। वस्तु परिवर्तित हो रही है इसे समझने के लिए वस्तु के मौलिक—अपरिवर्तित रूप को जानना अनिवार्य है। अतः नववास्तववादी विचारकों के अनुसार संबंधों को आंतरिकता का सिद्धांत हमें एक वैचारिक विषम स्थिति में ला देता है, जिसका कोई निदान नहीं।

उपर्युक्त आलोचना का एक प्रभाव ज्ञान-संबंध की विवेचना पर भी पड़ता है। यदि ज्ञान-संबंध भी आंतरिक है, तो इसका अर्थ है कि ज्ञान-प्रक्रिया ज्ञान के विषय को प्रभावित-परिवर्तित करती है। ज्ञान-विषय का स्वरूप ज्ञात होने के बाद वैसा नहीं रहता जो उसके पूर्व था, क्योंकि ज्ञान-संबंध आंतरिक होने के कारण ज्ञान-विषय में परिवर्तन उत्पन्न कर देता है। किन्तु नववास्तववादी कहते हैं कि सम्बन्धों की आंतरिकता पर आधृत यह विश्लेषण आत्म-व्याघातक हो जाता है, क्योंकि इस अवस्था में तो ज्ञान-प्रक्रिया ज्ञान-विषय के अपने मौलिक स्वरूप को कभी जान ही नहीं सकती। जानना ही एक संबंध है, आंतरिक होने के कारण जानने में ही वस्तु परिवर्तित हो जाती है। उसे जानने का हर प्रयत्न उसे नये ढंग से परिवर्तित करता है, अतः उस वस्तु का ज्ञान कभी हो नहीं सकता।

ऐसी ही आलोचनाओं के आधार पर नववास्तववादी संबंधों की आंतरिकता के सिद्धांत का खंडन करते हैं, तथा उसी आधार पर यह घोषणा करते हैं कि **सभी संबंध बाह्य** हैं। ज्ञान-संबंध में ज्ञाता तथा ज्ञेय का संबंध भी बाह्य संबंध है। ज्ञान-प्रक्रिया से ज्ञेय का स्वरूप परिवर्तित नहीं होता। ज्ञान-प्रक्रिया ज्ञान-विषय को उसी रूप में पकड़ती है—जानती है, जो उसका अपना मौलिक रूप है **वह जैसा है वैसा ही जाना जाता है।**

संबंधों की बाह्यता के सिद्धांत पर आधारित इस विश्लेषण पर ही नववास्तववादी विचारकों का प्रत्यक्ष-प्रक्रिया तथा चेतना का विश्लेषण आधृत है।

प्रत्यक्ष-प्रक्रिया में कोई **'ज्ञाता'** किसी **'विषय'** के प्रति चेतन होता है। यह किस प्रकार का संबंध है। नववास्तववादी कहते हैं कि प्रत्यक्ष-प्रक्रिया अथवा चेतना की कोई प्रक्रिया **किसी ज्ञाता का किसी विषय (ज्ञेय) के साथ आकस्मिक संबंध है**। इस उक्ति के निहितार्थ को समझने की चेष्टा निम्नलिखित बिन्दुओं के माध्यम से करें—

(क) प्रथमतः यह प्रक्रिया किसी विषयी तथा विषय का संबंध है। इसका अर्थ है कि विषय विषयी को प्रदत्त होता है। इस प्रदत्त होने के ढंग के विषय में सभी नववास्तववादी एक मत नहीं। कुछ के अनुसार विषयी आकृष्ट होता है विषय से, कुछ के अनुसार विषय का प्रभाव विषयी के नाड़ी तन्त्र तथा मस्तिष्क पर पड़ता है। किन्तु, इन मतभेदों के रहते हुए भी सामान्य ढंग से सभी यह मानते हैं कि चेतन होने का अर्थ है कि किसी ज्ञेय विषय का ज्ञाता को प्रदत्त होना।

(ख) यह प्रदत्त होना **आकस्मिक** (accidental) है। इसका अर्थ यह है कि यह पूर्वनिश्चित नहीं है कि कौन विषयी किस विषय से संबंधित होगा। विषयी के लिए विषय का कोई योजनाबद्ध चयन नहीं होता, वह पूर्णतया आकस्मिक है। दो भिन्न तत्त्व एकाएक संबंधित हो जाते हैं।

(ग) यह संबंध **साक्षात** (direct) होता है। इसका अर्थ मात्र इतना ही है कि विषयी तथा विषय को संबंधित करने का कोई माध्यम नहीं होता, सीधे साक्षात् रूप में यह संबंध स्थापित होता है।

(घ) यह संबंध पूर्णतया बाह्य (external) है। विषयी तथा विषय का संबंध एक दूसरे को परिवर्तित नहीं करता। ऐसा नहीं है कि विषय संबंध में आने के पश्चात्, इसके प्रभाव से परिवर्तित हो गया हो—या उसके स्वरूप में कुछ बदलाव आ गया हो।

(ङ) इस संबंध से विषय प्रकाशित(revealed)होता है। प्रकाशित होने की अवधारणा नववास्तववादी दृष्टि के अनुकूल है, क्योंकि जो प्रकाशित होता है, वह प्रकाश के आने पर अपने आप को प्रकट करता है-व्यक्त करता है, प्रकाश से उसमें कोई रूपभेद या संशोधन नहीं होता। नववास्तववादी विचारकों ने कभी-कभी चेतना का विवरण **अन्वेषक प्रकाश** (Search Light) के रूप में दिया है। इसका अर्थ मात्र इतना ही है कि विषयी का संबंध एक प्रकाश के रूप में विषय के उस स्वरूप को देखता है जो उस प्रकाश से व्यक्त हो रहा है।

(च) अतः चेतना में वस्तु अपने मौलिक स्वरूप में ज्ञात होती है। जब चेतना किसी प्रकार वस्तु में रूपभेद या संशोधन उत्पन्न नहीं करती, तो इसका अर्थ है कि वस्तु उसी रूप में ज्ञात होती है जिस रूप में वह 'है'—जो उसका अपना स्वरूप है।

(छ) इससे यह निष्कर्ष निकलता है कि ज्ञान प्रक्रिया—ज्ञान-विषय की स्वंतत्रता (Independence) का अपहरण नहीं करती। ज्ञान-प्रक्रिया के दो घटक हैं—विषयी तथा विषय, अथवा ज्ञाता तथा ज्ञेय और ज्ञेय की स्वतंत्रता अखण्डित है। (ज्ञेय की स्वतंत्रता पर कुछ विशद विचार आगे करेंगे।

इतना तो स्पष्ट हो गया कि नववास्तववादी के अनुसार चेतना ज्ञान-विषय को उसी रूप में पकड़ती है, जो उसका अपना स्वरूप है–जो वह है। इसे स्थापित करने के लिए इन लोगों ने **कुछ तर्क भी दिया है**, जिसका संक्षिप्त उल्लेख नीचे किया जा रहा है। वस्तुतः तर्क तो अनेक हैं, किंतु उन्हें हम **भावात्मक युक्ति** तथा निषेधात्मक युक्ति के अंतर्गत स्पष्ट कर रहे हैं। **(क) भावात्मक**—नववास्तववादी कहते हैं कि हम किसी विषय के विषय में सोचें, कल्पना करें, उस विषय का भावात्मक स्वरूप के चलते हमारे सोचने या कल्पना करने में एक बाध्यता रहती है। उदाहरणतः हम किसी मेज के विषय में सोंचे, हम उसे 'पलंग' जैसा चित्रित नहीं कर सकते। हम 'त्रिभुज' के विषय में सोचें, हम उसमें चार कोण नहीं रख सकते। इसका अर्थ है कि 'मेज' या 'त्रिभुज' का अपना स्वरूप है, और उसके ज्ञात होने या उसकी चेतना होने का अर्थ है, उसके अपने स्वरूप में उसका ज्ञात होना **(ख) निषेधात्मक**—वस्तु की चेतना का अर्थ उसके मौलिक स्वरूप की चेतना है–इस बात की पुष्टि निषेधामक युक्तियों के द्वारा भी की गयी है। दिखाया गया है कि हम जिस वस्तु के विषय में चाहे कल्पना भी नहीं कर सकते। कल्पना भी उसी का कर सकते हैं जो कल्पनीय है, अर्थात् वस्तु के स्वरूप की उपेक्षा कल्पना भी नहीं कर सकती। उदाहरणतः हम 'त्रिकोणकृत' अथवा 'बंध्या पुत्र' की कल्पना नहीं कर सकते, किन्तु 'त्रिभुज' अथवा 'वृत्त' की कल्पना कर सकते हैं। ऐसा इसी कारण है कि 'त्रिभुज' अथवा 'वृत्त' कल्पनीय है, किन्तु 'त्रिकोण वृत्त' अथवा 'बन्ध्यापुत्र' कल्पनीय नहीं। अतः वस्तु के अपने स्वरूप की अवहेलना कोई विचार नहीं कर सकता।

इस प्रकार प्रत्यक्ष तथा चेतना की नववास्तववादी व्याख्या से भी स्पष्ट हो जाता है कि ये लोग ज्ञानमीमांसीय एकवाद की स्थापना करते हैं, तथा ज्ञाता तथा ज्ञेय के द्वैत को पूर्णतया प्रतिष्ठित करते हैं। इस मार्ग पर सबसे बड़ा आक्रमण ज्ञाता के स्वरूप पर नहीं ज्ञेय के स्वरूप पर होता रहा है, तथा ज्ञेय को ज्ञाता-आश्रित बनाने का प्रयत्न होता रहा है। ऐसे ही आक्रमणों के निराकरण के लिए नववास्तववादी विचारकों ने ज्ञेय-अथवा ज्ञान-विषय के स्वतंत्र अस्तित्व की स्थापना का सतत् प्रयत्न किया है। अब हम उस प्रयत्न की एक संक्षिप्त रूपरेखा खींचेंगे।

नववास्तववादी के अनुसार ज्ञान-विषय की स्वतंत्रता का सिद्धांत
(Neo-realistic Doctrine of Independence of objects of Knowledge)

उपर्युक्त विवेचन से यह स्पष्ट हो जाता है कि नववास्तववादियों के अनुसार ज्ञान का विषय ज्ञान-प्रक्रिया से संरचित नहीं, बल्कि उससे पूर्णतया स्वतंत्र है। नववास्तववाद में विषय की स्वतंत्रता पर बड़ा विचार हुआ है, 'New Realism' पुस्तक में पेरी ने इस विषय पर विशद विचार किया है।

पेरी का मूल तर्क यही है कि जो विचारक यह मानते हैं कि ज्ञान का विषय ज्ञान-संबंध पर पूर्णतया निर्भर है, वे ज्ञान-प्रक्रिया तथा ज्ञान-विषय में मात्र सम्बन्ध दिखा पाते हैं, **निर्भरता** नहीं। किसी वस्तु का किसी अन्य के साथ मात्र संबंधित होना यह सिद्ध नहीं करता कि वह वस्तु उस पर निर्भर करता है। निर्भरता का संबंध दिखलाने के लिए कुछ 'और' दिखाना

अनिवार्य है। यह ठीक है कि नववास्तववादी विचारकों का यह तर्क इस मानयता पर आधृत है कि वे संबंधों को पूर्णतया बाह्य मानते हैं। किन्तु, पेरी केवल सम्बन्धों की वाह्यता के आधार पर ज्ञान-विषय की स्वतंत्रता सिद्ध नहीं करते, वह तो उनकी मान्यता है ही, वे एक पग और आगे आते हैं, तथा यह देखने की चेष्टा करते हैं कि निर्भरता का संबंध किन अवस्थाओं में होता है। उस आधार पर वे परीक्षा करते हैं कि ज्ञान-संबंध वैसी निर्भरता की अवस्थाओं का संबंध है या नहीं, तथा इस आधार पर वे निष्कर्ष देते हैं कि ज्ञान-संबंध में ज्ञान-विषय के ज्ञान-प्रक्रिया पर निर्भर रहने का प्रश्न ही नहीं उठता। इस प्रकार के तर्क से वे ज्ञान-विषय की स्वतंत्रता स्थापित करते हैं। हम उनकी विवेचना को समझने के प्रयास करें।

पेरी का कहना है कि सभी संबंध निर्भरता के संबंध नहीं है। निर्भरता का संबंध निम्नलिखित **चार** अवस्थाओं में स्थापित होता है—

(क) किसी संपूर्ण इकाई तथा उसके अंगों के बीच का संबंध (*Relation of whole and parts*)—जैसे किसी इकाई का उदाहरण ले लें। एक मेज। मेज अपने अंगों पर जैसे (मेज की टांगों पर) निर्भर करता है, जिसके बिना मेज मेज नहीं रहता। उसी प्रकार अंग भी संपूर्णता पर निर्भर करते हैं; जैसे शरीर के अंग शरीर पर निर्भर करते हैं।

(ख) व्यावर्त्तक कारणता संबंध (*Relation of Exclusive Causation*)—कहा जा सकता है कि कोई कार्य अपने व्यावर्तक कारण—(जिसके कारण वह होता ही है)—पर निर्भर करता है। जैसे मलेरिया के मच्छर के काटने पर मलेरिया का ज्वर हो ही जाता है। तो कहा जा सकता है कि मलेरिया इस किटाणु के काटने पर निर्भर है।

(ग) तार्किक आपादन सम्बन्ध (*Logical Relation of Implication*)—यदि 'क' है तो 'ख' है। यहाँ 'क' ख पर निर्भर है, क्योंकि ख के बिना सत्य हुए 'क' सत्य नहीं हो सकता। 'यदि क है तो ख है' का अर्थ है यदि ख नहीं है तो क नहीं है। अतः यहाँ क ख पर निर्भर करता है। 'यदि धूम्र है तो अग्नि है' इस उदाहरण में धूम्र अग्नि पर निर्भर करता है।

(घ) व्यावर्त्तक आपादन संबंध (*Relation of Exclusive Implication*)—'एकमात्र यदि क है तो ख है।' केवल जब त्रिभुज के तीनों कोंण बराबर होते हैं, तो त्रिभुज समबाहु होता है।' इन उदाहरणों में साधारण आपादन संबंध नहीं, व्यावर्त्तक आपादन संबंध है। अतः यहाँ ख क पर निर्भर करता है।

तो पेरी के अनुसार ये चार निर्भरता-संबंध के स्पष्ट उदाहरण हैं। इनके अतिरिक्त पेरी स्वीकार करते हैं कि कभी-कभी सामान्य संबंधों में भी निर्भरता का संबंध दिखाई देता है।

अब पेरी का कहना है कि यदि ज्ञान-संबंध भी निर्भरता का संबंध है, यदि वहाँ भी ज्ञान-विषय ज्ञाता या ज्ञान-प्रक्रिया पर निर्भर करता है, तो वहाँ भी इन चारों संबंधों में किसी एक प्रकार का संबंध होना चाहिए। यदि चेतना अथवा ज्ञान-प्रक्रिया पर ज्ञान विषय निर्भर करता है, तो इस मत के समर्थकों को यह दिखलाना अनिवार्य है कि या तो चेतना तथा ज्ञान-विषय में पूर्णता और अंग का संबंध है, अथवा चेतना कारण है ज्ञान-विषय का, अथवा यहाँ चेतना तथा ज्ञान-विषय में साधारण आपादन या व्यवर्त्तक आपादन संबंध है।

पेरी का कहना है कि इनमें से किसी प्रकार का संबंध ज्ञान-संबंध में नहीं दिखाया जा सकता। चेतना का अवयव-ज्ञान विषय नहीं है। यह भी नहीं दिखाया जा सकता कि चेतना कारण है तथा उसका कार्य ज्ञान-विषय है। यहाँ पर किसी प्रकार का आपादन संबंध भी

दिखाना संभव नहीं है। हम यह नहीं कह सकते जब केवल 'मन' रहता है तभी ज्ञान-विषय रहता है।

पेरी इस बात की पुष्टी करने के लिए कुछ ज्ञान-विषय का स्पष्ट उदाहरण लेते हैं, तथा दिखलाते हैं कि उन उदाहरणों को तो किसी भी प्रकार से उपर्युक्त चारों निर्भरता-संबंधों का उदाहरण नहीं माना जा सकता। किसी सरलतम (Simple entity) तत्त्व का उदाहरण लें। 'सरल' होने का अर्थ ही है कि उसका विश्लेषण संभव नहीं। कोई सरल तत्त्व में पूर्णता और अंग संबंध हो ही नहीं सकता, क्योंकि सरल तत्त्व में अंग होते ही नहीं। यह भी नहीं कहा जा सकता कि ये सरल तत्त्व चेतना के सरलतम अंग हैं। यह भी नहीं कहा जा सकता कि मन अथवा चेतना के कारण स्वरूप सरल तत्त्व का उद्भव होता है। सरल तत्वों के साथ किसी प्रकार का आपादन संबंध संभव नहीं है, क्योंकि आपादन संबंध प्रतिज्ञप्तियों (Propositions)के बीच में होता है, तथा साधारण प्रतिज्ञप्तियाँ जिनमें तार्किक संबंध रहता है वे 'सरल' को सूचित नहीं करते, वे स्वयं मिश्रित होती हैं। अतः पेरी के अनुसार ज्ञान-संबंध में निर्भरता के संबंध को दिखाया नहीं जा सकता।

इस स्थल पर प्रत्ययवादी अथवा निर्भरता-संबंध के पोषक कह सकते हैं कि उपर्युक्त विवेचन प्रासंगिक नहीं है, क्योंकि उनके अनुसार कोई ज्ञान-विषय-'सरल' भी स्वतंत्र नहीं है, चेतना या मन पर निर्भर है। इस मत के खंडन के लिए 'सरल' ज्ञान-विषय की विवेचना अप्रासंगिक है क्योंकि यहाँ उस विषय **का संबंध चेतना से क्या है**—यह प्रासंगिक है। अपने में वह सरल हो, किन्तु चेतना के विश्लेषण से ही हमें उसकी अवगति होती है, अतः वह चेतना पर निर्भर है। पेरी को इस प्रकार की आपत्ति की अपेक्षा है। वे कहते हैं कि चेतना उन सरल तत्त्वों का निर्माण नहीं करती, उन्हें ढूँढ लेती है—प्रकाशित करती है। अन्वेष-प्रकाश (Search Light) से जो वस्तु प्रकाशित होती है, वह उस अन्वेष-प्रकाश पर निर्भर नहीं करती। पुनः पेरी कहते हैं कि यदि सरल तत्व ज्ञान-विषय रूप में चेतना की कृति या चेतना के कारण होते, तो चेतना उस पर रूक क्यों जाती। क्यों चेतना सरल तत्त्वों का और आगे विश्लेषण नहीं कर पाती, उसमें ऐसी बाध्यता क्यों आ जाती है। यह इसी कारण होता है कि उन सरल तत्त्वों में कुछ अपना स्वतंत्र तत्व है जिसके आगे चेतना की प्रक्रिया बाध्य होकर रूक जाती है।

वैसे पेरी कहते हैं कि इस प्रकार की आलोचना से ही उनका निष्कर्ष स्थापित हो जाता है। उनका उद्देश्य 'सभी विषय मन या चेतना पर निर्भर करते हैं—इसका वाक्य का खंडन है। यह एक 'A' वाक्य है, तथा इसका पूर्ण खंडन इसके व्याघातक 'O' वाक्य— 'कुछ विषय मन या चेतना पर निर्भर नहीं करते' की स्थापना से ही हो जाता है। अतः यदि सरल तत्व मन या चेतना पर निर्भर नहीं करते, तो उसी से पेरी की उद्देश्य-सिद्धि हो जाती है।

किन्तु, पेरी एक पग और आगे जाते हैं, तथा यह दिखलाते हैं कि कुछ जटिल तत्व भी ऐसे हैं जो स्पष्टतः ज्ञान-विषय हैं; किन्तु मन या चेतना पर निर्भर नहीं करते। उनका कहना है कि कुछ आंतरिक या मानसिक अवस्थायें भी ऐसी हैं कि जो रहती हैं, किन्तु ज्ञात नहीं होतीं। उसी प्रकार बहुत सी चेतनायें ऐसी हैं जिसमें आत्म-चेतना नहीं है। आन्तरिक अवस्थायें भी इस दृष्टि में ज्ञान-प्रक्रिया अथवा चेतना से स्वतंत्र हैं।

इस प्रकार पेरी यह दिखलाते हैं कि किसी प्रकार यह स्थापित नहीं किया जा सकता है कि ज्ञान-विषय किसी रूप में मन अथवा चेतना अथवा ज्ञान-प्रक्रिया पर निर्भर नहीं है।

ज्ञाता तथा ज्ञेय ज्ञान के दो छोर हैं—ज्ञेय ज्ञाता से पूर्णतया स्वतंत्र है। जब ज्ञाता को ज्ञेय का ज्ञान होता है, तो वह ज्ञान ज्ञेय के वास्तविक, स्वतंत्र स्वरूप का ज्ञान होता है।

नववास्तववा का भ्रम-सिद्धांत
(Neo-Realistic Theory of Error)

वास्तववादी विचारधारा के लिए भ्रम की समुचित व्याख्या प्रस्तुत करना अनिवार्य है, क्योंकि भ्रम की समस्या की व्याख्या में वास्तववाद टूटने लगता है, अथवा ऐसी उलझनों में उलझ जाता है जिससे वह निकल नहीं पाता। हमने ऊपर देखा है कि भ्रम की समस्या के उपस्थित होने पर आद्य-वास्तववाद टूटने लगता है तथा द्वैतवादी व्याख्या से होता हुआ स्वतः आत्मनिष्ठतावाद की ओर अग्रसर होने लगता है। नववास्तववाद का उद्देश्य आद्य-वास्तववाद (Native Realism) को दार्शनिक ढंग से प्रतिष्ठित करना है, अतः उसके लिए यह अनिवार्य हो जाता है कि भ्रम की समस्या का कुछ ऐसा समाधान प्रस्तुत करें जो एक ओर तो उसे आत्मनिष्ठतावाद की ओर झुकने की बाध्यता से भी बचा ले, तथा दूसरी ओर वह वास्तववादी दृष्टि के पूर्णतया अनुरूप हो।

अतः नववास्तववाद के अन्तर्गत 'भ्रम' की समस्या की महत्वपूर्ण विवेचना हुई है। कठिनाई यह है कि सभी नववास्तववादी विचारक छिटपूट ढंग से इस समस्या पर कुछ न कुछ विचार प्रस्तुत करते हैं। इस सम्बन्ध में वे सभी एकमत भी नहीं। इस संक्षिप्त विवेचन में उन सभी विचारों का विशद उल्लेख तो संभव नहीं है, अतः हम केवल उन दो विचारकों के मतों का विवरण प्रस्तुत करेंगे जिन्होंने इस समस्या पर विशेष ध्यान दिया है। वे हैं होल्ट तथा मौन्टेगू।

(1) होल्ट का मत

पहले हम **होल्ट** के विचारों का ही उल्लेख करेंगे, क्योंकि होल्ट के भ्रम-संबंधी विचार को नववास्तववाद के केन्द्रीय विचार के रूप में मान्यता मिली है, कम से कम समीक्षात्मक वास्तववाद तो नववास्तववाद की आलोचना में होल्ट के विचारों पर विशेष ध्यान देता है।

होल्ट विश्लेषण करके यह स्पष्ट करते हैं कि भ्रम की स्थिति वस्तुतः क्या स्थिति है। भ्रम में हम एक वस्तु देखते हैं, तथा पुनः कोई दूसरी वस्तु देखते हैं। उदाहरणतः हम 'सर्प' देखते हैं, तथा जब पुनः देखते हैं, तो वही वस्तु 'रस्सी' दिखाई देती है। किसी छड़ी का पानी में पड़ा हुआ अंश मुड़ा दिखाई देता है, पुनः जब हम छड़ी को देखते हैं, तो वह मुड़ा नहीं सीधा दिखाई देता है। इन उदाहरणों में हमनें वस्तुतः विरोध देखा—व्याघात (contradiction) देखा। हमारी किसी न किसी रूप में यह मान्यता रही है कि किसी एक तत्व में दो व्याघातक गुण या लक्षण नहीं रह सकते। इसी कारण हम बाध्य रहते हैं कि इनमें से एक को ही स्वीकारें। किसे स्वीकारा जाय? पहले वाले प्रत्यक्ष में जैसे सर्प के प्रत्यक्ष में अथवा छड़ी के मुड़े हुए भाग के प्रत्यक्ष में स्थायित्व नहीं है। जब हम एक बार 'रस्सी' देख लेते हैं, तो पुनः 'सर्प' नहीं देखते, अब बार-बार रस्सी ही देखते हैं। अतः इस दूसरे प्रत्यक्ष में स्थायित्व है, वह उस प्रकार खंडित नहीं होता जिस प्रकार पहला -सर्प का प्रत्यक्ष—खंडित होता है। अतः हम इसे प्रमाणिक मान लेते हैं, तथा पहले प्रत्यक्ष को भ्रम कहते हैं। अब प्रश्न होता है कि **भ्रम** का—इस उदाहरण में **सर्प** का या पानी मं छड़ी के मुड़े हुए भाग का—प्रत्यक्ष हुआ ही कैसे? उसकी क्या व्याख्या है?

नववास्तववादी विचारकों के लिए यह प्रश्न बड़ा ही मार्मिक तथा निर्णायक प्रश्न है। वे यह मानते हैं कि जो जाना जाता है—ज्ञानविषय या ज्ञेय—वह अपने में स्वतंत्र रूप में अस्तित्ववान है, तथा उसी रूप में जाना जाता है जिस रूप में वह है। तो, अब उनके सामने यह समस्या आती है कि जब 'सर्प' की अवगति हुई, तो उनके सिद्धान्त के अनुसार प्रस्तुत वस्तु—सर्प—उसी रूप में ज्ञात हुई जिस रूप में वह है। अतः इनके अनुसार हमें उस समय 'सर्प' का ही ज्ञान हुआ। तो वह ज्ञान भ्रामक हुआ नहीं। फिर यह कैसे हो जाता है वह ज्ञान खंडित हो गया तथा यह अवगति हुई कि जो 'सर्प' का ज्ञान था वह वस्तुतः सर्प का नहीं रस्सी का ज्ञान है।

होल्ट को समस्या तथा इन प्रश्नों की समझ है। वे कहते हैं ये सारे प्रश्न-बल्कि इस रूप में भ्रम की समस्या के निरूपण के पीछे हमारी एक धारणा है—जो इतनी प्रचलित हो गयी है कि उसे स्वतः सिद्ध सत्य का स्थान मिल गया है। वह धारणा है कि, भौतिक जगत में व्याघातक तथ्य नहीं रह सकते। यदि 'क' तथ्य है, तो इसका व्याघातक तत्त्व असत्य या भ्रामक होगा। हमारी यही धारणा भ्रम की वास्तववादी व्याख्या के पीछे उपर्युक्त प्रश्नों को उठाने का कारण है। होल्ट कहते हैं कि वस्तुतः अनुभव-जगत में भी व्याघातक तथ्य हैं। इसी प्रकृति की कोई शक्ति वस्तुओं को ऊपर खींचती है, तथा कोई अन्य शक्ति नीचे खींचती है। प्रकृति के एक नियम को दूसरा नियम खंडित करता है। बिना आधार के एक वस्तु नीचे गिर जाती है, इसकी व्याख्या के लिए भी प्राकृतिक नियम हैं, तथा गैस से भरा निराधार बैलून ऊपर उठ जाता है—इसकी भी कोई अन्य प्राकृतिक व्याख्या दी जाती है। अतः होल्ट का कहना है कि यह धारणा भौतिक जगत में व्याघातक तथ्य (contradictory facts) नहीं रह सकते, स्वयं निराधार है।

अतः होल्ट कहते हैं कि जगत में व्याघातक तथ्य हैं, तथा हमें उनका अनुभव होता है। 'भ्रम' में भी ऐसे ही व्याघातक तथ्य का प्रत्यक्ष होता है। एक ही वस्तु का सर्प दिखाई देना, तथा पुनः रस्सी दिखाई देना व्याघातक तथ्य है। किन्तु, होल्ट के अनुसार **दोनों तथ्य हैं, दोनों दिखाई देते हैं।**

होल्ट इस बात की व्याख्याा अधिक प्रमाणिक ढंग से करते हैं। वे कहते हैं कि वास्तववाद के विरुद्ध जब भ्रम की समस्यात्मकता के आधार पर आपत्ति उठायी जाती है, तो यह पहले से माना हुआ होता है कि प्रत्यख में जो ज्ञात होता है, वह एक सरल तत्त्व है। इसीलिए आपत्ति उठती है कि जब वह सरल तत्व 'रस्सी' है तो 'सर्प' कैसे हो सकता है। किन्तु, होल्ट कहते हैं कि अनुभव जगत में ज्ञात वस्तु वैसा सरल नहीं, बल्कि जटिल होता है। उदाहरणतः एक सिक्के को लें। एक दृष्टिकोण से वह गोलकार प्रतीत होता है, दूसरे दृष्टिकोण से अंडाकार, एक अन्य दृष्टि से एक वक्र रेखा के आकार का। साधारणतः ऐसा माना जाता है कि सिक्का वस्तुतः गोलाकार, तथा अन्य जो सभी आकार दिखाई देते हैं वे सभी भ्रामक हैं, सिक्के के वास्तविक आकार नहीं। होल्ट का कहना है कि यह साधारण विश्वास भी इसी धारणा पर आधृत है कि सिक्के का कोई एक ही आकार वास्तविक है, ये सभी प्रतीतियाँ एक-दूसरे के व्याघातक हैं, अतः वे सभी सिक्के के आकार नहीं हो सकते। किन्तु होल्ट का कहना है कि यह सामान्य धारणा इस मान्यता पर आधृत है कि सिक्का कोई सरलतत्व है, जिसके सरल होने के फलस्वरूप उसका कोई **एक** निश्चित आकार होता ही है। किन्तु, होल्ट के अनुसार सिक्का भी एक जटिल तत्त्व है जिसमें अनेक लक्षण हैं। एक परिप्रेक्ष्य

(Perspective) या एक दृष्टिकोण से एक गुण दिखाई देता है, तथा दूसरी दृष्टि से दूसरा गुण। सिक्का विभिन्न परिप्रेक्ष्यों से दिखाई देनेवाले गुणों का क्रम है(Series of perspectives)। हम किसी एक व्यक्ति को वृषभान नाम देते हैं। वस्तुतः वृषभान नाम से ज्ञात व्यक्ति, बच्चा है, जवान है, बूढ़ा है, प्रेमी है, पति है, पिता है, धनी है, इत्यादि-इत्यादि। वह इन सभी परिप्रेक्ष्यों का क्रम है। अब होल्ट का कहना है कि यदि हम ज्ञान-विषय को 'सरल' न समझें, उसे परिप्रेक्ष्यों के क्रम के रूप में समझें, तो भ्रम की वास्तववादी व्याख्या सुगम तथा युक्ति संगत हो जाती है। हम कह सकते हैं कि हर वस्तु में भिन्न-भिन्न ढंग से देखने की संभावना निहित है। ये संभावनाएँ एक-दूसरे के विरोधी या व्याघातक भी हो सकते हैं। जिसे हम 'छड़ी' कहते हैं, वह ऐसी ही संभावनाओं का क्रम है। एक दृष्टि से वह सीधा, दूसरी दृष्टि से वक्र दिखाई दे सकता है। दोनों दिखाई देने वाले लक्षण उसमें हैं। वही चीज एक दृष्टि से सर्प है—तथा दूसरी दृष्टि से रज्जु। इसका यह अर्थ नहीं कि वह चीज सर्प या रज्जु से भिन्न कोई अन्य वस्तु हैं। नहीं। सर्प के रूप में दिखाई देना, तथा रज्जु के रूप में दिखाई देना दोनों वास्तविक पहलू हैं, दोनों एक ही वस्तु के व्याघातक तथ्य हैं, जो दो परिप्रेक्ष्यों में स्पष्ट होते हैं।

होल्ट कहते हैं कि भ्रामक अवगति को वास्तविक समझने में जो सामान्य कठिनाई है वह मात्र इस कारण कि हम वस्तुओं के ईंट-रूप भाव(Brick-bat notion)से इतने अभ्यस्त हो गये हैं कि हमें उससे भिन्न कुछ जँचता नहीं। हम यह मानकर चलते हैं कि हर वस्तु अलग-अलग ईंट के समान है, ईंट का परिप्रेक्ष्यों का क्रम हो सकता है—ऐसा हमने सामान्यतः सोचा नहीं। कठिनाई इसी कारण है। हम इस विचार से अभ्यस्त हो गये हैं कि हर वस्तु का कोई एक निश्चित गुण है, अन्य सभी गुण भ्रामक हैं। यही कारण है कि आद्य वास्तववाद के समर्थक भी ऐसे भ्रामक अनुभवों की व्याख्या के लिए मन का—आत्मनिष्ठ तत्त्वों का सहारा लेने लगते हैं। होल्ट स्पष्ट कहते हैं कि भ्रम का कारक कोई मानसिक अथवा आत्मनिष्ठ तत्त्व नहीं। होल्ट ने कालिक—देशिक उदाहरणों को लेकर सोदाहरण व्याख्या इस बात के समर्थन में प्रस्तुत की है कि भ्रम में कालिक हो या देशिक उसमें मानसिक तत्त्वों का कोई हाथ नहीं। निकट की वस्तु का दूर दिखना, रंग में मतिभ्रम होना, पहले घटित वस्तु को बाद में घटित समझ लेना—ऐसे भ्रामक अनुभवों का उदाहरण लेते हुए होल्ट दिखाते हैं कि इन सबों की व्याख्या भौतिक नियमों के द्वारा सम्भव है, इनकी व्याख्या के लिए अभौतिक अथवा मानसिक तत्त्वों का सहारा लेना अनिवार्य नहीं हैं।

होल्ट की इस व्याख्या के पीछे मूल विचार यही है कि किसी वस्तु का कोई एक विशिष्ट गुण नहीं होता, हर वस्तु ज्ञान को इमारत बनाने की अलग-अलग ईंट नहीं। हर वस्तु में विभिन्न संभावनायें—विभिन्न लक्षण वास्तविक रूप में वर्त्तमान हैं—जो भिन्न-भिन्न परिप्रेक्ष्य अथवा भिन्न-भिन्न दृष्टि से उजागर होते हैं। वहीं वस्तु 'सर्प' भी है, रज्जू भी, ये दोनों उसके वास्तविक पहलू हैं, जो दो दृष्टियों में दिखाई देते हैं। जिस समय हमें सर्प दिखता है, उस समय वस्तुतः हम सर्प देखते हैं। बाद में हमें रस्सी दिखाई देती है, सर्प नहीं; किन्तु इससे यह अनुभव खण्डित नहीं होता कि हमें एक बार सर्प दिखा था—सर्प का अनुभव हुआ था।

अब इस स्थल पर होल्ट को एक कठिनाई का सामना करना पड़ता है। यदि वास्तविक तथा भ्रामक अनुभव दोनों वास्तविक हैं, तो दोनों में वास्तविकता की दृष्टि से अन्तर क्यों पड़ता है। यदि जिस समय 'सर्प' देखा गया—उस समय वस्तुतः सर्प ही देखा गया, तो क्या उस समय वह सर्प 'डस' सकता था—काट सकता था। यदि सचमुच कोई सर्प देखा

जाय—तो प्रतिक्रियायें तो वैसी ही होंगी जैसी उस सर्प को देखने पर जिसे सामान्यतः भ्रामक कहा जाता है। दोनों अवस्थाओं में भय की प्रतिक्रिया होगी, फिर भी अन्तर है। पहले अनुभव में देखा गया सर्प 'काट' सकता है, दूसरा वाला नहीं। यह अन्तर क्यों?

इस स्थल पर होल्ट एक दूसरी मूलोक्ति देते हैं। वे कहते हैं कि वास्तववाद का उद्देश्य वस्तुतः यह सिद्ध करना या स्थापित करना नहीं है कि हर वस्तु समान रूप में वास्तविक (real) है, उसका उद्देश्य यह स्थापित करना है कि सभी वस्तु समान ढंग में वस्तुनिष्ठ (Objective) है। कोई अनुभव 'सर्प' तथा 'रज्जु' का एक जैसा वास्तविक (real) सिद्ध नहीं करता, किन्तु यह अवश्य स्थापित करता है कि वे दोनों समान रूप में वस्तुनिष्ठ (Objective) हैं। इस स्थल पर होल्ट 'वास्तविक' तथा 'वस्तुनिष्ठ' में अन्तर करते हैं।

होल्ट कहते हैं कि 'वस्तुनिष्ठ' होने का अर्थ है 'वह जो मन पर निर्भर नहीं है—मन से पूर्णतया स्वतंत्र है। छड़ी का सीधा दिखाई देना, या पानी में उसका वक्र दिखाई देना—दोनों वस्तुनिष्ठ इस अर्थ में हैं कि दोनों मन से स्वतंत्र हैं। दोनों एक समान वास्तविक भले न हों, एक समान इस अर्थ में हैं कि उनका 'होना' मन पर निर्भर नहीं है। इस विचार के **'अवबोध'** में कठिनाई इसलिए होती है कि हमारी सामान्य धारणा 'वास्तविकता' तथा वस्तुनिष्ठता' में अंतर नहीं करती। किन्तु, होल्ट जैसे विचारक का कहना है कि इनमें अंतर है। वे उदाहरण देकर स्पष्ट करते हैं कि कोई वस्तु वस्तुनिष्ठ हो सकती है और वास्तविक नहीं। उदाहरणतः आइने में हम अपना प्रतिबिम्ब देखते हैं। यह प्रतिबिम्ब हमसे बाहर है—वस्तुनिष्ठ है, किन्तु यह वास्तविक नहीं—प्रतिबिम्ब मात्र है। यह वस्तुनिष्ठ इस अर्थ में भी है कि इसे अन्य भी देख सकते हैं—ठीक उसी प्रकार जिस प्रकार 'हमें' देख रहे हैं। यह प्रतिबिम्ब 'वैयक्तिक' नहीं 'सार्वजनिक' है—अतः वस्तुनिष्ठ है। फिर भी इसे वास्तविक नहीं कहा जा सकता। इसलिए इनका निष्कर्ष यह होता है कि ज्ञान-विषयों में वस्तुनिष्ठता का होना अनिवार्य है, वास्तविकता हो या न हो। इतने ही से नववास्तववाद का उद्देश्य पूरा हो जाता है।

वास्तविकता (reality) तथा वस्तुनिष्ठता (objectivity) के अंतर को स्पष्ट करने के लिए होल्ट ने ज्ञान-विषयों के लिए एक नये शब्द का व्यवहार किया है। उनके अनुसार ज्ञान-विषय का सत्तावान या अस्तित्ववान (real=existent) होना नववास्तववाद के लिए प्रासंगिक नहीं; प्रासंगिक है उनका **'होना'**—उनकी **'वर्तिता'** (Subsist)। ज्ञान विषय **'है'**—**'वर्ती है'** (Subsist करते हैं)—भले ही (exist न करें) अस्तित्ववान न हों। इस अर्थ में ज्ञान-विषय के रूप में 'सर्प' है—ठीक वैसे ही जैसे रज्जु 'है', भले ही सर्प में अस्तित्व न हो और रज्जु में हो। होल्ट के अनुसार वास्तववाद का कार्य इतने ही से चल जाता है।

भ्रम के इस सर्वथा नवीन व्याख्या के विरुद्ध तीव्र प्रतिक्रियायें हुईं—तथा इस मत की आलोचना हुई। कुछ लोगों ने यहाँ तक कहा कि होल्ट भ्रम की वास्तववादी व्याख्या देने के प्रयास में वास्तववाद का हनन कर देते हैं। उनके मतानुसार तो वास्तववाद (realism) रह ही नहीं जाता, सर्व वस्तुनिष्ठतावाद (Pan-Objectivism) बन जाता है। नववास्तववादी विचारकों में भी इस मत को सर्वसम्मति प्राप्त नहीं हुई, कुछ विचारक तो इसके विचित्र निष्कर्ष से क्षुब्ध भी हुए। इसी कारण मौन्टेगू जेसे नववास्तववादी विचारक ने भ्रम की समस्या का एक भिन्न निदान ढूढ़ने का प्रयास किया। अब हम मौन्टेगू के द्वारा प्रस्तुत भ्रम की समस्या की विवेचना की एक संक्षिप्त रूपरेखा खीचेंगे।

(2) भ्रम की समस्या संबंधी मौन्टेगू का मत ***(Montaigue's Views on the Problem of Error)***

मौन्टेगू को प्रतीत होता है कि होल्ट के द्वारा प्रस्तुत भ्रम की व्याख्या, वास्तववाद का समर्थन तो पूर्णरूपेण नहीं ही कर पाती, वह अयुक्त भी है, क्योंकि भ्रम क्यों होता है इसकी कोई व्याख्या प्रस्तुत नहीं कर पाती। यदि थोड़ी देर के लिए होल्ट की बातें स्वीकार ली जायें तथा यह भी मान लिया जाय कि जगत में व्याघातक तथ्य हैं, तो इससे यह व्याख्या तो नहीं मिलती कि क्या होता है कि कभी अनुभव भ्रामक होते हैं तो कभी वास्तविक। मौन्टेगू के अनुसार भ्रम की व्याख्या की सार्थकता तभी स्वीकारी जा सकती है, जब उस व्याख्या में यह बता दिया जाय कि क्यों प्रत्यक्ष-अनुभव कभी-कभी भ्रामक हो जाते हैं। इसी उद्देश्य की पूर्ति के लिए वे अपना मत देते हैं, तथा यह दावा करते हैं कि उनकी व्याख्या समुचित व्याख्या भी है, तथा वास्तववादी दृष्टि के अनुरूप भी हैं।

अपनी व्याख्या में वे ज्ञान-प्रक्रिया को एक त्रिभुजाकार प्रक्रिया के रूप में व्यक्त करते हैं—जिसे कभी-कभी उन्होंने ज्ञानमीमांसीय त्रिभुज (Epistemological Triangle) भी कहा है। इस ज्ञान-प्रक्रिया के तीन बिन्दु हैं—(i) वह विषय—वह वस्तु जिससे इन्द्रियाँ टकराती हैं, (ii) मस्तिष्क के स्नायुओं की वह स्थिति जो संवेदनाओं को प्राप्त कर प्रत्यक्ष करती है, तथा (iii) वह वस्तु जो देखी गयी, जिसका प्रत्यक्ष हुआ। इसे हम त्रिभुजाकार प्रक्रिया के रूप में निम्नलिखित ढंग से रख सकते हैं—

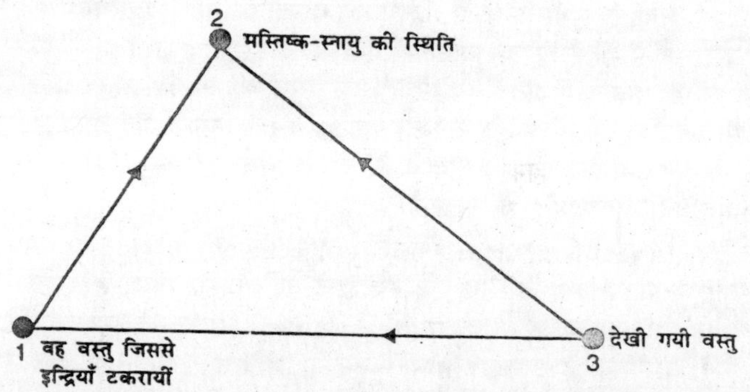

यह प्रक्रिया 1 से 2 की ओर तथा पुनः 2 से 3 की ओर अग्रसर होती है। कहा जा सकता है 1 के द्वारा 2 उत्पन्न होता है, जब किसी अस्तित्ववान वस्तु से इन्द्रियां टकराती हैं, संवेदनायें होती हैं, तो वे संवेदनायें स्नायुतंत्र से होती हुई मस्तिष्क की उस स्थिति को उत्पन्न करती है जिसके द्वारा प्रत्यक्ष होता है। अतः 2 के द्वारा ही 3 का ज्ञान होता है। इस अर्थ में 1 को 2 का कारण भी कहा जा सकता है, तथा 2 को 3 का कारण।

अब मौन्टेगू कहते हैं कि सामान्यतः वास्तववादी 1 तथा 3 को एकरूप कर देते हैं। वे कहते हैं कि जिस वस्तु से इन्द्रियां टकराती हैं, वह उसी रूप में प्रत्यक्ष होती है। किन्तु मौन्टेगू कहते हैं कि इस एकीकरण के पीछे भी एक प्रकार का अनुमान है, जो 3 से 1 की ओर अग्रसर होता है, जिसे पूर्वगामी अनुमान (Backward Inference) कहा जा सकता है।

किन्तु उनके अनुसार इस पूर्वगामी अनुमान में एक विशेष बात है जिसकी उपेक्षा होने की संभावना भी इसमें निहित है। 3 से 1 का अनुमान सीधे नहीं होता—2 के माध्यम से होता है, क्योंकि 1 तथा 3 के मध्य की स्थिति 2 है। 3 वस्तुतः 2 से ही उत्पन्न होता है जबकि 2 उत्पन्न होता है 1 से। मौन्टेगू कहते हैं कि इस पूर्वगामी अनुमान के कारण की अनेकता (Plurality of causes) अपने ढंग से व्यवधान उत्पन्न कर सकती है। उदाहरणतः मान लें छड़ी की वक्रता का प्रत्यक्ष हुआ है। यह 3 वाली अवस्था है। अब पूर्वगामी अनुमान यह जानने की चेष्टा करता है कि यह कौन सी प्राथमिक—1 वाली अवस्था का परिणाम है। यहाँ कारण की अनेकता का प्रवेश हो जाता है। वक्र छड़ी का प्रत्यक्ष वस्तुतः वक्र छड़ी के कारण भी हो सकता है, अथवा सीधी छड़ी के एक भाग का पानी में डूबे रहने से भी हो सकता है। इसी कारण भ्रम की संभावना आ जाती है। यदि हम पूर्वगामी अनुमान में पानी में डूबे हुए छड़ी तक पहुँचते हैं, तो यह भ्रम है क्योंकि वस्तुतः वह छड़ी सीधी है, और यदि हम अनुमान में वास्तविक वक्र छड़ी तक पहुँचते हैं, तो यह प्रत्यक्ष वास्तविक है। स्पष्ट है कि यह मिलावट मस्तिष्क की स्थिति के कारण है जो 3 तथा 1 के मध्य है, तथा जिससे होकर ही अनुमान प्रक्रिया पीछे जा सकती है, कार्य से कारण की ओर जा सकती है। इस 2 की स्थिति में दोनों मस्तिष्क-स्थिति में मेल मिलावट हो जाता है, जिसके कारण कोई अनुभव भ्रामक तथा कोई वास्तविक हो जाता है।

मौन्टेगू के इस प्रयास की एक सफलता यह तो अवश्य है कि वे वास्तववाद की मूल मान्यता की रक्षा कर लेते हैं। हौल्ट के विचार में वास्तववाद ही समाप्त हो रहा था, तथा उसके स्थान पर सर्ववस्तुनिष्ठतावाद(Pan-Objectivism)उजागर हो रहा था। मौन्टेगू अपने प्रयास से वास्तववाद को तो बचा लेते हैं, किन्तु इस प्रयास में वे यह नहीं देख पाते कि नववास्तववाद उनके ही द्वारा खण्डित हो रहा है। नववास्तववाद ज्ञानमीमांसीय एकवाद का सिद्धान्त है, उसकी मूलोक्ति है कि जो हम देखते हैं, वह पूर्णतया वही है 'जो वह है।' 'अपने में वस्तु' तथा दिखाई पड़नेवाली वस्तु में भेद नहीं किया जा सकता। वस्तु अपने वास्तविक-मौलिक रूप में ज्ञात होती है। ज्ञान-विषय में कोई भेद नहीं किया जा सकता। किन्तु, मौन्टेगू की इस विवेचना में तो यह कहा जा रहा है कि कोई अनिवार्य नहीं कि अस्तित्ववान वस्तु ही प्रत्यक्ष वस्तु हो। मौन्टेगू की इस विवेचना में ज्ञान के नववास्तववादी को घटकों के स्थान पर तीन घटक स्पष्ट हो जाते हैं। अतः कुछ आलोचक यह कहते हैं कि मौन्टेगू का यह विचार नववास्तववाद को समीक्षात्मक वास्तववाद की ओर ले चलता है।

समीक्षात्मक वास्तववाद
(Critical Realism)

(1) प्रारम्भिक भूमिका

हमने देखा है कि समीक्षात्मक वास्तववाद सात विचारकों के सम्मिलित प्रयास के फलस्वरूप प्रकाशित पुस्तक 'Essays in Critical Realism' में प्रतिष्ठित हुआ है। विभिन्न विचारकों के द्वारा वास्तववाद में साक्षात या परोक्ष रूप से निहित समस्याओं पर इन विचारकों ने अपने-अपने ढंग से विचारा है। जहाँ किसी विचार के विरुद्ध आपत्ति भी उठायी गयी है, वहाँ भी इन विचारकों की आपत्तियाँ भिन्न-भिन्न होती गयी हैं, एक समान नहीं। हर में कुछ नया तर्क प्रकट होता है। अतः इस विचार की व्यवस्थित रूपरेखा खींचना कठिन है, वह कठिनाई और भी बढ़ जाती है, जब इस रूपरेखा को स्थान की सीमा का ध्यान रखना

है। यदि सातो लेखों में निहित विचारों को अलग-अलग स्पष्ट किया जाय तो पुस्तक के साथ तो न्याय हो ज़ाता है, किन्तु समीक्षात्मक वास्तववाद के दर्शन का व्यवस्थित चित्रण नहीं हो पायेगा। उसके लिए तो समीक्षात्मक वास्तववाद की विशिष्ठताओं को स्पष्ट करना पड़ेगा, इसमें चर्चित मूल समस्याओं को केन्द्रियता देनी होगी, तथा उसी संदर्भ में विभिन्न विचारकों का उल्लेख होता रहेगा। यह भी संभव नहीं कि इन लेखों में जितनी समस्यायें उठायी गयी हैं उन सब का विवेचन हो। अतः हम अपने ढंग से कुछ मूल समस्याओं को अलग कर लेंगे, तथा विभिन्न समीक्षात्मक वास्तववादी विचारकों का सहारा लेते हुए उन समस्याओं की विवेचना करेंगे।

हमनें ऊपर देखा है कि समीक्षात्मक वास्तववाद ज्ञानमीमांसीय द्वैतवाद में विश्वास करता है, जिसके अनुसार ज्ञान का विषय एक नहीं दो है। इसी कारण समीक्षात्मक वास्तववाद को ज्ञान के तीन घटकों वाला सिद्धान्त (Three Factor Theory of Knowledge) कहा जाता है—वे घटक हैं विषयी या ज्ञाता, ज्ञान-विषय या ज्ञेय तथा इन दोनों के मध्य **प्रदत्त**—विषय का वह रूप जो विषयी को प्रदत्त होता है, तथा जिसके माध्यम से विषयी विषय का ज्ञान प्राप्त करता है।

अतः हम कह सकते हैं कि समीक्षात्मक वास्तववाद की **तीन** प्रमुख विशिष्टतायें हैं। 1. प्रथमतः यह वास्तववाद है, अतः इसे यह स्वीकार कर अग्रसर होना है कि ज्ञान विषय ज्ञाता पर आश्रित नहीं। यही कारण है कि वास्तववादी दृष्टि की विशिष्टता इसके निषेधात्मक पक्ष में स्पष्ट होता है—यहाँ यह प्रत्ययवाद अथवा आत्मनिष्ठतावाद की दृष्टि का स्पष्ट विरोध करती है। 2. द्वितीय, वह नववास्तववाद की प्रतिक्रिया के रूप में समीक्षात्मक वास्तववाद की स्थापना करता है, अतः वास्तववादी होते हुए भी वे नववास्तववादी विचारधारा के कटु आलोचक हैं, तथा उनके लेखों का प्रमुख भाग नववास्तववाद की आलोचना में उलझा हुआ है। अतः इसकी विशिष्टताओं को स्पष्ट करने में उन आलोचनाओं का स्पष्ट विवरण अनिवार्य है। 3. तृतीय, इस मतभेद के पीछे बस यही विचार है कि ज्ञान के दो घटक नहीं, तीन घटक हैं, नववास्तववाद के दो घटकों के अतिरिक्त वह तीसरा घटक है—**प्रदत्त** (Datum), जो अनुभव में साक्षात रूप में ग्राह्य है। समीक्षात्मक वास्तववाद को समझने का अर्थ है इस प्रदत्त (Datum) के स्वरूप की विवेचना। इसी कारण यह विवेचना प्रायः सभी लेखों में हुई है, और यह इस सिद्धान्त का मूल है। अतः इस पर हम अपना विशेष ध्यान केन्द्रित करेंगे। अब कहा जा सकता है कि समीक्षात्मक वास्तववाद के अपने इस**अध्ययन में हम इन्हीं तीन बिन्दुओं तक सीमित रहेंगे।** उसमें भी पहले पर—आत्मनिष्ठतावाद की आलोचना से संबंधित प्रश्न पर—केवल एक विचारक का उल्लेख करेंगे, क्योंकि इस आलोचना में सभी वास्तववादी एकमत है, तथा नववास्तववादी विचारकों के द्वारा आत्मनिष्ठतावाद में जो तर्कदोष दिखाये गये हैं, वे सभी वास्तववादी विचारकों को महत्त्वपूर्ण प्रतीत होते हैं।

(2) ड्रेक के द्वारा आत्मनिष्ठतावाद की आलोचना *(Drake's Criticism of Subjectivism)*

यों तो भिन्न-भिन्न संदर्भों में इन विचारकों ने प्रत्ययवादी विचारों की आलोचना की है, जैसे रोगर्स ने ब्रैडले, बोसान्क्वेट जैसे विचारकों के निरपेक्षवाद की आलोचना की है, किन्तु हम यहाँ केवल ड्रेक के विचारों का उल्लेख कर रहे हैं, क्योंकि ड्रेक की आलोचनायें

नववास्तववाद के मतभेद के लिए प्रासंगिक है, तथा स्पष्टतः आत्मनिष्ठतावाद(Subjectivism) के खंडन के स्पष्ट प्रयत्न हैं।

(1) ड्रेक का सहज-ज्ञान के अनुरूप आत्मनिष्ठतावाद के विरुद्ध यह तर्क है कि आत्मनिष्ठतावाद वस्तुतः स्वीकार्य ही प्रतीत नहीं होता। हमारा सामान्य सहज ज्ञान इस सिद्धान्त को मान्यता दे ही नहीं पाता। कोई मनुष्य यह वस्ततः नहीं मानता कि हम जो देख रहे हैं वह मन की कृति है। हम सामान्यतः यह मान कर चलते हैं—जीते हैं—कि हम 'वस्तुओं' के मध्य रह रहे हैं। उन वस्तुओं का अपना अस्तित्व है, हम उन्हें देखें या न देखें, उनके अस्तित्व पर अंतर नहीं पड़ता। अतः ड्रेक कहते हैं कि आत्मनिष्ठतावाद के विरुद्ध सबसे सबल तर्क तो यही है कि शायद ही कोई सचमुच इस पर विश्वास करता है।

(2) ड्रेक का दूसरा शर्त है कि हमें जब भी कोई चेतना होती है—कोई प्रत्यक्ष होता है, तो उस प्रत्यक्ष में यह चेतना—यह ज्ञान भी निहित है कि जो हमें प्रतयक्ष में प्राप्त हो रहा है वह हमसे बाहर है। हमें यह आभास होता है कि जो हमें प्राप्त हुआ वह किसी वास्तविक वस्तु से प्राप्त हुआ है। ऐसा सहज विश्वास स्पष्टतः आत्मनिष्ठतावाद के अनुरूप नहीं।

(3) उपर्युक्त आपत्ति के उत्तर में यह कहा जा सकता है कि वह विश्वास—वास्तविक वस्तु से प्राप्त होने का यह आभास—आभास ही है, यथार्थ नहीं भी हो सकता। आत्मनिष्ठतावाद के समर्थक कह सकते हैं कि भले ही हमें ऐसा लगता हो, वस्तुतः स्थिति ऐसी नहीं, जो अनुभव में प्राप्त होता है वह मन पर निर्भर है। किन्तु, ड्रेक पूछते हैं कि यहाँ पर यह कैसे तय होगा कि आत्मनिष्ठतावादी तर्क ही यथार्थता का समर्थन कर रहा है। वास्तववादी विचार के पक्ष में तो 'विश्वास'—'आभास होना' आदि है, विपरीत तर्क के पक्ष में तो ऐसा कुछ नहीं। ऐसी स्थितियों में विश्वास की उपयोगिता निर्णायक सिद्ध होती है। ड्रेक कहते हैं कि वह भी आत्मनिष्ठतावाद के पक्ष में नहीं। उपयोगिता की दृष्टि से भी देखें, तो यह विश्वास की वस्तुएँ वास्तविक जगत में हैं, अधिक व्यवहारिक—अधिक उपयोगी है। यदि हम वस्तुओं को आत्मनिष्ठ मानने लगें, तो व्यवहारिकता समाप्त हो जायगी। यदि हम समझ लें कि जिस कागज पर अभी लिखा जा रहा है वह मन की कृति है, तो उस पर लिखना असंभव हो जायगा।

(4) ड्रेक आत्मनिष्ठतावाद के विरुद्ध यह आपत्ति भी उठाते हैं कि इसमें अनुभव की पूर्ण व्याख्या करने की क्षमता नहीं है। यह ठीक है कि आत्मनिष्ठतावाद किसी न किसी रूप में अनुभव से ही संबंधित है, किन्तु वस्तुतः वह जिसे अनुभव की व्याख्या समझता है, वह अनुभव का आत्मनिष्ठ **विवरण** है। वह मात्र इतना ही कह पाता है कि अनुभव का होना आत्म से संबंधित होना है। यह अनुभव की व्याख्या नहीं। व्याख्या के लिए यह बताना अनिवार्य है कि अनुभव में जो प्रदत्त होता है—ग्रहण होता है वह क्यों होता है—किस रूप में होता है। यदि उनके द्वारा प्रस्तुत विवरण मात्र विवरण नहीं, व्याख्या भी है, तो उन्हें यह बताना भी आवश्यक है कि क्यों हर क्षण प्रदत्त 'आत्म' को परिवर्तित ही होकर प्रदत्त होता है। यदि प्रदत्त का होना आत्म निर्भर है, जैसा कि आत्मनिष्ठतावाद मानता है, तो व्याख्या के लिए यह भी व्याख्यित होना अनिवार्य है कि **क्यों—कैसे** आत्म हर क्षण भिन्न-भिन्न प्रदत्तों को पकड़ता है। आत्मनिष्ठतावाद में इन बातों की ओर ध्यान नहीं, अतः वह अनुभव की व्याख्या नहीं, इनका अपने ढंग का एक विवरण मात्र है।

(5) ड्रेक आत्मनिष्ठतावाद के समर्थकों के सामने एक ऐसी सार्थक समस्या प्रस्तुत

करते हैं, जिसका कोई निदान उनके पास नहीं। इस सिद्धान्त के अनुसार ज्ञेय ज्ञाता—या मन पर निर्भर करता है। प्रश्न है किस 'मन पर? स्पष्ट है, यदि मैं देख रहा हूँ तो मेरे मन पर, या अन्य कोई देख रहा है उसके मन पर। किन्तु तब इसका अर्थ हो जाता है कि आत्मनिष्ठतावाद अपने 'मन' के अतिरिक्त 'अन्य मन' की सत्ता स्वीकार रहा है। ड्रेक पूछते हैं कि यह किस आधार पर स्वीकार किया जाता है? ड्रेक का कहना है कि आत्मनिष्ठतावाद के पास दो ही विकल्प हैं—या तो वह 'अपने मन'—'आत्म' के अतिरिक्त किसी सत्ता या मन को नहीं स्वीकारें, या यदि वह अन्म मन की सत्ता को स्वीकारता है, तो जिस आधार पर उसे यह स्वीकार्य है, उसी आधार पर उसे बाह्य वस्तुओं अथवा अनुभव-विषयों की सत्ता को भी स्वींकारना आवश्यक हो जाता है।

(6) ड्रेक कहते हैं कि यदि आत्मनिष्ठतावाद की मूलोक्ति को स्वीकार भी लिया जाय, फिर भी उससे वास्तववादी विचार खण्डित नहीं होता। यदि आत्मनिष्ठतावाद की यह बात मान भी ली जाय कि जो अनुभव प्रदत्त होता है वह मन पर निर्भर है, मन की एक स्थिति है, तो इससे यह सिद्ध नहीं होता कि वह मात्र मन कह ही स्थिति है। जैसा कि पैरी ने **अहं** केन्द्रित विषमावस्था दोष (Ego-centric Predicament) की विवचेना में दिखाया है, यह संभव है कि एक विषय एक दृष्टि से मन की स्थिति हो, तथा दूसरी स्थिति से किसी दूसरी व्यवस्था का अंग है। मन के साथ सम्बन्धित होना—मानसिक स्थिति के रूप में प्रकट होने का यह अर्थ नहीं है कि वह उस वस्तु या विषय की परिभाषा हो गयी। इसे वैचारिक दोष माना गया है।

इस प्रकार ड्रेक आत्मनिष्ठतावाद (Subjectivity) के खंडन का अपने ढंग का एक प्रयास करते हैं।

(3) नववास्तववाद अथवा ज्ञानमीमांसीय एकवाद का खंडन *(Refutation of Neo-Realism or Epistemological Monism)*

अब हम समीक्षात्मक वास्तववाद के दर्शन के दूसरे अंग पर ध्यान देंगे। वास्तववाद का यह रूप नववास्तववाद के विरुद्ध ज्ञान के तीन घटकों वाले सिद्धान्त का प्रतिपादन करता है। जाहँ नववास्तववाद ज्ञान-विषय के स्वरूप के सम्बन्ध में एकवादी है वहाँ यह द्वैतवादी है। अतः अपने सिद्धान्त के सफल समर्थन के लिए इनके लिए अनिवार्य हो जाता है के वे नववास्तववादी ज्ञानमीमांसीय एकवाद का आमूल खंडन करें। यह इनका स्पष्ट प्रयास है।

इस खण्डन का भी पूर्णतया व्यवस्थित रूप खींचना कठिन हैं, क्योंकि प्रायः सभी सातों विचारक अपने-अपने लेखों में किसी न किसी स्थल पर इस प्रकार की आलोचना कर देते हैं। वे सारी आलोचनायें एक जैसी भी नहीं। अतः हम कुछ प्रमुख आलोचनाओं का उल्लेख करेंगे, तथा संदर्भानुसार विचारकों का नाम भी लेते चलेंगे। इन आलोचनाओं की पूर्ण समझ के लिए इन दोनों विचारों के मूल भेद को सदा स्मरण रखना पड़ेगा—नववास्तवाद एकवादी है, उसके मत में ज्ञान-विषय में कोई भेद नहीं किया जा सकता, वह जिस रूप में रहता है उसी रूप में ज्ञात होता है। समीक्षात्मक वास्तववाद द्वैतवादी है, अतः मानता है कि ज्ञान विषय तथा जिस रूप में वह प्रदत्त होता है—उसके प्रदत्त रूप में अंतर करना अनिवार्य है।

सबसे पहले हम '**लभज्वाय**' के द्वारा उठायी गयी आपत्तियों का उल्लेख करेंगे, क्योंकि उन्होंने समीक्षात्मक वास्तववाद के इस पक्ष पर अपने लेख में विशिष्ट ध्यान दिया है।

(1) सर्वप्रथम तो **लभज्वाय** यह दिखलाते हैं कि नववास्तववाद ने जो अपना लक्ष्य निर्धारित किया उसकी प्राप्ति में वे सर्वथा निष्फल रहे। उनका माना हुआ लक्ष्य है कि वे आद्य वास्तववाद (Naive Realism) को दार्शनिक रूप में प्रतिष्ठित करना चाहते हैं। किन्तु, लभज्वाय के अनुसार वे पूर्णतया निष्फल रहते हैं; क्योंकि सहज-ज्ञान के अनुरूप वास्तववादी विचार के स्थान पर वे बड़ा ही वैचारिक, क्लिष्ट तथा उलझा हुआ तात्त्विक सिद्धान्त प्रस्तुत करते हैं। सहज-ज्ञान के अनुरूप वास्तववादी दृष्टि वस्तुओं को उनके सहज रूप में स्वीकारती है, वास्तविक तथा भ्रामक वस्तुओं में अंतर करती है। किन्तु नववास्तववाद विशेषकर होल्ट जैसे विचारक का वास्तववाद तो एक विचित्र अनुभव-जगत की कल्पना करता है—जिसमें वास्तविक वस्तु-भ्रम, विभ्रम काल्पनिक चित्र—'जहाँ पेड़, मेज, भूत, पिशाच, शशसृंग, बहुफणी सर्प' आदि सब साथ रहते हैं। इस प्रकार के अनुभव जगत की कल्पना भी सहज-ज्ञान अथवा आद्य वास्तववाद नहीं कर सकता।

(2) लभज्वाय के अनुसार नववास्तववाद का यह भी दावा है कि वह विज्ञान तथा वैज्ञानिक मनोवृत्ति के सर्वथा अनुरूप है और इस वैज्ञानिक दृष्टि के समर्थन हेतु ही नववास्तववादी दर्शन का प्रसार करता है। किन्तु, लभज्वाय यह दिखाते हैं कि नववास्तववाद अपने इस दावे की लाज भी नहीं रख पाता, उसके कुछ निष्कर्ष विज्ञान के प्रतिकूल दिखाई देते हैं, तथा कुछ तो स्पष्टतः वैज्ञानिक सिद्धान्तों का विरोध करते हैं। लभज्वाय का कहना है कि विज्ञान भी 'वास्तविक' तथा 'भ्रामक' में भेद करता है। विज्ञान अनुभव-विषयों को वास्तविक मान कर अग्रसर होता है, किन्तु भ्रम में जो दिखाई देता है, उसे वास्तविक नहीं मानता, उसे तथा एक सामान्य अनुभव-विषय को एक कोटि में नहीं रखता (जैसा—होल्ट जैसे विचारक करते हैं)। लभज्वाय कुछ उदाहरण लेकर यह भी दिखलाते हैं कि कैसे नववास्तववादी विचार वैज्ञानिक दृष्टि के सर्वथा प्रतिकूल चले जाते हैं। प्रत्यक्षानुभव के वैज्ञानिक विवरण में बताया जाता है कि प्रकाश की किरणों वस्तुओं से उठती हैं तथा चाक्षुप इन्द्रियों के ग्राहक (receptors)—रोड्स तथा कोन को संवेदित करते हैं। यह ठीक है कि प्रकाश की गति बहुत ही तेज है—विश्व में उससे अधिक तेजी से दौड़ने वाला अन्य कुछ नहीं, फिर भी प्रकाश की गति अनन्त नहीं, उसे मापा जा सकता है, इसका अर्थ है कि किसी वस्तु के प्रत्यक्ष में समय का अन्तराल होता ही है। प्रकाश को वस्तु से ग्राहक-इन्द्रियों तक पहुँचने में कुछ समय लगता है। सामान्य, निकट पास के वस्तु में यह समय नगण्य हो, किन्तु दूर की वस्तु में तो इस अन्तराल को स्पष्ट देखा जा सकता है। उदाहरणतः हम आकाश में तारों को देखते हैं, वहाँ से किसी किसी तारा से—प्रकाश की किरणों का पृथ्वी पर पहुँचने में कई वर्ष भी लगते हैं। अब हम किसी विशेष तारा को उसी प्रकाश की किरण के द्वारा देखते हैं जो वहाँ से चलकर हमारे ग्राहक इन्द्रियों में संवेदना उत्पन्न करती है। इसका अर्थ है कि जिस तारा को हम **अभी** देख रहे हैं, वस्तुतः वह कई वर्ष पहले का तारा है—वह तारा है जिससे चलकर प्रकाश किरण हमारी आँखों से टकराई है। संभवतः इस बीच वह तारा अपने स्थान से खिसक गया हो—टूट गया हो। किन्तु यदि वैज्ञानिक विवरण यह है, तो हम यह कैसे कह सकते हैं कि हमने जिस तारे को देखा वही उसका अभी का वास्तविक रूप है। नववास्तववाद कहता है कि वस्तु उसी रूप में ज्ञात होती है जिस रूप में वह उस समय है। किन्तु इस उदाहरण में तो जिस तारे का प्रत्यक्षानुभव हो रहा है, वह अभी का तारा नहीं, कई वर्ष पहले का तारा है। हम यह नहीं कह सकते कि

जो हमें दिख रहा है, उसके अनुरूप अभी कोई तारा अस्तित्ववान है। वैज्ञानिकता के अनुरूप हमें 'जो वह है' तथा 'जिस रूप में वह प्रदत्त हो रहा है'—इसमें अन्तर करना ही पड़ेगा।

(3) नववास्तववादी विचारकों ने भ्रम की समस्या के निदान के लिए एक विचित्र सिद्धान्त का प्रतिपादन किया—तथा वास्तविक एवं भ्रामक दोनों अनुभवों को एक कोटि में रख दिया। इसके लिए उनका मूल तर्क यही रहा कि दोनों में समान रूप में **वस्तुनिष्ठता** (Objectivity) है। लभज्वाय नववास्तववाद के इस विचार की आलोचना करते हैं।

प्रथमतः तो लभज्वाय का कहना है कि स्वप्निल अनुभव अथवा भ्रामक अनुभव उस कोटि में नहीं रखे जा सकते जिस कोटि में वास्तविक अनुभव को रखा जाता है। स्वप्निल एवं भ्रामक अनुभव वैयक्तिक होते हैं, सार्वजनिक नहीं। हम जो स्वप्न में या भ्रम में देखते हें वह हम ही देखते हैं, उसे अन्य नहीं देखते। उसका प्रमाणीकरण भी अन्य के प्रत्यक्ष के द्वारा नहीं हो सकता। किन्तु, वास्तविक वस्तु सार्वजनिक होती है। हमें यदि 'मेज' का अनुभव हो रहा है, तो अन्य के अनुभव के द्वारा भी 'मेज' की पुष्टि होती है। अतः स्वप्निल तथा भ्रामक वस्तु में वैयक्तिकता है—कम से कम वैसी वस्तुनिष्ठता—सार्वजनिकता नहीं जो मेज में हैं। नववास्तववादी इस स्पष्ट अंतर की अवहेलना कर देते हैं।

पुनः लभज्वाय का कहना है कि हम जिन्हें वास्तविक वस्तु कहते हैं उन पर भौतिक नियमों की निर्धारणता रहती है, भौतिक नियमों का उन पर प्रभाव पड़ता है, हवा, गर्मी, पानी का उन पर प्रभाव पड़ता है, उन्हें मापा जा सकता है। स्वप्निल अथवा भ्रामक वस्तुओं के साथ ऐसा नहीं हो सकता। भौतिक जगत में कुछ वैज्ञानिक भौतिक नियमों का संचालन है, कोई वास्तविक वस्तु उससे अछूता नहीं। किन्तु, स्वप्निल या भ्रामक अनुभव उन नियमों के क्षेत्र से बाहर है। लभज्वाय को आश्चर्य है कि कैसे नववास्तववाद इन स्पष्ट तथ्यों को भूला देता है।

लभज्वाय यह भी कहते हैं कि नववास्तववाद के द्वारा स्वप्निल एवं भ्रामक वस्तुओं का वास्तविक वस्तुओं के साथ एक कोटि में रखा जाना विज्ञान को तो मान्य हो ही नहीं सकता। नववास्तववाद का यह विचार वैज्ञानिक दृष्टि से अमान्य है।

इन सामान्य आपत्तियों के अतिरिक्त नववास्तववाद के **ज्ञानमीमांसीय एकवाद** के विरुद्ध कुछ अन्य आपत्तियाँ भी उठायी गयी हैं—जिनमें लभज्वाय के साथ अन्य समीक्षात्मक वास्तववादी भी एकमत है।

(4) नववास्तववाद का 'एकवाद' संतोषप्रद सिद्धान्त प्रतीत नहीं होता। इसे स्पष्ट करने के लिए इन विचारकों ने 'स्मृति' का उदाहरण लिया है, तथा कहा है कि 'स्मृति' के कुछ ऐसे उदाहरण लिए जा सकते हैं जिसकी व्याख्या ज्ञानमीमांसीय एकवाद से संभव नहीं। हमें अपने एक मित्र की स्मृति आती है जिसकी मृत्यु हो चुकी है। हमें स्पष्ट स्मृति—अनुभूति अपने मित्र की है। अब यदि ज्ञानमीमांसीय एकवाद का सिद्धांत सही है, तो वस्तुतः इस अनुभूति के अनुरूप एक अस्तित्ववान विषय को होना चाहिए। किन्तु, यहाँ तो वैसा कुछ नहीं है—केवल स्मृति में प्रदत्त भाव है। नववास्तववाद स्मृति के उदाहरण की उपेक्षा भी नहीं कर सकता, क्योंकि उनके अनुसार अनुभव केवल प्रत्यक्षानुभव तक सीमित नहीं, उसके अंतर्गत हर प्रकार के अनुभव भी आते हैं।

(5) पुनः लभज्वाय जैसे विचारक 'मानसिक भावों' अथवा जाति-भावों का उदाहरण लेते हैं, तथा दिखाते हें कि इन 'भावों' की वास्तविकता भी ज्ञानमीमांसीय एकवाद का खंडन

करती हैं। हमें 'सामान्य मानव' (Man in general) अथवा किसी भी जाति का जाति-भाव है। हम ज्ञानमीमांसीय एकवाद का दावा उचित है, तो चेतना में जो प्रदत्त होता है वह वस्तु आनुभविक वस्तु ही है। तो अब ये आलोचक एकवाद के समर्थकों से पूछ सकते हैं कि चेतना में मनुष्यत्व तो प्रदत्त होता है, किन्तु वैसी कोई आनुभविक वस्तु कहाँ है? अतः आलोचक कहते हैं कि ऐसे सामान्य भावों की समुचित व्याख्या भी ज्ञानमीमांसीय एकवाद के द्वारा संभव नहीं है।

ड्रेक ने भी नववास्तववाद के ज्ञानमीमांसीय एकवाद के विरुद्ध कुछ स्पष्ट आपत्तियाँ उठायी हैं। अब हम उनका उल्लेख करेंगे—

(1) ड्रेक ज्ञानमीमांसीय एकवाद के विरुद्ध एक स्पष्ट अनुभव-आधृत तर्क प्रस्तुत करते हैं। उनका कहना है कि 'ज्ञानमीमांसीय एकवाद का यह विचार कि जो अनुभव में प्रदत्त होता है, वह उसी रूप में वस्तुतः अस्तित्वान है' सर्वथा अयुक्त है, क्योंकि जो अनुभव में प्रदत्त होता है, वह **अपने में** अस्तित्ववान होता ही नहीं है। ड्रेक अनुभव से स्पष्ट उदाहरण ले लेकर यह दिखाते हैं कि जो अनुभव में प्रदत्त होता है, वह उस रूप में अस्तित्वान हो ही नहीं **सकता**। हम एक 'मेज देखते हैं, किन्तु, जो इस अनुभव में प्रदत्त हो रहा है, वह **रंग, आकार** आदि है। रंग, आकार आदि में अपने में—स्वतंत्र रूप में अस्तित्ववान नहीं होते। उसी प्रकार किसी अनुभव में हम मेज के किसी अंग मात्र को देखते हैं, अथवा उसके ऊपरी धरातल को देखते हैं। यह ठीक है कि उसी आधार पर हमें मेज की अवगति होती है, किन्तु यहाँ भी कोई **रूप** या **आकार** ही प्रदत्त होता है, जो **उस रूप में** अस्तित्ववान नहीं। हमें किसी मित्र का स्मरण होता है, संभवतः इस स्मृति में उसके चेहरे का एक सामान्य रूप प्रदत्त होता है, किन्तु क्या इस आधार पर यह कहा जा सकता है कि वह चेहरा अपने मन में अस्तित्ववान है। अतः ड्रेक इन आनुभविक उदाहरणों के द्वारा यह सिद्ध करना चाहते हैं कि जो 'प्रदत्त' होता है, उसे उसी रूप में अस्तित्ववान होने की क्षमता नहीं है।

(2) इस स्थल पर नववास्तववादी अपने समर्थन में एक युक्ति दे सकते हैं। वे कह सकते हैं कि इन सभी उदाहरणों में जो कुछ प्रदत्त होता है, वह किसी अस्तित्ववान वस्तु का ही अंग या पहलू है। ड्रेक कहते हैं कि ज्ञानमीमांसीय एकवाद का इस प्रकार का पक्षपोषण भी युक्तिसंगत नहीं। वे पुनः कुछ आनुभविक उदाहरणों के द्वारा इसे स्पष्ट करते हैं। वे कहते हैं कि कभी-कभी जो प्रदत्त होता है—जिसके आधार पर वस्तु ज्ञात होती है—वह उस वस्तु का अंग या पहलू तो नहीं ही होता, उससे सर्वथा भिन्न कोई आकार या रूप होता है। किसी मेज को हम ऊपर से देखते हैं, तो इसका आकार कुछ टेढ़े रूप में प्रदत्त होता है—एक समानान्तर चतुर्भुज के रूप में प्रदत्त होता है(▱)। किन्तु, वस्तुतः मेज का आकार समकोण चतुर्भुज का है (□)। यहाँ जो प्रदत्त हुआ वह जो है उसका न अंग है न पहलू। एक सिक्का विभिन्न दृष्टि से विभिन्न आकार का दिखाई देता है, वे सभी आकार सिक्के के अंग नहीं हो सकते। अतः ड्रेक के अनुसार नववास्तववादी विचारकों का यह प्रयास भी उनके सिद्धान्त की रक्षा नहीं कर पाता।

(3) इस स्थल पर होल्ट जैसे नववास्तवादी विचारक अपना पक्षपोषण एक दूसरे ढंग से कर सकते हैं। वे कहते हैं कि उपर्युक्त आपत्ति एक गलत धारणा पर आधृत है, यह मानकर चलती है कि दो विपरीत गुण एक वस्तु में नहीं रह सकते। एक ही मेज के ऊपरी आकार में समान्तर चतुर्भुज के आकार में दिखना, तथा समकोण चतुर्भुज के आकार में दिखना-

दोनों लक्षण विद्यमान रह सकते हैं। किन्तु, इस विचार में विरुद्ध भी ड्रेक एक युक्ति संगत आपत्ति उठाते हैं। वे कहते हैं कि होल्ट जैसे नववास्तववाद के समर्थक अपने इस विचित्र मत के प्रतिपादन में एक मौलिक भूल कर जाते हैं। दो भिन्न-भिन्न दृष्टियों से एक ही आकार एक बार सामानान्तर चतुर्भुज के आकार में तथा दूसरी बार समकोण चतुर्भुज के आकार में दिखाई दे सकता है। किन्तु, इसका यह अर्थ नहीं कि दोनों किसी एक वस्तु में उसके पहलू के रूप में विद्यमान है। एक ही वस्तु ऊपर भी फेकी जा सकती है, नीचे भी गिर सकती है। ये दोनों दो नियमों से संचालित प्रवृतियाँ हैं, जो उस वस्तु पर विभिन्न अवस्था तथा विभिन्न काल में कारगर होती है। किन्तु, इससे यह निष्कर्ष नहीं निकाला जा सकता कि ये दोनों प्रवृत्तियां उस वस्तु में निहित पहलू के रूप में विद्यमान हैं। जो किसी वस्तु का पहलू है, वह सब किसी विशेष काल में **एक साथ** उस वस्तु में दिखाये जा सकते हैं। किन्तु, उपर्युक्त उदाहरणों में ऐसा नहीं है। वही वस्तु ऊपर भी जा सकती है, नीचे भी गिर सकती है। किन्तु, ऐसा एक समय में एक साथ नहीं हो सकता। विभिन्न दृष्टि से, वही आकार समानान्तर चतुर्भुज तथा समकोणं चतुर्भुज के आकार का दिखाई दे सकता है, किन्तु ये दोनों आकार एक साथ, एक समय में उस वस्तु में नहीं है। **अतः ये विभिन्नताएँ, ये विपरीत लक्षण वस्तुओं के साथ विभिन्न काल में जुट सकते हैं, किन्तु उन्हें वस्तु का विभिन्न पहलू नहीं माना जा सकता।** इस प्रकार ड्रेक दिखलाते हैं कि नववास्तववाद का ज्ञानमीमांसीय एकवाद की रक्षा का यह प्रयत्न भी विफल सिद्ध होता है।

(4) ड्रेक एक स्पष्ट उदाहरण के द्वारा ज्ञानमीमांसीय एकवाद का खंडन करते हैं। वे कहते हैं कि एक ही वस्तु को दो व्यक्ति देख रहे हैं। यह तो सर्वमान्य है कि दोनों की अवगति सर्वथा एक जैसी नहीं होती। इस अन्तर की क्या व्याख्या हो सकती है। यदि ज्ञानमीमांसीय एकवाद का सिद्धान्त सही है, तो यह अन्तर होना ही नहीं चाहिए। इस सिद्धान्त के अनुसार वस्तु उसी रूप में ज्ञात होती है जिस रूप में वह है। तो दोनों व्यक्तियों को वस्तु अपने यथार्थ रूप में ज्ञात होती है। फिर दोनों अवगति में अंतर कैसे होता है? ड्रेक का कहना है कि ज्ञानमीमांसीय एकवाद इस सर्वमान्य आनुभविक तथ्य की व्याख्या नहीं कर पाता। उनका कहना है कि इस व्याख्या का युक्तिसंगत आधार मात्र यही है कि वह वस्तु दोनों व्यक्तियों को दो भिन्न-भिन्न रूप में प्रदत होता है। वह प्रदत्त रूप वस्तु के यथार्थ रूप से भिन्न है। इस प्रकार 'प्रदत्त' तथा वस्तु के भेद को स्वीकारना ही पड़ता है, ज्ञानमीमांसीय एकवाद के स्थान पर ज्ञानमीमांसीय द्वैतवाद को प्रतिष्ठित करना ही पड़ता है।

इन आपत्तियों के आधार पर अब यह कहा जा सकता है कि समीक्षात्मक वास्तववाद के लिए यह अनिवार्य हो जाता है कि वे इस **प्रदत्त** (Datum) के स्वरूप को स्पष्ट करें, तथा उस संदर्भ में उसके तथा वस्तु के यथार्थरूप के अन्तर को भी स्पष्ट कर दें। समीक्षात्मक वास्तववादी विचारकों का सम्पूर्ण ध्यान इसी पर है, अतः इसका पूर्ण विवरण अनिवार्य है।

समीक्षात्मक वास्तववाद के अनुसार प्रदत्त का स्वरूप (*Nature of the Datum according to the Critical Realist*)

जैसा ऊपर बताया जा चुका है, समीक्षात्मक वास्तववाद के लिए 'प्रदत्त' के स्वरूप के स्पष्टीकरण की समस्या केन्द्रीय समस्या हे, क्योंकि इसी पर उनका द्वैतवादी विचार पूर्णतया आधृत है। उनके विचारों के विवरण में एक कठिनाई है, जो प्रायः हर स्थल पर प्रकट हो जाती है। जब सात-सात विचारक मिलकर किसी एक विचार धारा को प्रवाहित करते हैं,

तो इसका मूल, सर्वमान्य अधिकृत विचार का विवरण कठिन हो जाता है, क्योंकि सभी विचारकों की विवेचना सर्वथा एकरूप नहीं। अतः हम संदर्भानुसार विभिन्न विचारकों के मतों का उल्लेख करते हुए समीक्षात्मक वास्तववाद के अनुसार प्रदत्त के स्वरूप का स्पष्टीकरण करेंगे। इस स्पष्टीकरण के कार्य में **स्ट्रांग, ड्रेक, स्न्टायना**, **प्राट** आदि विचारकों का विशेष योगदान है।

स्ट्रांग का मत—सबसे पहले हम स्ट्रांग के मत का उल्लेख करेंगे, क्योंकि एक अर्थ में उन्होंने प्रदत्त को परिभाषित करने की चेष्टा की है।

ब्रैडले के द्वारा किये गये 'है' (The That) तथा 'क्या है' (The What) के अंतर के आधार पर स्ट्रांग कहते हैं कि प्रदत्त का संबंध 'होने' से— 'है' से—नहीं है, वह वस्तुओं के इस पहलू से सर्वथा पृथक है, इसका संबंध मात्र 'क्या है' से ही है, वह भी इसे 'है' से अलग रख कर। इस तकनीकी विवरण का थोड़ा सरलीकरण अनिवार्य है। किसी भी वस्तु में दो पहलू होते हैं—उसके अस्तित्व का पहलू तथा उसका अन्तर्भाव (Content)। पहले को ब्रैडले ने **है या होना**—The That कहा है, तथा दूसरे को क्या है—The What कहा है। स्ट्रांग का कहना है कि **प्रदत्त** अस्तित्व के पहलू से संबंधित नहीं, वह मात्र अन्तर्भाव से संबंधित है। जो प्रदत्त होता है उसमें कुछ 'भावों' की चेतना होती है—अस्तित्व की नहीं। इसी कारण कभी-कभी स्ट्रांग प्रदत्त को **तार्किक सारतत्व** (Logical Essence) भी कहते हैं, क्योंकि तार्किक भावों का अस्तित्व की कोटि से कोई संबंध नहीं। अतः स्ट्रांग के अनुसार प्रदत्त के निम्नलिखित लक्षण हैं—

(1) प्रदत्त वास्तविक वस्तु नहीं है। उनका होना विषयी-विषय संबंध पर है। यदि प्रदत्त वास्तविक वस्तु होते तो किसी चेतना में, किसी प्रत्यक्ष में कोई भूल या भ्रम नहीं होता।

(2) प्रदत्त अस्तित्ववान नहीं है। प्रदत्त को दिखाया नहीं जा सकता। वस्तु अस्तित्ववान है। चेतना में वस्तु के संपर्क में आने के फलस्वरूप जो प्रदत्त होता है, उसके अस्तित्ववान होने का प्रश्न नहीं होता। स्ट्रांग क कहना है कि यही अंतर तो एक ओर वास्तववाद को पूर्ण मान्यता देता है, तथा दूसरी ओर ज्ञानमीमांसीय द्वैतवाद की स्थापना करता है।

(3) इससे यह भी स्पष्ट होता है कि प्रदत्त किसी विशेष समय में प्रदत्त अवश्य होता है, किन्तु वह स्वयं स्थान तथा काल से परे है। उस अर्थ में प्रदत्त में एक सार्वभौमता है। जब भी हम स्थान तथा काल का निर्देश करते हैं, तो वह वस्तु का सूचक होता है, प्रदत्त का नहीं। उदाहरणतः यदि किसी वस्तु का विशिष्ट रंगबोध प्रदत्त होता है, तो यह नहीं दिखाया जा सकता कि 'रंग' किस स्थान पर है। स्थान पर वस्तु है, अपने में रंग का कोई स्थान नहीं।

(4) स्ट्रांग कहते हैं कि इसका यह अर्थ नहीं कि प्रदत्त एक मनोवैज्ञानिक तथ्य है। नहीं, प्रदत्त कोई मानसिक स्थिति(Mental State) भी नहीं। हम प्रदत्त को देखते हैं, मानसिक स्थिति को नहीं देखते। उदाहरणतः 'रंग' जो प्रदत्त होता है उसे देखते हैं, किन्तु इस देखने की मानसिक प्रक्रिया को नहीं देखते।

इस प्रकार स्ट्रांग के अनुसार प्रदत्त शुद्ध अन्तर्भाव की चेतना है, जो वस्तु के संपर्क के फलस्वरूप अवश्य है, किन्तु वस्तु से भी भिन्न है तथा मानसिक स्थिति से भी। वह अपने में अस्तित्वान भी नहीं है, किन्तु मनोवैज्ञानिक तथ्य भी नहीं। यह वस्तु के गुर्तस्वरूप का ऐसा अन्तर्भाव है, जो वस्तु के अस्तित्व पक्ष से बिल्कुल पृथक है ('The what' divorced from the that')

ड्रेक का मत—इस स्थल पर ड्रेक के एक महत्त्वपूर्ण मत का उल्लेख करना वांछनीय होगा, क्योंकि उससे प्रदत्त के स्वरूप पर प्रकाश पड़ता है। ड्रेक **प्रदत्त** एवं **मानसिक** स्थिति में अंतर स्पष्ट करते हैं। ड्रेक मानसिक स्थितियों की वास्तविकता को स्वीकार करते हैं। ये मानसिक स्थितियाँ मस्तिष्क की स्नायु-स्थिति नहीं, चेतना की स्थिति है। मस्तिष्क की स्नायु-स्थिति भौतिक स्थिति है, चेतन स्थिति नहीं, अतः उनमे प्रकाशित करने की, अन्य को भी स्पष्ट करने की क्षमता नहीं है। अतः ड्रेक के अनुसार चेतना की स्थिति वास्तविक मानसिक स्थिति है। सामान्यतः प्रदत्त को भी इसी स्थिति का एक अंश समझ लिया जा सकता है, किन्तु ड्रेक प्रदत्त के स्वरूप को स्पष्ट करते हुए यह बताते हैं कि प्रदत्त मानसिक स्थिति नहीं है। इसके लिए वे निम्नलिखित प्रमाण प्रस्तुत करते हैं।

(क) ड्रेक के अनुसार इन दोनों का अंतर एक बड़े सरल ढंग से प्रमाणित किया जा सकता है। यदि मानसिक स्थिति था प्रदत्त एक होते, तो जिस मानसिक स्थिति में किसी विशेष प्रदत्त की चेतना होती है, उस प्रदत्त की चेतना मात्र उसी मानसिक स्थिति से होती। किन्तु, ऐसा नहीं होता। एक ही प्रदत्त विभिन्न मानसिक स्थितियों से स्पष्ट हो सकती है—एक ही प्रदत्त जैसे आकार—विभिन्न इन्द्रिय-संवेदनाओं से—(देखकर, छूकर), अथवा विभिन्न प्रकार की संवेदनाओं से (जैसे तीव्र संवेदना, धीमी संवेदना), अथवा अन्य माध्यम से (जैसे स्मृति) व्यक्त हो सकता है। अतः यह स्वीकारना पड़ता है कि जो व्यक्त हो रहा है (प्रदत्त) वह उन स्थितियों से (मानसिक स्थितियाँ) जिनसे वह व्यक्त होता है अवश्य ही भिन्न है।

(ख) ड्रेक कहते हैं कि इस भिन्नता को स्पष्ट करते हुए यह भी दिखाया जा सकता है कि प्रदत्त मानसिक स्थितियों के गुण या लक्षण भी नहीं है। इसे ड्रेक के द्वारा दिया गया एक उदाहरण के द्वारा स्पष्ट करने का प्रयास किया जा सकता है। वे एक प्रत्यक्षानुभूति में प्राप्त एक जटिल प्रदत्त का उदाहरण लेते हैं। हमें किसी अनुभूति में यह प्रदत्त होता है कि एक विशेष व्यास का गोलकार चक्राकार आकार हमसे दूर अग्रसर होता हुआ दो मकानों के बीच चला जा रहा है। इस उदाहरण में वस्तुओं का नाम लेना पड़ रहा है, किन्तु कल्पना कर सकते हैं कि ऐसे एक गतिशील चक्र का प्रत्यक्ष हो रहा है—जिसमें जो प्रदत्त हो रहा है वह भी स्वभावतः जटिल ही होगा। अब यदि यह माना जाय कि प्रदत्त मानसिक स्थिति का लक्षण है, तो इसका अर्थ हो जायगा कि मानसिक स्थिति चक्राकार-गोलकार आदि आदि है। यह स्पष्टतः बेतुका है। अतः प्रदत्त को मानसिक स्थिति का लक्षण भी नहीं माना जा सकता।

(ग) अतः ड्रेक कहते हैं कि हमें किसी चेतनावस्था में जैसे प्रत्यक्षानुभूति में—किसी प्रदत्त की **तात्कालिक** चेतना होती है। हमें ऐसा इस चेतना में ही प्रतीत होता है कि जो प्रदत्त हो रहा है, वह हमसे बाहर है, तथा यह भी एक अन्तर्निहित विश्वास (implicit faith) जैसा प्रतीत होता है कि वह यह प्रदत्त वाह्य वस्तु से ही संबंधित है। प्रदत्त के आधार पर वस्तुबोध इस अन्तर्निहित विश्वास के माध्यम से ही होता है।

इस अंतर्निहित विश्वास का उल्लेख हमें **सन्टायना** के विचारों की विवेचना के लिए बाध्य करता है, क्योंकि सन्टायना ने इस पहलू पर विशेष विचार किया है।

सन्टायना का मत—सन्टायना ने प्रदत्त के स्वरूप पर विशद विचार किया है। सच पूछा जाय, तो स्ट्रांग ने **प्रदत्त** के स्वरूप की एक सामान्य रूपरेखा दी। उस रूपरेखा में दो तथ्य प्रधान रूप में स्पष्ट हुए, एक तो यह कि प्रदत्त मानसिक स्थिति से भिन्न है, तथा दूसरा यह कि प्रदत्त वास्तविक वस्तु से भिन्न है। पहले तथ्य का स्पष्टीकरण तथा प्रमाणीकरण ड्रेक करते हैं, दूसरे का सन्टायना।

सन्टायना एक विशिष्ट वैचारिक पृष्ठभूमि का स्पष्टीकरण करते हैं, जिसके आलोक में वे अपने प्रदत्त संबंधी मत का प्रतिपादन करते हैं।

सन्टायना डेकार्ट के समान संशय-विधि का प्रयोग करते हुए यह जानने की चेष्टा करते हैं कि क्या कुछ ऐसा है जिस पर संशय नहीं किया जा सकता। वे यह स्वीकारते हैं कि हमारी सहज प्रवृति विश्वास (Instinctive Belief) का आधार अवश्य ढूढ़ती है, किन्तु, संशय का क्षेत्र बड़ा ही विस्तृत है। हम जो घटित हो गया है—भूत पर संशय तो कर ही सकते हैं। क्योंकि स्मृति भूल कर सकती है, धोखा दे सकती है। भविष्य पर तो स्पष्टतः संशय किया जा सकता है, क्योंकि भविष्य प्रत्याशा पर आधृत होता है। वर्तमान में भी जो परोक्ष है, अप्रत्यक्ष है उस पर संशय किया जा सकता है। उसी प्रकार सभी वैचारिक तथ्यों पर भी संशय किया जा सकता है, क्योंकि वैचारिक तथ्य वैचारिक अनुमान पर आधृत है, तथा अनुमान की दोनों विधियाँ संशय से परे नहीं। आगमनात्मक अनुमान तो संशयग्रस्त है ही, क्योंकि यह प्रकृति समरूपता नियम पर आधृत है, तथा यह नियम स्वयं आगमनात्मक अनुमान का एक उदहारण है। यह चक्रक तर्क (Circular reasoning) आगमन विधि पर ही संशय का कारण बन जाता है। सन्टायना कहते हैं कि निगमनात्मक विधि पर भी संशय किया जा सकता है। निगमनात्मक न्याय के आधार वाक्यों तथा निष्कर्ष के बीच एक तार्किक अनिवार्यता के होने की दुहाई दी जाती है, किन्तु यह पूरी प्रक्रिया स्मृति का सहारा लेकर चलती है, और जब स्मृति पर संशय किया जा सकता है, तो उस पर आधृत अनुमान पर संशय तो किया ही जा सकता है।

इस प्रकार सन्टायना कहते हैं कि संशय रहित बस एक ही अनुभूति प्रतीत होती है—वह जो वर्तमान क्षण में तत्काल अनुभत होती है। यह अनुभूति होती है—कुछ इसमें अनुभूत होता है। इस पर संशय नहीं किया जा सकता।

किन्तु सन्टायना पूछते हैं कि इस वर्तमान—तात्कालिक अनुभूति में क्या अनुभूत होता है? सामान्यतः हम कहते हैं कि इसमें हम देखते हैं, कुछ छूते हैं इत्यादि। सामान्यतः हम उदाहरण देते हैं, हमें एक फूल की अनुभूति होती है, हम एक पत्थल को छूते हैं। किन्तु, क्या हमें 'फुल' के या 'पत्थल' के होने की—अस्तित्व की तात्कालिक अनुभूति होती है। सन्टायना कहते हैं— 'नहीं'। हम फूल को नहीं देखते—कुछ ऐसे सारतत्त्वों (essence—सन्टायना ने प्रदत्त (Datum) को essence कहा है) को अनुभूत करते हैं जो तात्कालिक अनुभूति से उजागर होता है। हम 'फूल' को नहीं देखतें—रंग के एक धब्बे को देखते हैं, 'पत्थल' को नहीं छूते—हमें स्पर्शभाव की अनुभूति होती है। अतः जिसकी तात्कालिक अनुभूति होती है, वह सारतत्व है (Essence)। वस्तुओं की (फूल या पत्थल) की तात्कालिक अनुभूति नहीं होती, अपने सहज प्रवृत्ति के अनुरूप उनके अस्तित्व पर जैविक विश्वास होता है।

अतः सन्टायना के अनुसार यह सारतत्व (Essence) ही है जो प्रत्यक्षानुभूति में अथवा विचार में—साक्षात रूप में तात्कालिक अनुभूत होता है। सन्टायना का सारतत्त्व (Essence) तथा अस्तित्व (Existence) के अंतर को स्पष्ट करते हुए इसका स्वरूप स्पष्ट करते हैं तथा इसी संदर्भ में यह भी स्पष्ट हो जाता है कि कैसे अस्तित्ववान वस्तुओं की भी अवगति होती है—

(1) प्रथमतः संटायना कहते हैं कि इन सारतत्त्वों में एक प्रकार की सार्वभौमकता होती है। इसके विपरीत अस्तित्ववान वस्तुओं में एक विशेषत्व रहता है। जो चेतना को किसी

तत्काल अनुभूति में प्रदत्त होता है, वह कोई विशेष वस्तु या तत्त्व नहीं, वह एक अन्तर्भाव है—सारतत्त्व है जिसमें एक सामान्य अर्थबोध जैसा कुछ होता है।

(2) उपर्युक्त लक्षण को स्पष्ट करते हुए संटायना कहते हैं कि सारतत्त्व मात्र एक 'रूप' (form), है जिसमें निहित किसी अन्तर्वस्तु की अनुभूति नहीं होती। इस सामान्य रूप के अनुरूप—किसी विशेष स्थान तथा काल में बंधा इसका विशेषीकरण अस्तित्त्व है। फूल को देखने अथवा पत्थर को छूने में जिस रंग के धब्बे अथवा स्पर्शभाव को अनुभूत करते हैं, वह कोई विशेष 'रंग' या 'स्पर्शभाव का उदाहरण नहीं। यदि उसका विशेषीकरण करें, यदि उसे विशेष रंग या विशेष स्पर्शभाव के रूप में जानने की चेष्ट करें, तो उस सारतत्त्व के परे विशेष फूल या विशेष पत्थल के अस्तित्व की बात करनी पड़ेगी। अपने में वह 'विशेष' नहीं है।

(3) सन्टायना के अुनसार इस अन्तर का एक स्पष्ट प्रमाण यह है कि हम 'फूल' या 'पत्थल' के अस्तित्व पर संशय कर सकते हैं, किन्तु जिस सारतत्त्व की तात्कालिक अनुभूति होती है उस पर संशय नहीं कर सकते, क्योंकि वह चेतना का अनिवार्य अनुभूत रूप है।

(4) यह और भी स्पष्ट हो जाता है जब हम वास्तविक तथा भ्रामक अनुभवों की तुलना करते हैं। भ्रम में जिस विषय का अनुभव होता है, उसे बाद में हम नकार देते हैं। हमें 'सर्प' का अनुभव हुआ, जिसे हम बाद में नकार कर रज्जु के अनुभव की बात करते हैं। किन्तु, यहाँ सर्प का अस्तित्व नकारा जा रहा है, हमें सर्पवाली अनुभूति में जो तात्कालिक चेतना हुई थी—जो प्रदत्त हुआ था उसे नकारा नहीं जाता। भ्रम-निवारण के बाद भी, सर्प के अस्तित्व को नकारने के बाद भी हम कहते हैं कि हमें उस समय यथार्थतः सर्प ही लगा था। ऐसा इसीलिए कहते हैं कि उसे अनुभूति में अनुभूत जो सारतत्त्व (essence) था, उसे हम नहीं नकार सकते, उस पर हम संशय नहीं कर सकते। हम यह नहीं नकारते कि पानी में पड़े छड़ी के टेढ़े होने की प्रतीति हो रही है, हम यह नकारते हैं कि वस्तुतः छड़ी टेढ़ी नहीं है, छड़ी में टेढ़ेपन के अस्तित्व को नकारते हैं।

(5) इसी कारण सन्टायना कहते हैं कि प्रदत्त सारतत्त्व विभिन्न रूपों में प्रकट हो सकता है, किन्तु अस्तित्व में एक अपना एक निर्मम स्थायित्व होता है। वृतु की प्रतीतियाँ वस्तु का अस्तित्व नहीं।

(6) इसे साधारण उदाहरणों से भी स्पष्ट किया जा सकता है। उदारहणतः बिल्कुल एक जैसे जुड़वाँ बच्चों का उदाहरण लें। उनमें अस्तित्व का अंतर तो है ही, वहाँ पर दो 'जीव' अस्तित्ववान हैं। दोनों की एकरूपता या तादात्म इस बात में है कि दोनों एकरूप दिखाई देते हैं, दोनों के 'प्रदत्त सारतत्त्व' एकरूप हैं। अतः स्पष्ट हो जाता है कि अस्तित्व तथा सारतत्त्व अवधारणात्मक रूप में तथा वस्तुतः एक दूसरे से भिन्न हैं।

(7) सन्टायना इस भिन्नता को इस रूप में भी स्पष्ट करते हैं कि सारतत्त्व में विश्वास करने का प्रश्न नहीं उठता, वहाँ कोई विश्वास नहीं है, वह तो अनुभव में प्रदत्त होता है तथा उसकी साक्षात एवं तात्कालिक अनुभूति होती है। विश्वास अस्तित्व में किया जाता है, जिसकी अनुभूति साक्षात एवं तात्कालिक नहीं होती।

इस प्रकार सन्टायना इस सारतत्त्व के स्वरूप को स्पष्ट करते हुए कहते हैं कि इसी ढंग से तीन घटक होते हैं, ज्ञाता, वह सारतत्त्व जो प्रदत्त होता है, तथा वह अस्तित्व

जिसकी अवगति होती है। इस स्थल पर समीक्षात्मक वास्तववाद का ज्ञान-विषय संबंधी द्वैतवाद स्पष्ट होता है, इसमें दो घटक हैं, एक वह जो तात्कालिक प्रदत्त होता है, तथा दूसरा वह जो इसे अनुभूति के माध्यम से अस्तित्ववान माना जाता है।

इसे स्पष्ट करते हुए संटायना कहते हैं, कि सारतत्त्व से वस्तु के अस्तित्व तक जाने का आधार सहज प्रवृत्ति के अनुरूप जैविक विश्वास है (animal faith)। हमें जब भी किसी सारतत्त्व की अनुभूति होती है, तो यह विश्वास भी साथ रहता है कि कोई अस्तित्ववान वस्तु है जिससे इसका कुछ सम्बन्ध है। उदाहरणतः कुत्ते को जब 'गन्ध' की अनुभूति होती है, तो वह अपने पंजों को किसी वस्तु को पकड़ने के लिए बढ़ाता है। उस गंध की अनुभूति के साथ यह विश्वास भी है कि किसी वस्तु का अस्तित्व है। अतः निष्कर्षतः कहा जा सकता है कि अनुभूति में साक्षात् रूप से ज्ञात सारतत्त्व के माध्यम से होता है तथा उसके इस ज्ञान के पीछे एक प्रारम्भिक जैविक विश्वास भी काम करता है।

समीक्षात्मक वास्तववाद के अनुसार प्रदत्त का स्वरूप—हमने प्रदत्त के स्वरूप के विषय में विभिन्न समीक्षात्मक वास्तववादी विचारकों के मतों की विवेचना की। अब उन मतों के आलोक में प्रदत्त के स्वरूप एवं लक्षण का विवरण इस प्रकार किया जा सकता है जो समीक्षात्मक वास्तववाद का अधीकृत तथा सर्वमान्य मत माना जा सके। उसी दृष्टि से हम प्रदत्त की विशिष्टताओं का स्पष्टीकरण कर रहे हैं—

(1) प्रदत्त प्रदत्त है—अर्थात् यह वह है जो किसी अनुभूति अथवा चेतना में साक्षात् रूप में तत्काल अनुभूत होता है।

(2) प्रदत्त अस्तित्ववान नहीं है, यह सारतत्त्व है, अन्तर्भाव है उन तत्त्वों का जिनसे संवेदना उत्पन्न होती है।

(3) इस दृष्टि से वह 'वस्तुओं' से भिन्न है। प्रत्यक्षानुभूति में वस्तुओं से ही प्रकाश की किरणें उठती हैं, किन्तु जो प्रदत्त होता है वह वस्तु नहीं।

(4) जो प्रदत्त होता है, वह मन की कृति भी नहीं, मानसिक स्थिति भी नहीं। यदि ऐसा होता, तो जो प्रदत्त होता वह वाह्य प्रतीत नहीं होता। जब 'फूल' वस्तु से 'रंग' के धब्बे' का प्रदत्त होता है, तो वह धब्बा मन से बाहर प्रतीत होता है। उसमें अपना स्वायत्त्व है, जिसे न तो पूरी तरह मन पर ढाला जा सकता और न वस्तु पर।

(5) फिर भी एक अर्थ में प्रदत्त को मानसिक कहने में कोई विरोध भी नहीं। यह मानसिक स्थिति नहीं, मन का अंश नहीं, किन्तु मानसिक चेतना का विषय है। उस अर्थ में वह मन में हैं।

(6) इसी कारण प्रदत्त को वैचारिक (Ideal) कहा जाता है। यह भावरूप है—वस्तुओं का वह अन्तर्भाव है जो साक्षात् रूप में अनुभूत होता है।

(7) किन्तु, इसके वैचारिक होने का अर्थ इसका वैयक्तिक या आत्मनिष्ठ होना नहीं है। इसमें एक सार्वभौमता है, जिसके फलस्वरूप यह किसी विशेष स्थान-काल में बँधा नहीं। इन्हीं सार्वभौम अन्तर्भावों के माध्यम से विभिन्न वस्तुओं का—उनके अस्तित्व का भान होता है।

(8) समीक्षात्मक वास्तववादी विचारकों के अनुसार वस्तु या अस्तित्व का यह भान होना साक्षात अनुभव के द्वारा नहीं। यहाँ पर हमारा सहज प्रवृत्ति विश्वास (Instinctive

Belief) कार्य करता है। हर अनुभूति में हमारी सहज प्रवृत्ति यह विश्वास जाग्रत करती है कि कुछ वाह्य-अस्तित्ववान वस्तु है जिससे संवेदना जागृत हुई है।

(9) उस सहज प्रवृत्ति विश्वास का एक पहलू यह भी हे कि हमें विश्वास रहता है कि जिसका हमें **साक्षात प्रदत्त रूप में ज्ञान हो रहा है—वह वस्तु की ही अभिव्यक्ति है**। प्रदत्त तथा वस्तु का यह संबंध भी विश्वास पर ही आधृत है, विचार पर नहीं। विचार करने पर तो स्पष्ट हो जाता है कि प्रदत्त को वस्तु की अभिव्यक्ति कहने का कोई आधार नहीं। किन्तु, हमारा सहज ज्ञान यह मान कर चलता है कि जो कुछ हमें साक्षात रूप में प्रदत्त होता है, वह वस्तु की ही अभिव्यक्ति है।

इस स्थल पर समीक्षात्मक वास्तववादी विचारकों को एक महत्त्वपूर्ण आपत्ति की आशंका हो जाती है, जिसका वे निराकरण करते हैं। उपर्युक्त विवेचन से यह स्पष्ट हो जाता है कि वस्तुओं का—तथा उनके अस्तित्व का ज्ञान साक्षात् नहीं होता, प्रदत्त की अनुभूति के माध्यम से होता है। अब वह प्रदत्त के आधार पर अनुमान किया हुआ ज्ञान हो तथा प्रदत्त की अवगति के साथ जुटा सहज विश्वास से जनित ज्ञान हो। तब तो वस्तु का ज्ञान साक्षात् नहीं परोक्ष ज्ञान है, किसी माध्यम से प्राप्त ज्ञान है। आपत्ति यह हो जाती है कि यदि वस्तु का ज्ञान माध्यम पर आश्रित माना गया—पूर्णतया परोक्ष माना जाय, तो यह तो वास्तववादी दृष्टि के प्रतिकूल हो जाता है। तो क्या 'प्रदत्त' के स्वरूप को स्पष्ट करने के प्रयत्न में ये लोग अपने वास्तववाद को ही समाप्त कर देते हैं?

जे० बी० प्राट को इस आपत्ति की आशंका थी। अतः उन्होंने ऐसी आपत्ति के निराकरण के लिए निम्नलिखित तर्क दिये हैं—

(1) प्रथमतः तो प्राट कहते हैं कि 'माध्यम के द्वारा ज्ञान प्राप्त करने का' अनिवार्य अर्थ 'ज्ञान का परोक्ष हो जाना' नहीं है। यह तो माध्यम के स्वरूप पर निर्भर करता है। हर माध्यम ज्ञान को परोक्ष नहीं बना देता। हम चश्मे के माध्यम से वस्तुओं को देखते हैं, तो वह ज्ञान परोक्ष नहीं कहा जा सकता। यदि कोई माध्यम इस प्रकार का है कि वह चेतना में निहित है, उसके साथ अनिवार्य ढंग से जुटा है, तो वह माध्यम ज्ञान को परोक्ष नहीं बनाता। यही बात प्रदत्त के साथ भी है। प्रदत्त के बिना चेतना कारगर हो ही नहीं सकती। हर चेतन-क्रिया में, हर अनुभूति में अनिवार्यतः कुछ प्रदत्त होता ही है, अतः उस प्रदत्त के द्वारा प्राप्त ज्ञान परोक्ष नहीं हो सकता।

(2) प्राट कहते हैं कि आपत्ति उठाने वाले जिस प्रकार की बात कर रहे हैं उसे स्वीकारा जाय, तो उसके विचित्र तथा बेतुके निष्कर्ष निकल आयेंगे। उस अवस्था में तो इन्द्रियों से प्राप्त हर ज्ञान परोक्ष हो जायगा, क्योंकि इन्द्रियाँ भी ज्ञाता के लिए ज्ञान के माध्यम हैं। जिस अर्थ में इन्द्रियाँ या प्रदत्त माध्यम हैं, उस अर्थ में इस प्रकार की आपत्ति सार्थक नहीं हो सकती।

(3) ज्ञान परोक्ष तभी होता है, जब ज्ञान का माध्यम ज्ञाता से सर्वथा भिन्न हो तथा ज्ञाता को ज्ञान के लिए उस माध्यम पर निर्भर करना पड़े। ज्ञान को परोक्ष बनाने वाला माध्यम ज्ञान-प्रक्रिया पर बाहर से लदा रहता है। ऐसा नहीं है कि उसके नहीं रहने पर ज्ञान नहीं होता। साक्षात ज्ञान तो माध्यम के नहीं रहने पर भी होता है, परोक्ष ज्ञान में माध्यम की आवश्यकता पड़ती है। इस आपत्ति में माध्यम के इसी अर्थ को ध्यान में रखा गया है, तथा 'प्रदत्त' को उसी अर्थ में माध्यम कहा जा रहा है। किंतु 'प्रदत्त' तो परोक्ष ज्ञान का माध्यम नहीं है, साक्षात्

ज्ञान की जो ज्ञान-प्रक्रिया है, उसका वह अनिवार्य अंग है, अतः यह आपत्ति 'माध्यम' शब्द के व्यामिश्र से उपजती है।

4. प्राट कहते हैं कि वस्तुतः माध्यम ज्ञान के परोक्ष या अपरोक्ष स्वरूप को निर्धारित करता ही नहीं, ज्ञान के अपने स्वरूप से यह निर्धारित होता है कि कौन ज्ञान साक्षात है कौन परोक्ष। माध्यम तो किसी भी ज्ञान-प्रक्रिया में हो सकता है। ज्ञान ही दो प्रकार का होता है, दोनों में 'माध्यम' रह सकते हैं, तथा दोनों माध्यमों का उपयोग पृथक-पृथक है। अतः प्राट के अनुसार यह आपत्ति केवल इसी कारण उठ जाती है कि साक्षात् एवं परोक्ष ज्ञान के स्वरूप के संबंध में ही कुछ भ्रान्ति रह गयी है। अतः प्राट का निष्कर्ष है कि 'प्रदत्त' के माध्यम से भी वस्तु का जो ज्ञान होता है, वह साक्षात ज्ञान ही है।

❑

अध्याय 4

हेनरी बर्गसां

(HENRY BERGSON 1859 - 1941)

भूमिका

हेनरी बर्गसां भी एक प्रतिप्रज्ञावादी (anti-intellectualist) विचारक हैं, क्योंकि हेगेल के द्वारा अनुशंसित प्रज्ञा अथवा विवेक की केन्द्रियता वे भी नहीं स्वीकारते, किन्तु अन्य प्रतिप्रज्ञावादी विचारकों के साथ उनकी समानता यहीं पर समाप्त हो जाती है। वस्तुतः बर्गसां अपने ढंग के विलक्षण तथा अकेले विचारक हैं। अन्य तत्व-दार्शनिकों के समान उनके सामने भी जगत की तात्विक विवेचना का प्रश्न महत्त्वपूर्ण है, किन्तु अन्य विचारकों से विपरीत न तो उन्होंने अपनी व्याख्यां मन या आत्म के द्वारा करने की चेष्ट की और न जड़ या भौतिक पदार्थों को केन्द्रीय बनाने का प्रयास किया। उन्हें ऐसा प्रतीत हुआ कि जड़वादी अथवा प्रत्ययवादी-दोनों व्याख्यायें विश्व की गत्यात्मकता की व्याख्या नहीं कर पातीं। यह तो वैज्ञानिक सत्य है कि सत् अचल अथवा पूर्णतया स्थिर नहीं है, अतः सत् के स्वरूप को इसी अनुरूप समझने का प्रयास करना अनिवार्य है। इसी कारण बर्गसां जीववादी (Vitalist) हो गये। उनके अनुसार जैविकता—प्राण शक्ति (Life) की अवधारणा में ही गत्यात्मकता का भाव निहित है, अतः विश्व के गत्यात्मकता स्वरूप की व्याख्या करने वाले सत् को प्राण-शक्ति रूप होना अनिवार्य है। इसमें बर्गसां को एक अन्य लाभ भी दिखाई देता है। सामान्यतः बर्गसां के समय तक के सभी तत्त्वचिन्तक या तो भौतिकवादी रहे या प्रत्ययवादी या तो उन लोगों ने भौतिक तत्त्वों के द्वारा अभौतिक अथवा मानसिक तत्त्वों की व्याख्या की, अथवा आत्म-तत्त्व या मानसिक तत्त्वों के ढाँचे में भौतिक जगत को ढालने की चेष्टा की। दोनों प्रयत्नों में ऐसी कठिनाइयाँ उत्पन्न होती रहीं जिनका समाधान सरल नहीं रहा। बर्गसां की प्राण-शक्ति भौतिक तथा मानसिक—जड़ एवं आत्म—के मध्य का तत्त्व है। अतः उन्हें ऐसा प्रतीत होता है कि इस प्राण-शक्ति के माध्यम से प्रस्तुत व्याख्या के लिए भौतिक-मानसिक की व्याख्या भी अपेक्षाकृत अधिक सरल एवं युक्ति-संगत सिद्ध होगी क्योंकि प्राणशक्ति भौतिक-मानसिक के मध्य की दूरी को कुछ सीमा तक भर सकती है। इसी कारण कहा जाता है कि बर्गसां अपने ढंग के अकेले विचारक हैं जिनहोंने प्राण-शक्ति के आधार पर विश्व की व्याख्या का प्रयत्न किया है।

मूल दार्शनिक अवधारणाएँ

बर्गसां मूलतः एक तत्त्व दार्शनिक हैं, अतः उनका उद्देश्य भी सत् के स्वरूप की समझ एवं व्याख्या है। किन्तु, उनकी यह भी मान्यता है कि सत् की व्याख्या को शुद्ध कल्पना पर आधृत भी नहीं रहना चाहिए, तथा मान्य वैज्ञानिक सिद्धान्तों के अबौद्धिक रूप में विपरीत भी नहीं होना चाहिए। इन्हीं मान्यताओं के आधार पर उनके दार्शनिक विचारों को प्रश्रय मिलता है, तथा उनकी मूल दार्शनिक अवधारणाएँ रूप लेती हैं।

प्रचलित वैज्ञानिक दृष्टि की समझ जीव-विज्ञान के अपने गहन अध्ययन के प्रभाव में बर्गसां ने अपने मूल तात्त्विक अवधारणाओं का विकास किया। प्रचलित वैज्ञानिक दृष्टि के अनुरूप उन्होंने यह तो स्वीकार ही लिया कि सत् कोई अचल स्थिर, पूर्णतः निरूपित तत्त्व तो हो ही नहीं सकता, सत् अनिवार्यतः गत्यात्मक है। अतः वर्गसाँ ने सत् को पूर्णतया गत्यात्मक माना, परिवर्तन को ही—सत् माना। इसके साथ-साथ उन्हें समय के प्रबल प्रभावशाली जीव विज्ञान के मौलिक खोजों की भी जानकारी थी, डारवीन का प्रभाव नवीन भी था और सबल भी। फलतः उन्होंने **'जीव'** (Life) की अवधारणा को केन्द्रीय बनाया। इसके पक्ष में उन्हें तार्किकता भी दिखाई दी। यदि सत् सतत 'चल' है, गत्यात्मक है, तो सत् को 'जीवरूप' ही होना चाहिए, क्योंकि जैविक प्रवृत्तियाँ स्पष्टतः गत्यात्मकता तथा सक्रियता के सजीव प्रतिमान हैं। इसी कारण उन्होंने सत् को **जीव-शक्ति** (Life-Force—उनके शब्दों में—Elan Vital) कहा। अतः उनके अनुसार सत् परिवर्तन तो है ही, वह जीव-शक्ति रूप है। परिवर्तन ही जीव-शक्ति रूप है। यही उनकी केन्द्रीय तात्विक अवधारणा बनी।

किन्तु, परिवर्तन की अवधारणा के साथ कुछ विचार सामान्यतः सदा जुटे दिखाई देते हैं। परिवर्तन सदा काल के साथ जुटा है। सामान्यतः अपने सहज ज्ञान में हम ऐसा समझते हैं कि जो कुछ परिवर्तित होता रहता है, वह काल में होता है। इस प्रकार परिवर्तन के साथ **'काल'** (Time) की अवधारणा भी केन्द्रीय हो जाती है। बर्गसां 'काल' को केन्द्रीय मानते हैं, किन्तु उनकी यह मान्यता सामान्य धारणा अथवा सहज व्यवहारिक ज्ञान के अनुरूप नहीं, बल्कि उससे सर्वथा विपरीत है। इस विचार का स्पष्टीकरण तथा विशदीकरण तो बर्गसां के दर्शन के अवबोध के लिए अनिवार्य है, तथा वह आगे किया जायेगा, किन्तु एक संकेत अभी दे देना उचित है। सामान्य धारणा में जब हम परिवर्तन की बात करते हैं, तो 'परिवर्तन' 'काल' तथा 'जो परिवर्तित हो रहा है'—इन तीनों में अन्तर बनाये रखते हैं। कुछ है, काल उससे भिन्न है, तथा इन दोनों का एक विशेष संबंध परिवर्तन कहा जाता है। बर्गसां के दर्शन में ऐसा भेद नहीं किया जाता। सत् की अवधारणा में 'काल', 'परिवर्तन'—इनका भेद नहीं रहता। काल ही परिवर्तन कहा जाता है—तथा वही सत् है इस प्रकार बर्गसां काल तथा परिवर्तन की अवधारणाओं को तात्विक दृष्टि से परिष्कृत करके सत् की अवधारणा की रूप रेखा खींचते हैं।

काल, परिवर्तन, जीव-शक्ति आदि के विचारों के फलस्वरूप एक अन्य मूल अवधारणा का उद्भव अनिवार्य हो जाता है। यदि काल अथवा परिवर्तन का विचार हमारे सामान्य साधारण आनुभविक धारणाओं के अनुरूप नहीं, तो यह प्रश्न उठ ही जाता है कि इस सर्वथा अनूठा एवं मौलिक अवधारणा को स्वीकारने का आधार क्या है? हमारे सामान्य साधारण अनुभव में तो हमें काल के पलों का क्षणों का अनुभव होता है; तथा परिवर्तन का अवबोध जो परिवर्तित हो रहा है उसके स्वरूप परिवर्तन के आधार पर ही होता है। इससे भिन्न 'काल' या 'परिवर्तन' की समझ हमें कैसे होगी? बर्गसां का कहना है कि सामान्य धारणा की व्यवहारिकता से हम इतने प्रभावित हैं कि हम सोच भी नहीं पाते, कि वस्तुतः उनके अवबोध की एक वास्तविक दृष्टि भी है। इस तथ्य को विशद रूप में स्पष्ट तो बाद में किया जायगा, किन्तु, एक उदाहरण इस स्थल पर देने से बात स्पष्ट हो जायेगी। मान

लें, हमें लगातार लिखते-लिखते थकावट जैसा प्रतीत होता है, और हम तनाव कम करने के लिए हाथ पैर ढीला कर अंगड़ाई लेते हैं। साधारण दृष्टि से देखा जाय तो किसी को भी यह मात्र हमारे शरीर या अंगों में परिवर्तन दिखाई देगा जो किसी निश्चित काल में आरम्भ होता है, तथा किसी निश्चित काल में समाप्त। किन्तु, यह तो इसका बाह्य दृष्टि से देखा गया स्वरूप है। वस्तुतः यह उसका ऊपरी-धरातली रूप है, उसका वास्तविक रूप आंतरिक दृष्टि से स्पष्ट होता है। उस दृष्टि से देखने पर यह स्पष्ट हो जाता है कि यह मात्र 'तनाव कम करने की प्रवृत्ति' की अभिव्यक्ति है। उस प्रवृत्ति में 'इस काल' तथा 'उस काल' का अंतर नहीं, उसके एकरूप प्रवाह में काल-क्षणों की पृथकता, अंगों की इकाई सब एकरूप हो जाते हैं। उस दृष्टि से वह मात्र एक जैविक प्रवृत्ति है—शक्ति है, जिसकी अभिव्यक्ति एकाएक होती है। स्पष्ट है, कि बर्गसां के लिए उस आन्तरिक दृष्टि-उस अन्तःदृष्टि का बड़ा महत्त्व है, तथा उनके लिए उसकी अवधारणा का स्पष्टीकरण भी अनिवार्य है। अतः अन्तःदृष्टि (Intuition) भी उनकी एक केन्द्रीय अवधारणा बन जाती है। अपने अन्तर्दृष्टि-विवेचन में अनिवार्यतः उन्हें बुद्धि (Intellect) तथा इन्द्रिय-ज्ञान की विवेचना भी करनी पड़ती है, क्योंकि इन सामान्य ज्ञान-स्रोतों से अन्तर्दृष्टि का भेद करना अनिवार्य हो जाता है।

काल, परिवर्तन, जैविक-प्रवृत्ति के उपर्युक्त ढंग के विचार के फलस्वरूप बर्गसां के दर्शन में एक अन्य केन्द्रीय अवधारणा का उद्भव हो जाता है। इसके उद्भव के पीछे उस समय के प्रभावशाली जीव-विकास सिद्धान्त का भी स्पष्ट प्रभाव है। यदि सत् गत्यात्मक जीवशक्ति (Dynamic Life Force) है, तो उसी शक्ति—उसी जैविक मूल प्रवृत्ति से दृश्य जगत अथवा अनुभव जगत की व्याख्या होना आवश्यक हुआ। इसका अर्थ होता है कि जगत की सृष्टिवादी व्याख्या के लिए बर्गसां के विचारों में कोई स्थान नहीं। विकासवाद के प्रभाव में, उसके अनुरूप, विकास-प्रक्रिया की अवधारणा भी बर्गसां के लिए एक केन्द्रीय अवधारणा है। किन्तु, यह अवधारणा भी विकास-प्रक्रिया की सामान्य प्रचलित अवधारणा से भिन्न होगी। सामान्यतः विकास को भी कालक्रम में समझने का प्रयास होता है, काल के साधारण भाव के अनुरूप समझा जाता है। किन्तु, यदि जीव-शक्ति ही काल-रूप है, यदि जैविक प्रवृत्ति ही कालिक प्रवृत्ति है—जो क्रम में नहीं, बल्कि पूर्ण समेटे हुए काल में अग्रसर होती है, यदि विकास-प्रक्रिया में सारे क्षण सिमटे हुए हैं, एक साथ अग्रसर हो रहे हैं, तो इसका अर्थ है कि विकास-प्रक्रिया सर्जनात्मक (Creative Evolution) है। अतः सर्जनात्मक विकास-प्रक्रिया (Creative Evolution) की अवधारणा भी महत्त्वपूर्ण हो जाती है, जिसकी स्पष्टीकरण तथा जिसकी व्याख्या का बर्गसां ने विशद प्रयास किया है। इस संदर्भ में उन्होंने प्रचलित विकासवादी सिद्धान्तों की परीक्षा-समीक्षा भी की है, तथा उनकी त्रुटियों को ध्यान में रखते हुए अपने विचारों की रूपरेखा खींची है।

इसके अतिरिक्त अपने तात्विक विचार के अनुरूप उन्होंने समाज-नीति धर्म से संबंधित भी कुछ नवीन विचार दिये हैं। यहाँ हम उन विचारों का उल्लेख नहीं कर रहे हैं। वैसे उनका नीति तथा धर्म-विचार को अपने ढंग की मान्यता मिली है, किन्तु, हमारा उद्देश्य यहाँ उनके ज्ञान मिमांसीय तथा तत्त्वमीमांसीय विचारों का विवरण ही है। सामान्यतः किसी मौलिक विचारक के विचारों को समझने के लिए उसके ज्ञान मीमांसीय विचार को पहले

समझना अनिवार्य होता है, क्योंकि उसी आधार पर उनके तात्त्विक विचारों का अवबोध होता है। किन्तु यहाँ हम पहले उनके तात्विक विचारों की व्याख्या करेंगे, क्योंकि बर्गसा के ज्ञानमीमांसीय विचार में भी तात्विकता का प्रवेश है। अतः सर्वप्रथम हम उनके सत्-विचार की व्याख्या करेंगे, तथा उसी विवेचना में उनके द्वारा कल्पित काल की अवधारणा अथवा परिवर्तन की अवधारणा को भी स्पष्ट करेंगे।

सत् का स्वरूप

(1) एक प्रारम्भिक स्पष्टीकरण

बर्गसां के अनुसार सत् के स्वरूप की पूर्ण व्याख्या करने के लिए एक महत्त्वपूर्ण तथ्य का स्पष्टीकरण प्रारंभ में ही अनिवार्य हो जाता है। सत् एक विशेष रूप में अभिव्यक्त होता है, सत् के इसी व्यक्त—प्रदत्त रूप पर हमारा व्यवहारिक जीवन निर्भर है। सत् के इस रूप को हमारी बुद्धि (Intellect) पकड़ पाती है। यह सत् के रूप को पकड़ने की एक दृष्टि है। किन्तु, सत् के स्वरूप को देखने-समझने की एक दृष्टि और है। वस्तुतः अपने मूल रूप में सत् का स्वरूप वहीं उजागर होता है, वह बर्गसां के अनुसार अन्तर्दृष्टि (Intuition) है, जिससे सत् का वास्तविक स्वरूप का अवबोध होता है। इसका यह अर्थ नहीं कि सत् का पहला स्वरूप-बुद्धि से ज्ञात स्वरूप का अवबोध होता है। इसका यह अर्थ नहीं कि सत् का पहला स्वरूप—बुद्धि से ज्ञात स्वरूप पूर्णतया अयथार्थ या भ्रामक है। नहीं। उस ज्ञान पर हमारा समस्त व्यवहारिक जीवन आधृत है। तब यह अवश्य है कि उसे ही सब कुछ समझ लेना—उसे ही सत् का वास्तविक स्वरूप समझ लेना अनुपयुक्त है—यथार्थ के विपरीत है।

बर्गसां के इस विचार को और स्पष्ट किया जा सकता है—एक दूसरे ढंग से। यह तो स्पष्ट ही है कि सत् गत्यात्मक है, अपितु, यह कहना अधिक उपयुक्त है कि गति-परिवर्तन ही सत् है। गति या परिवर्तन को दो ढंगों से समझा जा सकता है—एक वह जिस ढंग से वह सामान्यतः समझा जाता है, जिस समझ पर व्यवहारिकता निर्भर है, तथा एक वह जो गति या परिवर्तन के स्वरूप के अन्तर में समझा जा सकता है। यह दो ढंग इस कारण है कि गति अथवा परिवर्तन कालिक होता है—काल के साथ अभिन्न रूप में जुड़ा है, तथा काल को ही दो ढंगों से समझा जाता है। एक दृष्टि से काल **कालिक क्षणों का क्रम है, सामान्यतः परिवर्तन को इसी काल रूप में समझा जाता है, एक क्षण के बाद दूसरे क्षण आते हैं,** तथा जो इन क्षणों में होता चल रहा है, वह परिवर्तित हो रहा है। यह परिवर्तन की सामान्य धारणा है। परिंवर्तन या गति के इस रूप का **अवबोध बुद्धि** को है, तथा उसी पर व्यवहारिक जीवन निर्भर है। किन्तु, काल का **काल-क्रम** (Succession) के रूप में नहीं, अवधि (duration) के रूप में भी समझा जा सकता है। यह 'काल' के स्वरूप को उसकी इकाई में पड़ता है—जिसमें पलों या क्षणों के क्रम का विलयन हो जाता है जो सभी क्षणों को समेटे हुए काल गति है। काल के इस रूप को अन्तर्दृष्टि पकड़ती है। पहली दृष्टि से सत् के एक ढंग की जानकारी होती है, दूसरी दृष्टि से सत् के तात्विक स्वरूप की जानकारी होती है। अतः सत् के स्वरूप की विवेचना दोनों स्तरों में होना अनिवार्य है। किन्तु, उसके पहले 'काल' एवं 'परिवर्तन' के दोनों प्रकार की समझ को और स्पष्ट कर लेना अनिवार्य है। क्योंकि उसी आधार पर सत् के स्वरूप के दोनों स्तरों पर विचार संभव हो सकेगा।

(2) काल एवं परिवर्तन *(Time and Change)*

हमने ऊपर देखा है कि बर्गसां के अनुसार काल एवं परिवर्तन को दो ढंगों से देखा—समझा जा सकता है। बर्गसां के लिए ये दो ढंग बड़े महत्त्वपूर्ण हैं। रुचिकर बात यह है कि इनमें एक ढंग प्रचलित ढंग है, व्यवहारिक ढंग है जिसे हम सहज रूप में स्वीकार कर अपने जीवन के कार्यों को संपन्न करते हैं, तथा व्यवहारिक रूप में सफल होते हैं। किन्तु, बर्गसां के अनुसार यह दृष्टि ऊपरी-धरातली दृष्टि है। इससे काल या परिवर्तन का जो चित्र उभरता है, वह व्यवहारिक रूप में सफल भले प्रतीत हो, उनका वास्तविक रूप नहीं। उनका वह रूप तो उनके स्वरूप में प्रवेश कर अन्तर्दृष्टि से ही समझा जा सकता है।

इस अंतर का एक महत्त्वपूर्ण पहलू यह है कि यदि ऊपरी दृष्टि से काल तथा परिवर्त्तन को देखा जाय—व्यवहारिकता को ही वास्तविकता स्वीकार कर लिया जाय, तो काल एवं परिवर्तन की अवधारणायें एक दूसरे से भिन्न—दो कोटि की अवधाणायें प्रतीत होंगी। काल एक कोटि होगी, **जिसमें** परिवर्तन होंगे। किन्तु यदि इन अवधारणाओं को दूसरी अन्तर्दृष्टि से देखा जाय, तो ये अवधारणायें अभिन्न प्रतीत होंगी, इनकी भिन्नता पूर्णतया समाप्त हो जायेगी। तब प्रतीत होगा कि वस्तुतः काल ही परिवर्तन है—परिवर्तन ही काल है।

(i) काल का प्रचलित भाव

अतः हम प्रथमतः काल के प्रचलित भाव पर विचार करेंगे, तथा उसमें निहित अनुपयुक्तता को ध्यान में रखते हुए काल के वास्तविक स्वरूप की विवेचना करेंगे, जिस विवेचना में ही परिवर्तन का स्वरूप स्पष्ट हो जायेगा। वस्तुतः 1908 में ही बर्गसां ने विलियम जेम्स को एक पत्र लिखा था, जिसमें इस विचार का स्पष्ट संकेत अंकित था,[1] तथा उसके बाद ही उन्होंने इस विचार को बढ़ाया।

काल के प्रचलित धारणा के अनुरूप काल क्षणों का क्रम है। यह क्रमिकता (Succession) काल का इस दृष्टि से विशिष्ट लक्षण है। ये क्रम एक-दूसरे से गुणात्मक दृष्टि से भिन्न नहीं हैं, उन सबका स्वरूप एक जैसा ही है। ये एक के बाद एक ढंग से चलते हैं, एक क्षण पहले आता है, तब दूसरा, तब फिर नया क्षण, तथा इसी क्रम में काल-गति अग्रसर होती है। इस दृष्टि से जब हम गति या परिवर्त्तन की बात करते हैं तो इसका अर्थ होता है कि जो वस्तु गतिशील है, वह काल के एक क्षण में एक स्थान पर है, दूसरे क्षण में दूसरे स्थान पर है और क्रमशः हर क्षण एक नये स्थान पर पहुँचता है। काल क्रम में उसके स्थान परिवर्तन को गति या परिवर्तन कहा जाता है।

---

1. उस पत्र के प्रासंगिक अंश कुछ इस प्रकार के थे—"....I had remained up to that (from 1881 to 1883) wholly imbued with mechanistic theories, to which I had been led at an early date by the reading of Herbert Spencer, a philosopher to whom I adhered almost unreservedly. It was my intention to devote myself to what was then called the philosophy of the Scieces, and to that end I had undertaken....to examine some of the fundamental scientific notions. It was the analysis of the notion of time, as that enters into mechaincs and physics, which overturned all my ideas. I saw, to my great astonishment, that scientific time does not ***endure***, that it would involve no change in our scientific knowledge if the totality of the real world were unfolded all at once, instantaneously, and that positive science consists essentially in the elimination of duration......"

काल का यह चित्र प्रचलित (Popular) है, क्योंकि यह व्यवहारिक जीवन के लिए उपयोगी है। उदारहणतः हम अभी इन पृष्ठों को लिखने के लिए मेज पर आये थे, हमने कुछ देर बाद कार्य समाप्त किया। हमने घड़ी देखी तथा कहा कि चार घण्टे काम किया गया।' यह चार घण्टे का काल क्या है? एक विशेष क्षण में हमने घड़ी देखी, फिर दूसरे क्षण में घड़ी देखी। यदि कार्य के मध्य में भी हमने घड़ी देखी होगी, तो वह भी किसी क्षण में ही। अतः हम जिसे काल कह हरे हैं वह 'क्षणों का क्रम' (Succession of Moments) है। हम इन्हें अपनी व्यवहारिक सुविधा के अनुसार घण्टा, मिनट, दिन, वर्ष आदि में बाँट लेते हैं, क्योंकि इससे व्यवहारिक जीवन में सुविधा होती है।

किन्तु ध्यान से देखा जाय तो यह तय करना कठिन हो जायेगा कि इसमें काल क्या हे। वस्तुतः हम जिसे यहाँ काल कह रहे हैं, उस काल की अनुभूति हमें नहीं हुई है, हमें तो भिन्न-भिन्न, पृथक-पृथक क्षणों की अनुभूति हुई है, उन अनुभूतियों को हमारे मन (mind) ने अपनी तरफ से सजा दिया है, तथा उसे काल की संज्ञा दे दी है। वस्तुतः हमने काल देखा नहीं है, जिसे हम काल कह रहे हैं, वह हमारे मन की कृति है, हमारे मन पर पूर्णतया आधृत है। हमारा मन ऐसा इसलिए करता है कि उसमें व्यवहारिक उपयोगिता है। हमारे सामान्य ज्ञान, विज्ञान, गणित आदि के सारे भाव प्रचलित ही नहीं, सार्थक भी प्रतीत होता है जो हमारे सामान्य व्यवहार में सहायक है, वह हमारे लिए यथेष्ठ प्रतीत होता है।

(ii) काल के प्रचलित भाव में निहित कठिनाइयाँ

किन्तु बर्गसां का कहना है कि काल के इस रूप की व्यावहारिक उपयोगिता इसे काल का वास्तविक रूप नहीं सिद्ध कर सकती। बर्गसां के अनुसार काल के इस रूप में वास्तविक सहजता नहीं, कृत्रिमता है। यह काल का कृत्रिम (artificial) रूप है, उसका यथार्थ चित्रण नहीं। बर्गसां ने इसे दिखलाने के लिए अनेक उदाहरण लिए हैं, तथा उसी आधार पर उन्होंने काल के वास्तविक रूप के चित्रण की चेष्टा की है।

बर्गसां काल के इस प्रचलित भाव को गणितमूलक काल (Mathematical Time) कहते हैं, तथा यह भी कहते हैं कि काल के इसी भाव के विरुद्ध **जेनो** के तर्क उठाये गये थे जिनका निराकरण काल के इस भाव के अनुरूप संभव ही नहीं है। काल की इस धारणा के अनुरूप ही सामान्यतः गति अथवा परिवर्तन की कल्पना की जाती है, जिसके फलस्वरूप 'गति' के विरुद्ध, गति की इस कल्पना में निहित विरोधाभाषों को स्पष्ट करते हुए **जेनो, बैडले** आदि विचारकों ने आपत्ति उठाई।(उदाहरणतः कोई तत्व एक स्थान से दूसरे स्थान पर पहुँच ही नहीं सकता, कयोंकि उसके लिए उसे उस दूरी की आधी दूरी तय करनी पड़ेगी। उस आधी दूरी को तय करने के लिए उसकी आधी दूरी तथा क्रमशः। अब सिद्धान्त किसी दूरी में **अनन्त बिन्दु हो सकते हैं–अतः हर गति के लिए अनन्त बिन्दुओं की दूरी तय करनी होगी, जो बेतुकी बात है। अथवा यह तर्क कि गतिशील वस्तु या तो वहाँ पर गतिशील** है जहाँ पर वह है, या वहाँ पर गतिशील है जहाँ पर वह नहीं है। प्रश्न **है कि वह जहाँ पर नहीं है**, वहाँ पर गतिशील कैसे हो सकता है। और यदि वह वहीं गतिशील **है** जहाँ पर वह है, तो वह तो कोई गति या परिवर्त्तन हुआ ही नहीं—आदि।)

बर्गसां कहते हैं कि काल की इस अवधारणा के अनुरूप गति का मात्र इतना ही अर्थ है, कि गतिशील वस्तुकाल के भिन्न क्षणों में भिन्न-भिन्न स्थान पर है। किन्तु, यदि ध्यान से देखा जाय तो किसी वस्तु का हर क्षण किसी एक स्थान पर होना गति नहीं है। हमने

देखा कि एक क्षण में वस्तु एक स्थान पर है, दूसरे क्षण में दूसरे स्थान में। इतने से ही गति की व्याख्या नहीं हुई। व्याख्या के लिए एक स्थान से दूसरे स्थान में पहुँचने की प्रक्रिया भी महत्त्वपूर्ण है। उसके बिना मात्र भिन्न-भिन्न स्थानों में होना गति के अवबोध के लिए पर्याप्त नहीं। बर्गसां का कहना है कि काल-क्रम के अनुरूप गति को समझने की चेष्टा वस्तु के भिन्न-भिन्न क्षणों का स्थानों को तो पकड़ लेती है, किन्तु गति की प्रक्रिया को नहीं पकड़ पाती। वह उसी ढंग की बात होती है, जैसी हम किसी चलचित्र-फिल्म के 'रील' में देखते हैं। वैसे फिल्म में गतिशील वस्तु के हर क्षण के हर स्थान का फिल्म क्रम से लगा रहता है, फिर भी उस फिल्म को देखकर गति का अवबोध नहीं होता।

इस स्थल पर बर्गसां के विरूद्ध एक शंका उपस्थित की जा सकती है। कहा जा सकता है कि बर्गसां का यह विचार तो मात्र एक सैद्धांतिक आपत्ति है, वास्तविक नहीं; क्योंकि अपने व्यवहारिक जीवन में तो हमें ऐसी कोई **भ्रांति नहीं** होती, हमें गति की अनुभूति होती है। किन्तु, बर्गसां की ओर से कहा जा सकता है कि यह आपत्ति मात्र सैद्धांतिक नहीं, वास्तविक है। उनका कहना है कि यह ठीक है कि व्यवहारिक जीवन में इन विचारों से हमारा काम चल जाता है, किन्तु व्यवहारिकता को पूर्ण वास्तविकता प्रदान करना भी उपयुक्त नहीं है। वस्तुतः व्यवहारिक जगत में काल-क्रम के अनुरूप जिस गति की अनुभूति होती है, वह गति की वास्तविकता नहीं, **मन के द्वारा** ऊपर से लादा गया चित्र है। गति का वह चित्र कृत्रिम है, वास्तविक नहीं, चलचित्र के 'रील' के उदाहरण से ही इसे समझा जा सकता है। उस रील से गति की अनुभूति नहीं होती। उदाहरणतः यदि वह चित्र किसी गाड़ी के रफ्तार को चित्रण कर रहा है, तो उस रील में उस गाड़ी के हर क्षण के स्थानों का **क्रमिक** चित्र है, फिर भी उस रील से गति का अवबोध नहीं होता। फिर भी, यदि उस रील को प्रोजेक्टर पर चढ़ा चला दिया जाय, तो परदे पर गाड़ी दौड़ती हुई दिखाई देगी। यह संभव इस कारण होता है कि उस रील में जो नहीं है—**गति की प्रक्रिया**—उसे प्रोजेक्टर अपनी ओर से प्रदान कर देता है। फलतः जो गति दिखाई देती है, वह उसमें बाहर से लादी हुई है, कृत्रिम (artificial) है। उसी प्रकार हम अपने सामान्य व्यवहारिक अनुभव के अनुरूप जिस गति को काल-क्रम में समझते हैं, वह कृत्रिम है। यहाँ हमारा मन (Mind) प्रोजेक्टर का काम कर रहा है। काल-क्रम में गतिशील वस्तु को बिठाने से हमें व्यवहारिक अनुभव के अनुरूप जिस गति को काल-क्रम में समझते हैं, वह कृत्रिम है। यहाँ हमारा मन (mind) प्रोजेक्टर का काम कर रहा है। काल-क्रम में गतिशील वस्तु को बिठाने से हमें व्यवहारिक सुविधा होती है, हमारे मन उसके किसी विशेष क्षण के स्थान को उस क्रम से अलग कर भी सोच लेता है, जो अपने में, व्यवहारिक दृष्टि से बड़ी सुविधाजनक है। इसी व्यवहारिकता के लिए हमारा मन उन विभिन्न क्षणों में जो कमी है—जो गति का प्रवाह, उसकी वास्तविकता है—उसे अपनी ओर से भर लेता है, तथा हमें गति की अनुभूति होती है, किन्तु, वह गति की वास्तविकता नहीं, उसका मूल रूप नहीं। इसका अर्थ है कि हमारा मस्तिष्क गति को नहीं पकड़ता, भिन्न-भिन्न बिन्दुओं को पकड़ता है, एक के बाद दूसरे को तथा उसी क्रम में बाद के बिन्दुओं को किन्तु एक बिन्दु से दूसरे बिन्दु तक जाने की जो प्रक्रिया है, उसे वह नहीं पकड़ पाता, उसे अपनी ओर से जोड़ लेता है। जो दो बिन्दुओं के बीच होता है वह इसकी पकड़ से बाहर है। किन्तु, बर्गसां का कहना है कि वास्तविक गति तो वही है जो दो बिन्दुओं के बीच की प्रक्रिया है। इसी कारण बर्गसां कहते हैं कि गति के स्वरूप की इस प्रकार की समझ व्यवहारिकता की दृष्टि से उपयोगी भले ही हो, गति की वास्तविकता

नहीं है। यदि क्रमिक काल (Time as succession) के अनुरूप गति को समझा जाय, तो गति का यही स्वरूप स्पष्ट होगा, क्योंकि काल को इस अवधारणा में ही काल के मूल-प्रवाह रूप को नहीं पकड़ा जाता। अतः बर्गसां के लिए यह अनिवार्य हो जाता है कि वे काल एवं गति के यथार्थ-वास्तविक रूप को स्पष्ट करें।

(iii) काल तथा गति का वास्तविक स्वरूप

इसी कारण बर्गसां का कहना है कि काल वस्तुतः काल-क्रम नहीं अवधि (duration) है, तथा यह भी कहना है कि गति की वास्तविकता काल की इसी यथार्थ अवधारणा के अनुरूप स्पष्ट होती है।

प्रश्न यह उठता है कि काल क्रम के अनुरूप गति या परिवर्तन का जो चित्र स्पष्ट होता है, वह यदि उसका वास्तविक चित्र नहीं, तो उसके वास्तविक चित्र की अभिव्यक्ति किस प्रकार होगी। हमारा मस्तिष्क अथवा मन तो व्यवहारिकता की माँगों को पूरा करने में लगे हैं, तो काल एवं गति की वास्तविकता की पकड़ कैसे सम्भव हो सकती है। इस संदर्भ में यूरोपीय दर्शन की कुछ प्रमुख विचारधाराओं में निहित एक रुचिकर तथ्य स्पष्ट होता है। बहुत से विचारक, जिनके अंतर्गत बर्गसां भी आते हैं, यह मानते हैं कि सत् के स्वरूप की झांकी का आधार हमारा अनुभव है हमारी मानवीय अनुभूतियाँ हैं। बर्गसां भी स्वीकारते हैं कि हमारा सबसे स्पष्ट, निकटतम ज्ञानाधार हमारी अनुभूति ही है। वस्तुतः हर प्रकार का ज्ञान अन्ततः हमारी अपनी अनुभूति पर आधृत होकर ही उपलब्ध होता है। तो गति तथा काल के स्वरूप की वास्तविकता की समझ भी हमारी अपनी अनुभूति में ही उपलब्ध होगी।

यह कहा जा सकता है कि काल-क्रम के अनुरूप जो गति का स्वरूप उजागर होता है, वह भी तो हमारी आनुभविक चेतना पर ही निर्भर है। बर्गसां इसे स्वीकारते हैं। चेतना से बाहर तो कुछ ज्ञात होता ही नहीं, हर अवबोध चेतना है। किन्तु उसके अनुसार जिस प्रकार की चेतना से काल-क्रम रूप गति की अवगति होती है, वह चेतना का एक स्तर है। चेतना का एक अन्य स्तर और है जिस स्तर से काल एवं गति की वास्तविकता की अवगति होती है। चेतना का वह पहला स्तर चेतना का ऊपरी-धरातली स्तर है, उसकी गहराई का स्तर नहीं। काल-क्रम का संबंध चेतना के धरातली-स्तर से है, जिसके चलते वह जीवन के सामान्य व्यवहारिक कार्यों में सहायक है। इस प्रकार की चेतना में एक प्रकार का बिखराब होता है क्योंकि यह क्षणों की पृथकता की अवगति पर आधृत है। किन्तु चेतना की गहराई में ऐसी पृथकता नहीं रहती—अनुभव के सभी अंश एक-दूसरे से अभिन्न रूप से जुड़े होते हैं। जो अनुभूत होता है वह **एक प्रवृत्ति** के रूप में अनुभूत होता है—अनुभव के सभी अंश उसी एक प्रवृत्ति की अभिव्यक्ति के रूप में दिखाई देते हैं।

इस बात को एक उदाहरण के द्वारा स्पष्ट किया जा सकता है, एक ऐसे उदाहरण से जिसके द्वारा चेतना के दोनों स्तर स्पष्ट होते हैं। मान लें एक माँ की गोद में, उसके सहारे उसकी बीमार संतान लेटी हुई है। एकाएक माँ को अनुभूति होती है कि उसकी बेटी जीवित नहीं है। वह चिल्ला पड़ती है, उसके शरीर को झकझोरने लगती है, गाल थपथपाने लगती है। एक दृष्टि से, धरतली-दृष्टि से देखा जाय, तो इस घटना में काल-क्रम में कुछ गति हो रही है। माँ वाली एक आकृति है, उसमें गति होती है, जिसके बाद लेटी हुई दूसरी आकृति में कुछ गति होती है। किन्तु वस्तुतः ये सारी गतियाँ भिन्न-भिन्न घटित स्थितियाँ नहीं। वस्तुतः गहराई से देखने पर यह मात्र एक भावनात्मक अनुभूति की अभिव्यक्ति है। जो स्थितियाँ

अलग-अलग दिखाई देती हैं वे अलग नहीं वे सभी उसी भावना की प्रवृति के अंश हैं। अतः तीव्र भावनात्मक **अनुभूतियाँ**, बेहद प्रेम, गहन दुख की आदि की अनुभूतियों में काल एवं गति की वास्तविकता का अवबोध होता है। वही आनुभविक आधार है जिसके माध्यम से काल एवं गति के स्वरूप को समझा जा सकता है।

अपने अंतर की इन अनुभूतियों में झाँक कर देखने पर ऊपर-ऊपर नहीं, कुछ गहराई से देखने पर यह स्पष्ट हो जाता है कि यह एक ऐसी अनुभूति है जिसमें जो अनुभूत होता है वह कोई अचल-स्थिर तत्व नहीं। यह पूर्ण गतिशीलता की अनुभूति है—जिसमें जो अंश भी अनुभूत होते हैं, एक दूसरे के साथ अभिन्न रूप से जुटे हैं। यहाँ ऐसा नहीं होता कि एक क्षण एक स्थिति की अनुभूति हुई तथा दूसरे क्षण वह छूट गया एवं दूसरी स्थिति की अनुभूति हुई। नहीं, यहाँ सभी स्थितियाँ साथ हैं—एक साथ अग्रसर हो रहे हैं। इसी कारण तीव्र भावनात्मक अनुभूतियों का विश्लेषण नहीं होता।

बर्गसां के अनुसार यही अनुभूति कालावधि (Duration) है—जो काल का वास्तवविक स्वरूप है। इस प्रकार की अनुभूति की विशिष्टता यह होती है कि यह अनुभूति जितनी तीव्र एवं गहन हो, उतनी ही कठिन है इसके विभिन्न अंगों को एक दूसरे से पृथक करना। ऐसी अनुभूति के आधार पर ही यह स्पष्ट होता है कि गति की वास्तविकता क्या है, गतिशील होनेा का, **गत्यात्मकता** का वास्तविक अर्थ क्या है। यहाँ स्थितियों का क्रम नहीं है—सब कुछ एकबारगी एक साथ उजागर होते हैं तथा अग्रसर होते हैं। अतः काल का वास्तविक स्वरूप उसकी गत्यात्मकता अथवा गतिशीलता में उजागर होता है—यहाँ स्थितियाँ एक के बाद क्रम में उत्पन्न नहीं होतीं—सब एक साथ अग्रसर होता है। ऐसा नहीं है कि जो बीत गया वह छूट गया—वह भी इस गत्यात्मकता में विद्यमान है। इसमें कुछ बीता हुआ—भूतकालीन नहीं होता—सब एक साथ उजागर रहते हैं। इसी कारण इसे **कालावधि** (Duration or Duree) कहा गया है।

इसके स्वरूप को और स्पष्ट करने के लिए काल की सामानय धारणा के आलोक में इसे पुनः देखें। जब गति या परिवर्तन के वास्तविक स्वरूप को बर्गसा कालावधि कहते हैं, तो उनका तात्पर्य यह है कि गति का वास्तविक स्वरूप एक अवधि के रूप में अनुभूत होता है, सामान्यतः हम जिसे भूतकालीन कहते हैं, वह इससे सतत् झांकता रहता है, हम जिसे भविष्य कहते हैं, वह इससे प्रगट होता रहता है। हम वस्तुतः इन्हें अलग नहीं कर सकते—भले ही सुविधानुसार व्यवहारिक उपयोगिता की दृष्टि से उनका अलग-अलग भाव बना लें। (Duration is the *Continuous* progrees of the past which grows into the future and which swells as it advances)। जिसे हम भूत या भविष्य कहते हैं—वे सभी गति की अनुभूति में **प्रवृत्तियों के रूप में** अनुभूत होते हैं, भूत कोई ऐसी स्थिर स्थिति नहीं जिसे हम सदा के लिए पार कर चुके हैं, भविष्य कोई ऐसी स्थिति नहीं जिसे पाना है। यह सब तो हम अपनी सुविधानुसार सोचकर अलग कर लेते हैं, वस्तुतः जो भूत या भविष्य कहा जा रहा है—वह भी हमारी अनुभूति का—उसी वर्तमान अनुभूति का ही अनिवार्य अंग है। इसी कारण बर्गसां कालावधि की तुलना 'सुई की नोक' (needlepoint) से नहीं बल्कि 'जीन के पृष्ठतल' (saddle back) से करते हैं जिसमें हर पीछे से आती हुई गति लगातार आगे की ओर प्रवृत्ति करती है। कहीं-कहीं बर्गसां कालावधि का विवरण ढुलकते हुए बर्फ के गेंद (snow ball) से करते हैं, जो अपनी गति में अपने चारों ओर बर्फ जमा करता हुआ अग्रसर होता है (Swelling as it is advancing)।

यही कारण है कि बर्गसां कहते हैं कि वास्तविक काल को मापा नहीं जा सकता। जैसा कहा जा चुका है आत्म-अनुभूति (Intuition of the self) में ही कालावधि की वास्तविकता उजागर होती है—जिसका स्पष्ट उदाहरण कोई तीव्र भावनात्मक अनुभूति है। उसे मापा नहीं जा सकता। गणिती काल या कालक्रम को हम सामान्यतः मापते हैं, किन्तु ध्यान से देखा जाय तो वहाँ भी वस्तुतः काल का वास्तविक माप नहीं होता। मान लें हमें इस पेज को पढ़ने में जो समय लगा है, उसे मापना चाहते हैं। हम क्या करते हैं? जिस समय हमने इस पृष्ठ का पढ़ना प्रारम्भ किया उस समय हम घड़ी की दोनों सूईयों के स्थान को मन में अंकित कर लेते हैं, तथा जब पढ़ना समाप्त हुआ तब पुनः उन सूईयों के स्थान को देखते हैं। अब समय मापने के लिए हमनें दोनों अंकित स्थानों की तुलना मात्र की, जो अवधि वस्तुतः बीती उसका माप कहाँ गया। एक साथ घड़ी की सूई के दो स्थानों को देखा—(Noting simultaneties) तथा उनकी तुलना की—समय की प्रक्रिया को कहाँ माप सके। उसी प्रकार हम जो सामान्यतः गति को मापते हैं—वह भी गति का माप नहीं है। हम तो एक वस्तु को एक स्थान पर देखते हैं, तथा फिर दूसरे स्थान पर तथा दोनों स्थानों की बीच की दूरी मापते हैं—जो बीच में गति हुई उसे कहाँ मापते हैं। यह सब इसी कारण है कि वस्तुतः काल एवं गति प्रक्रिया है—जिसमें सब कुछ एक साथ उजागर होता है, वह स्थितियों का क्रम नहीं है। इसी कारण उन्हें मापा नहीं जा सकता।

काल एवं गति के विरुद्ध उठायी गयी **जेनो** की विरोधाभाषीय आपत्तियाँ इन्हीं दो अवस्थाओं के व्यामिश्र के कारण उठती हैं। जेनो ने भी 'कालावधि' तथा 'कालक्रम' और पुनः गति की प्रक्रिया तथा 'गति के मार्ग' के बीच के अन्तर की अवहेलना की, इसी कारण उन्हें अपनी आपत्तियाँ सार्थक दिखायी देती हैं। गति का जो मार्ग है उसे हम अनन्त खंडों में विभाजित कर सकते हैं, गति की प्रक्रिया को नहीं। यदि काल को क्षणों का क्रम समझा जाय, तो इस काल के अनन्त खण्ड हो सकते हैं, कालावधि के नहीं। जेनो की आपत्तियाँ काल एवं गति के सामान्य प्रचलित धारणा के विरुद्ध उठायी जा सकती हैं, काल एवं गति की वास्तविकता के विरुद्ध नहीं, क्योंकि उसे मापा नहीं जा सकता। ये एक इकाई के रूप में अनुभूत होते हैं, वह तो हमारा मस्तिष्क व्यवहारिक सुविधा के लिए इनका एक अलग ढंग का चित्र खींच लेता है, जो उपयोगी भले हो, वास्तविक नहीं है।

इस प्रकार कहा जा सकता है कि सत् जो गति है, वह वस्तुतः कालावधि है। कालावधि (Duration) एक गत्यात्मकता की अनुभूति है। इसी कालावधि के अनुरूप विश्व को समझने का प्रयास किया जा सकता है।

(iv) जीव-शक्ति (*Life Impetus*)

अभी तक इनता ही कहा जा सकता है कि बर्गसां के अनुसार परिवर्तन अथवा गति ही सत् हैं, तथा वह मूलतः कालावधि (Duration) है। किन्तु, इस कालावधि को बर्गसां के दर्शन में एक और अन्य रूप दिया गया है—एक विशिष्ट वस्त्र पहनाया गया है। बर्गसां को सर्वाधिक प्रसिद्ध उनकी पुस्तक 'Creative Evolution' से मिली, तथा इसी पुस्तक में उन्होंने सत् के विशिष्ट तात्त्विक स्वरूप को स्पष्ट किया।

हमने देखा है कि कालावधि की अनुभूति का सबसे स्पष्ट उदाहरण तीव्र संवेगात्मक एवं भावनात्मक अनुभूति है। इसमें एक प्रवृति की अनुभूति होती है तथा वह प्रवृत्ति जैविक है। अतः बर्गसां सत् का मूल स्वरूप जीव-रूप मानते हैं। अपनी उस पुस्तक में उन्होंने सत् को **जीव-शक्ति** कहा (Life Impetus—Elan Vital) यह **कालावधि** (Duration) का नया आयाम है।

यह जीव-शक्ति सजीव सक्रियता है तथा अपनी सक्रियता में सर्जनात्मक (Creative) है। इसकी यह सक्रियता पूर्णतः निर्धारित—यंत्रवत (Mechanistic) नहीं है, और न यह पूर्ण निश्चित लक्ष्यों या उद्देश्यों की ओर अग्रसर है। हम जिसे भूतकालीन कहते हैं, वह इसमें प्रवृत्ति के रूप में विद्यमान है, तथा यह स्वतंत्र ढंग से अपने प्रवृत्तियों के अनुरूप ऐसे नये रूपों का सर्जन करती है जिसे हम भविष्य कहते हैं। यह सतत् नये-नये रूपों का सर्जन करती है। पहले से यह नहीं तय किया जा सकता कि इस शक्ति की नयी अभिव्यक्ति क्या होगी। जहाँ अभिव्यक्तियाँ स्पष्ट रूप में दिखाई देती हैं वहाँ उन्हें हम निरूतिप कर सकते हैं, किन्तु वह पूर्व निर्धारित निरूपण नहीं है।

जीव शक्ति की इन सर्जनात्मक अभिव्यक्तियों का विशद विवरण तो **सर्जनात्मक विकासवाद** (Creative Evolution) के खंड के अंतर्गत किया जायगा। ट्भी हम इसकी मात्र एक सामान्य रूपरेखा खींच रहे हैं। बर्गसां ने जीव-शक्ति की सर्जनात्मकता को स्पष्ट करने के लिए अनेकों उपमायें एवं माडल का उपयोग किया है। हम अभी उनके द्वारा उपयोग किये गये एक माडल का सहारा लेकर जीव-शक्ति की सर्जनात्मक प्रक्रिया को समझने की चेष्टा करेंगे।

जीव-शक्ति सतत् क्रियाशीलता है, गति है। इसकी कोई निश्चित दिशा नहीं है, किन्तु जहाँ-जहाँ यह स्पष्ट रूप में उजागर है वहाँ-वहाँ इसे देखा-समझा जा सकता है। जो कुछ भी हम देखते समझते हैं, वह सब इसी जीव-शक्ति का व्यक्त रूप है। चेतन-क्रिया में, जीवों में, पेड़ पौधों में, यहाँ तक कि अचल जड़ द्रव्यों में यही शक्ति गतिशील है। अचल तत्त्व भी अपने में क्रियाशील है। यह ठीक है कि कुछ तत्त्व में क्रियाशीलता स्पष्ट दिखाई देती है, कुछ तत्वों में छिपी है। जब शक्ति अपनी प्रखरता (Intention) में रहती है तो स्पष्ट रूप में उजागर होती है, जब अवरोधकता (detention) में रहती है, तो ऊपर से तत्त्व अचल प्रतीत होता है, किन्तु दोनों उसी बीज-शक्ति के रूप हैं।

अब हम इस तत्त्व को बर्गसां के द्वारा व्यवहृत एक माडल के द्वारा समझने की चेष्टा करें। मान लें कि वाष्प-चालित पानी का जहाज अपनी पूरी शक्ति से चल रहा है। उसकी चिमनी से वाष्प-धुँआ का पुंज एक कतार में बाहर निकल रहा है। उस वाष्प-पुंज से बूंदें पिघल कर गिर भी रही हैं, किन्तु उस पुंज की सामान्य प्रवृत्ति उन बूंदों को सम्हालते हुए ऊपर उठा देने में है। इस सामान्य प्रवृत्ति में स्पष्ट रूप से वाष्प-शक्ति की प्रखरता (Intention) स्पष्ट होती है, वह स्पष्टतः क्रियाशील है। जहाँ यह शक्ति अपनी अवरोधकता के रूप में है वहाँ बूंदें गिर जाती हैं—वह शक्ति के सामान्य गतिशील रूप में व्यक्त नहीं है। यह शक्ति की अवरोधात्मक स्थिति (Detention) है। किन्तु, दोनों में शक्ति का ही रूप व्यक्त है, दोनों मूलतः क्रियाशीलता के ही प्रतीक हैं। बर्गसां स्पष्ट रूप में यह भी कहते हैं कि ऐसे माडल अथवा ऐसी उपमाओं को आवश्यकता से अधिक नहीं महत्त्व देना चाहिए—क्योंकि उनकी भी अपनी सीमा होती है। जिस बात को स्पष्ट करने के लिए उनका प्रयोग होता है, उन्हें वहीं तक सीमित रखना चाहिये। इस मॉडल के प्रयोग का मात्र इतना ही उद्देश्य है कि शक्ति के दोनों व्यक्त रूपों को चित्रित करने में यह सहायता करता है।

और यह चित्र बर्गसां के लिए बड़ा महत्त्वपूर्ण है, क्योंकि इसी के आधार पर बर्गसां सत् के मौलिक स्वरूप के विवरण से आगे बढ़ते हैं, तथा **सत् के व्यक्त रूपों** का

विवरण देने में समर्थ होते हैं। सामान्यतः—प्रायः पाश्चात्य दार्शनिक विचारधारा के उद्‌भव से लेकर बीसवीं शताब्दी तक—**सत् के व्यक्त रूप** सम्बन्धी विवाद भौतिक-अभौतिक, विषय-विषयी, मन-जड़तत्व, चेतना-भौतिक वस्तु—आदि के द्वैतात्मक कोटियों में **उलझे रहे** हैं। वस्तुतः ये सारी कोटियाँ एक दृष्टि से एक ही हैं। विश्व के सभी व्यक्त तत्त्वों को दो कोटि में सुगमता से रखने की परम्परा बन गयी—एंक वह जो ज्ञात होता है, दूसरा वह **जिसे** ज्ञात होता है। 'ज्ञाता-ज्ञेय' भी उपर्युक्त कोटियों में ही एक है। विश्व की व्याख्या के सभी प्रयत्न इन्हीं दो कोटियों की व्याख्या में उलझे रहे हैं। बर्गसां को भी यह अनिवार्य प्रतीत होता है कि अपने **जीव-शक्ति** अथवा **कालावधि** के विचार के द्वारा इन दो कोटियों की व्याख्या करे। उपर्युक्त माडल में जीव-शक्ति के दो व्यक्त-रूपों—(प्रखर रूप एवं अवरोधात्मक रूप)—का उल्लेख इसी उद्देश्य से किया गया है। उसी आधार पर बर्गसां सत् के व्यक्त रूपों की व्याख्या करते हैं, **चेतना** (Consciousness) एवं जड़-वस्तु (Matter) की व्याख्या करते हैं।

(v) चेतना एवं जड़वस्तु (*Consciousness and Matter*)

इस स्थल पर हम **'चेतना'** एवं **'मन'** (Consciousness and Mind) शब्दों का व्यवहार एक जैसा कर सकते हैं, क्योंकि यहाँ जैसी विवेचना बर्गसां प्रस्तुत करते हैं, उसमें दोनों समानार्थक हैं। इस स्थल पर एक और बात स्मरणीय है। चेतना एवं जड़-वस्तु के सम्बन्ध में हमारी जो सामान्य धारणायें हैं, उन्हें, बर्गसां के अनुसार, परिवर्तित करना अनिवार्य है, क्योंकि वे कुछ भ्रान्तिपूर्ण अवधारणाओं पर आधृत हैं।

सामान्यतः हम जड़-तत्व एवं चेतना में भेद कुछ इस प्रकार करते हैं। हम अपने चारों ओर कुछ तत्त्वों को देखते हैं, जानते हैं। इस देखने जानने को चेतना कहते हैं, इस देखने जानने में एक तो जड़-तत्त्व की जानकारी मिलती है, तथा दूसरे मानसिक तत्त्व की जिसे जानकारी मिलती है। अब हम दो प्रकार के तत्त्वों की कल्पना कर लेते हैं, एक मानसिक तथा दूसरा भौतिक, तथा चेतना को मानसिकता से जोड़ देते हैं, तथा भौतिक तत्त्वों को जड़ वस्तु (Matter) कहते हैं।

बर्गसां के अनुसार इस सामान्य धारणा के पीछे दो भ्रान्तियाँ हैं। एक तो यह कि यह धारणा काल एवं परिवर्तन की गलत धारणा पर आधारित है। हम कुछ घटित होते देखते हैं, कुछ इन्द्रियों के माध्यम से जानते हैं, तो संभवतः हम सोचते हैं कि **कुछ तत्त्व** है जो घटित हो रहा है, इस पूरी प्रक्रिया से हम उस तत्त्व को अलग करके सोचते हैं, क्योंकि वैसा हमारा सामान्य सोचने का ढंग है। यह भ्रान्ति भी मूलतः हर अनुभव को काल-क्रम (Time as succession) में बिठाकर सोचने के कारण होता है, क्योंकि यहाँ जो काल-क्रम में अग्रसर होता है, वह उस क्रम से पृथक् है। इस विचार के पीछे दूसरी भ्रान्ति यह है कि पहली भ्रान्ति के अनुरूप हम पृथक्-पृथक दो तत्त्वों की कल्पना कर लेते हैं, एक जो मानसिक जगत में काल-क्रम में घटित होता रहता है, तथा दूसरा जो भौतिक जगत में काल-क्रम में बिठाया हुआ है। बर्गसां ने, जैसा कि हमने ऊपर देखा है, पहली भ्रांति का खंडन किया है। अतः दूसरी भ्रान्ति जो पहले पर आधृत है आप से आप खण्डित हो जाती है। अब तो हमें बर्गसां के मूल विचार के अनुरूप—उनके द्वारा निरूपित सत् के वास्तविक स्वरूप के अनुरूप **चेतना** एवं जड़वस्तु का स्वरूप निर्धारित करना है।

हम कह सकते हैं कि बर्गसां के दर्शन में 'चेतना' एवं 'जड़वस्तु' (Matter) दोनों का विचार दो-दो दृष्टियों से किया गया है। वे एक मूल चेतना की बात करते हैं जिसकी प्रवृत्ति जीव-शक्ति के अनुरूप है, जो सत् के स्वरूप का अंश है। चेतना का दूसरा पहलू

वह है जो सामान्य अनुभवों में मस्तिष्क के माध्यम से क्रियाशील रहता है। उसी प्रकार **जड़वस्तु** का भी विचार दो दृष्टि से किया जा सकता है, एक बाह्य दृष्टि से जिसके अनुसार जड़वस्तु वही है जैसा वह ऊपर से दिखाई देता है, किन्तु जड़वस्तु को समझने की एक आन्तरिक दृष्टि भी है जिसके अनुसार वह भी गति है, किन्तु जीव के सामान्य प्रवाह का अवरोधक है—उसके विपरीत दिशा की गति है। (a movement inverse that of life)। अब हम इन विचारों का स्पष्टीकरण एवं विशदीकरण करेंगे।

पहले हम जड़-वस्तु के विषय में बर्गसां की व्याख्या प्रस्तुत करेंगे। जैसा कि ऊपर कहा गया है, एक दृष्टि से 'जड़वस्तु वही है जैसा वह दिखाई देता है।' बर्गसां के इस विचार का उनका अपना विशिष्ठ अर्थ है। कुछ ऐसा ही विचार प्रत्ययवादियों ने—विशेषतः बर्कले ने भी दिया था। किन्तु, बर्गसां के अनुसार इस उक्ति का अर्थ सर्वथा वैसा नहीं है। जो हमें दिखाई देता है—वह कुछ प्रतिमाओं के रूप में दिखाई देता है—हम कुछ रंग देखते हैं, आकार देखते हैं, कड़ापन देखते हैं आदि। इन प्रतिमाओं (Images) से अलग हम कुछ नहीं देखते। कांट के 'अपने में वस्तु (Thing in itself) के समान कुछ देखते नहीं हैं। इन प्रतिमाओं को देखते हैं, इनके आधार रूप में किसी तत्त्व को नहीं देखते'। इसी आधार पर बर्कले जैसे प्रत्ययवादी विचारकों ने प्रतिमा (Images) को मन पर आश्रित बना दिया। किन्तु, बर्गसां यह भी नहीं स्वीकारते। उनका कहना है कि यदि प्रतिमायें मन की कृति होतीं, या मन पर आश्रित होतीं, तो मन से बाहर कैसे प्रतीत होतीं। अतः बर्गसां के अनुसार प्रतिमायें न मन पर आश्रित है और न किसी आधाररूप भौतिक तत्त्व पर। हम उन्हें ही देखते हैं तथा जिसे हम जड़-वस्तु कहते हैं वह ऐसी ही प्रतिमाओं का समूह है। जड़-वस्तु के इसी विचार पर हमारा व्यवहारिक जीवन तथा हमारा सहज-ज्ञान आधारित है। यही कारण है कि हमारा मन (Mind) जड़वस्तु के हर क्षण के चित्र का चित्रण कर सकता है, क्योंकि इस दृष्टि से हर क्षण जड़वस्तु वही है जो उस क्षण दिखाई देता है—उस क्षण में प्रतीत हुए प्रतिमाओं का समूह है।

इस स्थल पर जड़-वस्तु का एक अन्य लक्षण स्पष्ट कर देना आवश्यक है। जड़-वस्तु (Matter) की अवगति से सत् का स्वरूप उजागर नहीं होता, बल्कि व्यवहारिकता का कार्य सिद्ध होता है। विभिन्न इन्द्रियों के द्वारा जो प्रतिमाएँ मिलती हैं, उनसे यह भी प्रतीत होता है कि उस जड़-वस्तु पर क्रिया करने पर कैसी प्रतिक्रिया होगी। अतः जड़-वस्तु का प्रत्यक्ष यह तय करने में सहायता करता है कि वातावरण के प्रति हमारी कैसी क्रिया हो।

जड़-वस्तु का उपर्युक्त विवरण व्यवहारिकता की मांगों को भले ही पूरा करे बर्गसां के तात्त्विक मांगों को पूरा नहीं करता। अपितु, यह तो बर्गसां के द्वारा कल्पित सत् के वास्तविक स्वरूप के अनुरूप भी नहीं प्रतीत होता—क्योंकि जड़-वस्तु का यह चित्र काल-क्रम में है। पुनः यह प्रश्न अभी तक अनुत्तरित है कि इस प्रकार का जड़-वस्तु (Matter) सत् के वास्तविक स्वरूप—उसके कालावधि रूप या गति-रूप से कैसे संबंधित है। यह सत् के वास्तविक स्वरूप से बिल्कुल अलग—सर्वथा भिन्न तो नहीं हो सकता। इसी प्रश्न के समाधान में बर्गसां कहते हैं कि जड़-वस्तु को एक दूसरी दृष्टि से भी देखा जा सकता है जिससे जड़-वस्तु तथा सत् के वास्तविक गति-रूप का सम्बन्ध स्पष्ट हो जाता है, तथा यह भी स्पष्ट हो जाता है कि किस अर्थ में जड़-वस्तु भी सत् का व्यक्त रूप है।

जड़ वस्तु का उपर्युक्त चित्र हमारे मन—हमारी बौद्धिक शक्ति पर आधृत है। हमारा मन व्यवहारिकता की दृष्टि से कार्य करता है, तथा उस दृष्टि से उसे यह जानना आवश्यक

है कि वातावरण के विभिन्न अंशों से कैसी क्रिया-प्रतिक्रिया होगी, अतः उपर्युक्त जड़-वस्तु भिन्न-भिन्न क्षणों में प्राप्त प्रतिमाओं का उस क्षण का चित्र है। फिर भी बर्गसां कहते हैं कि जड़ वस्तु का यह रूप सत् के वास्तविक गति रूप से पूर्णतया पृथक नहीं, आन्तरिक दृष्टि से, उसकी सूक्ष्मता को देखने से यह स्पष्ट होता है कि जड़-वस्तु भी अपने ढंग से गतिरूप है। यह दृष्टि आन्तरिक है--अतः इसका संबंध जड़-वस्तु की अवगति में जो अनुभूति होती है, उससे है। जड़वस्तु बाह्य रूप में प्रतिमाओं का समूह प्रतीत होता है, किन्तु अब बर्गसां यह देखते हैं कि जब यह प्रतीति होती है, तो अन्तर में क्या होता है? इस दृष्टि से जड़-वस्तु की अनुभूति भी गतिरूप ही प्रतीत होती है। ऐसा नहीं है कि सत् का गतिरूप किसी क्षण में रूक जाता हो, किन्तु हमारे मन का हर क्षण में प्रतिमाओं के चित्रण करने का प्रयत्न गति में अवरोध उत्पन्न करता है, उसे रोकने का प्रयत्न है। यह रोकना भी गति है इसे अवरोधात्मक गति कहा जाता है, क्योंकि गति के सामान्य प्रवाह में यह अवरोध उत्पन्न करता है। इसी कारण बर्गसां कहते हैं कि इस दृष्टि से जड़वस्तु गति तो है, किन्तु जीव-शक्ति के विपरीत दिशा की गति है (Matter as movement inverse to that of life)।

जड़वस्तु के इस स्वरूप को और अधिक स्पष्ट रूप में समझने के लिए चेतना के स्वरूप को समझना आवश्यक है। जड़वस्तु का यह स्वरूप जो अनुभूति की आन्तरिक समझ पर आधृत है—जिस दृष्टि से वह सत् के गतिरूप का अवरोधक है—उस स्वरूप का स्पष्ट संबंध चेतना के तात्विक स्वरूप के साथ है। किन्तु, जैसा कि ऊपर कहा गया है चेतना को भी दो दृष्टियों से समझा गया है। पहली दृष्टि में चेतना का वह स्वरूप स्पष्ट होता है जो चेतना सामान्य अनुभूतियों—जैसे प्रत्यक्षानुभूति, वैचारिक क्रिया-आदि में उजागर होता है, तथा दूसरी दृष्टि से चेतना का मूल तात्विक स्वरूप स्पष्ट होता है। पहली दृष्टि से हमारी सामान्य चेतना—हर व्यक्ति की सहज-साधारण सामान्य चेतना की व्याख्या होती है, तथा दूसरी दृष्टियों से चेतना का वह मौलिक तात्विक रूप स्पष्ट होता है, जो चेतना की वास्तविकता है तथा जिस रूप में वह सत् से जुड़ा है। बर्गसां के अनुसार **रुचिकर तथ्य यह है** कि पहली दृष्टि से चेतना का जो स्वरूप स्पष्ट होता है, वह जड़वस्तु के सामान्य जीवन की व्यवहारिक चित्र के साथ जुटा है, तथा दूसरी दृष्टि से चेतना का जो स्वरूप स्पष्ट होता है, वह जड़वस्तु के उस चित्र से संबंधित है, जो जड़वस्तु को आन्तरिक दृष्टि से देखने पर स्पष्ट होता है।

चेतना के स्वरूप को समझने का एक ढंग सामान्य एवं प्रचलित है—क्योंकि वह व्यवहारिक है। जिस ढंग से हम सामान्य जड़-वस्तुओं का चित्र बना लेते हैं, तथा उस पर अपने व्यवहारिक जीवन को आधारित कर देते हैं, उसी ढंग से हम चेतना को भी समझते हैं तथा प्रत्यक्षानुभूति, स्मृति, वैचारिक प्रक्रिया आदि चेतन-प्रक्रियाओं की बात करते हैं। जिन व्यवहारिक माँगों के अनुरूप हमें जड़वस्तु की कल्पना करनी पड़ती है, उन्हीं माँगों के अनुरूप हमें जड़वस्तु की सामान्य चेतना-केन्द्र को भी कल्पित करने की आवश्यकता प्रतीत होती है। बर्गसां ने बताया है कि व्यवहारिक सुविधानुसार हम सतत् गतिशील सत्-प्रवाह से अलग कर जड़वस्तु का चित्र बना लेते हैं। यह अलग कौन करता है—कैसे करता है? अतः व्यवहारिक मांग के अनुरूप हम एक शरीर एवं मन की भी कल्पना कर लेते हैं। इस शरीर में संवेदनात्मक तथा पेशीय अंश (sensory and Motor apparatus) होता है, तथा एक केन्द्र भी होता है जिसे हम मस्तिष्क कहते हैं। इन्हीं माध्यमों से हम जड़वस्तु

को सुविधानुसार अलग-अलग पकड़ते हैं—इसी पकड़ एवं अवगति को सामान्य दृष्टि से **चेतना** (consciousness) कहा जाता है।

अतः बर्गसां के अनुसार इस अर्थ में चेतना भी व्यवहारिकता का कार्य सम्पन्न करती है। वह कार्य मूलतः संभव क्रियाओं की रूपरेखा निर्धारित करना है। जिस शारीरिक तथा मस्तिष्क-आधृत **क्रिया** से इस प्रकार की चेतना का उद्भव होता है, वह वस्तुतः यह तय करती है कि किस प्रकार की क्रिया सम्पन्न होगी। किसी प्रत्यक्षानुभूति के उदाहरण से इसे स्पष्ट किया जा सकता है। प्रत्यक्ष की चेतना वस्तुतः कुछ शारीरिक क्रियाओं का पूर्वनिर्धारण है—यह तय करना है कि इस अवस्था में कौन-सी क्रियाएँ होंगी। बर्गसां कहते हैं कि इस दृष्टि से चेतना संभावित तथा वास्तविक क्रिया के बीच का अंतराल (arithmetical difference between potential and real activity) है। जैसे—प्रत्यक्ष में जो चेतना होती है, वह वस्तुतः 'किस प्रकार की क्रिया होगी' तथा 'जो क्रिया होती है' उसके बीच का अंतराल है। यह संभावित क्रिया का अंदाज है। इस दृष्टि से भी चेतना का संबंध क्रिया से है। चेतना की कोई सामान्य अभिव्यक्ति ऐसी नहीं है जिसमें बीजरूप में क्रियात्मकता विद्यमान नहीं हो।

इस स्थल पर चेतना एवं मस्तिष्क (Brain) का अन्तर स्पष्ट कर लेना आवश्यक है। यह ठीक है कि चेतना-प्रक्रिया अंततः मस्तिष्क के सहारे प्रकट होती है, किन्तु बर्गसां का कहना है कि चेतना मस्तिष्क के द्वारा सर्जित भी नहीं, अपने होने के लिए उस पर आधृत भी नहीं हैं। मस्तिष्क एक शारीरिक तंत्र है (Mechanism) जो चेतना-क्रिया के चुनाव के ढंग में सहयोग देता है, चेतना मस्तिष्क से जनित नहीं है। वस्तुतः मस्तिष्क की क्रियाओं तथा शारीरिक क्रिंयाओं में चेतना पूर्णतया व्यक्त भी नहीं होती। ये क्रियायें तो यान्त्रिक हैं—जो सामान्य व्यवहारिक जीवन में चेतना अथवा चेतन-क्रिया के साथ चलती प्रतीत होती है, किन्तु वस्तुतः मस्तिष्क अथवा शरीर की क्रियाओं का अवबोध भी तो चेतना है। अतः इस दृष्टि से भी चेतना पूर्णतया शारीरिक नहीं है, तथा इसका अनिवार्य सम्बन्ध क्रियात्मकता से है।

बर्गसां ने चेतना के स्वरूप के इस स्पष्टीकरण **स्मृति** (Memory) की व्याख्या से एक सार्थक सहायता ली है। उसके अनुसार **स्मृति** का यह अर्थ नहीं कि जो पहले घटित हुआ है वह किसी 'ड्रावर' में सँजोया रहता है, या किसी 'रजिस्टर' पर अंकित रहता है तथा समय-समय पर प्रकट होता रहता है। बर्गसां के अनुसार ऐसा कोई 'डावर' या 'रजिस्टर' नहीं किसी शारीरिक यंत्र में भी ऐसी धारणाओं तथा ऐसे विचारों को एकत्रित करते रहने की शक्ति नहीं—व्यवस्था नहीं है। जिसे हम 'भूतकालीन' कहते हैं, वह 'हैं'—अपने आप है, सदा वर्तमान में है। सब कुछ साथ है—कुछ छूटा हुआ नहीं है। हमारा प्रमस्तिष्क-तन्त्र कुछ इस प्रकार कार्य करता है कि वह इस पूर्ण-प्रवाह को चेतन-स्तर पर आने से रोके रहता है—क्योंकि व्यवहारिक जीवन के लिए चुनकर कुछ प्रवृत्तियों को ही चेतन-स्तर पर लाने से व्यवहारिक सुविधा होती है। इस दृष्टि से मस्तिष्क प्रवृत्तियों के प्रवाह का अवरोधक है। वह जो **उपयोगी** है उसे ही चेतन-स्तर पर ले आता है, तथा हम उसे स्मृति (Memory) की संज्ञा देते हैं। मस्तिष्क के इस कार्य के कारण स्मृति की सामान्य धारणा बन जाती है कि भूतकालीन विचार जमा होते रहते हैं, तथा समय-समय पर झाँक जाते हैं। किन्तु वस्तुतः मस्तिष्क सारी प्रवृत्तियों पर ध्यान जाने में बाधक है।

मस्तिष्क चुनाव का तन्त्र है, इसी कारण इसमें कुछ विकार उत्पन्न होने पर इस प्रकार के व्यवहारिक चुनाव में बाधा उत्पन्न हो जाती है। इसी कारण स्मृति की चेतना भी सीमित प्रतीत होती है। अतः कहा जा सकता है कि हमारे साधारण सामान्य जीवन में जो चेतना स्पष्ट है—जिसका रूप विभिन्न सामान्य अनुभूतियों में—प्रत्यक्षात्मक, भावनात्मक, स्मृति-रूप, विचारात्मक आदि अनुभूतियों में—दिखाई देता है, वह चेतन का सीमित रूप है। इस सीमा का आधार मस्तिष्क है, जो व्यवहारिक सुविधा के लिए चेतन-प्रवाह से चुनाव करता है, तथा चुनी हुई चेतना तथा उसके अनुरूप उस क्षण का ज्ञात जड़-वस्तु को सम्बन्धित कर देता है।

किन्तु, चेतना का यह चित्रण पूर्ण नहीं है। चेतना को बर्गसां ने एक अन्य दृष्टि से भी समझने की चेष्टा की है। यह ठीक है कि इस दूसरी दृष्टि के अनुरूप चेतना के स्वरूप विवेचन में बर्गसां का विचार कुछ उलझ गया है। यह पूर्णतया स्पष्ट नहीं होता कि इस दृष्टि से जो चेतना का स्वरूप स्पष्ट होता है-वह सत् का ही रूप है—सत् ही है या सत् के स्वरूप को समझने का कोई नवीन ढंग। कभी-कभी यह भी भ्रांति होती है कि विज्ञाननवाद (idealism) की मानसिक जकड़ से शायद बर्गसां पूर्णतया मुक्त नहीं हुए तथा अपने जैविक तात्त्विकता को विज्ञानवादी वस्त्र पहना दे रहे हैं। फिर भी, विवादों में बिना प्रवेश किये बर्गसां के इस स्तर के चेतना-विचार को स्पष्ट किया जा सकता है।

कहा जा सकता है कि सामान्य व्यवहारिक चेतना के अतिरिक्त बर्गसां चेतना को एक अन्य स्तर पर भी समझने की चेष्टा करते हैं। सामान्य व्यवहारिक चेतना के स्वरूप विवेचन से ही स्पष्ट हो जाता है कि वहाँ चेतना मस्तिष्क एवं स्नायुतंत्र से बँध कर, उनके माध्यम से उजागर होता है, अतः वहाँ उसका रूप सीमित हो जाता है। इसका यह अर्थ हुआ कि कोई मूल चेतना (Basic Consciousness) भी है—जो व्यवहारिकता के माँगों के अनुरूप सीमित ढंग से प्रकट नहीं होती। इस दृष्टि से चेतना मूल प्रवृत्ति की पूर्ण अभिव्यक्ति है—प्रकृति के प्रवाह की दिशा है। इसे स्पष्ट करने के लिए हम पुनः उसी 'माडल' का उपयोग करें, जिसे काल के वास्तविक स्वरूप निरूपण में प्रयोग किया गया था। हम लिखते-लिखते 'तनाव' की स्थिति में आ जाते हैं, तथा तनाव कम करने के लिए हाथों को ऊपर उठाकर-पैरों को फैलाकर अंगड़ाई लेते हैं, सामान्य व्यवहारिक दृष्टि से यह हाथ, पैर शरीर की गति की चेतना है। किन्तु, वस्तुतः यह चेतना उस 'तनाव कम करने की प्रवृत्ति' की है, जिससे हाथ, पैर शरीर की गति में बाँध नहीं सकते-जो एक प्रवृत्ति है और हाथ, पैर शरीर की सभी गतियाँ उसी के अंग हैं—उसी की अभिव्यक्तियाँ हैं। यही चेतना का मूल स्वरूप है। इस स्वरूप में वह प्रवृत्ति के अग्रसर होने की दिशा है—प्रवाह की अग्रप्रेषित गति (forward movement) है। चेतना का यह विवरण चेतना को सत्-रूप बना देता है—सत् के साथ एक कर देता है।

इसी स्थल पर चेतना के इस मूल रूप तथा 'जड़वस्तु का आंतरिक दृष्टि से उभरा हुआ चित्र' एक दूसरे से संबंधित हो जाते हैं। चेतना अग्रप्रेसित गति (Forward Movement) है—जीव-शक्ति के अग्रसर होने की दिशा है। किन्तु, मस्तिष्क तन्त्र इस गति में व्यवहारिक सुविधा के लिए कुछ अवरोध उत्पन्न करता है, तथा जड़-वस्तु का स्थिर चित्र बना लेता है। इसी कारण जड़-वस्तु का यह चित्र जीव-शक्ति के प्रवाह की सामान्य दिशा के विपरीत है—प्रवाह गति में अवरोध उत्पन्न करने का प्रयास है। इसी स्थल पर

बर्गसां का जहाज की चिमनी से निकलता हुआ वाष्प-पुंज का उदाहरण सार्थक प्रतीत होता है। वाष्प पुंज का प्रवाह एक दिशा में अग्रसर होता है, फिर भी कुछ बूंदें पिघलकर गिर जाती हैं। उसका एक दिशा में अग्रसर होना मूल चेतना जैसा है, बूंदों का गिरना जड़वस्तु के चित्र जैसा है। स्पष्ट है कि गिरती हुई बूंदों की गति वाष्प-पुंज की गति की सामान्य दिशा के विपरीत है। इसी अर्थ में बर्गसां कहते हैं कि मूल चेतना—जीव-शक्ति के प्रवाह की अग्रसर होती दिशा है—विधा है तथा जड़-वस्तु का गतिरूप—गति तो है, किन्तु जीव शक्ति के सामान्य प्रवाह के विपरीत है।

सर्जनात्मक विकासवाद
(Creative Evolution)

(i) भूमिका

हर तात्विक सिद्धान्त के समक्ष दो प्रश्न मूल बन जाते हैं। एक तो उसे सत् के स्वरूप को स्पष्ट करना पड़ता है, तथा दूर उस सत् के अनुरूप जगत की व्याख्या करनी पड़ती है। इस व्याख्या में आनुभविक तत्त्वा तथा जगत की ऐतिहासिकता—दोनों की व्याख्या अनिवार्य हो जाती है। **सृष्टिवाद** (Doctrine of Creation) सामान्यतः आनुभविक तत्वों की व्याख्या मूल सत् के अनुरूप कर देता है, तथा सृष्टि की ऐतिहासिकता प्रारम्भिक तत्वों तथा कुछ मूल नियमों पर आधृत मान लेता है। फलतः सृष्टिवाद में जगत की ऐतिहासिकता की व्याख्या अपूर्ण प्रतीत होती है। इसके विपरीत **विकासवाद** (Theory of Evolution) जगत की ऐतिहासिकता को केन्द्रीय बना देता है, किन्तु विकासवादी सिद्धान्त में सत् के मौलिक स्वरूप संबंधी प्रश्न तथा विकास की प्रथम कड़ी से संबंधित प्रश्न प्रायः अनुत्तरित रह जाते हैं। बर्गसां अपनी ओर से दोनों प्रकार के विवरणों—सिद्धान्तों की अपूर्णता को ध्यान में रखते हैं, तथा चेष्टा करते हैं कि सत् के अनुरूप आनुभविक तत्त्वों की व्याख्या भी हो—तथा जगत की ऐतिहासिकता की व्याख्या भी हो जाय। उन्हें प्रतीत होता है कि यह सम्भव तभी हो सकता है जब व्याख्या विकासवादी तो हो ही, तथा उसके साथ यह भी दिखा दिया जाय कि विकास की प्रक्रिया ही सृष्टिकारण है—सर्जनात्मक है। अतः एक प्रकार से वे विकासवाद तथा सृष्टिवाद का अपने ढंग का एक अनूठा समन्वय प्रस्तुत करते हैं, जिसमें व्याख्या मूलतः विकासवादी तो है ही, किन्तु विकास की प्रक्रिया सतत् सर्जनात्मक है। इसी कारण उन्होंने अपनी व्याख्या को **सर्जनात्मक विकासवाद का सिद्धान्त** (Doctrine of Creative Evolution) कहा।

हमने देखा है कि बर्गसां के अनुसार सत् जीव-शक्ति है। यह एक सतत् प्रवाह है, गति है, जो काल में नहीं है—जो काल ही है। अब बर्गसां को इस सत् के अनुरूप सृष्टि की व्याख्या करनी है। सत् गति है—प्रवाह है, इसका अर्थ होता है कि सत् को किसी निश्चित काल में बाँध कर उसका विश्लेषण नहीं किया जा सकता, यह प्रवाह है और वह काल की गति को पूर्णतया समेटे हुए अग्रसर होता है। अतः इसके अनुरूप व्याख्या **विकास** की ही व्याख्या हो सकती है किसी निश्चित समय में निर्मित सृष्टि की नहीं। सत् सदा सतत् विकसित होता रहता है—यही सत् की विधा है। इसी कारण बर्गसां इसे विकासवाद कहते हैं। किन्तु यहाँ विकास का अर्थ किसी एक विधा से अन्य तत्वों का निकलना नहीं है, ऐसा नहीं है कि जो बीत गया उससे कुछ निकला जो अभी है, तथा इससे कुछ आगे निकलेगा। नहीं, इस प्रवाह में एकाएक नये-नये आयाम प्रकट होते रहते

हैं, विकास की प्रवृत्ति अपने को ऐसे सर्वथा नवीन रूपों में प्रकट करती है जिनका पूर्ण निर्धारण संभव नहीं। अतः यह प्रक्रिया सर्जनात्मक (Creative) है। अब हम इसकी विशिष्टताओं को स्पष्ट करेंगे।

(ii) निषेधात्मक पक्ष

किन्तु, उसके पहले इस सिद्धान्त के निषेधात्मक पक्ष पर कुछ विचार अनिवार्य है। बर्गसां विकास का एक सर्वथा सिद्धान्त दे रहे हैं। उस समय डारवीन के विकासवादी सिद्धान्त को अत्यधिक मान्यता मिल चुकी थी। इसके अतिरिक्त अन्य ढंग की विकासवादी व्याख्याएँ भी प्रकाश में आ गयी थीं, अतः किसी नवीन विचार की स्थापना के पहले उस क्षेत्र के प्रचलित विचार की समीक्षा अनिवार्य हो जाती है। बर्गसां को भी यह प्रायः अनिवार्य प्रतीत होता है कि अपने सर्जनात्मक विकासवाद की स्थापना के लिए प्रतिद्वन्द्वी सिद्धान्तों का खंडन अनिवार्य है। हय उनके सर्जनात्मक विकासवाद का निषेधात्मक पक्ष है, तथा पहले हम उसी की विवेचना करेंगे।

बर्गसां ने अपने निषेधात्मक पक्ष में कुछ विशिष्ट विचारकों के विकासवादी सिद्धान्त की भी परीक्षा की है, तथा विकासवादी व्याख्या के मूल प्रचलित दर्शनों की भी समीक्षा की है। इन सभी मतों का विशद विवरण तो स्थानभाव के कारण संभव नहीं। अतः हम विशिष्ठ विचारकों के अन्तर्गत केवल डारवीन के मतों का उल्लेख करेंगे तथा देखेंगे कि कैसे बर्गसां ने उसका खंडन किया है। इसके अतिरिक्त उन प्रचलित विकासवादी दृष्टियों को भी समीक्षा करेंगे जिन पर किसी न किसी रूप में सभी विकासवादी विचारकों के विचार आधृत हैं—डरवीन के भी। पहले हम उन्हीं दृष्टियों की विवेचना करेंगे, क्योंकि उनके खण्डन में उठायी गयी आपत्तियाँ डारवीन के मत के विरुद्ध भी उठ जाती हैं।

बर्गसां का कहना है कि विकासवादी के पीछे जो दार्शनिक दृष्टियाँ हैं, हम उनकी समीक्षा करें तो देखेंगे कि सभी विकासवादी सिद्धान्त अन्ततः दो प्रकार के दार्शनिक सिद्धान्तों पर ही आधृत है—**यन्त्रवाद** (Mechanism) तथा **प्रयोजनवाद** (Finalism)। सभी विकासवादी सिद्धान्तों को या तो हम **यन्त्रवादी** (Mechanistic) कह सकते हैं, या प्रयोजनवादी (Teleological) कह सकते हैं। अतः बर्गसां अपनी समीक्षा इन दो सिद्धान्तों की समीक्षा तक सीमित रखते हैं।

(iii) यन्त्रवाद का खण्डन

यन्त्रवाद पूर्ववर्ती कारणों के द्वारा व्याख्या प्रस्तुत करने का एक विशेष ढंग है। ऐसी व्याख्या सामान्यतः भौतिक विज्ञानों में प्रचलित है। इस प्रकार की यन्त्रवादी व्याख्या की मूल मान्यता यही है कि जो कुछ घटित होता है, वह पूर्वनिर्धारित है। पूर्ववर्ती उपकरण यह पूर्णतया नियत करते हैं कि बाद में किन उपकरणों का आविर्भाव होगा। इस प्रकार की व्याख्या को यन्त्रवादी कहा जाता है क्योंकि यहाँ एक कारण के मिलते ही यन्त्रवत बाद की सभी स्थितियों की व्याख्या होती चलती है। यदि विकास की ऐसी व्याख्या प्रस्तुत हो, तो इसका अर्थ होगा कि विकास की हर कड़ी अपने पूर्वगामी उपादानों के अनुरूप निर्धारित है। उस अवस्था में यह भी बताया जा सकता है कि आगे की विकास की अवस्थायें कैसी होंगी। यहाँ केवल पूर्ववर्ती कारणों के अनुरूप उपयुक्त गणना करना है, उसी से विकास की भविष्य की विधाओं का पूर्वानुमान किया जा सकता है। अतः इस व्याख्या के अनुरूप विकास-प्रक्रिया यन्त्रवत चलती है, उसमें किसी सक्रियता-किसी सर्जनात्मकता के लिए

स्थान नहीं। एक दृष्टि से डारवीन के द्वारा प्रस्तुत जीव-विकास सिद्धान्त भी किसी न किसी रूप में यन्त्रवादी ही है।

स्पष्ट है, बर्गसां को ऐसी व्याख्या उपयुक्त दिखाई नहीं दे सकती। अतः वे सबल युक्तियाँ तथा आनुभविक साक्ष्यों के द्वारा यन्त्रवाद का खंडन करते हैं। बर्गसां की इन आपत्तियों का उल्लेख करने के पहले हम बर्गसां की इन सभी आलोचनाओं में व्यवहृत एक विशिष्ठ दृष्टान्त का सहारा लेते हैं—जो उनकी खोजों में उन्हें दिखाई दिया था। इस दृष्टान्त को वे **निर्णायक दृष्टान्त** (Crucial instance) कहते हैं, क्योंकि यह दृष्टान्त निर्णायक का कार्य करता है—तथा अन्य सिद्धान्तों की अपेक्षा बर्गसां के मत के पक्ष में साक्ष्य प्रस्तुत करता है। यह निर्णायक इसलिए है कि इसकी व्याख्या अन्य सिद्धान्तों से नहीं हो पाती, मात्र बर्गसां के सिद्धान्त से होती है। वह निर्णायक सिद्धान्त है कि दो पूर्णतया भिन्न जीवों में—एक विकास की प्रारम्भिक अवस्था के जीव में तथा दूसरा विकास की विकसित अवस्था के जीव में—बिल्कुल एक जैसा अवयव पाया गया है, वह अवयव है—पूर्ण **विकसित**—अपनी जटिल बनावट के साथ **आँख**। जैसी आँखें मानव में पायी जाती है—ठीक वैसी ही आँखें घोंघा जैसे एक मोलस्क जीव (**पेक्टन**) में भी पाया जाता है। इस प्रकार के पूर्णतया भिन्न जीवों में एक जैसा अवयव (आँख) का होना ही वह निर्णायक दृष्टान्त है, जिसके बल पर बर्गसां सभी प्रतिद्वन्द्वी सिद्धान्तों का खण्डन करते हैं। अब उनके द्वारा यन्त्रवाद के विरुद्ध उठायी गयी आलोचनाओं को देखें—

(1) प्रथमतः तो बर्गसां के अनुसार सत् के स्वरूप को ध्यान में रखते हुए कहा जा सकता है कि यन्त्रवादी व्याख्या मूलतः काल के वास्तविक अवधारणा पर आधृत नहीं। यह व्याख्या तो यह मानकर चलती है कि घटनायें गणिती काल (Mathematical time) अथवा काल-क्रम में घटित होती हैं। तभी तो यह काल-क्रम में बाद में घटने वाली घटनाओं की व्याख्या पहले घटनेवाले उपकरणों के द्वारा करती है। किन्तु, जैसा हमने देखा है, बर्गसां काल को इस सामान्य, प्रचलित अवधारणा को मान्यता नहीं देते, इसका खण्डन करते हैं। अतः इस पर आधृत यन्त्रवादी व्याख्या आप से आप खण्डित हो जाती है।

(2) बर्गसां कहते हैं कि यन्त्रवादी व्याख्या में एक दोष यह भी है कि यदि उसे मान्यता दी जाय, तो **'काल'** का विकास-प्रक्रिया में कोई योगदान नहीं रह पाता—'काल' एक प्रकार से अर्थहीन हो जाता है। यन्त्रवादी व्याख्या के अनुरूप हर पूर्ववर्ती कारण बाद में आनेवाली स्थितियों की व्याख्या कर देता है, जिसका अर्थ है कि कारण से उसके द्वारा जनित कार्य उत्पन्न होते रहते हैं, तथा यह क्रम चलता रहता है—आप से आप, यन्त्रवत। किन्तु, बर्गसां के अनुसार विकास-प्रक्रिया तो काल-गति है, उसमें काल का ही योगदान होता है। यदि 'काल' के योगदान की उपेक्षा-अवहेलना हो गयी, तो वह व्याख्या अयथार्थ व्याख्या हो जायेगी।

(3) यन्त्रवादी व्याख्या की निर्बलता इस बात से भी सिद्ध होती है कि उस व्याख्या से विकास-प्रक्रिया के कुछ पहलुओं की व्याख्या हो ही नहीं सकती। उदाहरणतः वह नये—सर्वथा नवीन तत्त्वों के आविर्भाव की व्याख्या नहीं कर सकती। यदि व्याख्याएँ पूर्ववर्ती उपकरणों के माध्यम से ही संभव हो, तो इसका अर्थ हो जाता है कि पूर्ववर्ती उपकरणों के अनुरूप अनुवर्ती स्थितियों के उपकरण हैं। नवीन तत्त्वों के आविर्भाव का, जीवों में सर्वथा नये अवयवों के आविर्भाव का—रूपान्तरण का (Transformation) इस सिद्धान्त से व्याख्या संभव नहीं है।

(4) उसी प्रकार विकास-प्रक्रिया में कुछ ऐसे तत्त्व भी यदाकदा उजागर होते हैं—जो एकाएक उपस्थित हो जाते हैं, जिनका पहले से चलती हुई कड़ी से कोई संबंध ही दिखाई नहीं देता। विकासवाद की भाषा में इसे **'असम्बद्ध विविधता'** (abrupt Variation) अथवा **विक्रिया** (Mutation) कहा जाता है। यन्त्रवादी व्याख्या इन तथ्यों की व्याख्या भी नहीं कर सकता, क्योंकि ये पूर्ववर्ती स्थितियों के अनुरूप होते ही नहीं हैं।

(5) बर्गसां का कहना है कि कोई यन्त्रवादी व्याख्या उनके द्वारा प्रस्तुत निर्णायक दृष्टान्त की व्याख्या कर ही नहीं सकता। निर्णायक सिद्धान्त में दो ऐसे जीवों की आँखों की समानता बतायी गयी है—जिनमें एक विकास-क्रम के बहुत पहले की अवस्था का जीव है, तथा दूसरा विकास-क्रम के बहुत बाद की अवस्था का जीव है। यदि विकास की व्याख्या काल-क्रम के अनुरूप यन्त्रवादी ही है, तो यह प्रश्न उठ ही जाता है कि यह समानता कैसे है। पेक्टन के काल की पूर्ववर्ती स्थितियाँ तथा मानव-काल की पूर्ववर्ती स्थितियाँ तो सर्वथा भिन्न हैं—क्योंकि काल का अन्तराल बड़ा लम्बा है। तो यह समानता कैसे? बर्गसां का कहना है कि इस प्रश्न का यन्त्रवाद के पास कोई उत्तर नहीं। अतः इस निर्णायक सिद्धान्त पर आकर यन्त्रवाद टूट जाता है।

(iv) प्रयोजनवाद (Finalism) का खण्डन

अब हम ये देखें कि बर्गसां कैसे प्रयोजनवादी व्याख्या को भी अयुक्त सिद्ध करते हैं। प्रयोजनवादी व्याख्या का स्वरूप क्या है? स्पष्टतः यह **'प्रयोजन'** या उद्देश्य के द्वारा व्याख्या प्रस्तुत करता है। इसके अनुसार हर तत्त्व के आविर्भाव का कुछ प्रयोजन रहता है। उसी उद्देश्य की पूर्ति—उसी प्रयोजन की सिद्धि उस तत्व की यथार्थता है। यदि वह प्रयोजन न हो, तो वह तत्व वह तत्व नहीं रहेगा जो वह है। जो विचारक विकासवाद में प्रयोजनवादी हैं वे यह मानते हैं कि विकास प्रक्रिया किसी एक लक्ष्य की ओर प्रेरित है, तथा हर कड़ी में भी कुछ विशेष प्रयोजन-सिद्धि होती है—जो विकास-प्रक्रिया के सामान्य लक्ष्य के अनुरूप है। उस लक्ष्य के स्वरूप के संबंध में सभी प्रयोजनवादी एकमत नहीं, किन्तु इनके अनुसार विकास का अर्थ ही है किसी परम लक्ष्य की ओर क्रमशः अग्रसर होना। हर आविर्भाव अपने ढंग से उसी उद्देश्य की ओर प्रेरित है। सामान्यतः यह लक्ष्य पूर्ण **सामंजस्यता**, संगठन व्यवस्था आदि के लक्ष्य के रूप में स्वीकारा जाता है, तथा कहा जाता है कि ऐसी ही पूर्णता की प्राप्ति की ओर विकास-प्रक्रिया प्रेरित है। वर्गसां को यह व्याख्या भी अयुक्त प्रतीत होती है।

(1) बर्गसां कहते हैं कि ध्यान से देखा जाय तो इस व्याख्या में भी काल की उपेक्षा हुई है—विकास-प्रक्रिया में काल के योगदान की सर्वथा अवहेलना हुई है। वस्तुतः इस व्याख्या का आधार एक पूर्वमान्यता है। इन विचारकों के अनुसार एक पूर्वनिश्चित लक्ष्य है—एक पूर्वनिर्धारित योजना है जिसकी पूर्ति विकास-प्रक्रिया का उद्देश्य है। किन्तु, इसका तो यह अर्थ हो जाता है कि सब कुछ पहले से तय है, विकास-प्रक्रिया पूर्वनिश्चित लक्ष्य की ओर अग्रसर है। तब काल के योगदान के लिए स्थान कहाँ रहा। काल का योगदान तो सर्वथा नवीन भी हो सकता है, पूर्वनिश्चित योजनाओं से भिन्न हो सकता है। उसके योगदान का पूर्वानुमान संभव नहीं। किन्तु, प्रयोजनवाद से तो यह संभावना ही नष्ट हो जाती है।

(2) बर्गसां कहते हैं कि प्रयोजनवादी विचारक विश्व में उपलब्ध सामंजस्यता, संगठन आदि के उदाहरण से बड़े प्रभावित हो जाते हैं तथा यह निष्कर्ष निकाल लेते हैं

कि विकास-प्रक्रिया का अर्थ इसी संगठन-एकत्व आदि की व्याख्या है। किन्तु, बर्गसां का कहना है कि विश्व में जिस प्रकार की व्यवस्था-संगठन आदि का उल्लेख इन लोगों ने किया है—वह वैसी पूर्णता में नहीं है। विश्व में अव्यवस्था, असंगति, अनेकत्व, असामंजस्यता आदि के भी उदाहरण भी भरे हैं। विकास-प्रक्रिया का कार्य इन विषम उदाहरणों की व्याख्या भी है। प्रयोजनवादी व्याख्या में इन पर ध्यान नहीं दिया जाता, अतः वे एकांगी, एकतरफे एवं अपूर्ण हो जाते हैं।

(3) बर्गसां कहते हैं कि प्रयोजनवादी विश्व में फैले जिस प्रकार के दृष्टान्तों पर अपना ध्यान देते हैं उनमें निहित उनकी एक विशिष्टता पर उनका ध्यान नहीं जाता। वे व्यवस्था संगठन, सामंजस्य आदि के दृष्टान्तों पर अपने विचार को बिठाते हैं; किन्तु, इनके जो उदाहरण विश्व में उपलब्ध हैं, वे भी वस्तुतः व्यवस्था-संगठन आदि के पूर्ण उदाहरण नहीं हैं। इनकी पूर्णता कहीं दिखाई नहीं देती। वस्तुतः जो दिखाई देती है—वह एक **प्रवृति** है व्यवस्था-संगठन की ओर, व्यवस्था-संगठन नहीं। बर्गसां को यह भेद बड़ा महत्त्वपूर्ण प्रतीत होता है। यदि प्रयोजनवादी ये समझें कि उनके दृष्टान्तों में भी मूल **प्रवृत्ति** है, वे दृष्टान्त नहीं, तो उनके विचार में आमूल परिवर्त्तन हो जायगा, क्योंकि तब उन्हें प्रतीत होने लगेगा कि जिसे वे संगठन-व्यवस्था आदि कहते हैं, वह भी मूलतः एक प्रवृत्ति की अभिव्यक्ति है। इसी प्रकार का विचार तो बर्गसां अपने विकासवादी सिद्धान्त में विकसित करते हैं। यहाँ महत्त्व प्रयोजन का समाप्त हो जाता है—प्रवृत्ति महत्त्वपूर्ण हो जाती है। हम देखेंगे कि कैसे बर्गसां इस विचार को रूप देते हैं।

(4) प्रयोजनवाद के विरुद्ध बर्गसां की एक आपत्ति बड़ा रुचिकर है। उनका कहना है कि प्रयोजनवादी व्याख्या के विरुद्ध वे सभी आपत्तियाँ लग जाती हैं जो यन्त्रवादी व्याख्या के विरुद्ध उठायी जाती हैं। ध्यान से देखा जाय तो प्रयोजनवाद भी यन्त्रवाद ही है, केवल यहाँ यन्त्रवाद का मुख उल्टा-औंधा कर दिया गया है। बर्गसां कहते हैं कि एक दृष्टि से प्रयोजनवाद भी **अधोमुखी यन्त्रवाद** (Inverted Mechanism) है। अन्तर इतना ही है कि यन्त्रवाद में जो नियत-निर्धारित करनेवाले कारण हैं वे पूर्वगामी हैं, प्रयोजनवाद में वे उद्देश्य या लक्ष्य के रूप में आगे विद्यमान हैं। दोनों में सब कुछ पूर्वनिर्धारित है—नियत हैं। अन्तर यही है कि यन्त्रवाद में विकास-प्रक्रिया को पीछे से ढकेला जा रहा है, **प्रयोजनवाद** में आगे से खींचा जा रहा है।

(5) प्रयोजनवाद के विरुद्ध अपनी आपत्ति देते हुए बर्गसां कहते हैं कि प्रयोजनवाद अपनी व्याख्या सामंजस्यता व्यवस्था (Harmony-order) आदि के दृष्टान्तों पर आधृत करता है। किन्तु, वस्तुतःसामंजस्यता दृष्टान्तों में होती ही नहीं। बर्गसां का कहना है कि सामजंस्यता तथ्यात्मक नहीं है, इसे सिद्धान्तरूप में स्वीकारा जाता है। इसका अर्थ यह है कि जो व्यक्त रूप दिखाई देता है—जो दृष्टान्त है उनमें सामंजस्यता नहीं दिखाई जा सकती जिसकी वे अभिव्यक्ति हैं जिस प्रवृत्ति के व्यक्त रूप हैं। अर्थात् उनकी सामंजस्यता मात्र इतने ही में है कि वे एक प्रवृत्ति को ही व्यक्त कर रहे हैं। दृष्टान्तों, उदाहरणों में तो कुछ न कुछ ऐसा दिखाया ही जा सकता है—जो उसमें दिखाई देनेवाली व्यवस्था के प्रतिकूल हो। अतः जिस सामंज़स्यता को प्रयोजनवादी इतना महत्त्व देते हैं, उसकी व्याख्या भी आनुभविक साक्ष्यों तथा तथ्यों के अनुरूप नहीं हो सकती, हो सकती है तो सिद्धान्ततः मूलप्रवृत्ति के द्वारा और वह व्याख्या प्रयोजनवादी नहीं होगी।

(v) डारवीन के विकासवादी सिद्धान्त का खंडन

बर्गसां के समय में डारवीन का विकासवाद अपनी प्रसिद्धि पर था। यह ठीक है कि डारवीन ने विकास-सिद्धान्तों को जीवों के विकास की व्याख्या तक ही सीमित रखा, किन्तु बर्गसां को उनका सिद्धान्त अनेक कारणों से प्रतिद्वन्द्वी सिद्धान्त प्रतीत हुआ। बर्गसां विकास की व्यापक व्याख्या प्रस्तुत करना चाहते हैं, जिसमें जीवों के विकास की भी व्याख्या हो। बर्गसां एक तात्विक जीव-शक्ति (Elam Vital) को केन्द्रीय बनाते हैं, जब कि डारवीन के विचार में 'जीव' शब्द का प्रयोग उसके सामान्य प्रचलित अर्थ में ही होता है। पुनः डारवीन जीवों के विकास का इतिहास कुछ विकास के नियमों के द्वारा करते हैं, और वह भी इस प्रकार की उनकी व्याख्या प्रायः यन्त्रवादी हो जाती है। बर्गसां के लिए सबसे महत्त्वपूर्ण बात यह थी कि डारवीन के सिद्धान्तों को प्रबल प्रसिद्धि एवं मान्यता प्राप्त हो चुकी थी, तथा बर्गसां उससे सर्वथा भिन्न व्याख्या प्रस्तुत कर रहे थे। अतः उनके लिए अनिवार्य हो जाता है कि वे डारवीन के मतों का खण्डन करें। वैसे तो इस संदर्भ में बर्गसां ने डारवीन से प्रारंभ हुई सम्पूर्ण परम्परा के प्रमुख विचारों की आलोचना की है, **लेमार्क** तथा अन्य विचारकों के मतों का भी खण्डन किया है, किन्तु यहाँ स्थानाभाव के कारण हम उन आलोचनाओं का विशद विवरण नहीं कर सकते। अतः हम अपनी विवेचना को डारवीन के मत का बर्गसां के द्वारा खण्डन तक ही सीमित रखेंगे।

डारवीन ने जीवों के विकास की कहानी का आधार कुछ विकास-प्रक्रिया के नियमों को बनाया—जिन्हें सामान्यतः **प्राकृतिक-चुनाव-प्रक्रिया** (Process of Natural Selection) कहा गया है। इसके अनुसार जीवों के विकास का आधार जीवों में विद्यमान 'जीने की होड़' है, जिसे डारवीन 'अस्तित्व के लिए संघर्ष' (Struggle for existence) कहते हैं। इस संघर्ष में वही बच पाता है, जो योग्यतम हो। इसे 'योग्यतम के बचे रहने का नियम' (Survival of the Fittest) कहा जाता है। योग्यतम से डारवीन का अर्थ है वह जो अपने को वातावरण के अनुकूल बना सके, वातावरण के साथ अपने को सुनियोजित कर सके। अतः बचे रहने का मूल मंत्र है वातावरण के साथ अनुकूलन (adaptation) अथवा समायोजन (adjustment)। जो जीव इसमें सफल होता है वही योग्य सिद्ध होता है तथा बच पाता है। जो अंग या अवयव इस अनुकूलन-कार्य में कारगर अथवा सहयोगी सिद्ध होता है, वह रह जाता है, तथा जो वातावरण की मांगों के अनुकूल अपने को परिवर्तित नहीं कर पाता वह नष्ट हो जाता है। अतः प्राकृतिक-चुनाव-प्रक्रिया सतत् परिवर्तन की प्रक्रिया है, अस्तित्व-संघर्ष में सहायक परिवर्तन सफल सिद्ध होते हैं, तथा रह जाते हैं। ऐसे ही छोटे-छोटे परिवर्तनों के एकत्रित होते रहने से जीवों में आमूल परिवर्तन भी हो जाता है। इसी सामान्य प्रक्रिया के आधार पर डारवीन सभी जीवों के विकास की कहानी कहते हैं, तथा दावा करते हैं कि हर जीव के आविर्भाव, उद्भव की व्याख्या इन नियमों के अनुरूप की जा सकती है। बर्गसां इस व्याख्या की अपने ढंग से आलोचना करते हैं—

(1) प्रथमतः तो बर्गसाँ की ओर से कहा जा सकता है कि डारवीन की पूरी व्याख्या यन्त्रवादी है। पूर्ववर्ती उपाधियों तथा स्थितियों के आधार पर कुछ सामान्य नियमों के आलोक में विकास की हर कड़ी की व्याख्या की गयी है। ऐसा प्रतीत होता है कि विकास इन नियमों के अनुरूप यन्त्रवत चलता रहता है। अतः बर्गसां की ओर से कहा जा सकता है कि यन्त्रवाद के विरुद्ध जो आपत्तियाँ उठायी जाती हैं, वे सभी डारवीन के सिद्धान्त के विरुद्ध भी उठायी जा सकता हैं।

(2) जैसा कि हमने ऊपर देखा है डारवीन के द्वारा प्रस्तुत विकासवादी व्याख्या का मूल सूत्र है—वातावरण के साथ अभियोजन-अनुकूलन। जो इसमें सफल होता है, वह ही बच पाता है। अतः इस अभियोजन का परिणाम है **अस्तित्व**, इसके असफल होने से अस्तित्व का हनन हो जाता है, जीव विलुप्त हो जाता है। किन्तु, इस व्याख्या में एक कठिनाई है। हम विकास के इतिहास-क्रम में किसी काल को लें, हम देखेंगे कि उस काल में कुछ उच्चतर जीव भी हैं; तथा कुछ निम्नतर जीव भी हैं, बहुत छोटे जीव भी हैं। किन्तु जहाँ तक अस्तित्व का संदर्भ है ये सभी वातावरण के साथ एक ढंग से सुनियोजित हैं, उनका अस्तित्व एक ढंग का है। इस समानता की डारवीन के पास कोई व्याख्या नहीं। यदि विकास के नियम '**अस्तित्व**' के ही चारों ओर घूमते हैं, तो ये सभी जीव अपने-अपने ढंग से मजे से जी रहे हैं। इस समानता की क्या व्याख्या है—डारवीन का सिद्धान्त इस प्रश्न पर ध्यान ही नहीं दे पाता।

(3) डारवीन से एक अन्य प्रश्न भी पूछा जा सकता है, जो बर्गसां के अनुसार बड़ा निर्णायक प्रश्न है। डारवीन के अनुसार जीव अस्तित्ववान है, इसका अर्थ है कि उनका वातावरण के साथ सुनियोजन है, अन्यथा वे अस्तित्ववान रहते ही नहीं। अब प्रश्न यह उठता है कि यदि जीव एक बार सुनियोजित ढंग से जी रहा है, तो उसे क्या बाध्यता है—क्या आवश्यकता है कि वह अपने को जटिल से जटिल बनाता चले, अपने जीवतन्त्र को अधिक पेचीदा बनाता चले। डारवीन के अनुसार भी विकास की प्रवृत्तिसरल से जटिल की ओर है, प्रारम्भिक जीवों से बाद के जीव अधिक जटिल हैं। इस जटिलता की ओर बढ़ने की क्या बाध्यता है, विकास-प्रक्रिया इसकी व्याख्या कैसे कर सकती है। स्पष्ट है, डारवीन के सिद्धान्त में इसका कोई उत्तर नहीं।

उपर्युक्त सभी आपत्तियाँ वैचारिक हैं—तार्किक हैं। किन्तु, डारवीन तो वैज्ञानिक हैं, उनके निष्कर्ष वैज्ञानिक अनुसंधानों पर आधृत हैं। अतः बर्गसां को यह उचित प्रतीत होता है कि उनके विचारों की आलोचना भी कुछ अनुसंधान-आश्रित साक्ष्यों, तथा वैज्ञानिक प्रमाणों के आधार पर की जाय। अब हम वैसी कुछ आलोचनाओं का उल्लेख करेंगे।

(4) बर्गसां कहते हैं कि डारवीन के सिद्धान्त के अनुरूप शरीर के अवयवों के विकास की व्याख्या नहीं हो सकती। उदहारणतः वे मानव-आँख का उदाहरण लेते हैं। मानव-आँख की बनावट में बड़े ही सूक्ष्म अनेक अंग हैं। उन सभी अंगों की अपने में कोई उपयोगिता नहीं है। डारवीन के सिद्धान्त के अनुसार जो अंग वातावरण के साथ समायोजन में उपयोगी सिद्ध नहीं होते वे नष्ट हो जाते हैं। इस सिद्धान्त के अनुसार आँख के जो छोटे बड़े अंग हैं, उन्हें अपने में अनुपयोगी होने के कारण, विकास-क्रम में नष्ट हो जाना चाहिए। किन्तु, यदि वे अंग ही नष्ट हो जायेगें, तो मानव-आँख को वर्तमान बनावट के विकास की क्या व्याख्या होगी? कम से कम डारवीन का सिद्धांत तो यह नहीं ही बता सकता कि आँख अपनी पूर्ण संपूर्णता में कैसे विकसित हो सकी है।

(5) डारवीन के सिद्धान्त में व्याख्या की एक कड़ी यह है कि जीवों में अथवा जीवों के अवयवों में परिवर्तन होते रहते हैं तथा जब छोटे-छोटे परिवर्तन एकत्रित होते-होते जूट जाते हैं, तो जीव या अवयव सर्वथा भिन्न प्रतीत होने लगते हैं। किन्तु, इस प्रकार की यन्त्रवादी व्याख्या भी मानव-आँख के विकास की व्याख्या नहीं कर सकती। यह समझना असम्भव है कि कैसे आँख के हर अवयव अपरिवर्तित होते रहे, तथा सब मिलकर आँख की बनावट में सिमट गये, क्योंकि इसके लिए तो यह दिखाना अनिवार्य है कि हर अवयव

का अलग-अलग विकास किस-किस रूप में होता रहा, तथा यह भी कैसे अवयवों के वे छोटे-छोटे परिवर्तन वातावरण के अनुकूल होकर विकसित होते रहे। स्पष्टतः ऐसी व्याख्या डारवीन के लिए असंभव है।

(6) बर्गसां के लिए डारवीन के सिद्धांतों के विरुद्ध सबसे सबल वैज्ञानिक साक्ष्य उनके 'निर्णायक दृष्टांत' का है, ऊपर बताया गया है कि अपनी खोजों में बर्गसाँ पाते हैं कि घोंघे की कोटि के एक निम्न जीव—पेक्टन तथा मानव की आँख की बनावट एक जैसी है। डारवीन के सिद्धान्त के द्वारा इस समानता—इस निर्णायक सिद्धांत की व्याख्या हो ही नहीं सकती। यह कैसे संभव हो सकता है कि विकास-क्रम के प्रायः प्रारंभिक स्थिति के जीव की आँख ठीक-ठीक वैसी ही हो जैसी मानव-आँख है। डारविन के नियमों को यदि मान्यता दी जाय, तो ऐसा संभव हो ही नहीं सकता—बीच के अन्य जीवों के आँखों की बनावट भिन्न हो, तथा पुनः मानव में वैसी ही आँख का उद्भव हो जाय। डारवीन का सिद्धांत इस निर्णायक दृष्टांत के समक्ष सर्वथा टूट जाता है।

(vi) बर्गसां के सर्जनात्मक विकास की रूपरेखा

उपर्युक्त विवेचन बर्गसां के विकासवाद के निषेधात्मक पक्ष का एक संक्षिप्त विवरण है। अब हम उनके अपने मत का विवरण देंगे—जिसमें उनके द्वारा प्रतिपादित सर्जनात्मक विकासवाद की रूपरेखा स्पष्ट होगी।

पहले हम बर्गसां के अनुसार **'सर्जनात्मक विकास'** (Creative Evolution) के मूल अर्थ को समझें। बर्गसां 'विकास' शब्द के मूल अर्थ को पकड़ते हैं। विकास का अर्थ है जो निहित है वह स्पष्ट हो जाय' 'जो छिपा है वह खुल जाय', 'जो अव्यक्त है वह व्यक्त हो जाय'। इसी मूल अर्थ के कारण 'विकासवाद' 'सृष्टिवाद' से भिन्न होता है। सृष्टिवाद में किसी विशेष काल में सृष्टि प्रारम्भ होती है, वहाँ किसी शक्ति के व्यक्त होने की **अनिवार्यता** भी नहीं है, सृष्टिकर्ता अपनी सृष्टि से भिन्न है, पृथक है। विकासवाद में जो विकसित हो रहा है, तथा जो व्यक्त-विकसित रूप है वे अभिन्न हैं। अब यदि जो शक्ति विकसित हो रही है उसकी अभिव्यक्तियाँ पूर्वनिर्धारित नहीं हैं, यदि यह तय नही है कि शक्ति किस रूप में व्यक्त होगी, यदि शक्ति की हर अभिव्यक्ति सर्वथा नवीन है, तो यह विकासवाद सर्जनात्मक (Creative) कहा जायगा। बर्गसा ने ऐसे ही विकासवाद का प्रतिपादन किया है।

अब स्पष्ट हो जाता है कि बर्गसां के विकासवाद का मूल एक शक्ति है—जो उसका मूल सत् **जीव-शक्ति** (Life Impetus] Elan Vital) है। यह शक्ति है—प्रवृत्ति है, अतः सतत् गतिशील है। इसकी गतिशीलता का अर्थ है कि यह सतत् अपने को व्यक्त करती रहती है। यह पहले से तय नहीं है कि इसकी कौन-सी अभिव्यक्ति किस रूप में, किस दिशा में होगी। इस दृष्टि से इसकी हर गति—इसकी हर अभिव्यक्ति सर्वथा नवीन अभिव्यक्ति है। इसी अर्थ में यह मूल शक्ति सर्जनात्मक है, यह सतत् नवीन रूपों को व्यक्त करती रहती है।

बर्गसां के 'सर्जनात्मक' की धारणा की विशिष्टता को समझना आवश्यक है। 'जीव-शक्ति सर्जनात्मक है'—इसके अर्थ का एक पक्ष तो यह है कि इसकी नयी-नयी अभिव्यक्तियाँ नयी इस दृष्टि से हैं कि उनका कोई पूर्वनिर्धारण संभव नहीं है। किन्तु, इसका यह अर्थ नहीं कि बर्गसां **उद्‌गामी विकासवाद** (Theory of Emergent Evolution)

जैसा कुछ मत दे रहे हैं। उद्गामी विकासवाद भी काल-क्रम में विकास के विभिन्न स्तरों की बात करता है, तथा कहता है कि हर स्तर में कुछ ऐसी नवीनता विकसित होती है जो पहले के स्तर में नहीं है। किन्तु, 'नवीनता' की यह समझ बर्गसां जैसी नहीं है। यहाँ नवीनता पूर्वगामी उपकरणों से उद्भूत होता है। पुराने उपकरण एक नवीन रूप में **सम्बन्धित** हो जाते हैं, उनके संबंधित होने के ढंग में नवीनता उत्पन्न होती है। किन्तु, बर्गसां जब यह कहत हैं कि जीव-शक्ति सतत् नये रूप में व्यक्त होती है, तो यहाँ नवीनता पूर्ण नवीनता है, पूर्वगामी उपकरणों का यहाँ प्रश्न ही नहीं होता, यह किसी प्रकार नियत नहीं हो सकता किस दिशा में जीव-शक्ति की अभिव्यक्ति किस रूप में होगी।

बर्गसां का कहना है कि एक ही शक्ति की अभिव्यक्ति होने के कारण यह संभव है कि दो अभिव्यक्तियाँ एक जैसी हों या एक दूसरे के समान हों, या एक दूसरे से सर्वथा भिन्न हों। शक्ति एक है, अतः समानता हो सकती है, उसकी अभिव्यक्तियाँ सर्वथा नवीन होती हैं, अतः भिन्नता भी संभव है। अतः बर्गसां का दावा है कि उनके सिद्धान्त के द्वारा विश्व में फैले हुए सामंजस्य, व्यवस्था आदि के साथ, अव्यवस्था, भिन्नता आदि के दृष्टान्तों की भी व्याख्या सुचारु रूप से हो सकती है। भिन्न-भिन्न उपमाओं, माडलों के माध्यम से बर्गसां अपनी बात को स्पष्ट करते हैं। जैसे वे कहते हैं कि जल की एक धारा कई दिशाओं में प्रवाहित हो सकती हैं, किसी दिशा में धारा सूख जा सकती है, किसी में गति तीव्र हो सकती है, तो किसी में धीमी। उसी प्रकार एक जीव-शक्ति का प्रवाह विभिन्न दिशाओं में नये-नये रूपों में प्रकट हो सकता है।

हमने ऊपर देखा है कि विभिन्न प्रतिद्वन्द्वी सिद्धांतों की अपने आलोचना में बर्गसां ने 'आँख' के विकास का उदाहरण लिया तथा मूलतः अपने **निर्णायक दृष्टांत** (पेक्टन एवं मानव की आँख की समानता) का उदाहरण लिया, तथा दिखाया कि इनकी व्याख्या में वे सभी सिद्धांत असमर्थ हैं। बर्गसां कहते हैं कि उनके सिद्धांत के द्वारा इन सभी तथ्यों की व्याख्या बड़ी सुगमता से हो जाती है। उनके अनुसार किसी भी अवयव के विकसित होने का अर्थ है कि कोई आन्तरिक प्रवृत्ति है जिसका यह बाह्य रूप है। वह प्रवृत्ति प्रवृत्ति होने के कारण किसी क्रिया की योजना है, कुछ 'करने' का प्रयत्न है। उस अवयव के हर अंश उस योजना को रूप देने के लिए विकसित होते हैं, इसी कारण उन अंगों में पारस्परिक सामंजस्य होता है। ऐसी ही जैविक प्रकृति की अभिव्यक्ति 'आँख' जैसे अवयव में भी है। अब यह तो पहले से तय नहीं किया जा सकता कि उस प्रवृत्ति की अभिव्यक्ति किस रूप में होगी, अतः यह सम्भव है कि वह भिन्न-भिन्न रूपों में व्यक्त हो, अथवा किसी दो दिशा में सर्वथा एक रूप में व्यक्त हो। यही कारण है कि पेक्टन तथा मानव की आँख एक जैसी हो गयी। एक ही मूल शक्ति एवं एक ही मूल प्रवृत्ति की दोनों अभिव्यक्तियाँ हैं, तथा यह भी है कि उस प्रवृत्ति की अभिव्यक्ति का कोई पूर्व-निर्धारण नहीं होता। अतः दो दिशाओं में एक जैसी अभिव्यक्ति होने में किसी प्रकार की विसंगति नहीं।

बर्गसां कहते हैं कि इस बात को समझने में कठिनाई इस कारण होती है कि हम विकास-प्रक्रिया को एक ढंग से समझने के आदी हो गये हैं। हम सामान्यतः विकास को कालक्रम में बाँध देते हैं, तथा विकास के प्रारंभिक चरण, तथा बाद के चरण को एक दूसरे से सर्वथा भिन्न बना देते हैं। बर्गसां के अनुसार विकास का स्वरूप वैसा है ही नहीं, विकास प्रक्रिया एक सीधी रेखा में अग्रसर होती ही नहीं है। बर्गसां कहते हैं कि विकास की गति

तोप की गोली के समान एक रेखा में नही चलती, इसकी तुलना **बम के गोले** से की जा सकती है, जिसके फटने पर उसके विखण्डित अंश चारों दिशाओं में फैल जाते हैं। यह नहीं पहले से तय किया जा सकता है कि वे विखण्डित अंश किस दिशा में किस गति से अग्रसर होंगे। फिर भी वे सभी एक प्रवृत्ति के ही व्यक्त रूप हैं।

नदी की धारा की उपमा को सोचें अथवा बम फटने की, दोनों में कुछ अभिव्यक्तियाँ पूर्णतया स्पष्ट होती हैं, तथा कुछ अस्पष्ट। बर्गसां कहते हैं कि **जीव जगत** में जीव शक्ति की कुछ अभिव्यक्तियाँ इतनी स्पष्ट हो गयी हैं, कि उनके स्वरूप को समझने की चेष्टा की जा सकती है। इसका अर्थ नहीं कि इनके अतिरिक्त अन्य अभिव्यक्तियाँ हैं ही नहीं, वे होंगी ही, किन्तु उनकी अस्पष्टता के कारण हम उन्हें पकड़-समझ नहीं पाते। बर्गसां कहते हैं कि **तीन** ऐसी प्रमुख तथा स्पष्ट अभिव्यक्तियाँ हैं, जिन्हें हम देख पाते हैं। वे हैं—सुप्ति (Torpor), मूल-प्रवृत्ति (Instinct) तथा प्रज्ञा (Intellect)। सुप्ति पेड़-पौधों में दिखाई देती है, मूल-प्रवृत्ति से सामान्यतः पशु-पक्षी संचालित होते हैं, तथा मानव की विशिष्टता प्रज्ञा में है।

इसका यह अर्थ नहीं कि तीनों एक दूसरे से सर्वथा भिन्न हैं। दोनों एक ही जीव-शक्ति की अभिव्यक्तियाँ हैं, अतः कुछ अर्थों में उनमें समानतायें भी हैं। किन्तु, कुछ ऐसी उनकी विशिष्टतायें हैं जिनके आधार पर उनमें भेद किया जाता है। पेड़ पौधों में ऐसी प्रवृत्ति होती हैं कि वे हवा-पानी जैसे तत्त्वों को अपने में खींच सकते हैं। अतः उनमें चेतना कुछ सोयी सी रहती है, जिनमें वाह्य गति की आवश्यकता भी नहीं हैं। किन्तु, पशु-पक्षी में भोजन के लिए हवा-पानी से सामग्री नहीं मिलती, अतः उन्हें भोजन की खोज में घूमना प्रड़ता है। फलतः ऐन्द्रिक तथा पेशीय तन्त्रों (Sensory and Motor Organs) निकल आते हैं। फिर भी उनकी सामान्य गतिविधियाँ मूल-प्रवृत्ति (Instinct) से निर्धारित होती हैं।

मूल-प्रवृतृित तथा प्रज्ञा (Instinct and Intelligence) एक दूसरें सें विपरीत नहीं, भिन्न हैं। ऐसा नहीं है कि प्रज्ञा वाले मानव में मूल-प्रवृत्ति का अभाव है, अथवा पशु-पक्षी में कोई बुद्धि की क्रिया नहीं होती। फिर भी, दोनों में अंतर है। मूल-प्रवृत्ति सहज-प्रवृत्ति है, अतः उसके उपकरण जैविक है। इसके विपरीत बुद्धि या प्रज्ञा कृत्रिम उपकरणों से काम करती है, अपने उपकरण बनाती है। पुनः मूल-प्रवृत्ति स्वभावतः उस ओर होती है जिसे प्राप्त करना उसका लक्ष्य है, उसे उस लक्ष्य की अवगति होती है। बुद्धि वहीं कारगर होती है जहाँ मूल प्रवृत्ति असफल रहती है। मूल प्रवृत्ति की यह असफलता इस कारण है कि उसमें अपने को परिवर्तित करने की शक्ति नहीं होती, उसका व्यवहार का एक ही ढंग होता है। प्रज्ञा में यह शक्ति होती है कि वह वातावरण की मांगों के अनुरूप योजना बना सके। इन्हीं आधारों पर इनमें भेद किया जाता है।

अब स्पष्ट हो गया कि बर्गसां के अनुसार विकास-प्रक्रिया विकास की सारी अभिव्यक्तियों को साथ लिए चलती है। विकास-प्रक्रिया एक वृक्ष के समान बढ़ती है—जिसमें बीज-शक्ति वृक्ष के मूल तने में विकसित होती है तथा शाखाओं में, टहनियों में, पत्तों में। यह तय नहीं किया जा सकता कि कौन-सी टहनी किस रूप में किस दिशा में बढ़ेगी। सभी टहनियां, तथा सभी पत्तों का निरूपण भी स्पष्ट नहीं होता, किन्तु मुख्य डालों पर निरूपण स्पष्ट होता है। उसी प्रकार मूल जीव-शक्ति की अभिव्यक्ति भिन्न-भिन्न दिशाओं में होती है, हम इसकी मुख्य 'डालों'—मुख्य शाखाओं को पकड़-समझ लेते हैं तथा उसका स्वरूप निर्धारण करते हैं। अभी तक वैसी मुख्य शाखायें हैं—सुप्ति, मूल-प्रवृत्ति तथा प्रज्ञा।

प्रज्ञा तथा अन्तर्दृष्टि
(Intellect and Intuition)

(i) भूमिका

अभी तक बर्गसां के ज्ञानमीमांसीय विचारों की ओर यदाकदा संकेत मात्र होता रहा है, उसका विवरण नहीं प्रस्तुत किया गया है। उनका तत्त्व-विचार कुछ ऐसे अनूठे ढंग का है कि उसके अनुरूप ही उनकी ज्ञान-मीमांसा रूप ले लेती ही है। फलतः उनके लिए ज्ञानमीमांसीय समस्याओं में केन्द्रीय समस्या **सत् के ज्ञान के श्रोत** से संबंधित हो जाती है' हम यहाँ मात्र उसी का उल्लेख करेंगे।

यह प्रश्न केन्द्रीय इस कारण बन जाता है; क्योंकि बर्गसां के अनुसार सत् का वह स्वरूप जो हमें सामान्य जीवन में साधारणतः ज्ञात होता है, वह सत् का वास्तविक स्वरूप नहीं। वह तो हमारी बुद्धि व्यवहारिकता एवं उपयोगिता की दृष्टि से चित्रित कर लेती है, तो प्रश्न रह ही जाता है कि हमें यह जानकारी कैसे प्राप्त होती है कि सत् का स्वरूप इससे भिन्न है। सत् के स्वरूप की वास्तविकता का ज्ञान हमें किस प्रकार होता है। ऊपर संकेत किया गया है कि बर्गसां के अनुसार यह ज्ञान अन्तर्दृष्टि से प्राप्त होता है। तो, बर्गसां के लिए यह अनिवार्य हो जाता है कि वह **बुद्धि** अथवा **प्रज्ञा** (Intellect) एवं **अन्तर्दृष्टि** (Intuition) के स्वरूप को स्पष्ट करे तथा दोनों की भिन्नता भी स्पष्ट करे।

(ii) मूल-प्रवृत्ति एवं प्रज्ञा

हमने ऊपर प्रज्ञा के विकास के विषय में बर्गसां के विचारों का उल्लेख किया है। वहाँ यह स्पष्ट किया गया है कि प्रज्ञा (Intellect) मूल प्रवृत्ति (Instinct) से भिन्न है। इसी भिन्नता के अवबोध से प्रज्ञा का स्वरूप स्पष्ट होता है। मूल-प्रवृत्ति में एक सहजता होती है, स्वभाविकता होती है। उसमें स्वतः प्रवृत्ति रहती है। इसी कारण मूल-प्रवृत्ति-मूलक क्रियाएँ सहज एवं तात्कालिक होती हैं। इसके विपरीत प्रज्ञात्मक कार्यों में ऐसी सहजता एवं तात्कालिकता नहीं होती। बुद्धि के कार्य सहज रूप में प्रारम्भ नहीं होते, उसके लिए उसे कुछ सामग्रियों की आवश्यकता होती है, जो अनिवार्यतः उसे इन्द्रियों के माध्यम से प्राप्त हाती है। मूल-प्रवृत्ति जो सहज-प्रवृत्ति है उसकी इंद्रियों पर ऐसी निर्भरता नहीं है, किन्तु बुद्धि की है। बुद्धि की इन्द्रिय-ज्ञान पर इस **निर्भरता** का एक **कारण** है तथा एक **परिणाम**, और दोनों बुद्धि अथवा प्रज्ञा के स्वरूप को स्पष्ट करते हैं।

इसका **कारण** यह है कि मूल-सहज प्रवृत्ति तो जैविक प्रवृत्ति है—अतः जैविक ढंगों से पूर्णतया निकट है। इसको क्रियाएँ पूर्णतया जैविक हैं। किन्तु, प्रज्ञामूलक क्रियाएँ जैविकता के इतने निकट नहीं, बल्कि इनकी तो कार्य-प्रणाली के लिए कुछ साधनों का होना अनिवार्य हैं। उन साधनों के अंतर्गत कुछ सामग्रियाँ हैं जो इन्द्रिय-ज्ञान से प्राप्त होते हैं, तथा कुछ यान्त्रिक उपकरण हैं जिन्हें वह स्वयं बना लेता है। ऐसे उपकरण भी निर्जीव तत्त्वों (Dead Matter) से ही बनते हैं। फलतः बुद्धि के कार्य साधन-आश्रित हो जाते हैं, तथा उनमें एक प्रकार की कृत्रिमता (artificiality) आ जाती है। यह कृत्रिमता उसे जैविक-प्रवृत्ति से दूर कर देती हैं।

(iii) प्रज्ञा की अपर्याप्तता

इसका परिणाम यह होता है कि बुद्धि के द्वारा जो ज्ञान प्राप्त होता है, सत् का जो

चित्र उपलब्ध होता है, वह सत् का मौलिक-वास्तविक चित्र नहीं होता। प्रज्ञा अथवा बुद्धि अनिवार्यतः इंद्रिय-आश्रित होती है। इन्द्रियाँ सत् के प्रवाह को खण्डित कर किसी क्षण के रूप को पकड़ती हैं। उसी पर प्रज्ञा का कार्य आश्रित है। इन्द्रियों से उपलब्ध इस जानकारी पर प्रज्ञा पुनः सत् का व्यवस्थित चित्र बनाने का प्रयास करती है। किन्तु, इस प्रयास के उपकरण कृत्रिम हैं, अतः ज़ो चित्र मिटता है वह सत् के मौलिक स्वरूप को चित्रित नहीं कर पाता। प्रज्ञा का ढंग विश्लेषणात्मक होता है। विश्लेषण-प्रक्रिया किसी भी तत्त्व को उन तत्वों में डालने की चेष्टा करती है जो पहले से ज्ञात है। बर्गसां कहते हैं कि विश्लेषण-प्रक्रिया अनिवार्यतः अनुवाद-प्रक्रिया है, जो स्वनिर्मित प्रतीकों के माध्यम से कार्य करती है। (All analysis is thus a translation, a development into symbols, a representation taken from successive points of view........)। इस प्रकार के प्रज्ञात्मक प्रतीक ही संप्रत्यय (Concepts) कहे जाते हैं। प्रज्ञा का हर कार्य इन्हीं संप्रत्ययों के द्वारा ही संपादित होता है। बर्गसां का कहना है कि वस्तुतः संप्रत्यय सत् के चित्र नहीं, सत् के स्थान पर प्रज्ञा-निर्मित कृत्रिम भाव हैं। फलतः इन संप्रत्ययों के द्वारा प्रस्तुत चित्र सत् का प्रज्ञा-निर्मित कृत्रिम चित्र है। संप्रत्ययन-प्रक्रिया का दूसरा दोष यह है कि संप्रत्यय को एक सार्वभौमता दे देता है, जिसके फलस्वरूप संप्रत्यय जो कह सकता है, उससे बहुत अधिक कहने का दावा कर लेता है।

बर्गसां को प्रज्ञा के कार्यों में एक अन्य बात भी दिखाई देती है जिसके कारण प्रज्ञा पर आश्रित सत्ता-दर्शन वास्तविक हो ही नहीं सकता। प्रज्ञा का कोई कार्य पूर्णतया निष्काम तथा निर्लिप्त ढंग से नहीं होता। प्रज्ञा के द्वारा ज्ञान की खोज पूर्णतया ज्ञात-हेतु नहीं होता, उसमें कोई आसक्ति या कोई प्रयोजन होता ही है। जब हम किसी संप्रत्यय को किसी वस्तु के साथ बिठाते हैं, तो अनिवार्यतः हमारा उद्देश्य यह जानना होता है कि उस विषय-वस्तु से हमारा कौन सा कार्य सिद्ध हो सकता है। किसी वस्तु पर किसी संप्रत्यय के चिपकाने का अर्थ ही होता है कि हम यह तय करें कि उस वस्तु के प्रति कैसी मनोवृत्ति बनेगी अथवा उससे कौन-सी क्रिया संपन्न होगी। अतः बर्गसां का कहना है कि इस प्रकार का ज्ञान व्यवहारिक हो सकता है, उपयोगी हो सकता है, किन्तु यह ज्ञान 'ज्ञान' नहीं है, क्योंकि इस ज्ञान में सत् की वास्तविकता स्पष्ट नहीं होती, वस्तु की यथार्थता का ज्ञान नहीं होता। ऐसे आसक्तिपूर्ण ज्ञान पर दार्शनिक दृष्टि को नहीं आधारित किया जा सकता। उसके लिए तो तत्व की वास्तविकता में प्रवेश करना पड़ेगा—उसके अंतर में देखना पड़ेगा।

यहाँ पर पहले दी गयी फिल्म के रील की उपमा प्रासंगिक हो जाती है। प्रज्ञा या बुद्धि कैमरे के समान सत् के हर क्षण के चित्र को उतारती रहती है, क्योंकि उसका मूल उद्देश्य व्यवहारिक कार्य है, तथा इन कार्यों की सिद्धि में प्रज्ञा सहायक है।

(iv) अन्तर्दृष्टि (Intuition) का स्वरूप

प्रज्ञा की उपर्युक्त अपर्याप्तता दिखाते हुए बर्गसां कहते हैं कि सत् की वास्तविकता के लिए अन्तर्दृष्टि अनिवार्य है। प्रज्ञा सत् का बाह्य रूप पकड़ती है, उसकी वास्तविकता अन्तर में प्रवेश कर देखने से ही प्राप्त हो सकती है। अतः बर्गसां अन्तदृष्टि का स्वरूप विशद रूप में स्पष्ट करते हैं।

बर्गसां अन्तर्दृष्टि का भिन्न-भिन्न प्रकार से विवरण देते हैं। मूलतः यह कहा जा सकता है कि अन्तर्दृष्टि एक ऐसा **बौद्धिक अनुचिन्तन** है जिसमें हम अपने को विषय-वस्तु के

अंतर में इस प्रकार बिठा देते हैं कि उसकी उस विशिष्टता से एकरूप हो जायें जिसे हम व्यक्त नहीं कर पाते (By Intuition is meant the kind of *Intellectual sympathy* by which one places himself within an object in order to coincide with what is unique in it and consequently inexpressible)। सत्ता की विशिष्टता स्पष्ट रूप में व्यक्त नहीं होती, उसे व्यक्त करने की चेष्टा हम उसे विकृत कर देते हैं, उसके प्रवाह को तोड़ देते हैं। अतः उसकी विशिष्टता को पकड़ने के लिए उसके अन्तर में प्रवेश कर उससें एकरूप होना अनिवार्य है। इसे ही **अन्तर्दृष्टि** कहा गया है।

किन्तु, इतने से अन्तर्दृष्टि का स्वरूप स्पष्ट नहीं होता, इस सूत्र का स्पष्टीकरण आवश्यक है। अन्तर्दृष्टि का अर्थ है कि सत् की विशिष्टता से एकरूप होना। सत् तो जीव-शक्ति है, अतः वह प्रयत्न जो जीव-शक्ति के समरूप हो, वही उसकी विशिष्टता से एकरूप हो सकता है। ऐसी प्रवृत्ति को अनिवार्यतः जैविक होना चाहिए। हमने देखा है कि मूल सहज-प्रवृत्ति (Instinct) जैविक प्रवृत्ति है, इसी कारण उसमें सहजता एवं तात्कालिकता है। अतः अन्तर्दृष्टि को सहज-प्रवृत्ति के समान सहज एवं तात्कालिक होना चाहिए। किन्तु, सहज-प्रवृत्ति तो प्रायः अचेतन प्रवृत्ति है, इसमें क्रियात्मकता तो है, किन्तु उसकी चेतन-अनुभूति नहीं है, उसका ज्ञान नहीं है।

तो इसका अर्थ यह हुआ कि अन्तर्दृष्टि को एक ओर तो जैविक क्रियात्मकता से सहज रूप में एकरूप होना है, तथा दूसरी ओर इस प्रक्रिया की वहाँ चेतन-अनुभूति (Consciousness) भी होनी चाहिए। अर्थात् सहज मूल-प्रवृत्ति में यदि चेतन अनुभूति भी जुट जाय, तो वही अन्तर्दृष्टि होगी। परन्तु चेतन-अनुभूति ही तो **प्रज्ञा** है। इसका अर्थ हुआ कि अन्तर्दृष्टि में मूल सहज-प्रवृत्ति तथा प्रज्ञा दोनों का समन्वयित संगठन है। इसी कारण बर्गसां कहते हैं कि **यदि मूल-सहज प्रवृत्ति चेतन भी हो जाय, तो वह अन्तर्दृष्टि हो जायगी** (Intuition Instinct made conscious by Intellect) । (By Intuition I mean instinct that becomes disinterested, self conscious capable of reflecting upon its objects and enlarging it indefinitely) अतः बर्गसां के अनुसार अन्तर्दृष्टि भी एक जैविक-प्रवृत्ति है जो सहजरूप में वस्तु की विशिष्टता के साथ एकरूप हो जाती है, तथा साथ-साथ उसे इस एकरूपता का ज्ञान भी होता है, उसकी चेतना अनुभूति भी होती है। वह सहज-प्रवृत्ति के अनुकूल क्रियामूलक है, तथा प्रज्ञा के समान चेतन है। उसकी जैविक क्रियात्मकता उसे सत् की विशिष्टता से एक रूप कर देती है, उसकी प्रज्ञात्मकता उसे इस एकरूपता की चेतन-झाँकी भी देती है। ऐसी अनुभूति ऐसी अन्तर्दृष्टि हमें भावनात्मक स्थितियों में होती है। शुद्ध प्रज्ञात्मक ढंग से देखने पर भावनायें खंडित हो जाती हैं, भावनाओं के वेग मात्र में उसकी अनुभूति नहीं। जब भावनात्मक स्थितियों पर **बौद्धिक अनुचिन्तन** (Intellectual Sympathy) हो तभी उसकी एकरूपता की चेतन अनुभूति होती है। यही कारण है कि बर्गसां के विवरण में **'बौद्धिक अनुचिन्तन'** शब्द का प्रयोग हुआ है।

स्पष्ट है कि वर्गसां के अनुसार अन्तर्दृष्टि प्रज्ञा का विरोधी या उसके विपरीत नहीं है, प्रज्ञा जब अपने समाान्य ढंग के कार्यों को छोड़ सहज-प्रवृत्ति के साथ सहयोग करती है, जब वह जीव-शक्ति के सत्-प्रवाह को खण्डित करने का प्रयत्न छोड़ उस प्रवाह की तात्कालिक अनुभूति में अपना योगदान देती है, तब वह अन्तर्दृष्टि का अनिवार्य अंग बन

जाती है। इसी कारण बर्गसां कहते हैं कि बिना प्रज्ञा के अन्तर्दृष्टि सार्थक नहीं हो सकती। प्रज्ञा ही ज्ञानोपलब्धि का प्रेरक है, बिना प्रज्ञा के अन्तर्दृष्टि मूल सहज-प्रवृत्ति जैसी रह जायगी जिसे अपनी क्रियाशीलता को चेतना भी नहीं है। जैविक सहज-प्रवृत्ति को अन्तर्दृष्टि में परिवर्तन का कार्य प्रज्ञा के द्वारा ही सम्पादित होता है। इतना ही नहीं, बर्गसां कहते हैं कि प्रज्ञा एक और कार्य में अन्तर्दृष्टि का सहायक है। अन्तर्दृष्टि से प्राप्त सत् दूसरों तक पहुँच ही नहीं सकता यदि प्रज्ञा उसे उस रूप में उपस्थित न करे। प्रज्ञा अथवा बुद्धि की कार्यक्षमता तत्वों को संबंधित करने में है। जब यह इन्द्रियों से प्राप्त संवेदनाओं को एक दूसरे से सम्बन्धित करती है, तो व्यवहारिकता की दृष्टि से वह ज्ञान उपयोगी सिद्ध होता है। उसी प्रकार इन्हीं क्रियाओं के द्वारा भिन्न-भिन्न प्रत्ययों को नये-नये ढंग से संबंधित करते हुए यह विभिन्न विज्ञानों की भी स्थापना करती है। अब यदि अन्तर्दृष्टि से प्राप्त ज्ञान पर भी यह अपनी प्रक्रिया लगाते हैं, तो ऐसे 'दर्शन' की सृष्टि होती है जो सत् का वास्तविक दर्शन कहा जा सकता है। वह तो जब प्रज्ञा अन्तर्दृष्टि के विपरीत जाती है, तो इसके द्वारा चित्रित चित्रों में कृत्रिमता आती है।

इस प्रकार बर्गसां कहते हैं कि अन्तर्दृष्टि सत् की वास्तविक समझ प्रदान करती है, जीव शक्ति की दोनों गतियां—'अग्रसर होनेवाली' तथा 'रोकनेवाली'—का अवबोध सार्थक करती है। यह ठीक है कि अन्तर्दृष्टि से सत् की झाँकी मिलती है, कालावधि की तात्कालिक समझ मिलती है। ऐसा नहीं होता कि कोई **शाश्वत** अन्तर्दृष्टि जैसा कुछ हो, वैसा होता तो कालावधि (Duration) की झांकी मात्र नहीं मिलती। फिर भी, उसी झाँकी में वास्तविकता छिपी है, तथा उसी के आधार पर चित्रित चित्र सत् का यथार्थ चित्रण हो सकता है।

❑

अध्याय 5

जी० ई० मूर (१८७३-१९५८)

(G. E. MOORE)

(1873 - 1958)

भूमिका

बीसवीं शताब्दी के पूर्वार्द्ध में कैम्बरीज दार्शनिक चिन्तन का केन्द्र रहा। ब्रिटिश दर्शन के कुछ प्रबल स्तम्भ वहीं स्थापित हुए। जी० ई० मूर उनमें एक थे। एक दृष्टि से तो बाद का सम्पूर्ण ब्रिटिश दर्शन तथा अंग्रेजी भाषी देशों का दर्शन मूर, रसेल तथा विटगेन्स्टीन का ऋणी है ही। ये तीनों प्रायः एक काल में ही कैम्ब्रिज में थे। मूर 1911 से 1939 तक वहाँ अध्यापन करते रहे। 1925 से 1947 तक वे **'माइन्ड'** (Mind) के सम्पादक भी रहे।

मूर के दर्शन का ढंग उस समय के प्रचलित ढंग से सर्वथा भिन्न था। पहले के दर्शन-शास्त्री तात्विक समस्याओं का एकबारगी समाधान कर लेना चाहते थे, वे सभी ऐसे सम्पूर्ण दर्शन के निर्माण में उलझ जाते थे जिसमें तत्व, ज्ञान, आचार, आदर्श, धर्म इत्यादि सभी समस्याओं का निदान एक साथ मिल सके। उनके लिए किसी प्रश्न का अछूता रह जाना दर्शन की कमजोरी सिद्ध होती थी। वे सभी, विशेषतः तत्त्व-दार्शनिक (Metaphysicians) एक सम्पूर्ण दर्शन (system of philosophy) बनाने में लगे थे। यही उनका परम लक्ष्य था। मूर को यह सारा प्रयत्न ही निरर्थक प्रतीत होता था, कुछ अर्थ में अबौद्धिक भी प्रतीत होता था। अबौद्धिक इस कारण कि इस प्रकार से सभी समस्याओं के एक साथ निदान का प्रयत्न बौद्धिक नहीं हो सकता। सम्पूर्णता एवं संगठन की खोज बहुधा सत्य का हनन भी कर देती है। निरर्थक इस कारण कि वैसे सम्पूर्ण दर्शन से वांछनीय लक्ष्य की प्राप्ति भी नहीं हो सकती। अतः सम्पूर्ण दर्शन के स्थान पर उनका कहना है कि दर्शन का कार्य जैसे-जैसे समस्यायें उभरें, वैसे वैसे उनसे जूझना है। अनेकों प्रकार की समस्यायें उभर सकती हैं, हर पर चिन्तन उनके स्वरूप के अनुरूप होना चाहिए। एक दृष्टि से कहा जा सकता है कि मूर ने दार्शनिक चिन्तन में एक प्रकार के **तदर्थता** (Ad hocism) का प्रारम्भ किया जो बाद के दर्शन में बड़े प्रबल रूप में निखरा।

यही कारण है कि मूर भिन्न-भिन्न प्रकार की समस्याओं से भिन्न भिन्न रूप में जूझते रहे हैं। यही कारण है कि मूर ने किसी विशेष समस्या पर एक पूर्ण पुस्तक कम ही लिखी है, अधिकतर उन्होंने लेख ही लिखा है। वह इस कारण कि अलग-अलग समस्याओं का दार्शनिक विवेचन अलग-अलग लेखों में किया जा सकता है।

अब प्रश्न यह उठता है कि ऐसी समस्याएँ उन्हें सूझती कहाँ से हैं, उनकी समस्याएँ उत्पन्न कैसे होतीं हैं? मूर ने इसका स्पष्ट उत्तर दिया है। उनका कहना है कि दार्शनिक समस्याएँ उन्हें अन्य दर्शनशास्त्रियों के लेखों से प्राप्त होती रही हैं। ये समस्याएँ आकाश से नहीं टपकतीं, अन्य विचारक जगत-सम्बन्धी, विज्ञान-सम्बन्धी बहुत-सी बातें कहते रहे हैं, उन्हीं बातों में

मूर को अपनी समस्या दिखाई देती है। वैसी बातों में मूर की रुचि दो प्रकार के प्रश्नों में रही है। **एक** तो यह कि उनकी पेरशानी यह हो जाती है कि जो अन्य विचारक कहते हैं, उसका अर्थ उतना स्पष्ट नहीं रहता जितना ऊपर से दिखाई देता है। तो, मूर की समस्या है कि वस्तुतः जो कहा जा रहा है, उससे विचारक का अर्थ-तात्पर्य क्या है। **दूसरे**, उनके लिए यह भी समस्या रही है कि विचारक जिस बात पर जोर दे रहे हैं, जिसे सत्य या असत्य मान रहे हैं, उसे उस रूप में कहने-स्वीकारने के पीछे उनकी क्या संगत युक्तियाँ हैं। वस्तुतः मूर द्वारा की गयी हर समस्या का विश्लेषण इन्हीं दो प्रश्नों के समाधान का प्रयास है। उदाहरणतः अपने बहुत ही प्रारम्भिक लेख 'A Refutation of Idealism' में वे मात्र यही देखना चाहते हैं कि प्रत्ययवादी जब अपनी उक्तियाँ देते हैं(जैसे 'दृश्यते इति वर्तते—Esse is Percipi) तो इससे उनका क्या तात्पर्य है, तथा ऐसा कहने का क्या तर्क-संगत आधार है।

फलतः मूर के अध्ययन से सर्वप्रथम हम उनकी चिन्तन-विधि की संक्षिप्त रूपरेखा खींचने की चेष्ट करेंगे। किन्तु, समस्यायें तो अनेक हैं, हम स्थानाभाव के कारण मूर के द्वारा सोची गयी सभी समस्याओं का उल्लेख नहीं कर पायेंगे, कुछ ऐसी प्रमुख समस्याओं का उल्लेख करेंगे जिसमें मूर की विशिष्टता झलकती है। वहाँ भी कमी रह ही जायगी। मूर की प्रसिद्धि का एक कारण उनका नीतिशास्त्रीय चिन्तन (Ethical views) है, किन्तु इस पुस्तक में हम उनके उस विचार को प्रस्तुत नहीं कर पायेंगे। वे महत्त्वपूर्ण हैं, किन्तु इस पुस्तक की अपनी सीमा है।

चिन्तन विधि–विश्लेषण *(Pilosophical Method : Analysis)*

(i) पृष्ठभूमि

पाश्चात्य दर्शन में, विशेषतः बीसवीं शताब्दी में, दार्शनिक विधि के रूप में विश्लेषणात्मक विधि (Philosphical Analysis) को बड़ा महत्त्व मिला है। कुछ दशकों तक तो इंगलैण्डं, अमेरीका के प्रायः सभी दार्शनिक, तथा अन्य देशों के कुछ दार्शनिक विश्लेषण-क्रिया तथा दार्शनिक चिन्तन को पूर्णतया एक ही मानते रहे हैं। विश्लेषण-विधि के इस महत्त्व के कारण इसे पाश्चात्य दर्शन के ऐतिहासिक संदर्भ में बिठाने की भी चेष्टा हुई। इस चेष्टा में प्रायः एक मत से यह कहा जाता रहा कि इस विधि के प्रयोग का आरम्भ मूर के दर्शन में हुआ है। कुछ विचारकों ने इस विधि के वर्तमान रूप का प्रणेता-जनक मूर को ही माना है। यह ठीक है कि मूर का दार्शनिक समस्याओं से जूझने का एक अपना ढंग है, अपनी विधि है। उसी विधि में लोग विश्लेषणात्मक विधि का प्रारम्भ देखते हैं। अतः इस विधि के ऐतिहासिक महत्त्व के चलते यह देखना अनिवार्य हो जाता है कि मूर के दार्शनिक चिन्तन की विधि का स्वरूप क्या है।

रुचिकर बात यह है कि मूर ने स्वयं कभी भी यह नहीं कहा है कि वे विश्लेषणात्मक विधि जैसी किसी विधि का प्रयोग कर रहे हैं। उन्होंने अपनी-विधि की रूपरेखा खींचने की चेष्टा भी नहीं की है। उन्होंने यह भी नहीं कहा है कि विश्लेषण ही दर्शन की एकमात्र विधि है। शिल्प की सम्पादित पुस्तक 'The Philosophy of G. E. Moore' में लैंगफोर्ड के द्वारा लिखा गया मूर की विधि पर लेख में उठाये गए प्रश्नों की विवेचना करते हुए मूर ने 'Reply to my Critics' में अपनी विधि के सम्बन्ध में कुछ स्पष्टीकरण प्रस्तुत किया है। फिर भी, उस स्पष्टीकरण में उन्होंने अपनी विधि को निश्चित रूप नहीं दिया, उसे निश्चित ढंग से बाँधने का प्रयास भी नहीं किया। यह इस कारण कि उन्हें ऐसा लगता है कि इस प्रकार विधि

को संगठित करने का प्रयास विधि को व्यापकता को बाँध नहीं सकता। अतः **मूर के विश्लेषण के स्वरूप को समझने के लिए उनके वास्तविक प्रयोगों को देखना अनिवार्य है,** यह देखना अनिवार्य है कि कैसे वे अपने लेखों एवं पुस्तकों में इस विधि का प्रयोग करते हैं।

फिर भी, उन्हीं प्रयोगों के आधार पर उनकी विश्लेषण-पद्धति को समझने का प्रयास किया जा सकता है। ऐसा बहुत से विचारकों ने किया भी है। वही यहाँ भी अभीष्ट है।

(ii) कुछ मूल मान्यतायें

मूर के विश्लेषण-विधि की विशिष्टताओं को समझने के पहले हम विश्लेषण-संबंधी मूर की कुछ मूल मान्यताओं को ध्यान में रखेंगे। **प्रथमत:** मूर तो सामान्य-ज्ञान समर्थ हैं, अतः विश्लेषण (Analysis) शब्द का सामान्य ज्ञान के अनुरूप जो अर्थ है, उसे वे माने हुए हैं। विश्लेषण शब्द का मूलार्थ है किसी जटिल वस्तु का उसके छोटे-छोटे अंगों में विभाजन। यह विभाजन इस लक्ष्य से किया जाता है कि जटिल वस्तु की विशिष्टता स्पष्ट हो। उसकी जटिलता में उसका रूप पूर्णतया स्पष्ट नहीं होता, अतः यह सोचा जाता है कि यदि उसे उसके छोटे-छोटे अंगों में विभाजित कर दें, तथा **यह भी देख लें कि वे अंग किस प्रकार एक-दूसरे से संबंधित हैं जिससे वह वस्तु अपने रूप में प्रकट होती** है, तो उस जटिल वसतु का अवबोध स्पष्ट हो जायगा। अतः विश्लेषण-प्रक्रिया में मूर जिस वस्तु का विश्लेषण कर रहे हैं, उस पर अधिक प्रकाश देने का उद्देश्य रखते हैं, और यह मानते हैं कि यह प्रकाश तभी पड़ सकता है जब हम उसे उसके अंगों में विभाजित कर तथा उसके अंगों तथा उन अंगों के पारस्परिक संबंधों को स्पष्ट रूप में देखें। मूर की दूसरी मान्यता यह है कि जिस तत्त्व का वे विश्लेषण कर रहे हैं वह **शाब्दिक उक्तियाँ** (Verbal expressions) नहीं हैं। बाद के भाषा दार्शनिक बहुधा **भाषीय विश्लेषण** (Linguistic Analysis) का प्रारम्भ मूर के विचारों में मानते हैं, किन्तु मूर ने 1942 में ही यह स्पष्ट कर दिया था कि वे जिसका विश्लेषण करते हैं वह भाषीय तत्व नहीं बल्कि भाषा के इतर कोई तत्व (extralinguistic entity) है। इस भाषा से इतर तत्व को संप्रत्यय (concept) प्रस्थापना (proposition), भाव (Idea) आदि नामों से पुकारते हैं, किन्तु इतना स्पष्ट कहते हैं कि वे भाषीय अथवा **शाब्दिक उक्तियाँ** (Verbal expression) नहीं हैं। यह अवश्य है कि विश्लेषण में भाषीय-उक्तियों का हम उपयोग करते हैं, किन्तु **विश्लेषण** उनका नहीं होता। उनकी तीसरी मूल मान्यता यह है कि वे स्पष्टतः **अर्थ-बोध** (Understanding the meaning of) तथा **विश्लेषण करने** (giving an analysis of) में स्पष्ट भेद करते हैं। यह संभव है कि हम किसी प्रस्तावना या भाव के अर्थ को समझ रहे हैं, किन्तु उसका यह अर्थ नहीं कि हम उसका विश्लेषण कर रहे हैं। विश्लेषण का अर्थ शब्दों का शाब्दिक अर्थ देना नहीं है, एक भाषा से दूसरी भाषा में अनुवाद भी नहीं है। इसका लक्ष्य भावों का स्पष्टीकरण है, तथामूर के अनुसार यह संभव हैं कि हमें किसी भाव का अर्थ बोध हो, किन्तु हम उसका स्पष्टीकरण नहीं कर पायें। इसका तात्पर्य यह है कि यदि किसी उक्ति के लिए एक दूसरी उक्ति दी जाय तथा यह कहा जाय कि इस दूसरी उक्ति का अर्थ भी वही है जो पहली उक्ति का है, तो इससे उस प्रस्तावना का विश्लेषण नहीं कहा जा सकता, क्योंकि समानार्थक उक्ति देकर हम उस भाव या प्रस्तावना का कोई नया स्पष्टीकरण नहीं कर रहे हैं। इस विशेष अर्थ में विश्लेषण मात्र अर्थ-बोध नहीं है। इन तीन मूल मान्यताओं को ध्यान में रखकर हम मूर की विश्लेषण-पद्धति की रूपरेखा खींचने का प्रयास करेंगे।

(iii) कुछ प्रारम्भिक कठिनाइयाँ

विश्लेषण की प्रक्रिया में निहित एक विरोधाभास का संकेत प्लेटों के विचारों में ही मिलता है। प्लेटों ने **'मेनो'** में इसका संकेत दिया है कि अन्वेषण की प्रक्रिया चल ही नहीं सकती, क्योंकि अन्वेषण या तो उसका हो सकता है जिसका हमें ज्ञान है, अथवा उसका जिसका हमें ज्ञान नहीं है। अब जिसे हम जानते हैं उसके अन्वेषण का कोई अर्थ नहीं रखता, तथा जिसे हम नहीं जानते उसका अन्वेषण हम कर ही नहीं सकते—और यदि हम करें भी तो वह अन्वेषण गलत होगा। इसी आधार पर कहा जाता है कि विश्लेषण या तो ज्ञात वस्तु का हो सकता है या अज्ञात का। पहली स्थिति में विश्लेषण नगण्य (trivial) होगा तथा दूसरी स्थिति में गलत (false)। वैसे मूर तो इस विरोधाभाष के निराकरण का स्पष्ट प्रयास नहीं करते, किन्तु कहा जा सकता है कि उनके **अर्थबोध** तथा **विश्लेषण** के भेद के आधार पर इसका निराकरण हो जाता है। अर्थ-बोध में एक सामान्य अवगति मिलती है, वह पूर्ण अवबोध नहीं। उस अवबोध में जो भाव स्पष्ट हुआ उसका पूर्ण स्पष्टीकरण करना ही विश्लेषण है, तथा मात्र अवबोध होने पर यह सम्भव नहीं। उसी प्रकार विश्लेषण के विरुद्ध प्रत्ययवादी विचारकों (Idealists) की सामान्य आपत्ति का भी यहाँ निराकरण हो जाता है। उनका कहना है कि विश्लेषण-प्रक्रिया भावों की इकाई—एकत्व को तोड़ देती है, उसका खण्डन कर देती है, अतः इस प्रक्रिया से उस भाव का जो भी स्पष्टीकरण होगा, वह अयुक्त होगा। मूर की ओर से उत्तर दिया जा सकता है कि प्रत्ययवादी विचारकों की यह बात ही अयुक्त है, क्योंकि यह सहज-ज्ञान के विपरीत है, तथा यह मानकर चलता है कि अवबोध की प्रक्रिया भावों के स्वरूप को दूषित कर देती है। यहाँ लक्ष्य मात्र यही है कि भाव जिस रूप में ज्ञात होते हैं उसका स्पष्टीकरण हो सके। भावों की तात्त्विकता का प्रश्न विश्लेषण के लिए अप्रासंगिक है।

(iv) क्या विश्लेषित होता है ?

तो, मूर की विश्लेषण-प्रक्रिया में जटिल भावों को उनके छोटे अंशों में विश्लेषित किया जाता है, जिससे उस पर अधिक प्रकाश पड़े। सबसे पहले हम यह देखें कि विश्लेषण किसका होता है, विश्लेषण-प्रक्रिया में क्या विश्लेषित हो रहा है—जिसका विश्लेषण हो रहा है (Analysandum) वह क्या है। मूर की स्वीकारोक्ति है कि वह भाव या संप्रत्यय है या **प्रस्तावना** (Proposition) है। यहाँ **प्रस्तावना** तथा शाब्दिक उक्तियों के अन्तर को समझ लेना अनिवार्य है। मूर स्पष्ट कहते हैं कि वे शाब्दिक उक्तियों (Verbal expressions) का विश्लेषण नहीं कर रहे हैं। प्रस्तावना (Proposition) मात्र भाषीय वाक्य (Sentence) नहीं है। जब कोई कुछ वाक्य कहता है, या हम कोई वाक्य पढ़ते हैं तो जो उस वाक्य में हम पकड़ पाते हैं, वह प्रस्तावना है। हम अन्य से बातचीत करने के लिए, या अपने भावों को व्यक्त करने के लिए अपनी प्रस्तावनाओं पर कुछ लेबल चिपका देते हैं, जो भाषीय उक्तियाँ हैं या भाषीय वाक्य हैं। ये प्रस्तावनाओं की अनिवार्य-अभिव्यक्ति नहीं है। इस अन्तर को मूर ने बड़े सुन्दर ढंग से स्पष्ट किया है। एक शाब्दिक उक्ति या भाषीय वाक्य से भिन्न-भिन्न प्रस्तावनाओं का बोध हो सकता है। उदाहरणतः इस वाक्य को लें 'यह तो कालिमा है' इससे किसी के मन में 'कालिख' का बोध हो सकता है, तो किसी अन्य के मन में किसी जघन्य पापकर्म का। अंगरेजी का वाक्य (This is red) से किसी राजनैतिक सम्बन्ध का भी बोध हो सकता है, तो रंग का भी। इन उदाहरणों में यह भी नहीं कहा जा सकता कि इन

भावों की भिन्नता का कारण यह है कि दोनों अवबोधों में दोनों शब्दों के अर्थ ही भिन्न हैं। ऐसा कहने पर मूर की ही बातों की पुष्टि होती है कि शब्द या शाब्दिक उक्तियाँ 'लेबल' हैं। जिन्हें हम यथेच्छ मनमानी ढंग से किसी भाव, प्रत्यय, विचार के साथ चिपका देते हैं। पुनः प्रस्तावना तथा भाषीय उक्तियों का अन्तर इससे भी स्पष्ट होता है कि एक ही प्रस्तावना या भाव या विचार को हम भिन्न-भिन्न भाषीय उक्तियों के माध्यम से व्यक्त कर सकते हैं, जिसका सबसे स्पष्ट उदाहरण है कि एक ही प्रस्तावना को भिन्न-भिनन साधारण भाषा में—जैसे अंगरेजी में, हिन्दी में, जर्मन में आदि—भिन्न-भिन्न भाषीय उक्तियों के द्वारा व्यक्त कर सकते हैं। इसी अन्तर को ध्यान में रखते हुए मूर कहते हैं कि हम भाषीय उक्तियों का विश्लेषण नहीं करते, बल्कि भाव, विचार, प्रत्यय या प्रस्तावना का विश्लेषण करते हैं। यही कारण है कि हम भाषा का सही प्रयोग कर सकते हैं बिना यह जाने हुए कि उसका विश्लेषण कैसे करें। भाषीय प्रयोग की क्षमता तथा विश्लेषण की क्षमता, मूर के अनुसार, एक नहीं है।

(v) विश्लेषण-प्रक्रिया

अब यह स्पष्ट हो गया कि मूर के अनुसार (analysandum)—जिसका विश्लेषण होता है कि वह क्या है? इसी विवेचन से मूर के विश्लेषण-पद्धति से संबंधित एक महत्त्वपूर्ण निष्कर्ष भी स्थापित हो जाता है। **विश्लेषण का अर्थ किसी उक्ति के समानार्थक दूसरी उक्ति मात्र दे देना नहीं है। विश्लेषण दो उक्तियों की समानार्थकता सूचित करना नहीं है।** मूर कहते हैं कि कोई व्यक्ति ऐसी भाषा में दो उक्ति मेरे समक्ष रखता है जिस भाशा को हम नहीं जानते, तथा कहता है कि उस भाषा में दोनों उक्तियाँ समानार्थक हैं। हम यह स्पष्ट रूप में समझ लेते हैं कि उन दोनों उक्तियों का अर्थ एक हैं। किन्तु, उन दोनों में से कोई उक्ति मेरे लिए उस भाव को स्पष्ट नहीं कर रहा है जो उनके द्वारा सूचित है। अतः हमें उस भाव के विश्लेषण के सम्बन्ध में कोई प्रकाश नहीं मिल रहा।

अब हम यह देखें कि मूर की विश्लेषण-पद्धति में क्या किया जाता है। मूर के अनुसार विश्लेषण-प्रक्रिया में तीन शर्तों का पालन करना अनिवार्य है। जिसका विश्लेषण हुआ उसे हमें **'विश्लेष्य'** (Analysandum) कहेंगे। जिन भावों के द्वारा विश्लेष्य का विश्लेषण होना है (Analysans) उन्हें तीन शर्तों का पालन करना है—(1) ऐसा होना चाहिए कि जिनके द्वारा विश्लेशण हो रहा है उन भावों को जाने बिना कोई विश्लेष्य को पूरी तरह जान नहीं सकता। (2) किसी उदाहरण में कोई यह तब तक नहीं जाँच सकता कि उसमें क्या विश्लेष्य सूचित हो रहा है, जब तक उसे यह पता न चल जाय कि वहाँ विश्लेषण करनेवाले भाव भी सूचित हो रहे हैं। (3) कोई भाषीय उक्ति जो विश्लेष्य को सूचित करती है उसमें तथा 'विश्लेषण करनेवाले भावों' को सूचित करनेवाली भाषीय उक्ति प्रायः पर्यायवाची हो।

अब हम इन तीनों शर्तों का स्पष्टीकरण करें। इतना तो स्मरण ही रखना है, मूर के अनुसार **'विश्लेष्य'** तथा **'जिसके द्वारा विश्लेषण हो रहा है'** (Analysans)। ये कोई भाषीय उक्ति नहीं है। यह ठीक है कि विश्लेषण में हम **भाषीय उक्तियों का उपयोग** करते हैं, किन्तु जिसका विश्लेषण हो रहा है, तथा जिनके द्वारा वस्तुतः विश्लेषण हो रहा है वे अपने में **भाव या प्रस्तावना ही** हैं, भाषीय उक्ति नहीं। मूर के ही एक उदाहरण को देखें। हम कहते हैं कि 'क उसका भाई है।' हमें इसका विश्लेषण करना है। हमें इस भाषीय उक्ति का विश्लेषण नहीं करना है, बल्कि इसमें सूचित होता हुआ भाव— **'भाई'** (Brother) के भाव का विश्लेषण करना है। मूर कहते हैं कि यदि हम कहें

कि वह उसका **नर जातीय** सहोदर है' तो हम उस भाव का विश्लेषण कर रहे हैं। अर्थात् भाई (Brother) के भाव का विश्लेषण 'नर जातीय सहोदर' (Male Sibling) के भाव के द्वारा हो रहा है। अब यहाँ उपर्युक्त तीनों शर्तों का पालन हो रहा है। 'नर जातीय सहोदर के भाव की जानकारी के बिना भाई के भाव की जानकारी नहीं हो सकती। 'नर जातीय सहोदर' से जो सूचित हो रहा है वही 'भाई' से सूचित हो रहा है। तथा इस भाव को सूचित करनेवाली दोनों भाषीय उक्तियाँ 'यह उसका भाई है' तथा 'यह उसका नर जातीय सहोदर है'—पर्यायवाची हैं।

किन्तु, यहाँ पर एक स्पष्टीकरण अनिवार्य है। कहा जा सकता है कि यहाँ तो हमने विश्लेषण देने में 'भाई' शब्द का अर्थ बता दिया 'नर जातीय सहोदर'। तो क्या विश्लेशण का अर्थ समानार्थक शब्द देना है। मूर स्पष्ट कहते हैं—'नहीं'। विश्लेषण शब्दों के अर्थ के द्वारा नहीं किया जाता। अर्थ पर ध्यान देने का अर्थ हो जाता है कि हम शब्दों या भाषीय उक्तियों का विश्लेषण कर रहे हैं। उनके सामने समस्या है कि भाई शब्द से जो भाव सूचित हो रहा है उसे कैसे स्पष्ट किया जाय। शब्दों के अर्थ बताने से भाव स्पष्ट नहीं होता। ऐसा नहीं है कि भाई शब्द का मात्र शब्दार्थ है 'नर जातीय सहोदर'। जैसे, मूर के विश्लेषण में कहा गया कि 'भाई होना पर जातीय सहोदर होना है'। यदि 'नर जातीय सहोदर होना भाई शब्द का मात्र शब्दार्थ होता, तो उपर्युक्त कथन का अर्थ होता 'भाई होना, भाई होना है।' मूर कहते हैं कि ये दोनों कथन एक नहीं हैं। 'भाई होना भाई होना है'—यह भाई के भाव का विश्लेषण नहीं, क्योंकि इससे इस भाव का कोई स्पष्टीकरण नहीं होता। इसी कारण ऐसा विश्लेषण कोई नहीं करता। 'भाई नर जातीय सहोदर है'—इस कथन से भाई के भाव का स्पष्टीकरण होता है जो पहले कथन से नहीं होता।

अतः अब विश्लेषण का स्वरूप स्पष्ट हो जाता है। यह ठीक है कि विश्लेषण में हम भाषीय उक्तियों का उपयोग करते हैं, किन्तु मूर के अनुसार विश्लेषण करने में इस उपयोग में तीन बातों पर ध्यान देना अनिवार्य है—(1) एक तो यह कि जिसका विश्लेषण हो रहा है, तथा जिसके द्वारा विश्लेषण हो रहा है, वे भाषीय उक्तियाँ नहीं, वे दोनों उससे सूचित होने वाले भाव (Concept) हैं, तथा यदि विश्लेषण **सही** है, तो दोनों से सूचित होनेवाले भाव एक ही होंगे। (2) 'विश्लेषण' को सूचित करनेवाली भाषीय उक्ति से जिसके द्वारा विश्लेषण हो रहा है' (analysans) उसे सूचित करनेवाली भाषीय उक्ति भिन्न होगी। उपर्युक्त उदाहरण में विश्लेषण **भाई** शब्द से सूचित हो रहा है। **'नर जातीय सहोदर'**, जो उसका विश्लेषण है, भाई शब्द से भिन्न भाषीय उक्ति है। (3) उन दोनों की भिन्नता कुछ ऐसी होती है कि विश्लेषण में जो भाव सूचित हो रहा है, उससे भिन्न भावों को विश्लेषण में सूचित किया जाता है। उदाहरणतः उपर्युक्त उदाहरण में विश्लेषण में **'नर जातीय'** तथा **'सहोदर'** के भाव को सूचित किया गया है, जबकि विश्लेष्य में ये दोनों भाव सूचित नहीं हो रहे। पूर्ण विश्लेषण उसी भाई के भाव को ही सूचित कर रहा है, किन्तु जिन भावों के माध्यम से यह किया जा रहा है, वे नवीन हैं, विश्लेष्य में उजागर नहीं है। इसी कारण मूर कहते हैं कि विश्लेषण में उपयोग की हुई भाषा अधिक सरल और कम वाक्चारिक (Less idiomatic) होती है।

मूर के उपर्युक्त विवेचन पर शंकायें उठायी जा सकती हैं—शंकायें तथा आपत्तियाँ उठायी गयी भी हैं। उन्हीं शंकाओं के आधार पर कुछ विचारक भाषीय विश्लेषण (Linguistic Analysis) की विधि का उपयोग करने लग जाते हैं। उनमें से कुछ संभावित

शंकाओं का निराकरण मूर ने स्वयं भी किया है, तथा ऐसा उनकी ओर से किया भी जा सकता है। **किन्तु**, उन विवेचनाओं में प्रवेश करना यहाँ संभव नहीं है। यहाँ मूर के विश्लेषण—पद्धति की एक संक्षिप्त रूपरेखा प्रस्तुत करना मात्र ही अभिष्ठ है।

प्रत्ययवाद का खंडन (Refutation of Idealism)

(i) भूमिका

मूर ने अपने दार्शनिक जीवन के प्रारंभिक चरण में ही बड़े सबल ढंग से प्रत्ययवाद का खंडन किया था। उस समय प्रत्ययवादी विचारधारा (Idealism) अपनी प्रमुखता के शिखर पर थी। मूर उससे सर्वथा विपरीत सहज-ज्ञान के अनुरूप वास्तववादी विचार के पोषक थे। अतः उन्हें यह अनिवार्य प्रतीत हुआ कि वे प्रत्ययवाद का खंडन करें। उन्होंने बड़े ही समर्थ और मौलिक ढंग से एक इसी नाम के लेख के माध्यम से यह कार्य किया, जिससे उन्हें बड़ी प्रसिद्धि भी मिली। हम उनके उसी लेख के अनुरूप उनके द्वारा प्रस्तुत प्रत्ययवाद के खण्डन की विवेचना करेंगे।

(ii) इस खण्डन का मूल बिन्दु

मूर को यह अवगति है कि प्रत्ययवाद का दर्शन इतना विशद है कि उसका खण्डन सरल नहीं है, कम से कम एक लेख में तो यह प्रायः असंभव है। अतः मूर सर्वप्रथम अपने खंडन का क्षेत्र निश्चित करते हैं, और वह भी इस प्रकार कि उस मूल खंडन से प्रत्ययवाद की पूरी इमारत ही हिल जाय।

उनके अनुसार किसी भी प्रकार का आध्यात्मवाद अथवा प्रत्ययवाद दो बातों पर अवश्य जोर देता है, एक तो यह कि विश्व जैसा दिखाई देता है उससे बड़ा भिन्न है, तथा दूसरा यह कि विश्व के तत्त्वों में ऐसे अनेकों लक्षण हैं, जो सामान्यतः दिखाई नहीं देते। इसी कारण इस सिद्धान्त में जड़-पदार्थों में भी उन गुणों का आरोपण किया जाता है जिन्हें सामान्यतः उच्चतर जीवों में ही आरोपित किया जाता है। यही कारण है कि ये विचारक **'सत् को आध्यात्मिक'** कहते हैं। इस एक उक्ति के इतने संदर्भ हैं, इतने निहितार्थ हैं कि उनका एक साथ खंडन प्रायः असम्भव ही है। अतः मूर कहते हैं कि वे अपना ध्यान इस उक्ति या इसके निहितार्थों पर नहीं देते, बल्कि उन **तर्कों** अथवा **'युक्तियों'** पर देते हैं जिन पर ये आधृत हैं। प्रत्ययवाद की यह विशिष्टता रही है कि वे अपनी बातों के समर्थन में विशेष ढंग का तर्क प्रस्तुत करते हैं। उदाहरणतः बहुत से धर्मों में भी सत् को आध्यात्मिक स्वीकारा जाता है, किन्तु उन्हें प्रत्ययवादी दर्शन का उदाहरण नहीं माना जाता। वह केवल इस कारण कि उन धर्मों में वैसे तर्क—या वैसी युक्तियाँ नहीं हैं जो प्रत्ययवाद के दर्शन में हैं। अतः मूर को प्रत्ययवाद की विशिष्टता उनके निष्कर्षों में नहीं, बल्कि उनके तर्कों में दिखाई देती है, अतः वे अपने खंडन का केन्द्र-बिन्दु उन्हीं तर्कों को बनाते हैं।

प्रत्ययवादी विचारकों के द्वारा प्रस्तुत सभी तर्कों का खण्डन भी मूर को दुरुह प्रतीत होता है। अतः वे अपने लक्ष्य-बिन्दु को और निश्चित एवं केन्द्रित करते हैं। उनका कहना है कि उनकी एक उक्ति ऐसी है जो किसी न किसी रूप में उनके हर तर्क की एक अनिवार्य कड़ी है। हर प्रत्ययवादी उसे स्वीकारता है, तथा अनिवार्यतः अपने तर्क में उसका उपयोग करता है। उदाहरणतः इस सिद्धान्त को मूलोक्ति—'सत् आध्यात्मिक है' की तात्विकता का सबसे स्पष्ट आधार क्या है? किस सरलतम तर्क के आधार पर इसे स्थापित किया जाता

है वह तर्क कुछ इस प्रकार का है, जो कुछ है, उनका होना तो इसी पर निर्भर है कि उसका अनुभव हुआ। जिसका अनुभव नहीं होता, उसे 'होने' का प्रश्न ही अप्रासंगिक है क्योंकि वस्तु अनुभूति से अलग है या नहीं—यह जानने का कोई संदर्भ ही नहीं है। तो वस्तु के होने का अर्थ उसका अनुभूत होना है। वह अनुभूति से स्वतंत्र नहीं, अनुभूति का ही अंश है। अतः इस अर्थ में वह मानसिक है, तथा उसकी मानसिकता के आधार पर उसकी आध्यात्मिकता सिद्ध होती है। तो सरल तर्क की भी अनिवार्य कड़ी है—वस्तु के होने का अर्थ उसका देखा जाना है। इसी बात को बर्कले की भाषा में **'दृश्यते इति वर्त्तते'** (Esse-est-Percipi)—(वस्तु का होना उसके देखे जाने पर निर्भर है)—कहा गया है। मूर कहते हैं कि यह एक विचार प्रत्ययवादी तर्कों की अनिवार्य कड़ी है। अतः वे अपना ध्यान इसी पर केन्द्रित करते हैं।

इसमें, जैसा कि वे स्वयं स्वीकारते हैं, उन्हें एक विशेष लाभ है। एक 'चेन' की उपमा से उनकी इस बात को समझा जा सकता है। चेन मजबूत है या नहीं इसे जाँचने के लिए उसकी हर कड़ी का मजबूती को परखना आवश्यक नहीं। यदि कोई एक कड़ी कमजोर है, तो इससे पूरा चेन कमजोर सिद्ध हो जाता है। उसी प्रकार प्रत्ययवाद के समर्थक तर्कों को परखने के लिए उनके तर्क की हर कड़ी को परखना अनिवार्य नहीं है। उनके तर्कों की कड़ी में यदि कोई ऐसी कड़ी है—जो उनके 'चेन' की अनिवार्य कड़ी है, और यदि उस अनिवार्य कड़ी की कमजोरी—उसकी अयुक्तता सिद्ध हो जातीं है, तो उनके तर्कों का पूण 'चेन' कमजोर सिद्ध होता है। मूर कहते हैं कि प्रत्ययवादी तर्कों की एक अनिवार्य कड़ी हैं 'दृश्यते इति वर्त्तते' (Esse est Percipi)। अब यदि यह अयुक्त सिद्ध हो जाय तो प्रत्ययवाद का पूर्ण तर्क निष्फल सिद्ध होता है। इसी उद्देश्य से प्रत्ययवाद के खण्डन में मूर प्रथमतः इसी वाक्य के खण्डन का प्रयत्न करते हैं।

(iii) दृश्यते इति वर्तते (Esse est Percipi) का खण्डन

मूर सर्वप्रथम 'Percipi' शब्द में जो व्यामिश्र है, उसे स्पष्ट करते हैं। प्रारम्भ में इसका अर्थ 'इन्द्रियों के माध्यम से जो देखा जाय' समझा जाता था। यदि यही दृश्यते का अर्थ होता तो मूर के लिए इस उक्ति का खंडन और सरल हो जाता। किन्तु, मूर इतना स्वीकारते हैं कि प्रत्ययवादी विचारकों ने 'Percipi' शब्द को इस प्रकार सीमित नहीं रखा है। वे इसके अन्तर्गत **विचार** (Thought) सभी प्रकार के अनुभव (Experience) को रखते हैं। अतः खण्डन करने में भी इस शब्द की व्यापकता को ध्यान में रखना पड़ेगा। दृश्यते (Percipi) से वह सब कुछ बोध होता है **'जो अनुभूत होता है'**।

किन्तु, दृश्यते शब्द को इस अर्थ में समझने पर भी इस उक्ति में जो संयोजक (Copula) है, उसी के व्यवहार में मूर व्यामिश्र दिखाई देता है। 'Esse is Percipi'—इस उक्ति में Copula 'is' (है) का व्यवहार तीन अर्थों में हो सकता है। (1) पहले अर्थ में कहा जा सकता है कि 'Is' (है) शब्द का अर्थ उद्देश्य तथा विधेय का पूर्ण तादात्म या एकरूपता है। इसका अर्थ है कि 'Esse' शब्द तथा 'Percipi' शब्द एक ही वस्तु के दो नाम हैं, दोनों सर्वथा एकरूप हैं। अर्थात्, इस अर्थ में यह वाक्य 'मनुष्य विवेकशील जीव है' जैसा वाक्य है। किसी वाक्य में भी जहाँ 'मनुष्य' शब्द का प्रयोग किया जा सकता है वहाँ उसके लिए 'विवेकशील जीव' शब्द का भी प्रयोग किया जा सकता है। इस अर्थ में कहा जा सकता है कि 'Esse' शब्द का पूर्ण अर्थ 'Percipi' शब्द से सूचित हो रहा है।

(2) संयोजक 'Is' (है) से एक दूसरा अर्थ भी सूचित हो सकता है। कहा जा सकता है कि 'Esse' 'Percipi' है—इसका अर्थ है कि 'Esse' शब्द के अर्थ का एक अंश 'Percipi' भी है। Esse शब्द के अर्थ को समझने के लिए 'Percipi' शब्द को समझना अनिवार्य (Necessary) है, भले ही वह 'Esse' शब्द को समझने के लिए यथेष्ट (Sufficient) न हो। इस अर्थ में 'Esse is Percipi' वाक्य 'मनुष्य जीव है' जैसा वाक्य हैं। 'मनुष्य' शब्द के अर्थ का अंश 'जीव' है। बिना जीव शब्द को समझे 'मनुष्य' शब्द के अर्थ को नहीं समझा जा सकता, यद्यपि केवल 'जीव' शब्द के अर्थ को जानकर मनुष्य शब्द को नहीं जाना जा सकता। (3) संयोजक 'Is' (है) का एक तीसरा अर्थ भी सम्भव है। कहा जा सकता है कि वाक्य 'Esse is Percipi' में 'Is' शब्द से 'Esse' तथा 'Percipi' शब्दों की पूर्ण अथवा आंशिक समानता नहीं बतायी जा रही, बल्कि इन दोनों का एक अनिवार्य सम्बन्ध बताया जा रहा है। इस दृष्टि से 'percipi Esse का न अर्थ है न उसके अर्थ का कोई अंश। यह एक अलग लक्षण है जो उसके साथ अनिवार्य रूप से जुड़ा है। अर्थात्, इस दृष्टि से यह वाक्य हमारे आनुभविक वाक्यों जैसा वाक्य है, जैसे 'मनुष्य मरणशील है' मनुष्य की एक जन्म-तिथि होती है। 'मरणशीलता' अथवा जन्म तिथि होना मनुष्य शब्द का अर्थ नहीं है, उसके अर्थ का कोई अंश भी नहीं है, मनुष्य शब्द के साथ अनिवार्यतः जुटा है। यह एक आकस्मिक गुण है, किन्तु यह आकस्मिक गुण उसके साथ अवियोज्य है (Invariable accident)। ध्यान देने की बात यह है कि यदि पहले दो अर्थों पर ध्यान दें तो उन अर्थों में 'Esse is Percipi' वाक्य विश्लेषणात्मक (Analitic) हो जाता है, क्योंकि उन दोनों अर्थों में उद्देश्य शब्द 'Esse' के पूर्ण या आंशिक गुण को विधेय 'Percipi' सूचित कर रहा है। किन्तु, तीसरे अर्थ में 'Percipi' एक नवीन लक्षण हो जाता है अतः तीसरे अर्थ में 'Esse is Percipi' **संश्लेष्णात्मक वाक्य** (Synthetic) बन जाता है।

अब मूर यह देखते हैं कि इन तीनों में किस अर्थ में इस वाक्य 'Esse is Percipi' को स्वीकारा जो सकता है। वे दिखाते हैं कि इन तीनों में किसी अर्थ में हम इसे नहीं स्वीकार सकते।

यदि संयोजक 'is' के पहले अर्थ पर ध्यान दें तो उसका अर्थ हो जाता है कि 'Esse' शब्द तथा 'Percipi' शब्द एक दूसरे के पूर्णतः पर्यायवाची हैं, एक से ऐसा कुछ सूचित नहीं होता जो दूसरे से सूचित नहीं होता है। किन्तु, उस अवस्था में 'Esse' को 'Percipi' कहना 'Esse' की परिभाषा देना है। किन्तु, मूर कहते हैं कि कोई प्रत्ययवादी 'Esse is Percipi' को 'Esse' की परिभाषा नहीं कहता। मूर कहते हैं कि यदि यह Esse की परिभाषा होता तो बड़ा ही गलत होता। किन्तु, प्रत्ययवादी स्वयं ऐसा नहीं मांनते, ऐसा मानते, तो इसे सिद्ध करने की चेष्टा नहीं करते। उस दशा में तो यह स्वतः सिद्ध होता। इससे स्पष्ट होता है कि प्रत्ययवादी विचारकों का अभिप्रेत अर्थ यह नहीं है।

तो, इसके **दूसरे** अर्थ पर विचार करें। इस अर्थ में 'Esse' तथा 'Percipi' में पूर्ण तादात्म्य नहीं माना जाता, बल्कि आंशिक एकरूपता माना जाता है। इस अर्थ को, ध्यान पर रखने पर कहा जाता है कि 'Esse' 'Percipi' तो है, किन्तु मात्र 'Percipi' नहीं है। इसके अनुसार 'Esse' 'Percipi) के अतिरिक्त **कुछ और** है। दूसरे शब्दों में कहा जा सकता है कि यदि कोई वस्तु है (Esse) तो उस आधार पर यह अनुमान किया जा सकता है कि वह अनुभूत हुआ है। किन्तु, कोई वस्तु अनुभूत होता है, तों इससे यह सिद्ध नहीं होता कि वह है, क्योंकि

(इस अर्थ में) 'होने' के लिए अनुभूत होने के अतिरिक्त कुछ और लक्षण का रहना अनिवार्य है। अब मूर कहते हैं कि यदि 'Esse is Percipi' का यही अर्थ हो, तो प्रत्ययवादी निष्कर्ष तो आपसे आप खण्डित हो जाता है, क्योंकि यहाँ तो यह स्वीकारा ही जा रहा है कि किसी वस्तु का 'देखा जाना' उसका 'होना' नहीं है, क्योंकि उसके 'होने' के लिए उसके 'देखे जाने' के अतिरिक्त कुछ और होना अनिवार्य है। अतः स्पष्ट हो जाता है कि इस अर्थ में भी प्रत्ययवादी 'Esse est Percipi' का समर्थन नहीं कर सकते।

अतः मूर कहते हैं कि अब संयोजक 'Is' का केवल उपर्युक्त तीसरा अर्थ बच जाता है जिस अर्थ में प्रत्ययवादी 'Esse is Percipi' को बचाने की चेष्टा कर सकते हैं। अब मूर इसकी परीक्षा करते हैं। उनका कहना है कि इस अर्थ के अनुरूप, 'Percipi न तो 'Esse' का अर्थ है, न उसके अर्थ का कोई अंश। अर्थात् Percipi' कोई नया लक्षण है। फलतः 'Esse est Percipi' एक संश्लेषणात्मक (Synthetic) वाक्य हुआ। संश्लेष्णात्मक वाक्यों में तो अनिवार्यता नहीं होती, तो इस वाक्य को अनिवार्य (Necessary) कैसे कहा जा सकता है? उसका एक ही ढंग है। यदि दोनों की अवियोज्यता (Invariability) हो, तो उस दृष्टि से इसमें अनिवार्यता मानी जा सकती है। इतना तो स्पष्ट हो गया कि 'Percipi' 'Esse' का अर्थ नहीं है। मान लें 'Esse' का अर्थ है कोई 'x' अब यदि यह दिखाया जा सके कि इस 'x' तथा 'Percipi' में ऐसा अवियोज्य सम्बन्ध है कि बिना 'Percipi' के 'x' नहीं रह सकता, तो उसमें एक अनिवार्य सम्बन्ध बन आता है। वह उस प्रकार की अनिवार्यता होगी, जैसी धूम्र तथा अग्नि के बीच में हैं। धूम्र का अर्थ अग्नि नहीं है, किन्तु धूम्र बिना अग्नि के नहीं होता।

तो क्या (Esse) तथा (Percipi) के बीच इस प्रकार के अनिवार्य सम्बन्ध को स्वीकारा जा सकता है? मूर कहते हैं कि इस विशेष अर्थ में भी प्रत्यवाद (Esse is Percipi) को बचा नहीं सकता। इस अर्थ में विश्लेषणात्मक (Synthetic) वाक्य में अनिवार्यता बतायी जा रही है। किन्तु, विश्लेषणात्मक वाक्य अनिवार्य तभी हो सकता है, जब वह स्वतः सिद्ध हो। सामान्यतः स्वतः सिद्ध वाक्यों के लिए कोई युक्ति उपस्थित नहीं की जाती, किन्तु प्रत्ययवादी इसके लिए जो सामान्य उक्ति देते हैं, वह कुछ इस प्रकार की है। वे कहते हैं कि "किसी वस्तु का होना उसके देखे जाने पर निर्भर है, क्योंकि किसी अनुभव विषय की हम विषयी या अनुभवकर्ता से अलग कल्पना भी नहीं रह सकते।" इसका अर्थ हुआ कि इस वाक्य में अनिवार्यता देने का आधार यह है कि इसके विरोधात्मक वाक्य की हम कल्पना नहीं कर सकते। किन्तु, जिस वाक्य के विरोधी वाक्य की कल्पना नहीं की जा सकती, उसे तो विश्लेषणात्मक (Analytic) माना जाता है। तो इसका यह अर्थ हुआ कि इस दृष्टि से (Esse is Percipi) एक साथ **संश्लेषणात्मक** एवं विश्लेषणात्मक दोनों है। अर्थात् यह पूरी युक्ति आत्मविरोधी बन जाती है, इस दृष्टि से इस तीसरे अर्थ में भी 'Esse is Percipi' को मान्यता नहीं मिल सकती, क्योंकि इस अर्थ में तो यह एक विरोधाभास (Self contradiction) में उलझ जाता है।

(iv) उपर्युक्त विवेचन से निकले कुछ अन्य बिन्दु

अब मूर यह देखने की चेष्टा करते हैं कि इस प्रकार के उलझन में प्रत्ययवादी कैसे उलझ जाते हैं, इस असंगति के पीछे कौन से विचार ऐसे प्रमुख हैं जो उन उलझनों को जन्म देते है। **प्रथमतः** तो उनका कहना है कि यहाँ प्रत्ययवादी तर्क कुछ इस ढंग से अग्रसर

होता है। वे पहले(Esse is Percipi)की अनिवार्यता व्याघात-नियम(Law of Contradiction) के आधार पर सिद्ध करते हैं। इसके व्याघात के विषय में नहीं सोचा जा सकता है, अतः उसमें अनिवार्यता है। अब इस अनिवार्यता के आधार पर वे (Percipi) तथा (Esse) में तादात्म स्थापित कर देते हैं, वे अनुभव में विषयी तथा विषय के भेद को समाप्त कर देते हैं। वे (Percipi) तथा (Esse) को एक कर देते हैं, क्योंकि अब उनके अनुसार विषयी (Subject) तथा विषय (Object) एक हो गये।

मूर कहते हैं कि प्रत्ययवादी ऐसा इसी कारण करते हैं कि वे इनके अन्तर को देख नहीं पाते, उसकी उपेक्षा कर देते हैं। उनके अनुसार अब अनुभव-विषय 'पीला' तथा 'पीले का अनुभव'—'पीले की संवेदना'(Yellow तथा Sensation of yellow)का अन्तर समाप्त हो जाता है। प्रत्ययवादी को ऐसा लगता है कि 'पीले की संवेदना' में ऐसा कुछ नहीं है जो 'पीला' में नहीं है। इसी आधार पर वे विषयी तथा विषय के अन्तर की उपेक्षा कर देते हैं।

किन्तू मूर कहते हैं कि यदि वस्तुतः दोनों एकरूप होते, तो उनकी एकरूपता को दिखाने की कोई आवश्यकता ही नहीं होती। वैसा दिखाने की चेष्टा तो 'पीले' को 'पीला' दिखाने की चेष्टा जैसी निरर्थक चेष्टा होती। इस स्थल पर मूर हेगेल के विचारों के अनुरूप एक उत्तर की अपेक्षा करते हैं। उनका कहना है कि प्रत्ययवादी कह सकते हैं कि विषय-विषयी-सम्बन्ध एक आंगिक इकाई (Organic unity) है। किन्तु मूर कहते हैं कि यह तो **एक तर्काभाव को एक विशिष्ट नाम देकर विशेष रूप में प्रतिष्ठित करने की चेष्टामात्र है।** फिर भी देखा जा सकता है कि इस दृष्टि में प्रत्ययवादी शायद यह दिखाना चाहता है कि'Esse'एवं'Percipi'के बीच अथवा 'विषयी' 'विषय' के बीच एकरूपता 'भेदों में तादात्म्य' (Identity- in- diffrence)जैसी है। किन्तु, पुनः मूर का यही कहना होगा कि यह तो निरर्थक बात है—इसमें आत्म-विरोध है। यदि क ख भिन्न हैं, तो भिन्न हैं; एकरूप हैं, तो एकरूप हैं। यह कहना कि दोनों में भिन्नता रहते हुए भी एकरूपता है—तो तर्काभाष है।

इस प्रकार के कथन का समर्थन एक ही ढंग से किया जा सकता है। कहा जा सकता है कि 'क' तथा 'ख' एक दृष्टि से एक है, तथा दूसरी दृष्टि से भिन्न है। उदाहरणतः 'लाल' एवं 'पीला' को इस दृष्टि से एक कहा जा सकता है कि वे दोनों 'रंग' है। किन्तु दोनों एक दूसरे से भिन्न भी हैं, क्योंकि रंग का एक प्रकार लाल है तो भिन्न ढंग का प्रकार पीला है। प्रश्न है कि क्या 'Esse' तथा 'Percipi' अथवा 'विषयी' विषय में 'भेदों में तादात्म्य' (Identity-in diffrence) इसी ढंग का है। यदि प्रत्ययवादी ऐसा मानें तो पुनः तर्कदोष से उलझ जायेंगे, क्योंकि इसके आधार पर वे **स्पष्टतः** यह तो नहीं ही कह सकते कि **दोनों** 'एकरूप' तथा 'भिन्न' एक ही अर्थ में है। उपर्युक्त रंग के उदाहरण से इसे समझें।

(क) 'पीला' एवं 'लाल' रंग होने के नाते एक हैं।

(ख) दोनों अलग-अलग ढंग के रंग होने के कारण भिन्न हैं।

अब यह स्पष्ट हो जाता है कि जैसे ही हम दो अर्थों या दो 'दृष्टियों' की बात करते हैं, हमें दो, एक दूसरे से भिन्न, वाक्य मिल जाते हैं। इन दोनों वाक्यों के उद्देश्य भी भिन्न हो जाते हैं। इसका मतलब यह होता है कि भिन्नता तथा एकरूपता का आरोपण एक ही उद्देश्य पर हो ही नहीं सकता। जब एकरूपता दिखाई जाती है, तो जो उद्देश्य उजागर होता है वह तथा भिन्नता दिखानेवाला उद्देश्य एक दूसरे से सर्वथा भिन्न है। निष्कर्षतः कहा जा

सकता है कि 'भेदों में तादात्म' (Identity in difference) के बल पर भी प्रत्ययवादी अपने विचार की रक्षा नहीं कर सकते।

(v) कुछ और आपत्तियाँ

Esse is Percipi के समर्थन में प्रत्ययवाद के द्वारा प्रस्तुत तर्कों के स्वरूप को समझने के लिए मूर को यह अनिवार्य प्रतीत होता है कि वे 'संवेदना' (Sensation) या भाव-प्रत्यय (Idea) के स्वरूप की विवेचना करें। मूर को ऐसा प्रतीत होता है कि इन्हीं के भाव-विचार को निरूपित करने में प्रत्ययवादी विचारक कुछ भ्रांतियों में उलझ जाते हैं।

इतना तो स्पष्ट ही है कि (उदाहरणतः) 'हरे' की संवेदना तथा 'नीले' की संवेदना में कुछ तो अन्तर है ही। किन्तु, उन दोनों में कुछ सादृश्यता भी अवश्य है क्योंकि दोनों संवेदनायें हैं। प्रश्न यह है कि वह सादृश्यता क्या है, तथा इस सादृश्यता में तथा उन दोनों संवेदनाओं की भिन्नता में क्या संबंध है? सादृश्यता को तो मूर 'चेतना' (Consciousness) कहते हैं क्योंकि दोनों संवेदनायें (हरे एवं नीले की) एक जैसे इसी तथ्य में हैं कि दोनों में कुछ चेतना होती है। अब हर संवेदना में दो तत्त्व स्पष्ट हो गये—एक तो चेतना जो हर संवेदना में है, तथा दूसरा वह तत्त्व जिसके चलते एक संवेदना दूसरी संवेदना से भिन्न है। इस दूसरे तत्त्व को मूर **'संवेदना का विषय'** (Object of Sensation) कहते हैं। अतः मूर के अनुसार यह स्वीकार करना पड़ता है कि हर संवेदना में दो तत्त्व रहते ही हैं—एक **चेतना** तथा दूसरा **चेतना का विषय** (संवेदना का विषय)। ऐसा इसलिए अनिवार्य हो जाता है कि 'हरे' तथा 'नीले' की संवेदना जैसी दो संवेदनायें एक दृष्टि से एक जैसी हैं, तो दूसरी दृष्टि से भिन्न। वे एक जैसी हैं क्योंकि दोनों चेतना हैं। वे भिन्न हैं क्योंकि इस चेतना में जो प्राप्त होता है—जो चेतना का विषय है (हरा एवं नीला) वे एक दूसरे से भिन्न हैं।

अब प्रश्न यह उठता है कि क्या हम चेतना तथा **चेतना के विषय** को एकरूप मान सकते हैं—क्या हम दोनों को एक कह सकते हैं? प्रत्ययवादी ऐसा ही कहते हैं? किन्तु, मूर इसका विश्लेषण करते हुए यह पूछते हैं कि जब 'हरे' की संवेदना होती है तो क्या होता है? उसमें 'चेतना' रहती है, या 'हरा' रहता है या 'दोनों' रहते हैं? मूर कहते हैं कि इसमें चेतना तो अवश्य रहती है, क्योंकि हरा-नीला आदि सभी संवेदनाओं में चेतना तो रहती ही है। तो यदि चेतना रहती है, तब दो ही विकल्प उपस्थित होते हैं—या तो केवल चेतना है, या चेतना एवं विषय दोनों हैं। इसका स्पष्ट परिणाम यह होता है कि यदि कोई कहे कि 'चेतना' एवं 'विषय' वस्तुतः एक हैं, तो यह भ्रांति होगी। चेतना तो है ही, तथा उसका कोई विषय भी है, अतः **चेतना** तथा **विषय** एक नहीं हैं मूर कहते हैं कि प्रत्ययवादी विचारकों ने यही भूल तो किया है—वे **चेतना तथा चेतना के विषय** ('हरे' की संवेदना तथा 'हरा') को एक मान लिया है। यहाँ अंश को 'सम्पूर्णता' से एकरूप करने का दोष हो जाता है। मूर कहते हैं कि उनके विश्लेषण से यह प्रायः स्पष्ट हो गया है कि 'चेतना' तथा 'विषय' एक नहीं हैं, भिन्न हैं। मूर तो यहाँ तक कहते हैं कि चेतना तथा विषय यदि पूर्णतया एक होते तो, किन्हीं दो संवेदनाओं में भेद करने का आधार ही नहीं रह जाता।

इस बात को मूर की ओर से और स्पष्ट किया जा सकता है। उदाहरणतः 'हरे' की चेतना तथा 'नीले' की चेतना में, जैसा कि ऊपर बताया गया है, जो एक है वह है चेतना। अब यदि चेतना तथा विषय एक ही होता तो 'हरे की चेतना' तथा 'नीले की चेतना' में अन्तर ही नहीं होता। दोनों में समानता चेतना की है, चेतना तथा चेतना के विषय में कोई

भिन्नता नहीं, तो 'हरे की चेतना' तथा 'नीले की चेतना' भी एक ही होती। किन्तु, ऐसा नहीं है। मूर कहते हैं कि प्रत्ययवादी यह सर्वथा भूल जाते हैं कि इन दोनों चेतनाओं की भिन्नता का आधार दोनों **'विषयों की भिन्नता'** है। अतः उनकी चेतना एवं विषय को एकरूप करने की चेष्टा युक्तिसंगत नहीं।

इस स्थल पर मूर को प्रत्ययवादी विचारकों की ओर से एक सम्भावित उत्तर की अपेक्षा है। प्रत्ययवादी कह सकते हैं कि यदि चेतना तथा विषय में पूर्ण तादात्म स्थापित नहीं भी किया जा सकता, यह तो कहा ही जा सकता है कि दोनों अभिन्न हैं क्योंकि विषय चेतना का अंश है—चेतना की ही अन्तर्वस्तु (Content) है। मूर का कहना है कि प्रत्ययवाद की ओर से दिया गया यह तर्क भी युक्तिसंगत सिद्ध नहीं हो सकता। उनके कहने का तात्पर्य है कि 'हरे' की चेतना का एक अंश 'हरा' है, हरा उस चेतना में है। मूर कहते हैं कि हरा 'हरी वस्तु' का अंश हो सकता है, हरे की चेतना का अंश नहीं हैं। यह तो मात्र इसी से सिद्ध हो जाता है कि हम हरी वस्तु को 'हरा' कह सकते हैं, चेतना को हरी चेतना नहीं कह सकते। अन्तर्वस्तु (Content) का अर्थ ही होता है—जिसका वह अन्तर्वस्तु है, उसी में वह है। किन्तु चेतना में जो विषय ज्ञात होते हैं, वे चेतना के अंग नहीं हैं। जब हमें मेज की चेतना होती है, तो मेज हमारे मन में प्रवेश किया हुआ नहीं होता। यदि हम यह पहले से माने रहें कि चेतना का विषय चेतना का अंश है, तो यह तो पुनरुक्ति दोष होगा—तर्क नहीं।

किन्तु, यदि कहा जाय कि जब विषय को चेतना की अन्तर्वस्तु कहा जाता है, तो उसका यह तात्पर्य नहीं कि वह विषय अपने वस्तु-रूप में चेतना का अंश है, बल्कि उसका तात्पर्य यह है कि वस्तु की कोई प्रतिमा (Image) चेतना का अंश है। उदहारणतः कहा जा सकता है कि जब 'हरे' की चेतना होती है तो चेतना 'हरी' नहीं हो जाती, बल्कि हरे की एक प्रतिमा (Image) चेतना का अंश बन जाती है। मेज के संवेदनात्मक ज्ञान में मेज की प्रतिमा मन का अंश है। इसी अर्थ में चेतना तथा विषय अभिन्न हैं। किन्तु मूर कहते हैं कि प्रत्ययवाद को बचाने की यह चेष्टा भी निरर्थक है। उनका कहना है कि यह तभी युक्तिसंगत होगा जब 'प्रतिमा का होना' तथा 'विषय का होना' सर्वथा एक होते। किन्तु वास्तविकता ऐसी नहीं है। बहुत से ऐसे उदारहण दिये जा सकते हैं जहाँ प्रतिमा तो हैं, विषय नहीं है। उदाहरणतः हमें 'पंखवाले घोड़े' 'स्वर्णिम पहाड़' आदि की प्रतिमाएँ हो सकती हैं, किन्तु वे किसी चेतना के विषय नहीं। पुनः मूर कहते हैं कि हमें जब विषय की चेतना होती है, तो स्पष्ट अनुभूति होती है कि वह विषय हमसे बाहर है, वह हमारे मन की प्रतिमा मात्र नहीं। हमें 'सर्प' की चेतना हो, तो हम 'सर्प' को मात्र प्रतिमा नहीं मानते, बल्कि अपने से बाहर एक विषय-वस्तु मानते हैं। अतः प्रतिमा के आधार पर भी प्रत्ययवादी चेतना तथा विषय को एक नहीं कर सकते।

अन्त में मूर कहते हैं कि प्रत्ययवादी जिस ढंग का विचार प्रस्तुत करते हैं, वह तो एक दृष्टि से उनके प्रत्ययवाद का ही विरोधी है। यदि हर तत्व का होना उसके अनुभूत होने पर—उसके देखे जाने पर निर्भर है, तो **'आत्म'** (Self) के अस्तित्व को भी नहीं स्वीकारा जा सकता। उसी तर्क के आधार पर प्रत्ययवादी विचारकों से पूछा जा सकता है कि वे 'आत्म' को किस आधार पर स्वीकारते हैं। 'आत्म' का होना भी तो उसके अनुभूत होने पर निर्भर करेगा। तो आत्म का स्वतंत्र अस्तित्व भी खण्डित हो जाता है। इसी कारण

मूर कहते हैं कि जिस आधार पर—जिस प्रकार की युक्तियों पर प्रत्ययवादी आत्म के स्वतंत्र अस्तित्व को स्वीकारते हैं, उसी प्रकार की युक्तियों के आधार पर विषय की स्वतंत्रता को स्वीकारना भी अनिवार्य हैं।

अभी हमने मूर के द्वारा किया गया 'प्रत्ययवाद का खण्डन' का एक संक्षिप्त विवरण दिया। यह विवरण पूर्णतः उनके इसी नाम के लेख पर आधृत है। वैसे विभिन्न स्थलों में प्रसंगानुसार मूर ने प्रत्ययवाद के खंडन के कुछ अन्य बिन्दुओं को और स्पष्ट किया है, किन्तु उन सबों को एकत्रित करने से यह उपखण्ड बहुत ही विस्तृत हो जायगा, जो इस पुस्तक में संभव नहीं है।

मूर का सामान्य ज्ञान-समर्थन
(Moore's Defence of Common-Sense)

(i) भूमिका

मूर की प्रसिद्धि का एक विशेष कारण यह भी था कि उन्होंने दार्शनिक दृष्टि को सामान्य ज्ञान के अनुरूप निरूपित किया। उन्होंने अपनी वास्तववादी दृष्टि को सामान्य ज्ञान पर बिठाया तथा बिना किसी हिचक सामान्य ज्ञान के अनुरूप ऐसे तर्कों का उपयोग किया जिन्हें पहले से विचारक हल्का' कहते। मूर की यह देन है कि उन्होंने सामान्य ज्ञान को दार्शनिक प्रतिष्ठा दी।

वैसे तो उनका सामान्य-ज्ञान समर्थन प्रायः उनके हर लेखों में झलकता है, लेकिन अपने इस विश्वास की स्पष्ट रूप-रेखा उन्होंने अपने लेख 'A defence of Common-sense' में खींची है। वैसे अपने एक भाषण (जो Proof of an Eternal world के नाम से प्रकाशित लेख है) में मूर ने इस समर्थन का आधार स्पष्ट किया है, जो आधार भी सामान्य ज्ञान के अनुरूप है। हम यहाँ मूलतः उनके सामान्य ज्ञान समर्थन लेख से ही सामग्री लेंगे। हमारा विवरण उस लेख की अनुकृति नहीं है, उसके पीछे-पीछे नहीं चल रहा। हम उन विचारों को अपने ढंग से व्यवस्थित करने की चेष्टा करेंगे।

वैसे अपने इस लेख के प्रारम्भ में ही मूर दो प्रकार की प्रस्तावनाएँ प्रस्तुत करते हैं। पहले प्रकार की प्रस्तावना के विषय में कहते हैं कि वे सभी ऐसी ही प्रस्तावनाएँ हैं जिनके विषय में हम जानते हैं कि वे निश्चित रूप में सत्य हैं। इन उदाहरणों में प्रस्तावनाओं की एक लम्बी सूची प्रस्तुत की गयी है। दूसरे प्रकार की प्रस्तावना वस्तुतः एक ऐसी प्रस्तावना है जिसे भी वे निश्चित रूप से सत्य जानते हैं, किन्तु जो एक प्रकार से पहले प्रकार की प्रस्तावना के बाद ही प्रस्तुत किया जा सकता है। वह प्रस्तावना यह है कि हम यह भी जानते हैं कि जैसी प्रस्तावनाओं को हम सत्य मानते हैं—जिनहें पहले उदाहरण में बताया गया है—उन्हीं प्रस्तावनाओं के अनुरूप प्रस्तावनाओं को अन्य लोग भी निश्चित रूप से सत्य मानते रहे हैं। वस्तुतः इन प्रस्तावनाओं में मूर के सामान्य ज्ञान प्रस्तावना का उदाहरण मिलता है, तथा इन्हीं उदाहरणों के आधार पर मूर अपनी विवेचना प्रस्तुत करते हैं। यह कहते हुए कि कम से कम दूसरे प्रकार की प्रस्तावनाओं के सम्बन्ध में अन्य दर्शन-शास्त्री मूर से सहमत नहीं है, हम आगे इन दोनों प्रकार की प्रस्तावनाओं का उदाहरण लेते हुए मूर के विचारों को प्रस्तुत करेंगे।

(ii) सामान्य-ज्ञान समर्थन की पृष्ठभूमि

वैसे यह प्रश्न प्रारम्भिक है कि मूर कैसे अपने सामान्य-ज्ञान समर्थन की आवश्यकता

को महत्त्वपूर्ण मानते हैं? उस समय के प्रबल प्रत्ययवादी तत्त्वमीमांसा से वे कुछ ऐसे हतप्रभ थे कि प्रतिक्रिया-स्वरूप वे सामान्य-ज्ञान का पोषण आरम्भ कर देते हैं। उस प्रकार के दर्शन की परम्परा यही रही है कि वे गहन-गूढ़ विचारों एवं तर्कों का आविष्कार करते हैं, जिसे हमारी सामान्य बुद्धि पकड़ भी नहीं पाती। वैसे तर्क अकाट्य दिखाई देते हैं, उनकी गहन बौद्धिकता से बुद्धि प्रभावित ही नहीं, चकाचौंध हो जाती है। किन्तु, साथ-साथ सामान्य जीवन से वे कुछ हटे हुए प्रतीत होते हैं, सामान्य जीवन के लिए उनकी कोई प्रांसंगिकता दिखायी नहीं देती। उन्नीसवीं शताब्दी तथा बीसवीं शताब्दी के पहले दशक में तो दर्शन का यह ढंग प्रचण्ड रूप से उभरा। उदाहरणतः काल एवं गति के विरुद्ध जिस प्रकार के तर्क पाश्चात्य दर्शन के प्रारम्भिक चरण में 'जैनों' आदि के द्वारा उठाये गये थे, कुछ उसी प्रकार के तर्क ब्रैडले के द्वारा उठाये गये। तर्कों में जो भी तार्किकता हो, मूर को यह सब बड़ा विचित्र लगता है। हम तर्कों के द्वारा यह सिद्ध करते हैं कि 'गति' संभव नहीं है, और हर क्षण हम गतिशील वस्तुओं को देखते हैं, स्वयं भी गति में रहते हैं, गति का सामान्य अनुभव करते हैं। अतः मूर को ऐसे तर्कों में कोई महत्त्व दिखाई नहीं देता।

इसके प्रतिकार का एक सामान्य ढंग तो यह होता कि इन तर्कों का सीधा खंडन किया जाता। किन्तु, मूर को वह ढंग नहीं भाता, एक तो इस कारण कि वह तो अनन्त प्रक्रिया होगी, आपत्तियाँ, उत्तर, प्रत्युत्तर की अनन्त शृंखला खड़ी हो जायगी। दूसरा यह कि वह ढंग तो उन विचारकों का है जिनके विरुद्ध खण्डन प्रस्तुत करना है। वहाँ तो यह दिखाना है कि उनके दर्शन का ढंग ही जीवन तथा सामान्य ज्ञान के लिए अप्रासंगिक है। इसके लिए मूर का कहना है कि आवश्यकता है कि सबल ढंग से सामान्य सहज-ज्ञान को प्रतिष्ठित करने का प्रयत्न हो, स्पष्ट रूप से तथा सीधे ढंग से उनसे कह दिया जाय कि उनके बौद्धिक तर्क हमारे सामान्य जीवन के लिए निरर्थक हैं। यही कारण है कि ब्रिटिश अकादमी में 1939 में अपने दिये गये भाषण में, (जो उनके 'Philosophical papers' में 'Proof of an External World' के नाम से छपा है) मूर बड़े सरल एवं स्पष्ट ढंग से ऐसे विचित्र विचारों के खण्डन का अपना ढंग स्पष्ट कर देते हैं। वे कहते हैं कि बाह्य वस्तुओं के अस्तित्व को सिद्ध करने के लिए तर्क-युक्ति देने की आवश्यकता ही नहीं है। मैं स्पष्ट ढंग से अभी यह सिद्ध कर सकता हूँ कि दो मानवीय हाथ 'हैं'। मैं अपना बायाँ हाथ उठाकर तथा पुनः दायाँ उठाकर दिखा सकता हूँ कि ये दोनों हैं। इससे अधिक तर्क को आवश्यकता नहीं है। यह इतना सरल तथा स्पष्ट है कि जो विचार इसे नहीं स्वीकार सकता वह विचार ही दोषपूर्ण है। मूर के अनुसार इस सामान्य-ज्ञान के स्तर पर किसी दर्शन को अपनी युक्तियों का आधार प्रदान करने की आवश्यकता नहीं है। इस प्रकार का सामान्य सहज-ज्ञान अपनी प्रामाणिकता स्वयं प्रस्तुत करता है। इस प्रकार मूर दर्शन के प्रचलित बौद्धिक जटिलताओं के विरुद्ध एक साफ-सुथरा स्पष्ट सामान्य सहज-ज्ञान का संगत ढंग प्रस्तुत करने का संकल्प करते हैं। उन्हें यह कहने में कोई संकोच नहीं कि ऐसा तर्क जो इस सामान्य-ज्ञान के अनुरूप विश्वासों के विरुद्ध जाता है, उसे मान्यता देने की आवश्यकता नहीं।

(iii) सामान्य-ज्ञान क्या है?

अब हम यह स्पष्ट करने की चेष्टा करें कि मूर सामान्य-ज्ञान (Common sense) से क्या समझते हैं? मूर अपने लेख 'A defence of Common sense' के प्रारम्भ में ही ऐसे उदाहरण देते हैं जो उनके अनुसार, सामान्य-ज्ञान के अनुरूप विश्वास है। उनका कहना

है कि वे सभी प्रतिज्ञाप्तियाँ ऐसी हैं जिनके विषय में निश्चित रूप से जानते हैं कि वे सत्य हैं। **'जानना'** 'सत्य' आदि का सहज-ज्ञान के अनुरूप अर्थ तो शीघ्र ही स्पष्ट हो जायेगा, किन्तु, वे बार-बार इस बात पर जोर देते हैं कि जिन प्रतिज्ञप्तियों का वे उदाहरण दे रहे हैं, उनके सत्य होने में उन्हें कोई संदेह नहीं। उन्होंने दो प्रकार की प्रतिज्ञप्तियों का उल्लेख किया है। प्रथम प्रकार की प्रतिज्ञप्तियों के अन्तर्गत वे प्रतिज्ञप्तियों की एक लम्बी सूची देते हैं, जिनके विषय में उनका कहना है कि इनमें प्रत्येक के विषय में वे निश्चित रूप से जानते हैं कि वे सत्य हैं। उनमें से कुछ प्रतिज्ञप्तियाँ इस प्रकार की है—मैं जानता हूँ कि मेरा शरीर है। यह किसी निश्चित समय में पैदा हुआ था, तथा तब से अस्तित्ववान् है। इसमें परिवर्तन भी होते रहे हैं—पहले यह 'छोटा' था। जब से यह शरीर है, तभी से इसका सम्पर्क कुछ ऐसी वस्तुओं से है जो धरती पर हैं या धरती के निकट हैं। ऐसी वस्तुएँ उसके वातावरण के अंग हैं। (उदाहरणतः अभी मेरे हाथ में एक कलम है)। मैं यह भी निश्चित रूप से जानता हूँ कि मेरे शरीर जैसे अन्य शरीर भी हैं, जो किसी निश्चित समय में पैदा होकर तब से अस्तित्ववान् हैं। मैं यह भी जानता हूँ कि जिस धरती पर मेरा शरीर है—वह भी मेरे शरीर के पैदा होने के पहले से अस्तित्ववान् हैं। मैं यह भी जानता हूँ कि मैं एक मानव हूँ जिसे भिन्न-भिन्न कालों में भिन्न-भिन्न ढंग के अनुभव होते रहे हैं, आदि आदि।

इन प्रतिज्ञाप्तियों के अतिरिक्त मूर एक दूसरे प्रकार की प्रतिज्ञप्ति का भी उदाहरण देते हैं, जो उदाहरण इन प्रथम प्रकार के उदाहरण देने के पश्चात् ही दिया जा सकता है। दोनों उदाहरणों में भिन्नता बस इतनी ही है कि प्रथम उदाहरणों में वैसी प्रतिज्ञप्तियाँ रखी गयी हैं जो मैं **अपने सम्बन्ध** में जानता हूँ कि सत्य हैं। दूसरे प्रकार की प्रतिज्ञप्ति वैसा उदाहरण है जिसमें मैं जानता हूँ कि वे **अन्य के सम्बन्ध** में सत्य हैं। मैं यह भी निश्चित रूप से जानता हूँ कि प्रथम उदाहरण में दी गयी जैसी प्रतिज्ञप्तियों को मैं अपने विषय में जानता हूँ, वैसी प्रतिज्ञप्तियों को हर अन्य व्यक्ति अपने विषय में उसी ढंग से जानता है। जैसे मैं जानता हूँ कि ये दो हाथ मेरे हैं, मैं यह भी जानता हूँ कि अन्य व्यक्ति भी उसी ढंग से जानता है कि उसके हाथ उसके हैं। स्पष्ट है, कि ये सभी उदाहरण मूर को प्रायः स्वतः सिद्ध (Truism) प्रतीत होते हैं। उनके अनुसार इन पर विश्वास ऐसा है कि हम निश्चित, निस्संदेह रूप में जानते हैं कि वे सत्य हैं ही।

अब हम इन उदाहरणों को ध्यान में रखें, तथा उसके अनुरूप यह समझने की चेष्टा करें कि मूर के अनुसार सामान्य-ज्ञान क्या है। इसे समझने के लिए निम्नलिखित बातों पर ध्यान देना आवश्यक है। इनके आधार पर सामान्य-ज्ञान के तात्पर्य को स्पष्ट करेंगे, तथा बाद में उसकी **विशिष्टताओं** को। इन **दोनों** के विवरण के बाद ही इसका स्वरूप पूर्णतया स्पष्ट होगा—

(क) उपर्युक्त उदाहरणों को दखकर इतना तो स्पष्ट हो जाता है कि मूर के अनुसार सामान्य-ज्ञान के विश्वास वे विश्वास हैं, जिनमें **प्राय**ः हर व्यक्ति विश्वास करता है। उदाहरणतः 'यह शरीर मेरा शरीर है'—ऐसा विश्वास प्रायः हर व्यक्ति करता ही है।

(ख) इसका यह अर्थ नहीं कि बहुमत वाले सभी विश्वास सामान्य-ज्ञान के विश्वास हैं। बहुमत वाले विश्वासों को प्रचलित धारणा (Public Opinion) कहा जा सकता है। इसके अंतर्गत अनेक अंधविश्वास भी आ सकते हैं। सामान्य-ज्ञान के अनुरूप विश्वास प्रचलित धारणा से भिन्न कोटि का विश्वास है। यह मतों के द्वारा या अन्य किसी प्रकार से **लादा** नहीं जाता। इस विश्वास में सहजता है—स्वाभाविकता है जो प्रचलित धारणाओं में नहीं।

(ग) इस प्रकार के विश्वास की एक विशेष बात यह है कि जिसे यह विश्वास है, वह अपने सामान्य जीवन में सदा इस विश्वास के अनुरूप ही चलता है। उदाहरणतः यह विश्वास कि 'यह मेरा हाथ है' हमारे विश्वास का प्रायः नियत—सतत् अंग हैं। ऐसा नहीं कि हम किसी क्षण इस विश्वास को छोड़ भी देते हैं।

(घ) मूर के अनुसार इन उदाहरणों से ही स्पष्ट हो जाता है कि इन सामान्य-ज्ञान-विश्वासों पर हमारा सामान्य जीवन आधारित रहता है। यदि इनमें हम विश्वास न करें, तो हमारा जीवन चल ही नहीं सकता।

(ङ) मूर के विवेचन से एक और बात स्पष्ट होती है। जब मूर कहते हैं कि 'प्रायः' हर व्यक्ति ऐसा विश्वास करता ही है, तो 'प्रायः' शब्द की विशिष्टता स्पष्ट होती है तथा 'हर व्यक्ति' की सीमा भी। ऐसा लगता है कि 'हर व्यक्ति' से मूर का तात्पर्य 'सामान्य बुद्धि वाले सामान्य वयस्कों' से है। यदि कोई शिशु या बच्चा इन विश्वासों को नहीं रखे तो यह सामान्य-ज्ञान का विरोधी उदाहरण नहीं हुआ। उसी प्रकार पागल या विकृत मस्तिष्क वालों का उदाहरण देकर यदि यह कहा जाय कि ऐसे लोगों का वैसा विश्वास नहीं भी हो सकता तो यह मूर की बातों का खण्डन नहीं होता। मूर स्पष्ट तो नहीं कहते, किन्तु उनकी बातों से स्पष्ट हो जाता है कि 'हर व्यक्ति' के अन्तर्गत मूर इन लोगों को नहीं रखते।

(च) उपर्युक्त तथ्य का एक स्पष्ट प्रमाण यह है कि मूर के अनुसार बिना ऐसे विश्वासों को धारण किये कोई व्यक्ति समाज का **सामान्य** व्यक्ति नहीं हो सकता। मूर स्पष्ट तो ऐसा नहीं कहते, किन्तु उनका तात्पर्य प्रायः स्पष्ट है—यदि कोई व्यक्ति यह कहे कि उसे विश्वास नहीं कि उसका शरीर 'है' तो उसकी मानसिक स्वस्थता पर संदेह उत्पन्न हो जायगा।

(छ) मूर का कहना है कि इन विश्वासों की विशेषता इस बात में है कि इनमें किसी प्रकार का व्यामिश्र या अनेकार्थकता नहीं होती। 'मैं जून में पैदा हुआ था', 'इस पुस्तक की जिल्द नीली है,'. 'दिल्ली एक महानगर है'—इन सामान्य-ज्ञान के अनुरूप प्रतिज्ञप्तियों में मूर को किसी प्रकार की अनेकार्थकता दिखायी नहीं देती।

(ज) पूछा जा सकता है कि यदि इस प्रकार के सामान्य-ज्ञान विश्वास इतने केन्द्रीय हैं, तो इनकी जानकारी कैसे होती है? मूर इस प्रश्न का उत्तर भी सामान्य-ज्ञान के अनुरूप ही देंगे। उनकी ओर से कहा जा सकता है कि सामान्य-ज्ञान तथा वैसे विश्वासों को प्राप्त करने की कोई निश्चित विधा नहीं है, कम-से-कम वैसा कोई निर्देश नहीं दिया जा सकता। यदि इनकी प्राप्ति की कोई निश्चित विधा तय कर दी जाय, तो उस प्रकार का ज्ञान 'विशेष' ज्ञान होगा, मूर के अर्थ में सामान्य-ज्ञान नहीं।

(झ) फिर भी, मूर की ओर से कहा जा सकता है कि इनकी जानकारी सामान्यतः 'साक्षात्' जानकारी ही है। हम अपने सामान्य जानकारी के ढंगों से ही अधिकतर ऐसे विश्वासों को प्राप्त करते हैं। कुछ ऐसे विश्वास साक्षात् ज्ञान के साक्ष्य पर भी उपलब्ध होते हैं। किन्तु, यह सब उस ज्ञान की उपलब्धि के सामान्य विवरण ही हो सकते हैं, उनके प्राप्त होने की कोई निश्चित विधि नहीं।

(ञ) किन्तु इनकी जानकारी के सम्बन्ध में मूर एक महत्त्वपूर्ण लक्षण का निर्देश करते हैं। उनका कहना है कि यदि हम किसी विश्वास के सम्बन्ध में जानते हैं कि वह विश्वास सामान्य-ज्ञान विश्वास है, तो हम यह भी मानते हैं कि वह सत्य है। मूर के अनुसार इसका यह अर्थ भी नहीं कि ऐसे विश्वासों का सत्य होना मेरे जानने पर निर्भर है—यह जानने

पर कि वे विश्वास सामान्य-ज्ञान विश्वास हैं। नहीं, उपर्युक्त लक्षण का यह अर्थ लेना मूर के मतानुकूल नहीं है। उनका अर्थ मात्र इतना ही है कि यदि कोई विश्वास सामान्य-ज्ञान विश्वास है, तो वह सत्य है।

(ट) उपर्युक्त लक्षण के आधार पर सामान्य-ज्ञान के सम्बन्ध में एक अन्य महत्त्वपूर्ण तथ्य प्रकाश में आता है। इन विश्वासों की विशिष्टता यह है कि इनमें एक विचित्र प्रकार की बाध्यता है। हम इन्हें स्वीकारे बिना रह नहीं सकते, यदि इन्हें हम अस्वीकारने का स्पष्ट प्रयत्न करें, तो अनेक प्रकार की विसंगतियाँ उत्पन्न हो जाती हैं। उन विसंगतियों के विषय में कुछ स्पष्टीकरण आगे होगा, किन्तु, इतना तो कहा ही जा सकता है कि उन विसंगतियों की संभावना से यह तो स्पष्ट ही होता है कि इन विश्वासों को एक प्रकार से हमें सत्य मानना ही पड़ता है।

(ठ) इस स्थल पर मूर एक और स्पष्टीकरण करते हैं। इन विश्वासों के विरुद्ध कहा जा सकता है कि ये विश्वास पूर्णतया स्पष्ट कभी नहीं रहते। इनमें अनेकार्थकता तथा व्यामिश्र की संभावना रहती ही है। उदाहरणतः मूर ने इन विश्वासों के उदाहरणस्वरूप ऐसी उक्ति का भी उल्लेख किया है, जैसे, 'यह धरती सदियों से है।' अब आलोचक कह सकतते हैं कि यह उक्ति वैसा स्पष्ट नहीं है जैसा मूर समझते हैं। 'सदियों से है' को विभिन्न व्यक्ति विभिन्न ढंग से समझ सकते हैं। किन्तु, मूर इसी प्रकार की आपत्तियों का निराकरण करने के लिए **'अवबोध'** (Understanding) तथा **पूर्ण जानकारी** (wholly knowing) में भेद करते हैं। सामान्य-ज्ञान विश्वासों (Common sense Beliefs) का **सामान्य ज्ञान के स्तर पर** हमें **अवबोध** रहता है, उसकी पूरी जानकारी नहीं रहती। हम उन्हें **समझ** जाते हैं, यह पकड़ लेते हें कि क्या कहा जा रहा है, किन्तु उसकी व्याख्या-उसका विश्लेषण (Analysis) नहीं कर सकते। सामान्य-ज्ञान के स्तर पर उपर्युक्त उक्ति 'यह धरती सदियों से है' के अवबोध में कोई कठिनाई नहीं, हर कोई जो इसे सुनता है, समझ जाता है कि क्या कहा जा रहा है। इस स्तर पर अनेकार्थकता तथा व्यामिश्र का प्रश्न ही नहीं। वह प्रश्न तो तब उठता है जब हम इस उक्ति के अर्थ का स्पष्टीकरण चाहते हैं। उसके लिए इसकी **पूरी** जानकारी होनी चाहिए, जो सामान्य-ज्ञान के स्तर पर संभव नहीं।

(iv) सामान्य-ज्ञान को स्वीकारने के कुछ प्रमुख आधार

अभी सामान्य-ज्ञान की कुछ अन्य विशिष्टताओं का विवरण बाकी है। किन्तु, उसके **पहले इस बात पर विचार कर लेना** अनिवार्य है कि सामान्य ज्ञान को ऐसा महत्त्व देने का मूर के लिए आधार क्या है? उनकी क्या बाध्यता है इन विश्वासों को सत्य मानने में? हम देखेंगे कि इन **आधारों** के स्पष्टीकरण के द्वारा सामान्य-ज्ञान की कुछ अन्य विशिष्टताएँ स्पष्ट होंगी—

(1) वैसे मूर स्पष्ट रूप में ऐसा कहते तो नहीं, किन्तु यह प्रायः स्पष्ट ही है कि सामान्य-ज्ञान विश्वासों को स्वीकारने के पीछे यह धारणा अवश्य है कि जिन आधारों पर उन्हें स्वीकारा जाता है वे यथेष्ट (Sufficient) है। वे यथेष्ट इस कारण हैं कि अपने जीवन के संम्पूर्ण अनुभव में हम इन विश्वासों को मानकर **सफल** रूप में कार्य करते रहे हैं। कभी-कभी भ्रम-भ्रान्ति होती है, किन्तु उससे यह विश्वास खण्डित नहीं होता—क्योंकि सामान्य-ज्ञान के अनुरूप इनका अर्थ इतना ही है कि उस उदाहरण में हमारा प्रत्यक्षात्मक निर्णय ध्यानपूर्वक नहीं किया गया। ध्यान से देखने पर भ्रान्ति समाप्त हो जाती है। इस स्तर पर अनुभव अपना प्रामाण्य स्वयं उपस्थित कर देता है।

(2) मूर के अनुसार इन विश्वासों को स्वीकार करने का सबसे सरल एवं स्पष्ट आधार है—इन विश्वासों की सार्वभौमता। 'यह मेरा हाथ है', 'यह एक कलम है', 'मेरे समक्ष कागज है'—इस प्रकार का विश्वास हर व्यक्ति करता ही है।

(3) इन्हें स्वीकारने का एक अन्य आधार यह भी है कि यदि इन्हें 'नकारने' अथवा 'इनके खण्डन' का प्रयत्न होता है, तो वैसे प्रयत्न सामान्य जीवन के ढंगों से हटे हुए प्रतीत होते हैं। इनके निषेधों के प्रयत्न में निहित यही कठिनाई भावात्मक रूप में इन्हें स्वीकारने के लिए बाध्य करता है। इन्हें माने बिना हमारा जीवन चल ही नहीं सकता। यही तो इसके स्वीकारने के पीछे की बाध्यता है।

(4) इस प्रकार की बाध्यता को और स्पष्ट करते हुए मूर कहते हैं कि इनको स्वीकारने के पीछे जो अनिवार्यता दिखायी देती है, वह इस कारण भी है कि इनके अस्वीकारने में अनेकों प्रकार की विसंगतियाँ उत्पन्न हो जाती हैं। दर्शन के इतिहास में ऐसे अनेकों विचार का उदाहरण दिया जा सकता है जिनमें ऐसे विश्वासों को अस्वीकारने या नकारने का प्रयास किया गया है। उन्हीं उदाहरणों के द्वारा दिखाया जा सकता है कि उन प्रयासों में कैसी विसंगतियाँ उत्पन्न होती हैं। उदाहरणतः कुछ विचारकों ने 'काल' के विरुद्ध बड़े सबल तर्क दिये हैं। विसंगति यह है कि वे भूल जाते हैं कि ज़िसका वे खण्डन कर रहे हैं, उसे वे सदा-उस खण्डन-प्रक्रिया में भी स्वीकारे हुए हैं क्योंकि उनका तर्क भी किसी काल में ही दिया जा रहा है। पुनः ह्यूम जैसे संशयवादी ज्ञान की संभावना पर ही संशय करते हैं। किन्तु, उनके इस विचार में निहित विसंगति यह है कि उन्हें यह **ज्ञान** तो है ही कि ज्ञान संभव कैसे नहीं है। इन उदाहरणों से स्पष्ट हो जाता है कि सामान्य-ज्ञान के खण्डन का प्रयत्न प्रायः आत्म-व्याघातक हो जाता है, क्योंकि इस प्रयत्न में जिसका खण्डन हो रहा है, उसे पहले से माना हुआ है। यही तो बाध्यता है सामान्य-ज्ञान को स्वीकारने की। इसके निषेध का प्रयत्न कुछ इसी प्रकार का होगा जैसा हम अंगरेजी में बात करते हुए कहें कि मैं अंगरेजी नहीं बोल सकता।

(5) मूर के अनुसार इस बाध्यता का एक अन्य आधार और है। इन्हें नहीं मानने में एक व्यवहारिक उपयोगितावादी आत्म-विरोध (Pragmatic Contradiction) उत्पन्न होता है। यहाँ व्यावहारिकता का अर्थ व्यावहारिक जीवन से हैं। इसके पहले जिन विसंगतियों की ओर संकेत किया गया था, वे वैचारिक विसंगतियाँ थीं। अब जिस आत्म-विरोध की बात हो रही है, वह व्यावहारिक जीवन पर आधृत है। मूर का तात्पर्य है कि इन सामान्य-ज्ञान-विश्वासों की बाध्यता का आधार यह भी है कि इन्हें नहीं मानने से जीवन जीने में व्याधात उत्पन्न होता है। विवशता यह है कि इन्हें हमें स्वीकारना ही पड़ता है। भौतिक वस्तुओं को, अपने आपको स्वीकार ही करना पड़ता है। इनकी सत्यता हम नहीं स्वीकारें तो न हम खा-पी सकते हैं, न जीवन का कोई कार्य सम्पन्न कर सकते हैं। हर पल तो हमारा जीवन इन भौतिक वस्तुओं की सत्यता को मानकर ही चलता है। इतना ही नहीं, यदि इन्हें हम नहीं स्वीकारें, तो इस 'अस्वीकार' का 'निषेध' का जो आधार है, वह स्वयं निषेधित हो जाता है, क्योंकि तब तो हम अपने को भी सत्य नहीं मान सकते। तो निषेध या अस्वीकार करनेवाला ही नहीं रह जाता। इसी विवशता के कारण मूर कहते हैं कि यदि कोई विश्वास सामान्य-ज्ञान विश्वास है तो उसे हमें सत्य मानना ही पड़ता है।

(6) इस सामान्य-ज्ञान-विश्वासों को स्वीकारने के पीछे एक सबल आधार यह भी है

कि मूर के अनुसार हम निरीक्षण कर देख भी सकते हैं कि ये विश्वास सत्य हैं। 'मेरे समक्ष एक उजला कागज है', 'यह मेरा शरीर है'—इन वाक्यों की स्वतः सिद्धता निरीक्षण से ही स्पष्ट है।

इन्हीं आधारों पर मूर कहते हैं कि सामान्य-ज्ञान के कथनों को स्वीकारने के पीछे एक विवशता है, बाध्यता है।

(v) सामान्य-ज्ञान के स्वरूप की कुछ विशिष्टताएँ

उपर्युक्त विवेचन के आधार पर अब हम सामान्य-ज्ञान की मूर के द्वारा बतायी गयी कुछ अन्य विशिष्टताओं का उल्लेख करेंगे जिससे सामान्य-ज्ञान का स्वरूप और स्पष्ट होगा।

(1) सर्वप्रथम यह सपष्ट रूप से समझ लेना चाहिए कि जब मूर सामान्य-ज्ञान विश्वासों के सम्बन्ध में कहते हैं कि मैं निश्चित रूप से जानता हूँ कि वे सत्य हैं, तो यहाँ 'निश्चित', 'जानना', 'सत्य' आदि शब्दों का प्रयोग भी सामान्य-ज्ञान के अनुरूप हो रहा है। यदि इन शब्दों के विशेष या विशिष्ट अर्थों का हवाला देकर सामान्य-ज्ञान के खण्डन का प्रयत्न होता है, तो मूर के अनुसार वैसे प्रयत्न सटीक नहीं हो सकते। साधारणतः जिस प्रकार हमें सामान्य वस्तुओं की जानकारी होती है, वैसी ही जानकारी की बात मूर कर रहे हैं। यह ठीक है कि इस जानकारी में पूर्णतया याथातथ्य जानकारी नहीं है, यह वैज्ञानिक जानकारी नहीं। यह **सामान्य**-ज्ञान है, अतः इसकी निश्चितता भी उसी संदर्भ तक सीमित है।

(2) इसी कारण मूर कहते हैं कि यदि कोई कहे कि इन विश्वासों को **सिद्ध** कैसे किया जा सका है तो यह स्वीकारना पड़ेगा कि इन्हें सिद्ध नहीं किया जा सकता। बल्कि वे तो यह भी कहते हैं कि चपल युक्तियों के द्वारा इनमें से बहुत-से विश्वासों को असिद्ध भी किया जा सकता है। उनमें से कुछ विश्वास शायद गलत भी सिद्ध हो जायें। किन्तु, इससे कोई अन्तर नहीं पड़ता। मूर का कहना है कि हमारे सामान्य-ज्ञान अनुरूप विश्वासों के संबंध में हम यह मान कर चलते हैं कि वे सत्य हैं।

(3) इन विश्वासों का आधार कोई अनुभव-आश्रित **अनुमान** भी नहीं है। वैसा होता है। वैसा होता तो ये विश्वास कुछ अन्य स्वतःसिद्ध प्रस्तावनों के आधार पर निकाले गये होते। किन्तु, वैसा इनका कोई अनुमान-जन्य आधार भी नहीं। ये सहज रूप में स्वीकारे जाते हैं।

(4) इसी आधार पर इनके अवबोध (Understanding) तथा इनकी पूर्ण जानकारी (Wholly Knowing) में भेद किया गया है। जिनकी हमें पूर्ण जानकारी रहती है उनका हम पूर्ण विश्लेषण (Analysis) कर सकते हैं, उसका हर प्रकार का स्पष्टीकरण कर सकते हैं। सामान्य-ज्ञान विश्वासों का हम विश्लेषण नहीं कर सकते, उनमें निहित भावों का स्पष्टीकरण भी नहीं कर सकते। इनका हमें मात्र सामान्य अवबोध होता है।

(5) इसी कारण मूर कहते हैं कि सामान्य-ज्ञान विश्वास एक प्रकार का आद्य (ultimate) तो हैं, किन्तु वे तार्किक दृष्टि से अनिवार्य नहीं है। (not logically necessary)। इनकी आद्यता इस तथ्य पर है कि हमारा जीवन इन विश्वासों के आधार पर ही चलता है, किन्तु, इसकी इस अनिवार्यता को तर्कतः स्थापित नहीं किया जा सकता। हम युक्तियों के द्वारा इनकी आद्यता का निर्देश नहीं कर सकते।

(6) उपर्युक्त विशिष्टताओं के अनुरूप मूर सामान्य-ज्ञान की एक अन्य विशिष्टता की ओर भी संकेत करते हैं, जो मूर के दर्शन में जितना महत्त्व रखता है, उससे बहुत

अधिक महत्त्व उसका बाद के दर्शन के लिए हो जाता है। मूर स्वीकारते हैं कि सामान्य-ज्ञान की अभिव्यक्ति साधारण भाषा (Ordinary Language) में होती है। साधारण भाषा से उनका तात्पर्य उस भाषा से है जिसका प्रयोग हम दैनिक जीवन में सामान्य बोलचाल में करते हैं। जैसा हमने ऊपर देखा है मूर अपने विचारों में एक सामान्य भेद तो करते ही हैं। उनके अनुसार किसी कथन के साधारण अर्थ की समझ एक अलग बात है तथा उस अर्थ के विश्लेषण करने योग्य जानकारी एक भिन्न बात है। सामान्य-ज्ञान के स्तर पर हमें कथनों के साधारण अर्थ की समझ मात्र होती है, उस स्तर से हम उन अर्थों का विश्लेषण नहीं कर सकते। इसका तात्पर्य हुआ कि सामान्य-ज्ञान का संबंध कथनों के साधारण अर्थ से हे। ये साधारण अर्थ में ही हैं जिनके अनुरूप हम दैनिक जीवन में बोलचाल करते हैं। अर्थात् ये साधारण अर्थ साधारण भाषा के अर्थ हैं। अतः सामान्य-ज्ञान (Common-sense) तथा साधारण भाषा (Ordinary language) एक दूसरे के साथ जुटे हैं। इसी दृष्टि से ऐसे वाक्य जैसे 'मैंने सुबह नास्ता किया है', 'मैं अभी सफेद कागज पर लिख रहा हुँ'—साधारण भाषा के वाक्य हैं, तथा सामान्य-ज्ञान के अनुरूप हैं। यदि हम इसमें व्यवहृत उक्तियों पर प्रश्न उठाना प्रारम्भ करें—(जैसे यह पूछें कि आप यह कैसे कह सकते हैं कि आप जिस पर लिख रहे हैं वह कागज है), तो इसका अर्थ हो जाता है कि हम सामान्य-ज्ञान एवं साधारण भाषा के परे जा रहे हैं।

मूर ने सामान्य-ज्ञान का संबंध साधारण भाषा से सहज रूप में दिखाया था। किन्तु बाद के दर्शन में साधारण भाषा, उक्तियों का साधारण प्रयोग-व्यवहार आदि प्रश्न दर्शन के केन्द्रीय प्रश्न बनकर उजागर हुए। ब्रिटेन में तो एक विशिष्ट साधारण भाषा दर्शन (Ordinary language Philosophy) का ही उद्भव हो गया। अतः बाद के विचारकों को मूर के द्वारा साधारण भाषा का उल्लेख, एक आकस्मिक विचार नहीं प्रतीत हुआ बल्कि एक महत्त्वपूर्ण बात प्रतीत हुई। अतः अनिवार्य हो जाता है कि मूर के विचारों में सामान्य-ज्ञान तथा साधारण भाषा का जो संबंध दर्शाया गया है, उसकी विशिष्टता को और स्पष्ट किया जाय।

मूर ने सामान्य-ज्ञान के अनुरूप कथनों अथवा उक्तियों के साधारण भाषीय प्रयोगों का आधार अनेक स्थानों पर स्वीकारा है। सामान्य ढंग से तो यह कहा ही जा सकता है, सामान्य-ज्ञान विश्वासों के जिन उदाहरणों का मूर उल्लेख करते हैं वे सभी साधारण भाषीय उक्तियाँ हैं। 'ये मेरे हाथ है', 'यह एक उजला लिफाफा है'—ऐसी उक्तियों में सामान्य-ज्ञान तथा साधारण भाषा एक-दूसरे के पूरक प्रतीत होते हैं। इनके अतिरिक्त मूर ने साधारण भाषीय व्यवहारों का उपयोग अन्य स्थलों पर किया है। जब भी वे तत्त्व-दार्शनिकों की भाषा की विचित्रता के पीछे जाने का प्रयत्न करते हैं तो उनके विश्लेषण के उपकरणों में भाषा के साधारण उपयोग का योगदान रहता ही है। उदाहरणतः अपने नीति-दर्शन में, विशेषतः (Principia Ethica) में जब वे 'शुभ' (good) का विश्लेषण करते हैं, अथवा सुखवाद की समर्थक युक्तियों की परीक्षा करते हैं, अथवा उनके कथनों का अर्थ समझने का प्रयत्न करते हैं तो प्रायः सदा ही उनका आधार साधारण भाषा तथा कथनों के साधारण भाषीय प्रयोग ही रहे हैं। अतः इतना तो स्पष्ट ही हो जाता है कि मूर जब **सामान्य-ज्ञान** एवं **साधारण भाषा** को एक दूसरे से सम्बन्धित करते हैं, तो यह मात्र कोई आकस्मिकता नहीं, यह संबंध ऊपर-ऊपर का संबंध नहीं, मूर के विचारों में यह संबंध पारस्परिक निर्भरता जैसा कुछ सम्बन्ध है।

इन्द्रिय-प्रदत्त दर्शन
(Philosophy of Sense Data)

(i) भूमिका—इन्द्रिय-प्रदत्त के सम्बन्ध में मूर के विचार उनके लेखों में, संक्षिप्त टिप्पणियों में छितराये पड़े हैं। ऐसा प्रतीत होता है कि मूर ने इस समस्या पर बड़ा विचार किया है। प्रश्न है कि मूर का इस समस्या पर इतना ध्यान देने का क्या कारण है?

बात यह है कि अपने सामान्य-ज्ञान समर्थन में मूर जिन सामान्य-ज्ञान विश्वासों का उदाहरण देते थकते नहीं, वे इस प्रकार की प्रतिज्ञप्तियाँ हैं—'यह एक दवात है', 'यह एक सफेद लिफाफा है', 'ये मेरे दोनों हाथ हैं' आदि। इनके संबंध में उनका कहना है कि इनके संबंध में मैं निश्चित रूप से जानता हूँ कि वे सत्य हैं। ये सभी उदाहरण ऐसे हैं जिनमें मैं कुछ 'देख' रहा हूँ। अतः 'देखना' अथवा '**प्रत्यक्ष**' की समस्या महत्त्वपूर्ण हो जाती है। प्रश्न यह उठता है कि मैं क्या देखता हूँ। जब मैं सफेद लिफाफे को देख रहा हूँ तो क्या देखा जा रहा है—कोई वस्तु देखी जा रही है, लिफाफा देखा जा रहा है या सफेद देखा जा रहा है। इसी विश्लेषण में मूर इन्द्रिय-प्रदत्त की समस्या पर पहुँच जाते हैं। वस्तुतः मूर ने '**प्रत्यक्ष**' से सम्बन्धित समस्याओं पर बहुत विचार किया है। शायद उन्हें ऐसा लगता है कि दर्शन जिस प्रकार की समस्याओं में उलझा रहता है, वे किसी-न-किसी प्रकार से 'प्रत्यक्ष' की समस्याओं के साथ जुटी हुई हैं। इसी कारण उनके अनेकों लेख इस प्रकार की समस्याओं से संबंधित हैं। इसी में एक मूल समस्या यह है कि हमें प्रत्यक्ष किस वस्तु का होता है, तथा यह भी कि क्या वह वस्तु हमें प्रदत्त होती है। इन प्रश्नों के विश्लेषण में अनेक समस्यायें उभरती हैं। मूर वैसी ही समस्याओं का विवेचन अपने इन्द्रिय-प्रदत्त दर्शन में करते हैं। इस संबंध में उनका एक मूल लेख *'The Status of the Sense-Data'* है।

(ii) इन्द्रिय-प्रदत्त क्या है?

मूर यह स्वीकारते हैं कि **इन्द्रिय-प्रदत्त** (Sense-Data) शब्द अनेकार्थक हैं। वैसे इसका शाब्दिक अर्थ तो यही है कि जो इन्द्रियों को प्रदत्त हो। किनतु इतने से इसका स्वरूप स्पष्ट नहीं होता। मैं एक दृश्य देख रहा हूँ'—प्रश्न है कि इन्द्रियों को क्या प्रदत्त हो रहा है—पहाड़, पहाड़ की चोंटी पर बादल, या सौन्दर्य, या कुछ और? अतः मूर सर्वप्रथम यह तय करना चाहते हैं कि वे किसी प्रकार के तत्त्व हैं जिनकी विवेचना हम इन्द्रिय-प्रदत्त के अन्तर्गत करना चाहते हैं।

उनका कहना है कि हमारी मानसिक क्रियाओं में कम-से-कम **पाँच** ऐसे उदाहरण तो मिल ही जाते हैं जिन्हें हम बृहत अर्थ में **इन्द्रिय-अनुभव** (Sensory experience) कह सकते हैं—(1) इनके अन्तर्गत एक तो ऐसे तत्त्व आते हैं जो जाग्रत अवस्था में मन में चित्रों के समान आते-जाते रहते हैं। इन्हें **प्रतिमा** (Image) कहा जा सकता है। किसी वस्तु से इस अवस्था में इन्द्रिय-संपर्क नहीं हो रहा है, फिर भी प्रतिमाओं की स्पष्ट अनुभूति हमें होती है। (2) स्वप्नावस्था में भी कुछ अनुभव होता है। इन अनुभवों में कुछ तो इन्द्रिय-अनुभव जैसा होता है तथा कुछ प्रतिमाओं जैसा। किन्तु स्वप्नावस्था में भी कुछ तो इन्द्रिय-अनुभव जैसा होता ही है। (3) भ्रम (Illusion) तथा मतिविभ्रम (Hallucination) भी एक प्रकार का अनुभव होता ही है। इसमें कुछ अवगति होती ही है। (4) एक विशेष प्रकार के अनुभव में (after-image) उत्तर प्रतिमाओं का अनुभव होता है। उदाहरणतः हम एक जलते हुए बल्ब को देख रहे हैं, अब हमने आँखें बन्द कर लीं। इन्द्रिय-वस्तु सम्पर्क

समाप्त हो गया, फिर भी कुछ देर तक हम जलते हुए बल्ब को देखते रह जाते हैं। यह इन्द्रिय-अनुभव की उत्तर-प्रतिमा है। (5) ऊपर के सभी उदाहरण विशेष प्रकार के उदाहरण हैं जो विशेष अवसरों पर प्राप्त होते हैं। किन्तु, इंद्रिय-अनुभव का सबसे प्रचलित ढंग है जिसे हम सामान्यतः **संवेदना** (Sensation-proper) कहते हैं। इस प्रकार का अनुभव हर व्यक्ति को होता ही रहता है।

इन **पाँचों** प्रकार के अनुभवों में कोई तत्त्व अनुभूत होता ही है। वह तत्त्व भिन्न-भिन्न ढंगों का हो सकता है—वह रंग का एक धब्बा हो सकता है, एक आवाज या एक गन्ध हो सकता है, या रंग, आवाज, गंध का एक मानसिक चित्र (प्रतिमा) हो सकता है। किन्तु, हर उदाहरण में **जो अनुभूत हो रहा है** वह अनुभव-प्रक्रिया से अलग है, भिन्न है। इन्द्रिय-प्रदत्त से मूर का तात्पर्य उन सभी **विषयों** से है जो इन **पाँच प्रकार के अनुभवों में अनुभूत** होते हैं। इस स्थल पर मूर इन्द्रिय-प्रदत्त का बड़ा विस्तृत अर्थ लेते हैं। वे इसे केवल उन तत्त्वों तक सीमित नहीं कर देते जो वास्तविक उदाहरणों में वस्तुतः अनुभूत होते हैं, बल्कि यह भी कह देते हैं कि ऐसे सभी तत्त्व जो इन पाँच प्रकार के अनुभवों में **अनुभूत हो सकते हैं**, वे सभी इन्द्रिय-प्रदत्त के अंतर्गत आ जायेंगे। इंद्रिय-प्रदत्त होने के लिए उनका किसी वास्तविक अनुभव में सचमुच अनुभूत होना अनिवार्य नहीं है।

इन्द्रिय-प्रदत्त के अर्थ को इतना विस्तृत करने के फलस्वरूप ही मूर एक और स्पष्टीकरण प्रस्तुत करते हैं। अपने लेख (The Status of Sense Data) में वे कहते हैं कि जिन तत्त्वों की वे विवेचना कर रहे हैं उनके लिए **इन्द्रिय-प्रदत्त** (Sense-Data) से अधिक उपयुक्त **इन्द्रियग्राह्य** (Sensible) है। 'इन्द्रिय-प्रदत्त' में प्रदत्त होने का भाव है, जिसका अर्थ है कि कुछ बाहर से प्रस्तुत हुआ है। किन्तु, प्रतिमा, उत्तर-प्रतिमा जैसे उदाहरण इस विकल्प की अनिवार्यता समाप्त कर देते हैं। पुनः 'इन्द्रिय-प्रदत्त' शब्द के व्यवहार में वास्तविक अनुभव—अनुभव जो वस्तुतः हुआ हो—उसकी ओर संकेत है। किन्तु जब मूर ऐसे सभी तत्त्वों को एक कोटि में रखते हों जिनका इन्द्रिय-अनुभव हुआ हो तथा जिनका अभी नहीं भी हुआ हो, तो स्पष्टतः 'प्रदत्त' शब्द का व्यवहार उतना उपयुक्त प्रतीत नहीं होगा। इसी कारण मूर इंद्रियग्राह्य (Sensible) शब्द को अधिक उपयुक्त मानते हैं। हम यहाँ नामों के अन्तर की उपेक्षा करते हुए **इन्द्रिय-प्रदत्त** तथा **इन्द्रियग्राह्य** शब्दों का एक-समान व्यवहार करेंगे।

इस संदर्भ में मूर ने एक मूल स्पष्टीकरण किया है। मूर कहते हैं कि जिन तत्त्वों का इन्द्रिय-प्रदत्त के रूप में उदाहरण लिया गया है, मूर सब में निहित कोई ऐसा सामान्य लक्षण है जिसके कारण वे सभी इन्द्रियाग्राह्य हैं। मूर उस लक्षण का स्पष्टीकरण या विश्लेषण नहीं कर सकते, किन्तु ऐसा कुछ लक्षण है—इसे नकारा नहीं जा सकता। जब भी हम इन्द्रिय-अनुभव का हवाला देते हैं, तो मूर के अनुसार हम केवल इतना ही नहीं कहते कि कुछ अनुभूत हुआ है, बल्कि यह भी स्वीकारते हैं कि जो अनुभूत हुआ है उसमें कुछ ऐसा विशिष्ट लक्षण है जिसका हम विश्लेषण तो नहीं कर सकते, किन्तु जिसे स्वीकारे बिना उस अनुभूत तत्त्व की ग्राह्यता स्पष्ट नहीं होती। अतः मूर के अनुसार इन्द्रिय-प्रदत्त की एक प्रकार की यह परिभाषा ही हो जाती है कि **यह अनुभूत विषय का वह अविश्लेष्य लक्षण (unanalysable property) है जो उसकी इंद्रियग्राह्यता को सार्थक बनाता है।**

मूर को यह अवगति है कि इन्द्रिय-पद्रत्त को इस रूप में समझने का एक परिणाम यह भी है कि उनके लिए यह स्पष्ट करना अनिवार्य हो जाता है कि ये इन्द्रिय-प्रदत्त एक ओर

मन से तथा दूसरी ओर भौतिक वस्तु (Physical Objects) से किस प्रकार संबंधित है। **बिना इन दोनों प्रश्नों की विवेचना के इंद्रिय-प्रदत्त का स्वरूप पूर्णतया स्पष्ट नहीं हो सकता।** वैसे मन से इनके संबंध के विषय में बात करते हुए मूर कहते हैं कि इन्द्रिय-प्रदत्त वे तत्त्व हैं जिनकी हमें साक्षात् प्रतीति (Direct Apprehension) होता है। भौतिक वस्तु से इसके संबंध की विवेचना में मूर पूर्णतया निश्चित निष्कर्ष तो नहीं देते, किन्तु इस संबंध की विभिन्न संभावनाओं की एक के बाद एक ढंग से कल्पना करते हैं, तथा हर ऐसी संभावना की समीक्षा—विवेचना करते हैं, जिसके फलस्वरूप इन्द्रिय-प्रदत्त तथा भौतिक वस्तु के संबंधों के विभिन्न विकल्प अपने मान्य एवं अमान्य तत्त्वों के साथ स्पष्ट होते हैं। अतः इन्द्रिय-पद्रत्त के स्वरूप को समझने के लिए इन दोनों विकल्पों का पूर्ण विवरण अनिवार्य है। किन्तु उसके पहले एक और प्रश्न पर विचार कर लेना वांछनीय होगा—क्यों मूर इन्द्रिय-प्रदत्त की समस्या में उलझते ही हैं? मूर के लिए इस प्रश्न की विवेचना के तार्किक आधार क्या है?

(iii) इन्द्रिय-प्रदत्त को मान्यता देने का आधार

मूर के बाद के कुछ दर्शन-प्रेमियों ने मूर के विरुद्ध ऐसी आपत्ति उठायी है कि इन्द्रिय प्रदत्त को स्वीकारना या मान्यता देना अनवाश्यक है। उनके विरुद्ध यह भी कहा जाता है कि एक ओर तो मूर सामान्य-ज्ञान के प्रबल समर्थक हैं, तथा दूसरी ओर वे इन्द्रिय-प्रदत्त दर्शन में ऐसे सूक्ष्म विश्लेषण में प्रवेश कर जाते हैं जो सामान्य-ज्ञान के सर्वथा प्रतिकूल प्रतीत होता है। अतः यह देखना उचित है कि इसे स्वीकारने के पीछे मूर के क्या वैचारिक आधार हैं। मूर के दर्शन का ढंग यह मानने को विवश करता है कि किसी बात को मूर अविचारी ढंग से, हठपूर्वक नहीं स्वीकारते। इसे स्वीकारने के स्पष्ट कारण बताये गये हैं जो उनके लेखों में छितराये हैं। O' Connor ने उन कारणों को अपने ढंग से व्यवस्थित किया है, और उनका अपनी ओर से नामकरण भी किया है। उन्होंने छः ऐसे कारणें का संकलन किया है। हम भी यहाँ उन्हीं के निर्देश को आधार बनाते हुए उन कारणों का स्पष्टीकरण करेंगे।

(क) प्रत्यक्ष-विषय को सीमाबद्ध करने की चेष्टा—मूर कहते हैं कि प्रत्यक्ष-ज्ञान में हम कुछ 'देखते' हैं। किन्तु, इस 'देखने' के सामान्य-ज्ञान के अनुरूप इतने अर्थ हो जाते हैं कि उन्हें सीमाबद्ध करना अनिवार्य हो जाता है। यह अनिवार्य हो जाता है कि हम निश्चय करें, कि हम क्या देख रहे हैं, हमें किस **चीज** की साक्षात् प्रतीति होती है? एक ही सिक्का भिन्न-भिन्न कोणों से, भिन्न-भिन्न दूरी से भिन्न-भिन्न आकार का दिखाई देता है। तो क्या हम वस्तुतः भिन्न-भिन्न आकार देख रहे हैं। यदि हम एक ही सिक्का देख रहे हैं, तो यह भिन्न-भिन्न देखा जाना एक-दूसरे का विरोधी है, यहाँ व्याघात उत्पन्न हो जाता है। अतः यह अनिवार्य हो जाता है कि हम **'देखने'** को सीमित करें। मूर के अनुसार यह सम्भव तभी है जब हम यह कहें कि वस्तुतः हम वही देखते हैं, जो साक्षात् प्रतीति में प्राप्त होता है। अन्य सभी देखना साक्षात् प्रतीति नहीं है। और उसे ही इन्द्रिय-प्रदत्त कहा गया है।

(ख) प्रत्यक्ष-प्रक्रिया में चुनाव—प्रत्यक्ष-प्रक्रिया एक जटिल प्रक्रिया है। इसमें हम जो देखते हैं और जो कहते हैं कि हमने देखा है, उनमें पूर्ण एकरूपता नहीं होती। उदाहरणतः हम एक मस्तक तथा सूँढ़ देखते हैं तथा कहते हैं कि हमने 'हाथी' देखा है। इसका अर्थ है कि जो वस्तुतःदिखाई दिया—और हम जो समझ रहे हैं कि हमने देखा—उसमें अन्तर है। 'हाथी' को देखनें के लिए हाथी की सम्पूर्णता को देखना न अनिवार्य है न सम्भव। उसका

कोई अंश—अंग प्रत्यक्ष प्रक्रिया में उजागर हो जाता है—एक प्रकार से **चुना** जाता है। उसी की साक्षात्-प्रतीति होती है। किन्तु, इससे यह तो सिद्ध ही हो जाता है कि **जिसकी** साक्षात्-प्रतीति होती है उसका अपना स्थान है, और वही इन्द्रिय-प्रदत्त है।

(ग) प्रत्यक्षानुभव सूचित करनेवाले वाक्यों के उद्देश्य (*Subject*) का प्रश्न—हम अपने प्रत्यक्षानुभवों को वाक्यों के द्वारा सूचित करते हैं। उदाहरणतः हम कहते हैं कि हम जो देख रहे हैं वह एक लिफाफा है। यह ठीक है कि इस वाक्य में लिफाफे के विषय में कुछ कहा जा रहा है, अतः इसे वाक्य का व्याकरणीय उद्देश्य कहा जा सकता है। किन्तु वस्तुतः 'लिफाफा' तो जो देखा गया उस पर एक मानसिक संरचना है—लिफाफे की साक्षात् प्रतीति तो नहीं हुई। तो इस वाक्य का तार्किक उद्देश्य वही हो सकता है जिसकी साक्षात् प्रतीति हुई, क्योंकि वस्तुतः उसी के सम्बन्ध में वाक्य दिया गया है—कुछ कहा जा रहा है। अतः इस वाक्य का चरम उद्देश्य (Ultimate Subject)—तार्किक उद्देश्य के रूप में इन्द्रिय-प्रदत्त को स्वीकारना पड़ता है जिसकी साक्षात् प्रतीति होती है।

(घ) भाषीय-प्रयोगों में निहित आधार—प्रत्यक्षानुभूति को व्यक्त करनेवाले जो भाषीय प्रयोग हैं वे भी इन्द्रिय-प्रदत्त को स्वीकारने के लिए विवश करते हैं। जब भी हम 'कुछ' देखते हैं तो हम कहते हैं कि हमें ऐसा-ऐसा **दिखाई दे रहा है।** किसी वस्तु के सम्बन्ध में यह कहना कि 'वह दिखाई दे रही है', तथा यह कहना कि 'वह है'—एक स्तर का वाक्य नहीं है। जब हम कहते हैं कि अमुक वस्तु 'हैं', तो उसके दिखाई देने के अतिरिक्त हम उसमें कुछ और जोड़ रहे हैं'। अतः ऐसे भाषीय प्रयोग जो प्रत्यक्षानुभूति तक सीमित है—वे यही हो सकते हैं कि **'हमें यह दिखाई दे रहा है'**। किन्तु इस भाषीय प्रयोग से यह स्पष्ट होता है कि जो दिखाई दे रहा है उसका अपना स्थान है, और उसी को तो मूर इन्द्रिय-प्रदत्त कहते हैं।

(ङ) अनुभवों का विषयोन्मुखता (*Intenionality*) का आधार—मूर अनेक स्थलों पर एक अन्तर का निर्देश देते हैं, जिसे वे बड़ा महत्त्वपूर्ण मानते हैं। मूर के अनुसार हर अनुभूति में अनुभूति तथा जो अनुभूत हुआ—इसका अन्तर करना ही पड़ता है। बाद के दर्शन में तथा मूर के समकालीन यूरोपीय दर्शन में भी विषयोन्मुखता (Intentionality) का एक विशिष्ट तथा बड़ा प्रभाववाली अर्थ उभरा है। किन्तु, बिना उस अर्थ पर ध्यान दिये हुए सामान्य रूप में यह तो कहा ही जा सकता है कि हर अनुभव का विषय होता ही है, जो उस अनुभव में अनुभूत होता है। तो विषयोन्मुखता के इस सामान्य अर्थ पर ध्यान दिये हुए सामान्य रूप में यह तो कहा जा सकता है कि हर अनुभव का कुछ विषय होता ही है, जो उस अनुभव में अनुभूत होता है। तो, विषयोन्मुखता के इस सामान्य अर्थ पर ध्यान देने से भी इन्द्रिय-प्रदत्त की अनिवार्यता स्वीकार करनी पड़ती है।

(च) उत्तर-प्रतिमा का आधार—मूर के इन्द्रिय-प्रदत्त दर्शन में उत्तर-प्रतिमा (After Image) का विशेष उल्लेख हुआ है। ऐसा प्रतीत होता है कि उत्तर-प्रतिमा की वास्तविकता इन्द्रिय-प्रदत्त को स्वीकारने के लिए कड़ा सबल प्रमाण प्रस्तुत करता है। साधारणतः इन्द्रिय-प्रदत्त को स्वीकारने में जो हिचक होती है वह इस कारण कि इसे स्वीकारने से यह मानना पड़ता है कि वस्तुओं का साक्षात् ज्ञान नहीं होता। किन्तु, उत्तर-प्रतिमा की वास्तविकता इस हिचक का आधार ही समाप्त कर देती है। हम एक जलते हुए बल्ब को देख रहे हैं, हमने आँखें मूँद ली, फिर भी कुछ देर तक वह जलता हुआ दिखाई देता रह जाता है। **प्रश्न**

है कि इस समय तो कोई भौतिक वस्तु नहीं दिख रही, तो फिर क्या दिखाई दे रहा है। अतः स्वीकारना पड़ता है कि जिसकी साक्षात् प्रतीति होती है, उसका अपना **स्थान** है तथा वही इन्द्रिय-प्रदत्त है।

अब हम इन्द्रिय-प्रदत्त के स्वरूप को स्पष्ट करने के लिए पहले इसका तथा मानसिक प्रक्रिया का सम्बन्ध स्पष्ट करेंगे, तथा उस संदर्भ में हम इन्द्रिय-प्रदत्त तथा कुछ भावों का अन्तर भी स्पष्ट करेंगे। तब, अन्त में हम यह देखेंगे कि इन्द्रिय-प्रदत्त तथा भौतिक वस्तु में क्या संबंध है। हम अन्तिम प्रश्न पर मूर ने विशद विचार किया है।

(iv) इन्द्रिय-प्रदत्त तथा मानसिक क्रिया का सम्बन्ध

हमने देखा है कि मूर के लिए इन्द्रिय-प्रदत्त के स्वरूप को स्पष्ट करने के लिए यह दिखाना आवश्यक हो जाता है कि वे मानसिक क्रियाओं तथा भौतिक वस्तुओं से किस प्रकार सम्बन्धित हैं? इन्द्रिय-प्रदत्त की अवगति होती है, किन्तु इस अवगति में ही यह भी प्रतीत होता है कि यह मन में स्थित कोई स्थिति नहीं है। ऐसा प्रतीत होता है कि कुछ मन से बाहर है जिसकी अवगति होती है, फिर भी यह एक भौतिक वस्तु के रूप में भी ज्ञात नहीं होता। तो यदि इसका अपना एक विशिष्ट स्थान है, तो यह जानना अनिवार्य हो जाता है कि वह मानसिक क्रियाओं से तथा भौतिक वस्तुओं से किस प्रकार सम्बन्धित है? इस खण्ड में हम इसका मानसिक क्रियाओं से क्या सम्बन्ध है यह देखेंगे तथा अगले खण्ड में इसका भौतिक वस्तु से किस प्रकार का सम्बन्ध है यह देखेंगे।

मानसिक क्रियाओं से इन्द्रिय-प्रदत्त के सम्बन्ध को जानने के लिए कुछ विशेष विश्लेषण अनिवार्य है। बात यह है कि मानसिक क्रियाओं के अन्तर्गत मानसिक स्थितियाँ, क्रियायें, गुण सभी आ जाते हैं। मूर ने भिन्न-भिन्न स्थलों पर स्पष्टीकरण किया है जिनमें कुछ तो बहुत बाद में उनके 'नोटस' में प्रकाशित हुए हैं। उन स्पष्टीकरण को ध्यान में रखते हुए इस संबंध की विवेचना करने का प्रयत्न किया जा रहा है—

(क) मानसिक क्रिया तथा इन्द्रिय-प्रदत्त का सामान्य सम्बन्ध—मानसिक क्रियाओं की जटिलता में बिना प्रवेश किये हुए कहा जा सकता है कि मूर के अनुसार यह सम्बन्ध साक्षात् **प्रतीति सम्बन्ध** (Direct Apprehension) है। इन क्रियाओं में इन्द्रिय-प्रदत्त की साक्षात् प्रतीति होती है।

मूर के अनुसार 'साक्षात् प्रतीति' का विशिष्ट अर्थ है। यह किसी प्रतिमा या भाव की मन में 'लाना' नहीं है, यह उनकी स्मृति भी नहीं है, उनका विचार भी नहीं है। बिना किसी माध्यम के इनकी एकात्मक अवगति होती है। उदाहरणतः यदि हम एक किसी काले धब्बे के विषय में सोच रहते हैं, तो यह साक्षात् प्रतीति नहीं। हमने एक काला धब्बा देखा, एक आजाव सुनी—यह साक्षात् प्रतीति है। कहा जा सकता है कि हमनें तो एक वस्तु देखी है, या एक विशिष्ट आवाज सुनी है। मूर कहते हैं कि 'वस्तु' की साक्षात् अवगति होती है, मात्र एक रंग के धब्बे की या आवाज के एक पुट की। जिन माध्यमों से हमें साक्षात् अवगति होती है, उन माध्यमों-इन्द्रियों में 'वस्तु' को देखने की क्षमता नहीं है।

इस स्थल पर यह कहा जा सकता है कि यदि इन्द्रिय-आदि के माध्यम से यह अवगति होती है, तो यह अवगति साक्षात् कैसे है। इस स्थल पर यह स्पष्टीकरण अनिवार्य हो जाता है कि माध्यम का होना अनिवार्यतः ज्ञान को परोक्ष नहीं बना देता। यदि माध्यम ऐसा है जो प्रतीति का यन्त्र है—प्रतीति-प्रक्रिया का अनिवार्य अंश है, तो वह साक्षात् ज्ञान ही होगा।

काली वस्तु में रंग के धब्बे का ज्ञान इसी प्रकार का है, उस वस्तु का ज्ञान वैसा नहीं, क्योंकि उस वस्तु के ज्ञान के लिए साक्षात् प्रतीति के साथ कुछ अन्य जानकारी की भी आवश्यकता होती है। अतः वस्तु की हमें साक्षात् प्रतीति नहीं होती। इसी**कारण मूर कहते हैं कि इन्द्रिय-प्रदत्तों को जानने का साक्षात् प्रतीति के अतिरिक्त अन्य कोई साधन नहीं।**

इस स्थल पर कुछ लोग कह सकते हैं कि कभी-कभी किसी इन्द्रिय-प्रदत्त की जानकारी बिना साक्षात् प्रतीति की भी हो जाती है। उदाहरणतः हम अभी अपने इस लिखने के कार्य में रत हैं, मेज पर रखी घड़ी का 'टिक-टिक' बन्द हो जाता है, तथा हमें उसकी अवगति हो जाती है। यह साक्षात् प्रतीति तो नहीं हुई। किन्तु, मूर के समर्थन में कहा जा सकता है कि वस्तुतः यहाँ भी आवाज की साक्षात् प्रतीति ही हो रही थी, केवल हमारा ध्यान (Attention) उस ओर नहीं था। ध्यान नहीं देने का यह अर्थ नहीं कि वहाँ साक्षात् प्रतीति ही नहीं है।

इस प्रकार कहा जा सकता है कि मूर के अनुसार मानसिक क्रिया तथा इन्द्रिय-प्रदत्त के बीच के सम्बन्ध को सामान्य ढंग से **साक्षात् प्रतीति सम्बन्ध** कहा जा सकता है। इसकी विशिष्टता को समझने के लिए कुछ अन्य भेद करना अनिवार्य है।

(ख) इन्द्रिय-प्रदत्त एवं संवेदना (Sensation) में भेद—इन्द्रिय-प्रदत्त एवं मानसिक क्रिया के सम्बन्ध को समझने के लिए इन्द्रिय-प्रदत्त तथा संवेदना के भेद को समझ लेना अनिवार्य है। बात यह है कि इन्द्रिय-प्रदत्त की साक्षात् प्रतीति तो संवेदना के द्वारा ही होती है। हम एक रंग या आकार देखते हैं, किन्तु ये सभी उस संवेदना से भिन्न हैं जिनके द्वारा ये ज्ञात होते हैं। इस भेद को अनेक प्रकार से स्पष्ट किया जा सकता है।

(1) संवेदना तथा इन्द्रिय-प्रदत्त से संबंधित भाषीय प्रयोग हो दोनों का अन्तर स्पष्ट कर देते हैं। जैसे हम कह सकते हैं कि हमें संवेदना (Sensation) हुई थी, किन्तु हम ऐसा नहीं कह सकते कि हमें इन्द्रिय-प्रदत्त 'हुआ' था। इन्द्रिय-प्रदत्त ग्राह्य होता है—'होता' नहीं है।

(2) हम किसी वस्तु को देख रहे हैं। हमारी इन्द्रिय तथा वस्तु के मध्य सम्पर्क है, अतः संवेदना हो रही है। किन्तु, जब हम आँखों को मूँद भी लेते हैं, तो कुछ देर तक हम 'कुछ' देखते रह जाते हैं। उत्तर-प्रतिमा (After Image) की प्रतीति होती है। प्रश्न है कि इस समय जो दिखाई दे रहा है वह क्या है? अभी संवेदना तो नहीं हो रही, क्योंकि इन्द्रिय तथा वस्तु में सम्पर्क नहीं है। फिर भी कुछ इन्द्रियों को प्रदत्त हो रहा है। इससे सिद्ध होता है कि इन्द्रिय-प्रदत्त संवेदना से भिन्न है।

(3) मूर कहते हैं कि इन्द्रिय-प्रदत्त के सम्बन्ध में कुछ ऐसी बातें भी प्रायः स्पष्ट हैं जो संवेदना पर लागू नहीं होतीं। इन्द्रिय-प्रदत्त के सम्बन्ध में हमें यह भी भान होता है कि जो इसमें इन्द्रिय-ग्राह्य है, वह बाहर है, भौतिक वस्तु की ओर है। यह ठीक है कि इसकी निश्चित अवगति हमें नहीं है, किन्तु प्रतीत होता है कि इन्द्रिय-प्रदत्त बाह्य हैं, हमारी मानसिक क्रियाओं से बाहर है। संवेदना के सम्बन्ध में ऐसी प्रतीति नहीं होती। इससे भी यह स्पष्ट होता है कि इन्द्रिय-प्रदत्त तथा संवेदना एक-दूसरे से भिन्न हैं।

इस प्रकार इन्द्रिय-प्रदत्त तथा मानसिक क्रिया के भेद का एक पक्ष स्पष्ट होता है। इन्द्रिय-प्रदत्त इन्द्रिय-ग्राह्य है किन्तु, संवेदना से भिन्न है।

(ग) इंद्रिय-प्रदत्त तथा ऐन्द्रिक गुण (*Sense-Dadum and Sense Qualities*)—मूर ने अपने नोट्स में इंद्रिय-प्रदत्त तथा मानसिक क्रिया की भिन्नता को स्पष्ट करते हुए

इन्द्रिय-प्रदत्त तथा इंद्रिय-गुणों के भेद का भी उल्लेख किया है। बात यह है कि इन्द्रिय-प्रदत्त के स्वरूप के सम्बन्ध में कभी-कभी यह धारणा बन जाती है कि ये कुछ ऐसे गुण या लक्षण हैं जिन्हें इंद्रियाँ ही पकड़ पाती हैं। उदाहरणतः रंग की अनुभूति जो होती है उसमें जो ग्राह्य होता है उसे हम इन्द्रिय-प्रदत्त कहते हैं, तथा चक्षु-इन्द्रिय का कार्य है रंग के गुण को पकड़ना। तो प्रश्न उठ जाता है कि क्या इन्द्रियों में जिन गुणों को पकड़ने की क्षमता है, वे ही इन्द्रिय-प्रदत्त हैं। मूर इस समभावित भ्रान्ति का निराकरण करते हैं तथा इन दोनों के भेद को स्पष्ट करते हैं।

मूर का कहना है कि इन्द्रिय-प्रदत्त से कुछ लोग उन गुणों या लक्षणों को समझते हैं, जिन्हें पकड़ने की क्षमता इन्द्रियों में रहती है। इस प्रकार की धारणा रखनेवाले निम्नलिखित विकल्पों में किसी एक को स्वीकारते रहते हैं।

(i) इन्द्रिय-प्रदत्त सामान्य ढंग से इंद्रिय-गुण ही है।

(ii) इंद्रिय-प्रदत्त विशिष्ट अनुभूति में पकड़े गये विशिष्ट इन्द्रिय-गुण हैं।

(iii) इन्द्रिय-प्रदत्त ऐसे गुण हैं जिन्हें कोई व्यक्ति पकड़ता है।

(iv) इंद्रिय-प्रदत्त किसी विशिष्ट व्यक्ति के किसी विशेष अनुभूति में पकड़े गये गुण हैं।

वैसे, मूर यह मानते हैं कि ऊपर दिये गये भेद वैचारिक स्तर पर किये जाते हैं, किन्तु वस्तुतः हर सामान्य गुण में विशिष्ट गुण भी रहता ही है। लाल के सामान्य गुण में लाल के किसी विशेष रूप का गुण भी रहता ही है। किन्तु इंद्रिय-प्रदत्त को जब इंद्रिय-लक्षण या इन्द्रिय-गुण के रूप में समझा जाता है तो ऊपर दिये चारों विकल्पों में किसी एक के रूप में स्वीकारा जाता है।

मूर का मत है कि इंद्रिय-प्रदत्त इन चारों में किसी अर्थ में भी इंद्रिय-गुण नहीं होता। उनकी विवचेना को संक्षिप्त रूप में समझने की चेष्टा करते हुए कहा जा सकता है कि मूर ने इस अन्तर को स्पष्ट करने में प्रायः दो प्रकार के तर्क दिये हैं। प्रथमतः तो कहा जा सकता है कि मूर इन्द्रिय-प्रदत्त तथा इंद्रिय-गुण को दो कोटि का मानते हैं। उनके अनुसार **इंद्रिय-प्रदत्त गुण (Qualities) है ही नहीं, वे विशेष (Particulars) हैं।** गुण विशेषों को विशेषित कर सकते हैं, किन्तु विशेष अपने में एक इकाई है, अन्य किसी का गुण या लक्षण नहीं। विशेष में गुण हो सकते हैं, किन्तु विशेष अपने में गुण नहीं। विशेषों का स्वरूप इस अर्थ में वस्तुओं के समान हैं। इसलिए मूर ने इन दोनों के अन्तर को स्पष्ट करते हुए दूसरा तर्क देते हैं। इन्द्रिय-प्रदत्त ऐसे तत्त्व हैं जिनमें किसी को यह प्रतीत हो सकता है कि उनमें कुछ इन्द्रिय-गुण वर्त्तमान हैं। इंद्रिय-गुण विशेषों में हो सकता है—इन्द्रिय-प्रदत्त में हो सकते हैं, किन्तु यह **सम्बन्ध सममित-संबंध** (Symmetrical relation) नहीं है। इन्द्रिय-प्रदत्त इन्द्रिय-गुणों में नहीं रहते।

इस प्रकार मूर स्पष्ट करते हैं कि इन्द्रिय-प्रदत्त संवेदना से भिन्न हैं तथा वे इन्द्रिय गुण भी नहीं हैं। वे विशेष हैं जिनकी साक्षात् प्रतीति मानसिक क्रियाओं में होती है।

(v) इन्द्रिय-प्रदत्त तथा भौतिक वस्तु का सम्बन्ध

इन्द्रिय-प्रदत्त तथा भौतिक वस्तु के सम्बन्ध की समस्या सर्वाधिक जटिल समस्या सिद्ध हुई है। हमारा सामान्य-ज्ञान वस्तुओं के ज्ञान को स्वीकारता है। अब यह दिखाया गया है

कि जिस तत्त्व की साक्षात् प्रतीति होती है वह भौतिक वस्तु नहीं, इंद्रिय-प्रदत्त है। तो प्रश्न उठ जाता है कि इन दोनों में संबंध क्या है? मूर इस प्रश्न का सीधा—निश्चित—उत्तर नहीं देते। समय-समय पर इस समस्या का उनके द्वारा दिया गया समाधान प्रायः एक जैसा रहा भी नहीं है। उनके मत में परिवर्त्तन होता रहा है। फिर भी यह कहा जा सकता है कि मूर ने अपने ढंग से इस समस्या के समाधान के विभिन्न विकल्पों का विश्लेषण किया है, हर विकल्प के पक्ष-विपक्ष में साक्ष्यों को देखा है, तथा इसप्रकार इस सम्बन्ध की सभी संभावनाओं को स्पष्ट किया है। हम उनके विचारों को अपने ढंग से संगठित करने का प्रयास करेंगे। तथा अन्त में यह भी दिखायेंगे कि किस सीमा तक मूर के उत्तर प्रायः निश्चित हैं, तथा किस स्थल पर उनके समाधान में अनिश्चयता स्पष्ट होतो है।

(क) प्रथमतः यह तो कहा ही जा सकता है कि एक अर्थ में दोनों एक कोटि के हैं, क्योंकि दोनों एक ही प्रकार से इंद्रिय-संवेदना (Sensing) से भिन्न हैं। इंद्रिय-प्रदत्त तथा भौतिक वस्तु (जैसे 'लाल का एक धब्बा' तथा 'लाल जिल्द') दोनों के संबंध में यह तो **कहा ही जा सकता है कि जब इंद्रिय तथा वस्तु का सम्पर्क समाप्त हो जाता है, तब भी यह निश्चित** रूप से नहीं कहा जा सकता है कि 'वस्तु' तथा 'इन्द्रिय-प्रदत्त' अब अस्तित्ववान् नहीं हैं। एक सफेद लिफाफे को मैं देख रहा हूँ, आँख मूँदने के बाद भी मैं ऐसा नहीं कह सकता कि लिफाफा या सफेद रंग का धब्बा अब अस्तित्ववान् नहीं है। दोनों के बीच यह समानता ऐसी धारणा बनाती है कि इस विशेष अर्थ में दोनों एक कोटि के हैं।

पुनः इस बात के समर्थन में एक साक्ष्य और उपस्थित किया जा सकता है। इन्द्रिय-प्रदत्त तथा भौतिक वस्तु विशिष्ट अर्थ में एक कोटि के इस कारण भी प्रतीत होते हैं, क्योंकि अनुभूति में ऐसा भान होता है कि दोनों एक ही स्थान में हैं। 'सफेद धब्बा' तथा 'लिफाफा' दोनों एक ही स्थान में प्रतीत होते हैं। अनुभूति में यह प्रायः स्पष्ट ही होता है कि इंद्रिय-प्रदत्त प्रायः उसी स्थान पर है जिस स्थान पर लिफाफा है। इससे भी यह लगता है कि इंद्रिय-प्रदत्त तथा वस्तु एक कोटि के हैं।

(ख) किन्तु, एक विशेष अर्थ में यह भी कहा जा सकता है कि इन्द्रिय-प्रदत्त तथा भौतिक वस्तु भले ही एक कोटि के प्रतीत होते हों, वे वस्तुतः एक (identical) नहीं हैं। लिफाफे को देखने में सफेद धब्बे की साक्षात् प्रतीति होती है, किन्तु ऐसा नहीं लगता कि 'सफेद धब्बा' तथा 'लिफाफा' में तादात्म्य है, दोनों एक प्रतीत नहीं होते। इसका सबसे स्पष्ट प्रमाण तो यही है कि किसी भी वस्तु को देखने पर जो इंद्रिय-प्रदत्त ग्राह्य होता है, वह भिन्न-भिन्न व्यक्तियों को भिन्न-भिन्न रूप में ग्राह्य होता है। हम सभी समझते हैं कि हम एक ही वस्तु को देख रहे हैं, किन्तु इन्द्रिय-प्रदत्त एक नहीं है। इससे यह सिद्ध होता है कि वस्तु तथा इंद्रिय-प्रदत्त कम से कम इस दृष्टि से एक नहीं है।

(ग) दोनों एक कोटि के हैं, फिर भी एक नहीं है, तो क्या हम कह सकते हैं कि इंद्रिय-प्रदत्त भौतिक वस्तु के अंग या भाग हैं? मूर इस संभावना की विशद समीक्षा करते हैं। प्रथमतः यह तो कहा ही जा सकता है कि इस संभावना के पक्ष में कुछ बातें अकाट्य हैं। हमारा साधारण सामान्य-ज्ञान इस संभावना का समर्थन कर सकता है कि क्योंकि उस दृष्टि में कुछ तथ्य इस संभावना के पक्ष में दिखाई देते हैं। उदाहरणतः यह कहा जा सकता है कि हम किसी वस्तु को दो बार—तीन बार देखते हैं, किन्तु कहते हैं कि हमने हर बार उसी वस्तु को देखा है। हर अनुभव में इंद्रिय-प्रदत्त तो भिन्न-भिन्न रहा, तो कैसे हम यह कहते हैं कि

वस्तु वही देखी-जा रही है। इसकी एक व्याख्या यही हो सकती है कि हमें हर बार वस्तु के ही किसी अंश या भाग की साक्षात् प्रतीति हुई है। पुनः एक ही वस्तु को हम देखते हैं तथा छूते हैं, किन्तु यह भी जानते हैं कि हमने एक ही वस्तु को देखा है और उसका स्पर्श किया। यह देखने तथा स्पर्श करने के इंद्रिय-प्रदत्त तो अलग-अलग हैं, तो कैसे कह सकते हैं कि वस्तु एक ही है। इसकी एक व्याख्या यही हो सकती है कि हमने एक ही वस्तु के अंग को या उनके किसी भाग को देखा है या उसका स्पर्ष किया है। इस प्रकार हमारा सामान्य-ज्ञान इस संभावना के पक्ष में कुछ बातें कह सकता है।

किन्तु, मूर का कहना है कि विश्लेषण से उसमें कुछ कठिनाई भी दिखाई देती है। वे कहते हैं कि यहाँ हम अंग या भाग की बात कर रहे हैं। इसका क्या अर्थ हो सकता है। एक लिफाफे का अंग या भाग (Part of) क्या हो सकता है? मूर का कहना है कि जो कुछ भी लिफ़ाफे का अंग या भाग होगा, उसके द्वारा घेरा गया स्थान (Space) अवश्य ही लिफाफे के द्वारा घेरे गये स्थान (Space) का एक भाग होगा। तो क्या हम कह सकते हैं कि इन्द्रिय प्रदत्त में जो रंग, आकार आदि की साक्षात् प्रतीति होती है, वें सभी रंग आकार आदि लिफाफे के द्वारा घेरे हुए स्थान के भाग हैं? मूर कहते हैं कि ऐसा तो कोई निश्चित रूप में कह ही नहीं सकता।

इस बात को और स्पष्ट करने के लिए मूर 'स्थान' के प्रत्यक्ष (Perception of Space) का विश्लेषण करते हैं। यह उदाहरण इस कारण प्रासंगिक हो जाता है कि इसमें किसी निश्चित दिक् भाग या स्थान (Space) के प्रत्यक्ष तथा उसके छोटे भागों (Part) के प्रत्यक्ष में दोनों का संबंध अधिक स्पष्ट हो जाता है। उदहारणतः मान लें हम दोनों मेजों के मध्य की दूरी को देख रहे हैं। क्या इस उदाहरण में कहा जा सकता है कि इन्द्रिय-प्रदत्त जो तत्त्व देखा जा रहा है उसका भाग है? क्या जिस रूप में हमें साक्षात् अनुभूति हो रही है, वह उन दोनों मेजों की दूरी का भाग है? मूर को लगता है कि यह भी निश्चित रूप में नहीं कहा जा सकता। कम-से-कम एक तथ्य तो इसे स्पष्ट कर ही देता है। मान लें उस दूरी को अनेक व्यक्ति देख रहे हैं, यदि हर कोई उस दूरी के किसी निश्चित भाग को ही साक्षात् रूप में अनुभूत कर रहा है, तो प्रश्न इन विभिन्न इन्द्रिय-प्रदत्तों के संबंध का भी उठ जाता है, जिस विषय में कुछ निश्चित रूप में नहीं कहा जा सकता। अतः स्थान-प्रत्यक्ष के उदाहरण में भी यह निश्चित रूप में नहीं कहा जा सकता कि इन्द्रिय-प्रदत्त भौतिक वस्तु के अंग या भाग हैं।

किसी-किसी स्थल पर ऐसा प्रतीत होता है कि मूर इस संभावना को अधिक महत्त्व एवं मान्यता देते हैं, किन्तु दोनों के संबंध के विषय में यह उनका निष्कर्ष नहीं। इन दोनों के संबंध के विषय में कुछ निश्चित निष्कर्ष देने के लिए मूर भिन्न-भिन्न विकल्पों का उल्लेख करते हैं, उनके पक्ष-विपक्ष में साक्ष्यों की परीक्षा करते हैं, तथा उस आधार पर कुछ निष्कर्ष देने की चेष्टा करते हैं।

(घ) कहा जा सकता है कि इन्द्रिय-प्रदत्त एवं भौतिक वस्तु के संबंध के विषय में मूर कम-से-कम तीन महत्त्वपूर्ण विकल्पों की परीक्षा करते हैं—

(i) प्रथम विकल्प तो ऊपर दिया गया विकल्प ही है। कहा जा सकता है कि इन्द्रिय-प्रदत्त की प्रतीति भौतिक वस्तु के किसी भाग या अंग की साक्षात् प्रतीति है। हमने देखा है कि इस विकल्प के पक्ष में हमारा साधारण सामान्य-ज्ञान कुछ तथ्य प्रस्तुतः करता है।

किन्तु, मूर इस विकल्प को अन्तिम मान्यता नहीं दे पाते, क्योंकि इसमें उन्हें कुछ कठिनाई दिखायी देती है। प्रत्यक्ष में ही कुछ ऐसे स्पष्ट उदाहरण मिलते हैं जो इस संभावना के विपरीत जाते हैं। उदाहरणतः कभी-कभी हमें दो आकृतियों की साक्षात् प्रतीति होती है। (Seeing Double) तो यहाँ तो इन्द्रिय-प्रदत्त में दो आकृतियाँ हैं, किन्तु वस्तु एक ही है। यह तो नहीं ही कहा जा सकता कि एक ही वस्तु के दो अंगों की वे दो आकृतियाँ हैं। पुनः एक ही वस्तु कुछ दूर से देखने पर छोटी प्रतीत होती है, निकट से देखने पर बड़ी प्रतीत होती है। किन्तु, यह तो नहीं कहा जा सकता कि छोटा-बड़ा दोनों उस वस्तु के दो भाग हैं। इस प्रकार मूर को इस विकल्प को स्वीकारने में कुछ कठिनाई प्रतीत होती है।

(ii) इन दोनों के संबंध में विषय में मूर के समक्ष दूसरा विकल्प है कि इन्द्रिय-प्रदत्त भौतिक वस्तुओं की ही प्रतीति या आभास (appearance) है। कहा जा सकता है कि दोनों का संबंध ऐसा है कि भौतिक वस्तु इन्द्रिय-प्रदत्त के रूप में द्रष्टा को दिखाई देता है तथा उस रूप में प्रकट होता है। इस विकल्प को स्वीकारने का यह भी अर्थ है कि इन दोनों का सम्बन्ध तात्त्विक है, चरम है (ultimate) है, तथा इसका पूर्ण विश्लेषण भी नहीं किया जा सकता है, क्योंकि अपने में वस्तु तथा जिस रूप में वह दिखाई देती है इनका सम्बन्ध तात्त्विक संबंध होता है, तथा उस संबंध का पूर्ण विश्लेषण संभव भी नहीं है। इस विकल्प को तात्कालिक स्वीकृति मिल जाती है, क्योंकि कुछ लोग अवैचारिक ढंग से यह सोच लेते हैं कि जिसको हमें साक्षात् प्रतीति होती है वह वस्तु की ही अभिव्यक्ति है, क्योंकि वस्तु से इन्द्रियों के सम्पर्क होने पर ही यह प्रतीति हो पाती है।

किन्तु, मूर को इस विकल्प में भी कठिनाई दिखाई देती है। प्रथमतः तो यह निश्चित रूप से जानने का कोई आधार ही नहीं है कि इन्द्रिय-प्रदत्त भौतिक वस्तु की ही अभिव्यक्ति अथवा आभास है। इस विकल्प में कठिनाई यह भी है कि यह अवैचारिक ढंग से पहले से ही मान लेता है कि इन्द्रियों का **'किसी वस्तु'** से सम्पर्क होता है, जिसकी प्रतीति इन्द्रिय-प्रदत्त के रूप में होती है। वस्तुतः हमें साक्षात् प्रतीति तो इन्द्रिय-प्रदत्त की होती है तथा उसी के अनुरूप वस्तु का भान होता है। अतः इस विकल्प को भी पूर्णतया स्वीकारने में मूर को कठिनाई प्रतीत होती है।

(iii) मूर के समक्ष जो तीसरा विकल्प है वह मिल के भौतिक वस्तु-विचार पर आधृत है। मिल के अनुसार भौतिक वस्तु संवेदना की शाश्वत संभावना है। यदि भौतिक वस्तुओं को इस रूप में लिया जाय तो इन्द्रिय-प्रदत्त वैकल्पिक तथ्यों (Hypothetical Fact) के रूप में समझे जा सकते हैं जिन्हें कुछ उपादान, कुछ शर्तों, कुछ संबंधों के रहने पर ही देखा जा सकता है। उदहारणतः मैं जानता हूँ कि 'यह मेरा हाथ है'। इसका अर्थ है कि मुझे यह अवगति है कि किन शर्तों के रहने पर यह प्रतिज्ञप्ति—'यह मेरा हाथ है' सत्य होगी। यदि वे शर्तें उपस्थित रहेंगे तो उन्हीं के अनुरूप इन्द्रिय-प्रदत्त दिखाई देगा। इस विकल्प में एक गुण यह है कि कम-से-कम एक तथ्य की व्याख्या यह अपने ढंग से प्रस्तुत करता है। यह स्पष्ट है तथा मूर ने इसे सदा दुहराया भी है कि इन्द्रिय-प्रदत्त भिन्न-भिन्न द्रष्टाओं के लिए भिन्न होते हैं, तथा एक ही द्रष्टा के लिए भिन्न-भिन्न समय में भिन्न होते हैं। एक वस्तु तथा उससे संबंधित इन्द्रिय-प्रदत्तों की भिन्नता की यह अपने ढंग की व्याख्या प्रस्तुत करता है।

किन्तु, मूर को इस विकल्प में भी जो कठिनाई देती है। प्रथमतः तो इस विकल्प में भी प्रायः पूर्वमान्यता के रूप में भौतिक वस्तु को पहले से ही स्वीकारा हुआ है। यह मत

भी भूल जाता है कि भौतिक वस्तु की अवधारणा भी बाद की अवधारणा है—साक्षात् प्रतीति में ज्ञात इन्द्रिय-प्रदत्त के आधार पर ज्ञात अवधारणा है। पुनः यह कुछ शर्तों की बात करता है, जिनके रहने पर ही इन्द्रिय-प्रदत्त अपने रूप में उजागर हो सकते हैं। किन्तु, यह तो स्पष्ट ही है कि किसी अनुभव में ऐसी शर्तों की हमें जानकारी होती ही नहीं है।

इस प्रकार इन तीनों विकल्पों में कोई पूर्णतया मान्य नहीं है। यह ठीक है कि इस समीक्षा से इन्द्रिय-प्रदत्त तथा भौतिक वस्तु के सम्बन्ध के विषय में कुछ प्रकाश अवश्य मिलता है। किन्तु, निष्कर्षतः कुछ कहने के पहले मूर के द्वारा ढूँढे गये एक अन्य 'आश्रय' का उल्लेख करना वांछनीय है, क्योंकि मूर उस ओर भी इसी उद्देश्य से देखते हैं कि उससे भी उन्हें इन दोनों के संबंध के विषय में कुछ नवीन प्रकाश मिल सकता है।

(ङ) ऐसे तथ्य जो अधिकांश विचारक किसी न किसी रूप में स्वीकारते हैं—इन्द्रिय-प्रदत्त तथा भौतिक वस्तुओं के संबंध में मूर के मत-संबंधी निष्कर्ष देने के पहले यह भी देखना अनिवार्य है कि मूर ने कुछ ऐसे तथ्यों का उल्लेख किया है, जिन्हें, उनके मत में, अधिकांश दर्शनशास्त्री—विचारक स्वीकारते हैं। अधिकांश विचारकों की स्वीकृति पाने के कारण उन तथ्यों में अपना कुछ बल उत्पन्न हो जाता है। मूर का कहना है कि इस विषय पर अन्य विचारकों के मतों को देखने पर लगता है कि अधिकांश लोग उन्हें माने हुए हैं। अतः उनके मतों से यदि मान्यताप्राप्त कुछ मतों की समीक्षा करें, तो उससे भी इन्द्रिय-वस्तु तथा भौतिक वस्तु के संबंध पर कुछ प्रकाश पड़ सकता है।

कम-से-कम निम्नलिखित विचार ऐसे हैं जिन्हें अधिकांश विचारक स्वीकारते हैं—

(क) सामान्यतः ऐसा माना जाता है कि हर संवेदना में कुछ इन्द्रिय-प्रदत्त की साक्षात् प्रतीति होती है। अधिकांश व्यक्ति संवेदना से सर्वथा स्वतंत्र रूप में इन्द्रिय-प्रदत्त के अस्तित्व को नहीं स्वीकारते। अतः उनकी ऐसी धारणा है कि जब तक संवेदना होती है तभी तक वे अस्तित्ववान् हैं।

मूर यह स्वीकारते हैं कि हमारे सामान्य अधिकतर उदाहरणों में यह मानना संगत अवश्य है, किन्तु मूर को यह स्वीकारने में कठिनाई होती है कि वास्तविक संवेदना मात्र में ही इन्द्रिय-प्रदत्त अस्तित्ववान् रहते हैं, क्योंकि उत्तर-प्रतिमा (After Image) जैसे उदाहरण इस प्रकार के हैं जो यह सिद्ध करते हैं कि जब वास्तविक संवेदना नहीं भी होती तब भी इन्द्रिय-प्रदत्त अस्तित्ववान् रह सकते हैं।

(ख) अधिकांश विचारक यह स्वीकारते हैं, तथा मूर भी इसे स्वीकारते हैं कि इन्द्रिय-प्रदत्त जिसकी साक्षात्-प्रतीति किसी एक व्यक्ति को होती है, उसी की सर्वथा उसी रूप में किसी अन्य को साक्षात् प्रतीति नहीं होती।

(ग) अधिकांश विचारक यह भी स्वीकारते हैं कि एक व्यक्ति को किसी विशेष इन्द्रिय-प्रदत्त की साक्षात् प्रतीति किसी विशेष स्थान पर होती है, किन्तु दो व्यक्तियों की ऐसी उसी विशेष इन्द्रिय-प्रदत्त की साक्षात् प्रतीति के संबंध में यह नहीं कहा जा सकता कि दोनों **निश्चित रूप में एक ही स्थान से इन्द्रिय-प्रदत्त** का ग्रहण कर रहे हैं।

मूर यह स्वीकारते हैं, किन्तु इतना अवश्य कहते हैं कि इस बात को हम सिद्ध नहीं कर सकते—दिखा नहीं सकते, मात्र इतना ही कह सकते हैं कि ऐसा हमें लगता है—प्रतीत होता है।

इस विषय पर मूर के मत-सम्बन्धी कुछ निष्कर्ष—ऊपर हमने विभिन्न विकल्पों

की समीक्षा की, विद्वान विचारकों के मतों का उल्लेख किया। उन सभी बातों को ध्यान में रखते हुए मूर निष्कर्षतः अपना मत देते हैं। ऐसा नहीं है कि मूर इन्द्रिय-प्रदत्त तथा भौतिक वस्तु के संबंध पर कोई निश्चित मत दे देते हों। किन्तु जैसा कि उनका ढंग है, वे इतना ही गणना कर देते हैं कि इस संबंध में क्या-क्या बातें कही जा सकती हैं, तथा किस स्थान पर कुछ निश्चित रूप से कहना संभव नहीं है।

प्रथमतः तो यह कहा ही जा सकता है कि मूर से यदि कोई इन्द्रिय-प्रदत्त तथा भौतिक वस्तु के संबंध में स्पष्ट उत्तर चाहता, तो उनका उत्तर होता कि निश्चित रूप से कुछ कहना कठिन ही नहीं, शायद सम्भव भी नहीं है। उनके लेख 'मैं कह नहीं सकता' 'मैं नहीं जानता' ऐसी उक्तियों से भरे पड़े हैं। फिर भी इन्द्रिय-प्रदत्त तथा भौतिक वस्तु के संबंध के विषय पर कुछ बातें तो अवश्य कही जा सकती हैं।

इतना हो कहा ही जा सकता है कि 'इन्द्रय-प्रदत्त को देखना' तथा 'भौतिक वस्तु को देखना बिल्कुल एक बात नहीं है। इन्द्रिय-प्रदत्त की साक्षात् प्रतीति होती है, साक्षात प्रतीति के अतिरिक्त इंद्रिय-प्रदत्त को ग्रहण करने के लिए अन्य किसी उपकरण या शर्त की आवश्यकता नहीं होती। भौतिक वस्तु के लिए इतना ही यथेष्ट या पर्याप्त नहीं है। उसके लिए तो यह भी जानना है कि जो साक्षात्-प्रतीति में ग्राह्य हुआ उसके अतिरिक्त—उससे भिन्न कुछ और अस्तित्ववान् है। इंद्रिय-प्रदत्त उस **'कुछ और'** से भिन्न अवश्य है। वह उस 'कुछ और' का भाग है या नहीं—उसकी अभिव्यक्ति है या नहीं, इस संबंध में निश्चित रूप से कुछ नहीं कहा जा सकता—केवल उनके पक्ष-विपक्ष में साक्ष्य एवं तर्क प्रस्तुत किया जा सकता है।

इतना कहा जा सकता है कि कुछ उदाहरणों में और केवल कुछ उदाहरणों में—कुछ इन्द्रिय-प्रदत्त भौतिक वस्तु से कुछ सादृश्यता रखते हैं। यह भी निश्चित रूप से दिखाया नहीं जा सकता, किन्तु कुछ उदाहरणों में हमें प्रायः निश्चित रूप से दिखाया नहीं जा सकता, किन्तु कुछ उदाहरणों में हमें प्रायः निश्चित रूप से ऐसा लगता अवश्य है। यह समानता कुछ अस्पष्ट रूप में आकार (Shape) की समानता हो सकती है।

यह भी कहा जा सकता है कि कुछ विशेष उदाहरणों में दो इन्द्रिय-प्रदत्त उसी स्थान पर दिखाई दे सकते हैं जिस स्थान पर भौतिक वस्तु है। उदाहरणतः—एक भौतिक वस्तु 'रक्त का एक बूँद' को हम माइक्रोस्कोप के नीचे रखते हैं। लाल के कई धब्बे—कुछ हल्के तथा कुछ गहरे—उस स्थान पर एक साथ दिखाई देते हें। उन विभिन्न धब्बों की साक्षात् प्रतीति उसी स्थान से प्रतीत होती है जिस स्थान पर रक्त की बूँद है।

इस प्रकार मूर अपने ढंग से भौतिक वस्तु तथा इन्द्रिय-प्रदत्त के संबंध पर प्रकाश देते हैं।

मूर का संबंध के स्वरूप पर विचार, एक संक्षिप्त रूपरेखा
(A Brief Summary of Moore's Views on the Nature of Relation)

मूर की मान्यताएँ वास्तववादी हैं तथा प्रत्ययवादी दृष्टि के सर्वथा विरुद्ध है। वास्तववादी तथा प्रत्ययवादी दृष्टियों के विरोध का एक केन्द्रीय बिन्दु है, 'संबंध का स्वरूप' (Nature of Relation)। प्रत्ययवादी अनिवार्यतः संबंधों को आन्तरिक मानते हैं। उनके अनुसार 'संबंध' के द्वारा जो संबंधित हैं उनकी संरचना तथा उनका स्वरूप निर्धारित होता है। वास्तववादी प्रायः संबंधों को बाह्य मानते हैं। मूर के समय संबंधों के आन्तरिक होने का सिद्धान्त बड़ा प्रमुख सिद्धान्त माना जाता था, क्योंकि प्रत्ययवादी विचारकों के द्वारा इसे प्रमुखता मिली

थी। मूर जिनका स्वाभाविक झुकाव इस मत के विरुद्ध है—इसकी परीक्षा-समीक्षा करते हैं तथा उस आधार पर संबंधों के स्वरूप पर अपने मत को व्यक्त करते हैं। उनके मत का पूर्ण विवेचन तो यहाँ सम्भव नहीं है। वह केवल स्थानाभाव के कारण नहीं, बल्कि इस कारण भी कि यह विवेचना कुछ तर्कशास्त्रीय विवेचनाओं में अनिवार्यतः उलझ जाती है, और यहाँ उन प्रश्नों में प्रवेश करना अभीष्ट नहीं है। अतः यहाँ हम उनके विचारों की एक बहुत संक्षिप्त रूपरेखा ही प्रस्तुत करेंगें। वह भी मूर के ढंग के अनुरूप इस समीक्षा पर आधृत रहेगा कि प्रत्ययवादी जब संबंधों को आन्तरिक बनाते हैं, तो इससे उनका क्या तात्पर्य हो सकता है। मूर के समक्ष कठिनाई यह है कि संबंधों की आन्तरिकता पर जब ब्रैडले जैसे प्रत्ययवादी दार्शनिक विभिन्न उक्ति देते हैं, तो मूर को उन उक्तियों को समझने में—उनके अर्थ-निरूपण में—कठिनाई होती है। अपने विश्लेषण के ढंग के अनुरूप वे विभिन्न संभावित अर्थों की कल्पना करते हुए संबंधों के स्वरूप को समझने की चेष्टा करते हैं।

इस विषय पर अपने मूल लेख बाह्य एवं आन्तरिक संबंध (External and Internal Relations) में मूर ब्रैडले तथा अन्य वैसे ही विचारकों के आन्तरिक संबंध पर दिये गये कुछ कथनों का उल्लेख करते हैं तथा कहते हैं कि उन कथनों के अर्थ को समझना सरल नहीं है। संबंधों को आंतरिक कहने में प्रत्ययवादी विचारकों का क्या तात्पर्य है—इसे समझने के लिए मूर अपना एक ढंग अपनाते हैं। वे एक ऐसी प्रतिज्ञप्ति की बात करते हैं जिन्हें प्रत्ययवादी किसी-न-किसी रूप में स्वीकारते हैं। उस प्रतिज्ञप्ति में उनके कथनों का पूर्ण तात्पर्य निहित नहीं है, किन्तु ऐसा प्रतीत होता है कि उनके सभी कथनों में वह प्रतिज्ञप्ति आपादित (implied) है। उनका उद्देश्य यह दिखलाना है कि संबंधों के आंतरिक होने का यदि वही अर्थ है जो उस प्रतिज्ञप्ति से सूचित होता है, तो उस अर्थ में भले ही कुछ संबंध आंतरिक प्रतीत हों, कुछ संबंध स्पष्ट रूप में बाह्य ही होंगे।

वह प्रतिज्ञप्ति क्या है? 'संबंध आंतरिक है' से प्रत्ययवादी विचारकों का क्या विशिष्ट तात्पर्य है? पहले मूर तो यह दिखलाते हैं कि इस वाक्य 'संबंध आंतरिक है' के कुछ ऐसे स्पष्ट अर्थ हैं जिसे स्वीकारा जा सकता है, किन्तु जो अर्थ प्रत्ययवादी विचारकों के ही अभिप्रेत अर्थ प्रतीत नहीं होते।

प्रथमतः तो 'संबंध आंतरिक है'—इस वाक्य का एक ऐसा अर्थ हो सकता है जो स्पष्टतः तथा निश्चित रूप में सभी संबंधों के लिए सत्य है। इस वाक्य से समझा जा सकता है कि जहाँ संबंध दिखाया जाता है वहाँ मात्र यह नहीं दिखाया जाता कि कुछ पद हैं तथा उनमें कुछ संबंध है। उदाहरणतः हम कहते हैं कि क ख से संबंधित है, तो यहाँ केवल यह नहीं कहा जा रहा है कि क और ख है तथा उनके बीच एक संबंध है। यदि संबंध आंतरिक होने का मात्र यही अर्थ होता तो क, ख तथा उस संबंध को बता देने पर उस संबंधसूचक तथ्य का पूर्ण विश्लेषण हो जाता है। किन्तु, 'क ख संबंधित है' का यह विश्लेषण नहीं है। इसे एक अन्य उदाहरण से स्पष्ट किया जा सकता है। हम कहते हैं, 'क ख का पिता है। यदि इस वाक्य का ऊपर दिया गया विश्लेषण किया जाय, तो तीन तत्त्व मिलेंगे—क, ख तथा पिता का संबंध। किन्तु, यह उसका विश्लेषण नहीं, क्योंकि यही तीनों एक अन्य—सर्वथा भिन्न वाक्य के भी विश्लेषण होंगे—'ख क का पिता है।' यहाँ भी विश्लेषण से ख, क तथा पिता संबंध—यही तीन तत्त्व मिलते हैं, लेकिन वाक्य पहले वाक्य से सर्वथा भिन्न है। इससे यह स्पष्ट होता है कि संबंध-सूचक तथ्यों का इस प्रकार का विश्लेषण संभव

नहीं है। यदि संबंध आंतरिक होने का यही अर्थ होता, तो मूर को इसे स्वीकारने में कोई आपत्ति नहीं होती—क्योंकि मूर को यह स्वीकारने में कोई हिचक नहीं कि यह बात तो हर संबंध के लिए सत्य है। वस्तुतः इस वाक्य का अंतिम अर्थ यही हो जाता है कि संबंधित पद असंबंधित पदों से भिन्न हैं और यह तो एक स्वतः सिद्ध वाक्य है। किन्तु, मूर को यह अवगति है कि यद्यपि 'संबंध आंतरिक है' का यह सर्वमान्य अर्थ हो सकता है, प्रत्ययवादी इस वाक्य में मात्र इतना ही नहीं देखते, वे इस वाक्य में कुछ और देखते हैं।

वह कुछ और क्या है? मूर के अनुसार वह और शायद एक दूसरी प्रत्ययवादी कथन पर आधृत हो। प्रत्ययवादी संबंधों को आन्तरिक कहने में कभी-कभी यह भी कहते हैं कि संबंध जो संबंधित हैं उन्हें परिवर्तित करते हैं (relations modify the terms)। तो क्या संबंधों को आंतरिक कहने में प्रत्ययवादी इसी अर्थ का अभिप्राय रखते हैं? क्या उनका तात्पर्य यही है कि संबंध पदों को परिवर्तित करते हैं? मूर कहते हैं कि 'परिवर्तित करने' का जो प्रचलित शाब्दिक अर्थ है, उस अर्थ में तो प्रत्ययवादी—यहाँ इसका प्रयोग नहीं ही कर रहे हैं, क्योंकि उस अर्थ में प्रयोग करने पर यह असत्य हो जायगा। 'परिवर्तित करने' (modify) का जो सबसे प्रचलित अर्थ है 'वास्तविक परिवर्तन उत्पन्न करना' उदाहरणतः आग में रखने पर लाह गल जाता है, ताप से जल बाष्प बन जाता है आदि। इसमें संबंध वास्तविक परिवर्तन कर देता है, वस्तुतः स्वरूप बदल देता है। मूर का कहना है कि आंतरिक संबंध का यदि यह अर्थ है कि सम्बन्ध से स्वरूप में परिवर्तन हो जाता है, तो यह स्पष्टतः असत्य है, क्योंकि अनेकों उदाहरण ऐसे हैं जिनमें संबंध में स्वरूप परिवर्तन नहीं होता। अतः मूर स्पष्टतः कहते हैं कि जब प्रत्ययवादी संबंधों को आंतरिक कहते हैं, तो उनका यह तात्पर्य हो ही नहीं सकता, क्योंकि उस अर्थ में तो उनकी उक्ति असत्य हो जायगी।

अतः मूर का कहना है कि जब प्रत्ययवादी कहते हैं कि 'संबंध पदों को परिवर्तित करते हैं', तो 'परिवर्तित करने' का प्रयोग वे इसके शाब्दिक अर्थ में नहीं, इसके किसी अलंकारिक अर्थ (metaphorical sense)में कर रहे हैं। वह आलंकारिक अर्थ क्या है? 'परिवर्तित करने' का सांकेतिक तात्पर्य 'भिन्न बनाना' (making different) भी हो सकता है। संबंधों को आंतरिक कहने में यह अर्थ भी निकल सकता है कि पद संबंध में आने के बाद भिन्न हो जाते हैं, अर्थात् संबंध में आने के पहले का पद तथा संबंध में आने के बाद के पद सर्वथा एकरूप नहीं रहते, एक दूसरे से भिन्न हो जाते हैं। उदाहरणतः वाक्य 'क ख का पिता है' में संबंध पिता-संबंध है। क "पिता बनने के पहले, तथा पिता बनने के बाद सर्वथा एकरूप नहीं। पिता बनने के बाद-इस संबंध के फलस्वरूप-जो वह पहले था उससे वह भिन्न हो जाता है।

तो क्या संबंधों को आंतरिक कहने का यही तात्पर्य है? मूर कहते हैं कि इसमें एक व्यामिश्र है जिसे स्पष्ट कर लेना अनिवार्य है। इस स्थल पर 'संबंध' (Relation) तथा 'संबंधसूचक गुण या लक्षण' (Relational Property)के भेद को स्पष्ट कर लेना आवश्यक है। उनका कहना है कि ऊपर बतायी भिन्नता वस्तुतः संबंध के कारण नहीं होती, संबंध-सूचक लक्षणों के कारण होती है। यह ठीक है कि ये लक्षण संबंधों में ही सूचित होते हैं, किन्तु पदों में जो भिन्नता उत्पन्न होती है वह उन लक्षणों के कारण है। 'क ख का पिता है'—यहाँ 'पिता होना' एक संबंध है जो किसी काल में घटित होता है। लेकिन, इसमें एक संबंधसूचक गुण या लक्षण भी 'क' के साथ जुट जाता है। सम्बन्ध तो स्थापित होता है किसी विशेष काल में, किन्तु यह लक्षण तो 'क' के साथ ऐसा जुटता है कि 'क' की पहचान

के अनेकों ढंगों में यह भी एक हो जाता है। 'क' के पिता बनने के पहले की स्थिति तथा पिता बनने के बाद की स्थिति की भिन्नता इसी बात पर है कि बाद में क में यह लक्षण जुट गया जो पहले उसमें नहीं था। अतः मूर के विचार में **संबंधसूचक लक्षण** यह भिन्नता उत्पन्न करते हैं, संबंध नहीं। इसे वे एक उदाहरण से स्पष्ट करते हैं। 'क ख का पिता है' 'क ग का भी पिता है'। **'क' का 'ख' तथा 'ग' के साथ एक ही संबंध है—पिता संबंध, किन्तु इन दोनों में भिन्नता संबंधसूचक लक्षण का है।** पहले में 'क' में जो लक्षण जुटता है, वह है 'ख के पिता होने' का लक्षण, तथा दूसरे में जो लक्षण जुटता है वह है 'ग के पिता होने का लक्षण', तथा ये दोनों लक्षण एक दूसरे से भिन्न हैं।

अब मूर को वह वाक्य मिल जाता है जिनकी उन्हें खोज थी। उन्हें वह वाक्य मिल जाता है जो उनके अनुसार संबंधों को आंतरिक कहने वाले सभी कथनों में एक प्रकार से आपादित है। उनके अनुसार यह वाक्य जिसे संबंधों की आंतरिकता पर दिये गये सभी कथन स्वीकारने से लगते हैं, यही है कि यदि किसी पद में **संबंधसूचक लक्षण** 'य' है, तो वह उन सभी ऐसे पदों से अनिवार्यतः भिन्न है जिसमें 'य' का **संबंध-सूचक लक्षण** नहीं है। इसका अर्थ है कि संबंध-सूचक लक्षण पदों में भिन्नता उत्पन्न करते हैं, वह भी इस प्रकार कि जिसमें एक ऐसा लक्षण है वह अन्य सभी पद जिसमें वह लक्षण नहीं है उससे भिन्न है। अर्थात् यदि हम कहें कि 'क में संबंधसूचक लक्षण 'य' है' तथा 'ख में 'य' नहीं है, तो इससे यह आपादित है कि 'क ख से भिन्न है'। मूर इस अर्थ को और स्पष्ट करते हुए कहते हैं कि 'क' का 'य' को नहीं धारण करने का लक्षण', और 'क' का 'ख' से भिन्न होने का लक्षण एक दूसरे से इस प्रकार संबंधित हैं जिस प्रकार वाक्य 'यह लाल है' वाक्य 'यह रंग है' से संबंधित है, अथवा वाक्य 'यह समकोण त्रिभुज है' वाक्य 'यह त्रिभुज है' से संबंधित है। मूर के अनुसार इस विशेष अर्थ में संबंध पदों को भिन्न बनाते हैं। जब संबंधों को आंतरिक कहा जाता है तो मूर के अनुसार यह **स्वीकार होता है कि ऊपर दिये अर्थ में संबंध-सूचक लक्षण पदों को भिन्न बनाते हैं।**

अब मूर इस वाक्य की समीक्षा करते हैं। उन्हें इस वाक्य में एक और स्पष्टीकरण की आवश्यकता प्रतीत होती है। 'भिन्न बनाने' (Making different) का क्या अर्थ हो सकता है? भिन्नता बनाने के दो अर्थ हो सकते हैं, **'गुणात्मक भिन्नता'** (Qualitative difference) तथा **संख्यात्मक भिन्नता** (Numerical difference)। जहाँ गुणात्मक भिन्नता होती है, वहाँ स्वरूप में भिन्नता हो जाती है, संख्यात्मक भिन्नता में ऐसा नहीं होता। उदाहरणतः एक रुपये के दो ऐसे सिक्कों को लें जिनमें वर्ष, चमक, आकार सब सर्वथा एक जैसा है। उन सिक्कों में गुणात्मक भिन्नता नहीं है, केवल संख्यात्मक भिन्नता है। तो प्रश्न है कि संबंध-सूचक लक्षण पदों में किस प्रकार की भिन्नता उत्पन्न करते हैं, संख्यात्मक अथवा गुणात्मक? मूर का कहना है कि प्रत्ययवाद जब संबंधों को आन्तरिक मानते हैं तो उनका तात्पर्य स्पष्टतः गुणात्मक भिन्नता से ही है, मात्र संख्यात्म भिन्नता से नहीं। वस्तुतः गुणातमक भिन्नता अधिक केन्द्रीय है। यदि दो वस्तु गुणात्मक दृष्टि से भिन्न हैं, तो वे संख्यात्मक दृष्टि से भी भिन्न है, किन्तु इसका विपरीत सत्य नहीं। यदि दो वस्तु संख्यात्मक दृष्टि से भिन्न हैं, तो उससे यह नहीं निकलता कि वे गुणात्मक दृष्टि से भी भिन्न हैं। अतः अब मूर के अनुसार संबंधों को आंतरिक कहने का अर्थ हो जाता है कि संबंध-सूचक लक्षण (Relational Property) पदों को गुणात्मक दृष्टि से भिन्न बना देते हैं। (make them Qualitatively different)।

तो क्या संबंधों को आंतरिक कहने का यह अर्थ स्वीकारा जा सकता है? मूर का कहना है कि इस अर्थ में भी सभी संबंधों को आंतरिक नहीं कहा जा सकता। अपनी इस बात के समर्थन में मूर कुछ तार्किक ढंगों का सहारा लेते हैं। हम बिना उस तार्किक विवेचना में प्रवेश किये मूर के विचारों को स्पष्ट करने की चेष्टा करेंगे।

ऊपर बताये अर्थ के अनुसार यदि 'य' एक संबंधसूचक लक्षण है तथा वह 'क' में है, तो कहा जा सकता है कि 'य' का 'क' के साथ आंतरिक संबंध है, क्योंकि जिसमें 'य' अनुपस्थिति रहेगा उसमें यह अनिवार्यतः आपादित है कि वह 'क' से भिन्न होगा—गुणात्मक दृष्टि से भिन्न होगा, तथा गुणात्मक दृष्टि से भिन्न होने के कारण संख्यात्मक दृष्टि से भी भिन्न होगा। मूर को यह बात सत्य प्रतीत नहीं होती। इसे उदाहरणों के द्वारा स्पष्ट किया जा सकता है।

एडवर्ड VII जॉर्ज V के पिता हैं। इसका अर्थ है कि एडवर्ड VII में जार्ज V के पिता होने का संबंधसूचक लक्षण विद्यमान है। यदि वह संबंध आंतरिक है तो ऊपर बताये अर्थ में इसका अर्थ है कि जिसमें जार्ज V के पिता होने का संबंधसूचक गुण नहीं है, वह संख्यात्मक दृष्टि से एडवर्ड VII से भिन्न है। किन्तु, यहाँ पर एक तार्किक कठिनाई है। एडवर्ड VII तो बिना जार्ज V के पिता हुए भी अस्तित्ववान् रह सकता है। इस बात से यह सिद्ध होता है कि जार्ज V के पिता हुए भी अस्तित्ववान रह सकता है। इस बात से यह सिद्ध होता है कि जार्ज V के पिता होने के गुण की अनुपस्थिति से यह अनिवार्यतः आपादित नहीं है कि जिसके यह गुण न होगा वह संख्यात्मक दृष्टि से एडवर्ड VII से भिन्न होगा। इस प्रकार आंतरिक संबंध को बतानेवाला ऊपर दिया वाक्य असत्य सिद्ध होता है।

इस बात को साधारण ढंग से भी दिखाया जा सकता है। यदि संबंधों के आंतरिक होने का अर्थ वही है जो ऊपर दिया गया है तो इसका यह अर्थ हो जाता है कि संबंधसूचक लक्षण पदों को संख्यात्मक दृष्टि से भिन्न बना देते हैं। किन्तु उदाहरण दिये जा सकते हैं जिनमें ऐसा नहीं होता। 'कपड़े तथा उन धागों का संबंध जिसमें कपड़ा बना है'—इसका एक विपरीत उदाहरण है, कपड़े से अलग धागा संख्यात्मक दृष्टि से भिन्न नहीं है।शरीर से यदि हाथ को काट कर अलग कर दिया जाय तो हाथ संख्यात्मक दृष्टि से भिन्न नहीं हो जाता। अतः मूर के अनुसार इस अर्थ में भी सभी संबंधों को आंतरिक नहीं माना जा सकता।

संबंधों की आंतरिकता की समीक्षा एवं खंडन करते हुए भी मूर संबंधों के स्वरूप पर पूर्णतया निश्चित निष्कर्ष तो नहीं देते, किन्तु अपने ढंग से अपना मत व्यक्त करते हैं। रसेल के समान मूर भी यह कहते हैं, कि हर संबंध वस्तुतः संबंधित पदों के स्वरूप पर निर्भर है। उन पदों का अपना स्वरूप उसके सभी गुणों से निर्धारित होता हैं, किन्तु पदों के स्वरूप निर्धारण करनेवाले गुणों में संबंधसूचक गुण (relational properties) नहीं आते। पदों के अपने किसी गुण से कोई संबंधसूचक गुण आपादित नहीं है, किन्तु इसका विपरीत सही है। संबंधसूचक गुणों से पदों के कोई गुण आपादित होता है। 'एडवर्ड VII' के अपने किसी गुण में यह अनिवार्यतः निहित नहीं है कि वह 'जार्ज V' का पिता हो ही, किन्तु जार्ज V के पिता होने के संबंधसूचक गुण से एडवर्ड VII के एक गुण को सूचित किया जा सकता है। अतः संबंधों के स्वरूप पर मूर के मत में इतना तो कहा ही जा सकता है कि संबंध वस्तुतः संबंधित पदों के स्वरूप पर निर्भर हैं।

❑

अध्याय 6

बर्ट्रेंड रसेल

(BERTRAND RUSSELL, 1872 - 19)

भूमिका

पाश्चात्य दर्शन के इतिहास में मूर तथा रसेल का नाम साथ-साथ लिया जाता है। दोनों समकालीन थे, एक-साथ कैम्ब्रिज में थे, उस समय के प्रमुख दार्शनिक परम्परा प्रत्ययवाद के कटु आलोचक थे तथा बहुत से महत्त्वपूर्ण प्रश्नों पर प्रायः एक जैसा समाधान प्रस्तुत करते थे। फिर भी, दोनों में विशिष्ट अंतर भी है। सबसे स्पष्ट बात तो यह है कि जहाँ मूर की सीमा दर्शन की पारंपरिक सीमा से बँधी है, रसेल का चिन्तन-क्षेत्र बड़ा ही विस्तृत है। विचार का वैचारिक अनुशीलन का शायद ही ऐसा कोई पक्ष रहा हो जिस पर रसेल ने विचार नहीं किया। गणित एवं तर्कशास्त्र की तकनीकी एवं जटिल समस्याओं से लेकर समाज दर्शन, राजनैतिक दर्शन, शान्ति का दर्शन जैसे क्षेत्रों में भी रसेल का अधिकारपूर्ण प्रवेश रहा। हर क्षेत्र में उनके विचारों को मान्यता एवं प्रतिष्ठा मिलती रही।

उनके विचारों की इस व्यापकता तथा उनका वैचारिक क्षेत्र के इस फैलाव के फलस्वरूप उनके विचारों की संक्षिप्त झाँकी प्रस्तुत करने में कठिनाई भी उपस्थित होती है। किस पक्ष पर ध्यान दिया जाय किसे छोड़ा जाय—यह प्रश्न बड़ा कठिन हो जाता है। प्रस्तुत लेख इस कठिनाई का एक निराकरण तो पुस्तक के निर्धारित उद्देश्य के आधार पर ही कर लेता है। सामान्यतः इस पुस्तक में हर विचारक के उन्हीं विचारों को स्थान दिया जा रहा है जो दार्शनिक विधि, ज्ञानमीमांसा, तत्त्वमीमांसा, दर्शन के स्वरूप तथा उसका उद्देश्य एवं कार्य आदि के प्रश्नों से संबंधित हैं। अतः रसेल में भी हम उनके गणित-दर्शन, तर्कदर्शन, सामाजिक एवं राजनैतिक दर्शन आदि का उल्लेख नहीं करेंगे। इसका यह अर्थ नहीं कि उन क्षेत्रों में उनके विचारों को प्रतिष्ठा नहीं मिली है। नहीं, हर क्षेत्र रसेल का ग्रहणी है। हम उन विचारों का उल्लेख मात्र इस कारण नहीं कर रहे हैं कि इस पुस्तक की अपनी सीमा है। कह सकते हैं कि हम रसेल के केवल उन्हीं विचारों का उल्लेख करेंगें जो प्रचलित अर्थ में मूल दर्शनशास्त्रीय विचार कहे जाते हैं,

किन्तु, उसमें भी एक कठिनाई है। रसेल के विचारों में परिवर्तन होता रहा है। बहुत-सी दर्शनशास्त्रीय समस्याओं पर एक समय रसेल एक प्रकार की बात करते हैं, तथा उसी विषय पर बाद में एक दूसरा समाधान प्रस्तुत करते हैं। रसेल पूर्णरूपेण बौद्धिक विचारक हैं, तथा बौद्धिकता (rationality) का उनके लिए बड़ा प्रासंगिक अर्थ है। जो बात उन्हें युक्तिसंगत प्रतीत नहीं होती, अनुभव तथा वैज्ञानिक तथ्यों के अनुरूप प्रतीत नहीं होती उस पर वे संशय करते हैं। अतः उनका सतत् चिन्तनशील मस्तिष्क यदि अपनी कही बातों में भी असंगति देखता है, तो बेहिचक उसका भी खण्डन कर लेता है। उनका चिन्तन सक्रिय रहा है कि सदा उनके विचारों में कुछ नवीन सर्जनात्मक बातें उभर पड़ती हैं। कुछ लोग

रसेल की आलोचना इस कारण करते हैं कि वह अपने मतों में परिवर्तन करता रहता है। किन्तु, वे यह नहीं समझ पाते कि यह रसेल के मस्तिष्क की सक्रियता, सर्जनात्मकता एवं बौद्धिकता का द्योत्तक है। यह ठीक है कि 1992 की अपनी पुस्तक 'Problems of Philosophy' में उन्होंने दार्शनिक समस्याओं का समाधान अनुभववादी तथा वास्तववादी दृष्टियों से दिया है, तथा उसी संदर्भ में इन दृष्टियों की सीमा भी निर्धारित कर दी है। इस काल में उनके विचार सामान्य ज्ञान (Common Sense) के अनुरूप दिखाई देते हैं। किन्तु 1994 में 'The External world' में उनकी विवेचनाएँ वैज्ञानिक दृष्टि के अनुरूप हैं। यहाँ वे उन्हीं समस्याओं (जैसे प्रत्यक्ष संबंधी समस्याओं) का समाधान वैज्ञानिक आविष्कारों पर आधृत तथ्यों के अनुरूप देते हैं। 1921 में अपने 'The Analysis of Mind' में उनके समाधान विलियम जेम्स के समान प्रायः **अनुभयवादी** (Neutralistic) हो जाते हैं, तथा 1927 में 'An outline of Philosophy' में पुनः स्पष्ट रूप में ज्ञानमीमांसीय द्वैतवाद का समर्थन करते हुए प्रतीत होते हैं। अतः उनके विचारों को प्रस्तुत करने में यह प्रश्न उठता ही रहता है कि अन्ततः उनका किसी विशेष समस्या पर क्या अन्तिम मत है। इस कठिनाई के निराकरण के प्रयत्न में प्रस्तुत लेख अपने को उनके उन विचारों तक सीमित रखने की चेष्टा करेगा जो न केवल रसेल की विशिष्ट प्रसिद्धि में योगदान देते हैं, बल्कि किसी-न-किसी रूप में उन्हें वे सदा स्वीकारे हुए हैं—कम-से-कम जिन विचारों का यहाँ उल्लेख हो रहा है, उन्हें रसले ने न कभी नकारा है और न कभी त्यागने या छोड़ने का प्रयत्न किया है। इन विचारों में कुछ तो मूलतः ज्ञानमीमांसीय विचार हैं (जैसे साक्षात् परिचय-ज्ञान तथा विवरणात्मक ज्ञान) तथा कूछ दार्शनिक चिन्तन के उपकरण हैं, (जैसे तार्किक संरचना (Logical Construction), विवरण (Description), प्रारूप सिद्धान्त (Theory of Types) आदि), तथा कुछ तात्त्विक विचार हैं (जैसे, अनेकवाद, तार्किक अणुवाद का दर्शन आदि)। यह लेख अपने को इन्हीं विचारों तक सीमित रखेगा।

रसेल के चिन्तनशील मन में एक प्रारम्भिक झाँकी
(A Peep into Russell's Mind)

रसेल के विचारों के अध्ययन के पहले उनके चिन्तनशील मन से एक प्रारंभिक परिचय अनिवार्य है। अपने लेखों तथा अपनी आत्म-कथा संबंधी पुस्तकों में रसेल अपने वैचारिक विकास की कहानी कहते हैं तथा सदा यह बताते हैं कि किस प्रकार की समस्याएँ उनके मन में उठती रहती हैं। उन बातों की की एक प्रारम्भिक पहचान रसेल के विचारों को समझने में सहायता करती है, क्योंकि उससे यह भी स्पष्ट हो जाता है कि क्यों वे अपना मत परिवर्तन करते रहते हैं तथा क्यों यदा कदा उनके विचार दो विपरीत दिशाओं की ओर भी संकेत करते हैं।

कहा जा सकता है कि विशेष समस्याओं पर रसेल के मतों में परिवर्तन भले ही होता रहा हो, उनके सोचने का ढंग प्रायः एक सा ही रहा है। उस ढंग में ही मतों में परिवर्तन की संभावना निहित है। उस ढंग में अनुभव-आश्रयता तथा बौद्धिकता का ऐसा वैचारिक एवं वैज्ञानिक समन्वय हैं कि वह ढंग वैज्ञानिक सामान्यज्ञान (Scientific Common Sense) के अनुरूप बन जाता है। रसेल के वैचारिक मन में झाँकने का उद्देश्य यही है कि उस ढंग की मूल विशिष्टताओं का अवबोध हो जाय।

रसेल ने स्वयं कहा है कि बचपन से ही दो प्रकार के प्रश्न उन्हें महत्त्वपूर्ण लगते रहे

हैं, एक तो यह कि क्या कुछ ऐसा है जिसका ज्ञान प्राप्त किया जा सकता है, तथा दूसरा यह कि क्या जगत् को अधिक आनन्दमय बनाने के लिए कुछ किया जा सकता है। पहले तो उन्हें ये दोनों प्रश्न अलग-अलग प्रश्न प्रतीत होते थे, किन्तु बढ़ते अनुभव एवं जानकारी के फस्वरूप उन्होंने यह समझा कि ये दोनों प्रश्न सर्वथा पृथक् प्रश्न नहीं हैं। वस्तुतः जगत् को अधिक सुखमय बनाने के लिए कुछ ज्ञान—जानकारी आवश्यक है। उनके साथ कठिनाई यह है कि उन्हें यह तो विश्वास है कि कुछ ऐसे तत्त्व अवश्य हैं जिनका ज्ञान संभव है, किन्तु साधारणतः जिन्हें ज्ञान कहा जाता है, उन्हें 'ज्ञान' कहने में रसेल को कठिनाई होती है।

अतः 'दार्शनिक चिन्तन' के पारम्परिक अर्थ (जिस अर्थ में यह ज्ञान-मिमांसा, धर्मदर्शन, तत्त्वमीमांसा आदि से संबंधित प्रश्नों में उलझता है) को ध्यान में रखते हुए कहा जा सकता है कि रसेल के मन में जो मूल प्रश्न है, वह यही है कि आखिर किस तत्त्व का ज्ञान संभव है, तथा यह भी कि जिन्हें सामान्यतः ज्ञान कहा जाता है क्या वे ज्ञान हैं? इस प्रश्न के समाधान में विचार अनुभव का दामन नहीं छोड़ सकता तथा उसे युक्ति-संगत भी होना चाहिए। वस्तुतः रसेल के अनुसार विचारों का युक्ति-संगत होना उसकी बौद्धिकता (rationality) का द्योत्तक है। अतः 'ज्ञान' के अन्वेषण की विधि अनुभव-आश्रित होगी तथा बौद्धिक (rational) भी। बौद्धिक होने का अर्थ हे कि वह अबौद्धिक (dogmatic) न हो, बिना तर्कों एवं युक्तियों के आधार पर किसी बात को माने रहना अन्धविश्वास है, ज्ञान नहीं। अनुभव-आश्रित होने का अर्थ है कि यदि कोई विश्वास आनुभविक तथ्यों की सर्वथा उपेक्षा करता है, तो उस पर संशय किया जा सकता है। इसी कारण रसेल की दार्शनिक दृष्टि को कभी-कभी संशयवादी (Seceptical) कहा जाता है।

इस अर्थ में बौद्धिकता तथा अनुभव का सहारा रसेल के चिन्तन के ढंग को वैज्ञानिक (Scientific) बना देता है। रसेल के विषय में बहुत-से विद्वानों का कहना है कि रसेल की वैचारिक विधि वैज्ञानिक है। यह कहना गलत नहीं हैं, किन्तु यहाँ रसेल के अर्थ को समझ लेना अनिवार्य है। अब तो वैज्ञानिक विधि का अर्थ होता है, वास्तविक प्रयोगों पर आधृत विधि—वह भी नियंत्रित परिस्थितियों में प्रयोगशालाओं में किये प्रयोगों पर आधृत विधि। स्पष्ट है दार्शनिक चिन्तन, जो मूलतः वैचारिक विधि है, इस अर्थ में वैज्ञानिक नहीं है। वस्तुतः रसेल के समक्ष **प्राकृतिक विज्ञान** (Natural sciences) जैसे भौतिकी तथा **आकारिक विज्ञान** (formal sciences) जैसे गणित एवं तर्कशास्त्र दोनों के आदर्श थे। रसेल को यह भी अवगति थी कि विज्ञान सदा पूर्णतया सही नहीं होते, किन्तु उन्हें यह भी जानकारी थी कि वे कभी पूर्णतया गलत भी नहीं होते। अतः उनकी समझ में विज्ञान के सही होने की संभावना **अवैज्ञानिक** तथ्यों से कहीं अधिक है। अतः रसेल का विश्वास है कि वैज्ञानिक खोजों एवं आविष्कारों के सामान्य ज्ञान (Common sense) के अनुरूप जानकारी दार्शनिक चिन्तन के लिए आवश्यक है, कम-से-कम ऐसी कोई बात को मान्यता नहीं दी जा सकती जो विज्ञान के द्वारा मान्य सत्यों के विपरीत है। किन्तु, रसेल के लिए वैज्ञानिक दृष्टि का इससे उपयोगी अर्थ वह अर्थ है जिसके अर्थ में गणितशास्त्र अथवा तर्कशास्त्र जैसे आकारिक विज्ञान वैज्ञानिक हैं। यहाँ प्रधानता है युक्ति-संगत होने की—तर्कों, प्रमाणों, युक्तियों पर इस प्रकार आधृत होने की एक स्थापना से दूसरी स्थापना पर युक्तिसंगत रूप में पहुँचा जा सकता है। अतः रसेल की वैज्ञानिक दृष्टि में ऊपर बतायी बातें तो हैं ही, मूल बात यह है कि यह दृष्टि बिना तर्क एवं प्रमाण के किसी बात को स्वीकारने के लिए तत्पर नहीं रहती।

रसेल के चिन्तन-विधि का एक अन्य केन्द्रीय बिन्दु है, जिसे रसेल ने सदा महत्त्व दिया है—**'ओखम रेजर'** (Okham's razor)। इस सिद्धान्त के अनुसार तत्त्वों को अनावश्यक रूप में बढ़ाना नहीं चाहिए। जहाँ कम तत्त्वों से व्याख्या सम्भव है, वहाँ तत्त्वों को अनावश्यक रूप में बढ़ा देना बौद्धिक नहीं कहा जा सकता। रसेल इस नियम को बड़ा महत्त्वपूर्ण मानते हैं। इसी के अनुरूप अपने ज्ञानमीमांसीय एवं तत्त्वमीमांसीय विचार में वें कहते हैं कि जहाँ हमें अज्ञात तत्त्वों के विषय में अनुमान करना है, वहाँ हमें उसके स्थान पर ज्ञात तत्त्वों पर आधृत संरचनाओं को रख देना चाहिए। हम देखेंगे कि रसेल के अनेकों दार्शनिक विचार इस मूल दृष्टि के फलस्वरूप ही पनपे हैं।

रसेल के चिन्तन-विधि में 'भाषा' के महत्त्व को भी समझा है। उन्होंने समझा है कि हमारे दार्शनिक विचार भाषा के माध्यम से ही बढ़ते हैं। यह ठीक है कि बीसवीं शताब्दी में दार्शनिक चिन्तन का केन्द्र 'भाषा' रही है। रसेल अपवाद नहीं है। किन्तु, 'भाषा' में उनकी रुचि, भाषा-आधृत उनका विश्लेषण अपने ढंग का है। वें भी मानते हैं कि **'विश्लेषण'** दार्शनिक चिन्तन का उपयोगी अंश है। विश्लेषण से विश्लेष्य खण्डित नहीं होता, बल्कि इससे उस पर अधिक प्रकाश पड़ता है। किन्तु, मूर के मत के प्रायः समान रसेल मानते हैं कि विश्लेषण मात्र 'भाषीय उक्तियों' का नहीं होता, बल्कि भावों अथवा विचारों का होता है। यही कारण है कि भाषा-सम्बन्धी समस्याओं में उलझे रहने पर भी उनका स्थान भाषा-दार्शनिकों से पृथक् है। वे भाषा-दार्शनिकों के समान साधारण-भाषा, आदर्श-भाषा, तर्क-भाषा आदि सभी प्रकार की समस्याओं से जूझते हैं। किन्तु उनके अनुसार भाषीय समस्याओं में उलझे रहना अपने में अन्तिम लक्ष्य नहीं है। उनकी दृष्टि में भाषा पारदर्शी (Transparent) है, जिसका अर्थ है कि यह एक माध्यम है जिसके द्वारा देखा जा सकता है। इस **माध्यम** को ही देखते हुए रूक जाना दार्शनिक चिन्तन को सीमित करना है। यही कारण है कि उनके समक्ष बड़ी केन्द्रीय समस्या यह है कि भाषा का तथ्यों से क्या संबंध है।

रसेल के मतों में चाहे जो परिवर्तन होता रहा है, उनकी दार्शनिक दृष्टि ऊपर बताये विशिष्टताओं से संरचित है। यही कारण है कि उनके विचारों में परिवर्तन होता रहता है। यदि कोई पुराना विचार पुनः चिन्तन करने पर या नवीन वैज्ञानिक साक्ष्यों के आधार पर युक्ति-संगत न प्रतीत पड़े, तो उसे पकड़े रहना अबौद्धिक होगा तथा गलत भी। फलतः रसेल का चिन्तनशील मन सदा सक्रिय रहा, तथा हर काल में कुछ नये विचारों को उत्पन्न करता रहा।

साक्षात् परिचय—ज्ञान तथा विवरणात्मक ज्ञान
(Knowledge by Acquaintance and Knowledge by Description)

(क) विषय-प्रवेश

साक्षात् परिचय-ज्ञान तथा विवरणात्मक ज्ञान के अन्तर को रसेल ने प्रायः सदा मान्यता दी है, तथा इनका प्रसंगानुसार उपयोग भी किया है। 'विवरण' तो उनके तार्किक ढंगों (Logical Tools) में एक है किन्तु, हम यहाँ 'विवरण' (Description) की तार्किक उपयोगिता को स्पष्ट नहीं करेंगे—वह आगे होगा। यहाँ हम 'परिचय-ज्ञान, (acquaintance) तथा विवरणात्मक ज्ञान (Knowledge by Description) के स्वरूप को स्पष्ट करेंगे तथा उसी संदर्भ में उनके भेद, एवं सहयोग को भी स्पष्ट करेंगे।

सामान्यतः हमें दो प्रकार के ज्ञान उपलब्ध होते हैं—'सत्यों का ज्ञान' (Knowledge of Truths) तथा 'वस्तुओं का ज्ञान' (Knowledga of Things)। परिचयात्मक एवं विवरणात्मक ज्ञान का संबंध सत्यों के ज्ञान से नहीं है। कहा जा सकता है कि वस्तुओं का ज्ञान दो प्रकार से संभव होता है, एक साक्षात् परिचय द्वारा दूसरा विवरण द्वारा। परिचय के द्वारा प्राप्त ज्ञान-सत्यों के ज्ञान से सरल होता है, तथा उस पर निर्भर नहीं करता। हमें किसी वस्तु से परिचय हो सकता है बिना उस वस्तु के संबंध में किसी सत्य के ज्ञान के। किन्तु, विवरण के द्वारा प्राप्त ज्ञान में प्रायः सदा सत्यों के ज्ञान की प्रासंगिकता होती है। जैसा कि हम देखेंगे, किसी वस्तु का विवरणात्मक ज्ञान में उस वस्तु के विषय में कुछ सत्यों की जानकारी अनिवार्य प्रतीत होती है। फिर भी, यह तो कहा ही जा सकता है कि **परिचय** तथा **विवरण वस्तुओं** के संबंध में ही ज्ञान पाने के दो ढंग हैं। पहले हम दोनों में एक प्रारम्भिक भेद दिखा लें और उसके बाद दोनों की अलग-अलग विवेचना करें।

(ख) दोनों में एक प्रारम्भिक भेद

दोनों प्रकार से प्राप्त ज्ञान के विशद विवरण प्रस्तुत करने के पहले दोनों में एक प्रारम्भिक भेद कर लेना अनिवार्य है। इन दोनों के सामान्य भेद की एक प्रारम्भिक समझ के आधार पर ही दोनों के स्वरूप की पृथक्-पृथक् विवेचना वांछनीय है। इस भेद को स्पष्ट करने के लिए एक साधारण प्रत्यक्ष का उदाहरण लें। मान लें हम एक 'मेज' देख रहे हैं। इसे देखने में ऐसे कौन-से तत्त्व हैं जिसकी साक्षात् प्रतीति हो रही है। यहाँ साक्षात् प्रतीति का अर्थ ऐसी अवगति से है जो बिना किसी माध्यम के प्राप्त हो, और न तो वह प्रतीति किन्हीं पूर्वज्ञात सत्यों पर आधारित हो। इस अर्थ में हमें **'मेज'** की साक्षात् प्रतीति नहीं होती क्योंकि हमारी प्रत्यक्ष-संबंधी संवेदना में 'मेज' को देखने की क्षमता निहित नहीं है। अतः हमें बिना किसी माध्यम के साक्षात् प्रतीति हो रही है, रंग के एक धब्बे की, एक आकार की, एक रूप की आदि। यदि हम मेज का स्पर्श करें तो **'मेज'** की साक्षात् प्रतीति नहीं होती, बल्कि एक कड़ापन की साक्षात् प्रतीति होती है। रंग का धब्बा, आकार, रूप, कड़ापन, आदि 'इन्द्रिय-प्रदत्त' (Sense Data) कहे गये हैं। अतः 'मेज' के प्रयत्न में इन इन्द्रिय-प्रदत्तों' की साक्षात् प्रतीति हो रही है।

यही ठीक है कि इन प्रदत्तों के विषय में बहुत-कुछ कहा जाता है। जैसे कहा जा सकता है कि जो रंग हमने देखा वह हरा है, अथवा जो आकार हमने देखा वह चतुर्भुजाकार है। किन्तु इस तरह की सभी उक्तियाँ उन प्रदत्तों **के विषय** में भले हो, उन उक्तियों के आधार पर रंग या आकार की साक्षात् प्रतीति नहीं होती। बल्कि जब हमें रंग या आकार की साक्षात् प्रतीति होती है तो हमें उस रंग या आकार की अवगति हो जाती है, उसकी जानकारी प्राप्त हो जाती है। वह जानकारी किसी रूप में भी रंग या आकार के विषय में कही गयी इन उक्तियों पर आधारित नहीं है। रंग या आकार की जानकारी साक्षात् एवं तात्कालिक होती है। अतः कहा जा सकता है कि 'मेज' के प्रत्यक्ष में जिन इन्द्रिय-प्रदत्तों की साक्षात् प्रतीति होती है, उनके विषय में कहा जा सकता है कि उनका **ज्ञान साक्षात् परिचय, ज्ञान** (Knowledge by Acquantance) है।

किन्तु, ध्यान से देखने पर यह स्पष्ट हो जाता है कि मेज के प्रत्यक्ष में जो मेज का ज्ञान प्राप्त होता है वह साक्षात् ज्ञान नहीं है। मेज का साक्षात् ज्ञान नहीं होता इसे अनेक प्रकार से स्पष्ट किया जा सकता है। ऐसी कोई मानसिक स्थिति का निर्देश नहीं किया जा

सकता जिसमें मेज का साक्षात् ज्ञान होता है। वस्तुतः जिसका साक्षात् ज्ञान होता है उस पर संशय नहीं किया जा सकता। जो साक्षात् प्रतीति में ग्राह्य है वह संशय से परे हैं। किन्तु, अनेकों ढंग हैं जिससे तर्कतः 'मेज' पर 'मेज' है की संभावना पर संशय किया जा सकता है। इससे भी यह स्पष्ट होता है कि मेज का साक्षात् ज्ञान नहीं होता। रसेल के अनुसार वस्तुतः 'मेज' का ज्ञान अथवा 'भौतिक वस्तु' (Physical Objects) का ज्ञान विवरणात्मक ज्ञान (Knowledge by Description) कहा जा सकता है, क्योंकि यह ज्ञान कुछ विवरणों के माध्यम से ही प्राप्त होता है। 'मेज' एक ऐसी वस्तु है जिसका ज्ञान उसके प्रत्यक्ष में प्रदत्त इन्द्रिय-प्रदत्तों के माध्यम से होता है। मेज का ज्ञान इन्द्रिय-प्रदत्तों के अनुरूप **विवरणों** पर निर्भर है। मेज के विषय में किसी ज्ञान के लिए हमें मेज के सम्बन्ध में कुछ ऐसे सत्यों की जानकारी अनिवार्य है, जो सत्य उन तत्त्वों पर निर्भर है जिनका हमें परिचय-ज्ञान प्राप्त है। वस्तुतः मेज के संबंध में हमारे सभी ज्ञान सत्यों के ज्ञान हैं—सभी एक विवरण (Description) हैं, तथा हम यह भी मानकर चलते हैं कि एक ऐसी वस्तु है जिस पर यह विवरण लगता है। उस वस्तु को हम साक्षात ढंग से नहीं जानते, 'वस्तु' का परिचय-ज्ञान नहीं होता। वस्तु के विषय में हमारा ज्ञान विवरणों पर आधारित है। इस अर्थ में वस्तु का ज्ञान विवरणात्मक ज्ञान है।

इस प्रकार दोनों का एक प्रारम्भिक भेद स्पष्ट होता है। इस स्पष्टीकरण में 'मेज' अथवा 'भौतिक वस्तु' तथा 'इन्द्रिय-प्रदत्त' का उदहारण लिया गया है। इससे यह नहीं समझना चाहिए कि केवल इन्द्रिय-प्रदत्तों का ज्ञान परिचय-ज्ञान है तथा केवल भौतिक-वस्तुओं का ज्ञान विवरणात्मक ज्ञान है। नहीं। यह उदाहरण दोनों के भेद को स्पष्ट करने के लिए सुविधाजनक है, किन्तु इन उदाहरणों से इन दोनों प्रकार के ज्ञान की सीमाएँ निर्धारित नहीं होतीं। अतः अब यह आवश्यक हो जाता है कि दोनों का स्वरूप स्पष्ट किया जाय।

(ग) साक्षात् परिचय-ज्ञान (*Knowledge by acquaintance*)

(i) परिचय ज्ञान क्या है?—रसेल 'परिचय-ज्ञान' को परिभाषित तो नहीं करते, किन्तु उसका बड़ा ही विशिष्ट विवरण देते हैं। रसेल के अनुसार यह ज्ञान बड़ा ही सरल ज्ञान है, क्योंकि यह बिना किसी माध्यम के बिना किसी अन्य उपकरण के सहारा के तात्कालिक प्राप्त होता है। इसी कारण रसेल कहते हैं कि यह ऐसा ज्ञान है जिसको हमें साक्षात् प्रतीति होत्ती है (of which we are directly aware)। एक प्रकार से रसेल के अनुसार विवरण ज्ञान का परिभाषा जैसा विवरण यह है—हमें साक्षात् परिचय-ज्ञान तब होता है जब 'हमारा किसी **वस्तु से साक्षात् ज्ञानात्मक संबंध** होता है (when I have a direct cognitive relation to an object)। ज्ञानात्मक संबंध का अर्थ है कि विषयी और विषय में जो संबंध स्थापित होता है, उसमें विषय की कुछ अवगति होती है। **साक्षात्** का एक स्पष्ट अर्थ तो यह है कि यह अवगति तात्कालिक तथा बिना किसी माध्यम के है। इसके अतिरिक्त 'साक्षात्' शब्द में एक और अर्थ निहित है। यह साक्षात् संबंध इस कारण है कि यह संबंध ऐसा नहीं है कि उस संबंध के आधार पर निर्णयों (judgement) का निर्माण हो, बल्कि यह एक ऐसा संबंध है जिसमें एक प्रकार से विषय की **प्रदत्तता** (Presentation) है। सामान्यतः जब हम कहते हैं कि विषयी 's' को विषय 'o' का साक्षात् परिचय ज्ञान है, तो इस कथन का विपरीत कथन है कि विषय o विषयी s को प्रदत्त

हुआ है। अर्थात् **सामान्यतः** जब परिचय ज्ञान होता है, तो इसका अर्थ है कि कोई विषय साक्षात् ढंग से विषयी के सामने प्रकट होता है—एक प्रकार से प्रदत्त होता है।

किन्तु, यहाँ एक स्पष्टीकरण अनिवार्य है। 'परिचय-ज्ञान' तथा प्रदत्तता सर्वथा एक नहीं है। रसेल ऐसा नहीं मानते कि हर परिचय-ज्ञान में बाहर से कुछ प्रदत्त होता है। नहीं, कुछ ऐसे भी उदाहरण हो सकते हैं कि जहाँ हमें परिचय-ज्ञान हो किन्तु बाहर से कुछ प्रदत्त नहीं हुआ हो। उदाहरणतः एकाएक कोई स्मृति उभर आती है, वह भी परिचय-ज्ञान है, किन्तु वहाँ कुछ बाहर से प्रदत्त नहीं हुआ है। यह ठीक है कि रसेल किसी-न-किसी रूप में विषयी (Subject) एवं विषय (Object) के द्वैत को स्वीकार कर अग्रसर होते हैं, किन्तु, परिचय के संदर्भ में प्रदत्तता का उल्लेख करने से उनका यह तात्पर्य नहीं कि दोनों अनिवार्यतः एक हैं। उनका उद्देश्य यह स्पष्ट करना है कि परिचय-ज्ञान में हमें किसी विषय की साक्षात् अवगति होती है, वह विषय साक्षात् रूप में विषयों की अवगति में उजागर होता है, प्रगट होता है। बाहर से कुछ प्रदत्त हो ही, यह अनिवार्य नहीं है। इन्द्रिय-प्रदत्तों के ऊपर दिये उदाहरण से भी ऐसी भ्रान्ति उत्पन्न हो सकती है। इन्द्रिय-प्रदत्तों का साक्षात् परिचय-ज्ञान होता है, वह परिचय-ज्ञान का सबसे सामान्य उदाहरण है, तथा यहाँ कुछ प्रदत्त होता है। किन्तु, इन्द्रिय-प्रदत्तों के अतिरिक्त अन्य मुछ तत्त्व भी हैं जिनका परिचय ज्ञान होता है। अतः उस धारणा पर उस अर्थ में प्रदत्तता को परिचय-ज्ञान का अनिवार्य लक्षण मानना उपर्युक्त नहीं है। तब यह अवश्य है कि रसेल के अनुसार परिचय-ज्ञान में कुछ तत्काल—साक्षात्-रूप में उजागर होता है।

परिचय-ज्ञान के स्वरूप के सम्बन्ध में एक और स्पष्टीकरण अनिवार्य है। 'परिचय-ज्ञान' 'सत्यों के ज्ञान' से केवल सरल ही नहीं, किसी भी सत्य के ज्ञान पर किसी प्रकार निर्भर नहीं है, उससे तर्कतः स्वतंत्र है। इसका अर्थ है कि परिचय-ज्ञान के लिए किसी सत्य की पूर्व जानकारी अनिवार्य नहीं है। किन्तु, इससे यह नहीं समझना चाहिए कि जब हमें परिचय-ज्ञान होता है, तो उस विषय के सम्बन्ध में हमें किसी सत्य की जानकारी नहीं। ऐसा संभव है कि किसी विषय के संबंध में हमें अनेक सत्यों की जानकारी हो, किन्तु उसका परिचय न हो, तथा उसका परिचय-ज्ञान बाद में हो। रसेल के कहने का तात्पर्य मात्र इतना ही है कि हमारा साक्षात् परिचय-ज्ञान किसी प्रकार सत्यों के ज्ञान पर निर्भर नहीं है।

(ii) किन विषयों का साक्षात् परिचय-ज्ञान होता है?—साक्षात् परिचय-ज्ञान का स्वरूप पूर्णतया स्पष्ट करने के लिए यह जानना अनिवार्य है कि किन-किन विषयों का ज्ञान परिचय से प्राप्त होता है। वस्तुतः रसेल ने स्वयं यह बताया है कि वे तत्त्व क्या हैं जिनका ज्ञान हमें परिचय से प्राप्त होता है। हम अब उन उदाहरणों को स्पष्ट करेंगे।

(क) सर्वप्रथम तो यह कहा ही जा सकता है कि इन्द्रिय-प्रदत्त सबसे सामान्य उदाहरण हैं ऐसे तत्त्वों के जिनका ज्ञान परिचय से होता है। परिचय से ज्ञात विषयों में इन्द्रिय-प्रदत्त सबसे प्रमुख तथा सबसे सामान्य उदाहरण है। यह परिचय-ज्ञान का सबसे स्पष्ट उदाहरण भी है, जिसके फलस्वरूप कुछ विचारक तो इन्हें ही परिचय-ज्ञान का एकमात्र उदाहरण मान लेते हैं, क्योंकि जब भी उसके उदाहरण की माँग होती है तो लोग प्रायः सदा ही इन्द्रिय-प्रदत्तों का ही उदाहरण देते हैं। किन्तु, रसेल कहते हैं कि ऐसा करना परिचय-ज्ञान की सीमा को आवश्यकता से अधिक सीमित कर देना है। एक तो यह सीमा इस कारण हो जाती है कि उस अवस्था में तो परिचय-ज्ञान बस वर्तमान क्षण तक सीमित हो जाता। इतना ही नहीं, यदि यह कहा जाय कि केवल इन्द्रिय-प्रदत्तों का ज्ञान परिचय-ज्ञान है, तो इन्द्रिय-

प्रदत्तों के विषय में किसी सत्य का ज्ञान भी नहीं हो पायेगा, क्योंकि, जैसा कि हम देखेंगे, सत्यों के ज्ञान के लिए ऐसे तत्त्वों परिचय-ज्ञान की आवश्यकता होती है जो इन्द्रिय-प्रदत्तों से सर्वथा भिन्न हैं। सत्यों का ज्ञान परिचय-ज्ञान पर एक प्रकार से निर्भर होता है, तथा जिनका वहाँ परिचय-ज्ञान होता है, वे **सामान्य** (Universals) होते हैं। अतः रसेल का कहना है कि जिनका हमें परिचय-ज्ञान होता है, उनका सबसे स्पष्ट उदाहरण तो इन्द्रिय-प्रदत्त अवश्य है, किन्तु ऐसे अन्य तत्त्व और हैं जिनका ज्ञान परिचय से प्राप्त होता है।

(ख) रसेल के अनुसार इन्द्रिय-प्रदत्त के परे जो ज्ञान परिचय से प्राप्त होता है उसमें सर्वप्रथम वैसे ज्ञान आते हैं जिनका परिचय-ज्ञान **स्मृति** (memory) के द्वारा होता है यह तो सर्वविदित है कि भूत में देखी हुई बातों को हम स्मरण करते ही हैं। ऐसी बातें जिन्हें पहले कभी इन्द्रियों ने पकड़ा था, कभी-कभी वर्तमान में उपस्थित हो जाती हैं, जिन्हें हम स्मृति कहते हैं। इस स्मृति में जो भी उपस्थित होता है उसका हमें **साक्षात्** ज्ञान होता है, क्योंकि स्मृति भी किसी माध्यम या किसी अनुमान पर आधृत नहीं है। यहाँ विषय है 'भूत में देखी गयी या सुनी गयी वस्तु।' इस विषय की वर्तमान में जो साक्षात् अवगति होती है वही स्मृति है। यही एकमात्र ढंग है जिससे भूत का ज्ञान संभव है।

(ग) परिचय-ज्ञान का तीसरा उदाहरण वह ज्ञान है जो **अन्तर्निरीक्षण** (Introspection) के द्वारा प्राप्त होता है। यहाँ रसेल **'अन्तर्निरीक्षण'** शब्द का एक विशिष्ट प्रयोग करते हैं। उनका यह अंतर्निरीक्षण मनोवैज्ञानिक 'अन्तनिरीक्षण' जैसा होते हुए भी उससे भिन्न है। रसेल कहते हैं कि जब हमें किसी वस्तु की अवगति होती है, तो यह भी अवगति होती है कि मुझे उस वस्तु की अवगति है। उदाहरणः अभी मैं इस कलम को देख रहा हूँ। 'कलम' के साथ 'कलम को देखने' की भी अवगति हो रही है। यह 'कलम को देखने की अवगति' परिचय-ज्ञान है क्योंकि यहाँ भी साक्षात् ज्ञान हो रहा है। मुझे 'दर्द' होता है, या 'सुख' मिलता है, या 'भूख' लगती है। यहाँ दर्द, सुख, भूख के साथ इस तथ्य का भी साक्षात् परिचय प्राप्त होता है कि 'मूझे दर्द है, 'मुझे सुख है' 'मुझे भूख है।'

रसेल का कहना है कि उसी प्रकार के परिचयात्मक ज्ञान से हमें सभी मानसिक तत्त्वों का ज्ञान होता है। रसेल के अनुसार इस प्रकार के परिचयात्मक ज्ञान का 'आत्म-चेतना' Self-consicousness) भी कहा जा सकता है। रसेल के अनुसार इस प्रकार के ज्ञान का एक विशेष महत्त्व है। इसी के द्वारा व्यक्ति को अपने मानसिक विषय-वस्तुओं का ज्ञान होता है, तथा इसी ज्ञान के आधार पर हम यह भी अनुमानतः जान पाते हैं कि मेरे मन के अतिरिक्त अन्य मन भी है। यदि यह आत्म-चेतना नहीं होती, तो अन्य मन के ज्ञान का कोई आधार भी नहीं आता। 'आत्म-चेतना' का महत्त्व इस बात में भी है कि इसी ज्ञान के आधार पर मानव अवगति तथा अन्य जीवों की जो अवगति होती है, उसमें भेद भी किया जा सकता है। यह कहने में कोई दोष नहीं है कि अन्य जीवों की भी रंग, आकार जैसे इन्द्रिय-प्रदत्तों का साक्षात् परिचय-ज्ञान होता है, किन्तु, यह कहने का कोई आधार उपलब्ध नहीं है कि उन्हें आत्म-चेतना होती है। मानव में तो यह साक्षात् परिचय-ज्ञान है।

(घ) ऊपर बताया गया कि एक प्रकार की आत्म-चेतना भी साक्षात् परिचय-ज्ञान है। तो रसेल के समक्ष एक प्रश्न उभरता है कि क्या इसका अर्थ यह है कि हमें 'आत्म' का भी परिचयात्मक ज्ञान मिलता है? क्या 'आत्म-चेतना' 'आत्मा की चेतना' है? रसेल कहते हैं कि इस प्रश्न का पूर्णतया निश्चित उत्तर देना बौद्धिक नहीं है। अतः वे इस समस्या में निहित सूक्ष्मताओं को परखते हुए इसका उत्तर देते हैं। ह्यूम के विचारों में उन्हें यह तथ्य

दिखाई देता है कि सामान्यतः जब भी हम अपने अंतर में झाँकते हैं तथा आत्म को जानने की चेष्टा करते हैं, तो हमें किसी विशेष 'भावना' या किसी विशेष भाव-विचार की ही अवगति होती है। फिर भी, रसेल कहते हैं कि यदि इस अवगति की गहरायी में जाया जाय तो यह मानना पड़ता है कि किसी-न-किसी रूप में यहाँ एक **'मैं'** या **'अहं'** की अनुभूति होती है। यह 'मैं' किसी तात्त्विक आत्म के रूप में ज्ञात नहीं होता, किन्तु 'मैं' जैसा-कुछ ज्ञात होता प्रतीत होता है। ऐसा लगता है कि इस 'मैं' के ज्ञान के बिना कोई अवगति संभव नहीं है। इसे रसेल मूलतः दो प्रकार से सिद्ध करने की चेष्टा करते हैं।

प्रथमतः तो रसेल एक सामान्य परिचयात्मक ज्ञान के उदाहरण से इसे स्पष्ट करने की चेष्टा करते हैं। इस उदाहरण के विश्लेषण के आधार पर रसेल 'मैं' की अवगति की संभावना स्पष्ट करते हैं। रसेल यहं उदाहरण लेते हैं, हमें आत्म-चेतनात्मक परिचय-ज्ञान है कि मैं सूर्य को देख रहा हूँ। इसके विश्लेषण से यह स्पष्ट होता है कि हमें यहाँ दो सम्बन्धित वस्तुओं की अवगति हो रही है। एक तो वे इन्द्रिय-प्रदत्त हैं जो 'सूर्य' को सूचित करते हैं, तथा दूसरी ओर वह है जो 'इन्द्रिय-प्रदत्त' को देख रहा है। अतः इस प्रकार का आत्म-चेतनात्मक परिचय-ज्ञान इन दोनों—जो देख रहा है तथा इन्द्रिय-प्रदत्त—के सम्बन्ध का ज्ञान है। अतः यहाँ जिस तथ्य का परिचयात्मक ज्ञान प्राप्त हा रहा है, वह तथ्य है **'इन्द्रिय-प्रदत्त से परिचित आत्म'** (Self-acquainted with sense datum)। अर्थात् यहाँ किसी 'आत्म' या 'मैं' की अवगति हो रही है—वह 'मैं' जिसे इन्द्रिय-प्रदत्तों का परिचय मिल रहा है।

पुनः रसेल कहते हैं कि वस्तुतः बिना इस 'मैं' या 'अहं' को स्वीकारे इन्द्रिय-प्रदत्तों का परिचय-ज्ञान स्पष्ट भी नहीं हो सकता। यदि इन्द्रिय-प्रदत्त के परिचय-ज्ञान को एक ज्ञात सत्य के रूप में व्यक्त किया जाय, तो कहना पड़ेगा कि 'हमें इन्द्रिय-प्रदत्त का परिचय-ज्ञान है।' बिना 'हमें' को समझे इस कथन का अवबोध भी सम्बन्ध नहीं। यह ठीक है कि इस 'हमें' से किसी शाश्वत सत्ता अथवा तात्त्विक आत्म का बोध नहीं होता; किन्तु, सामान्य ज्ञान के अनुरूप एक मैं को मानना ही पड़ता है। अतः रसेल का कहना है कि किसी-न-किसी रूप में हमें 'मैं' के रूप में आत्म का परिचयात्मक ज्ञान प्राप्त होता है। इस आत्म का स्वरूप स्पष्ट नही किया जा सकता। किन्तु, इसे माने बिना सभी परिचय-ज्ञान निराधार हो जाते हैं। रसेल स्वीकारते हैं कि हमारे पास ऐसे साक्ष्य या प्रामाण्य नहीं हैं कि जिसके बल पर हम **निश्चित** रूप से ऐसा कह सकें, किन्तु हम इतना तो कह ही सकते हैं कि **सम्भवतः** हमें किसी मैं-रूप-आत्म का साक्षात् परिचय-ज्ञान होता है। यह वह 'मैं' है जिसे वस्तुओं की अवगति होती है।

(ङ) अभी तक जितने भी उदाहरण लिए गये हैं, वे सभी विशेषों (Particulars) के उदाहरण हैं। रसेल का कहना है कि हमें सामान्यों (universals) का ज्ञान भी परिचय से होता है। विशेषतः ऐसे सामान्य जिन्हें हम सामान्य भाव (general idea) की संज्ञा देते हैं, जैसे सफेदी, इमानदारी, विभिन्नता आदि, इनका ज्ञान भी साक्षात् परिचय स होता है। वस्तुतः हर पूरे वाक्य में एक सामान्य रहता ही है, क्योंकि रसेल के मत में सभी क्रियाएँ (Verbs) ऐसे ही अर्थों को सूचित करती है जो सामान्य हैं। जब हम भाषा में व्यवहृत सामान्य शब्दों की परीक्षा करते हैं, तो पाते हैं कि सामान्य रूप में व्यक्तिवाचक संज्ञाएँ तो विशेष को ही सूचित करते हैं, जबकि गुण, क्रिया आदि सामान्यों को सूचित करते हैं। **यहाँ सामान्य का अर्थ विशेष की पृष्ठभूमि में समझा जा सकता है। जो कई**

विशेषों में समान हो वह सामान्य है। कोई सफेद वस्तु विशेष है, किन्तु, सफेदी जो कई विशेष वस्तुओं में रह सकती है, सामान्य है। रसेल का कहना है कि ऐसे सामान्यों का भी परिचयात्मक ज्ञान संभव है। ऐसे सामान्य भाव जिनका साक्षात् परिचय-ज्ञान प्राप्त होता है, उसे रसेल **संप्रत्यय** (concept) कहते हैं और संप्रत्ययों की जो साक्षात् प्रतीति होती है उसे **संप्रत्ययन** (conceiving) कहा जा सकता है। रसेल का उद्देश्य इस तथ्य पर जोर देना है कि साक्षात् परिचय-ज्ञान केवल विशेषों का नहीं, सामान्यों का भी होता है।

(घ) विवरणात्मक ज्ञान (*Knowledge by Description*)

इसके पहले कि हम विवरणात्मक ज्ञान का स्वरूप निर्धारित करने की चेष्टा करें, एक स्पष्टीकरण अनिवार्य हो जाता है। विवरण (Description) रसेल के ज्ञानमीमांसीय एवं तार्किक चिन्तन का एक केन्द्रीय पहलू है, हमें उस पर विचार करना भी है, किन्तु यहाँ हम विवरण प्रस्तुत करनेवाली 'उक्तियों' का विश्लेषण नहीं कर रहे हैं, यहाँ हम मात्र यह देखना चाहते हैं कि किस प्रकार विवरण के द्वारा भी ज्ञान प्राप्त होता है।

हमने परिचयात्मक ज्ञान की विवेचना में देखा है कि हमें भौतिक वस्तुओं तथा अन्य मन (Other minds) आदि का ज्ञान साक्षात् परिचय से नहीं प्राप्त होता। साक्षात् परिचय से इन्द्रिय-प्रदत्तों का ज्ञान होता है, उनके द्वारा सूचित होनेवाली वस्तु का नहीं। तो भौतिक वस्तुओं, अन्य मन आदि का ज्ञान कैसे प्राप्त होता है। रसेल का कहना है कि वह ज्ञान विवरणात्मक ज्ञान है।

रसेल के अनुसार विवरण का अर्थ वैसा वाक्यांश (phrase) है, जो या तो **'कोई ऐसा, एक ऐसा या कोई इस प्रकार का'** (a so-and-so) या **'वह ऐसा या वह इस प्रकार का'** (the so and so) के रूप का हो। **'कोई ऐसा'** वाले वाक्यांश को रसेल अनेकार्थ अथवा अनिश्चित विवरण (ambiguous description) कहते हैं, तथा 'वह इस प्रकार का' जैसे वाक्यांश को निश्चित विवरण (Definite Description) कहते हैं। उदाहरणतः यदि हम कहते हैं 'एक व्यक्ति' अथवा 'कोई किताब', तो यह अनेकार्थक या अनिश्चित विवरण कहा जायगा, तथा जब हम कहते हैं 'वह लोहे के नकाब वाला व्यक्ति' 'मेघदूत का रचयिता' 'वह व्यक्ति' आदि तो यह निश्चित विवरण है। पहले उदाहरण में हम 'एक व्यक्ति' के विषय में कह रहे हैं, यहाँ यह निश्चित नहीं है कि वह व्यक्ति कौन है। उसी प्रकार 'कोई किताब' से किसी भी पुस्तक को सूचित किया जा सकता है। यह विवरण अनिश्चित है, अनेक को सूचित करने के कारण अनेकार्थक। किन्तु, दूसरे प्रकार के उदाहरण में किसी निश्चित व्यक्ति को सूचित किया जा रहा है, अतः उस वाक्यांश में जो विवरण प्रस्तुत है, वह निश्चित हैं।

हमारे जो सामान्य विवरणात्मक ज्ञान होते हैं वे प्रायः सदा ही निश्चित विवरण जैसे ही होते हैं, क्योंकि सामान्यतः जहाँ विवरण के द्वारा प्राप्त **ज्ञान** की बात करते हैं, वहाँ हमारा यह ध्यान रहता ही है कि इस विवरण के अनुरूप कोई निश्चित व्यक्ति का वस्तु है। अतः 'विवरणात्मक ज्ञान' की विवेचना में हम सामान्यतः **निश्चित विवरण** (Definite description) की ही बात करते हैं, तथा 'विवरण' से सामान्यतः निश्चित विवरण' का ही बोध करते हैं।

अतः रसेल कहते हैं कि जब हमें किसी वस्तु का ज्ञान विवरण के द्वारा प्राप्त होता है तो वह हम यह जान जाते हैं कि **'वह वस्तु इस प्रकार का'** है। इसका अर्थ है कि

हम यह जान जाते हैं कि कोई एक वस्तु है, जिसमें कोई विशेष गुण या लक्षण है, जो गुण या लक्षण उसी में है किसी अन्य में नहीं। सामान्यतः ऐसे उदाहरणों में यह भी निहित रहता है कि उस 'वस्तु' का हमें परिचयात्मक ज्ञान नहीं है। इन बातों को उदाहरणों के द्वारा स्पष्ट किया जा सकता है। हम कहते हैं 'मेघदूत का रचयिता'। इस वाक्यांश के कहने पर यदि कोई ज्ञान मिलता है तो वह यही है कि इस विशेष लक्षण को धारण करनेवाला कोई 'एक व्यक्ति' अवश्य है, जिसमें हमारा परिचयात्मक ज्ञान नहीं है। इस वाक्यांश के जानने पर उस व्यक्ति के विषय में अनेक कथनों का ज्ञान हो जाता है, किन्तु उसका साक्षात् परिचयात्मक ज्ञान नहीं है। किसी-किसी उदाहरण में तो परिचय हो भी सकता है, किन्तु फिर भी वह साक्षात् परिचयात्मक ज्ञान नहीं है। रसेल इसे एक सरल उदाहरण से स्पष्ट करते हैं। हम यह कह सकते हैं कि जिस प्रत्याशी को सर्वाधिक वोट मिलेंगे वह विजय प्राप्त करेगा। इससे विवरणात्मक ज्ञान प्राप्त होता है। हम जान पाते हैं कि एक व्यक्ति ऐसा होगा जिसे सर्वाधिक वोट मिलेंगे और वह जीतेगा। सम्भवतः जीतने वाले व्यक्ति—जो अन्ततः जीतेगा—उससे हमारा परिचय भी हो, किन्तु वह परिचय सर्वाधिक वोट प्राप्त करनेवाले तथा जीतने वाले व्यक्ति का साक्षात् परिचय ज्ञान नहीं है। उस प्रारम्भिक परिचय में हमें इस प्रकार के वाक्य का ज्ञान नहीं है कि 'यही सर्वाधिक मत प्राप्त करनेवाला व्यक्ति है।' अतः जब हम कहते हैं कि 'मेघदूत का रचयिता है', या 'लोहे के नकाब वाला व्यक्ति है' तो हम यह जान जाते हैं कि एक व्यक्ति है जो मेघदूत का रचयिता है अथवा लोहे के नकाब वाला व्यक्ति है।

विवरणात्मक ज्ञान को इतना महत्त्व देने का एक विशेष कारण प्रतीत होता है। यह कहा जा सकता है कि इन्हें महत्त्व रसेल शायद इसी कारण देते हैं कि उन्हें लगता है कि साधारणतः सामान्य जातिवाचक शब्द तथा व्यक्तिवाचक नाम (Proper names) आदि वस्तुतः विवरण हैं। जैसे व्यक्तिवाचक संज्ञाओं अथवा नामों के विषय में सोचें। रसेल का कहना है कि किसी नाम या व्यक्तिवाचक संज्ञा के कहने पर जो किसी के मन में विचार उत्पन्न होता है उसे यदि व्यक्त किया जाय, तो वह एक विवरणात्मक वाक्य या वाक्यांश ही होगा। वह नाम विभिन्न श्रोताओं के मन में भिन्न-भिन्न विचार प्रस्तुत करेगा जिसके फलस्वरूप वह नाम विभिन्न श्रोताओं के लिए भिनन-भिन्न विवरण होगा—उनमें समानता बस इतनी ही रहेगी कि वे सब उसी व्यक्ति या वस्तु को सूचित करते हैं, जिसे वह नाम सूचित करता है। इस बात को रसेल के द्वारा लिए गये कुछ उदाहरणों से स्पष्ट किया जा सकता है।

मान लें हम किसी व्यक्ति के विषय में कुछ कहते हैं। यहाँ दो संभावनाएँ स्पष्ट हैं, या तो हम उस व्यक्ति से परिचित हैं या नहीं। पहले-पहले विकल्प को देखें—हम ऐसे व्यक्ति के विषय में कुछ कहते हैं जिससे हमारा परिचय है। किन्तु, हमारा परिचय—हमारा परिचयात्मक ज्ञान—उस व्यक्ति का नहीं है, वह तो कुछ ऐसे इन्द्रिय-प्रदत्तों का है जिन्हें हम उस व्यक्ति के 'शरीर' के साथ जोड़ देते हैं। हमारी उस व्यक्ति के विषय में कही गयी उक्ति उन इन्द्रिय-प्रदत्तों के माध्यम से उस व्यक्ति का विवरण है। यह आकस्मिकता है जिस समय हम उस व्यक्ति के विषय में कुछ कह रहे हैं, उस समय उसके 'शरीर' से संबंधित कौन-सा इन्द्रिय-प्रदत्त मन में उजागर होता है। भिन्न-भिन्न काल में ये विवरण भिन्न-भिन्न हो सकते हैं क्योंकि हर विवरण उस समय उजागर हुए इन्द्रिय-प्रदत्तों के माध्यम से ही दिया जाता है। तब यह बात अवश्य है कि हमें यह भी अवगति है कि ये

सभी विवरण उसी व्यक्ति के विवरण हैं। अतः उसके विषय में हम जो कुछ भी कहते हैं, वह उस व्यक्ति के परिचयात्मक ज्ञान का व्यक्त रूप नहीं है, क्योंकि व्यक्ति का साक्षात् परिचय हमें नहीं है, ये सभी उस व्यक्ति के विषय में विवरण हैं। तब यह है कि हर ऐसा विवरण उन इन्द्रिय-प्रदत्तों के माध्यम से है जिनका हमें परिचयात्मक ज्ञान है।

अब हम दूसरी संभावना को देखें। मान लें कि हम एक ऐसे व्यक्ति के विषय में कुछ सुनते हैं या कहते हैं जिसके विषय में हम नहीं जानते, ज़िससे हमारा साक्षात् परिचय नहीं है। इसे स्पष्ट करने के लिए रसेल का ही उदाहरण लेना वांछनीय है। मान लें हम **बिस्मार्क** के विषय में कुछ कहते हैं। हम बिस्मार्क से परिचित नहीं, इतिहास के माध्यम से हम उसके विषय में कुछ सुनते हैं, तथा उस संबंध में अनेक भाव—धारणा बनाये हैं। मान लें हम कहते हैं 'बिस्मार्क जर्मन राज्य का पहला चांसलर था'। यह बिस्मार्क के विषय में एक **'विवरण'** है। रसेल का **कहना है कि इस विवरण का भी यदि विश्लेषण किया जाय तो स्पष्ट हो जायगा कि इस विवरण में जो विवरणात्मक ज्ञान प्राप्त होता है, वह किसी-न-किसी बिन्दु पर ऐसे तथ्य पर आधारित है जिसका हमें परिचयात्मक ज्ञान** है। इस विवरण में शब्द तो प्रायः भाववाचक हैं—केवल 'जर्मन' शब्द को छोड़कर। 'राज्य', 'पहला', 'चांसलर' आदि शब्द तो सामान्य (universals) हैं, उन्हें छोड़कर 'जर्मन' शब्द को देखें जो यहाँ पर सामान्य (Universal) नहीं है। प्रश्न है कि इस शब्द 'जर्मन' से हमें क्या अवगति होती है। यहाँ पर दो बातें ध्यान देने की हैं। एक तो यह कि इस शब्द से भिन्न-भिन्न व्यक्तियों को भिन्न-भिन्न अवगति होगी, सर्वथा एक अवगति नहीं हो सकती। किसी को नक्शें में 'जर्मनी' याद पड़ता है, किसी को उस देश के संबंध मे सुनी हुई कोई बात, तथा किसी को जो जर्मनी हो आया है, उस देश की कोई विशेष बात। किन्तु, इन सभी भिन्न-भिन्न ढंगों से 'जर्मन' शब्द को समझने में एक दूसरी बात महत्त्वपूर्ण है। हर व्यक्ति की अवगति का आधार अन्ततः कोई ऐसा ही ज्ञान है जो उसे परिचय से प्राप्त हुआ है। इसका अर्थ है कि किसी विशेष वस्तु का विवरणात्मक ज्ञान अन्ततः परिचयात्मक ज्ञान का सहारा लेता है। कोई विवरण किसी विशेष पर तभी लग सकता है जब उसके आधार परिचयात्मक ज्ञान से प्राप्त ज्ञान हो।

इसी कारण रसेल कहते हैं हर स्थान का नाम भी इसी प्रकार ऐसा विवरण सूचित करता है जिसमें कुछ विशेषों के परिचयात्मक ज्ञान के द्वारा विवरण दिया गया है। 'दिल्ली' शब्द के कहने से हर व्यक्ति के मन में कुछ ऐसे ज्ञान का उद्‌भव होता है जिसका उसे परिचय है। एक व्यक्ति के मन में बहुत ऐसे ज्ञान का उद्‌भव होता है जिसका उसे परिचय है। एक व्यक्ति के मन में यह बात आती है कि 'यह वह शहर है जहाँ लाल किला है', दूसरे के मन में यह बात आती है कि 'यह भारत की राजधानी है'। 'लाल किला' अथवा 'राजधानी' को भी समझने का ढंग उसके अपने परिचयात्मक ज्ञान पर आधृत है। यदि उसने 'लाल किला' को देखा है, तो कुछ इन्द्रिय-प्रदत्तों का उसे साक्षात् परिचय-ज्ञान हुआ था जिसके माध्यम से उसने 'लाल किला' को जाना है। यदि उसने 'लाल किला' को देखा नहीं; उसके विषय में कुछ सुना है, तो जो सुना है उसके विश्लेषण में भी अन्ततः कुछ ऐसे ही तत्त्व उजागर होंगे जिनका उसे परिचयात्मक ज्ञान है, तथा जिसके अनुरूप वह 'लाल किला' के विषय में सुनी हुई बात को समझता है।

अतः रसेल एक बड़े महत्त्वपूर्ण निष्कर्ष पर पहुँचते हैं। विवरणात्मक वाक्यों के विश्लेषण पर जो मूल सिद्धांत प्रकट होता है वह यह है कि —हर ऐसा विवरणात्मक

वाक्य जिसका हमें अवबोध होता है वह ऐसे ही अंशों से संरचित होता है जिनका हमें परिचयात्मक ज्ञान है। (Every Proposition which we can understand must be composed wholly of constituents with which we are acquainted) इसे स्पष्ट करते हुए रसेल स्वीकारते हैं कि इस कथन के विरुद्ध आपत्तियाँ उठायी जा सकती हैं; किन्तु, इसमें जो केन्द्रीय बात कही गयी है वह महत्त्वपूर्ण है। उदाहरणतः हम जूलियस सीजर के विषय में कुछ कहते हैं। यह स्पष्ट है हमारे मन में जूलियस सीजर नहीं है, क्योंकि उससे हम परिचित नहीं हैं। तो, हमारे मन में जूलियस सीजर के संबंध में कुछ विचार है, कुछ विवरण हैं। हमारा कथन सीजर के विषय में है, किन्तु वस्तुतः यह एक विचार का विवरण है—एक ऐसा विवरण जो सीजर पर लगता है, यह विवरण सीजर पर लगता भी इसीलिए है क्योंकि इसमें ऐसे विशेष तथा सामान्य हैं जिनका हमें परिचय है। मान लें हमारे मन में यह विचार आया—'वह जो मिश्र की रानी के संपर्क में आया था'। यहाँ 'मिश्र' 'सम्पर्क में आना' आदि सभी का अवबोध अन्ततः ऐसे विशेषों की जानकारी पर ही आधृत है—जिनका हमें परिचय है। 'मिश्र' देश के विषय में जो हमारी समझ है वह अन्ततः ऐसे तथ्य पर आधारित है जिसका हमें परिचयात्मक ज्ञान है। इसी अर्थ में विवरणात्मक ज्ञान परिचयात्मक ज्ञान पर निर्भर है।

रसेल के तार्किक एवं ज्ञानमीमांसीय उपकरण
(Russell's Logical and Epistemological Tools)

जैसा कि पुस्तक के उद्देश्य से ही स्पष्ट है, यहाँ हमारा लक्ष्य रसेल के ज्ञानमीमांसीय तथा तात्त्विक विचारों का संक्षिप्त स्पष्टीकरण है। किन्तु, इन विचारों के पीछे कुछ मूल वैचारिक ढंग है जिनके अनुरूप ही रसेल अपने विचारों को प्रस्तुत करता है। रसेल के विचारों के स्पष्टीकरण में यह कठिनाई है कि रसेल के विचारों में परिवर्तन होता रहा है। किन्तु, कुछ ऐसे विचार हैं जिन्हें रसेल ने कभी छोड़ा नहीं, बल्कि किसी-न-किसी रूप में उन्हें सदा स्वीकारा ही है। अपने *'My Philosophical Development'* में रसेल स्वयं कहते हैं—"Although I have changed my opinion on various matters......I still hold to the doctrine of external relations and to pluralism] which is bound up with it. I still hold that and isolated truth may be quite true. I still hold that analysis in not falsification. I still hold that any proposition other than a tautology, if it is true, is true in virtue of a relation to fact and that facts in general are independent of experience........On all these matters my views have not changed since I abundoned the teachings of Kant and Hegel."—*My Philosophical Development*, pp. 63-64. ऐसे विचारों में कुछ ऐसें भी है जिनका रसेल ने तार्किक एवं ज्ञानमीमांसीय उपकरणों के रूप में उपयोग किया है, तथा अपने मौलिक चिन्तन में प्रायः सदा ही उनका आधार बनाये रखा है। उन्हीं का एक संक्षिप्त परिचय इस खण्ड का लक्ष्य है।

किन्तु इस प्रयत्न में एक कठिनाई है। उन उपकरणों का अलग से विवेचन उनके स्वरूप को उतना स्पष्ट नहीं करता जितना उनके प्रयोगों के वास्तविक उदाहरणों को समझने से होता है। रसेल की तार्किक संरचना विधि (Logical Construction) को अलग से स्पष्ट करने में इसका स्वरूप उतना स्पष्ट नहीं होता जितना इसके उदाहरणों को

देखकर। फिर भी, हम अलग से इनका परिचय ले रहे हैं, तथा इनके कुछ उपयोगों को रसेल के तार्किक-अणुवाद के दर्शन के विवेचन में स्पष्ट करने की चेष्टा करेंगे।

तार्किक अणुवाद की व्याख्या तो हम एक बृहत्त खंड में करेंगे, यहाँ हम निम्नलिखित उपकरणों का संक्षिप्त परिचय लेंगे। इन उपकरणों में शुद्ध तार्किक उपकरण का तो संकेत मात्र ही दिया जा सकेगा, किन्तु तार्किक एवं ज्ञानमीमांसीय उपकरणों के स्वरूप को समझने की चेष्टा होगी, इनके अंतर्गत निम्नलिखित उपकरणों का उल्लेख होगा—(1) रसेल का भाषा संबंधी सामान्य मत (2) **ओखम का रेजर** (लाघवं न्याय) (3) तार्किक विश्लेषण जिसके अंतर्गत विवरण-सिद्धांत (Theory of Description) तथा प्रारूप-सिद्धांत (Theory of Types) का उल्लेख होगा। शुद्ध तार्किक रूपों का विचार (Theory of Logical Forms) की विवेचना प्रसंगानुसार यहाँ संभव नहीं है।

रसेल का भाषा-संबंधी सामान्य मत

रसेल के भाषा-संबंधी सामान्य मत को समझने के लिए दो बातों पर ध्यान देना आवश्यक है—जिन दोनों का किसी-न-किसी रूप में रसेल उपयोग करना चाहते हैं। प्रथमतः तो रसेल मानते हैं कि हमारी सामान्य स्वाभाविक भाषा, जिसमें हम बात करते हैं या सोचते हैं, एक विशिष्ट लक्ष्य से प्रेरित है। किसी-न-किसी रूप में भाषीय प्रयोग हमें 'जगत्' के संबंध में सूचना देने के माध्यम हैं। विश्व की संरचना की जानकारी का माध्यम भाषा ही है। किन्तु, इसके साथ-साथ रसेल की भाषा-संबंधी एक दूसरी दृष्टि भी है जो बड़ी महत्त्वपूर्ण है। वे इस बात पर बड़ा जोर देते हैं कि भाषीय-प्रयोग अनेक ढंगों से वैचारिक भ्रान्तियाँ उत्पन्न करने के माध्यम भी हैं। दार्शनिक समस्याओं से जूझने में तो स्वाभाविक भाषा प्रायः असमर्थ ही दिखाई देती है, तथा यहाँ भी जरा-सी असावधानी वैचारिक भ्रान्तियाँ उत्पन्न कर देती हैं। उदाहरणतः रसेल बार-बार कहते हैं कि अरस्तू के द्वारा प्रारम्भ की हुई तर्कशास्त्रीय परम्परा **उद्देश्य** तथा **विधेय** के अन्तर पर आधारित रही है। इस परम्परा पर चिपकने का परिणाम है कि हमारा विचार या तो **एकवादी** हो जाता है या **अनेकवादी**। विचार को या तो यह मानना पड़ता है कि एक उद्देश्य है जिसके ही अनेक गुण हैं, या मानना पड़ता है कि एक दूसरे से सर्वथा पृथक् भिन्न-भिन्न उद्देश्य हैं। सामान्य जीवन से भी भाषीय प्रयोगों से उत्पन्न भ्रान्तियों का उदाहरण सहजता से दिया जा सकता है।

फलतः भाषा-संबंधी रसेल की दूसरी दृष्टि स्पष्ट होती है। यदि भाषा से जगत् की संरचना की जानकारी प्राप्त होती है, तो वह भाषा के किसी प्रयोग से नहीं। भाषा की तार्किक संरचना (Logical Construction) के द्वारा भाषा की उस इकाई तक पहुँचा जा सकता है जो विश्व की संरचना के विषय में जानकारी दे सकती है। अतः वे मानते हैं कि भाषा का एक आदर्श रूप (Ideal Language) हो सकता है। इस भाषा की संभावना की सूझ रसेल के गणित-संबंधी विचारों में उत्पन्न हुई थी। रसेल इस संभावना की स्पष्ट रूप-रेखा कभी खींच नहीं पाये। गणित के आधार रूप में अपने तार्किक चिन्तन में इसके तार्किक पक्ष की रूप-रेखा देने की चेष्टा की गयी। बाद में इस सफलता को उन्होंने गणित से बाहर भी बढ़ाने की चेष्टा की, किन्तु इस क्षेत्र में वे ऐसी भाषा का पूर्ण चित्र उपस्थित नहीं कर पाये, किन्तु इस भाषा की तार्किक संभावना (Logical Possibility) पर उन्हें संदेह नहीं था। इसका कुछ स्पष्टीकरण उनके **तार्किक-अणुवाद-दर्शन** (Philosophy of Logical Atomisin) के तार्किक पक्ष के विवेचन में प्रस्तुत किया जायेगा।

उनका लाघव-न्याय (*Ockam's Rajor*)

वैसे ओकम की कैंची के विषय में कोई बृहत् विवरण यहाँ अभीष्ट नहीं है, यहाँ केवल यह बताना है कि किस प्रकार यह हर क्षेत्र में रसेल के विचारों को नियंत्रित रखने का एक आधार रहा है। रसेल इस कैंची का उपयोग मात्र इसलिए करते हैं कि परम एवं स्वतंत्र तत्त्वों की संख्या सीमित रहे। इस ओक्म रेजर से सूचित होनेवाले नियम का संक्षिप्त एवं व्यावहारिक अर्थ मात्र यही है कि '**आवश्यकता से अधिक तत्त्वों** की संख्या बढ़ाना नहीं है।' जो तत्त्व अनावश्यक प्रतीत हो, अर्थात् जिन तत्त्वों की व्याख्या अन्य तत्त्वों से हो सकती हैं, उन्हें स्वतंत्र स्थिति देना बौद्धिक नहीं है। रसेल **निश्चयता** (Certainty) की खोज में सरलतम तत्त्वों (Simple contitics) की खोज करते हैं। 'सरलतम' की खोज के लिए यह अनिवार्य है कि केवल उन्हें ही प्राथमिक माना जाय जिसका निष्कासन संभव नहीं है, तथा जिन्हें मानना अन्य तत्त्वों की व्याख्या के लिए अनिवार्य प्रतीत हो। इसी नियम का सबसे स्पष्ट उपयोग रसेल ने (Principia Mathematica) में किया। यदि संख्यात्मक गणित की मान्यताओं की व्याख्या तार्किक तत्त्वों से हो सकती है, तो उन गणिती मान्यताओं को प्राथमिकता देने की आवश्यकता नहीं है! अतः रसेल ने हर क्षेत्र में इस कैंची का उपयोग किया। इस उपयोग का लक्ष्य मात्र इतना ही रहा कि उस क्षेत्र की केन्द्रीय वस्तु-तालिका (inventory) में कम-से-कम तत्त्व रहें। उनके 'तार्किक अणुवाद' में भी इस दृष्टि का हाथ स्पष्ट दिखाई देता है।

तार्किक विश्लेषण (*Logical Analysis*)

रसेल के दार्शनिक चिन्तन पद्धति में तार्किक विश्लेषण ही मूल रहा है। किन्तु, '**तार्किक विश्लेषण**' के अंतर्गत कुछ अपने ढंग की विशिष्ट बातें आती हैं, जो रसेल के 'तार्किक विश्लेषण' को 'तार्किक विश्लेषण' के अन्य रूपों से—विशेषतः बाद में स्पष्ट हुए रूपों से—भिन्न कर देती हैं। प्रथमतः तो हम कह सकते हैं कि मूलतः रसेल के तार्किक विश्लेषण के दो स्पष्ट ढंग हैं। एक तो वह ढंग है जहाँ रसेल शुद्ध **तार्किक रूपों** (Logical Forms) की बात करते हैं तथा आकारिक विश्लेषण (Formal analysis) में उलझते हैं। दूसरा वह ढंग है जिसमें रसेल सामान्य भाषा-विश्लेषण को ही तार्किक विश्लेषण कहते हैं, तथा वहाँ तार्किक रूपों (Logical Forms) के द्वारा विश्लेषण नहीं करते, बल्कि तार्किक एवं ज्ञानमीमांसीय दृष्टियों को मिलाते हुए भाषा का विश्लेषण करते हैं, यह मानते हुए कि भाषीय अनु-बिन्दुओं की खोज वस्तुतः तार्किक खोज है। इस स्थल पर भाषा-विश्लेषण तथा तार्किक विश्लेषण प्रायः समानार्थक हो जाते हैं। हम उनके तार्किक रूपों पर आधृत विश्लेषण (Pure Formal Logic) का संकेत मात्र करेंगे, क्योंकि इस विवरण में शुद्ध तर्क शास्त्रीय विवेचन में प्रविष्ट करना अभीष्ट नहीं है। दूसरे प्रकार के विश्लेषण के तीन प्रमुख अंगों का उल्लेख करेंगे, जिनके रसेल के द्वारा उपयोग के उदाहरण रसेल के तार्किक अणुवाद-विवेचन में प्राप्त हो जायगा। वे तीन अंग हैं—विवरण-सिद्धान्त (Theory of Description) प्रारूप-सिद्धान्त (Theory of Types) तथा तार्किक-संरचना (Logical Construction)।

किन्तु, इसके पहले हम उनके विशुद्ध तार्किक विश्लेषण का संकेत मात्र कर लें। हमने पहले ही कहा है कि रसेल के अनुसार प्राकृतिक भाषा अपने तार्किक रूपों को इस प्रकार छिपा रखती है कि उसके विचित्र—प्रायः असंगत परिणाम उपस्थित हो जाते हैं। उदाहरणतः वाक्यों की उद्देश्य-विधेय-संरचना इतनी प्रचलित रही कि लोगों को यह दिखाई

नहीं दिया कि इसी बंधन के फलस्वरूप दो विरोधी एवं असंगत तात्विक सिद्धान्तों का उद्भव होता है—अनेकवाद (लाइबनीज के चिद्‌बिन्दु-सिद्धान्त (Monadology) के समान) अथवा एकवाद (निरपेक्ष प्रत्ययवाद-Absolute Idealism—जैसा)। अतः उन्हें यह आवश्यकता प्रतीत हुई कि भाषा में निहित तार्किक आकारों (Logical Forms) को स्पष्ट करना अनिवार्य है। इस प्रयास में गणित के क्षेत्र में उन्हें अत्यधिक सफलता मिली, तो **प्रिन्सिपिआ मैथैमैटिका** में उन्होंने एक तार्किक भाषा की रूपरेखा भी दी। यह तार्किक भाषा किसी प्राकृतिक भाषा (Natural Language) का पक्षपाती नहीं, यह तो आकारों तथा चरों (Variables) की भाषा है, जिसमें चरों के स्थान पर प्राकृतिक भाषा के शब्दों के रखने से वह साधारण भाषा बन जा सकती है। इसी तकनीक को प्रतीकात्मक तर्कशास्त्र (Symbolic Logic) में आगे बढ़ाया गया। इस पुस्तक में इसकी विवेचना अभीष्ट नहीं है, किन्तु, रसेल का इस क्षेत्र में योगदान अपूर्व है।

विवरण-सिद्धान्त ***(Theory of Description)***

रसेल के तार्किक एवं ज्ञानमीमांसीय उपकरणों में विवरण-सिद्धान्त बड़ा ही महत्त्वपूर्ण सिद्ध हुआ है। इसकी नवीनता एवं मौलिकता का प्रभाव इतना प्रबल हुआ कि बाद के विचारकों ने अपने भाषा-विश्लेषण के उपकरणों के स्पष्टीकरण में इसका उल्लेख अनिवार्य समझा तथा इसी विचार की आलोचना एवं समीक्षा पर अपने विचारों को बढ़ाया।

हमने ऊपर कहा है कि हमारे साधारण भाषीय प्रयोगों में भाषा का तार्किक रूप स्पष्ट नहीं होता जिसके कारण वैसी भाषा से वैचारिक भ्रान्तियाँ उत्पन्न होती हैं। इसी संदर्भ में एक हमारी सामान्य साधारण धारणा यह भी है कि किसी नाम (Name) का अर्थ वह वस्तु है जिसे वह नाम सूचित करता है (denotes)। अतः यह प्रश्न उठ खड़ा होता है कि क्या नाम से कोई वस्तु सूचित होती ही है, तथा यह भी प्रश्न उठ खड़ा होता है कि क्या वस्तुओं को सूचित करनेवाले वाक्यांश (Denoting Pharases) भी नाम के तरह व्यवहृत हो सकते हैं? ऐसी ही समस्याओं के समाधान के लिए रसेल ने **विवरण-सिद्धान्त** का स्पष्टीकरण किया है।

इन दोनों प्रश्नों का थोड़ा और स्पष्टीकरण कर लें। रसेल भी यह मानते हैं कि नामों (Names) का अर्थ उनसे सूचित होने वाली वस्तुओं से जाना जाता है। तब प्रश्न उठता है कि 'वृत्ताकार वर्ग' 'सोने का पहाड़' 'फ्रांस का वर्तमान राजा' जैसे नामों से क्या सूचित हो रहा है? रसेल बर्ड सरल ढंग से इस प्रश्न का निराकरण कर लेते हैं और कहते हैं कि ये उक्तियाँ '**नाम**' नहीं है, बल्कि विवरण (Description) हैं, सूचित करनेवाले वाक्यांश (denoting phrases) है। अब प्रश्न यह उठता है कि ऐसे वाक्यांशों का सही भाषीय प्रयोग क्या है? यदि वे नाम नहीं हैं तो किसी वस्तु को सूचित करते हैं या नहीं करते हैं? यदि नहीं करते हैं तो इन वाक्यांशों की उपयोगिता क्या है? इन्हीं प्रश्नों का समाधान रसेल के विवरण सिद्धान्त में है।

रसेल का कहना है कि ऐसे वाक्यांश केवल अपने भाषीय आकार से कुछ कहते हैं, वस्तुतः अपने में कोई वस्तु सूचित नहीं करते। **तीन** प्रकार के ऐसे सूचित करनेवाले वाक्यांशों (denoting phrases) या विवरणों (Description) का उल्लेख हो सकता है। (क) या तो वह सूचित करने का दावा करता हो, किन्तु वस्तुतः कुछ सूचित नहीं करता, जैसे 'फ्रांस का वर्तमान राजा', (ख) या वह किसी एक निश्चित वस्तु को सूचित करने

का दावा करे, जैसे 'इंगलैण्ड की वर्तमान रानी' (निश्चित विवरण—Definite Description), (ग) या अनेकार्थक ढंग से कुछ सूचित करें, जैसे 'कोई मनुष्य'। रसेल के अनुसार इन तीनों प्रकार के विवरणों का भाषीय प्रयोग में बड़ा महत्त्व है। वाक्यांशों या भाषी उक्तियों का उपयोग केवल वस्तुओं को सूचित करने में नहीं है, बल्कि हमारे बहुत-से ज्ञान ऐसे हैं जहाँ हम किसी वस्तु के विषय में बहुत-कुछ कह देते हैं, किन्तु उस वस्तु के विषय में हमें साक्षात् जानकारी नहीं होती। सौर्यमंडल के केन्द्र के विषय में हम बहुत-सी बातें कह सकते हैं, अन्य मन (Others mind) के विषय में हम बहुत-सी बातें करते हैं, किन्तु इन्हें हम वस्तुतः किसी वाक्यांश से न सूचित कर सकते हैं और न उनका हमें परिचयात्मक ज्ञान ही संभव है। इसी संदर्भ में विवरणात्मक वाक्यांशों का विश्लेषण अनिवार्य हो जाता है।

रसेल के इस विश्लेषण का निष्कर्ष सरल है। वे यह दिखाना चाहते हैं कि विवरणात्मक वाक्यांश 'नाम' नहीं हैं, वे किसी वस्तु को सूचित नहीं करते। यह दिखाने के लिए रसेल यह सिद्ध करते हैं कि इन **वाक्यांशों का अपने में कोई अर्थ नहीं** है, भले ही जिस वाक्य में वे व्यवहृत होते हों वह वाक्य अर्थपूर्ण हो। इस बात के निर्देश के लिए रसेल एक बड़ा सरल तकनीक अपनाते हैं। वे अपने विश्लेषण से यह दिखला देते हैं कि जिस वाक्य में इन वाक्यांशों का प्रयोग होता है उस वाक्य का विश्लेषण कर यह दिखाया जा सकता है कि उन वाक्यांशों के बिना भी उस वाक्य के अर्थ में कोई अन्तर नहीं पड़ता, अर्थात् रसेल उन वाक्यों का सही अर्थ निरूपण करते हैं, तथा उस निरूपण में ये विवरणात्मक वाक्यांश **'लुप्त'** हो जते हैं, और वाक्य का अर्थ वहीं रहता है। इससे यह सिद्ध होता है कि वाक्य के अर्थ में वाक्यांश का कोई योगदान नहीं है। वे उस अर्थ को दूसरे तक पहुँचाने में एक सुविधाजनक ढंग मात्र है, किन्तु साधारण भाषीय प्रयोग के चलते उन्हें तार्किकता नहीं प्राप्त हो जाती। अपने में वे कोई अर्थ सूचित नहीं करते। इसे अब हम रसेल के उदाहरणों से समझने की चेष्टा करेंगे।

ऊपर हमने तीन प्रकार के विवरणात्मक अथवा सूचक वाक्यांशों (denoting pharses) का उल्लेख किया है। हम उन तीनों का उदाहरण लेकर देखेंगे कि रसेल उनसे कैसे निपटते हैं। किन्तु, उसके पहले हम एक अन्य—**चौथे** प्रकार का उदाहरण लेंगे—जिन्हें रसेल **आद्य सूचक वाक्यांश** (Primitive donoting pharses) कहते हैं। इसके अन्तर्गत वे "**सब कुछ**" (everything), **कुछ-नहीं** (Nothing) 'तथा' **कुछ** (Something) का विश्लेषण करते हैं। इन वाक्यांशों से कुछ निश्चित का **बोध** नहीं होता है, किन्तु जिन वाक्यों में इनका प्रयोग होता है उनसे कुछ अर्थ सूचित अवश्य होता है। अर्थात् **अपने** में ये कोई अर्थ-बोध नहीं देते, इनका उपयोग हम इस प्रकार कर सकते हैं कि इन '**कुछ**-युक्त-उक्तियों' का पूर्ण निराकरण हो जाय, 'कुछ' का प्रयोग ही न हो, और फिर भी जिस वाक्य में वे आये हैं उसका अर्थ न बदले। इसे स्पष्ट करते हुए रसेल कहते हैं कि जिन वाक्यों में इनका प्रयोग करते हैं, उन वाक्यों को **चर** (Variables) की भाषा में C (x) कहकर सूचित कर सकते हैं। तो अब C '(**सब-कुछ**)' [C (eveything)] का अर्थ होता है कि 'C (x) सदा सत्य है'। 'C (कुछ नहीं)' [C(Nothing)] का अर्थ होता है कि यह सदा सत्य है कि 'C (x) असत्य है'। 'C (कुछ) [C (Something)] का अर्थ होता है कि "यह सदा सत्य है कि 'यह असत्य है कि C (x) असत्य है'।" अर्थात् वैसे वाक्य जिनमें ये वाक्यांश व्यवहृत होते हैं उनके सही अर्थ निरूपण से यह स्पष्ट हो जाता है कि

उनके अर्थ में इन वाक्यांशों का अपना कोई योगदान नहीं, उन्हें उपर्युक्त ढंग से यदि हटा भी दिया जाय, तो वाक्य के अर्थ में कोई अन्तर नहीं पड़ता।

अब हम अनिश्चित विवरण (Indefinite Description) का उदाहरण लें—अर्थात् ऐसे वाक्यांशों का उदाहरण लें जो अनेकार्थक ढंग से कुछ सूचित करने का दावा करते हैं। उदाहरणतः हम कहते हैं कि 'मैं एक मनुष्य से मिला'। यहाँ इस वाक्य का तो अर्थ हैं, किन्तु वाक्यांश 'एक मनुष्य' अपने में कुछ सूचित नहीं कर रहा, कोई अर्थ नहीं देता। यदि यह सत्य है कि मैं 'एक मनुष्य' से मिलातो मैं किसी निश्चित मनुष्य से ही मिला, किन्तु इस वाक्य में यह नहीं कहा जा रहा। इस वाक्य का अर्थ मात्र इतना ही है कि यह असत्य नही हैं कि मैं **जिस** x से मिला वह मानवीय (human) था। तो **'एक मनुष्य'** का तो अपने में कोई अर्थ नहीं रह जाता। मैं 'एक मनुष्य से मिला' के सही अर्थ-निरूपण में **'एक मनुष्य'** लुप्त हो जाता है, किन्तु वाक्य का अर्थ वही रह जाता है। अतः वाक्यांश 'एक मनुष्य' का अपने में कोई अर्थ नहीं।

ऊपर दिये दोनों प्रकार के उदाहरण तो अप्रचलित हैं—यदा-कदा सामने आते हैं। रसेल का ध्यान मूलतः Definite Descriptions (निश्चित विवरणों) पर ही केन्द्रित है। इसके अन्तर्गत दो प्रकार के वाक्यांश आते हैं—एक तो वे जो किसी निश्चित वस्तु को सूचित करने का दावा करते हैं, जेसे 'इंगलैंड की वर्तमान रानी' तथा दूसरा वे जो दावा तो किसी निश्चित वस्तु को सूचित करने का करते हैं, किन्तु वस्तुतः कुछ सूचित नहीं करते, जैसे 'फ्रांस का वर्तमान राजा'। अब हम इनका विश्लेषण करें। **इसी में विवरणात्मक वाक्यांशों के विश्लेषण का रसेल का ढंग पूर्णतया स्पष्ट हो जायगा।**

रसेल का तकनीक बड़ा सरल है। उनकी मान्यता है कि ऐसे सभी वाक्यों में जहाँ एक विधेय किसी उद्देश्य के साथ जुआ हो, अथवा जहाँ दो पक्षों में संबंध बताया गया है, विवरणात्मक वाक्य यह माने हुए रहता है कि 'कुछ' है जिस पर वह विवरण चिपकता है। अब यदि उस 'कुछ' को स्पष्ट कर दिया जाय, तो विवरण का विश्लेषण हो जाता है, किन्तु उसी से यह भी स्पष्ट हो जाता है कि विवरण अपने से उसे सूचित नहीं करता, तथा उसका अपने में कोई अर्थ नहीं है। अतः रसेल विवरणों को अस्तित्वमूलक कथनों (Existential Statements) में इस प्रकार बदल देते हैं जिसे यह पता चले कि विवरण में 'कुछ'—और निश्चित विवरण में **एक**—वस्तु है जिसमें विवरण में दिये लक्षण हैं। उदाहरणतः इस वाक्य को लें, 'स्काट वैभरली का लेखक है।' रसेल के विश्लेषण के अनुसार इस विवरण का रूपान्तर इस प्रकार होता है, **'एक ऐसा x है कि x ने वैभरली लिखा, वह इस प्रकार कि सभी y के लिए यदि y waverly का लेखक है, तो y तथा x एक हैं, तथा x Scott से एकरूप है।'** यह विवरण बड़ा जटिल प्रतीत होता है। इसे सुगमता से समझने का प्रयत्न करना वांछनीय है।

यह स्मरण रखना है कि रसेल के अनुसार विवरणात्मक वाक्यांश अनिवार्यतः एक वाक्य का अंग है, अतः उस वाक्य से अलग उनका कोई अपने में अर्थ सूचित नहीं होता। यदि हम कहते हैं 'स्काट एक मनुष्य है' तो इस कथन का आकार है 'x एक मनुष्य है तथा 'स्काट' इसका उद्देश्य है। किन्तु यदि हम कहते हैं कि 'वैभरली का लेखक मनुष्य है' तो यह वाक्य 'x मनुष्य है' के आकार का नहीं है, 'वैभरली का लेखक' कोई **नाम** नहीं है—यह इस वाक्य का उद्देश्य भी नहीं है। हम चाहें तो 'वैभरली का लेखक मनुष्य

है'—इस वाक्य को इस प्रकार लिख सकते हैं कि 'वैभरली का लेखक' विवरण उद्देश्य के स्थान पर रहे ही नहीं तथा इस वाक्य का अर्थ भी वही रहे। 'वैभरली के लेखक वाक्यांश से कुछ सूचित होता हुआ प्रतीत होता है, किन्तु वस्तुतः बात वैसी नहीं है। इसका अर्थ है कि '**कम-से-कम एक तथा अधिक-से-अधिक एक ने वैभरली**' लिखा जो मनुष्य है। इस रूप में इसे लिखने पर स्पष्टतः कोई नाम सूचित नहीं होता—कुछ सूचित नहीं होता फिर भी अर्थ वही रह जाता है। इस प्रकार रसेल दिखाते हैं कि विवरणात्मक वाक्यांश वस्तुतः अपने में कुछ सूचित नहीं करते हालांकि जिन वाक्यों में वे आते हैं वे अर्थपूर्ण होते हैं। इसी कारण रसेल इन्हें कभी-कभी अपूर्ण प्रतीक (Incomplete Symbols) कहते हैं।

अब एक प्रकार के वाक्यांशों का विश्लेषण बच गया—ऐसे वाक्यांश जिनसे अनास्तित्व सूचित होता है—अर्थात् जो ऐसी वस्तुओं को सूचित करते हैं जिनका अस्तित्व नहीं है—जैसे 'स्वर्णिम पहाड़' 'फ्रांस का वर्त्तमान राजा' आदि। रसेल ने '**फ्रांस का वर्तमान राजा गंजा है**' का विश्लेषण किया हैं। इस विश्लेषण को समझने के लिए रसेल के द्वारा किया गया एक भेद को समझ लेना उपयुक्त है। रसेल ने सूचक वाक्यांशों (Denoting Phrases) में दो प्रकार के निर्देशों(refereneces)का उल्लेख किया है—**प्राथमिक निर्देश** (Primary Reference) तथा **गौण निर्देश** (Secondary reference)। रसेल के उदाहरण से ही इसे समझने का प्रयास करें। रसेल इस वाक्य को लेते हैं 'जार्ज IV यह जानना चाहता था कि क्या स्काट ही वैभरली का रचयिता था।' सरल रूप में तो कहा जा सकता है कि यहाँ भी 'वैभरली का रचयिता' से 'स्काट' सूचित नहीं होता, क्योंकि तब तो इसका अर्थ हो जाता कि 'जार्ज IV यह जानना चाहता था कि क्या स्काट स्काट था', और यह वाक्य बेतुका तथा विसंगत होता। किन्तु, इस विश्लेषण में रसेल कुछ और गहराई से जाते हैं। ऊपर दिये वाक्य का क्या अर्थ है। सामान्यतः हम यही अर्थ लगाते हैं कि 'जार्ज IV यह जानना चाहता था कि क्या एक व्यक्ति ही वैभरली का रचयिता है तथा क्या वह व्यक्ति स्काट था।' किन्तु इसका एक और अर्थ हो सकता है, केवल एक ही व्यक्ति वैभरली का लेखक है इतना तो स्पष्ट है, अब जार्ज IV यह जानना चाहता कि क्या वह व्यक्ति स्काट था। अर्थात् पहले उदाहरण में **पूरे वाक्य की जानकारी** का प्रश्न है, किन्तु दूसरे में केवल **विवरणात्मक वाक्यांश** की जानकारी का प्रश्न है। रसेल कहते हैं कि **दूसरे उदाहरण** में विवरणात्मक वाक्य अपने **प्राथमिक निर्देश** (Primary Reference) में हैं तथा पहले उदाहरण में वह अपने **गौण निर्देश** (Secondary reference) में है। अतः प्राथमिक निर्देश में निर्देश का केन्द्र विवरणात्मक वाक्य ही है, जब कि गौण निर्देश में निर्देश का केन्द्र वह पूरा वाक्य है जिसका एक अंश विवरणात्मक वाक्य है।

अब इस भेद के आधार पर ऐसे विवरणात्मक वाक्यांशों का विश्लेषण हो जाता है जिससे कोई अस्तित्ववान वस्तु सूचित नहीं होती। 'फ्रांस का वर्त्तमान राजा गंजा है'—रसेल के अनुसार इसका विश्लेषण है कि 'ऐसा केवल एक ही व्यक्ति है जो फ्रांस का राजा है तथा जिसमें गंजेपन का लक्षण है।' किन्तु, स्पष्ट है इसका प्रथम वाक्य असत्य है—अतः यह वाक्य असत्य हो जाता है। 'फ्रांस के वर्तमान राजा' से जो भ्रान्ति उत्पन्न होती है कि आखिर इससे क्या सूचित हो रहा है वह भ्रान्ति समाप्त हो जाती है, क्योंकि विश्लेषण से यह स्पष्ट हो जाता है कि कुछ सूचित नहीं हो रहा तथा यह भी स्पष्ट हो जाता है कि कैसे यह वाक्य पूर्णतया असत्य है। किन्तु यदि हम यह वाक्य लें कि 'फ्रांस का वर्तमान राजा

गंजा नहीं है'—तो विश्लेषण थोड़ा भिन्न होगा। इसका एक अर्थ है कि 'एक ऐसी वस्तु है जो फ्रांस का वर्तमान राजा है तथा जो गंजा नहीं है।' यह वाक्य स्पष्टतः **असत्य** है। किन्तु 'फ्रांस का **वर्त्तमान राजा गंजा नहीं है'**—इस वाक्य का यह भी अर्थ हो सकता है कि **'यह असत्य है कि फ्रांस का एक वर्तमान राजा है जो गंजा है।'** इस अर्थ में यह वाक्य सत्य है। पहले वाक्य में विवरणात्मक वाक्य का प्राथमिक निर्देश है—तथा· दूसरे वाक्य में गौण निर्देश है। पहले में विवरण पूरे वाक्य को सूचित कर रहा है, दूसरे में विवरण का केन्द्र वाक्य का विवरणात्मक अंग है। अतः इस वाक्य में एक रुचिकर निष्कर्ष निकल आता है—ऐसे सभी वाक्य जिसमें विवरणों से ऐसे तत्त्व सूचित होते हैं जो अस्तित्ववान नही है—जैसे 'फ्रांस का वर्तमान राजा' उनके संबंध में कहा जा सकता है कि यदि यह विवरण अपने प्राथमिक निर्देश में है तो वह असत्य है। किन्तु, इस वाक्य का निषेध तभी सत्य हो सकता है कि जब विवरणात्मक वाक्य अपने गौण निर्देश में हो।

रसेल का दावा है कि उनका यह विवरण-सिद्धान्त भाषीय प्रयोगों के उपयुक्त विश्लेषण में बड़ा उपयोगी सिद्ध हो सकता है। हमने देखा कि किस प्रकार ऐसे वाक्य जिनके उद्देश्यों से **असत् वस्तु सूचित होते हैं इस सिद्धान्त से सरल रूप में व्याख्यित हो जाते हैं, इसकी कुछ अन्य उपयोगिताओं पर संक्षिप्त प्रकाश डाल लें।**

तादात्म-संबंधी कथनों (Identity Statements) का विश्लेषण भी इस सिद्धान्त के आधार पर सरल हो जाता है। हम कहते हैं 'यह कलम यह कलम है', 'तत् त्वम् असि' (That Thou Art)। कभी-कभी तो सहज ज्ञान के अनुरूप यह भी कहा जाता है कि सामान्य ढंगों में तो ऐसे वाक्य की कोई आवश्यकता ही नहीं पड़ती, केवल तर्कशास्त्रियों के दिमाग का यह फितूर है। किन्तु रसेल के विवरण-सिद्धान्त के आधार पर यह दिखाया जा सकता है कि किस अर्थ में ऐसे तादात्म्य-संबंधी कथन अर्थपूर्ण हैं। विवरणात्मक विश्लेषण के आधार पर 'यह कलम यह कलम है' का विश्लेषण है कि 'यह सदा सत्य है कि यदि कोई x है जिसे 'यह कलम' कहा जा सकता है तो वह इस कलम से एकरूप है।' 'तत् त्वम् असि' का अर्थ है कि ''यह सदा सत्य है कि यदि कोई x है, जिसे 'त्वम्' कहा जा सकता है तो वह 'तत्' के साथ एकरूप है।'' इस प्रकार ही ऐसे कथनों की अर्थपूर्णता स्पष्ट होती है।

उसी प्रकार इस विश्लेषण की यह उपयोगिता भी है कि यह 'अस्तित्व' शब्द के व्यवहार से जनित भ्रान्तियों तथा विरोधाभासों का अपने ढंग से निराकरण कर लेता है। उदाहरणतः हम दो ऐसे वाक्य लेते हैं जहाँ 'है' शब्द का प्रयोग अस्तित्व-सूचक है—'कालिदास है' तथा 'मेघदूत का रचयिता है।' ये दोनों वाक्य एक-जैसे दिखाई देते हैं। किन्तु, विवरणात्मक विश्लेषण से यह स्पष्ट हो जाता है कि ये दोनों वाक्य दो कोटि के हैं। 'कालिदास है'—इस वाक्य से कुछ सूचित नहीं होता क्योंकि यहाँ 'है' शब्द कालिदास के गुण या लक्षण को नहीं बताता। 'कालिदास अस्तित्ववान् है' तथा 'चीनी मीठा है' दोनों वाक्य एक जैसे नहीं हैं। तो 'है' शब्द का अस्तित्वसूचक प्रयोग विवरणात्मक वाक्यांशों के साथ अर्थपूर्ण ढंग से हो सकता है—जैसे 'मेघदूत का रचयिता है।' किन्तु, यहाँ भी 'है' के अस्तित्वमूलक अर्थ का निराकरण किया जा सकता है बिना वाक्य के अर्थ को परिवर्तित किये। रसेल के विश्लेषण के अनुसार इस वाक्य का विश्लेषण दो वाक्यों में हैं—(1) कम-से-कम एक व्यक्ति मेघदूत का रचयिता है' तथा (2) 'अधिक-से-अधिक एक व्यक्ति मेघदूत का रचयिता है।' यहाँ अस्तित्वमूलक प्रयोग का निराकरण हो जाता है, फिर भी वाक्य का अर्थ वही रहता है।

प्रारूप-सिद्धान्त (*Theory of Types*)

रसेल को इस सिद्धान्त की आवश्यकता अपने गणित दर्शन में पड़ी। वहाँ उन्होंने देखा कि गणित की प्रचलित धारणा में कुछ विशेष ढंग के विरोधाभास (Paradoxes) उत्पन्न हो जाते हैं, जिनका निराकरण अनिवार्य प्रतीत होता है। उसी प्रकार के विरोधाभास सामांन्य भाषीय प्रयोगों में कभी-कभी उत्पन्न हो जाते हैं। उन्हीं के निराकरण के रूप में रसेल ने अपने प्रारूप सिद्धान्त का आविष्कार किया।

रसेल ने अपने गणित-दर्शन में देखा कि सभी गणित सिद्धान्त मूलतः साधारण संख्या संबंधी प्रतिज्ञप्तियों पर आधारित हैं। उन्होंने यह भी देखा कि प्राकृतिक संख्या (Natural Number) संबंधी सभी सिद्धान्त अन्ततः कुछ मूल मान्यताओं पर आधृत हैं। इन मूल मान्यताओं तथा कुछ तार्किक उपकरणों के आधार पर सूर्ण गणिती-शास्त्र को ढाला जा सकता है। उन मूल मान्यताओं के अंतर्गत अन्य स्थापनाओं के अतिरिक्त तीन **आद्य अवधारणायें** (Primitive Ideas) आती हैं। वे आद्य अवधारणाएँ हैं—O (शून्य), संख्या (Number) तथा अनुक्रमक (Successor)। अपने 'प्रिंसिपिआ मैथेमेटिका' में रसेल ने यह स्थापित करने की चेष्टा की कि सभी गणिती स्थापनाएँ, तार्किक भावों में रूपान्तरित किये जा सकते हैं, अर्थात् उन्होंने यह सिद्ध करने की चेष्टा की कि गणित का वास्तविक आधार तर्कशास्त्रीय है। इस निष्कर्ष पर पहुँचने का एक ढंग यह भी था कि इन आद्य अवधारणों (O, संख्या तथा अनुक्रमिक) को शुद्ध तार्किक भावों में सफलतापूर्वक रुपान्तरित कर दिया जाय। रसेल ने दिखाया कि इन तीनों आद्य भावों को तीन तार्किक अवधारणाओं के द्वारा परिभाषित किया जा सकता है, वे तार्किक भाव हैं—वर्ग (Class) वर्ग-सदस्यता (belonging to a class), तथा सादृश्यता (Similarity)। इन्हीं तार्किक भावों के अनुरूप उन्होंने संख्या (Number) को परिभाषित करने की चेष्टा की। उनके इसी प्रयत्न में विरोधाभास उत्पन्न हुए।

सामान्यतः हम '**संख्या**' को एक-अनेक के रूप में समझते हैं, किन्तु अनेकता संख्या का उदाहरण नहीं है। सभी संख्याओं की जो विशिष्टता है वह संख्या है ठीक जैसे 'मानव' मनुष्यों की विशिष्टता है। संख्या 5, 7, 10 आदि का प्रयोग कैसे होता है। मान लें हमारे पास आम और केले हैं। आमों के एक विशेष संग्रह को 5 कहेंगे तथा दूसरे संग्रह को 7 कहेंगे। उसी प्रकार केले के विशेष संग्रह को 5 कहेंगे तथा दूसरे संग्रह को 7। आम तथा केले के जिन संग्रहों को एक संख्या 5 से सूचित किया जा रहा है, वह इस कारण कि वे दोनों 5 के वर्ग के अनुरुप हैं—उनसे उनकी सादृश्यता है। अतः संख्या की परिभाषा हो जाती है, कि 'एक वर्ग की संख्या ऐसे वर्गों का वर्ग है जो सभी इस वर्ग के अनुरूप हैं, उसके समान हैं (The number of a class is the class of all those classes that are similar to it)। इसमें कुछ जटिलता अवश्य आ जाती है किन्तु यह संख्या वर्ग की निश्चित तथा स्पष्ट अवधारणा हुई।

अब इस परिभाषा में एक विरोधाभास उत्पन्न हो जाता है। इस परिभाषा के अनुसार संख्या एक वर्ग है। अब कुछ वर्गों के वर्ग ऐसे होते हैं, जो अपने अंतर्गत आनेवाले वर्ग के सदस्य हो जाते हैं तथा कुछ वर्गों के वर्ग में ऐसा नहीं होता। 'मनुष्यों का वर्ग' इसके अंतर्गत मनुष्य सदस्य है, किन्तु **यह वर्ग** अपने मनुष्य नहीं है। किन्तु, 'वर्गों का वर्ग'—यह एक ऐसा वर्ग है जो वर्ग होने के कारण अपना एक वर्ग है—अतः 'वर्ग जो

'वर्गों के वर्ग' के अंतर्गत आनेवाला सदस्य है अतः उसके अंतर्गत 'वर्गों का वर्ग' भी आ जाता है। अतः 'वर्गों का वर्ग' ऐसा वर्ग है जो अपने अंतर्गत आनेवाले सदस्यों का भी एक सदस्य है। अब रसेल पूछते हैं कि 'वर्गों के उस वर्ग' जो अपना सदस्य नहीं है उसकी क्या स्थिति रहेगी। यहीं पर विरोधाभास उत्पन्न होता है। मान लें कि वह वर्ग अपने अंतर्गत आनेवाले वर्ग का सदस्य है। किन्तु, तब तो यह अपने से बाहर हो जायेगा क्योंकि यह वर्गों का वर्ग है जो अपना सदस्य नहीं है। अब मान लें कि वह वर्ग अपना सदस्य नहीं है। किन्तु, तब तो यह अपना सदस्य हो जायेगा, क्योंकि अपना सदस्य नहीं होने के कारण वह उस वर्ग में आ जाता है जो ऐसे वर्गों का वर्ग है जो अपना सदस्य नहीं है। इस प्रकार दोनों अवस्थाओं में आत्म-व्याघातक स्थिति उत्पन्न होती है।

यह तो गणित के क्षेत्र का तकनीकी उदाहरण हुआ। हमारे सामान्य भाषीय ढंग में भी इस प्रकार के विरोधाभास उत्पन्न होते हैं। हम रसेल के उदाहरणों को ही देखें। रसेल का एक उदाहरण हैं कि एपिमेनिड्स, जो स्वयं क्रेटन है, कहता है कि सभी क्रेटन झूठे हैं। अब यदि यह वाक्य सत्य है तो यह वाक्य असत्य हो जाता है और यदि असत्य है, तो सत्य हो जाता है। मान लें कि एपिमेनिड्स सत्य कह रहा है—तब तो वह असत्य ही कह रहा है क्योंकि वह क्रेटन है और सभी क्रेटन झूठे हैं यह सत्य है, तो उसकी बात सत्य है। अब मान लें कि वह असत्य कह रहा है, तो जो वह कह रहा है वह सत्य हो जाता है, क्योंकि वह असत्य कह रहा है कि क्रेटन झूठे हैं, अर्थात् क्रेटन सच्चे हैं, और तब वह कह रहा है कि सभी क्रेटन झूठे हैं—यह सत्य हो जाता है। अब एक दूसरा उदाहरण लें—

इस आकार के मध्य लिखा हुआ वाक्य असत्य है।

अब यदि मान लें कि यह सत्य है, तो यह सत्य हो जाता है कि इस आकार के मध्य लिखा वाक्य असत्य है। अर्थात यह वाक्य असत्य हो जाता है। अब मान लें कि यह वाक्य असत्य है। तब यह असत्य है कि यह वाक्य असत्य है। अर्थात् यह वाक्य सत्य हो जाता है। पुनः आत्म-व्याघातक तत्त्व उजागर हो जाते हैं।

इसी प्रकार के विरोधाभासों के निराकरण के लिए रसेल ने अपने प्रारूप सिद्धान्त का आविष्कार किया। इस सिद्धान्त में वे भाषीय प्रयोगों में **स्तरीय भेद**(Levels of Language-uses) की बात करते हैं। मान ले एक वाक्य **'व'** है जो कुछ स्थापना प्रस्तुत करता है। अब यदि इस वाक्य 'व' के विषय में कुछ कहा जाय, कोई अन्य स्थापना प्रस्तुत की जाय, तो वह वाक्य स्तर 'व1' का होगा। भिन्न प्रारुप (Type) का होगा। यदि हम यह भी कहें कि 'वाक्य व सत्य है'—तो यह वाक्य 'व1' के स्तर का होगा तथा वाक्य 'व' से भिन्न प्रारूप का। इस प्रकार वाक्यों में स्तरीय भेद किया जा सकता है, जिसमें किसी वाक्य के विषय में कहा गया दूसरा वाक्य उस वाक्य से भिन्न प्रारूप (Type) का होगा। उदाहरणतः क्रेटनों के झूठे होने वाले उदाहरणों में इस सिद्धान्त का उपयोग देख सकते हैं। क्रेटन सामान्यतः बहुत-सी बातें कहते हैं जो झूठ है। सब एक-समान होने के कारण एक प्रारूप के हैं—जिन्हें हम 'अ' वाक्यों के अन्तर्गत रखते हैं। अब जब एपिमेनिड्स कहता है कि सभी क्रेटन झूठे हैं, तो वह अ—वाक्यों पर एक अन्य उक्ति दे रहा है। अतः उसकी उक्ति पहले से भिन्न-प्रारूप की होगी—($अ^1$) होगी। अतः (अ) वाक्यों को जिस आधार पर आंका जाता है, उस आधार पर ($अ^1$) को नहीं आंका जा सकता। इसी प्रारूप-भिन्नता की हमने उपेक्षा की

तथा दोनों वाक्यों को एक कोटि में रखकर समझने की चेष्टा की—इसी कारण विरोधाभास उत्पन्न हुए। सभी वर्गों वाला विरोधाभास भी इसी कारण उत्पन्न होता है। जब हम ऐसे वर्गों के वर्ग की बात कर रहे हैं जो अपना सदस्य नहीं है, तो यह सोचना कि वह भी वर्ग होने के कारण अपने अन्तर्गत आ जा रहा है—उपर्युक्त नहीं है, क्योंकि यह **'वर्ग जो अपना सदस्य नहीं है' के वर्ग के विषय में** बात कही जा रही है, अतः यह उच्चतर स्तर से बात कही जा रही है। अतः इस उक्ति का प्रारूप (type) ही भिन्न है, जिसे प्रथम प्रारूप (Type) की उक्ति के आधार पर आंका नहीं जा सकता। कोई वर्ग जिसके व्यक्ति सदस्य हैं, वह उस वर्ग से भिन्न होगा जिसके वर्ग सदस्य हैं। प्रथम वर्ग संबंधी वाक्यों का प्रारूप (Type) दूसरे वर्ग-संबंधी वाक्यों के प्रारूप से भिन्न होगा। यदि प्रथम प्रकार के वाक्यों के लक्षणों को दूसरे पर आरोपित कर दिया जाय, तो विरोधाभास उत्पन्न होगें ही—क्योंकि यहाँ प्रारूप-भेद की उपेक्षा हो रही है। रसेल को लगता है कि उनका यह प्रारूप-भेद सिद्धान्त सहज-ज्ञान के अनुरूप भी है, उन्हें आश्चर्य होता है कि कैसे इस स्पष्ट प्रारूप-भेद विचार की सामान्य-भाषीय प्रयोगों में उपेक्षा होती रही है। रसेल ने अपने इस विभिन्न स्तरीय भाषा (Levels of Language) अथवा प्रारूप-सिद्धान्त (Theory of Types) का प्रयोग अनेक जटिल समस्याओं को सुलझाने में किया है।

तार्किक संरचना (*Logical Construction*)

रसेल के तार्किक संरचना-विचार का भी एक संक्षिप्त उल्लेख कर लेना उपयुक्त होगा। इन तार्किक एवं ज्ञानमीमांसीय उपकरणों के स्पष्टीकरण के पीछे हमारा मूल उद्देश्य रसेल के मूल तात्त्विक विचार, उनके तार्किक अणुवाद (Logical Atonism) की विवेचना है, जिसके अन्तर्गत इन उपकरणों का उपयोग हुआ है। रसेल का लक्ष्य 'जगत् की जानकारी है'—जगत्- संबंधी एक वस्तु-तालिका (Imentory) बनानी है। तो, जानना यह है कि जगत्-संबंधी हमारी जो विभिन्न धारणाएँ हैं, ज्ञान हैं, उनमें यथार्थ तथा सत्य क्या है। कुछ ज्ञान सहज-ज्ञान के अनुरूप हैं, कुछ विज्ञान से प्राप्त हैं, उनकी यथार्थता का आधार क्या है। जैसा कि हम देखेंगे, इस तालिका के तैयार करने तथा जगत् संबंधी जानकारी की यथार्थता तय करने के प्रयत्न में रसेल **'सरलतम'** (Simple) तत्त्वों की खोज़ करते हैं। उनकी मान्यता है कि मूल इकाई कुछ सरल तत्त्व होंगे ही। उन्होंने यह भी दिखाने की चेष्टा की है कि इन सरल तत्त्वों की जानकारी साक्षात् परिचय के द्वारा होती है।

अब दूसरी समस्या उठती है। हम जिन्हें सामान्यतः ज्ञान समझते हैं वे सदा 'सरलतम' के ज्ञान नहीं है। उदाहरणतः हम समझते हैं कि हमें भौतिक पदार्थों का ज्ञान है, हम जानते हैं कि 'यह कलम हैं', 'यह दिवाल है' आदि। किन्तु कलम, दिवाल अथवा किसी भौतिक पदार्थ का तो साक्षात परिचय नहीं होता; तो यह किस प्रकार का ज्ञान है, और यदि ज्ञान है तो इनकी अंतिम यथार्थता का आधार क्या है? स्पष्ट है कि उनके लिए यह देखना अनिवार्य हो जाता है कि भौतिक पदार्थ, अन्य मन आदि से संबंधित स्थापनाओं को साक्षात् परिचय द्वारा ज्ञात सरलतम से संबंधित अवधारणाओं में रूपान्तरित किया जा सकता है नहीं।

अतः रसेल की तात्त्विक खोज, जो उनके अनुसार तार्किक खोज है, वह दो-पथ-गामी प्रक्रिया है। एक ओर तो तार्किक अणु सरलतम की खोज है, हमारे सामान्य ज्ञानों के विश्लेषण के आधार पर उन सरल अणु-तत्त्वों तक पहुँचने की प्रक्रिया है, तथा दूसरी ओर यह दिखाना है कि जगत् सम्बन्धी हमारे अन्य ज्ञान अंततः उन सरल स्थापनाओं के आधार

पर संरचना है। पहले में अणुवाक्यों (atomic proposition) तक पहुँचने की प्रक्रिया है, तथा दूसरे में भौतिक पदार्थों तथा अन्य मन जैसे विवरणों के संबंध में यह दिखाना है कि वे अंततः अणुवाक्यों से संरचित हैं। इन्हीं दोनों प्रक्रियाओं का सम्मिलित नाम **'तार्किक संरचना'** (Logical Construction) है।

रसेल का तार्किक अणुवाद दर्शन
(Philosophy of Logical Atomism)

भूमिका

वैसे तो रसेल के चिन्तन का क्षेत्र बड़ा ही विस्तृत रहा है, किन्तु 'दर्शन' शब्द के पारस्परिक अर्थ में उनके दार्शनिक चिन्तन की पराकाष्ठा उनके तार्किक अणुवाद(LogicalAtomism) के दर्शन में हैं। ऐसा प्रतीत होता है कि उनके विचार की तार्किक सूक्ष्मताएँ तथा उनकी तात्त्विक मान्यताएँ परिपक्व रूप में इस तार्किक अणुवाद के दर्शन में उजागर होती हैं। इस संबंध में उन्होंने अन्य कुछ लेख भी लिखे हैं, किन्तु उनका यह दर्शन उनके आठ भाषणों के अंतर्गत संकलित है, जिन भाषणों को उन्होंने स्वयं **'तार्किक अणुवाद दर्शन'** का नाम दिया है। इन भाषणों के अनुसार उनके विचारों को प्रस्तुत करना तो अधिक उपयुक्त होता, किन्तु इस पुस्तक में इस विचार को इतना लम्बा स्थान देना संभव नहीं है। अतः यहाँ उन भाषणों के निचोड़ को अपने ढंग से व्यवस्थित कर प्रस्तुत करने का प्रयास किया जा रहा है। इतना कहना इसी स्थान पर उपयुक्त होगा कि इस दर्शन का एक**तात्त्विक पक्ष** है (Metaphysical Side) तथा एक **तार्किक पक्ष** (Logical Side) है। किन्तु, दोनों एक दूसरे के साथ ऐसे जुटे हैं कि एक के विवरण में दूसरे का उल्लेख होना अनिवार्य हो जाता है। अतः हमारी व्यवस्था में किसी-किसी स्थल पर कुछ विचारों का उल्लेख दुहराया जा सकता है।

रसेल अपने तार्किक अणुवाद दर्शन पर कैसे पहुँचते हैं?

प्रारम्भ से ही इस प्रश्न की विवेचना वांछनीय है क्योंकि इससे भी तार्किक अणुवाद को समझने में सहायता मिलती है। रसेल को व्हाइटहैट के साथ लिखी गयी अपनी पुस्तक **'प्रिंसिपिआ मैथेमेटिका'** की अपार सफलता पर बड़ा संतोष हुआ। उस पुस्तक का मूल प्रयास यह दिखाना था कि गणित का वास्तविक आधार तर्कशास्त्र है। उदाहरणतः संख्या (Numbers) संबंधी उक्तियों का उन्होंने रूपान्तर इस प्रकार किया कि **'संख्या'** के प्रयोग की आवश्यकता ही न रहे, तथा पूरी उक्ति तार्किक भावों में जैसे 'तथा', 'या', 'नहीं', 'कुछ ऐसा है' आदि में पूर्णतया रुपान्तरित हो जाय। जैसे 'मेरे पास एक गाड़ी है'—इस वाक्य को इस प्रकार रूपान्तरित किया जा सकता है कि संख्या 'एक' की आवश्यकता ही न रहे, और वाक्य का अर्थ पूर्णतया निश्चित रूप में स्पष्ट हो जाय। रसेल ने इसे इस रूप में रूपान्तरित किया 'कुछ ऐसा है जो मेरी गाड़ी है, वह भी इस तरह कि यदि कोई ऐसी चीज है जिसे मेरी गाड़ी कहा जा सके तो वह उसके साथ एकरूप है'। यहाँ ऐसे उदाहरणों को बढ़ाने की आवश्यकता नहीं, एक ही उदाहरण से रसेल के प्रयत्नों का 'अंदाज' लग जाता है।

प्रश्न यह उठता है कि सामान्य साधारण वाक्य को ऐसे जटिल वाक्य में रूपान्तरित करने की क्या आवश्ययकता है। गणित को तर्कशास्त्र में पूर्णतया रूपान्तरित करने की योजना का प्रयोजन क्या है? रसेल को इसमें कई लाभ दिखाई दिये। (1) प्रथमतः तो **लाघवन्यय** (Ocham razor) की दृष्टि से यह योजना उपयुक्त दिखाई देती है। गणितो

भावों को तर्कशास्त्रीय भावों में रूपान्तरित किया जा सकता है, किन्तु तर्कशास्त्रीय भावों को गणिती भावों में रुपान्तरित नही किया जा सकता। सैद्धान्तिक मितव्ययिता की दृष्टि से वैचारिक उपकरणों का कम-से-कम होना उपयुक्त होता है। जब गणिती भाव प्रथमिक नहीं रहे, तो लाधवन्याय की दृष्टि से उनका रुपान्तरण वांछनीय है। (2) पुनः—यह रूपान्तरण उपर्युक्त इसलिए भी है कि तार्किक भाव गणिती भावों से **अधिक स्पष्ट** (Clear) होते हैं। गणिती भावों से कुछ वैचारिक विसंगतियाँ, कुछ विरोधाभास आदि उत्पन्न हो जाते हैं, किन्तु जब उनका रूपान्तरण तार्किक भावों में हो जाता है तो उन विसंगतियों का निराकरण हो जाता है। (3) पुनः—रसेल को प्रतीत होता है कि यह रूपान्तरण इसलिए भी ठीक है कि इससे **अधिक निश्चयता** (Certainty) भी प्राप्त होती है। इसका यह अर्थ नहीं कि '5 + 5 = 10' का तार्किक रूपान्तरण इस वाक्य से अधिक सत्य एवं निश्चित होगा, यहाँ निश्चयता का संदर्भ दूसरा है। यह गणिती वाक्य '5 + 5 = 10' कुछ मान्यताओं पर आधृत है, जिन्हें माने बिना इसे स्वीकारा नहीं जा सकता है। वे मान्यताएँ हैं वर्ग (Classes), क्रम (Serial), अनन्त वर्ग (infinite Classes) आदि। तार्किक भावों को ऐसी मान्यताओं की आवश्यकता नहीं। अर्थात् यदि इन गणित वाक्यों का तार्किक रूपान्तरण हो सके, तो वे गणिती मान्यताओं से मुक्त हो जाते हैं, तथा इस विशेष अर्थ में—किसी मान्यता पर आधृत नही रहने के अर्थ में—उनमें निश्चयता अधिक रहती है। अतः इन्हीं **तीनों लाभों** को ध्यान में रखते हुए रसेल ने इस प्रकार के रूपान्तरण का बृहत् प्रयास किया।

रसेल के इस प्रयास को बड़ा प्रबल साधुवाद मिला। इससे उत्साहित हो रसेल ने देखा कि जिस **'तकनीक'** को उन्होंने अपनी पुस्तक 'प्रिसपिआ मेथेटिका' में परिष्कृत किया है, उसे दर्शन के अन्य क्षेत्रों में भी लगाया जा सकता है। यदि गणिती भावों में निहित विसंगतियों, विरोधाभासों आदि का निराकरण इस तकनीक से हो सकता है, तो शायद दर्शन के अन्य क्षेत्र में भी यह तकनीक कारगर सिद्ध हो। पारम्परिक दर्शन के क्षेत्र में भौतिक वस्तु (Physical Object), अन्य मन (others mind), आत्म (Ego) सामान्य (Universals) आदि भावों में भी वैचारिक भ्रान्तियाँ, विसंगतियाँ, आत्मव्याघातक विचार आदि उत्पन्न होते हैं। रसेल ने सोचा कि अपने **'तार्किक तकनीक'** का प्रयोग वे इन क्षेत्रों में करें। इसी प्रयोग की प्रक्रिया में उन्होंने 'तार्किक अणुवाद दर्शन' की रूपरेखा खींची। तो गणिती दर्शन की समस्याओं से निपटने के जिस तकनीक का उन्होंने आविष्कार किया, उस तकनीक का पारम्परिक दर्शन की समस्याओं पर लगाकर देखने के अभियान में उनके तार्किक अणुवाद का दर्शन रूप ले सका।

तार्किक अणुवाद क्या है?

जैसा कि इस नाम से ही स्पष्ट है, यह एक ऐसा सिद्धान्त है जिसका एक पक्ष तार्किक है, तथा दूसरा पक्ष तात्त्विक। ऊपर के खण्ड से स्पष्ट हो जाता है कि इस सिद्धान्त का तार्किक पक्ष रसेल के गणिती दर्शन पर आधारित है, तथा उस आधार पर कुछ तत्त्व-मीमांसीय निष्कर्षों की स्थापना करने का यहाँ प्रयास किया गया है।

यह 'अणुवाद' है। अणुवाद ऐसा तत्त्वमीमांसीय सिद्धान्त है जो विश्व के परम तत्त्वों के रूप में कुछ 'अणु' की कल्पना करता है। अणु (Atoms) का अर्थ है वह सरलतम अविभाज्य तत्त्व जिसका और विभाजन नहीं हो सके। रसेल भी ऐसे अभिभाज्य अणु की खोज में हैं। **किन्तु**, उनका कहना है कि जिन अणुओं तक वे पहुँचते हैं, वे अणु भौतिक

अणु (Physical Atoms) नहीं है, बल्कि **तार्किक** (Logical) अणु हैं। पुनः वे कहते हैं कि इन अणुओं तक पहुँचने की जो प्रक्रिया है, वह कोई भौतिक विभाजन प्रक्रिया (Process of Physical Analysis) नहीं है, बल्कि तार्किक विश्लेषण (Logical Analysis) है। इसी कारण उनका अणुवाद तार्किक है। यही कारण है कि उनका कहना है उनके तार्किक अणुवाद सिद्धान्त का अणुवाद तार्किक है, तथा तार्किकता अणुवादी है। इन बातों की उनके विचार में बड़े सरल ढंग से व्याख्या की जा सकती है।

उनका सिद्धान्त 'अणुवाद' है क्योंकि अणुवाद के तीन विशिष्ट एवं प्रधान लक्षण इसमें उपस्थित है। एक तो अणुवाद तत्त्वमीमांसीय सिद्धान्त है जिसका लक्ष्य विश्व की तात्त्विक व्याख्या हैं। तात्त्विक व्याख्या तो बहुत बड़ा दावा है, किन्तु सामान्य ढंग से तात्त्विक अन्वेषण का लक्ष्य इस प्रश्न का समाधान है कि **विश्व के विषय में हम क्या जान सकते हैं?** रसेल के तार्किक अणुवाद का यह मूल प्रश्न है। पुनः अणुवाद का दूसरा अनिवार्य लक्षण है कि वह अनेकवादी होता है। रसेल का अणुवाद भी सामान्य ज्ञान (Common Sense) के अनुरूप यह मानकर चलता है कि विश्व में अनेक, पृथक्-पृथक् तत्त्व हैं—वस्तुएँ हैं। अणुवाद का विशिष्ट लक्षण है कि विचार का लक्ष्य कुछ अणुतत्त्वों (Atoms) की खोज है, ऐसे अणुतत्त्वों की खोज जो विश्व की जानकारी देने में उपयोगी तथा अनिवार्य सिद्ध हों। रसेल का अणुवाद भी ऐसे सरलतम तत्त्वों की खोज करता है जिसके माध्यम से विश्व की जानकारी मिल सके जो विश्व की वस्तुस्थिति (Inventory) बनाने में सहायता कर सके। अतः रसेल के इस सिद्धान्त को अणुवादी इस कारण कहा गया है, क्योंकि इसमें अणुवाद के कुछ विशिष्ट एवं अनिवार्य लक्षण उपस्थित हैं।

किन्तु, उनका यह अणुवाद पारम्परिक अणुवाद के समान तात्त्विक अणुवाद नहीं, बल्कि **तार्किक** अणुवाद है। तात्त्विक अणुवाद या तो भौतिक होता है जड़वादी (Materialistic) अणुवाद के समान (जैसे प्राचीन ग्रीक अणुवाद) या अभौतिक या आध्यात्मिक होता है (लाइबमीज के चिद्बिन्दु सिद्धान्त के समान)। रसेल का अणुवाद **तार्किक** (logical) है। प्रथमतः तो वह इस कारण कि, जैसा रसेल स्वयं कहते हैं, जिस प्रकार के अणुतत्त्वों (Atoms) की वे बात करते हैं, वे भौतिक नहीं, **तार्किक** हैं। उदाहरणतः जिन अणुतत्वों से विश्व की जानकारी मिलती है वे भाषीय इकाई हैं (language unit)। अणुवाक्यों (Atomic propositions) से तथ्यों की जानकारी होती है। अतः एक दृष्टि से वे अणुतत्त्व तार्किक हैं, क्योंकि वे भौतिक अर्थवा मानसिक अणुतत्त्व नहीं, भाषीय अणुतत्त्व हैं। पुनः जिस प्रक्रिया से इन अणुतत्त्वों तक पहुँचा जाता है, वह प्रक्रिया भी तार्किक है। वह प्रक्रिया तार्किक विश्लेषण (Logical Analysis) की प्रक्रिया है। इसी कारण रसेल कहते हैं कि उनका तर्क (logic) ही अणुवादी है। यह अणुवादी इस कारण है कि एक ओर तो यह मानकर अग्रसर होता है कि जगत् में अनेक, एक दूसरे से पृथक-पृथक् तत्त्व हैं तथा दूसरी ओर यह जिस प्रक्रिया को अपनाता है वह प्रक्रिया विश्लेषण की प्रक्रिया है। जिस प्रकार के अणुतत्त्वों की वे बात करते हैं उनमें कुछ तो **विशेष** (Particulars) कहे गये हैं, जिनके अंतर्गत रंग के धब्बे, कुछ आकार-विशेष आवाज यदि आते हैं, तथा कुछ संबंध(relations) या गुण (Qualities) या विधेय (Predicates) आते हैं। ये सभी भौतिक अणु नहीं हैं, बल्कि तार्किक अणु हैं। इनके अतिरिक्त जिस प्रक्रिया से इनकी जानकारी मिलती है, वह प्रक्रिया भी तो तार्किक है, विश्लेषण(Analysis) की प्रक्रिया है। रसेल के अनुसार **विश्लेषण**

वह प्रक्रिया है जिसके द्वारा अस्पष्ट भावों से उनमें निहित स्पष्ट भावों तक पहुँचा जा सकता है। सामान्यतः हमें हमारी बहुत-सी धारणाएँ स्पष्ट प्रतीत होती हैं। किन्तु, यदि हम उनका विश्लेषण करना चाहें तो वे बड़े ही अस्पष्ट (vogus) प्रतीत होते हैं। 'इस कमरे में अनेक व्यक्ति हैं'। हमें लगता है कि यह तो बड़ा स्पष्ट है। किन्तु, यदि हम उनका विश्लेषण करना चाहें तो हमें स्पष्ट रूप में प्रतीत होगा कि यह वैसा स्पष्ट नहीं है जैसा हम प्रारम्भ में समझते थे। 'कमरे में होना' क्या है? एक व्यक्ति को दूसरे व्यक्ति से पृथक् कैसे किया जाता है?'—इन प्रश्नों से इसकी अस्पष्टता स्पष्ट होती है। इसका अर्थ हैं कि विश्लेषण प्रक्रिया अस्पष्ट भावों से स्पष्ट भावों तक पहुँचने की प्रक्रिया है। सामान्यतः एक मत यह भी दिया जाता है कि विश्लेषण प्रक्रिया से भावों की एकरूपता उनकी इकाई का खण्डन हो जाता है, अतः विश्लेषण से प्राप्त भाव भावों के असत्य रूप होंगे। किन्तु, रसेल ऐसा नहीं मानते। उनका कहना है कि सत्यता या असत्यता के प्रश्न तो कुछ हद तक मनोवैज्ञानिक प्रश्न है। यदि मुझे कुछ सत्य प्रतीत होता है, तो मेरे लिए वह यथेष्ट है। 'इस कमरे में अनेक व्यक्ति हैं'—सामान्य ज्ञान (Common-sense) को यह सत्य प्रतीत होता है, अतः सामान्य ज्ञान इसके विश्लेषण के बखेड़े में नहीं उलझता। किन्तु, यदि यह प्रश्न उठता है कि आखिर इस उक्ति से हमें क्या जानकारी मिली, तो विश्लेषण अनिवार्य हो जाता है तथा विश्लेषण-प्रक्रिया का लक्ष्य सत्य-असत्य तत्त्वों तक पहुँचना नहीं, बल्कि ऐसे तत्त्वों तक पहुँचना है जिसका निषेध तर्कतः नहीं किया जा सके (undeniable Data)। वस्तुतः इन्हीं तत्त्वों में उन अस्पष्ट तत्त्वों की तार्किक सत्यता होगी। रसेल के अणुतत्त्व इसी प्रकार के तत्त्व हैं, ऐसे तत्त्व जिनका निषेध सम्भव नहीं, तथा जिन्हें तार्किक विश्लेषण के द्वारा जानने का प्रयास किया जा सकता है। अतः कहा जा सकता है कि तार्किक अणुवाद **तार्किक** है, क्योंकि जिन अणुतत्त्वों की यह खोज करता है वे तार्किक हैं, तथा जिस प्रक्रिया से उन तक पहुँचा जाता है वे भी तार्किक हैं।

'तार्किक अणुवाद क्या है?'—इस प्रश्न के प्रारंभिक समाधान से ही एक बात स्पष्ट हो जाती है—इस सिद्धांत से विश्व के विषय में कुछ जानकारी प्राप्त होती है, तथा उस जानकारी प्राप्त करने की प्रक्रिया स्पष्ट होती है। उस जानकारी का विशदीकरण तथा विश्व की वस्तु-तालिका (Inventory of the world) तो अन्त में स्पष्ट होगी, किन्तु इतना तो है कि इसमें जानकारी तथ्यों की होती है तथा विशेषों की होती है। तथ्य (Facts) क्या है—इसके विश्लेषण में ही विशेषों तथा विधेयों (Predicates), संबंधों, गुणों आदि का उल्लेख आ जाता है। अतः अब सबसे पहले हम यह देखेंगे कि रसेल के अनुसार **तथ्य** (facts) क्या है। इन तथ्यों की जानकारी प्रतिज्ञप्तियों से होती है, क्योंकि तार्किक विश्लेषण जो तथ्य की जानकारी का माध्यम है, प्रतिज्ञप्तियों का होता है। अतः तथ्य के बाद रसेल के प्रतिज्ञप्ति विचार पर कुछ विवेचना होगी। उसके बाद पुनः तार्किक अणुवाद के तार्किक पक्ष को उस परिप्रेक्ष्य में प्रस्तुत करना होगा, और तब अन्त में तार्किक अणुवाद के तात्त्विक पक्ष की विवेचना होगी। इन्हीं चार उपखण्डों में अब तार्किक अणुवाद दर्शन को प्रस्तुत करने का प्रयत्न होगा।

तथ्य (Facts) क्या है?

तथ्यों के स्वरूप को समझने में भी विश्लेषण का महत्त्व स्पष्ट होता है। सामान्यतः सामान्य ज्ञान के लिए तथ्यों के सम्बन्ध में कोई व्यामिश्र नहीं है। किन्तु, यदि यह पूछा जाय

कि अच्छा वस्तुतः तथ्य है क्या? तो यह स्पष्ट हो जाता है कि यह वैसा स्पष्ट नहीं है जैसा सामान्य ज्ञान इसे समझता है। वस्तुतः रसेल यह तो स्वीकारते ही हैं कि तथ्यों की परिभाषा तो दी ही नहीं जा सकती। किन्तु, 'तथ्य' से जिस प्रकार की बातें कही जाती हैं, उनके विश्लेषण के आधार पर तथ्यों के स्वरूप को स्पष्ट किया जा सकता है, तथा वही रसेल ने भी किया है।

प्रथमतः तो यह स्पष्ट कर ही लेना है कि कुछ ऐसी वस्तएँ जिन्हें साधारणतः तथ्य समझा जाता है वे तथ्य नहीं है। रसेल कहते हैं कि किसी अस्तित्ववान् वस्तु को तथ्य नहीं कहा जा सकता। साधारणतः हम ऐसा करते हैं। हम साधारणतः कहते हैं कि 'मेज' तथ्य है, 'सूर्य' तथ्य है आदि। उसी प्रकार हम किसी विशेष व्यक्ति को भी 'तथ्य' समझ लेते हैं, नैपोलियन, सुकरात आदि को तथ्य कह लेते हैं। रसेल के अनुसार ऐसा समझना भ्रान्ति है। सूर्य 'तथ्य' नहीं है, किन्तु यह तथ्य है कि सूर्य पूर्व में उदित होता है। नेपोलियन 'तथ्य' नहीं है, किन्तु यह तथ्य है कि नेपोलियन ने जोसेफिन से विवाह किया। मेज तथ्य नहीं हैं, किन्तु यह तथ्य है कि मेज चौकोर है।

क्या अन्तर पड़ा? इन उदाहरणों से क्या स्पष्ट होता है? इसी के विश्लेषण से तथ्य का स्वरूप स्पष्ट होता है। व्यक्ति नेपोलियन तथ्य नहीं है, किन्तु यह तथ्य है कि नेपोलियन ने जोसेफिन से विवाह किया। अर्थात्, यह तथ्य कहा जा रहा है कि किसी वस्तु में कुछ संबंध है। उसी प्रकार 'मेज' को तथ्य नहीं कहा गया, किन्तु यह तथ्य है कि मेज चौकोर है। अर्थात् यह तथ्य है कि किसी वस्तु में कुछ गुण है। इस प्रकार रसेल के अनुसार तथ्य का एक स्वरूप स्पष्ट हो जाता है। 'तथ्य' से रसेल का तात्पर्य है कि कुछ वस्तुओं में कुछ गुण हैं अथवा कुछ वस्तुओं में कुछ संबंध है।

इससे तथ्य के एक महत्त्वपूर्ण रूप पर प्रकाश पड़ता है। तथ्य नाम या किसी एक शब्द से व्यक्त नहीं होते, प्रतिज्ञप्तियों (Propositions) से व्यक्त होते हैं। वस्तुतः रसेल का कहना है कि तथ्य वे हैं जो प्रतिज्ञप्तियों को सत्य या असत्य बनाते हैं। यदि कहा जाता है कि 'वर्षा हो रही है', तो, एक प्रकार के मौसम से यह वाक्य सत्य हो जाता है, तथा दूसरे प्रकार के मौसम में असत्य हो जाता है। मौसम में कुछ ऐसी तथ्यात्मक स्थितियाँ हैं जो इस वाक्य को या तो सत्य या असत्य बनाती हैं। जब हम 'दो तथा दो को चार' कहते हैं, तो गणिती संदर्भ में कुछ है जो इसे सत्य बनाता है तथा 'दो तथा दो आठ' को असत्य। अतः तथ्य के स्वरूप को समझने का सबसे सरल ढंग यही है कि तथ्य वह है जिसके चलते वाक्य-प्रतिज्ञप्तियाँ—सत्य या असत्य होती हैं।

वस्तुतः रसेल के अनुसार शब्दों का या किसी वस्तु के नाम (Names) का तथ्यों के साथ यह संबंध नहीं है जो वाक्यों या प्रतिज्ञप्तियों का है। हर तथ्य के अनुरूप दो वाक्य हो सकते हैं, एक सत्य तथा दूसरा असत्य, किन्तु किसी विशेष शब्द या किसी विशेष नाम के अनुरूप तथ्यों का ऐसा संबंध नहीं होता। 'सुकरात' नाम को कोई तथ्य सत्य या असत्य नहीं बनाता, किन्तु **एक तथ्य** ऐसा है जो 'सुकरात जीवित है' को असत्य, तथा 'सुकरात जीवित नहीं है' को सत्य बना देता है। इसी विशिष्टता के कारण रसेल ने तथ्यों की व्याख्या यह कह कर की है, इनसे वाक्य संतय या असत्य बनाते हैं।

इस स्थल पर एक स्पष्टीकरण अनिवार्य है। ऊपर कही बातों से यह धारणा नहीं बननी चाहिए कि तथ्य सत्य या असत्य होते हैं। रसेल के अनुसार तथ्य-तथ्य हैं, उनके सत्य या असत्य होने का प्रश्न नहीं उठता। यह ठीक है कि यह भी नहीं कहा जा सकता कि सभी

तथ्य सत्य ही हैं। सत्य-असत्य एक दूसरे के पूरक हैं, अपने में तथ्यात्मक नहीं। कोई बात सत्य है, इसका अर्थ है कि वही असत्य हो सकता था। अतः तथ्य अपने में सत्य या असत्य नहीं होता। जिन वाक्यों में तथ्य व्यक्त होता है वे सत्य या असत्य होते हैं। तथ्य अपने में सत्य-असत्य नहीं, बल्कि वाक्यों को सत्य या असत्य बनाते हैं।

इस विवेचना से तथ्यों की वस्तुनिष्ठता स्पष्ट होती हैं। रसेल का कहना है कि तथ्य वस्तुनिष्ठ जगत् (Objective world) के अंग हैं। तथ्यों की हम संरचना नहीं करते। सामान्यतः हमारी समझ में वस्तुनिष्ठ जगत् में वस्तुएँ रहती हैं, विशेष हैं। रसेल का कहना है कि तथ्य भी वस्तुनिष्ट जगत् के उसी प्रकार के अंग हैं। यदि जगत् की वस्तु-सूची (Inventory) बनानी है, तो केवल विशेषों का नाम गिना देने पर यह तालिका पूर्ण नहीं होगी, उसमें तथ्यों का रखना भी अनिवार्य हैं।

अतः कहा जा सकता है कि विशेषों(Particulars)के आपसी संबंधों का जो हमें अनुभव होता है, वही तथ्य है। 'गुलाब तथ्य नहीं हैं, 'लाली' तथ्य नहीं है, किन्तु 'गुलाब' के लाल होने का जो अनुभव है वह तथ्य है, जिसे हम 'गुलाब लाल है' वाक्य में व्यक्त करते हैं।

विभिन्न प्रकार के तथ्य *(Facts)*

रसेल के तथ्य-सम्बन्धी विचारों की मौलिकता इसमें भी है कि रसेल शायद एकमात्र विचारक है जिन्होंने विभिन्न प्रकार के तथ्यों को स्वीकारने की आवश्यकता को समझा है। यह ठीक है कि बाद में रसेल के इस विचार की आलोचना भी हुई, किन्तु रसेल को इन भेदों को स्वीकारने के पीछे एक वैचारिक आधार था। सामान्यतः जब तथ्यों को मात्र तथ्य कहा जाता है तो उसके पीछे यही विचार रहता है कि तथ्य तो तथ्य है, अतः सभी तथ्य एक समान हैं। किन्तु, रसेल के विचार में तथ्य वे हैं जिनके चलते वाक्य या अभिव्यक्ति सत्य या असत्य होते हैं। किन्तु, रसेल के विचार में तथ्य वे हैं जिनके चलते वाक्य, या अभिव्यक्ति सत्य या असत्य होते हैं। सामान्य दृष्टि से भी सभी प्रकार के वाक्य या अभिव्यक्तियाँ एक-समान नहीं होतीं, भावनात्मक वाक्य तथा निषेधात्मक वाक्य में मौलिक अन्तर है, विशेषों से संबंधित वाक्यों में तथा सामान्य वाक्यों में अन्तर है। तो सभी प्रकार के वाक्य एक ही प्रकार के तथ्य से सत्य-असत्य कैसे बन जायेंगे। तथ्यों का निर्देश प्रतिज्ञप्तियों से होता है, तो यह कैसे युक्तिसंगत प्रतीत होगा कि भिन्न-भिन्न प्रकार की प्रतिज्ञप्तियों से जिन तथ्यों का निर्देश हो रहा है, वे सभी एक-जैसी हैं? अतः रसेल के लिए तथ्यों में भेद करने का आधार स्पष्टतया तार्किक है।

रसेल जब विभिन्न प्रकार के तथ्यों की बात करते हैं, तो उनका उद्देश्य यह कहना नहीं है कि 'इतने' प्रकार के तथ्य हैं। उनका उद्देश्य यह दिखाना है कि भिन्न-भिन्न संदर्भ में भिन्न-भिन्न ढंग से तथ्यों में भेद किया जा सकता है।

सर्वप्रथम उन्होंने विशेष तथ्य (Particular Facts) तथा सामान्य तथ्य (General Facts) में भेद किया है। विशेष तथ्य से उनका तात्पर्य एक निश्चित तथ्य से है जिससे एक निश्चित प्रतिज्ञप्ति सत्य या असत्य बनती है जैसे 'यह सफेद है'। कोई विशेष तथ्य है जिसके अनुरूप यह प्रतिज्ञप्ति सत्य या असत्य होगी। इसके विपरीत जब हम कहते हैं कि 'सभी मनुष्य मरणशील हैं' तो यह वाक्य जिस तथ्य से चलते सत्य या असत्य कहा जा सकता है वह कोई विशेष तथ्य नहीं है, किन्तु उससे भिन्न तथ्य है जिसे वे **सामान्य तथ्य** (General Fact) कहते हैं। इसे स्वीकारने के लिए उन्होंने बहुत ही सबल युक्ति दी

है। प्रश्न है कि इस वाक्य की सत्यता-असत्यता के लिए अलग से सामान्य तथ्यों को स्वीकारने की क्या आवश्यकता है। इस वाक्य की सत्यता-असत्यता तो अन्ततः विशेष तथ्यों पर ही आधृत है। यदि हम कहें 'क मरणशील है', 'ख मरणशील है' कहते-कहते सभी मनुष्यों को अलग-अलग मरणशील कहते हैं, तो उन सभी विशेष तथ्यों के आधार पर वाक्य 'सभी मनुष्य मरणशील हैं की सत्यता-असत्यता निर्धारित हो जाती है। रसेल का कहना है कि ऐसा नहीं है। यदि ऐसा होता तो सामान्य तथ्यों को स्वीकारने की आवश्यकता नहीं रहती। किन्तु, केवल 'क मरणशील है', 'ख मरणशील है', आदि-आदि सभी मनुष्यों को पृथक्-पृथक कहने से 'सभी मनुष्य मरणशील है', की सत्यता-असत्यता निर्धारित नहीं होती, क्योंकि इन सभी पृथक्-पृथक् वाक्यों के अतिरिक्त एक अन्य वाक्य की स्थापना भी अनिवार्य है। उस वाक्य की स्थापना के बाद ही 'सभी मनुष्य मरणशील है' वाक्य का पूर्ण रूपान्तर हो सकता है। वह वाक्य हैं 'क, ख, ग, आदि सब मिल कर 'सभी मनुष्य' है।'' अब इस वाक्य की सत्यता-असत्यता तो उन **विशेष तथ्यों** से स्थापित नहीं होती, तथा इस वाक्य की सत्यता-असत्यता निर्धारण के बिना 'सभी मनुष्य मरणशील हैं' वाक्य की सत्यता-असत्यता निर्धारण के बिना 'सभी मनुष्य मरणशील हैं' वाक्य की सत्यता-असत्यता स्थापित नहीं हो सकती? अतः स्वीकारना पड़ता है कि जिन तथ्यों से इस प्रकार के सामान्य वाक्य सत्य-असत्य बनते हैं, वे विशेष तथ्य नहीं, किन्तु उनसे भिन्न **सामान्य तथ्य** (General facts) हैं।

रसेल ने भावात्मक तथ्य (Positive Facts) तथा अभावात्मक अथवा निषेधात्मक तथ्य (Negative Facts) में भी भेद किया है। 'दिवाल उजली है', 'सुकरात जीवित था' —इस प्रकार के वाक्य जिन तथ्यों से सत्य-असत्य बनते हैं, उन्हें भावात्मक तथ्य कहा जा सकता है, तथा 'दिवाल हरी नहीं है' सुकरात जीवित नहीं है'—जैसे वाक्य जिन तथ्यों से सत्य-असत्य बनते हैं उन्हें निषेधात्मक तथ्य कहा गया है। रसेल ने स्वयं कहा है कि जब पहली बार अपने भाषण में उन्होंने अपने इस 'निषेधात्मक तथ्य' का उल्लेख किया, तो लोगों ने बड़ी आपत्ति उठाई। किन्तु, इन्हें स्वीकारने के पीछे रसेल की अपनी तार्किकता है। सामान्य धारणा है कि जिस तथ्य से काई भावात्क वाक्य सत्य सिद्ध होगा, उसी तथ्य से उसका निषेधात्मक वाक्य असत्य बन जायगा। 'दिवाल उजली है', मान लें कुछ तथ्य हैं जिसके कारण यह वाक्य सत्य है। अब उसी तथ्य के चलते यह भी कहा जा सकता है कि निषेधात्मक वाक्य 'दिवाल उजली नहीं हैं' असत्य है। तो, निषेधात्मक वाक्यों की सत्यता-असत्यता के लिए अलग से निषेधात्मक तथ्यों को मानना आवश्यक नहीं। किन्तु, रसेल का कहना है कि यदि उदाहरणों को थोड़ा परिवर्तित करके देखें, तो निषेधात्मक तथ्यों को स्वीकारना युक्तिसंगत प्रतीत होने लगेगा। हम सामने की दिवाल के विषय में कहते हैं कि 'यह दिवाज उजली है।' पुनः हम कहते हैं कि 'यह दिवाल हरी नहीं है।' दोनों कथन इस दिवाल के विषय में सत्य कथन हैं। अब यदि यह कहें कि दोनों कथन सत्य इसी कारण हे कि दोनों से एक ही तथ्य सूचित हो रहा है जो भावात्मक है, तो कठिनाई उपस्थित हो जाती है। हम कह सकते हैं कि कुछ ऐसा तथ्य है जो 'दिवाल उजली है' वाक्य को सत्य बनाता है, तथा वही तथ्य 'दिवाल हरी नहीं है' वाक्य को भी सत्य बनाता है। किन्तु, ऐसा कहने पर एक तार्किक कठिनाई उत्पन्न हो जाती है। उस अवस्था में दोनों वाक्य एक ही तथ्य को सूचित करते हैं, अर्थात् दोनों एक ही अर्थ सूचित करते हैं। किन्तु तब वाक्य 'दिवाल हरी नहीं है' के अर्थ का अंग हो जाता है 'दिवाल उजली हैं'। किन्तु दिवाल के हरा नहीं

होने का अर्थ उसका उजला होना नहीं है। इससे यह सिद्ध होता है कि 'दिवाल हरी नहीं है' वाक्य से कुछ दूसरा अर्थ—कुछ दूसरा भिन्न तथ्य सूचित हो रहा है।

और यह दूसरा अर्थ—अथवा वह भिन्न तथ्य निषेधात्मक तथ्य है। इसे एक अन्य उदाहरण से स्पष्ट किया जा सकता है। ऐसे वाक्यों को लें—'सुकरात जीवित नहीं है'। किस प्रकार के तथ्य से इस वाक्य की सत्यता-असत्यता तय होगी। स्पष्ट है, वह तथ्य भावात्मक हो ही नहीं सकता, क्योंकि कुछ भावात्मक ऐसा नहीं है जो सुकरात के जीवित नहीं होने को सत्य या असत्य बना दे। इसकी सत्यता-असत्यता अभावात्मक तथ्यों से ही निर्धारित हो सकती है। कोई कथन असत्य भी होगा तो किसी तथ्य के अनुरूप ही। अब यदि आप कोई उक्ति देते हैं जो असत्य है, तो बिना निषेधात्मक तथ्य के माने उसकी व्याख्या संभव नहीं है।

पुनः रसेल विशेष वस्तुओं, गुणों, संबंधों को सूचित करनेवाले तथ्य तथा पूर्णतया सामान्य तथ्य (Wholly general facts) में भी भेद करते हैं। पहले के अन्तर्गत किसी एक वस्तु के गुणों को सूचित करनेवाले तथ्य आ सकते हैं (जैसे मंज चौकोर है), तथा दो, तीन या उससे अधिक वस्तुओं के संबंध को सूचित करनेवाले तथ्य आ सकते हैं, (जैसे क ख का पिता हैं)। इसके विपरीत कुछ ऐसे तथ्य भी हो सकते हैं जो पूर्णतया सामान्य हैं, जिनकी सत्यता-असत्यता विशेष तथ्यों पर निर्भर नहीं करती, बल्कि तार्किक तथ्यों पर निर्भर करती है। इस प्रकार के उदाहरण तार्किक अभिव्यक्तियाँ हैं। उदाहरणतः हम कहते हैं कि 'यदि एक वर्ग किसी दूसरे वर्ग का अंग है, तो इस वर्ग का सदस्य उस वर्ग का भी सदस्य होगा'। स्पष्ट है, यहाँ किसी **विशेष तथ्य** का, किसी **विशेष** वस्तु, गुण या संबंध का हवाला नहीं दिया जा रहा। इनसे मात्र तार्किक संबंध—वाक्यविन्यास (Syntax) का संबंध सूचित हो रहा है। अतः इन्हें तार्किक तथ्य कहा जा सकता है।

इनके अतिरिक्त रसेल एक अन्य प्रकार के तथ्य का भी उल्लेख करते हैं, जिसे वे **अभिप्रायमूलक तथ्य** (Intentional Fact) कहते हैं। उदाहरणतः इस वाक्य को लें 'क को विश्वास है कि उसकी पत्नी को किसी अन्य से प्रेम है'। इस वाक्य की सत्यता-असत्यता किस तथ्य से निर्धारित है। इस वाक्य में विशेष बात यह है कि इस वाक्य में दो उपवाक्य हैं, किन्तु **दूसरे** उपवाक्य के सत्य-असत्य होने से पूरे होने से पूरे वाक्य की सत्यता-असत्यता पर कोई अन्तर नहीं पड़ता। 'उसकी पत्नी को किसी अन्य से प्रेम है'—यह वाक्य सतय हो या असत्य, उससे इस पूरे वाक्य की सत्यता-असत्यता पर अंतर नहीं पड़ता। अर्थात् किसी विशेष बाह्य तथ्य से इस वाक्य की सत्यता-असत्यता निर्धारित नहीं होती, यह निर्धारित होती है अभिप्रायमूलक तथ्य (Intentional fact) से।

अणुतथ्य (*Atomic Fact*)

रसेल के तार्किक अणुवाद के दर्शन में 'अणुतथ्य' बड़ा ही महत्त्वपूर्ण स्थान रखते हैं। यह कोई भिन्न प्रकार का तथ्य नहीं, रसेल के अनुसार यह नाम सरलतम तथ्यों के लिए व्यवहृत हुआ है। सबसे सरल-अविभाज्य तथ्य, जिसे और छोटा नहीं किया जा सके, जिसके अंगों के विषय में सोचा भी नहीं जा सके, उनके लिए 'अणुतथ्य' नाम रखा गया है। इसे व्यक्त करने के लिए जिस कथन या उक्ति का उपयोग किया जाता है, वह सरल नहीं होता, उसके घटक एक या एक से अधिक हो सकते हैं। 'यह सफेद है', इसमें दो घटक हैं, एक वस्तु तथा उसका गुण। दो वस्तुओं के बीच में संबंध, जैसे क ख के दायें

हैं, इसमें तीन घटक हैं, क, ख तथा संबंध। 'क ग के कारण घ से ईर्ष्या करता है'—इसमें चार घटक हैं—क, ग, घ तथा संबंध। रुचिकर बात यह है कि घटक यहाँ अनेक हैं, किन्तु जिस तथ्य को वे व्यक्त करते हैं, वह घटकों के बढ़ने से बढ़ता नहीं रहता, वह एक ही रहता है। इस प्रकार के सरल तथ्यों को घटकों के क्रम के अनुसार सोपानक्रमिक (Hierarchical) ढंग से व्यवस्थित किया जा सकता है। रसेल का कहना है कि यही व्यवस्था अणुतथ्यों का सोपानक्रम (hierarchy) कहा जा सकता है।

अणुतथ्यों में एक घटक तो ऐसा होता है जो गुण या संबंध दिखाता है—जिसे सामान्यतः क्रिया (Verb) या विधेय (Predicates) के द्वारा व्यक्त किया जाता है, तथा अन्य घटक दो, तीन, चार-अर्थात् **जितने घटकों के बीच संबंध है, उन्हीं घटकों को रसेल विशेष** (Particulars) कहते हैं। अतः अणुतथ्यों में कुछ विशेष रहते हैं, तथा कुछ गुण या सम्बन्ध, जिन्हें क्रिया (verb) या **विधेय** (Predicate) से व्यक्त किया जाता है। एक अणुतथ्य में **विशेष** अनेक हो सकते हैं, जितने घटकों के बीच संबंध दिखाया जाता है, उतने विशेष होंगे। अतः रसेल के अनुसार विशेष (Particulars) की परिभाषा है—'अणुतथ्य से संबंध में आने वाले घटक'।

स्पष्ट है—अणुतथ्य के विषय में कोई भाव बनाने के लिए उन प्रतिज्ञप्तियों—वाक्यों को जानना आवश्यक है जिनके द्वारा अणुतथ्यों को व्यक्त करने की चेष्टा होती है। अतः रसेल के प्रतिज्ञप्ति-विचार की विवेचना अनिवार्य है।

प्रतिज्ञप्ति तथा अणु प्रतिज्ञप्ति *(Proposition and Atomic Proposition)*

अपने तार्किक अणुवाद दर्शन के तार्किक पक्ष की पृष्ठभूमि तैयार करने में रसेल को प्रतिज्ञप्तियों पर विस्तार से विचार करना पड़ा है। इसका कारण स्पष्ट है। तथ्यों की जानकारी प्रतिज्ञप्तियों से ही होती है। इन प्रतिज्ञप्तियों का तथ्यों से दो प्रकार का संबंध होता है—एक सत्य होने का या असत्य होने का। तथ्य सत्य-असत्य नहीं होते, प्रतिज्ञप्तियाँ सत्य-असत्य होती हैं। तथ्य तथ्य है—जो सत्य या असत्य दोनों वाक्यों को **तथ्यात्मक** बनाते हैं। 'वर्षा हो रही है', यदि यह सत्य है तो इसका यह अर्थ है कि 'यह तथ्य है कि वर्षा हो रही है', और यदि यह वाक्य असत्य है, तो उसका अर्थ है कि—'यह तथ्य है कि यह असत्य है कि वर्षा हो रही है।' **अतः** प्रतिज्ञप्तियों, वाक्यों का विश्लेषण इसलिए अनिवार्य हो जाता है कि यह पता लगे कि किस ढंग से वे तथ्य-निर्देश करते हैं।

प्रथमतः तो इतना कहा ही गया है कि प्रतिज्ञप्ति शब्दों की ऐसी व्यवस्था (System) है जो सत्य या असत्य हो सके। रसेल कहते हैं कि प्रतिज्ञप्ति एक निर्देशसूचक भाव का वाक्य है, जिसमें कुछ स्थापना की जाती है, कोई प्रश्न नहीं पूछे जाते, कुछ आदेश नहीं दिये जाते, कुछ इच्छा व्यक्त नहीं की जाती (A proposition is a sentence in the inlicative, a sentence asserting something, not questioning, or commanding or wishing)। अर्थात् प्रतिज्ञप्ति एक वाक्य तो है, किन्तु वह एक ऐसा वाक्य है जो सीधे-सीधे कुछ कहता है, कुछ प्रस्तावना करता है, कुछ स्थापना करता है। इसे निर्देशसूचक 'प्रस्तावना' के अर्थ में कहा गया है, आदेश के अर्थ में नहीं।

रसेल कहते हैं कि सभी प्रतिज्ञप्तियाँ 'प्रतीक' (Symbol) है। इन्हें वे जटिल प्रतीक (Complex Symbol) कहते हैं। प्रतीक जटिल तब होते हैं जब उनके अंग भी प्रतीक हों। तो प्रतिज्ञप्तियों के अंग (Parts) होते हैं, तथा वे भी प्रतीक हैं। प्रतीकों में कुछ अर्थ निहित

रहता है। प्रतीक किसी वस्तु के चिह्न (sign) मात्र नहीं हैं। प्रतीक जिस रूप में दिखाई देता है, उससे कुछ अलग, कुछ भिन्न अर्थ को सूचित करता है। रसेल के विचार में 'प्रतीक' तथा 'जिसे प्रतीक सूचित करते हैं' इन दोनों के वास्तविक संबंध को जानना अनिवार्य है, अन्यथा एक प्रतीक से हम किसी गलत वस्तु को सूचित करने की भूल कर सकते हैं। पुनः यह भी स्मरण रखना हैं कि **प्रतीकों** का जो लक्षण है, उन लक्षणों को—जिस वस्तु को प्रतीक सूचित कर रहा है, उस पर लगाना ठीक नहीं हैं। रसेल के अनुसार ऊपर बताये दोनों प्रकार का व्यामिश्र 'अस्तित्व' (existence) 'सत्ता' (reality) आदि शब्दों के व्यवहार में प्रायः उत्पन्न होते हैं अतः एक वाक्य तथा उस वाक्य के अंश, जो दोनों प्रतीक हैं, उनके अपने-अपने लक्षण तथा उनसे सूचित होनेवाले लक्षणों का अवबोध अनिवार्य है। मूलतः कहा जाता है कि एक दृष्टि से वाक्य **जटिल प्रतीक** है, क्योंकि उसके अंग भी अपने में प्रतीक हैं, तथा उनकी जानकारी तथा वाक्यों की जानकारी एक ढंग से नहीं होती, बल्कि अलग-अलग ढंगों से होती है 'लाल' की जानकारी परिचय-ज्ञान से होती है, विवरण के द्वारा लाल की जानकारी उस रूप में नहीं हो सकती है। किन्तु, वाक्य 'गुलाब लाल है' की जानकारी 'गुलाब' तथा 'लाल' का क्या अर्थ है उस पर निर्भर करता है। 'लाल' की जानकारी के लिए '**लाल**' का परिचयात्मक ज्ञान होता है, किन्तु वाक्य 'गुलाब लाल है' को जानने के लिए इस वाक्य से पहले से परिचय होना आवश्यक नहीं। हम पहली बार भी इस वाक्य को सुनकर इसे जान सकते हैं, यदि प्रतीक 'गुलाब' तथा 'लाल' का अर्थ हम जानते हैं। इस बात का पूर्ण तात्पर्य बाद में स्पष्ट होगा जब हम 'तार्किक अणुवाद' के तार्किक पक्ष का स्पष्टीकरण करेंगे। एक तात्पर्य तो स्पष्ट है कि **'वाक्यों' तथा 'तथ्यों' में एक विशेष प्रकार का संबंध है जो 'शब्द' तथा तथ्य में नहीं।** वाक्य तथ्यों को नाम नहीं देते हैं, तथ्यों के संबंध में वे दो प्रकार का संबंध रखते हैं, सत्य होने का या असत्य होने का।

रसेल **अणुवाक्य** (Atomic Proposition) तथा **आण्विक वाक्य** (Molecular Proposition) में भेद करते हैं। अणुवाक्य वे वाक्य हैं जिनमें एक क्रिया (Verbs) हो। अणुवाक्य सरलतम वाक्य हैं, जिसमें एक विशेष गुण के साथ सूचित होता है या संबंध के साथ सूचित होता है। वैसे रसेल अणुवाक्य के उदाहरण देने में सदा एकरूप नहीं कर रहे हैं, कभी-कभी वे 'यह है', या केवल 'यह' का उदाहरण देते हैं। इस स्थल पर विटरोन्स्टीन का उल्लेख प्रासंगिक है। वे अणुवाक्य का उदाहरण नहीं देते। उनका कहना है कि अणुवाक्य की तार्किक अनिवार्यता है, अतः यदि हम उसका उदाहरण नहीं भी दे पाते, तो यह हमारी आसमर्थता या हमारी कमी है। किन्तु, इस असमर्थता से अणुवाक्य का होना खण्डित नहीं होता क्योंकि तार्किक माँगों के अनुरूप उनका होना अनिवार्य है। इसके विपरीत रसेल अणुवाक्य का उदाहरण देते हैं। अणुवाक्य सरलतम वाक्य हैं, इनसे जटिल वाक्य की ओर अग्रसर हुआ जा सकता है। सरल वाक्य या तो मिश्रित हो सकते हैं या जटिल। आण्विक वाक्य (Molecular Proposition) मिश्रित इस अर्थ में हैं कि अणुवाक्य इनके अणु हैं। दो या दो से अधिक अणु-वाक्य जुट कर आण्विक वाक्य बनाते हैं। यह जुटना 'या (or), यदि (if), एवं या और (and) आदि' के द्वारा संभव होता है। उदाहरणतः कहते हैं कि 'राम परिश्रमी है और श्याम तेज है, 'यदि वर्षा होगी तो मैं छाता लेकर निकलूँगा' 'वर्षा हुई और मैं छाता लेकर निकला' आदि। इन सभी वाक्यों में कुछ अणुवाक्यों को 'और', 'यदि' आदि के द्वारा जोड़ा गया है।

इसके विपरीत वाक्य जटिल दूसरे ढंग से भी होते हैं। जब हम एक ही वाक्य में एक से अधिक क्रियाओं (Verbs) का उपयोग करते हैं। उदाहरणतः, 'मुझे विश्वास है कि हमारी टीम जीतेगी। इस विश्वासमूलक या अभिप्रायमूलक प्रतिज्ञप्तियों में एक से अधिक क्रिया का उपयोग हुआ है। रसेल ने इस प्रकार के विश्वासमूलक वाक्यों का विश्लेषण किया है, तथा अस्तित्व (Existence) तथा सत्ता (Reality) संबंधी वाक्यों का भी विश्लेषण किया है।

किन्तु इस स्थल पर मूलतः हम अणुवाक्य तथा आण्विक वाक्य की ही विवेचना करेंगे क्योंकि हमारा उद्देश्य यह दिखाना है कि रसेल किस प्रकार अपने तार्किक अणुवाद-दर्शन में यह दिखाते हैं कि अणुवाक्यों से तथ्य-निर्देश होता है। वाक्य तथा नाम (Name) में यह अंतर है कि नाम तो किसी विशेष को सूचित करते हैं, किन्तु वाक्य तथ्य-निर्देश करते हैं। इस निर्देश का ढंग भी दो हैं। 'सुकरात मरणशील है', अब इसके अनुरूप या तो तथ्य यह है कि सुकरात मरणशील है या तथ्य यह है कि वह मरणशील नहीं है। पहली अवस्था में वाक्य सत्य होगा तथा दूसरी अवस्था में वाक्य असत्य होगा। किन्तु, जब हम आण्विक वाक्यों (Molecular Propositis) को देखें, तो बात कुछ दूसरे ढंग की होगी। हम कहते हैं 'राम या तो परिश्रमी है या वह मिहनती है' (pvq) अब यह वाक्य तो किसी एक तथ्य के अनुरूप सत्य या असत्य नहीं होगा, वैसा कोई वैकल्पिक तथ्य (Disjunctive fact) होता भी नहीं है। तो, रसेल का कहना है कि इस वाक्य की सत्यता-असत्यता इसके दोनों वाक्य 'p' तथा 'q' की सत्यता-असत्यता से निर्धारित होगी। अपने तर्क-दर्शन में रसेल ने इस प्रकार के और (and) या (or) यदि (if) आदि से जोड़े गये वाक्यों की सत्यता-सारिणी का उल्लेख किया है जिससे स्पष्ट होता है कि इन **आण्विक वाक्यों** का तथ्य-निर्देश इनमें व्यवहृत अणुवाक्यों (atomic-proposition) के तथ्य-निर्देश पर आधृत है। ऊपर के उदाहरण में 'pvq' वाक्य से जिस तथ्य का निर्देश हो रहा है, वह 'p' तथा 'q' दोनों वाक्यों की सत्यता-असत्यता से निर्धारित होता है। वह ढंग प्रारंभिक तर्कशास्त्र का प्रचलित ढंग है। अतः कहा जा सकता है कि आण्विक वाक्यों के तथ्य-निर्देश का आधार उनके अणुवाक्यों (Atomic Proposition) का तथ्य निर्देश है।

तार्किक अणुवाद का तार्किक पक्ष *(Logical Aspect of Logical Atomism)*

वैसे तो तार्किक अणुवाद के तार्किक पक्ष पर बहुत बातें हो चुकी हैं। कुछ तो उनके तार्किक एवं ज्ञानमीमांसीय उपकरणों के स्पष्टीकरण में ही स्पष्ट हुआ है, तथा कुछ स्पष्टीकरण उनके तथ्य एवं प्रतिज्ञप्ति-विवेचन में भी किया गया है किन्तु, यहाँ हमें उन विवेचनाओं को तार्किक अणुवाद-दर्शन के संदर्भ में बिठाना है।

हमने देखा है कि तार्किक अणुवाद दर्शन (Philosophy of Logical Atomism) का मूल लक्ष्य जगत् के मौलिक तत्त्वों की वस्तुसूचि (Inventory) बनानी है। उन तत्त्वों की जानकारी का एकमात्र एंग **'भाषा'** है, अतः भाषा संबंधी ऐसा स्पष्टीकरण अनिवार्य हो जाता है जिससे हम भाषा के उस रूप को पकड़ सकें जिससे तत्त्वों तथा तथ्यों की जानकारी होगी। यही कारण है कि इस दर्शन के तार्किक पक्ष में भाषा, भाषा की इकाई, प्रतिज्ञप्ति, अणुवाक्य, आण्विक वाक्य आदि की विवेचना अनिवार्य हो जाती है। किन्तु, हमारी सामान्य प्रचलित भाषा इतनी सरल नहीं होती कि उनसे तत्काल तत्त्वों या तथ्यों की जानकारी मिल जाय। अतः इस दर्शन के तार्किक पक्ष में यह बताना भी अनिवार्य हो जाता

है कि भाषा के किस रूप से किस प्रकार की जानकारी होती है, तथा उससे भी महत्त्वपूर्ण बात यह हो जाती है कि भाषा का वह रूप जो जगत् के संबंध में जानकारी देने का दावा करता है, वह वस्तुतः जानकारी देता है या नहीं? इसके लिए रसेल को दो काम करना पड़ता है—(1) एक तो वे यह विश्लेषण करते हैं कि कौन-सी भाषा से किस-किस प्रकार की जानकारी होती है, तथा (2) दूसरे वह यह भी दिखाते हैं कि सामान्य प्रचलित भाषा जो जगत् के विषय में जानकारी देने का दावा करती है, उसका वस्तुतः तार्किक विश्लेषण क्या है, **अर्थात्** क्या उस प्रकार के कथनों की जानकारी देने वाले कथनों में रूपान्तर किया जा सकता है और यदि किया जा सकता है तो उसका तार्किक ढंग क्या है? वस्तुतः इन्हीं दो बातों का स्पष्टीकरण इस खण्ड में अभीष्ट है—

(1) पहले हम पहली बात का स्पष्टीकरण करें। सामान्य रूप में यह तय किया जा चुका है कि जिस प्रकार की भाषायी इकाई (Unit of Language) से जगत् के संबंध में तात्कालिक जानकारी मिलती है, वे अणुवाक्य (Atomic Proportions) तथा आण्विक वाक्य (Molecular Propositions) हैं। आण्विक वाक्य अन्ततः अणु-वाक्यों से ही बने हैं। किन्तु, प्रश्न है कि इन वाक्यों से किस प्रकार जानकारी मिलती है? रसेल ने इस विषय पर दिये गये अपनी भाषण-माला के कई भाषणों में इसका स्पष्टीकरण किया है। हम यहाँ कुछ मूल बातों का ही उल्लेख कर पायेंगे—

(क) प्रथमतः तो हम इसी से प्रारम्भ कर सकते हैं कि प्रतिज्ञप्तियों को रसेल ने प्रतीक (symbol) माना है। प्रतीक का अर्थ है कि 'कुछ' से कुछ 'अन्य' का अर्थ सूचित होता है। वाक्य अपने से कुछ 'अन्य' का बोध कराता है। किन्तु, यदि जानकारी का आधार 'अर्थ' (meaning) है, तो अर्थ-संबंधी व्यामिश्र अथवा अनेकार्थता (ambiguity) का पूर्ण ध्यान रखना अनिवार्य है। वैसे रसेल यह स्वीकारते हैं कि 'अर्थ' शब्द के अर्थ में अन्ततः कुछ मनोवैज्ञानिकता का स्थान तो है ही जिसके चलते 'अर्थ' का पूर्णतया वस्तुनिष्ठ एवं तार्किक सिद्धांत नहीं दिया जा सकता। फिर भी, इस संबंध में वे कुछ मूल स्पष्टीकरण करते हैं। उदाहरणतः हम इस वाक्य को लें 'सुकरात मरणशील है'। यहाँ 'सुकरात' शब्द का अर्थ कोई मनुष्य है, 'मरणशील' शब्द का अर्थ कोई 'गुण' है, तथा 'सुकरात मरणशील है' वाक्य का अर्थ कोई तथ्य (fact) है। सुकरात तथा मरणशील शब्दों से तथ्य (fact) का बोध नहीं होता, पूरे वाक्य से होता है।

तो अब प्रश्न उठता है कि 'सुकरात' तथा 'मरणशील' से क्या बोध होता है। इतना तो स्पष्ट है कि इन दोनों से अलग-अलग किसी तथ्य का बोध नहीं होता, **तथ्य का बोध तो वाक्य से होता है।** 'सुकरात' जैसे शब्द को **सामान्यतः** नाम (Name) कहा जाता है, तथा 'मरणशील' जैसे शब्द को सामान्यतः विधेय (Predicate) कहा जाता है। किन्तु, दोनों से दो प्रकार का बोध होता है, एक ढंग का नहीं। **सामान्यतः** हम ऐसा समझते हैं कि नाम (Proper Name) से विशेषों (Particulars) का बोध होता है। किन्तु, रसेल कहते हैं कि साधारण नाम जैसे 'सुकरात' तार्किक अर्थ में 'नाम' है ही नहीं, वे तो सभी **विवरण** (Description) हैं। पहले बताया जा चुका है कि ऐसे नामों से प्रत्येक के मन में अलग-अलग विवरण उपस्थित होते हैं। अतः इन सामान्य नामों से विशेषों (Particulars) का बोध नहीं होता। विशेषों को सूचित कर सकते हैं **'तर्कतः उपयुक्त नाम'** (Logically Proper Name)। रसेल स्वीकारते हैं कि ऐसे नामों का उदाहरण देना बड़ा ही कठिन है, फिर भी वे **'यह'** (this) **'वह'** (that) का उदाहरण देते हैं, तथा कहते हैं कि यदि

किसी विशेष (Particular) का साक्षात् परिचय किसी क्षण में होता है, तो उसे 'यह' (this) कहा जा सकता है। (विटगेन्स्टीन के समक्ष यह समस्या थी। उन्होंने **तर्कतः उपयुक्त नाम** का कोई उदाहरण नहीं दिया, फिर भी कहा कि तार्किक अनिवार्यता इनका होना सिद्ध करती है, अतः इन्हें स्वीकरना ही है, भले ही हम इनका उदाहरण न दे पायें)।

रसेल का कहना है कि विधेयों (Predicates) से गुण या संबंध का बोध होता है, किन्तु विधेय का अवबोध नाम के अवबोध से भिन्न है। नामों के समझने का जो मानसिक ढंग है, तथा विधेय को समझने में जो मानसिकता जागती है, वे एक दूसरे से भिन्न हैं। किसी नाम को समझने के लिए किसी विशेष का साक्षात् परिचय ज्ञान होना आवश्यक है तथा यह जानना भी कि उस नाम से वह विशेष सूचित हो सकता है। किन्तु, 'विधेय' को समझने के प्रयास में एक प्रकार से हम प्रतिज्ञप्ति बना कर समझते हैं। 'लाल' को समझने के लिए यह जानना पड़ता है कि 'x' को लाल कहने का क्या अर्थ होता है। विशेष को 'यह' (this) कहकर सूचित होता है कि 'यह लाल है' का क्या अर्थ हो सकता है। जब हम 'लाल' को समझते हैं, तो इसका अर्थ है कि हम यह समझते हैं कि 'x' लाल है' जैसी प्रतिज्ञप्ति का क्या अर्थ है।

(ख) रसेल इस बात को बार-बार स्पष्ट करते हैं कि किस प्रकार की भाषा से क्या जानकारी मिलती है—यह जानने के लिए यह स्मरण रखना नितान्त आवश्यक है कि विभिन्न प्रकार के शब्दों क विभिन्न प्रकार के प्रयोग होते हैं तथा यह भी कि इन प्रयोगों में यदि मिलावट हो जाय, तो अनेक प्रकार की विसंगतियाँ, आत्मव्याघातकता आदि उत्पन्न हो जायेंगे। इसी बात को स्पष्ट करते हुए उन्होंने अपने प्रारूप सिद्धान्त (Theory of Types) का भी स्पष्टीकरण किया है। इसके लिए उन्होंने विभिन्न भाषणों में विभिन्न प्रकार के उदाहरणों को लेकर—जैसे **विश्वाससूचक कथन** (belief statements), सामान्य कथन (General Statements), **अस्तित्वसूचक कथन** (Existential statements) आदि—उनका विश्लेषण किया है तथा यह दिखाया है कि उनसे किस प्रकार की जानकारी मिल सकती है। सभी उदाहरणें का स्पष्टीकरण तो यहाँ पुस्तक की सीमा के कारण संभव नहीं है, हम एक उदाहरण लेंगे जो उनके **सामान्य वाक्य तथा अस्तित्व** के विश्लेषण से संबंधित है।

रसेल स्पष्ट कहते हैं कि **सामान्य प्रतिज्ञप्तियों** (General prosositions) से यह नहीं समझना चाहिए कि वे अस्तित्वसूचक हैं। 'सभी ग्रीक मनुष्य हैं'—इस वाक्य में यह **नहीं** कहा जा रहा है कि **ग्रीक** है। उनका कहना है कि ऐसे वाक्यों में वस्तुतः एक **प्रतिज्ञप्ति फलन** (propositional function) के सभी मूल्यों की सत्यता का निर्देश हो रहा है। किसी ऐसी उक्ति को **प्रतिज्ञप्ति-फलन** Propositional function) कहा जा सकता है जिसमें एक या एक से अधिक ऐसे अनिर्धारित घटक (undetermined constituents) रहते हैं कि यदि उन्हें निर्धारित कर दिया जाय तो वह उक्ति प्रतिज्ञप्ति (Proposition) बन जाय। यदि हम कहें 'x मनुष्य है' तो यह प्रतिज्ञप्ति-फलन है, क्योंकि यदि इसके अनिर्धारित घटक 'x' को 'सुकरात' कह कर निर्धारित कर दें, तो 'सुकरात मनुष्य है' प्रतिज्ञप्ति बन जाता है। तो रसेल के अनुसार 'सभी मनुष्य मरणशील हैं' जैसे सामान्य कथनों में यह नहीं कहा जा रहा है कि 'मनुष्यों का अस्तित्व है', क्योंकि वह वस्तुतः एक प्रतिज्ञप्ति-फलन है 'यदि x मनुष्य है तो वह मरणशील है' जिसके सभी मूल्यों को सत्य माना जा रहा है।

रसेल कहते हैं कि प्रतिज्ञप्ति-फलन(Propositional Function) अनिवार्य (Necessary)

होता है जब वह **सदा** सत्य हो, संभव (Possible) होता है जब वह कभी-कभी सत्य हो, तथा असंभव (Impossible) होता है जब वह सदा असत्य हो। विधि (Modality) की ये तीनों अवस्थाएँ प्रतिज्ञप्ति-फलन (Propositional function) के लक्षण हैं, प्रतिज्ञप्ति अथवा वाक्यों (Propositions or Sentences) के लक्षण नहीं। हम बहुधा इन्हें प्रतिज्ञप्तियों का लक्षण मान लेते हैं जिसके फलस्वरूप विसंगतियाँ उत्पन्न होती हैं क्योंकि प्रतिज्ञप्तियाँ सत्य या असत्य ही होती हैं—अनिवार्य, संभव या असंभव नहीं होतीं।

इसी प्रकार की विसंगति अस्तित्वसूचक वाक्यों में उत्पन्न होती है, रसेल के अनुसार **अस्तित्व** (Existence) प्रतिज्ञप्ति या वाक्यों का लक्षण नहीं है, बल्कि **प्रतिज्ञप्ति-फलन** का लक्षण है। जब हम कहते हैं 'मनुष्य है' तो वस्तुतः हम कह रहे हैं कि प्रतिज्ञप्ति-फलन 'x' मनुष्य है' का कम-से-कम एक मूल्य सत्य है। अस्तित्व का सबसे मूल अर्थ यही है कि इसे सूचित करनेवाला प्रतिज्ञप्ति-फलन संभव (Possible) है, अर्थात् उसका कम-से-कम एक मूल्य ऐसा है जो सत्य है। यहाँ हम किसी विशेष मनुष्य को या किसी व्यक्ति को अस्तित्ववान् नहीं कह रहे हैं, हम यहाँ मात्र यही कह रहे हैं कि ''x मनुष्य है' संभव है''। अतः रसेल का कहना है कि सामान्य कथनों तथा जो अस्तित्व-सूचक कथन हो उन्हें देख यह नहीं सोचना चाहिए कि हमें वस्तुतः किसी अस्तित्व का ज्ञान हो रहा है। यह विसंगति होगी, तथा उन्होंने अपने तार्किक विश्लेषण से इस विसंगति को स्पष्ट किया है।

(2) जानकारी देने वाले कथन किस प्रकार की जानकारी देते हैं—इसका बड़ा ही संक्षिप्त स्पष्टीकरण कर लेने के बाद हम दूसरी समस्या का विश्लेषण करें। हमारी सामान्य भाषा के अनेकों कथन जानकारी देने का दावा करते हैं। यदि वे सचमुच जानकारी देते हैं, तो उनका रुपान्तरण जानकारी देनेवाली भाषा (अणुवाक्य एवं आण्विक वाक्यों वाली भाषा) में होना चाहिए। क्या रसेल इस दिशा में भी कुछ निर्देश देते हैं। अब इसका संक्षिप्त विवरण देंगे।

इसी स्थल पर रसेल की 'तार्किक संरचना-विधि' का महत्त्व स्पष्ट होता है। इसी स्थल पर 'प्रिंसिपिआ मैथेमेटिका' का स्पष्ट प्रभाव दिखाई देता है। रसेल कहते हैं कि इस प्रकार का रूपान्तरण किया जा सकता है। उदहारणतः उनके अनुसार भौतिक वस्तुओं के विषय में दिये गये कथनों को इन्द्रिय-प्रदत्त कथनों (Sense data Statements) में रूपान्तरित किया जा सकता है। उसी प्रकार अन्य मन (Other minds), सामान्य (universals) आदिर से संबंधित कथनों को ऐसे कथनों में रूपान्तरित क्रिया जा सकता है जो अधिक निश्चित एवं स्पष्ट तत्त्वों के कथन हैं।

प्रश्न है कि इस प्रकार के रूपान्तरण की कोई विधि निश्चित की जा सकती है क्या? यह ठीक है कि इन सभी उदाहरणों से संबंधित कथनों का उदाहरण ले-लेकर रसेल ने विशद विश्लेषण तथा व्याख्या का प्रयत्न नहीं किया है, किन्तु उनका अभिप्राय स्पष्ट है। उनके अनुसार इस प्रकार का रूपान्तरण किया जा सकता है, उस रूपान्तरण की विधि की रुपरेखा उन्होंने अपने गणित-दर्शन में खींची है। उदाहरणतः अपने गणित-दर्शन में उन्होंने दिखाया है कि किस प्रकार संख्या-सिद्धान्त (Theory of Numbers), अपितु पूर्ण गणिती भाषा का रूपान्तरण तार्किक भाषा में किया जा सकता है। (इसका एक बहुत ही संक्षिप्त उल्लेख पहले किया जा चुका है)। तो उसी प्रकार की विधि से यहाँ भी रूपान्तरण का प्रयत्न किया जा सकता है।

इसके लिए दो आवश्यकताओं की पूर्ति करनी पड़ती है—एक तो उन तार्किक रूपों

(Logical forms) को तय करना है जिनमें रूपान्तरण होगा तथा दूसरा यह देखना होगा कि विश्लेषण की प्रक्रिया में अन्ततः यह रूपान्तरण किस प्रकार के तत्त्वों में होगा—अर्थात् वे कैसे तत्त्व होंगे जिनमें रूपान्तरण होने से निश्चयता आयेगी तथा विसंगतियाँ न रहेंगी।

तार्किक रूपों को तय करने का प्रारंभिक कार्य तो रसेल ने अपने गणित-दर्शन में किया जिसमें उन्होंने एक निश्चित(Precise)भाषा की रूपरेखा खींची, जिस भाषा में अनिश्चयता अथवा विसंगतियों का स्थान प्रायः नहीं के बराबर हो। उसी दृष्टि से कहा जा सकता हैं कि जो कथन विश्व की जानकारी देने का दावा करते हैं, उनके विश्लेषण से यह देखना होगा कि वे अणुवाक्य तथा आण्विक वाक्यों की भाषा में रूपांतरित हो सकते हैं या नहीं। **अणुवाक्य** से ही तथ्य-निर्देश होता है, यदि उस प्रकार के कथन अन्ततः अणुवाक्यों से ही बने हों, तो उनका तथ्य-निर्देश का दावा सही हो सकता है। विटरोन्स्टीन ने तो स्पष्ट कहा है कि ऐसे कथन उन अणुवाक्यों के सत्यता-फलन (Truth functions) है, अर्थात् इन वाक्यों की सत्यता-असत्यता उन अणुवाक्यों की सत्यता-असत्यता पर निर्भर करती है जिनसे ये संसचित है। रसेल ऐसा स्पष्ट नहीं कहते, किन्तु उनका तात्पर्य कुछ इस प्रकार का है क्योंकि उन्होंने भी ऐसे कथनों की सत्यता-असत्यता की जाँच के लिए, उनके अणुवाक्यों की सत्यता-असत्यता के आधार पर **सत्यतासारिणी** (Truth Tables) बनायी है। अतः तार्किक विश्लेषण का लक्ष्य यह देखना है कि ऐसे कथनों को अणुवाक्य एवं आण्विक वाक्य की भाषा में रूपांतरित किया जा सकता है या नहीं। इसी उद्देश्य से रसेल ने सामान्य-संबंधी कथन, विश्वास-संबंधी कथन(belief statements)सामान्य कथन(General Statements), अस्तित्व-सूचक कथन (existential statements) आदि का विश्लेषण किया है, तथा यह दिखाया है कि इनसे वस्तुतः किस प्रकार का निर्देश प्राप्त होता है। [सामान्य कथन तथा अस्तित्वसूचक कथन के विश्लेषण का उदाहरण ऊपर लिया जा चुका है।]

अब दूसरा प्रश्न रह गया । इस विश्लेषण में अन्ततः किसी ऐसे तत्त्व पर रूका जा सकता है जिसमें निश्चयता आ जाय। इस स्थल पर रसेल पूर्ण अनुभववादी हो जाते हैं। वे बार-बार कहते हैं कि **अज्ञात तत्त्वों के संबंध में दी गयी उक्ति को ज्ञात-तत्त्वों से संबंधित कथनों में रूपांतरित करना है**। अर्थात् जिस कथन को हम समझते हैं उसके रूपान्तरण में अन्ततः यह बात स्पष्ट हो जाती है कि उस कथन की संरचना ऐसे घटकों से होनी चाहिए जिन घटकों का हमें साक्षात् परिचय-ज्ञान (acquaintance) है। यही तो आधार है उस कथन के निश्चयता का तथा उसके तथ्य-निर्देश के गुण का।

तार्किक अणुवाद का तात्त्विक पक्ष
(Metaphysical Aspect of Logical Atomism)

अपने 'तार्किक अणुवाद दर्शन' गये भाषण-क्रम में अन्तिम भाषण में रसेल ने इस दर्शन के तात्त्विक पक्ष (Metaphysical Side) को उजागर किया है। वे स्पष्ट कहते हैं कि अपने भाषणों में शुष्क तार्किक विवेचनाओं में उलझना उनके लिए अनिवार्य था, क्योंकि एक प्रकार से विवेचनाओं कों तात्त्विक चिन्तन का **दार्शनिक व्याकरण** (Philosophical Grammar) कहा जा सकता है। पारम्परिक तत्त्वमीमांसीय निष्कर्षों में विसंगतियाँ इसी कारण आ जाती हैं, क्योंकि वे गलत व्याकरण पर आधृत हो जाते हैं। वाक्यों में उद्देश्य (Subject) तथा विधेय (Predicate) को परम मान लेने के फलस्वरूप ही तत्त्वमीमांसीय विचार या तो एकवादी या अनेकवादी हो जाते हें, जब कि दार्शनिक व्याकरण यह स्पष्ट

दिखा देता है कि उद्देश्य-विधेय व्याकरण अयुक्त व्याकरण है। इसी कारण उन्होंनें विसंगतियों की संभावनाओं को स्पष्ट किया तथा उस आधार पर कुछ तात्त्विक निष्कर्ष स्थापित करने की चेष्टा की।

उनका मूल तात्त्विक निष्कर्ष '**अणुवाद**' है, यह प्रायः **स्पष्ट ही है** कि उनका **निष्कर्ष** है कि **कम-से-कम सिद्धान्त** (in theory) ऐसे सरल तत्त्वों की जानकारी हो सकती है, जिनसे जगत् संरचित है। ऐसे सरल तत्त्वों को **तात्त्विक तत्त्व** (metaphysical entities) कहा जा सकता है। 'तात्त्विक तत्त्व' से रसेल का तात्पर्य वैसे तत्त्वों से है, जो विश्व के परम अंश हैं—जिनसे विश्व संरचित है। ये **तात्त्विक** (metaphysical) इस कारण कहे जाते हैं, क्योंकि वे वैसे तत्त्वों में नहीं आते जिन्हें हम सामान्य अनुभव में जानते हैं। अतः तार्किक अणुवाद के तात्विक पक्ष को स्पष्ट करने में हमें दो बातों की विवेचना करनी है—(क) रसेल के अनुसार वे तात्विक तत्त्व क्या हैं जो जगत् की संरचना के परम इकाई हैं तथा (ख) सामान्य अनुभव में जिस प्रकार की वस्तुओं की जानकारी होती है, यदि वे तात्त्विक तत्त्व (Metaphysical entities) नहीं है, तो उनका स्वरूप क्या हैं। सामान्य अनुभव में हमें **भौतिक वस्तु** (Physical Object), व्यक्ति (Person) आदि की जानकारी होती है। इनका तात्त्विक स्वरूप क्या है?

(क) पहले हम पहली समस्या का विवेचन करें। रसेल के अनुसार ऐसे सरलतत्त्व (Simples) हैं जिनसे जगत् संरक्षित है। इन तत्त्वों की सत्ता अपने ढंग की है जो सामान्य अनुभव में ज्ञात तत्त्वों से भिन्न हैं। ऐसे तत्त्व '**अनेक**' ढंग के हैं। इनके अन्तर्गत **विशेष** (Particulars) **गुण** (Qualities), तथा **विभिन्न ढंगों के संबंध** (relations) आते हैं। इन सबको तत्त्व (entities) कहा जा सकता है। किन्तु, यदि हम जगत् के परम तत्त्वों की वस्तुसूचि बनायें, तो इतने ही से काम नहीं चलेगा। इनके अतिरिक्त एक और तत्त्व है जिसे रसेल **तथ्य** (facts) कहते हैं। हमें जगत् में तथ्य भी प्राप्त होते हैं। विशेष, गुण, संबंध आदि सरल तत्त्वों की जानकारी तथा तथ्यों की जानकारी एक ढंग से नहीं होती। विशेषों (Particulars) को तर्कतः उपयुक्त नामों (Logically Proper Names) से सूचित किया जा सकता है। गुण तथा संबंध विधेय (Predicates) से सूचित होते हैं, किन्तु तथ्य उस प्रकार सूचित नहीं होते। बिना तथ्यों को जाने विश्व की जानकारी नहीं हो सकती, किन्तु तथ्यों को नामों से सूचित नहीं किया जा सकता। हम तथ्यों को स्वीकार सकते हैं, इनका निषेध कर सकते हैं, किन्तु इनका नामकरण नहीं कर सकते। इनकी सत्यता-असत्यता का ज्ञान प्रतिज्ञप्तियों के द्वारा ही संभव है। इसी कारण रसेल कहते हैं कि अणुवाक्यों से तथ्यों का निर्देश होता है।

यह निर्देश किस प्रकार का है? अणुवाक्य किस प्रकार तथ्यों को सूचित करते हैं। रसेल के अनुसार इतना तो स्पष्ट है कि अणुवाक्य तथ्यों के नाम नहीं हैं। यदि वे नाम होते, तो एक वाक्य एक तथ्य का नाम होता; किन्तु हमने देखा है कि एक तथ्य के अनुरूप दो वाक्य होते हैं, एक वह जो उससे सत्य सिद्ध होता है; तथा दूसरा वह जो उससे असत्य सिद्ध होता है।

यह भी स्पष्ट है कि रसेल के अनुसार इन वाक्यों का अर्थ तथ्य नहीं है। हमने देखा है कि रसेल अर्थ शब्द के अर्थ में इतनी अनेकार्थकता एवं इतना व्यामिश्र देखते हैं कि तार्किक संरचना में वे अर्थ को मूल नहीं बना पाते। तो प्रश्न उठता है कि ये वाक्य किस प्रकार तथ्य-निर्देश करते हैं? विटगेन्स्टीन ने अपने 'ट्रैक्टटेस' में कहा है कि अणुवाक्य

तथ्यों को चित्रित करते हैं (Picture facts)। रसेल यह नहीं कहते। फिर भी, उनके अनुसार इन वाक्यों एवं तथ्यों में ऐसी अनुरूपता है कि इन वाक्यों को जानने का अर्थ ही है तथ्यों को जानना। 'यह लाल है'—इस वाक्य को समझने का अर्थ ही है एक तथ्य की जानकारी।

अतः निष्कर्षतः कहा जा सकता है कि रसेल के अनुसार विश्व जिन तत्त्वों से संरचित है उनकी वस्तुसूचि (Inventory) बनाने में मूलतः निम्नलिखित तत्त्व आते हैं—**विशेष** (Particulars), **गुण** (Quality), **संबंध** (reletion) तथा **तथ्य** (Facts)। विशेष तर्कतः उपयुक्त नाम (Logically Proper Names) से सूचित होते हैं, गुण, संबंध, विधेय तथा क्रिया (Verb) से सूचित होते हैं, तथा तथ्य प्रतिज्ञप्ति से सूचित होतें हैं, जिनमें अणुवाक्य अणुतथ्यों (Atomic facts) का बोध कराते हैं।

(ख) हमने देखा है कि विश्व को संरचित करनेवाले तात्त्विक तत्त्व सामान्य अनुभव में ज्ञात तत्त्वों से भिन्न है। तो प्रश्न है कि सामान्य अनुभव में हमें जो ज्ञात होता है उसकी तात्त्विकता क्या है? उदाहरणतः सामान्य अनुभवों में हम भौतिक वस्तुओं को देखते हैं, व्यक्तियों (Persons) को जानते हैं। रसेल उनके तात्त्विक स्वरूप की व्याख्या कैसे करते हैं? रसेल के लिए यह बताना अनिवार्य हैं, क्योंकि उनके अनुसार विश्व को संरचित करनेवाले तत्त्वों की वस्तुसूचि में इस प्रकार के तत्त्व (भौतिक वस्तु या व्यक्ति) का उल्लेख नहीं होता। रसेल को इसकी अवगति है, तथा इसका भी विश्लेषण वे करते हैं।

पहले हम भौतिक वस्तु के विषय में विवेचना करें। हम एक 'मेज' देख रहे हैं, सामान्य अनुभव में हमें एक मेज का अनुभव हो रहा है, क्या यह अनुभव किसी तात्त्विक सत्ता (metaphysical entity) अथवा द्रव्य (substance) का अनुभव हैं? रसेल कहते हैं कि अनुभव में तो ऐसा कोई तत्त्व ज्ञात नहीं होता। तब यह प्रश्न उठता है कि हम यह कैसे जानते हैं कि यह वही मेज है जिसे हमने कल देखा था—परसों भी देखा था। रसेल कहते हैं कि हमें अनुभव से किसी प्रकार यह ज्ञात नहीं होता कि मेज के परसों-कल तथा आज के अनुभव में कोई तादात्म्य (Identity) है। ऐसा कोई तादात्म्य अथवा एकरूपता अनुभव में ज्ञात नहीं होता। अनुभव में मात्र इतना ही ज्ञात होता है कि ये सभी अनुभव भिन्न-भिन्न प्रतीति है जो एक-साथ है। ये प्रतीतियाँ भिन्न-भिन्न हैं, समान प्रतीत होती हैं, इन्हीं **समान प्रतीत होने वाले भिन्न-भिन्न प्रतीतियों का क्रम यह मेज है। मेज प्रतीतियों का क्रम हैं** (Series of appearances)। रसेल के अनुसार क्रम (Series) तार्किक मनःसृष्टि (Logical Fiction) होता है, अतः भौतिक वस्तु प्रतीतियों के क्रम होने के कारण तार्किक मनःसृष्टि (Logical Fiction) सिद्ध होता है। विचारणीय बात यह है कि रसेल **भौतिक वस्तुओं की सत्ता का निषेध नहीं कर रहे हैं, उनका मात्र इतना ही कहना है कि इसकी तात्त्विक सत्ता को स्वीकारा नहीं जा सकता।**

वैसे भौतिकी में भौतिक वस्तुओं के आधार के रूप में कुछ प्राथमिक अणुतत्त्वों (atoms electrons] protons) आदि की बात होती है। किन्तु, रसेल के अनुसार ये सब भी भौतिक तत्त्व ही हैं, क्योंकि भौतिकी इनकी खोज भी भौतिक विश्लेषण (Physical Analysis) के आधार पर करता है। रसेल के तात्त्विक तत्त्वों (Metaphysical entities) के अन्तर्गत ये भौतिकी तत्त्व नहीं आ सकते ,क्योंकि तात्त्विक तत्त्व तार्किक विश्लेषण (Logical analysis) से प्राप्त होते हैं, वे ऐसे तत्त्व हैं जिन्हें तर्कतः नकारा नहीं जा सकता। अतः भौतिकी अणु-तत्त्व भी विश्व को संचरित करनेवाले तात्त्विक

अणुतत्त्वों के अन्तर्गत नहीं आते। उनका विश्लेषण भी नहीं है जो भौतिक पदार्थों का विश्लेषण है, उन्हें भी तार्किक मनःसृष्टि (Logical Fiction) कहा जा सकता है।

रसेल का व्यक्ति (Persons) संबंधी विश्लेषण भी कुछ इसी प्रकार का है। उदाहरणतः हमें दूर से आता हुआ एक व्यक्ति दिखाई देता है और हम कहते हैं—'अरे, यह तो मेरा मित्र जेम्स है'। हमने कैसे जाना कि यह जेम्स है। हम यह नहीं कह सकते हैं कि जेम्स में कोई ऐसी तात्त्विक सत्ता है जिसके कारण हमने जेम्स को पहचाना, क्योंकि किसी ऐसी तात्त्विक सत्ता का अनुभव हमें नहीं होता। हमें अनुभव होता है विभिन्न क्षणों में जेम्स की प्रस्तुति का, हमें अनुभव होता है जेम्स से संबंधित अन्य क्षणों का, तथा हम जिसे जेम्स पहचानते हैं, वह **इन सभी अनुभवों का क्रम है।** इस क्रम को जेम्स नाम देने का यह अर्थ नहीं कि हमने इस नाम से सूचित होनेवाली किसी तात्त्विक सत्ता का अनुभव किया है जिसे हम व्यक्ति (Person) कहते हैं, वे हमारे विभिन्न अनुभवों का क्रम है (Series of experiences), अतः तर्कतः वह भी एक मनःसृष्टि (Logical Fiction) है। स्मरण रखना है कि रसेल किसी आत्म (ego) जैसे तत्त्व का निषेध नहीं कर रहे, उसे स्वीकार नहीं रहे हैं, क्योंकि अनुभव में किसी ऐसी तात्त्विक सत्ता का ज्ञान उपलब्ध नहीं होता।

अतः कहा जा सकता है विश्व को संरचित करनेवाले तात्त्विक तत्त्वों (Metaphysical entities) के अंतर्गत भौतिक वस्तु, व्यक्ति अथवा भौतिक के अणुतत्त्व नहीं आते।

❑

अध्याय 7

अल्फ्रेड नॉर्थ ह्वाइटहेड (१८६१-१९४७)

(A. N. WHITEHEAD 1881-1947)

भूमिका

पाश्चात्त्य दर्शन के इतिहास में ह्वाइटहेड का स्थान अपने ढंग से अनूठा है। उनका दर्शन उस समय विकसित हुआ जब विज्ञान का प्रभाव तथा अनुभववादी दृष्टि दोनों अपनी पराकाष्ठा पर थे। तत्त्वमीमांसीय दर्शन की कटु आलोचना हो रही थी, तथा सामान्य ज्ञान (common-sense), विज्ञान तथा अनुभववादी प्रवृत्तियों पर आधृत दर्शन पनप रहे थे। इसी परम्परा में भाषा दर्शन, तार्किक तथा अनुभववाद, सामान्य-ज्ञान दर्शन, उपयोगितावाद आदि दर्शनों का प्रादुर्भाव हुआ। उस वातावरण में ह्वाइटहेड ने अपने ढंग के एक तत्त्वमीमांसीय दर्शन-सिद्धान्त (Metaphysics) की स्थापना की। उन्होंने यह जोर देकर कहा कि दर्शन का लक्ष्य वही है जो प्लेटो जैसे ग्रीक दार्शनिकों ने निर्धारित किया था। दर्शन को विश्व की व्याख्या करनी है, किन्तु ऐसा नहीं है कि विश्व को दार्शनिक व्याख्या विज्ञान तथा अनुभव के प्रतिकूल हो ही। उन्होंने एक ऐसी व्याख्या प्रस्तुत करने की चेष्टा की जो दार्शनिक परम्परा के अनुरूप होते हुए भी विज्ञान तथा अनुभव के भी अनुकूल हो। इस प्रकार के सर्वथा विभिन्न वातावरण में उन्होंने एक अपने ढंग के तत्त्वमीमांसीय सिद्धान्त की स्थापना की। यही उनके विचार की मौलिकता है। इस मौलिकता का प्रभाव ऐसा पड़ा है कि समकालीन पाश्चात्य विचारधारा में उनके विचारों पर आधृत **प्रक्रिया दर्शन** (Process Philosophy), तथा **प्रक्रिया ईश्वर-विचार** (Process Theology) जैसे विचार भी विकसित हुए हैं।

ह्वाइटहेड के दार्शनिक चिन्तन की विशिष्टता यह भी रही है कि 63 वर्ष की उम्र तक वे मूलतः गणित तथा गणित-सम्बन्धी विचारों में ही उलझे रहे। 1924 में उन्हें हार्वार्ड विश्वविद्यालय में दशर्नशास्त्र के प्रोफेसर का पद प्राप्त हुआ, तथा उसके बाद ही उनका पारंपरिक अथ में दार्शनिक चिन्तन प्रारम्भ हुआ तथा उन्होंने अपनी मूल दार्शनिक कृतियाँ *'Process and Reality', 'Advantures of Ideas', 'Science and the Modern World,* तथा धर्मदर्शन से सम्बन्धित पुस्तक *'Religion in the Making'* की रचना को अपनी इन दार्शनिक रचनाओं में उन्होंने अपने गणित-दर्शन तथा भौतिकी(Physics)के ज्ञान का सुन्दर उपयोग किया तथा अनुभव और सामान्य ज्ञान के साथ इसका एक समन्वयित रूप उभारा।

ह्वाइटहेड के विचारों पर प्रभाव

ह्वाइटहेड के विचारों को समझने के लिए सर्वप्रथम उन बातों की जानकारी अनिवार्य है जिसका स्पष्ट प्रभाव उनके विचारों पर पड़ता है।

सर्वप्रथम तो यह कहा ही जा सकता है कि ह्वाइटहेड प्रारम्भिक ग्रीक दार्शनिक परम्परा से बड़े प्रभावित हैं। ह्वाइटहेड ने एक स्थल पर कहा है कि सम्पूर्ण पाश्चात्य दर्शन एक

प्रकार से और कुछ नहीं, बल्कि प्लेटों के विचारों पर 'फुटनोट' है। उनके कहने का तात्पर्य है कि मूल दार्शनिक अवधारणाएँ प्रारम्भिक ग्रीक दर्शन में प्रकट हो गयीं, तथा हर काल में उन्हीं पर नये-नये ढंग से संरचनाएँ हुई हैं। इस प्रभाव में ह्वाइटहेड यह मान कर अग्रसर होते हैं कि दार्शनिक दृष्टि एक सम्पूर्णता की दृष्टि है जिसका लक्ष्य कुछ ऐसी मूल व्यवस्था एवं कुछ मूल भाव-कोटियों (categories) को पकड़ना है जिनके आधार पर विश्व के हर पहलू की सामान्य व्याख्या हो सके। इसी प्रकार की व्याख्या उनके दार्शनिक विचारों का लक्ष्य है। पुनः ग्रीक दर्शन में चर्चित परिवर्तन या गति विचार (जैसे हिराक्लीट्स का विचार) तथा अणुवादी विचार का भी स्पष्ट प्रभाव उनके विचारों पर है।

इस प्रभाव के साथ-साथ एक दूसरा तथा स्पष्ट प्रभाव ब्रिटिश अनुभववादी परम्परा तथा वहाँ विकसित सामान्य-ज्ञानदर्शन (Philosophy of Common-sense) तथा वास्तववादी-दर्शन का भी है। ब्रिटिश विचार मूलतः अनुभववादी है, तथा वहाँ की एक विचित्र विशिष्टता यह रही है कि वहाँ भिन्न-भिन्न, एक दूसरे के विरोधी विचार भी पनपते रहे, किन्तु सभी विचारों में अनुभव को केन्द्रीय स्थान मिलता रहा। **विचारक ब्रैडले** जैसा प्रत्ययवादी हो या उसका आलोचक अथवा वास्तववादी मूर हो, वह रसेल जैसा तार्किक अणुवादी हो या तार्किक अनुभववाद तथा भाषा-दर्शन की परम्परा का विचारक हो, वे सभी **'अनुभव'** (Experience) को केन्द्रीय मानते ही हैं। ह्वाइटहेड भी अपवाद नहीं हैं, हम देखेंगे कि जिन परम बिन्दुओं के आधार पर वे विश्व की व्याख्या का प्रयत्न करते हैं वे अनुभव के अणु-बिन्दु हैं। साथ-साथ ह्वाइटहेड सामान्य-ज्ञान तथा वास्तववादी दर्शन के प्रभाव के अनुरूप यह भी मान कर चलते हैं कि हमें सामान्य ज्ञान में जो ज्ञात होता है उसकी भी समुचित व्याख्या होनी चाहिए उन्हें अयथार्थ कहकर उनका निष्कासन कर देना युक्तिसंगत नहीं। यदि वैज्ञानिक व्याख्या उन्हें अयथार्थ या अपूर्ण या एकांगी कहते भी हैं, तो उसे यह भी बताना है कि आखिर इस प्रकार का ज्ञान क्यों होता है। ह्वाइटहेड के अनुसार सामान्य ज्ञान की दृष्टि तथा वैज्ञानिक दृष्टि परस्पर विरोधी नहीं, बल्कि सहयोगी हैं।

इन परम्परिक प्रभावों के अतिरिक्त ह्वाइटहेड के विचारों पर कुछ प्रधान आधुनिक विचारों का भी स्पष्ट प्रभाव है। वे पारम्परिक दर्शन के क्षेत्र में आने के पहले गणित के ज्ञाता रहे थे तथा उस क्षेत्र में उन्हें वर्तमान भौतिकी के प्रमुख सिद्धान्तों की अवगति थी। उस समय के विज्ञान के दो सिद्धान्त प्रमुख थे तथा ह्वाइटहेड ने दोनों का उपयोग अपने दार्शनिक चिन्तन में किया। दोनों आधुनिक विज्ञान के मूल सिद्धान्त हैं। एक तो आधुनिक विज्ञान की यह मान्यता है कि तत्त्व का स्वरूप अनिवार्यतः गत्यात्मक (dynamic) है, **प्रक्रिया रूप** (Process) है। दूसरा सिद्धान्त **सापेक्षता-सिद्धान्त** (Theory of Relativity) है। ह्वाइटहेड ने जिस प्रकार से सत्ता की कल्पना की है, उसमें इन दोनों सिद्धान्तों का समावेश है। उन्होंने ग्रीक-दर्शन में सत्ता-सिद्धान्त में अणुवादी दर्शन (atomism) तथा परिवर्तन-विचार (Theory of Change) के सत्ता-विचार में प्रासंगिकता को समझा तथा उन्हें ऊपर बताये दोनों वैज्ञानिक सिद्धान्तों के आधार पर आधुनिक वैज्ञानिक परिवेश में संवारा।

फलतः इनके दार्शनिक चिन्तन की माँगें कठिन हो गयीं। ग्रीक-दर्शन, अनुभववाद, वास्तववाद के साथ-साथ सत्ता के प्रक्रिया-रूप तथा इन सबमें सापेक्षता—इतने गूढ़ तथा कठिन विचारों का एक में समाविष्ट करना कोई सरल कार्य नहीं था। जिसके कारण उन्हें

नये-नये शब्दों का चयन करना पड़ा, उनकी भाषा कुछ दुरूह हो गयी, तथा उन्हें कुछ **मूल वैचारिक कोटियों** (categoreal scheme) का आविष्कार करना पड़ा। यही कारण है कि प्रथम परिचय में उनका विचार कठिन ही नहीं, अग्राह्य प्रतीत होता है, किन्तु धैर्य से उनके वैचारिक कोटियों को समझने की चेष्टा करने पर स्पष्ट हो जायगा कि यह एक बड़ा व्यवस्थित तथा पूर्णतया संगठित विचार है।

उनके अनुसार दार्शनिक चिन्तन का स्वरूप

अपनी मूल दार्शनिक कृति *'Process and Reality'* के प्रारम्भ में ही ह्वाइटहेड ने **परिकल्पनात्मक दर्शन** (Speculative Philosophy) के स्वरूप पर विचार किया है। वे यह मानते हैं कि दार्शनिक चिन्तन अनिवार्यतः परिकल्पनात्मक (Speculative) होता है। इसका यह अर्थ नहीं कि वह काल्पनिक है। इसका आधार **अनुभव** तथा **वास्तविकता** ही है, किन्तु जिस प्रकार का यह चिन्तन है, वह इसे अनुभव-विशेष से ऊपर उठाकर सभी अनुभवों के सामान्य रूपों की ओर ले चलता है, इसी कारण यह परिकल्पनात्मक हो जाता है। दार्शनिक चिन्तन व्यवस्था के भिन्न-भिन्न अंगों पर अलग-अलग नहीं सोचता, किन्तु व्यवस्था की **सम्पूर्णता** (Totality) पर विचार करता है, यही कारण है कि यह परिकल्पनात्मक (Speculative) हो जाता है।

ह्वाइटहेड कहते हैं कि परिकल्पनात्मक दर्शन सामान्य भावों की एक ऐसी संगत, तार्किक एवं अनिवार्य व्यवस्था स्थापित करने का प्रयत्न करता है जिसके अनुरूप हमारे अनुभव के हर अंश का अर्थ-निरूपण हो सके। (Speculative Philosphy is the endeavour to frame a coherent, logical, necessary system of general ideas in terms of which every element of our experience can be interpreted—*Process and Reality.*) । अर्थ-निरूपण (Interpretation) से उनका तात्पर्य है कि वह व्यवस्था इतनी सामान्य हो कि अनुभव का हर अंश—हर चीज जिसकी हमें चेतना है, जिसके विषय में हम सोचते हैं, देखते हैं या संकल्प करते हैं, वे सभी उस सामान्य व्यवस्था के एक विशेष उदाहरण प्रतीत हों। यही कारण है कि उस व्यवस्था की तार्किक अनिवार्यता स्थापित हो जाती है। उस व्यवस्था को ह्वाइटहेड इतनी व्यापकता दे देते हें कि उस व्यवस्था को पूर्णतया संगत भी होना अनिवार्य है। संगत (Coherent) होने का अर्थ है कि उस व्यवस्था से अलग हो पृथक् रूप में—अनुभव का कोई अंश अर्थपूर्ण न रहे। उसकी अर्थपूर्णता उस व्यवस्था के अनुरूप होने ही में हो।

स्पष्ट है कि ह्वाइटहेड के अनुसार दार्शनिक चिन्तन का लक्ष्य विश्व की व्यवस्था की खोज है। उन्हें यह विश्वास है कि विश्व में एक अनिवार्य व्यवस्था (Pattern) है। भले ही हम उसके पूर्ण स्वरूप को पूर्णतया पकड़ न पायें। किन्तु, जिस व्यवस्था को हम देख पाते हैं, उनके आधार पर पूर्ण व्यवस्था अथवा सामान्य व्यवस्था के स्वरूप के विषय में परिकल्पनात्मक चिन्तन किया जा सकता है, तथा यही ह्वाइटहेड ने किया है। ऐसे परिकल्पनात्मक चिन्तन से एक सामान्य **वैचारिक कोटि व्यवस्था** (Categoral Scheme) स्पष्ट होती है।

ह्वाइटहेड का कहना है कि हर विचार के पीछे, उसकी मान्यता के रूप में कोई **वैचारिक कोटि-व्यवस्था** होती ही है। सामान्यतः यह व्यवस्था अचेतन रूप में हमारे भावों, विचारों को संचालित करती रहती है। यह व्यवस्था मनुष्य में जो समझने की—अवबोध

की आकांक्षा है, उसी की अभिव्यक्ति है। हर व्यक्ति अपनी कुछ ऐसी ही वैचारिक कोटियों के माध्यम से ही हर बात समझता है, तथा हर विचार का स्पष्टीकरण करता है। ऐसी हर वैचारिक कोटि व्यवस्था में उस समय के प्रचलित सामान्य ज्ञान के स्तर तथा वैज्ञानिक सत्यों का योगदान होता ही है। जिस समय, जिसकी जैसी जानकारी होती है उसकी वैचारिक कोटि-व्यवस्था उसी के अनुरूप होगी। किन्तु, जब इस प्रकार के पूर्णतया सामान्य वैचारिक कोटि-व्यवस्था की स्थापना करनी हो जिससे अनुभव के हर अंश की व्याख्या सम्भव हो सके, तो उस व्यवस्था को वैयक्तिकता से ऊपर उठकर उस समय के मूल आनुभविक एवं वैज्ञानिक सत्यों पर आधृत होना होगा। यही कारण है कि ह्वाइटहेड को पाश्चात्य दर्शन की परम्परा में निहित वैचारिक कोटि-व्यवस्था अपूर्ण एवं अयथेष्ट प्रतीत होती है। वह व्यवस्था सामान्यतः ऐसे वैज्ञानिक भावों पर आधृत है जो आधुनिक काल में परिवर्तित हो गये हैं। अतः ह्वाइटहेड अपने वैचारिक कोटि-व्यवस्था (Categoreal Scheme) को आधुनिक वैज्ञानिक सत्यों पर आधारित करते हैं, और स्पष्ट दिखा पाते हैं कि क्यों पाश्चात्य-दर्शन की पारम्परिक विचार-कोटि अयथेष्ट है।

पाश्चात्य दर्शन में विश्व की व्याख्या के लिए अथवा ज्ञानमीमांसीय तथा तत्त्वमीमांसीय समस्याओं को सुलझाने के लिए जो वैचारिक कोटियाँ उपलब्ध हैं वे प्रायः सभी एक भ्रान्ति पर आधृत हैं। वह भ्रान्ति भी प्रचलित यन्त्रवादी विज्ञान (mechanistic physics) के द्वारा उत्पन्न है। उनके अनुसार आधुनिक काल में इस प्रकार के चिन्तन के पीछे एक अनिवार्य मूल मान्यता रही है जिसे **सरल स्थिति-निर्धारण** (Simple Location) का विचार कहा जा सकता है। आयोनियन ग्रीक दार्शनिकों ने जब यह मूल प्रश्न उठाया कि जगत् का मूल तत्त्व क्या है, तो उनके मन में भी सरल स्थिति-निर्धारण विचार ही था। समय के साथ उस मूल प्रश्न के दार्शनिक समाधान के ढंग में परिवर्तन होता रहा, किन्तु सभी विचारों के पीछे मान्यता एक ही रही है। ह्वाइटहेड का कहना है कि इस मूल प्रश्न के समाधान की चेष्टा के पीछे सदा से एक मान्यता काम करती रही है—कि परमत्त्व भी कोई तत्त्व है, द्रव्य है, वस्तु है जिसकी स्थिति भी किसी स्थान एवं काल, अथवा स्थान-काल में निर्धारित की जा सकती है। यह ठीक है कि स्थान एवं काल के विषय में निरपेक्ष ढंग से भी सोचा गया है, तथा सापेक्ष ढंग से भी, किन्तु विश्वास सदा यही रहा है कि परमतत्त्व स्थान-काल में स्थित है। ह्वाइटहेड का कहना है कि अभी भी इस प्रकार की मान्यता की पकड़ पूर्णतया कमजोर नहीं हुई है क्योंकि इसे एक दृष्टि से न्यूटन आदि के वैज्ञानिक सिद्धान्तों से प्रश्रय ही मिला है। ह्वाइटहेड के अनुसार इसका आधार प्रकृति की पूर्णतया **यन्त्रवादी** अवधारणा है।

किन्तु, ह्वाइटहेड का कहना है कि आज यदि कोई विश्व की सामान्य व्याख्या प्रस्तुत करना चाहे, तो उसे अपने विचार को स्थिति-निर्धारण जैसी यन्त्रवादी व्याख्या से पूर्णतया मुक्त करना होगा। ह्वाइटहेड के लिए इसका कारण एक तो यह है कि आधुनिक विज्ञान के सन्दर्भ में सरल स्थिति वाले तत्त्वों को परम मान लेना विज्ञान की खोजों के विपरीत होगा, तथा दूसरा यह भी कि इस प्रकार की मान्यता के कारण कुछ वैचारिक विसंगतियाँ भी उत्पन्न हो जाती हैं। विज्ञान अब परमतत्त्व को किसी अणु-तत्त्व या द्रव्य के रूप में नहीं स्वीकारता, अब तो परमतत्त्व शक्तिरूप (energy) में स्वीकारा जाता है, जिसे किसी तत्त्व के समान किसी स्थान-काल में बाँध कर नहीं रखा जा सकता। अब तो परमतत्त्व को तत्त्व रूप नहीं प्रक्रिया-रूप (Process) में सोचना होगा।

उस यन्त्रवादी व्याख्या की इस मूल कमी के साथ-साथ ह्वाइटहेड का यह भी कहना है कि इसके चलते अनेक वैचारिक विसंगतियाँ उत्पन्न होती हैं। उनका कहना है कि ऐसी विसंगतियाँ उत्पन्न होती रही हैं, दिखाई भी देती रही हैं, किन्तु सत्रहवीं शताब्दी के विज्ञान के फलस्वरूप इस यन्त्रवादी मान्यता की पकड़ इतनी प्रबल रही है, कि विचारकों ने इन विसंगतियों को देखते हुए भी इस पर ध्यान नहीं दिया तथा यह सोचने का कष्ट ही नहीं किया कि वे विसंगतियाँ उसी यन्त्रवादी मूल मान्यता के कारण हैं। इस मान्यता के फलस्वरूप परमतत्त्व स्थान तथा काल में स्थित सरल तत्त्व हैं। फलतः वे सभी एक दूसरे से पृथक् हैं, तथा इसके कारण उनमें आपसी सम्बन्धों या उनमें अविच्छिन्नता, निरन्तरता अथवा सातत्त्व स्थापित करने को कोई आधार नहीं रह जाता। ह्वाइटहेड के अनुसार इस मूल कमी के परिणामस्वरूप अनेकों प्रकार की विसंगतियाँ उत्पन्न हो जाती हैं।

उदाहरणार्थ, इसका एक परिणाम तो यह होता है कि प्रकृति दो पृथक्-पृथक् भागों में बँट जाती है। यदि हम मान्यता के रूप में प्रकृति के दो ऐसे भागों को मान लें जो एक दूसरे से सर्वथा पृथक् हैं, तो दोनों को सम्बन्धित करने की हर चेष्टा निष्फल होगा। इसी कारण वास्तववाद या प्रत्ययवाद दोनों के प्रयत्नों में कठिनाइयाँ उपस्थित होती रहीं, क्योंकि दोनों मान कर चलते हैं कि 'जो देखता है' तथा 'दो दिखाई देता है'—'चेतनशील विषयी' तथा 'चेतना का विषय'—दोनों दो पृथक् तत्त्व हैं। ह्वाइटहेड के अनुसार प्रकृति को इस प्रकार दो भागों में बाँट देना (Bifurcation of Nature) सर्वथा असंगत है, क्योंकि यह प्रकृति की यथार्थता के प्रतिकूल है। प्रकृति का ऐसा द्विभाजन सर्वथा अयुक्त है। ह्वाइटहेड ने बताया है कि वस्तुतः मन तथा विषय सतत एक दूसरे के साथ सम्बन्धित रहते हैं—उस सम्बन्ध में एक निरन्तरता है जो हर पल को एक-दूसरे के साथ जोड़ती है। इसी बात को तो उन्होंने अपने तत्त्वदर्शन में स्थापित किया है।

पुनः उनका कहना है कि प्रकृति के द्विभाजन से उभरने का सबल प्रयत्न इस रूप में हुआ है कि चेतना या प्रत्यक्ष के जो विषय हैं, वे वस्तुतः अपने में यथार्थ नहीं, वे तो संवेदना के मस्तिष्क के द्वारा दिये गये अर्थ हैं। इस प्रकार के प्रयत्न को हाल में भी मान्यता मिलती रही है, किन्तु ह्वाइटहेड का कहना है कि ऐसा नहीं हो सकता कि हम किला, ग्रहों तथा बादल को अयथार्थ कह दें, तथा आँख, रेटिना तथा मस्तिष्क को पकड़े रहें। बड़े साहित्यिक ढंग में ह्वाइटहेड कहते हैं कि यदि यही बात हो, तो हमें सुगन्ध के लिए गुलाब को नहीं, अपनी नाक को महत्त्व देना चाहिए, उस अवस्था में गति-गण तो पूर्णतया भ्रान्ति में हैं, उन्हें अपने गीतों को बुलबुलों के संगीत को नहीं समर्पित करना चाहिए, बल्कि अपने आप को समर्पित करना चाहिए, अपने को बधाई देना चाहिए कि वे स्वयं सुगन्ध तथा संगीत के जनक हैं।

इस प्रकार के प्रचलित सोचने के ढंग के परिणामस्वरूप एक दूसरी विसंगति यह उत्पन्न हो जाती है कि यह ढंग वस्तुतः किसी प्रकार के अनुमान—विशेषतः आगमनात्मक अनुमान की सम्भावना ही समाप्त कर देता है। यदि तत्त्व अन्ततः अलग-अलग अपनी सरल स्थिति अवस्था में है, तो इसका अर्थ हो जाता है कि एक स्थान या एक क्षण से दूसरे स्थान या दूसरे क्षण को सम्बन्धित करने का कोई आधार ही नहीं रह जाता, अब आगमनात्मक अनुमान का आधार ही समाप्त हो जाता है तथा अनुभव के आधार पर भी अग्रसर होना असम्भव हो जाता है।

ह्वाइटहेड के अनुसार ये सभी विसंगतियाँ इसी कारण उत्पन्न होती हैं क्योंकि पाश्चात्य दर्शन को जो मूल वैचारिक कोटि-व्यवस्था (Cetegoreal Scheme) रही है, वह अयथेष्ट है। वह अयथेष्ट इस कारण है कि उसमें अनुभव की सम्पूर्णता तथा नये वैज्ञानिक सत्यों का समन्वय नहीं है। दार्शनिक चिन्तन के लिए यह अनिवार्य है कि अनुभव की सम्पूर्णता के साथ उस समय के स्थापित वैज्ञानिक सत्यों का समन्वय कर अपनी वैचारिक कोटियों की स्थापना करें। यही ह्वाइटहेड ने किया है, उनके दार्शनिक चिन्तन का आधार एक ऐसी ही वैचारिक कोटि-व्यवस्था (Categoreal Scheme) है, जिसे वे इतना प्राथमिक एवं सार्वभौम बना देते हैं कि उसी के आधार पर विश्व के हर पहलू की व्याख्या प्रस्तुत की जाती है। फलतः उनके दार्शनिक विचारों को समझने के लिए इस वैचारिक कोटि-व्यवस्था की जानकारी तथा उसके आधार पर उनके माध्यम से प्रस्तुत व्याख्या का स्पष्टीकरण आवश्यक है। वही यहाँ अभीष्ट भी है। किन्तु, सर्वप्रथम उस कोटि-व्यवस्था का नामकरण तथा उसमें निहित प्रमुख भावों की पहचान आवश्यक है।

वैचारिक कोटि-व्यवस्था (*Categoreal Scheme*) की पहचान

यह ठीक है कि व्यवस्था बड़ी कठिन तथा दुरूह प्रतीत होती है। इससे निहित भावों के लिए ह्वाइटहेड ने स्वनिर्मित शब्दों का चयन किया है तथा उन्हें विशिष्ट अर्थ दिया है। यह भी इस व्यवस्था की जटिलता को बढ़ा देता है। बात यह है कि इस व्यवस्था की माँगें—इसके आधार इतने विविध हैं कि उन सबको एकत्रित करना सरल कार्य नहीं है। फिर भी यदि हम इन शब्दों के उनके द्वारा दिये गये अर्थों को धैर्यपूर्वक समझने की चेष्टा करें तो उनके विचारों का स्पष्ट अवबोध सम्भव है। लेकिन पहले उन भावों को पहचान तो लें।

इस व्यवस्था में कुछ मूल भाव हैं, तथा उन भावों के आपसी सम्बन्ध, उनके प्रवाह, उनके नवीन संनरचनाओं के लिए कुछ अन्य अवधारणाएँ हैं। इन मूल भावों को हम अलग-अलग खण्ड बना कर स्पष्ट करेंगे—इनके अन्तर्गत हम **सर्जनात्मकता** (Creativity), **वास्तविक तत्त्व** (Actual Entity) अथवा **वास्तविक प्रसंग** (Actual Occassion), **शाश्वत वस्तु** (Eternal Object), **ईश्वर** (God), तथा **आंगिक-व्यवस्था** (Organism), हम इन मूल पाँच भावों की अलग-अलग व्याख्या करें। इनके अतिरिक्त उनकी वैचारिक कोटियों में कुछ अन्य अवधारणाएँ भी आती हैं जिनकी प्रासंगिता इन मूल भावों को संगठित करने की प्रक्रिया में स्पष्ट होती है। उन अवधारणाओं में मूल हैं—**परिग्रहण** (Prehension), **अन्त:प्रवेश** (Ingression), तथा **सहबर्द्धन** (Concrescence or Concretion)। इन अवधारणाओं तथा इनके अतिरिक्त कुछ अन्य अवधारणाओं का स्पष्टीकरण प्रसंगानुसार होगा। इन मूल भावों एवं अवधारणाओं के द्वारा विचारी गयी वैचारिक कोटि-व्यवस्था ही, ह्वाइटहेड के अनुसार विश्व की सम्पूर्णता को समझने का ढंग होगा। अतः मूल भावों को एक-एक खण्ड में पृथक्-पृथक् लेकर उन्हें स्पष्ट करने का प्रयत्न करेंगे तथा उस प्रक्रिया में जैसे-जैसे अन्य अवधारणाओं की आवश्यकता होगी, उनका भी स्पष्टीकरण करेंगे।

किन्तु, इसके पहले ह्वाइटहेड की ज्ञानमीमांसीय मान्यताओं को स्पष्ट कर लेना अनिवार्य है, क्योंकि उसी पृष्ठभूमि में उनके तात्त्विक विचार अग्रसर होते हैं।

ह्वाइटहेड के ज्ञानमीमांसीय विचार

ह्वाइटहेड सत् को प्रभाव-रूप में (as Process) कल्पित करते हैं। स्पष्ट है कि इस प्रकार की गत्यात्मकता का विचार किसी ऐसी ज्ञानमीमांसा पर आधृत हो सकता है जो ऐसे विचार को सबल एवं तार्किक रूप से सहारा दे सकें। फलतः ह्वाइटहेड ज्ञान के स्वरूप को भी प्रचलित ढंग से अलग हटकर विचारते हैं। वहाँ भी उनके विचारों पर सत् के गत्यात्मक विचार तथा सापेक्षता-सिद्धान्त (Theory of Relativity) का प्रभाव स्पष्ट है।

इस स्थल पर सापेक्षता सिद्धान्त के प्रभाव का एक संक्षिप्त उल्लेख उपयोगी है। सामान्य प्रचलित धारणा के अनुरूप ज्ञान में हमें किसी विशेष वस्तु की जानकारी होती है, जो किसी **विशेष स्थान** में तथा किसी **विशेष काल** में उजागर होती है। यह धारणा **स्थान तथा काल** (space and time) की ऐसी अवधारणा पर आधृत है जो सापेक्षता-सिद्धान्त के द्वारा खण्डित हो चुका है। इस प्रचलित धारणा के अनुरूप हम स्थान तथा काल को वस्तुनिष्ठ ढाँचे के रूप में समझते हैं जिसमें वस्तुएँ रहती हैं। उदाहरणतः अभी इस समय मेरी कुर्सी तथा मेज के पीछे दो कुर्सियाँ हैं, दोनों ओर दो आलमारी हैं। ये सभी वस्तुएँ एक साथ एक ही स्थान पर हैं, तथा जहाँ वे हैं, उन्हें ही हम दिक् या स्थान का उदाहरण मानते हैं। उसी प्रकार सुबह हमने शौच के बाद मुँह धोया तथा उसके पश्चात् स्नान किया। हम कहते हैं कि काल एक व्यवस्था है जिसमें कुछ पहले घटित हुआ तथा कुछ बाद में। ऐसे ही विचार के कारण दिक् या स्थान को **सह-अस्तित्व-व्यवस्था** (Order of Co-existence) तथा काल को **क्रम-व्यवस्था** (Order of Succession) कहा जाता है।

किन्तु, सापेक्षता सिद्धान्त ने स्पष्ट रूप में दिखाया कि स्थान तथाल काल का यह विचार भ्रामक है। स्थान कोई वस्तुनिष्ठ व्यवस्था नहीं है—वस्तुओं को अपने में समेटे हुए कोई ढाँचा नहीं है। उसी प्रकार काल घटनाओं का क्रम नहीं है। दोनों एक-दूसरे की अपेक्षा रखते हैं, तथा दोनों द्रष्टा पर—परिप्रेक्ष्य पर निर्भर रहते हैं। ह्वाइटहेड ने सरल उदाहरणों से इसे स्पष्ट किया है। हम भी सुविधानुसार सरल उदाहरण लेकर इसे स्पष्ट कर सकते हैं। हम आकाश में तारों को देख रहे हैं। प्रचलित धारणा के अनुरूप उन तारों का तथा मेरा सह-अस्तित्व है, हम एक-साथ अस्तित्ववान् हैं—अतः हमें प्रतीत होता है कि एक ही दिक् (Space) के दो भागों में एक साथ स्थित हैं। किन्तु, वस्तुतः बात वैसी नहीं है। यह प्रतीति हमारी दृष्टि पर निर्भर है। वस्तुतः जिन प्रकाश-किरणों के द्वारा हम तारों को देख रहे हैं, वे तो वर्षों पहले उन तारों से चली होगी—क्योंकि वे इतने दूर हैं कि किरणों को वहाँ से धरती तक पहुँचने में कई वर्ष लग जाते हैं। अतः हम वर्षों पुराने तारों को देख रहे हैं। वस्तुतः उनका मेरे साथ सहअस्तित्व नहीं है। उनकी प्रतीति द्रष्टा अथवा परिप्रेक्ष्य पर निर्भर है।

वही बात 'काल' के साथ सत्य है। हम बहुत दूर, बहुत चौड़ी नदी के पार एक घोड़े को देख रहे हैं। हमने देखा कि वह एकाएक उछला, तथा उसके बाद हमने गोली छूटने की आवाज सुनी। तो हमारी दृष्टि में घोड़े का उछलना काल में पहले आया, तथा गोली छूटना बाद में। किन्तु वस्तुतः गोली पहले छूटी है और उसी आवाज पर घोड़ा उछला है। नदी के उस पार देखने वाले के लिए भी गोली का छूटना काल में पहले है, घोड़े का उछलना बाद में। यह इस कारण होता है कि प्रकाश की गति ध्वनि की गति से बहुत अधिक तीव्र है। तो, ध्वनि को इस पार पहुँचने में कुछ समय लगा तथा उसके पहले प्रकाश

की किरण पहुँच गयी। किन्तु, इससे इतना तो स्पष्ट हो जाता है कि काल में क्या पहले है, तथा क्या बाद में है—यह देखने वाले पर, दृष्टि पर निर्भर है। पूर्णतया विषयी-निरपेक्ष काल नहीं है।

तो जब स्थान एवं काल की अवधारणा ही भिन्न है, तो परम्परागत स्थान एवं काल की अवधारणा की मान्यता पर आधृत ज्ञानमीमांसा भी अनुपयुक्त होगी? अतः ज्ञान के स्वरूप में ही नवीन ढंग से सोचना अनिवार्य हो जाता है। सामान्यतः परम्परागत स्थान-काल-विचार को मान कर चलने वाली ज्ञानमीमांसा ज्ञान को एक 'टार्च' के प्रकाश के समान समझता है, जिसका कार्य मात्र इतना ही है कि जो इसके 'हद' में आ जाय, उसे वह प्रकाशित कर दे। ज्ञान इस प्रकार एक निष्क्रिय पकड़ मात्र है। ज्ञान की यह निष्क्रिय अवधारणा ह्वाइटहेड को स्वीकार्य नहीं, वे ज्ञान का भी एक गत्यात्मक भाव (Dynamic conception) प्रतिपादित करते हैं।

उनके ज्ञानमीमांसीय विचारों को समझने के लिए पहले दो मूल ज्ञानमीमांसीय प्रश्नों के सम्बन्ध में यह देखना आवश्यक है कि उसका उत्तर ह्वाइटहेड कैसे देते हैं? पहला तो यह है कि ज्ञान में जो ज्ञात होता है वह क्या है?—ज्ञान वस्तुतः किस विषय का होता है, तथा दूसरा यह कि ज्ञान-प्रक्रिया में ज्ञाता अथवा विषयी का क्या स्थान है—ज्ञात प्राप्त करने में उसका कोई योगदान है या नहीं?

सामान्यतः तो यह कहा जा सकता है कि इन प्रश्नों के उत्तर देने में ह्वाइटहेड की सामान्य मान्यता **ज्ञानमीमांसीय एकवाद** (Epistemological Monism) जैसी है। इसी के अनुरूप वे ऊपर उठाये दोनों प्रश्नों का उत्तर देते हैं। किन्तु, इनका इस प्रकार का ज्ञानमीमांसीय एकवादी उत्तर नव-वास्तववादियों (Neo-realists) जैसा नहीं है। नववास्तववादियों के समान वे भी यह मानते हैं कि हमें जिस वस्तु का जिस रूप में ज्ञान होता है वह वास्तविक है, किन्तु उनके अनुसार नववास्तवादी सिद्धान्त सत् के गत्यात्मक एवं सतत परिवर्तित स्वरूप की व्याख्या नहीं कर पाता—इसी कारण उनका वास्तववादी सिद्धान्त पूर्णतया यथार्थ सिद्ध नहीं हो पाता। ह्वाइटहेड इन दोनों बातों का अपने विचार में ध्यान रखते हैं।

वैसे यह प्रारम्भ में भी कहा जा सकता है कि प्रत्यक्ष-प्रक्रिया की कुछ वैज्ञानिक व्याख्याएँ एकवाद के विपरीत प्रतीत होती हैं। उदाहरणतः बताया जाता है कि 'विषय' की जानकारी इन्द्रियाँ, मस्तिष्क आदि में जो ग्रहण होता है उसी के अनुरूप होती है। इसी कारण सामान्यतः 'अपने में वस्तु' तथा 'वस्तु का वह रूप जो ज्ञात होता है'—'एतद्वस्तु' एवं 'उसकी प्रतीति सं संवृत्ति' में अन्तर किया जाता है। किन्तु ह्वाइटहेड को इस प्रकार का भेद अनावश्यक प्रतीत होता है। किसी 'सत्-वस्तु'—'अपने में वस्तु' को जानने का न कोई साधन है, न उसके विषय में सोचने की कोई आवश्यकता है। ज्ञान का विषय इस प्रकार की बाह्य-स्थित कोई 'अपने में वस्तु' नहीं है। हमें जो ज्ञात होता है वह ज्ञात होता है—जो हमें ज्ञान-सम्बन्ध में प्राप्त होता है, वही ज्ञान का विषय है। इस प्रकार पहले प्रश्न का उनका उत्तर पूर्णतया ज्ञानमीमांसीय एकवाद का उत्तर है।

किन्तु ह्वाइटहेड की 'ज्ञान' सम्बन्धी विवेचना इसी बिन्दु पर रूक नहीं जाती इसके बाद ही तो उनके विचार की विशिष्टता स्पष्ट होती है। उनका कहना है कि ज्ञान में जो ज्ञात होता है वही ज्ञान का विषय है, किन्तु ऐसा नहीं है कि हर-क्षण विषयी अथवा ज्ञाता

निष्क्रिय रूप में किसी ऐसे विषय को पकड़ता रहता है। नहीं, ज्ञान-प्रक्रिया में ज्ञात का महत्त्वपूर्ण एवं सक्रिय स्थान है। जो ज्ञात होता है, वह ज्ञाता से पृथक् नहीं है—यहाँ सापेक्षता सम्बन्ध (realitivity) है। कोई अपने में वस्तु नहीं है, लेकिन हर-क्षण में ज्ञात वस्तु ज्ञाता के सम्बन्ध से परिवर्तित होते हुए दूसरे क्षण में ज्ञात होता है, तथा दूसरे क्षण का विषय परिवर्तित होकर तीसरे क्षण में ज्ञात होता है—तथा निरन्तरता चलती रहती है। यही निरन्तरता तो सत् है हर क्षण का अनुभव उसकी इकाई है, तथा उसी अनुभव के आधार पर दूसरे क्षण का अनुभव सर्जित होता है। इस बात की पूर्ण समझ ह्वाइटहेड के सत् विचार विवेचन के बाद अधिक स्पष्ट हो जाएगा।

अब इतना तो कहा ही जा सकता है कि इस विचार के अनुरूप 'ज्ञाता' एवं 'ज्ञेय'—'विषयी' एवं 'विषय' के बीच जो भेद किया जाता है वह भेद निरपेक्ष भेद नहीं है। 'ज्ञाता' तथा 'ज्ञेय' के बीच **'निरपेक्ष अन्तर'** (absolute difference) नहीं है। ज्ञाता भी जगत् का ही एक अंग है जिसमें हर क्षण उस क्षण का जगत् प्रतिबिम्बित होता है। 'ज्ञाता' तथा 'ज्ञेय' का भेद उसी एक ज्ञान-प्रक्रिया के दो ऐसे स्तरों का भेद है जो हर-क्षण उजागर होते रहते हैं। इस बात को एक उपमा के द्वारा समझने की चेष्टा की जा सकती है। एक कमरे में बहुत-से 'फर्नीचर' हैं—जिसमें एक बड़ा-सा आईना भी है। आईना भी एक फर्नीचर ही है, किन्तु आइने में कमरे के सभी फर्नीचर दिखाई दे रहे हैं। उसी प्रकार ज्ञाता भी जगत् का अंग है। किन्तु, वह जगत् को प्रतिबिम्बित करता रहता है। हर क्षण ऐसा होता है तथा हर-क्षण अपने बाद के क्षण से इस प्रकार जुड़ा है कि पहले क्षण के अनुभव ही परिवर्तित हो दूसरे क्षण में ज्ञात होते हैं। यह क्रम निरन्तर चलता है—इसी कारण कहा जा सकता है कि सत् अनुभव प्रवाह है, यदि किसी क्षण के अनुभव के विषय में सोचें, तो वही अनुभव आन्तरिक ढंग से विषयी है तथा वस्तुनिष्ठ ढंग से विषय। इसी कारण तो ह्वाइटहेड ने ज्ञान के स्वरूप को सक्रियता—गयात्मकता का स्वरूप कहा है तथा ज्ञान के इसी प्रकार के विचार के अनुरूप उन्होंने सत् के स्वरूप की विवचेना की है—जिस विवेचना में यह सभी विचार पूर्णतया स्पष्ट हो जायेंगे।

ज्ञानमीमांसीय विचार का संक्षिप्त परिचय पा लेने पर अब ह्वाइटहेड के वैचारिक कोटि-व्यवस्था (categorial scheme) के प्रमुख भावों पर पृथक्-पृथक् विचार किया जा सकता है। जैसा ऊपर बताया जा चुका है—हम मूल **पाँच** भावों की विवचेना **पाँच** अलग-अलग खण्डों में करेंगे, तथा अन्य अवधारणाओं का स्पष्टीकरण प्रसंगानुसार होता रहेगा।

सर्जनात्मकता
(Creativity)

हमने देखा है कि ह्वाइटहेड ने यह स्पष्ट किया है कि कोई वैचारिक कोटि-व्यवस्था उस समय के स्थापित वैज्ञानिक सत्यों के प्रतिकूल नहीं जा सकती। ह्वाइटहेड को अवगति है कि आधुनिक बिज्ञान ने यह स्थापित कर दिया है कि जगत् के हर पहलू के मूल में जो तत्त्व है वह शक्ति रूप (energy) है। तो यह अनिवार्य हो जाता है कि जिस मूल वैचारिक भाव से जगत् के हर पहलू को समझने का प्रयास किया जाय वह भी शक्ति-रूप ही हो। अतः ह्वाइटहेड की भी वैचारिक कोटि-व्यवस्था की मूल कोटि इस वैज्ञानिक सत्य के अनुरूप है। उसी मूल कोटि को उन्होंने **सर्जनात्मकता** (Creativity) कहा है। इस शब्द का चयन उन्होंने बड़ी सावधानी से किया है तथा इसके साथ विशिष्ट अर्थ जुटे हुए हैं।

प्रथमतः तो इस शब्द से ही सूचित होता है कि सत् को स्थिर द्रव्य-रूप तत्त्व नहीं है। यह गत्यात्मकता का बोधक है। साथ-साथ इससे यह भी सूचित होता है कि यह क्रिया किसी विशेष समय में घटी हुई, कोई विशेष क्रिया नहीं है, बल्कि यह तो सतत क्रियाशीलता का सूचक है, इसमें एक निरन्तरता (Continutiy) है, न रुकनेवाली क्रिया है। इसी कारण इसे **प्रक्रिया** (Process) कहा जा सकता है। किन्तु, इस प्रक्रिया को सर्जनात्मकता कहा गया है, इसका अर्थ है कि हर-क्षण इस प्रक्रिया में इस प्रक्रिया से, कुछ नवीन सर्जित होता है, हर क्षण किसी नूतनता का आविर्भाव होता रहता है। हम देखेंगे कि ह्वाइटहेड ने अपने सत् विचार में इन सभी भावों का समावेश किया है। इसी कारण उन्होंने सत् को मूलतः सर्जनात्मकता कहा है।

सबसे पहले ह्वाइटहेड से यह पूछा जा सकता है कि यदि सत् प्रक्रिया है—सतत प्रवाह है, तो वह किस प्रकार का प्रवाह है, उस प्रक्रिया का स्वरूप क्या है? यह प्रश्न इस कारण उठता है कि प्रवाह या प्रक्रिया के स्वरूप को समझने में हम सामान्यतः दो बातों को मानकर चलते हैं, एक तो यह कि **कुछ** है जो प्रवाहित हो रहा है, तथा यह भी कि कुछ है जो प्रवाह को गति देता है, उसे उत्पन्न करता है। जब बाह्य उपकरणों से गति उत्पन्न होती है, तो हम उसे भौतिक प्रक्रिया कहते हैं, तथा जब आन्तरिक प्रेरणाओं से जीवों में कुछ गति होती है तो उसे मानसिक प्रक्रिया कहते हैं। ह्वाइटहेड के लिए इन सभी भेदों की व्यावहारिक उपयोगिता हो सकती है, क्योंकि इनके द्वारा प्रस्तुत व्याख्या सरल प्रतीत होती है; किन्तु, तात्विक दृष्टि से इस प्रकार का विवरण गति या प्रक्रिया के वास्तविक स्वरूप को नहीं पकड़ पाते, क्योंकि इनसे **निरन्तरता** (Continuity) सतत-प्रवाह की व्याख्या नहीं हो पाती जो प्रक्रिया का मूल रूप है। सभी तत्त्व—जिन्हें हम भौतिक कहते हैं या मानसिक—सभी उसी निरन्तर गतिशील शक्ति के रूप हैं, अतः इनसे वैसा कोई मौलिक अन्तर नहीं है जैसा हम सामान्यतः समझते हैं। सब एक दूसरे के साथ सम्बद्ध हैं, हम किसी एक पहलू को चुनकर अपनी व्याख्या प्रस्तुत नहीं कर सकते, कोई अन्य किसी अन्य पहलू को ध्यान में रखकर व्याख्या देता है। ऐसी ही एक व्याख्या भौतिकवादी हो सकती है, दूसरी व्याख्या प्रत्ययवादी या आध्यात्मवादी। दोनों व्याख्याएँ अयथेष्ठ सिद्ध होती हैं, क्योंकि दोनों में दूसरे पहलू की उपेक्षा हो जाती है। वस्तुतः भौतिक, मानसिक, आध्यात्मिक—ये सभी एक ही पक्रिया के रूप हैं तथा उसी एक प्रक्रिया को ह्वाइटहेड ने **सर्जनात्मकता** (Creativity) के नाम से पुकारा है। यह प्रक्रिया है—अतः इसमें प्रवाह है, प्रगति है। यह सर्जनात्मक है, अतः इसमें हर क्षण कुछ नवीन का उद्भव होता है। ह्वाइटहेड ने इसका विवरण विभिन्न रूपों में किया है। इसे वे सर्जनात्मक प्रगति (Creative Advance) की प्रक्रिया कहते हैं। हर क्षण कुछ नया सर्जित होता है, जो नया सर्जित होता है वह अपने से पहले के क्षण के आधार पर ही निर्मित होता है, अतः हर क्षण दूसरे क्षण के उद्भव में अनिवार्यतः जुटा है तथा इसी प्रकार विश्व-प्रक्रिया अग्रसर होती है। पुनः ह्वाइटहेड ने इसे 'सामान्यों का सामान्य' कहा है। विश्व की व्याख्या के लिए हम विभिन्न सामान्यों का सहारा लेते हैं, किन्तु ऐसे सभी सामान्यों के मूल में भी जो सामान्य हैं, जिस सामान्य के अन्तर्गत सब कुछ—सभी सामान्य भी आ जायें, उसे ही सर्जनात्मकता कहा गया है। उसी प्रकार ह्वाइटहेड सर्जनात्मकता को नवीनता का सैद्धान्तिक आधार (Principle of Novelty) मानते हैं, क्योंकि इस भाव से यह सूचित होता है कि सत्-प्रवाह में हर-क्षण कुछ 'नवीन' का उद्भव होता चलता है।

सर्जनात्मकता के स्वरूप को समझने के लिए दो अन्य बातों को स्पष्ट कर लेना अनिवार्य है। हमने देखा है कि सर्जनात्मकता वह मूल सतत्-प्रक्रिया है जो हर-क्षण कुछ 'नवीन' करता अग्रसर होता है। जब हर क्षण कुछ नवीन का उद्भव हो रहा है, तो इसका अर्थ है कि यह प्रक्रिया यन्त्रवादी प्रक्रिया नहीं, क्योंकि यन्त्रवादी प्रक्रिया में सब-कुछ पूर्ववर्ती घटनाओं के अनुरूप ही होता है। अतः इस प्रकार की सर्जनात्मकता निरुद्देश्य एवं निष्प्रयोजन नहीं है। एक तो हर-क्षण जो सर्जित हो रहा है उसका कुछ प्रयोजन होना चाहिए, तथा पूर्ण प्रक्रिया का कुछ प्रयोजन होना चाहिए। हम देखेंगे कि इन लक्ष्यों या प्रयोजनाओं की व्याख्या के लिए ह्वाइटहेड **'ईश्वर'** की कल्पना करते हैं। अतः यदि सर्जनात्मकता प्रयोजनमूलक है तथा यदि उस संदर्भ में 'ईश्वर' का स्थान बनाना पड़ता है, तो दूसरा प्रश्न उठ खड़ा होता है कि यदि ह्वाइटहेड के सत्-विचार का मूल भाव **सर्जनात्मकता** है, तो फिर 'ईश्वर' क्या है। यहाँ पर इतना ही स्पष्ट करना है कि ह्वाइटहेड का ईश्वर-विचार भी अपने ढंग का अनूठा विचार है तथा इसे सामान्य ईश्वरवादी ईश्वर-विचार के समान नहीं समझना है। इसकी विशिष्टता यही है कि यह भी सर्जनात्मकता का ही एक रूप है। 'ईश्वर' को मानने से सर्जनात्मकता का मौलिक रूप खण्डित नहीं होता। सर्जनात्मक की प्रक्रिया की विशद व्याख्या में कुछ बिन्दु ऐसे आते हैं—जहाँ 'ईश्वरभाव' की बात आती है। 'ईश्वर' सर्जनात्मकता से परे नहीं, इससे पृथक् नहीं, बल्कि उसी का रूप है।

ऊपर दिये विवरणों को पढ़ यह कहा जा सकता है कि यह विवरण कुछ इतना अमूर्त है कि अभी सर्जनात्मकता का स्वरूप पूर्णतया स्पष्ट नहीं होता। बात यह है कि ह्वाइटहेड की वैचारिक कोटि-व्यवस्था कुछ ऐसी संगठित है कि यह भी एक आंगिक इकाई है। किसी एक भाव को समझने के लिए दूसरे भावों को समझना अनिवार्य है, तथा सभी भावों के अवबोध के बाद ही पूर्ण चित्र पूर्णतया स्पष्ट हो सकता है। अतः सर्जनात्मकता का स्वरूप भी अन्त में ही पूर्णतया स्पष्ट होगा, किन्तु हम अभी उस चित्र के पूर्णरूप की प्रस्तुति की तैयारी कर रहे हैं।

अभी यह प्रश्न उठता है कि यदि सर्जनात्मकता एक ऐसा प्रवाह है जिसमें हर क्षण कुछ नया सर्जित होता है, तो इस प्रक्रिया की **इकाई** (unit) क्या है? क्या है जो हर क्षण नये ढंग से सर्जित हो रहा है? ह्वाइटहेड उस इकाई को **वास्तविक तत्त्व** (actual entity) कहते हैं। सर्जनात्मकता में वास्तविक तत्त्व ही प्रवाहित है। एक क्षण का वास्तविक तत्त्व दूसरे क्षण के वास्तविक तत्त्व में परिवर्तित होता है। इस परिवर्तन को जिन आकारों या भावों से रूप दिया जाता है उन्हें ह्वाइटहेड **शाश्वत वस्तु** (Eternal Objects) कहते हैं। तथा, वास्तविक तत्त्व एवं शाश्वत वस्तु के सहयोग के प्रेरणा-रूप एवं आधार-रूप ईश्वर को माना गया है। इसी कारण कहा जा रहा है कि वास्तविक तत्त्व, शाश्वत वस्तु तथा ईश्वर सभी सर्जनात्मक प्रक्रिया में योगदान करने वाले अंग हैं। अतः स्वीकारना पड़ता है कि इन भावों की विशद व्याख्या के बाद ही पूर्ण चित्र स्पष्ट हो पायेगा। अब हम एक-एक उपखण्ड में इन भावों की व्याख्या करेंगे।

वास्तविक तत्त्व
(Actual Entities)

सर्जनात्मकता की वह इकाई जिनके द्वारा सर्जनात्मक प्रगति होती है—वास्तविक

तत्त्व है। ह्वाइटहेड के 'तत्त्व' की अवधारणा को समझने के लिए, इसे समझने का जो सामान्य प्रचलित ढंग है, उससे अपने को मुक्त करना होगा। 'तत्त्व' से सामान्यतः किसी वस्तुनिष्ठ, अस्तित्ववान् वस्तु को सूचित किया जाता है। उस तत्त्व को अणु-तत्त्व (atomic) तब कहा जाता है कि जब वह ऐसी वस्तुनिष्ठ वस्तु का सरलतम एवं अविभाज्य भाग हो। किन्तु, ह्वाइटहेड के वास्तविक तत्त्व (Actual entity) को समझने के लिए इस प्रकार का विचार छोड़ना होगा क्योंकि उनके अनुसार तत्त्व भी प्रक्रिया है। अतः सरलतम तत्त्व भी किसी वस्तु का अविभाज्य अंश नहीं, सरलतम घटना (event) है। ह्वाइटहेड ने **वास्तविक तत्त्व** के स्वरूप को स्पष्ट करने के लिए इस प्रकार की 'घटना' (event) की अवधारणा का उपयोग किया है। जो हर क्षण घटित होता है, वही वास्तविक तत्त्व है। जो किसी क्षण घटित होता है वह एक दृष्टि से जो पहले घटित हो चुका है उसे भी सम्बन्धित है, तथा दूसरे क्षण में जो घटित होगा उससे भी सम्बन्धित है। अर्थात् जो किसी क्षण में घटित होता है, वह घटना-प्रवाह को उस क्षण में एक प्रकार से रोककर देखने का प्रयास है (Cross-Section view)। इसी कारण उस क्षण में जो दिखाई देता है—वह एक दृष्टि से उस प्रवाह के वास्तविक स्वरूप को ही व्यक्त कर रहा है। ह्वाइटहेड ने इसी क्षण की घटित इकाई को वास्तविक तत्त्व कहा है तथा इसी कारण, उनके अनुसार, इसमें जगत् का वास्तविक स्वरूप परिलक्षित होता है।

अब हम इसका स्पष्टीकरण करें। वास्तविक तत्त्व सर्जनात्मक की प्रक्रिया की सबसे छोटी इकाई है। वह जो घटित होता रहता है उसकी सरलतम इकाई है। अर्थात् यदि विचार करें तो सोच करते हैं कि कुछ ऐसा है जो काल तथा स्थान के सबसे छोटे—सरलतम क्षण में घटित होता है। भले ही हम इस सरलतम घटना का कोई उदाहरण न दे सकें, किन्तु उदाहरण ने पाने की हमारी असमर्थता से इसकी वास्तविकता का हनन नहीं होता, क्योंकि यह वैचारिक एवं तार्किक माँग है कि ऐसा कुछ सरलतम होना ही है। यही वास्तविक तत्त्व है।

इसे दूसरे प्रकार से समझें। अणुवादी दार्शनिक जब अपने सरलतम की खोज करते हैं तो वे किसी वस्तु को उसके छोटे भावों में विभाजित करते हैं, तथा वास्तविक विभाजन सम्भव नहीं होता तो वैचारिक विभाजन करते हैं। विचार जब ऐसे बिन्दु पर रूक जाता है जिसका विभाजन सोचा भी न जा सके तो उसे 'अणु' (atoms) कहा जाता है। इस प्रकार के सभी अणुवादी विचार सामान्यतः भौतिकवादी ही हैं, क्योंकि वहाँ भौतिक वस्तुओं की सरलतम इकाई की खोज है। कुछ अणुवाद तार्किक हैं क्योंकि उनमें भाषीय सरलतम इकाई की खोज होती है। ह्वाइटहेड के लिए मानसिक—भौतिक का भेद तात्त्विक नहीं है, क्योंकि परमतत्त्व इन भेदों से ऊपर है। तत्त्व एक अनुभव प्रवाह है, तत्त्व एवं अनुभव एक प्रवाह के दो स्तर हैं, जो सदा एक दूसरे के साथ जुटे हैं। अतः सरलतम तत्त्व की खोज इस अनुभव-पप्रवाह के सरलतम रूप को पाना है। तो हम कह सकते हैं कि अनुभव का वह अंश जो काल तथा स्थान के सरलतम बिन्दु में प्राप्त हो, अर्थात्, जो ऐसे छोटे क्षण में उपलब्ध हो जिससे छोटे क्षण के विषय में सोचा भी न जा सके, वही **वास्तविक तत्त्व** है। एक उदाहरण के द्वारा इसे समझने की चेष्टा करें। हमें अभी अपने समक्ष एक 'मेज' का अनुभव हो रहा है। जिस रूप में हमें मेज की अवगति होती है, वह स्पष्टतः मेज के अनुभव का सरलतम रूप नहीं हो सकता, क्योंकि इसमें अनेक प्रकार के अनुभवों का सम्मिश्रण है। तो हम सोचें कि स्थान और काल के सबसे छोटे अंश क्षण में इसका अनुभव

क्या है। हम स्पष्ट उदाहरण के रूप में यह दिखा नहीं सकते कि 'यही' अनुभव का सरलतम रूप है, किन्तु हम उसका विचार कर सकते हैं। अनुभव के उसी सरलतम रूप को ह्वाइटहेड वास्तविक तत्त्व (actual entity) कहते हैं। उसका नाम ह्वाइटहेड ने **वास्तविक प्रसंग** (Actual Occasion) भी दिया है, क्योंकि यह स्थान और काल के सबसे छोटे अंश में घटित होने वाली प्रक्रिया है। इस प्रकार वास्तविक तत्त्व के उदाहरण रूप में मात्र इतना ही कहा जा सकता है कि यह किसी तत्त्व जैसे मेज के सरलतम रूप का काल के सरलतम क्षण में घटित अनुभव है। यह प्रक्रिया, अथवा सत्-तत्त्व का सरलतम अनुभव है। इसी कारण इसे ह्वाइटहेड **अनुभव-बिन्दु** (drops of experience) कहते हैं। यह क्षण भर के लिए घटित होता है। हर क्षण का वास्तविक अनुभव प्रसंग हर दूसरे क्षण के अनुभव-प्रसंग से भिन्न है। हर क्षण का अनुभव बुलबुले के समान प्रकट होता है तथा लुप्त हो जाता है। उस अर्थ में यह **क्षणिक** है। ह्वाइटहेड कहते हैं कि इसका जन्म इसकी मृत्यु है, प्रकट होते ही यह लुप्त हो जाता है। फिर भी, यह अवास्तविक (unreal) नहीं है, बल्कि यही वास्तविक है। इसकी वास्तविकता हर क्षण के वास्तविक तत्त्वों की निरन्तरता में है। हर क्षण का वास्तविक तत्त्व लुप्त होता है, **किन्तु** लुप्त होने की प्रक्रिया में दूसरे क्षण के वास्तविक तत्त्व के प्रकट होने का उपकरण उपादान बन जाता है, तथा यह क्रम निरन्तर चलता रहता है। सत्-प्रवाह की निरन्तरता का आधार हर क्षण के **वास्तविक तत्त्व** ही हैं। इसी से तो इन्हें वास्तविक तत्त्व कहा गया है।

ह्वाइटहेड ने इस शब्द 'वास्तविक तत्त्व' (actual entity) का उपयोग बड़े विचार से किया है। इस शब्द के प्रयोग में जो निहितार्थ है, उन्हें समझने से वास्तविक तत्त्व की अवधारणा अधिक स्पष्ट होगी। ह्वाइटहेड ने इसे **'ऐक्चुअल'** (Actual) कहा है। एक दृष्टि से अंग्रेजी का यह शब्द अंग्रेजी के शब्द **ऐक्ट** (Act) पर आधृत प्रतीत होता है। **'ऐक्ट'** शब्द का अर्थ क्रिया है—यह गंयात्मकता का सूचक है, **'ऐक्ट'** स्थिर कोई एक निश्चित वस्तु नहीं है। इस दृष्टि से इस तत्त्व को **'ऐक्चुअल'** (वास्तविक) कहने का अर्थ है कि यह किसी विशेष क्षण में उजागर होने वाला कोई स्थिर वस्तु नहीं है। यह क्रिया है, अतः विशेष क्षण में यह घटित होता है, सरलतम क्षण में होने वाली प्रक्रिया है। अंग्रेजी के **'ऐक्चुअल'** शब्द का अन्तर कभी-कभी **पौसिबल** (Possible) शब्द से किया जाता है। 'पौसिबल' शब्द सम्भावना का सूचक है। जो एक्चुअल है वह सम्भावित नहीं है, वह तो है, इसी कारण तो वह वास्तविक है। अतः ह्वाइटहेड जब इस तत्त्व को वास्तविक कहते हैं, तो उनका उद्देश्य यह स्पष्ट करना है कि किसी ऐसे तत्त्व में 'सम्भावित' होने का कोई प्रश्न नहीं है। हर क्षण का तत्त्व वास्तविक है। यह सत्य है कि किसी एक क्षण के वास्तविक तत्त्व से ही दूसरे क्षण के वास्तविक तत्त्व का उद्भव होता है। किन्तु, ह्वाइटहेड के अनुसार इसका यह अर्थ नहीं कि हर क्षण का वास्तविक तत्त्व दूसरे क्षण के वास्तविक तत्त्व के होने की सम्भावना है। नहीं, दोनों क्षणों के तत्त्व वास्तविक ही हैं, दोनों के सम्बन्ध की प्रक्रिया, सम्भावनाओं के वास्तवीकरण की प्रक्रिया इनसे भिन्न है। इस प्रक्रिया का भी विशद विवरण होगा, अभी इतना ही कहना यथेष्ट है कि सम्भावनाएँ अलग से इन वास्तविक तत्त्वों में प्रवाहित होती हैं, अपने में ये तत्त्व पूर्णतया वास्तविक हैं।

उसी प्रकार कभी-कभी अंगरेजी के 'एक्चुअल' शब्द का विपरीतार्थ में अँगरेजी के **पोटेनसियल** (potential) शब्द को लिया जाता है। जो अव्यक्त है, जिसमें कुछ छिपा हुआ है उसे पोटेनसियल कहा जाता है। इसके विपरीत जो पूर्णतया व्यक्त है वह एक्चुअल

है। इस अर्थ में भी वास्तविक तत्त्व ऐक्चुअल है। यह ठीक है कि हर क्षण कोई एक सम्भावना वास्तविक तत्त्व में व्यक्त होती है, किन्तु सम्भावनाएँ वास्तविक तत्त्व के अंग नहीं। वास्तविक तत्त्व अपने से छिपी हुई सम्भावनाएँ नहीं हैं, सम्भावनाएँ इनसे पृथक् हैं, हर क्षण उनमें से किसी एक सम्भावना की मुहर वास्तविक तत्त्व पर लगती है, वे अलग हैं तथा वास्तविक तत्त्व में प्रवेश करती हैं, जिस सहयोग के कारण दूसरे क्षण का वास्तविक तत्त्व व्यक्त होता है। अपने में वास्तविक तत्त्व सम्भावनाओं को निहित नहीं रखते, इसी कारण वे वास्तविक (एक्चुअल) है।

जैसा कि बताया गया है, ह्वाइटहेड के अनुसार सर्जनात्मकता एक सर्जनात्मक प्रगति है। इस सर्जनात्मक प्रगति (creative advance) की प्रक्रिया वास्तविक तत्त्वों के माध्यम से चलती है। इस प्रगति की प्रक्रिया एक सतत प्रवाह है जिसके स्वरूप को समझने के लिए दो बातों पर ध्यान आवश्यक है। यही सर्जनात्मक प्रवाह सत् है, अतः यह प्रवाह वास्तविक तत्त्वों का प्रवाह है। किन्तु, वास्तविक तत्त्व तो एक अर्थ में क्षणिक है, हर-क्षण घटित होते हैं तथा उसी क्षण लुप्त भी हो जाते हैं। वस्तुतः वे हर क्षण घटित होते हैं, इसी कारण वास्तविक हैं। किन्तु, यदि वे लुप्त भी हो जाते हैं, उनके घटित होने में उनका लुप्त हो जाना भी सम्मिलित तो इन वास्तविक तत्त्वों का प्रवाह कैसे बनता है। ह्वाइटहेड कहते हैं कि इन वास्तविक तत्त्वों के अतिरिक्त कुछ शाश्वत आकार—कुछ शाश्वत रूप (eternal objects) भी हैं जिनके सहयोग से हर क्षण का वास्तविक तत्त्व लुप्त होते-होते दूसरे क्षण के वास्तविक तत्त्व को व्यक्त कर देता है (शाश्वत आकार एवं उनके तथा वास्तविक तत्त्व के सहयोग की प्रक्रिया का विवरण आगे होना है)। इस प्रकार हर क्षण का वास्तविक तत्त्व अनिवार्यतः दूसरे क्षण के वास्तविक तत्त्व के साथ जुटा है। लुप्त होते ही यह दूसरे क्षण के वास्तविक तत्त्व के प्रकट होने का उपादन बन जाता है, तथा यह क्रम निरन्तर चलता रहता हैं। इसी क्रम के कारण, इसी निरन्तरता के कारण वास्तविक तत्त्वों का प्रवाह है, जिसमें हर-क्षण एक नया तत्त्व सर्जित होता है। इसी कारण तो वास्तविक तत्त्वों के इस प्रवाह को सर्जनात्मक प्रगति (creative advance) कहा गया है। (यहाँ इस विचार तथा बौद्ध विचार की विलक्षण सादृश्यता स्पष्ट होती है)

इस विचार को पकड़ने में समर्थ होने के लिए अच्छा है कि 'किसी सामान्य वस्तु के अपने साधारण अनुभव' की व्याख्या इस विचार के अनुरूप करें। ह्वाइटहेड ने ऐसा किया है। अपने साधारण अनुभवों में हम 'मेज के अनुभव' का उदाहरण लेते हैं, ह्वाइटहेड के विचारों के अनरूप इस विशेष वस्तु के अनुभव की क्या व्याख्या हो सकती है? इतना तो स्पष्ट है कि 'मेज का अनुभव किसी एक क्षण का अनुभव नहीं है। इसी अनुभव में हमें यह भी प्रतीत होता है कि यह क्षणिक नहीं हैं, विभिन्न क्षणों में है। यही कारण है कि हम यह पहचानते रहते हैं कि 'यह वही मेज' है। मेज के अनुभव में यह भी प्रतीत होता है कि मेज में कुछ स्थायीत्व भी है—यह काल के विभिन्न क्षणों में अनुभूत हो रहा है। तब यह है कि हम इस वैचारिक प्रश्न को तो उठा ही सकते हैं कि किसी विशेष क्षण में मेज के अनुभव का स्वरूप क्या है? इस प्रकार ह्वाइटहेड के विचारों के अनुरूप दो प्रश्न उठ खड़ा होता है, (क) किसी विशेष क्षण में मेज का अनुभव क्या है? तथा (ख) विभिन्न क्षणों में जो मेज अनुभूत हो रहा है उसकी व्याख्या क्या है? ह्वाइटहेड के विचारों के अनुरूप इन दोनों प्रश्नों का स्पष्ट एवं सीधा उत्तर दिया जा सकता है। पहले प्रश्न के उत्तर

में ह्वाइटहेड कहेंगे कि जब हम एक क्षण के मेज के अनुभव पर विचार करेंगे, तो वस्तुतः वह **अनुभव वास्तविक तत्त्वों का जमात है,** समाज है (society of actual occasions), दूसरे प्रश्न के उत्तर में ह्वाइटहेड की ओर से कहा जा सकता है कि वह ऐसे हर क्षणों के वास्तविक तत्त्वों की जमात का जुलूस है (procession of actual entities)। यदि यह देखें कि किसी विशेष क्षण में मेज के अनुभव में क्या अनुभूत होता है, तो यह विचार स्पष्ट प्रतीत हागा कि मेज का अनुभव कोई आण्विक (atomic) अनुभव नहीं है। जो उस क्षण घटित हुआ वह मेज नहीं है। घटित तो अनेकों तत्त्व हुए हैं। ऐसे ही अनगिनत तत्त्वों के जमात को हम 'मेज़ का अनुभव' कह रहे हैं। यह ठीक है कि इस जगत् के सभी तत्त्वों के वास्तविक तत्त्व होने का अर्थ है कि उस क्षण के इस जमात का अनुभव मात्र उस क्षण का अनुभव है, तो प्राप्त होते ही लुप्त हो जाता है। किन्तु लुप्त-लुप्त होते, कुछ अनिवार्य प्रक्रियाओं के सहयोग से वह दूसरे क्षण के ऐसे ही जमात के अनुभव का उपादान बन जाता है। अतः **हम जिसे मेज का अनुभव कहते हैं वह वस्तुत: वास्तविक तत्त्वों के हर क्षण के ऐसे जमातों का क्रम है।** हर क्षण के इन अनुभवों में ऐसी निरन्तरता—एक क्रमबद्धता है कि हमें मेज में स्थायीत्व का भान होता है। किन्तु वस्तुतः मेज का अनुभव भी एक प्रवाह है जिसके हर क्षण का अनुभव दूसरे क्षण के अनुभव के साथ अनिवार्यतः जुटा है। मेज कोई वस्तुनिष्ठ, स्थायी एवं स्थिर वस्तु नहीं, यह क्षणिक अनुभवों की निरन्तरता है।

ऊपर के विवरण से यह प्रायः स्पष्ट है कि वास्तविक तत्त्वों के स्वरूप की पूर्ण समझ के लिए उस प्रक्रिया को समझना अनिवार्य है जिस प्रक्रिया के द्वारा एक क्षण के वास्तविक तत्त्व दूसरे क्षण के वास्तविक तत्त्व में परिवर्तित होते हैं। इस प्रक्रिया में अनिवार्य योगदान के रूप में ह्वाइटहेड की दूसरी वैचारिक कोटि प्रकाश में आती है—जिसे ह्वाइटहेड ने शाश्वत वस्तु (eternal objects) कहा है। अतः पहले हम शाश्वत वस्तु के स्वरूप को स्पष्ट करेंगे, तथा उसके बाद ही यह देखेंगे कि **वास्तविक तत्त्व** (actual entity) तथा आश्वत वस्तु (eternal object) में सहयोग कैसे होता है। वह सहयोग ही वह प्रक्रिया है जिससे हर क्षण के वास्तविक तत्त्व दूसरे क्षण के वास्तविक तत्त्व में परिवर्तित होते हैं।

शाश्वत वस्तु
(Eternal Objects)

हमने देखा कि ह्वाइटहेड के अनुसार हर क्षण भिन्न-भिन्न वास्तविक तत्त्व प्रकट होते रहते हैं। ये एक दूसरे से भिन्न अवश्य हैं, किन्तु यदि यह सभी भिन्न-भिन्न वास्तविक तत्त्व एक-दूसरे से सर्वथा असम्बद्ध होते हैं, तो सत् के प्रवाह में निरन्तरता असम्भव हो जाती है। इसी निरन्तरता की व्याख्या करते हुए ह्वाइटहेड कहते हैं, जैसा कि हमने ऊपर देखा है, कि हर क्षण का वास्तविक तत्त्व लुप्त होने में दूसरे क्षण के वास्तविक तत्त्व का उपादान बन जाता है। हर क्षण का वास्तविक तत्त्च हर दूसरे क्षण के वास्तविक तत्त्व से अनिवार्यतः सम्बद्ध है, वह भी इस प्रकार की एक दृष्टि से पहले क्षण का वास्तविक तत्त्व ही परिवर्तित होकर दूसरे क्षण में प्रकट होता है। प्रश्न है कि यह परिवर्तन सम्भव कैसे होता है, क्या होता है, कौन-सी प्रक्रिया इस हर क्षण होनेवाले परिवर्तनों के पीछे कारगर होती है इसी प्रश्न के उत्तर में ह्वाइटहेड अपनी वैचारिक कोटि-व्यवस्था में शाश्वत वस्तु (Eternal Objects) को समाविष्ट करते हैं।

ग्रीक दर्शन के प्रभाव में ह्वाइटहेड भी यह स्वीकारे हुए हैं कि किसी भी वास्तविक अभिव्यक्ति के लिए तत्त्व रूप(Metter)अथवा आकार(Form)दोनों अनिवार्य हैं। उनको यह मान्यता है कि बिना सम्भावनाओं का सहारा लिये हम वास्तविकता को नहीं समझ सकते (It is the foundation of the metaphysical position which I am maintaining that the understanding of actuality required a reference to ideality) इस बात को निम्नलिखित ढंग से समझा जा सकता है। जो वास्तविक है उसका कोई रूप होता ही है, तथा वह रूप भी ऐसा होता है जिसके अनुरूप 'वास्तविक' व्यक्त होता है। उदाहरणतः यदि 'मेज' को हम वास्तविक मानें, तो यह भी मानना पड़ता है कि इसका कोई रूप या आकार है जिसे धारण करने पर ही मेज वास्तविक होता है। वह रूप या आकार सम्भावना (Possibility)है, वास्तविकता (Actuality)नहीं। यदि वह आकार सम्भावित नहीं होता तो वास्तविकता प्रकट नहीं होती। असम्भव (Impossible)आकार वास्तविकता में प्रकट नहीं हो सकते। वृत्ताकार एक सम्भावित आकार है, वर्गाकार भी सम्भावित आकार है, अतः वस्तुएँ वृत्ताकार भी होती हैं तथा वर्गाकार भी। किन्तु 'वर्गाकारवृत्त' असम्भव आकार है, अतः किसी रूप में इसकी वास्तविकता में अभिव्यक्ति नहीं हो सकती।

इस तार्किक विचार का लक्ष्य यह दिखाना है कि यदि हर क्षण वास्तविक तत्त्व की वास्तविकता प्रकट होती है, तो वह किसी सम्भावित रूप या आकार—किसी सम्भावना को व्यक्त कर ही प्रकट हो सकती है। फलतः ह्वाइटहेड स्वीकारते हैं कि वास्तविक तत्त्वों के अतिरिक्त एक शुद्ध सम्भावनाओं की कोटि को स्वीकारना अनिवार्य हो जाता है। इन्हीं शुद्ध आकारों—रूपों—सम्भावनाओं को ह्वाइटहेड शाश्वत वस्तु (Eternal Object)कहते हैं। वास्तविकता का क्षेत्र वास्तविक तत्त्वों का क्षेत्र है, सम्भावनाओं का क्षेत्र शाश्वत वस्तु का क्षेत्र है।

यह सम्भावनाओं का क्षेत्र है, अतः इसकी अवधारणा के लिए किसी वास्तविक तत्त्व—किसी वास्तविकता का उल्लेख न आवश्यक है न प्रासंगिक। इसे परिभाषित करते हुए ह्वाइटहेड कहते हैं कि शाश्वत वस्तु ऐसी वस्तु है जिसकी वैचारिक पहचान के लिए कालजगत् में स्थित किसी वास्तविक तत्त्व को इंगित करना अनिवार्य नहीं है (An eternal Object) is an entity whose conceptual recognition does not involve a necessary reference to any definite actual entities of the temporal world-process and reality) ये ऐसे शाश्वत रूप या आकार हैं जिनके विषय में हम सोच सकते हैं तथा उस सोचने में किसी वास्तविकता का सहारा लेना अनिवार्य नहीं है। इसी कारण ह्वाइटहेड ने इन्हें अनुभवातीत तत्त्च कहा है। वे अनुभवातीत हैं क्योंकि वे वैचारिक कोटि में हैं, वास्तविक तत्त्व नहीं। वास्तविक तत्त्वों का अनुभव होता है, उनका निर्देश हो सकता है—उन्हें दिखाया जा सकता है। इन वैचारिक कोटियों के विषय में विचारा जा सकता है, इनका निर्देशात्मक (Ostensive)विवरण नहीं हो सकता। किन्तु इसका यह अर्थ नहीं कि वे वास्तविक तत्त्वों से असम्बद्ध हैं। नहीं, बिना इनके वास्तविक तत्त्वों की वास्तविकता व्यक्त नहीं हो सकती।

इसी से यह भी सिद्ध हो जाता है कि ह्वाइटहेड इन्हें शाश्वत (Eternal)क्यों कहते हैं। मूलतः इन्हें 'शाश्वत' इस कारण कहा गया है कि वे काल से परे हैं। जो घटित होता है वह काल में है, वास्तविक है, हर क्षण प्रकट होता है, लुप्त हो जाता है तथा उसका

परिवर्तित रूप दूसरे क्षण प्रकट होता है। 'शाश्वत वस्तु' के साथ ऐसा नहीं होता। न वह उत्पन्न होता है न लुप्त होता है। जो उत्पन्न होता है तथा लुप्त होता है वह इसी शाश्वत वस्तु के अन्तः-प्रवेश (Ingression) (इस भाव की व्याख्या आगे होगी) के कारण अग्रसर होता है। सत का वास्तविक प्रवाह—परिवर्तन-प्रक्रिया इसी शाश्वत वस्तु के सहयोग से चलती है, किन्तु वह उस परिवर्तन-प्रक्रिया से अछूता है। वह मात्र सम्भावना है—रूप (Form) है। रूपों के ग्रहण करने से वास्तविकता उत्पन्न होता है, किन्तु रूप अपने में शाश्वत है। वास्तविकता शाश्वत नहीं होती, सम्भावनाएँ शाश्वत होती हैं। इसी कारण ह्वाइटहेड कहते हैं कि शाश्वत वस्तु जगत् की शुद्ध सम्भावनाएँ हैं (The eternal objects are the pure potentials of the universe)।

ह्वाइटहेड दो प्रकार की शाश्वत वस्तु का उल्लेख करते हैं—वस्तुनिष्ठ (Objective) तथा आत्मनिष्ठ (Subjective)। बाह्यता की वास्तविकता का अनुभव वस्तुनिष्ठ शाश्वत वस्तु के कारण सम्भव होता है। **रंग, स्वाद, आवाज** आदि को ह्वाइटहेड वस्तुनिष्ठ शाश्वत वस्तु कहते हैं। सामान्यतः अन्य विचारक इन्हें इन्द्रिय-प्रदत्त (Sense-Data) कहते हैं, और मानतें हैं कि संवेदनाओं में ये तत्काल या साक्षात् रूप में उजागर होते हैं। ह्वाइटहेड इससे सूक्ष्मतर विश्लेषण करते हुए कहते हैं कि किसी क्षण जो वास्तवकिता प्रकट होती है, वह रंग नहीं, रंग की सम्भावना का उस क्षण उस रूप में प्रकट करती है। यदि 'रंग' की हर अनुभूति रंग की वास्तविकता की अनुभूति होती तो ऐसी हर अनुभूति सदा सर्वथा एक जैसी होती है। किन्तु ऐसा नहीं है, हर क्षण का अनुभव दूसरे क्षण से भिन्न होता है। इसका अर्थ है कि 'रंग' की वास्तविकता की अनुभूति होती ही नहीं, रंग तो एक सम्भावना है जो हर विभिन्न क्षणों में नये-नये भिन्न-भिन्न रूपों में दिखाई देती है। अपने में वह मात्र सम्भावना मात्र है। इसी कारण ह्वाइटहेड इन्हें वस्तुनिष्ठ शाश्वत वस्तु कहते हैं।

उसी प्रकार जिन भावों से आन्तरिक अनुभूति सम्भव होती है, उन्हें आत्मनिष्ठ शाश्वत वस्तु कहा गया है। हमें भावनात्मक अनुभूति होती है, सुख, दुःख, ईर्ष्या-द्वेष की अनुभूति होती है। वस्तुतः जिसे हम सुख-दुःख (Pleasure-Pain) की वास्तविकता कहते हैं, वह सुख-दुःख का रूप (Form) है जो किसी एक क्षण में एक रूप में प्रकट होता है। इसी कारण हर क्षण का सुख-दुःख एक जैसा नहीं होता। हर सुख-दुःख की अनुभूति आत्मनिष्ठ शाश्वत वस्तु की छाप उस क्षण में है। यह ठीक है कि बिना इस शाश्वत-वस्तु के अन्तःप्रवेश (Ingression) के सुख-दुःख की अनुभूति सम्भव नहीं, किन्तु अपने में वे सम्भावपनाएँ हैं—आन्तरिक सम्भावनाएँ।

वास्तविक तत्त्व तथा शाश्वत वस्तु के बीच सहयोग से जगत्-प्रक्रिया

ऊपर हमने 'वास्तविक तत्त्व' तथा 'शाश्वत वस्तु' के स्वरूप को स्पष्ट करने की चेष्टा की है। किन्तु, इन दोनों का स्वरूप तब तक पूर्णतया स्पष्ट नहीं हो सकता जबतक दोनों के सहयोग की प्रक्रिया स्पष्ट न हो जाय। अतः इन दोनों के स्वरूप को समझने के लिए भी आगे की विवेचना की समझ अनिवार्य है, साथ-साथ इसी विवेचना में यह भी स्पष्ट हो जायगा कि किस प्रकार इन दोनों के सहयोग से जगत् की सर्जनात्मक प्रक्रिया (Creativity) अग्रसर होती है। किन्तु इस प्रक्रिया को स्पष्ट करने के पहले ह्वाइटहेड द्वारा व्यवहृत कुछ तकनीकी प्रयोगों (Technical words and concepts) को स्पष्ट कर लेना वांछनीय है। बात यह है कि अपने विचारों की वैज्ञानिक जटिलता को स्पष्ट करने के लिए

ह्वाइटहेड ने कुछ विशिष्ट शब्दों का चयन किया है, जो सभी उनके अनुसार उनके किसी विशिष्ट भावविचार को स्पष्ट करने के माध्यम हैं। अतः उन शब्दों में निहित भावों के स्पष्टीकरण के आधार पर ही जगत्-प्रक्रिया को समझना उपयुक्त होगा।

इस स्थल पर एक बात को स्मरण रखना अनिवार्य है। सत् की इकाई वास्तविक तत्त्व (Actual entity) है। वास्तविक तत्त्व किसी क्षण का सबसे छोटा अविभाज्य इकाई है। जिसे हम अनुभवकर्त्ता (Subject) कहते हैं, वह भी इस अनुभूति का ही अंग है, तथा जो अनुभूत होता है वह भी इसी अनुभूति का अंग है। यहाँ आत्म (Subject) तथा विषय (objects) के द्वैत को ढोते हुए नहीं चलना है। अनुभूति के आत्मनिष्ठ छोर (Subjective Pole) तथा वस्तुनिष्ठ छोर (Objective Pole) की बात कर सकते हैं, किन्तु दोनों वास्तविक तत्त्वों के समाज ही हैं। जिसे हम आत्म (Subject) कहते हैं वह भी वास्तविक तत्त्वों का जमात है और विषय (Object) भी। कोई स्थायी तत्त्व या द्रव्य नहीं है—दोनों सर्जनात्मकता की प्रक्रिया के अंग हैं—हर क्षण परिवर्तित होते विकसित होते रहते हैं। इस मूल विचार को ध्यान में रखकर ह्वाइटहेड के व्यवहृत शब्दों का स्पष्टीकरण करें।

हम आगे देखेंगे कि ह्वाइटहेड जगत् की व्याख्या दो स्तरों पर करते हैं—वैयक्तिक स्तर पर तथा सार्वजनिक स्तर पर। वैयक्तिक स्तर पर जगत् का केन्द्र व्यक्ति—आत्म (Subject) है—हर आत्म का जगत् अपना है। किन्तु, ये सभी एक दूसरे से सर्वथा भिन्न नहीं हैं, बल्कि एक दूसरे से अनिवार्यतः सम्बद्ध हैं। अतः जगत् की सार्वजनिक स्तर पर भी व्याख्या दी गयी है जहाँ ह्वाइटहेड की वैचारिक कोटि-व्यवस्था (Categoreal Scheme) में **'ईश्वर'** का स्थान बन जाता है। यहाँ विचारणीय तथ्य यह है कि दोनों स्तरों पर व्याख्या का ढंग एक ही है—दोनों स्तरों पर वास्तविक तत्त्वों (Actual entities) का क्रम ही अग्रसर होता है, शाश्वत वस्तुओं की छाप लेते हुए।

उसी क्रम में कुछ मूल भावों का उपयोग किया गया है। वैयक्तिक स्तर की व्याख्या को ही ध्यान में लें, इसे समझने की चेष्टा करें। एक आत्मनिष्ठ वास्तविक तत्त्व (subject) अनुभव बिन्दु होने के कारण वातावरण से सम्बद्ध होता है। जिस रूप में एक वास्तविक तत्त्व अपने वातावरण के प्रति क्रियाशील होता है उसे ह्वाइटहेड Prehension (**बोध** अथवा **परिग्रहण**) कहते हैं। वस्तुतः बोध **चेतन** (Conscious) अनुभव नहीं। यह तो ऐसी प्रक्रिया है जो सम्पूर्ण जगत में चलती रहती है। आत्म के रूप में हमें वातावरण का बोध है, जैसे समक्ष जो घटित हो रहा है उसका बोध है। जो बाह्य जगत में घटित हो रहा है वह भी वास्तविक तत्त्व ही है अतः उसे भी हमारा बोध है। दोनों अनुभव-प्रक्रिया के दो छोर हैं तथा दोनों के वास्तविक तत्त्व ही होने के कारण दोनों एक दूसरे से एक समान ही सम्बन्धित हैं। यही **सम्बन्ध बोध** (Prehension) है, एक दूसरे का परिग्रहण है। यही कारण है कि वास्तविक तत्त्व की इस परिग्रहण-प्रक्रिया (Prehension-process) को ह्वाइटहेड चेतना नहीं कह कर भावना (Feeling) कहते हैं। हर वास्तविक तत्त्व स्वभावतः सहज रूप में 'Feel' करता है। भावना (Feeling) भावात्मक-परिग्रहण (positive prehension) है—इसी परिग्रहण प्रक्रिया में वास्तविक तत्त्व के आनुभाविक उपकरण इकट्ठे होते हैं। जब इस प्रकार बोध किसी सामान्य भाव का होता है तो उसे **अवधारणात्मक परिग्रहण** (Conceptional Prehension) कहा जाता है, तथा जब यह बोध किसी विशेष अन्य वास्तविक तत्त्व का होता है तो उसे ह्वाइटहेड भौतिक परिग्रहण (Physical

Prehension) कहते हैं। अवधारणात्मक परिग्रहण वास्तविक तत्त्व का मानसिक छोर (Mental pole) है, तथा भौतिक परिग्रहण वास्तविक तत्त्व का भौतिक छोर (physical pole) है। परिग्रहण के इस विवरण का अर्थ मात्र इतना ही है कि पूर्णतया गत्यात्मक होने के कारण हर वास्तविक तत्त्व सदा हर क्षण अपने वातावरण से कुछ दत्त (data) का परिग्रहण करता रहता है। यही भावात्मक बोध (Feeling-prehension) उसके क्षणिक जीवन के अंग हैं।

यह जीवन तो क्षणिक है—तथा इसी क्षण के जीवन के आधार पर दूसरे क्षण के जीवन का आविर्भाव होना है। स्पष्ट है कि इस जीवन में वास्तविक तत्त्व को जो उपलब्ध है, उसी में कुछ के आधार पर दूसरे क्षण के वास्तविक तत्त्व निर्मित हो गये। जो बोध दूसरे क्षण के लिए चुना गया वह भावात्मक परिग्रहण (Positive Prehension) की देन है—जो छूट गया वह निषेधात्मक परिग्रहण है। यह निषेधात्मक परिग्रहण भी अपने ढंग से दूसरे क्षण के वास्तविक तत्त्व के आविर्भाव में सहयोग देता है। तो, वह प्रक्रिया जो इन विभिन्न बोधों को एकत्रित तथा संगठित कर दूसरे क्षण के वास्तविक तत्त्व का उपादान बनता है उसे ह्वाइटहेड **सहवर्द्धन** (Concrescence) कहते हैं। यह एक साथ संघठित करने की प्रक्रिया है, वास्तविक तत्त्व के बोधों को जोड़ने की प्रक्रिया है। इसी के फलस्वरूप दूसरे क्षण का वास्तविक तत्त्व उदय होता है।

किन्तु, दूसरे क्षण के वास्तविक तत्त्व के उदय होने में एक और प्रक्रिया अनिवार्य है। इन वास्तविक तत्त्वों के सहबर्द्धन पर शाश्वत वस्तु (Eternal Objects) की छाप अनिवार्य है। जिस प्रक्रिया से शाश्वत वस्तु एक क्षण के वास्तविक तत्त्वों में प्रवेश करते हैं उसे **अन्त:प्रवेश** (Ingression) कहते हैं। इसी के फलस्वरूप एक क्षण के वास्तविक तत्त्व दूसरे क्षण के वास्तविक तत्त्व में परिवर्तित होते हैं। अन्तःप्रवेश-प्रक्रिया वास्तविक तत्त्वों में शाश्वत वस्तु के प्रवाह (Flow) की प्रक्रिया है। **यह वैसी प्रक्रिया है जिससे शाश्वत वस्तु की सम्भावना किसी निश्चित वास्तविक तत्त्व में अभिव्यक्त होती है।** अतः कहा जा सकता है न्कि सहबर्द्धन (concrescence) की प्रक्रिया से दूसरे क्षण के वास्तविक तत्त्व के आविर्भाव की वस्तु-सामग्री बन जाती है, तथा अन्तःप्रवेश (ingression) प्रक्रिया से उस पर रूप या आकार (form) लग जाता है, जिससे दूसरे क्षण की निश्चित विधा प्रकट होती है।

यह प्रक्रिया निरन्तर चलती रहती है, यह जगत की मूल सर्जनात्मकता की अनिवार्य अभिव्यक्ति है। एक क्षण के वास्तविक तत्त्वों में शाश्वत वस्तु के अन्तःप्रवेश के कारण जो सहबर्द्धन होता है—वही दूसरे क्षण के वास्तविक तत्त्व का आविर्भाव है। यह आविर्भाव—दूसरे क्षण के वास्तविक तत्त्वों का प्रगट होना—ही हर क्षण की प्रक्रिया का लक्ष्य है। इसी दूसरे क्षण के वास्तविक तत्त्वों के आविर्भाव को ह्वाइटहेड हर क्षण में होने वाली सर्जनात्मक प्रक्रिया की **तृप्ति** (Satisfaction) कहते हैं। इसी तृप्ति की भावना को उस क्षण की प्रक्रिया का **मूल्य** (Value) कहा गया है। **तृप्ति** तथा मूल्य इस प्रक्रिया के आत्मनिष्ठ पक्ष हैं। इसी प्रकार की तृप्ति से जनित मूल्य सृष्टि-प्रक्रिया का उद्देश्य एवं लक्ष्य है। ह्वाइटहेड के अनुसार इन मूल्यों की उपलब्धि हर क्षण होती है। इस आधार पर ही ह्वाइटहेड कहते हैं कि सृष्टि-प्रक्रिया (World-Process) **प्रयोजनात्मक** है तथा **सर्जनात्मकता** (Creativity) की प्रयोजनात्मकता सर्जनात्मक प्रवाह के हर क्षण में स्पष्ट होती है, क्योंकि हर क्षण में नये रूप में तृप्ति एवं मूल्य की उपलब्धि होती है।

ह्वाइटहेड के **मूल्य** (Value) की अवधारणा एक जटिल अवधारणा है; क्योंकि विभिन्न सन्दर्भों में उन्होंने अलग-अलग रूपों में इसका विवरण दिया है, किन्तु मूलतः उन सभी विवरणों के पीछे एक सामान्य विचार है। वास्तविक तत्त्व तथा शाश्वत वस्तु का सहयोग वास्तविकता एवं सम्भावना का सहयोग है, तत्त्व (matter) तथा आकार अथवा रूप (Form) का सहयोग है। इस सहयोग से जो उपलब्ध होता है वह मूल्य (value) है। जहाँ सम्भावनाओं के अभिव्यक्त होने का प्रश्न है, वहाँ 'चुनाव' का प्रश्न उठ ही जाता है, क्योंकि कुछ सम्भावनाएँ ही रूप लेंगी। अतः हर क्षण सम्भावनाओं का चुनाव होता है, यह एक प्रकार की सीमा (Limitation) है, जिसमें एक सम्भावना व्यक्त हुई और अन्य अव्यक्त रहे। इसी कारण हर अभिव्यक्ति एक नवीन तृप्ति (Satisfaction) है और यही तृप्ति उस क्षण का मूल्य (value) है। अतः मूल्य भावना (Feeling) भी है तथा हर क्षण की सर्जनात्मक संरचना का अंग भी है। आत्मनिष्ठ रूप में यह भावना है, वस्तुनिष्ठ रूप में वह हर क्षण की संरचना में घटित होने वाली वास्तविकता। यही कारण है कि ह्वाइटहेड कह पाते हैं कि सर्जनात्मकता का लक्ष्य हर क्षण स्पष्ट होता है, क्योंकि हर क्षण किसी सम्भावना के व्यक्त होने में एक नये मूल्य की उपलब्धि होती है।

वास्तविक तत्त्व तथा शाश्वत वस्तु के सहयोग के विवरण के आधार पर अब जगत्-**प्रक्रिया** के सामान्य स्वरूप को समझने की चेष्टा की जा सकती है। वैसे, अभी भी यह चेष्टा अपूर्ण ही रहेगी, क्योंकि ह्वाइटहेड की वैचारिक कोटि-व्यवस्था (categoreal scheme) को एक भाव-कोटि **ईश्वर** (God) के सम्बन्ध में विवेचना बाकी है। अतः **जगत्-प्रक्रिया** पर अन्त में हमें पुनः एक बार विचार करना पड़ेगा। अभी उसके सामान्य-स्वरूप का विवेचन होगा क्योंकि उसी विवचेन में यह भी स्पष्ट हो जायगा कि ईश्वर—भाव की आवश्यकता किस कारण तथा किन स्थलों पर अनिवार्य प्रतीत होती है।

जगत्-प्रक्रिया के स्वरूप को समझने के लिए वास्तविक तत्त्व तथा शाश्वत वस्तु के सहयोग के ढंग को एक उपमा के आधार पर समझने का प्रयास करें। एक कलाकार अपने भावों को अपनी कलाकृति में व्यक्त करता है। यह अभिव्यक्ति कैसे सम्भव होता है उसके कुछ भाव हैं जिन्हें उस अभिव्यक्ति की वस्तु-सामग्री कहा जा सकता है, उन भावों पर वह कलात्मक रूप चढ़ाता है। किन्तु, वह ऐसा कैसे कर पाता है? हर व्यक्ति तो ऐसा नहीं कर पाता। वह ऐसा कर पाता है, क्योंकि उसमें एक मूल **कलात्मक सर्जनात्मकता** है जो उन भावों को संगठित कर कलात्मक रूप चढ़ा व्यक्त कर देता है। ठीक उसी प्रकार जगत-प्रक्रिया के पीछे एक मूल सर्जनात्मकता (Creativity) है, जो **वास्तविक तत्त्वों** (actual objects) को संगठित कर, उन पर **शाश्वत वस्तु** (Eternal objects) का रूप चढ़ा देता है, तथा ऐसा हर क्षण होता रहता है। जगत-प्रक्रिया इस प्रकार के हर क्षण में व्यक्त सर्जनात्मकता का सतत एवं निरन्तर प्रवाह है। जगत-प्रक्रिया निरन्तर प्रक्रिया है, सृष्टि अन्तिम रूप में प्रकट नहीं हुई—हर क्षण सृष्टि हो रही है, हर-क्षण जगत का निर्माण हो रहा है—तथा उसकी अविच्छिन्न निरन्तरता के कारण उसमें स्थायित्व तथा अन्तिमता दिखाई देने लगती है।

किन्तु, इस विवरण में एक प्रश्न अनुत्तरित रह गया है। वास्तविक-तत्त्वों के माध्यम से ही जगत-प्रक्रिया चलती है, किन्तु वास्तविक तत्त्व तो अनुभव-बिन्दु (drops of experience) हैं, अनुभूति हैं, तो इनसे घटित होने वाली प्रक्रिया का ऐसा वस्तुनिष्ठ

विवरण कैसे सम्भव है। इसी प्रश्न के उत्तर में ह्वाइटहेड अपने जगत-प्रक्रिया-विचार के एक महत्त्वपूर्ण एवं मौलिक पहलू को स्पष्ट करते हैं।

उनके अनुसार जगत-प्रक्रिया में अनुभवकर्त्ता का स्थान केन्द्रीय है। सत् जो सर्जनात्मकता है—इन अनुभव-बिन्दुओं के माध्यम से ही प्रवाहशील है, अतः जगत्-प्रक्रिया की व्याख्या अनुभव के ही माध्यम से सम्भव है, तथा हर अनुभवकर्त्ता एक प्रकार से जगत् का केन्द्र बन जाता है।

फलतः ह्वाइटहेड के दर्शन में **जगत-प्रक्रिया को दो स्तरों पर समझना अनिवार्य है—एक वैयक्तिक अनुभव केन्द्रों के स्तर पर, तथा दूसरा सम्पूर्णता के स्तर पर।** हम देखेंगे कि दूसरे स्तर पर 'ईश्वर' की अनिवार्यता सर्वथा स्पष्ट हो जायगी।

सर्जनात्मकता की प्रथम इकाई—सत् का मूल रूप 'वास्तविक तत्त्व' आनुभविक है, अतः किसी अनुभव-केन्द्र की परिधि में ही जगत की सार्थकता स्पष्ट हो सकती है। इसी कारण ह्वाइटहेड कहते हैं कि हर अनुभवकर्त्ता अनुभव-केन्द्र होने के कारण अपने जगत का केन्द्र है। असंख्य अनुभव-केन्द्र अथवा अनुभवकर्त्ता हैं, अतः हर ऐसे केन्द्र का अपना जगत है। हर वैयक्तिक अनुभव-केन्द्र में उसके जगत की संरचना होती रहती है। उसके हर क्षण के अनुभव के आधार पर दूसरे क्षण के अनुभव-बिन्दु की संरचना होती है तथा यह क्रम चलता रहता है। इसकी प्रक्रिया वही है जो ऊपर बतायी गयी है, एक क्षण के वास्तविक तत्त्व जो अनुभव बिन्दु हैं, उन पर शाश्वत वस्तु की छाप लगती है, तथा हर क्षण क्रम से नयी संरचना होती रहती है। इस संरचना का केन्द्र वैयक्तिक अनुभव है। वह केन्द्र, जिसे हम आत्म (Subject) कहते हैं, वह भी वास्तविक तत्त्व ही है। वातावरण से वह आनुभविक सामग्री—**डेटा**—हर क्षण प्राप्त करता है, तथा हर क्षण शाश्वत वस्तु का रूप चढ़ा कर नयी संरचना करता रहता है। उस आत्म के अनुभव से सतत सृष्टि-प्रवाह चलता रहता है—तथा वही प्रवाह उसका जगत् है। एक प्रकार से आत्म के अनुभव अपने से बाहर जा, कुछ प्राप्त कर, पुनः अपने में अधिक परिपूर्ण होकर वापस आते हैं, अतः हर बाद के क्षण का जगत पहले के क्षण के जगत से अधिक परिपूर्ण है, क्योंकि हर बाद के क्षण में कुछ और अधिक सम्भावनाएँ व्यक्त हो चुकी हैं। सामान्यतः आत्म जिसे जगत कहता है, वह उसके अपने अनुभव का जगत है, उसके अनुभव में निरन्तर सर्जित होता हुआ अनुभव का प्रवाह है। ह्वाइटहेड की यह व्याख्या विचित्र ढंग से वस्तुनिष्ठ एवं आत्मनिष्ठ (realistic) तथा idealistic) प्रवृत्तियों का संगम बन जाता है।

किन्तु, इस व्याख्या में एक कठिनाई है—असंख्या अनुभवकेन्द्र हैं। तो हर अनुभवकेन्द्र पर केन्द्रित जगत हर दूसरे अनुभवकेन्द्र पर केन्द्रित जगत से भिन्न होगा। फलतः असंख्य जगत को स्वीकारना अनिवार्य हो जायेगा, तथा वह भी इस प्रकार कि सभी जगत एक दूसरे से सर्वथा भिन्न तथा अलग हो जायेंगे। ह्वाइटहेड तो उस पृथकता को स्वीकार नहीं कर सकते, क्योंकि वे तो सत को वास्तविक तत्त्वों का ऐसा प्रवाह मानते हैं जहाँ सब-कुछ एक-दूसरे से सम्बद्ध हैं—**अन्तिम रूप में उनके अनुसार जगत एक आंगिक इकाई** (organic unity) है। तो, इस भिन्न-भिन्न अनुभव-केन्द्रों की भिन्नता की क्या व्याख्या है? कैसे इस भिन्नता को स्वीकारते हुए जगत के आंगिक संगठन का निर्देश किया जा सकता है?

ह्वाइटहेड की ओर से इस समस्या का निदान दो ढंगों से किया जा सकता है। अभी

हम जगत-प्रक्रिया की व्याख्या वैयक्तिक अनुभव-केन्द्रों के स्तर पर कर रहे हैं। इस स्तर पर भी कुछ ऐसे निर्देश स्पष्ट हैं जिनसे जगत के आंगिक संगठन की ओर संकेत मिलता है और जब जगत-प्रक्रिया की व्याख्या सम्पूर्णता के स्तर पर होगी, तो वह बात पूर्णतया स्थापित हो जायगी।

वैयक्तिक स्तर की जगत-प्रक्रिया पर भी यदि विचार करें, तो स्पष्ट हो जायेगा कि वहाँ अनुभव प्रवाह से अनिवार्यतः सम्बद्ध है। हर अनुभव सम्पूर्ण अनुभव-प्रवाह से सम्बन्धित है। विचार यह दिखा सकता है कि हर अनुभव का सम्बन्ध सम्पूर्ण जगत से है। अन्तर यही है कि हर क्षण सब कुछ बराबर ढंग से प्रासंगिक नहीं है। उदाहरणतः 'रंग' की अनुभूति के लिए सूर्य का प्रकाश चन्द्रमा के प्रकाश से अधिक प्रासंगिक है, जबकि 'शीतलता' की अनुभूति के लिए चन्द्रमा का प्रकाश सूर्य के प्रकाश से अधिक प्रासंगिक है। ह्वाइटहेड इसे **प्रासंगिकता की मात्रा** (Degree of relevence) कहते हैं। इसी अन्तर के कारण हर अनुभव-जगत हर दूसरे से भिन्न प्रतीत होता है, किन्तु वस्तुतः हर अनुभव से पूर्ण अनुभव-प्रवाह सम्बद्ध है। इस दृष्टि से वैयक्तिक केन्द्रों पर केन्द्रित जगत भी उतना पृथक् नहीं है जैसा उन्हें 'वैयक्तिक' कहने से प्रतीत होता है।

किन्तु, यदि विश्व की सम्पूर्णता पर विचार करें—जगत-प्रक्रिया को 'सम्पूर्ण' के स्तर पर बिठायें, तो चित्र अधिक स्पष्ट रूप में संगठित प्रतीत होता है। इसे हम दो ढंगों से स्पष्ट करेंगे। प्रथमतः तो हम कह सकते हैं कि यह ठीक होते हुए भी हर अनुभव-केन्द्र पर केन्द्रित जगत उस आनुभविक आत्म का जगत है, वह जगत हर दूसरे ऐसे जगत से सर्वथा भिन्न नहीं है। हर अनुभव-केन्द्र आनुभविक जगत परस्परव्यापी (Overlapping) है। हर अनुभव-केन्द्र की वस्तु-सामग्री (डेटा) में भी कुछ समानता रहती है तथा एक अनुभव-केन्द्र की वस्तु-सामग्री में दूसरा अनुभव-केन्द्र भी हो सकता है। इस प्रकार सभी वैयक्तिक अनुभव-जगत एक-दूसरे में डगमग-घुलमिल जाते हैं। इसके अतिरिक्त यह भी सोचना पड़ता है कि भिन्न-भिन्न अनुभव-केन्द्रों की सम्पूर्णता ही तो जगत है। यदि केवल वैयक्तिक जगत तक ही जगत की व्याख्या की जाय, तो वह व्याख्या स्पष्टतः अपूर्ण होगी। सभी वैयक्तिक जगतों का संगठन ही तो जगत की 'सम्पूर्णता' है। अतः ह्वाइटहेड इस 'सम्पूर्णता' के स्तर पर भी जगत की व्याख्या करते हैं।

इस निष्कर्ष पर पहुँचने का एक आधार है। हमने देखा है कि एक क्षण के अनुभव की परिपूर्णता—तृष्टि—दूसरे क्षण के अनुभव तत्त्व के आविर्भाव में है। यही उस परिवर्तन का मूल्य भी है। इस प्रकार हर आनुभविक परिवर्तन—क्रम का **प्रयोजन** तथा **लक्ष्य** स्पष्ट होता है। किन्तु, यह प्रयोजनवादी व्याख्या केवल वैयक्तिक स्तर पर ही तो नहीं लग कर रह जायगी। यह प्रश्न उठ ही जाता है कि विश्व की सम्पूर्णता का क्या लक्ष्य एवं प्रयोजन है। यदि हर क्षण का अनुभव दूसरे क्षण की परिपूर्ति से नये मूल्य की प्राप्ति करता है, तो पूर्ण जगत-प्रवाह की परिपूर्णता किस ओर है? इसकी व्याख्या के लिए जगत-प्रक्रिया को सम्पूर्णता के स्तर पर समझना अनिवार्य है।

ह्वाइटहेड के लिए जगत-प्रक्रिया की व्याख्या—चाहे वह वैयक्तिक स्तर पर हो या सम्पूर्णता के स्तर पर—सदा एक-सी है। जगत-प्रकिया की व्याख्या 'वास्तविक तत्त्व' तथा 'शाश्वत-वस्तु' के सहयोग पर ही है। अतः सम्पूर्णता की व्याख्या भी उसी अनुरूप होती है। सभी वैयक्तिक जगत् एक दूसरे से सम्बद्ध हैं—तथा सभी एक साथ सर्जनात्मक रूप

(Creative advance) में सतत् प्रवाहशील हैं। ह्वाइटहेड कहते हैं कि जिस प्रकार वैयक्तिक जगतों का केन्द्र एक अनुभव-बिन्दु है—एक वैयक्तिक आत्म है, उसी प्रकार जगत की सम्पूर्णता भी एक अनुभव-बिन्दु पर केन्द्रित है। वह अनुभवबिन्दु ईश्वर(God)है। ह्वाइटहेड के **'ईश्वर'** की अवधारणा विलक्षण है—जिसकी विवेचना आगे होगी। अभी इतना कहा जा रहा है कि जिस प्रकार वैयक्तिक जगतों की व्याख्या के लिए वैयक्तिक अनुभव-केन्द्रों का उल्लेख हुआ है उसी प्रकार जगत की सम्पूर्णता के लिए 'ईश्वर' को एक ऐसे अनुभव-केन्द्रों के रूप में सोचा गया है, जिसके अनुभव में हर क्षण सम्पूर्ण विश्व नयी-नयी सम्भावनाओं को व्यक्त करता हुआ सर्जित होता रहता है। यहाँ भी इकाई वास्तविक तत्त्व ही है। यहाँ भी हर-क्षण जगत सर्जित हो रहा है, यहाँ भी एक क्षण के वास्तविक तत्त्व दूसरे क्षण के वास्तविक तत्त्वों के आविर्भाव के उपादान हैं। अन्तर यही है कि वैयक्तिक केन्द्रों का अनुभव उस एक केन्द्र पर आश्रित जगत का अनुभव है, तथा सम्पूर्ण जगत का केन्द्र एक सार्वभौम अनुभव-केन्द्र ईश्वर है, जो सभी वैयक्तिक जगतों को समेटे हुए सम्पूर्णता की सर्जनात्मकता की व्याख्या है। अतः जगत हर क्षण सर्जित हो रहा है, हर क्षण वास्तविक तत्त्वों की सम्पूर्णता पर शाश्वत वस्तुओं की छाप लगती है, तथा दूसरे क्षण के जगत का आविर्भाव होता है, तथा यह प्रक्रिया सतत चलती रहती है। इस पूर्ण-प्रक्रिया का केन्द्र—वह केन्द्र जिसके अनुभव में यही सब घटित होता रहता है—ईश्वर है।

यहाँ पर ह्वाइटहेड की ओर से एक स्पष्टीकरण अनिवार्य है। प्रथमतः तो यह स्मरण रखना अनिवार्य है कि ह्वाइटहेड के अनुसार 'ईश्वर एवं जगत' के सम्बन्ध को उसके प्रचलित ईश्वरवादी ढंग पर पूर्णतया ढाल कर सोचना नहीं है। उसके अनुसार ईश्वर जगत का सृष्टा उस अर्थ में नहीं है जिस अर्थ में सामान्यतः ईश्वरवादी यह समझते हैं। ऐसा नहीं है कि ईश्वर ने किसी काल में सृष्टि कर दी। नहीं, ह्वाइटहेड के अनुसार सृष्टि हर क्षण होती है, ईश्वर हर क्षण जगत के आविर्भाव का एक उपकरण है। ईश्वर जगत से अलग नहीं रहता—वह सदा हर क्षण जगत से सम्बद्ध है, क्योंकि हर क्षण जगत सर्जित होता है, हर क्षण कुछ नयी सम्भावनाएँ व्यक्त होती रहती हैं।

इस स्थल पर ह्वाइटहेड के विचारों को समझने में कुछ वैचारिक भ्रान्ति उत्पन्न हो सकती है—क्योंकि हमारा सामान्य सोचने का ढंग 'काल' (Time) के प्रचलित (Popular) अवधारणा पर आधृत रहता है और ह्वाइटहेड में भी बार-बार यह कहा जाता है कि एक क्षण के जगत से दूसरे क्षण के जगत का आविर्भाव होता है। तो ऐसा लगता है कि जगत-प्रवाह साधारण प्रचलित (Popular) अर्थ में काल-क्रम (Time as succession) का प्रवाह है। सब कुछ काल-क्रम में घटित हो रहा है, कुछ पहले हो चुका है, और सम्भावनाएँ आगे व्यक्त होंगी। स्पष्टतः इस प्रकार से सोचने पर ह्वाइटहेड के विचारों की पकड़ सम्भव नहीं है। ह्वाइटहेड यह नहीं कहते कि ईश्वर आदि-काल से है—या काल के परे हैं। ईश्वर जगत—सभी सदा एक साथ हैं। सरिता के प्रवाह में यह नहीं कहा जा सकता कि जल का अमुक कण समान्य अर्थ में पहले है, तथा अमुक कण बाद में। व्यावहारिक उपयोगिता के लिए हम इस प्रकार का चित्रांकन करते हैं, किन्तु उसे यथार्थता का चित्र नहीं समझना है।

हमने देखा है कि ह्वाइटहेड 'काल' को वस्तुनिष्ठ कालक्रम (objective Time series as sucession) नहीं कहते। वे काल के सापेक्षता-सिद्धान्त को स्वीकारते हैं, जिसके अनुसार काल अनुभव-आश्रित है। 'काल' भी अनुभव-केन्द्र से स्वतन्त्र नहीं, वह भी अनुभव

से सर्जित है। जगत **'स्थिर काल-क्षणों'** का क्रम नहीं, जिसे हम क्षण कहते हैं वह भी **जगत** का अंग है। काल भी जगतरूप होने के कारण नये-नये रूपों में सर्जित होता रहता है। जिसे हम एक क्षण का जगत कहते हैं, वह उस काल का सम्पूर्ण जगत है, जिसका वह काल भी एक अंग है। वह काल दूसरे क्षण में पीछे नहीं छूट गया—दूसरे क्षण के जगत में सिमट गया है। भाषा की सीमाओं के कारण हम 'एक क्षण' बाद के क्षण वाली भाषा का प्रयोग करते हैं। किन्तु 'काल' की अनुभव-केन्द्रों में सतत प्रवाहशील है। व्यक्ति के अनुभव में भी इस प्रवाह की अनुभूति है, तथा ईश्वरीय अनुभव में भी। यह अनुभूति मात्र यही है कि अनुभव केन्द्र तथा जगत दोनों सदा एक-दूसरे से सम्बद्ध हैं—तथा इस प्रकार प्रवाहशील है कि एक को दूसरे से अलग करना सम्भव नहीं है।

इस विचार को पूर्णतया स्पष्ट करने के लिए ह्वाइटहेड के ईश्वर-विचार का विशद विवरण अनिवार्य है, उसके बाद पुनः जगत का चित्र अन्तिम रूप में स्पष्ट किया जा सकेगा।

ईश्वर-विचार

सामान्य रूप

ऊपर कही बातों से ही स्पष्ट है कि ह्वाइटहेड का ईश्वर-विचार सर्वथा अनूठा एवं विलक्षण है। ईश्वर-भाव से सम्बन्धित सभी अवधारणाएँ ह्वाइटहेड के ईश्वर-विचार से जुड़ी हैं—किन्तु बिल्कुल अपने नये ढंग से। यदि उन भावों को उनके प्रचलित अर्थों में समझ ह्वाइटहेड के ईश्वर को समझने की चेष्टा हो तो ऐसी चेष्टा सर्वथा विफल होगी।

बात यह है कि 'ईश्वर' भी ह्वाइटहेड के वैचारिक कोटि-व्यवस्था (categoreal scheme) का एक अंग है। इस भाव की यथार्थता भी इसी में है कि सत तथा जगत-प्रक्रिया की व्याख्या में इसका अनिवार्य स्थान हो। यदि ईश्वर का जगत-स्रष्टा के रूप में ही सोचना है, तो ह्वाइटहेड के अनुसार इस विचार को भी इस रूप में बढ़ाना अनिवार्य है कि यह किसी प्रकार मूल वैचारिक कोटि-व्यवस्था (Categoreal Scheme) से असंगत न हो। सत् का मूल स्वरूप सर्जनात्मकता(Creativity)है, सत्-प्रवाह की इकाई वास्तविक तत्त्व(Actual Entities) है, जगत् प्रक्रिया वास्तविक तत्त्व तथा शाश्वत वस्तु (Eternal Objects) के सहयोग से ही चलती है। अब ईश्वर-विचार इन वैचारिक व्यवस्थाओं से असंगत नहीं हो सकता। अतः ह्वाइटहेड का ईश्वर-विचार उनके मूल सत्ता-विचार के अनुरूप सर्जित होता है, तथा उसी संदर्भ में उसकी अर्थपूणता तथा यथार्थता स्पष्ट होती है।

इस संदर्भ में उद्गम विकासवादियों (emergent evolutionists) के ईश्वर-विचार की ओर संकेत करना प्रासंगिक ही नहीं बल्कि वांछनीय भी है; क्योंकि ऐसा प्रतीत होता है कि ह्वाइटहेड ने अपने ईश्वर-विचार को रूप देने में उस विचार को ध्यान में रखा है। इन लोगों ने ईश्वर-विचार की अनिवार्यता इस रूप में सोची है कि आनुभवित जगत की संगत व्याख्या बिना ईश्वर-भाव के सम्भव नहीं है। उनके अनुसार ईश्वर-भाव जगत की व्याख्या की तार्किक मान्यता बन जाती है। इनमें प्रमुख स्थान **एलेक्जेन्डर** का है। उनके अनुसार हमारे अनुभव एक मूल प्रवृत्ति से संचालित है, जिसे वे **अन्तःप्रवृत्ति** (Nisus) कहते हैं। यह सतत उच्चतर होने की प्रवृत्ति है, जो हर-क्षण किसी उद्देश्य की पूर्ति करता हुआ किसी **आदर्श** (Ideal) की ओर अग्रसर होता है। हर अनुभव की व्याख्या में उन्हें इस आदर्श का संकेत मिलता है, अतः चरम आदर्श के रूप में ईश्वर को माने बिना इस

उदगामी विकास (emergent evolution) की व्याख्या नहीं हो सकती। वह आदर्श अस्तित्ववान् है या नहीं—यह प्रश्न उनके लिए अप्रासंगिक है, तथा उसके उत्तर ढूँढने की चेष्टा निरर्थक है, क्योंकि आदर्श की यथार्थता-अयर्थाता, उसकी सत्यता-असत्यता उसके अस्तित्ववान् होने न होने पर निर्भर नहीं करती, बल्कि इस बात पर निर्भर करती है कि आदर्श का विचार जिन वैचारिक माँगों की पूर्ति के लिए किया गया है—उसमें वह समर्थ है या नहीं, उसके अनुरूप या उससे संगत है या नहीं। अतः **आदर्श** को सिद्ध करने का प्रयत्न अप्रासंगिक है, **क्योंकि उसकी यथार्थता उसकी वैचारिक संगति पर है।** ऐसा प्रतीत होता है कि ह्वाइटहेड का ईश्वर-विचार भी कुछ ऐसे ही तर्कों पर आधृत है।

ह्वाइटहेड को प्रतीत होता है कि संगत ईश्वर-विचार की दो माँगों की पूर्ति अवश्य करना पड़ता है। दोनों माँगें जगत की व्याख्या से सम्बन्धि हैं। एक तो जगत की **उत्पत्ति अथवा सृष्टि** से सम्बन्धित हैं, तथा दूसरा ज़गत के **संचालन अथवा विकास** से संबंधित हैं। सामान्यतः ईश्वरवादी प्रथम प्रश्न पर ही अपना ध्यान केन्द्रित रखते हैं। तथा दूसरे प्रश्न को उतना महत्त्व नहीं देते क्योंकि उन्हें लगता है कि असीम सृष्टिकर्त्ता यदि सृष्टि करता है, तो उसका पालन तो करता ही है, अन्यथा सृष्टि करने का कोई अर्थ नहीं रह जाता। ह्वाइटहेड को प्रतीत होता है कि इस प्रकार के विचार के कारण ही ईश्वर-विचार की बौद्धिकता स्पष्ट नहीं होती, तथा यह अन्धविश्वास में परिणत होने लगता है। अतः ह्वाइटहेड ने इन दोनों प्रश्नों पर समुचित ध्यान दिया है—तथा **दोनों प्रश्नों** के अनुरूप **ईश्वर-भाव के दो पक्षों को उजागर किया है,** एक को वे ईश्वर-भाव का **आद्य-पक्ष** (Primordial Aspect of God), तथा दूसरे को वे ईश्वर-भाव का **अनुवर्ती-पक्ष** (Consequent Aspect of God) कहते हैं। इन दोनों पक्षों को समझने के बाद ही ह्वाइटहेड के ईश्वर-विचार की रूपरेखा स्पष्ट होती है।

ईश्वर-भाव का आद्य-पक्ष (*Primordial Aspect of God*)

ईश्वर-भाव के इस पक्ष का तार्किकता ऊपर बताये प्रथम प्रश्न के संदर्भ में है—जगत् के उद्भव के प्रश्न के साथ यह पक्ष जुटा है। ईश्वर के आद्य-पहलू को स्पष्ट करते हुए ह्वाइटहेड ने ईश्वर के लिए दो वाक्यांशों का उपयोग किया है। वे ईश्वर को **सहबर्द्धन का आधार** (Principle of Concretion) कहते हैं; तथा उन्होंने ईश्वर को **परिसीमन का आधार**' (Principle of Limitation) भी कहा है। इन्हीं दोनों उक्तियों के अर्थ को स्पष्ट करने से ह्वाइटहेड के ईश्वर-विचार का आद्य-पक्ष स्पष्ट हो जाता है।

पहले हम यह स्पष्ट करें कि क्यों ह्वाइटहेड ईश्वर को **सहबर्द्धन का आधार** कहते हैं। हमने देखा है कि ह्वाइटहेड के अनुसार हर अनुभव-केन्द्र में वास्तविक तत्त्व सर्जनात्मकता की प्रक्रिया को अग्रसर करते रहते हैं। हर एसे भिन्न-भिन्न केन्द्रों में उन वास्तविक तत्त्वों के लक्ष्यों की पूर्ति होती रहती है, किन्तु सम्पूर्ण जगत तो इन सभी भिन्न-भिन्न केन्द्रों की संगठित इकाई है। अतः उन भिन्न-भिन्न लक्ष्यों की पूर्ति के साथ, उनके माध्यम से सम्पूर्ण जगत-प्रक्रिया एक सम्पूर्णता के लक्ष्य की प्राप्ति करता भी अग्रसर होता रहता है। उन भिन्न-भिन्न जगहों का केन्द्र भिन्न-भिन्न अनुभव जगत है। किन्तु प्रश्न उठता है कि सम्पूर्ण जगत का सर्जनात्मक विकास किस अनुभव-केन्द्र में हो रहा है? ह्वाइटहेड का कहना है कि ईश्वर ही वह अनुभव-केन्द्र है जिसके अनुभव में सभी भिन्न-भिन्न अनुभव-जगत एक-दूसरे से सम्बद्ध तथा संगठित हो सर्जनात्मक-विकास की प्रक्रिया को **व्यवस्थित** रूप में अग्रसर

करते हैं। वही वह अनुभव-केन्द्र है जिसमें हर क्षण के वास्तविक तत्त्व दूसरे क्षण के वास्तविक तत्त्वों में परिणित होते हैं। इस हर क्षण के परिवर्तन का आधार ईश्वर है। एक क्षण के **वास्तविक तत्त्वों** पर कौन-से **शाश्वत** वस्तु लगेंगे जिसके फलस्वरूप दूसरे क्षण के **वास्तविक तत्त्वों के संगठन** का आविर्भाव होगा—इसका आधार ईश्वर ही है। ईश्वरीय अनुभव ही इस परिवर्तन को रूप देता है। इसी कारण तो उसे सृष्टिकर्त्ता कहा जाता है—सर्जनात्मकता की प्रक्रिया को चलाने वाला कहा जाता है। हर क्षण वह अपने अनुभव में उसके पहले के क्षणों के वास्तविक तत्त्वों का नया-नया संगठन सर्जित करता है। इसी कारण वह वास्तविक तत्त्वों के सहबर्द्धन का कारक हे, तथा इसी कारण उसे **सहबर्द्धन का आधार कहा गया है**। इसी विशिष्ट अर्थ में ईश्वर सृष्टिकर्त्ता है। वस्तुतः सृष्टि हर-क्षण होती है, हर क्षण की ऐसी सृष्टियों की **निरन्तरता** कुछ इस प्रकार है कि उनमें—उनके बीच में कहीं कोई टूट या रिक्तता नहीं होती। इसी कारण इसके हर-क्षण उदय तथा लुप्त होने की चेतना नहीं होती। इसकी निरन्तरता वास्तविक तत्त्वों के हर-क्षण उदय एवं लुप्त होने के बाद भी उनमें क्षणिकता का भान नहीं होने देती। हर-क्षण की सृष्टि की निरन्तरता ही जगत है, और इस निरन्तरता का आधार ईश्वर है। ईश्वर को 'सहबर्द्धन का आधार' (Principle of Coneretion) कहने का तात्पर्य यही है।

इस सम्बन्ध में एक तथ्य और विचारणीय है, जिसके कारण ही ईश्वर को परिसीमन का आधार (Principle of Limitation) कहा गया है, हमने देखा है कि जगत का आविर्भात वास्तविक तत्त्व तथा शाश्वत वस्तु के सहयोग से होता है। शाश्वत वस्तु सम्भावनाएँ हैं जो हर क्षण के वास्तविक तत्त्वों में अभिव्यक्त होती रहती हैं। अब यहाँ पर दो प्रश्न उठ खड़े होते हैं। एक तो सम्भावनाओं के **बोध** का प्रश्न है तथा दूसरा सम्भावनाओं के **चुनाव** का। सम्भावनाओं का सम्भावनाओं के रूप में बोध का प्रश्न है तथा दूसरा सम्भावनाओं के चुनाव का। सम्भावनाओं का सम्भावनाओं के रूप में बोध किसे होता है, किस अनुभव-केन्द्र को होता है। सम्भावनाएँ तो अस्तित्ववान् नहीं होती, क्योंकि वे अपने में सम्भावना मात्र हैं। उनकी अभिव्यक्ति होती है, वे परिपूर्ण होती हैं। किन्तु सम्भावना के रूप में उनका भान तो होना ही है। यह भान वैयक्तिक अनुभव-केन्द्रों को नहीं हो सकता क्योंकि सम्भावनाएँ तो अनन्त हैं। तो अनन्त सम्भावनाओं का भान तो किसी ऐसे सार्वभौम अनुभव-केन्द्र में ही सम्भव है जो सभी सम्भावनाओं को अपने अनुभव में समेटे हैं। वही अनुभव-केन्द्र तो **ईश्वर** है। इस अर्थ में ईश्वर जगत से परे हैं—पहले है, क्योंकि सम्भावनाओं का सम्भावनाओं के रूप में भान ईश्वर ही को है। उन्हीं सम्भावनाओं में कुछ जो एक क्षण में व्यक्त होते हैं, तो उस क्षण की सृष्टि होती है।

इसी स्थल पर दूसरा प्रश्न उठता है। सम्भावनाएँ—शाश्वत वस्तु-अनन्त हैं, एक क्षण में कुछ सम्भावना ही व्यक्त होती है। अर्थात् हर क्षण की सृष्टि में सम्भावनाओं का चुनाव होना अनिवार्य होगा। कौन-सी सम्भावना व्यक्त होनी है—इसे तय होना है। इस प्रकार 'एक क्षण के वास्तविक तत्त्वों के विशिष्ट संघात' (Conceretion of actual entities of the moment) पर किस शाश्वत वस्तु को लगना है—यह तय होना है। यह भी ईश्वर से ही सम्भव है क्योंकि उसी अनुभव-केन्द्र को तो सभी शाश्वत-वस्तुओं का भान है। इस अर्थ में ईश्वर शाश्वत वस्तुओं में एक प्रकार का परिसीमन करता है—यह तय होता है कि किसी विशेष क्षण में कौन-सी सम्भावना व्यक्त होगी। यह 'परिसीमन' (Limitation) की प्रक्रिया है, क्योंकि इसमें कुछ सम्भावनाएँ ही व्यक्त होती हैं—अन्य नहीं। यहीं तो

सम्भावनाओं को सीमाबद्ध करना है। इसी अर्थ में ईश्वर को सृष्टिकर्त्ता कहा जाता है तथा इसी कारण ईश्वर को परिसीमन का आधार (Principle of Limitatin) कहा गया है।

इस स्थल पर दो स्पष्टीकरण अनिवार्य हैं। एक तो यह कि यदि ईश्वर को सम्भावनाओं का **भान** है, तो इस भान होने का स्वरूप क्या है? क्या ईश्वर को इनकी **चेतना** है। यदि यह स्वीकारा जाय कि ईश्वर को इन सम्भावनाओं की सामान्य अर्थ में चेतना है, तो एक विसंगति हो जाती है कि साधारण चेतना आद्य (Primordial) बन जाती है, जबकि वस्तुतः मानव-चेना बाद में उत्पन्न होती है, वह भी एक प्रकार से किसी सम्भावना की अभिव्यक्ति है। तब ईश्वर को इन सम्भावनाओं के भान होने का क्या अर्थ है? ह्वाइटहेड का कहना है कि इन सम्भावनाओं का अनुभव ईश्वर का स्वरूप है। जिस अर्थ में किसी वास्तविक तत्त्व को अपने अनुभव-विषय (Data) का **बोध** (Feeling) होता है, उसी प्रकार ईश्वर भी इन सम्भावनाओं को 'फील' (feel) करता है, उसे भी इसका स्वतः, स्वाभाविक बोध है। यह बोध साधारण अर्थ में चेतन-बोध नहीं, अचेतन है, उसकी सहज-प्रवृत्ति है।

किन्तु इस स्पष्टीकरण से तो ऐसा प्रतीत होता है कि ईश्वर भी एक वास्तविक तत्त्व ही है। वह भी अनुभव-केन्द्र है, उसे भी अनुभव-केन्द्रों के समान **सहज** भान होता है। हाँ, ह्वाइटहेड स्पष्ट कहते हैं कि ईश्वर भी एक वास्तविक तत्त्व (Actual Entity) है। सत् वास्तविक तत्त्वों की सर्जनात्मकता (creativity) है। तो इस प्रक्रिया की इकाइयाँ वास्तविक तत्त्व होंगे ही। किसी विशिष्ट जगत की व्याख्या के लिए किसी वैयक्तिक अनुभव-केन्द्र के वास्तविक तत्त्व की बात की गयी है। जगत की सम्पूर्णता की व्याख्या के लिए आद्य **अनुभव-केन्द्र** की बात होनी ही है, जिसके अनुभव में सर्जनात्मकता की सम्पूर्ण प्रक्रिया अग्रसर होती रहती है। इसी से ह्वाइटहेड ने कहीं-कहीं ईश्वर को आद्य वास्तविक तत्त्व (Primordial Actual Entity) कहा है।

ईश्वर भाव का अनुवर्ती पक्ष *(Consequent Aspect of God)*

ऊपर दिया गया विवरण ईश्वर के एक पक्ष का विवरण है जिसमें ईश्वर के सृष्टि-प्रक्रिया के कारक के रूप में दिखाया गया है। किन्तु ईश्वर का यह विवरण ह्वाइटहेड के ईश्वर-विचार को पूर्णतया स्पष्ट नहीं कर पाता, क्योंकि उनके अनुसार ईश्वर-भाव का एक दूसरा पच भी है, जो ह्वाइटहेड के ईश्वर-विचार को अनूठा बना देता है।

ऊपर दिये गये विवरण से ही स्पष्ट है कि ईश्वर जगत से अलग नहीं है। ऐसा नहीं है कि जगत-सृष्टि में ईश्वर का योगदान हुआ और तब दोनों एक दूसरे से स्वतन्त्र तथा असम्बद्ध हो गये। नहीं। सृष्टि हर-क्षण हो रही है, अतः ईश्वर हर-क्षण सृष्टि के साथ है। पुनः इस हर-क्षण की सृष्टि में निरन्तरता है, वह भी इस रूप में कि हर-क्षण की सृष्टि के ही आधार पर दूसरे क्षण की सृष्टि उजागर होती है। यह प्रक्रिया ईश्वरीय अनुभव-केन्द्र में चलती है। अर्थात् हर-क्षण की सृष्टि ईश्वरीय अनुभव का अंग है। वहाँ उसे नयी सम्भावना का—नये शाश्वत वस्तु का—रूप (form) मिलता है, तब वह पुनः दूसरे क्षण की सृष्टि में व्यक्त होती है। इसका अर्थ है कि ईश्वर भी सृष्टि-प्रक्रिया का अंग है। जैसे-जैसे हर-क्षण में नये-नये रूप लेते हुए जगत-प्रक्रिया प्रवाहित है, वैसे ही ईश्वर भी हर-क्षण के जगत के अनुभव से संरचित होता हुआ अग्रसर है। ईश्वर का स्वरूप कोई पूर्णतया निश्चित स्वरूप

नहीं, वह भी सर्जनात्मकता का अंग है, अंतः वह भी जगत् के साथ-साथ विकसित हो रहा है। वह पूर्णतया स्थिर तत्त्व नहीं, विकसित होता हुआ ईश्वर (God in Process) है। जैसे जगत का सर्जनात्मक विकास हो रहा है, वैसे ईश्वर का भी। जगत ईश्वर से नयी सम्भावनाओं को पाता हुआ, उन्हें हर-क्षण व्यक्त करता हुआ, नये-नये रूप लेता हुआ अग्रसर है, उसी प्रकार ईश्वर भी हर-क्षण के जगत के अनुभवों से समृद्ध होता हुआ अग्रसर है। दोनों सर्जनात्मकता को ही प्रतिबिम्बित करते हैं। दोनों का सर्जनात्मक विकास होता रहता है, तथा इस विकास-प्रक्रिया के अन्त, परिणति या अन्तिम पूर्णत्त्व का प्रश्न नहीं उठता। (Neither God, not the world, reaches static completion. Both are in the grip of ultimate-metaphysical ground, the creative advance into novelty.)

जिस प्रकार हर वास्तविक तत्त्व अनुभव-केन्द्र होने के कारण अपने वैयक्ति जगत को हर-क्षण अनुभूत करता है, तथा हर-क्षण के अनुभव से समृद्ध होता रहता है, उसी प्रकार ईश्वर भी सम्पूर्णता का अनुभव-केन्द्र होने के कारण हर-क्षण के सम्पूर्णता के अनुभव से समृद्ध होता है तथा विकसित होता है। इस पक्ष में ईश्वरीय अनुभव हर वैयक्तिक जगत् को भी एक प्रकार की अमरता प्रदान करता है, क्योंकि उन्हें उनकी वैयक्तिक सीमा से ऊपर उठा देता है। हर वैयक्तिक-केन्द्र का जगत उस अनुभव का जगत है, तथा उस अनुभव-केन्द्र तक सीमित है। किन्तु, जगत् ईश्वरीय अनुभव-केन्द्र सम्पूर्णता को अनुभूत करता है, अतः हर वैयक्तिक अनुभव-तगज भी उस सम्पूर्णता में समाविष्ट है। इस प्रकार वह अपनी वैयक्तिक सीमा से ऊपर उठ जाता है, तथा सम्पूर्णता का एक अनिवार्य अंग बन जाता है। आरकेस्ट्रा-संगीत की उपमा इस विचार को स्पष्ट कर सकती है। आरकेस्ट्रा-संगीत में अनेकों वाद्य-यंत्र अलग-अलग बजते हैं, उनकी विधा निश्चित है, समय-बोल-लय-सुर सब निश्चित हैं। वे सब उसी के अनुरूप अग्रसर होते हैं। किन्तु ये सभी सर्वथा अलग भिन्न-भिन्न संगीत समवेत रूप में एक सुव्यवस्थित-संगठित आरकेस्ट्रा-संगीत का रूप लेते हैं। उस आरकेस्ट्रा की दृष्टि से इन अलग-अलग वाद्य-संगीतों की पृथक्ता—सीमा—समाप्त हो जाती है तथा वे सम्पूर्ण आरकेस्ट्रा-संगीत के अनिवार्य अंग बन जाते हैं। उसी प्रकार ईश्वरीय अनुभव में हर भिन्न-भिन्न अनुभव-केन्द सिमटकर एकरूप हो जाता है—व्यवस्थित संगठित हो जाता है, अपनी वैयक्तिक सीमा से ऊपर उठ जाता है।

ह्वाइटहेड के ईश्वर-विचार की विशिष्टता

इस प्रकार हम देखते हैं कि ह्वाइटहेड का ईश्वर-विचार अपने ढंग का एक नवीन विचार है, जिसमें ईश्वर-भाव से सम्बन्धित सभी लक्षण विद्यमान हैं, फिर भी इस भाव में कुछ ऐसा नयापन है कि उसी नये परिवेश में ईश्वर के लक्षण स्पष्ट होते हैं। इस विचार की विलक्षणता को स्पष्ट करने के लिए हम नीचे **ह्वाइटहेड** के *'Process and Reality'* से एक उद्धरण ले रहे हैं जिसके स्पष्टीकरण में उनके ईश्वर-विचार की विशिष्टता स्पष्ट होगी। यह उद्धरण इस प्रकार का है—"It is as true to say that God is permanent, and the world fluent, as that the world is permanent and God is fluent. It is as true to say that God is one and the world many, as that the world is one and God many. It is as true to say that in comparison with the world God is actual eminently, as that in comparison with God the world is actual eminently. It is as true to say that the world is unmanent in God as that God is unmanent in the world. It is as true to say that God transcends the world. As that the world transcends God. It is as true to say that God creates the worlds as that the world creates." इस पूरे उद्धरण में हर वाक्यों में कुछ ऐसी दो युक्तियाँ हैं जो विरोधाभास प्रस्तुत करती प्रतीत होती हैं। किन्तु, इन युक्तियों के स्पष्टीकरण से ह्वाइटहेड का ईश्वर-विचार स्पष्ट होता है, और यह भी स्पष्ट होता है कि कैसे ईश्वर के आद्य-पक्ष तथा उसके अनुवर्ती-पक्ष का ईश्वर-विचार में महत्त्वपूर्ण स्थान बन आता है। वस्तुतः इन दोनों पक्षों को ध्यान में रखने पर इन सभी उक्तियों की संगत व्याख्या सम्भव हो सकेगी।

पहले वाक्य में कहा गया है कि यह कहना उतना ही सच है कि ईश्वर शाश्वत है एवं जगत प्रवाहशील-परिवर्तनशील है, जितना यह कहना कि जगत शाश्वत है तथा ईश्वर प्रवाहशील-परिवर्तनशील है। पहली युक्ति में ईश्वर के आद्य-पक्ष को ध्यान में रखा गया है, दूसरी युक्ति में उसके अनुवर्ती पक्ष को। आद्य-पक्ष में ईश्वर सम्भावनाओं का बोध-केन्द्र है। उसी में से हर-क्षण कुछ सम्भावना व्यक्त होती है, तथा उस क्षण का जगत स्पष्ट होता है। दूसरे क्षण के जगत में कुछ अन्य सम्भावनाएँ व्यक्त होती हैं अतः एक नवीन जगत का उद्भव होता है। ऐसा क्रम निरन्तर चल रहा है। इसी कारण जगत को प्रवाहशील कहा जा सकता है, किन्तु इन सभी जगतों को प्रवाहशील रखने के लिए सम्भावनाओं के भण्डार-रूप में ईश्वर है। इस अर्थ में उसे शाश्वत कह सकते हैं। किन्तु अनुवर्ती पक्ष में ईश्वर में भी हर-क्षण परिवर्तन हो रहा है क्योंकि हर-क्षण ईश्वर नये-नये अनुभवों से सर्जित-समृद्ध हो रहा है। ये अनुभव 'जगत' के अनुभव हैं, अतः सामान्य अर्थ में जिस अनुभव से ईश्वर विकसित हो रहा है वह **जगत** ही है और इस दृष्टि से इस स्थल पर 'जगत' को शाश्वत कहा जा सकता ही है।

दूसरे वाक्य में कहा गया है कि यह कहना उतना ही सच है। सच है कि ईश्वर एक है तथा जगत अनेक, जितना यह कहना कि जगत एक है और ईश्वर अनेक। हर-क्षण जगत नये-नये रूपों में व्यक्त हो रहा है, उस दृष्टि से हर-क्षण के जगत हैं। पुनः हर अनुभव-केन्द्र का अनुभव-जगत अपना अनुभव-जगत है। इन दोनों दृष्टियों से जगत अनेक हैं। किन्तु ये सभी हर-क्षण के जगत जिन रूपों को लेकर सर्जित होते हैं, उन सभी रूपों का आधार—जगत में शाश्वत-वस्तु के अन्तःप्रवेश का आधार अपने आद्यरूप में ईश्वर है। अतः इस दृष्टि से वस्तुतः जगत तो अनेक हैं, किन्तु ईश्वर एक है। किन्तु यदि ईश्वर के अनुवर्ती स्वरूप (consequent aspect) पर विचार किया जाय, तो स्पष्ट है कि ईश्वर भी हर-क्षण अनुभव के स्वरूप नये-नये अनुभवों से समृद्ध हो रहा है, हर-क्षण का ईश्वर इस दृष्टि से हर दूसरे क्षण के ईश्वर से भिन्न हो जाता है। अतः ईश्वर इस अर्थ में अनेक हो जाता है। किन्तु, उसके हर-क्षण के अनुभव का विषय-वस्तु (content) जगत ही है। अतः इस विशेष अर्थ में ईश्वर अनेक हैं, किन्तु जगत एक।

तीसरे वाक्य में कहा गया है कि यह कहना भी उतना ही सच है कि ईश्वर की अपेक्षा जगत स्पष्टतः वास्तविक है जितना यह कहना कि जगत की अपेक्षा ईश्वरी-स्पष्टतः वास्तविक है। पहली उक्ति ईश्वर के आद्य-पक्ष से सम्बन्धित है, जबकि दूसरी उक्ति ईश्वर के अनुवर्ती-पक्ष से सम्बन्धित है। आद्य-पक्ष में यदि ईश्वर तथा जगत के सम्बन्ध पर विचार करते हैं तो स्पष्ट होता है कि जगत सम्भावना नहीं है, सम्भावनाओं की वास्तविक अभिव्यक्ति है। उस पक्ष में ईश्वर उन सभी सम्भावनाओं का आधार है जो हर-

क्षण व्यक्त में व्यक्त हो रही है इस दृष्टि से स्पष्टतः जगत ईश्वर की अपेक्षा अधिक वास्तविक है। किन्तु, ईश्वर के अनुवर्ती पक्ष पर विचार किया जाय तो स्पष्ट है कि ईश्वर जगत की अपेक्षा अधिक वास्तविक है, क्योंकि वह हर वैयक्तिक जगत तथा सम्पूर्ण जगत के अनुभव से हर-क्षण समृद्ध हो रहा है।

चौथा तथा **पाँचवा** वाक्य यह कहता है कि जितना यह कहना सच है कि ईश्वर जगत में निहित भी है और उसके परे भी (Immanent and Transcendent) उतना यह कहना भी सच है कि जगत ईश्वर में निहित भी है तथा ईश्वर के परे भी है। ईश्वर के आद्य-पक्ष पर विचार करें, इस पक्ष में ईश्वर जगत में निहित भी है (Immanent) और जगत के परे भी है (Transcendent)। ईश्वर-आधार से प्राप्त कोई सम्भावना ही जगत में व्यक्त हुई है। इस दृष्टि से ईश्वर जगत में निहित है। किन्तु अभी अन्य अनन्त सम्भावनाओं का बोध ईश्वर को है जो अभी जगत में व्यक्त नहीं हुई। इस दृष्टि से ईश्वर जगत के परे हैं। किन्तु, ईश्वर के अनुवर्ती पक्ष पर विचार करें। इस स्थिति में ईश्वर हर-क्षण सर्जित हो रहा है। जिससे वह सर्जित हो रहा है वह विश्व की सम्पूर्णता का अनुभव है। इस दृष्टि से जगत ईश्वर में निहित है। किन्तु, ईश्वर का यह कोई अन्तिम रूप नहीं, उसका रूप भी विकसित हो रहा है। सर्जनात्मक विश्वास का आधार जगत का अनुभव है। जगत के अनन्त रूप व्यक्त होते रहेंगे जिनके अनुभवों से ईश्वर समृद्ध—सर्जित होता रहेगा। जगत के उन रूपों की दृष्टि से जगत ईश्वर के परे (transcendent) है।

अब अन्तिम वाक्य बच गया। यह कहना उतना ही सच है कि ईश्वर जगत का रचयिता—सृष्टा है जितना यह कहना कि जगत भी रचियता है। इस वाक्य की पहली युक्ति तो स्पष्ट ही है, क्योंकि जब ईश्वर को सृष्टि के **सहबर्द्धन** (concrescence) तथा परिसीमन (Limitation) का आधार कहा गया है तो इसका अर्थ है कि एक क्षण के वास्तविक तत्त्वों पर शाश्वत वस्तुओं का रूप देकर दूसरे क्षण के जगत के आविर्भाव का आधार ईश्वर है। इस अर्थ में ईश्वर जगत का रचयिता है। किन्तु, इस वाक्य की दूसरी उक्ति पर कुछ विचार करना अनिवार्य हो जाता है; क्योंकि इस वाक्य के तथा पहले पाँच वाक्यों के उपयोग में एक स्पष्ट अन्तर है। जिस प्रकार से सभी वाक्य कहे गये हैं, उसी धारा के अनुरूप जब यह कहा गया कि यह कहना सच है कि 'ईश्वर जगत का रचयिता है' (God creates the world) दूसरा वाक्य होना था 'जगत ईश्वर का रचयिता है' (The world creates God), किन्तु यहाँ वाक्य 'जगत रचयिता है' (The world creates) कह कर रुक जाता है। प्रश्न उठता है कि क्या ह्वाइटहेड ने ऐसा जान-बूझ कर किया है। उनके दर्शन में यह तो सरलता से दिखाया जा सकता है कि एक अर्थ में जगत जगत का रचयिता है। एक क्षण के जगत के वास्तविक तत्त्व ही लुप्त होते-होते दूसरे क्षण के जगत के उद्‌भव के उपादान बन जाते हैं। तो क्या ह्वाइटहेड इतना ही कहना चाहते हैं? क्या किसी अर्थ में यह भी कहा जा सकता है कि यह कहना भी सच है कि **'जगत ईश्वर का रचयिता है'**? वस्तुतः उनके दर्शन में इसे भी मान लेने का आधार है। अपने अनुवर्ती-पक्ष में ईश्वर हर-क्षण सर्जित होता रहता है—वह भी विकास के क्रम में है। उसके इस सर्जित होने का आधार है 'जगत का अनुभव'—जिसे वह हर-क्षण प्राप्त करता रहता है, तो ईश्वर भी 'जगत के अनुभव' से ही सर्जित होता है; इस दृष्टि से जगत ईश्वर का रचयिता है।

इस प्रकार हम देखते हैं कि अपने ढंग से ह्वाइटहेड ने अपने ईश्वर की अवधारणा में उन सभी लक्षणों का उल्लेख किया है जो सामान्यतः ईश्वर-भाव के साथ जुटे हैं। अन्तर यही है कि ईश्वरी लक्षणों को उनके सामान्य तात्त्विक विचारों के अनुरूप सजाया है। ईश्वर-भाव अपने सभी लक्षणों के साथ मूल सर्जनात्मक-प्रक्रिया के अनुरूप वह उभरा है। इसी कारण ह्वाइटहेड के ईश्वर की अवधारणा को **प्रक्रिया रूप ईश्वर** (God in process) कहा गया है। इसी के अनुरूप बाद में **प्रक्रिया रूप ईश्वर विचार** (Process Theology) का विकास हुआ।

वैसे ईश्वर-विचार के सम्बन्ध में एक प्रश्न अभी बचा हुआ है। सामान्यतः ईश्वर-भाव हमारी धार्मिकता, हमारी धार्मिक चेतना को तृप्त करता है। ह्वाइटहेड से पूछा जा सकता है कि क्या इस प्रकार का ईश्वर-भाव हमारी धार्मिक भावना को संतुष्ट कर सकता है। इस बात की विवेचना ह्वाइटहेड ने अपने धर्म-दर्शन में की है। यहाँ ईश्वर-भाव का तात्त्विक स्वरूप स्पष्ट किया गया है जो विचार उनके मूल दार्शनिक कृति *'Process and Reality'* में प्रस्तुत किया गया है। धार्मिकता के सम्बन्ध में उनका विचार उनकी पुस्तक *'Religion i ι the making'* में स्पष्ट हुआ है। हमारे प्रस्तावित विवेचन के अन्तर्गत वह नहीं आता, किन्तु एक बात का उल्लेख करना प्रासंगिक है।

प्रश्न है कि ह्वाइटहेड का ईश्वर-विचार हमारी धार्मिक भावना को सन्तुष्ट करता है? ह्वाइटहेड के मत में इस समस्या के निदान के लिए मूलतः ईश्वर-भाव की नहीं, बल्कि धार्मिक भावना के स्वरूप की विवचेना करनी है। इस विवेचना में ह्वाइटहेड की स्थावना है कि धर्म की बाह्य अभिव्यक्तियाँ होती हैं, किन्तु मूलतः धर्म आन्तरिकता का—एकाकी आन्तरिकता का जीवन है (Religion is what one does in his solitariness)। अपने इस एकांकी आन्तरिक जीवन में व्यक्ति अपने तथा जगत के सम्बन्ध पर चिन्तनशील होता है। प्रथमतः तो उसे लगता है कि वह एकांकी है—तथा सब कुछ उससे अलग ही नहीं, उसका विरोधी है। जब उकी आन्तरिकता और सघन होती है, तथा वह अपने तथा अपने विरोधी सब कुछ पर और चिन्तनशील होता है, तो उसे सब कुछ निरर्थक—पूर्णतया रिक्त प्रतीत होता होता है। यह पूर्ण रितक्तता की अनुभूति है। इस रिक्तता की अनुभूति की विह्वलता में उसे एकाएक आधार—एक आस्था के रूप में प्राप्त हेने लगता है, उसे प्रतीत होने लगता है कि नहीं, सब कुछ उससे सम्बद्ध है, सब कुछ उसका अपना ही है। ह्वाइटहेड के अनुसार धार्मिक आन्तरिकता इन तीन स्तरों में विकसित होते हैं, जिसे वे क्रमशः **विरोधी के रूप में ईश्वर** (God the enemy), शून्य-रूप ईश्वर (God the void), तथा **मित्र-रूप ईश्वर** (God the companion) कहते हैं। इस प्रकार धार्मिकता के स्वरूप तथा उसके विकास में भी ईश्वर का स्थान तो है, किन्तु यह ईश्वर अनिवार्यतः जगत से सम्बद्ध है, जगत से अभिन्न है। धार्मिकता जिस अन्तिम आस्था पर टिकती है, वह मित्र रूप ईश्वर की आस्था है। ईश्वर का यह रूप ईश्वर के तात्त्विक स्परूप का समर्थन करता है—जिसमें ईश्वर तथा जगत एक दूसरे के पूरक हैं, तथा एक दूसरे के साथ विकसित होते हैं।

सत् एवं जगत का अंगीवादी स्वरूप—ह्वाइटहेड का निष्कर्ष

अब ह्वाइटहेड के वैचारिक कोटि-व्यवस्था (Categoreal Scheme) के हर प्रमुख भावों की व्याख्या हो चुकी है। अतः सभी स्थापनाओं को समेटते हुए हम निष्कर्षतः देख

सकते हैं कि ह्वाइटहेड के अनुसार सत एवं जगत का वास्तविक स्वरूप अन्ततः किस रूप में स्पष्ट होता है। सत् मूलतः प्रक्रिया रूप (Process) है, जिसकी अभिव्यक्ति जगत में होती है, तथा जगत भी प्रक्रिया रूप ही है। जगत का यह प्रक्रिया-रूप इस रूप में प्रकट होता है कि जगत में एक मूल आंगिक व्यवस्था (organe unity) स्पष्ट होती है। ह्वाइटहेड के जगत-सम्बन्धी तात्त्विक विचार को **अंगीवादी दर्शन** (Philosophy of Organism) कह कर भी स्पष्ट किया जाता है। जगत हर-क्षण की सृष्टि का निरन्तर प्रवाह है, इस प्रवाह का अनिवार्य अंग सृष्टिकर्त्ता ईश्वर भी है, इस प्रकार जगत में एक अंगीवादी संगठन स्पष्ट होता है। इस निष्कर्ष को स्थापित करने के लिए हम कुछ कही हुई बातों को दुहराते हुए इस निष्कर्ष के समर्थन में ह्वाइटहेड के विचारों में निहित कुछ तर्कों का उल्लेख करेंगे। इसमें यह भी स्पष्ट हो जायगा कि **ह्वाइटहेड** का अंगीवादी विचार हेगेल के अंगीवाद से भिन्न भी किस अर्थ में है—

(1) प्रथमतः तो वास्तविक तत्त्वों के स्वरूप से ही अंगीवाद का समर्थन हो जाता है। ह्वाइटहेड के अनुसार वास्तविक तत्त्वों की बनावट एक सेल (cell) जैसा है। वास्तविक तत्त्व जगत की इकाई हैं, जो हर क्षण प्रकट होते हैं, तथ लुप्त होते-होते दूसरे क्षण के वास्तविक तत्त्वों के उद्भव के उपादान बन जाते हैं। तो जगत अनेकों सेलों की आंगिक इकाई (Multicellular Organism) है।

(2) पुनः जिस प्रकार जगत की व्याख्या हुई है, उससे स्पष्ट है कि जगत में सब कुछ हर दूसरे से अनिवार्यतः सम्बद्ध है। जगत की सम्पूर्णता से कुछ विच्छिन्न नहीं है, कुछ पृथक् नहीं है। किन्तु, यह आंगिक संगठन हेगेल के निरपेक्ष सत् (Absolute) के आंगिक संगठन जैसा नहीं है। हेगेल का निरपेक्ष सत पूर्णतया स्थिर सत है, जो सभी अवयवों को समेटे हैं। यह सत का अन्तिम चरम रूप है, अतः मात्र वही निरपेक्ष सत अन्ततः सत है। ह्वाइटहेड के विचार में ऐसा नहीं है। उनके सत के आंगिक संगठन का आधार सत की गयात्मकता (dynamism) है। सत् का कोई अन्तिम—चरम स्थिर रूप नहीं उभरता। सब कुछ प्रवाहशील है, किन्तु यह प्रवाह सब कुछ को समेटे प्रवाहशील है, इस प्रवाह से अलग कुछ नहीं है। तो ह्वाइटहेड के विचार में जगत के आंगिक संगठन का आधार उसकी गत्यात्मकता है, उसका कोई निरपेक्ष सत् रूप नहीं।

(3) केवल इतना ही नहीं है कि हर तत्त्व हर दूसरे से सम्बद्ध है, ह्वाइटहेड के अनुसार हर तत्त्व का हर दूसरे पर प्रभाव है। एक क्षण का वास्तविक तत्त्व का प्रभाव है दूसरे क्षण के वास्तविक तत्त्वों के उद्भव पर। इस दृष्टिकोण से हर क्षण के तत्त्वों का प्रभाव दूसरे क्षणों के तत्त्वों पर ही है। यह जगत के आन्तरिक संगठन का ठोस आधार है।

(4) ह्वाइटहेड ने जगत की व्याख्या जिस ढंग से की है उससे भी जगत की आंगिक व्यवस्था का प्रमाण मिलता है। वैयक्तिक जगत अथवा जगत की सम्पूर्णता—दोनों की व्याख्या एक ढंग से हुई है। वैयक्तिक जगत का केन्द्र वैयक्तिक अनुभव-केन्द्र है, तथा जगत की सम्पूर्णता का केन्द्र ईश्वरीय अनुभव है। वैयक्तिक जगत किसी विशेष अनुभव-केन्द्र में हर क्षण बनते, मिटते, पुनः सँवरते, सतत अग्रसर होते रहते हैं, तथा ऐसा ही जगत की सम्पूर्णता के साथ ईश्वरीय अनुभव-केन्द्र के साथ होता है। केन्द्र की सार्थकता ही इस बात में है कि वह परिधि को संगठित करता है—क्योंकि सब कुछ उसी केन्द्र की धूरी पर चलता है। तो इस प्रकार ह्वाइटहेड वैयक्तिक जगत तथा जगत की सम्पूर्णता दोनों को अनुभव-बिन्दुओं पर केन्द्रित कर इस प्रकार संगठित कर देते हैं कि वे एक आंगिक इकाई बन जाते हैं।

(5) विभिन्न अनुभव जगतों की संभ्भावनाओं को स्वीकारने के फलस्वरूप आंगिक संगठन को स्वीकारने में कुछ कठिनाई प्रतीत हो सकती है। किन्तु ह्वाइटहेड ने इसका बड़ा सरल हल ढूँढ़ा है। कोई वैयक्तिक जगत हर दूसरे वैयक्तिक जगत से सर्वथा असम्बद्ध नहीं है। वे परस्पर व्यापी हैं, एक दूसरे को आच्छादित करते हैं। एक अनुभव-जगत का अंग दूसरा अनुभव-केन्द्र हो जाता है। पुनः सभी अनुभव-जगतों की सम्पूर्णता को एक साथ समेटे ईश्वरीय अनुभव-केन्द्र में जगत की सम्पूर्णता अग्रसर होती रहती है। अतः विभिन्न अनुभव-जगतों की सम्भावना को स्वीकारने पर भी जगत के अंगीवादी रूप पर कोई व्यवधान उत्पन्न नहीं होता।

(6) सत प्रवाह की निरन्तरता, जो जगत में परिलक्षित है, वह भी जगत के अंगीवादी रूप को स्पष्ट करता है। जगत की **विशद्** व्याख्या में, (जिसका यहाँ पूर्ण विवरण नहीं दिया गया है।) ह्वाइटहेड इस बात को पूरी तरह स्पष्ट करते हैं। उन्होंने दिखाया है कि जगत-प्रक्रिया की निरन्तरता (Continutiy) कुछ ऐसी है कि यह कहीं नहीं कहा जा सकता कि इस स्थल पर कुछ **सर्वथा** नवीन का प्रादुर्भाव हो गया है। हर नवीनता का अपने पहले के स्तर से क्रम बँधा हुआ है। उन्होंने दिखाया है कि अजीव तत्त्वों (Matter) से जीव (Life) जीव से संज्ञान, अचेतन से चेतन—किसी में कोई पूर्णतया नवीन आरम्भ नहीं है। जैविक वृत्तियाँ अजीव तत्त्वों पर आधारित रहती हैं, संज्ञान-चेतना जैविक प्रवृत्तियों से असम्बद्ध नहीं है। हम अपने जीवन में अचेतन (निद्रावस्था) से अर्द्धचेतन तथा उससे चेतनावस्था, या चेतनावस्था से अर्द्धचेतन तथा उससे निद्रावस्था में आते-जाते रहते हैं। इन सामान्य आनुभविक तथ्यों को अपने तात्त्विक विचारों में बिठा कर ह्वाइटहेड यह दिखाते हैं कि जगत में एक क्रम है, निरन्तरता है और वही निरन्तरता जगत के अंगीवादी रूप का आधार है।

(7) 'आंगिक संगठन' का एक प्रमुख लक्षण यह भी है कि उस संगठन से कुछ लक्ष्यों—उद्देश्यों की सिद्धि होती है। इन लक्ष्यों के कारण भी संगठन बना रहता है। ह्वाइटहेड इसे स्वीकारते हैं, तथा इस बात पर जोर देते हैं कि सृष्टि की कोई विधा निरूद्देश्य नहीं है। हर क्षण सृष्टि होती है, हर क्षण कुछ लक्ष्यों की प्राप्ति होती है। हर क्षण कुछ सम्भावनाएँ व्यक्त होती हैं। शाश्वत वस्तुओं (Eternal Objects) के रूप में सम्भावनाएँ अनन्त हैं। हर क्षण चुनाव होता है कि कौन-सी सम्भावनाओं को इस क्षण व्यक्त होना है। वही तो उस क्षण की सृष्टि का लक्ष्य है। जगत की सम्पूर्णता का लक्ष्य हर क्षण ऐसी सम्भावनाओं को व्यक्त करना है। अतः अंगीवादी संगठन का यह प्रमुख लक्षण भी ह्वाइटहेड के जगत-विचार में उपस्थित है।

इस प्रकार जगत के ऐसे संगठित रूप को प्रस्तुत करने के फलस्वरूप ही ह्वाइटहेड के जगत-विचार को अंगीवादी दर्शन (Philosophy of Organism) कहा जाता है।

❑

अध्याय 8

तार्किक भाववाद
(LOGICAL POSITIVISM)

भूमिका

बीसवीं शताब्दी के पूर्वार्द्ध के दूसरे भाग में तार्किक भाववाद का दर्शन बड़े प्रबल रूप में प्रभावशाली हुआ। यह कहना अनुपयुक्त नहीं होगा कि एक ढंग से इसने दार्शनिक चिन्तन के प्रचलित ढंग पर कुछ ऐसा तीव्र प्रहार किया कि इसके बाद दार्शनिक चिन्तन के ढंगों में सर्वथा नवीन परिवर्तन होते रहे।

तार्किक भाववाद के दर्शन के विवरण में एक कठिनाई है। यह एक वैचारिक गति है, जिसका प्रारंभ एक वैचारिक आंदोलन के रूप में हुआ। जिस आन्दोलन का जन्म कुछ लोगों के सम्मिलित प्रयास में हुआ, तथा इसके विकास में भी अनेक लोगों का योगदान होता रहा। प्रारम्भ में इन लोगों को ऐसा लगा कि वे जो कुछ भी कह रहे हैं, वह इतना सरल और स्पष्ट है कि उनके अवबोध में कोई कठिनाई उपस्थित हो ही नहीं सकती, किन्तु शीघ्र ही ऐसी-ऐसी वैचारिक कठिनाइयाँ उत्पन्न होने लगीं कि इनके समर्थकों में भिन्न-भिन्न लोग भिन्न-भिन्न कठिनाइयों से जूझने लगे। और यही इस विचार के सरल प्रस्तुतीकरण की मूल कठिनाई है। किसी एक विचार को स्पष्ट करने में कई विचारकों के विचारों का हवाला देना अनिवार्य हो जाता है। इन विचारकों में **लक्ष्य** एवं **सामान्य विधि** की समानता अवश्य है, किन्तु विशदीकरण में सब अपने-अपने ढंग से अग्रसर होते हैं। सबों का समवेत स्वरूप सामान्य दृष्टि, सामान्य लक्ष्य तथा सामान्य विधि तक सीमित अवश्य है, किन्तु कठिनाई है कि किसी वैचारिक कठिनाई को स्पष्ट करने में किसके विचार का साक्ष्य प्रस्तुत हो। यह कठिनाई पुस्तक की अपने स्थान की सीमा के कारण और बढ़ जाती है। अतः हम **सामान्य लक्ष्य** तथा **सामान्य विधि** को ध्यान में रखते हुए इसके सामान्य विचारों को संगठित करने का प्रयास करेंगे, तथा प्रसंगानुसार अलग-अलग विचारकों के विचारों का विवरण देते चलेंगे। किन्तु यह सामान्य विवरण दो मूल खण्डों में प्रस्तुत करेंगे—एक तो इसके यूरोपीय रूप में, जिस रूप में इसका उद्‌भव हुआ तथा जिस रूप में इसे 'तार्किक भाववाद' की संज्ञा मिली, तथा दूसरे इसके एक प्रबल रूप में जो ब्रिटिश दर्शन में उजागर हुआ तथा जिसे **एयर** (Ayer) ने **तार्किक अनुभववाद** (Logical Empiricesin) के नाम से प्रतिष्ठित किया।

पहले हम इस नाम की ही विशिष्टता को समझ लें। वैसे इस विचार के लिए **तार्किक भाववाद** तथा **तार्किक अनुभववाद** के अतिरिक्त **वैज्ञानिक अनुभववाद** (Scientific Empiricesin) का नाम भी प्रचलित हुआ हैं। किन्तु चलन **'तार्किक भाववाद'** का ही है, केवल ब्रिटेन जैसे अनुभववादी परम्परा के विचारकों ने इसे **तार्किक अनुभववाद** कहना ठीक समझा।

यह भाववाद (Positivism) है, तथा इसका भाववाद तार्किक (Logical) है। भाववाद क्या है? भाववादी दृष्टि एक ऐसी दृष्टि है जो विचार को आनुभविक तथ्यों के क्षेत्र तक सीमित रखना चाहती है, तथा अनुभावातीत अथवा काल्पनिक उड़ानों का सहारा नहीं लेने देती। इस प्रकार के एक दर्शन की स्थापना **अगस्त कौम्टे** (August Comte) ने की थी। उन्होंने दार्शनिक चिन्तन को वैज्ञानिक रूप देने की चेष्टा में दर्शन को आनुभविक तथ्यों तथा वैज्ञानिक विधि पर आधृत रखने की अनुशंसा की। कुछ उसी प्रकार की भाववादी दृष्टि तार्किक भाववाद ने भी अपनायी है। उनकी भी मान्यता है कि विचार को तथ्यों पर आधृत होना चाहिए। तथ्यों का ज्ञान मात्र विज्ञान के द्वारा ही संभव है, अतः इनकी मान्यता है कि दार्शनिक चिन्तन को विज्ञान के सबल आधार पर खड़ा होना चाहिए। दर्शन जो विश्व की समग्रता का चित्र खींचने का प्रयत्न करता रहा है, वह निरर्थक है, क्योंकि ऐसा कोई प्रयत्न अनुभव एवं विज्ञान पर आधृत नहीं।

अपने इस **भाववाद** को इन लोगों ने **तार्किक** (Logical) कहा है क्योंकि जिस ढंग अथवा विधि से इस भाववाद को सँवारा गया है वह विविध तार्किक है। इनकी मान्यता है कि इस भाववाद को स्थापित करने या सिद्ध करने की आवश्यकता नहीं क्योंकि अनुभव एवं विज्ञान ही इनके पक्ष में साक्ष्य प्रस्तुत करते हैं। अतः अनुभव एवं विज्ञान ही इस **भाववाद** का विषय है, किन्तु इस विषय का स्पष्टीकरण आवश्यक है। भाववाद विज्ञान पर आश्रित है। तार्किक भाववादी भी वैज्ञानिक कथनों को ही मूल मानते हैं, किन्तु वे कथन प्रायः अस्पष्ट तथा अनेकार्थक होते हैं। अतः उनका सही अर्थ-निरूपण अनिवार्य है, और यह कार्य दर्शन कर सकता है क्योंकि दर्शन के पास इस कार्य को संपन्न करने के लिए तार्किक विधियाँ हैं। अतः तार्किक भाववादी **तार्किक विश्लेषण** (Logical Analysis) तथा तार्किक संरचना (Logical Construction) की विधि को अपनाकर, उसी के माध्यम से अपने भाववादी निष्कर्ष को बढ़ाते हैं। इसी कारण इनका भाववाद तार्किक है।

कुछ अन्य लोगों ने भी इस प्रकार के विचार को आगे बढ़ाया है, किन्तु वे अपने विचार को **तार्किक अनुभववाद** के नाम से पुकारते हैं। इनमें ब्रिटिश दार्शनिक **ए० जे० एयर** (A. J. Ayer) प्रमुख हैं। एक तो यह बात है ही कि इंगलैंड की दार्शनिक परम्परा ही अनुभववादी है, जिसके फलस्वरूप कोई अंगरेज दार्शनिक—चाहे वह प्रत्ययवादी हो या वास्तववादी, चाहे वह तत्त्व-दार्शनिक हो या भाषा-दार्शनिक—'**अनुभव**' को केन्द्रीय बना ही लेता है। किन्तु यह अनुभववाद पारम्परिक अनुभववाद से भिन्न है। लोक, वर्कले, ह्यूम जैसे पारम्परिक अनुभववादी जब अनुभव का विश्लेषण करते हैं, तो वह विश्लेषण किसी-न-किसी रूप में मनोवैज्ञानिक हैं ही। किन्तु एयर जैसे तार्किक अनुभववादी अनुभव का तार्किक विश्लेषण करते हैं। यहाँ तार्किक विश्लेषण एक दृष्टि से भाषा-विश्लेषण है, वह भी भाषा-विश्लेषण का वह रूप जो मूर; रसेल, **प्रारम्भिक** विटगेन्स्टीन तथा कुछ यूरोपीय दार्शनिकों के विश्लेषण में उपलब्ध हैं। इस प्रकार के विश्लेषण का अन्तिम आधार कुछ मूल अनुभव-बिन्दु ही है—चाहे वे साक्षात् अनुभव में प्राप्त अणुवाक्य (Atomic Proposition) हो, अथवा सामान्य ज्ञान के अनुरूप उपलब्ध कुछ आनुभविक वाक्य। इसी कारण यह अनुभववाद तार्किक है।

इन नामों के प्रारंभिक समझ से इस विचार के विषय में कुछ प्रारंभिक जानकारी तो मिल जाती है, किन्तु इसके वैचारिक विषयवस्तु के विवरण के पहले इसके उद्भव एवं विकास के इतिहास का एक संक्षिप्त विवरण लेना अनिवार्य है।

तार्किक भाववाद के उद्‌भव एवं विकास का संक्षिप्त इतिहास

तार्किक भाववाद का उद्‌भव बीसवीं शताब्दी के तीसरे दशक में विएना में हुआ। कुछ व्यक्तियों ने मिलकर एक वैचारिक संगठन बनाया जिसे **'विएना सर्कल'** (Vienna Circle) के नाम से जाना गया। इसमें प्रमुख व्यक्ति **मौरिज स्लिक** (Mortiz Schlick) था। यह दर्शनशास्त्री, वैज्ञानिक, गणितज्ञ सबका संगठन था। इसमें दर्शन के क्षेत्र से स्लिक के अतिरिक्त ओटो न्यूराथ (Otto Neurath), रूडाल्फ कारनैप (Rudolf Carnap), हर्बट फाइगल (Herbert Feigl), फ्रेड्रिक वाइजमैन (Fredrich Waismann), विक्टर क्राफ्ट (Victo Craft) आदि थे, तथा गणित एवं विज्ञान की ओर से हंस हैन (Hans Hann), फिलिप फ्रैंक (Phiipp Frank), कर्ट गोडैल (Kurt Godel), आदि थे। प्रारम्भ में यह संगठन एक साधारण गोष्ठी—एक सामान्य क्लब के रूप में स्थापित हुआ, किन्तु 1929 में इसे वैचारिक पार्टी का रूप मिल गया। प्रारम्भ में ये लोग एकत्रित होकर सामान्य रुचि की समस्याओं पर विवेचना करते, किन्तु अब यह एक वैचारिक आंदोलन (Philosophical Movement) के रूप में प्रकट हुआ। फलतः इसके सामान्य लक्ष्य तथा विधियाँ सामान्य ढंग से निश्चित हुई। इनका लक्ष्य बन गया कि दार्शनिक चिन्तन को अनर्गल बातों से तथा काल्पनिक उड़ानों से हटा कर वैज्ञानिक भाववाद की स्थापना, समर्थन में लगाना है। इस उद्देश्य की स्थापना के लिए ढंग एवं विधियाँ निर्धारित होने लगीं, तथा उनके उपयोग प्रयोग की चेष्टा होने लगी।

उनके इस प्रकार के प्रयास के पीछे कुछ दार्शनिक विचार भी थे। दार्शनिक भाववाद, जो उन्नीसवीं शताब्दी में प्रचलित हुआ, उसका उल्लेख पहले हुआ है। उस प्रभाव में इन्हें भी प्रतीत हुआ कि कोई चिन्तन जो अनुभव एवं विज्ञान के ठोस धरातल पर न खड़ा रहेगा, वह अवास्तविक तथा कृत्रिम होगा। इसके अतिरिक्त उनपर बिटगेन्स्टीन के प्रारंभिक विचारों का भी प्रभाव पड़ा। तब तक विटेगेस्टीन का **ट्रेक्टेटस** (Tractatus Logic-Philosophicus) प्रकाशित हो चुका था। ऐसा नहीं था कि इस पुस्तक के विचार ही तार्किक भाववाद की प्रेरणा थे। नहीं, वैसा ही कुछ विचार इन लोगों ने ट्रैक्टेटस के प्रकाशन के पहले भी प्रकाशित कर लिया था। किन्तु इस पुस्तक में उन्हें अपने मतों से सादृश्यता दिखी, जिससे उन्हें बड़ा बल मिला, क्योंकि यह पुस्तक अपनी तार्किकता एवं गहराई के कारण शीघ्र ही बड़ी प्रभावशाली सिद्ध हुई थी। इस सम्प्रदाय के कुछ सदस्यों से, जैसे **स्लिक** तथा **वाइजमैन** के साथ विटगेन्स्टीन के वैयक्तिक संबंध भी थे।

1929 में इन्होंने अपने पहले अन्तर्देशीय कांग्रेस का आयोजन किया, जिसके फलस्वरूप इनका उत्साह और अधिक बढ़ गया, क्योंकि वर्लिन, स्कैन्डिनेभिया आदि देशों के कुछ विचारकों का भी इन्हें सहयोग मिला, इनमें बर्लिन स्कूल के **हंस राइचेनवाक** (Hans Reichenbach) **रिचर्ग वॉन मिसज** (Richard Von Mices), तथा स्कैन्डेनेविया के **जूरजन जोरजेन्सन** (Joergen Joergensen) आदि प्रमुख थे। अमेरिका में भी **चार्ल्स मोरिस** (Charles Morris), **क्वाइन** (Quine) तथा इंगलैंड में **स्टेबिंग, ब्रेथवेट, एयर** आदि भी समर्थक प्रतीत हुए। रुचिकर बात यह है कि इन सभी विचारकों का कुछ-न-कुछ योगदान इस विचार को बढ़ाने में अवश्य रहा है।

1930 में इन लोगों ने कारनैय तथा राइकनबाक के संपादन में एक पत्रिका का भी शुभारम्भ किया जो 'अरकेन्टनीस' (Erkenntnis) के नाम से प्रसिद्ध हुआ। इस प्रकार

1930 के बाद इस विचार में तीव्र प्रगति होती गयी। किन्तु धीरे-धीरे इसके सदस्य अलग होते गये। कारनैप प्राग चले गये, 34 में हैन (Hahn) की मृत्यु हो गयी, 1935 में स्लिक अपने एक पागल विद्यार्थी के हाथें मारा गया। हिटलर की नाजी सरकार ने इन लोगों के आंदोलन में राजनैतिकता का गंध पाया, जिसके फलस्वरूप इसके अधिकतर सदस्यों को देश छोड़कर भागना पड़ा। न्यूराथ, जो **हालैण्ड** चले गये थे, इसे जीवित रखने का प्रयत्न करते रहे, तथा **हेग** से उन्होंने **अरकेन्टनीस** पत्रिका का नाम बदलकर, उसे 'The Journal of Unnified Science' का नाम देकर प्रकाशित करने का प्रयास किया। कारनैप, जो अमेरिका चले गये, इसके सिद्धान्तों पर लिखते-सोचते रहे। फिर भी सदस्यों के अलग होने के कारण इसका प्रभाव टूटने लगा, तथा जिस तीव्रता से यह विचार अग्रसर हुआ था, उसी तीव्रता से यह धीमा भी होने लगा।

इस शिथिलता का एक वैचारिक कारण भी था। जैसा कि हमने भूमिका में ही देखा है, इस विचार के उत्पन्न होने का मूल कारण यह था कि ये लोग दर्शन के प्रचलित ढंग से क्षुब्ध थे। इन लोगों को यह विश्वास था कि प्रचलित तात्त्विक दर्शन (Metaphysics) ज्ञान के नाम पर अयथार्थ एवं काल्पनिक बातों का अम्बार लगा देता है। ये सभी भाववादी विचार विज्ञान से प्रभावित थे, तथा मानते थे कि वास्तविक ज्ञान मात्र विज्ञान ही दे सकता है। अतः तार्किक भाववाद का दो लक्ष्य बन गया था, एक निषेधात्मक तथा दूसरा भावात्मक। निषेधात्मक कार्य यह था कि तत्त्व-दर्शन का खण्डन/ निरसन किया जाय। इन लोगों ने इस उद्देश्य की पूर्ति यह दिखला कर करना चाहा कि तात्त्विक सत्ता संबंधी सभी कथन (Metaphy sical Statements) अर्थहीन हैं। इस बात को स्थापित करने के लिए उन्होंने एक **अर्थ-सिद्धान्त** (Theory of Meaning) प्रतिपादित किया जो **अर्थ के सत्यापन-सिद्धान्त** (Verificational Theory of Meaning) के नाम से विख्यात हुआ। अपने भावात्मक उद्देश्य की पूर्ति के लिए उन्होंने इस बात पर जोर दिया कि यदि यथार्थ ज्ञान विज्ञान (Science) में ही उपलब्ध हैं, तो दर्शन को इसे स्वीकार कर ही अग्रसर होना अनिवार्य है। अतः इनके अनुसार दर्शन का मूल कार्य विज्ञान के कथनों में निहित **अस्पष्टता, अनेकार्थकता** एवं **व्यामिश्र** को दूर करना है। इस कार्य के लिए इन लोगों ने **तार्किक भाषा-विश्लेषण** (Logical Analysis of Language) का ढंग निकाला।

अब इन दोनों ढंगों में कुछ ऐसी नवीनता थी कि विचारकों का ध्यान इन सिद्धान्तों पर स्वभावतः आकृष्ट हुआ। प्रथमतः जो इनका सत्यापन अर्थ-सिद्धान्त था, उसी की आलोचना आरंभ हो गयी। यह कहना गलत नहीं है कि 'तार्किक भाववाद' के ऐतिहासिक विकास का एक माध्यम इस प्रकार की आलोचनाएँ भी हैं। पहले-पहल इस सिद्धान्त का एक बड़ा सरल रुप प्रतिपादित हुआ, उसकी आलोचना हुई। इसके समर्थकों ने उन आलोचनाओं के आलोक में इस सिद्धान्त के जो प्रतिपादित रूप थे उनमें परिवर्तन करना आरम्भ कर दिया। और आलोचनाएँ हुईं, जिसके फलस्वरूप इस सिद्धान्त में और परिवर्तन करना अनिवार्य समझा गया (इनकी हम एक संक्षिप्त रूपरेखा आगे के एक उपखण्ड में खीचेंगे) होते-होते उनका यह **सत्यापन अर्थ-सिद्धान्त** दोष-ग्रस्त सिद्ध होने लगा। यह उनका केन्द्रीय सिद्धान्त था, इसी सिद्धान्त के आधार पर वे तात्त्विक उक्तियों को निरर्थक सिद्ध कर रहे थे। किन्तु, जब उनका केन्द्रीय स्तम्भ ही कमजोर पड़ने लगा, तो उनके विचार की उग्रता एवं तेजी शिथिल होने लगी।

कुछ ऐसा ही उसकी भावात्मक योजना के साथ भी हुआ। उन्होंने वैज्ञानिक उक्तियों की अस्पष्टता एवं अनेकार्थकता को दूर करने के प्रयास में एक **तार्किक विश्लेषण** की विधि को रूप दिया। किन्तु यह विधि भी कुछ पूर्वमान्यताओं से ग्रसित रही, तथा इसकी माँगें कुछ इतनी कड़ी बन गयीं कि यह विधि पूर्णतया आकारिक (Formal) विधि बनती गयी। फलतः इसके विरुद्ध भी प्रतिक्रिया हुई। इस विधि को प्रतिपादित करनेवालों को ही ऐसा प्रतीत होने लगा कि यह विधि भाषा-विश्लेषण का दावा तो करती है, किन्तु भाषीय अभिव्यक्तियों के सभी ढंगों का विश्लेषण नहीं कर सकती। इस विश्लेषण की माँगें कुछ इतनी कड़ी हैं कि इस प्रकार का विश्लेषण पूर्णतया नियमनिष्ठ औपचारिक विश्लेषण (Formal Analysis) हो जाता है। किन्तु इन लोगों को प्रतीत होने लगा कि भाषीय अभिव्यक्तियाँ इतने विविध प्रकार की हैं कि उनका विश्लेषण अनौपचारिक (Informal Analysis) होना चाहिए। फ़लतः अनौपचारिक विश्लेषण के नये-नये प्रभावशाली ढंग स्पष्ट होने लगे तथा तार्किक भाववादी योजना शिथिल पड़ने लगी।

किन्तु, इसका यह अर्थ नहीं कि तार्किक भाववाद का कोई प्रभाव ही नहीं पड़ा। नहीं, इसके विपरीत इस वैचारिक आन्दोलन का प्रभाव स्पष्ट है। दार्शनिक चिन्तन की प्रगति में जब-जब ठहराव आने लगता है, अथवा जब-जब यह आवश्यकता से अधिक अमूर्त, अवास्तविक एवं काल्पनिक होने लगता है, तब-तब उसकी सार्थकता और उसकी प्रासंगिकता का प्रश्न उठ खड़ा होता है। उस समय कोई मौलिक ढंग से नवीन विचारधारा दार्शनिक चिन्तन के प्रचलित ढंग को झटका दे ही देती है, तथा उसे सजग कर नये ढंग से सार्थक तथा प्रासंगिक बनाने का प्रयास करती है। उस समय का यह प्रयास भले ही बहुत दिन जीवित न रहे, किन्तु उसकी सार्थकता दार्शनिक चिन्तन को झकझोर देने में है। उस सजगता में दार्शनिक चिन्तन चिन्तन की नयी दिशाएँ एवं विचार के नये आयाम ढूँढ़ लेता है। इस दृष्टि से **'तार्किक भाववाद'** का दार्शनिक चिन्तन की प्रगति में अतुल्य योगदान है। इस झकझोर के फलस्वरूप समकालीन पाश्चात्य दर्शन सर्वथा नये-नये रूपों में निखरने लगा। यही 'तार्किक भाववाद' का ऐतिहासिक महत्त्व है।

अतः इस विचारधारा के मूल पहलुओं की संक्षिप्त जानकारी अनिवार्य है। इसे हम मूलतः दो खण्डों में देखेंगे। एक तो **तार्किक भाववाद** के अन्तर्गत तथा दूसरा **तार्किक अनुभववाद** के अन्तर्गत। दोनों दो विचार नहीं, दोनों में सामान्य बातों में पूर्ण मतैक्य है। अन्तर यही है कि पहले के अन्तर्गत उन विचारों को स्पष्ट किया जायगा जो 'विएना सर्कल' में उभरे तथा मूलतः उस सर्कल के सदस्यों के द्वारा सँवारे गये। दूसरे में हम इस विचारधारा के ब्रिटिश रूप का विवेचन करेंगे, जहाँ अपनी परम्परा के अनुरूप इसे 'तार्किक भाववाद' के स्थान पर 'तार्किक अनुभववाद' कहा गया। इसमें हम एयर (Ayer) के विचारों का उल्लेख करेंगे। दोनों खण्डों में अन्तर 'भाववाद' तथा अनुभववाद' के नामों के अनुरूप स्पष्ट होगा, किन्तु मूलतः सामान्य बातों में दोनों विचार एक जैसे हैं। इन दोनों खण्डों में हम तीन-तीन विषयों का विवरण प्रस्तुत करेंगे—(क) इनका अर्थ-सिद्धान्त (ख) इनके द्वारा तत्त्वमीमांसा का खण्डन, तथा (ग) इनके अनुसार दर्शन का कार्य एवं लक्ष्य। पहले हम 'विएना सर्कल' के सदस्यों पर केन्द्रित तार्किक भाववाद के अन्तर्गत इन तीनों खण्डों का विवेचन करें।

'विएना सर्कल' में विकसित तार्किक भाववाद

1. अर्थ-सिद्धान्त (*Theory of Meaning*)

हमने देखा है कि तार्किक भाववादी विज्ञान से बड़े प्रभावित हैं। उनकी यह मान्यता है कि विज्ञान से ही ज्ञान मिलता है, जानकारी मिलती है। अतः उनके विचार में वही स्रोत जानकारी देने का अधिकारी है जो वैज्ञानिक ढंग से जानकारी दे सके। विज्ञान की नींव निरीक्षण-प्रयोग आदि पर आधृत है, अतः वही वाक्य ज्ञानात्मक कहा जा सकता है, जिसका आधार निरीक्षण या अनुभव हो। इसी दृष्टि से उन्होंने अर्थ का एक सिद्धान्त प्रतिपादित किया जिसे अर्थ का सत्यापन सिद्धान्त (Verificational Theory of Meaning) कहा जाता है।

(क) टैक्टटस का प्रभाव

इस सिद्धान्त को विकसित करने के प्रयत्न में वे विटगेन्स्टीन के टैक्टटस में निरूपित विचार से प्रभावित जान पड़ते हैं। वैसे विटगेन्स्टीन ने अपने को इनके साथ कभी नहीं जोड़ा, किन्तु इन लोगों ने उनका हवाला दिया है। अतः पहले हम विटगेन्स्टीन के विचार के उस अंग का संक्षिप्त विवरण करेंगे जिसका इनके **सत्यापन सिद्धान्त** पर प्रभाव है।

विटगेन्स्टीन के अनुसार भाषा सूचनात्मक अर्थ में ज्ञान तभी दे सकती है, जब उससे किसी-न-किसी रूप में **तथ्यों** (Facts) का अथवा **वस्तुस्थिति** (State of affairs) की जानकारी मिले। किन्तु स्पष्ट है कि हमारी सामान्य-साधारण भाषा जिससे हम सूचना देते या पाते हैं, इस प्रकार सरल रूप में किसी वस्तुस्थिति का निर्देश नहीं करती। विटगेन्स्टीन का कहना है कि यदि भाषा का ज्ञानात्मक होने का दावा सही है, तो उसका विश्लेषण किया जा सकता है, जिस विश्लेषण के फलस्वरूप अन्ततः एक **प्राथमिक वाक्य** मिलेगा, जो रसेल के अणुवाक्य (Atomice Proposition) जैसा है, जिससे वस्तुस्थिति का निर्देश होगा। विटगेन्स्टीन ऐसे वाक्यों को **प्राथमिक वाक्य** (Elementary Proposition) कहते हैं। उनका कहना है कि वे पूर्णतया सरल तथ्यों के अनुरूप हैं, अतः उनसे सरल तथ्यों की जानकारी होती है। जो ज्ञानसूचक भाषा है, वह अन्ततः ऐसे ही प्राथमिक वाक्यों से निर्मित है। इस प्रकार के मिश्रित वाक्यों की सत्यता-असत्यता इन्हीं प्राथमिक वाक्यों की सत्यता-असत्यता पर निर्भर है। और इनकी सत्यता-असत्यता का मापदण्ड इनका सरल तथ्यों अथवा वस्तुस्थिति के अनुरूप होने में हैं।

इस प्रकार के सभी वाक्यों के साथ यह होना ही है कि वे कुछ वस्तुस्थिति के अनुरूप होंगे, तथा कुछ वस्तुस्थिति से असंगत होंगे। वस्तुस्थिति की अनुरूपता से उनकी सत्यता निर्धारित होती है, तथा वस्तुस्थिति से असंगत होने से उनकी असत्यता स्पष्ट होती है। वैसे विटगेन्सटीन इस संदर्भ में दो चरम उदाहरण (extreme cases) की बात भी करते हैं, एक तो वह स्थिति होगी जहाँ वाक्य सभी संभव वस्तुस्थिति से संगत हो, तथा दूसरा वह जहाँ वाक्य किसी वस्तुस्थिति से संगत न हो। विटगेन्स्टीन पहले प्रकार के वाक्य को पुनरुक्ति (Tautology) कहते हैं, तथा दूसरे प्रकार के वाक्य को **व्याघात** (Contradiction) कहते हैं। रुचिकर बात यह है कि इन दोनों में से कोई विश्व के विषय में, या तथ्यों के विषय में कोई जानकारी नहीं देता। पुनरुक्ति हर प्रकार की वस्तुस्थिति के लिए सत्य है, अतः किसी विशेष वस्तुस्थिति का ज्ञान नहीं दे सकते, व्याघात किसी वस्तुस्थिति के अनुरूप नहीं है, अतः वे किसी वस्तुस्थिति की कोई जानकारी नहीं दे सकते। तो,

विटगेन्स्टीन के अनुसार वैसे ही वाक्यों से जानकारी मिल सकती है जो या तो स्वयं प्राथमिक वाक्य (Elementary Proposition) हों या ऐसे वाक्य हों जिनकी सत्यता-असत्यता उन प्राथमिक वाक्यों पर निर्भर हो जिनसे वे निर्मित हों। अतः उनके अनुसार प्राथमिक वाक्य ही मूल हैं जिनके बल पर जानकारी-अथवा सूचनात्मक ज्ञान मिलता है। और **उनकी इस क्षमता का आधार मात्र यही है कि वे वस्तुस्थिति को चित्रित करने में समर्थ हैं**।

इस विचार से अर्थ का एक मापदण्ड निकल आता है। स्पष्ट है कि इन वाक्यों के सत्य-असत्य होने का आधार अनुभव पर चला आता है। यदि कोई वाक्य किसी वस्तुस्थिति को चित्रित नहीं करता, यदि किसी वाक्य का कोई तथ्यात्मक आधार नहीं है, यदि वह कोई तथ्य सूचित नहीं करता तो वह वस्तुतः वाक्य है ही नहीं, वाक्य जैसा दीखनेवाला छद्म-वाक्य (Pseudo Proposition) है।

तार्किक भाववादी-विटगेन्स्टीन के इस प्रारंभिक विचार से बड़े प्रभावित हुए, फलतः उन्होंने यह सोचा कि वाक्यों कि सार्थकता उनके अनुभव-आश्रित होने में है। यदि वही वाक्य वाक्य है, जो किसी तथ्य या वस्तुस्थितिं का निर्देश करे, तो आनुभविक तथ्यों के अनुरूप होना, वाक्यों की अर्थपूर्णता का मापदण्ड बन जाता है। इसी विचार को तार्किक भाववाद ने आगे बढ़ाया तथा उसे अर्थ के सत्यापन-सिद्धान्त का रूप दिया। अब हम तार्किक भाववाद के अर्थ-सिद्धान्त की विवेचना करेंगे।

(ख) स्लिक का प्रारम्भिक मत

विभिन्न तार्किक भाववादी विचारकों ने इस सिद्धान्त पर बड़ा विशद् चिन्तन किया है। उन सभी विचारों का पूर्ण परिचय तो संभव नहीं है। हम मौरिस स्लिक (Moritz Schliek) के विचारों की मूल बातों का उल्लेख कर यह दिखायेंगे कि कैसे-कैसे इस सिद्धान्त में परिवर्त्तन होता रहा है। बात है कि इस सिद्धान्त के प्रथम प्रतिपादन से ही इसके विरुद्ध आपत्तियाँ उठती रहीं, तथा इसके समर्थक उन आपत्तियों के आलोक में इसमें परिवर्त्तन करते रहे। फलतः यह सिद्धान्त विभिन्न रूपों में परिवर्तित होता हुआ विकसित हुआ है। इसके विकास का विवरण भी अनिवार्य ही है।

स्लिक का कहना है कि हम जब भी यह पूछते हैं कि 'इसका अर्थ क्या है?', तो हम यही आशा रखते हैं कि हमारे समक्ष उन स्थितियों का विवरण प्रस्तुत होगा जिन स्थितियों में वह वाक्य सत्य होगा, अथवा जिन स्थितियों में वह वाक्य असत्य होगा, दूसरे शब्दों में यह भी कहा जा सकता है कि किसी भी कथन के अर्थ बताने का मात्र एक ही ढंग संभव है, तथा वह है कि **उन तथ्यों का विवरण कर दिया जाय जिनका होना उस कथन के सत्य होने के लिए अनिवार्य है**। इस बात को स्पष्ट करते हुए स्लिक कहते हैं,.......whenever we ask about a sentence, ' what does it 'mean', what we expect is instruction as to the circumstances in which the sentence is to be used; we want a description of the conditions under which the sentence will form a *ture* proposition, and to those which will maje it *false*". इसे एक अन्य रूप में अधिक स्पष्ट किया जा सकता है। हम किसी वाक्य का अर्थ कैसे समझते हैं? कहा जा सकता है कि यह सम्भव होता है जब उस वाक्य में व्यवहृत शब्दों का अर्थ समझें। शब्दों का अर्थ तो शब्दों को परिभाषित करके स्पष्ट किया जाता है। किन्तु, हर परिभाषा में नये-नये शब्दों का व्यवहार होता है? उनका अर्थ कैसे स्पष्ट होगा? पुनः दूसरी परिभाषा

देनी होगी। किन्तु यह परिभाषा देने का सिलसिला कैसे रुकेगा? वह सिलसिला तभी रुकेगा जब अन्ततः शब्दों के अर्थ को दिखाया जा सके। अतः अन्ततः हमें शब्दों के अर्थ का निर्देश करना पड़ता है, अर्थ तभी स्पष्ट होता है जब किसी आनुभविक तथ्य की ओर संकेत हो सके।

इस विवेचन का सारांश सरल एवं स्पष्ट है—हम किसी भी वाक्य को अर्थपूर्ण तभी कह सकते हैं जब उसके सत्य या असत्य होने पर जो अन्तर पड़े, उस अन्तर की आनुभविक परीक्षा हो सके, जो, स्लिक की भाषा में **परीक्षणीय भेद** (Verifiable difference) उत्पन्न कर सकें। परीक्षणीय भेद तभी संभव है, जब वह भेद अनुभव में दिखाई दे—जिस भेद का आनुभविक निर्देश हो सके, क्योंकि परीक्षणीय वही होता है जो अनुभव-प्रदत्त हो। अतः स्लिक अर्थ का एक सरल मापदण्ड पा लेते हैं। किसी वाक्य के अर्थ बताने का अर्थ बस यह है कि उन **ढंगों को बता दिया जाय जिससे इसका सत्यापन-अस्तयापन हो सके**। इसी कारण स्लिक कहते हैं कि **किसी वाक्य का अर्थ उसके सत्यापन की विधि है** (The meaning of a proposition is the method of its Verification),

स्लिक का दावा है कि उनका यह मत (अपने इस मत को वे सिद्धान्त कहना पसन्द नहीं करते) विज्ञान तथा सामान्य ज्ञान (Science and Common-Sense) दोनों के अनुरूप है। उनका यह भी दावा है कि वस्तुतः व्यवहार में सदा से इस मापदण्ड का उपयोग होता रहा है, केवल इसे स्पष्ट वैचारिक मान्यता नहीं मिली। तार्किक भाववाद ने इसे मान्यता देकर दर्शनशास्त्र में इसे प्रतिष्ठित किया है।

(ग) कारनैप का मत

कारनैप ने इसी प्रकार के मत को दूसरे रूप में स्पष्ट किया है। उनका कहना है कि किसी भी वाक्य के दो अंश होते हैं—**शब्द-भंडार** (Vocabulary) तथा **वाक्य-विन्यास** (Syntax)। शब्द-भंडार का अर्थ है ऐसे शब्दों का समूह जिनका अर्थ हो, तथा वाक्य-विन्यास से उनका तात्पर्य उन नियमों से हैं जिनके आधार पर वाक्य निर्मित होते हैं। वाक्य अर्थहीन दो प्रकार से हो जाते हैं, एक तो तब जब कि शब्दों से ही कोई अर्थ सूचित न हो, तथा दूसरा तब जब कि शब्दों के अर्थपूर्ण रहते हुए भी वाक्यों के निर्माण में वाक्य-विन्यास के नियम का उल्लंघन हुआ है। 'वह बन्ध्या-पुत्र है'—यह पहले प्रकार का निरर्थक वाक्य है, क्योंकि इसमें 'बन्ध्या-पुत्र' शब्द ही से कोई अर्थ सूचित नहीं होता। 'ईमानदारी गेंद खेलती है'—यह दूसरे प्रकार का निरर्थक वाक्य है क्योंकि यहाँ सभी शब्दों (ईमानदारी, गेंद, खेलना) से अर्थ सूचित होते हुए भी वाक्य-निर्माण के नियम का उल्लंघन हुआ है, क्योंकि इन शब्दों को वाक्य-विन्यास के नियम के अनुसार जोड़ा नहीं गया है।

कारनैप इन वाक्यों की निरर्थकता का विश्लेषण करते हुए वाक्यों के अर्थ-निर्धारण का एक आधार दे देते हैं जो पुनः परीक्षणीयता (Verification) अथवा सत्यापन का ही आधार बन जाता है। उनका कहना है कि अर्थपूर्ण भाषा अर्थपूर्ण इसी कारण है कि उसके आधार कुछ ऐसे **निरीक्षण-वाक्य** (Observation Sentences) अथवा **स्वानुभवमूलक वाक्य** (Protocol Statements) हैं जो उसके सत्यापन के आधार हैं। उदाहरणतः हम उन्हीं के द्वारा दिया गया उदाहरण लें, 'मानव-सदृश्य सभी जीव (anthropodes) ऐसे जीव होते हैं जिनके खण्डयुक्त अवयव होते हैं तथा जोड़वाले पैर होते हैं'। कारनैप के अनुसार इस वाक्य की सार्थकता उन **स्वानुभवमूलक वाक्यों** पर निर्भर है जिनका स्पष्ट

आनुभविक निर्देश है, जैसे 'वह एक जीव है', 'उसके अवयव खण्डयुक्त हैं, उसका पैर जोड़वाला है', इन सभी वाक्यों का आनुभविक आधार है, तथा इन्हीं के आधार पर पूरे वाक्य की सार्थकता निर्भर करती है। अतः कहा जा सकता है कि वही वाक्य सार्थक है, जिसकी सार्थकता का आधार स्वानुभवमूलक वाक्य है। अर्थात् यहाँ भी यही निष्कर्ष निकल आता है कि वाक्यों की सार्थकता अन्ततः अनुभव परीक्षण अथवा अनुभव आश्रय पर निर्भर करती है। न्यूराथ ने भी इस प्रकार के स्वानुभवमूलक वाक्यों (Protocol Sentences) का उल्लेख किया है। उनके अनुसार इस वाक्य में एक व्यक्तिवाचक-संज्ञा होती है जो अन्य पदों से संबंधित होती है, तथा इससे कुछ तथ्यात्मक निर्देश मिलता है—कुछ ऐसी सूचना मिलती है जो सरल रूप में घटित है। यह वाक्य उन्हीं अनुभवों की सूचना है। जो भाषा अन्ततः ऐसे स्वानुभवमूलक वाक्यों पर आधृत नहीं है, उनकी सार्थकता स्पष्ट नहीं हो सकती। अतः न्यूराथ भी उसी प्रकार के निष्कर्ष पर पहुँचते हैं जिस पर कारनैप पहुँचते हैं।

(घ) सत्यापन सिद्धान्त में परिवर्तन

अर्थ के सत्यापन सिद्धान्त के इस प्रतिपादन के विरुद्ध इतनी आपत्तियाँ उठायी गईं कि इसके समर्थकों को लगातार कुछ स्पष्टीकरण करना पड़ा तथा उसके परिणामस्वरूप इसके प्रारंभिक रूप में कुछ परिवर्त्तन भी करना पड़ा। हम यहाँ ऐसे दो प्रमुख परिवर्त्तनों का उल्लेख करेंगे।

सबसे पहला प्रश्न तो यह उठता है कि सत्यापन अथवा परीक्षणीयता (Verification) से तार्किक भाववाद का क्या तात्पर्य है? क्या इससे वे वास्तविक परीक्षणीयता (actual Verification) समझते हैं? यदि वाक्यों की अर्थपूर्णता अनुभव-परीक्षा पर आश्रित है, तो क्या उनका तात्पर्य यह है कि कोई वाक्य तब तक अर्थपूर्ण नहीं हो सकता जब तक उनसे सूचित स्थितियों का वास्तविक अनुभव न हो जाय? यदि सत्यापन का यह अर्थ लिया जाय तो कठिनाई उपस्थित होती है। बहुत से ऐसे वाक्य हैं जिनकी **वास्तविक** अनुभव-परीक्षा संभव नहीं है। यदि इसे ही अर्थपूर्णता का आधार माना जाय तो इतिहास के सभी वाक्य अर्थहीन हो जायेंगे, क्योंकि उनसे सूचित होनेवाली घटनाओं की **वास्तविक** अनुभव-परीक्षा संभव नहीं है। उनके सामने यह उदाहरण उपस्थित होता है, "चन्द्रमा के दूसरे ओर एक पर्वत शृंखला है।" इस वाक्य की **वास्तविक** अनुभव-परीक्षा संभव नहीं है (उस समय चन्द्रमा पर पहुँचने के अभियान का प्रारंभ भी नहीं हुआ था)। किन्तु, यह वाक्य तो सर्वथा अर्थपूर्ण प्रतीत होता है।

इस कठिनाई के समाधान के प्रयत्न में तार्किक भाववाद ने अपनी ओर से स्पष्टीकरण प्रस्तुत किया है। वे स्वीकारते हैं कि जब वे **परीक्षणीयता** अथवा **सत्यापन** को अर्थपूर्णता का आधार मानते हैं, तो उनका तात्पर्य वास्तविक अनुभव-परीक्षा से नहीं है। उनका तात्पर्य है कि 'सिद्धान्ततः उनकी अनुभव-परीक्षा संभव' हो। 'चंद्रमा में पर्वत-शृंखला है' वाले उदाहरण का विश्लेषण करते हुए स्लिक कहते हैं, कि सिद्धान्ततः यह असंभव नहीं कि मानव उन सभी उपकरणों को इकट्ठा कर लें जिनके द्वारा चन्द्रमा पर जाना संभव हो। यदि वैज्ञानिक ढंग से यह स्थापित भी हो जाता है कि चन्द्रमा पर जाकर यह देखना कि वहाँ पर्वत शृंखला है या नहीं असंभव है, फिर भी यह वाक्य अर्थहीन नहीं होता, क्योंकि हम उन सभी बातों का स्पष्ट विवरण दे सकते हैं, जिनके द्वारा इस बात की अनुभव-परीक्षा संभव हो सकती है। अर्थात् इस वाक्य की अनुभव-परीक्षा **तर्कतः** संभव है। (Logically possible) अतः परीक्षणीयता की कसौटी **वास्तविक** अनुभव-परीक्षा नहीं, अनुभव-परीक्षा की संभावना है।

एक दूसरी कठिनाई जो तार्किक भाववाद के समक्ष प्रस्तुत की गई वह अधिक महत्त्वपूर्ण सिद्ध हुई, क्योंकि उसके समाधान में इस सिद्धान्त के समर्थकों का मतभेद प्रकाश में आ गया। यदि अर्थ के सत्यापन सिद्धान्त का यह कथन है कि वही वाक्य अर्थपूर्ण है जिसे अनुभव-परीक्षा के द्वारा सत्य या असत्य सिद्ध किया जा सके, तो प्रश्न उठता है कि क्या उनका तात्पर्य यह है कि वाक्य तभी-अर्थपूर्ण होगा जब या तो उसे निश्चित रूप से सत्य या निश्चित रूप से असत्य बताया जा सके? क्या परीक्षणीयता से उनका तात्पर्य **निश्चयात्मक परीक्षणीयता** (Conclusive Verification) है? यदि ऐसा है तो अनेक प्रकार की कठिनाई तथा विसंगतियाँ उत्पन्न हो जायेंगे। सभी प्रकार के पूर्णव्यापी वाक्य अर्थहीन बन जायेंगे। विज्ञान के वाक्य भी अर्थहीन बन जायेंगे। जैसे इन वाक्यों को देखें—'तत्त्वों में आकर्षण-शक्ति होती है' 'सभी मनुष्य मरणशील हैं' आदि। इन वाक्यों की **निश्चयात्मक अनुभव-परीक्षा** तो संभव नहीं है, तो क्या ये वाक्य अर्थहीन हैं? इस कठिनाई के समाधान में इस मत के समर्थकों में स्पष्ट मतभेद प्रकट हुआ। स्लिक ने तो इसका विचित्र समाधान दिया, उनका कहना है कि वस्तुत-ज्ञानात्मक दृष्टि से ये सभी वाक्य तो अर्थहीन हैं, क्योंकि इसके वास्तविक अर्थ का अवबोध नहीं होता। किन्तु इन्हें महत्त्वपूर्ण निरर्थक वाक्य (Important Non-sense) कहा जा सकता है, क्योंकि इनका आधार अनुभव है। वस्तुतः इनकी अनुभव-परीक्षा संभव नहीं, हालांकि इनकी स्थापना की चेष्टा अनुभव के आधार पर है।

किन्तु, दूसरे विचारकों को यह समाधान संतोषपद्र प्रतीत नहीं हुआ, क्योंकि उन्हें लगा कि इन वाक्यों के पूर्ण अर्थ का पूर्ण अवबोध भले ही संभव न हो, यह वाक्य अर्थहीन नहीं। इस स्थल पर **कार्ल पौपर** (Karl Popper) के मत का उल्लेख वांछनीय है। कार्ल पौपर तार्किक भाववाद के साथ पूर्णतया जुड़े नहीं रहे हैं, हालांकि उनका सम्पर्क इससे रहा है। उनका मत इन सबों से भिन्न तथा पूर्णतया मौलिक है। उनका कहना है कि परीक्षणीयता का अर्थ अनुभव के द्वारा वाक्य की **स्थापना नहीं** है, बल्कि अनुभव में उस वाक्य की मिथ्यापनीयता की **संभावना** (Falsification) है। कोई वाक्य अर्थपूर्ण हो जाता है यदि अनुभव में उसके मिथ्याकरण की संभावना स्पष्ट हो जाय। ऊपर दिये दोनों पूर्णव्यापी वाक्यों ('तत्त्वों में आकर्षणशक्ति है', तथा 'सभी मनुष्य मरणशील है') को अनुभव **स्थापित नहीं कर** सकता किन्तु, यह संभावना स्पष्ट है कि यदि अनुभव में एक विरोधी उदाहरण भी प्राप्त हो जाय तो यह वाक्य खण्डित हो जायगा। यही अनुभव के द्वारा इसके असत्य बन जाने की संभावना, अनुभव से इसके **मिथ्याकरण** की संभावना इस वाक्य को अर्थपूर्ण बनाता है। तो कार्ल पौपर के अनुसार अर्थपूर्णता का आधार **सत्यापन नहीं मिथ्यापनीयता** (Falsification) है।

पौपर अपने ढंग से प्रभावशाली हुए, किन्तु तार्किक भाववाद में इस मत को प्रश्रय नहीं मिला। इस परम्परा के बाद के विचारकों ने इस समस्या का समाधान दूसरे ढंग से निकाला। उन लोगों का कहना है कि वस्तुतः इस वाक्य की अर्थपूर्णता को सामान्य आनुभविक वाक्यों (जैसे, 'दिवाल उजली है') की अर्थपूर्णता के ढंग पर आंकना नहीं है, क्योंकि ये वाक्य सूचनात्मक नहीं हैं, **निश्चयात्मक वृत्ति** (Indicative mood) में नहीं है। वस्तुतः यह कोई स्थापना नहीं करता, इस प्रकार के वाक्य तो **हेत्वाश्रित** (Hypothetical) वाक्य है। उदाहरणतः 'सभी मनुष्य मरणशील हैं' वाक्य 'क मरणशील है', 'ख मरणशील

है' आदि वाक्यों को स्थापित नहीं कर रहा। यह बिना कोई स्थापना किसे मात्र यही कर रहा है कि 'यदि क मनुष्य है, तो वह मरणशील है।' किसी मनुष्य के विषय में यह कुछ नहीं कह रहा है।

ऊपर दिया विवेचन तार्किक भाववाद से बहुत आगे निकल जाता है, इसलिए उसके विशदीकरण में हम प्रवेश नहीं करेंगे। इस कठिनाई का सबसे सुन्दर समाधान एयर (Ayer) ने दिया है। एयर के मत का हम अलग से विवेचन करेंगे। यहाँ हम मात्र यही कहेंगे कि एयर ने अनुभव-परीक्षा के स्वरूप के संबंध में एक बड़ा उपयोगी स्पष्टीकरण प्रस्तुत किया है। उनका कहना है कि परीक्षणीयता का अर्थ निश्यचयात्मक परीक्षणीयता (Conclusive Verification) नहीं है, बल्कि **संभावनासूचक परीक्षणीयता** (Probable Verification) है। उनका तात्पर्य यह है कि विज्ञान के वाक्य तथा पूर्णव्यापी वाक्य अर्थपूर्ण हैं, इसलिए नहीं कि अनुभव से उनका निश्चयात्मक सत्यापन हो जाता है, बल्कि इसलिए कि अनुभव से उनके सत्य होने की संभावना स्पष्ट होती है। (इसका विस्तार से विवरण एयर के मतों के विवचेन के अन्तर्गत किया जायगा)।

इस सिद्धान्त के मार्ग में एक और कठिनाई उपस्थित होती है, जिसकी ओर **सी॰ आई॰ लेविस** (C. I. Lewis) ने संकेत किया है। उनका कहना है कि उनका यह सत्यापन सिद्धान्त आत्म-आश्रित (ego-centric) हो जाता है। यदि अर्थपूर्णता की कसौटी परीक्षणीयता है, तो परीक्षण करने वाला केन्द्रीय बन ही जाता है। उनका कहना है कि वें स्वीकारते हैं कि तार्किक भाववाद का अभिप्राय इस सिद्धान्त को आत्म-केन्द्रित बनाना नहीं हैं, किन्तु जिस प्रकार से यह सिद्धान्त प्रतिपादित होता है उससे यह आत्मनिष्ठ (Solipsistic) प्रतीत होता ही है। **स्लिक ने लेविस** के द्वारा बतायी गयी इस कठिनाई पर विचार किया है। उनका कहना है कि इस प्रकार की कठिनाई को और बल मिल जाता है क्योंकि कारनैप जैसे प्रबल तार्किक भाववादी ने एक विशेष संदर्भ में **विधिमूलक आत्मनिष्ठता** (Methodological Solipsism) का उल्लेख ही नहीं, समर्थन भी किया है। स्लिक का कहना है कि ऐसी उक्तियों के उपयोग से भ्रान्ति तो उत्पन्न नहीं होती। विधिमूलक आत्मनिष्ठता **आत्मनिष्ठवाद नहीं** है, बल्कि कारनैप की दृष्टि में भी अवधारणा-निर्माण (building up of Concepts) की विधि है। स्लिक का कहना है कि तार्किक भाववाद पर आत्मनिष्ठतावाद का आरोप सर्वथा गलत है, क्योंकि जो ऐसा कहते हैं, वे वस्तुतः इसके मूल विचार-बिन्दु को पकड़ नहीं पाते। उनके अनुसार अध्यात्मवाद या प्रत्ययवाद (Idealism) अपने हर रूप में **आत्म** (Self) को केन्द्रीय बनाकर अग्रसर होता है। तार्किक भाववाद 'अनुभव' को केन्द्रीय बनाता है। वह 'आत्म' के संबंध में दिये गये कथनों को भी अर्थहीन कह देता है, क्योंकि 'आत्म' का अनुभव में आनुभविक आधार नहीं मिलता, आत्म-संबंधी कथनों की आनुभविक परीक्षा संभव नहीं।

इस प्रकार तार्किक भाववाद के **सत्यापन सिद्धान्त** (Verefication Principle) का मूल कथन यही है कि वही वाक्य या कथन या स्थापना अर्थपूर्ण माना जा सकता है जिसकी अनुभव-परीक्षा संभव हो-जो आनुभविक दृष्टि से संभव हो। आनुभविक संभावना (empirical Possibility)—अनुभव से सत्यापन—परीक्षा की संभावना अर्थपूर्ण की कसौटी बन जाती है। बाद में तो आपत्तियों का उत्तर देते हुए स्लिक ने तो 'आनुभविक दृष्टि से संभव (empirically Possible) का अर्थ बड़ा ही विस्तृत कर दिया गया तथा कहा कि ऐसी हर

चीज जो **प्रकृति-नियमों** को खण्डित नहीं करती आनुभविक दृष्टि से संभव है। जो प्रकृति के नियमों से संगत है, वह अनुभव में संभव है। इस स्पष्टीकरण से नये प्रकार की कठिनाईयाँ उपस्थित हो जाती हैं, क्योंकि तब 'प्रकृति के नियम क्या हैं?' क्या उन नियमों की जानकारी हमें रहती है?' आदि प्रश्न उठ जाते हैं। अतः हम तार्किक भाववाद के अर्थ के सत्यापन सिद्धान्त का निष्कर्ष यही कह करके देखेंगे कि इसके अनुसार अर्थपूर्णता की कसौटी अनुभव **परीक्षा की संभावना** है।

एक विकल्प अभी भी शेष रह जाता है। कुछ वाक्य ऐसे भी प्रतीत होते हैं जिनकी अनुभव-परीक्षा की संभावना भी नहीं है, फिर भी वे अर्थहीन प्रतीत नहीं होते। उदहारणतः हम इतिहास के वाक्यों को देखें, विज्ञान के सैद्धान्तिक मान्यताओं के संबंध में वाक्यों को देखें (Specefic Gravity, Vitamins आदि)। इनकी अनुभव-परीक्षा संभव नहीं, फिर भी वे अर्थहीन नहीं माने जाते। कुछ तार्किक भाववादी विचारकों ने इस कठिनाई के निराकरण में एक और स्पष्टीकरण किया है। उनका कहना है कि अनुभव-परीक्षा का अर्थ केवल साक्षात् अनुभव-परीक्षा (Direct Verification) नहीं है, बल्कि परोक्ष-परीक्षा (Indirect Verification) भी है। कारनैप ने **परोक्ष-परीक्षा** को स्पष्ट करते हुए कहा है कि अनुभव में यदि किसी कार्य (effect) का सत्यापन हो जाता है, तो परोक्ष रूप में उसे उत्पन्न करनेवाले उसके कारक की भी अनुभव-परीक्षा हो जाती है। दैनिक जीवन में भी ऐसा होता है। उदाहरणतः हम देखना चाहते हैं कि बिजली की **लाईन** (current) है या नहीं, इसे साक्षात् रूप में तो नहीं देख सकते। स्वीच जला देते हैं, यदि बिजली जलती है, पंखा चलता है, तो परोक्ष रूप में **बिजली की धारा** के होने का सत्यापन हो जाता है। अतः कहा जा सकता है कि यदि किसी कथन के **परोक्ष** अनुभव-परीक्षा की संभावना भी है, तो वह कथन अर्थपूर्ण है।

2. तत्त्वमीमांसा का निरसन (*Elimination of Metaphysics*)

(क) निरसन के प्रयत्न का सामान्य रूप

पाश्चात्य दर्शनशास्त्र के इतिहास में दार्शनिक चिन्तन की एक मूल शाखा तत्त्वमीमांसीय चिन्तन रही है। तत्त्वमीमांसकों ने तत्त्व के स्वरूप के संबंध में तात्त्विक सत्ताओं (प्राकृतिक तत्त्व एवं ईश्वर) के संबंध में अनेकों उक्तियाँ दी हैं जिन्हें वे आनुभाविक वाक्यों से अधिक निश्चयात्मक मानते रहे हैं। तार्किक भाववाद तो अनुभव एवं विज्ञान पर आधृत हो अग्रसर होता है, अतः वे दार्शनिक चिन्तन की तत्त्वमीमांसीय शाखा को निरर्थक प्रयत्न समझते रहे हैं। इसी कारण जब वे दर्शन का लक्ष्य ही अलग ढंग से निश्चित करते हैं, तो स्पष्टतः तत्त्वमीमांसा के लिए दर्शनशास्त्र में स्थान नहीं रहा जाता। फलतः उनका एक कार्य **तत्त्वमीमांसा का निरसन** (Elimination of Metaphysiscs) हो जाता है।

वैसे दर्शन-शास्त्र के इतिहास में तत्त्वमीमांसा के निरसन का प्रयत्न होता रहा है। ह्यूम तथा कांट के प्रयत्न तो बड़े सबल सिद्ध हुए। किन्तु, तार्किक भाववाद का प्रयत्न उन सबों से भिन्न, बिल्कुल अपने ढंग का प्रयत्न है। ह्यूम तथा कांट की आपत्तियों का आधार ज्ञानमीमांसीय है, उनका मापदण्ड है **'हम क्या जान सकते हैं?'** तथा अपने-अपने ढंग से दोनों यही दिखाते हैं कि तात्त्विक सत्ताओं के जानने—उनके ज्ञान का कोई आधार हमारे पास उपलब्ध नहीं है। इसके विपरीत तार्किक भाववाद के द्वारा तत्त्वमीमांसा के निरसन के प्रयत्न का आधार 'हम क्या जान सकते हैं?' नहीं है, बल्कि यह है कि हम **किस बात**

के विषय में अर्थपूर्ण ढंग से बात कर सकते हैं? तत्त्वमीमांसकों के विरुद्ध उनकी आपत्ति यही है कि वे ऐसी-ऐसी उक्ति देते हैं जो सभी अर्थपूर्ण भाषा के मापदण्ड का हनन करते हैं, उसके विपरीत हैं। इस प्रकार उनके अनुसार '**तत्त्वमीमांसा के निरसन में मात्र यही दिखा देना है कि कैसे तत्त्वमीमांसीय उक्तियाँ निरर्थक हैं।**

यही दिखलाने के उद्देश्य से इन लोगों ने अर्थपूर्णता के आधार, अर्थपूर्णता की कसौटी पर विचार किया, तथा अर्थ के सत्यापन सिद्धान्त (Verificational Theory of Meaning) का प्रतिपादन किया। हमने देखा है कि इस सिद्धान्त के अनुसार कोई कथन अर्थपूर्ण तभी होता है जब उसके अनुभव-परीक्षा की संभावना हो। यदि यही अर्थपूर्णता का आधार है तो तत्त्वमीमांसीय का निरसन सरल एवं सहज हो जाता है। सामान्य रूप में यह कहा जा सकता है तत्त्वमीमांसीय उक्तियाँ ऐसी उक्तियाँ हैं जिनके अनुभव-परीक्षा की कोई संभावना नहीं है। ईश्वर, आत्मा, अमरता आदि के विषय में जो भी उक्तियाँ दी जाती हैं, वे सभी ऐसी हैं कि उनकी अनुभव-परीक्षा तो हो ही नहीं सकती, उनके साक्षात् या परोक्ष किसी प्रकार की अनुभव परीक्षा की संभावना भी नहीं है। अतः इस प्रकार की सभी उक्तियाँ अर्थपूर्णता की कसौटी पर अर्थहीन ही सिद्ध होते हैं।

कुछ इसी प्रकार का विचार तार्किक भाववादी-विचारकों के द्वारा किया गया तत्त्वमीमांसा—निरसन के मूल में हैं, किन्तु इन लोगों ने अपने इस निरसन के प्रयत्न को बड़े रुचिकर ढंग से प्रतिष्ठित किया है। इन प्रयत्नों में एक बात बड़ा ही स्पष्ट है। इन लोगों ने तात्त्विक सत्ता को स्वीकारा नहीं है। किन्तु इन लोगों ने उसे नकारा भी नहीं हैं। इनके अनुसार तात्त्विक सत्ताओं के संबंध में यह कहना कि 'वह है', या कहना कि 'वह नहीं है'—दोनों अर्थहीन हैं। इनके अनुसार अनुभवातीत तात्त्विक सत्ताओं के संबंध में कोई अर्थपूर्ण उक्ति दी ही नहीं जा सकती। इसे सिद्ध करने में 'एयर' का मत बड़ा प्रसिद्ध हुआ है, किन्तु उसका उल्लेख तो हम अलग से ही करेंगे। यहाँ हम मूलतः **कारनैप** के विचारों का अनुशीलन करेंगे।

(ख) कारनैप के द्वारा तत्त्वमीमांसा-निरसन—कारनैप का कहना है कि जब वे लोग तत्त्वमीमांसीय कथनों को अर्थहीन कहते हैं, तब वे लोग 'अर्थहीनता' शब्द का व्यवहार उसके पूर्णतया सही अर्थ में कर रहे हैं। ढीले अर्थ में भी इस शब्द का व्यवहार होता है, जैसे हम कहते हैं, 'विएना शहर के वैसे निवासी, जिनका टेलीफोन नम्बर '3' से समाप्त होता है, उनका औसत वजन 70 किलो हैं', या '1910 में विएना की आबादी कुल 6 थी', या 'क एवं ख एक दूसरे से एक-एक वर्ष बड़े हैं', आदि। ढीले अर्थ में हम कहा करते हैं कि ये सभी बातें अर्थहीन हैं। यथार्थतः इनमें से कोई कथन सही अर्थ में अर्थहीन नहीं है—पहला बेतुका है, दूसरा स्पष्टतः असत्य है, तीसरा आत्म-व्याघातक है। बेतुका, असत्य, आत्म-व्याघातक कथन कहते हैं तो ऐसे ढीले-ढाले अर्थ में नहीं। वे यह नहीं कहना चाहते कि वे उस प्रकार के कथन बेतुके हैं, या असत्य हैं या आत्म-व्याघातक हैं। सही अर्थ में तत्त्वमीमांसीय कथनों को अर्थहीन इसलिए कहा जा रहा है क्योंकि वे वस्तुतः वे **छद्म-कथन** (Pseudo-Statements) हैं। कारनैप का दावा है कि **विश्लेषण** के द्वारा वे स्पष्टतः इन कथनों का छद्म-रूप उजागर कर सकते हैं। यही प्रयत्न उनका तत्त्वमीमांसा-निरसन-प्रयत्न है।

पहले भी हमने कहा है कि कारनैप के अनुसार भाषा के अंग होते हैं—आकार-सम्बन्ध

(Vocabulary) तथा **वाक्य विन्यास** (Syntax), वाक्य अर्थपूर्ण तब होते हैं जब उनमें अर्थपूर्ण शब्दों को उनके वाक्य-विन्यास के अनुरूप (अर्थात् उन शब्दों को एक दूसरे से संबंधित करने के तार्किक नियमों के अनुरूप) जोड़ा जाय। अतः दो प्रकार से छद्म-वाक्य भी उत्पन्न हो सकते हैं। या तो उनमें व्यवहृत शब्द ही छद्म शब्द हो, अर्थात् वे देखने में तो शब्द जैसे दिखें, किन्तु उनसे कोई अर्थ सूचित न हो। छदम्-वाक्यों के उत्पन्न होने का दूसरा ढंग है कि वाक्य में व्यवहृत सभी शब्द अपने में तो अर्थपूर्ण हैं। किन्तु उनका वाक्य-विन्यास गलत हो—अर्थात् उन शब्दों को एक दूसरे से जोड़ने में, उनके जोड़ने के नियमों का उल्लघंन हुआ है।

पहले विकल्प की व्याख्या करते हुए कारनैप कहते हैं कि हर अर्थपूर्ण शब्द से एक अवधारणा (Concept) सूचित होती है। यह ठीक है कि प्रारम्भ में हर शब्द का अर्थ निर्धारित हो जाता है, किन्तु ऐसा होता है कि कालिक विकास से उसका वह अर्थ उससे अलग हो जाय, तथा उस शब्द में कोई नया अर्थ नहीं जुड़े। यह भी हो सकता है कि हम कुछ शब्दों का व्यवहार बिना यह देखे करें कि उससे कोई अवधारणा बनती है या नहीं। उदाहरणतः 'बन्ध्यापुत्र' 'आकाश-कुसुम' जैसे शब्दों को लें। इनसे कोई अवधारणा नहीं बनती, इनसे कोई अर्थ सूचित नहीं होता। फलतः, ये शब्द जैसे दिखाई अवश्य देते हैं, किन्तु वस्तुतः ये शब्द हैं ही नहीं। ये छद्म-शब्द हैं। जिस वाक्य में इस प्रकार के शब्द रहेंगे, वह वाक्य अर्थपूर्ण नहीं हो सकता।

कारनैप दूसरे विकल्प की **विशद्** व्याख्या करते हैं। उनकी व्याख्या का सारांश यहाँ प्रस्तुत है। इन उदाहरणों को देखें, ईमानदारी गेंद खेलती है, (Honesty plays football) 'पंचम जार्ज सद्‌गुण का वर्गमूल है' (George V is the Squareroot of virtue). 'सीजर मूल संख्या है' (Ceaser is a Prime Number) इन सभी उदाहरणों में व्यवहृत सभी शब्द अपने में अर्थपूर्ण हैं। किन्तु इनकों एक दूसरे से संबंधित करने में **तार्किक वाक्य विन्यास** (Logical Syntax) के नियमों का उल्लंघन हुआ है। यह ठीक है कि व्याकरण की दृष्टि से भी इन वाक्यों में कोई दोष नहीं है। किन्तु **व्याकरण के वाक्य-विन्यास के नियम** तथा **तार्किक वाक्य-विन्यास नियम** एक दूसरे से भिन्न हैं। तार्किक वाक्य-विन्यास की यह माँग है कि हर शब्द की अपनी तार्किक-शक्ति होती है जिसके फलस्वरूप वह किसी शब्द के ही साथ संबंधित हो सकता है, अन्य के साथ नहीं। 'सीजर' शब्द तथा 'मूल-संख्या' शब्द की तार्किक शक्तियाँ एक दूसरे के अनुरूप नहीं। उन्हें एक-साथ जोड़ने के प्रयत्न में व्याकरण के नियामें का उल्लंघन भले न हुआ हो, तार्किक वाक्य-विन्यास के नियमों का उल्लंघन होता है। उसी प्रकार 'ईमानदारी' तथा 'गेंद खेलना' और दूसरे वाक्य में 'पंचम ज्ञार्ज' 'वर्गमूल' 'सद्‌गुण' सभी शब्दों के व्यवहार के संदर्भ अलग-अलग हैं। उनमें निहित तार्किक शक्तियाँ एक दूसरे के अनुरूप नहीं हैं। फलतः यदि इन्हें एक दूसरे के साथ जोड़ा जाय तो कोई अर्थपूर्ण स्थापना नहीं बनेगी। यही कारण है कि ऊपर के तीनों वाक्य छद्म-कथन हैं, उनमें व्यवहृत सभी शब्दों के अर्थपूर्ण होते हुए भी वे कोई अर्थ सूचित नहीं करते।

यहाँ विचारणीय बात यह है कि दोनों प्रकार के उदाहरणें की अर्थहीनता स्पष्ट करने में कारनैप पुनः अपने मूल स्वानुभवमूलक वाक्य (Protocol Proposition) का हवाला देते हैं। उन्होंने व्याख्या कर यह दिखाया है कि ये सभी वाक्य अर्थहीन हैं क्योंकि इन

वाक्यों के विश्लेषण के मूल में कोई **स्वानुभवमूलक** वाक्य नहीं प्राप्त होता। अतः अन्ततः यहाँ भी वे अपने अर्थ के सत्यापन या परीक्षणीयता सिद्धान्त (Verificational Theory of Meaning) पर ही निर्भर हैं। ये दोनों प्रकार में वाक्य अर्थहीन हैं क्योंकि इन वाक्यों के अनुभव में सत्यापन का कोई आधार नहीं है। पहले प्रकार के शब्द ही कोई आनुभविक निर्देश नहीं दे सकते, दूसरे प्रकार के वाक्य में वाक्य-विन्यास कुछ इस प्रकार का है कि उसके आनुभविक सत्यापन का कोई प्रश्न ही नहीं उठता। तो **निष्कर्षतः** हम कह सकते हैं कि, कारनैप के अनुसार वाक्य अर्थहीन तब होते हैं, जब या तो उसमें व्यवहृत शब्द से ही कोई अर्थ सूचित न हो, या वाक्य का तार्किक वाक्य-विन्यास अयुक्त हो, अर्थात् शब्दों के अर्थपूर्ण रहते हुए भी वाक्य में उन शब्दों को ऐसे अयुक्त ढंग से जोड़ा गया हो कि वे अर्थहीन हो जायें।

कारनैप ने दिखाया है कि तत्त्वमीमांसा के कथन प्रायः इन्ही दो प्रकार के वाक्य रहते हैं। अपने तत्त्मीमांसा-निरसन प्रयत्न में उन्होंने दिखाया है कि तत्त्वमीमांसा के अधिकतर कथन ऐसे हैं जिनमें व्यवहृत शब्द अपने में तो अर्थपूर्ण प्रतीत होते हैं, किन्तु उन्हें वाक्यों में व्यक्त करने में उन शब्दों में निहित तार्किक शक्तियों की पूर्ण उपेक्षा की गयी है जिसके कारण उन वाक्यों का तार्किक वाक्य-विन्यास (Logical Syntax) अयुक्त हो गया है, जिसके चलते वे वाक्य नहीं रहते, बल्कि **छद्म-कथन** (Pseudo Statements) बन जाते हैं। तत्त्वमीमांसा ऐसे ही छद्म-कथनों से भरी है।

अब हम कारनैप के इस तत्त्व-मीमांसा निरसन प्रयत्न को कुछ उदाहरणों से स्पष्ट करने का प्रयत्न करें। कारनैप ने **सत्-भाव** (Principle of Being) तथा 'ईश्वर' जैसे शब्दों का उदाहरण लिया है। 'ईश्वर' शब्द का पौराणिक अर्थ शायद कुछ हो भी किन्तु तात्त्विक संदर्भ में जब 'ईश्वर' शब्द का व्यवहार होता है, तो उससे कोई अवधारणा नहीं बन पातीं, कोई अर्थ सूचित नहीं हो पाता। ईश्वर शब्द के तात्त्विक अर्थ को स्पष्ट करने में या तो अन्य तात्त्विक शब्दों का उपयोग होता है, अथवा ऐसे विवरणों का उपयोग होता है जो विश्लेषण से छद्म-विवरण प्रतीत होते हैं। किसी भी रूप में इस शब्द का आधार कोई ऐसा स्वानुभवमूलक वाक्य नहीं मिल पाता जिससे इसकी अवधारणा बन सके। इसका कहीं आनुभविक आधार नहीं मिल पाता, अतः इससे कोई अर्थ सूचित नहीं होता। इसी कारण 'ईश्वर' शब्द वाले वाक्यों को अर्थहीन ही मानना पड़ता है। कारनैप ऐसे अनेकों तात्त्विक शब्दों का उदाहरण लेने हैं, जैसे 'निरपेक्ष सत्', अनन्त, आत्म, 'अपने—में वस्तु', 'सार-भाव'(Essence) शून्यताभाव (Nothing) आदि आदि। उनका कहना है कि इन शब्दों से कोई अर्थ सूचित नहीं होता, अतः वैसे तत्त्वमीमांसीय कथन जिनमें इस प्रकार के शब्दों का व्यवहार होता है अर्थहीन ही हैं।

कारनैप का कहना है कि **अधिकतर** तत्त्वमीमांसीय वाक्य दूसरे प्रकार के वाक्य हैं जिनकी अर्थहीनता इस कारण है कि उसमें तार्किक वाक्य-विन्यास के नियमों की उपेक्षा हुई है। इसके उदाहरण के रूप में कारनैप ने **हाइडेगर** के तत्त्व-दर्शन के कुछ मूल वाक्यों का उदाहरण लिया है—'What is to be investigated is being, only and—nothing else; being alone and further—nothing, solely being, and beyond being—nothing, what about this nothing?.......Does the Nothing exist only because the not as the negation exists ? Or is it the other way around? Does Negation and the not exist only because the Nothing exists?........We assert the Nothing is prior to the Not and the Negation......What do we seek the nothing. How do we find the nothing?........We know the Nothing......Anxiety reveals the Nothing...That for which and because of which we were anxious, was 'really nothing. Indeed—Nothing itself—as such—was present.....What about this Nothing—The Nothing itself nothings." कारनैप ने इस पूरे उदाहरण का विश्लेषण किया है, और दिखाया है कि कैसे यहाँ वाक्य के आधार पर दूसरे वाक्य को स्थापित करने की चेष्टा है, जब कि इन वाक्यों को वास्तविक अर्थ में वाक्य कहा ही नहीं जा सकता। ये छद्म-वाक्य हैं क्योंकि इनमें व्यवहृत शब्दों को इस प्रकार से सजाया एवं जोड़ा गया है कि उनमें निहित तार्किक शक्तियों की उपेक्षा हो रही है। हम उनके पूरे विश्लेषण में तो प्रवेश नहीं करेंगे, कारनैप के विचार को इसी उद्धरण के कुछ वाक्यों का विश्लेषण कर स्पष्ट करेंगे। 'Nothing' शब्द का यहाँ संज्ञा के समान प्रयोग हुआ है, वह भी इस प्रकार कि वह एक 'नाम बन जाता है तथा किसी तत्त्व को सूचित करता है। किन्तु तार्किक दृष्टि से निषेध एक तार्किक रूप (Logical Form) है, नाम नहीं। अतः नाम के समान इसका व्यवहार ही इसकी तार्किक शक्ति की उपेक्षा है। अब इन वाक्यों का देखें Nothing is prior to the not and Negation या We Know the Nothing स्पष्ट है कि ये दोनों वाक्य 'सीजर एक मूल संख्या है' जैसा वाक्य है। यहाँ 'Not' Negation सबका व्यवहार संज्ञा रूप में हुआ है, तथा 'Nothing' के संज्ञा-रूप को इन दोनों से पहले (prior to) कहा जा रहा है। स्पष्ट है इन शब्दों को अयुक्त ढंग से जोड़ा जा रहा है, जब कि इनकी तार्किक शक्तियाँ इस प्रकार के जोड़ने के प्रतिकूल हैं। अतः ये वाक्य कोई अर्थ सूचित नहीं करते। यही कारण है कि यदि हम यह खोजना चाहें कि वह कौन-सा मूल स्वानुभवमूलक वाक्य (Protocol Sentence) है जिसके द्वारा इन वाक्यों की सत्यता—असत्यता निर्धारित होगी तो ऐसा कोई वाक्य नहीं मिल पायेगा। अतः स्वीकारना पड़ता है कि इन वाक्यों से कोई अर्थ सूचित नहीं होता।

कारनैप के विरुद्ध इस स्थल पर कहा जा सकता है कि उन्होंने अपनी सुविधा के लिए ऐसे उदाहरण का चयन किया है जिसके विरुद्ध आपत्ति उठाना सरल हो। किन्तु इस उदाहरण के आधार पर सभी तात्त्विक कथनों को अर्थहीन कहना युक्तिसंगत नहीं है। किन्तु, कारनैप को इस प्रकार की आपत्ति की अवगति थी। उनका कहना है कि जिस विधि से ऊपर के तात्त्विक-कथनों की अर्थहीनता स्पष्ट की जा रही है, उसी विधि से सभी प्रकार के तात्त्विक कथनों की अर्थहीनता स्पष्ट की जा सकती है। हेगेल की तत्त्वमीमांसीय उक्तियाँ भी हाइडेगर की उक्तियाँ जैसी ही हैं। कारनैप ने दिखाया है कि सभी तत्त्व-दार्शनिकों ने कुछ मौलिक गलतियाँ की हैं जिनसे तार्किक वाक्य-विन्यास के नियम स्पष्टतः खण्डित हो जाते हैं।

उदाहरणतः सभी तत्त्व-दार्शनिक 'है' (Is) शब्द के व्यवहार में व्यामिश्र करते हैं। एक अर्थ में 'है' का प्रयोग संयोजक के रूप में होता है, (जैसे मैं मरता हूँ) तो कभी-कभी यह अस्तित्वसूचक बन जाता है (जैसे—मैं हूँ)। अतः 'ईश्वर है' मैं हूँ' वाक्यों का प्रयोग तत्त्व-दर्शन में अस्तित्व-सूचक अर्थ में किया जाता है, जब कि 'है' शब्द की तार्किकता अस्तित्व-सूचक नहीं है। यही कारण है कि 'ईश्वर है' या 'मैं हूँ' जैसे वाक्यों का अनुभवमूलक आधार प्राप्त नहीं होता। कारनैप ने डेकार्ट के 'चिन्तये-अतो आस्मि' —सोचता

हूँ इसलिए हूँ' (Cogito Ergo Sum) का भी विश्लेषण कर दिखाया है कि इसमें भी तार्किक वाक्य-विन्यास का उल्लंघन हुआ है, जिसके फलस्वरूप इससे भी कोई वास्तविक अर्थ सूचित नहीं होता—यह भी छद्म-कथन बन जाता है। इस वाक्य में दो प्रकार से वाक्य-विन्यास नियम का उल्लंघन हुआ है। इस वाक्य में एक स्थापना है—'मैं हूँ' जिसका अर्थ बताया जाता है कि 'मैं रूप आत्म का अस्तित्व स्थापित हो रहा है' किन्तु तार्किक दृष्टि से '**अस्तित्व**' किसी नाम के साथ नहीं जुट सकता, अस्तित्व सदा किसी विधेय के साथ ही जोड़ा जा सकता है, अपने में वह विधेय नहीं हैं। इस नियम की यहाँ उपेक्षा हुई है। वस्तुतः अस्तित्व-सूचक वाक्य 'मैं हूँ', 'वह है' जैसा नहीं होता, उन वाक्यों का तार्किक रूप है—'कुछ ऐसा है—जो इस प्रकार का है'। इस रूप में इसका आनुभविक आधार स्पष्ट हो जाता है। किन्तु यहाँ इस बात का ध्यान नहीं रखा गया। 'मैं हूँ' वाक्य का ऐसा तार्किक रूप नहीं हो सकता कि 'ऐसा कुछ है जो मैं हूँ'। इस वाक्य का दूसरा दोष यह है कि यह मैं सोचता हूँ' से 'मैं हूँ', वाक्य तक पहुँचने की चेष्टा में भी तार्किक वाक्य-विन्यास-नियमों की उपेक्षा करते हैं। तार्किक ढंग यह है कि यदि किसी सामान्य वाक्य (क में प गुण है) "P (a)" (a has the property P') से किसी अस्तित्त्वसूचक कथन को निकालते हैं, तो अस्तित्त्व का आरोपण विधेय ''प'' ("P") पर हो सकता है, उद्देश्य 'क' (a) पर नहीं हो सकता। जब हम कहते हैं कि 'मैं भारतीय हूँ', तो इस वाक्य से 'मैं हूँ' नहीं स्थापित होता, बल्कि एक व्यक्ति है जो भारतीय है' स्थापित होता है। अतः 'मैं सोचता हूँ' से अधिक से अधिक यह वाक्य निकल सकता है कि 'एक व्यक्ति है जो सोचता है', इससे 'मैं हूँ' स्थापित नहीं होता। स्पष्ट है 'एक व्यक्ति है जो सोचता है' को स्वानुभवमूलक वाक्यों (Protocol Propositions) में रूपान्तरित किया जा सकता है, किन्तु ''मैं हूँ'' वाक्य का ऐसा रूपान्तरण संभव नहीं है। अतः 'मैं सोचता हूँ इसलिए हूँ' वाक्य भी वस्तुतः अर्थहीन ही सिद्ध होता है।

तात्त्विक कथनों में एक भूल प्रायः दिखाई देती है, जो भावों या अवधारणाओं के प्रारूप-भेद की उपेक्षा (Type Confusion) से उत्पन्न होती है। **'सीजर एक मूल संख्या है'** इस वाक्य में 'व्यक्ति का नाम' तथा संख्या का नाम' दो प्रकार की—दो प्रारूप की उक्तियाँ हैं, किन्तु इस वाक्य में इनकी मिलावट कर दी गयी है, इसके कारण वह वाक्य अर्थहीन हो जाता है। हेगेल तथा हाइडेगर के लेखों में इस प्रकार की मिलावट के उदाहरण भरे पड़े हैं। ऐसे विधेय जो किसी विशेष प्रकार के उद्देश्यों पर लगाये जा सकते हैं, अकारण ऐसे उद्देश्यों से जोड़ दिये जाते हैं जिस पर वे नहीं लगाये जा सकते। 'सत् बौद्धिक है'—इसी प्रकार का उदाहरण है। फलतः इन वाक्यों से भी कोई अर्थ सूचित नहीं होता।

(ग) **निष्कर्ष**—निष्कर्षतः विटगेन्स्टीन का हवाला देते हुए कारनैप कहते हैं कि अर्थपूर्ण कथन निम्नलिखित प्रकार के होते हैं। प्रथमतः तो इसके अन्तर्गत वे कथन आते हैं जो मात्र अपने आकार या रूप (Form) के चलते ही सदा सत्य हैं। वे सत् के संबंध में कोई उक्ति नहीं देते। ऐसे वाक्यों को विटगेन्स्टीन 'पुनरुक्ति' (Tautology) कहते हैं, और कांट पूर्णतया विश्लेषणात्मक निर्णय (Analytic Judgement) कहते हैं। तर्कशास्त्र एवं गणित के कथन इसके अंतर्गत आते हैं। दूसरे प्रकार के अर्थपूर्ण वाक्य वे हैं जो अपने रूप के अनुरूप ही सदा असत्य हैं। इन्हें व्याघात (Contradiction) कहा जाता है। इन दोनों के अतिरिक्त जो अर्थपूर्ण कथन हैं वे या तो सत्य होते हैं या असत्य, तथा उनकी सत्यता-असत्यता स्वानुभवमूलक वाक्यों (Protocol Sentences) से निर्धारित होती है।

इन तीन प्रकार के कथनों के अतिरिक्त जो भी कथन दिया जायगा वह अर्थहीन होगा, क्योंकि अर्थपूर्ण कथन मात्र इन्हीं तीन प्रकार के हैं। अब तत्त्वमीमांसीय कथन इन तीनों में किसी के अन्तर्गत नहीं आते। तत्त्वमीमांसक स्वयं इन कथनों को पुनरुक्ति या व्याघात के अन्तर्गत नहीं रखते। ये कथन आनुभविक कथन भी नहीं है, क्योंकि इनकी सत्यता-असत्यता **स्वानुभवमूलक वाक्यों** (Protocol Sentences) से निर्धारित नहीं होती। अतः तत्त्वमीमांसीय कथन अर्थपूर्ण कथनों के अन्तर्गत नहीं आते।

इस प्रकार हम देखते हैं कि तार्किक भाववाद में तत्त्वमीमांसा का निरसन यह दिखा कर किया गया है कि तत्त्वमीमांसीय कथन अर्थहीन हैं।

3. दर्शन का भावात्मक कार्य *(Positive Function of Philosophy)*

(क) सामान्य विवरण

तत्त्वमीमांसा के निरसन के साथ-साथ तार्किक भाववाद के सामने एक बड़ा महत्त्वपूर्ण प्रश्न खड़ा हो जाता है। अभी तक का दर्शनशास्त्र सामान्यतः तत्त्वमीमांसीय चिन्तन करता रहा है यदि यह चिन्तन निरर्थक सिद्ध होता है, तो प्रश्न उठता है कि क्या दर्शन-शास्त्र को अपनी दूकान बंद कर देनी है। अब दर्शन-शास्त्र किस प्रकार का चिन्तन करने में सक्षम सिद्ध हो सकता है? दर्शन के भावात्मक कार्य क्या हो सकते हैं? **कारनैप** ने स्वयं यह प्रश्न उठाया है, But what, then, is left over for *Philosophy*, if all statements whatever that assert something are of an empirical nature and belong to factual Science?" उनका प्रश्न है कि यदि सभी सूचना देनेवाले कथन या ज्ञानात्मक वाक्य आनुभविक हैं तथा तथ्यात्मक विज्ञान के अंग हैं, तो फिर दर्शन के लिए क्या बच जाता है, वह कौन-सा कार्य कर पायेगा। कारनैप ने स्वयं इस प्रश्न का स्पष्ट उत्तर भी दिया है, "What remains is not statements, nor a theory, nor system, but only a *method* of logical analysis"। उनका उत्तर है कि दर्शन के पास एक कार्य है जो वह अर्थपूर्ण ढंग से कर सकता है, क्योंकि इस विचारधारा ने उसे इस कार्य के करने के लिए एक **विधि** दी है। वह विधि है **तार्किक विश्लेषण की विधि** (Method of Logical Analysis) वस्तुतः इस विधि के उपयोग का एक **निषेधात्मक** पक्ष है, तथा एक भावात्मक पक्ष है। निषेधात्मक, कार्य में इस विधि की उपयोगिता 'तत्त्वमीमांसा-निरसन-प्रयत्न' में स्पष्ट होती है। इस विधि के उपयोग से यह पता लग जाता है कि कौन-से कथन छद्म-कथन हैं या अर्थहीन हैं। पाश्चात्य दर्शन एक ऐसे मोड़ पर आ गया था कि इस विधि के निषेधात्मक प्रयोग की अनिवार्यता स्पष्ट हो गई थी, यह समझ लेना अनिवार्य हो गया था कि दर्शन अर्थहीन-छद्म कथनों में उलझा रहा है। किन्तु, इसका यह अर्थ नहीं कि इस विधि का केवल निषेधात्मक उपयोग ही हो सकता है। अपने भवात्मक उपयोग में यह अर्थपूर्ण वाक्यों, भावों, कथनों का विश्लेषण कर सकता है। अर्थपूर्ण कथन अर्थपूर्ण होते हुए भी भ्रान्ति उत्पन्न कर सकते हैं, क्योंकि बहुधा वे **अस्पष्ट** (Vague) तथा **अनेकार्थक** (ambiguous) होते हैं। उनकी अस्पष्टता तथा अनेकार्थता का विश्लेषण उन कथनों के वास्तविक अर्थ को स्पष्ट कर किया जा सकता है।

अब दो प्रश्न उठते हैं, एक तो यह कि दर्शनशास्त्र को इस प्रकार की अर्थपूर्ण उक्तियाँ उपलब्ध कहाँ से होगी, तथा दूसरा यह कि इस विश्लेषण का निश्चित ढंग क्या होगा?

पहले प्रश्न का, तार्किक भाववाद का सामान्य उत्तर यह है कि इस प्रकार की उक्तियाँ

तो अनुभवातीत जगत् से नहीं प्राप्त हो सकतीं, क्योंकि तार्किक विश्लेषण से ही यह स्पष्ट है कि अनुभवातीत जगत् से संबंधित उक्तियाँ छद्म-कथन हैं, अर्थहीन हैं। तो तार्किक विश्लेषण के लिए कथन अनुभव-जगत् से ही उपलब्ध होंगे। किन्तु अनुभव-जगत्-संबंधी अर्थपूर्ण कथन तो वैज्ञानिक कथन है। अतः तार्किक भाववाद का कहना है कि तार्किक विश्लेषण के लिए सामग्री विज्ञान से उपलब्ध होती है। एक दृष्टि से दर्शन-शास्त्र को विज्ञान का तर्कशास्त्र (Logic of Science) कहा जा सकता है।

इस प्रकार दो बातें स्पष्ट होती हैं—एक तो यह कि दर्शन का क्षेत्र 'सत्' नहीं है, यह वस्तुओं तथा तत्त्वों के विषय में सीधे कोई उक्ति नहीं दे सकता। वैसी उक्ति विज्ञान दे सकता है, दर्शन नहीं। तो दर्शन का संबंध उक्तियों से है, कथनों से है, वह भी ऐसे कथनों से जो विज्ञान में उपलब्ध हैं। दूसरी बात यह भी स्पष्ट होती हैं कि दर्शन विज्ञान का अनुगामी हो जाता है। विज्ञान के द्वारा दिये गये प्राथमिक कथनों का (First Order Statements)—ऐसे कथनों को जो विज्ञान तत्त्वों या वस्तुओं के विषय में देता है, तथा जिसका आनुभविक आधार होता है—विश्लेषण कर सकता है। यही कारण है कि विश्लेषणात्मक परम्परा के सभी विचारक दर्शन को **द्वितीय स्तरीय अन्वेषण** (Second order enquiry) कहते हैं। इसी कारण तार्किक भाववादी विचारकों ने कहा कि दर्शन का कार्य **'तार्किक विश्लेषण'** है। उनलोगों ने तार्किक शब्द का व्यवहार समझ-बूझ कर किया है। इस तार्किक विश्लेषण में वैज्ञानिक उक्तियों तथा साधारण सामान्य जीवन के कथनों का विश्लेषण होता है, तथा यह विश्लेषण तार्किक इस कारण कहा गया है कि इसका लक्ष्य मात्र कथनों का उनके भाषीय-रूपों के विश्लेषण के आधार पर स्पष्टीकरण है।

इसी आधार पर ऊपर उठाये गये दूसरे प्रश्न का उत्तर दिया जा सकता है। तार्किक भाववाद के अनुसार दर्शन का कार्य विज्ञान की भाषा का अथवा हर प्रकार के आनुभविक तथा गणिती कथनों का तार्किक विश्लेषण है। फलतः दार्शनिक स्थापनायें भाषीय वाक्य-विन्यास (Syntax) से संबंधित हैं।

भाषीय तार्किक वाक्य-विन्यास (logical syntax) की व्याख्या करते हुए कारनैप कहते हैं कि एक प्रकार से यह भाषा का आकारिक सिद्धान्त है (Formal Theory of Language)। 'आकारिक, अन्वेषण का अर्थ है कि ऐसे अन्वेषण में किसी शब्द के अर्थ पर ध्यान नहीं देना है, बल्कि केवल उनके स्वरूप तथा उनके आपस में संबंधित होने के क्रम तथा व्यवस्था पर ध्यान देना है। कारनैप का विश्वास है कि विश्लेषण का यह ढंग विश्लेषण को सीमित भी नहीं करता क्योंकि, जैसा कि हम आगे देखेंगे, ऐसी अनेकों उक्तियाँ हैं जिनका तार्किक रूपान्तरण आकारिक उक्तियों में संभव है।

और इसे स्पष्ट करते हुए कहा जा सकता है कि भाषीय वाक्य विन्यास भाषीय उक्ति की क्रिया से संबंधित नहीं है, बल्कि भाषीय प्रयोगों के जो नियम हैं उनकी व्यवस्था से संबंधित है। इस प्रकार से देखने पर भाषीय-व्यवस्था के दो प्रकार के नियम प्रकाश में आते हैं, एक को **वाक्य-निर्माण-नियम** (Formation Rules) तथा दूसरे को **वाक्यांतरण-नियम** (Transformation Rules) कहा गया है।

'वाक्य-निर्माण नियम' के अंतर्गत वे नियम आते हैं जिनके अनुसार किसी भी भाषीय व्यवस्था 'स' में विभिन्न भाषीय प्रतीकों अथवा शब्दों को एक दूसरे के साथ जोड़ा जाता है, अर्थात् इनके अंतर्गत वे नियम आते हैं जिनके आधार पर उस भाषीय व्यवस्था के वाक्यों का निर्माण होता है। वैसे ऊपर से देखने पर यह धारणा बन जा सकती है कि यहाँ

व्याकरण के नियमों का उल्लेख हो रहा है। वैसी बात नहीं। यह संभव है कि कभी-कभी व्याकरण के नियम तथा वाक्य-विन्यासात्मक नियम सर्वथा एक समान हों, किन्तु ऐसा नहीं भी हो सकता। कम से कम जिन स्थलों पर व्याकरण के नियम शब्दों के अर्थों पर आश्रित हो जाते हैं वहाँ तो वे वाक्य विन्यासात्मक नियमों से स्वरूपतः भिन्न हो जाते हैं।

तार्किक विश्लेशण के लिये इन नियमों से कहीं अधिक महत्त्वपूर्ण **वाक्यांतरण नियम** (Transformation rules) हैं। इनके अंतर्गत वाक्यों के रूपान्तरण के नियम आते हैं। किसी दिये हुए वाक्य के आधार पर हम अन्य वाक्यों का अनुमान करते हैं। इसका अर्थ है कि एक वाक्य से दूसरे वाक्य तक पहुँचने का निश्चित आधार है, तथा उन्हीं नियमों पर इस प्रकार के अनुमान आश्रित हैं।

अतः हम कह सकते हैं किसी भाषीय व्यवस्था के तार्किक वाक्य विन्यास (Logical Syntax) के ऊपर बताये दो अंश हैं—निर्माण संबंधी तथा वाक्यांतरण संबंधी। तार्किक विश्लेषण का अर्थ इन्हीं दो आधारों पर आश्रित विश्लेषण है, प्रथमतः वाक्य-निर्माण नियमों के अनुरूप यह देखना है कि वाक्य में शब्दों का क्रम, संबंध तथा व्यवस्था इन नियमों के अनुरुप है या नहीं, और तब वाक्यांतरण नियमों के अनुरूप यह देखना है कि किसी एक वाक्य से जिन दूसरे वाक्यों को आपादित समझा जा रहा है, वह संबंध वाक्यांतरण नियमों के अनुरूप है या नहीं। पहले कार्य में व्याकरण उपयोगी सिद्ध होता है, तथा दूसरा कार्य तार्किक कार्य है।

जब तार्किक विश्लेषण का आधार इस प्रकार के नियम हैं, तो इसका अर्थ होता है कि इस प्रकार के विश्लेषण के आदर्श रूप में एक ऐसी भाषीय व्यवस्था हो सकती है जिसमें इन नियमों का पूर्णतया पालन हुआ है। वह आदर्श भाषा आकारिक दृष्टि से आदर्श भाषा कही जा सकती है—क्योंकि यह सर्वथा नियमानुकूल है, तथा इसमें अस्पष्टता तथा अनेकार्थकता के लिए स्थान नहीं रहता। तो अब इस आदर्श भाषा पर कुछ बात कर लें।

(ख) तार्किक आदर्श भाषा

जैसा ऊपर कहा गया है, तार्किक भाववादी विचारकों की मान्यता है कि सिद्धान्ततः तार्किक-दृष्टि से एक आदर्श भाषा की संभावना को स्वीकारा जा सकता है जिससे किसी प्रकार की अस्पष्टता रह ही नहीं सकती। इन विचारों ने देखा कि सम्पूर्ण गणिती भाषा की स्पष्टता के लिए रसेल एवं व्हाइटहेड रचित 'प्रिंसिपिआ मैथेमेटिका' में इस प्रकार की निश्चित एवं नियमानिष्ठ भाषा का रूपरेखा खींची गयी है। तो इन लोगों ने सोचा कि वैसी भाषा को यदि इस रूप में विस्तृत कर लिया जाय तो विज्ञान की भाषा के रूपान्तरण के लिए भी उसी प्रकार की नियमानिष्ठ भाषा उपलब्ध हो जाएगी।

किन्तु इस प्रकार की विज्ञान की भाषा की संभावना स्वीकारने में एक तार्किक कठिनाई प्रकाश में आती है। विटगेन्स्टीन ने इस कठिनाई को देखा था। विटगेन्स्टीन के मतों का उल्लेख तो आगे होना है, किन्तु इतना कहा जा सकता है कि उनके अनुसार कठिनाई यह है—कि इस आदर्श भाषा के संबंध में जो दार्शनिक कथन दिये जायेंगे वे तो उस भाषा के अंश नहीं होंगे, बल्कि उससे बाहर होंगे। तो इसका अर्थ हो जाता है कि दार्शनिक भाषा का रूपान्तरण उस आदर्श भाषा में नहीं हो सकता, और तब तो दार्शनिक भाषा अर्थपूर्ण कथनों की कोटि से बाहर हो जाती है। जैसा कि हम विटगेन्स्टीन-दर्शन विवेचन में देखेंगे, विटगेन्स्टीन ने अन्ततः इसे स्वीकारा, और यह भी कह दिया कि उसके 'ट्रैक्टेटस' के भाषीय कथन भी अन्ततः अर्थहीन ही हैं।

कारनैप विटगेन्स्टीन का ऋण स्वीकारते हैं, किन्तु तार्किक भावबाद के अनुरूप वे यह मानने को तैयार नहीं कि दार्शनिक भाषा निरर्थक ही सिद्ध होती है। विटेगेन्स्टीन के विचारों के विरुद्ध विचार करते हुए कारनैप कहते हैं कि विटगेन्स्टीन की मान्यता थी कि आदर्श नियम-निष्ठ भाषा अपने वाक्य-विन्यास के संबंध में कुछ कह नहीं सकती। वह भाषा वाक्य-विन्यास की भाषा से इतर होगी। इस कारण उन्हें इस आदर्श भाषा से इतर भाषा को अन्ततः अर्थहीन मानना पड़ा। किन्तु कारनैप का कहना है कि यदि ऐसी भाषा इतनी समृद्ध हो कि वह गणित भाषा के अनुरूप हो तो अपने वाक्य विन्यास के संबंध में भी बात कर सकती है। अतः जो तार्किक दृष्टि से आदर्श भाषा होगी उनमें वह कठिनाई नहीं आयेगी जिसका उल्लेख विटगेन्स्टीन ने किया है।

अतः उनका कहना है कि तार्किक विश्लेषण का आदर्श एक ऐसी नियमनिष्ठ भाषा है जिसमें हर अर्थपूर्ण कथन का रूपान्तरण हो सकता है—वह भी इस ढंग से कि दूसरे प्रकार का कथन पूर्णतया स्पष्ट हों तथा जिनमें कोई भ्रांति उत्पन्न होने का संशय न रहे। इसका अर्थ है कि भाषा के एक ऐसे रूप को स्वीकारना पड़ता है जिसमें अस्पष्ट कथनों का रूपान्तरण करना है। तार्किक भाववाद यह स्वीकारता है कि तार्किक विश्लेषण जिस भाषा में होगा—वह एक नियमनिष्ठ निश्चित भाषा होगी जिसमें अस्पष्टता अथवा अनेकार्थकता के लिये स्थान नहीं रहेगा। इसे विभिन्न नामों से पुकारा गया है। स्पष्टतः यह भाषा साधारण भाषा नहीं हो सकती, यह एक **संरचित भाषा** (constructed language) है, जिसे **तार्किक भाषा** या **वैज्ञानिक भाषा** के नाम से भी कभी-कभी पुकारा गया है। इस प्रकार की भाषा को कुछ विचारकों ने आदर्श भाषा (Ideal language) के रूप में स्वीकारा है, इसका आदर्श रूप (Ideality) इस बात में हैं कि इसमें अस्पष्टता या अनेकार्थकता के लिए स्थान नहीं रह जाता।

(ग) तार्किक विश्लेषण

इसका अर्थ है कि दर्शन का कार्य विज्ञान के साधारण भाषीय कथनों का रूपान्तरण एक ऐसी वैज्ञानिक तार्किक भाषा में करना है, जिससे उन कथनों में निहित अस्पष्टता एवं अनेकार्थता दूर हो और साथ-साथ ऐसे कथनों का पारस्परिक संबंध भी स्पष्ट हो। यह एक प्रकार का **अपचयी विश्लेषण** (Reductive Analysis) का कार्य होगा।

इस स्थल पर कहा जा सकता है कि यह कार्य तो तार्किक अणुवाद भी करता है। रसेल ने अपनी तार्किक संरचना में साधारण सामान्य वाक्यों को—अणु-वाक्य एवं आण्विक वाक्य वाली भाषा (atomic and molecular language) में ढालने की चेष्टा की है। हाँ, तार्किक भाववाद भी तार्किक अणुवाद जैसा ही अपचयी विश्लेषण करता है। किन्तु, दोनों में एक बड़ा मौलिक अन्तर है। तार्किक अणुवाद में विश्लेषण का अन्त अणु-वाक्यों में होता है, जो तथ्य-निर्देश करते हैं। तार्किक भाववाद को इसमें दो बातें ऐसी दिखाई देती हैं जो उनके तार्किक भाववादी दृष्टिकोण से असंगत प्रतीत होती हैं। एक तो यह कि अणुवाक्य तथ्यों का चित्र हैं, अर्थात् इस स्थल पर भाषीय कथन तथा तथ्य का संबंध सूचित हो रहा है। तार्किक भाववाद के अनुसार ऐसे कथन जो भाषीय कथनों एवं तथ्य को संबंधित करते हैं छद्म कथन हैं, क्योंकि यह वाक्य 'इस अणुवाक्य से यह तथ्य चित्रित होता है' ऐसा वाक्य है जिसकी अनुभव परीक्षा संभव नहीं है। पुनः यदि तार्किक भाषा की प्रामाणिकता अन्ततः ऐसे अणुवाक्य पर है, जो स्वयं भाषा से इतर किसी तत्व (extra-linguistic entity) पर आधृत है, तो वह भाषा पूर्णतया तार्किक भाषा नहीं है। दर्शनशास्त्र का साक्षात् संबंध तार्किक भाषा से है

तथ्यों से नहीं। अतः ऐसी भाषा में तथ्य सूचक भाषा के लिये स्थान नहीं है। इस दृष्टि से तार्किक भाववाद का स्वानुभवमूलक वाक्य (Protocal Proposition) तार्किक अणुवाद के अणु-वाक्य (Atomic Proposition) से भिन्न हैं।

इसी कारण तार्किक भाववाद का कहना है कि दर्शन शास्त्र जिस प्रकार की भाषा में अपना कार्य कर सकता है, उस भाषा का साक्षात् सम्बन्ध तथ्यों से नहीं है वह मात्र भाषीय उक्तियों के लक्षण तथा उनके **पारस्परिक संबंधों** तक ही सीमित हैं। यही कारण है कि कारनैप ने स्पष्ट कहा है कि दर्शन का कार्य सीमित है **'वैज्ञानिक भाषा के तार्किक वाक्य-विन्यास'** तक (Logical Syntax of Language of Science)। अब कारनैप के विचारों का कुछ विशदीकरण होगा—जिससे दर्शन कैसे कार्य कर सकता है—यह स्पष्ट हो जायगा।

यहाँ पर एक स्पष्टीकरण आवश्यक है। कारनैप के अनुसार दर्शनशास्त्र का कार्य आनुभविक विज्ञान की भाषा के तार्किक विन्यास (logical syntax) का विवरण एवं विश्लेषण है। इसका अर्थ हुआ कि विज्ञान की भाषा तो एक अलग भाषा हुई, तथा दर्शनशास्त्र की भाषा उससे भिन्न भाषा होगी, जो वैज्ञानिक भाषा के विश्लेषण-विवरण के लिये उपयोग में आयेगी। इस दर्शन की भाषा विवरण दर्शन अपने कैसे देगा? दूसरे शब्दों में कहा जा सकता है कि विज्ञान—उदाहरणतः भौतिकी की भाषा प्रथम स्तरीय भाषा है क्योंकि यह प्रकृति तथा उसके तत्त्वों के विषय में स्थापनायें बनाती है। इस भाषा का विवरण-विश्लेषण दर्शन करता है। विवरण-विश्लेषण की भाषा स्पष्टतः उस प्रथम स्तरीय भाषा के विषय में है, अतः यही द्वितीय स्तर की भाषा है। अब प्रश्न है कि इस द्वितीय स्तर की भाषा का स्वरूप क्या होगा। इस भाषा में वाक्य कैसे बनेंगे—वाक्यों की संरचना के नियम (Formation Rules) क्या होंगे। तथा एक वाक्य को दूसरे वाक्य में रूपान्तरित करने के नियम (Transformation rules) क्या होंगे। ये सभी बातें तो दर्शन की भाषा से संबंधित हैं अतः यह कार्य तो दर्शन स्वयं नहीं कर सकता, इसके लिये तो एक तृतीय स्तर की भाषा की आवश्यकता होनी चाहिये।

इस आपत्ति को दो ढंग से समझा जा सकता है। एक तो यह है कि तार्किक भाववाद के अनुसार जो कुछ भी अर्थपूर्ण ढंग से कहा जा सकता है वह तो विज्ञान कहता है। विज्ञान के बाहर जो कुछ भी कहा जाता है वह निरर्थक है। दर्शन विज्ञान की भाषा नहीं है, विज्ञान की भाषा के तार्किक विन्यास का विश्लेषण विवरण है, एक द्वितीय स्तरीय भाषा है। तो यह भी जो कुछ कहेगा वह निरर्थक होगा, क्योंकि यह विज्ञान नहीं है। इस आपत्ति का दूसरा पक्ष यह है कि दर्शन की भाषा के निर्माण नियम तथा रूपान्तरण नियम (Formation rules and Transformation rules) आदि का कार्य तो दर्शन अपने नहीं कर पायेगा, उसे तो तृतीय स्तरीय भाषा की आवश्यकता होगी।

इस आपत्ति का दूसरा पक्ष तो बहुत सबल नहीं है। विवरण-विश्लेषण के लिए किसी तृतीय स्तर की भाषा की आवश्यकता नहीं दर्शन की भाषा के विवरण विश्लेषण के बीच किसी तृतीय स्तर की भाषा की आवश्यकता नहीं। तार्किक भाववाद स्पष्ट कह सकता है कि इन नियमों के द्वारा कार्य करना ही तो दर्शन का कार्य है। इसे विज्ञान की भाषा का विवरण-विश्लेषण करना है, तथा वह कुछ भाषीय नियमों के आधार पर ही यह करता है, वे नियम इससे बाहर नहीं हैं, इसके अंग हैं।

किन्तु इस आपत्ति का पहला पक्ष बड़ा सबल है, यदि दर्शन द्वितीय स्तरीय अन्वेषण है तो यह विज्ञान नहीं है और तार्किक भाववाद की मान्यता के अनुसार अर्थपूर्ण उक्तियाँ केवल विज्ञान दे सकता है। अतः दर्शन का यह कार्य भी निरर्थक हो जायेगा।

इस आपत्ति को विटगेन्स्टीन के ट्रैक्टेटस के विचार में समर्थन भी मिल जाता है। एक प्रकार से वहाँ विटगेन्स्टीन ने स्पष्ट कहा है कि दार्शनिक उक्तियाँ अन्ततः निरर्थक ही सिद्ध होती हैं। (उनका कथन है—"My propositions are elucidations in the following way: anyone who understands me eventually recognises them as non-sensical, when he has used them—as steps—to clumb up beyond them (He must so to speak, throw away the ladder after he has climbed up it" 6'54]

तार्किक भाववाद के लिए इस आपत्ति का निराकरण अनिवार्य हैं, अन्यथा जिसे वे दर्शन का कार्य कह रहे हैं, अन्ततः निरर्थक ही होगा। कारनैप को इस आपत्ति के महत्त्व की अवगति है, अतः वे विटगेन्स्टीन के इस विचार की आलोचना करते हुए यह दिखाते हैं कि कैसे विज्ञान की भाषा के तार्किक विन्यास (logical Syntax) का विश्लेषण विवरण निरर्थक नहीं, बल्कि उपयोगी है।

इस आपत्ति का केन्द्र विन्दु इस बात पर है कि द्वितीय स्तरीय भाषा प्रथम-स्तरीय भाषा से सर्वथा भिन्न है। कारनैप के अनुसार विटगेन्स्टीन के मन में भी यही बात थी जिसके कारण उन्होंने कहा कि **आदर्श भाषा** (Ideal Language) भी अपने वाक्य-विन्यास के विषय में बात नहीं कर सकती हैं किन्तु कारनैप ने गणित का उदाहरण लेकर यह दिखाया है कि कैसे वहाँ गणिती भाषा अपने वाक्य-विन्यास के विषय में अर्थपूर्ण ढंग से बात कर सकती है। हभ यहाँ उस विवरण में तो प्रवेश नहीं कर सकते। यहाँ मात्र यही कह सकते हैं कि कारनैप ने विटगेन्स्टीन की आलोचना करते हुए यह दिखाया है कि **विज्ञान की भाषा में ही उसका वाक्य विन्यास** (Logical Syntax) निहित है, अतः वाक्य-विन्यास का विवरण-विश्लेषण अवैज्ञानिक नहीं होता निरर्थक नहीं हो सकता। आपत्तिकारक दोनों भाषाओं की भिन्नता को पूर्ण भिन्ता या सर्वथा भिन्न कह कर अनावश्यक तुल दे देते हैं। गणित के विभिन्न रूपों तथा व्यवस्थाओं से संबंधित नियम भी गणित के उतने ही आवश्यक अंग हैं जितना गणिती व्यवहार एवं उनके वास्तविक व्यापार। उसी प्रकार विज्ञान की भाषा के तार्किक विन्यास से संबंधित नियम विज्ञान तो नहीं है, किन्तु अवैज्ञानिक नहीं है, बल्कि वैज्ञानिक भाषा के सही अवबोध के लिये अनिवार्य है। इस प्रकार की भाषा की संरचना की प्रेरणा तार्किक भाववाद को गणित से ही मिली है। लेकिन इन लोगों के अनुसार वह भाषा पूर्णतया गणिती भी नहीं हो सकती, क्योंकि इसका संबंध भौतिक, जीव विज्ञान आदि सभी विज्ञानों से है। अतः कारनैप का कहना है कि विज्ञान की भाषा के तार्किक वाक्य-विन्यास विवरण-विन्यास विवरण-विश्लेषण अर्थहीन कथनों का ढेर नहीं है, उसके विपरीत यह, अर्थपूर्ण कथनों को और अधिक निश्चित तथा स्पष्ट बनाने का प्रयत्न है। यही कारण है कि कारनैप ने दर्शन को **विज्ञान का तर्कशास्त्र** कहा है। विज्ञान का तर्कशास्त्र अपने तार्किक वाक्य-विन्यास (Logical Syntax) का निर्देश कर सकता है।

इतना तो स्पष्ट हो गया कि कारनैप के अनुसार दर्शन का कार्य विज्ञान की भाषा को अधिक स्पष्ट करना है तथा उसके भाषीय कथनों के पारस्परिक संबंधों को स्पष्ट करना है। यह भी स्थापित हो गया कि यह कार्य तभी संपन्न हो सकता है जब इन कथनों को एक ऐसे आदर्श तार्किक भाषीय कथनों में रूपान्तरित किया जा सके जहाँ तार्किक वाक्य-विन्यासों नियमों का पूर्णरूपेण पालन हुआ हो।

(घ) वाक्क्रिया का विषयिक तथा आकारिक ढंग (*Material & Formal Modes of Speech*)

इसका अर्थ है कि सभी वैज्ञानिक उक्तियाँ—या सभी उक्तियाँ भी—सभी बोलने के ढंग ऐसे नहीं हैं जहाँ तार्किक वाक्य-विन्यास-नियमों का समुचित पालन हुआ है। कारनैप की मूल समस्या यही है, उन्हें अवगति है कि विज्ञान के कथन भी बहुधा वाक्य-विन्यास नियमों के विपरीत प्रतीत होते हैं। उनके लिये सबसे बड़ी समस्या यह है कि बहुत-से-कथन ऊपर से ऐसे दिखाई देते हैं कि वे वाक्य-विन्यास के अनुरूप हैं, किन्तु वस्तुतः वहाँ वाक्य-विन्यास नियमों का हनन हुआ है।

कारनैप के अनुसार ऐसा इस कारण होता है कि वाक्-क्रिया के दो ढंग होते हैं। कारनैप के लिये इन दोनों ढंगों का अन्तर बड़ा महत्त्वपूर्ण हैं, एक को वे **वाक्-क्रिया का विषयिक ढंग** (Material Mode of Speech) तथा दूसरे को **वाक्-क्रिया का आकारिक ढंग** (Formal Mode of Speech) **कहते हैं।** इन दोनों का भेद सामान्य रूप में इस प्रकार किया जा सकता है। यदि हमारे भाषीय कथनों से ऐसा सूचित हो कि यह भाषा से इतर किसी वस्तु या तत्त्व को सूचित कर रहा है तो ऐसी वाक्-क्रिया को विषयिक ढंग की वाक्-क्रिया कहेंगे। जैसे हम कहते हैं कि 'पाँच एक संख्या है' तो ऐसा प्रतीत होता है कि संख्या नाम की कोई वस्तु है जिसे यह सूचित कर रहा है। इसके विपरीत जब भाषीय कथन ऐसे हो जो भाषा के बाहर, भाषा से इतर किसी तत्व की ओर संकेत नहीं करते, बल्कि पूर्णरूपेण भाषीय हैं, तो ऐसी वाक्-क्रिया को आकारिक ढंग की वाक्-क्रिया कहेंगे। उदाहरणतः यदि हम ऊपर दिये वाक्य को इस प्रकार कहें कि "पाँच"शब्द वस्तु-सूचक शब्द नहीं है, बल्कि संख्या-सूचक शब्द हैं"—तो यह आकारिक ढंग की वाक्-क्रिया हुई क्योंकि यहाँ भाषा से इतर किसी तत्त्व की ओर संकेत नहीं है।

कारनैप के लिये यह 'भेद' बड़ा महत्वपूर्ण है क्योंकि इसी के आधार पर वे 'दर्शन का कार्य' स्पष्ट करना चाहते हैं। यहाँ एक स्पष्टीकरण और कर लेना है। हमारे बहुत-से भाषीय कथन स्पष्टतः किसी वस्तु या तत्त्व के विषय में कहे जाते हैं। जैसे हम कहते हैं 'दिल्ली भारत की राजधानी है'—यह वाक्य स्पष्टतः किसी स्थान के संबंध में है। सच पूछा जाय तो ऐसे वाक्यों से कारनैप को कोई परेशानी नहीं है, क्योंकि उनके विश्लेषण का ढंग ही अलग है, जिसमें भाषा से इतर किसी तत्व की ओर भी ध्यान देना है। यह शुद्ध वाक्य-विन्यास (Syntax) के अन्तर्गत नहीं आयेगा, क्योंकि इसमें **शब्दार्थ** (Semantics) की समस्यायें भी उठेंगी। वस्तुतः कारनैप के लिये विषयिक ढंग की वाक्-क्रिया (Material mode of Speech) के अंतर्गत वे कथन आते हैं जो वस्तुतः किसी वस्तु की ओर सूचित नहीं करते, फिर इस ढंग से कहे जाते हैं कि लगे कि वे किसी वस्तु को सूचित कर रहे हैं। इसी से वैचारिक भ्रान्तियाँ, भाषीय अस्पष्टता, अनेकार्थकता आदि उत्पन्न होती हैं। इसी स्थल पर दर्शन का कार्य उपयोगी हो जाता है।

(ङ) इस भेद के उदाहरण

इस बात के निर्देश के लिये कारनैप अब तीन प्रकार के वाक्यों का उदाहरण लेते हैं। (क) **वस्तुसूचक वाक्य** (Object—Sentences) (ख) **छद्मवस्तु-सूचक वाक्य** अथवा **अर्धवाक्य-विन्यासात्मक वाक्य**(Pseudo-Object Sentences or Quasi Syntactical Sentences) तथा (ग) **वाक्य विन्यासात्मक वाक्य** (Syntactical Sentences)। पहले प्रकार के वाक्य स्पष्टतः विषय सूचक हैं, इसके अंतर्गत हमारे सामान्य आनुभविक वाक्य

आते हैं। दूसरे प्रकार के वाक्य **विषयिक ढंग के कथन** (Materil Mode) हैं, तथा तीसरे प्रकार के वाक्य आकारिक ढंग के कथन (Formal mode) हैं। व्याख्या की सुविधा के लिये अब हम तीनों प्रकार के वाक्यों के कुछ उदाहरण लेंगे जो कारनैप के ही उदाहरण हैं।

(a) Object Sentences	(b) Pseudo-Object Sentences (in the Material Mode of Speech) quasi-syntactical	(c) Syntactical Sentences (in the Formal Mode of Speech)
(विषय-सूचक वाक्य)	(अर्ध-विन्यासात्मक वाक्य)	(विन्यासात्मक वाक्य)

उदाहरण—

1. "5 is a Prime Number"	Five is not a thing but a Number"	"Five is not a thing-word, but a number, word.
2. "This rose is red"	"It is a fact that the rose is red"	"The rose is red" is a sentence.
3. "Babylone was a Town"	"Babylon was treated off in yesterday's lecture"	The word 'Babylon' occurred in yesterday's lecture.

(च) विश्लेषण कैसे होता है ?

कारनैप के अनुसार दर्शन का कार्य उपयोगी इस कारण है कि जिस प्रकार की भाषा से दर्शन को उलझना पड़ता है वे अधिकतर दूसरी कोटि (Category b) के कथन हैं। यदि कोई कथन स्पष्टतः किसी आनुभविक वस्तु को सूचित करते हैं, तो दर्शन को उसे और स्पष्ट करने की आवश्यकता नहीं। किन्तु बहुत से कथन ऐसे हैं जो वैज्ञानिक होने का दावा करते हैं, किन्तु वे विषयिक ढंग की वाक्-क्रिया (Material Mode of Speech) में प्रस्तुत रहते हैं, दर्शनशास्त्र में तो ऐसे कथन भरे हुए हैं। इसी स्थल पर दर्शन का कार्य स्पष्ट होता है। दर्शन ऐसे कथनों का स्पष्टीकरण कर सकता है, उस स्पष्टीकरण में यह उन कथनों के वास्तविक वाक्य-विन्यास (Syntax) को प्रकाश में ला सकता है। उससे यह स्पष्ट हो जायगा कि वे वस्तुतः छद्म-विन्यासात्मक वाक्य हैं या वास्तविक विन्यासात्मक वाक्य हैं, या ऐसे वाक्य हैं जो वाक्य-विन्यास के नियम से असंगत हैं। यदि वे वाक्य-विन्यास के नियम से असंगत हुए तो वे अर्थहीन हो जायेंगे। यदि वे वाक्य-विन्यास के नियमो के अनुरूप हैं फिर भी विषयिक वाक्-क्रिया के ढंग में (Material Mode) में व्यवहृत हुए हैं, तो उनके वाक्य-विन्यास का स्पष्टीकरण यह दिखा देगा कि उस ढंग में कहे जाने के कारण कुछ समस्यायें उठ जाती हैं, जो उनके वास्तविक विन्यासात्मक रूप (Syntactical Sentences) में आ जाने पर समाप्त हो जाती हैं।

अतः दर्शन का सामान्य कार्य हो जाता है 'अर्ध-विन्यासात्मक वाक्यों को वास्तविक विन्यासात्मक वाक्यों के रूप में रूपान्तरित करने की चेष्टा'। इस चेष्टा से बहुत सी समस्यायें जो दार्शनिक समस्याओं के रूप में उभर आती है उनका समाधान एवं स्पष्टीकरण हो जाता है। कारनैप ने इस ढंग से दर्शन की कुछ महत्त्वपूर्ण पारम्परिक समस्याओं का भी समाधान किया है। उन्हीं के उदाहरणों से कुछ उदहारणों का चयन कर हम इसे सरल बनाने की चेष्टा करेंगे। उन्होंने **सामान्य** (universals), **अर्थ** (Meaning), **भौतिक वस्तु** (Physical Object) आदि से संबंधित कुछ पारम्परिक दार्शनिक समस्याओं

का तथा कुछ अस्पष्ट वैज्ञानिक कथनों का समाधान एवं स्पष्टीकरण अपने तार्किक वाक्य-विश्लेषण द्वारा करने का प्रयत्न किया है। पहले हम कुछ परम्परागत दार्शनिक समस्याओं को देखें।

उदाहरण I —अर्थ (Meaning)—संबंधी समस्या। भाषा की यह एक समस्या रही है कि 'अर्थ' क्या है। मूलतः यह समस्या इस रूप में उठती है कि किसी भी उक्ति का अर्थ कोई 'वस्तु'—भाषा से इतर कोई वस्तु समझ लिया जाता है, कि अर्थ अपने में एक अलग चिन्तन का विषय है। किन्तु यदि 'अर्थ है' वाले वाक्यों को उनके विन्यासात्मक वाक्यों में रूपान्तरित करें तो यह कोई समस्या नहीं रहती।

अर्ध-विन्यासात्मक वाक्य	**विन्यासात्मक वाक्य**
1. Day star means the Sun.	The word day star is synonymous with the word 'Sun'.
2. The latin word 'luna' designates the Moon	The word 'Moon' is the english correlate of the latin word 'Luna'.

उदाहरण II सामान्य-संबंधी समस्याः

दर्शनशास्त्र के इतिहास में सामान्य संबंधी समस्यायें भी विषयिक ढंग की वाक्-क्रिया (Material Mode of Speech) के कारण उत्पन्न होती है। सामान्यों का जैसे वस्तु (Thing), संख्या (Number), संबंध (Relation), गुण (Property) आदि का व्यवहार भी इस ढंग से होता है, जिससे लगता है कि इनसे कोई भी वस्तु सूचित हो रही है—कोई अर्मूत वस्तु (Abstract object) है। और अब दर्शन-शास्त्री उस वस्तु के स्वरूप-निर्धारण की चेष्टा में विवादों में उलझ जाते हैं। यदि सामान्य-संबंधी उक्तियों को उसके विन्यासात्मक रूपों में रूपान्तरित कर दिया जाय तो सामान्य-संबंधी समस्यायें नहीं दिखेंगी।

अर्ध-विन्यासात्मक वाक्य	**विन्यासात्मक वाक्य**
1. The moon is a *thing*	"Moon" is a thing—word
2. A Property is not a *thing*	"An adjective is not a thing—word
3. Friendship is a *relation*	"Friendship is a relation—word`
4. Friendship is not a *Property*	"Friendship' is not a property—word.

इन उदाहरणों से यह स्पष्ट हो जाता है कि 'thing', 'property' 'relation' के विषयिक ढंग से प्रयोग करने के कारण यह समस्या उठ जाती है कि इनसे कोई अमूर्त, सामान्य तत्त्व सूचित हो रहा है, किन्तु उनका तार्किक विन्यासात्मक प्रयोग स्पष्ट कर देता है कि ऐसी कोई बात नहीं है।

उदाहरण III

अब हम कुछ ऐसे उदहारण लेंगे जहाँ अर्थपूर्ण उक्तियों तथा वैज्ञानिक कथनों का वास्तविक स्पष्टीकरण इस विधि से हो सकता है। इस प्रकार के कथन भी बहुधा इस प्रकार से दिये जाते हैं कि उनसे भी भ्रान्तियाँ उत्पन्न होती हैं। जैसे स्थान (space), काल (Time) आदि के विषय में वैज्ञानिक उक्तियाँ भी इस रूप में रखी जाती हैं कि उससे यह विचार आता है कि उनसे कोई निश्चित तत्त्व सूचित हो रहा है। ऐसे कथनों का तार्किक विन्यासात्मक रूपान्तरण इन भ्रान्तियों को दूर करता है।

अर्ध-विन्यासात्मक वाक्य	विन्यासात्मक वाक्य
1. 'Time is one-dimensional Space is three-dimensional'	A time-designation consists of one co-ordinate, a space-designation of three co-ordinates.
2. Time is infinite in both directions.	'Every positive or negative real number expression can be used as a time-co-ordinate.

3. **विटगेन्स्टीन के ट्रैक्टेरा के इस वाक्य को लें—**

'The world is totality of facts, not of thing(1.1) (यहाँ 'facts' तथा 'things' के विषयिक प्रयोग के कारण अस्पष्टता रह जाता है, तथा अनेक प्रकार की भ्रान्तियों के उत्पन्न होने का स्थान रह जाता है।)	'Science is a system of sentences not of names.'
4. The Circumstance is logically necessary—logically imposible logically possible.	The Sentence is analytic, contradictory not contradictory.
5. Identity is not a relation between objects.	The symbol of Identity is not a descriptive symbol.

इस प्रकार कारनैप ने इस तार्किक रूपान्तरण विधि से अनेकों दार्शनिक समस्याओं से जूझने का प्रयत्न किया है। यह ठीक है कि बाद में इस रूपान्तरण के विरुद्ध आपत्तियाँ उठीं हम उन आपत्तियों के विवरण में नहीं उलझेंगे, क्योंकि उन आपत्तियों के बाद भी इतना तो स्वीकार्य ही रहा है कि तार्किक भाषा-विश्लेषण भाषीय उक्तियों के स्पष्टीकरण की एक मान्य विधि मानी गयी है। उस विधि के उपयोग-प्रयोग में कमी अथवा अपूर्णता हो सकती है, किन्तु कारनैप को इसके लिए तो साधुवाद देना ही है कि उन्होंने दर्शन का कार्य तार्किक विश्लेषण कहा, तो अपने ढंग से उदाहरण ले लेकर इस विश्लेषण-विधि के कार्य करने के ढंग को स्पष्ट किया।

(छ) 'विज्ञान की एकता' में दर्शन का योगदान

कारनैप के अनुसार दर्शन का एक कार्य तो यही है, कि किन्तु इसी कार्य के करने में दर्शन का एक दूसरा कार्य भी स्पष्ट होता है। इस कार्य के लिये एक तार्किक विन्यासात्मक भाषा (Language of Logical Syntax) की रूपरेखा स्पष्ट होती है। यह भाषा वैसी भाषा होगी जिसमें विज्ञान के कथन स्पष्ट रूप में प्रस्तुत किये जा सकेंगे। अतः दर्शन का कार्य इस प्रकार के विज्ञान की भाषा (Language of Science) की स्थापना भी है।

इस स्थल पर एक बड़ा रुचिकर निष्कर्ष निकल जाता है। पाश्चात्य दर्शन की पारम्परिक विचारधारा विज्ञान तथा दर्शन में कुछ इस प्रकार का संबंध मानती रही है: उनकी हर मान्यता रही है कि हर विज्ञान अपने निश्चित क्षेत्र में, उस क्षेत्र के सीमित

परिप्रेक्ष्य में विश्व का अध्ययन करता है, तथा दर्शन उन सभी विभागीय अध्ययनों-दृष्टियों का समन्वय-संगठन कर, सम्पूर्ण विश्व के संबंध में समग्रता का चित्र प्रस्तुत करता है। इस प्रकार पारंस्परिक विचारधारा के अनुसार दर्शन विज्ञानों को एक संगठन में बाँधने का प्रयास है। कारनैप के अनुसार, अपने ढंग से अभी भी दर्शन का यह कार्य है। अभी भी दर्शन अपने ढंग से विभिन्न विज्ञानों को एक सूत्र में बाँध कर उनमें एकरूपता—एकता—स्थापित करने की चेष्टा करता है। इस विचार को कारनैप विज्ञानों की एकता (Unity of Sciences) का विचार कहते हैं।

इस प्रकार की एकता कैसे स्थापित हो सकती है? यहाँ भी माध्यम **भाषा** ही है। हमनें देखा है कि सभी विज्ञानों के कथनों का स्पष्टीकरण तार्किक विन्यास की भाषा में होता है। इसका अर्थ है कि तार्किक विन्यास की भाषा एक दृष्टि से विज्ञान की सार्वभौम भाषा है, ऐसी भाषा है जिसमें सभी विज्ञानों के कथनों को ढाला—रूपान्तरण किया जा सकता है। इसका अर्थ है कि सभी विज्ञान—भौतिकी, रसायनशास्त्र, जीवविज्ञान, मनोविज्ञान आदि—का कुछ सामान्य-सार्वभौम **शब्द-भंडार** (Vocabulary) तथा **वाक्य-विन्यास** (Syntax) अवश्य है। यही सामान्य शब्द-भंडार एवं वाक्य-विन्यास वाली भाषा विज्ञानों की सामान्य-सार्वभौम भाषा है। कारनैप इसे **भौतिक भाषा** (Physical Language) कहते हैं और कहते हैं कि यह सभी **विज्ञानों की सार्वभौम भाषा** (Universal Language of Science) है। इसी भाषा की रूपरेखा दर्शन **तार्किक वाक्य-विन्यास की भाषा** (Language of Logical Syntax) में खींचता है, तथा इस भाषा की स्थापना के द्वारा सभी विद्वानों को एकरूप कर देता है—**विज्ञानों की एकता** (Unity of Science) स्थापित करता है।

कारनैप इसे **भौतिक भाषा** (Physical Language) कहते हैं, किन्तु, इसका वह अर्थ नहीं कि यह **भौतिकी की भाषा** (Language of Physics) है। यह ठीक है कि कारनैप भौतिकी को केन्द्रीय विज्ञान मानते हैं, किन्तु भौतिकी की भाषा सभी विज्ञानों की सार्वभौम भाषा नहीं हो सकती, क्योंकि अपने क्षेत्रीय परिवर्तनों के फलस्वरूप इसकी भाषा बदलती रहती है, अतः, इसमें ऐसी सार्वभौमता नहीं आती कि सभी विज्ञानों की भाषा को इसमें रूपान्तरित किया जा सके। जब कि **सार्वभौम भौतिक भाषा** जो सभी विज्ञानों की भाषा है (Universal Language of Science), ऐसी भाषा है जिसमें किसी भी वैज्ञानिक कथन का रूपान्तरण हो सकता है।

कारनैप ने उदाहरणों से इसे स्पष्ट किया है। हम उनके मनोविज्ञान से लिये एक उदाहरण के आधार पर इसे समझने का प्रयत्न करें। इस मनोवैज्ञानिक कथन को लें, 'जौन को पीड़ा है' (John is in Pain). कारनैप का कथन है कि यदि इस कथन को ऐसे कथनों में रूपान्तरित नहीं किया जा सके जिनके अनुभव-परीक्षा की संभावना है, तो यह कथन—यह वैज्ञानिक कथन—अर्थहीन हो जायगा। ऐसा नहीं है क्योंकि इसे भौतिक भाषा (Physical Language) में रूपान्तरित किया जा सकता है। यह रूपान्तरण ऐसे कथनों में होगा जो जौन के शरीर की ऐसी अवस्थाओं के विषय में होंगे जिनके निरीक्षण की संभावना हो। 'जौन को पीड़ा है' का रूपान्तरण होगा 'जौन का शरीर 'अ' अवस्था में हैं'—जब कि 'अ' अवस्था के अंतर्गत वे सभी अवस्थाएँ आ जाती हैं जिनका निरीक्षण संभव हो। इसका अर्थ नहीं कि ये दोनों कथन तार्किक दृष्टि से सर्वथा एक उक्ति हैं। दूसरी—'भौतिक

भाषा वाली उक्ति' मनोवैज्ञानिक कथन का स्पष्टीकरण है, जो अनुभव-संभावना के आधार पर उस मनोवैज्ञानिक कथन को अर्थपूर्ण बनाती है।

इस प्रकार कारनैप का कहना है कि सभी विज्ञानों की सामान्य भाषा 'भौतिक भाषा' है जिसे समृद्ध करना दर्शन का कार्य है। बाद में तो कारनैप ने यह भी आशा व्यक्त की है कि शायद सभी विज्ञानों के क्षेत्रीय नियम भी किसी-न-किसी रूप में इसी भौतिक भाव के अनुरुप निर्धारित हों। किन्तु इस निष्कर्ष की स्थापना के लिये पर्याप्त सामग्री अभी उपलब्ध नहीं है।

(1) एयर के विचारों में विकसित तार्किक अनुभववाद

भूमिका—तार्किक भाववाद में जिस प्रकार के विंचार को प्रश्रय मिला, उसी का विचार इंगलैंड में भी पनपा—विशेषतः ए॰ जे॰ एयर के विचारों में। एयर ने अपने को तार्किक भाववादी नहीं कहा, बल्कि उसके विचारों की विशिष्टता, ब्रिटिश दर्शन की परम्परा के अनुसार, तार्किक भाववादी विचारों को अनुभववाद के संदर्भ में बिठाने में हैं। यही कारण है कि उनके विचारों को तार्किक अनुभववाद (Logical Empiricism) कहा जाता है, तथा यही कारण है कि इसकी विवेचना अलग से की जा रही है। 1936 में एयर ने अपनी पुस्तक 'Language Truth and Logic' लिखी। उनके विचारों पर कुछ टिप्पणियाँ आलोचनायें हुईं, जिनके आलोक में एयर ने अपनी पुस्तक का परिवर्तित रूप 1946 में प्रकाशित किया। एयर का तार्किक अनुभववाद इसी पुस्तक में प्रकाश में आया है, और यहाँ भी हम उसी पुस्तक का अनुशीलन करेंगे।

1. एयर के अनुसार अर्थ का सत्यापन सिद्धान्त

एयर के तार्किक अनुभववाद के मूल में अर्थ का सत्यापन सिद्धान्त (The Principle of Verification) ही है। तार्किक भाववाद के समान एयर भी स्वीकारते हैं कि यह सिद्धान्त एक ऐसा मापदण्ड प्रस्तुत करता है जिससे वाक्यों की अर्थपूर्णता एवं अर्थहीनता में भेद किया जा सकता है। इस सिद्धान्त का सबसे सरल प्रतिपादन यह है कि किसी भी वाक्य में शाब्दिक अर्थपूर्णता तब होती है जब उस वाक्य में व्यक्त प्रस्तावना (proposition) या तो विश्लेषणात्मक हो या ऐसा हो कि उसकी अनुभव-परीक्षा हो सके।

किन्तु, इस रूप से उसे प्रतिपादन करने में एक कठिनाई है। वाक्य जब तक अर्थपूर्ण न हो, वह प्रस्तावना (Proposition) व्यक्त नहीं करता। हर प्रस्तावना या तो सत्य या असत्य होती है, और जो वाक्य सत्य या असत्य हो वह तो अर्थपूर्ण रहता ही है। अतः यदि उपरोक्त रूप में इस सिद्धान्त को प्रतिपादित किया जाय तो अर्थपूर्णता के मापदण्ड के रूप में यह अर्थश्रेष्ठ सिद्ध होगा क्योंकि तब इस मापदण्ड का प्रयोग उन वाक्यों पर नहीं हो सकेगा जिनमें प्रस्तावना व्यक्त नहीं हुई है।

इस कठिनाई के विवेचन के आधार पर एयर इस सिद्धान्त के प्रतिपादन का एक दूसरा मार्ग अपनाते हैं। उनके अनुसार अर्थ के सत्यापन सिद्धान्त का केन्द्रविन्दु 'वाक्य' नहीं है, '**कथन**' (Statement) है। **वाक्य** (Sentence) तब बनते हैं जब शब्दों को व्याकरण के नियमों के अनुकूल सजाया जाय, किन्तु यदि वाक्य से कुछ कहा जा रहा है, कोई सूचना दी जा रही हैं, **अर्थात् सूचनात्मक वाक्य** (Indicative Sentences) को **कथन** (Statement) कहा जा सकता है—वह अर्थपूर्ण हो या नहीं हो। फलतः यदि ऐसें किसी वाक्य का अनुवाद किसी दूसरे वाक्य में हो जाता है, तो कहा जा सकता है कि वे

दोनों वाक्य एक ही **कथन** (Statement) को व्यक्त कर रहे हैं। यहाँ **कथन** (Statement) तथा **प्रतिज्ञप्ति** (Proposition) का भी भेद स्पष्ट हो जाता है क्योंकि तब **प्रतिज्ञप्ति** (Proposition) का प्रयोग सीमित हो जायगा। उसका अर्थपूर्ण वाक्यों में जो व्यक्त होता है—उसी तक सीमित रहेगा। इस प्रकार **प्रतिज्ञप्ति कथनों** की एक **उपजाति** (Subclass) होगी।

तो, अब कहा जा सकता है कि सत्यापन सिद्धान्त का वास्तविक केन्द्र-बिन्दु **कथन** (Statement) है। यह अर्थपूर्ण कथनों तथा अर्थहीन कथनों के भेद का एक आधार—एक मापदण्ड प्रस्तुत करता है। ऐसा भी कहा जा सकता है कि यह सिद्धान्त एक ऐसा मापदण्ड देता है जिसके आधार पर हम **प्रतिज्ञप्ति** (Proposition) तथा जो प्रतिज्ञप्ति नहीं है—इन दोनों में भेद कर-सकें।

वह मापदण्ड क्या है? इसी प्रश्न का उत्तर अर्थ के सत्यापन-सिद्धान्त में दिया गया है। अब हम प्रारंभ में दिये गये इस सिद्धान्त के प्रारंभिक प्रतिपादन को इस रूप में रख सकते हैं, 'कोई **कथन**' शाब्दिक दृष्टि से अर्थपूर्ण तभी हो सकता है जब वह या तो विश्लेषणात्मक (analytic) हो, या उसकी अनुभव-परीक्षा हो सके (enpirically verifiable)। अब अनुभव-परीक्षा' के तात्पर्य को स्पष्ट करना अनिवार्य है। एयर ने अपने सत्यापन-सिद्धान्त के प्रतिपादन में इस पर विशेष ध्यान दिया है। यहाँ तक कि 1936 में अपनी पुस्तक के प्रकाशन के बाद जो 'अनुभव-परीक्षा' से संबंधित आपत्तियाँ उठायी गयीं या संशय किये गये, उनके आलोक में 1946 के पुस्तक-संस्करण में उन्होंने कुछ स्पष्टीकरण भी प्रस्तुत किया।

उनका कहना है कि तथ्यात्मक कथनों की अर्थपूर्णता का आधार 'अनुभव-परीक्षा' में है। इसका अर्थ है कि किसी व्यक्ति के लिये वह कथन अर्थपूर्ण तभी हो सकता है जब वह जाने कि वह कथन जो कहना चाह रहा है, जो व्यक्त करना चाह रहा है उसकी परीक्षा कैसे होगी। इसका अर्थ हुआ कि उसे यह जानना है कि किस प्रकार के निरीक्षण आदि के आधार पर वह उस कथन को सत्य या असत्य स्वीकार कर सकता है। इसका अर्थ है कि यह कथन अर्थपूर्ण तभी हो सकता है जब इसमें जो कहा जा रहा है वह उसके संभावित अनुभव के या तो अनुरूप हो या उसके प्रतिकूल न पड़े। इस बात का एक दूसरा पक्ष भी है। **यदि वह पुनरुक्ति (Tautology) नहीं है,** फिर भी इसे सत्य या असत्य स्वीकारने से किसी भविष्य संभावित अनुभव में कोई अन्तर न पड़े—यदि इसका सत्य या असत्य होना दोनों इसके हर सम्भावित अनुभव से संगत (consistent) हो, तो यह कथन ही नहीं है—छद्म-कथन है।

उदाहरणतः हम कहते हैं वह पुस्तक दूसरे कमरे में है। अब हम जानते हैं कि किस प्रकार के संभावित अनुभव से इसमें जो कहा जा रहा है उसकी सत्यता या असत्यता स्थापित होगी। इस आधार पर इस वाक्य को अर्थपूर्ण कहा जा सकता है। अब हम कहते हैं 'पंचम जार्ज सद्गुण का वर्गमूल हैं'। अब हम किसी ऐसे अनुभव की कल्पना नहीं कर सकते जिससे यह वाक्य सत्य या असत्य मानें। इस वाक्य को सत्य मान कर देखें या असत्य मान कर देखें—किसी भविष्य के अनुभव में कोई अन्तर नहीं पड़ता। इसकी सत्यता या असत्यता सभी संभावित अनुभव के अनुरूप है। अतः यह कथन ही नहीं है, छद्म-कथन है, कुछ कह नहीं रहा है, अर्थहीन है।

'परीक्षणीयता' के इस प्रारम्भिक प्रतिपादन के पश्चात् एयर कुछ स्पष्टीकरण प्रस्तुत करते हैं। सबसे पहले वे एक भेद करते हैं **'वास्तविक या व्यावहारिक परीक्षणीयता'** (Practical Variflability) तथा **'सिद्धान्त में परीक्षणीयता'** (Verifiability in Principle) के बीच। सामान्यतः जब भी परीक्षणीयता की बात होती है तो हम वास्तविक या व्यावहारिक परीक्षणीयता समझते हैं। ऐसा होता भी है कि अधिकांश उदाहरणों में यदि हम कष्ट करें तो परीक्षण कर सकते हैं। जैसे ऊपर दिये उदाहरण 'यह पुस्तक दूसरे कमरे में है' के लिये यदि हम चाहें तो वस्तुतः दूसरे कमरे में जाकर यह परीक्षा कर सकते हैं कि इस कथन में जो कहा जा रहा है वह सत्य है या असत्य। किन्तु बहुत-से ऐसे उदाहरण हो सकते हैं जिसमें हम चाह कर भी वास्तविक परीक्षा नहीं कर सकते। एयर ने उदाहरण लिया है, 'चन्द्रमा के पिछले भाग में पर्वत-शृंखला है। [स्मरण रखना है कि 1936-1946 में जब यह सिद्धान्त प्रतिपादित हो रहा था उस समय तक चन्द्रमा तक पहुँचने की कोई संभावना नहीं थी] उनका कहना है कि हम चाहें तब भी इसमें जो कहा जा रहा है उसकी वास्तविक परीक्षा नहीं कर सकते। किन्तु इसके कारण यह कथन अर्थहीन नहीं बन जाता। एयर का कहना है कि वैसा इसलिये होता है कि कम-से-कम हम सोच सकते हैं कि किस प्रकार के निरीक्षणों के द्वारा इस कथन की परीक्षा हो सकती है [इसी आधार पर इस कथन की वास्तविक परीक्षा की संभावना भी बाद में उभर आयी] अतः यह व्यावहारिक रूप में परीक्षणीय न भी हो, सिद्धान्त में परीक्षणीय है। इसके विपरीत इस कथन को देखें, ''निरपेक्ष सत्त् हर विकास एवं परिवर्त्तन के पीछे है।'' हम सिद्धान्त में ऐसे किसी अनुभव की कल्पना नहीं कर सकते जिससे इसकी परीक्षा हो सके। अतः इसके—सिद्धान्त में परीक्षणीयता' (Verification in Principle) की भी संभावना नहीं है। इसी कारण यह अर्थहीन है। अतः एयर के अनुसार पहला स्पष्टीकरण तो यह है कि वस्तुतः सिद्धान्त में परीक्षणीय होने पर भी वाक्य अर्थपूर्ण हो जाता है। परीक्षणीयता वास्तविक या व्यवहार में हो तो ठीक ही है, किन्तु जहाँ संभव नहीं हो पर सिद्धान्त में परीक्षणीयता संभव हो, वह भी कथन अर्थपूर्ण ही होगा।

एयर ने दूसरा स्पष्टीकरण प्रस्तुत किया है परीक्षणीयता के **सुदृढ़-अर्थ** (Strong Sense) तथा **निर्बल अर्थ** (Weak Sense) में भेद करके। कोई कथन सुदृढ अर्थ में परीक्षणीय तभी होता है जब अनुभव से इसकी सत्यता निर्णायक एवं अकाट्य ढंग से स्थापित हो जाय। इसके विपरीत यदि अनुभव उस कथन की संभावना को स्थापित करता है, यदि उसके सत्य होने की संभावना को सूचित करता है तो यह कथन निर्बल अर्थ में परीक्षणीय है।

एयर को अवगति है कि कुछ तार्किक भाववादी परीक्षणीयता को उसके सुदृढ़ अर्थ में लेते हैं। किन्तु एयर को इसमें कठिनाई दिखाई देती है। उन्हें लगता है कुछ सामान्य वैज्ञानिक नियम, कुछ सामान्य तथ्यात्मक कथन, कुछ ऐतिहासिक कथन ऐसे हैं जिन्हें किसी अनुभव के द्वारा निर्णायक, निश्चित अथवा अकाट्य ढंग से स्थापित नहीं किया जा सकता, अर्थात् उनकी परीक्षणीयता सुदृढ़ अर्थ में संभव ही नहीं है। उदाहरणतः इन उक्तियों को लें, 'सभी मनुष्य मरणशील हैं' 'संखिया जहरीला है', 'हर शरीर गर्म होने पर फैलता है' आदि। हम चाहे जितना भी निरीक्षण करें—जितना भी अनुभव का उदाहरण दें—इन उक्तियों की सत्यता निस्संदेह तथा पूर्णतया निश्चित रूप में स्थापित नहीं हो सकती। इस आधार पर यदि इन्हें अर्थहीन कह दिया जाय तो यह तो बेतुकी बात होगी।

उसी प्रकार इतिहास के कथनों को देखें—किसी भी प्रकार इन कथनों की सुदृढ़ अर्थ में अनुभव-परीक्षा संभव नहीं हैं, इनकी सत्यता पूर्णतया निश्चित ढंग से स्थापित नहीं होगी। किन्तु इस आधार पर इन्हें अर्थहीन कह देना तो इतिहास के साथ अन्याय होगा।

हमने तार्किक भाववाद के विवेचन में यह कहा है कि इस कठिनाई से बच निकलने की चेष्टा में **स्लिक** ने एक विचित्र बात की थी। उनका कहना है कि ये सभी वाक्य निरर्थक तो हैं ही—तब यह कि वे **महत्वपूर्ण निरर्थक** (Important Nonsense) हैं। किन्तु एयर इस विचार का हवाला देते हुए कहते हैं कि यह तो कोई समाधान हुआ ही नहीं। 'महत्त्वपूर्ण' कह देने से इनकी अर्थहीनता समाप्त तो नहीं होती। स्पष्टतः ये कथन पूर्णतया अर्थपूर्ण प्रतीत भी होते हैं।

इस कठिनाई के निराकरण के प्रयत्न में **कार्ल पौपर** ने **मिथ्याकरण** (Falsifiability) का सिद्धान्त दिया था। उनका कहना है कि इन कथनों की सुदृढ़ अर्थ में परीक्षणीयता तो संभव नहीं ही है, यह संभावना है कि यदि एक भी विपरीत उदाहरण मिला तो ये कथन मिथ्या सिद्ध हो जायेगे। अतः वे मिथ्याकरण की संभावना (Falsifiability) को अर्थपूर्णता का आधार बना देते हैं। एयर को यह भी मान्य नहीं। उनका कहना है कि **मिथ्याकरण** अपने में अर्थपूर्णता का यथेष्ट आधार बन ही नहीं सकता। यदि हम किसी अनुभव या निरीक्षण को किसी कथन के मिथ्या सिद्ध करने का आधार मानते हैं, तो इसका अर्थ है कि हम कुछ बातों के अस्तित्व को स्वीकार कर रहे हैं। इसके अतिरिक्त यदि कोई एक आनुभविक उदाहरण किसी कथन के विपरीत भी पड़े, फिर भी उस आधार पर उस कथन की संभावना पूर्णतया समाप्त नहीं हो जाती। अतः कार्ल पौपर के इस विचार का भी एयर खण्डन करते हैं।

एयर इस कठिनाई के निराकरण का दूसरा ही मार्ग अपनाते हैं। वस्तुतः सुदृढ़ में परीक्षणीयता (Strong Sense of Verification) को अर्थपूर्णता का आधार मानने की आवश्यकता ही नहीं है। कोई कथन यदि सुदृढ़ अर्थ में परीक्षणीय है भी, तो वह उसकी अर्थपूर्णता का आधार नहीं हैं। अर्थपूर्णता तो निर्बल अर्थ में परीक्षणीयता की संभावना के रहने पर भी स्थापित हो जायगी। यदि कोई कथन सुदृढ़ अर्थ में परीक्षणीय है तो वह निर्बल अर्थ में तो परीक्षणीय है ही। अर्थात् इस दृष्टि से अर्थपूर्णता की कसौटी निर्बल अर्थ में परीक्षणीयता ही बन जाती है। एयर कहते हैं, कथन अर्थपूर्ण है या नहीं—यह जानने के लिए हमें इस प्रश्न को नहीं उठाना है कि कौन-से निरीक्षण—अनुभव से यह कथन निश्चित रूप में सत्य या निश्चित रूप में असत्य सिद्ध हो जाएगा, बल्कि हमें इस प्रश्न को उठाना है कि क्या कोई ऐसा अनुभव संभावित है जो इसकी सत्यता-असत्यता के निर्धारण में प्रासंगिक हो। ऐसे अनुभव की संभावना ही कथन को अर्थपूर्ण-सिद्ध कर देगी। हाँ, यदि हमें इस प्रश्न का निषेधात्मक उत्तर मिले—यदि हम किसी ऐसे अनुभव की संभावना की ओर संकेत न कर सकें जो उस कथन की सत्यता-असत्यता-निर्धारण के लिये प्रासंगिक हो तब हमें स्वीकारना पड़ेगा कि वह कथन अर्थहीन है।

अपने इस भेद के विषय में एयर को पुनः विचारना पड़ा। अपनी पुस्तक, '*Language, Truth and Logic*' के 1946 के संस्करण में उन्होंने इस भेद पर कुछ नया प्रकाश दिया। इस प्रकाश के आलोक में उनके सत्यापन-सिद्धान्त का प्रतिपादन भी कुछ नये रूप में प्रस्तुत हुआ।

इस संस्करण में वे कहते हैं कि परीक्षणीयता के **सुदृढ़ अर्थ** तथा **निर्बल अर्थ** में जो उन्होंने भेद किया है वह एक दृष्टि से अनावश्यक प्रतीत होता है। उन्हें यह सूझता है कि उन्होंने उसी पुस्तक में यह भी स्थापित करने की चेष्टा की है कि हर तथ्यात्मक कथन अथवा **आनुभविक प्रतिज्ञप्ति** (Empirical Proposition) एक प्रकार से प्राक्कल्पना (Hypothesis) ही है जिसकी अनुभव-परीक्षा सदा होती रह सकती है। इसका भी अर्थ है कि कोई आनुभविक कथन पूर्णतया निश्चित एवं अकाट्य रूप में परीक्षणीय नहीं है। इसका अर्थ होता है कि सुदृढ़ अर्थ में परीक्षणीयता का कोई अर्थ नहीं रह जाता क्योंकि उसका कोई उदाहरण उपलब्ध नहीं होता। अतः ऐसा प्रतीत होता है कि परीक्षणीयता के सुदृढ़ तथा निर्बल अर्थों का भेद अनावश्यक है। जिसे निर्बल अर्थ कहा गया है उसी में परीक्षणीयता की संभावना कथनों को अर्थपूर्ण बना देती है।

इतना सब कहते हुए भी एयर परीक्षणीयता के सुदृढ़ अर्थ को भी त्यागते नहीं हैं, क्योंकि उन्हें लगता है कि आनुभविक कथनों में कम-से-कम एक वर्ग ऐसा है जिसके विषय में कहा जा सकता है कि वहाँ परीक्षणीयता सुदृढ़ अर्थ में (conclusive verification) संभव है। इन्हें एयर ने **आधारित प्रतिज्ञप्ति** (Basic Proposition) कहा है। इन प्रतिज्ञप्तियों में किसी विशेष अनुभव में जो अनुभूत होता हो वह व्यक्त होता है, अतः कहा जा सकता है कि उस विशेष अनुभव से सुदृढ़ अर्थ में उसकी परीक्षा हो जाती है।

किन्तु एयर यह स्वीकारते हैं कि आधारिक-प्रतिज्ञप्ति तो बहुत थोड़े ही हो सकते हैं, तथा इनके संबंध में परीक्षणीयता अथवा अर्थपूर्णता का प्रश्न भी नहीं उठता। हमारी सामान्य आनुभविक उक्तियाँ जिनकी अर्थपूर्णता-अर्थहीनता का प्रश्न उठाया जाता है, वे अपनी अर्थपूर्णता के लिये अन्ततः निर्बल अर्थ में परीक्षणीयता पर भी निर्भर हैं। अतः कहा जा सकता है कि कोई कथन अर्थपूर्ण तभी है जब कोई अनुभव ऐसा हो जो उस कथन की सत्यता-असत्यता के लिये **प्रासंगिक** हो।

एयर ने इसे और स्पष्ट करने का प्रयत्न किया है क्योंकि उन्हें लगता है कि यह शब्द '**प्रासंगिक**' (Relevent) भी अस्पष्ट है। उन्होंने इस अस्पष्टता को दूर करने के लिये इसी सत्यापन-सिद्धान्त के प्रतिपादन को **तार्किक** परिवेश में रखने की चेष्टा की है। इसके लिये प्रथमतः वह एक नया नामकरण करते हैं जिसे **निरीक्षण कथन** (Observation Statement) कहते हैं। इस उक्ति से वह उन कथनों को सूचित कर रहे हैं जो किसी वास्तविक या संभव अनुभव में जो प्राप्त हुआ है उसे व्यक्त करें। अर्थात्, किसी विशेष अनुभव-सूचक कथन को **निरीक्षण कथन** कहा गया है। वे परीक्षणीयता के सिद्धान्त की इस **निरीक्षण कथन** के द्वारा स्पष्ट करने की चेष्टा करते हैं। उनके अनुसार इस परीक्षणीयता सिद्धान्त का कहना है कि कोई अर्थपूर्ण तभी है जब वह परीक्षणीय हो, तथा वह परीक्षणीय तब होता है कि जब इस **कथन** तथा अन्य कुछ आधारों (Premies) के मेल से किसी **निरीक्षण कथन** (Observasion-Staterment) को उससे निकाला जा सके, (Deduce)—वह भी इस शर्त पर कि वह निरीक्षण-कथन केवल उन आधारों से पृथक रूप में बिना दिये हुए कथन के मेल के न निकाला जा सके। उदाहरणतः 'वह पुस्तक दूसरे कमरें में हैं'—इस वाक्य को लें। यह वाक्य अर्थपूर्ण हैं क्योंकि यह परीक्षणीय है। यह परीक्षणीय कैसे है? 'वह पुस्तक' दिखाई देती है—यह निरीक्षण कथन है (Observation Statement) क्योंकि इसमें विशेष अनुभव में जो अनुभूत होता है वह व्यक्त है। दिया

हुआ कथन है 'वह पुस्तक दूसरे कमरें में हैं' इस कथन को दूसरे आधार वाक्यों के साथ जोड़ें 'दूसरे कमरे में जाकर देखें' तथा 'कमरें में दिखाई देने के सभी उपकरण हैं', तो इन सभी वाक्यों के मिलाने से निरीक्षण-कथन 'वह पुस्तक दिखाई देती हैं' निकल आता है जब कि यह निष्कर्ष केवल 'उन कमरे में जाकर देखें और कमरे में दिखाई देने के सभी उपकरण हैं' से नहीं निकलता। इसका अर्थ हैं कि दिया हुआ कथन परीक्षणीय है, अतः अर्थपूर्ण है।

एयर ने परीक्षणीयता में **साक्षात्** एवं **परोक्ष** परीक्षणीयता (Direct and Indirect Verification)—दोनों को स्वीकारा है, तथा संशय तथा आपत्तियों के आलोक में इस सिद्धान्त का अन्ततः एक तार्किक प्रतिपादन किया है। वैसे सामान्यतः तो यह कहा ही जा सकता है कि एयर के अर्थ के सत्यापन-सिद्धान्त का कहना यही है कि कोई कथन अर्थपूर्ण तभी है जब वह या तो पूर्णतया विश्लेषणात्मक हो, और यदि वह आनुभविक है तो वह अर्थपूर्ण तभी होगा जब कि सिद्धान्ततः उसकी साक्षात् या परोक्ष अनुभव-परीक्षा की संभावना रहे। इस संभावना को जाँचने का ढंग यही है कि उस कथन तथा अन्य आधारों को मिला कर उनसे कोई निरीक्षण-कथन निकाला जा सके—इस शर्त के साथ कि बिना इस कथन के मेल के मात्र उन आधारों से वह निरीक्षण-कथन न निकले।

किन्तु, यह साक्षात् परीक्षणीयता (Direct Verification) का मापदण्ड हुआ। परोक्ष परीक्षणीयता के लिये इन शर्तों के साथ एक दूसरी शर्त को भी जोड़ना आवश्यक है। **अपरोक्ष परीक्षणीयता** (Indirect Verification) की तार्किक माँगे क्या हैं? इसकी पहली माँग तो वही है जो साक्षात् परीक्षणीयता की है। जिस कथन की अर्थपूर्णता देखनी है, उसे तथा अन्य कुछ आधार वाक्यों को मिला कर यह देखना है कि उनसे कोई निरीक्षण-कथन निकल आता है या नहीं—वह भी इस शर्त के साथ कि वह निरीक्षण कथन केवल **उन** आधार-वाक्यों से पृथक् रूप में न निकले। यह तो परोक्ष परीक्षणीयता की भी पहली माँग हुई जो साक्षात् परीक्षणीयता की भी माँग है। इसके अतिरिक्त परोक्ष परीक्षणीयता की दूसरी माँग यह भी है कि उन **दूसरे** आधार-वाक्यों के अन्तर्गत ऐसा कोई कथन न आये जो या तो अपने **विश्लेषणत्मक** न हो, या अपने साक्षात् रूप में परीक्षणीय न हो, या कम-से-कम परोक्ष रूप में परीक्षणीय न हो। इसे उदाहरण से समझने की चेष्टा करें।

मान लें हम इस कथन की अर्थपूर्णता की जाँच कर रहे हैं—'कल रात वर्षा हुई है—इसकी साक्षात् परीक्षा की संभावना नहीं, किन्तु उस कारण यह वाक्य अर्थहीन नहीं हो जाता क्योंकि **परोक्ष** परीक्षा की संभावना है। एयर के अनुसार यह परोक्ष रूप में परीक्षणीय कैसे है—यह देखने के लिये निम्नलिखित मांगों को देखना है। यह वाक्य 'कल रात वर्षा हुई है' के साथ एक अन्य आधार वाक्य को मिलाते हैं 'वर्षा होने पर गढ़े भरे दिखाई देते हैं'—अब इन दोनों वाक्यों के आधार पर 'गढ़े भरे दिखाई दे रहे हैं', को निकाला जा सकता है—और यह एक निरीक्षण कथन है क्योंकि निरीक्षण को ही सूचित कर रहा है। यहाँ वह शर्त भी पूरी है कि यह निरीक्षण कथन—'गढ़े भरे दिखाई दे रहे हैं—' अकेले उस अन्य आधार वाक्य 'वर्षा होने पर गढ़े भरे दिखाई देते हैं' से नहीं निकल आता—हमें जिस वाक्य की अर्थपूर्णता देखनी है (कल रात वर्षा हुई है) उसके साथ जुटने पर ही यह निरीक्षण कथन मिल पाता है। इसके अतिरिक्त यहाँ जो एक और मांग है उसकी भी पूर्ति हुई है। मांग है कि हम जिन अन्य आधार वाक्यों की कल्पना करते हैं वे या तो विंश्लेषणात्मक हों या साक्षात् या परोक्ष रूप में परीक्षणीय हों। यह दूसरा वाक्य हैं 'वर्षा

होने पर गढ़े भरे दिखाई देते हैं—यह विश्लेषणात्मक न हो परीक्षणीय तो अवश्य है। अतः यहाँ परोक्ष परीक्षणयीता की सभी मांगों की पूर्ति हुई है—और उस कारण दिया हुआ वाक्य अर्थपूर्ण है।

इस दूसरी माँग को कुछ और स्पष्ट करना वांछनीय है। एयर का कहना है कि जिन वाक्यों का उपयोग हम (दिये हुए वाक्य के अतिरिक्त) आधार वाक्यों के रूप में करते हैं—उन्हें ऐसा नहीं होना है कि वे विश्लेषणात्मक भी न हों और साक्षात् या परोक्ष रूप में परीक्षणीय भी न हों यदि ऐसा हो गया तो दिया हुआ वाक्य अर्थपूर्ण सिद्ध न होगा। उदाहरणतः बहुधा ईश्वर-अस्तित्व की स्थापना के लिये परोक्ष साक्ष्यों का सहारा लिया जाता है—विश्व में व्यवस्था-प्रयोजन आदि के आधार पर इनके कारक ईश्वर क अस्तित्व को स्थापित किया जाता है। अब हम मान लें कि यह कथन देते हैं—**ईश्वर अस्तित्ववान** है। इसकी अर्थपूर्णता है। समर्थक कह सकते हैं कि इस कथन की **अपरोक्ष परीक्षणीयता** (Indirect Verification) की संभावना है। वे एयर की मांगों को इस प्रकार पूरा करेंगे। दो अन्य आधार वाक्यों को लेते हैं 'कारक तथा व्यवस्थापक के चलते ही व्यवस्था दिखाई देती हैं' तथा 'ईश्वर कारक तथा व्यवस्थापक है'। अब इन दोनों आधार वाक्यों को अपने दिये वाक्य 'ईश्वर अस्तित्ववान है' के साथ मिला देते हैं। तो इनसे यह निष्कर्ष निकल आता है कि व्यवस्था तथा प्रयोजन दिखाई देते हैं—और यह एक निरीक्षण वाक्य है। यहाँ यह भी कहा जा सकता है कि यह निरीक्षण वाक्य उन दो अन्य आधार वाक्यों के आधार पर नहीं निकलता क्योंकि व्यवस्था के दिखलाई देने के लिए ईश्वर को केवल व्यवस्थापक ही नहीं अस्तित्ववान होना भी आवश्यक है। अतः यह दावा किया जा सकता है कि यहाँ परोक्ष परीक्षणीयता की मांगों को पूरा किया गया है किन्तु ऐसा हुआ नहीं है क्योंकि यहाँ परोक्ष परीक्षणीयता की दूसरी शर्त का उल्लंघन हो गया है। उन दो अन्य आधार वाक्यों में एक है 'ईश्वर कारक तथा व्यवस्थापक हैं।' यह वाक्य न तो विश्लेषणात्मक है न साक्षात् या परोक्ष ढंग में परीक्षणीय। अतः दिये हुए वाक्य—'ईश्वर अस्तित्ववान है' परोक्ष रूप में परीक्षणीय नहीं है—और इस कारण अर्थपूर्ण नहीं हैं।

अतः एयर के अनुसार कथन अर्थपूर्ण तभी होते हैं जब वे या तो पूर्णतया विश्लेषणात्मक हों या ऊपर बताये अर्थ में उनके साक्षात् या परोक्ष परीक्षणीयता की संभावना हो।

(2) एयर का त्वमीमांसा-निरसन प्रयत्न

(क) भूमिका

अब एयर के लिये तत्वमीमांसा का निरसन सरल हो जाता है। वस्तुतः जिस रूप में उन्होंने अर्थ के सत्यापन सिद्धान्त को प्रतिपादित किया है, उससे, उसके उपयोग से यह स्पष्ट हो जाता है कि तत्त्वमीमांसीय कथन **निरर्थक** है। एयर ने तत्त्मीमांसा का निरसन यह कह कर नहीं किया है कि जो तत्त्वमीमांसा में कहा जाता है वे सभी असत्य हैं। एयर यह भी नहीं दिखाते हैं कि जिस प्रकार के तर्कों पर तत्त्वमीमांसीय उक्तियाँ आधृत हैं, वे सभी अयुक्त हैं या दोषग्रस्त हैं। उनके अनुसार तो वे प्रयत्न निरर्थक हैं, तत्त्वमीमांसा के क्षेत्र में प्रवेश कर तत्त्वमीमांसीय तत्वों के विषय में अर्थपूर्ण ढंग से कुछ नहीं कहा जा सकता। यदि कोई कथन तत्त्वमीमांसीय तत्त्व का अस्तित्व स्थापित करता है तो वह उतना ही अर्थहीन है, जितना वह कथन जो ऐसे किसी तत्त्व का अनास्तित्व को स्थापित करता है।

अतः एयर के तार्किक अनुभववाद में किया गया तत्त्वमीमांसा-निरसन पाश्चात्य दर्शन में पहले किये गये इस प्रकार के प्रयत्नों से (जैसे ह्यूम या कांट के द्वारा किया गया तत्त्वमीमांसा-निरसन से) मौलिक रूप में भिन्न है।

हम उनके इस प्रयत्न का विवरण तीन उपखण्डों में करने की चेष्टा करेंगे। पहले तो हम उनके उस मूल तर्क को स्पष्ट करेंगे जो तत्त्वमीमांसा-निरसन की नींव हैं। यह उनके तत्त्वमीमांसा-निरसन प्रयत्न का मूल रूप होगा। तब हम उनके इस प्रयत्न को ''ईश्वर'' जैसे तत्त्वमीमांसीय कथनों के उदाहरण पर बैठा कर स्पष्ट करेंगे। और तब अन्त में यह दिखायेंगे कि कैसे एयर इसी आधार पर कुछ प्रमुख तत्त्व-मीमांसीय समस्याओं के तत्त्वमीमांसीय विवेचन को निरर्थक दिखाते हैं।

(ख) उनके तत्त्वमीमांसा-निरसन प्रयत्न का मूल रूप

एयर ने जिस रूप में अर्थ के सत्यापन सिद्धान्त का प्रतिपादन किया है, उसी के आधार तथा उसी का प्रयोग करके वे तत्त्वमीमांसा निरसन का प्रयास करते हैं। उनके अनुसार यह सिद्धान्त स्पष्टतः दिखा देता है कि अर्थपूर्ण कथन या तो विश्लेषणात्मक होते हैं या तथ्यात्मक होते हैं। अब प्रश्न है कि तत्त्वमीमांसीय कथन इन दोनों में किस कोटि के कथन हैं। वे विश्लेषणात्मक नहीं हो सकते क्योंकि विश्लेषणातमक कथन वे ही होते हैं जो या तो अपने विश्लेषणात्मक हों या किसी विश्लेषणात्मक कथन से प्रागनुभविक (Apriori) ढंग से निकले हों। यदि वे स्वयं भी विश्लेशणात्मक हों तो उन्हें अन्य विश्लेषणात्मक उक्तियों के साथ संबंधित किया जा सकता है। किन्तु यह तो तर्कसिद्ध है कि विश्लेषणात्मक कथन न स्वयं विश्व के विषय में कुछ जानकारी देते हैं और न उनसे कोई तथ्यात्मक कथन निकाला जा सकता है। इसका मूल कारण है कि विश्लेषणात्मक कथन पुनरुक्ति (Tautology) मात्र हैं और पुनरुक्तियों से जो भी कथन निकल सकता है वह भी पुनरुक्ति ही होगी। तो तत्वमीमांसक अपने तत्त्वमीमांसीय कथन को मात्र पुनरुक्ति तो नहीं हीं मानते, वे तो उन्हें ज्ञानात्मक-सूचनात्मक कथन कहते हैं जिनसे सत् या तत्त्व के विषय में जानकारी मिलती है। अतः तत्त्वमीमांसीय कथन विश्लेषणात्मक नहीं हैं।

अब यदि इन कथनों को अर्थपूर्ण होना है तो उन्हें तथ्यात्मक कहना पड़ेगा। उस अर्थ में उन्हें अनुभविक प्राक्कल्पना (empirical hypothesis) के रूप में स्वीकारना होगा। वही तभी संभव होगा जब उनके अनुभव-परीक्षा की संभावना हो, जब उनके सत्य या असत्य-निर्धारण का आधार—उनकी संभावना का आधार—अनुभव में उपलब्ध हो। इसे जाँचने के लिये एयर ने एक तार्किक ढंग बताया है। एयर ने कहा है कि जिस कथन को अर्थपूर्णता का दावा है उसमें यह क्षमता होनी चाहिए कि वह अन्य आधार-वाक्यों के साथ इस प्रकार जुट सके कि उससे कोई निरीक्षण-वाक्य (Observation Sentence) आपदित हो—वह भी इस रूप में कि उस अन्य वाक्य से अकेले यह निरीक्षण-वाक्य न निकलता हो। तत्त्वमीमांसीय कथन अर्थपूर्णता की इस कसौटी पर खरे नहीं उतरते। उदारहणतः इस तत्त्वमीमांसीय वाक्य को लें—'आत्मा सरल हैं'। अब यह सोचें कि क्या यह वाक्य किसी अन्य आधार का सहारा लेकर भी किसी निरीक्षण-वाक्य को आपदित कर सकता है? स्मरण रखना है कि निरीक्षण-वाक्य वैसा वाक्य है जो किसी अनुभव का विवरण देता है। 'आत्मा सरल है' वाक्य के आधार पर हम किसी ऐसे अनुभव-वाक्य के विषय में नहीं सोच सकते जिसकी पुष्टि किसी वास्तविक या संभावित अनुभव में हो सके। अतः इस जाँच के आधार पर कहा जा सकता है कि तत्त्वमीमांसीय वाक्य अनुभविक या तथ्यात्मक कथन भी नहीं है।

तो, अर्थपूर्ण कथनों की दोनों कोटियों में किसी में तत्त्वमीमांसीय कथन नहीं आते। कथनों की इन दोनों के अतिरिक्त एक तीसरी कोटि है जिसे एयर की भाषा में **'शब्दजाल'** (gibberish) कहा गया है। ये वस्तुतः निरर्थक ध्वनि हैं, कोई अर्थ सूचित नहीं करते, किन्तु इस प्रकार से व्यवहृत होते हैं कि प्रतीत होता है कि वे वास्तविक तथ्य-निर्देश कर रहे हैं। वस्तुतः वे शब्दजाल हैं—शब्दों के उपयोग के कारण उसमें उलझ कर ऐसी धारणा मिल रही हो जबकि उनसे कोई सूचना नहीं मिलती। एयर के अनुसार तत्त्वमीमांसीय कथन इसी कोटि के कथन हैं। अतः वस्तुतः अर्थहीन है। एयर ने उनका शब्दजाल रूप विभिन्न तत्त्वमीमांसीय समस्याओं के विश्लेषण से स्पष्ट किया है जिसकी संक्षिप्त विवेचना उपखण्ड (3) में होगी।

(ग) ''ईश्वर है'' का विश्लेषण

अब हम एयर के ऊपर विवेचित विचार को तत्त्वमीमांसीय वाक्य 'ईश्वर है' पर बिठा कर स्पष्ट करें। यह वाक्य तत्त्वमीमांसीय वाक्य तब बनता है जब यह किसी तात्विक शक्ति या सत् या तत्व या व्यक्ति को सूचित करता है। प्रश्न यह है कि उस अर्थ में भी क्या यह वाक्य अर्थपूर्ण हैं?

यदि यह वाक्य अर्थपूर्ण है तो या तो यह विश्लेषणात्मक वाक्य है या आनुभविक वाक्य है। यदि यह विश्लेषणात्मक वाक्य है तो यह पुनरुक्ति (Tautology) मात्र है। तब तो इस वाक्य की स्थापना जिन वाक्यों के आधर पर होगी या इससे जो वाक्य निकलेंगे वे सभी पुनरुक्ति होंगे, और यह तो स्थापित ही है कि पुनरुक्तियाँ सूचनात्मक नहीं होतीं। तो इस वाक्य के प्रतिपादन कर्त्ता इसे इस कोटि में तो नहीं ही रख सकते।

अब यह देखें कि क्या यह अनुभवात्मक कथन है। इसके लिये यह देखना है कि क्या इसकी साक्षात् या परोक्ष अनुभव परीक्षा की संभावना है? एयर का कहना है कि दोनों की संभावना नहीं है। साक्षात् अनुभव परीक्षा की संभावना तब होती जब किसी अन्य आधार वाक्य के साथ जोड़कर इससे किसी निरीक्षण वाक्य को निकाला जा सके वह भी इस रूप में कि वह निरीक्षण वाक्य उस अन्य आधार वाक्य से पृथक रूप में न निकले। किन्तु एयर कहते हैं कि ऐसा संभव नहीं है। यह संभव नहीं है कि 'ईश्वर है' वाक्य को किसी वाक्य से इस प्रकार संयोजित करें कि उससे कोई निरीक्षण वाक्य आपदित हो निकल आये। तो इसके साक्षात् अनुभव परीक्षा की संभावना तो नहीं ही है।

कुछ लोग कहते हैं कि इसकी परोक्ष अनुभव परीक्षा संभव है। विश्व में व्यवस्था प्रयोजन दिखाई देते हैं। इसकी उपस्थिति, इनका अनुभव परोक्ष रूप में इन व्यवस्थाओं के कारक की स्थापना कर देता है। एयर कहते हैं कि यह भी संभव नहीं है। यह संभव तब होता जब 'ईश्वर है' वाक्य का अर्थ मात्र इतना होता कि 'प्रकृति में व्यवस्था-प्रयोजन हैं'। किन्तु 'ईश्वर है' वाक्य यदि तत्त्वमीमांसीय वाक्य है तो यह एक अनुभवातीत दैविक व्यक्तित्व या तत्त्व को सूचित करने का दावा करता है। उस 'दैव-तत्व' के संबंध में दी गयी कोई उक्ति न सत्य हो सकती है न असत्य, न विश्लेषणात्मक हो सकती है और न आनुभविक। परोक्ष अनुभव परीक्षा की संभावना के लिये एक शर्त यह भी है कि जिन वाक्यों को 'ईश्वर है' जैसे वाक्य के साथ जोड़ कर किसी निरीक्षण वाक्य के आपदित होने की संभावना को देखना है उन अन्य वाक्यों को या तो विश्लेषणात्मक होना है या

आनुभविक। तात्त्विक ईश्वर संबंधी कोई वाक्य इन दोनों में से कोई नहीं है। अतः 'ईश्वर है' वाक्य की परोक्ष अनुभव परीक्षा की संभावना भी समाप्त हो जाती है। तो इस प्रकार यह वाक्य अर्थहीन ही सिद्ध होता है।

एयर स्पष्ट रूप में कहते हैं कि उनके द्वारा ऐसे वाक्यों की निरर्थकता का निर्देश न तो उन्हें निरीश्वरवादी (Atheist) बनाता है न अज्ञेयवादी (Agnostic)। ये भी 'ईश्वर है' का खण्डन करते हैं, किन्तु एयर अपने तत्त्वमीमांसा-निरसन को इनके प्रयत्नों से सर्वथा भिन्न मानते हैं। अज्ञेयवादी यह मानते हैं कि 'ईश्वर है' वाक्य ऐसी संभावना प्रस्तुत करता है जिस पर विश्वास करने या जिसको नकारने का यथेष्ट ज्ञानात्मक आधार उपलब्ध नहीं है। निरीश्वरवादी का कहना है कि 'ईश्वर नहीं है' वाक्य की स्थापना की संभावना है। एयर का कहना है कि उनका प्रयत्न इन दोनों से भिन्न हैं, बल्कि कुछ अर्थ में तो उनका मत इन दोनों मतों से पूर्णतया असंगत है। उनके मत में 'ईश्वर संबंधी जो भी उक्तियाँ दी जाती हैं वे कोई अर्थ सूचित नहीं करतीं। अतः निरीश्वरवादी जब यह कहते हैं कि 'ईश्वर नहीं है' तो यह वाक्य भी उतना ही निरर्थक है जितना कि वाक्य 'ईश्वर है'। उसी प्रकार अज्ञेयवादी यह नहीं कहते कि 'ईश्वर है या नहीं है' का प्रश्न अर्थपूर्ण प्रश्न नहीं है। उन लोगों के अनुसार तो ''एक अनुभवातीत ईश्वर है'' तथा 'एक अनुभवातीत ईश्वर नहीं है'' इन दोनों में एक वाक्य सत्य तथा दूसरा वाक्य असत्य हो सकता है, उनका तो यही कहना है, कि अभी हमारे पास ऐसे ज्ञानात्मक साधन उपलब्ध नहीं है जिसके आधार पर हम एक को सत्य तथा दूसरे को असत्य कहें। किन्तु, एयर के मत में ये दोनों वाक्य निरर्थक हैं, दोनों के सत्य या असत्य होने की संभावना नहीं है। इस प्रकार एयर का दावा है कि उनका यह तत्त्वमीमांसा-निरसन-प्रयत्न न निरीश्वरवाद का समर्थन करता है और न अज्ञेयवाद का पोषण, बल्कि उन दोनों से असंगत ही है।

इस स्थल पर एयर यह सोचते हैं कि तत्त्वमीमांसक यह कह सकते हैं कि तत्त्वमीमांसीय वाक्यों में 'ईश्वर' शब्द से प्राकृतिक शक्तियों का बोध होता है। तो क्या यदि ईश्वर अग्नि, वायु, वर्षा, बिजली जैसे प्राकृतिक वस्तुओं को सूचित करे तो 'ईश्वर' संबंधी उक्तियाँ अर्थपूर्ण हो जाएँगी? एयर का उत्तर है 'नहीं'। उदाहरणतः बादल की गरज और बिजली की प्रचण्ड चमक को देख यह उक्ति दी गयी—'जेहोवा क्रुद्ध है'। क्या इस वाक्य को अर्थपूर्ण स्वीकारा जा सकता है? एयर कहते हैं कि यदि इस वाक्य 'जेहोवा क्रुद्ध है' का अर्थ मात्र इतना ही है कि 'गरज के साथ बिजली चमक रही है' तब तो इस वाक्य को स्वीकारा जा सकता है। किन्तु धर्म दर्शन जब इस प्रकार का वाक्य देता है तो उसके पीछे विचार यह है कि 'जेहोवा' नाम का एक 'दैविक व्यक्ति है'। 'जेहोवा' के तात्विक अस्तित्व को स्वीकारा जाता है। तो, यदि 'जेहोवा क्रुद्ध है' का तात्पर्य है कि कोई दैनिक व्यक्ति उसी प्रकार क्रुद्ध है जिस प्रकार सामान्यतः मनुष्य क्रुद्ध होता है, तब इस वाक्य की अनुभव परीक्षा की कोई संभावना नहीं रहती, और उस अर्थ में 'जेहोवा क्रुद्ध है' वाक्य अन्ततः अर्थहीन ही है।

उसी प्रकार उन वाक्यों की भी वैसी ही व्याख्या होगी जो मरणोपरान्त जीवन (after life) से संबंधित है। यदि हम कहें कि मनुष्य को मरना ही है, या यह भी कहें कि 'मनुष्य वस्तुतः मरता नहीं है' तो इन दोनों वाक्यों को अर्थपूर्ण कहा जा सकता है क्योंकि इन दोनों की अनुभव परीक्षा हो सकती है। यह और बात है कि अनुभव परीक्षा से पहला वाक्य सत्य

तथा दूसरा वाक्य असत्य सिद्ध होगा। सत्य-असत्य होने की क्षमता ही तो वाक्यों को अर्थपूर्ण बनाती है। किन्तु यदि यह कहा जाय कि मनुष्य में कुछ अप्रत्यक्ष तत्त्व है जो आत्मा है तथा जो मृत्यु के बाद भी जीवित रहती है, तो इस प्रकार के कथन तत्त्वमीमांसीय कथन होंगे, और इनकी अनुभव परीक्षा की संभावना नहीं रहेगी। फलतः एयर के अनुसार वे अर्थहीन होंगे।

एयर कहते हैं कि 'ईश्वर है' वाक्य में 'ईश्वर' शब्द का प्रयोग संज्ञा रूप में होता है, और इस प्रयोग के कारण यह भ्रान्ति उत्पन्न होती है कि ईश्वर नाम से कोई दिव्य तात्त्विक सत् सूचित होता है। अब इस तात्त्विक सत् संबंधी कथन दिये जाते हैं जो सब अर्थ के सत्यापन सिद्धान्त के अनुरूप निरर्थक ही सिद्ध होते हैं।

इस स्थल पर एयर को एक उत्तर की संभावना दिखाई देती है। ईश्वरवादी कह सकते हैं कि "ईश्वर है" या 'ईश्वर' संबंधी सभी कथनों को अर्थहीन इसी कारण कहा जा रहा है क्योंकि एयर के अनुसार उनकी अनुभव परीक्षा की संभावना नहीं है। किन्तु, ऐसे विशेष अनुभव हैं, धार्मिक अनुभव, आध्यात्मिक अनुभव आदि जिनसे ईश्वर संबंधी कथनों की पुष्टि होती है। तो, ईश्वरवादी कह सकते हैं कि एयर ने अपने को मात्र इन्द्रिय—आश्रित अनुभव तक सीमित रखा है, इस प्रकार के विशेष-अनुभवों की ओर ध्यान ही नहीं दिया है। इसी कारण ईश्वर संबंधी कथनों के विषय में उन्हें अनुभव परीक्षा की संभावना दिखाई नहीं देती।

एयर इस उत्तर की संभावना पर विचार करते हैं। वे जानते हैं कि कुछ लोग धार्मिक अनुभव, अन्तःप्रज्ञात्मक अनुभव—जैसे अनुभव की संभावना की बात कर यह कहते हैं कि ईश्वर-संबंधी कथनों की अनुभव-परीक्षा की संभावना भी है। एयर का कहना है कि यदि यह सत्य है कि ऐसे अनुभव भी ठींक वैसे ही हैं—उसी कोटि के हैं—जैसे हमारे साधारण अनुभव होते हैं तो उन्हें इन अनुभवों को मान्यता देने और इसके आधार पर ईश्वर-कथनों को अर्थपूर्ण स्वीकारने में कोई आपत्ति नहीं होती। किन्तु उनके अनुसार ऐसा है नहीं। जो लोग इन अनुभवों का साक्ष्य प्रस्तुत करते हैं, वे कहते हैं कि इन अनुभवों से एक अनुभवातीत तत्त्व के होने का—उसके अस्तित्व का—ज्ञान मिलता है। उनका यह कहना उसके इन अनुभवों को सामान्य अनुभवों से सर्वथा भिन्न-गुणात्मक रूप में भिन्न-कोटि का बना देता है। सामान्य अनुभव में हम जब एक 'लाल धब्बे' को देखते हैं, तो हम कहते हैं कि हमने एक लाल धब्बा देखा और मानते हैं कि वह वस्तुनिष्ठ रूप में है। कोई ऐसी वस्तु है जिसमें इन्द्रियों से प्राप्त यह विशेष लक्षण विद्यमान है। अब यह वाक्य 'एक लाल वस्तु है' ऐसा वाक्य है जो अनुभव-परीक्षा की कसौटी पर खरा उतरता है। उन विशेष प्रकार के अनुभवों के साथ ऐसा नहीं होता। इन अनुभवों के आधार पर यदि हम मात्र यह कहें कि 'ऐसा अनुभव हुआ है'—तो इसे स्वीकारा जा सकता है। किन्तु हम कहते हैं 'एक अनुभवातीत दैनिक तत्त्व (या ईश्वर) है।' अब यह वाक्य अनुभव-परीक्षा की कसौटी पर खरा नहीं उतरता—अतः इसे अर्थहीन मानना ही पड़ता है।

(घ) तत्त्वमीमांसीय कथनों का शब्द-जाल रूप

हमने ऊपर कहा है कि एयर के तत्त्व मीमांसा-निरसन प्रयत्न के निष्कर्ष रूप में तत्त्वमीमांसीय कथन अन्ततः शब्द-जाल (gibberish) ही सिद्ध होते हैं। एयर विभिन्न उदाहरणों के सहारे इन कथनों के शब्द-जाल रूप को स्पष्ट करते हैं। उनका उद्देश्य यह

दिखाना है कि तत्त्वमीमांसक जिस प्रकार की समस्याओं से जूझते हैं, वे वस्तुतः अर्थहीन हैं, किन्तु भाषीय-प्रयोगों के कारण उन्हें वे समस्यायें सार्थक प्रतीत होने लगती हैं। विश्लेषण से स्पष्ट हो जाता है कि वे शब्द-जाल हैं, उनमें कुछ सार्थक समस्यायें निहित नहीं हैं, जो समस्यायें दिखाई देती हैं—वे वस्तुतः शब्दों के प्रयोग के ताना-बुना के कारण समस्या के रूप में दिखाई देने लगती हैं, उनमें कुछ वास्तविक तथा अर्थपूर्ण समस्यायें निहित नहीं हैं।

प्रथमतः हम उनके द्वारा विश्लेषित द्रव्य(substance)का उदाहरण लें। भाषीय प्रयोगों के कारण हमारे मन में एक धारणा घर कर जाती है कि हर नाम (Name) के अनुरूप वस्तुतः उनसे सूचित होनेवाला कोई तत्त्व होता ही है। बात यह है कि हम अपनी भाषा में इन्द्रिय-ज्ञात लक्षणों का विवरण तब तक दे ही नहीं पाते जब तक किसी ऐसे शब्द को नहीं ढूँढ़ लें या बना लें जिससे वह तत्त्व सूचित हो जिसमें ऐन्द्रिक-लक्षण है। उदाहरणतः हम पीला, भारी, कीमती आदि लक्षणों का भाषा में विवरण कर ही नहीं पाते जब तक किसी ऐसे शब्द का प्रयोग न कर लें जिनसे सूचित होने बाले तत्त्व में वे लक्षण हों (जैसे यहाँ सोना)। वस्तुतः इन भाषीय सीमाओं के कारण ऐसे शब्दों का प्रयोग होता है किन्तु इनके लगातार प्रयोग के कारण हम समझने लगते हैं कि वस्तुतः कुछ तत्त्व है जिसमें इस प्रकार के ऐन्द्रिक लक्षण विद्यमान हैं और उस तत्त्व को द्रव्य (substance) कहते हैं। हम ऐसा मानने लगते हैं कि द्रव्य अपने में कोई वस्तु हैं (thing-in-itself) जो भिन्न-भिन्न रूपों में प्रकट होता रहता है (प्रतिति appearance)। इसी कारण द्रव्य की तत्त्व-मीमांसीय समस्या, तथा सत् एवं आभास की तत्त्वमीमांसीय समस्या का उद्भव होता है। एयर कहते हैं कि वस्तुतः, इन प्रतीतियों का प्रतीति-रूप इस कारण नहीं है कि वे किसी एक ही द्रव्य की प्रतीतियाँ हैं, बल्कि इनके आपसी संबंध के कारण है। यह तार्किक विश्लेषण से स्पष्ट हो जाता है। किन्तु तत्त्वमीमांसक यहाँ इन भाषीय प्रयोगों के कारण उत्पन्न समस्याओं को वास्तविक तथा अर्थपूर्ण समझ लेता है, और उन्हीं से जूझता रहता है।

एयर इससे और अधिक सरल ऐसा उदाहरण लेते हैं जहाँ व्याकरणीय प्रयोगों के कारण तत्त्वमीमांसीय समस्या उत्पन्न हो जाती है। यह उदाहरण **सत्‌भाव** (Being) का है। एयर विश्लेषण कर दिखाते हैं कि सत् का तात्विक भाव ऐसा भाव है जिसके संबंध में तत्त्वमीमांसा में सदा विवेचनाएँ होती रही है, ऐसे-ऐसे प्रश्न उठाये गये हैं जिनका उत्तर किसी वास्तविक या संभावित अनुभव के आधार पर नहीं दिया जा सकता। फिर भी ऐसे प्रश्न उठते रहे हैं। ऐसा क्यों होता है—इसी का एयर अपने ढंग से उत्तर देते हैं। उनका कहना है कि ऐसी प्रतिज्ञप्तियाँ जो गुण और लक्षण बताती हैं तथा ऐसी प्रतिज्ञप्तियाँ जो अस्तित्ववान है'—इन दोनों में व्याकरण की दृष्टि से एक संज्ञा के बाद क्रिया का प्रयोग हुआ है। किन्तु इस समानता के आधार पर यह भ्रान्ति हो जाती है कि तार्किक दृष्टि से भी दोनों एक ही प्रकार के हैं। किन्तु स्पष्ट है कि दोनों का तार्किक स्वरूप एक जैसा नहीं है। इन्हीं उदाहरणों को देखें। शहीदों के कष्ट झेलने के संबंध में हम अनेक ढंगों से सोच सकते हैं किन्तु शहीदों के अस्तित्व के संबंध में ऐसा नहीं है। ऐसा इस कारण होता है कि 'अस्तित्व', (जैसा कि कांट ने कहा है), कोई गुण या लक्षण नहीं है। हम जब भी किसी विषय पर किसी गुण का आरोपण करते हैं—जैसे शहीद कष्ट झेलते हैं तो हम यह भी एक तरह से कह रहे हैं कि शहीद अस्तित्ववान हैं। यदि अस्तित्व को अलग से एक गुण

या लक्षण मान लें, तो अस्तित्व का अलग से आरोपण सभी भावात्मक प्रतिज्ञप्तियों को पुनरुक्ति बना देगा। अतः सत्भाव से जुटी सभी समस्याएँ इस मान्यता पर आधृत है कि 'अस्तित्व' एक पृथक् गुण या लक्षण है, और यह मान्यता व्याकरण के वैसे प्रयोगों पर आधृत है जो उक्तियों को अर्थपूर्णता की सीमा से बाहर ले जाता है।

उसी प्रकार एयर एक अन्य उदाहरण लेते हैं। तत्त्वमीमांसक कभी-कभी एक विचित्र प्रकार के तत्त्व की बात करते हैं—वास्तविक अनास्तित्त्व (real non-existent entity) की बात करते हैं। ऐसे तत्त्वों के अन्तर्गत प्लेटो के सामान्य (universals), हाइडेगर का 'शून्यता विचार' (Nothingness) आदि आते हैं। एयर का कहना है कि ऐसे तात्त्विक तत्त्वों का विचार भी भाषीय जाल के कारण ही उत्पन्न होता है। हमारी धारणा बन जाती है कि किसी भी वाक्य के उद्देश्य के अनुरुप कुछ वास्तविक तत्त्व होता ही है। जब आनुभविक जगत में ऐसे तत्त्वों के लिये कोई स्थान नहीं दिखता तो हम मान लेते हैं कि अवश्य ही सामान्य आनुभविक जगत से भिन्न जगत में वे तत्त्व अस्तित्ववान हैं। यदि अस्तित्व शब्द का प्रयोग आनुभविक जगत में स्थित वस्तुओं के लिए होता है तो आनुभविक जगत से भिन्न जगत में स्थित तत्त्वों को वास्तविक (real) कह दिया जाता है। (प्लेटो ने Ideas को वास्तविक मानने के लिये इसी प्रकार का तर्क ही दिया है)। स्पष्ट है कि यहाँ भाषीय प्रयोग के कारण भ्रान्ति बनी है, वस्तुतः इस प्रकार के तत्त्वों की सार्थकता स्थापित नहीं हो सकती। एयर ने विश्लेषण से यह स्पष्ट किया है कि ऐसे तत्त्वों को स्वीकार कर उनसे प्रतिज्ञप्तियाँ बनाने पर कैसी विषमता(oddity)उत्पन्न होती है। मान लें हम पौराणिक गाथाओं में वर्णित 'यूनिकार्न' (एक सिंह वाले घोड़े) की बात करते हैं, और कहते हैं कि वे सामान्य अनुभव जगत में भले ही अस्तित्ववान न हों, देवों की दुनिया में अस्तित्ववान हैं। आनुभविक जगत को ध्यान में रख वे अपनी ओर से अर्थपूर्ण ही नहीं सत्य उक्ति देते हैं कि युनिकार्न काल्पनिक हैं।'' एयर इसका विश्लेषण करते हुए इसमें निहित विषमता को स्पष्ट करते हैं। यदि इस कथन का यह तात्पर्य है कि 'पुराणों में वर्णित एक सिंह वाला घोड़ा कल्पना का चित्र हैं तो यह वाक्य अर्थपूर्ण हो सकता है। किन्तु यदि हम यहीं यह कहें कि यह वाक्य ठीक वैसा ही वाक्य है जैसा कि वाक्य कुत्ते विश्वसनीय हैं तो विषमता होगी। कुत्ते को विश्वसनीय होने के लिये अस्तित्ववान होना है। आनुभविक जगत में अस्तित्ववान तथा काल्पनिक दोनों साथ-साथ होना तो आत्म-व्याघातक है अतः हम मान लेते हैं कि यह दैव-जगत में अस्तित्ववान है''। किन्तु यह तो ऐसा कथन हो जाता है कि जिसकी अनुभव परीक्षा की कोई संभावना ही नहीं है। अतः यह अर्थहीन कथन है। इस तरह स्पष्ट होता है कि 'यूनिकार्न' का यदि ''दैव जगत में अस्तित्ववान एक सिंह वाला घोड़ा'' के अर्थ में प्रयोग होता है तो वाक्य ''यूनिकार्न काल्पनिक है'' अर्थहीन होता है, सत्य नहीं। हम इसे सत्य इसलिये कह देते हैं कि इसकें भाषीय प्रयोग के जाल में हम उलझ जाते हैं। हाइडेगर के शून्यता संबंधी कथन कुछ इसी कोटि के कथन जैसे हैं।

इस प्रकार एयर कहते हैं कि तत्त्वमीमांसक निरर्थक कथन देते हैं तथा शब्द जाल के कारण यह समझ नहीं पाते कि वे निरर्थक हैं। तत्त्वमीमांसक कवियों जैसा भी नहीं है क्योंकि कविगण जब काल्पनिक चित्र खिंचते हैं तो उन्हें यह अवगति रहती है कि उनके चित्र काल्पनिक हैं। तत्त्वमीमांसक को ऐसी अवगति नहीं रहती। वह तो व्याकरणीय प्रयोगों से धोखा खा जाता है, और उस भ्रान्ति के कारण समझ बैठता है कि वह जो कुछ कह रहा है वह बड़ा ही अर्थपूर्ण हैं, जब कि वस्तुतः शब्दजाल भेद स्पष्ट कर देता है कि इस भ्रान्ति में वह जो कुछ कहता है सब अर्थहीन ही हैं।

(3) एयर के अनुसार दर्शन का कार्य

(क) भूमिका

एयर के अनुसार दर्शन का कार्य क्या है? इस प्रश्न का उत्तर देना एक दृष्टि से बड़ा सरल है तथा दूसरी दृष्टि से बड़ा कठिन। यह तो निश्चित रूप से कहा जा सकता है कि एयर के अनुसार दर्शन का कार्य एक प्रकार का विश्लेषण (Analysis) है जिसे वे दार्शनिक विश्लेषण कहते हैं (Philosophical Analysis)। किन्तु जब यह प्रश्न उठता है कि यह विश्लेषण कैसे होता है तो दो कठिनाईयाँ उपस्थित हो जाती है एक तो यह कि अनिवार्यतः इस विवेचन में तार्किक प्रश्नों में उलझना पड़ता है तथा दूसरा यह कि उन तार्किक स्थापनाओं का जब वास्तविक उदाहरणों में स्पष्टीकरण होता है तो कुछ विसंगतियाँ उत्पन्न हो ही जाती हैं। यही कारण हैं कि जब 1936 में एयर की पुस्तक 'Language, Truth and Logic' प्रकाशित हुई तो उसके चर्चित दार्शनिक विश्लेषण पर इतनी आपत्तियाँ उठायी गयीं कि एयर को पुस्तक के 1946 वाले संस्करण में कुछ भूल स्वीकारनी पड़ी और कुछ मत परिवर्त्तन भी करना पड़ा। हम इन सभी विवादों को पूर्ण स्पष्टीकरण तो पुस्तक की सीमा के कारण नहीं कर सकते, यह समझते हुए भी कि बना उन स्पष्टीकरणों के एयर के मत का पूर्ण विवरण संभव नहीं है। हम तकनीकी विवरणों में विना प्रवेश किये एयर के मत का एक सामान्य विवरण प्रस्तुत करने की चेष्टा करेंगे।

(ख) क्या दर्शन का कार्य नहीं है?

दर्शन का कार्य क्या है—यह जानने के पहले यह स्पष्ट कर लेना आवश्यक है कि एयर के अनुसार दर्शन क्या नहीं करता। एयर को लगता है कि दर्शन के कार्यों के संबंध में कुछ गलत धारणायें प्रचलित रही हैं जिसके कारण दर्शन के वास्तविक कार्य की समझ स्पष्ट नहीं हो पाती। अतः वे दर्शन के कार्य को उन प्रचलित धारणाओं से भिन्न कर लेते हैं।

एक ऐसी धारणा तो यही है कि दर्शन **मूलतः** तत्त्वमीमांसा है। एयर के तत्त्व-मीमांसा-निरसन से यह तो स्पष्ट हो गया कि दर्शन का कार्य तत्त्वमीमांसीय समस्याओं में उलझना नहीं है क्योंकि वह अन्ततः निरर्थक ही होगा। दर्शन के कार्यों के संबंध में एक प्रचलित धारणा यह भी है कि दार्शनिक चिन्तन या तो निगमनात्मक होता है या आगमनात्मक। एयर के लिए इस धारणा पर विचार अनिवार्य हो जाता है क्योंकि उन्हें स्वयं लगता है (एक स्थल पर उन्होंने स्पष्ट ऐसा कहा भी है) कि दर्शन तर्कशास्त्र का ही एक भाग है। एयर यह नहीं कहते कि निगमन (Deduction) तथा आगमन (Induction) का दर्शन के लिये कोई महत्त्व या प्रासंगिकता नहीं है। उनका कहना है कि इन दोनों धारणाओं के साथ कुछ ऐसा अंधविश्वास जुटा है जिससे दर्शन को मुक्त करना अनिवार्य है।

निगमनात्मक विधि पर जोर देने वाले विचारक अधिकतर यह मान कर अग्रसर होते हैं कि दर्शन कुछ मूल प्राथमिक आधारों (First Principle) को ढूढ़ लेता है जिसके आधार पर एक निगमनात्मक व्यवस्था बनाता है जिस व्यवस्था के द्वारा विश्व की व्याख्या होती है। वस्तुतः इन प्राथमिक आधारों (First Principle) को मान्यता देने का विचार इस विश्वास के साथ जुटा है कि दर्शन 'सत की सम्पूर्णता का अध्ययन है।' निगमनात्मक ढंग पर आधृत ऐसे विचार का एयर खण्डन करते हैं और कहते हैं कि इस प्रकार का कार्य दर्शन का कार्य नहीं है।

उनके इस खण्डन का आधार मात्र यही है कि इस प्रकार के प्राथमिक आधार किसी प्रकार उपलब्ध हो ही नहीं सकते। एयर ने डेकार्ट के विचारों का उदाहरण लिया है। डेकार्ट के विचार में भी 'मैं सोचता हूँ इसलिए मैं हूँ'' (Cogito Ergo Sum) को इसी प्रकार के प्राथमिक आधार की मान्यता मिली है। एयर ने इसका विश्लेषण किया है जिस विश्लेषण का निचोड़ यहाँ संक्षेप में प्रस्तुत है। एयर का कहना है 'Cogito' शब्द का वास्तविक अर्थ 'मैं सोचता हूँ' नहीं है—बल्कि यह है कि 'अभी विचार हो रहा है' क्योंकि अभी तो केवल विचार है 'मैं' की अवगति नहीं है और इससे—''अभी विचार हो रहा है' से 'मैं हूँ'' का निष्कर्ष नहीं निकलता। इस क्षण कुछ बिचार चल रहे हैं—इससे न यह आपदित है कि दूसरे क्षणों में भी विचार हुए हैं और न यही आपदित हैं कि विचारों का ऐसा क्रम चला है कि मैं—आत्मा की अवगति हो जाय। यही कारण है कि इस स्थल पर ह्यूम की आपत्तियाँ सटीक बैठती हैं। अतः डेकार्ट का यह दावा कि उन्हें कुछ प्राथमिक आधारों की तत्काल अवगति हुई है संगत नहीं है। किसी अर्न्तसूझ—किसी तात्कालिक अवगति से ऐसे प्राथमिक आधार नहीं मिलते।

कहा जा सकता है कि ऐसे प्राथमिक आधार प्रागनुभविक सत्य हैं। यदि प्राथमिक आधार प्रागनुभविक सत्य हैं, तो सभी प्रागनुभविक सत्यों के समान वे पुनरुक्ति मात्र (Tautology) हैं। और तब उनसे जो भी आपादित होगा पुनरुक्ति ही होगा। उनसे कोई तथ्य या आनुभविक कोई निगमनात्मक व्यवस्था नहीं बन सकती, यदि उनसे कोई निगमनात्मक व्यवस्था बनेगी तो वह पुनरुक्तियों का क्रम होगा—और तब यह कहना पड़ेगा कि सत् की व्याख्या पुनरुक्तियों के द्वारा होती है और यह बात बेतुकी होगी। एयर कहते हैं कि **दर्शन परिकल्पनात्मक चिन्तन** (Speculative Philosophy) नहीं है। परिकल्पनात्मक चिन्तन ही प्राथमिक आधारों तथा उस पर संरचित निगमनात्मक विचार-व्यवस्था का अम्बार खड़ा करता हैं, और इस प्रकार दर्शन को गुमराह करता है।

यही कारण हैं कि एयर स्पष्ट कहते हैं कि दर्शन परिकल्पनात्मक नहीं **समीक्षात्मक** (Critical) है। प्रश्न है कि इसकी समीक्षात्मकता किस ढंग की है।

एयर के अनुसार इस स्थल पर भी एक ऐसी प्रचलित धारणा है जो भ्रान्तिपूर्ण है और जिसका निराकरण करना अनिवार्य है। यह धारणा 'आगमन (Induction) पर जो हमारा सामान्य विश्वास है, उस विश्वास के कारण उत्पन्न होती है। यदि दर्शन समीक्षात्मक है तो प्रश्न उठता है कि दार्शनिक समीक्षा किसकी होती है—इस समीक्षा का विषय क्या है। कुछ विचारकों की धारणा है कि दार्शनिक समीक्षा का केन्द्र हैं वैज्ञानिक प्राक्कल्पनाएँ जिनपर हमारा दैनिक जीवन आधृत है। ऐसे विचारक परिकल्पनात्मक चिन्तन के समर्थक नहीं, बल्कि यह दावा करते हैं कि दार्शनिक चिन्तन विज्ञान तथा अनुभव से संबंधित है तथा उसका कार्य है वैज्ञानिक परिकल्पनाओं तथा दैनिक मान्यताओं का प्रमाण ढूँढ़ना। एयर के अनुसार यह धारणा भी गलत है क्योंकि इसके अनुसार तो दर्शन का कार्य यह जाँचना हो जाता है कि वैज्ञानिक प्राक्कल्पना अथवा दैनिक मान्यता वैध (Valid) है या नहीं है। पर संशय करें तो दर्शन हमें किसी प्रकार संन्तुष्ट नहीं कर सकता। एयर के अनुसार ऐसी प्राक्कल्पनाओं तथा सामान्य स्थापनाओं को प्रामाणिक रूप में स्थापित कर सकता है। एयर का कहना है कि आगमन का प्रचलित ढंग जिस रूप में वह सामान्यतः समझा जाता है—दार्शनिक समीक्षा की नींव नहीं बन सकता। वस्तुतः उस रूप में आगमन की समस्या

अर्थपूर्ण समस्या ही नहीं है। आगमन की समस्या यह दिखाने की समस्या है कि भूतकालीन अनुभवों पर आधृत कुछ अनुभविक सामान्यीकरण भविष्य में भी लागू होंगे। प्रश्न है कि इस सिद्धान्त को स्वीकारने का आधार क्या है? यह नहीं कहा जा सकता कि यह सिद्धान्त प्रागनुभविक सत्यों पर आधृत हैं, क्योंकि उस अवस्था में हम पुनरुक्ति से (प्रागनुभविक सत्य पुनरुक्ति से) एक तथ्यात्मक प्रतिज्ञप्ति को निकालने का दोष करेंगे। अब यदि हम यह कहें कि यह सिद्धान्त आनुभविक सिद्धान्त है—अनुभव आश्रित है तो हम चक्रक दोष से उलझ जाते हैं क्योंकि हमें जो स्थापित करना है वह पहले से स्वीकार लेते हैं। उदाहरणतः परम्परागत तर्कशास्त्र भी कभी-कभी कहता है कि आगमन में एक विचित्र विरोधाभास है। यह प्रकृति समरूपता नियम (Law of Uniformity of Nature) पर आधृत है, जब कि प्रकृति समरूपता नियम एक तरह से यही कहता है कि भूतकालीन अनुभंवों के आधार पर हम भविष्य के विषय में कुछ प्राक्कथन दे सकते हैं—अर्थात् यह स्वयं आगमन को स्वीकार कर लेता है। इस प्रकार कहते हैं कि आगमन का जो प्रचलित सामान्य रूप है, वह देना भी निरर्थक ही प्रयत्न होगा। एयर का कहना है कि दर्शन का संबंध वैज्ञानिक स्थापनाओं तथा दैनिक अनुभवों से है, किन्तु उसका कार्य उनका प्रामाण्य देना—सिद्ध-असिद्ध करना नहीं है। यह अवश्य है कि यदि कोई इन पर संशय करे या आपत्ति उठाये तो दर्शन यह बता सकता है कि इन विश्वासों के संगत असंगत होने का मापदण्ड क्या हो सकता है और यह भी बता सकता है कि किस प्रकार के अनुभव से उस प्रतिज्ञप्ति या स्थापना की सत्यता असत्यता स्थापित हो सकती है। दर्शन मात्र इतना बता सकता है कि किस प्रकार के अनुभव से प्रामाण्य प्राप्त हो सकता है। किसी विशेष उदाहरण में वैसे अनुभव होते हैं या नहीं—यह देखना दर्शन का कार्य नहीं है—यह तो शुद्ध अनुभविक प्रश्न है।

अतः एयर के अनुसार इतना तो स्पष्ट हो गया कि यदि कोई दर्शनशास्त्री अपने कार्य को अर्थपूर्ण ढंग से रूप देना चाहता है—यदि वह ज्ञान के क्षेत्र में अपने योगदान के लिये स्थान बनाये रखना चाहता है, तो उसे न परिकल्पनात्मक चिन्तन में उलझना है और न अनुभव आश्रित विश्वासों के लिये प्रागनुभविक आधार ढूँढने की चेष्टा करनी है। इस प्रकार के प्रयत्न निरर्थक प्रयत्न ही सिद्ध होंगे।

(ग) दर्शन का दार्शनिक विश्लेषण

अतः एयर के अनुसार दर्शन का कार्य विश्लेषण तथा स्पष्टीकरण है। इसी स्थल पर यह प्रश्न उठ जाता है कि दर्शन के इतिहास में क्या विश्लेषण ही होता रहा है? क्या यह सत्य नहीं कि दर्शन के इतिहास में सर्वाधिक चर्चा ऐसे ही विषयों की होती रही है जो तत्त्वमीमांसा के विषय हैं? एयर से पूछा जा सकता है कि क्या उस प्रकार के विचारक 'दर्शन' नहीं कुछ और कर रहे थे? यदि एयर दर्शन को एक नया कार्य सौंप रहे हैं तो क्या उनका उद्देश्य उन सभी विचारकों को दर्शन के क्षेत्र से बाहर रखना है?

एयर को इस प्रकार के संशय की अपेक्षा थी। उनका कहना है कि यह सत्य नहीं है कि दर्शन के इतिहास में अधिकांश विचारक तत्त्वमीमांसा में ही उलझे रहे हैं। ऐसी धारणा इसलिये बन जाती है कि बहुत से विचारक; जिनके विषय में यह धारणा है कि वे तत्त्वमीमांसक है, वस्तुतः अर्थपूर्ण दार्शनिक कार्य में लगे रहे हैं—विश्लेषण करते रहे हैं। उन्होंने 'लॉक' का उदाहरण लिया। वे दिखाते हैं कि वे सामान्य ज्ञान का समर्थन करते

हैं—किन्तु तत्त्वमीमांसक बन कर इनके लिये प्रागनुभाविक आधार ढूढ़ने का प्रयास नहीं करते। वे तो अपने निष्कर्षों को सामान्य-ज्ञान प्रतिज्ञप्तियों के विश्लेषण पर आधृत करते हैं। बर्कले के विषय में यह धारणा है कि वह तत्त्वमीमांसा के प्रत्ययवादी सिद्धान्त की स्थापना करता है किन्तु एयर दिखाते हैं कि उनके द्वारा द्रव्य का खण्डन-प्रयत्न अथवा जब वे प्रत्यक्ष की विवेचना करते हैं तो स्पष्ट हो जाता है कि वे दार्शनिक विश्लेषण का ही कार्य कर रहे हैं। एयर, ह्यूम, होब्बस, वेन्थम जैसे ब्रिटिश विचारक और प्लेटो, अरिस्टौटल, कांट आदि के विषय में भी कहते हैं कि इन सबों का दर्शनिक चिन्तन मूलतः विश्लेषणात्मक ही है। इस विवेचना का विशदीकरण यहाँ अनिवार्य नहीं है। यहाँ बस इतना समझना है कि एयर जब दर्शन का कार्य दार्शनिक विश्लेषण कहते हैं तो वे दर्शन के इतिहास को नकार नहीं रहे हैं। उनका दावा है कि जो दर्शन का मूल कार्य है, तथा जिस प्रकार का कार्य सभी दार्शनिक अर्थपूर्ण चिनतन में करते ही हैं, उसे वे स्पष्ट कर रहे हैं। वह कार्य दार्शनिक विश्लेषण ही है।

इस दार्शनिक विश्लेषण का स्वरूप क्या है? एयर कहते हैं कि 'विश्लेषण के स्वरूप के विषय में एक सामान्य भ्रान्ति है। कम से कम वैसे लोग जो अपने को तत्त्वमीमांसीय विचार की जकड़ से मुक्त नहीं कर पाते, ऐसा ही सोचते हैं। उनके अनुसार 'विश्लेषण' 'विभाजन' की प्रक्रिया है। **अणुवाद** जैसा तत्त्वमीमांसीय दर्शन इसी प्रकार के विभाजन की बात करता है। किसी वस्तु का विभाजन उसके छोटे भागों में तब तक होता जाय जब तक मूल विशेष (Basic Particular) न मिल जाय—और जिसका और विभाजन न हो सके। इसे ही विश्व का अणु माना जाता है जिससे जगत संरचित है। इसी प्रकार के विश्लेषण को ध्यान में रखकर हर प्रकार के विश्लेषण के विरुद्ध आपत्ति उठायी जाती है। कहा जाता है कि इस प्रकार का विश्लेषण सम्पूर्णता का अयथार्थ चित्र प्रस्तुत करता है, क्योंकि संपूर्णता भागों का योग मात्र नहीं है—उसकी सम्पूर्णता की विशिष्टता हैं जो भागों को केवल यन्त्रवत जोड़ देने से प्राप्त नहीं होती।

एयर का कहना है कि जब वे विश्लेषण की बात करते हैं, तो उनका तात्पर्य ऊपर चर्चित विश्लेषण से सर्वथा नहीं है उन्हें अवगति है कि हर सम्पूर्णता के हर अवयव हर दूसरे के साथ किसी न किसी प्रकार संबद्ध रहते हैं। वस्तुतः एयर के अनुसार विश्लेषण भौतिक विभाजन-प्रक्रिया है ही नहीं, इसका संबंध वस्तुओं के भौतिक लक्षणों से है ही नहीं। विश्लेषण **का संबंध हम वस्तुओं के विषय में जो बात करते हैं—उन कथनों से है।**

अतः जब एयर कहते हैं कि दर्शन का कार्य विश्लेषण है, तो उनका तात्पर्य है कि दार्शनिक प्रतिज्ञप्तियाँ तथ्यात्मक नहीं होती भाषीय (linguistic) होती हैं। वे भौतिक या मानसिक वस्तुओं-घटनाओं अवस्थाओं आदि का विवरण नहीं देती हैं। वे एक प्रकार से परिभाषायें व्यक्त करती हैं तथा जो परिभाषाओं से आकारिक रूप में निकल आता है वैसी प्रतिज्ञप्तियाँ देती हैं। इस दृष्टि से एयर के अनुसार दर्शन तर्कशास्त्र का एक विभाग जैसा है क्योंकि तर्कशास्त्र परिभाषाओं के आकारिक परिणामों का ही अन्वेषण करता है। यही कारण है कि दर्शन और विज्ञान एक दूसरे के विरोधी नहीं बल्कि एक दूसरे के पूरक हैं। दार्शनिक विश्लेषण को आनुभविक मान्यताओ को स्वीकारने-अस्वीकारने की आवश्यकता नहीं है। यह शुद्ध आकारिक विश्लेषण है। उलझनें इस कारण उत्पन्न होती हैं कि वैसी प्रतिज्ञप्तियाँ जो वस्तुतः भाषीय हैं, इस प्रकार से व्यक्त की जाती हैं कि प्रतीत होता है

कि वे तथ्यात्मक हैं। जैसे व्याघात-नियम को इस रूप में व्यक्त किया जाता है—कोई वस्तु एक ही समय दो स्थान पर नहीं रह सकती' किन्तु वस्तुतः यह तार्किक कथन है—यह किसी अनुभविक वस्तु के विषय में कथन है ही नहीं। भाषीय प्रयोगों तथा चलन के कारण इससे ऐसी भ्रान्ति उत्पन्न हो जाती है। एयर का कहना है कि दर्शन शास्त्र में इस प्रकार के अनेकों स्थान दे दिये गये हैं—और इसी कारण यह भ्रन्ति उत्पन्न होती है कि दर्शनशास्त्रीय प्रतिज्ञप्तियाँ अनुभविक प्रतिज्ञप्तियाँ हैं। [स्मरण रहे कि कारनैप ने भी ऐसे ही संदर्भ में **अर्द्ध-विन्यासात्मक** प्रतिज्ञप्ति (Pseudo-Syntactical Proposition) तथा विन्यासात्मक वाक्य (Syntactical Proposition) का भेद किया था।]

अतः एयर के अनुसार दार्शनिक विश्लेषण एक प्रकार की भाषीय परिभाषाएँ देता है। इसका यह तात्पर्य नहीं कि दर्शन का लक्षण एक प्रकार का शब्द-कोष बनाना है। **पयायीर्थक परिभाषा** (Explicit Definition)देना है। दर्शनशास्त्र में जिस प्रकार की परिभाषायें मिलती हैं उन्हें **प्रयोगनिष्ठ परिभाषा** (Definition in Use)कहा जा सकता है। हम किसी शब्द या शाब्दिक प्रतीक की पर्यायवाची परिभाषा तब देते हैं जब हम उस शाब्दिक प्रतीक के स्थान पर दूसरा शब्द देते हैं और कहते हैं कि दोनों उक्तियाँ समानार्थी हैं। हम दो शब्दो को समानार्थक (Synonymous) तब कहते हैं जब किसी भाषा के किसी अर्थपूर्ण वाक्य में उस शब्द के स्थान पर दूसरा शब्द रख देते हैं तो जो वाक्य बनता है वह पहले वाक्य के सर्वथा समतुल्य (equivalent) हो। अंग्रेजी भाषा में 'Oculist' शब्द के लिये 'eye-doctor' शब्द का व्यवहार **पयार्याथक** परिभाषा दे देगा क्योंकि अंग्रेजी भाषा के किसी वाक्य में जहाँ 'Oculist' शब्द का प्रयोग हुआ है, वहाँ उसके स्थान पर eye-doctor' शब्द के रखने से जो वाक्य बनेगा वह पहले वाक्य के समतुल्य होगा। एयर का कहना है कि सामान्यतः दैनिक जीवन में हम प्रायः इसी प्रकार की पर्यायार्थक परिभाषा देते हैं।

किन्तु प्रयोगनिष्ठ परिभाषा (Definition in Use) ऐसी परिभाषा नहीं है। जिसमें पर्यायवाची शब्दों की खोज नहीं होती बल्कि इसमें तो जिस शब्द की परिभाषा दी जाती है उसके पर्यायवाची शब्दों का उपयोग नहीं होता। इसमें तो यह दिखलाया जाता है कि जिस वाक्य में इन शाब्दिक प्रतीको का व्यवहार हुआ है, उन्हें ऐसे वाक्यों में रूपान्तरित किया जा सकता है जो दिये हुए वाक्यों के समतुल्य भी हो और जिसमें न दिये हुए शब्द, न उसके पर्यायवाची शब्दों का व्यवहार हुआ। एयर के लिए यह एक बड़ा महत्त्वपूर्ण प्रश्न है। उनके अनुसार दर्शनशास्त्र में जब प्रयोगनिष्ठ परिभाषा देने का प्रयत्न होता है तो शाब्दिक प्रतीकों के पर्यायवाची शाब्दिक प्रतीकों का आवश्यकता नहीं है, वह तो एक प्रकार से एक तार्किक अनुवाद प्रक्रिया है। जिसकी प्रयोगनिष्ठ परिभाषा देनी है उनका प्रयोग जिस वाक्य में हुआ है उस वाक्य का अनुवाद अन्य वाक्य या वाक्यों में करना है, वह भी इस प्रकार कि नये वाक्यों में वह शाब्दिक प्रतीक था उसके पर्यायवाची शब्द न रहे—फिर भी नयें वाक्य दिये हुए वाक्य का समतुल्य अनुवाद हो (Equivalent Translation)

इस प्रकार के प्रयोगनिष्ठ परिभाषा के उदाहरण की खोज में एयर के मत में 1936 तथा 1946 में अन्तर पड़ जाता है। 1936 में दार्शनिक विश्लेषण के उदाहारण के रूप में उन्होंने रसेल के विवरण सिद्धान्त(Theory of Descriptions)का उदाहरण लिया है, बल्कि ऐसा प्रतीत होता है कि प्रयोगनिष्ठ परिभाषा की कल्पना में उनके मन में रसेल का यह सिद्धान्त प्रतिमान-दृष्टांत (Paradigm)के रूप में था। उन्होंने रसेल के 'स्काट वैभरली का रचयिता

है' के विश्लेषण का उदाहरण लिया है। हमने रसेल के अध्ययन में यह देखा है कि इस विश्लेषण में रसेल इस वाक्य को ऐसे वाक्यों में अनुदित करते हैं जिनमें 'वैभरली का रचयिता' या उसकी पर्यायवाची कोई उक्ति नहीं रहती, फिर भी इन वाक्यों में दिये हुए वाक्य का समतुल्य अनुभव हो जाता है। यही एयर के प्रयोगनिष्ठ परिभाषा का भी विवरण है।

किन्तु 1936 में इसके प्रतिपादन के पश्चात इस पर अनेकों आपत्तियाँ उठीं। फलतः 1946 में जब पुस्तक का दूसरा संस्करण प्रकाशित हुआ तो एयर ने उसकी भूमिका में कुछ स्पष्टीकरण प्रस्तुत किया। उस स्पष्टीकरण में एयर ने यह नहीं कहा कि विवरणात्मक वाक्यों का रसेल वाले विश्लेषण का उदाहरण दार्शनिक विश्लेषण का उदाहरण नहीं है। उन्होंने इतना अवश्य स्वीकारा कि दार्शनिक विश्लेषण के स्वरूप के प्रारंभिक प्रतिपादन से यह धारणा बनती है कि दार्शनिक विश्लेषण **केवल** (मात्र) प्रयोगनिष्ठ परिभाषा देता है जो 'स्काट वैभरली का रचयिता है' के विश्लेषण जैसा है। (1946 में एयर यह स्वीकारते हैं कि 'दार्शनिक विश्लेषण' और प्रयोगनिष्ठ परिभाषा का सर्वथा एकरूप कर देना गलत था। बल्कि उन्हें यह स्पष्ट हो जाता है कि उनके अर्थ में दार्शनिक विश्लेषण में कुछ ही उदाहरणों में प्रयोगनिष्ट परिभाषा मिल सकती है अधिक उदाहरणों में नहीं। वस्तुतः उस उदाहरणों में भी क्या हुआ है? स्काट वैभरली का रचयिता है'' का विश्लेषण रसेल करते हैं—''कम से कम एक व्यक्ति ने वैभरली लिखा,'' अधिक से अधिक एक व्यक्ति ने वैभरली लिखा', ''जिसने वैभरली लिखा वह स्काट था। वहाँ भी वस्तुतः वैभरली का रचयिता की परिभाषा देने का प्रयत्न नहीं हुआ। बल्कि यहाँ भी यह दिखाया जा रहा है कि विभिन्न प्रकार की प्रतिज्ञप्तियों के बीच पारस्परिक संबंध क्या है, तथा इस विश्लेषण के फलस्वरूप दिये हुए वाक्य का अवबोध अधिक स्पष्ट हो जाता है।

अतः अब एयर का कहना है जब वे कहते हैं तर्क दार्शनिक विश्लेषण प्रयोगनिष्ठ परिभाषा देने का प्रयन्त करता है, तो उनका वास्तविक तात्पर्य यह है कि दार्शनिक विश्लेषण से विभिन्न प्रकार की प्रतिज्ञप्तियों का आपसी संबंध स्पष्ट होता है। किसी-किसी संबंध में हो सकता है कि जिसका विश्लेषण हो रहा है, उसकी प्रयोगनिष्ठ परिभाषा स्पष्ट हो जाय किन्तु वस्तुतः यह विश्लेषण एक ऐसी तार्किक व्यवस्था (Scheme) प्रस्तुत करता है जिससे दो विभिन्न प्रकार की प्रतिज्ञप्तियों का संबंध इस प्रकार दिखाया जा सके कि उसमें अधिक स्पष्टता प्रतीत हो। इस प्रकार के उदाहरणों को लेकर यह दिखाया जा सकता है कि कैसे इस प्रकार का संबध—निर्देश दार्शनिक दृष्टि से ज्ञानवर्द्धक है, तथा वैचारिक स्पष्टता का साधन है। वस्तुतः एयर के अनुसार इस प्रकार के विश्लेषण का लक्ष्य है **'विश्लेषित वाक्य का स्पष्टतर अवबोध प्रस्तुत करना'**।

अब इसे एयर के उदाहरण से स्पष्ट करें। कहा जा सकता है कि किसी भी भौतिक वस्तु—उदाहरणतः मेज—के संबंध में दी गयी प्रतिज्ञप्ति का विश्लेषण इन्द्रिय-प्रदत्तों के संबंध में दी गयी प्रतिज्ञप्तियों के द्वारा की जा सकती है। एयर ने भौतिक वस्तुओं संबंधी कथनों का वृहत रूप में विश्लेषण किया है। किसी एक भौतिक वस्तु के संबंध में दृष्टि, स्पर्श, स्वाद, श्रवण आदि विभिन्न इन्द्रिय-आश्रित प्रदत्तों से संबंधित कथन दिये जा सकते हैं। एयर ने उन उदाहरणों में विश्लेषण का स्वरूप और उसकी उपयोगिता को स्पष्ट किया है। यहाँ हम स्थानाभाव के कारण उतने वृहत-विवेचन में प्रवेश नहीं कर सकते। हम यहाँ सामान्य ढंग से भौतिक वस्तु कथनों का इन्द्रिय-प्रदत्त प्रतिज्ञप्तियों में विश्लेषण के उदाहरण को समझने का प्रयास करेंगे।

'यह एक मेज हैं'—इस कथन का विश्लेषण कैसे होगा? एयर की प्रयोगनिष्ठ परिभाषा के विवरण के अनुसार इस वाक्य को ऐसी प्रतिज्ञप्तियों में विश्लेषित करना है जिनमें 'मेज' या उसका कोई पर्यायवाची शब्द न आये, फिर भी वे प्रतिज्ञप्तियाँ 'यह एक मेज है' का समतुल्य अनुवाद हो, ऐसा करने में कुछ मेज के इन्द्रिय प्रदत्त प्रतिज्ञप्तियाँ निकल आयेंगी। इसी कारण कुछ विचारक कहते भी हैं कि 'मेज' कुछ इन्द्रित प्रदत्तों के द्वारा संरचित तार्किक संरचना है (Logical Construction)। लेकिन विश्लेषण से इतना स्पष्ट होता है कि 'यह एक मेज़ है' और विश्लेषित प्रतिज्ञप्तियाँ एक दूसरे के पर्यायवाची नहीं हैं। उन प्रतिज्ञप्तियों से 'यह एक मेज है' की पर्यायार्थक परिभाषा नहीं मिलती बल्कि मेज-संबंधी कथन तथा इन्द्रिय-प्रदत्त सम्बन्धी कथनों का आपसी संबंध स्पष्ट होता है। इसके चलते 'यह एक मेज़ है' कथन का अवबोध अधिक स्पष्ट होता है। किसी भौतिक वस्तु जैसे 'मेज' का स्वरूप क्या है, इस विश्लेषण के आधार पर कहा जा सकता है—सामान्य ढंग से ही—कि दो भिन्न इन्द्रिय-प्रदत्त संबंधी कथनों का आपसी संबंध यह स्पष्ट करता है कि कैसे वे दोनों एक ही मेज के गुणों को व्यक्त करते हैं, और यही मेज के अवबोध को अधिक स्पष्ट करता है। यही कारण है कि प्रत्यक्ष की समस्या के समाधान में भौतिक वस्तु संबंधी कथनों को इन्द्रिय प्रदत्त संबंधी प्रतिज्ञप्तियों में अनुवाद किया जाता है। एयर उसमें इतना और कह देते हैं कि स्मरण यह रखना है कि ये सभी प्रतिज्ञप्तियाँ आनुभविक नहीं हैं—भौतिक वस्तु मेज तथा भौतिक इन्द्रिय-प्रदत्त लक्षण को सूचित नहीं करतीं बल्कि भाषीय प्रतीकों के संबंधों को सूचित करती हैं। इन भाषीय-संबंधों का स्पष्टीकरण दार्शनिक विश्लेषण का लक्ष्य है।

अतः दार्शनिक विश्लेषण में दो बातों पर ध्यान रखा जाता है। प्रथमतः तो यह बताना आवश्यक है कि जिस भाषा में विश्लेषण हो रहा है उसमें कौन-कौन प्रकार के वाक्य अर्थपूर्ण हैं। और उसके बाद यह देखना है कि किस रूप या अवस्था में एक प्रकार के वाक्य दूसरे प्रकार के वाक्यों के समतुल्य (equivalent) होंगे। यहाँ इतना स्मरण रखना अनिवार्य है कि दो शाब्दिक प्रतीक एक प्रारूप (Type) के तभी होंगे जब किसी भी अर्थपूर्ण वाक्य में एक प्रतीक के स्थान पर दूसरे प्रतीक को रखा जा सके। वह भी इस प्रकार कि इसके चलते अर्थपूर्ण वाक्य उसी प्रकार अर्थपूर्ण रहे, अर्थहीन न हो जायँ। उसी प्रकार यह भी कहा जा सकता है कि दो वाक्य एक ही प्रकार के होंगे जब एक में व्यवहृत शाब्दिक प्रतीक के अनुरूप उसी प्रकार (Type) का शाब्दिक प्रतीक दूसरे में भी हो। समतुल्यता का यह मापदण्ड हमें एक आधार दे देता है जिससे हम एक प्रकार के कथनों का विश्लेषण उसके समतुल्य प्रतिज्ञप्तियों में कर सकें।

एयर का दावा है कि जहाँ इस प्रकार का समतुल्यता निर्देश संभव होता है, वहाँ उस भाषा की वास्तविक संरचना (Structure of Language) स्पष्ट होती है। रसेल की विवरण-प्रणाली से एक प्रकार से अंग्रेजी की संरचना स्पष्ट होती है। रसेल की प्रणाली से तो अंग्रेजी की संरचना में निहित अनेकार्थकता की संभावना भी स्पष्ट हो जाती है। जब हम भाषीय प्रतीकों को सूचित करने वाले चिह्नों के बाह्य रूप पर ही ध्यान देते हैं—उन प्रतीकों में निहित निर्देश पर नहीं, तो अनेकार्थकता की संभावना बन आती है। दार्शनिक विश्लेषण इसे भी स्पष्ट कर देता है। जैसे अंग्रेजी के (Is) शब्द का प्रयोग हुआ है, किन्तु हम केवल 'है' के बाह्य रूप पर ध्यान दें तो दोनों वाक्य एक प्रकार के बन जायेंगे। विश्लेषण 'है'

में निहित निर्देश को पकड़ इन वाक्यों का समतुल्य (equivalent) वाक्य दे सकता है। पहले वाक्य का समतुल्य वाक्य है 'किसी और ने नहीं उसने वह पुस्तक लिखी'। दूसरे वर्ग का समतुल्य वाक्य है 'बिल्ली का वर्ग स्तनपायी प्राणियों के वर्ग के अन्तर्गत है'। इस विश्लेषण से स्पष्ट हो जाता है कि 'है' शब्द के व्यवहार करने पर भी दोनों वाक्य दो प्रकार के हैं। इस प्रकार एयर का कहना है कि इस विश्लेषण से अस्पष्टता की संभावना को भी हटाया जा सकता है।

एयर यह भी स्पष्ट करते हैं कि हमें यह नहीं कहना चाहिये कि दार्शनिक विश्लेषण प्रतीकों तथा प्रतिज्ञप्तियों के अर्थ (meaning) से संबंधित है। विश्लेषण अर्थ की उपेक्षा नहीं करता, किन्तु यह अर्थ का अन्वेषण नहीं है। 'अर्थ' शब्द अपने में अनेकार्थक है, इसका एक साहचर्य ऐसा भी है कि अर्थ की खोज एक आनुभविक समस्या (empirical problem) बन जाती है, विश्लेषण तार्किक अन्वेषण है—अर्थ की प्रासंगिकता संदर्भानुसार हो सकती है; इसके लिये अनिवार्य नहीं है। यही कारण है कि **विश्लेषण से यह ज्ञात नहीं होता कि किसी प्रतीक का वास्तविक प्रयोग क्या है**। यह भी एक अनुभव-आश्रित समस्या है, तार्किक समस्या नहीं। विश्लेषण जो प्रयोग कथनों में प्रतिज्ञप्तियों में—हुआ है उसी का स्पष्टीकरण करता है। विश्लेषण तार्किक क्रिया है—आनुभविक अध्ययन नहीं।

तार्किक भाववाद के विरुद्ध कुछ प्रमुख आपत्तियाँ

इस पुस्तक का उद्देश्य समकालीन पाश्चात्य विचारधाराओं से पाठकों को परिचित कराना है। पुस्तक में सीमित स्थान में बहुत बड़े क्षेत्र को बाँधने की चेष्टा है, अतः मतों का प्रस्तुतीकरण ही किया जा रहा है—उनकी समीक्षा आलोचना नहीं की जा रही।

किन्तु तार्किक भाववाद के विरुद्ध कुछ प्रचलित तथा प्रमुख आपत्तियों का संक्षिप्त उल्लेख अनिवार्य है। उसका एक विशेष कारण है। तार्किक भाववाद जिस तेजी से विकसित हुआ—उसी तेजी से शांत भी हो गया। इसका कारण था कि इसकी नवीनता तथा मौलिकता ने सबों का ध्यान आकृष्ट किया, तथा इसके नवीन विचारों के विरुद्ध प्रबल आपत्तियाँ उठायी गयीं। रुचिकर बात यह है कि उन्हीं आपत्तियों में बाद के दार्शनिक विकास का ढंग निर्धारित हुआ। इसी कारण उन आपत्तियों की प्रमुख बातों का संक्षिप्त विवरण प्रस्तुत किया जा रहा है—जिसके अनुरूप बाद के दार्शनिक विकास की दिशा निर्धारित होती है।

हमने देखा है कि तार्किक भाववाद मूलतः अपने अर्थ के सत्यापन सिद्धान्त पर टिका है। अतः सबसे पहले हम उसी के विरुद्ध उठायी गयी कुछ आपत्तियों का निर्देश करेंगे। यह कहना यथार्थ नहीं होगा कि सर्वाधिक आलोचना इसी सिद्धान्त के विरुद्ध उठायी गयीं है।

प्रथमतः तो यह कहा गया है कि तार्किक भाववाद का अर्थ सत्यापन सिद्धान्त 'अर्थ', तथा 'सत्यापन' दोनों के अर्थों में व्यमिश्रण कर देता है। किसी भ उक्ति की 'अर्थपूर्णता' तथा उसका 'सत्यापन' सर्वथा दो विचार हैं। हमें किसी भी उक्ति या कथन के अर्थबोध के लिये उसके सत्यापन के विषय में सोचने की आवश्यकता ही नहीं पड़ती। सत्यापन का संबंध उन कथनों की सत्यता-असत्यता से है। वस्तुतः जब हम अर्थ समझ लेते हैं उसके पश्चात् ही सत्यता-असत्यता का प्रश्न उठता है।

हमने देखा है कि तार्किक भाववादी तथा तार्किक अनुभववादी निवारक आपत्तियों के आलोक में अपने सत्यापन-सिद्धान्त को परिवर्तित करते हैं। किन्तु उनके प्रयत्नों के बाद भी अर्थ के सत्यापन सिद्धान्त में निहित विसंगतियाँ दूर नहीं होतीं। आलोचकों ने बताया है कि यदि इस सिद्धान्त को मान्यता मिल जाय तो अनेकों कथन जो स्पष्टतः अर्थपूर्ण हैं अर्थहीन सिद्ध हो जायेंगे और उसी प्रकार अनेकों कथन जो स्पष्टतः अर्थहीन हैं अर्थपूर्ण सिद्ध हो जायेंगे। उदाहरणतः कहानियों में चर्चित राजा-रानी के विषय में कही गयी सभी बातों को देखें। हमें इनका अर्थ स्पष्टतः समझ में आता है—ये हमारे लिये अर्थपूर्ण हैं—किन्तु इन कथनों की किसी प्रकार से अनुभव-परीक्षा संभव नहीं है। तो इस सत्यापन के मापदण्ड के अनुसार ये सभी कथन ऐसे हैं जिनकी किसी प्रकार की अनुभव-परीक्षा संभव नहीं है, अतः इस मापदण्ड से ये सभी अर्थहीन हैं। दूसरे प्रकार का उदाहरण लें। हम कहते हैं 'यह मेज जो चौकोर दिखाई देता है वृत्ताकार भी है'। स्पष्टतः यह कथन अर्थहीन है। क्योंकि इससे कोई अर्थबोध नहीं होता। किन्तु सत्यापन-सिद्धान्त के अनुसार यह कथन अर्थपूर्ण हो जाता है, क्योंकि इस कथन की अनुभव-परीक्षा हो सकती है। उसी प्रकार यह भी कहा जा सकता है कि इस सिद्धान्त में केवल निर्देशात्मक वाक्यों (indicative sentences) को ही ध्यान में रखा गया है। दूसरे प्रकार के वाक्य तो इसके अनुसार अर्थहीन हो जायेंगे। 'एक कप चाय दो', क्या आप यहाँ आयेंगे?'—इन वाक्यों की अनुभव-परीक्षा तो नहीं हो सकती। किन्तु ये अर्थहीन नहीं हैं।

वस्तुतः इस सिद्धान्त के विरुद्ध जो आपत्तियाँ दी जा रही हैं, उनके पीछे एक मूल विचार है और वह भी इस सिद्धान्त के विरुद्ध जाता है। तार्किक भाववाद को सत्यापन-सिद्धान्त 'अर्थ' का आधार देने का दावा करता है, किन्तु इसे यह स्पष्ट नहीं है कि 'अर्थ' से उसका क्या तात्पर्य है। 'अर्थ' शब्द बड़ा ही अनेकार्थक है। तार्किक भाववादी कहते हैं कि 'अर्थ' से उनका तात्पर्य **ज्ञानात्मक अर्थबोध** (Cognitive Intelligibility) है। किन्तु इसी में तो अनेकार्थकता है। इसी अनेकार्थकता के फलस्वरूप 'अर्थ' पर आधृत कोई सिद्धान्त अर्थ को 'केन्द्रीय' बनाने का कोई प्रयास सार्थक नहीं हो सकता।

इसका एक कारण और है। जैसा कि आलोचकों ने कहा है—और एयर ने भी कहीं-कहा स्वीकारा है कि 'अर्थ' के साथ मनोवैज्ञानिकता जुटी ही है—अर्थ अपने को इस वैयक्तिकता से मुक्त नहीं कर सकता। शायद यही कारण है कि तार्किक भाववादी विचार से सहानुभूति रखनेवाले विचारक भी बाद में 'अर्थ' को त्याग **भाषीय प्रयोगों** पर जोर देने लगे। इसी संदर्भ में विटेगेन्स्टीन का **'अर्थ न देखो, प्रयोग देखो**, (Don't look for meaning, look for use) का महत्त्व है। **हम देखेंगे कि इस मौलिक आपत्ति के फलस्वरूप दार्शनिक विचार की धारा ही एक नये ढंग से प्रभावित हुई**।

अर्थ के सत्यापन-सिद्धान्त के तार्किक भाववादी प्रतिपादन के विरुद्ध एक सामान्य आपत्ति यह भी उठायी गयी कि यदि इस सिद्धान्त को महत्त्व दिया गया तो इसका एक आत्म-व्याघातक परिणाम यह होता है कि इस सिद्धान्त के अनुसार इस सिद्धान्त का प्रतिपादन-कथन ही अर्थहीन सिद्ध हो जाता है। इस सिद्धान्त का कहना है कि ''कोई कथन अर्थपूर्ण तभी होता है जब वह या तो विश्लेषणात्मक हो या यदि संश्लेषणात्मक है तो उसकी साक्षात् या परोक्ष अनुभव-परीक्षा की संभावना हो।'' प्रश्न है कि यह कथन अपने में अर्थपूर्ण है या नहीं। स्पष्ट है कि इस सिद्धान्त के अनुसार यह कथन अर्थहीन ही सिद्ध होगा क्योंकि न तो यह कथन विश्लेषणात्मक है, और न इसकी अनुभव-परीक्षा की कोई संभावना है।

यह आपत्ति इतनी बार दुहराई गयी कि इस आपत्ति के फलस्वरूप चिन्तन में एक नयी समस्या उभरी जो भाषा-दर्शन की एक समस्या बन गयी, जिसे आत्म-निर्देशात्मकता (the problem of self-reference) कहा गया है। इसी विवेचन में भाषीय स्तरों (levels of language) की बात हुई है और यह विचारा गया है कि किन अवस्थाओं में एक कथन जो दूसरे कथन पर लगते हैं, अपने पर लग सकते हैं, और किस अवस्था में ऐसा नहीं हो सकता। यह भी स्पष्ट करता है कि कैसे इन आपत्तियों के चलते बाद के दार्शनिक विकास की दिशा निर्धारित होती रही है।

तार्किक भाववाद के तत्त्वमीमांसा निरसन प्रयत्न के विरुद्ध भी स्पष्ट आपत्तियाँ उठायी गयी हैं, उनका अलग से उल्लेख अनिवार्य नहीं है, क्योंकि तार्किक भाववाद का तत्त्वमीमांसा निरसन प्रयत्न मूलतः उनके अर्थ के सत्यापन-सिद्धान्त पर ही आधृत है। तो आधार ही ढहने लगे तो उस पर खड़ी इमारत आप से आप कमजोर हो जाती है।

तार्किक भाववाद ने दर्शन का जो कार्य निर्धारित किया है, उसकी बड़ी चर्चा हुई है। उस चर्चा में प्रवेश करना तो संभव नही है। किन्तु तार्किक भाववाद के इस विचार के विरूद्ध जो मूल आपत्ति है उससे नवीन भाषा-दर्शन, भाषा-विश्लेषण का दर्शन, साधारण भाषा दर्शन आदि के विकास की नींव पड़ जाती है। हमारा लक्ष्य यहाँ मात्र यही दिखाना है कि कैसे इन आपत्तियों से बाद के दार्शनिक विकास की धारायें निर्धारित हुई हैं। अतः हम संक्षेप में उसी मूल आपत्ति का उल्लेख करेंगे।

हमने देखा है कि तार्किक भाववाद के अनुसार दर्शन की कार्य अर्थपूर्ण कथनों (जैसे वैज्ञानिक कथनों) का विश्लेषण है जिसमें उनमें निहित अनैकार्यकता तथा अस्पष्टता दूर हो, तथा उन कथनों का भी विश्लेषण करना है जो अर्थपूर्ण होने का दावा करते हैं, किन्तु वस्तुतः अर्थपूर्ण हैं नहीं। इस विश्लेषण से उनका वास्तविक स्वरूप स्पष्ट हो जाता है। इसके लिये कुछ तार्किक भाववादी विचारकों ने स्पष्टतः एक नियमनिष्ठ आदर्श भाषा की बात की तथा कुछ विचारकों ने भाषा की तार्किकता की बात की है। विश्लेषण का अर्थ होता है कथनों को इन विशेष भाषाओं में रूपान्तरित करने की चेष्टा। यदि ऐसा रूपान्तरण हो जाता है तो कथन स्पष्ट हो जाता है, और यदि ऐसा रूपान्तरण नहीं होता तो कथन अर्थहीन सिद्ध होता है। इसका अर्थ है कि यह विश्लेषण सर्वथा तार्किक तथा नियमनिष्ठ होता है। इस प्रकार के विश्लेषण के लिये औपचारिक विश्लेषण(formal analysis)का नाम प्रचलित हुआ है। तो तार्किक भाववाद का विश्लेषण एक प्रकार से औपचारिक विश्लेषण है।

इसी के विरुद्ध आपत्ति उठी। विभिन्न दिशाओं से इस प्रकार की बात उठायी गयी, जिसका सबसे प्रमुख तथा प्रबल उल्लेख विटेगेन्स्टीन के 'बाद के दर्शन' में हुआ। कहा यही गया कि भाषीय प्रयोगों के ढंग इतने विविध हैं, इतने प्रकार के हैं कि उन सबों का विश्लेषण एक नियमनिष्ठ औपचारिक ढंग से संभव ही नहीं है। आलोचकों ने कहा है कि इस मत के समर्थक तो सूचनात्मक वाक्यों में इतने उलझे रहे हैं कि उन लोगों ने यह स्मरण ही नहीं रखा कि वाक्यों के अन्य रूप भी हैं। अतः इन लोगों ने कहा कि इस प्रकार के औपचारिक विश्लेषण की कुछ उपयोगिता गणित एवं तर्कशास्त्र में भले हो, अन्य किन्हीं कथनों के संदर्भ में नहीं है। इसी कारण इन लोगों ने औपचारिक विश्लेषण के आधार पर अनौपचारिक विश्लेषण (informal analysis) की अनुशंसा की। बाद के दर्शन में इसी प्रकार का अनौपचारिक विश्लेषण भिन्न-भिन्न रूपों में होने लगा, तथा भिन्न-भिन्न ढंगों से भाषादर्शन विकसित हुआ। इस प्रकार इस आपत्ति का भाषा-दर्शन के विकास में विशेष योगदान है।

❑

अध्याय 9

लुडविग विटगेन्स्टीन (१८८९-१९५१)

(LUDWIG WITTGENSTEIN 1889-1951)

जीवन

वैसे इस पुस्तक में किसी विचारक की जीवनी का विवरण प्रस्तुत नहीं हो रहा, किन्तु विटगेन्स्टीन के उदाहरण में उसके जीवन का संक्षिप्त विवरण इस कारण महत्त्वपूर्ण हो जाता है क्योंकि उसके दार्शनिक विचारों के प्रबल प्रभाव के पीछे उसके अपने विशिष्ट ढंग के जीवन का भी योगदान है। यह कहना अतिशयोक्ति नहीं है कि एक दृष्टि से बीसवीं शताब्दी का सबसे प्रभावशाली विचारक विटगेन्स्टीन ही है। उसने अपनी जीवनकाल में बहुत ही कम रचनाओं का प्रकाशन किया। एक पुस्तक तथा एकाध लेख के अतिरिक्त उसकी कोई रचना उसके जीवन-काल में प्रकाशित नहीं हुई। उसने दर्शन के अध्यापन का कार्य भी बहुत ही छोटी अवधि में किया—वह भी लगातार नहीं। फिर भी जो विद्यार्थी या जो विचारक उसके सम्पर्क में आये वे सभी उससे बड़े प्रभावित हुए। रसेल और मूर जैसे चोटी के विचारक भी विटगेन्स्टीन के विचारों की मौलिकता तथा उनकी गहराई से बड़े प्रभावित हुए। रुचिकर बात यह थी कि उससे प्रभावित विद्यार्थी उसके बोलने-सोचने-जीने के ढंग से प्रभावित हुए। ऐसा प्रतीत होता था कि विटगेन्स्टीन अपने विचारों को जी रहा हो, उन्हें पकड़ने तथा सही ढंग से व्यक्त करने की समस्या में उलझा और डूबा हुआ हो। यही कारण हुआ कि जेल से लिखे उनके पत्र, अपनी कक्षा की पढ़ाई के लिए उनके द्वारा तैयार किए हुए कुछ बि विद्यार्थियों के द्वारा लिखा हुआ उनके क्लास-नोट्स आदि भी उनके मरणोपरान्त पुस्तक रूप में प्रकाशित हुए, तथा उनका भी महत्त्वपूर्ण योगदान विटगेन्स्टीन के विचारों को समझ में सिद्ध हुआ। यह प्रभाव इतना प्रबल हुआ कि बाद का दर्शन—विशेषतः अंग्रेजी-भाषी देशों का दर्शन तो उन्हें दिशाओं में विकसित हुआ जिनका निर्देश विटगेन्स्टीन के विचारों में मिलता हो। जीवन के साथ उनके विचारों की इसी अभिन्नता के कारण उनके जीवन का परिचय पा लेना उनके विचारों की समझ के लिए उपयोगी सिद्ध होता है।

विटगेन्स्टीन तो दर्शन के अध्यापक कैम्ब्रिज में थे और मृत्यु के समय ब्रिटिश नागरिक थे, किन्तु उनका जन्म वियेना में हुआ था। यहूदी-वंश के एक आस्ट्रियन परिवार में उनका जन्म हुआ। इनका परिवार समृद्ध था—पिता एक इस्पात उद्योग से सम्बन्धित थे। 14 वर्ष की उम्र तक इनकी शिक्षा प्रायः घर ही पर हुई। उसके बाद वे लीज के एक स्कूल में पढ़े और उसके पश्चात् बर्लिन में उन्होंने इन्जिनियरिंग पढ़ा। 1908 में वे मैनचेस्टर विश्वविद्यालय में एक शोध-छात्र के रूप में कार्यरत हुए, जहाँ उन्होंने वायुयानों के लिए जेट-प्रतिक्रिया वाली मशीन का ढाँचा बनाया।

कहा जा सकता है कि इसी समय उनके वैचारिक जीवन का प्रारम्भ हुआ, क्योंकि इसी ढाँचे के निर्माण काल में उनकी रुचि पहले गणित की ओर और तब दर्शन की ओर बढी।

इसी बढ़ती हुई अभिरुचि के फलस्वरूप 1911 में फ्रीगे से मिले, फ्रीगे ने उन्हें रसेल के साथ अध्ययन करने की सलाह दी। फलतः 1912-13 में वे कैम्ब्रिज में पढ़ते रहें। उस समय रसेल तथा ह्वाइटहेड का 'प्रिसिंपिआ मैथेमेटिका' प्रकाशित हो चुका था जिससे विटगेन्स्टीन भी प्रभावित थे। रसेल ने लिखा है कि कैम्ब्रिज के एक टर्म के बाद विटगेन्स्टीन उनके पास पहुँचे और उन्होंने कहा कि हमें बताइये कि मैं बेवकूफ हूँ या नहीं हूँ—यदि मैं पूरा बेवकूफ ही हूँ तो वायुचालक बन जाऊँगा और नहीं तो दार्शनिक चिन्तन करूँगा। रसेल ने उन्हें कुछ लिख कर लाने के लिए कहा, और जब उन्होंने उनके लेख को देखा तो एक ही वाक्य पढ़ कर कहा कि, नहीं, तुम्हें वायुचालक नहीं बनना चाहिए। यह छोटी-सी बात विटगेन्स्टीन के मानसिक तथा वैचारिक ढंग पर प्रकाश डालती है।

पाँच टर्म तक कैम्ब्रिज में रहने के बाद विटगेन्स्टीन नार्वे चले गये तथा एक कुटिया बना कर अकेले का जीवन जीने लगे। इस समय के नोट्स तथा पत्र उनके मरणोपरान्त प्रकाशित हुए जो स्पष्ट संकेत देते हैं कि इसी काल में उनके मन में ट्रैक्टेटस में संलित विचार रूप ले रहे थे। प्रथम युद्ध के प्रारम्भ होने पर उन्होंने आस्ट्रिया की सेना में स्वतः सेवा का कार्य ले लिया। उस समय के युद्ध-मोर्चा से लिखे गये उनके कुछ पत्र बच रहे थे जिनका बाद में संकलन-प्रकाशन हुआ। उन पत्रों से स्पष्ट पता चलता है कि उस काल में भी उनका दार्शनिक चिन्तन चल रहा था। उसी सेना-सेवा काल में उन्होंने कुछ नोट्स तैयार किये जिसे वे अपने 'बोरे' में रखे हुए थे मरने के पहले उनमें से अधिकांश को उन्होंने जलवा दिया किन्तु कुछ बच गये जो बहुत बाद में प्रकाशित हुए। नवम्बर, 1918 में इटली के द्वारा वे युद्धबन्दी भी हुए। उस काल में उनके विषय में किसी कोई सूचना नहीं थी। ऐसा प्रतीत होता है कि 1918 में ही उन्होंने ट्रैक्टेटस समाप्त कर लिया था। बन्दीगृह से किसी प्रकार उसकी पांडुलिपि उन्होंने रसेल के पास भेजी। युद्ध से मुक्त होने के बाद भी इनके पास रसेल तक पहुँचने के पैसे नहीं थे। किसी प्रकार रसेल ने उन्हीं के बचे हुए सामानों को बिकवा कर पैसे की व्यवस्था की और तब दोनों मिल पाये तथा ट्रैक्टेटस पर विचार-विमर्श हुआ। 1921 में जर्मन में यह प्रकाशित हुआ जिसकी भूमिका रसेल ने लिखी। यह पुस्तक अपने ढंग से पाश्चात्य दर्शन को गति एवं दिशा देने में प्रबल रूप में प्रभावशाली हुई, तथा टैक्टेटस के विटगेन्स्टीन को बाद में **पूर्वकालीन विटगेन्स्टीन** (Early Wittgenstein) कहा जाने लगा।

पुनः विटगेन्स्टीन दर्शन से विरक्त हो गये तथा 1920-1926 तक वे वियेना के दक्षिण के पहाड़ी इलाकों में विभिन्न-स्कूलों में स्कूल शिक्षक के रूप में अध्यापन करते रहे। अभिभावकों को उनसे यह शिकायत रही कि वे बच्चों को कड़ा शारीरिक दण्ड दिया करते थे, उन पर दोषारोपण हुआ। उन्होंने यह कार्य भी छोड़ दिया और वे कुछ दिनों तक निकट के एक आश्रम में अकेले का जीवन जीने लगे। बाद में वे निर्माणशास्त्री के रूप में काम करते रहे (एंयर ने सूचना दी है कि 1933 से 1938 तक वियेना शहर की सूचना-पुस्तक में विटगेन्स्टीन को लगातार भवन-निर्माणकर्त्ता ही बताया गया है)। 1926 के आसपास ही उन्हें वियेनासर्किल के विचारकों—स्लिक आदि—से सम्पर्क हुआ और पुनः उनका दार्शनिक चिन्तन प्रारम्भ हो गया।

फलतः 1929 में वे कैम्ब्रिज वापस आये और शोध-छात्र के रूप में कार्यरत हुए। उन्होंने 'ट्रैक्टेटस' को ही पी-एच॰ डी॰ की उपाधि के लिए शोध-ग्रन्थ के रूप में जमा किया—और रसेल एवं मूर के द्वारा मौखिक परीक्षा के बाद उन्हें उपाधि मिली।

छुट्टियों में वे वियेना जाते। वहाँ उन्हें स्लिक-वाइजमैन आदि से भेंट हुई थी। वाइजमैन ने 1930-32 में आपसी बातचीत को लिख कर रखने की चेष्टा की थी। वह भी 1968 में संकलित-प्रकाशित हुआ। वस्तुतः इस काल में विटगेन्स्टीन सक्रिय रूप में दार्शनिक चिन्तन में लगे रहे। 1930 के पश्चात विटगेन्स्टीन कैम्ब्रिज में अपने ढंग से दर्शन पर भाषण देते रहे। उनके इस प्रकार के वर्ग उनके कमरे में होते थे—और उस समय के उनके छात्रों ने इन वर्गों को तथा वर्ग में विटगेन्स्टीन का बड़ा सजीव चित्रण किया है। उन सबों का कहना है कि इन वर्गों में भी विटगेन्स्टीन चिन्तन करते रहते थे जिसका बड़ा गहरा प्रभाव छात्रों पर पड़ता था। 1933-35 में उन्होंने कुछ नोट्स लिखवाये भी थे जिन्हें छात्रों ने बचा कर रखा, जो बहुत बाद में **'The Blue Book'** तथा **'The Brown Book'** के नाम से प्रकाशित हुए। ये दोनों नोट्स अंग्रजी में ही लिखवाये गये थे (उनकी प्रायः अन्य सभी रचनाएँ प्रारम्भ में जर्मन में रची गयी थीं)।

1935 में वे पहले रूस गये और फिर नार्वे में अपनी कुटिया में चले गये—वहीं वे अपने '*Philosophical Investigations*' में रत हुए जिसमें वे जीवन भर लगे रहे। 1937 में जब जर्मनी ने आस्ट्रिया को जीत लिया तो वे पुनः कैम्ब्रिज वापस आये। 1939 में उन्हें मूर के स्थान पर प्रोफेसर का पद दिया गया—किन्तु युद्ध छिड़ जाने के कारण वे पुनः युद्ध-सेवा में लग गये। युद्ध के बाद वे कैम्ब्रिज में अपने प्रोफेसर के पद पर वापस आ गये—किन्तु प्राफेसर के पद की जो माँग थी वे उन्हें बर्दाश्त नहीं होती। प्रोफेसर के जीवन को उन्होंने कहीं पर **'जीवित-मृत्यु'** (A Living Death) कहा है। दो वर्ष बाद ही 1947 में उन्होंने त्यागपत्र दे दिया। 1948 में उन्होंने अपना '*Philosophical Investigation*' समाप्त किया। 1948 में मालकौम के साथ कुछ दिन अमेरिका में रहे। अब वे बीमार रहने लगे। 1949 में ही पता चला कि वे कैन्सर से पीड़ित थे। वे उस काल में भी यथासम्भव दार्शनिक चिंतन में लगे रहते। 1951 के 29 अप्रैल को कैम्ब्रिज में ही उनका देहान्त हुआ।

उनका *Philosophical Investigation* उनके मरणोपरान्त 1953 में प्रकाशित हुआ और भाषा दर्शन को एक नयी दिशा एवं नयी गति प्रदान हुई।

विषय-प्रवेश

विटगेन्स्टीन के जीवन के इस संक्षिप्त विवरण से दो बातें स्पष्ट होती हैं। एक तो यह कि विटगेन्स्टीन एक प्रकार से बीसवीं शताब्दी के भाषा-दर्शन की परम्परा में एक पैगम्बर के रूप में प्रतिष्ठित हुए। उनके चिन्तन तथा उनके विचारों का इतना गहरा प्रभाव पड़ा कि विचारक अपने को विटगेन्स्टीन के अनुयायी मानने में गौरवान्वित समझते। फलतः भाषा-दर्शन उनके विचारों के अनुकूल ही विकसित होने लगा। उस दृष्टि से विटगेन्स्टीन ने दार्शनिक विकास की दिशा निर्धारित की तथा प्रबल रूप में उसे गतिशील किया।

दूसरी बात जो सर्वथा स्पष्ट है वह यह है कि विटगेन्स्टीन के चिन्तन-जीवन में दो स्तर स्पष्टतः प्रमुख हैं। एक तो उनका प्रारम्भिक चिन्तन-काल जिसमें उन्होंने अपनी महत्त्वपूर्ण पुस्तक '*Tractatus Logico-Philosophicus*' को प्रकाशित किया। यह पुस्तक अपने ढंग की अनूठी तथा प्रबल रूप में प्रभावशाली पुस्तक सिद्ध हुई। इसका प्रभाव तार्किक भाववाद, औपचारिक विश्लेषण आदि के दर्शन पर सीधा पड़ा। किन्तु, उनके जीवन के विवरण से यह भी स्पष्ट होता है कि बाद में वे अपने 'ट्रैक्टेटस' के विचारों से सन्तुष्ट नहीं दिखाई दिये—बल्कि कुछ बातों से वे क्षुब्ध भी प्रतीत हुए। उन्होंने अपने

चिन्तन को नया रूप देना आरम्भ किया, जो उनके बाद के कैम्ब्रिज के वर्गों में स्पष्ट होने लगा, तथा जिसकी परिणति उनकी पुस्तक **'Philosophical Investigations'** में हुई—जो उनकी मृत्यु के कोई दो वर्ष के बाद प्रकाशित हुई। तो सामान्य ढंग से कहा जा सकता है कि विटगेन्स्टीन के विचारों के परिचय पाने का अर्थ है उनके इन दो स्तरों के विचारों को समझना।

अतः यहाँ हम विटगेन्स्टीन के विचारों को दो खण्डों में प्रस्तुत करेंगे। प्रचलित ढंग में विटगेन्स्टीन को ही दो नाम दे दिया जाता है—**पूर्वकालीन विटगेन्स्टीन** (Early Wittgenstein), तथा **उत्तरकालीन विटगेन्स्टीन** (Later Wittgenstein)। मूलतः पूर्वकालीन विटगेन्स्टीन उस दर्शन का प्रतिपादक है जो *'Tractatus Logico-Philosophicus'* में संकलित है। उत्तरकालीन विटगेन्स्टीन वह विचारक है जिसके केन्द्रीय विचार 'Philosophical Investigations' में निहित है तथा मरणोपरान्त प्रकाशित उनके लेख तथा नोट्स से भी जिस पर प्रकाश पड़ता है।

तो हम पहले उपखण्ड में ट्रैक्टेटस में विकसित विचारों का अध्ययन करेंगे तथा दूसरे उपखण्ड में *'Philosophical Investigations'* में विकसित विचारों का विवरण प्रस्तुत करेंगे।

विटगेन्स्टीन के विचारों के विवरण में निहित कठिनाई को भी ध्यान में रखना ही है। अपने दोनों स्तरों के विचारों में विटगेन्स्टीन ने इतने प्रकार की समस्याओं का उल्लेख कर दिया है तथा इतनी विशद् सम्भावनाओं का निर्देश किया है कि उन सबों का सीमित स्थान में सिमटा जाना प्रायः असम्भव है। यही कारण है कि विटगेन्स्टीन के विचारों के विवरण का हर प्रयत्न अपूर्ण ही रह जाता है। प्रस्तुत विवरण भी उस अपूर्णता को समाप्त नहीं कर सकता। यहाँ प्रयत्न यही होगा कि दोनों स्तरों में जो विचार विकसित हुआ है—उसकी सामान्य रूपरेखा प्रस्तुत की जाय जिससे उनके निहित मूल बातों की समझ स्पष्ट हो।

(1) ट्रैक्टेटस-लोजिको-फिलोसोफिकस में विकसित दर्शन
(पूर्वकालीन विटगेन्स्टीन)

(1) भूमिका

'ट्रैक्टेटस' एक छोटी-सी पुस्तक है—डेढ़ पृष्ठों की भूमिका तथा कोई 75 पृष्ठों की पुस्तक। किन्तु, जीवन भर इसे पढ़ते तथा इस पर विचार करते रहने पर भी यह दावा नहीं किया जा सकता कि इसे पूर्णतया समझ लिया गया है—अथवा इसमें निहित सभी प्रकार के विचारों का स्पष्टीकरण हो गया है। इस पर अनेकों पुस्तकें लिखी गयीं। यह प्रायः सूत्रों में है। ऐसा प्रतीत होता है कि इसके हर वाक्य बड़े विचार से व्यक्त किये गये हैं और हर ऐसे वाक्य के पीछे बड़े विशद् एवं सूक्ष्म विचार हैं। इसके लिखे जाने का ढंग भी अपना है।

इसमें सामान्य पुस्तकों के समान खण्ड-उपखण्ड नहीं। वाक्यों एवं कथनों को संख्याओं के द्वारा सूचित किया गया है। विचारक की दृष्टि में जो सर्वप्रमुख एवं महत्त्वपूर्ण कथन हैं उन्हें संख्याओं से सूचित किया गया है—1, 2, 3 इस प्रकार। सम्पूर्ण पुस्तक में इस प्रकार के सात ही कथन हैं। अब जहाँ 1.1 है (1 decimal 1) संख्या दिया गया, वहाँ अभिप्राय यह है कि यह कथन संख्या 1 कथन का विशदीकरण या स्पष्टीकरण है। '1.11'

का तात्पर्य हुआ कि यह '1.1' का विशदीकरण या स्पष्टीकरण है। कहीं-कहीं यह भी प्रतीत होता है कि '2.1' जैसे कथन '2' पर टिप्पणी कर रहे हैं। इस व्यवस्था को ध्यान में रखकर ही इस पुस्तक को समझा जा सकता है।

इस पुस्तक की भूमिका में ही **विटगेन्स्टीन** ने पुस्तक के लक्ष्य को इस प्रकार स्पष्ट किया है, "The whole sense of the book might be sumtmed up in the following words : what can be said at all can be said clearly, and what we cannot talk about we must pass over in silence."

Thus, the aim of the book is to draw a limit to thought, or rather—not to thought, but to the expression of thoughts, for in order to be able to draw a limit to thought, we should have to find both sides of the limit thinkable (or, we should have to be able to think what cannot be thought.)

It will therefore only be in a language that the limit can be drawn, and what lies on the other side of the limit will simply be non-sense."

अतः यह स्पष्ट है कि उनके अनुसार इस पुस्तक में विचार की अभिव्यक्ति की सीमाएँ निर्धारित हो रही हैं। विचार की सीमा निर्धारित करने का अर्थ ही विचार की अभिव्यक्ति की सीमा का निर्धारण है क्योंकि विचार की सीमा वैसे निर्धारित हो ही नहीं सकती। यदि विचार की सीमा विचार में ही निर्धारित करने का प्रयत्न हो, तो उसका अर्थ हो जाता है कि जिस पर विचार किया ही नहीं जा सकता, उस पर विचार करना, और यह आत्म-विरोधी है। अतः विचार की अभिव्यक्ति—अर्थात् भाषा में ही विचार की सीमा निर्धारित हो सकती है। इसी कारण विटगेन्स्टीन का कहना है कि जिसे भाषा में व्यक्त किया जा सकता है—जिसे कहा जा सकता है उसे स्पष्ट कहा जा सकता है, किन्तु जो इस सीमा के बाहर है, जिसे कहा नहीं जा सकता—भाषा में व्यक्त नहीं किया जा सकता—उसके विषय में 'मौन' ही ठीक है। अतः पुस्तक में 'जिसके विषय में कहा जा सकता है—अर्थात् जिसे **'भाषा में व्यक्त किया जा सकता है'** और **'जिसे भाषा में व्यक्त नहीं किया जा सकता'**—इन दोनों के बीच स्पष्ट अन्तर किया गया है। अतः पुस्तक में मूलतः यही दिखाया गया है कि **'जगत के सम्बन्ध में क्या कहा जा सकता है।'** इसी को स्पष्ट करने में भाषा-सम्बन्धी समस्याएँ तथा उनसे सूचित होने वाले चित्रों से सम्बन्धित समस्याओं का स्पष्टीकरण हुआ है। उसी संदर्भ में यह भी स्पष्ट हो जाता है क्या भाषा में व्यक्त नहीं हो सकता—केवल निर्देशात्मक रूप में दिखाया जा सकता है।

इस मूल विचार को पूर्णरूप से समझने के लिए सर्वप्रथम इस पुस्तक में विकसित विचार की एक प्रारम्भिक रूपरेखा ले लेना वांछनीय है।

(2) ट्रैक्टेटस के सामान्य विचारों का एक प्रारम्भिक परिचय

ट्रैक्टेटस के विचारों को समझने के लिए यह उपयोगी सिद्ध हो सकता है कि हम प्रारम्भ में ही इसमें विकसित मूल विचारों की सामान्य धारणा बना लें। इस पुस्तक के अधिकांश भाग का विषय है **भाषा का स्वरूप तथा भाषा एवं जगत के सम्बन्ध का विवेचन**। वस्तुतः विटगेन्स्टीन की मूल अभिरुचि इस विषय पर रही। उनका प्रयत्न यह स्पष्ट करने में है कि भाषा जगत के विषय में क्या व्यक्त कर सकती है।

उन्होंने दिखाया है कि भाषा से जगत के कुछ तथ्यों (Facts) के विषय में जानकारी मिल सकती है। ये तथ्य **कुछ वस्तुस्थिति** (State of Affaris) से संरचित हैं।

बिटगेन्स्टीन का जर्मन शब्द "Sachvcrhalten" है जिसे पहले अनुवाद में Ogden ने (Atomic fact) 'अणुतथ्य' का नाम दिया तथा दूसरे अनुवाद में Pears आदि ने 'State of Affairs' कहा। इन वस्तुस्थितियों (States of Affairs) में कुछ सरल विषय (Objects) होते हैं। विषय को सम्बन्धित करने वाली ये वस्तुस्थितियाँ प्राथमिक प्रतिज्ञप्तियों (Elementary Proposition) में संचित होती हैं। प्राथमिक प्रतिज्ञप्तियाँ प्राथमिक इस दृष्टि से हैं कि सभी एक-दूसरे से सर्वथा स्वतन्त्र हैं—एक-दूसरे पर निर्भर नहीं है। वस्तुतः यहीं पर इस पुस्तक का केन्द्रीय विचार, जिसे **अर्थ का चित्रण सिद्धान्त** (Pictorial Theory of Meaning) कहा गया है, स्पष्ट होता है। अर्थपूर्ण सूचनात्मक भाषा अन्ततः कुछ ऐसी प्राथमिक प्रतिज्ञप्तियों से संरचित है जो वस्तुस्थितियों को चित्रित करती है। वस्तुतः विचार ही तथ्यों के तार्किक चित्र हैं, किन्तु विचार तो भाषीय अभिव्यक्तियों में ही स्पष्ट होता है, अतः इन भाषीय अभिव्यक्तियों की प्राथमिक इकाई—प्राथमिक प्रतिज्ञप्तियों के द्वारा वस्तुस्थितियाँ चित्रित होती हैं।

इन्हीं प्राथमिक प्रतिज्ञप्तियों के सत्य या असत्य होने पर वाक्यों की अर्थपूर्णता निर्भर करती है। इसका अर्थ है कि सभी अर्थपूर्ण मिश्रित वाक्य इन प्राथमिक प्रतिज्ञप्तियों के **सत्यता-फलन** (Truth-Functions) हैं, अर्थात् उनकी सत्यता-असत्यता इन्हीं की सत्यता-असत्यता पर निर्भर करती है।

किन्तु इस सम्भावना की दो सीमाएँ भी हैं। एक प्रतिज्ञप्ति ऐसी भी हो सकती है जो सभी प्राथमिक प्रतिज्ञप्तियों की सत्यता-असत्यता के साथ संगत हो। ऐसी प्रतिज्ञप्ति को पुनरुक्ति (Tautology) कहा गया है। एक प्रतिज्ञप्ति ऐसी भी हो सकती है जो सभी प्राथमिक प्रतिज्ञप्तियों की सत्यता-असत्यता के साथ असंगत हो। ऐसी प्रतिज्ञप्तियों को **व्याघात** (Contradiction) कहा गया है। तर्कशास्त्र की सभी सत्य प्रतिज्ञप्तियाँ पुनरुक्ति हैं, उसी प्रकार गणित के वाक्य भी (विटगेन्स्टीन इन्हें पुनरुक्ति (Tautology) नहीं, **तादात्म्यता** (idealies) कहना पसन्द करते हैं) पुनरुक्तियाँ तथा तादात्म्यताएँ निगमनात्मक अनुमान में अपना योगदान देती हैं, किन्तु वे जगत के सम्बन्ध में कोई सूचना नहीं दे सकतीं।

इनके अतिरिक्त जो वास्तविक अर्थपूर्ण प्रतिज्ञप्तियाँ हैं वे जगत के विषय में कुछ कह सकती हैं क्योंकि वे तथ्यों को—सम्भव वस्तु स्थितियों को चित्रित करती हैं। ये चित्र भी एक दृष्टि से तथ्य ही हैं, अतः उनका **चित्र रूप** (Pictorial Form) तथा **तार्किक रूप** (Logical Form) वैसा ही है जैसा कि जिसे वे चित्रित कर रहे हैं उसका तार्किक रूप है। 'चित्र' तथा 'जो चित्रित होता है' इनके तार्किक रूपों की सादृश्यता ही चित्र को सार्थक बनाती हैं। हमारी अनेकों उक्तियाँ ऐसी प्रतिज्ञप्तियाँ प्रस्तुत करती हैं जो वास्तव में किसी वस्तुस्थिति को चित्रित नहीं करतीं—किन्तु जगत के विषय में कुछ कहने का दावा करती हैं। ऐसे कथन अर्थपूर्ण नहीं कहे जा सकते क्योंकि वे न तो अपने प्राथमिक प्रतिज्ञप्तियाँ है और न प्राथमिक-प्रतिज्ञप्तियों के सत्यता-फलन (Truth Function) है। तत्त्वमीमांसीय उक्तियाँ इसी प्रकार के कथन हैं—अतः उन्हें अर्थपूर्ण नहीं कहा जा सकता। वे विश्व के सम्बन्ध में कोई सूचना नहीं देतीं।

किन्तु, ऐसी प्रतिज्ञप्तियों के विषय में यह भी कहा जा सकता है कि **अधिक-से-**

अधिक वे जो नहीं कहा जा सकता—उसे कहने का प्रयत्न करती हैं। इस स्थल पर जो नहीं कहा जा सकता तथा जो कहा जा सकता है का अन्तर स्पष्ट होता है। हम ऐसे कथन दे देते हैं जो वस्तुतः कथनीय नहीं हैं/उनका निर्देश हो सकता है, उन्हें दिखाया जा सकता है, किन्तु उन्हें भाषा में सार्थक ढंग से व्यक्त नहीं किया सकता। सौन्दर्य-शास्त्र (Aesthetices) तथा नीतिशास्त्र (Ethics) के कथन इसी प्रकार के हैं। तथ्यों या वस्तुस्थिति के चित्रण के ढंग का विवरण भी इसी प्रकार के कथन होंगे—क्योंकि वे अपने में विश्व के विषय में कोई सूचना नहीं देते। इस दृष्टि से विटगेन्स्टीन यह भी कहते हैं कि अन्ततः ट्रैक्टेटस में जो वाक्य हैं वे भी अर्थहीन प्रतीत होंगे। अपने में न तो वे प्राथमिक प्रतिज्ञप्ति हैं और न प्राथमिक प्रतिज्ञप्तियों के सत्यता-फलन। बिटगेन्सटीन ने उनकी तुलना एक 'सीढ़ी' से की है, जिसके सहारे ऊपर पहुँचने पर सीढ़ी को त्याग देना पड़ता है, उस समय उसे जगत सही परिप्रेक्ष्य में दिखाई देगा और उसे यह स्पष्ट कर देता है कि किस प्रकार के तथ्यों के विषय में अर्थपूर्ण ढंग से कुछ कहा जा सकता है, तथा कहाँ हमें 'मौन' रहना अनिवार्य है। यही कारण है कि ट्रैक्टेटस का अन्तिम वाक्य है—"What we cannot speak about we must pass over in Silence."

ऊपर हमने ट्रैक्टेटस में विकसित दार्शनिक विचार की एक संक्षिप्त रूपरेखा खींची है। इससे एक आभास लगता है कि इसमें किस प्रकार का विचार विकसित हुआ है, तथा उससे एक आधार भी मिल जाता है कि किस प्रकार इन विचारों को सरल ढंग से प्रस्तुत किया जाय। पुस्तक के साथ चलने में प्रारम्भिक अवबोध सम्भव नहीं है, प्रारम्भिक अवबोध के बाद पुस्तक के साथ चलने में नवीन प्रकाश मिल सकता है। **हमारा लक्ष्य है कि पाठकों को इस पुस्तक के साथ चलने के लिए एक प्रारम्भिक साधन दे दिया जाया।** अतः ऊपर दिये सामान्य विवरण के अनुसार ट्रैक्टेटस के दर्शन को कुछ विशेष खण्डों में रख कर समझने की चेष्टा करेंगे। अतः हम निम्नलिखित खंडों में अपने ट्रैक्टेटस के अध्ययन का विभाजन करेंगे—(क) तथ्य, विषय तथा जगत (ख) प्रतिज्ञप्ति एवं प्राथमिक प्रतिज्ञप्ति (ग) अर्थ का चित्रण सिद्धान्त(PictorialTheory of Meaning) (घ) 'जो कहा जा सकता है' तथा जिसे कहा नहीं जा सकता—मात्र दिखाया जा सकता है, और इसी संदर्भ में दर्शन का स्वरूप तथा (ङ) विटगेन्स्टीन का रहस्यात्मक (The Mystical) विचार।

(3) जगत, तथ्य तथा विषय

ट्रैक्टेटस के अधिकतर वाक्यों की विषय-वस्तु है—भाषा तथा जगत (Language and the world)। वह यह जानना चाहता है कि आखिर भाषा जगत के विषय क्या कह सकती है। एक प्रकार से यही समस्या रसेल के **'तार्किक अणुवाद'** (Logical Atomian) की भी है। यह कहना अयुक्त या असत्य नहीं है कि इस स्थल पर ट्रैक्टेटस के विचार तथा तार्किक अणुवाद के विचार में सादृश्यता—समानता है। हमने तार्किक अणुवाद को स्पष्ट करने के लिए भी पहले 'तथ्य' तथा फिर 'प्रतिज्ञप्ति' के स्वरूप को स्पष्ट किया है। उसी प्रकार यहाँ भी भाषा और जगत के सम्भावित सम्बन्ध को स्पष्ट करना है, इस कारण यहाँ भी पहले **'जगत'** (world) तथा उसके बाद **भाषा** (langage) के स्वरूप को समझना है। जगत के स्वरूप को स्पष्ट करने में तथ्यों (Facts) एवं विषयों (Objects) को स्पष्ट करना अनिवार्य है, तथा उसी प्रकार भाषा की इकाई—प्राथमिक प्रतिज्ञप्ति के स्वरूप को समझना है। इस खण्ड में हम तथ्य **विषय** तथा **जगत** की उन अवधारणाओं को स्पष्ट करेंगे जिनका उल्लेख ट्रैक्टेटस में है।

इन अवधारणाओं को स्पष्ट करने के लिए हम उनकी कुछ मूल सूत्र-रूप उक्तियों का उल्लेख करेंगे।*

1. The world is all that is the case.

1.1 The world is the totality of facts, not of things.

1.11 The world is determined by the facts, not by their being all the facts.

1.12 For the totality of facts determines what is the case, and also whatever is not the case.

1.13 The facts in logical space are the world.

1.2 The world divides into facts.

2. What is the case—a fact—is the existence of the state of affairs.

2.01 A state of affairs (a state of things) is a combination of objects.

2.011 It is essential to things that they should be possible constitenents of States of Affairs.

2.012 In logic nothing is accidental : if a thing can occur in a state of affairs, the possibility of the state of affairs must be written into the thing it self.

2.0121 ....

....

Just as we are quite unable to imagine spatial objects outside space or temporal objects outside Time, so too there is no object that I fel can imagine excluded from the possibility of combining with others. If I can imagine objects combined in states of affairs, I cannot imagine them excluded from the possibility of such combinations.

2.0122 Things are independent in so far as they can occur in all possible situations, but this form of independence is a form of connection with states of affairs, a form of dependence.

2.0123 If I know an object I also know all its possible occurence in states of affairs.

2.0124 If all objects are given, then at the same time all possible states of affairs are also given.

ऊपर हमने ट्रैक्टेटस के प्रारम्भिक कथनों को चुन कर प्रस्तुत किया है। इस पुस्तक में सामान्यतः मूल लेखों का उद्धरण कम ही दिया जा रहा है, किन्तु यहाँ दिया गया है। उसके दो कारण हैं। एक तो यह कि इससे इतना तो आभास लग जाता है कि ट्रैक्टेटस के विचार किस रूप में प्रस्तुत हुए। हर भाव, अवधारणा आदि के स्पष्टीकरण का जो सामान्य

---

* ट्रैक्टेटस के इन वाक्यों का हम हिन्दी अनुवाद प्रस्तुत करने का प्रयास नहीं कर रहे हैं। इनका हिन्दी में अनुवाद तभी हो सकता है जब इन सूत्रों के निहितार्थ को पूर्णतया उनमें उभारा जाय। वह एक पृथक कार्य हो जायगा—जो इस ऐतिहासिक विवेचन में सम्भव नहीं है।

विवरणात्मक ढंग है वह यहाँ नहीं है। पाठकों को इन सूक्तों—या सूत्रों में प्रवेश कर विचार के विभिन्न अंगों को पकड़ना पड़ता है, और तब उन्हें गूँथ-सजा कर एक व्यवस्थित विचार के रूप में उभारना पड़ता है। इसी कार्य के लिए इन उद्धरणों का सहारा लिया जा रहा है। अतः इनके देने का दूसरा उद्देश्य है कि इन्हीं कुछ वाक्यों के आधार पर ट्रैक्टेटस के जगत, **तथ्य** तथा **विषय** के विचार को स्पष्ट किया जाय। इन वाक्यों को ध्यान से देखने पर स्पष्ट हो जाता है कि इन तीनों की अवधारणाओं को प्रस्तुत करने का प्रयत्न यहाँ हुआ है। 'जगत' (World) से विचार का प्रारम्भ हुआ—उस भाव को समझने के लिए 'तथ्यों' (Facts) का उल्लेख हुआ है। 'तथ्यों' को स्पष्ट करने के प्रयत्न में वस्तु-स्थिति (State of affairs) के भाव का उपयोग हुआ है और उसके स्वरूप को स्पष्ट करने में विषय (Object) का उल्लेख हुआ है।

पुस्तक का पहला वाक्य है, (1) 'सब कुछ जो है जगत ही है।' तो इस जगत के विषय में क्या कहा जा सकता है। जगत में तो अनेकों-असंख्य-वस्तुएँ (Things) हैं। क्या यदि ऐसी सभी वस्तुओं (Things) की सूची तैयार कर ली ज़ाय, तो जगत के विषय में पूरी जानकारी हो जायगी? नहीं, ऐसा तो नहीं हो सकता। उदाहरणतः यदि हमें किसी विशेष कमरे के विषय में जानकारी देने को कहा जाय, और हम उस कमरे के सभी सामान की सूची बना दें, तो यह कमरे की जानकारी नहीं मिलेगी, वह बहुत ही अयथेष्ट जानकारी होगी। इसके लिए हमें यह भी बताना पड़ेगा कि ये वस्तुएँ कैसी हों—और उनकी क्या आपसी व्यवस्था है आदि आदि अर्थात् कमरे की वस्तुओं के नाम गिनाने से ही कमरे के विषय में जानकारी नहीं मिलेगी हमें उनकी व्यवस्था—आपसी सम्बन्ध को जानना पड़ेगा, दूसरे शब्दों में कमरे के विषय में अनेक तथ्यों को जानना पड़ेगा। उन तथ्यों की जानकारी में ही कमरे की जानकारी है। उसी प्रकार जगत के अन्तर्गत जो वस्तुएँ हैं उन सबों को जानने से 'जगत' की जानकारी नहीं मिलेगी। उन वस्तुओं की व्यवस्था क्या है—यह जानना होगा, **और हर व्यवस्था तथ्य है**। यही कारण है कि विटगेन्स्टीन ने कहा कि 'जगत वस्तुओं की सम्पूर्णता नहीं है, तथ्यों की सम्पूर्णता है' (The world is the totality of facts, not of things)।

इस संदर्भ में 'तथ्य' तथा 'वस्तुओं' का अन्तर स्पष्ट होता है। यदि जगत की सभी वस्तुएँ ज्ञात भी हों तो उससे जगत ज्ञात नहीं हो जाता, क्योंकि उन्हीं वस्तुओं को दूसरे प्रकार से सम्बन्धित 'व्यवस्थित करने से दूसरा जगत' बन जा सकता है। वस्तुओं को सम्बन्धित करने की असंख्या सम्भावनाएँ हैं, और हर सम्भावना एक अन्य जगत को सम्भव करेगी। किन्तु यदि हमें यह जानकारी मिल जाय कि वस्तुएँ किस प्रकार से व्यवस्थित हैं, अर्थात् जगत के विषय में विभिन्न तथ्यों की जानकारी मिल जाय तो जगत की जानकारी मिलती है।

तो तथ्य है? ऊपर के विवरण से ही स्पष्ट होता है कि वस्तुओं की विशेष ढंग की व्यवस्था—उनके आपस में सम्बन्धित होने के ढंग ही तथ्य है। इस प्रकार का सम्बन्ध बताता है कि वस्तुस्थिति क्या है—किस ढंग से वस्तुएँ हैं। तो **'जो है'** वही तथ्य है (What the case is)। वस्तुस्थिति (State of affiars) का होना तथ्य है। तथ्य ही निर्धारित करता है कि क्या है, तथा तथ्य ही निर्धारित करता है कि क्या नहीं है। जगत के विषय में जानकारी का अर्थ ही है 'क्या है' तथा 'क्या नहीं है' का जानना। 'क्या है', 'क्या

नहीं है'—इसे जानना वस्तुतिस्थिति (State of affairs) को जानना है। यही कारण है कि विटगेन्स्टीन कहते हैं कि तथ्य वस्तुस्थिति का होना है (The existence of state of affiars.)

अभी तथ्यों के स्वरूप का और स्पष्टीकरण करना है। अभी 'तथ्यों' को 'वस्तु-स्थिति' के द्वारा समझने की चेष्टा हुई है। 'वस्तुस्थिति' को समझाने में विटगेन्स्टीन एक नये भाव-विषय (Object) का सहारा लेते हैं। जैसा कि उन्होंने कहा है, 'वस्तुस्थिति विषयों का संघात है' [A state of affairs (A state of things) is a combination of objects] यदि हम किसी विषय को जानते हैं तो हम इसकी वस्तुस्थितियों में होने की सभी सम्भावनाओं को जानते हैं।' तो वस्तु-स्थिति की संरचना का एक घटक विषय है।

विषय (Objects) के स्वरूप को स्पष्ट करने के पहले एक स्पष्टीकरण अनिवार्य है। यह ठीक है कि ट्रैक्टेटस में कुछ वाक्यों में 'Objects' (विषय) तथा 'Thing' (वस्तु) का प्रयोग प्रायः एक ही जैसा हुआ है। किसी-किसी स्थल पर दोनों वस्तुतः एकार्थक ढंग से प्रयोग में आते हैं। किन्तु यह इस कारण हुआ है कि 'वस्तु' (Things) शब्द के ही प्रयोग में व्यामिश्र है। 'वस्तु' शब्द का प्रयोग ढीले-ढाले ढंग से भी होता है जहाँ किसी चीज को वस्तु कह दिया जाता है। वैसे 'वस्तु' शब्द का प्रयोग किसी सामान्य वस्तु, जैसे मेज, कुर्सी, कलम आदि के लिये भी होता है। यह **विशेष वस्तु हैं**। Objects (विषय) शब्द का प्रयोग भी विशेषों (Particulars) के लिये होता है। किन्तु यहाँ विशेष वस्तु नहीं है।

तो विशेष जिसे Object (विषय) कहा जा रहा है उसका स्वरूप क्या है? यहाँ पर एक और कठिनाई है—क्या केवल विशेष ही विषय हैं या **सामान्य** (Universals), संबंध (relation) आदि भी विषय हैं? रसेल के उदाहरण में इस स्थल पर निश्चयता है। रसेल भी विटगेन्स्टीन के इस तार्किक अणुवादी विचार के समान ही विचार प्रस्तुत करते हैं, किन्तु उनके अनुसार वैसे विषय जिनसे जगत की जानकारी मिलती है उनमें विशेषों के अतिरिक्त सामान्य (universals) संबंध (relations) आदि भी हैं। विटगेन्स्टीन के मत के संबंध में इस स्थल पर विवाद है। कुछ विचारक कुछ सामान्यों को भी विषय (objects) कहते हैं, तथा गुणों और संबंधों को भी। किन्तु, ऐसा विचार विटगेन्स्टीन के कुछ कथनों का हवाला देकर प्रस्तुत अवश्य किया जाता है, फिर भी ट्रैक्टेटस की सामान्य विचारधारा के अनुरूप यही युक्तिसंगत प्रतीत होता है कि विटगेन्स्टीन ने विषयों को विशेष (Particulars) ही कहा है, जैसा कि उनके इस कथन से स्पष्ट होता है—"Space, Time and Colour are forms of objects—2. 0251)"।

किन्तु इन विभिन्न उक्तियों एवं मतभेदों के आधार पर निश्चित रूप से इतना ही कहा जा सकता है कि 'विषयों' को अपने में अलग से समझना बहुत निश्चित नहीं हो सकता, क्योंकि विषय चाहे जो भी हों, हैं सर्वथा सरल (Simple) ही, जिनका निश्चित **उदाहरण देना संभव नहीं**। 'विषय' का निश्चित उदाहरण नहीं होना कोई वैचारिक दोष नहीं है। यदि तार्किकता की यह मांग है कि 'विषय' 'objects' हों तो विषयों को स्वीकारना अनिवार्य हो जाता है। इसे स्वीकारना तार्किकता की मांगों के अनुरूप है।

तो विषयों की मानसिक अवधारणा कैसे बने? यह वस्तुस्थिति (States of affairs) की अवधारणा को समझने से ही स्पष्ट होता है। हर वस्तु-स्थिति 'विषयों का कोई विशेष संबंध' 'विषयों की कोई व्यवस्था' सूचित करती है। 'वस्तु स्थिति' की अवगति में स्पष्ट

होता है कि कुछ विषय विशेष प्रकार से व्यवस्थित हैं। विषयों में आपसी संबंध होना भी अनिवार्य है, हर ऐसा संबंध दिखाती हुई व्यवस्था वस्तुस्थिति की अवगति है। यही कारण है कि इस बात को विटगेन्स्टीन ने अनेकों प्रकार से स्पष्ट करने की चेष्टा की है—

2.01 A state of affairs..................is a combination of objects.

2.0272 The configurations of objects produces states of affairs.

2.03 In a state of affairs objects fit into one another like the links of a chain.

2.031 In a state of affairs objects stand in a determinate relation to one another.

2032 The determinats way in which objects are correlated in a state of affairs is the structure of the state of affairs.

इन सभी कथनों से स्पष्ट है कि वस्तुस्थिति की संरचना ही 'विषयों के संबंधित होने' के ढंग से निर्धारित होती है। एक 'चेन' की कड़ियों के समान विषयों के गुथने पर वस्तुस्थिति स्पष्ट होती है।

इस प्रकार अगर हम पुनः इन विचारों को संगठित करें तो देखते हैं कि कुछ सरलतम है—(जिसे 'विषय' कहा गया है)—जिसे विशेष-संबंध से 'वस्तुस्थिति' संरचित होती है। वस्तु स्थिति का होना तथ्य है—अर्थात् 'यह वस्तुस्थिति हैं' अथवा 'वस्तुस्थिति ऐसी नहीं है''—यही कहना तो तथ्यों की अवगति है। कुछ विद्वानों ने इस बात को एक उपमा से स्पष्ट करने की चेष्टा की है, वह उपमा है शतरंज के बोर्ड की। शतरंज के बोर्ड पर दो रंग के बर्ग बने होते हैं, जिन पर 'मोहरे चलते हैं। कल्पना कर सकते हैं कि ये वर्ग तथा मोहरे ट्रैक्टेटस के विषय (objects) जैसे हैं। वर्ग तथा मोहरे के बीच का संबंध वस्तुस्थिति (State of affairs) जैसा है। इस प्रकार का कोई विशेष संबंध—''यह मोहरा इस वर्ग पर है'' या 'यह मोहरा इस वर्ग पर नहीं है'—यह 'तथ्य (Facts) की जानकारी है। किसी काल से किसी विशेष अवगति में 'वर्ग' तथा मोहरों के सभी संबंध उस काल में शतरंज का सम्पूर्ण जगत (world) है। इस जगत से सर्वथा अलग किसी वर्ग या 'मोहरे' (अर्थात् Objects) के होने का प्रश्न ही नहीं है। किसी विशेष काल का शतरंज-जगत, उस काल का शतरंज-बोर्ड है जिसमें विभिन्न मोहरे विभिन्न वर्गों पर हैं। हर मोहरा तथा वर्ग का विशेष संबंध एक तथ्य है। अतः इस उपमा के आधार पर जगत, तथ्य, वस्तुस्थिति तथा विषय के संबंध में एक सुविधाजनक जानकारी मिलती है।

किन्तु यह भी स्मरण रखना चाहिये कि हर तुलना की अपनी सीमा होती है। इस तुलना को आवश्यकता से अधिक महत्व नही देना है। उदाहारणतः विटगेन्स्टीन के अनुसार हर वस्तुस्थिति हर दूसरी वस्तुस्थिति से पूर्णतया स्वतंत्र है, किन्तु शतरंज-बोर्ड के साथ ऐसी बात नहीं।

ऊपर दिये विवरण के बाद भी कुछ ऐसा आभास होता है कि अभी विचार पूर्णतया स्पष्ट नहीं हो पाया है। ऐसा प्रतीत होता है कि तथ्य, वस्तुस्थिति, विषय आदि की अवधारणाओं का चित्र अभी भी अधूरा और अपूर्ण है। ऐसा लगने का कारण यह है कि 'विषय' (objects) का विचार केन्द्रीय विचार है, जिसका उदाहरण नहीं दिया जा रहा है। तार्किकता के आधार पर उसे स्वीकारना पड़ रहा है। वह तार्किकता क्या है? इन सबों के

विषय में जो कुछ भी कहा जा रहा है, वह सब कहने का आधार क्या है वस्तुतः इनके विषय में जो कुछ भी कहा जा रहा है, उसके कहने का आधार है 'भाषा'। हमें इनके विषय में भाषा के द्वारा ही जानकारी मिलती है। हमने प्रारंभ में ही कहा कि ट्रैक्टेटस का मूल विषय है **"भाषा एवं जगत"**। ट्रैक्टेटस इसी अवगति पर अग्रसर होता है कि जगत के संबंध में जानकारी का माध्यम है भाषा—क्योंकि जगत के विषय में जो कुछ भी कहा जा सकता है, वह भाषा के द्वारा ही। अतः **जगत तथा वस्तुस्थिति**, विषय आदि के स्वरूप को समझने के लिये हमें यह भी जानना है कि किस प्रकार भाषा इनके विषय में सूचना देती है। इसी स्थल पर विटगेन्स्टीन का प्रतिज्ञप्ति-विचार महत्त्वपूर्ण हो जाता है। हम देखेंगे कि जगत्, तथ्य, विषय आदि के विषय में जानकारी का आधार अन्ततः प्राथमिक प्रतिज्ञप्तियों (Elementary Propositions) में है। तो, **प्रतिज्ञप्ति एवं प्राथमिक प्रतिज्ञप्ति को समझने के बाद ही जगत, तथ्य, वस्तुस्थिति तथा विषय का स्वरूप पूर्णतया स्पष्ट होगा। वस्तुतः जब हम प्रतिज्ञप्तियों के साथ इनके संबंध की विवेचना करेंगे—जो विवेचना 'चित्रण-सिद्धान्त' (Picture Theory) के अन्तर्गत होगी—तभी पूर्ण चित्र स्पष्ट स्वरूप रूप में उभर पायेगा।** अतः अब हमें प्रतिज्ञप्ति (Proposition) तथा प्राथमिक प्रतिज्ञप्ति (Elementary Proposition) पर किये गयें ट्रैक्टेक्स के विचार को स्पष्ट करना होगा।

(4) प्रतिज्ञप्ति तथा प्राथमिक प्रतिज्ञप्ति (*Proposition and Elementary Proposition*)

वस्तुतः प्राथमिक प्रतिज्ञप्ति पर विचार कोई सर्वथा भिन्न विचार नहीं है। हमने देखा है कि सरल विषयों (Simple objects) का संबंध वस्तुस्थिति है। वस्तुस्थिति (States of affairs) का बोध प्राथमिक प्रतिज्ञप्ति (Elementary Proposition) से होता है। प्राथमिक प्रतिज्ञप्ति नामों (Names) से संरचित है, और प्राथमिक प्रतिज्ञप्ति के **नाम** (Names) विषयों (Objects) को सूचित करते हैं। इस प्रकार स्पष्ट है कि विटगेन्स्टीन के ये विचार एक दूसरे के साथ जुटे हुए हैं। इसे ध्यान में रखते हुए ही यहाँ प्राथमिक प्रतिज्ञप्ति के स्वरूप का स्पष्टीकरण होगा।

किन्तु, पहले कुछ बात प्रतिज्ञप्ति (Proposition) पर कर लेना वांछनीय है। विटगेन्स्टीन का जर्मन शब्द 'Satz' तथा 'Elementar-Satz' है। दूसरे शब्द में 'Elementar' तो प्राथमिक (Elementary) के अर्थ में समझा जा सकता है, किन्तु 'Satz' शब्द के प्रयोग में वैसी निश्चयता नहीं। ट्रैक्टेटस में ऐसे उदाहरण उपलब्ध हैं जहाँ 'Satz' शब्द का प्रयोग वाक्य (Sentence) के लिये हुआ है और कुछ उदाहरण भी हैं जहाँ इसका प्रयोग प्रतिज्ञप्ति (Proposition) के लिये हुआ है। तो प्रश्न उठता है कि ट्रैक्टेटस की मूल विचारधारा में किस पर ध्यान रखा जाय—वाक्य (Sentence) पर या प्रतिज्ञप्ति (Proposition) पर।

कुछ लोग ऐसा भी सोच सकते हैं कि इस अन्तर की यदि उपेक्षा भी हो जाय तो क्या अन्तर पड़ता है। किन्तु ऐसा नहीं है, वाक्य तथा प्रतिज्ञप्ति का भेद बड़ा महत्त्वपूर्ण है—तथा वह भेद यहाँ भी प्रासंगिक है। शब्दों को जब वाक्य-विन्यास (Syntactical) के नियमों के आधार पर संबंधित किया जाता है तो **वाक्य** बनते हैं। वाक्यों में जो कहा जाता है, जो व्यक्त होता है वह **प्रतिज्ञप्ति** है। यही कारण है कि वाक्य किसी विशेष, साधारण भाषा

का वाक्य होता है जो उस भाषा के वाक्य-विन्यासात्मक नियमों के अनुरूप निर्मित होता है, किन्तु प्रतिज्ञप्ति किसी विशेष भाषा में नहीं होती। हो सकता है कि भिन्न-भिन्न भाषाओं में एक ही प्रतिज्ञप्ति को व्यक्त किया जाय। 'गाय चर रही है'—इस वाक्य को हम संस्कृत, जर्मन, वँगला आदि में कह सकते हैं—लिख सकते हैं। दिया हुआ वाक्य हिन्दी का वाक्य है—यदि संस्कृत में लिखें तो वह संस्कृत का वाक्य होगा, जर्मन वाला जर्मन वाक्य होगा। किन्तु, इन सबों में जो प्रतिज्ञप्ति व्यक्त हो रही है, वह एक ही है—उसे हम 'हिन्दी प्रतिज्ञप्ति', संस्कृत 'प्रतिज्ञप्ति', जर्मन 'प्रतिज्ञप्ति' नहीं कह सकते। यही कारण है कि जहाँ प्रतिज्ञप्तियाँ सत्य या असत्य हो सकती हैं, वाक्य सत्य-असत्य नहीं होते। वाक्यों में जो व्यक्त होता है—जो कहा जा रहा है वह सत्य या असत्य होता है। हिन्दी का यह वाक्य 'गाय चर रही है'—व्याकरण तथा वाक्य विन्यास के नियमों के अनुरूप शुद्ध-अशुद्ध हो सकता है, किन्तु यदि इसकी सत्यता-असत्यता को देखना है तो इसमें जो कहा जा रहा है—उसे देखना है। जो कहा जा रहा है वही तो प्रतिज्ञप्ति में सूचित है, इसलिये प्रतिज्ञप्तियों से पता चलेगा कि वस्तुस्थिति क्या है, यदि प्रतिज्ञप्ति तथा वस्तुस्थिति में अनुरूपता है तो प्रतिज्ञप्ति सत्य है।

वाक्य एवं प्रतिज्ञप्ति के इस भेद के रहते हुए भी इतना तो है ही कि प्रतिज्ञप्ति एक अर्थ में वाक्य है ही। जिस रूप में प्रतिज्ञप्ति को व्यक्त किया जाता है वह तो वाक्य ही है। इसी अभिन्नता के कारण दोनों का प्रयोग प्रायः एक जैसा होता है। किन्तु, यहाँ हमारा संबंध मूलतः प्रतिज्ञप्ति से ही है। ट्रैक्टेटस का केन्द्रीय प्रश्न है ''भाषा से विश्व के विषय में क्या कहा जा सकता है?'' जो कुछ भी अर्थपूर्ण ढंग से कहा जा सकता है—वह या तो सत्य होगा या असत्य, और जो सत्य या असत्य हो सकता है—वह **प्रतिज्ञप्ति** है, वाक्य नहीं। यही कारण है कि प्रतिज्ञप्तियाँ स्पष्ट होती हैं। यह जो व्यक्त करती है, उसे निश्चित रूप में व्यक्त करती है, अन्यथा इनके स्पष्टतः सत्य या असत्य होने का प्रश्न नहीं उठता। इसी कारण विटगेन्स्टीन कहते हैं—

3.25 A proposition has one and only one analysis.

3.21 What a proposition expresses it expresses in a determinate manner, which can be set out clearly : a proposition is articulated.

किन्तु, सामान्य रूप में जो प्रतिज्ञप्तियाँ व्यक्त करती हैं, वे प्रायः जटिल ही होती हैं। इन जटिल प्रतिज्ञप्तियों के विश्लेषण में हम अनिवार्यतः **प्राथमिक प्रतिज्ञप्ति** (Elementary Proposition) तक पहुँच जाते हैं। उन्होंने स्पष्ट कहा है कि 'जटिल' के संबंध में दिये गये कथन का विश्लेषण उन सरल कथनों में किया जा सकता है जिससे वे निर्मित है, तथा जिन कथनों से ही 'जटिल कथन' का पूर्ण विवरण मिलता है।

2.0201 Every satement about complexes can be resolved into a statement about their constituents and into the propositions that describe the complexes completely.

इन्हें 'प्राथमिक' (Elementary) इस कारण कहा जाता है कि ये प्रतिज्ञप्तियों की सरलतम इकाई हैं। इनका विश्लेषण अन्य प्रतिज्ञप्तियों में नहीं हो सकता—इसी कारण ये प्राथमिक हैं। प्राथमिक प्रतिज्ञप्तियों के विश्लेषण पर 'नाम' (Names) मिलते हैं, प्रतिज्ञप्ति नहीं। वस्तुतः ट्रैक्टेटस के विचार में इन प्राथमिक प्रतिज्ञप्तियों का बड़ा महत्त्वपूर्ण स्थान हैं।

इस स्थल पर दो स्पष्टीकरण करना अनिवार्य है। एक तो **प्राथमिक प्रतिज्ञप्ति** के स्वरूप का स्पष्टीकरण, तथा दूसरा जटिल प्रतिज्ञप्ति तथा प्राथमिक प्रतिज्ञप्ति के संबंध के स्वरूप का स्पष्टीकरण।

प्राथमिक प्रतिज्ञप्ति के स्वरूप के स्पष्टीकरण में 'नाम' (Names) का उल्लेख होता है। उनका कहना है कि **प्राथमिक प्रतिज्ञप्तियों** में नामों का संबंध सूचित होता है, इसमें नामों का अभिबंधन होता है—नामों की शृंखला होती है।

4.221 It is obvious that the analysis of propositions must bring us to elmentary proposition which consist of names in immediate combination

4.22 An elmentary proposition consists of names. It is a nexus a concatenation of names.

प्रतिज्ञप्ति तथा नाम के स्वरूप एवं संबंध को स्पष्ट करने में विद्वानों ने फ्रिगे के द्वारा किया गया **बोध** (sense) तथा **निर्देश-विषय** (reference) का सहारा लिया है। बात यह है कि विटगेन्स्टीन ने प्राथमिक प्रतिज्ञप्ति का स्पष्ट उदाहरण नहीं दिया है, और इस बात में उन्हें कोई वैचारिक दोष भी नहीं दिखाई देता। उदाहरणों का नहीं देना प्राथमिक प्रतिज्ञप्ति के विचार को निर्बल नहीं बनाता। तार्किकता उदाहरण नहीं मांगती। तर्कशास्त्र के लिये यह तय करना आवश्यक नहीं है कि कौन सी आनुभविक वस्तु जटिल है तथा कौन सरल। तार्किकता की मांग है कि हर 'जटिल का विश्लेषण सरल में हो सकता है, तथा सरलतम वही है जिसके विश्लेषण में उसी कोटि के किसी अन्य सरल पर पहुँचना आवश्यक न हो। अतः जटिल प्रतिज्ञप्तियों का विश्लेषण होगा ही और उस विश्लेषण से सरलतम प्राथमिक प्रतिज्ञप्तियाँ मिलेंगी। ये सरलतम हैं, अतः इनका विश्लेषण अन्य प्रतिज्ञप्तियों में नहीं हो सकता। इनके विश्लेषण से जो भाव मिलते हैं—वे **अन्य कोटि** के हैं—**नाम** (Names) है।

तो, प्रतिज्ञप्ति तथा नाम में अन्तर यह कह कर किया जा सकता है कि प्रतिज्ञप्ति का बोध (Sense) होता है नाम **निर्देशसूचक** (reference) होता है। फ्रिगे ने वाक्य तथा नाम दोनों में बोध तथा निर्देशात्मक की बात की थी। 'ट्रैक्टेटस से ऐसा प्रतीत होता है कि, निर्देशात्मकता केवल नामों को ही है, प्रतिज्ञप्तियों को नहीं। प्रतिज्ञप्ति का अवबोध तब होता है, जब हम जान लेते हैं कि यदि इसमें जो कहा जा रहा है वह सत्य हो, तो वस्तुस्थिति क्या होंगी। अर्थात् प्रतिज्ञप्तियाँ किसी स्थिति को सूचित नहीं करतीं—उनका निर्देश नहीं करतीं, एक प्रकार से उनका विवरण देती हैं। प्राथमिक प्रतिज्ञप्तियों में **नामों** (Names) की शृंखला होती है। इन नामों का अपने में कोई बोध नहीं होता—इनसे कुछ निर्देशित अवश्य होता है।

ट्रैक्टेटस में 'नाम' (Names) को भी विशिष्ट ढंग से समझा गया है। नाम को साधारण नामों के समान नहीं समझा जाता। साधारणतः नाम शब्द का प्रयोग बड़े व्यापक ढंग से होता है। एक विशेष प्रकार के विवेकशील जीव को 'मनुष्य' नाम दिया गया है। विटगेन्स्टीन' एक प्रसिद्ध दार्शनिक का नाम है। किन्तु विटगेन्स्टीन के अर्थ में ये 'नाम' नहीं। व्यक्तिवाचक नाम (Proper Names) जिन्हें सामान्यतः नाम कहा ही जाता है—वह भी विटगेन्स्टीन के अर्थ में नाम नहीं हैं इनके विषय में भी वे रसेल के समान ही कहेंगे कि इनके उच्चारण से विभिन्न 'विवरण' ही सूचित होंगे।

तो विटगेन्स्टीन का कहना है कि नाम जिनकी शृंखला प्राथमिक प्रतिज्ञप्ति को संरचित करती है, उसकी शाब्दिक परिभाषा नहीं दी जा सकती। यँह वह बिन्दु है जहाँ विश्लेषण रुक जाता है, जो विश्लेषण का अन्तिम बिन्दु है। इसका और विश्लेषण नहीं हो सकता। इसी कारण वे कहते हैं—

3.26 A name cannot be dissected any further by names of definitions: it is a primitive sign.

यह एक प्राथमिक चिह्न है। अतः इससे कोई सरल (Simple) ही सूचित हो सकता है। वह सरल जो **नाम** से सूचित होता है **विषय** (Object) है। हमने देखा है कि विटगेन्स्टीन के अनुसार विषयो के संबंधित होने से ही वस्तुस्थिति (States of affairs) बनती है। उन विषयों से भाषा का **मिलन-बिन्दु** अब स्पष्ट हो रहा है। **नाम** अर्थपूर्ण भाषा की इकाई—प्राथमिक प्रतिज्ञप्तियों—के अंश हैं। **विषय** 'वस्तुस्थिति' के अवयव हैं। और नाम विषय को सूचित करते हैं।

3.202 Simple signs employed in propositions are called names.

3.203 A name means an objects. The objects is its meaning.

तो अब कहा जा सकता है कि नामों से **विषय** सूचित होते है। 'नामों' की विशेष ढंग की शृंखला प्राथमिक प्रतिज्ञप्ति है। अतः प्राथमिक प्रतिज्ञप्ति किसी विषय को सूचित नहीं करती—बल्कि विषयों के **संबंध** सूचित करती हैं—वस्तुस्थिति सूचित करती है। इसी कारण कहा गया है कि प्रतिज्ञप्ति में कुछ बोध (Sense) होता है, नाम से कुछ विषय का निर्देश मात्र मिलता है। नाम का अपना पृथक **अर्थ** नहीं होता—प्रतिज्ञप्तियों में ही वह अर्थवान होता है क्योंकि तभी उनके संबंधों का कोई बोध होता है। विटगेन्स्टीन कहते हैं,

3.3. Only propositions have sense; only in the nexus of a proposition does name have meaning.

3.144 ....

Names are like points; propositions like arrows—they have sense.

नाम और **प्राथमिक प्रतिज्ञप्ति** का आपसी संबंध का तो कुछ स्पष्टीकरण हो गया, अब दूसरे प्रश्न पर विचार करें—प्राथमिक प्रतिज्ञप्ति तथा मिश्रित या जटिल प्रतिज्ञप्तियों के बीच किस प्रकार का संबंध है?

ट्रैक्टेटस का स्पष्ट उत्तर है कि सभी प्रतिज्ञप्तियाँ प्राथमिक प्रतिज्ञप्तियों के सत्यता-**फलन** (Truth-function) हैं। प्रतिज्ञप्तियों की सत्यता-असत्यता प्राथमिक प्रतिज्ञप्तियों की सत्यता-असत्यता पर निर्भर है। यहाँ पर एक स्पष्टीकरण अनिवार्य है। प्रतिज्ञप्तियों का प्राथमिक प्रतिज्ञप्तियों के सत्यता-फलन कहने का सामान्यतः कुछ इस प्रकार का अभिप्राय निकलता है—कि प्रतिज्ञप्तियों को प्राथमिक प्रतिज्ञप्तियाँ तथा कुछ **तार्किक चरों** (Logical **constants**) जैसे **and, or** आदि के द्वारा संरचित किया जा सकता है। जैसे p तथा q यदि प्राथमिक प्रतिज्ञप्ति हैं, तो p. q अथवा p v q ऐसी प्रतिज्ञप्तियाँ हैं जो p तथा q में 'and' तथा 'or' चर को मिला कर बनायी गयी हैं, अतः ये दोनों p और p के सत्यता-फलन हैं।

किन्तु बिटगेन्स्टीन का अभिप्राय ऐसा नहीं प्रतीत होता। उन्हें यह बात सतही प्रतीत होती है कि 'and' 'or' जैसे चरों को जोड़ने मात्र से सत्यता-फलन निकल आयगा। उनका अभिप्राय यह है कि जिस प्रक्रिया से प्राथमिक प्रतिज्ञप्तियों का सत्यता-फलन निकल आता है—अर्थात् ऐसी प्रतिज्ञप्तियाँ निकल आती हैं जो उनके सत्यता-फलन हैं, वह यान्त्रिक रूप में चरों का जोड़ना नहीं है, बल्कि एक **संक्रिया** (operation) है। **संक्रिया** एक तकनीकी **भाषा** है। इसे उदाहरण से स्पष्ट करें। **निषेध** (Negation) का उदाहरण लें। इसका मात्र यह अर्थ नहीं कि किसी प्रतिज्ञप्ति 'p' में यदि 'not' या चिह्न — जोड़ दें तो

'p' का निषेध हो गया—और इसी कारण 'p' सत्य है तो—p **असत्य** होगा। विटगेंस्टीन के अर्थ में यह ऐसा यान्त्रिक कार्य नहीं। यहाँ एक संक्रिया चलती है—एक 'operation' होता है जिससे प्रतिज्ञप्ति का अर्थ ही परिवर्तित हो जाता है—प्रतिकूल हो जाता है। यदि इसे सत्यता-सारिणी (I ruth-table) से दर्शाया जाए तो t के स्थान पर कहीं 'f' और 'f' के स्थान पर कहीं 't' निकल आयगा।

विटगेन्स्टीन ने ट्रैक्टेटस में इस विचार के तार्किक चित्र को पूर्णतया उभारा है, तथा चरों एवं तार्किक संक्रियाओं की सहायता से इस सत्यता-फलन सम्बन्ध का विशद विवरण दिया है। हम पुस्तक की सीमा के कारण उस विशदीकरण में प्रवेश नहीं कर सकते। अब इस विचार में निहित एक मूल विचार का उल्लेख करेंगे—जिसकी प्रासंगिकता आगे के विचार के लिये है।

हमने देखा है कि विटगेन्स्टीन के अनुसार अर्थपूर्ण प्रतिज्ञप्तियाँ या तो सत्य होती हैं या असत्य। इससे एक बात तो यह निकल आती है कि जो न सत्य हो न असत्य वह प्रतिज्ञप्ति ही नहीं होगी। अर्थात् यदि हम कुछ ऐसा कह देते हैं जो न सत्य हो न असत्य, तो वस्तुतः हम **'जो कहा ही नहीं जा सकता'** उसे कहने का प्रयत्न कर रहे हैं—तो जो हमने कहा है वह निरर्थक है। यह तो **एक बात हुई, जिस पर कुछ विचार आगे होगा।**

पुनः हमने यह भी देखा है कि जो अर्थपूर्ण कथन हैं, वे अन्ततः प्राथमिक प्रतिज्ञप्तियों के सत्यता-फलन हैं, अर्थात् उनकी सत्यता-असत्यता प्राथमिक प्रतिज्ञप्तियों की सत्यता-असत्यता से निर्धारित है। तो अब तीन संभावनाएँ हैं। **प्रथम** संभावना तो यह है कि प्राथमिक प्रतिज्ञप्तियाँ चाहे सत्य हो या असत्य, उन पर आधृत प्रतिज्ञप्तियाँ **सर्वथा सत्य** हों। **दूसरी** संभावना है कि प्राथमिक प्रतिज्ञप्तियाँ चाहे सत्य हो या असत्य उन पर आधृत प्रतिज्ञप्ति सर्वथा **असत्य** हो। इनके अतिरिक्त **तीसरी** संभावना है कि प्राथमिक प्रतिज्ञप्तियों की सत्यता-असत्यता की किसी व्यवस्था से उन पर आधृत प्रतिज्ञप्ति सत्य होती है, तो किसी अन्य व्यवस्था से वह असत्य होती है। इसी से प्रतिज्ञप्तियों के तीन प्रकार बताये गए है। पहले प्रकार को जो सदा सत्य ही होते हैं **'पुनरुक्ति'** (Tautology) कहा गया है, दूसरे प्रकार को जो सदा असत्य होते हैं **व्याघात** (Contradiction) कहा गया है, तथा तीसरे प्रकार को जो कभी सत्य भी होते हैं, कभी असत्य—उन्हें **बोधयुक्त प्रतिज्ञप्ति** (Proposition with Sense) कहा गया है।

द्रष्टव्य है कि केवल तीसरे प्रकार को बोधयुक्त कहा जा रहा है—अर्थात् केवल इन्हीं प्रतिज्ञप्तियों से बोध होता है। **पुनरुक्ति** तथा **व्याघात** से कोई बोध नहीं होता—कोई सूचना नहीं मिलती। जैसा विटगेन्स्टीन ने उदाहरण से स्पष्ट किया है, यदि हम कहें कि 'वर्षा हो भी रही है और नहीं हो रही है', तो हम मौसम के विषय में कोई सूचना नहीं दे रहे—सुननेवाले को मौसम के विषय में कोई बोध नहीं हो रहा।

4.161 Propositions show what they say : Tautologies and contradictions show that they say nothing.
A tautology has no truth-conditions, since it is unconditionally true, and a contradiction is true on no condition.
Tautologies and contradictions create sense (For example, I know nothing about the weather when I know it is either raining or not raining)

किन्तु इससे विटगेन्स्टीन का यह तात्पर्य नहीं है कि वे **पुनरुक्ति** तथा **व्याघात** को सर्वथा निरर्थक कह रहे हैं। उनका मात्र इतना ही कहना है कि पुनरुक्ति तथा व्याधात तथ्यों को चित्रित नहीं करते, किसी वस्तुस्थिति को सूचित नहीं करते। पुनरुक्तियाँ हर स्थिति में सत्य हों या हर स्थिति में असत्य। किन्तु इससे ये सर्वथा निरर्थक नहीं बन जातीं। इनकी उपयोगिता **तर्कशास्त्र एवं गणित** में है। इनकी उपयोगिता कुछ उसी प्रकार की है जैसी उपयोगिता शून्य (0) की गणित में है। 'शून्य' से कोई वस्तु स्थिति सूचित नहीं होती; किन्तु हर प्रकार की गणिती संक्रियाओं में इसका योगदान है। गणित जिन प्रतीकों के द्वारा अपनी प्रक्रिया में अग्रसर होता है उन प्रतीकों में शून्य का महत्त्वपूर्ण स्थान है।

तो, कहा जा सकता है (1) कि **पुनरुक्ति** तथा **व्याघात** की उपयोगिता प्रागानुभविक (Apriori) विचारधाराओं में जैसे गणित एवं तर्कशास्त्र में हैं। (2) हमारी सामान्य, साधारण अर्थपूर्ण उक्तियों की सार्थकता सामान्य आनुभविक प्रक्रियाओं में तथा प्राकृतिक विज्ञान में है। (3) इनके अतिरिक्त जो उक्तियाँ दी जाती हैं उन्हें अर्थपूर्ण नहीं कहा जा सकता, तथा उनकी विवेचना प्रथम दोनों विवेचनाओं से भिन्न है।

विटगेन्स्टीन ने ट्रैक्टेटस में इन तीनों क्षेत्रों की विवेचना की है। प्रथम क्षेत्र की विवेचना **तर्कशास्त्र** एवं **गणित दर्शन** में प्रवेश कर जाती है। पुस्तक की सीमा के अनुरूप हम उसका उल्लेख मात्र संक्षेप में करेंगे। दूसरे क्षेत्र की विवेचना में ट्रैक्टेटस का प्रसिद्ध **प्रतिज्ञप्तियों का चित्रण रूप सिद्धान्त** (Picture Theory of Proposition) स्पष्ट होगा और प्राकृतिक विज्ञान के संबंध में कुछ स्पष्टीकरण होगा। और तीसरे क्षेत्र की विवेचना में **'जो कहा जा सकता है'** और **'जिसे केवल दिखाया जा सकता है'** का अन्तर स्पष्ट होगा। और तब अन्त में इन सभी विवेचनाओं के आधार पर **दर्शन** के स्वरूप पर ट्रैक्टेटस के निष्कर्ष का विवरण होगा। तो पहले हम ट्रैक्टेटस के तर्कशास्त्र एवं गणित-दर्शन-संबंधी विचार का संक्षिप्त उल्लेख कर लें।

(5) तर्कशास्त्र एवं गणित-दर्शन

हमने देखा है कि पुनरुक्ति और व्याघात किसी तथ्य को नहीं सूचित करते, कोई वस्तुस्थिति नहीं दर्शाते। अतः वे जगत के संबंध में कुछ नहीं कह पाते। अतः विज्ञान के कथन, तथा अनुभव-आश्रित कथनों की कोटि में ये नहीं आते। इनकी उपयोगिता तर्कशास्त्र एवं गणित में है।

विटगेन्स्टीन ने **स्पष्ट** कहा है कि तर्कशास्त्रीय प्रतिज्ञप्तियाँ कुछ सूचना नहीं देतीं। वे पुनरुक्ति मात्र हैं—अतः वे संश्लेषणात्मक नहीं होतीं विश्लेषणात्मक हैं। तर्कशास्त्रीय प्रतिज्ञप्तियों की सत्यता, असत्यता के लिए किसी तथ्य का हवाला नहीं दिया जाता, उनकी सत्यता-असत्यता की अवगति उनमें व्यवहृत प्रतीकों (Symbols) से ही हो जाती है। प्रतिज्ञप्तियों के आकारिक रूप से ही उनकी सत्यता-असत्यता का निर्धारण होता है।

इसी कारण कहा जा सकता हैं कि तर्कशास्त्रीय प्रतिज्ञप्तियों की कोई विषय-वस्तु नहीं है। तार्किक भाषा में चिह्नों तथा प्रतीकों का उपयोग होता है, किन्तु उन चिह्नों का प्रतीकों से हम जो चाहें उसे व्यक्त नहीं कर सकते। उन चिह्नों तथा प्रतीकों के उपयोग का एक निश्चित ढंग होता है, उस ढंग में एक प्रकार की अनिवार्यता होती है। तार्किक चिह्नों से कुछ 'निश्चित' सूचित होता है। इसका एक तार्किक परिणाम यह है कि यदि हम किसी तार्किक चिह्न भाषा (logical Sign-language) के सभी विन्यासात्मक नियमों (Syntax)

को जान जाएँ, तो हम उस तार्किक भाषा की सभी प्रतिज्ञप्तियों को जान जाते हैं। यही कारण है कि तर्कशास्त्र में सभी तर्कशास्त्रीय प्रतिज्ञप्तियों का स्थान बराबर होता है, कोई प्राथमिक तथा कोई उस पर आधृत नहीं होता। और यही कारण है तर्कशास्त्रीय युक्तियाँ तथा प्रमाण विधियाँ कुछ यंत्रवत् चलती हैं; प्रक्रिया में उसका फल भी निहित रहता है जिसके कारण इन युक्ति-प्रमाणों से कोई आश्चर्य उत्पन्न नहीं होता। इन प्रमाणों से केवल एक ही कार्य संपन्न होता है—जहाँ तार्किक प्रतिज्ञप्ति का पुनरुक्ति-रूप (Tautological Character) स्पष्ट नहीं होता—उसे इन प्रमाणों के द्वारा स्पष्ट कर दिया जाता है।

गणित भी तार्किक विधि ही है, अतः जो तर्कशास्त्र के विषय में कहा जा रहा है वह गणित पर भी लगता है। ट्रैक्टेटस में कहा गया है कि वह तार्किकता जो तर्कशास्त्र में पुनरुक्तियों में स्पष्ट की जाती है, वही तार्किकता गणित में गणिती **समीकरणों** (equations) में स्पष्ट होती है। गणित में भी प्रमाणों में तथ्यों का सहारा नहीं लिया जाता—बिना किसी तथ्यात्मक उदाहरण के ही—गणिती वाक्यों से ही—समीकरण शुद्ध या अशुद्ध सिद्ध हो जाता है। इसी कारण विटगेन्स्टीन ने कहा है कि गणित भी एक तार्किक विधि है। (6.231—Mathematics is a method of logic)। अतः ट्रैक्टेटस गणिती कथनों को भी वैज्ञानिक कथनों की कोटि में नहीं रखता क्योंकि गणिती कथनों में 'बोध' (Sense) उस प्रकार का नहीं है जैसा विज्ञान के कथनों या आनुभविक कथनों में होता है।

तो अब हम बोधयुक्त कथनों (Propositions with sense) पर विचार करेंगे—तथा उसी संदर्भ में ट्रैक्टेटस का प्रसिद्ध प्रतिज्ञप्तियों का चित्रण-रूप सिद्धान्त (Picture Theory of Meaning) स्पष्ट होता।

(6) प्रतिज्ञप्तियों का चित्रण-रूप सिद्धान्त

अब हम ट्रैक्टेटस में विकसित उन विचारों की विवेचना करेंगे जो ऐसी प्रतिज्ञप्तियों का विश्लेषण करता है जिन्हें **बोध-युक्त** (Propositions with sense) अथवा अर्थपूर्ण प्रतिज्ञप्ति कहा जाता है। **विज्ञान के कथन भी इसी कोटि में आते हैं।**[1] हमने प्रतिज्ञप्तियों के विवेचन में **भाषा** तथा तथ्यों के मिलन-बिन्दु की ओर संकेत किया था। हमने कहा था कि ट्रैक्टेटस के अनुसार अर्थपूर्ण प्रतिज्ञप्तियाँ वस्तुस्थिति का 'बोध' देती हैं। वस्तुस्थिति विषयों (objects) का संबंधित होना है। प्रतिज्ञप्तियों की इकाई प्राथमिक प्रतिज्ञप्ति है जो नामों जी शृंखला है। नामों से **विषय सूचित** होते हैं, प्राथमिक प्रतिज्ञप्ति से वस्तुस्थिति का बोध होता है। इसी स्थल पर भाषा तथा तथ्य का संपर्क स्पष्ट होता है। यह स्पष्ट होता है कि भाषा तथ्यों के विषय में कुछ कह सकती है। 'वस्तुस्थिति का होना' ही तथ्य है और यह जानकारी भाषा से मिलती है। यह किस प्रकार की जानकारी है? ट्रैक्टेटस का उत्तर है कि **अर्थपूर्ण प्रतिज्ञप्तियाँ तथ्यों को चित्रित करती हैं?**

किन्तु ट्रैक्टेटस ऊपर से सरल दिखाई देने वाले इस वाक्य में निहित सूक्ष्मताओं को स्पष्ट करता है, जिन्हें समझने के बाद ही प्रतिज्ञप्तियों के इस चित्रण-रूप सिद्धान्त का अवबोध हो पायगा।

सामान्य रूप में यह बात सरल प्रतीत होती है। हमारे साधारण दैनिक प्रयोगों में भी

---

1. इस संदर्भ में ट्रैक्टेटस में 'प्राकृतिक विज्ञान' के स्वरूप के संबंध में भी विचार हुआ है—जो विज्ञान के कथनों के विश्लेषण पर आधारित है। हम अलग से उसकी विवेचना नहीं कर रहे हैं।

कथनों में एक प्रकार का चित्रण-रूप होता है। हम कहते हैं 'यह कलम कागज के बाएँ हैं, पुनः कहते हैं, 'यह कागज कलम के दाएँ हैं। दोनों कथनों में व्यवहृत शब्द एक ही है, फिर भी दोनों के बोध में अन्तर है, क्योंकि पहले से जो चित्र स्पष्ट होता है, उससे भिन्न चित्र दूसरे से स्पष्ट होता है। किन्तु, ट्रैक्टेटस से जब चित्रण-सिद्धान्त का स्पष्टीकरण होता है, वह इतने सरल रूप में नहीं क्योंकि अधिकतर प्रतिज्ञप्ति ऐसी नहीं है, जहाँ चित्रण-रूप इतने सरल रूप में दिखाया जा सके।

अतः इस सिद्धान्त को समझने के लिये हम पहला प्रश्न यह उठाएँ कि प्रतिज्ञप्तियों से जो बोध होता है, वह कैसे होता है, उसका स्वरूप क्या है? अर्थपूर्ण कथनों के अर्थबोध होने का अर्थ क्या है? कभी-कभी एकाएक कोई वाक्य कहा जाता है, और हम उसके अर्थ को समझ लेते हैं? वाक्य' में परिचित शब्दों का उपयोग करते हैं, और उनमे माध्यम से कोई नया अर्थबोध देते हैं। परिचित शब्दों को नये ढंग से कैसे संबंधित किया गया—यह बताने, जानने की आवश्यकता भी नहीं होती—वाक्य के कहते ही हम उसका अर्थ समझ लेते हैं। इस अर्थबोध में क्या होता है—हम क्या समझते हैं?

विटगेन्स्टीन को इस प्रश्न का उत्तर अकस्मात् मिला। एक गाड़ी-दुर्घटना के विवरण में उन्होंने देखा कि खिलौना तथा खिलौनों की गाड़ी की सहायता से उस दुर्घटना को चित्रित करने का प्रयत्न हुआ था। अर्थात् वस्तुस्थिति क्या रही होगी— इसे चित्रित करने का प्रयत्न किया गया था। विटगेन्स्टीन को लगा कि यही कार्य तो प्रतिज्ञप्तियाँ भी करती हैं। प्रतिज्ञप्तियों को देते ही जो अर्थ-बोध होता है उसमें तो यही ज्ञात है कि वह कौन सी स्थिति है जिसका **इस प्रतिज्ञप्ति में विवरण है**। अर्थ-बोध का अर्थ ही होता है "उसमें चर्चित वस्तुस्थिति को देख लेना"। तो यदि किसी न किसी रूप में प्रतिज्ञप्ति वस्तुस्थिति को चित्रित न करे, उसका उचित प्रतिरूपण (representation) न करे तो प्रतिज्ञप्ति का अर्थबोध नहीं हो सकता। इसी कारण विटगेन्स्टीन ने कहा कि प्रतिज्ञप्तियाँ तथ्यों को चित्रित करती हैं।

4. 021 A proposition is a picture of reality for if I understand a proposition I know the situation that it represents. And I represent the proposition without having had its sense explained to me.

यहाँ दूसरी बात भी स्पष्ट हो गयी, कैसे प्रतिज्ञप्ति में परिचित शब्द के नये संबंध के विषय में बिना कोई जानकारी पाये अर्थबोध हो जाता है। प्रतिज्ञप्ति एक प्रकार का चित्र हो जाती है, इस चित्र में क्या है, यह बताने की आवश्यकता है। चित्र है, अतः कुछ चित्रित करता ही है। इसी कारण विटगेन्स्टीन कहते हैं कि प्रतिज्ञप्तियाँ अपने अर्थबोध को अपने ही स्पष्ट करती हैं।

4.022 A proposition shows its sense.

A Proposition shows how things stand if it is true. And it says that they do so stand.

तो अब हम यह देखें कि ट्रैक्टेटस के अनुसार किस अर्थ में प्रतिज्ञप्तियाँ चित्र हैं। इतना तो स्पष्ट है कि यहाँ चित्र का अर्थ 'फोटोग्राफ या 'आइना के प्रतिबिम्ब जैसा प्रतिबिम्ब' नहीं है। प्रतिज्ञप्तियाँ न 'कैमरा' है, न 'आइना'। यहाँ चित्र **चित्रण** है, कुछ

रेखांकणों चिन्हों एवं आकारों के आधार पर वस्तुस्थिति का **प्रतिरूपण** (representation) है। हर चित्र या हर आकार ट्रैक्टेटस के अर्थ में प्रतिरूपण नहीं है। यहाँ चित्रण तार्किक चित्र है, तार्किक प्रतिरूपण है। प्रतिरूपण तार्किक तब होते हैं जब उनमें कुछ तार्किक प्रतिरूपण की शर्तें उपस्थित हों। इसके लिये तीन बातें अनिवार्य हैं। **प्रथमतः** तो यदि 'क' 'ख' का चित्र है तो दोनों के बीच प्रत्येक पहलू की अनुरूपता होनी चाहिए। यह प्राथमिक अनुरूपता की शर्त है। किन्तु **दूसरी** शर्त इस अनुरूपता की गहराई में जाती है। यदि **क** एवं **ख** की संरचना का विश्लेषण करें—तो दोनों के अवयवों तथा रूपों में भी एकरूपता होनी चाहिए, जितने अवयव **क** में हैं; उतने ख में **भी हो**, तथा जिस रूप में वे क में हों उसी रूप में ख में भी हों। अतः **तीसरी** महत्त्वपूर्ण शर्त स्पष्ट हो जाती है—कुछ ऐसे नियम भी हों कि उन नियमों के आधार पर **क** से **ख** पर तथा **ख** से **क** पर जाया जा सके।

इसे स्पष्ट करने के लिये विटगेन्स्टीन ने एक बड़ी ही उपयुक्त उपमा का उपयोग किया है। उनके अनुसार इस प्रकार का प्रतिरूपण एक **संगीत-प्रबन्ध लिपि** (Musical Score) तथा वास्तविक संगीत के बीच है। इन दोनों के बीच एक अनुरूपता है—संगीत उसी संगीत-प्रबंधलिपि के अनुरूप है। अब यदि दोनों का विश्लेषण करें तो संगीत की हर ध्वनि तथा लिपि में लिखे हर स्वर समान हैं तथा दोनों का आकार-क्रम भी सर्वथा एक जैसा है। और यहाँ संगीत के आधार पर स्वर-लिपि को तैयार किया जा सकता है तथा स्वर को देखकर संगीत उत्पन्न किया जा सकता है। विटगेन्स्टीन के अनुसार चित्रण (Picture) या प्रतिरूपण (Representation) का यह बड़ा ही उपयुक्त उदाहरण है।

तो प्रतिज्ञप्तियाँ भी इसी रूप में तथ्यों को चित्रित करती हैं। यही कारण है कि किसी-किसी स्थल में ट्रैक्टेटस में चित्रण के स्थान पर 'मौडेल' शब्द का भी प्रयोग हुआ है। स्वरलिपि संगीत का मौडेल है, उसी प्रकार प्रतिज्ञप्ति भी वस्तुस्थिति के होने का मौडेल हैं, तथ्यों का मौडल है, क्योंकि वस्तुस्थिति का होना ही तथ्य है।

किन्तु, इस उपमा से भी एक कठिनाई उत्पन्न हो जाती है। इसमें लिपि का प्रत्येक स्वरूप वास्तविक संगीत की किसी एक ध्वनि को सूचित करता है। तो कहा जा सकता है कि प्रतिज्ञप्तियों के हर अवयव किसी तथ्य को सूचित करते हैं। ऐसा कहने में कठिनाई यह तो जाती है कि बहुत सी प्रतिज्ञप्तियो में ऐसे अवयव आते हैं जो कुछ सूचित नहीं करते, जैसे सामान्य भारतीय संगीत-पसंद होते हैं। यहाँ **'सामान्य-भारतीय'** किसी विशेष को सूचित नहीं करता। ट्रैक्टेटस में इस कठिनाई का समाधान है। ट्रैक्टेटस के अनुसार हमारी सामान्य-साधारण प्रतिज्ञप्तियाँ तथ्यों को सूचित नहीं करतीं—वस्तुतः केवल **प्राथमिक प्रतिज्ञप्तियाँ** (Elementary Proposition) तथ्यों को सूचित करती हैं। यह ठीक है कि अन्य प्रतिज्ञप्तियाँ यदि अर्थपूर्ण हैं तो उनका विश्लेषण प्राथमिक प्रतिज्ञप्तियों में हो सकता है, तथा उस रूप में वे तथ्यों का चित्रण करती हैं।

किन्तु, चित्रण या प्रतिरूपण करना अपने में एक अस्पष्ट भाव है। ट्रैक्टेटस में इस चित्रण करने को यथासंभव स्पष्ट करने की चेष्टा हुई है। इसके लिए निम्नलिखित बिन्दुओं पर ध्यान देना आवश्यक है। **प्रथमतः** यह तो स्पष्ट है कि हर चित्र किसी स्थिति का प्रतिरूपण नहीं। किसी प्रकार का रेखांकन या आकार किसी वस्तुस्थिति का चित्र नहीं हो जाता। जिस अर्थ में प्रतिज्ञप्तियों को **'चित्र'** कहा जा रहा है, उस अर्थ में चित्र **मात्र चित्र** नहीं है, यह किसी स्थिति का प्रतिनिधित्व करता है, उसका प्रतिरूपण प्रस्तुत करता है। किन्तु, इतना ही यथेष्ट नहीं है। एक अमूर्त कलाकृति में जहाँ से एक **प्रभाव** उत्पन्न करने

की चेष्टा होती है। (Impressionist Art-Work) वहाँ चित्र तो अवश्य है, किन्तु वह किसी वस्तुस्थिति का प्रतिरूपण नहीं है। इसका अर्थ है कि चित्र प्रतिरूपण तभी कर सकता है जब उसमें तथा जो विचित्र हो रहा है उसमें सादृश्यता हो। समझ-बूझ कर ऐसा ही चित्र प्रस्तुत किया गया हो कि उसमें तथा उस स्थिति में, जिसका यह चित्र है, अनुरूपता हो। इस अनुरूपता में भी एक **तीसरी** विशिष्टता होनी चाहिये। यह सादृश्यता या अनुरूपता सामान्य रूप में नहीं हो, बल्कि निश्चित रूप में हो। चित्र के अंश वस्तुस्थिति के विशेष निश्चित भागों के अनुरूप हों, तभी स्थिति का प्रतिरूपण हो सकता है।

प्राथमिक प्रतिज्ञप्ति इस विशिष्ट अर्थ में तथ्यों का—किसी' वस्तुस्थिति के होने का प्रतिरूपण है। हमने देखा है कि प्राथमिक प्रतिज्ञप्ति **नामों** की **शृंखला** है तो प्राथमिक प्रतिज्ञप्ति के अंग **नाम** हैं। कहा गया है कि इनसे वस्तुस्थिति चित्रित होती है। वस्तुस्थितियाँ **विषयों** (Objects) के संबंध हैं तो विषय वस्तुस्थिति के अवयव है। तो जिस प्रकार का संबंध **नामों** तथा प्राथमिक प्रतिज्ञप्ति में हैं, वैसा ही संबंध **'विषयों'** और वस्तुस्थिति में हैं। साथ ही साथ **नाम** से विशेष **विषय** सूचित होते हैं। तो यहाँ 'चित्रण' की सभी शर्ते पूर्ण होती हैं और इसी कारण प्राथमिक प्रतिज्ञप्ति वस्तुस्थिति का चित्रण या प्रतिरूपण है।

इस स्थल पर स्पष्टीकरण कर लेना वांछनीय है। प्राथमिक प्रतिज्ञप्ति को नामों की शृंखला (Concatenalion) कहा गया है। इस शब्द 'शृंखला' से भी कुछ वैचारिक भ्रान्ति उत्पन्न हो सकती है। ऐसा नहीं है कि नामों के किसी प्रकार के मेल-मिलावट या मिश्रण से प्राथमिक प्रतिज्ञप्ति निकल आयेगी। विटगेन्स्टीन कहते हैं कि जिस प्रकार संगीत-स्वर लिपि में स्वरों के किसी प्रकार के मिश्रण से संगीत नहीं उभरता, उसी प्रकार शब्दों के किसी प्रकार के मेल-मिलावट से प्रतिज्ञप्तियाँ नहीं बनतीं।

3.141 A Proposition is not a blend (medley) of words—(just as a theme in music is not a blend of notes) a proposition is articulate.

स्वरलिपि में स्वरों को एक विशेष ढंग में सम्बन्धित किया जाता है, संगीत में उत्पन्न विभिन्न ध्वनियों में उसी ढंग का सम्बन्ध होता है। यहाँ इन सम्बन्धों के पीछे यह विचार है कि इनमें सार्थकता हो—अनर्गलता, अर्थहीनता नहीं। उसी प्रकार नामों का विशेष प्रकार का **अर्थपूर्ण** सम्बन्ध प्राथमिक प्रतिज्ञप्तियाँ हैं। नामों का अनर्गल मेल-मिलावट उसे अर्थहीन बना देगा। इस **अर्थपूर्ण सम्बन्ध** में विषयों के विशेष सम्बन्ध का प्रतिरूपण होता है।

इस स्थल पर **एक बड़ा ही महत्त्वपूर्ण** विचार **प्रकाश** में आता है जो ट्रैक्टेटस के चित्रण-सिद्धान्त के लिए प्रासंगिक ही नहीं, अनिवार्य है। प्रश्न है कि प्राथमिक प्रतिज्ञप्ति तथा वस्तुस्थिति में प्रतिरूपण सम्भव कैसे हो जाता है। दोनों का क्षेत्र दो है, एक का भाषीय क्षेत्र है, दूसरा तथ्य का क्षेत्र है। दोनों में सहायता, अनुरूपता-प्रतिरूपण की बात हो रही है। इसका अर्थ है कि प्रतिज्ञप्तियों में **कुछ ऐसा** है जो तथ्यों के जैसा ही है, तथा उसी मौलिक समानता के बल पर वह तथ्यों को चित्रित कर पाती है। उसी समानता के आधार पर चित्र तथ्यों को चित्रित कर पाता है। वह समानता क्या है?

ट्रैक्टेटस उसे **'तार्किक-आकार'** (Logical Form) कहता है। प्रतिज्ञप्ति का **तार्किक आकार** वैसा ही है, जो उससे जो चित्रित हो रहा है, उसका **तार्किक आकार है,** यदि ऐसा नहीं होता तो प्रतिज्ञप्ति स्थिति का चित्रण कर ही नहीं पाती। प्राथमिक प्रतिज्ञप्ति का **तार्किक आकार** है 'नामों का विशेष रूप में सम्बन्धित होना'। तथ्य वस्तुस्थिति का होना

है, जिसका **तार्किक आकार** है, 'विशेष **विषयों** का विशेष रूप में सम्बन्ध।' प्रतिज्ञप्ति वस्तुस्थिति का चित्रण तभी कर सकती है जब ये दोनों**तार्किक आकार** एक जैसे हैं—अर्थात् जिस प्रकार से नाम एक दूसरे से सम्बन्धित है, उसी प्रकार से वस्तुस्थिति में विषय सम्बन्धित हो। जब ऐसी समानता रहेगी तभी प्रतिज्ञप्ति तथ्यों को चित्रित कर पायेगी। यह हो सकता है कि चित्रण सही हो या गलत—लेकिन चित्रण करने का अर्थ ही है कि दोनों के तार्किक आकार एक जैसे हों। जहाँ **तार्किक आकार** एक जैसे नहीं हैं, वहाँ तथ्यों का चित्रण नहीं होगा, और प्रतिज्ञप्ति अर्थपूर्ण प्रतिज्ञप्ति नहीं होगी। इन बातों को स्पष्ट करते हुए ट्रैक्टेटस में कहा गया है—

3.161 There must be something identical in apicture and what it depicts, to enable the one to be a picture of the other al all.

2.16 If a fact is to be a picture, if must have something in a common with what it depicts.

2.17 What a picture must have in common with reality, in order to be able to depict it correctly or incorrectly—in the way it does is its pictorial form*

चित्रण-सिद्धांत की इस विवेचना से इसमें निहित इसके कुछ परिणाम भी निकल आते हैं जिसे स्पष्ट करने से चित्रण-सिद्धांत और स्पष्ट होता है।

प्रथमतः तो यह कहा ही जा सकता है कि हमारी साधारण भाषा में भाषा का चित्रण रूप सदा स्पष्ट नहीं रहता। किन्तु विटगेन्स्टीन का कहना है कि यदि भाषा सचमुच अर्थपूर्ण है, तो विश्लेषण से ऐसी प्राथमिक प्रतिज्ञप्ति तक पहुँचा जा सकता है जहाँ उसका चित्रण-रूप स्पष्ट हो।

इस विचार से यह भी निष्कर्ष निकलता है कि हर चित्र की सत्यता-असत्यता, अर्थात् हर प्रतिज्ञप्ति-रूप के चित्र की सत्यता-असत्यता भी इसी चित्रण अथवा प्रतिरूपण से निर्धारित होगी। प्रतिज्ञप्ति के बोध का अर्थ ही है यह जानना कि वस्तुस्थिति क्या होगी यदि यह सत्य हो, तथा वस्तुस्थिति क्या होगी यदि यह असत्य हो। इसका तात्पर्य यह हुआ कि अर्थपूर्ण प्रतिज्ञप्तियों की सत्यता-असत्यता प्रागनुभाविक (A priori) रूप में नहीं निर्धारित होती।

इस आधार पर ट्रैक्टेटस एक रोचक निष्कर्ष पर पहुँचता है। यदि हम सभी प्राथमिक प्रतिज्ञप्तियों को जान जाएँ, और साथ-साथ यह भी जान लें कि उनमें कौन सत्य तथा कौन असत्य, तो हम वह सब कुछ जान गये जो जगत के विषय में जाना जा सकता है।

---

* स्वरलिपि तथा संगीत की इस अनुरूपता को स्पष्ट कर उसके आधार पर—उसकी तुलना के आधार पर—विटगेन्स्टीन चित्रण-सिद्धांत के इस पक्ष को इस प्रकार स्पष्ट करते हैं—

4.016 In order to understand the essential nature of a proposition we should consider hieroglyphic script which depicts the fact that it describes

And alphabetic script developed out of it without losing what was essential to depiction.

द्रष्टव्य है कि यहाँ hieroglyphic शब्द का व्यवहार है जिसका अर्थ है 'चित्रलिपि'

4.26 If all true elementary propositions are listed the world is completely described. A complete description of the world is given by listing all elementary propositions and then listing which of them are true and which false.

इस प्रकार के प्रतिरूपण का एक अन्य रोचक निष्कर्ष इस प्रकार निकलता है। हमने देखा है कि प्राथमिक प्रतिज्ञप्तियाँ इस कारण कही जाती हैं कि हर प्राथमिक प्रतिज्ञप्ति हर दूसरी प्राथमिक प्रतिज्ञप्ति से सर्वथा पृथक तथा स्वतंत्र है। अब यदि प्राथमिक प्रतिज्ञप्ति वस्तुस्थिति को चित्रित करती है, और यदि चित्रण सिद्धान्त के अनुसार हर प्राथमिक प्रतिज्ञप्ति किसी विशेष वस्तुस्थिति का चित्रण है, और इस कारण प्राथमिक प्रतिज्ञप्ति का तार्किक रूप (logical form) वस्तुस्थितिं के तार्किक रूप के पूर्णतया अनुरूप है, तो इसका अर्थ होता है कि हर **वस्तुस्थिति** (States of affairs) हर दूसरी वस्तुस्थिति से पूर्णतया स्वतंत्र है। ट्रैक्टेटस ऐसा ही मानता है।

2.061 States of affairs are independent of one another.

2.062 From the existence or non-existence of one state of affairs it is impossible to infer the existence or non-existence of another.

इस पूर्ण विवेचना के बाद—इसके आधार पर हम एक ऐसे महत्त्वपूर्ण बिन्दु पर पहुँच जाते हैं जो ट्रैक्टेटस का बड़ा ही केन्द्रीय तथा महत्त्वपूर्ण विचार का आधार है, तथा जिसकी विवेचना अगले उपखण्ड में होगी। हमने देखा कि 'नाम' विषय को सूचित करते हैं, तथा प्रतिज्ञप्ति वस्तुस्थित को इस प्रकार सूचित करती है कि हम जान पाते हैं कि यदि प्रतिज्ञप्ति सत्य है तो वस्तुस्थिति क्या होगी। इसी अर्थ में प्रतिज्ञप्ति 'वस्तुस्थिति के होने' का—तथ्यों का—चित्रण है। अब प्रश्न यह उठता है कि 'प्रतिज्ञप्ति' तथा 'वस्तुस्थिति' के होने' का जो सम्बन्ध है—उसे किसी प्रतिज्ञप्ति से सूचित किया जा सकता है या नहीं। हमने देखा है कि इस चित्रण का आधार प्रतिज्ञप्ति तथा वस्तुस्थिति के होने (तथ्य) के तार्किक रूपों की समरूपता है। प्रश्न है कि क्या इस तार्किक रूप की समरूपता को हम किसी प्रतिज्ञप्ति में रख सकते हैं—इसे कह सकते हैं? चित्रण की उपमा को ध्यान में रखकर इस प्रश्न को समझें। एक सुन्दर दृश्य को हम तैल-चित्र में चित्रित करते हैं। इनके चित्र-रूपों में समरूपता है, अतः हम तैल-चित्र को देख कर कह देते हैं कि यह उस दृश्य का चित्र है। किन्तु क्या जिस रूप में यह **तैल-चित्र** उस दृश्य को चित्रित करता है उस रूप को हम चित्रित कर सकते हैं? ट्रैक्टेटस का उत्तर है—नहीं। उसी प्रकार ट्रैक्टेटस का कहना है कि 'प्रतिज्ञप्ति' तथा 'तथ्यों' का जो सम्बन्ध है, उसके विषय में कुछ कहा नहीं जा सकता। अधिक-से-अधिक उसे दिखाया जा सकता है (display)। उसे प्रतिज्ञप्ति के द्वारा प्रतिरूपित नहीं किया जा सकता। **प्रतिज्ञप्ति अपने तार्किक रूपों को प्रतिरूपित नहीं कर सकती, उनके विषय में कुछ कहती नहीं है, अधिक-से-अधिक उन्हें अभिव्यक्ति (display) कर देती है, उन्हें दिखा दे सकती है (shown)।**

4.12 Propositions can represent the whole of reality, but they can not represent what they must have in common with reality in order to be able to represent it.—logical form.

In order to be able to represent logical form, we should have to be able to station ourselves with proposition somewhere outside logic, that is to say outside the world.

3.121 Proposition cannot represent logical form; it is mirrored in them.

What finds its reflection in language, language cannot represent.

What expresses itself in language, we cannot express by means of language.

Propositions show the logical form of reality. They display it.

2.172 A picture cannot, however, depict its pictorial form it displays it.

इस स्थल पर यह स्पष्ट हो जाता है कि ट्रैक्टेटस में 'भाषा के द्वारा जो कहा जा सकता है' तथा 'जिसके विषय में कुछ कहा नहीं जा सकता, मात्र दिखाया-झलकाया जा सकता है' का भेद केन्द्रीय है। कुछ विद्वानों के अनुसार तो इसी भेद को स्पष्ट करना ट्रैक्टेटस का मूल उद्देश्य है। अतः उस विषय पर ट्रैक्टेटस के निष्कर्षों का उल्लेख करें।

(7) 'जो कहा जा सकता है' तथा 'जिसे दिखाया जा सकता है' (*'What can be said' and 'What can be shown'*)

7(क) दोनों में भेद—ट्रैक्टेटस का एक मूल विचार है **'क्या कहा जा सकता है'** तथा **'क्या केवल दिखाया जा सकता है'**—इसका अन्तर। प्रतिज्ञप्तियों के चित्रण-सिद्धांत में विचार 'जो कहा जा सकता है'—तक ही सीमित है। उनका कहना है कि जिसके विषय में हम कुछ नहीं कह सकते उसके विषय में 'मौन' ही वांछनीय हैं, किन्तु उसे भी दिखाया जा सकता है—प्रदर्शित किया जा सकता है।

हमने ऊपर देखा है कि प्रतिज्ञप्ति अपने तार्किक रूप (Logical Form) के विषय में कुछ कह नहीं सकती, किन्तु उसे प्रदर्शित (display) कर देती है। प्रतिज्ञप्तियों के चित्रण-सिद्धान्त में यह बताया गया है कि प्रतिज्ञप्ति तथ्यों को चित्रित करती है। अर्थात्, यह बताया जा रहा है कि भाषा का विशेष सम्बन्ध तथ्यात्मक जगत से है। यह सम्बन्ध दिखाया गया है, **इसे प्रदर्शित किया गया** है। किन्तु यह सम्बन्ध वस्तुतः है क्या—**यह भाषा कह नहीं** सकती। यही कारण है कि जगत या जगत की सम्पूर्णता का कोई विवरण सम्भव नहीं है।

तत्त्वमीमांसकों ने यही भूल की है। वे विचार एवं भाषा की सीमाओं का अतिक्रमण कर जाते हैं। जिसके विषय में भाषीय सीमाओं के कारण कुछ कहा ही नहीं जा सकता, तत्त्वमीमांसक उसी के विषय में भाषीय उक्तियाँ देते जाते हैं। वैसी भाषीय **उक्तियाँ निरर्थक** (Nonsense) ही हो सकती हैं, क्योंकि वे भाषा की तार्किकता की उपेक्षा पर आधृत हैं। तो सामान्य तत्त्वमीमांसीय कथन तो जो नहीं कहा जा सकता वह कहने का प्रयत्न है। वे निरर्थक हैं, यदि उसमें कुछ निर्देशित किया जा सकता है, तो बस उसकी निरर्थकता। तत्त्वमीमांसा विचार के उस क्षेत्र को भाषा में रखने की चेष्टा करती है, जो भाषा और विचार की सीमा से परे हैं।

इसका कारण है कि किसी भाषा में कुछ तभी कहा जा सकता है, जब उस भाषा में कुछ ऐसे लक्षण हों जिनके आधार पर वह भाषा कुछ कह पाती है। किन्तु भाषा अपनी भाषीय लक्षणों के विषय में यह भी नहीं कह सकती कि इस भाषा के ये विशेष लक्षण हैं। क्योंकि यह कहने के लिए उसे भाषा की सीमा के परे जाकर भाषा को देखना पड़ेगा, जो

सम्भव नहीं है। यही तो भाषा की मूल सीमा है, और इसी कारण 'जो कहा जा सकता है' उसका क्षेत्र बड़ा सीमित हो जाता है।

इसी कारण ट्रैक्टेटस कहता है कि 'जो कहा जा सकता है' वह सीमित है 'प्राथमिक प्रतिज्ञप्तियों तथा ऐसी प्रतिज्ञप्तियों तक जो प्राथमिक प्रतिज्ञप्तियों के सत्यता-फलन हैं। अर्थात् जो कहा जा सकता है वह सीमित है 'बोध-युक्त प्रतिज्ञप्तियों' (Propositions with sense) तक। कहीं-कहीं ट्रैक्टेटस में ऐसी प्रतिज्ञप्तियों को प्राकृतिक विज्ञान की प्रतिज्ञप्तियों से एक रूप कर दिया गया है। तथा कहा गया है कि अर्थ-बोध विज्ञान की प्रतिज्ञप्तियों का होता है। अर्थात् केवल प्राकृतिक विज्ञान के क्षेत्र में 'कुछ कहा जा सकता है' किन्तु ट्रैक्टेटस के सामान्य रूप को देखकर प्राकृतिक विज्ञान की प्रतिज्ञप्तियों के अतिरिक्त इस सीमा के अन्तर्गत उन साधारण आनुभविक प्रतिज्ञप्तियों को भी रखा जा सकता है, जिनका रूपान्तरण अन्ततः प्राथमिक प्रतिज्ञप्तियों में किया जा सकता है। निष्कर्ष रूप में यह कहा जा सकता है कि ट्रैक्टेटस के अनुसार जो कहा ज़ा सकता है उसके अन्तर्गत आती हैं 'प्राथमिक प्रतिज्ञप्तियाँ' तथा 'ऐसी प्रतिज्ञप्तियाँ जो प्राथमिक प्रतिज्ञप्तियों के सत्यता-फलन हैं।

इस प्रकार **'कथनीय'** (Sayable) का क्षेत्र बड़ा सीमित हो जाता है। इस क्षेत्र के परे सब कुछ अकथनीय (unsayable) है। यदि उस परे के विषय में कुछ कहा जाय तो वह निरर्थक हो जायगा। किन्तु भाषा के प्रयोग में ही ऐसा कुछ निर्देश (display) मिल जाता है जिससे यह लगता है कि 'परे' अकथनीय के क्षेत्र का है। यह निर्देश होता है, कहा नहीं जाता।

उदाहरणतः हमने देखा कि अर्थपूर्ण प्रतिज्ञप्तियाँ वस्तुस्थिति के होने को प्रतिरूपित—चित्रित करती हैं। यह उनके तार्किक रूप के कारण है। किन्तु यदि यह पूछा जाय कि वह **तार्किक रूप** क्या है, तो कुछ कहा नहीं जा सकता वहाँ मात्र केवल यह निर्देश हो जाता है—दिखाया जाता है कि तथ्य का तार्किक रूप वही है जो प्रतिज्ञप्ति का, किन्तु उसे भाषा में व्यक्त नहीं किया जा सकता।

उसी प्रकार बोध-युक्त प्रतिज्ञप्तियों से यह पता चलता है कि जगत के विषय में क्या कथनीय है। अर्थात् भाषा की सीमा स्पष्ट होती है, और भाषा की यह सीमा एक दृष्टि से जगत की सीमा है। यह सीमा **झलक जाती** है, दिखाई दे जाती है, किन्तु इस सीमा के विषय में हम कोई बोध-युक्त कथन नहीं दे सकते—इसके विषय में हम कुछ कह नहीं सकते। ट्रैक्टेटस में इस बात को स्पष्ट करते हुए विट्गेन्स्टीन कहते हैं कि भाषा का यह विचार एक प्रकार से **अहंमात्रवादिता** (Solipsism) तक पहुँचा देता है। यह भाषीय अहंमात्रवादिता है। यदि हमारी भाषा की सीमा-कथनीय की सीमा है, और यदि कथनीय की सीमा जगत के विषय में जो अर्थपूर्ण ढंग से सोचा जा सकता है, उसकी सीमा है, तो 'भाषा की सीमा जगत की सीमा है।' हमारी भाषा हमारे विचार की सीमा है, अतः हमारी भाषा हमारे जगत की सीमा है'। 5.6 The limits of my language are the limits of my world.

यह एक प्रकार की अहंमात्रवादिता (Solipsism) हो जाती है। रोचक बात यह है कि विटगेन्स्टीन के अनुसार इस अहंमात्रवादिता के सम्बन्ध में हम कुछ कह नहीं सकते—इसे भाषा में बांध नहीं सकते, यह तो झलक जाता है, निर्देशित हो जाता है। अहंमात्रवादिता

क्या कहना चाहती है—यह हम कह नहीं सकते किन्तु 'कथनीय' के प्रयोग में ही इसका निर्देश मिल जाता है, यह अपने को व्यक्त कर लेता है।

5.61 .....We cannot think what we cannot think; so what wo cannot think, we cannot say either.

5.62 This remark provides the key to the problem, how much truth there is in Solipsism.

For what the solipsist means is quite correct, only it cannot be said but makes itself manifest.

The world is my world : this is manifest in the fact that the limits of language (of that language whcsh alone I understand) mean the limits of my world.

अतः जो दिखाया जा सकता है वह झलक जाता है, भाषीय प्रयोगों में ही निर्देशित हो जाता है। वह अकथनीय (unsayable) है, किन्तु झलक जाता है। ट्रैक्टेटस में इस स्थल पर **रहस्यात्मक** (The Mystical) शब्द का प्रयोग हुआ है, अतः **जो केवल दिखाया जा सकता है**—इसे रहस्यात्मक की विवेचना के बाद ही पूरी तरह समझा जा सकता है।

7(ख) रहस्यात्मक *(The Mystical)*—हमने देखा कि ट्रैक्टेटस के अनुसार जो कुछ भी विचारणीय है, जिसके विषय में सोचा जा सकता है, उसे स्पष्ट रूप में सोचा जा सकता है, तथा जिसे शब्दों के द्वारा व्यक्त किया जा सकता है उसे स्पष्ट रूप में कह सकते हैं—स्पष्ट रूप में भाषा में व्यक्त कर सकते हैं (ट्रैक्टेटस 4.116) इसी से सभी वैज्ञानिक प्रतिज्ञप्तियाँ तथा अर्थपूर्ण आनुभविक प्रतिज्ञप्तियाँ किसी निश्चित वस्तुस्थिति के होने को चित्रित करती हैं। यही उन प्रतिज्ञप्तियों का अर्थबोध (Sense) है। किन्तु हमने देखा है कि ट्रैक्टेटस स्पष्ट कहता है कि अपनी इस अर्थबोधिता को प्रतिज्ञप्ति चित्रित नहीं करती। यह चित्रण प्रतिज्ञप्तियों के तार्किक रूपों के कारण सम्भव होता है, किन्तु प्रतिज्ञप्ति अपने तार्किक रूप के विषय में कुछ कह नहीं सकती। इसका कारण यह है कि प्रतिज्ञप्ति अर्थबोध तो देती है, किन्तु इसकी अर्थबोधिता प्रतिज्ञप्ति का अवयव नहीं है, उसका अंश नहीं है।

3.13 ....

A proposition, therefore, does not actually contain its sense but does contain the possibility of expressing it.

....

A proposition contains its form but not the content, of its sense.

इसका अर्थ है कि ट्रैक्टेटस को यह स्वीकारना पड़ता है कि ऐसा कुछ भी है जिसे शब्दों में व्यक्त नहीं किया जा सकता है, किन्तु फिर भी वह अपने को व्यक्त कर देता है। वह अकथनीय है (unsayable), फिर भी वह अपने को दिखा देता है (make manifest) ऐसे ही कुछ के लिए ट्रैक्टेटस में 'रहस्यात्मक' (The Mystical) का प्रयोग हुआ है।

6.522 There are indeed, things that cannot be put into words. They make themselves manifest. They are what is Mystical.

यहाँ एक बात तो स्पष्ट है कि विटगेन्स्टीन इस स्थल पर किसी सामान्य अर्थ में **रहस्यात्मक अनुभूति** (Mystical Experience) जैसी कोई बात नहीं कर रहे। उनकी रहस्यात्मकता भाषीय रहस्यात्मकता (Linguistic Mysticism) है। उनका तात्पर्य मात्र यही है कि कुछ स्पष्ट रूप में झलक जाता है, किन्तु उसे शब्दों के द्वारा व्यक्त नहीं किया जा सकता। इसी कारण वह 'रहस्यात्मक' है।

इस स्थल पर एक स्पष्टीकरण से विटगेन्स्टीन के इस विचार की विशिष्टता उजागर होती है। ह्यूम का संशयवाद भी बहुत से तत्त्वों के विषय में कह देता है कि उनके विषय में कुछ कहा नहीं जा सकता क्योंकि उसका हमारे पास कोई आनुभविक आधार उपलब्ध नहीं है। विटगेन्स्टीन का विचार संशयवाद जैसा नहीं है। संशयवाद इन तत्त्वों पर प्रश्नचिह्न खड़ा करता है, विटगेन्स्टीन का कहना है कि वह भी हम नहीं कर सकते। उनके अनुसार तो संशयवाद भी निरर्थक है। उन्होंने बड़े सुन्दर ढंग से कहा है कि संशय भी वही किया जा सकता है जहाँ कुछ प्रश्न उभरते हैं, प्रश्न वहीं उभर सकते हैं जहाँ कुछ उनके उत्तर की सम्भावना हो तथा उत्तर की सम्भावना केवल उसी क्षेत्र में हो सकती है जहाँ कुछ कहे जा सकने की सम्भावना है। अतः जिसके विषय में कुछ कहा ही नहीं जा सकता जो अकथनीय (unsayable) है, उस पर संशय भी नहीं किया जा सकता।

6.51 Sceptism is not irrefutable, but obviously nonsensical when it tries to raise doubts where no questions can be asked.

For doubt can exist only where a question exists, a question only when an answer exists and an answer only where somethimg can be said.

अतः 'रहस्यात्मक' वही है जहाँ पर मौन (Silence) के अतिरिक्त और कोई मार्ग न हो। एक ओर विज्ञान तथा सामान्य अनुभव का क्षेत्र है—जिसमें कुछ अर्थपूर्ण ढंग से कहा जाता है। किन्तु यदि सभी वैज्ञानिक प्रश्नों का उत्तर दे दिया जाय, अर्थात् यदि उस स्थिति की कल्पना करें कि सभी वैज्ञानिक कथन दे दिए गए, तो कहने को कुछ बच नहीं पायेगा। अब कोई ऐसा प्रश्न नहीं बचेगा जिसका उत्तर दिया जा सकता है। किन्तु यह तो झलक ही जायेगा कि उत्तर यही है कि अब कोई उत्तर नहीं दिया जा सकता, अब कुछ कहा नहीं जा सकता। यही तो रहस्यात्मकता है। इसी कारण विटगेन्स्टीन कहते हैं कि वस्तुतः यह रहस्यात्मक नहीं है कि जगत में वस्तु किस प्रकार अस्तित्ववान है, बल्कि इस प्रकार के जगत का होना ही रहस्यात्मक है।

6.44 It is not how things are in the world that is mystical but that it exists.

इसमें रहस्यात्मकता इस बात से है कि दिखाई दे गया झलक गया, किन्तु जो झलक गया उसे शब्दों में व्यक्त नहीं किया जा सकता।

यही कारण है कि ट्रैक्टेटस का कहना है कि मूल्यों (Values) के सम्बन्ध में भी शब्दों में कुछ कहा नहीं जा सकता। जगत में जो है वह है मूल्य 'जो है' वह नहीं है, मूल्य, जिसका मूल्य है, उससे बाहर होता है। तो यदि कोई मूल्य है जो मूल्यवान प्रतीत होता है, तो वह 'जो है'—उससे अलग है, उससे बाहर है। अर्थपूर्ण ढंग से तो मात्र 'जो

है' उसके विषय में बात हो सकती है, तो मूल्यों के विषय में भी अर्थपूर्ण ढंग से शब्दों में कुछ कहा नहीं जा सकता। इसी कारण ट्रैक्टेटस का कहना है कि नैतिकता (Ethics) सौन्दर्यशास्त्र (Aesthetics) आदि को भी शब्दों में व्यक्त नहीं किया जा सकता, दोनों 'जो है' के परे है (Transcendental—ट्रैक्टेटस 6.421)। मूल्य तथ्यों के परे हैं, उनकी यह परात्मकता झलक जाती है, किन्तु उसे शब्दों में बाँधा नहीं जा सकता, और यह रहस्यात्मकता है।

इस प्रकार रहस्यात्मकता का उल्लेख मात्र ट्रैक्टेटस को रहस्यात्मक बना देता है। ट्रैक्टेटस के विचारों से सहानुभूति रखने वाले विचारक भी 'रहस्यात्मक' के प्रयोग से उलझन में पड़ जाते हैं। किन्तु यदि ध्यान से देखा जाय तो उलझनें केवल इस कारण उत्पन्न होती हैं कि वे विचारक 'रहस्यात्मक' शब्द के प्रचलित साहचर्य से अपने को मुक्त नहीं कर पाते। वे 'रहस्यात्मक को सामान्य रहस्यावादी सिद्धान्त (Mysticism) जैसा कुछ समझ लेते हैं। किन्तु ऐसा प्रतीत होता है कि इस शब्द के प्रयोग के पीछे ट्रैक्टेटस का बड़ा सरल एवं साधारण विचार है। यदि कुछ झलक रहा हो, फिर भी उसके विषय में मौन के अतिरिक्त कोई मार्ग न हो, तो वह रहस्यात्मक तो हो ही जाता है। ट्रैक्टेटस का तात्पर्य मात्र इतना ही है। उलझनें तब उत्पन्न होती हैं जब इसमें अपनी ओर से 'रहस्यात्मक' के प्रचलित तात्पर्य को जोड़ कर सोचने लगते हैं।

(8) दर्शन *(Philosophy)*

अब अन्तिम रूप में एक प्रश्न रह गया है—ट्रैक्टेटस के अनुसार दर्शन का क्या कार्य है। वह प्रश्न ट्रैक्टेटस में ही बड़े महत्त्वपूर्ण ढंग से उभरता है। ट्रैक्टेटस का कहना है कि केवल प्राकृतिक विज्ञानों में ही अर्थपूर्ण ढंग से कुछ कहा जा सकता है। प्राकृतिक विज्ञान की प्रतिज्ञप्तियों का सम्पूर्ण वाङ्गमय अर्थपूर्ण प्रतिज्ञप्तियों का संग्रह है, उसके बाहर अर्थपूर्ण प्रतिज्ञप्तियाँ दी ही नहीं जा सकतीं। अब प्रश्न उठता है कि दर्शन तो प्राकृतिक विज्ञान नहीं है। तो दर्शन तो किसी प्रकार की सूचना नहीं दे सकता—कोई जानकारी नहीं दे सकता। इसके कथन अथपूर्ण प्रतिज्ञप्तियों के कथन के क्षेत्र के बाहर हैं, अतः कोई अर्थ-बोध नहीं देते, तथा उस अर्थ में निरर्थक हैं।

तो अब दो समस्याएँ उठती हैं, यदि दर्शन अर्थपूर्ण ढंग से कुछ कह ही नहीं सकता तो इसका कार्य क्या है? दूसरी समस्य यह उठ जाती है कि दर्शन जो कुछ भी कहता है, वह तो प्राकृतिक विज्ञान का कथन नहीं है, अतः निरर्थक है; तो निरर्थक कथनों का अम्बार लगाने का क्या प्रयोजन है? ट्रैक्टेटस में दोनों समस्याओं पर विचार हुआ है तथा उसी विचार में दर्शन का स्वरूप एवं कार्य स्पष्ट होता है, जो ट्रैक्टेटस की मूल वैचारिक दृष्टि से सर्वथा संगत है।

पहले हम पहली समस्या पर विचार करें। दर्शन प्राकृतिक विज्ञान नहीं है तो इसका कार्य क्या है?

ट्रैक्टेटस का कहना है कि यह समस्या इस कारण समस्या बन जाती है क्योंकि हमें दर्शन से यह अपेक्षा हो जाती है कि वह भी कुछ जानकारी दे—सूचना दे—सिद्धान्त दे। हम भूल जाते हैं कि दर्शन विज्ञान नहीं है, भूल जाते हैं कि दर्शन का कार्य सूचनात्मक अर्थपूर्ण प्रतिज्ञप्तियाँ देना नहीं है।

तो ट्रैक्टेटस के अनुसार दर्शन, भौतिकी या रसायनशास्त्र के समान सत्य प्रतिज्ञप्तियाँ स्थापित करने का प्रयत्न नहीं करता, यह कोई सिद्धान्त नहीं देता। दर्शनवाद नहीं है, सिद्धान्तों का समूह नहीं है—यह एक क्रिया (Activity) है।

4.112 Philosophy is not a body of doctrine, but an Activity.

....

और यह क्रिया किस प्रकार की है? ट्रैक्टेटस कहता है कि वह क्रिया 'प्रतिज्ञप्तियों के स्पष्टीकरण' की क्रिया है। प्रतिज्ञप्तियाँ वैसी स्पष्ट नहीं होतीं जैसी वे सरल रूप में दिखाई देती हैं। उससे अर्थबोध तो होता है, किन्तु उसमें भ्रान्तियाँ तथा अस्पष्टता का स्थान रह जाता है। दर्शन का कार्य है कि उन्हें दूर करे तथा उनकी समुचित व्याख्या करते हुए स्पष्टीकरण प्रस्तुत करे। दर्शन का कार्य मात्र यह दिखाना है कि जो कहा जा सकता है उसके अतिरिक्त कुछ कहने का प्रयत्न निरर्थक है और यह भी कि जो कहा जा सकता है उसे स्पष्ट रूप में कहा जा सकता है। जो कहा जा सकता है वे प्राकृतिक विज्ञान तथा अनुभव की अर्थपूर्ण प्रतिज्ञप्तियाँ हैं। दर्शन उसकी अर्थपूर्णता तथा अर्धबोधिता को भी स्पष्ट कर देता है। विज्ञान की इस सीमा के बाहर यदि कुछ कहा गया तो दर्शन का कार्य है कि वह दिखा दे कि जो कहा जा रहा है वह कोई अर्थबोध नहीं देता। कहने वाला शायद इसे न स्वीकारे, किन्तु दर्शन का कार्य यही है।

4.112 ....

A philosophical work consists essentially of elucidations. Philosophy does not result in 'philosophical propositions' but rather in the clarifications of propositions.

Without philosphy thoughts are, as it were, cloudy and indistinct : its task is to make them clear and to given them sharp boundaries.

6.55 The correct method in philosophy would really be the following : to say nothing except what can be said, i.e. propositions of natural science i.e. something that has nothing to do with philosophy—and then, whenever someone else wanted to say something metaphysical, to demonstrate to him that he had failed to give a meaning to certain signs in his propositions. Although it would not be satisfying to the other person—he would not have the feeling that we were teaching him philosophy—this method would be the only strictly correct one.

इस प्रकार हम देखते हैं कि ट्रैक्टेटस दर्शन को दो प्रकार के कार्य सौंपता है—एक **भावात्मक** तथा दूसरा **निषेधात्मक**। ये दोनों कार्य वस्तुतः एक ही कार्य के दो अंश हैं। दर्शन का मूल कार्य है कि जो कुछ अर्थपूर्ण ढंग से कहा जा सकता है उसकी सीमा निर्धारित करना, किन्तु इस कार्य के करने में यह भी देखना है कि क्या अर्थपूर्ण ढंग से नहीं कहा जा सकता, जो विचारणीय है—कथनीय है—उसे निर्धारित करने की क्रिया जो अकथनीय है, उसकी अकथनीयता का भी निर्देश कर देती है। अतः दर्शन का भावात्मक कार्य यह है कि **'कथनीय के क्षेत्र'**.....अर्थात् प्राकृतिक विज्ञान एवं अनुभव की अर्थपूर्ण उक्तियों का अर्थपूर्ण विश्लेषण प्रस्तुत कर यह दिखा दे कि अन्ततः ये कथन किन प्राथमिक

प्रतिज्ञप्तियों (Elementary Propositions) से संरचित है। सम्भवतः किसी-किसी उदाहरण से प्राथमिक प्रतिज्ञप्तियों तक पहुँचने में विश्लेषण की प्रक्रिया लम्बी तथा दूरूह प्रतीत हो, किन्तु यह कार्य दर्शन का है। इसका **निषेधात्मक** कार्य है कि यदि इस क्षेत्र के 'परे' के सम्बन्ध में कुछ कहा जाय, तो दर्शन यह स्पष्ट कर दे कि वस्तुतः जो कहा जा रहा है वह निरर्थक है, क्योंकि उससे कोई अर्थ-बोध नहीं होता।

4.113 Philosophy sets limits to the much disputed sphere of natural science.

4.114 It must set limits to what can be thought, and in doing so, what cannot be thought.

It must set limits to what cannot be thought by working out words through what can be thought.

अब हम दूसरे प्रश्न पर विचार करें। दर्शन के कार्य के सम्बन्ध में सोचने की आवश्यकता ही क्या है? कहा जा सकता है कि ट्रैक्टेटस के अनुसार दार्शनिक प्रतिज्ञप्तियाँ भी निरर्थक की कोटि में हैं। दर्शन प्राकृतिक विज्ञान नहीं है—उसके क्षेत्र के 'परे' है। ट्रैक्टेटस के अनुसार 'परे' के क्षेत्र में कोई अर्थपूर्ण प्रतिज्ञप्ति दी ही नहीं जा सकती, अर्थपूर्ण ढंग से कुछ कहा ही नहीं जा सकता। तो दार्शनिक क्रिया पर इतना तूल क्यों?

इस प्रश्न के समक्ष भी ट्रैक्टेटस की कठोर वैचारिक संगति टूटती नहीं। विटगेन्स्टीन का उत्तर ट्रैक्टेटस के विचारों के पूर्णतया अनुरूप तथा उससे सर्वथा संगत है। उनका कहना है कि दर्शन का यह कार्य है कि यदि कोई ऐसा कुछ कहता है जो 'नहीं कहा जा सकता'—जो प्राकृतिक विज्ञान के परे 'अकथनीय' के क्षेत्र का है, तो दर्शन उसे बता दे कि वह कुछ जो कह रहा है वह कोई अर्थ-बोध नहीं दे रहा। ट्रैक्टेटस यही तो कर रहा है। विटगेन्स्टीन का कहना है कि यदि कोई ट्रैक्टेटस के विचारों को समझता हुआ इसके साथ चले तो अन्त में उसे स्पष्ट प्रतीत होगा कि ट्रैक्टेटस में दिये गये सारे कथन निरर्थक हैं। ट्रैक्टेटस से ही ट्रैक्टेटस के सभी कथनों की निरर्थकता स्पष्ट होगी। उनका कहना है कि ट्रैक्टेटस की दार्शनिक उक्तियाँ एक **सीढ़ी**—एक **सोपान**—जैसी हैं, जिनके द्वारा ऊपर पहुँच कर उस सीढ़ी को त्याग देना अनिवार्य है। ट्रैक्टेटस के विचारों की सही समझ उन कथनों की निरर्थकता की समझ से स्पष्ट होगी, और जब जगत अपने सही परिप्रेक्ष्य में दीखेगा—तभी यह स्पष्ट हो जायेगा कि जो कहा जा सकता है वह स्पष्ट रूप में कहा जा सकता हैं, और यह भी जो नहीं कहा जा सकता—उसके सम्बन्ध में 'मौन' ही अनिवार्य है।

6.54 My propositions serve as elucidations in the following way; anyone who understands me eventually recognises them as nonsensical, when he has used them—as steps—to climb up beyond them. (He must, so to speak, throw away the ladder he has climbed up it.)

He must transcend these propositions, and then he will see the world aright.

7. What we cannot speak about we must pass over in silence.

उत्तरकालीन विटगेन्सटीन (PHILOSOPHICAL INVESTIGATION) में विकसित विचार

(1) भूमिका

हमने पहले ही कहा है कि विटगेन्स्टीन का चिन्तन-जीवन दो स्तरों में विकसित हुआ है। इन दोनों स्तरों के विचार बीसवीं शताब्दी में अपने-अपने ढंग से किन्तु समान रूप में प्रभावशाली रहे और दोनों का समर्थ प्रभाव पाश्चात्य दर्शन के विकास तथा दिशा पर है। दोनों स्पष्टतः एक दूसरे से भिन्न विचार हैं, बल्कि दूसरे विचार के विकास में विटगेन्स्टीन अपने पहले स्तर के विचार की कटु आलोचना करते हैं तथा उसी आलोचना के आधार पर दूसरे स्तर का विचार विकसित होता है। यही कारण है कि इतिहासज्ञों ने दूसरे स्तर के विटगेन्स्टीन को **उत्तरकालीन विटगेन्स्टीन** (Later Wittgenstein) कहना प्रारम्भ कर दिया।

किन्तु, एक दृष्टि से देखा जाय तो दोनों स्तरों के विचार का केन्द्रीय विषय एक ही है—**'भाषा और दर्शन'**। उन्हें यह अवगति है कि विचार की अभिव्यक्तियाँ भाषा ही में होती हैं, अतः उनके लिए समस्या है कि 'भाषा क्या कह सकती है?' तथा यह भी कि 'क्या जो कुछ भी भाषा कह सकती है वह सब अर्थपूर्ण है?' हमने देशा है कि ट्रैक्टेटस के विचार का केन्द्र यही है और यही यह प्रश्न भी उठ जाता है कि इन भाषीय कथनों के साथ दार्शनिक क्रिया का क्या सम्बन्ध है? इन भाषीय कथनों में दर्शन का क्या योगदान हो सकता है।

हम देखेंगे कि उत्तरकालीन विटगेन्स्टीन के लिए भी केन्द्रीय समस्या यही है—भाषा क्या कह सकती है? तथा, भाषीय व्यापारों में दर्शन का क्या योगदान हो सकता है? तो दोनों स्तर के विटगेन्स्टीन की मूल समस्या एक ही है, किन्तु दोनों स्तरों में भाषा तथा दर्शन के सम्बन्ध में ही कुछ अन्तर आ गया है। दूसरे स्तर में 'भाषा' एवं 'भाषीय अभिव्यक्तियों' के सम्बन्ध में ही दृष्टि-परिवर्तन हो गया है, वैचारिक अन्तर आ गया है, तथा उसी के अनुरूप 'दर्शन के कार्य' के सम्बन्ध में भी वैचारिक परिवर्तन हो गया है।

हमने विटगेन्स्टीन के जीवन-काल के संक्षिप्त विवरण में ही इस परिवर्तन का उल्लेख किया है। 1930 के बाद जिस काल में उन्होंने कैम्ब्रिज में पुनः पढ़ाना प्रारम्भ कर दिया था, उसी काल में उनके विचारों में परिवर्तन प्रारम्भ हो गया था, जिसका संकेत उनके वर्गों के उन 'नोटस' में मिलते हें, जो बाद में 'The Blue Book' तथा 'The Brown Book' के नाम से प्रकाशित हुए। इस परिवर्तन में नये विचारों का सर्जन एवं विकास होने लगा, जिसका परिपक्व रूप उनके 'Philosophical Investigation' में संजोया गया। यही

पुस्तक जो उनकी मृत्यु के बाद प्रकाशित हुई, उत्तरकालीन विटगेन्स्टीन के विचारों को उनकी सम्पूर्णता में प्रस्तुत करती है। अतः उत्तर-कालीन विटगेन्स्टीन के विचारों का प्रस्तुत संक्षिप्त विवरण भी मूलतः इसी पुस्तक पर आधृत रहेगा, केवल आवश्यकतानुसार बाद के प्रकाशित अन्य ग्रन्थों से सामग्री—सहारा—लेता रहेगा।

(2) एक प्रारम्भिक स्पष्टीकरण

उत्तरकालीन विटगेन्स्टीन 'Philosophical Investigation' के सफल अवबोध के लिए पुस्तक के सम्बन्ध में प्रारम्भ में ही एक स्पष्टीकरण कर लेना उचित है।

ट्रैक्टेटस में एक विशेष प्रकार का ढंग अपनाया गया है। वह ढंग विवरणात्मक नहीं है, तार्किक है। परिणाम है कि वहाँ तार्किकता की माँगों के अनुरूप बड़ी सावधानी से तथा बड़े ध्यानपूर्वक वाक्यों का क्रम बनाया गया है। पुस्तक में अपने ढंग की तार्किक व्यवस्था है। फलतः, उन पंक्तियों से जो विचार उजागर हुआ है वह भी पूर्णतया व्यवस्थित एवं तार्किक है। यहाँ टूटे हुए धामे नहीं हैं, अनर्गल समस्याएँ नहीं उभरतीं। विचार एक नियमनिष्ठ पद्धति के अनुसार अग्रसर हुआ है, तथा वही विचार वहाँ समाविष्ट हो पाया है जो उस नियमनिष्ठ पद्धति के साथ संगत है।

'**फिलौसोफिक इनभेस्टिगेशन**' का ढंग ऐसा नहीं है, बल्कि कहा जा सकता है कि ट्रैक्टेटस की तुलना में यह अव्यवस्थित ही है। वैसे इसमें भी पैराग्राफों को संख्या से सूचित किया गया है। इस पुस्तक के सम्बन्ध में विटगेन्स्टीन का कहना है कि यह पुस्तक एक प्रकार से लम्बी यात्रा का '**एलबम**' है। इस लम्बी यात्रा में विभिन्न प्रकार के भिन्न-भिन्न दृश्य दिखाई देते गये तथा पुस्तक उनको रेखांकित करती गई है। फलतः, ये रेखांकित चित्र अनेक दिशाओं से लिये गए चित्र हैं, एक ही दृश्य को भिन्न-भिन्न दिशाओं से देखकर भिन्न-भिन्न रेखांकित चित्र बना लिये गये हैं। अतः पुस्तक का क्षेत्र एक अर्थ में बड़ा विस्तृत हो जाता है, इसमें अनेकों चित्र उभरते हैं। जैसे-जैसे दृश्य आये तथा जिन दिशाओं से उन्हें देखा गया वैसे ही चित्र उभरे हैं। यहाँ तक कि पूरे 'एलबम' को देखने के बाद ही उनकी सादृश्यता या भिन्नता स्पष्ट हो सकती है, तथा तभी यह पता चल सकता है कि ये भिन्न-भिन्न कोणों से लिये गये एक ही दृश्य के चित्र हैं।[1]

फलतः, जहाँ **ट्रैक्टेटस** के विवरणों में नियमबद्धता है 'फिलौसोफिकल इन्भेस्टीगेशन' के विवरणों में एक प्रकार की अनौपचारिकता हैं। जहाँ ट्रैक्टेटस दर्शन के कार्य पूर्ण निश्चयता स्थापित करने की चेष्टा करता है। इन्भेस्टीगेशन में एक प्रकार की तदर्थता (ad hocism) है। यहाँ विश्लेषण ऐसा नियमनिष्ठ नहीं बन जाता कि वह कथनों की अर्थपूर्णता-अर्थहीनता का एकबारगी एक ही समाधान प्रस्तुत कर दे, उसके विपरीत यहाँ विश्लेषण का वह ढंग उजागर हो जाता है कि वह जिस प्रकार समस्याएँ उभरें उसी

---

* विटगेन्स्टीन पुस्तक की भूमिका में ही कहते हैं,

[In the Investigation we].......travel over a wide field of thought criss-cross in every direction. The philosophical remarks in the book are, as it were, number of sketches of landscapes which were made in the course of long and involved jorneyings.

The same or almost the same points were always being approached afresh from different directions and new sketches made....Thus this book is really only an album.

—*P. I. Preface p. IX*

प्रकार—उसी के अनुरूप उनका विलेषण करता चले। हर प्रकार की भाषीय अभिव्यक्तियों के लिए एक ही प्रकार का औपचारिक ढंग हर ऐसी अभिव्यक्तियों के साथ न्याय नहीं कर सकता, अतः उसके स्थान पर यहाँ भाषीय अभिव्यक्तियों के व्यवहारों पर आधृत **अनौपचारिक विश्लेषण** का ढंग स्पष्ट होता है।

(3) 'इन्भेटिगेशन' में विकसित विचारों की एक प्रारम्भिक रूपरेखा

उत्तरकालीन विटगेन्स्टीन के द्वारा 'फिलौसोफिकल इन्भेस्टिगेशन' में विकसित विचारों का विभिन्न खण्डों में विवरण प्रस्तुत करने के पहले यह अच्छा होगा कि हम संक्षेप में उन विचारों की एक प्रारम्भिक रूपरेखा खींच लें। इससे यह स्पष्ट हो जायेगा कि यहाँ किस प्रकार का विचार विकसित किया गया है। साथ-साथ इस अध्ययन को खण्डों में विभाजित करने का आधार भी प्राप्त हो जायगा।

इस स्थल पर एक स्पष्टीकरण कर लेना अनिवार्य प्रतीत होता है। यदि उत्तरकालीन विटगेन्स्टीन के विचारों को—विशेषतः 'इन्भेस्टिगेशन' के विचारों को अपने ढंग से व्यवस्थित करने की चेष्टा करें, तो उन्हें हम दो प्रमुख शीर्षकों के अन्तर्गत रख सकते हैं। **प्रथमतः** तो यहाँ **'भाषा तथा दर्शन'** के सम्बन्ध में एक पूर्णतया मौलिक दृष्टि स्पष्ट हुई है। 'भाषीय व्यापार' तथा 'दर्शन के कार्य' और इन दोनों के पारस्परिक सम्बन्ध के विषय में एक सर्वथा नवीन विचार प्रतिपादित हुआ है। यह 'ट्रैक्टेटस' में विकसित विचारों की आलोचना से प्रारम्भ होता है और विभिन्न स्तरों से होता हुआ भाषीय खेल (language games) की अवधारणा तक पहुँच जाता है तथा उसके स्वरूप एवं ढंग की विवेचना करता है। इसी विवेचना में यह स्पष्ट हो जाता है कि दार्शनिक समस्याएँ कैसे उत्पन्न होती हैं तथा उनके निदान में भाषीय खेल का योगदान कैसे होता है। इसी में यह भी स्पष्ट हो जाता है कि इस प्रकार के निदान में होता क्या है। सच पूछा जाय तो उत्तरकालीन विटगेन्स्टीन की दार्शनिक दृष्टि यहीं पर उजागर हो जाती है।

किन्तु, इन्भेस्टिगेशन इतना ही कह कर रूकता नहीं; इस दृष्टि के अनुरूप—'भाषीय खेल' की एक विधि स्पष्ट होती है। तो 'पुस्तक' का दूसरा पक्ष है कि वह इस खेल को खेलकर भी दिखाता है। विभिन्न उदाहरणों में इस खेल का उपयोग स्पष्ट होता है। ऊपर से ऐसा लग सकता है कि पुस्तक का यह पक्ष इसका गौण पक्ष है। किन्तु नहीं। इस पक्ष में विटगेन्स्टीन के चिन्तन तथा भाषीय-विश्लेक्षण की सूक्षमता एवं गहराई स्पष्ट होती है। साथ ही साथ जिन उदाहरणों में विटगेन्स्टीन यह खेल खेलते हैं, उन सबों पर नया प्रकाश पड़ता है। इनमें अनेक उदाहरण दर्शन के पारम्परिक समस्याओं के उदाहरण हैं। मूलतः **मन-सम्बन्धित विचार** (Theory of Mind), **संवेदना** (Sensations), **वैयक्तिक भाषा** (private language), **अन्यमन का ज्ञान** (Knowledge of other minds), तार्किक अनिवार्यता तथा निश्चयता (logical necessity and certainty) जैसे विचारों का इस विधि से विश्लेषण हुआ है। हर ऐसे भाषीय विश्लेषण में उस क्षेत्र की समस्याओं पर उपयोगी प्रकाश पड़ा है। इसी कारण विटगेन्स्टीन ने प्रारम्भ में ही इस पुस्तक को विभिन्न चित्रों का एलबम कहा था।

यह तो सम्भव नहीं कि पुस्तक के इन दोनों पक्षों का विशद विवरण यहाँ प्रस्तुत किया जा सके। अतः हम **प्रथम पथ**—उत्तरकालीन विटगेन्स्टीन का सामान्य दार्शनिक विचार—का स्पष्ट विवरण करेंगे, तथा उसके आधार पर दूसरे पक्ष के कुछ उदाहरणों में उनके भाषीय-खेलों को दर्शाते हुए यह दिखायेंगे कि कैसे इस सामान्य दार्शनिक विचार के अनुरूप भाषीय खेल से समस्याओं का निदान होता है।

हमने पहले ही कहा है कि पुस्तक 'ट्रैक्टेटस' में प्रतिपादित विचार की आलोचना के द्वारा अपने विचार की नींव रखने का प्रयास करती है। उस आलोचना से ही यह स्पष्ट होने लगता है कि पुस्तक की विचारधारा किस ओर अग्रसर होने को है। ट्रैक्टेटस में भाषा के स्वरूप एवं अभिव्यक्ति को एक विशेष ढंग से स्थापित किया गया है। उसी में यह कहा गया है कि अर्थपूर्ण प्रतिज्ञप्ति अर्थपूर्ण ढंग से कुछ तभी कह पाती है जब या तो वह प्राथमिक प्रतिज्ञप्ति हो, या प्राथमिक प्रतिज्ञप्तियों का सत्यता-फलन हो। अर्थात् अर्थपूर्ण भाषा के विषय में यह कहा गया है कि इसकी संरचना स्पष्टतया तार्किक भाषा की संरचना जैसी है। एक प्रकार से यह आदर्श-भाषा जैसी है, क्योंकि इसकी इकाई—प्राथमिक प्रतिज्ञप्ति—तथ्यों को चित्रित करती है, प्रतिरूपित करती है।

'इन्भेस्टिगेशन' में विटगेन्स्टीन इस विचार का खण्डन करते हैं। उनके इस खण्डन-प्रत्यन के मूल में यह दृष्टि है कि किसी ऐसी आदर्श पूर्णतया नियमनिष्ठ एवं तर्कतः निश्चित भाषा को इतना महत्व देना युक्तिसंगत प्रतीत नहीं होता। हमारी सामान्य भाषीय अभिव्यक्तियाँ इतने प्रकार की तथा इतनी होती हैं कि उन सबों को एक भाषीय-व्यापार में बाँध देने का प्रयत्न स्पष्टतः अयथार्थ है। तो किसी भी भाषीय-कथन के अवबोध तथा विशेषण के लिए भारतीय व्यवहारों के विभिन्न ढंगों को देखना पड़ेगा। वाक्य या प्रतिज्ञप्तियाँ इतने विभिनन प्रकार की हो सकती हैं कि उन सबों का विश्लेषण औपचारिक रूप में या तार्किक रूप में होना सम्भव ही नहीं है। उसके लिए तो उन वाक्यों के विभिन्न प्रयोगों को देखना होगा, भाषीय व्यवहारों के विभिन्न ढंगों को देखना होगा।

इस आलोचना में एक बात स्पष्ट रूप में सामने आती है। 'ट्रैक्टेटस' के लिए एक प्रकार से एकमात्र प्रश्न बन जाता है—**'प्रतिज्ञप्तियों की अर्थपूर्णता'**। वह इस कारण कि किसी-न-किसी रूप में यह स्वीकारे हुए है कि भाषा का कार्य मात्र सूचना देना है, किसी वस्तुस्थिति को चित्रित कर देना है। एक प्रकार से यह 'ट्रैक्टेटस' में खड़ी की गयी इमारत की नींव है। किन्तु, अब विटगेन्स्टीन को यह सूझ जाता है कि वाक्य या प्रतिज्ञप्तियाँ मात्र सूचना नहीं देतीं, मात्र किसी तथ्य को प्रतिबिम्बित नहीं करतीं, बल्कि अनेक अन्य प्रकार के कार्य कर सकती हैं। अतः 'अर्थ' (meaning) के साथ ट्रैक्टेटस एक प्रकार से मनःग्रन्थि की अवस्था में है, उसे सब कुछ सर्वोपरि बना देता है। यह उसकी भूल है।

अतः इसी कारण इस पुस्तक में विटगेन्स्टीन स्पष्ट कहते हैं कि 'अर्थ' (meaning) की खोज का प्रयत्न निरर्थक है, बल्कि हमें भाषीय-प्रयोगों (use) को देखना चाहिए। वस्तुतः अर्थ की खोज भी इन्हीं प्रयोगों के आधार पर ही की जा सकती है। अतः 'ट्रैक्टेटस' के **औपचारिक-तार्किक विश्लेषण** (formal-logical analysis) के स्थान पर अनौपचारिक भाषीय विश्लेषण (informal analysis of language) की नींव 'इन्भेस्टिगेसन' में रख दी जाती है।

इसके विशदीकरण का यहाँ प्रयत्न हुआ है तथा इसी कारण इस पुस्तक में केन्द्रीय समस्या—**'दर्शन एवं भाषा'** को नये ढंग से विकसित किया गया है।

विटगेन्स्टीन को विश्वास है कि दार्शनिक चिन्तन का केन्द्र भाषा है ही, क्योंकि दार्शनिक समस्याओं के उद्भव तथा उनके निदान—दोनों का स्रोत भाषा ही है। इसकी व्याख्या के लिए विटगेन्स्टीन को यह बताना पड़ता है कि दार्शनिक समस्या है क्या तथा वह किस प्रकार समस्या बन जाती है। अर्थात विटगेन्स्टीन को दार्शनिक समस्याएँ उत्पन्न कैसे होती हैं—इसकी व्याख्या करनी पड़ती है।

इस व्याख्या में यह दिखाया गया है कि दार्शनिक समस्याएँ 'उलझन' (Perplexity) या विचिकित्सा (Puzzlement) के रूप में उत्पन्न होती है। इनका उलझन रूप कुछ इस प्रकार का होता है कि पक्ष-विपक्ष में तथ्यों-साक्ष्यों आदि के देने के बाद भी उलझन रह ही जाती है और ऐसा प्रतीत होता है कि इससे बाहर निकल आने का कोई मार्ग नहीं दिखाई देता है। यह उलझन 'एक मानसिक व्याधि' जैसा रूप ले लेती है, जिससे त्राण पाने का कोई मार्ग नहीं दिखायी देता। जिस प्रकार के चिन्तन से यह उलझन उत्पन्न होती है, वह चिन्तन इसे सुलझाने में सर्वथा असमर्थ प्रतीत होता है।

विटगेन्स्टीन का कहना है कि ऐसा इस कारण होता है कि ये उलझनें वास्तविक समस्याएँ नहीं हैं, ये तो भाषा के गलत प्रयोग के कारण उत्पन्न होती हैं। कुछ भाषीय प्रयोग इतने प्रचलित हैं और इतनी बार सहज रूप में आते रहते हैं कि उनसे उत्पन्न कुछ भ्रान्तिपूर्ण धारणाओं के हम शिकार हो जाते हैं। विटगेन्स्टीन ने अनेक उदाहरणों के द्वारा इस बात को स्पष्ट दिखाया है। उनका कहना है कि ऐसा होता है कि इन भाषीय प्रयोगों में ऐसी मोहिनी, वशीकरण शक्ति है (जिसे वे Bewitchment of Language कहते हैं) कि हम उससे मुक्त नहीं हो पाते। इन प्रयोगों को बार-बार दुहराये जाने के कारण इनसे एक चित्र उत्पन्न हो जाता है और हम एक प्रकार से उस चित्र के बन्दी हो जाते हैं (a picture holds us captive) उदाहरणतः मानसिक शब्दों का प्रयोग संज्ञा रूप में करते-करते, उन्हें किसी भौतिक तत्त्व के रूप में सूचित करते-करते, हम इतने आश्वशत हो जाते हैं कि हम 'मानसिक' को भी भौतिक तत्त्वों के समान किसी स्थान-काल में ढूँढ़ने लग जाते है, उसे भी एक तत्त्व समझ कर उसी के अनुरूप समस्याएँ उठाने लगते हैं। परिणाम यह होता है कि हमारे लिए ऐसी समस्याएँ अनबूझ पहेली (Puzzlement) बनने लगती है, उलझनें (Perplexity) पैदा कर देती हैं। अब उसी मॉडल में स्थित हो चाहे जितना चिन्तन करें, पहेली और उलझती जायगी। झंझट की बात यह है कि हम भाषीय प्रयोंग के वशीकरण से अपने को मुक्त भी नहीं कर पाते, जिसके कारण किसी प्रकार का तथ्य, तर्क, साक्ष्य आदि समस्याओं का समाधान नहीं कर पाता।

विटगेन्स्टीन का कहना है कि कि वस्तुतः यह एक अन्धविश्वास है—मानसिक व्याधि है। अतः यहाँ समस्या का समाधान नहीं करना है, एक प्रकार का उपचार करना है। विटगेन्स्टीन के अनुसार यही दर्शन का कार्य है। इसी अर्थ में विटगेन्स्टीन दार्शनिक क्रिया को उपचार-रूप क्रिया (Therapeutic) कहते हैं।

यह उपचार की क्रिया कैसे अग्रसर होगी? विटगेन्स्टीन के अनुसार इस प्रश्न का अर्थ है कि इस प्रकार के अन्धविश्वास से मुक्ति कैसे दिलाई जा सकती है? अन्धविश्वास तो एक मानसिक कमजोरी है जो गलत ढंग के विचारों को पकड़ कर बैठे रहने के कारण उत्पन्न होती है। उदाहरणतः मान लें कि किसी व्यक्ति को—जानकार पढ़े-लिखे व्यक्ति को यह विश्वास है कि 'भूकम्प प्रेतलीला है।' उसके इस अन्धविश्वास का कारण अज्ञान नहीं है। हो सकता है कि उसे भूकम्प से सम्बन्धित सभी वैज्ञानिक तथ्यों का ज्ञान है। फिर भी, वह इस विश्वास से मुक्त नहीं हो पाता। इसी से उसका विश्वास अन्धविश्वास है। यह अन्धविश्वास इसके विपक्ष में तथ्यों या साक्ष्यों को प्रस्तुत कर नहीं हटाया जा सकता, क्योंकि उन सबों की जानकारी तो उसे है। उसके लिए उसकी दृष्टि में आमूल परिवर्तन अनिवार्य है। उसकी सम्पूर्ण विश्वास-व्यवस्था, उसकी सम्पूर्ण विचार-प्रणाली को हिला कर बदल देना आवश्यक है।

इसी प्रकार की उपचार-प्रणाली से दार्शनिक समस्याओं से भी जूझना होगा। दार्शनिक समस्याएँ गलत भाषीय-प्रयोगों से उत्पन्न होती हैं। उन प्रयोगों का बन्धन इतना मजबूत सिद्ध होता है कि उनसे उत्पन्न मानसिक प्रतिमाओं से इन समस्याओं से ग्रस्त व्यक्ति अपने को मुक्त नहीं कर पाता। तो उपचार यही हो सकता है कि उसके भाषीय प्रयोगों के सम्पूर्ण ढंग का खोखलापन स्पष्ट कर दिया जाय कि उसके विचार का ढंग ही दोषग्रस्त है। गलत भाषीय प्रयोगों के भ्रान्ति उत्पन्न करने वाले रूप को स्पष्ट कर देना अनिवार्य होगा। विटगेन्स्टीन का कहना है कि इसके लिए उन भाषीय-प्रयोगों की तह में जाना होगा।

इसके लिए भाषीय-प्रयोगों को ही देखना होगा। गलत भाषीय प्रयोग में किसी-न-किसी प्रकार से एक प्रकार की भाषीय उक्ति के साथ एक विशेष 'अर्थ' (Meaning) चिपक कर बैठ जाता है। इससे बचने के लिए और हम उसी चिपके हुए मॉडल के ढंग से ही सोचने लग जाते हैं जिससे समस्या उत्पन्न होती है। उन उक्तियों को उनके साधारण प्रयोगों के ढंग पर बिठाना होगा। यह देखना होगा कि हमारे सामान्य-साधारण भाषीय व्यवहार में उन उक्तियों का प्रयोग किस प्रकार होता रहता है। यह देखना होगा कि इन उक्तियों का प्रयोग दैनिक जीवन में कैसे-कैसे होता रहता है और तब यह स्पष्ट हो जायगा कि सारी उलझनें उसी 'चिपके हुए अर्थ' के कारण हैं। उनसे मुक्त होने के लिए भाषीय उक्तियों को उनके सामान्य-साधारण प्रयोगों में देखना होगा। तब स्पष्ट होगा कि किसी भाषीय उक्ति के साथ किसी चित्र को चिपका देना—किसी निश्चित अर्थ को जोड़ देना, उस भाषीय उक्ति का गलत प्रयोग है। प्रयोग के विभिन्न, अनेक ढंग होते हैं। यह स्पष्ट हो जाय, तो यह भी स्पष्ट हो जायगा कि किसी शब्द को पूर्णतया निश्चित अर्थ देकर उसमें अपने को बाँध लेने से ही समस्या उत्पन्न होती है।

इसलिए विटगेन्स्टीन कहते हैं कि भाषीय उलझन के निदान का ढंग है **भाषीय खेल** (Language Game) खेलना। इस खेल का विटगेन्स्टीन ने बड़ा ही स्पष्ट एवं विस्तृत विवरण दिया है। यह खेल जैसे-जैसे समस्याएँ दिखाई दे, वैसे-वैसे उन समस्याओं के साथ यह खेल खेलना है। यह भी भाषीय विश्लेषण का खेल है, तथा उसमें एक तदर्थता (ad hocism) है। यह ऐसा खेल नहीं कि एक बार खेल लेने से सारी दार्शनिक उलझनें समाप्त हो जायँ। नहीं, हर दार्शनिक समस्या के लिए इसे अलग से, पुनः पुनः, संदर्भानुसार खेलना होगा। इसमें विश्लेषण का उद्देश्य है यह स्पष्ट कर देना कि समस्या वस्तुतः कोई अर्थपूर्ण समस्या नहीं थी, बल्कि भाषा से सम्बन्धित कुछ भ्रान्तिपूर्ण धारणाओं के कारण उत्पन्न हुई थी। उलझन में पड़े हुए व्यक्ति के समक्ष—उसकी भ्रान्ति को स्पष्ट कर देना ही इसका लक्ष्य है। यही तो मानसिक व्याधि की उपचार विधि है। यदि व्याधिग्रस्त व्यक्ति को भ्रान्ति का भ्रान्तिरूप स्पष्ट हो जाय, तो वह व्याधिमुक्त हो जाता है। यही लक्ष्य विटगेन्स्टीन के 'भाषीय खेल' का भी है। इस खेल की विधि है कि यहाँ विश्लेषण **अनौपचारिक** (Informal) होता है, तार्किकता के औपचारिक (Formal) नियमों पर आधृत नहीं। यह भाषा के साधारण प्रयोगों को देखता है, यह देखता है कि समस्या में जिस कथन पर विचार हो रहा है, वैसा कथन किस-किस परिस्थिति में, किस-किस ढंग से साधारणतः हम दिया करते हैं। उसी से यह स्पष्ट हो जायगा कि वस्तुतः हम जो समझ रहे थे, वह नहीं है; हमने उस कथन का जो निश्चित अर्थ दिया था, वही भ्रान्ति थी।

प्रश्न है कि क्या इससे समस्या सुलझ जायगी? विटगेन्स्टीन का उत्तर है, कि समस्या

को सुलझने का प्रश्न ही नहीं रह जाता, क्योंकि समस्या वास्तविक समस्या थी ही नहीं। यहाँ निदान इस रूप में होता है कि समस्या ही समाप्त हो जाती है, उड़ जाती है (dissolves)। यदि यह स्पष्ट हो जाय कि समस्या भ्रान्ति पर आधृत थी तो समस्या रहती ही नहीं। विटगेन्स्टीन का कहना है कि दार्शनिक भाषीय खेल समस्या को सुलझाता नहीं, स्पष्ट कर देता है कि समस्या थी ही नहीं।

इसी कारण वे कहते हैं कि वस्तुतः इस प्रकारर से समस्या के निराकाण का अर्थ है कि वस्तुतः किसी वास्तविक समस्या की इमारत नहीं ढहती, **'ताश का घर'** ढहता है। यह स्पष्ट हो जाता है कि कोई ऐसी इमारत थी ही नहीं, भाषीय व्यवहार से जनित कुछ भ्रान्तिपूर्ण प्रतिमाओं में बन्दी होकर हम भ्रान्ति के शिकार हो गये थे। तुलना की भाषा में इसे व्यक्त करते हुए विटगेन्स्टीन कहते हैं कि दार्शनिक समस्या एक बोतल में फँसे मक्खी के भनभनाने की आवाज जैसी है। दार्शनिक भाषीय खेल मक्खी को बोतल के बाहर उड़ा देता है (Shows the fly the way out of the bottle)। उलझन का समाधान यही है कि उलझन समाप्त हो जाय।

तो इन्भेस्टिगेशन के दार्शनिक के लिए दर्शन एक उपचार-विधि है, यह एक **क्रिया** है, दार्शनिक विधि है। इसका अपना कोई विषय नहीं, यदि इसका कुछ विषय है तो वे एक प्रकार के रोगी (patient) हैं, जो भ्रान्ति-ग्रस्त हैं। वे अनर्गल ही कुछ विचित्र प्रकार की चिन्ता तथा उलझन में पड़े हैं। इस प्रकार की अनेकों चिन्ताओं का उदाहरण 'इन्भेस्टिगेशन' में लिया गया है। दार्शनिक चिन्ता के विषय कुछ इस प्रकार के होते हैं, **अन्य मन के होने तथा उनके ज्ञान की चिन्ता, वाह्य जगत की वास्तविकता के वषय में चिन्ता, वैयक्तिक भाषा की सम्भावना के सम्बन्ध में** चिन्ता आदि, आदि। 'इन्भेस्टिगेशन' में अनेकों ऐसे उदाहरण लिये गये हैं और हर उदाहरण में 'भाषीय खेल' खेल कर दिखाया गया है। हर उदाहरण में यह स्पष्ट किया गया है कि कैसे दार्शनिक चिन्तन इन भ्रान्तिपूर्ण धारणाओं में उलझा रहता है, तथा यह भी कि कैसे ये धारणाएँ भ्रान्तिपूर्ण हैं।

इस प्रकार के विश्लेषण से दो प्रकार के प्रकाश मिलते है। एक तो पुस्तक का सामान्य लक्ष्य स्पष्ट होता है, पुस्तक में विकसित दार्शनिक विश्लेषण उदाहरणों से पुष्ट होता है तथा 'भाषीय खेल' को उदाहरणों में देखने का अवसर मिल जाता है। इसके अतिरिक्त जिन उदाहरणों का विश्लेषण होता है उन पर नया प्रकाश मिलता है। उदाहरणतः 'इन्भेस्टिगेशन' में 'अन्य मन की समस्या' अथवा 'वैयक्तिक भाषा की समस्या' का जो विश्लेषण हुआ है, उससे इनके विषय में जो विचार होते रहे हैं उनपर एक बड़ा ही मौलिक एवं नवीन प्रकाश मिलता है।

'इन्भेस्टिगेशन' में विकसित विचारों की इस संक्षिप्त रूपरेखा के आधार पर अब हम इसके अध्ययन को कुछ उपयुक्त खण्डों में विभाजित कर सकते हैं।

प्रथमतः तो ट्रैक्टेटस के मूल विचारों के खण्डन से ही इस अध्ययन का प्रारम्भ करना ही पड़ेगा, क्योंकि उसी आलोचना में इस नये विचार के भावात्मक पक्ष का आधार मिलता है। उसके बाद दूसरा खण्ड होगा 'दार्शनिक समस्याएँ क्या हैं?' इस काल के विचारों के विशदीकरण का आधार ही यह समस्या है—किस प्रकार समस्याएँ उत्पन्न होती हैं? उसके पश्चात हमें यह देखना होगा कि ये समस्याएँ उत्पन्न कैसे होती हैं? इसी संदर्भ में, जैसा कि ऊपर कहा गया है यह स्पष्ट होगा कि कैसे भाषा के गलत प्रयोग से इस प्रकार की

समस्याएँ उत्पन्न होती हैं। इस विवेचना में इसके बाद के खण्ड में चर्चा के लिए कुछ बिन्दु मिल जायेंगे, अतः अब 'अर्थ तथा प्रयोग' (meaning and use) की विवेचना करेंगे और तब यह देखेंगे कि विटगेन्स्टीन इन समस्याओं से त्राण पाने का क्या ढंग बताते हैं। यही उनके भाषीय खेल (language game) का स्पष्टीकरण होगा, तथा उसी संदर्भ में इन खेलों में क्या अन्ततः उपलब्ध होता है यह स्पष्ट होगा। अन्त में इस खेल के कुछ उदाहरणों का विवरण देकर विटगेन्स्टीन के विचारों को स्पष्ट किया जायगा। पुस्तक में अनेक प्रकार के उदाहरण दिये गये हैं। हमने पहले ही कहा है कि विटगेन्स्टीन के इस स्तर के विचार में दार्शनिक चिन्तन कोई सर्वांगी व्याख्या प्रस्तुत नहीं करता, बल्कि जैसे-जैसे दार्शनिक समस्याएँ उभरती हों, जब-जब हम उनसे टकराते हैं, तभी उस संदर्भ में ही दार्शनिक चिन्तन उपयोगी तथा प्रासंगिक है। इसी कारण दार्शनिक चिन्तन में एक तदर्थता (adhoeism) है। अतः यह तो सम्भव नहीं है कि इन्भेस्टीगेशन में जितने उदाहरण हैं सबों का उल्लेख हो जाय। हम एक मुख्य उदाहरण का ही उल्लेख करेंगे। तो पहले ट्रैक्टेटस के विचारों के खण्डन से अपने अध्ययन का प्रारम्भ करें।

(4) ट्रैक्टेटस के विचारों का खण्डन

उत्तरकालीन विटगेन्स्टीन ने ट्रैक्टेटस के विचारों का खण्डन किसी एक स्थल पर पूर्णतया व्यवस्थित ढंग में नहीं किया है। उनके इस स्तर के विचार में दार्शनिक चिन्तन के ढंग में एक तदर्थता (Ad hoeism) है, अतः उनकी आलोचनाएँ भी प्रसंगानुसार विभिन्न स्थलों पर प्रकट होती रही हैं। उन सबों को एक स्थान पर एकत्रित तथा संगठित करना भी सरल नहीं है। अतः उन आलोचनाओं को ध्यान में रखते हुए हम अपने ढंग से उन्हें व्यवस्थित करेंगे।

कहा जा सकता है कि ट्रैक्टेटस के सभी विचार एक प्रकार से वहाँ विकसित 'भाषा' की अवधारणा पर आधृत है। उत्तरकालीन विटगेन्स्टीन के विचारों में 'भाषा' के सम्बन्ध में विचार ही पूर्णतया परिवर्तित हो गया है। अतः उत्तरकालीन विटगेन्स्टीन की आलोचना का केन्द्र पूर्वकालीन विटगेन्स्टीन का भाषा-विचार है।

पूर्वकालीन विटगेन्स्टीन के भाषा-विचार के विरुद्ध उठायी गयी आपत्तियों के चार मुख्य बिन्दु हैं, जो चारों उस भाषा-विचार की अनिवार्य मान्यताएँ हैं। पूर्वकालीन विटगेन्स्टीन इन चारों को स्वीकार कर ही अग्रसर होता है। वे हैं—

(क) भाषा अनिवार्यतः एक ही कार्य के लिए प्रयोग में आती है, वह है 'तथ्यों के विषय में कुछ कहना'।

(ख) ट्रैक्टेटस के भाषा-विचार की दूसरी मान्यता है कि अर्थपूर्ण भाषा एक ही ढंग से निर्धारित होती है—यह देख कर निर्धारित होती है उनमें तथ्यों का—किसी वस्तु स्थिति के होने का—चित्रण करने की क्षमता है या नहीं।

(ग) ट्रैक्टेटस के भाषा-विचार की यह भी मान्यता है कि भाषीय संरचनाएँ सर्वथा स्पष्ट एवं नियमनिष्ठ होती हैं, वैसी होती हैं जैसी कि किसी तार्किक कथन के फार्मूला की कठोर तार्किकता में होती है।

(घ) 'ग' को स्वीकारने के फलस्वरूप ट्रैक्टेटस यह भी स्वीकार कर अग्रसर होता है कि एक आदर्श भाषा जैसी नियमनिष्ठ भाषा है, जो पूर्णतया निश्चित एवं सार्वभौम हैं, तथा मानवीय संदर्भों से स्वतंत्र है।

उत्तरकालीन विटगेन्स्टीन को इन चारों का खण्डन करना है, क्योंकि वह इन मान्यताओं को नहीं स्वीकारता।

(क) के खण्डन में ट्रैक्टेटस के सामान्य भाषा-विचार का ही खण्डन हो जाता है।

(ख) के खण्डन में ट्रैक्टेटस के **चित्रण सिद्धान्त** का खण्डन होता है, तथा उसी के साथ ट्रैक्टेटस के अर्थ-सिद्धान्त (Theory of Meaning) का खण्डन होता है।

(ग) के खण्डन में ट्रैक्टेटस के **सरलतम की खोज** की आलोचना होती है, तथा उसी संदर्भ में उसके 'सरलतम' 'पूर्णतया निश्चित' (Precision) आदि के विचार का खण्डन होता है, तथा।

(घ) के खण्डन में ट्रैक्टेटस में संकेत दिया गया आदर्श-भाषा-विचार (ideal language) की आलोचना होती है। वैसे खण्डन के ये चारों प्रयत्न एक दूसरे से सर्वथा पृथक नहीं हैं। (क) तथा (ख) में जो बातें कही जायगी वे एक दूसरे के पूरक हैं। एक दृष्टि से चारों खण्ड सम्मिलित रूप में ट्रैक्टेटस के विचारों का खण्डन करते हैं।

अतः इन **चारों** की विवेचना से यह स्पष्ट हो जायगा कि किस प्रकार उत्तरकालीन विटगेन्स्टीन ने पूर्वकालीन विटगेन्स्टीन के विचारों का खण्डन किया है। हम एक-एक कर इन्हें देखें।

(क) ट्रैक्टेटस के सामान्य भाषा-विचार की आलोचना

हमने देखा है कि ट्रैक्टेटस का सारा चिन्तन इस मान्यता पर आधृत है कि भाषा अनिवार्यतः एक ही कार्य अर्थपूर्ण ढंग से करती हैं, वह है किसी तथ्य के विषय में कोई जानकारी' देना। अब विटगेन्स्टीन उस मान्यता को ही अस्वीकार कर देते हैं,

'इन्भेस्टीगेशन' के प्रारम्भ में ही विटगेन्स्टीन **आगस्टीन** की कुछ पंक्तियों को उद्धृत करते हैं, जिनमें आगस्टीन ने यह बताया है कि बच्चे किस प्रकार बड़ों से किसी विशेष शब्द को किसी वस्तु के लिए सूचित करना सीखते हैं। किसी वस्तु की ओर संकेत कर कुछ शब्द कहा जाता है, तथा बच्चा उस शब्द तथा उस वस्तु के साहचर्य को पकड़ लेता है, जो बार-बार दुहराने के बाद ऐसा नियत हो जाता है कि अब वह उस शब्द से उसी वस्तु को सूचित करता है। यह शब्दों की निर्देशात्मक परिभाषा (Ostensive Definition) का ढंग है। ट्रैक्टेटस का विचार भी कुछ इसी प्रकार है, अतः अब विटगेन्स्टीन यह दिखलाते हैं कि इस प्रकार से शब्द तथा वस्तु के साहचर्य से यह सिद्ध नहीं होता कि उस वस्तु तथा उस शब्द का पूर्णतया निश्चित सम्बन्ध है या उस शब्द का अर्थ वह वस्तु है।

इस आलोचना की समझ तो (ख) के अन्तर्गत की जाने वाली 'चित्रण-सिद्धान्त की आलोचना' के बाद ही स्पष्ट होगा। किन्तु, अभी यह स्पष्ट कर देना है कि भाषीय व्यवहार का ऊपर बताया रूप न इसका एकमात्र रूप है, न अनिवार्य है।

ट्रैक्टेटस का इस प्रकार का विचार एक प्रकार से यह मान कर चलता है कि हर शब्द किसी वस्तु का नाम है, अर्थात् हर शब्द का पूर्णतया निश्चित अर्थ है, जो सदा उस शब्द से निश्चित रूप में सूचित होता है। इस दृष्टि से वह यह भी मान लेता है कि हर शब्द का कुछ निश्चित अर्थ होता है। इसी कारण ट्रैक्टेटस कहता है कि ऐसे नामों की शृंखला जो उसके अनुसार प्रतिज्ञप्ति है—क़िसी तथ्य का प्रतिरूपण करती है। तथ्य वस्तुस्थिति का होना है तथा वस्तुस्थिति ऐसे सूचित होने वाले विषयों का सम्बन्ध है।

विटगेन्स्टीन का कहना है कि भाषा के स्वरूप का यह विचार स्पष्टतया भ्रान्तिपूर्ण है, क्योंकि एक ओर तो भाषा के लिए यह ऐसा मापदण्ड देता है जिसे पूरा करना भाषा के लिए असम्भव है तथा दूसरी ओर यह वास्तविक भाषीय प्रयोगों पर ध्यान देता ही नहीं है।

इसकी माँगें असम्भव हैं क्योंकि यह धारणा ही भ्रान्तिपूर्ण हैं कि अर्थपूर्ण प्रतिज्ञप्तियों का पूर्णतया निश्चित अर्थ होता है। हमारी बहुत-सी भाषीय उक्तियाँ तो प्रायः अनिश्चित तथा अस्पष्ट रहती हैं, किन्तु फिर भी भाषीय व्यापार में कारगर रहती हैं। विटगेन्स्टीन उदाहरण देते हैं कि किसी को हम एक 'पुर्जा' पर 'पाँच लाल सेव' लिखकर दूकान भेजते हैं। क्या 'पाँच लाल सेव' का अर्थ पूर्णतया निश्चित है? क्या दूकानदार जो 'पाँच', 'लाल' तथा 'सेव' शब्दों से पूर्णतया परिचित हैं, इन्हें देखते ही निश्चित रूप में समझ लेता है कि ये क्या सूचित कर रहे हैं? नहीं, यदि हम उसके वास्तविक व्यवहार को देखें, तो इसमें अनेक व्यवहार जुटे हैं। वह 'लाल' का एक उदाहरण सोचता है, एक-एक सेव को बारी-बारी से उठा कर उस 'लाल' से मिलाता है, तथा ऐसा तब तक करता है जबतक पाँच पूरा न हो जाय। तो यहाँ निश्चयता कहाँ आयी।

विटगेन्स्टीन कहते हैं कि ट्रैक्टेटस की भाषा के लिए निश्चियता की माँग असम्भव है क्योंकि जो **निश्चयता** वह माँगता है वह भाषीय व्यवहार में सम्भव ही नहीं है। वे कहते हैं कि कोई कहता है कि उसकी घड़ी पूर्णतया सही (exact) समय बताती है। क्या इससे 'पूर्णतया सही' का पूर्णतया निश्चित अर्थबोध हो जाता है। भाषीय व्यवहार को देखने से स्पष्ट हो जाता है 'पूर्णतया सही समय' अपने में ही अस्पष्ट एवं अनिश्चित है। अतः यह कहना कि अर्थपूर्ण भाषीय उक्तियों का पूर्णतया निश्चित अर्थ होता है, भाषीय-व्यवहार को नहीं समझना है। वस्तुतः ऐसा कहने वाले अबौद्धिक रूप में इसे माने हुए हैं। विटगेन्स्टीन उपमा की भाषा में कहते हैं कि वे लोग नाक पर चश्मा लगा कर इस जगत को देख रहे हैं, तथा उन्हें यह सूझता भी नहीं कि चश्मा उतार कर देखें (P. I—103)।

इस प्रकार के विचार के विरुद्ध दूसरी प्रमुख आपत्ति यह भी है कि यह भाषीय व्यवहार की विभिन्नता तथा अनेकता की सर्वथा उपेक्षा करता है। यह विचार भी एक प्रकार से उसी रोग का लक्षण है जिस प्रकार के रोग के उपचार का एंग 'इन्भेस्टीगेशन' में बताया गया है। इस प्रकार का विचार केवल **संज्ञा-रूप शब्दों** तथा निर्देशात्मक **वाक्यों** (indicative sentences) पर ही ध्यान रहता है तथा हर दूसरे प्रकार के शब्दों तथा वाक्यों को इन्हीं ढाँचों में ढाल देता है। विटगेन्सटीन कहते हैं कि एक ओर तो यह 'संज्ञाओं' के अतिरिक्त दूसरे प्रकार के शब्दों की ओर (जैसे—विशेषण, क्रिया, सम्बन्ध आदि) देखता ही नहीं, तथा दूसरी ओर यह भी नहीं देख पाता कि किसी भी शब्द का अर्थ सदा एक निश्चित अर्थ नहीं होता, बल्कि इस बात पर निर्भर करता है कि किस परिस्थिति में उस शब्द का प्रयोग किस प्रकार हुआ है। उसी प्रकार यह विचार भी भुला देता है कि वाक्य अनेकों प्रकार के होते हैं। सभी वाक्य सूचनात्मक नहीं होते। अनेकों वाक्य होते हैं और वे अनेकों प्रकार के कार्य-सूचना देने से भिन्न अनेकों प्रकार के कार्य कर सकते हैं, जैसे आज्ञा देना तथा उनका पालन करना, किसी घटना का विवरण देना, किसी घटना के विषय में सोचना, परिकल्पना बनाना, मजाक करना, कहानी बनाना, एक भाषा से दूसरी भाषा में अनुवाद करना, पूछना, धन्यवाद देना, गाली देना, स्वागत करना, प्रार्थना करना

आदि-आदि। ट्रेक्टेटस का भाषा-विचार के इन सभी कार्यों की उपेक्षा करता है, और अन्धविश्वास के रूप में जोर देकर कहता है कि भाषा मात्र एक ही कार्य करती है कि वस्तुस्थितियों के होने का प्रतिरूपण करती है, तथ्यों की जानकारी देती है। स्पष्ट है कि भाषा का यह विचार सर्वथा अयुक्त एवं भ्रान्तिपूर्ण है। (द्रष्टव्य है कि अगले उपखण्ड में चित्रण-सिद्धान्त के विरुद्ध जो आपत्ति उठायी जा रही है, वह इस खण्ड में जो आपत्ति का केन्द्र है, उस पर भी लागू होगी।)

(ख) ट्रेक्टेटस के अर्थ-सिद्धान्त तथा चित्रण-सिद्धान्त की आलोचना

हमने ट्रेक्टेटस के अर्थ-सिद्धान्त का विवरण दिया है। यह मानता है कि अर्थपूर्णता का अर्थ है किसी वस्तुस्थिति के होने का—तथ्य का—चित्रण। प्रतिज्ञप्ति तभी अर्थपूर्ण हो सकती है जब वह स्वयं अथवा उनके सरलतम अंग तथ्य को चित्रित करें। हमने इस सिद्धान्त के कठोर तार्किक माँगों का भी उल्लेख किया है।

विटगेन्स्टीन का कहना है कि इस सिद्धान्त में जो कुछ कहा गया है, वह स्पष्टतः भ्रान्तिपूर्ण है क्योंकि यह 'अर्थपूर्णता' के वास्तविक अर्थ को पकड़ ही नहीं पाता। इस सिद्धान्त में जो अर्थपूर्णता की समझ है, वह दो ढंगों से दोषपूर्ण है। प्रथमतः तो यह भूल जाता है कि भाषीय व्यवहार का मूल लक्ष्य है कि हर कथन का जो उद्देश्य है वह कहने वाले के अभिप्राय के अनुरूप सफल हो। किसी-किसी कथन में उद्देश्य वस्तुस्थिति का सूचना देना हो सकता है। किन्तु, इससे यह समझ लेना गलत होगा कि हर कथन किसी वस्तुस्थिति को सूचित करता है, तथा हर शब्द किसी विषय का नाम है। दूसरी बात जिसके तरफ ट्रेक्टेटस का ध्यान नहीं जाता वह यह है कि 'अर्थपूर्णता' का ही एक विशेष संदर्भ होता है। हर कथन एक विशेष संदर्भ में अर्थवान होता है। ऐसा नहीं है कि कोई कथन सदा के लिए, हर संदर्भ के लिए अर्थवान हो ही। ट्रैक्टेटस जब प्रतिज्ञप्तियों का चित्रण-सिद्धान्त प्रस्तुत करता है, तो इस बात को पूर्णतया भूल जाता है। अब हम इन दोनों बिन्दुओं को कुछ और स्पष्ट करें।

पहले बिन्दु को स्पष्ट करते हुए विटगेन्स्टीन कुछ स्पष्ट उदाहरणों का सहारा लेते हैं, (देखें PI-2 तथा 6)। वे कहते हैं कि हम एक मकान में जोड़ाई करने वाले मिस्त्री तथा उसके सहायक के बीच की भाषा की कल्पना करें। मिस्त्री पत्थर, ईंटा, लोहा, गारा आदि कहता जाता है तथा सहायक उसे उसी क्रम में उन्हीं वस्तुओं को देता जाता है। यहाँ जब मिस्त्री इन शब्दों का एक क्रम में उच्चारण करता है, तो उसका अभिप्राय यह नहीं है कि इन शब्दों का कोई चित्र—या कोई प्रतिमा सहायक के मन में जागे। यहाँ भाषीय व्यवहार का एक विशेष अभिप्राय है जिस क्रम में 'शब्द' कहे जा रहे हैं, उसी क्रम में उसे सामान मिलते जाय। सहायक के मन में कोई चित्र उत्पन्न हुआ या नहीं यह प्रासंगिक नहीं है। इस भाषा की अर्थपूर्णता इसे तय नहीं होती कि पत्थर, लोहा, ईंटा, सिमेंट कहने से कोई वस्तुस्थिति चित्रित हो रही है या नहीं, बल्कि इससे तय होती है कि इस भाषीय व्यवहार का जो अभिप्राय है, वह पूरा हो रहा है या नहीं।

किन्तु इस स्थल पर ट्रैक्टेटस की ओर से एक उत्तर दिया जा सकता है कि इस भाषा के सीखने का जो प्रारंभिक ढंग है उसमें तो चित्रण-क्रिया स्पष्ट होती है। सहायक 'ईंटा' कहने पर 'ईंटा' ही देता है, पत्थर नहीं, उसने प्रारम्भ में यह कैसे सीखा होगा, किसी ने एक शब्द 'ईंटा' का उच्चारण किया होगा, तथा साथ-साथ एक विशेष वस्तु की ओर

संकेत किया होगा। अतः 'ईंटा' कहने से उसके मन में उसी वस्तु को सूचित करता हुआ चित्र या प्रतिमा उपस्थित होती है जिसके कारण ही वह ईंटा कहने पर ईंटा ही देता है, पत्थर नहीं।

उत्तरकालीन विटगेन्स्टीन इतना स्वीकारते हैं कि भाषीय व्यवहारों को सीखने का यह ढंग होता है। वे मानते हैं कि बच्चे इसी प्रकार भाषा के व्यवहारों को सीख पाते हैं; किन्तु इस बात से ट्रैक्टेटस के चित्रण-सिद्धान्त को बल नहीं मिलता। यह ठीक है कि इस प्रकार के निर्देशात्मक (ostensive) सीखने के ढंग से किसी विशेष शब्द तथा किसी विशेष वस्तु के बीच साहचर्य स्थापित हो जाता है। प्रश्न यह नहीं है, मूल प्रश्न है कि उस शब्द का 'अर्थ' क्या है? यह भी स्वीकारा जा सकता है कि किसी विशेष संदर्भ में, किसी विशेष प्रयोग में, उस शब्द का अर्थ भी वही प्रतीत हो जिसके साथ उसका साहचर्य स्थापित हुआ है, किन्तु यही उसका निश्चित सदा के लिए अर्थ नहीं है। उस शब्द के व्यवहार के अनेकों प्रकार के अर्थ सूचित हो सकते हैं। मिस्त्री के भाषीय व्यवहार का—'ईटा', 'लोहा', 'सीमेंट', आदि शब्दों के प्रयोग का यह अर्थ नहीं है कि उनके साहचर्य वाली वस्तुओं का चित्र सहायक के मन में उभरें। वहाँ भाषीय व्यवहार का अर्थ है कि कुछ वस्तुएँ एक विशेष क्रम में उसे मिलती जायँ, भले ही सहायक न जाने की ईटा से एक विशेष वस्तु सूचित होती है। यह इस बात से भी सिद्ध होती है कि बच्चों में बहुधा किसी प्रचलित शब्द का साहचर्य ऐसी वस्तु से स्थापित हो जाय जो उससे सूचित नहीं होती। यदि सहायक को इस ढंग से सीख दी जाय कि 'ईटा' शब्द से उसके लिए सीमेंट सूचित हो और 'पत्थर' शब्द से 'लोहा', तो अब उस क्रम से शब्दों के कहने पर भाषीय व्यवहार सफल रूप में चल संकता है। अतः निर्देशात्मक ढंग किसी शब्द के साथ कोई सार्वभौम अर्थ नहीं चिपकाता, बल्कि किसी विशेष उक्ति के साथ किसी वस्तु से साहचर्य स्थापित करता है। विटगेन्स्टीन ने एक अन्य उदाहरण देते हुए कहा है कि जब हम कहते हैं 'ब्रेक लगाओ', तो कोई वस्तु-स्थिति सूचित नहीं होती, ब्रेक का कोई चित्र भी नहीं उभरता, बल्कि हम एक डंडा तथा एक कील को जोड़ देते हैं और ब्रेक लग जाता है। जिसे इस संदर्भ की शिक्षा है, उसके लिए 'ब्रेक' शब्द के साथ 'डण्डे' और कील को जोड़ने का साहचर्य स्थापित है।

इसी बात से उस दूसरे बिन्दु की ओर संकेत मिल जाता है जिसके महत्त्व की उपेक्षा अर्थ के चित्रण सिद्धान्त में हुई है। यह सिद्धान्त भाषा का ऐसा रूप प्रस्तुत करता है जिसमें 'संदर्भ' के लिए कोई स्थान ही नहीं रह जाता। उत्तरकालीन विटगेन्स्टीन के लिए यह ट्रैक्टेटस की भयानक भूल है। वस्तुतः इसी बिदु की पकड़ पर उत्तरकालीन विटगेन्स्टीन का सम्पूर्ण भावात्मक दर्शन आधृत है। अतः इसकी और विवेचना तो आगे होगी। अभी इतना ही कहा जा सकता है कि यह सिद्धान्त तो यही भूल गया है कि भाषा का मूल उपयोग क्या है। किसी भी भाषा के शब्द, वाक्य आदि-आदि किसी औजार के बक्से में भरे विभिन्न प्रकार के औजारों के समान हैं (PI-11, 12)। बक्से में हथौड़ा, स्क्रू, कांटी, प्लास, स्क्रू-ड्राइवर, आरी आदि विभिन्न प्रकार के औजार हैं। यह ठीक है कि हर औजार हर काम नहीं कर सकता, किन्तु यह भी ठीक है कि हर औजार अनेकों ढंक से काम कर सकता है। हम सबों को औजार कहते हैं, अतः हमें यह भ्रान्ति हो जा सकती है कि सबों के लिए पृथक-पृथक कोई सर्वथा निश्चित कार्य नियत है। किन्तु यह भ्रान्ति है। हथौड़ा से सामान्यतः हम 'ठोकने' का कार्य लेते हैं, किन्तु हवा में उड़ते कागज को दबाने का भी कार्य इससे

लिया जा सकता है। बात यह है कि इनके सभी प्रयोगों के विषय में तो हम नहीं जानते। उसी प्रकार सभी प्रकार के 'शब्द' का शब्द तथा सभी प्रकार के वाक्यों को वाक्य कहा जाता है, अतः यह भ्रान्ति हो जाती है कि हर शब्द तथा हर वाक्य का पृथक-पृथक कोई निश्चित अर्थ होता है। साहचर्य से ज्ञात कुछ अर्थ को हम उससे चिपका भी देते हैं। किन्तु, विभिन्न संदर्भों में इनका विभिन्न प्रकार से उपयोग हो सकता है, ये किसी निश्चित कार्य से बंधे नहीं हैं। इसी बात की उपेक्षा ट्रैक्टेटस में हो गयी है।

(ग) ट्रैक्टेटस के सरलतम (Simple) पूर्णतया निश्चित (Precision) आदि से सम्बन्धित विचारों का खण्डन

हमने देखा है कि ट्रैक्टेटस के अनुसार अर्थपूर्ण प्रतिज्ञप्ति वही है जो या तो स्वयं एक सरलतम प्राथमिक प्रतिज्ञप्ति हो, या उसके सरलतम अंश प्राथमिक प्रतिज्ञप्ति हो, हमने यह भी देखा है कि सरलतम को ट्रैक्टेटस पूर्णतया निश्चित (Precise) बनाने की चेष्टा करता है, जिसमें कहा जाता है कि सरलतम पूर्णतया, तर्कतः निश्चित विशेष विषय हैं जिन्हें केवल नाम दिया जा सकता है, नामों से सूचित किया जा सकता है और नामों की शृंखला प्राथमिक प्रतिज्ञप्ति है।

इस विचार का खण्डन करते हुए विटरोन्स्टीन यह दिखाते हैं कि 'सरलतम' की अवधारणा ही भ्रान्तिपूर्ण है तथा पूर्णतया निश्चित कुछ हो नहीं सकता।

'सरल' (Simple) का अर्थ होता है जो मिश्रित या जटिल (Composition) न हो। जटिल को हम जटिल इस कारण कहते हैं क्योंकि उसके 'अवयव' होते हैं, अंश होते हैं (Composite = composed of parts)। हम मानते हैं कि यदि इनका विश्लेषण किया जाय तो करते-करते सरलतम अंगों तक पहुँच जायेंगे, जिसका और विश्लेषण सम्भव नहीं होगा। किन्तु, विटगेन्स्टीन का विचार है कि न इस प्रकार का विश्लेषण किया जा सकता है, न किसी सरलतम तक पहुँचा जा सकता है। उन्होंने उदाहरण के द्वारा अपने इस विचार को स्पष्ट किया है (P.I.-47)। वे प्रश्न उठाते हैं कि एक मेज जो सामान्यतः अवयवी (composite) समझा जाता है, उसके सरल अवयव क्या हैं? क्या सरलतम इसे बनायी जाने वाली लकड़ी का सबसे छोटा कण है, या कोई भौतिकी अणुतत्त्व? वे पुनः प्रश्न करते हैं कि इस मेज या एक वृक्ष के देखने पर ज़ो चाक्षुष-प्रतिमा बनती है वह जटिल है या सरल? यदि वह जटिल है तो उसका सरलतम अंग क्या है? विटगेन्स्टीन कहते हैं कि किसी-किसी संदर्भ में तो धड़ की अनुभूति, अथवा, शाखाओं की प्रतिमा को भी सरल कह कर काम चल सकता है, किन्तु दूसरे संदर्भ में शाखाओं की प्रतिमा भी जटिल कही जायगी। अर्थात् कुछ न तो पूर्णतया जटिल है, न निश्चित रूप में सरल। यह तो संदर्भानुसार तय होता है कि किसे सरल कहा जाय और किसे जटिल।

वे पुनः कहते हैं कि शायद किसी उदाहरण में जटिल तथा सरल का भेद निश्चित प्रतीत हो, जैसे शतरंज के बोर्ड को जटिल कहा ही जा सकता है क्योंकि इसमें बत्तीस सफेद तथा बत्तीस काले वर्ग बने हुए हैं। किन्तु, यह कैसे कह सकते हैं कि सफेद तथा काले वर्ग सरल हैं? वे भी एक दृष्टि से जटिल कहे जा सकते हैं। अतः उनका कहना है कि 'सरल' तथा 'जटिल' का प्रयोग अनेक ढंग से किया जा सकता है, तथा संदर्भानुसार प्रयोग सार्थक होता है। शतरंज के बोर्ड के उदाहरण में एक दृष्टि से 'सफेद' काला को सरल कहा जा सकता है? पुनः दूसरे वैज्ञानिक संदर्भ में 'सफेद' भी जटिल माना जा

सकता है। अतः जहाँ यह प्रश्न पूछा जाय कि अमुक चीज जटिल है या नहीं, और यदि जटिल है तो इसके सरल अंग क्या हैं—तो विटगेन्स्टीन का उत्तर होगा कि यह निर्भर करता है इस बात पर कि अभी आप 'जटिल' से क्या समझ रहे हैं, इसका एक उत्तर—**पूर्णतया निश्चित** उत्तर—नहीं दिया जा सकता। विटगेन्स्टीन यह भी कहते हैं कि वस्तुतः यह उस प्रश्न का उत्तर नहीं है, बल्कि उस प्रश्न को ही नकार देना है।''.....To the *philosophical* questions : "Is the visual image of this tree composite, and what are its component parts ?" the correct answer is : that depeads on what you understand by *composite*, (and that is of course not an answer but a rejection of the question, P.I. 47)

इस प्रकार ट्रैक्टेटस का एक मूल प्रश्न 'सरलतम क्या है?' उत्तरकालीन विटगेन्स्टीन के द्वारा नकारा जा रहा है। सरलतम की खोज भ्रान्ति है। ट्रैक्टेटस का यह विचार कि कुछ है जो पूर्णतया सरल है, भ्रान्तिपूर्ण विचार है। क्योंकि क्या सरल है क्या जटिल यहा संदर्भानुसार तय होता है। कुछ भी एंसा नहीं है जसे सभी अवस्थाओं के लिए एकबारगी सरल हो।

इस बात को अनेक ढंग से स्पष्ट किया जा सकता है। मान लें हम एक 'एक ईंच लम्बी सीधी रेखा' को देख प्रश्न करते हैं कि बताइए यह **अपने** में सरल है या जटिल?' विटगेन्स्टीन के विचार में यह प्रश्न प्रश्न ही नहीं है क्योंकि बिना किसी विशेष संदर्भ के अपने में यह प्रश्न सार्थक हो ही नहीं सकता, दूसरे ढंग से देखें। हम किसी को 'झाडू' लाने के लिए कहते हैं। हमें लगता है कि 'झाडू' तो जटिल है, अतः इसे इसके सरल अवयवों में बदल दें, और हम कहते हैं कि 'साफ करने वाला ब्रश खासा हुआ डंडा लाओ।' स्पष्ट है कि जटिल झाडू के अंग डंडा तथा ब्रश हैं, किन्तु दूसरी दृष्टि से इस सरलीकरण से जो दूसरा वाक्य मिला वह पहले से अधिक जटिल है। अतः उदाहरणों का अम्बार लगा कर यह दिखाया जा सकता है कि ट्रैक्टेटस का यह विचार कि कुछ सरलतम हैं जो सभी एक दूसरे से स्वतंत्र तथा पूर्णतया निश्चित हैं सर्वथा भ्रान्तिपूर्ण विचार है।

कुछ इसी प्रकार की बात ट्रैक्टेटस में विकसित **पूर्ण निश्चयता** (Precision) के विरुद्ध भी की जा सकती है। ट्रैक्टेटस का अर्थपूर्णता का चित्रण सिद्धान्त इस निश्चयता के विचार को एक प्रकार से केन्द्रीय बनाये हैं। उसके अनुसार हर अर्थपूर्ण प्रतिज्ञप्ति नामों की शृंखला है, तथा नाम पूर्णतया निश्चित रूप में किसी एक विशेष (object) को सूचित करते हैं। इसी बल पर हर प्राथमिक प्रतिज्ञप्ति किसी निश्चित तथ्य को सूचित करती है। किन्तु उत्तरकालीन विटरोन्स्टीन के मत में **निश्चयता** (precication) का यह विचार भी कुछ उसी प्रकार की भ्रान्ति पर आधृत है जिनका निराकरण उत्तरकालीन विचारों का लक्ष्य है।

विटगेन्स्टीन कहते हैं कि हमारी अनेकों अवधारणाएँ ऐसी होती हैं जिनकी रूपरेखा पूर्णतया स्पष्ट नहीं होतीं। इन अवधारणाओं के उपयोग-प्रयोग में हमें कठिनाई होती है क्योंकि इनकी सीमा—इनका घेरा-निश्चित नहीं है। इस कठिनाई से बचने के लिए हम किसी-न-किसी रूप में उनकी सीमा निर्धारित कर लेते हैं, तथा व्यवहार के अनुरूप उसकी रूपरेखा स्पष्ट कर लेते हैं। हमारी व्यावहारिक कठिनाई तो इससे दूर हो जाती है, किन्तु हम यह देख नहीं पाते कि इसके कारण हमारे उपयोग-प्रयोग में एक प्रकार की कृत्रिमता

आ जाती है तथा प्रयोग में लगता है कि कुछ 'जबरदस्ती' की गयी है। ट्रैक्टेटस के पूर्ण निश्चयता की अवधारणा के साथ भी यही दोष है।

पहले भी बताया गया है कि कैसे विटगेन्स्टीन यह दिखाते हैं कि 'पूर्णतया निश्चित' कुछ होता नहीं है। वस्तुतः यह संदर्भ तय करता है कि उस संदर्भ के लिए क्या निश्चित माना जाय। 'खेल', 'संख्या' आदि का उदाहरण लेकर विटगेन्स्टीन यह स्पष्ट करते हैं। कहते हैं कि मान लें हमें यह बताना है कि खेल (game) क्या है। हम कुछ खेलों का विवरण देते हैं और कहते हैं कि ये इसी जैसे अन्य को खेल कहते हैं। किन्तु क्या यह 'खेल' का पूर्णतया निश्चित विवरण हुआ? नहीं, और यह हमारा अज्ञान भी नहीं है, क्योंकि 'खेल' तथा 'जो खेल नहीं है'—उसकी सीमा स्पष्ट रूप से कभी निर्धारित हुई नहीं है, और न हो सकती है। इन्हीं यथेष्ठ जानकारी से हमारे कार्य सफल रूप में चलते हैं। (देखें P.I. 69)

सच पूछा जाय तो निश्चित को हम परिभाषि कर ही नहीं सकते। हमने पहले भी किसी संदर्भ में विटगेन्स्टीन के उस उदाहरण का उल्लेख किया था जहाँ वे कहते हैं कि पूर्णतया निश्चित 'काल' भी निश्चित नहीं है। किसी संदर्भ में 'सेकेण्ड' का अन्तर अनिश्चयता उत्पन्न कर सकता है, तो किसी संदर्भ में उसका कोई महत्त्व नहीं है। किसी वैज्ञानिक प्रयोग में सेकेण्ड का अन्तर अनिश्चयता उत्पन्न कर सकता है तथा इतिहास के संदर्भ में इस अन्तर का निश्चयता पर कोई प्रभाव नहीं पड़ता। ट्रैक्टेटस ने इस बात की उपेक्षा की तथा जहाँ निश्चयता नहीं है, वहाँ निश्चयता गढ़ ली। दर्शन में ऐसे व्यमिश्र हम खड़ा कर ही लेते हैं। ट्रैक्टेटस ने अकारण यह मान लिया कि हर अर्थपूर्ण शब्द किसी विशेष वस्तु को निश्चित रूप में सूचित करता है। वह यह नहीं देख पाया कि ऐसे शब्द, जैसे 'खेल' किसी संदर्भ में एक प्रकार की चीज को सूचित कर सकता है, तो दूसरे संदर्भ में दूसरी प्रकार की चीज। उदहारणतः 'मुक्केबाजी' एक संदर्भ में झगड़ा-फ़साद सूचित करता है, 'बौक्सिंग' के संदर्भ में एक 'खेल' को। 'खेल' बौक्सिंग भी है, शतरंज भी है, टेनिस भी है और ऐसे ही अन्य। यह भी नहीं है कि इन सभी खेलों में कुछ सामान्य तथा 'खेल' शब्द से वही खेलों का सामान्य सारतत्त्व (essence) सूचित होता है। वस्तुतः इनका कोई सारतत्त्व भी नहीं, यदि हम विभिन्न खेलों को मिलायें, उनकी सादृश्यता देखें, तो कोई सारतत्त्व प्राप्त नहीं होगा। कुछ तुलनाओं में कुछ सादृश्यताएँ उत्पन्न हो जायेगी। विटगेन्स्टीन कहते हैं कि इन खेलों के सारतत्त्व (essence) की बात करना भी भ्रान्ति है। **अधिक से अधिक हम यही कह सकते हैं कि इन सबों में एक प्रकार की पारिवारिक सादृश्यता (family resemblance) है, इनमें कोई पूर्णतया निश्चित सारतत्त्व (essence) नहीं, जो इन्हें निश्चयता दे।**

(घ) आदर्श भाषा-विचार का खण्डन

सच पूछा जाय तो 'आदर्श भाषा' की बात ट्रैक्टेटस की बात नहीं है। वस्तुतः आदर्श-भाषा-विचार औपचारिक तर्कशास्त्री तथा तार्किक भाववादी विचारकों ने दिया है। वे लोग तर्कतः नियमनिष्ठ भाषा को आदर्श-भाषा कहते हैं। ट्रैक्टेटस में अर्थपूर्ण भाषा का जो रूप उभरता है, वह इस आदर्श-भाषा विचार के अन्तर्गत चला आता है, क्योंकि यहाँ भी भाषा तर्कतः नियमनिष्ठ होने के बाद ही अर्थपूर्ण होती है। यहाँ भी यह स्वीकारा गया है कि वाक्यों का एक अन्तिम विश्लेषण, जो सर्वथा निश्चित एवं अर्थपूर्ण हो, हो सकता है।

यहाँ भी एक प्रकार से यह माना हुआ है कि अर्थपूर्ण कथनों में अनिवार्यतः उनका तर्कतः निश्चित रूप छिपा है, जिसे विश्लेषण प्रकाश में ले आता है। इसी विश्लेषण से प्राप्त प्राथमिक प्रतिज्ञप्तियाँ निश्चित रूप में तथ्यों का चित्रण करते हैं, क्योंकि इनके अवयव (नाम), वस्तुस्थिति के अवयव (विषय) को सूचित करते हैं। हर नाम निश्चित रूप में किसी विशेष को सूचित करता है, अतः नामों की अर्थपूर्ण शृंखला से विषयों का संघात (वस्तुस्थिति) निश्चित रूप में सूचित होता है। फलतः ट्रैक्टेटस मानता है कि अर्थपूर्ण भाषा का एक ही निश्चित रूप है—वह प्राथमिक प्रतिज्ञप्तियों का सत्यताफलन है। इस प्रकार की तार्किक भाषा को तो **आदर्श-भाषा** कहा जाता है। इसलिए उत्तरकालीन विटगेन्स्टीन के द्वारा इस भाषा विचार की आलोचनाओं को स्पष्ट करने के लिए हम इसे **आदर्श-भाषा** ही कह रहे हैं।

इस प्रकार के भाषा-विचार के पीछे यह मान्यता है कि हमारी सामान्य, साधारण भाषा व्यमिश्र, अनेकार्थकता तथा अस्पष्टता उत्पन्न करती है, अतः इनसे मुक्ति पाने के लिए एक तार्किक-भाषा (logical language) का होना अनिवार्य है जहाँ स्पष्टता तथा अनेकार्थकता के लिए स्थान नहीं रहे। जो कथन इस प्रकार की भाषा के जितना निकट होगा, वह उतना ही स्पष्ट होगा। ट्रैक्टेटस में 'प्राथमिक प्रतिज्ञप्ति' तथा 'प्राथमिक प्रतिज्ञप्ति के सत्यता-फलन' वाली भाषा ऐसी ही तार्किक भाषा है। जो कथन इसके ढाँचे में ढल पायेगा वही अर्थपूर्ण होगा।

'इन्वेस्टीगेशन' में विटगेन्स्टीन इस प्रकार के विचार की कृत्रिमता तथा रिक्तता को स्पष्ट करते हैं। उनका कहना है कि कि यह विचार यह मानकर चलता है कि हमारी साधारण भाषा एक निम्नस्तरीय भाषा है, जो अनिवार्यतः अनेकार्थक एवं अस्पष्ट है। इसी कारण वे एक उच्चस्तरीय तार्किक भाषा की बात करते हैं। यह भाषा केवल उच्चस्तरीय भाव—प्रतिज्ञप्ति, पद, सत्यता, आपादित सम्बन्ध, तार्किक प्रमाण—आदि की बात करता है।

विटगेन्स्टीन कहते हैं कि इनलोगों ने तार्किक व्यवस्था को एक महत्तर व्यवस्था (Super order) प्रदान कर दी है तथा तार्किक अवधारणाओं को उच्चतर अवधारणा (Super concept) मान लिया है। उनका कहना है कि इनलोगों ने जो तर्कशास्त्र को एक उच्चपीठ पर बिठा कर प्रतिष्ठित किया है, मात्र इस कारण कि उन्हें यह प्रतीत होता है कि तर्कशास्त्र में अस्पष्टता नहीं होती। विटगेन्स्टीन उनसे पूछते हैं कि उन्हें आखिर तर्कशास्त्र के सम्बन्ध में यह विचार कहाँ से उपलब्ध हुआ? तर्कशास्त्र की यह स्फटिक-रूप स्पष्टता (crystalline clarity) की बात उन्हें कहाँ से सूझी? उनका कहना है कि यह विचार-विचार प्रक्रिया तथा तर्कशास्त्रीय प्रणाली के वैज्ञानिक अध्ययन विश्लेषण पर आधृत नहीं, और न भाषीय व्यवहारों के अध्ययन पर आधृत है। यह तो तर्कशास्त्र की **पूर्वमान्यता है,** जिसे वे लोग इसका अनिवार्य लक्षण कहने लगे (For the crystalline purity of logic was, ofcourse, not a result of investigation, it was a requirement. P.I. 107)

पूर्वमान्यता को अनिवार्य लक्षण मानने के कारण ही इस प्रकार की भाषा में दोष उत्पन्न हो जाते हैं, एक तो यह भाषा को बड़ा की कृत्रिम तथा अयंथार्थ बना देता है, तथा दूसरी ओर इसकी उपयोगिता भी प्रायः समाप्त हो जाती है क्योंकि यह साधारण जीवन के भाषीय व्यापारों से पूर्णतया हट-सा जाता है। ट्रैक्टेटस में जिस भाषा की अनुशंसा की गयी वह इतना कृत्रिम एवं अयथार्थ है कि ट्रैक्टेटस अपने 'प्राथमिक प्रतिज्ञप्ति' का कोई उदाहरण

नहीं दे पाता। उसकी यह युक्ति कि उदाहरण का नहीं दे पाना कोई दोष नहीं हुआ क्योंकि यदि तार्किकता की माँग प्राथमिक प्रतिज्ञप्तियों के लिए है तो उन्हें स्वीकारना ही है' कोई युक्ति नहीं हुई क्योंकि पुनः यह अन्धविश्वास जैसी मान्यता पर आधृत है कि तार्किकता सर्वोपरि है—इतना उच्चस्तरीय है कि उसकी माँग उचित है, भले ही वह असम्भव हो। यह कृत्रिमता तथा अयथार्थता की पराकाष्ठा है।

इसके ऊपर चर्चित दूसरे दोष को स्पष्ट करते हुए विटगेन्स्टीन कहते हैं कि तर्कशास्त्री का यह दावा कि वे साधारण भाषा को उसकी अस्पष्टता तथा अनेकार्थकता से मुक्ति दिला सकते हैं रिक्त दावा है क्योंकि साधारण भाषा का संदर्भ ही समाप्त हो जाय तो भाषा-भाषा ही नहीं रहती। ट्रैक्टेटस की तार्किकता साधारण भाषीय प्रयोगों को शुद्ध कर उन्हें अर्थपूर्ण बनाने का प्रयत्न करता है, किन्तु उस प्रकार का प्रयत्न तो स्पष्टतः विफल होगा। विटगेन्स्टीन कहते हैं कि इसके लिए तो साधारण भाषीय प्रयोगों को देखने तथा समझने का प्रयत्न करना पड़ेगा। साधारण भाषीय प्रयोगों का हनन कर, कोई कृत्रिम परिकृष्ठ भाषा की बात करना तो भाषीय प्रयोगों को त्याग देना है। साधारण भाषीय प्रयोगों की सफलता तो इसी से सिद्ध है कि वे भाषीय व्यवहारों को सफल रूप में चला रहे हैं। अतः यदि इनमें व्यामिश्र, अस्पष्टता दिखाई दे, तो उसका समाधान उन प्रयोगों में प्रवेश कर ही ढूँढ़ना होगा। उनसे बाहर आकर उनका निदान ढूँढ़ना निष्फल ही सिद्ध होगा (........ they are solved rather, by looking into the workings of our language, and that in such a way as to make us realise these workings in despite of an urge to misunderstand them .......P.I., 109)

अतः विटगेन्स्टीन कहते हैं कि साधारण भाषा की अस्पष्टता को दूर करने वाली तार्किकता भी साधारण भाषा के अनुरूप ही हो सकती है, उससे तटस्थ, कृत्रिम भाषा नहीं, चाहे वह जितना भी निश्चित तथा नियम निष्ठ होने का दावा करे। दार्शनिक समस्याएँ, वैसी समस्याएँ जिनसे दार्शनिक चिन्तन जूझता है, भाषीय प्रयोगों के कारण ही उदित होती हैं, अतः उनका निदान भी भाषीय प्रयोगों में ही मिलेगा।

'दार्शनिक समस्याओं' के नाम मात्र उल्लेख हमें उत्तरकालीन विटगेन्स्टीन के विचारों के भावात्मक पक्ष पर ले चलता है। अतः हम अब उनके 'दार्शनिक समस्या' सम्बन्धी विचार की विवेचना करेंगे।

(5) 'दार्शनिक समस्या' क्या है?

हमने देखा कि 'ट्रैक्टेटस' के विचारों की आलोचना कर केन्द्रबिन्दु यही है कि ट्रैक्टेटस में जो भाषा का रूप उभरा है, वह बड़ा की कृत्रिम तथा अयथार्थ है। उसकी कृत्रिमता तथा अयथार्थता इस बात में है कि वह वास्तविक भाषीय प्रयोगों से बड़ा दूर हटा हुआ प्रतीत होता है। इसका करण शायद यही था कि ट्रैक्टेटस का विचारक कुछ भ्रान्तिपूर्ण धारणाओं में उलझा हुआ प्रतीत होता है। वह सूचनात्मक भाषीय-प्रयोगों तथा शब्दों के संज्ञा रूपों की सीमा में इस प्रकार बन्दी हो जाता है कि उसे भाषीय प्रयोगों की अन्य सीमाएँ दिखाई ही नहीं देतीं।

उत्तरकालीन विटगेन्स्टीन को जब ट्रैक्टेटस के विचारक की यह भ्रान्ति दिखाई देती है, तो उसे यह भी स्पष्ट हो जाता है कि जिस प्रकार की उलझन में ट्रैक्टेटस का विचारक उलझ कर भ्रान्तिग्रस्त हो गया है, उसी प्रकार की उलझन तो दार्शनिक समस्याओं को जन्म

देती हैं। कुछ विशेष भाषीय प्रयोगों में बंध कर उसी में सीमित होकर सोचने ही में तो दार्शनिक समस्याएँ, समस्याएँ बन कर उभरती हैं। अतः अब विटगेन्स्टीन के लिए यह आवश्यक हो जाता है कि ट्रैक्टेटस के विचारक का जो उपचार उन्होंने किया, उसी उपचार के आलोक में दार्शनिक समस्या के रूप को पहचाने तथा उनके निदान का मार्ग निर्धारित करें। अतः अब पहला प्रश्न यह है कि दार्शनिक समस्या है क्या?

विटगेन्स्टीन कहते हैं कि दार्शनिक समस्याएँ एक प्रकार की पहेली (Puzzlement) हैं, उलझन (Perplexity) है। वस्तुतः दार्शनिक चिन्तन का आधार ही यही है। जिन्हें दार्शनिक समस्या कहा जाता है, उनका विशिष्ट लक्षण यही है कि उनके उपस्थित होने पर विचारक 'चकरा' जाता है, उलझनग्रस्त हो जाता है। ऐसा नहीं है कि केवल गहन चिन्तन करने वाले विचारक या केवल परिपक्व दार्शनिक ही ऐसी उलझनों में उलझते हैं। नहीं, 'उलझनों में उलझना', 'चकरा देने वाली स्थिति का होना' दार्शनिक समस्या की पहचान है। उलझन इस बात में होती है कि विचारक को कोई मार्ग, कोई दिशा नहीं दिखाई देता (A philosophical problem has the form : I don't know my way about P.I., 123) मालकौम अपने 'Memoris' में कहते हैं कि विटगेन्स्टीन ने एक बार उनसे कहा था कि दार्शनिक उलझन में पड़ा व्यक्ति उस मनुष्य के संमान है जो बन्द कमरे से बाहर तो निकलना चाहता है, पर यह नहीं जानता कि कैसे निकले। वह खिड़की से निकलना चाहता है, किन्तु खिड़की बहुत ऊँची है, वह चिमनी से निकलने की सोचता है, किन्तु चिमनी बहुत संकरी है।[1] अर्थात्, दार्शनिक समस्याओं में उलझन इस बात की है कि एक चकरा देने वाली पहेली जैसा कुछ उपस्थित हो जाता है, तथा उससे निकलने का कोई मार्ग नहीं दिखाई देता।

किन्तु इस स्थल पर कहा जा सकता है कि इस प्रकार की उलझन, ऐसी पहेलियाँ तो सभी क्षेत्रों में उपस्थित हो सकती हैं, यह दर्शन के क्षेत्र की कोई विशिष्टता तो नहीं है। समस्या दार्शनिक हो या कोई अन्य, 'उलझन' तो उसका स्वरूप है, उलझना ही तो समस्या है। किन्तु विटगेन्स्टीन का कहना है कि दार्शनिक उलझनों की अपनी विशिष्टता है जो दूसरे क्षेत्रों की समस्याओं में प्रायः नहीं ही दिखाई देती है। अन्य सभी उलझनों में साधारण प्रमाण, साक्ष्य, तथ्य आदि उलझन को सुलझाने में सहायक होते हें। किसी अपराध के तह में जाने की प्रक्रिया में पुलिस अधिकारी को भी उलझन होती है, किसी अनापेक्षित विकट परिस्थिति के एकाएक प्रकट हो जाने पर कोई भी उलझन में पड़ जा सकता है, किन्तु इन सभी उदाहरणों में प्रमाण, साक्ष्य, तथ्यों की जानकारी तथा अन्य ढंगों से उलझन के निराकरण का प्रयत्न हो सकता है। दार्शनिक समस्याओं के साथ ऐसा नहीं है। दार्शनिक उलझन का समाधान नये तथ्यों या साक्ष्यों की जानकारी के साथ ऐसा नहीं है। दार्शनिक उलझन का समाधान नये तथ्यों या साक्ष्यों की जानकारी के द्वारा होने की कोई सम्भावना नहीं है। सम्भतः अधिकांश उदाहरणों में उलझन में फंसे दार्शनिक को सभी प्रासंगिक तथ्यों की जानकारी है। उदाहरणतः इच्छा स्वातंत्र्य की दार्शनिक समस्या को लें, 'अन्य मन के ज्ञान' की समस्या पर सोचें, 'वाह्य जगत सम्बन्धी दार्शनिक समस्य पर सोचें। यहाँ उसकी उलझन इन विषयों पर कुछ और जानकारी पा लेने से नहीं समाप्त होती। संकल्प-शक्ति की स्वतंत्रत के पक्ष-विपक्ष में सम्भवतः सभी साक्ष्य-तर्क दार्शनिक के समक्ष

1. N. Maloolm, Memorie, p. 51

उपलब्ध है। फिर भी, वह उलझन में है 'इच्छा-स्वातंत्र्य' उसके लिए एक पहेली बनी हुई है। उसे तथ्यों या साक्ष्यों की कमी का बोध भी नहीं होता, फिर भी उसे लगता है कि 'कहीं कुछ कमी, कुछ गड़बड़ी है। वह समझ नहीं पाता, फिर भी उसे लगता है किसी स्थल पर कोई भयंकर भूल हो रही है। यही तो उसकी उलझन है। वह जो तथ्य उपलब्ध है, उन्हें समझना चाहता है, किन्तु समझ नहीं पा रहा। तथ्यों, प्रमाणों को एकत्रित कर इसे शायद समझा भी नहीं जा सकता, क्योंकि ऐसा लगता है कि इसके सम्बन्ध में सोचने के ढंग में ही कुछ कमी है और वह 'कमी' क्या है यह भी समझ में नहीं आता। वे कहते हैं, (......Not, however as if to this end we had to hunt out new facts, it is, rather of the essence of our investigation that we do not seek to learn anything new by it. We want to understand something that is already in plain view. For this what we seem in some sense not to understand. P.I. 89)

इसका अर्थ है कि दार्शनिक की उलझन तथ्यात्मक नहीं; वैचारिक है। एक प्रकार से वह बौद्धिक बीमारी से ग्रस्त है, वैचारिक व्याधि से ग्रस्त है। यह व्याधि उसके सोचने के ढंग में ही निहित है, अतः बाहर से चाहे जितना तथ्य, साक्ष्य, प्रमाण प्रमाण प्रस्तुत किया जाय व्याधि पर कोई प्रभाव नहीं पड़ सकता, व्याधि विचार के ढंग में ही निहित है।

इसी कारण विटगेन्स्टीन कहते हैं कि दार्शनिक समस्याएँ 'उलझन' तथा 'पहेली' के रूप में तो है ही, किन्तु यह विशिष्ट ढंग की उलझन है। वह जो 'समस्या' बन के उभरा है, उसे समझना चाहता है। किन्तु, वह उसे अपने एक विशेष वैचारिक ढंग से ही देखने और समझने का प्रयत्न कर रहा है। वह वैचारिक ढंग उसके मन में बैठा हुआ है, वह उसे त्याग भी नहीं सकता, परिवर्तित भी नहीं कर पाता, तथा उसी ढंग से समस्या के अवबोध का प्रयत्न करता है। उसकी उलझन यह है कि वह एक विरोधाभाव में फँस जाता है—उस वैचारिक ढंग से वह समझ नहीं पा रहा है, किन्तु उस वैचारिक ढंग की पकड़ इतनी मजबूत है कि वह उसे छोड़ भी नहीं पाता। यही उसकी उलझन है, और इसी कारण विटगेन्स्टीन इसे **'वैचारिक व्याधि'** कहते हैं तथा इससे उलझे दार्शनिक को मनःग्रन्थि के रोग में उलझा 'रोगी' कहते हैं। इन बातों को और स्पष्ट करने के लिए हम यह देखें कि इस प्रकार की दार्शनिक समस्याएँ आखिर उत्पन्न कैसे होतीं हैं?

(6) दार्शनिक समस्याएँ उत्पन्न कैसे होती हैं?

दार्शनिक समस्याओं के स्वरूप को और स्पष्ट करने के लिए यह जानना आवश्यक है कि 'दार्शनिक उलझन' का कारण क्या है, दार्शनिक समस्याएँ उत्पन्न कैसे होती हैं? वस्तुतः उत्तरकालीन विटगेन्स्टीन का यह विचार बड़ा केन्द्रीय है, क्योंकि इसी के आधार पर एवं इसी के अनुरूप वे दर्शन का कार्य निर्धारित करते हैं।

ऊपर के विवरण से ही स्पष्ट है कि वस्तुतः ये समस्याएँ कोई वास्तविक समस्याएँ नहीं हैं, बल्कि कुछ भ्रान्तिपूर्ण धारणाओं के कारण उत्पन्न होती हैं। भ्रान्तिपूर्ण धारणाएँ भाषा के स्परूप तथा कार्य के सम्बन्ध में बन जाती हैं। हम किसी-न-किसी प्रकार भाषीय ढंगों के गलत व्यवहारों को सही समझ लेते हैं, तथा उस भ्रान्ति से चिपक कर बैठ जाते हैं। हमारी समस्या इस कारण है कि हम उस भ्रान्तिपूर्ण धारणा को त्याग भी नहीं पाते, वैसी धारणा के हम बन्दी बन रहते हैं। विटगेन्स्टीन कहते हैं कि सामान्यतः हमारे साधारण भाषीय प्रयोगों से हमारा साधारण कार्य सुचारू रूप से चलता रहता है, किन्तु कभी-कभी हम इन

साधारण सामान्य भाषीय ढंगों को छुट्टी पर भेज देते हैं (language goes on a holiday) और किसी विशेष ढंग को अपना उसके बन्दी बने रहते हैं?

किन्तु अभी भी प्रश्न अनुत्तरित है, यह प्रश्न रह ही जाता है कि भाषा-सम्बन्धी ऐसी भ्रान्तिपूर्ण धारणा कैसे उत्पन्न होती है? ट्रैक्टेटस की बातें भी तो भ्रान्तिपूर्ण धारण ही पर आधृत हैं, तो देखें कि यहाँ भाषा-सम्बन्धी भ्रान्तिपूर्ण धारणा कैसे उत्पन्न हुई। शायद उससे कुछ संकेत मिल जाय कि भाषा-सम्बन्धी भ्रान्तिपूर्ण धारणा कैसे उपजती है। हमने देखा है कि ट्रैक्टेटस में सार्थक भाषा का एक पूर्णतया निश्चित ढंग निर्धारित किया गया है। उसके पीछे विचार किसी-न-किसी प्रकार से यही है कि हर शब्द का पूर्णतया निश्चित अर्थ होता है, तथा वह उस 'विषय' से सूचित होता हैं जिसे वह शब्द सूचित करता है। इस प्रकार यहाँ हर शब्द के लिए एक निश्चित सीमा बन जाती है। किन्तु, यह तो भाषा-सम्बन्धी भ्रान्तिपूर्ण धारणा है कि क्योंकि यह तो साधारण सामान्य-ज्ञान है कि हर शब्द का प्रयोग अनेक ढंग से होता है जिसके कारण शब्दों के प्रयोग की पूर्णतया निश्चित सीमा निर्धारित नहीं हो सकती। हर शब्द के लिए एक निश्चित अर्थ तय कर ऐसे विचारक भाषीय व्यवहार के निश्चित नियम बनाने लगते हैं। ऐसा ही ट्रैक्टेटस के विचारक ने भी किया है। किन्तु वह भूल जाता है कि उसकी मूल मान्यता ही भ्रान्तिपूर्ण है। तो इसी प्रकार की भ्रान्तिपूर्ण धारणाएँ भाषा के गलत प्रयोग के उपकरण बन जाते हैं और जब उन गलत प्रयोगों के कारण नयी-नयी समस्याएँ उत्पन्न होने लगती हैं तो वे उलझन में पड़ जाते हैं। इसी प्रकार की उलझन में ट्रैक्टेटस का विचारक भी अन्ततः उलझ गया।

इसी के आधार पर उत्तरकालीन विटगेन्स्टीन यह जानने की चेष्टा करता है कि इन भाषा-सम्बन्धी भ्रान्तियों के उत्पन्न होने का सामान्य ढंग क्या है। स्पष्ट है, इसके लिए कोई निश्चित नियम नहीं दिया जा सकता, बल्कि उन स्रोतों को स्पष्ट किया जा सकता है जिनसे इस प्रकार की भ्रान्तियाँ उत्पन्न होती हैं।

इस सम्बन्ध में विटगेन्स्टीन का सामान्य कथन है कि ऐसा 'भाषा से मंत्र-मोहित' (bewitchment of language) होने के कारण होता है। इसकी व्याख्या एवं स्पष्टीकरण के प्रयत्न में कुछ इस प्रकार की उक्तियों का प्रयोग हुआ है जैसे **सामान्यीकरण करने की ललक** (Craving for Generality), **विशेषों के प्रति उपेक्षापूर्ण मनोवृत्ति** (contemptuous attitude towards the particular case), **एक चित्र हमें बन्दी बना लेता है** (A picture holds us captive) आदि आदि। हम इन उक्तियों को समझने का प्रयत्न करें, उसी से विटगेन्स्टीन का विचार स्पष्ट हो जायगा।

विटगेन्स्टीन का कहना है कि भाषा में एक प्रकार की मोहिनी-शक्ति है, जिसके चलते हम एक बार भाषा के किसी ढंग से चिपक जाते हैं तो न तो उससे अपने को मुक्त कर पाते हैं, और न यही देख पाते हैं कि यह धारणा ही भ्रान्तिपूर्ण है। भाषा के इसी मोहिनी प्रभाव को स्पष्ट करने में **'सामान्यीकरण की ललक'**, 'चित्रों के द्वारा बन्दी होना' आदि का उल्लेख होता है। हम इन्हें उदाहरणों से समझने की चेष्टा करें।

इन्भेस्टीगेन्शन में विटगेन्स्टीन ने अनेकों प्रकार से यह दिखाया है कि हममें जो सभी चीजों को बाँध कर 'एक' कर देने की प्रवृत्ति है, उसका भाषीय प्रयोग में भ्रान्ति उत्पन्न करने में बड़ा योगदान है। सच पूछा जाय तो दर्शन के इतिहास के प्रारम्भ से ही इस

'सामान्यीकरण की ललक[1]' के दार्शनिक-गण शिकार होते रहे हैं। प्रारम्भ से ही उन्हें यह चिन्ता रही है कि कुछ ऐसा पकड़ा जाय कि उससे सब कुछ की व्याख्या एक बार ही हो जाय। किसी-किसी क्षेत्र में इस 'ललक' के उपयोगी परिणाम भी हो सकते हैं, किन्तु भाषा के क्षेत्र में यह भ्रान्तिजनक ही सिद्ध हुई है। उनके अनुसार होता क्या है कि सभी भाषीय शब्दों में एक मौलिक समानता तो स्पष्ट दिखायी देती है। सभी शब्द अपने भाषीय आकार में एक दृष्टि में, एक जैसे हैं ही—सभी अक्षरों के योग हैं। उनका विभिन्न प्रयोग तो हमें स्पष्ट रूप में उपलब्ध नहीं होता, लेकिन आकार तो एक जैसा दिखाई देता ही है (P.I., 11) । उसी प्रकार कुछ अर्थों में सभी वाक्यों में भी सादृश्यता होती ही है। इस आकारिक सादृश्यता को देख बड़े सहज रूप में हम सोच लेते हैं कि सभी शब्द एक जैसे ही हैं, तथा सभी वाक्य एक जैसे ही हैं। अब इस भ्रान्ति में एक बार बन्दी होकर हम अग्रसर होते हैं तथा इसी सामान्यीकरण-प्रवृत्ति के अनुरूप सोच लेते हैं कि सभी शब्दों के कार्य भी एक जैसे हैं, तथा सभी वाक्यों के कार्य भी एक जैसे हैं। सबसे प्रचलित शब्द-संज्ञाओं से कुछ अर्थ सूचित होता है, तो हम सोच लेते हैं कि सभी शब्द किसी निश्चित अर्थ को सूचित करते हैं, तथा उससे निर्मित सभी वाक्य सूचनात्मक होते हैं। इसी प्रकार की भ्रान्ति ट्रैक्टेटस के विचारक को भी हुई है। उसी भ्रान्ति में वह सार्थक भाषा का एक पूर्णतया निश्चित विश्लेषण कर देता है, जहाँ अन्ततः ऐसी भाषीय इकाई-प्राथमिक प्रतिज्ञप्ति मिलती है जो तथ्यों की सूचना देती है तथा जिसके हर अवयव-हर शब्द कोई निश्चित अर्थ सूचित करते हैं, वस्तुतः यह सारा विचार इस भ्रान्तिपूर्ण धारणा पर आधृत है कि सभी शब्द एक जैसे हैं तथा सभी वाक्य एक जैसे हैं।

इस भ्रान्ति के उत्पन्न होने का एक कारण यह भी है कि हम 'शब्दों' तथा 'वाक्यों' की आकारिक सादृश्यता को देख वेहिचक सामान्यीकरण कर लेते हैं, किन्तु यह नहीं देखते कि विभिन्न शब्दों में तथा विभिन्न वाक्यों में आकारिक सादृश्यता के अतिरिक्त कुछ अन्तर भी है नहीं। हम विशेष शब्दों तथा विशेष वाक्यों की विशिष्टता की उपेक्षा कर देते हैं, तथा धरातली, ऊपरी सादृश्यता को देख सामान्यीकरण कर देते हैं। यदि हम इनकी विशिष्टताओं को देखते तो स्पष्ट हो जाता है कि हर शब्द तथा हर वाक्य का प्रयोग एवं व्यवहार भिन्न है, तथा यह भी कि इनका प्रयोग प्रसंगानुसार भी भिन्न हो जाता है। इस विशिष्टता की उपेक्षा भी भाषा-सम्बन्धी भ्रान्तिपूर्ण धारणा का कारण है।

इस विवेचना का एक दूसरा भी पक्ष है, जिसका उल्लेख इन्भेस्टीगेशन में बड़े स्पष्ट ढंग से हुआ है। उनके अनुसार होता क्या है कि किसी विशेष प्रकार के कथनों को बार-बार दुहराते रहने के कारण उस विषय के सम्बन्ध में हमारे मन में एक चित्र, प्रतिमा आदि उभर जाते हैं और अब हम चित्र के ऐसे बन्दी हो जाते हैं कि हमारे विश्वास-ज्ञान भी उसी चित्र के अनुरूप बनने लगते हैं। यह चित्र अब इतना प्रबल हो जाता है कि उससे भिन्न किसी चित्र को अब स्थान नहीं मिल सकता। ट्रैक्टेटस में ऐसा हुआ है—इसे स्पष्टतः दिखाते हुए विटगेन्स्टीन कहते हैं "(*Tractatus Logico Philosophicus, 4.5*) : 'The general form of proposition is : This is how things are (यह ट्रैक्टेटस का वाक्य है) That is the kind of proposition that one repeats to oneself conuntless

---

1. कुछ विचारकों ने इसके **एकत्त्व स्थापित करने की ललक** (cravting for unity) कहना ठीक समझा है।

time.....P.I. 11) (A picture helds us captive. And we couldnot get outside it for it lay in our language and language seemed to repeat it to us in inexorably.)

जैसे, हम बार-बार कहते हैं कि वस्तुएँ स्थान और काल में स्थित हैं। बार-बार विभिन्न ढंगों से इसे दुहराते रहने से मन में स्थान तथा काल सम्बन्धी एक चित्र उपस्थित हो जाता है कि स्थान और काल एक वस्तुनिष्ठ तत्त्व है जो एक भौतिक ढाँचे के रूप में है तथा वस्तुओं को अपने में समेटे रखता है। 'मन' के सम्बन्ध में ऐसी भाषीय उक्तियों को हम बार-बार दुहराते रहते हैं जिनसे मन एक 'तत्त्व' के रूप में उभरता है। फलतः हमारे मन में यह चित्र बन जाता है कि 'मन' भी भौतिक तत्त्वों के समान ही एक तत्त्व है। ऐसे चित्र इतने सबल हो जाते हें कि हमारे सोचने तथा व्यवहार के सभी ढंग अब इन्हीं चित्रों के अनुरूप चलते हैं।

इसे हम सामान्यों (universals) के उदाहरण पर बिठा और स्पष्ट करें। यह उदाहरण भी विटगेन्स्टीन का ही है। हाथी, घोड़ा, मनुष्य, सौन्दर्य आदि सामान्य कहे जाते हैं। किन्तु, इन शब्दों के विशेष ढंग के प्रयोग को बार-बार दुहराते रहने से इनका एक-प्रकार का चित्र उत्पन्न हो जाता है, जिसके हम बन्दी हो जाते हैं। उदाहरणतः 'घोड़ा' कहने से किसी विशेष घोड़ का बोध नहीं होता, 'लाल' कहने से किसी विशेष लाल रंग का बोध नहीं होता, क्योंकि सभी घोड़ों को 'घोड़ा' कहते हैं तथा सभी लाल रंगों को 'लाल' कहते हैं। किन्तु बार-बार शब्दों का उस रूप में प्रयोग करते रहने से हममें यह धारणा बन जाती है कि हर शब्द किसी विशेष को सूचित करता है। 'घोड़ा' किसी विशेष घोड़े को सूचित नहीं करता, 'लाल' किसी विशेष लाल वस्तु को सूचित नहीं करता। किन्तु, हमारा मानसिक चित्र जिसके हम बन्दी हैं वह हमें मजबूर करता है यह सोचने को कि 'घोड़ा' तथा 'लाल' से कुछ तो सूचित होगा ही। फलतः हम मान लेते हैं कि कोई तत्त्व है जो सामान्य घोड़ा के अनुरूप है, कुछ है जो 'लाल' के अनुरूप है। इस प्रकार दार्शनिक चिन्तन में 'सामान्य' (universals) एक तत्त्व बन कर उभरता है और जब इन्हें स्वीकारने के फलस्वरूप अनेक प्रकार के प्रश्न उभर आते हैं, तो हमें उनके निराकरण का कोई मार्ग नहीं सूझता, हम उलझन में फँस जाते हैं, तथा यह हमारे लिए एक दार्शनिक समस्या बन जाती है। 'चित्र' हमें इस प्रकार बन्दी बनाये हैं कि हम देख भी नहीं पाते कि 'लाल' का हर प्रयोग सदा सर्वथा एक जैसा नहीं है, 'घोड़ा' शब्द का भी प्रयोग विभिन्न संदर्भों में विभिन्न रूपों से किया जाता है। हम तो उसका एक तत्त्व रूप निश्चित कर उससे चिपक कर बैठ जाते हैं और उसी भ्रान्ति के कारण हमें कोई मार्ग नहीं सूझता हमारी समस्या समस्या ही दिखाई देती है।

उसी प्रकार हम 'मन' के विषय में देखें। 'मन' के विषय में हम किस प्रकार की भाषीय उक्तियाँ देते रहते हैं? कुछ इस प्रकार के—'हमारे मन में कुछ ऐसी बात नहीं', 'मन में झाँक कर देखो', 'मन में था अभी याद नहीं आ रहा' आदि-आदि। ऐसी उक्तियों को बार-बार दुहराते रहने से हमारे मन में यह चित्र बन जाता है कि हमारा मन भी किसी कमरे के समान कोई स्थान है जिसमें 'भाव', 'विचार', 'भावनायें' आदि भरे रहते हैं। अब यदि इस चित्र के फलस्वरूप कोई प्रश्न उठता है तो हम उलझन में फँस जाते हैं, उसके निराकरण का कोई मार्ग नहीं दिखाई देता, और यही हमारी समस्या हो जाती है।

इस स्थल पर विटगेन्स्टीन एक बहुत ही रोचक बात कहते हैं। उनका कहना है कि सामान्य साधारण मनुष्य को इस प्रकार के चित्र परेशान नहीं करते, उनके लिए कोई उलझन उपस्थित

नहीं होती। किन्तु, जब हम दार्शनिक ढंग से इस पर सोचते हैं, तो इसमें निहित तथा इस चित्र से जनित प्रश्न उभरने लगते हैं। इस चित्र में स्थित हो विचारने पर हमें कोई मार्ग नहीं सूझता, उन प्रश्नों का निदान नहीं मिलता, तथा यही हमारी समस्या है।

स्पष्ट है कि जो समस्या उत्पन्न हुई है, वह कोई सार्थक समस्या नहीं, वह तो भाषा के गलत प्रयोगों को बार-बार दुहराते रहने से जो चित्र बन जाता है, उसके कारण उत्पन्न है। तो **सार्थक दार्शनिक चिन्तन** का कार्य है कि जहाँ-जहाँ, जब-जब ऐसी समस्या उत्पन्न हो तो वह स्पष्ट कर दे कि यहाँ किस प्रकार से भाषीय प्रयोग गलत हुआ है, अर्थात दर्शन का कार्य है कि जहाँ ऐसी समस्याओं से टकराये, वहाँ वह उसके भाषीय-प्रयोग के भ्रान्ति रूप को स्पष्ट कर दे, भाषा की मोहिनी-शक्ति से उलझन में पड़े दार्शनिक को मुक्त कर दे जिससे वह अपनी भ्रान्ति को स्पष्ट देख सके। इसी कारण विटगेन्स्टीन कहते हैं philosophy is a battle against the bewitchment of our intelligence by means of language (P.I., 109) यह सम्भव कैसे होगा, इसके लिए भाषा के वास्तविक प्रयोगों को देखना होगा। भाषा के गलत-प्रयोग को स्पष्ट करने के लिए देखना होगा कि वस्तुतः किन-किन स्थितियों में, किस-किस संदर्भ में हम **साधारणतः** भाषा का प्रयोग करते हैं। यह जानने के लिए प्रथम आवश्यकता यह है कि हम अपने को उस भ्रान्तिपूर्ण धारण से पूर्णतया मुक्त कर लें जिससे ट्रैक्टेटस का विचारक ग्रसित है। यह आवश्यक है कि हम यह समझ लें कि हर शब्द का कोई निश्चित अर्थ नहीं है, हर वाक्य की अर्थरपूर्णता किसी विशेष स्थिति को चित्रण करने में नहीं है। अर्थात् **'अर्थ'** शब्द की मोहिनी से मुक्त होना अनिवार्य है, तभी हम 'प्रयोग' के महत्त्व को पकड़ पायेंगे। अतः पहले हम **अर्थ एवं प्रयोग** (Meaning and use) **की विवेचना कर लेंगे, और उसके बाद ही हम स्पष्ट कर सकेंगे कि कैसे भाषीय प्रयोगों को देखने से दार्शनिक समस्याएँ समाप्त हो जाती हैं।**

(7) अर्थ एवं प्रयोग *(Meaning and Use)*

दार्शनिक समस्याओं का निराकरण कैसे होता है—यह तो हम अगले खण्ड में देखेंगे, किन्तु उसे स्पष्ट करने के हेतु एक मौलिक स्पष्टीकरण अनिवार्य है। यही हम इस खण्ड में कर रहे हैं। हमने देखा है कि गलत भाषीय प्रयोगों का मूल स्रोत हमारी अर्थ-सम्बन्धी धारणा है। हम यह माने हुए हैं कि हर शब्द का कोई निश्चित अर्थ होता है, और इसके चलते हमारा प्राथमिक प्रयत्न यही रहता है कि हम हर शब्द का अर्थ ढूढ़ें। अर्थ का हमारा सामान्य अर्थ यही होता है कि हर शब्द के साथ एक निश्चित अर्थ जुटा हुआ है। किन्तु, उत्तरकालीन विटगेन्स्टीन को यह स्पष्ट हो गया है कि अर्थ का यह अर्थ हमें बन्दी बना कर भ्रान्ति में उलझा देता है। अतः उन्होंने एक प्रकार से यह नारा दिया कि **'सोचो नहीं, बल्कि देखो'** (Don't think, but look)। अर्थ के विषय में सोचना भ्रान्ति में डाल सकता है, अतः नारा है कि **'देखो'**। वह भी अर्थ को न देखो, भाषीय व्यवहार को देखो, प्रयोगों को **देखो** (don't look for meaning, look for use) । इसी संदर्भ में 'अर्थ' एवं 'प्रयोग' की विवेचना अनिवार्य है।

उनका कहना है कि हम जो किसी विशेष शब्द के साथ एक विशेष अर्थ को बाँध देते हैं, यह हम मनमाने ढंग से करते हैं। भाषा की न वहा माँग है, न भाषा के लिए वह किसी अन्य प्रकार से आवश्यक है। उनका विश्वास है कि 'शब्दों' को अनेक ढंगों से व्यवहृत किया जा सकता है। किसी विशेष व्यवहार के सम्बन्ध में यह नहीं कहा जा सकता

कि यही उपयुक्त है, या अधिक सही है। उसकी सार्थकता उसके विशेष संदर्भ से ही स्पष्ट हो सकती है। इसी कारण विटगेन्स्टीन कहते हैं कि 'अर्थ' के स्थार पर यह देखना आवश्यक है कि हम यह देखें कि विभिन्न संदर्भों में भाषीय कथनों का प्रयोग किस-किस प्रकार होता है। 'प्रयोग' का यही तात्पर्य है। उनका कहना है कि प्रयोग का तात्पर्य है कि 'किस-किसी संदर्भ में कौन-सा कथन क्या कार्य सम्पादित करता है—यह देखना।'

अब हम विटगेन्स्टीन के प्रयोग शब्द में निहित उनके तात्पर्य को समझने का प्रयास करें। प्रथमतः कोई यह कह सकता है कि शब्दों के प्रयोग का तात्पर्य मात्र यही है कि भाषीय-व्यवहारों में—बोलने में या लिखने में—हम शब्दों का प्रयोग करते हैं। 'प्रयोग' का यह तात्पर्य सभी शब्दों पर लागू होता है। किन्तु, विटगेन्स्टीन अब 'प्रयोग' शब्द को महत्त्व दे रहे हैं तब वह इसके इस तात्पर्य में नहीं, क्योंकि इस शब्द का ऊपर दिया तात्पर्य तो इतना प्राथमिक है कि यह वैचारिक दृष्टि से महत्त्वहीन (uniteresting) हो जाता है।

प्रयोग शब्द का एक अन्य तात्पर्य व्याकरण के संदर्भ में उजागर होता है। व्याकरण की दृष्टि से भी हर शब्द का एक विशेष ढंग से प्रयोग हो सकता है, अन्य ढंगों से नहीं। संज्ञा-रूप शंब्दों का प्रयोग क्रिया रूप शब्दों से भिन्न होता है।

कभी-कभी भाषीय प्रयोग कुछ विशेष कार्य सम्पन्न करने के लिए व्यवहृत होते हैं। भाषीय प्रयोगों से कुछ निष्पादित होता है। ऐसे 'प्रयोगों' के लिए बाद में 'निष्पादन उक्ति' या **निष्पादन** (Performatives) शब्द का उपयोग हुआ है। इस प्रकार के प्रयोगों को भाषीय व्यवहार का **वाक्-क्रिया** प्रयोग (speech-act use) कहा जा सकता है। इस प्रकार के व्यवहार की भी अनेकों विधाएँ सम्भव हैं (जिन्हें Austin ने बाद में स्पष्ट किया है तथा जिसका एक संक्षिप्त उल्लेख इस पुस्तक में भी होगा)। इस प्रकार के प्रयोगों में भी कम-से-कम एक अन्तर तो स्पष्ट दिखाई देता है, कुछ कहने में—भाषीय प्रयोग करने में ही वाक्-क्रिया सम्पन्न होती है (Illocutionary Act) तथा कुछ कथन देने के द्वारा कोई वाक्-क्रिया स्पष्ट होती हैं (Perlocutionary Act)।

इन विभिन्न प्रकार के भाषीय प्रयोगों के विश्लेषण विवेचन की कोई आवश्यकता नहीं है। विटगेन्स्टीन के समक्ष सभी प्रकार के प्रयोग हैं, भले ही उनकी अपनी विवेचना में कुछ प्रयोगों को अधिक महत्त्व मिला हो, कुछ को कम।

इन प्रयोगों के उल्लेख का लक्ष्य एक ही है—वह यह दिखाना है कि अनेकों प्रकार के **भाषीय प्रयोग** (uses of language) सम्भव है। हम जब अर्थ (meaning) की बात करते हैं या उसकी खोज करते हैं, तो हम एक शब्द के लिए एक अर्थ की खोज करते हैं। किन्तु उत्तरकालीन विटगेन्स्टीन को यह स्पष्ट दिखाई देता कि इस प्रकार के अर्थ (Meaning) की खोज भाषीय उक्तियों के वास्तविक व्यवहार की उपेक्षा है। क्योंकि हर शब्द अथवा हर **भाषीय कथन** अनेक ढंग में, अनेक स्थितियों में भिन्न-भिन्न रूप में अर्थवान होते हैं और निर्भर करता है उनके **प्रयोगों** (use) पर।

और भाषा का 'प्रयोग' अनगिनत ढंग से हो सकता है। उन्हें किसी एक निश्चित विधा में बाँध लेना भाषीय व्यवहारों के साथ अन्याय है, उन्हें नहीं समझना है। 'अर्थ' की खोज करने वाले यही भूल करते हैं। हम केवल पूछें कि कितने प्रकार के वाक्य हो सकते हैं, तो इसका एक ही उत्तर सम्भव है—'अनगिनत प्रकार'। इनका अनगिनत ढंग निर्धारित भी नहीं किया जा सकता। एक परिस्थिति में एक कथन का प्रयोग एक ढंग से होता है, दूसरी

परिस्थिति में दूसरे ढंग से। भाषीय कथन का निम्नलिखित तथा ऐसे अनेकों और प्रयोग हो सकता है। वे कुछ कह सकते हैं, कुछ निर्देश दे सकते हैं, कुछ प्रश्न पूछ सकते हैं, किसी वस्तु की प्रतीति का विवरण दे सकते हैं, किसी घटना का विवरण दे सकते हैं या किसी अन्य घटना के विषय में पूर्वानुमान कर सकते हैं, कहानी कह सकते हैं, मजाक कर सकते हैं, पूछ सकते हैं, धन्यवाद दे सकते हैं, गाली दे सकते हैं, स्वागत कर सकते हैं, प्रार्थना कर सकते हैं इत्यादि इत्यादि।[1]

विटगेन्स्टीन इन अनगिनत विभिन्न प्रकार के भाषीय प्रयोगों की सम्भावना को स्पष्ट करते हुए स्वयं कहते हैं कि प्रयोगों की इन सम्भावनाओं की तुलना ट्रैक्टेटस में कही गयी भाषा की संरचना तथा अर्थ सम्बन्धी बातों से करें। तब यह स्पष्ट हो जायगी कि 'अर्थ' पर ध्यान देना भाषीय व्यवहारों की वास्तविकता की ओर से आँख मूंद लेना है। इसी कारण वे बार-बार कहते हैं कि 'अर्थ' मत देखो, भाषीय 'प्रयोगों' को देखो।

इस प्रकार 'अर्थ तथा 'प्रयोग' के अन्तर को स्पष्ट करने के प्रयत्न में विटगेन्स्टीन भाषीय प्रयोगों की असंख्य सम्भावनाओं को स्पष्ट करते हैं। उन्हें अब यह सूझ आती है कि निश्चित अर्थ की खोज करने के कारण कुछ दार्शनिक समस्याएँ उत्पन्न होती हैं। यदि हम यह समझ जायँ कि किसी शब्द या कथन का कोई निश्चित अर्थ नहीं होता, क्योंकि

1. इस स्थल पर विटगेन्स्टीन की प्रासंगिक पंक्तियों को दुहराना श्रेयस्कर है। इस बात को स्पष्ट करते हुए वे कहते हैं, "But how many kinds of sentences are there ? Say assertion, question and command ? There are countless kinds. Countless different kinds of use of what we call 'symbols', 'words', 'sentences'. And the multiplicity is not something fixed, given once for all; but new types of language, new language-games, as we may say, come into existence, and others become obsolete and get-forgotten.........Here the term 'language-game' is meant to bring into prominence the fact that the speaking of language is part of an activity, or of a form of life.
Review the multiplicity of language games in the following examples, and in others :
Giving orders and obeying them—
Describing the appearnce of an object, or giving its measurements constructing an object from a description (a drawing)—
Reporting an event—
Speculating about an event—
It is interesting to compare the multiplicity of the tools in language and of the ways they are used, the multiplicity of kinds of words and sentences, with what logicians have said about the structure of language including the author of the Tractatus logico Philosophicus". —P.I., 23
Forming and testing a hypothesis—
Presenting the results of an experiment in tables and diagrams—
Making up a story, and reading it—
Play acting—
Singing catches—
Guessing riddles—
Making a Joke; telling it—
Solving a problem in practical arithmetic—
Translating from one language into another—
Asking, thanking, cursing, greeting, praying.

उनके प्रयोगों की असंख्य सम्भावनाएँ हैं, तो 'अर्थ' पर जोर देने के कारण उत्पन्न समस्या अपने-आप समाप्त हो जाती है।

तो, इससे विटगेन्स्टीन के दार्शनिक समस्याओं के निराकरण की एक विधि प्राप्त हो जाती है। उन्हें लगता है कि भाषीय प्रयोगों को देखने से ही शायद समस्या का निदान हो जाय, उलझल समाप्त हो जाय। भाषीय प्रयोगों को देखने की विधि को वे **'भाषीय खेल'** (language game) कहते हैं। यदि कोई समस्या उपस्थित हो जाय, तो उस समस्या की भाषीय अभिव्यक्तियों के साथ **'भाषीय खेल'** (language game) खेलने से समस्या का निदान हो जाता है। तो अब हम अगले खण्ड में इन दो बातों पर एक साथ विचार करेंगे—(क) भाषीय खेल क्या है, तथा (ख) समस्या के निदान में क्या होता है?

(8) दार्शनिक समस्या का निदान—भाषीय खेल के द्वारा

हमने देखा है कि दार्शनिक समस्याएँ भाषा के गलत प्रयोग के कारण उत्पन्न होती हैं। गलत ढंग के भाषीय प्रयोग दुहराये जाते रहने के कारण एक चित्र उत्पन्न कर देते हैं जिसके हम बन्दी हो जाते हैं, तथा अब कुछ उसी चश्मे से—उसे के माध्यम से देखते हैं तो इसी भ्रान्ति को स्पष्ट करने से समस्या का निदान होगा। उनके अनुसार यह भ्रान्ति एक प्रकार की मानसिक व्याधि है। अतः इस भ्रान्ति से मुक्त होने के लिए एक प्रकार का उपचार करना है। इसी कारण विटगेन्स्टीन दर्शन के कार्य को उपचार-विधि (Therapeutic) कहते हैं और दिखाते हैं कि कैसे उस उपचार से भ्रान्ति दूर होती है। यह भ्रान्ति स्पष्ट तभी होगी जब हम गलत भाषीय प्रयोग की मूल को दिखा दे, और यह सम्भव तभी हो सकेगा जब हम 'वास्तविक भाषीय प्रयोगों' को देखें। अर्थात हमें यह देखना होगा कि जिस भाषा का हम प्रयोग कर रहे हैं, उस प्रकार की बातें वस्तुतः किस-किस परिस्थिति में किस-किस प्रकार से की जाती है। उदाहरणतः जब दार्शनिक गण 'ज्ञान', 'सत्', 'विषय', 'आत्म', 'प्रतिज्ञप्ति', 'नाम' जैसे शब्दों का प्रयोग करते हैं तथा इनके मूलार्थ एवं सार-भाव को स्पष्ट करने की चेष्टा करते हैं, तब हमें बस यही प्रश्न पूछना है कि क्या जिस प्रकार से इन शब्दों का प्रयोग हो रहा है, उस प्रकार से हम वास्तविक भाषा-प्रयोग में इनका प्रयोग करते हैं? वस्तुतः शब्दों का वास्तविक निवास-स्थल उनका साधारण प्रयोग है, वे ढंग हैं जिनमें वे सामान्यतः व्यवहृत होते हैं। उन्हीं को देखने से उन्हीं के द्वारा भाषीय-प्रयोग की भ्रान्ति स्पष्ट होगी। अतः विटगेन्स्टीन कहते हैं कि समस्या से मुक्त होने के लिए हमें 'उक्तियों को उनके तात्त्विक प्रयोगों से हटा कर उनके सामान्य दैनिक प्रयोगों में बिठा कर देखना होगा (P.I. 116)।

इसका अर्थ है कि इस प्रकार की समस्या के निदान के लिए वस्तुतः कोई सैद्धान्तिक निदान नहीं देना है। वस्तुतः समस्या में उलझे व्यक्ति को कोई नयी जानकारी भी नहीं देनी है, बल्कि जो वह जानता है उसे स्मरण करा देना है, दिखा देना है। साधारण भाषीय प्रयोग तो वह करता ही रहता है, उसे उनका अनुस्मरण (remind) करा देना है। समस्या के दार्शनिक निदान का अर्थ है ऐसे साधारण भाषीय-प्रयोगों को स्पष्ट रूप में समक्ष प्रस्तुत कर देना। यहाँ न अनुमान करना है, न व्याख्या देनी है, ऐसे ही प्रयोगों का उसे स्मरण करना है जो वह भी करता रहता है और ऐसे प्रयागों को उसके सामने रख देना है। इसी कारण विटगेन्स्टीन कहते हैं कि the work of the philosopher consists is assembling reminders for a particular purpose" (P.I. 127)।

इसी प्रकार की क्रिया को वे **'भाषीय खेल'** (Language Game) कहते हैं। अतः यह कहा जा सकता है कि जिस प्रकार की समस्याएँ या उलझनें दर्शन के सामने उपस्थित होती हैं, उन्हें सुलझाने के लिए दर्शन को भाषीय खेल खेलना पड़ता है।

इस स्थल पर यह समझना अत्यावश्यक है कि इस उक्ति 'भाषीय खेल' से विटगेन्स्टीन का क्या तात्पर्य है। वह इस कारण भी 'खेल' शब्द से तथा उसमें 'भाषीय' जोड़े देने से, अर्थात दोनों उक्तियों से कुछ ऐसी धारणाएँ बन जा सकती हैं, जिसके अनुरूप विटगेन्स्टीन को समझने का प्रयास निष्फल ही सिद्ध होगा।

प्रारम्भ में ही एक बात स्पष्ट कर लेनी है। जिस प्रकार से विटगेन्स्टीन ने भाषीय खेल का विवरण दिया है—और ऐसा उन्होंने अनेकों स्थल पर किया है—उससे इतना तो स्पष्ट हो जाता है कि **'भाषीय खेल'** की निश्चित परिभाषा देने की चेष्टा उपयुक्त हो ही नहीं सकती, क्योंकि वैसा उन्होंने किया ही नहीं है। हम इसका सामान्य विवरण प्रस्तुत कर सकते हैं—उदाहरण दे सकते हैं, किन्तु इसे परिभाषित करने का प्रश्न ही नहीं उठता।

इस स्थल पर कहा जा सकता है कि 'खेलों' में तो कुछ बातें रहती ही हैं। वे एक प्रकार की क्रीड़ा है—अतः आनन्ददायक हैं, उनमें कुछ नियमों का अनुसरण होता है, उन नियमों के पालन में कुछ विशेष प्रयत्न करना पड़ता है, प्रतिस्पर्धा जैसा भी कुछ खेलों में रहता ही है, हार या जीत का लक्ष्य भी होता है। अतः खेलों के इन लक्षणों के आधार पर, उनके बीच उपस्थित सार्वभौम लक्षणों अथवा सारगुणों के आधार पर तो खेल के स्वरूप को समझा जा सकता है।

विटगेन्स्टीन का कहना होगा कि इन लक्षणों से खेलों का विवरण अवश्य मिलता है, खेल क्या है इसकी एक धारणा भी बनती है; किन्तु इनके आधार पर यह नहीं कहा जा सकता कि 'ये' या **'इनमें से कुछ'** या इनके आधार पर ढूँढ़ा हुआ 'सार-गुण' खेल के स्वरूप का 'मूल' है। नहीं, विटगेन्स्टीन इस प्रकार 'खेल' को नहीं समझते, क्योंकि जैसा कि हम देखेंगे, उनके अनुसार इनमें सारगुणों का ढूँढ़ना ही निरर्थक है। दो खेलों में कुछ सादृश्यता हो सकती है, जो किसी अन्य खेल के साथ न भी रहे। किन्तु, सभी खेलों का कोई सार-गुण नहीं निर्धारित किया जा सकता।

अतः जिस अर्थ में विटगेन्स्टीन 'खेल' शब्द का व्यवहार कर रहे हैं उसका बड़ा व्यापक अर्थ है। उनका उद्देश्य अपनी ओर से यह **तय नहीं करना है कि किसे 'खेल कहा जाय, बल्कि उन प्रयोगों को देखना है जहाँ हम अपने साधारण दैनिक जीवन में 'खेल' शब्द का प्रयोग करते हैं**, यह देखना है कि हम किस-किस प्रकार के व्यवहार को सामान्यतः 'खेल' कहा करते हैं।

उसी दृष्टि से 'भाषीय खेल' को भी उन्होंने 'खेल कहा है। विटगेन्स्टीन की अनुशंसा है कि दार्शनिक समस्या के निदान के लिए हमें 'भाषीय खेल' खेलना है। किन्तु पुनः उनसे पूछा जा सकता है कि यदि 'खेल' की **कोई निश्चित अवधारणा** है ही नहीं, तो भाषीय खेल को खेल किस आधार पर कहा जा सकता है?

विटगेन्स्टीन के द्वारा दिया गया इस प्रश्न का उत्तर उनके तात्पर्य को पूर्णतया स्पष्ट कर देता है। वे कहते हैं कि सामान्यतः हमें यदि किसी को यह बताना है कि खेल क्या है, तो हम क्या कहते हैं? उनका कहना है कि हम कुछ खेलों का विवरण देते हैं और साथ-साथ यह भी कहते हैं कि 'ये और इसी प्रकार के अन्य'। उनका कहना है कि वस्तुतः

इयससे अधिक हम और कुछ कह भी नहीं सकते क्योंकि 'खेल' की सीमा निश्चित रूप से नहीं निर्धारित हुई है, न हम निर्धारित कर सकते हैं। (P.I., 69)

किन्तु, इसके उत्तर में कोई कहता है कि तब तो आपने 'खेल' क्या है, यह बताया ही नहीं, कुछ खेलों को 'दिखाया' भर है। विटगेन्स्टीन कहते हैं कि इससे अधिक हम कुछ कह भी नहीं सकते। मान लें 'खेल क्या है'—यह बताने के लिए हम उसे चौपड़ का खेल बताते हैं और वह कहता है कि उसका उद्देश्य इस प्रकार का खेल का नहीं था, तो क्या इससे यह तय होता है कि उसके अनुसार चौपड़ का खेल-खेल नहीं है। नहीं, इससे यही तय होता है कि उस समय वह किसी अन्य प्रकार का खेल देना चाहता था।

इससे यह भी निष्कर्ष नहीं निकलता कि 'खेल' की अवधारणा अस्पष्ट अवधारणा है, जिसका 'अवधारणा-रेखांकण' बहुत स्पष्ट नहीं रहता (blurred edges)। नहीं, विटगेन्स्टीन का कहना है कि अस्पष्ट अवधारणा, अवधारणा ही नहीं। वस्तुतः 'खेल' की निश्चित अवधारणा को पकड़ने की चेष्टा बेकार है, क्योंकि ऐसी कोई निश्चित अवधारणा होती ही नहीं। हम अलग-अलग खेलों को दिखा सकते हैं किन्तु, 'खेल' नहीं दिखा सकते—अर्थात सामान्य खेल-भाव का निर्देश नहीं कर सकते।

विटगेन्स्टीन कहते हैं कि यदि हम 'खेल' की कल्पना करते हैं, तो हम विभिन्न खेलों के विषय में सोचते हैं, जैसे ताश का खेल, बोर्ड पर खेला जाने वाला खेल, गेंद से खेला जाने वाला खेल अथवा ओलम्पिक खेल आदि-आदि। सभी 'खेल' हैं। किन्तु इससे यह नहीं सिद्ध होता कि उनमें कुछ ऐसा है जो सभी खेलों में विद्यमान हैं। यदि हम 'ताश के खेल' तथा 'बोर्ड के खेल' को मिलायें तो कुछ सादृश्यताएँ मिलेंगे लेकिन उनमें से कुछ गेंद वाले खेल, के समान नहीं होगी। अर्थात् किसी दो में यदि कुछ सादृष्यता मिले भी तो तीसरे में वह नहीं भी रह सकता है। अर्थात् इस प्रकार देखने पर सादृश्यता का एक जाल उभर आयगा, जिसमें सादृश्यताएँ कहीं अधिक दिखाई देंगी कहीं कम, किन्हीं दो में सादृश्यता दिखाई देगी, तो सादृश्यता के बिन्दु तीसरे में अनुपस्थित होंगे, कहीं ऊपर-ऊपर सादृश्यता होगी, तो कहीं गहराई में। (......And the result of this examination is : we see a complicated network of similarities overlapping and criss crossing : Sometimes overall similarities, sometimes similarities of details."—P.I., 66)

इससे विटगेन्स्टीन यही निष्कर्ष निकालते हैं कि 'खेल' की कोई निश्चित अवधारणा नहीं बन सकती। अलग-अलग खेलों को खेला जा सकता है, दिखाया जा सकता है। अधिक-से-अधिक यही कहा जा सकता है कि 'खेलों का एक परिवार है' तथा उनमें जो सादृश्यता दिखायी देती है वह एक **पारिवारिक सादृश्यता** (Family Resemblance) है, उस प्रकार की सामान्य सादृश्यता है जिस प्रकार की सादृश्यता एक परिवार के सदस्यों में हो सकती है।

'खेल' के स्वरूप की इस विवेचना से इतना तो स्पष्ट हो गया कि 'भाषीय खेलों' में भी अन्य खेलों के साथ कुछ सादृश्यता हो सकती है, तथा विभिन्न भाषीय खेलों में भी कुछ पारिवारिक सादृश्यता (Family Resemblance) हो सकती है, किन्तु 'भाषीय खेल' की कोई निश्चित अवधारणा नहीं बन सकती। भाषीय-खेल की कोई निश्चित विधि—अथवा इसके कोई एक ढंग निश्चित करने का प्रश्न भी नहीं उठता। हर समस्या के उपस्थित होने पर उस समस्या की माँगों के अनुरूप उस संदर्भ में भाषीय खेल खेलता है। दूसरी समस्या

को उपस्थित होने पर पुनः उस समस्या के अनुरूप यह खेल खेलना होगा। इसी कारण उनके इस भाषीय-खेल-विचार में एक प्रकार की तदर्थता (adhocism) का निर्देश मिलता है।

तदर्थता के साथ-साथ अनेक प्रकार के भाषीय-खेलों की सम्भावना को भी उन्होंने स्वीकारा है। उन्होंने भाषा के विभिन्न रूप को जीवन का विभिन्न रूप (forms of life) कहा है। इसका प्रारम्भ प्राथमिक भाषीय-खेल (primitive language) से होता है जिसमें बच्चा भाषा सीखता है तथा इसके अन्तर्गत जीवन के हर रूप से सम्बन्धित भाषीय खेल आ जाते हैं। अतः भाषीय खेल अनेक हो सकते हैं जिन्हें संदर्भानुसार खेलना है।

उनकी पारिवारिक सादृश्यता (Family Resemblance) इस बात से स्पष्ट होती है कि हर खेल में उस समस्या की व्यवहृत भाषीय उक्तियों को देखना है। हमने पहले ही देखा है कि समस्या भाषा के गलत प्रयोग के कारण होती है, तथा उसके निदान के लिए उनकी 'गलती' को प्रकाशित कर देना है। यह सम्भव तभी हो सकता है कि हम उन प्रयोगों को उनके सामान्य-साधारण, दैनिक प्रयोगों में बिठा कर देखें। यही तो भाषीय खेल है। उस समस्या को समस्या बनाने वाले भाषीय कथनों के विषय में हमें यही देखना है कि सामान्यतः हम उन कथनों का प्रयोग किस-किस स्थिति में किया करते हैं। इससे यह स्पष्ट हो जायगा कि उस कथन के किसी साधारण प्रयोग से वह चित्र नहीं उभरता जिस चित्र के कारण समस्या बनी हुई है।

तो क्या इससे समस्या का निदान हो जायगा? विटगेन्स्टाइन का उत्तर है कि समस्या का निदान नहीं होगा, समस्या ही नहीं रहेगी। यहाँ समस्या के निदान का अर्थ है 'समस्या का समाप्त हो जाना'। हमने पहले ही कहा है कि उपमा की भाषा में विटगेन्स्टीन ने कहा है कि दार्शनिक समस्या एक बोतल में फँसे मक्खी की भनभनाहट जैसी है। इसके निदान का अर्थ है, बोलत से मक्खी को निकाल कर उड़ा देना (show the fly the way out of the bottle) यह निदान इस अर्थ में नहीं है कि अब कोई ऐसी जानकारी मिल गयी जो पहले नहीं थी। नहीं यह निदान इस अर्थ में हे कि जो उलझन थी वह समाप्त हो गयी, जो पहेली दिखाई देती थी वह पहेली न रही। (For the clarity that we are aiming at is indeed *complete* clarity. But this simply means that the philosophical problems should *completely* disappear., P.I., 133)

'इन्भेस्टीगेशन' में विटगेन्स्टीन इस विवेचना के बाद रूकते नहीं, बल्कि अनेकों उदाहरणों में यह 'खेल' खेलकर दिखाते हैं। यह पुस्तक का बड़ा लम्बा, रोचक तथा ज्ञानवर्द्धक पक्ष है। उन्होंने भिन्न-भिन्न उदाहरण लिया है, तो इस प्रकार के भाषीय-खेल के द्वारा उन विषयों पर सर्वथा नवीन प्रकाश दिया है। यह कहना **अतिशयोक्ति नहीं कि पुस्तक के इस पक्ष के बाद के भाषा-दार्शनिकों को अपने** चिन्तन का विषय मिलता है। यहाँ पुस्तक की सीमा के कारण यह सम्भव तो नहीं कि विटगेन्स्टीन के इस अलबम के सभी चित्रों को प्रस्तुत किया जा सके, हम मात्र एक उदाहरण लेकर उत्तरकालीन विटगेन्स्टीन के विचारों के इस पक्ष को प्रकाशित करेंगे।

(9) भाषीय-खेल का एक उदहारण—वैयक्तिक भाषा सम्बन्धी समस्या

हमने ऊपर कहा है कि विटगेन्स्टीन ने अनेकों खेल खेलकर दिखाया है, किन्तु हम उनके ढंग को मात्र एक उदाहरण से स्पष्ट कर रहे हैं। हमने अपने उदाहरण के रूप में एक

ऐसा विषय का चयन किया है जो बाद के भाषा-दार्शनिकों के विवेचन-विश्लेषण का एक महत्त्वपूर्ण विषय बन गया था—वह है वैयक्तिक-भाषा सम्बन्धी समस्या (The Private Language Problem)।

अनेकों विचारक यह स्वीकारते रहे हैं कि हमारे लिए वैयक्तिक भाषा का होना आवश्यक है। हम इस प्रकार के मत को सहज रूप में स्वीकारते भी रहे हैं। 'शब्दों' तथा 'अनुभवों' के सम्बन्ध में जब भी हम सोचते रहे हैं, तो हम यह भी सोचते रहे हैं कि हमें जब भी कोई अनुभव होता है या संवेदना होती है, तो हम यह भी सोचते हैं कि उस अनुभव या संवेदना को हम ही जानते हैं तथा हम ही व्यक्त कर सकते हैं। हम अपने ढंग से कहते हैं कि हमें यह अनुभव हुआ है। इस प्रकार का विचार इतना सहज तथा स्पष्ट प्रतीत होता है कि वाह्य जगत की अवधारणा तथा 'अन्यमन की अवधारणा' बनाने का भी यही वैयक्तिक भाषा आधार बन जाती है। ब्रिटिश अनुभववादी, इन्द्रिय-प्रदत्त सिद्धान्त के समर्थक, यहाँ तक कि डेकार्ड भी किसी-न-किसी रूप में इस विचार को महत्त्व देते हैं। इसका अर्थ है कि 'वैयक्तिक भाषा' का विचार एक महत्त्वपूर्ण विचार रहा है, तथा इस विचार के चित्र के बन्दी 'दार्शनिक विचारक' भी रहे हैं। इसी महत्त्व के कारण विटगेन्स्टीन ने इस पर अपना भाषीय-खेल-प्रयोग किया है।

यह समस्या क्या है? 'वैयक्तितक भाषा' का विचार क्या है, तथा इस विचार से किस प्रकार की समस्याएँ उठती हैं? 'वैयक्तिक भाषा' उस भाषा को कहा जाता है जो उस विशेष व्यक्ति के अतिरिक्त अन्य किसी के समझ में नहीं आ सकता। उसका कारण यह है कि इस भाषा में व्यवहृत शब्द से जो सूचित होता है उसे केवल वह व्यक्ति समझ सकता है—वह केवल उस व्यक्ति की वैयक्तिक संवेदना को सूचित करता है। हम अपनी संवेदनाओं पर ध्यान केन्द्रित करते हैं, और उसके साथ किसी विशेष शब्द का साहचर्य स्थापित होता है। इन शब्दों की भाषा मेरी वैयक्तिक भाषा है क्योंकि यह मेरे लिए ही अर्थवान है, क्योंकि इन शब्दों से सूचित संवेदना को मैं ही जान सकता हूँ।

इस प्रकार के विचार को दर्शन के इतिहास में बड़ा महत्त्व मिला है, क्योंकि इसे स्वीकारने पर 'अन्यमन' आदि के विचार की व्याख्या युक्तिसंगत दिखाई पड़ने लगती है। इसके अतिरिक्त वैयक्तिक संवेदनाओं के सम्बन्ध में भी कुछ ऐसी बातें प्रकाश में आती हैं जिससे इसके अनुरूप उनकी व्याख्या भी मान्य प्रतीत होने लगती हैं। उदाहरणतः वैयक्तिक भाषा को स्वीकार कर हम कह सकते हैं कि मैं केवल अपने ही उदाहरण में जान सकता हूँ कि पीड़ा (pain) क्या है। हम दूसरे को पीड़ा में देख कहते हैं कि 'वह पीड़ा में है', किन्तु हमें यह विश्वास है कि वह पीड़ा में है, मैं जानता नहीं हूँ कि 'वह पीड़ा में है (P.I., 303) कोई अन्य व्यक्ति मेरी पीड़ा को नहीं जान सकता। मैं ही अपनी पीड़ा को जानता हूँ, अतः जब मैं कहता हूँ कि 'मैं पीड़ा में हूँ' तो कम-से-कम अपनी दृष्टि में मेरी प्रामाणिकता सिद्ध है। (P.I.—289)

इस 'वैयक्तिक भाषा विचार' के विरुद्ध विटगेन्स्टीन अपनी विधि का प्रयोग करते हैं जिसके द्वारा इस विचार के भ्रान्ति रूप को वे स्पष्ट कर देते हैं। इस विचार के समर्थक इस विचार से उत्पन्न चित्र के बन्दी होने के कारण इस भाषा के 'निर्माण' तथा 'व्यवहार' दोनों का ढंग निर्धारित कर देते हैं। बता देते हैं कि कैसे वैयक्तिक संवेदना से शब्दों का साहचर्य स्थापित कर इस भाषा के शब्द निर्मित होते हैं, तथा कैसे एक बार 'मैं पीड़ा में हूँ' जान लेने के बाद मैं भविष्य में भी 'मैं पीड़ा में हूँ' का प्रयोग अर्थपूर्ण ढंग से कर सकता हूँ।

विन्टगेन्स्टीन 'भाषीय खेल' खेल कर इन दोनों भ्रान्तियों को स्पष्ट कर देते हैं। उनका कहना है कि हम इस विचार को साधारण ढंग से समझने की चेष्टा करें। मैं अपने वैयक्तिक उदाहरण से यह जानता हूँ कि अपने से कुछ कहने का अर्थ क्या होता है। इसका अर्थ है कि इस भाषा में मैं जो अपने से कह रहा हूँ वह केवल मैं ही जानता हूँ, अन्य नहीं। किसी एक उदाहरण को लें। मालकौम ने **गुदगुदाहट** (tickling) का उदाहरण लिया है। इस वैयक्तिक भाषा में मैं जब 'गुदगुदाहट' शब्द का व्यवहार करता हूँ, तो गुदगुदाहट की अपनी संवेदना का इस शब्द के साथ साहचर्य करके। यह मेरी गुदगुदाहट के लिए शब्द है, दूसरे लोग जो इस शब्द से सूचित करते हैं, वह नहीं है। अब तो यह भाषीय प्रयोग का सामान्य 'गुदगुदाहट' शब्द नहीं है, क्योंकि सम्भव है कि अन्य इससे कुछ और सूचित करते हों, तो इस तरह यदि सामान्य शब्दों के वैयक्तिक भाषीय प्रयोगों को देखें, तो अन्ततः यही अस्पष्ट होता है कि इससे एक अर्थहीन ध्वनि मात्र निकलती है, कोई भाषा सूचित नहीं होती।

इसे अन्य ढंग से सोच कर देखें, जब कभी साधारण भाषा में हम किसी शब्द का प्रयोग सीखते हैं, तो इसका अर्थ है कि अब उस शब्द को हम उसी ढंग से भविष्य में भी प्रयोग करेंगे। वैयक्तिक भाषा में हम किसी शब्द की एक वैयक्तिक परिभाषा तय करते है, इसका अर्थ है कि वैयक्तिक रूप में अपने अन्तर में हमने यह भी **निश्चय** किया है कि एक विशेष प्रकार से इस शब्द का प्रयोग होता रहेगा। यह निश्चय हम कैसे करते हैं? क्या हमने किसी विधि का आविष्कार किया है, या हमें कहीं से बनी-बनाई विधि प्राप्त हो गयी? (P.I., 262) अर्थात् वैयक्तिक भाषा के किसी शब्द को वैयक्तिक ढंग से परिभाषित करने के बाद भी भविष्य में उसके प्रयोग का प्रश्न रह ही जाता है।

इसे थोड़ा और स्पष्ट किया जाय। मान लें कि हमें पीड़ा की संवेदना हुई, जिस पर हमने ध्यान केन्द्रित किया और 'पीड़ा' शब्द कहा। इसका अर्थ हुआ कि हमने अपनी वैयक्तिक भाषा में '**पीड़ा**' शब्द और उस संवेदना के साथ एक सम्बन्ध स्थापित कर लिया। किन्तु, हमारे साधारण भाषीय व्यवहार स्पष्टतया बताते हैं कि इस प्रकार का सम्बन्ध तभी अर्थपूर्ण होता है जब भविष्य में 'पीड़ा' शब्द से उसी संवेदना को सूचित करें, अन्य संवेदनाओं को नहीं। हमने जिस शब्द की वैयक्तिक सूचनात्मक परिभाषा बनायी है, वह सफल तभी हो सकती है जब यह हमें भविष्य में भी इस शब्द को सही तथा संगत ढंग से प्रयोग करने का माध्यम दे। इसके संगत प्रयोग का यहाँ अर्थ यही है कि इस शब्द से हम भविष्य में जो सूचित करें वह वही हो जो हमने पहली बार इससे सूचित किया था, क्योंकि हमारा यह शब्द हमारी वैयक्तिक भाषा का शब्द है। तो, हमें यहाँ देखना है कि क्या हम जो पुनः पीड़ा शब्द का व्यवहार कर रहे हैं वह संगत है, अर्थात क्या उस शब्द से वही सूचित हो रहा है जो हमने पहली बार सूचित किया था। प्रश्न है कि हम यह कैसे तय करेंगे कि हमारा अभी का प्रयोग सही प्रयोग है। हमें यह प्रयोग 'सही' **प्रतीत** हो सकता है, किन्तु सही प्रतीत होना तथा सही होना इसका भेद हम कैसे करेंगे। क्या हमें जो सही प्रतीत होगा उसे ही हम सही मान लेंगे? अर्थात क्या 'सही प्रतीत होना' तथा 'सही होना' के भेद को समाप्त कर देंगे? विटगेन्स्टीन कहते हैं कि यदि यह भेद समाप्त हो जाय तो 'सही' की अवधारणा ही समाप्त हो जायगी। अतः उनका कहना है कि यहाँ हमें ऐसा प्रतीत होता है कि भाषा के ढंगों का पालन कर रहे हैं, किन्तु यह स्थापित नहीं होता कि

हम ऐसा कर रहे हैं। अतः वैयक्तिक भाषा के ये ढंग भाषीय नियम या ढंग नहीं है, बल्कि भाषीय ढंग या नियम की प्रतीति मात्र है (P.I., 259)।

विटगेन्स्टीन यहीं पर रुकते यहीं, अपने इस भाषीय खेल को आगे बढ़ाते हैं। हम उनके साथ इस खेल के कुछ बाद के पक्ष को भी देखें। कहा जा सकता है कि व्यक्ति अपनी संवेदनाओं को स्मरण कर सकता है और उस आधार पर कह सकता है कि वह 'पीड़ा' शब्द का सही प्रयोग कर रहा है। किन्तु, वैयक्तिक भाषा की सीमा में सीमित रह कर यह कैसे तय किया जा सकता है कि स्मृति प्रामाणिक है या अप्रामाणिक। जो स्मरण हुआ वह गलत भी तो हो सकता है। वैयक्तिक भाषा यह कैसे तय करेगी कि यह गलत नहीं है। उत्तर दिया जा सकता है कि 'पुनः स्मरण करके'। किन्तु, पूछा जा सकता है कि क्या स्मृति अपनी प्रामाणिकता का आधार भी प्रस्तुत करती है। स्मृति से स्मृति को प्रमाणित करने का अर्थ है कि कोई स्मृति ऐसी है जो सही है। यह तो तय किया ही नहीं जा सकता। पूर्णतया वैयक्तिक भाषा का अर्थ है कि हमारे अतिरिक्त कोई अन्य उस भाषा को समझ हीं नहीं सकता। तो हमें ही यह भी तय करना है कि हमारी कौन-सी स्मृति सही है तथा कौन-सी नहीं। पुनः हम 'सही' की अवधारणा समाप्त कर रहे हैं, क्योंकि हमें जो सही प्रतीत होगा उसे ही हम सही कहेंगे।

इस प्रकार किसी भी प्रकार हम यह नहीं स्थापित कर पा रहे हैं कि कोई वैयक्तिक भाषा है जिसमें भाषीय ढंगों का निर्वाह हो रहा है। भाषीय व्यवहार की मूल माँग भी पूरी नहीं हो रही। हम यह भी नहीं तय कर पा रहे हैं कि इस भाषा के शब्दों का व्यवहार संगत रूप में हो सकता है। इसे और ढंगों से भी स्पष्ट करते हुए विटगेन्स्टीन कहते हैं कि यहाँ वस्तुतः वैयक्तिक भाषा की कोई समस्या नहीं है। कुछ भाषीय ढंगों के गलत उपयोग के कारण वैयक्तिक भाषा का एक चित्र उभर जाता है, तथा उस चित्र के बन्दी होने के कारण हम इस भाषा में उन सभी बातों को देखने लग जाते हैं जो साधारण भाषा में होती है। उनका इस प्रकार का 'वैयक्तिक भाषा' पर खेला गया भाषीय खेल इस चित्र के भ्रान्तिरूप को स्पष्ट कर देता है, जिससे यह समस्या ही समाप्त हो जाती है।

❑

अध्याय 10

विश्लेषणात्मक दर्शन

(ANALYTIC PHILOSOPHY)

विषय-परिचय

विश्लेषणात्मक दर्शन क्या है?

हमने इस खंड का शीर्षक '**विश्लेषनात्मक दर्शन**' दिया है। किन्तु, इसके क्षेत्र-निर्धारण का प्रयत्न उतना सरल नहीं है। ऐसा नहीं है कि कोई एक विश्लेषणात्मक दर्शन हो, या कोई निश्चित 'विश्लेषण' का दर्शन हो। इस नाम के छाते के अन्तर्गत हम अनेकों विचारकों को रख देते हैं, वे सभी एक ही प्रकार का राग नहीं अलापते, उनमें मतभेद ही नहीं, मूल बातों में वैचारिक भिन्नता तथा दृष्टि का अन्तर है। फिर भी हम उन्हें किसी-न-किसी रूप में 'विश्लेषक' (Analyst)कहते हैं। ऐसा प्रतीत होता है कि कुछ ऐसा 'है' जो इन सभी विभिन्न विचारकों की अभिरुचि का केन्द्र है, जिसके कारण वे सभी विश्लेषणात्मक दर्शन के समर्थक कहे जाते हैं।

ऐसा भी नहीं है कि इन सभी विचारकों के लिए 'विश्लेषण' शब्द का अर्थ या व्यवहार या प्रयोग एक ही अंग से होता हो। विश्लेषण के भी भिन्न-भिन्न ढंग हैं। 'विश्लेषण' शब्द का मूल अर्थ है किसी इकाई को उनके अंगों, अवयवों, या भागों में विभक्त कर के देखना। किन्तु विश्लेषणात्मक दर्शन के सभी समर्थक विश्लेषण में यह भी नहीं करते।

कहा जा सकता है कि ऊपर बताया हुआ विश्लेषण तो विज्ञान के क्षेत्र में उपयोगी हैं, किन्तु दार्शनिक विश्लेषण उससे कुछ अन्य प्रकार का है। दार्शनिक विश्लेषण में किसी **अवधारणात्मक** इकाई या किसी **भाषीय कथन** का विश्लेषण होता है। किन्तु, यहाँ भी यह नहीं कहा जा सकता कि ये दोनों विश्लेषण एक दूसरे से सर्वथा पृथक हैं, क्योंकि भाषीय कथनों के विश्लेषण में भी अवधारणात्मक निर्देश प्रायः अनिवार्य हो जाता है, तथा अवधारणात्मक ईकाइयो के विश्लेषण में भी अनिवार्यतः अवधारणाओं की भाषीय अभिव्यक्ति महत्वपूर्ण हो जाती है।

विश्लेषण-संबंधी इन कठिनाइयों के साथ-साथ एक कठिनाई यह भी है कि एक दृष्टि से सभी दार्शनिक चिन्तक 'विश्लेषण' करते ही हैं। तो **विश्लेषणात्मक दर्शन** को एक अलग कोटि का दर्शन, अपने में एक विशिष्ट ढंग का दर्शन क्यों कहा जा रहा है?

हाँ, यह दिखाया जा सकता है कि सभी दार्शनिक अपने दार्शनिक चिन्तन में किसी-न-किसी रूप में 'विश्लेषण' का प्रयोग करते हैं। किन्तु मात्र उतने ही से हम उनके दर्शन को विश्लेषणात्मक दर्शन नहीं कह सकते। एक दृष्टि से 'विश्लेषणात्मक दर्शन' शब्द को हम एक 'संज्ञा' के समान प्रयोग में ला रहे हैं, एक '**नाम**' के रूप में प्रयोग कर रहे हैं। पाश्चात्य दर्शन के इतिहास में इस 'नाम' के लेते ही एक विशिष्ट प्रकार का विचार ही ध्यान में आता है, जिसमें 'विश्लेषण' केन्द्रीय अवश्य है—किन्तु वह एक विशेष प्रकार का विश्लेषण है, हर प्रकार का विश्लेषण नहीं।

इसे स्पष्ट करने के लिए सर्वप्रथम हम इस विशिष्ट अर्थ में '**विश्लेषणात्मक**' का भेद '**परिकल्पनात्मक**' (Speculative) से स्पष्ट कर लें। परिकल्पनात्मक दर्शन का लक्ष्य जगत तथा सत् के संबंध में, संपूर्णता के संबंध में कुछ स्थापनायें स्थापित करना है। इसका उद्देश्य यह जानना है कि हम जो अनेकता, विभिन्नता आदि देखते हैं, उसका मूल संगठित रूप क्या है, जिसके आधार पर हम उन विभिन्नताओं की एक व्याख्या प्रस्तुत कर सकें। इसी कारण परिकल्पनात्मक दर्शन तत्त्वमीमांसीय विवेचनों में उलझता है। यदि इसमें कोई भाषा की विवेचना अथवा अवधारणात्मक तथा भाषीय विश्लेषण हो भी तो वह मात्र इस कारण कि वह उनके निष्कर्षों को स्थापित करने में सहायक प्रतीत होता है।

विश्लेषणात्मक दर्शन का ऐसा कोई लक्ष्य नहीं है। वस्तुतः इस दर्शन को यह अवगति है कि उनकी अपनी विधि का कोई संबंध परिकल्पनात्मक निष्कर्षों से नहीं है। इसके दार्शनिक चिन्तन की अपनी विधि है। जिस विधि का प्रयोग का केन्द्र भाषा है, तथा इनकी यह मान्यता है कि जिस पर यह विश्लेषणात्मक विधि का प्रयोग होता है, उसका अवबोध इस विश्लेषण से **स्पष्टतर** हो जाता है। भाषा पर ध्यान केन्द्रित करते ही भाषीय प्रयोगों की जटिलताएँ स्पष्ट होने लगती हैं, और जो दर्शन इन बातों पर ध्यान केन्द्रित करता है उसे ही विश्लेषणात्मक दर्शन कहा जाता है।

इस प्रकार विश्लेषणात्मक दर्शन का परिकल्पनात्मक दर्शन से भेद स्पष्ट होता है। यह ठीक है कि ऐसे भी विचारक हुए हैं जो दोनों प्रकार का चिन्तन करते हैं, किन्तु इससे इनके बीच के भेद पर कोई अन्तर नहीं पड़ता।

तो विश्लेषणात्मक दर्शन के अध्ययन का केन्द्र भाषा है। वैसे भाषा का अध्ययन भाषा-शास्त्र, व्याकरण, शब्द-शास्त्र आदि में भी होता है। विश्लेषणात्मक दर्शन इन अध्ययनों से सहायता ले सकता है, किन्तु यह भाषा का अध्ययन इन सबों से भिन्न ढंग से करता है, तथा भिन्न उद्देश्य से करता है। इन सभी अध्ययनों का उद्देश्य भाषा-संबंधी जानकारी हैं; भाषा के स्वरूप, भाषा की संरचना, भाषा का विन्यासात्मक रूप आदि के संबंध में जानकारी प्राप्त करना है। कहा जा सकता है कि इन सभी अध्ययनों का लक्ष्य भाषा की वैज्ञानिक जानकारी है। अतः इन सभी अध्ययनों की विधि किसी-न-किसी प्रकार वैज्ञानिक है ही। इनके द्वारा भाषा के स्वरूप, भाषा की संरचना तथा भाषीय प्रयोगों के विषय में वैज्ञानिक जानकारी प्राप्त होती है। यह विश्लेषणात्मक दर्शन का लक्ष्य नहीं है। उसका लक्ष्य दार्शनिक है। उसका उद्देश्य एक ऐसी विधि को पकड़ना है जिसके द्वारा दार्शनिक समस्याओं का निदान किया जा सकता है। इसकी मान्यता है कि दार्शनिक समस्याएँ समस्या बनकर उभरती हैं भाषीय प्रयोगों की अस्पष्टता, अनेकार्थता आदि के कारण, तथा विश्लेषण-विधि से इस प्रकार की समस्याओं से जूझा जा सकता है।

यहाँ पर एक प्रश्न उठ जाता है। यदि इस प्रकार के दर्शन का लक्ष्य भाषा-विश्लेषण है, यदि इस अध्ययन का केन्द्र भाषा है, तो प्रश्न उठता है— 'कौन-सी भाषा? ''किस क्षेत्र में व्यवहृत भाषा?'' इस स्थल पर इस केन्द्रीय विचार को स्वीकारने वालों के बीच भी मतभेद स्पष्ट हो जाता है। कुछ विचारकों का कहना है कि जिस प्रकार हर विज्ञान-विचार की हर शाखा—का अपना शब्द-भंडार तथा अपना भाषीय ढंग होता है उसी प्रकार दर्शन का भी अपना शब्द-भंडार तथा अपना भाषीय ढंग तय करना है। अतः इन विचारकों ने एक '**आदर्श-भाषा**' की कल्पना की, इनलोगों में एक सर्वथा नवीन, नियमनिष्ठ तार्किक भाषा की बात

की, एक सर्वथा कृत्रिम (artiflical) भाषा की कल्पना की। इनलोगों का कहना है कि हमारी प्राकृतिक भाषायें अथवा साधारण बोलचाल की भाषा अनिवार्यतः अस्पष्ट, अनेकार्थक तथा भ्रान्तिजनक होती हैं। अतः '**विश्लेषण**' का अर्थ है कि हर अन्य प्रकार के भाषीय कथन का इस नियमनिष्ठ कृत्रिम भाषा में रूपान्तरण। इनकी मान्यता है कि मात्र इसी प्रकार के विश्लेषण से भाषीय कथनों में **निश्चयता** की खोज हो सकती है। **तार्किक भाववादी, तार्किक अणुवादी तथा ट्रैक्टेटस का विचारक** अपने-अपने ढंग से इसी प्रकार के विश्लेषण को प्रश्रय देते हैं।

'**विश्लेषणात्मक दर्शन**' शब्द का जब **ढीले** अर्थ में प्रयोग होता है, तो इस प्रकार के दर्शन को भी उसके अन्तर्गत रख दिया जाता है। जब यह 'ढीलापन' कुछ अधिक व्यापक हो जाता है तो 'मूर' रसेल आदि को भी विश्लेषणात्मक दर्शन के विचारक के रूप में बिठा लेते हैं। किन्तु, हम जब यहाँ 'विश्लेषणात्मक दर्शन' का प्रयोग कर रहे हैं, तो ऐसे ढीले अर्थ में नहीं, बल्कि इसके **विशिष्ट** अर्थ में। उस अर्थ में ऊपर चर्चित **विश्लेषण** विश्लेषणात्मक दर्शन का विश्लेषण नहीं है। उपर चर्चित विश्लेषण '**औपचारिक विश्लेषण**' (Formal Analysis) है। 'विश्लेषणात्मक दर्शन' के विशिष्ट अर्थ में—जिस अर्थ में उसका यहाँ प्रयोग हो रहा है—'औपचारिक विश्लेषण' विश्लेषणात्मक दर्शन का विश्लेषण नहीं है। इस दर्शन में 'अनौपचारिक विश्लेषण' (Informal Analysis) की अनुशंसा होती है।

इस स्थल पर विटगेन्स्टीन का उल्लेख प्रासंगिक ही नहीं, अनिवार्य है, क्योंकि विटगेन्स्टीन के विचार में दोनों प्रकार के विश्लेषण का उल्लेख हुआ है। पूर्वकालीन विटगेन्स्टीन अपने ट्रैक्टेटस में एक प्रकार से 'औपचारिक विश्लेषण (Formal Analysis) की ही बात करते हैं, और उत्तरकालीन विटगेन्स्टीन अपने भाषीय खेलों में जिस प्रकार का विश्लेषण करता हैं, वह **अनौपचारिक** (Informal) है। हमने देखा है कि ट्रैक्टेटस में 'तार्किक' अणुवाद' तो है ही, उसका प्रभाव 'तार्किक भाववाद' पर भी है। शायद इसी कारण इन दर्शनों में भी विश्लेषण **औपचारिक** ही है। जैसा हमने कहा है, हमारे अर्थ में 'विश्लेषणात्मक दर्शन' के अन्तर्गत इस प्रकार के विचार नहीं आते।

तो **विश्लेषणात्मक दर्शन** के अन्तर्गत वे विचार आते हैं जो **उत्तरकालीन विटगेन्स्टीन** के द्वारा अनुशंसित विश्लेषण के अनुरूप हैं, या उसके प्रभाव में विकसित हुए हैं। वैसे उत्तरकालीन विटगेन्स्टीन भी अनौपचारिक विश्लेषण करते हैं, और हमारे स्पष्टीकरण के अनुरूप विश्लेषणात्मक दर्शन के अन्तर्गत उन्हीं विचारकों का विचार आता है जो **अनौपचारिक विश्लेषण करते** हैं। उस दृष्टि से उत्तरकालीन विटगेन्स्टीन भी विश्लेषणात्मक दार्शनिक के अन्तर्गत आ जाते हैं। किन्तु, हम विटगेन्स्टीन को किसी 'कोटि' में नहीं रखना चाहते, वे अपनी कोटि स्वयं हैं। अतः कहा जा सकता है कि **विश्लेषणात्मक दर्शन** के अन्तर्गत वे विचार आते हैं जो **उत्तरकालीन विटगेन्स्टीन के बाद** या उसके प्रभाव में प्रकाश में आये। वैसे जिस समय उत्तरकालीन विटगेन्स्टीन अपने चिन्तन में रत थे, उस समय कुछ अन्य विचारकों ने भी इस प्रकार के अनौपचारिक विश्लेषण के महत्त्व पर प्रकाश दिया था। किन्तु, उनका विचार भी पूर्ण प्रकाश में 'फिलौसफीकल इन्भेस्टीगेसन' के प्रकाशित होने के बाद ही आया। इसी कारण कहा जा रहा है कि विश्लेषणात्मक दर्शन से वह दर्शन सूचित हो रहा है जो **उत्तरकालीन विटगेन्स्टीन** के बाद में, उनके विचारों से अनुरूपता लिए हुए प्रकाश में आया।

इसका यह **अर्थ नहीं है** कि 'विश्लेषणात्मक दर्शन' पूर्णतया उसी ढाँचे में ढला हुआ है जो ढाँचा उत्तरकालीन विटगेन्स्टीन ने अपने 'फिलौसफीकल, इन्भेस्टीगेसन' तथा मरणोपरान्त प्रकाशित अन्य पुस्तकों में ढाला था। 'विश्लेषणात्मक दर्शन' में भी उनके समान 'अनौपचारिक उद्देश्य उत्तरकालीन विटगेन्स्टीन के ढंग एवं उद्देश्य से कुछ भिन्न हैं। उस भिन्नता को समझ लेना अनिवार्य है।

वैसे, यह कहना सर्वथा उपयुक्त है कि विश्लेषण विधि के ढंगों को विवरण दे देकर स्पष्ट नहीं किया जा सकता, उसके लिए विश्लेषण **करना होगा**, तथा इन विचारकों के द्वारा किया गया वास्तविक विश्लेषण को देखना होगा। यही कारण है कि विन्टेगेन्स्टीन ने 'भाषीय खेल' खेल-खेल कर अपनी विधि की कार्यक्षमता को स्पष्ट किया है। किन्तु, यहाँ हम दो शब्दों में उनके तथा अन्य विश्लेषणात्मक दार्शनिकों के ढंगों की भिन्नता का प्रारम्भिक स्पष्टीकरण कर लें।

दोनों के विश्लेषण-विधियों के ढंगों में अंन्तर हैं। इस अन्तर को तो **इस स्थल पर** स्पष्ट नहीं किया जा सकता, क्योंकि इसके लिए दोनों ढंगों के वास्तविक उदाहरणों को देखना होगा। हमने विटगेन्स्टीन के 'भाषीय खेल' का उदाहरण लिया है, आगे कुछ चर्चा विश्लेषणात्मक दार्शनिकों के ढंगों की भी होगी। दोनों का अन्तर तभी स्पष्ट होगा।

किन्तु, दोनों में एक महत्त्वपूर्ण अन्तर है। हमने देखा है कि विटगेन्स्टीन के विश्लेषण-विधि का लक्ष्य है समस्या को समाप्त कर देना। इस विधि के द्वारा समस्या 'उड़' जाती है (dissolves)। अर्थात् विटगेन्स्टीन की मान्यता है कि दार्शनिक समस्याएँ समस्या ही नहीं हैं, भ्रान्ति हैं। विश्लेषणात्मक दार्शनिक इसे पूर्णतया स्वीकार नहीं करते। उनके अनुसार दार्शनिक समस्याएँ समस्यायें तो हैं ही—भ्रान्ति नहीं है। वहाँ भ्रान्ति को वास्तविक समझने की समस्या नहीं है, बल्कि समस्या इस कारण उत्पन्न होती है कि उन समस्याओं की भाषा में **अस्पष्टता** है, अनेकार्थकता है। तो, **विश्लेषण** का लक्ष्य अस्पष्टता, **अनेकार्थकता** आदि को दूर करना है।

फलतः विश्लेषणात्मक दर्शन यह मानता है कि विश्लेषण का लक्ष्य मात्र निषेधात्मक नहीं है। यह केवल समस्या को लुप्त करने के लिए प्रयोग में नहीं लाया जाता। इसका लक्ष्य भावात्मक भी है। विश्लेषण से समस्या पर नया प्रकाश पड़ता है, इसके फलस्वरूप नये-नये प्रश्न उभरते हैं (issue raising), कुछ ऐसी बातें प्रकाश में आती हैं जो विश्लेषण के पहले दिखाई नही देती थीं। इस प्रकार विश्लेषणात्मक दर्शन में विश्लेषण विधि की भावात्मक उपयोगिता भी स्पष्ट होती है।

कठिनाई यह है कि इस दर्शन ने विश्लेषण-विधि को एक दार्शनिक उपकरण (tool) के रूप में स्पष्ट किया। किन्तु उपकरण का प्रयोग तो अलग-अलग स्थितियों में, भिन्न-भिन्न समस्याओं पर भिन्न-भन्न ढंग से होगा। तो इस विधि के प्रयोग में एक तदर्थता (Ad hocism) आ ही जाती है। और यही हुआ भी है। भिन्न-भिन्न विचारकों ने, अपने-अपने ढंग से, भिन्न-भिन्न समस्याओं पर इस विधि का प्रयोग किया है। अंगरेजी-भाषी देशों में तो विश्लेषणात्मक दर्शन प्रचण्ड रूप में हावी हुआ। अन्य देश भी इसके प्रभाव से अछूते नहीं रहे। अतः कठिनाई यह हो जाती है कि ऐसे दर्शन का परिचय कैसे दिया जाय। परिचय देने का हर प्रयत्न अपूर्ण रहेगा ही, क्योंकि इन सभी विचारों को समवेत रूप में प्रस्तुत किया ही नहीं जा सकता।

अतः हम अपने लिए एक सीमा निर्धारित कर रहे हैं। हम अपनी विवेचना को इसके उस रूप तक सीमित कर रहे हैं जो 'आक्सफोर्ड केन्द्र' में विकसित हुआ है। वहाँ विश्लेषणात्मक दर्शन बड़े सबल रूप में अग्रसर हुआ है। वहाँ विकसित दर्शन को **'भाषा-विश्लेषण'** (Linguistic Analysis) का दर्शन कहा भी जाता है। वहाँ के विचारकों में एक समानता यह भी है वे सभी विश्लेषण की आधारशिला के रूप में 'साधारण भाषा' (Ordinary Language) को महत्त्व देते हैं जिसके कारण इन विचारकों के दर्शन को 'ऑक्सफोर्ड साधारण भाषा दर्शन' (Oxford Ordinary Language Philosophy) भी कहा जाता है।

इस ऑक्सफोर्ड भाषा-दर्शन, [जिसे कभी-कभी भाषीय-विश्लेषण (Linguistic Analysis) भी कहा जाता है] का सामान्य स्वरूप क्या है? इस प्रश्न का पूर्णतया निश्चित उत्तर तो संभव नहीं है—और शायद वैसा करना उपयुक्त भी नहीं है। ऐसा नहीं है कि सभी आक्सफोर्ड विचारक प्रायः एक ही प्रकार का विश्लेषण करते हैं, उस प्रकार के एकीकरण या सामान्यीकरण का प्रयत्न ही विश्लेषण को औपचारिक बना देता है, तथा यह दर्शन पूर्णतया अनौपचारिक विश्लेषण का दर्शन है। फिर भी इन सभी विचारकों के विश्लेषण के ढंगों को देखते हुए कुछ सामान्य टिप्पणियाँ तो की ही जा सकती हैं।

आस्टीन ने विश्लेषण के ढंग को दार्शनिक चिन्तन का **चरम लक्ष्य** (end-all) नहीं कहा है, बल्कि इसे 'Begin all' कहा है, जिसका अर्थ दार्शनिक चिन्तन विश्लेषण करना है, विश्लेषण का प्रारम्भ दार्शनिक चिन्तन का प्रारंभ है। अतः इन विचारकों के सामान्य ढंगों को ध्यान में रखते हुए इनका कुछ सामान्य विवरण दिया जा सकता है।

प्रथमतः तो यह निश्चित रूप में कहा जा सकता है कि इन विचारकों की दृष्टि में दर्शन 'किया' जाता है और विश्लेषण उसका एक उपकरण (tool) है आस्टीन ने कहा था कि इस प्रकार के दार्शनिक चिन्तन का **लक्ष्य** विश्लेषण नहीं है, उसका **ढंग** विश्लेषण है। दार्शनिक चिन्तन की परिणति विश्लेषण में नहीं है, यह तो दार्शनिक चिन्तन का प्रारंभ है—उसे अग्रसर करना है।[1]

पुनः यह भी कहा जा सकता है कि इन विचारकों की दृष्टि में विश्लेषण की प्रक्रिया वह प्रक्रिया जिसका उपकरण के रूप में उपयोग किया जाता है—ऐसी है कि न तो वह अबौद्धिक अथवा अविवेकी हो सकती है और न पूर्णतया **औपचारिक** (Formal) जैसे-जैसे समस्यायें उभरती हैं, उनकी मांगों के अनुरूप हम पूर्णतया **अनौपचारिक** ढंग में भाषीय प्रयोगों का सहारा लेते हुए विश्लेषण करते हैं।

इसी दृष्टि के अनुरूप इस प्रकार के विचारक वैसे विश्लेषण को प्रश्रय नहीं देते जिन्हें अपचयनित विश्लेषण (Reductionist Analysis) कहा जाता है। वे ऐसा नहीं मानते हैं कि कोई आदर्श भाषा है जिसमें परिवर्तित करके ही भाषीय उक्तियों की सार्थकता जाँची जा सकती है। जैसा कि ऊपर कहा गया है भाषीय स्वरूप के इसी ढंग की प्रतिक्रिया के रूप में ही तो इस प्रकार के अनौपचारिक भाषीय विश्लेषण का प्रादुर्भाव हुआ है।

बात यह है कि इन लोगों ने स्पष्ट देखा कि दर्शन की परम्परा तथा औपचारिक विश्लेषण (Formal Analysis) के समर्थक—दोनों एक भ्रान्ति में ग्रस्त हैं। इस **भ्रान्ति** को

---

1. उनकी अपनी उक्ति है—यह विश्लेषण 'end-all' नहीं है बल्कि 'begin-all' है।

ऑक्सफोर्ड विचारकों ने विभिन्न ढंगों से स्पष्ट किया है। सामान्यतः इसे **विवरणात्मक दोष** (Descriptive Fallacy) कहा गया है। यह दोष इस विचार में हैं कि हम देखते हैं कि कुछ शब्दों से कुछ वस्तु या गुण सूचित होते हैं और सामान्यतः हमें उन शब्दों का अर्थ-बोध उसी रूप में होता है। अब इस बात के आधार पर हम सोच लेते हैं कि हर भाषीय उक्ति का अर्थ उसी रूप में स्पष्ट होता है भाषीय उक्तियों के **सूचनात्मक** अथवा **विवरणात्मक** अर्थ को हम हर प्रकार के भाषीय व्यवहार का 'माडल' या 'प्रतिमान' मान लेते हैं यही तो दोष है। राइल इसे 'Fido Theory of Meaning' कहते हैं। उनका कहना है कि इस प्रकार के प्रभाव में हमारी ऐसी धारणा बन जाती है कि जब भी हम सोचते हैं कि उक्ति 'अ' का क्या अर्थ है, तो हम समझ लेते हैं कि हम यही पूछ रहे हैं कि इस उक्ति 'अ' का उस अर्थ से इस प्रकार का संबंध कैसे हैं जैसा संबंध नाम 'Fido' का 'फीडो' से है। यही तो दोष है। विज्डम ने इसे Idiosyhcracy Platitude कहा है। उनका तात्पर्य है कि हमारी भ्रान्ति यही है कि हम सोच लेते हैं कि हर भाषीय उक्ति का अर्थ एक जैसा ही है।

अतः ऑक्सफोर्ड विचारकों की यह स्पष्ट मान्यता है—जिसे वह पूर्णतया बौद्धिक तथा युक्तिसंगत मानते हैं—कि भाषीय उक्तियों का उपयोग सर्वथा एक जैसा नहीं है, अनेक-असंख्य भाषीय व्यवहार संभव हैं, और हर व्यवहार के अनुरूप उनका अर्थ स्पष्ट होता है। इस संबंध में विटगेन्स्टीन के समान ऑक्सफोर्ड विचारक भी **प्रसंग** (Context) के महत्त्व पर बल देते हैं। हर प्रसंग हर भाषीय व्यवहार को नये रूप में अर्थवान करता है। इसी कारण अपने विश्लेषण में वे भाषीय प्रयोगों के साधारण उपयोगों को देखते हैं कि कैसे सामान्य-साधारण भाषा में इन प्रयोगों का उपयोग किया जाता है।

इस दृष्टि का बड़ा ही विचारोत्पादक तथा नवीन परिणाम प्रकाश में आने लगे। अनेकों पारम्परिक प्रश्नों पर सर्वथा नवीन ढंग से विचार करने की आवश्कयता प्रतीत हुई, और सर्वथा नवीन **वाद्‌विषय** (issues) प्रकाश में आने लगे। एक साधारण उदाहरण इस महत्त्वपूर्ण तथ्य को स्पष्ट कर देखा पारम्परिक पाश्चात्य दर्शन में विश्लेषणात्मक—संश्लेष्णात्मक (Analytic Synthetic) के संबंध में एक धारणा प्रायः स्थापित हो गयी थी। एक प्रतिज्ञप्ति मं यदि विधेय उद्देश्य के ही अर्थ या उस अर्थ के किसी अंश को व्यक्त करता है, तो वह प्रतिज्ञप्ति विश्लेषणात्मक है, और जब कोई नवीन अर्थ जोड़ता है तो वह संश्लेषणात्मक है। किन्तु, अब यदि भाषीय-विश्लेषणात्मक दर्शन की दृष्टि से विचारा जाए तो विश्लेषणात्मक प्रतिज्ञप्ति को स्वीकारना ही उपयुक्त प्रतीत नहीं होगा क्योंकि अब तो किसी भाषीय उक्ति शब्द आदि का कोई पूर्व-स्थापित निश्चित अर्थ ही नहीं क्योंकि हर उक्ति हर संदर्भ में नये-नये रूपों में अर्थवान होती है। फलतः इस दर्शन में विश्लेषणात्मक-संश्लेषणात्मकता दार्शनिक चिन्तन का एक प्रमुख विषय बना रहा। यह उदाहरण स्पष्ट करता है कि किस प्रकार इस परिवर्तित दार्शनिक दृष्टि का परिणाम नये प्रश्नों के उभरने और प्राचीन प्रश्नों के नये रूप में प्रकट होने में दिखाई देने लगा।

इस दृष्टि में निहित स्पष्टतः एक कठिनाई है—भाषीय विश्लेषण (Linguistic Analysis) के दर्शन का पूर्णतया निश्चित विवरण नहीं दिया जा सकता हम हर विचारक के साथ चलते हुए हम यह देख सकते हैं कि विभिन्न समस्याओं पर वे अपने इस विश्लेषण का उपयोग किस प्रकार करते हैं। इस पुस्तक में यदि सभी ऐसे विचारकों के ढंगों को देख पाते तो अच्छा होता।

किन्तु, यहाँ भी हम सभी विचारकों के विचारों की विवेचना नहीं कर सकते। हम बस दो विचारकों का उल्लेख करेंगे—एक तो वह जिसने प्रायः सबसे पहले इस प्रकार का दार्शनिक चिन्तन किया, तथा दूसरा वह जिसके विचारों में अनौपचारिक विश्लेषण की सूक्ष्मतायें परिपक्व रूप में दृष्टिगोचर होती हैं। पहला विचारक है **राइल** तथा दूसरा है **आस्टीन**। कम से कम **विज्डम** तथा अपने ढंग का विचारक **स्ट्रासन** के उल्लेख नहीं करने का हमें खेद भी है, किन्तु पुस्तक की योजना के अनुसार हम यहाँ दो ही विचारक का उल्लेख कर सकते हैं। **राइल** तथा **ऑस्टीन** के विचारों का भी पूर्ण चित्र यहाँ प्रस्तुत नहीं किया जा सकता, क्योंकि इन लोगों ने सर्वथा भिन्न-भिन्न समस्याओं पर अपनी विधि के माध्यम से प्रकाश दिया है। हम सामान्य ढंग से उनके विश्लेषणात्मक ढंगों का परिचय देने का प्रयत्न करेंगे।

गिलबर्ट राइल (Gilbert Ryle)
(1900-1976)

(1) सामान्य भूमिका

हमने पहले भी कहा है कि विश्लेषणात्मक दार्शनिकों ने दर्शन को **क्रिया** (Activity) के रूप में प्रतिष्ठित किया है। वे दर्शन करते हैं (doing philosophy)। इसका अर्थ मात्र यही है कि इन लोगों ने **भाषा-विश्लेषण** (Linguistic Analysis) की एक विधि-एक तकनीक अपनायी है तथा जब किसी समस्या से वे टकराते हैं, तो उसके स्पष्टीकरण के उद्देश्य से उस तकनीक का उस समस्या पर प्रयोग करते हैं। कठिनाई यह है कि उनके इस तकनीक को पकड़ने—समझने के लिए उनके द्वारा विभिन्न समस्याओं पर किये गये प्रयोगों को ही देखना होगा, क्योंकि इन लोगों ने किसी स्थल पर अपने 'तकनीक' के विधिवत विवरण की चेष्टा नहीं की है। वस्तुतः इस प्रकार की चेष्टा उस 'तकनीक' के सामान्य ढंग के अनुरूप भी नहीं है, क्योंकि यह तकनीक **अनौपचारिक** विश्लेषण का है। यदि इस तकनीक के नियमों को पूर्णतया निश्चित करने का प्रयत्न करें तो यह प्रयत्न ही उस तकनीक के स्वरूप के विरुद्ध होगा। अतः इन विचारकों के ढंगों को समझने के लिए उनके द्वारा किया गया इस तकनीक के वास्तविक प्रयोगों को देखना होगा। यही हम 'राइल' के अपने अध्ययन में भी करेंगे। सामान्य ढंग से इतना ही कहा जा सकता है कि जिस समस्या का राइल विश्लेषण करते हैं, उस समस्या से संबंधित प्रश्नों एवं वाद-विषयों (issues) के संबंध में यही देखते हैं कि उनकी अभिव्यक्ति सामान्यतः किस प्रकार के भाषीय उक्तियों में होती है। उन्हीं विभिन्न भाषीय उक्तियों के स्पष्टीकरण में उन प्रश्नों एवं वाद-विषयों के संबंध में कुछ महत्त्वपूर्ण स्पष्टीकरण प्रस्तुत होता है।

हमने पहले भी कहा है कि इस प्रकार के विश्लेषण से एक वैचारिक उपलब्धि होती है। समस्याएँ सामान्यतः भाषीय विसंगतियों अस्पष्टता, अनेकार्थकता आदि के कारण होती है। इस प्रकार का भाषा-विश्लेषण इन्हें कुछ सीमा तक दूर कर उन वाद-विषयों पर नया प्रकाश देता है, उनके संबंध में नयी दृष्टि देता है, जिसके फलस्वरूप उन वाद-विषय में निहित कुछ ऐसे पहलू प्रकाश में आ जाते हैं जो पहले प्रकाश में नहीं थे।

राइल ने भी ऐसा ही किया है। जिस काल में विटगेन्स्टीन अपने उत्तरकालीन विचार में उलझे हुए थे, प्रायः उसी काल में राइल अपने तकनीक का प्रयोग कुछ परम्परागत

प्रमुख समस्याओं पर कर रहे थे। उनकी पुस्तक **'Concept of Mind'** विटगेन्स्टीन के 'फिलोसफीकल इन्भेस्टीगेशन' से पहले ही 1949 में प्रकाशित हुई थी। इस में राइल ने अपनी विश्लेषणात्मक तकनीक के द्वारा 'मन' के संब्रंध में एक बड़े ही प्रबल एवं प्रचलित विचार के भ्रान्तिपूर्ण रूप को प्रकाशित किया है, तथा उसी कार्य में मन संबंधी प्रश्नों एवं विचारों पर सर्वथा नवीन प्रकाश दिया है। यह कहना गलत नहीं है कि इसी पुस्तक से राइल को प्रसिद्धि मिली है, तथा इस पुस्तक का स्थान विश्लेषणात्मक दर्शन के सर्वप्रमुख पुस्तकों में है। राइल के विचारों की विवेचना में हम भी अपना ध्यान मूलतः उनके इसी पुस्तक पर केन्द्रित रखेंगे।

इस स्थल पर एक स्पष्टीकरण कर लेना उपयुक्त है। प्रायः सभी विश्लेषणात्मक दार्शनिकों के संबंध में एक बात कही जाती है जो **'Concept of Mind'** के राइल के संबंध में बड़े स्पष्ट रूप में कही जा सकती है। ऐसा प्रतीत होता है—और वह अकारण नहीं—कि इस पुस्तक में राइल ने जिस समस्या पर अपना ध्यान केन्द्रित किया है, उसके विश्लेषण में उनका रुख उस समस्या तथा उसके समर्थकों के प्रति तीखा है, आलोचनात्मक एवं निषेधात्मक हैं। विश्लेषण की भाषा व्यंगात्मक भी है और कहीं-कहीं कड़ी भी। राइल इसे स्वीकारते हैं। किन्तु वैसा शायद इस कारण होता है कि मन-संबंधी जिस सिद्धान्त पर राइल का ध्यान केन्द्रित है, वह पराम्परागत इतना प्रबल है कि उसे हिलाने की चेष्टा भी बलवान हो गयी है। वैसे इस पुस्तक के विषय में राइल की स्वीकारोक्ति है कि मन के जिस सिद्धान्त के भ्रान्तिरूप को वे स्पष्ट कर रहे हैं, उसके घपले में वे स्वयं भी उलझे हुए थे, तथा वे इस विश्लेषण के द्वारा अपनी अव्यवस्था को भी दूर कर रहे हैं, इसी कारण उनका रुख तीखा, प्रतीत होता है। किन्तु, तटस्थ रूप में यह कहा जा सकता है कि विश्लेषणात्मक दर्शन के विश्लेषण का अभिप्राय आलोचनात्मक हो या न हो, व्यवहार एवं प्रयोग में उनका विश्लेषण एक प्रघात—एक प्रचण्ड आक्रमण जैसा प्रतीत होता ही है।

इस सामान्य भूमिका की पृष्ठभूमि में अब हम राइल की पुस्तक *'Concept of Mind'* में विकसित मतों का संक्षिप्त विवेचन करेंगे।

(2) *'Concept of Mind'* में विकसित विचार

(क) विषय-प्रवेश

हमने पहले ही कहा है कि विश्लेषणात्मक विचारकों की विश्लेषणात्मक विधि का परिचय अलग से नहीं, बल्कि इस विधि के प्रयोगों के माध्यम से ही मिलेगा। राइल ने वृहत् रूप में 'मन' (Mind) से संबंघित विभिन्न प्रकारों का विश्लेषण किया है, तथा उस प्रक्रिया में इस क्षेत्र की परम्परागत एवं नवीन आयामों को स्पष्ट किया है।

इस अध्ययन के लिए उन्हें एक **'केन्द्र'** ढूढ़ना था जो उनके विश्लेषणात्मक आघात का केन्द्र हो। ऐसा केन्द्र उन्होंने मन-संबंधी उस सिद्धान्त को बनाया जिसे वे **अधिकारी सिद्धान्त** (official doctrine) कहते हैं। यह सिद्धान्त जिसके प्रणेता **डेकार्ट** हैं, कुछ इस प्रकार से प्रतिपादित हुआ है। राइल का कहना है कि यह अधिकारी सिद्धान्त किसी न किसी रूप में मन संबंधी हर सिद्धान्त का अंग बना हुआ है। यह माना जाता है कि सभी मनुष्य में **एक शरीर** (body) है, तथा **एक मन** (Mind) है। सामान्यतः ये दोनों एक साथ मानव में कार्यरत रहते हैं, संभवतः मृत्यु में शरीर का ह्रास हो जाता है, 'मन' का नहीं। [डेकार्ट ने तो साधारण जीवन में इन दोनों की क्रिया-प्रतिक्रिया की भी बात की है] राइल कहते हैं

कि यह अधिकारी सिद्धान्त एक प्रकार से भौतिक ढाँचे में मानसिक तत्व को बिठा देता है। इसी कारण वे मन संबंधी इस सिद्धान्त को **मशीन में स्थित प्रेत** (Ghost in the Machine) का सिद्धान्त कहते हैं।

यही सिद्धान्त उनके आक्रमण का केन्द्र है। इस सिद्धान्त के भ्रान्ति-रूप को स्पष्ट करने के प्रयत्न में राइल मन-संबंधी सभी प्रासंगिक विषयों पर प्रकाश देते हैं। इस प्रकार पुस्तक जो इस सिद्धान्त के खंडन से प्रारंभ होती है, उस खंडन से निकले बिन्दुओं का विश्लेषण करते हुए मन-संबंधी बाद-विषयों (issues) को स्पष्ट करती है।

इसी कारण राइल कहते हैं कि एक प्रकार से कहा जा सकता है कि इस पुस्तक में अपने मन-संबंधी सिद्धान्त-प्रतिपादन में वे 'मन' के संबंध में कोई नयी जानकारी नहीं दे रहे हैं। उनके अनुसार इस पुस्तक के द्वारा हमारे मन-संबंधी जानकारी में कोई वृद्धि नहीं होती। किन्तु, उनका कहना है कि इसका उद्देश्य हैं कि मन-संबंधी हमारी जो जानकारी है उसे हम तार्किक ढंग से व्यवस्थित करें। अभी हमारे मन-संबंधी ज्ञान की व्यवस्था कुछ ऐसी है कि उससे कुछ मन के अधिकारी-सिद्धान्त के समान कुछ भ्रान्तिपूर्ण धारणाएँ उपज जाती हैं। पुस्तक के विश्लेषण से यह स्पष्ट हो जायगा कि किस कुव्यवस्था के कारण इस प्रकार की धारणाएँ उत्पन्न होती हैं। फलतः हम अपने मन-संबंधी ज्ञान को संगत रूप में पुनः व्यवस्थित कर पायेंगे। राइल कहते हैं, "The Philosophical arguments which constitute this book are intended not to increase what we know about minds, but to rectify the logical geography of the knowledge which we already possess" [p. 8.].

बात यह है कि हम अपने प्रयोग में अनेकों ऐसी उक्तियों का प्रयोग करते हैं जो मानसिक अवधारणासूचक (mental concept) हैं। हम इस प्रकार की अवधारणाओं के माध्यम से अर्थपूर्ण भाषीय प्रयोग करते हैं, किन्तु यहाँ प्रश्न यह है कि क्या इन मानसिक अवधारणाओं के विषय में सार्थक रूप से कुछ कह सकते हैं? ऐसा लोग नहीं कर सकते क्योंकि वे परिचित क्षेत्रों में तो इन अवधारणाओं का उपयोग कर लेते हैं, किन्तु उन्हें यह अवगति नहीं है कि इनके उपयोग के पीछे तार्किकता क्या है? इसी कारण कभी-कभी अनिवार्य हो जाता है कि उस तार्किकता को स्पष्ट किया जाय।

राइल ने यही किया है। उनका कहना है कि डेकॉर्ट के समय से ही एक विशेष ढंग से मानसिक शक्तियों तथा मानसिक क्रियाओं की अवधारणाओं का प्रयोग-उपयोग होता रहा है, किन्तु उसके अनुसार जिन मानसिक शक्तियों की अवधारणाओं का उपयोग होता है वे आधृत हैं एक भ्रान्ति पर—एक काल्पनिक भाव (Myth) पर। वह भ्रान्ति या काल्पनिक भाव 'मशीन में प्रेत' का सिद्धान्त है जो मान लेता हे कि 'मन' एक प्रेत के समान है जो शरीररूपी मशीन में स्थित है। इसी भ्रान्ति से उबार लेना इस पुस्तक का लक्ष्य है।

अतः इस पुस्तक में ऐसे भाषीय कथनों का विश्लेषण हुआ है जो मानसिक अवधारणाओं से संबंधित है। इस विश्लेषण से प्रथमतः तो 'मशीन में स्थिति प्रेत' का अधिकारी सिद्धान्त खण्डित होता है, तथा उसी खंडन के फलस्वरूप मन-संबंधी विभिन्न पहलुओं पर प्रश्न उभर आते हैं। इस विश्लेषण का एक निषेधात्मक पक्ष है, तथा दूसरा भावात्मक पक्ष है। वस्तुतः दोनों एक दूसरे से पृथक नहीं हैं, फिर भी ये दो पक्ष तो हैं ही। निषेधात्मक पक्ष में इस सिद्धांन्त का भ्रान्ति रूप स्पष्ट होता है। उसी खण्डन में मन की शक्तियों तथा क्रियाओं के संबंध में अनेकों प्रश्न उभर आते हैं—जैसे मन के **ज्ञानात्मक**

(Knowing), **संकल्पनात्मक** (Willing) तथा **संवेगात्मक** (Emotion) क्रियाओं से संबंधित प्रश्न उभर आते हैं। इन क्रियाओं को सूचित करने वाले कथनों के विश्लेषण में ऐसे कथन स्पष्ट होते हैं जो स्वभावमूलक (Dispositional) हो, तथा उन क्रियाओं को सूचित करने वाले कथन स्पष्ट होते हैं जिनका अध्ययन सामान्यतः मनोविज्ञान करता है, जैसे संवेदना तथा निरीक्षण, कल्पना, बुद्धि एवं विवेकशक्ति, आत्म-ज्ञान आदि आदि। पुस्तक का भावात्मक पक्ष इन सभी क्षेत्रों पर बड़ा ही उपयोगी तथा रोचक प्रकाश देता है तथा इनसे संबंधित सर्वथा नवीन विषयों को प्रकाश में लाता है।

हम पहले इसके निषेधात्मक पक्ष का संक्षिप्त विवरण प्रस्तुत करेंगे, तथा इसके भावात्मक पक्ष की विवेचना में मूलतः राइल के विचारों में निहित मन की व्यवहार आश्रित व्याख्या को स्पष्ट करने को चेष्टा करेंगे। राइल का मन-संबंधी सिद्धान्त पूर्णयता व्यवहारवादी (Behaviouriste) भले ही न हो, व्यवहार आश्रित तो है ही।

(ख) कोटि दोष (*Category Mistake*)

हमने पहले कहा है कि मन से 'मशीन में स्थित प्रेत' वाले सिद्धान्त को राइस काल्पनिक तथा भ्रामक (Myth) कहते हैं। इसी का खण्डन पुस्तक का निषेधात्मक पक्ष है।

'काल्पनिक भाव' (Myth) क्या होता है। शास्त्रीय चर्चा में काल्पनिक भाव (Myth) से परियों की कहानी का बोध नहीं होता। राइल कहते हैं कि जब वे इस सिद्धान्त को काल्पनिक भाव (Myth) कह रहे हैं तो वे इसके वैचारिक आधार को स्पष्ट कर रहे हैं। उनका कहना है कि हम जब एक कोटि के तथ्यों को ऐसे वाक्य व्यवहारों में व्यक्त करते हैं जो वाक्य-व्यवहार उस कोटि के अनुरूप ही नहीं, बल्कि उससे सर्वथा भिन्न कोटि के अनुरूप हैं, तो जो उजागर होता है वह काल्पनिक भाव' है। यही कारण है कि काल्पनिक भाव' को खण्डित करने के लिए उन तथ्यों का निषेध नहीं करना है, बल्कि उन तथ्यों को उनके अनुरूप कोटियों के साथ जोड़ देना है। मन संबंधी मशीन से 'प्रेत सिद्धान्त' में भी यही भूल हुई है, यहाँ भी मन-संबंधी तथ्यों को ऐसी कोटि के साथ जोड़ा गया है जिसके अनुरूप वे नहीं है। राइल ने पुस्तक के निषेधात्मक पक्ष में यही स्पष्ट किया है।

इसी संदर्भ में राइल ने कोटि-दोष (Category Mistake) का उल्लेख किया है। वे स्पष्ट कहते हैं कि उनका उद्देश्य यह सिद्ध करना है कि 'मशीन में स्थित प्रेत' का हठमत (Dogma) पूर्णतया असत्य है। यह अपने विवरण या विशदीकरण में असत्य नहीं बल्कि **सिद्धान्ततः असत्य** है (false in principle)। इसके खंडन में मात्र यह नहीं दिखाना है कि इस मत के प्रतिपादन में अनेकों भूलें हुई हैं, बल्कि यह भी दिखाना है कि इसमें एक बड़ी भारी भूल हुई है—एक विशेष प्रकार की भूल हुई है। उसी भूल को वे **कोटि दोष** (Category Mistake) कहते हैं। उनका कहना है कि यह सिद्धान्त अपने तो भयानक कोटि दोष से ग्रसित है ही, यह अनेकों **कोटि-दोष** के उत्पन्न होने के कारण भी बन जाता है।

इसके स्पष्टीकरण के पहले हम कोटि दोष शब्द के अर्थ को स्पष्ट करें। इस स्पष्टीकरण के लिए राइल ने कुछ उदाहरण लिए हैं। हम भी उनमें से कुछ उदाहरणों का सहारा लेते हुए **'कोटि दोष'** (Category Mistake) क्या है—यह स्पष्ट करने की चेष्टा करेंगे।

मान लें एक विदेशी दर्शनार्थी पहली बार आक्सफोर्ड या कैम्ब्रिज घूमने जाता है। उसे वहाँ कॉलेजों को दिखाया जाता है, पुस्तकालयें, खेल के मैदानों, संग्रहालयों, शासकीय भवनों, विज्ञान केन्द्रों आदि को दिखाया जाता है। और उसके बाद वह पूछता है, लेकिन

विश्वविद्यालय कहाँ हैं? तब उसे यह समझाना पड़ता है कि विश्वविद्यालय कोई इन जैसा पृथक संस्था नहीं, बल्कि वह व्यवस्था है जिसमें जिन्हें उसने देखा है वे सभी संगठित—व्यवस्थित हैं। प्रश्न है कि उसकी भूल कहाँ पर है? उसकी भूल इस भ्रान्ति में है कि उसने सोच लिया कि जिस प्रकार कॉलेज, संग्रहालय आदि संस्थाएँ हैं, उसी प्रकार विश्वविद्यालय भी उन्हीं के समान एक अलग संस्था है। अर्थात् उसकी भूल यही है कि उसने 'विश्वविद्यालय' की भी उसी कोटि का समझा जिस कोटि में उसके अन्तर्गत आने वाले कॉलेज, संग्रहालय, पुस्तकालय आदि हैं, उसने 'विश्वविद्यालय' को ऐसे कोटि में रख दिया जिसमें वह नहीं आता। अतः उसकी भूल को 'कोटि दोष कहा जा सकता है।

उनका एक और उदाहरण लें। एक व्यक्ति पहली बार क्रिकेट का खेल देख रहा है। उसे क्रिकेट के सारे ढंग बताये जाते हैं बैट्समैन, बौलर, फील्ड, पीच आदि सब कुछ। अब वह कहता है कि सब काम करने वाले है, किन्तु इनमें टीम-भावना देने वाला तो कोई दिखाई नहीं देता। यहाँ पर उससे एक प्रकार के कोटि दोष की भूल हुई है, क्योंकि वह समझ लेता है कि 'टीम-भावना' भी बैट्समैन, बौलर, अम्पायर आदि के जैसा ही है। उसी कोटि का है। टीम-भावना तो यह भावना है जिसके द्वारा हर व्यक्ति अपना कार्य अपनी पूरी शक्ति से करे यह टीम-सदस्यों के समान एक अलग सदस्य नहीं।

इन दोनों उदाहरणों में एक समानता है। यहाँ ऐसे व्यक्तियों का उदाहरण लिया गया है जो उदाहरण के विषय से **अनभिज्ञ** हैं। दूसरे शब्दों में यह कहा जा सकता है कि पहले उदाहरण में विदेशी यह नहीं जानता है कि 'विश्वविद्यालय की अवधारणा' का प्रयोग क्या है, दूसरे उदाहरण में व्यक्ति नहीं जानता है कि क्रिकेट की अवधारणा तथा टीम भावना की अवधारणा का प्रयोग क्या है। किन्तु दार्शनिक चिन्तन ऐसे लोग नहीं करते जो अवधारणाओं का प्रयोग नहीं जानते। बल्कि अधिकतर लोग ऐसे हैं जो जिन अवधारणाओं का प्रयोग कर रहे हैं, उनका प्रयोग परिचित उदारहणों में सफल पूर्वक कर लेते हैं, फिर भी इनके प्रयोगों में भी कोटि दोष आ जाता है। सच पूछा जाय तो राइल जिस सिद्धान्त का खण्डन कर रहे हैं, उनके समर्थक इसी प्रकार के हैं। वे 'मन', 'शरीर' आदि की अवधारणाओं से अनभिज्ञ नहीं हैं परिचित उदाहरणों में वे उनका सफल प्रयोग भी करते हैं। तो इस प्रकार के जानकार व्यक्ति **कोटि-दोष** (Category Mistake) में कैसे आ जाते हैं? इसे स्पष्ट करने के लिए भी कुछ उदाहरणों को देखें। राइल ने ऐसे भी उदाहरण दिये हैं।

मान लें राजनीतिशास्त्र के एक विद्यार्थी ने ब्रिटिश, फ्रेंच तथा अमेरीकी संविधानों को पढ़ा है, तथा उनके पारस्परिक भेद को समझा है। वह संसद, मंत्रिपरिषद न्यायलय आदि के अंतर को भी समझता है। वह अनभिज्ञ नहीं है, उसे जानकारी है। अब मान लें कि उससे पूछा जाय कि ''ब्रिटिश संविधान का 'इंगलैड के चर्च' या होम-आफिस से क्या संबंध है?'' वह द्विविधा में पड़ जाता है, तथा समझ नहीं पाता कि वह क्या उत्तर दे। उसकी यह उलझन इस कारण है कि वह एक प्रकार के **कोटि-दोष** में उलझ गया है। वह यह नहीं देख पा रहा है कि 'इंगलैंड का चर्च' तथा 'होम आफिस' तो संस्थाएँ हैं, किन्तु **ब्रिटिश संविधान** उनके समान एक संस्था नहीं है। वह 'ब्रिटिश संविधान' को भी उसी कोटि का समझ लेता है, तथा इसी कारण उसकी द्विविधा उपजती है।

दूसरा उदाहरण देखें। राम श्याम का मित्र हो सकता है, शत्रु हो सकता है, संबंधी हो सकता है, परन्तु यदि राम से पूछा जाय कि वह 'औसत करदाता' का मित्र है या शत्रु या संबंधी तो उससे उत्तर नहीं बन पड़ता। वह इन अवधारणाओं का प्रयोग सफल रूप से करता

रहा है, किन्तु अभी वह उलझन में पड़ जाता है क्योंकि वह किसी प्रकार 'श्याम' तथा 'औसत करदाता' को एक कोटि का समझ बैठता है। वह यह भूल जाता है कि दोनों दो कोटि के हैं, क्योंकि श्याम से तो वह मिल सकता है, 'औसत करदाता' से तो मिल पाने का प्रश्न ही नहीं उठता। अतः उसकी उलझन कोटि-भ्रम के कारण है।

इन चारों उदाहरणों से एक बात सामान्य रूप में स्पष्ट होती है। जब जब हम किसी अवधारणा के प्रयोग में उसे उस कोटि में रख देते हैं जिसके अनुरूप वह नहीं है, तो कोटि दोष होता है। बाद के दोनों उदाहरण जो राइल के द्वारा प्रस्तुत 'मन के' 'मशीन में प्रेत' सिद्धान्त का खंडन के निकट का मॉडल है, एक अन्य बात को भी स्पष्ट करते हैं। राजनीति शास्त्र का विद्यार्थी जब तक इस भ्रान्तिपूर्ण धारणा को पकड़े रहेगा कि 'ब्रिटिश संविधान' भी उसी कोटि का है जिस कोटि के 'इंगलैंड के चर्च' एंव 'होम-आफिस' हैं **तब तक** उसकी उलझन समाप्त नहीं होगी। राम **जब तक** भ्रान्ति में रहेगा तथा 'श्याम' तथा 'औसत करदाता' को एक ही कोटि का समझता रहेगा **तबतक** वह उलझन मुक्त नहीं होगा।

इस स्थल पर एक कठिनाई उपस्थित होती है। राइल के अनुसार कोटि दोष इस कारण उत्पन्न होता है कि हम किसी अवधारणा को गलत कोटि में रख देते हैं तो यहाँ एक प्रश्न उठ ही जाता है, जिसके चलते और भी प्रश्न उठ जाते हैं। यदि राइल के कहने को स्वीकारा जाय, तो यह मानना पड़ता है कि हम 'गलत कोटि' तथा 'सही कोटि' का अन्तर कर सकते हैं। ऐसे उदाहरणों में हम जानते हैं कि वस्तुतः कौन-सी वह सही कोटि है जिसमें अवधारणा को रहना चाहिए। अर्थात् हम हर ऐसे उदारहणों में अवधारणाओं की 'वास्तविक कोटि' तथा 'गलत कोटि' का भेद निश्चित रूप से स्पष्ट कर सकते हैं।

राइल को अवगति है कि कोटि-भेद के लिए इस प्रकार का निश्चित आधार देना संभव नहीं है। उनकी मान्यता है कि कोटि-दोष-निराकरण के लिए अवधारणाओं की सही कोटि को निश्चित करना अनिवार्य नहीं है। यदि सामान्य ढंग से यह स्पष्ट कर दिया जाय कि अवधारणा को जिस कोटि के साथ जोड़ा गया है, वह अवधारणा का गलत प्रयोग है, तो इसी से कार्य सिद्धि हो जायगी। अवधारणा के सही प्रयोग को निश्चित रूप से जानना अनिवार्य नहीं है तब इतना अवश्य है कि गलत प्रयोग की गलती को स्पष्ट करना भी उसके सही प्रयोग को **आंशिक** ढंग से जानना ही है।

(ग) मशीन में प्रेत-सिद्धान्त में कोटि-दोष

कहा गया है कि राइल के अनुसार 'मन' संबंधी इस सिद्धान्त में दूसरे प्रकार के जो उदाहरण लिए गये हैं, उनके जैसा कोटि-दोष है। यह कोटि भ्रम उन विचारकों के सिद्धान्त में हैं जो मन की विभिन्न शक्तियों एवं क्रियाओं की अवधारणाओं का प्रयोग सफल रूप से करते हैं, फिर भी कोटि-दोष से ग्रस्त हो गये हैं।

राइल का कहना है कि यह सिद्धान्त अपने एक प्रबल कोटि-दोष से ग्रस्त है, तथा अनेकों कोटि-दोषों का कारण भी है।

वह प्रबल कोटि-दोष कुछ इस प्रकार का है। डेकार्ट के काल में गैलीलियो के प्रभाव में भौतिक वस्तुओं की यन्त्रवादी व्याख्या प्रमुख वैज्ञानिक व्याख्या के रूप में उभरी थी। डेकार्ट उसकी उपेक्षा नहीं सकते थे, किन्तु एक धार्मिक प्रवृत्ति के व्यक्ति होने के कारण वे यह नहीं स्वीकार सकते थे कि 'मानसिक' भी 'भौतिक' का ही एक प्रकार है। उन्हें इन दोनों प्रवृत्तियों की मांगों को पूरा करना था, तथा उन्हें इसका एक ही मार्ग दिखाई दिया। उनकी यह मान्यता हो गयी कि मानसिक व्यवहार को सूचित करने वाले भाषीय कथन किसी यन्त्रवादी

भौतिक प्रक्रिया को सूचित नहीं करते। अतः उन्होंने मान लिया कि वे अवश्य ही किसी अभौतिक प्रक्रिया को सूचित करते हैं। उन्होंने सोच लिया कि जिस प्रकार यन्त्रवादी भौतिक नियम स्थान में घटित हर प्रक्रिया की व्याख्या कर लेते हैं, उसी प्रकार कुछ ऐसे नियम भी हैं जो अभौतिक प्रक्रिया की व्याख्या कर सकते हैं। मनुष्य दोनों प्रकार की क्रियाएँ करता है। इन दोनों का अन्तर उन दोनों के उत्पन्न होने के कारणों में है। मांसपेशियों तथा अंगों की गति भौतिक नियमों से व्याख्यित हो सकती है, किन्तु ऐसी प्रक्रियाएँ जिन्हें हम, मानसिक या बुद्धिसूचक (Intelligent) कहते हैं, उनकी व्याख्या इन भौतिक नियमों के द्वारा नहीं हो सकती, उनके लिए डेकार्ट **अभौतिक** कारणों के द्वारा व्याख्या प्रस्तुत करते हैं। इसके फलस्वरूप डेकार्ट ने 'वस्तु', 'तत्त्व', 'प्रक्रिया', 'स्थिति', 'परिवर्तन', 'कारण', 'कार्य' जैसे शब्दों का व्यवहार सुगमता से दोनों में करना प्रारम्भ कर दिया—मानसिक क्षेत्रों में इन शब्दों का व्यवहार बेहिचक होने लगा तथा इन सभी शब्दों के लिए एक मानसिक क्षेत्र निर्धारित कर दिया गया। उनका कोटि भ्रम इस बात में है कि भौतिक क्षेत्र के सार्थक शब्दों को उन्होंने मानसिक क्षेत्र में बुद्धि-सूचक क्रियाओं के लिए व्यवहार में लाना प्रारंभ कर दिया।

इस प्रकार के प्रयोग के फलस्वरूप एक विचित्र भ्रान्ति का उदय हो गया। भौतिक शरीर रूपी मशीन के भीतर एक 'अन्य' अभौतिक शरीर स्थापित हो गया, और वह भी एक प्रेत-रूप मशीन के ही समान। वह आन्तरिक 'मशीन' दिखाई नहीं देता, किसी मशीन के इन्जीनियर को उस मशीन की क्रियाओं, नियमों का ज्ञान भी नहीं होता, फिर भी उसे एक छाया-मशीन के रूप में प्रतिष्ठित किया गया। यही इस सिद्धान्त का मूल कोटि-दोष है।

इस मूल कोटि-दोष की अभिव्यक्ति अनेक ढंगों में होती है। मनुष्य यन्त्रवत क्रियाएँ भी करता है तथा बुद्धिसूचक(intelligent)क्रियायें भी करता है। दोनों में अन्तर किस आधार पर किया जा सकता है? इस सिद्धान्त के समर्थक यह सोचे हुए हैं कि इनके अन्तर का आधार इनके 'कारणों' में है, इनके उत्पन्न होने के ढंग में है। कारण-कार्य की व्याख्या तो यन्त्रवादी है तथा भौतिक क्षेत्र में सार्थक है। उस प्रकार की भौतिक यन्त्रवादी व्याख्या तो बुद्धिसूचक कार्यों के लिए ये लोग न प्रस्तुत कर सकते हैं, और न उसे मान्यता दे सकते हैं। अतः वे 'कारण' शब्द का प्रयोग तथा कारण के द्वारा यन्त्रवादी व्याख्या का 'ढंग' इन बुद्धि सूचक क्रियाएँ के लिए भी कर देते हैं। वे देख नहीं पाते कि यहाँ वे एक भाषीय व्यवहार को ऐसी कोटि में रख रहे हैं जिसके अनुरूप वह नहीं है।

इस प्रकार के मूल कोटि-दोष को एक दूसरे रूप में भी दिखाया जा सकता है। हम सामान्यतः कहा करते हैं कि 'हम भौतिक-क्रिया भी करते हैं, तथा मानसिक क्रिया भी करते हैं' वस्तुतः इस प्रकार प्रयोग में भी मूल कोटि-दोष छिपा है। जब दो शब्द एक ही कोटि के हो, तो हम दोनों का सम्मिलित प्रयोग कर सकते हैं, किन्तु यदि दोनों एक कोटि के नहीं हैं, तो उनके सम्मिलित प्रयोग से कोटि-दोष हो जायगा। उदाहरणतः हम कह सकते हैं कि 'हमने बायें पैर के लिए मोजा खरीदा, तथा दाँये पैर के लिए मोजा खरीदा'। किन्तु, यदि हम कहें कि 'हमने दायें पैर के लिए मोजा खरीदा, बायें पैर के लिए मोजा खरीदा और एक जोड़ा मोजा खरीदा' तो यह बेतुका लगेगा क्योंकि 'एक जोड़ा मोजा' की भाषीय कोटि 'बायें तथा दाँये पर के मोजा' की भाषीय कोटि से भिन्न है। राइल कहते हैं कि ऐसे भाषीय कथन कि 'वह रोते हुए घर आयी' तथा 'वह पालकी में घर आयी' को एक ही कोटि का समझना मजाक जैसा लगेगा। उनके अनुसार इन्हीं उदाहरणों के समान 'यह भौतिक क्रिया है, तथा यह मानसिक क्रिया है' इन दोनों भाषीय कथनों को एक कोटि में रखना कोटि-दोष

है। 'वह रोते हुए आयी' का भाषीय ढंग 'वह पालकी में आयी' से सर्वथा भिन्न है। उसी प्रकार 'यह भौतिक क्रिया है' तथा 'यह मानसिक क्रिया है' इन दोनों का भाषीय ढंग सर्वथा भिन्न है। 'मसीन में प्रेत-सिद्धान्त' के समर्थक इन दोनों को एक कोटि का समझ लेते हैं। यही उनका कोटि दोष है।

इस विवेचना का एक रोचक निष्कर्ष स्पष्ट होता है। राइल कहते हैं कि वस्तुतः इस विवेचना से 'मन' तथा 'भौतिक तत्त्व' का अन्तर ही नहीं, दोनों का विरोध भी समाप्त हो जाता है। क्योंकि विरोध-संबंध भी तभी होता जब दोनों एक कोटि के होते। इस दृष्टि से **आध्यात्मवाद** (Idealism) तथा **भौतिकवाद** (Materialism) का अन्तर भी समाप्त हो जाता है, क्योंकि ये दोनों तक **अनुपयुक्त प्रश्न** के उत्तर हैं। दोनों 'तत्त्व का स्वरूप क्या है?'—इस प्रश्न के उत्तर हैं। एक इसे भौतिक बताता है दूसरा अभौतिक अथवा मानसिक। किन्तु यहाँ भी यही कोटि-दोष है कि दोनों (मन तथा भौतिक तत्त्व को) को पहले ही एक कोटि का मान लिया गया है।

राइल कहते हैं कि हम कह सकते हैं कि 'मन' 'है', हम यह भी कह सकते हैं कि ''शरीर है''। किन्तु इन दोनों में ''है'' अथवा 'अस्तित्व' का प्रयोग सर्वथा समान रूप में नहीं है। 'होना या अस्तित्व' दोनों कोई **सामान्य** शब्द नहीं है। उनका कहना है कि इसका हर प्रयोग का एक विशिष्ट अर्थ है। 'rising' शब्द का उदाहरण लेते हुए वे कहते हैं—कि यदि हम इन भिन्न कथनों को देखें, जैसे 'तरंगे आरोह पर है', 'सूर्य आरोह पर है' कीमतें आरोह पर हैं, तो इन तीनों में (rising—आरोह) आरोह की तीन कोटि स्पष्ट होती है। उसी प्रकार जब हम कहते हैं कि 'संख्यायें हैं', 'जल-सेना है', 'जनमत है' तो इन तीनों में 'है' का अलग-अलग अर्थ स्पष्ट होता है, तीनों 'है', एक कोटि के नहीं हैं। उसी प्रकार जब हम कहते हैं 'मन हैं' तथा शरीर 'हैं' अथवा 'भौतिक वस्तु 'है', तो यहाँ 'हैं' अलग-अलग अर्थों में अर्थवान है। उन्हें एक कोटि का समझ लेना **कोटि-दोष** है।

इस प्रकार राइल मूल कोटि-दोष को स्पष्ट करते हैं जिस दोष से 'मशीन में प्रेत-सिद्धान्त' पूरी तरह ग्रसित है। पूरी पुस्तक में अब राइल यह दिखाते हैं कि कैसे इस सिद्धान्त का यह मूल **कोटि-दोष**। अनेकों **कोटि-दोषों** के उत्पन्न होने का कारण बन जाता है। **वे मन के विभिन्न आयामों का अन्वेषण करते हैं, विभिन्न मानसिक क्रियाओं जैसे विचार, संवेग, कल्पना, संवेदना एवं प्रत्यक्ष, आत्म-ज्ञान, बुद्धि तथा बौद्धिक-क्रिया आदि के क्षेत्र में प्रवेश कर उनको व्यक्त करने वाले भाषीय कथनों का विश्लेषण कर यह स्पष्ट करते हैं कि कैसे इस मूल भ्रान्ति के कारण अनेकों कोटि-दोष होते हैं।**

इस पुस्तक में तो यह संभव नहीं कि इनका पूर्ण विवरण प्रस्तुत किया जा सकें, किन्तु यहाँ भी एक बात स्पष्ट की जा सकती है। जब मानसिक क्रियायें होती हैं, तो यह दिखाया जा सकता है—कम-से-कम सामान्य रूप में स्पष्ट किया जा सकता है कि इनमें किसी रहस्यमय, आन्तरिक, छिपे हुए तत्त्व की व्यक्त क्रियाओं की बात नहीं करते, बल्कि वस्तुतः उन्हीं व्यक्त क्रियाओं तथा उक्तियों की बात करते हैं जो हमारे समक्ष प्रस्तुत होती है।

(घ) 'कैसे की जानकारी' तथा 'जानना कि' (*Knowing How And Knowing That*)

राइल का कहना है कि मन-संबंधी इस प्रचलित सिद्धान्त के अनुरूप जब भी हम किसी मानसिक क्रिया तथा मन संबंधी कथन के विषय में विचार करते हैं, तो हम सोच लेते हैं कि कोई मनरूप तत्त्व है जिसे हम देखते नहीं है, किन्तु उसी की अभिव्यक्तियाँ इन क्रियाओं

तथा कथनों में है। उनको विश्वास है कि यह मूल धारणा भ्रान्तिजनक है। अतः वे स्पष्ट करना चाहते हैं, कि इनमें हम-वस्तुतः उन्हीं क्रियाओं तथा कथनों को ही सूचित करतू हैं उनके पीछे स्थित किसी रहस्यमय तत्त्व को नहीं। इसके लिए वे प्रथमतः वैसे मानसिक क्रिया-सूचक अवधारणाओं का विश्लेषण करते हैं जो सबसे प्रचलित मानसिक क्रिया 'जानना अथवा 'बुद्धि' से संबंधित है।

इसके अंतर्गत 'जानना' या 'बुद्धि-सूचक' क्रियाओं को सूचित करनेवाले अनेकों शब्द आ जाते हैं, जैसे चालाक (clever), समझदार (sensible), बुद्धिमान (wise), सावधानी से काम करने वाला (careful), विधि से काम करने वाला (methodical), आविष्कारशील (inventive), तार्किक (logical), जागरूक (prudent), हँसोड़ (wity), पारखी (observant), समीक्षात्मक (critical), प्रयोगात्मक (experimental), प्रत्युपन्नमिति (quck-willed), धूर्त (cunning), न्यायसम्मत (judicious), तीक्ष्ण (acute), संशयशील (scruplous) आदि आदि [p. 26—C. M.] इन सभी शब्दों का प्रयोग **बुद्धिसूचक** (intelligent) क्रियाओं के लिए होता है। यहाँ तक कि यदि हमें किसी में बुद्धि की कमी दिखाई देती है तेा हम ऐसे शब्दों का प्रयोग करते हैं जैसे बेवकूफ, मन्दबुद्धि, असावधान, या फिर ऊपर बताये शब्दों के विपरीतार्थक शब्दों का प्रयोग करते हैं, जैसे सुस्त, नासमझ, अतार्किक, अविबेकी, अदूरदर्शी आदि आदि। इन सभी शब्दों के व्यवहार, में प्रायः **बौद्धिक क्रियाओं** तथा **मानसिक अवगति** को एक रूप कर दिया गया है। दर्शन के विद्वान तथा सामान्य व्यक्ति सामान्य रूप से यह स्वीकारे हुए प्रतीत होते हैं कि मानसिक व्यवहारों का सार बौद्धिक क्रियाओं में है। उनके अनुसार 'जानना' तथा **'बुद्धिसूचक क्रिया करना'** (intelligent operations) प्रायः एक ही सिक्के के दो पहलू हैं। राइल को प्रतीत होता है कि यह धारणा भ्रान्तिकारक है, अतः वे इन दोनों के अन्तर को स्पष्ट करना चाहते हैं। इन दोनों भावों को मिला देने के कारण ही मन का 'मशीन में प्रेत-सिद्धान्त' को मान्यता मिली है।

वस्तुतः इन दोनों का मेल-मिलावट बड़ी आसानी से हो भी जाता है। बात यह है कि किसी न किसी रूप में हम यह मानते आ रहे हैं कि 'मन' का परिभाषिक लक्षण है 'सत्यों के ज्ञानोपार्जन की शक्ति'। अतः यह सोचा जाने लगा कि किसी भी मानवीय क्रिया को बौद्धिक तभी कहा जा सकता है जब वह मन के इस लक्षण के अनुरूप हो, अर्थात् जब वह किसी रूप में कुछ ज्ञानोपार्जन का साधन हो। वही व्यक्ति 'बौद्धिक' हो सकता है जिसकी क्रियाएँ उसके सत्यों के ज्ञान के अनुरूप हो। इस प्रकार सभी बुद्धि सूचित व्यवहार' (Intelligent practices) मन के इस सैद्धान्तिक रूप (capacity to theorise) के साथ अनिवार्यतः जुट गये। अब 'मशीन में प्रेत 'सिद्धान्त' के समर्थकों को एक बल मिल गया। अब वे 'मानवीय व्यवहारों' को 'मन की इस शक्ति' के अनुरूप मानने लगे, तथा इस 'शक्ति' को रहस्यमय बनोय रखे। अतः राइल का सोचना है कि यह स्पष्ट करना अनिवार्य हो जाता है कि 'बुद्धिसूचक व्यवहार' अनिवार्यतः मन की ज्ञानोपार्जन शक्ति की संतान नहीं है (intelligent practice is not a step child of theory—p.27)। इसी संदर्भ में राइल ने **'जानता हूँ कि'** तथा **'कैसे की जानकारी'** (knowing that and knowing how) का भेद स्पष्ट किया है।

अतः यह प्रारंभ में ही समझ लेना है कि राइल का लक्ष्य इस भेद को स्पष्ट करना

मात्र नहीं है। इस भेद को स्पष्ट करना उनके लिए अनिवार्य इस कारण प्रतीत होता है कि इस भेद की उपेक्षा से 'मन' के संबंध में भ्रान्तिपूर्ण धारणायें उत्पन्न होती हैं, तथा मन के 'अधिकारी सिद्धान्त' (official theory) जैसा गलत सिद्धान्त मान्यता प्राप्त करने लगता है।

स्थूल रूप में कहा जा सकता है कि 'जानता हूँ कि' (Knowing that) सैद्धान्तिक ज्ञान है, सत्यों का ज्ञान है जबकि 'कैसे की जानकारी' (Knowing how) व्यवहार कुशलता तथा कार्यक्षमता है। शुद्ध सैद्धान्तिक ज्ञान 'सत्यों को जानना है', सैद्धान्तिक ज्ञान-भण्डार बढ़ाना है, किन्तु साधरणतः हम यह जानने के लिए उतने उत्सुक नहीं रहते कि स्थापित सत्य क्या है, बल्कि यह जानने के लिए उत्सुक रहते हैं कि व्यवहार में—क्रियाओं मं कोई उनका उपयोग किस प्रकार कर पाता है।

फलतः बहुत से उदाहरण ऐसे हैं 'जहाँ जानता है कि' तथा 'कैसे की जानकारी' प्रायः समानन्तर रूप में चलते हैं। हम 'पौधों का कांट-छांट कैसे होता हैं'—यह भी जानना चाहते हैं, और यह भी जानना चाहते हैं कि उग्रवादी किस स्थान पर शिक्षित होते हैं। हम भूल जाते हैं कि 'रीफ-नौट' कैसे बाँधा जाता है, और यह भी भूल जा सकते हैं कि चाकू का जर्मन शब्द 'मेसर' है। अतः इन दोनों के भाषीय व्यवहार एक रूप से हो सकते हैं।

किन्तु, ऐसे भी उदाहरण दिये जा सकते हैं जहाँ एक के भाषीय व्यवहार के समानान्तर दूसरे का भाषीय व्यवहार न हो। यदि कोई कहता है कि 'वह जानता है कि यह सत्य है' तो हम उससे इसके लिए उसके साक्ष्य या प्रमाण की माँग कर सकते हैं। किन्तु कोई अच्छा ताश खेल सकता है, तथा अच्छे ढंग से बाहन चला सकता है, इन बातों के लिए साक्ष्य या प्रमाण की मांग उस अर्थ में नहीं कर सकते।

इन उदाहरणें पर ध्यान देने से 'कैसे की जानकारी' (Knowing how) के संबंध में एक बात प्रकाश में आती है। यदि किसी के विषय में यह है कि वह तर्क कर सकता है या शतरंज खेल सकता है तो यहाँ हमारा तात्पर्य यह भी होता है कि जब वह इन कार्यों को करता है तो अच्छे ढंग से करता है। किन्तु बस उसी आधार पर इन कार्यों को बुद्धिसूचक (intelligent) नहीं कह सकते। घड़ी तो निश्चित ढंग से सही समय का निर्देश देती है, किन्तु घड़ी की क्रिया को हम 'बौद्धिक' या 'बुद्धिसूचक' नहीं कहते। तो, क्रियाएँ बुद्धिसूचक (intelligent) तभी हो सकती है जब उन क्रियाओं का करने वाला केवल उन्हें अच्छे ढंग से एवं सुचारु रूप में करता ही नहीं है, बल्कि उसमें यह भी क्षमता है कि यदि उस क्रिया में कोई विसंगति उत्पन्न हो जाय तो वह उसे समझ सके तथा यथाशक्ति उसे दूर करने की क्रिया भी कर सके। इस बात को साधारण भाषा में कुछ इस प्रकार व्यक्त किया जा सकता है। क्रिया बुद्धिसूचक तभी होती है जब कर्त्ता क्रिया करते हुए सोचता भी रहे तथा सोचते हुए क्रिया करे।

बस इसी प्रकार के साधारण भाषीय कथन भ्रान्तिपूर्ण धारणा के उत्पन्न होने के कारण बन जाते हैं। इसी प्रकार कथनों के आधार पर कहा जाता है कि 'जानता हूँ कि' (Knowing that) तथा ''कैसे की जानकारी (Knowing how) का भेद कोई स्पष्ट भेद नहीं है, बल्कि दोनों साथ-साथ चलते हैं। किसी भी बुद्धिसूचक क्रिया को करने के लिए उसके नियमों, मापदण्डों आदि की जानकारी अनिवार्य है। इसी आधार पर कहा जाता है कि कोई क्रिया करनेवाला जैसे शतरंज का खिलाड़ी शतरंज खेलने के पहले इसके सभी नियमों, इसके

अच्छे तथा गलत खेल के आधारों आदि का एक मानसिक अवलोकन कर लेता है। हम इसी धारणा को व्यापक तथा अनिवार्य मान लेते हैं और कहते हैं कि शतरंज का खेलना शतरंज-संबंधी सभी बातों की मानसिक जानकारी के बाद ही अग्रसर होता है, वास्तविक क्रिया भी मन-रूप प्रेत से संचालित है।

किन्तु, राइल कहते हैं कि ऐसा सोचना उपयुक्त नहीं है बल्कि शतरंज के खेल में भी ऐसा सदा नहीं होता कि खिलाड़ी मन में सभी नियमों को दुहराने के बाद खेले। बल्कि, यह भी कहा जा सकता है कि यदि उन नियमों को दुहराते रहे तो वह ठीक ढंग से खेल नहीं सकता। जो नियमों को स्मरण कर करके खेलते हैं, उनमें कार्यक्षमता नहीं के बराबर होती है।

इसके अतिरिक्त ऐसे अनेकों उदाहरण दिये जा सकते हैं, जहाँ बुद्धि सूचक क्रिया होती है, तथा नियमों की जानकारी नहीं रहती। बिना 'जानते हैं कि (Knowing that) के भी बुद्धिसूचक क्रिया हो सकती है। उदाहरणतः यदि कोई हसोड़ व्यक्ति अनेक चुटकुला सुनाता है और हम उससे पूछते हैं कि वह उन नियमों को बताये जिसके आधर पर वह इतने लतीफे सुनाता है, तो यह भी एक लतीफा ही हो जायगा। इसी कारण राइल कहते हैं कि 'कैसे की जानकारी' क्रिया कुशलता है, कार्यक्षमता है, सैद्धान्तिक नियमों की जानकारी नहीं है।

राइल कहते हैं कि यदि कार्यक्षमता(Knowing how)को 'जानता हूँ कि'(Knowing that) पर आधृत कर दिया जाय तो एक प्रकार का अनावस्था दोष (Fallacy of Infinite Regress) हो जाता है। कोई व्यक्ति कोई बुद्धिसूचक कार्य (Intelligent Action) करता है। यदि यह इस बात पर निर्भर है कि वह पहले अपने मन में उस कार्य के सैद्धान्तिक नियमों को दुहराता है, तो दूसरा प्रश्न उठता है कि उन नियमों को दुहराने की क्रिया भी तो एक बौद्धिक क्रिया है। तो इसके लिए पुनः तीसरे स्तर के नियमों को दुहराने की आवश्यकता होगी, और इस प्रकार अनावस्था दोष हो जायगा।

राइल कहते हैं कि यह धारणा की कार्यक्षमता सैद्धान्तिक ज्ञान पर आधृत है वस्तुतः उसी भ्रान्तिपूर्ण 'मशीन में प्रेत' वाले सिद्धान्त में विश्वास रखने के कारण उत्पन्न हुई है। इसी विश्वास के कारण यह मान लिया जाता है कि सभी बुद्धिसूचक क्रियाओं के दो पहलू हैं—एक क्रिया तथा उसके सिद्धान्तों की सैद्धान्तिक अवगति। क्रिया सामान्यतः मांसपेशियों मं हरकत होने से सम्पादित होती है। मांसपेशियां तो भौतिक हैं, अतः उनके द्वारा सम्पादित क्रिया बुद्धिसूचक नहीं हो सकती। अतः ये लोग इसकी बुद्धिसूचकता का आधार नियमों की मानसिक अवगति में ढूढ़ लेते हैं।

राइल का कहना है कि ये लोग देख ही नहीं पाते कि बुद्धिसूचक क्रिया की बुद्धिसूचकता उस क्रिया के अन्तर्गत है, उसके लिए किसी रहस्यमय मानसिक अवगति को मानना आवश्यक नहीं है। उदाहरणतः एक विदूषक स्वांग क्रिया करता है, वह ढलमलाता है, गिरता है, तथा उसकी इस क्रिया पर दर्शक तालियाँ बजाते हैं। यदि कोई व्यक्ति अचानक उसी रूप में कहीं गिर जाता है तो हम तालियाँ नहीं बजाते। बल्कि उसे दौड़ कर उठाते हैं। इसका अर्थ है कि विदूषक के उदाहरण में जब हम तालियाँ बजाते हैं तो हम उसकी कार्यकुशलता की सराहना कर रहे हैं। यहाँ हम सहराना उसकी रहस्यमय मानसिक शक्ति की नहीं करते। उसकी यह क्रिया बुद्धिसूचक है क्योंकि यह सामान्य गिरना नहीं है। इसमें उसकी दक्षता दिखाई देती है और इस क्रिया की बुद्धिसूचकता **इस क्रिया ही में है**, क्योंकि हम उस क्रिया से

ही प्रभावित होते हैं, उसे इस दक्षता के नियमों की जानकारी है या नहीं यह हमारे लिए सर्वथा अप्रासंगिक है।

अतः इतना तो स्पष्ट हो जाता है कि 'कैसे की जानकारी' (Knowing how) को **'जानता हूँ कि'** (Knowing that) पर निर्भर होना अनिवार्य नहीं है। कम से कम उसकी **बुद्धिसूचकता** उस सैद्धान्तिक जानकारी पर आधृत नहीं। 'कैसे की जानकारी' (Knowing how) के इस निषेधात्मक विवरण के स्पष्टीकरण में ही इसका भावात्मक विवरण भी निहित है। हमने कहा है कि ''कैसे की जानकारी'' (Knowing how) कार्य क्षमता है, क्रियाकौशल है। इसी में इसका भावात्मक स्वरूप स्पष्ट होता है। कैसे की जानकारी का क्षेत्र क्रिया तक ही सीमित है। किसी-किसी उदाहरण में यह 'सैद्धान्तिक जानकारी' से सम्बन्ध प्रतीत हो सकता है, किन्तु यह इसके लिए प्रासंगिक नहीं है। उससे संबंधित होना इसके भावात्मक स्वरूप का अंश नहीं है। यह वस्तुतः क्रिया-सम्पादन तक ही सीमित है। पुनः 'शतरंज' के उदाहरण से ही इसे स्पष्ट करें। मान लें कि एक बच्चा शतरंज के नियमों को नहीं जानता, किन्तु वह मोहरों को उसी ढंग से चल देता है जो शतरंज के नियम के अनुरूप है, तो क्या हमें उसकी इन 'चालों' को बुद्धिसूचक समझने के लिए प्रतीक्षा करनी पड़ेगी इस जानकारी की कि उसे कोई सैद्धान्तिक जानकारी है या नहीं। नहीं। हम तो मात्र बोर्ड पर मोहरों की चाल को देखकर उसे बुद्धिसूचक कहेंगे, उसके मस्तिष्क में या उसके मन में झाँक कर ऐसा नहीं कहेंगे। अतः राइल का निष्कर्ष है कि बुद्धिसूचकता क्रियाओं से ही निर्धारित होती है, किसी रहस्यमय मन से नहीं।

(ङ) स्ववृत्तियाँ तथा जो घटित होती है *(Dispositions and Occurrences)*

भूमिका—जब 'मशीन में प्रेत सिद्धान्त' में निहित कोटि-दोष को स्पष्ट किया गया तो यह बताया गया कि यह सिद्धान्त एक मूल कोटि-दोष से ग्रसित है, तथा अनेकों कोटि-दोष के उत्पन्न होने का कारण भी है। मूल कोटि-दोष को स्पष्ट करने के पश्चात यह कहा गया था कि राइल मन की विभिन्न प्रक्रियों जैसे संवेग, कल्पना आदि आदि की परीक्षा करते हैं, तथा उस परीक्षा में उन स्थितियों को सूचित करने वाले अनेकों भाषीय कथनों का उदाहरण लेते हुए, उनका विश्लेषण करते हुए यह स्पष्ट करते हैं कि कैसे वहाँ भी कोटि-दोष है, वहाँ भी वे दिखाते हैं कि ऐसा कोई कथन मन के प्रेत रूप की कोटि का नहीं है।

हर क्षेत्र की विवेचना तो यहाँ संभव नहीं है, हम यहाँ ऐसे कथनों का उदाहरण ले रहे हैं जो **'मनोवृत्ति'** एवं **'मानसिक घटना'** को सूचित करनेवाले कथन समझे जाते हैं। राइल ने दोनों के विश्लेषणों में अनेकों उदाहरण लिए हैं। सबों को यहाँ दुहराया तो नहीं जा सकता, हम संक्षेप में एक दो उदाहरण के आधार पर यह स्पष्ट करने की चेष्टा करेंगे कि 'स्ववृति-सूचक कथन (Dispositional Statement) तथा घटना सूचक कथन (Statements about Occurrences) किसी मन (Mind) को सूचित नहीं करते—वे कभी यह सूचित नहीं करते कि इन कथनों से कोई तात्विक सत्ता या मन-रूपी कोई तत्त्व सूचित हो रहा है।

स्ववृत्ति *(Disposition)*—यह तो स्वीकारना ही है, तथा राइल ने इसे स्पष्ट दिखाया भी है, कि हमारे अनेकों शब्द जिनसे हम मानव व्यवहारों का विवरण करते हैं ऐसे हैं कि उनमें कुछ घटनां को सूचित करते हैं— ''कुछ घटित हो रहा है''—ऐसा संकेत देते हैं, तथा कुछ स्ववृत्तिमूलक (Dispositional) है।

पहले हम **स्ववृत्तिमूलक कथनों** का उदाहरण लें। ऐसे अनेकों कथन हैं जिनसे यह सूचित नहीं होता कि कुछ हो रहा है या कुछ प्रक्रिया चल रही है, बल्कि यह सूचित होता है कि जिसके विषय में जो कुछ कहा जा रहा है, वह आवश्यकता पड़ने पर वैसा कर सकता है। उदाहरणतः जब हम अंगरेजी भाषा के 'Know' 'aspire' जैसे शब्दों का व्यवहार करते हैं, तो कोई घटना सूचित नहीं होती, बल्कि कुछ स्ववृत्तियों का बोध होता है। जब हम कहते हैं 'वह जानता है', तो हम किसी घटना को सूचित नहीं कर रहे, हम यह नहीं कहते कि इस विशेष काल में उसके जानने की घटना घटी बल्कि हम यह कह रहे हैं कि उसमें जानने की वृत्ति है। जब हम कहते हैं कि 'वह गवर्नर होने की आकांक्षा रखता है' तो हम घटना नहीं सूचित कर रहे बल्कि उसकी एक वृत्ति की ओर संकेत कर रहे हैं।

इस **'स्ववृत्ति'** की व्याख्या मन के 'मशीन में प्रेत' वाले सिद्धान्त के समर्थक अवश्य ही 'प्रेत-रूपी मन' को मान कर देते हैं। राइल स्ववृत्तिमूलक कथनों की तार्किकता स्पष्ट करते हुए यह दिखा देते हैं कि वस्तुतः इन कथनों में ऐसे किसी रहस्य 'मन' के कार्यों का बोध नहीं होता, बल्कि इनकी तार्किकता ही भिन्न है।

एक उदाहरण के आधार पर राइल के विश्लेषण को स्पष्ट करें। 'वह पियक्कड़ है'—यह स्ववृत्तिमूलक कथन है, क्योंकि इसमें यह नहीं कहा जा रहा कि वह शराब पी रहा है, बल्कि यह कहा जा रहा है कि उसमें शराब पीने की **वृत्ति** है। 'वह शराब पी रहा है'—यह घटना सूचक कथन है। यह ठीक है कि इस उदाहरण में 'वह पियक्कड़ है', वाक्य तभी सत्य होगा जब 'वह शराब पी रहा है' भी किसी उदाहरण में सत्य रहा हो। इसका अर्थ है कि 'पियक्कड़' की वृत्ति किसी विशेष उदाहरण से निर्धारित हो जाती है। इसे राइल निर्धारित **स्ववृत्तिमूलक कथन** (Determinate Dispositional Statement) कहेंगे। यह निर्धारित इसलिए है कि 'वह पियक्कड़ है' से उसके एक ही प्रकार की क्रिया करने की वृत्ति स्पष्ट होती है किन्तु कुछ स्ववृत्तिमूलक कथन ऐसे भी हो सकते हैं जिन्हें एक निश्चित ढंग से निर्धारित नहीं कर सकते। जैसे हम कहते हैं 'वह लालची है', तो यह अनेकों ढंग से निर्धारित हो सकता है। पहले में निर्धारित होने का **एक निश्चित ढंग** था, किन्तु 'वह लालची है' का निर्धारण अनेकों ढंग से हो सकता है। राइल इसे **निर्धारणीय स्ववृत्तिमूलक कथन** (Determinable Dispositional Statement) कहते हैं। हमारे अधिकतर सामान्य प्रचलित स्ववृत्तिमूलक शब्द (जैसे Know, aspire, clever, humorous) आदि **दूसरे** ढंग के स्ववृत्तिमूलक कथन हैं।

इन दोनों प्रकार के स्ववृत्ति मूलक कथनों से सामान्यतः लोग किसी रहस्यमय शक्ति सूचित करते हैं। वे मान लेते हैं कि जिस स्ववृति (disposition) को इन कथनों में सूचित किया जा रहा है वे मन की शक्तियाँ हैं जो मन में निहित है तथा समय-समय पर प्रकट होती है। इसके विरुद्ध एक प्रचलित आपत्ति है जो कम से कम स्ववृत्ति की इस रहस्यमय व्याख्या के विरुद्ध सटीक बैठती है। जगत में जो है तथा जो घटित होता है, उनके अतिरिक्त कुछ ऐसा नहीं है जो 'होने को है' या 'घटने को है'। आपत्ति यह है कि एक अर्थपूर्ण भावात्मक सूचनात्मक वाक्य या तो सत्य होगा या असत्य। यदि यह सत्य है तो वह कह रहा है कि 'अमुक वस्तु में अमुक गुण है', यदि वह असत्य है तो वह कह रहा है कि 'उसमें वह गुण नहीं है', किन्तु यह नहीं कहा जा सकता है कि उसमें वह गुण है भी और नहीं भी है। अब यदि स्ववृत्तिमूलक वाक्य किसी रहस्यमय मन की शक्ति को सूचित करते हैं तो

उसका अर्थ यही होगा कि उन वाक्यों में कहा जा रहा है कि अमुक वस्तु में वह गुण है भी और नहीं भी है। 'वह लालची है'—यदि यह वाक्य किसी रहस्यमय शक्ति को सूचित करता है, तो इसका अर्थ होगा कि वह शक्ति छिपी-सोयी हुई है, जो कभी-कभी (लालच के कार्यों में) प्रकट होती है। अर्थात् यहाँ कहा जा रहा है कि उसमें लालच का गुण है भी, और नहीं भी है। जब वह गुण प्रकट हुआ तो है, नहीं तो नहीं है। वह बेतुकी बात हो जाती है। इस प्रचलित आपत्ति का हवाला देते हुए राइल कहते हैं कि स्ववृत्तिमूलक कथन किसी रहस्यमय मानवीय शक्ति को सूचित नहीं करते।

तो, इन स्ववृत्तिमूलक कथनों की तार्किकता क्या है? वे ऊपर से **नियम** (law) जैसे दीखते हैं। सूखे चीनी को देख कर कहते हैं 'यह पानी में घुल सकता है'—तो यह नियम जैसा लगता है। उसी प्रकार जब स्ववृत्तिमूलक कथनों का स्पष्टीकरण करते हैं तो वे नियम जैसे दिखते हैं। 'वह लालची है' का रूप है कि 'वह समय पर लालच का कार्य करेगा।' सोये हुए व्यक्ति के विषय में कहते हैं कि 'यह फ्रेंच पढ़ सकता है'—तो इसका स्पष्टीकरण है कि 'यदि उसे फ्रेंच की पुस्तक दी जाय, तो वह पढ़ लेगा। ये सभी नियम जैसे दीखते हैं। राइल ने इसकी विशद विवेचना की है। बिना उस विवेचना में प्रवेश किये हुए हम कह सकते हैं कि राइल के अनुसार इन स्ववृत्तिमूलक कथनों की तार्किकता इस बात में है कि वे स्वयं तो नियम (law) नहीं हैं, किन्तु नियमों से निगमनात्मक ढंग से निकले हुए हैं। वे नियम नहीं है, क्योंकि वे विशेष व्यक्ति या विशेष वस्तु को सूचित करते हैं, वे नियम जैसे दिखते हैं। वे नियम जैसे दीखते इस कारण हैं कि एक प्रकार से वे **हेत्वाश्रय** (hypothetical) जैसे हैं। 'वह लालची है' का रूप है कि 'यदि लालच वाली स्थिति आयेगी तो वह लालच का कार्य करेगा'। अभी वह कुछ कर नहीं रहा है, किन्तु वह क्या करेगा यह अनुमान किया जा सकता है। इसी कारण कहा जा रहा है कि एक दृष्टि से स्ववृत्तिमूलक वाक्य इन नियमों से निकाले गये अनुमान हैं। यह और बात है कि यह नियम अस्पष्ट एवं अपरिष्कृत है। किन्तु, साथ-साथ राइल यह भी कहते हैं कि हम **इन नियम को पहले नहीं जानते बल्कि जानते पहले हैं** अनेक स्ववृत्तिमूलक वाक्यों के विशेष उदाहरण तथा उनके आधार पर सामान्यीकरण करते हैं।

अब हम स्ववृत्तिमूलक कथनों के विषय में राइल के निष्कर्षों को प्रस्तुत कर लें। (1) राइल दिखाते हैं कि हमारे मन-संबंधी अनेकों उक्तियाँ तथा मानव-व्यवहार संबंधी अनेकों कथन स्ववृत्तिमूलक कथन है। (2) उन कथनों में किसी रहस्यमय मानसिक शक्ति की बात नहीं होती, वैसा लोग समझते रहे हैं, किन्तु यह उनकी भ्रान्ति है। (3) इसका यह अर्थ नहीं कि स्ववृत्तिमूलक कथनों की यथार्थता समाप्त हो जाय। नहीं, इन कथनों से वे कार्य होते हैं जिनके लिए रहस्यमय मन को माना जाता है, किन्तु ये कार्य भाषीय विश्लेषण से ही स्पष्ट होते हैं, जिसमें किसी मन को मानने की आवश्यकता नहीं होती। (4) अतः इसी बात को स्पष्ट करने के लिए राइल ने स्ववृत्तिमूलक कथनों की तार्किकता को स्पष्ट किया है।

अब हम **मानसिक घटनाओं** (Mental occurrences) की विवेचना करें।

मानसिक घटना (*Mental Occurrence*)—'मानसिक घटना' के विवेचन में भी राइल का उद्देश्य प्रायः वही है जो स्ववृत्ति की विवेचना में। यहाँ भी वे यह दिखाते हैं कि

मानसिक घटनाओं को सूचित करनेवाले कथनों में भी किसी रहस्यमय 'मन' में घटित होने वाला कुछ सूचित नहीं होता। यहाँ भी वे मानसिक-घटनासूचक कथनों की तार्किकता स्पष्ट करते हैं, तथा यहाँ भी वे यह दिखाते हैं कि इन कथनों से वस्तुतः क्या कार्य सिद्ध होता है। ऐसे अनेकों कथन हैं जो सूचित करते हैं कि कुछ घटित हुआ है—सामान्यतः जिसे समझा जाता है कि **मन** में घटित हुआ है। हम अनेकों अवसरों पर कहते हैं 'हम यह कह रहे हैं', 'हम इसमें लगे हैं' 'यह काम इतनी देर से कर रहे हैं' आदि-आदि; या फिर कहते हैं कि 'इस काम में वह सुस्त है' 'उस काम को वह शीघ्र करता है' आदि। ऐसे कथन मानसिक घटनाओं को सूचित करते हैं, तथा इसी प्रकार के कथनों का विश्लेषण राइल ने किया है।

इन कथनों के अन्तर्गत कुछ ऐसे भी कथन आते हैं जिनमें चरित्र अथवा बुद्धि के गुण व्यक्त होते हैं। वैसे सामान्यतः इस प्रकार के कथनों को मानसिक घटनासूचक नहीं माना जाता। वैसा नहीं मानने का कारण और कुछ नहीं, बस यही है कि सामान्यतः 'मन' को एक अलग सत्ता मानने वाले सोचते हैं कि घटनाएँ दोनों क्षेत्र में घटित होती हैं भौतिक जगत में तथा दूसरे जगत में जिसे मानसिक कहा जाता है। चरित्र तथा बुद्धि के गुणों को इस अर्थ में घटना नहीं कहा जाता। किन्तु राइल कुछ ऐसी अवधारणाओं का उल्लेख करते हैं जिन्हें वे 'heed concepts' (सावधानी सूचक भाव) कहते हैं, और जो 'minding' (गौर करने) के अंतर्गत आनेवाली घटनाएँ हैं। इसके अन्तर्गत इस प्रकार की अवधारणाओं का उल्लेख हुआ है जैसे 'ध्यान देना' (attending), मन को केन्द्रित करना (concentrating), 'जो किया जा रहा है उसे सोचते रहना', 'अध्ययन करना, अभिरुचि दिखाना, आदि आदि। इन सबों को 'गौर करने' के अंतर्गत रखा जा सकता है। साधारणतः इसे भी मन में कुछ घटित होनेवाली घटना समझा जा सकता है, किन्तु, राइल स्पष्ट रूप से दिखाते हैं कि इनका विश्लेषण विभिन्न ढंगों से हो सकता है, जिनमें किसी मनतत्त्व को मानने की आवश्यकता नहीं पड़ती। इनमें मात्रा का अन्तर हो सकता है, जैसे कोई चालक गाड़ी चलाने पर अधिक ध्यान भी दे सकता है, कम ध्यान भी। विद्यार्थी अध्ययन पर अधिक ध्यान भी दे सकता है, कम ध्यान भी। इन सबों के सामान्य लक्षणों के विषय में कभी-कभी सोचा जाता है, और उसे मानसिक क्रिया कह दिया जाता है, किन्तु राइल का कहना है कि ऐसा कहना प्रचलित धारणा के कारण है—इस कारण है कि इन सभी सावधानी सूचक भावों (heed concept) में हम समानता इस रूप में पा लेते हैं कि सबों मे 'ध्यान देना' स्पष्टतः दिखाई देता है। किन्तु इस सामान्यं मानसिक घटना 'ध्यान देने' के आधार पर सभी सावधानी सूचक भावों में निहित सभी अर्थों का स्पष्टीकरण नहीं हो जाता। ध्यानपूर्वक गाड़ी चलाने के भाव में **कभी-कभी** यह भी अर्थ छिपा हो सकता है कि उससे दुर्घटना की **संभावना कम** हो, या पुलिस को पूछताछ का अवसर न मिले। सामान्य मानसिक भाव 'ध्यान देना' हर उदाहरण की इन विशिष्टताओं को नहीं पकड़ सकता।

अतः राइल का कहना है कि इस प्रकार के घटनासूचक कथनों की भी तार्किकता स्पष्ट की जा सकती है और उसके लिए किसी मानसिक घटना को मान लेना अनिवार्य नहीं है।

घटना सूचक कथनों के अन्तर्गत राइल एक और प्रकार के भाषीय-उक्तियों का उल्लेख करते हैं, जिन्हें वे '**उपलब्धि-शब्द** (achievement words), **सफलताशब्द** (Success words)आदि के नाम से पुकारते हैं। जिन व्याकरणीय क्रिया-रूपों से हम इन्हें व्यक्त करते हैं वे सक्रिय क्रिया होते हैं। इनके उदाहरण के रूप में राइल इन शब्दों का उल्लेख करते

हैं, जीतना, ढूढ़ना, खोज निकालना, छिपा देना, सिद्ध करना, ठग लेना, ताला खोल देना (win, discover, unearth, conceal, prove, cheat unlock etc) आदि। इस प्रकार की क्रियाएँ 'ठोकर मारना', धक्का देना, पकड़े रहना, सुनते रहना, घूमते रहना आदि क्रियाओं से भिन्न हैं, क्योंकि इन बाद के उदाहरणों में कोई उपलब्धि नहीं होती, जबकि पहले वाले उदाहरणों में **उपलब्धि** का भाव निहित है।

राइल इनका विश्लेषण करते हुए इनकी तार्किकता को स्पष्ट करते हैं, यह दिखाते हैं कि कैसे-कैसे इनके संबंध में भी कुछ धारणायें वन जाती हैं, जो वस्तुतः इनके स्वरूप का सही अवबोध नहीं है।

इस प्रकार राइल स्पष्ट रूप में दिखाते हैं कि हमारी अनेकों भाषीय कथन ऐसे हैं जो या तो स्ववृत्तिमूलक (Dispositional) है, या सावधानीसूचक भाव (head concepts) हैं, या उपलब्धि शब्द(Achievement words)है, उनके लिए रहस्यमय 'मन' को स्वीकारने की कोई आवश्यकता नहीं है।

इस प्रकार का विश्लेषण राइल ने संवेग, कल्पना, प्रत्यक्ष आदि सभी मानसिक स्थितियों के क्षेत्र में किया है। उनके विश्लेषण से यह धारणा बनती है कि राइल की दृष्टि व्यवहारवादी (Behaviouristic) है। अतः उस पर भी कुछ टिप्पणी अनिवार्य है।

(च) राइल के विचारों में निहित व्यवहारवादी दृष्टि

हमने जो ऊपर विवेचना की है उससे एक बात पूर्णतया स्पष्ट होती है। राइल ने बारी-बारी से ऐसे अनेकों भाषीय कथनों का उदाहरण लिया है जिन्हें सामान्यतः 'मन के संबंध में कथन' समझा जाता है। मन का 'मशीन में प्रेत-सिद्धान्त' मानता है कि ऐसे कथनों का संबंध शरीर या शारीरिक क्रिया से नहीं है। वह यह भी मानता है कि यदि ऐसे कथन वर्त्तमान कालिक क्रियाओं में दिये गये हों (जैसे वह अध्ययन पर ध्यान केन्द्रित किये हैं) तो भी यह किसी मन की स्थिति को ही सूचित करते हैं। राइल इस धारणा का खण्डन करते हैं। इस खण्डन में उनका विश्लेषण प्रायः सदा ही इस बात की ओर संकेत करता है कि इन सभी कथनों के लिए 'शरीर' तथा 'शारीरिक क्रियाओं' की प्रासंगिकता है—और वह प्रासंगिकता आकस्मिक नहीं, बल्कि महत्त्वपूर्ण है। इतना ही नहीं वर्त्तमान कालिक कथनों के संबंध में भी उनका प्रायः यही निष्कर्ष है कि वे भी किसी 'मन' में चलते रहनेवाली घटना को सूचित नहीं करते, बल्कि कुछ ऐसी घटनाओं को सूचित कर रहे हैं जिसे अन्य भी 'देख' या 'जान' सकते हैं।

अपनी इस विवेचना के मध्य राइल कभी-कभी यह भी कह देते हैं कि वस्तुतः कोई वैयक्तिक एवं आन्तरिक जीवन होता ही नहीं है। सिद्धान्तः व्यक्ति के विषय में हर प्रकार की जानकारी उसके शारीरिक व्यवहार तथा क्रियाओं के निरीक्षण से ही प्राप्त हो सकती है; चाहे वह जानकारी उसके विचार के संबंध में हो या संवेग के संबंध में हो, या अन्य कोई मानसिक स्थिति कहीं जाने वाली क्रियाओं के संबंध में हों—वह सभी जानकारी उसके भौतिक व्यवहार तथा शारीरिक क्रियाओं के निरन्तर निरीक्षण से प्राप्त हो सकती है।

इसी आधार पर विचारकों में यह धारणा बनती है कि राइल के 'मन की अवधारणा' (Concept of mind) के विश्लेषण की दृष्टि **व्यवहारवादी** (Behaviouristic)है। इस प्रकार की धारणा अकारण नहीं बनती। वैसे एक ढंग से कहा जा सकता है कि राइल का विश्लेषण तो तटस्थ है, क्योंकि उसका उद्देश्य मात्र मन-संबंधी कथनों का विश्लेषण है।

किन्तु यह सही है कि इस विश्लेषण के फलस्वरूप मन का जो स्वरूप प्रकट होता है **उससे यही निष्कर्ष निकलता है कि वस्तुतः मन-संबंधी कथन शारीरिक क्रिया एवं व्यवहार संबंधी कथन ही है। यही तो व्यवहारवादी दृष्टि है।**

इस स्थल पर दो विकल्पों की संभावना है। यह ठीक है कि राइल का मूल उद्देश्य यह दिखाना है कि मानसिक स्थितियों के संबंध में हम जो कुछ भी कहते हैं उन्हें इस प्रकार स्पष्ट किया जा सकता है कि किसी 'आन्तरिक स्थिति' या 'मन' का निर्देश उन कथनों की सार्थकता एवं उपयोगिता के लिए अनिवार्य प्रतीत न हो। तो इसका अर्थ होता है कि ऐसे कथनों का सार्थक रूपान्तरण शारीरिक व्यवहार-सूचक कथनों में हो जाता है। अब पहला विकल्प तो यह है कि सभी मानसिक स्थितियों के संबंध में दिये गये कथनों का रूपान्तरण व्यवहारवादी कथनों में हो, तथा दूसरा विकल्प यह है कि ऐसे अधिकतर कथनों में ही यह रूपान्तरण दिखाया जा सकता है। **प्रश्न है कि इन दोनों विकल्पों में कौन राइल के 'Concept of Mind' पर लागू होता है?** क्या राइल की दृष्टि पूर्णतया व्यवहारवादी है या आंशिक रूप में व्यवहारवादी है?

अपनी बातों पर जोर देने के प्रयास में राइल कभी-कभी ऐसा कुछ कह देते हैं जिसके आधार पर कुछ विचारक उन्हें विकल्प का प्रतिपादक मान लेते हैं तथा उनकी दृष्टि को पूर्णतया व्यवहारवादी कहते हैं। किन्तु, कुछ ऐसे विपरीतार्थक उदाहरण हैं जिससे यह स्पष्ट हो जाता है कि राइल इतने प्रबल एवं ठोस रूप में व्यवहारवादी नहीं हैं। उन्होंने अनेकों ऐसे उदाहरण लिए हैं जिनके व्यवहारवादी रूपान्तरण का उन्होंने प्रयास भी नहीं किया है।[1] एक स्थल पर उन्होंने उदाहरण लिया है कि जब बौसवेल यह बताते हैं कि जौनसन कैसे लिखता था। बातचीत करता था आदि-आदि, तो वह जौनसन के 'मन' का विवरण दे रहा है, किन्तु वे यह भी स्वीकारते हैं कि इस प्रकार का विवरण अपूर्ण ही है क्योंकि जौनसन बहुत सी बातों को अपने मन में ही रख रहा होगा। ऐसे उदाहरणों से स्पष्ट होता है कि राइल की दृष्टि प्रबल रूप में व्यवहारवादी नहीं है।

किन्तु, वह व्यवहारवादी तो है ही। इतना तो कहा ही जा सकता है कि हमारे अधिकतर कथन जिनसे मानसिक स्थितियों को सूचित किया जाता है, ऐसे हैं कि उनकी सार्थकता मानसिक स्थितियों को सूचित करने से स्पष्ट नहीं होती, बल्कि शारीरिक क्रियाओं तथा व्यवहारों से सूचित होती है। राइल ने जिन कथनों का विश्लेषण किया है, उदाहरणतः, जैसा कि ऊपर बताया गया है, यदि कोई कार्य बुद्धिसूचक (intelligent) प्रतीत होता है, तो इसकी बुद्धिसूचकता के लिए किसी आन्तरिक मन को मानने की आवश्यकता नहीं, बल्कि उस बुद्धिसूचक शारीरिक क्रिया में ही उसकी बुद्धिसूचकता स्पष्ट है। अतः मन-संबंधी जिन कथनों का उदाहरण लेकर राइल ने विश्लेषण किया है, उन उदाहरणों में राइल व्यवहारवादी है ही और ऐसे उदाहरण उन्होंने हर प्रकार की मानसिक स्थिति (जैसे विचार, कल्पना, संवेग, निरीक्षण, संवेदना आदि) के संबंध में लिया है। इसी कारण कहा जाता है कि राइल की मन (Mind) **संबंधी दृष्टि व्यवहारवादी है ही।**

---

1. जैसे '........The sort of things people often describe as thrills, twinges. pangs. throbs wrenches, itches, prickings chills, glows, loads, qualms, hankerings. curdlings, srikings tensions, gnawing and shocks' —p.81.

जौन लैंगशा आस्टीन (1911-1960)

भूमिका

हमने ऊपर विश्लेषणात्मक दर्शन की विशिष्टताओं का उल्लेख किया है, तथा उसके अन्तर्गत 'ऑक्सफोर्ड भाषा दर्शन' को बिठाया है। अतः राइल के विचारों का प्रस्तुतीकरण भी उसी शीर्षक के अन्तर्गत हुआ है।

ऑक्सफोर्ड भाषा दर्शन की चर्चा में **साधारण भाषा दर्शन** (Ordinary Language Philosophy) एवं **भाषीय विश्लेषण** (Linguistic Analysis) जैसे नामों को भी वहाँ की दार्शनिक गतिविधियों पर चिपकाया जा सकता है। किन्तु यदि इन नामों का प्रयोग इनके सीमित एवं निश्चित अर्थ में करें, तो **'भाषीय विश्लेषण'** (Linguistic Analysis) नाम केवल उस प्रकार की दार्शनिक गतिविधि के अनुरूप होगा, जो 1950 के बाद ऑक्सफोर्ड में आस्टीन वें ढंगों के अनुरूप विकसित हुआ है।

ऑस्टीन बहुत कम दिनों तक जीवित रहे, किन्तु भाषा-विश्लेषण' को इन्होंने पराकाष्ठा पर पहुँचाया। उनके विश्लेषण में विश्लेषण की बारीकियाँ, इसकी विविधताएँ एवं सूक्ष्माताएँ पूर्णरूपेण स्पष्ट होती हैं। इन्होंने 'भाषा-विश्लेषण' को दार्शनिक चिन्तन का आधारभूत 'तकनीक' बना दिया तथा इस तकनीक का प्रयोग-उपयोग विभिन्न प्रकार की समस्याओं पर किया, ऐसी-ऐसी समस्याओं पर भी किया जिन पर पहले इस प्रकार के विश्लेषण की कल्पना भी नहीं की जा सकती थी।

इस पर विश्लेषण में उन्होंने मूलतः साधारण भाषीय व्यवहारों एवं प्रयोगों को ही अपना आधार बनाया। उनकी मान्यता है कि किसी भी साधारण भाषा, जैसे अंगरेजी में एक प्रकार के कार्य के लिए अनेकों ढंग के भाषीय कथनों का प्रयोग होता है। यदि सावधानीपूर्वक उन प्रयोगों को देखा जाय तो वह विश्लेषण बड़ा उपयोगी सिद्ध हो सकता है।

उसकी उपयोगिता किस बात में होगी? हमने देखा है कि इस प्रकार के अनौपचारिक विश्लेषण के प्रणेता विटगेन्स्टीन के लिए यह उपयोगिता 'समस्या से मुक्ति दिलाने' में है। उनके अनुसार दार्शनिक समस्यायें भाषा के गलत प्रयोग के कारण उत्पन्न होती हैं, अतः भाषा-विश्लेषण प्रयोगों को स्पष्ट कर दिखा देता है कि वहाँ वस्तुतः कोई वास्तविक समस्या नहीं थी, भाषा-जनित समस्या थी। अतः भाषा-विश्लेषण समस्या के समस्यापन को समाप्त कर देता है। ऑस्टीन का कहना है कि भाषा-विश्लेषण का यह एकमात्र लक्ष्य नहीं है। संभवतः कुछ उदहारणों में इस लक्ष्य की प्राप्ति भी हो सकती है, कहीं-कहीं यह स्पष्ट कर सकता है कि समस्या नहीं छद्म-समस्या थी। किन्तु, हर उदाहरण में मात्र ऐसा ही नहीं होता। ऑस्टीन का विश्वास है कि कहीं-कहीं तो विश्लेषण से सार्थक समस्या—या समस्याएँ प्रकाश में आ सकती हैं, समस्या को देखने की नयी दृष्टि उभर सकती है, तथा नये-नये प्रश्न एवं वाद-विषय (issues) भी उजागर हो सकते हैं। उनके अनुसार भाषीय-विश्लेषण का लक्ष्य स्पष्ट रूप में भावात्मक है।

किन्तु, जैसा कि ऊपर कहा गया है, विश्लेषण के स्वरूप को ऐसे विचारक स्पष्ट कर ही नहीं सकते। विश्लेषण के स्वरूप को पूर्णतया स्पष्ट करने का अर्थ होता है 'अनौपचारिक विश्लेषण' को नियमनिष्ठ बना कर 'औपचारिक (Formal) बना देना। अतः हम इनके विश्लेषण-विधि को परिभाषित नहीं कर सकते, इसे प्रयोगों में देख सकते हैं। ऑस्टीन ने

विभिन्न विषय पर इसी विधि का प्रयोग किया है, हम उनके साथ यात्रा कर सकते हैं, तथा उनके द्वारा दिये गये प्रयोगों में उनकी विधि के कार्य करने के ढंग को पहचान सकते हैं।

किन्तु इससे भी एक कठिनाई है। उनकी इस विधि के प्रयोग में स्पष्ट तदर्थता (Ad hocism) है। विभिन्न समस्याओं पर ऑस्टीन ने इस विधि का प्रयोग किया है। वे समस्याएँ भी एक प्रकार की नहीं हैं; जिन समस्याओं का उन्होंने चयन किया है, उनकी विविधता एवं विचित्रता का अंदाज तो उनके नामों को देख कर लगाया जा सकता है [जैसे *Ifs and cans, other Minds, A plea for excuses, unfair to facts, Pretendidg, Theree ways of spiling Ink.* (इसके अन्तर्गत 'दायित्व' का विश्लेषण हुआ है) आदि आदि] वे सभी एक दूसरे से संबंद्ध भी नहीं हैं। तो कठिनाई यह है कि इनमें से किस विश्लेषण में ऑस्टीन के साथ चलने का प्रयास हो, सबों की विवेचना तो इस पुस्तक में संभव नहीं है।

एक कठिनाई और है; ऑस्टीन का भाषीय विश्लेषण अंग्रेजी के शब्दों के भाषीय प्रयोग पर आधृत हैं। अंग्रेजी में उनका प्रयोग किस-किस ढंग से होता है, इस पर आधृत है। इन प्रयोगों के असंख्य उदाहरण लिए गये हैं। प्रश्न है कि हिन्दी में उन प्रयोगों को किस प्रकार दिखाया जाय। उन भाषीय प्रयोगों का बिल्कुल अंग्रेजी जैसा प्रयोग हिन्दी में संभव नहीं है। यदि कोई हिन्दी में विचार कर ठीक वैसा ही प्रयोग करे तो वह ऑस्टीन जैसा भले हो, ऑस्टीन का प्रयोग नहीं होगा। इसके साथ-साथ एक दूसरी कठिनाई यह है कि विश्लेषण की प्रक्रिया में ऑस्टीन नये-नये शब्दों को 'गढ़ते' हैं तथा पुराने शब्दों को नवीन अर्थ देते हैं। विश्लेषण की प्रक्रिया में जो कठिनाइयाँ, विसंगतियाँ स्पष्ट होती हैं, उनके आलोक में वे इन नये शब्दों का प्रयोग करते हैं। फलतः इन शब्दों के सर्वथा अनुरूप हिन्दी शब्द का चयन सर्वथा कठिन है।

इन कठिनाइयों की सीमा की अवगति के साथ ऑस्टीन के विश्लेषण-प्रक्रिया के साथ चलना है। यथासंभव उनके उनके शब्दों के निकटतम भाव को सूचित करनेवाले हिन्दी शब्दों का चयन करना है। उदाहरण अपना नहीं, ऑस्टीन का ही उदाहरण लेना है, तथा हर उदाहरण में यह दिखाते अग्रसर होना है कि अंग्रेजी भाषीय प्रयोग में ऐसा होता है।

जहाँ तक पहली मूल-कठिनाई का प्रश्न है, वहाँ तो अन्य कोई विकल्प नहीं, अध्ययन को सीमित करना है। ऑस्टीन के द्वारा चर्चित कुछ ही उदाहरणों का यहाँ उल्लेख हो सकता है। हम ऐसे दो विषयों पर प्रकाश दे रहें हैं जिन पर ऑस्टीन के विचारों के फलस्वरूप दार्शनिक चिन्तन के नये आयाम स्पष्ट हुए हैं। ये दोनों विषय एक दूसरे से संबंधित भी हैं तथा बहुचर्चित भी। ये दो विषय हैं—**निष्पादनता** (Performatives) तथा **वाक्-क्रिया** (Speech Act)।

निष्पादनता
(Performatives)

(क) विषय प्रवेश

ऑस्टीन के सहकर्मी तथा बाद के अनेकों विचारकों ने कहा है कि ऑस्टीन ने सम्पादनसूचक उक्तियों (Performative utteraness) पर प्रकाश देकर भाषा दर्शन के लिए एक नया मार्ग निर्देश किया है, क्योंकि इससे भाषीय व्यवहार के कुछ ऐसे आयाम स्पष्ट होते हैं जिन पर दृष्टि पहले गयी ही नहीं थी। इसके प्रकाश में आने के बाद का भाषा केन्द्रित

दार्शनिक चिन्तन इसके प्रभावस्वरूप कुछ पारम्परिक भाषीय बन्धनों से मुक्त होने लगा, तथा उनका यह विश्लेषण वाक्-क्रिया की विवेचना का मूल आधार बन गया। इसी कारण भाषा-दर्शन के क्षेत्र में इसका अपना महत्त्व है।

उनकी पुस्तक **'How to do things with words'** के सम्पादक यह सूचना देते हैं कि ऑस्टीन ने सम्पादनसूचक उक्तियों का विश्लेषण 1938 में ही अपना विचार बना लिया था, बल्कि 1946 में अपने 'Other Minds' के विश्लेषण में उसने इस विचार का उपयोग भी किया था। किन्तु, इस विचार को प्रसिद्धि मिली जब उन्होंने इन्हीं सम्पादन-सूचक उक्तियों का विश्लेषण 1955 के अपने हार्वाड विश्वविद्यालय भाषणों में प्रस्तुत किया। बाद में उन्होंने इस विषय पर दो अन्य लेख भी लिखे (Performative utteraness 1956, तथा Performative Constantive 1958)।

(ख) निष्पादनता (*Performative*) एवं स्थिरार्थक (*Constantive*)

प्रारंभ में ही यह प्रश्न उठता है कि ऑस्टीन अपने इस निष्पादनता के विचार पर कैसे पहुँचते हैं। वस्तुतः दार्शनिक चिन्तन की परम्परा प्रायः प्रारंभ से ही स्थिरार्थक(Constantive) को केन्द्रीय बनाये रही है। बीसवीं शताब्दी में आकर इसकी केन्द्रीयता पर प्रश्न चिह्न खड़े किये गये हैं। उसी संदर्भ में भाषीय प्रयोगों का महत्त्व बढ़ा है, और भाषीय प्रयोगों को देखने पर ऐसे उदाहरण मिल जाते हैं, जहाँ ऊपर से देखने पर भाषीय कथन स्थिरार्थक लगे, किन्तु वस्तुतः वे स्थिरार्थक न हो। ऑस्टीन को ऐसे ही भाषीय प्रयोग दिखाई दिये, तथा उसी के स्पष्टीकरण में उन्होंने 'संपादनसूचकता' को महत्त्व दिया। इसे हम कुछ और स्पष्ट रूप में समझने की चेष्टा करें।

ऑस्टीन का कहना है, और प्रायः ठीक ही कहना है कि दार्शनिक परंपरा-किसी-न-किसी रूप में यह मानती रही कि जिस प्रकार के भाषीय कथनों से दार्शनिक चिन्तन संबंधित है वे सभी तथ्यसूचक हैं, तथा दार्शनिक चिन्तन के लिए सबसे महत्त्वपूर्ण प्रश्न उनकी सत्यता- असत्यता का है। यह परम्परा अरिस्टौटल के समय से ही बनी है। फलतः दार्शनिक चिन्तन के लिए जिस प्रकार के वाक्य महत्त्पूर्ण रहे हैं, वे सभी निर्देशात्मक (Indicative Sentences) हैं। सिद्धान्ततः व्याकरणानुसार अन्य प्रकार के वाक्यों जैसे प्रश्नसूचक वाक्य, आश्चर्यसूचक वाक्य, आदि को नकारा नहीं गया है, किन्तु दार्शनिक चिन्तन केवल निर्देशात्मक वाक्यों पर ही अपना ध्यान केन्द्रित रखता है।

ऐसी उक्तियाँ जो निर्देशात्मक वाक्यों में व्यक्त होती हैं, तथ्यों का निर्देश देती हैं, कुछ सूचना देती हैं, अथवा स्थितियों का विवरण देती हैं। इस प्रकार की उक्तियाँ सत्य हो सकती हैं या असत्य, अर्थात् स्थितियों का सत्य विवरण दे सकती है, या असत्य विवरण। ऐसी उक्तियों को विभिन्न नामों से जाना जाता रहा है—**विवरणात्मक, सूचनात्मक, निर्देशात्मक** आदि-आदि। किन्तु, इन उक्तियों के लिए ऑस्टीन का नाम है **'स्थिरार्थक'** (constanative)। तो, ऑस्टीन के अनुसार दार्शनिक परम्परा का ध्यान मात्र **स्थिरार्थकों** पर रहा है।

बीसवीं शताब्दी में आकर इस धारणा पर प्रश्नचिन्ह खड़े किये गये। तर्कशास्त्र का नया विकसित रूप, तथा उसके साथ विकसित तार्किक भाववाद तथा तार्किक अणुवाद जैसे **दर्शनों में** प्रश्न उठाये गये। किन्तु, किसी-न-किसी रूप में इन विचारों में भी **स्थिरार्थक** की केन्द्रीयता बनी रहीं, क्योंकि इनके लिए भी वाक्यों के वहीं प्राचीन दो मूल्य रहे **सत्यता**;

असत्यता। और जब केवल **स्थिरार्थक उक्तियाँ** ही सत्य-असत्य हो सकती हैं तो **स्थिरार्थक** का स्थान डिगा नहीं। यहाँ चिन्तन अन्य प्रकार से बढ़ा, यह देखा जाने जगा कि कौन सी **स्थिरार्थक उक्तियाँ** सत्य हो सकती है, तथा किन अवस्थाओं में वे असत्य हो जाती है। इस संदर्भ में इन लोगों ने एक महत्त्वपूर्ण कार्य किया—सत्य-असत्य होने वाली उक्तियों तथा निरर्थक (nonsensical) उक्तियों का भेद स्पष्ट किया, इसका **मापदण्ड** प्रस्तुत किया, और यह दिखाया कि अनेकों अर्थपूर्ण दिखाई देनेवाली उक्तियाँ वस्तुतः निरर्थक हैं, किन्तु निरर्थकता एवं सार्थकता तब भी स्थिरार्थक के क्षेत्र तक ही सीमित रही।

बाद में जब उत्तरकालीन विटगेन्स्टीन के विचार प्रभावशाली सिद्ध हुए तथा 'भाषीय प्रयोगों एवं अनौपरचारिक विश्लेषण के ढंग कारगर सिद्ध होने लगे, तब यह स्पष्ट होने लगा कि भाषीय-प्रयोग अनेकों ढंग से हो सकते हैं, **भाषा का स्थिरार्थक प्रयोग** (Constantive use) उनका एकमात्र प्रयोग नहीं है, तथा दार्शनिक चिन्तन एवं विश्लेषण को मात्र उन तक सीमित रखना उन्हें सीमित बनाना तो है ही साथ-साथ अन्य प्रयोगों के महत्त्व से उन्हें वंचित रखना है। इनके अनुसार भाषीय प्रयोग का कार्य मात्र सूचना देना नहीं है बल्कि अनेकों प्रकार का कार्य है।

अतः पहली बार चिन्तकों का ध्यान इस बात पर गया कि **स्थिरार्थक** (Constantive) के अतिरिक्त भाषीय प्रयोग के अन्य भी ढंग हैं जो अपने ढंग से रोचक तथा उपयोगी हैं। इसी विचाराधारा में स्थित हो ऑस्टीन ने एक विशिष्ट सूक्ष्मता पर ध्यान केन्द्रित किया। अन्य विचारकों ने भाषीय प्रयोग के स्थिरार्थक के अतिरिक्त दूसरे भाषीय प्रयोगों को स्पष्ट किया। ऑस्टीन ने देखा कि **स्थिरार्थक** के अन्तर्गत भी सूचनात्मक प्रयोग के अतिरिक्त अन्य प्रयोग संभव है। उन्होंने स्पष्ट किया कि ऐसे उदाहरण हैं जो रूप, आकार में पूर्णतया स्थिरार्थक ही हैं, किन्तु उनका प्रयोग स्थिरार्थक जैसा सूचनात्मक नहीं है, वे किसी प्रकार की सूचना नहीं देते, बल्कि कुछ **संपादन** (perform) करते हैं। **स्थिरार्थक** (constantive) में कुछ सत्य या असत्य सूचना मिलती है, स्थिरार्थक उक्तियाँ सत्य या असत्य होती हैं, किन्तु ऑस्टीन जिस प्रकार का उदाहरण लेते हैं वे व्याकरण की दृष्टि से स्थिरार्थक जैसे रहने पर भी कोई स्थिति का विवरण नहीं देते, उनके साथ सत्य या असत्य होने का कोई प्रश्न ही नहीं उठता। उनसे मात्र यही सूचित होता है कि **कुछ संपादन** हुआ है। ऑस्टीन इन्हीं उक्तियों को **संपादनसूचक उक्तियाँ** (Performative ulternaces) या **निष्पादनता** (Performatives) कहते हैं।

(ग) निष्पादनता क्या है ?

ऊपर के विवेचन को ध्यान में रखते हुए अब यह समझ सकते हैं कि ऑस्टीन के अनुसार **निष्पादनता** (performatives) क्या है। तीन बातें तो स्पष्ट हो गयी है, (क) यह कि **निष्पादनता** स्थिरार्थक नहीं हैं, उससे भिन्न है तथा (ख) दूसरा कि व्याकरण की दृष्टि से **संपादन** उक्तियाँ भी स्थिरार्थक के समान हो सकती हैं, तथा (ग) तीसरा यह कि इन उक्तियों में कोई विवरण प्रस्तुत नहीं होता, कोई सूचना नयी होती, बल्कि कुछ संपादित होता है।

इसे स्पष्ट करने के लिए ऑस्टीन ने कुछ ऐसी उक्तियों का उदाहरण लिया है। हम पहले उन उदाहरणों को देखें जो निम्नलिखित है—

(क) वैवाहिक अनुष्ठान के अन्तर्गत कही गयी यह उक्ति 'I do" (**स्वीकारता**

हूँ)। जिसका अर्थ है 'मैं' इस महिला को अपनी विधिवत **विवाहित** पत्नी के रूप में स्वीकारता हूँ'।

(ख) मैं गलती से, दूसरे पैर पर 'चढ़ जाता हूँ और कहता **हूँ 'I apologise' (क्षमा माँगता हूँ)**

(ग) किसी जहाज के नामकरण के समय में मैं जहाज के टकरा कर बोतल खोलता हूँ और कहता हूँ **'I name this ship the Queen Elizabeth'** (इन जहाज का नाम 'रानी एलीजावेथ' रखता हूँ)

(घ) हमारे वसीयत में इस प्रकार का कथन आता है, **'I give and bequeath my watch to my brother'** (मैं अपनी घड़ी अपने भाई को वसीयता में देता हूँ)।

(ङ) मैं कहता हूँ 'I bet you sixpence it will rain tomorrow' (मैं बाजी लगाता हूँ कि कल वर्षा होगी)।

इन सभी उदाहरणें में एक बात समान है, उनमें मैं केवल कुछ कह नहीं रहा हूँ, इसे कहने में कुछ कर रहा हूँ कहने में ही मैं **कुछ** सम्पादित कर रहा हूँ। 'स्वीकारता हूँ कहने में मैं केवल इन दो शब्दों को कह नहीं रहा हूँ, **मैं विवाह कर रहा हूँ**। तीसरे उदाहरण में वह उक्ति देकर सचमुच **जहाज** को नाम दे रहा हूँ जब कि दूसरे उदाहरण में मैंने केवल 'क्षमा माँगता हूँ' 'शब्दों का उच्चारण नहीं किया, बल्कि **सचमुच क्षमा** माँगी। चौथे उदाहरण में मैं **सचमुच अपनी घड़ी भाई को दे रहा हूँ**, तथा अन्तिम उदाहरण में मैं केवल एक कथन नहीं दे रहा हूँ, बल्कि उस कथन में बाजी लगाने की क्रिया संपादित कर रहा हूँ। इसी प्रकार के कथनों को ऑस्टीन **सम्पादनसूचक कथन** (Performative Statements) या केवल **निष्पादनता** (Performatives) कहते हैं।

ऑस्टीन स्वीकारते हैं कि भाषीय प्रयोगों की दृष्टि से यह एक सर्वथा नवीन शब्द हैं, किन्तु उन्हें इससे अधिक उपयुक्त कोई दूसरा शब्द दिखाई नहीं देता। इसके निकट का शब्द 'operative' भी उनके ध्यान में था, किन्तु इस शब्द संक्रियात्मक—'operative' का अन्य संदर्भ में भी प्रयोग हुआ है, इसी कारण वे **निष्पादनता** शब्द का ही प्रयोग करते हैं।

इनके स्वरूप को स्पष्ट करने के लिए एक बिन्दु को स्पष्ट कर लेना आवश्यक है। कोई आपत्ति उठा सकता है कि ऊपर दिये गये उदाहरण ही उपयुक्त नहीं हैं, क्योंकि इन उक्तियों से वह कार्य संपादित नहीं होता, उसके लिए इन उक्तियों के अतिरिक्त कुछ करना पड़ता है। उदाहरणतः मात्र 'मैं बाजी लगाता हूँ' कह देने से ही बाजी लग नहीं जाती। इन क्रियाओं को संपादित करने के लिए कुछ और करना पड़ता है। 'विवाह' वाले उदाहरण में ही देखें, वहाँ दो प्रकार की अन्य बातों पर भी ध्यान देना है जो दोनों इस कथन से इतर है। प्रथमतः तो यह भी अनिवार्य है कि 'स्वीकारता हूँ' कहना भी विधिवत हो, अर्थात उचित परिस्थिति में हो, विशेष धर्मानुसार हो, धार्मिक रीति के अनुरूप हो। ऑस्टीन कहते हैं कि इन बातों की उनके उदाहरण में उपेक्षा नहीं है। अभी मैं कुर्सी पर बैठे-बैठे अनायास कह दूँ 'स्वीकारता हूँ' तो उससे हमारा विवाह सम्पादित नहीं हो जाता। जब 'स्वीकारता हूँ' को संपादनसूचक उक्ति का उदाहरण के रूप में लिया गया है, तो वह कहीं किसी स्थल पर कहा गया 'स्वीकारता हूँ' कथन नहीं है, बल्कि वही कथन है जिससे विवाह सम्पादित होता है। दूसरी बात यह भी कही जा सकती हैं कि विवाह का संपादन केवल 'स्वीकारता हूँ' जैसे वाक्य के कहने से नहीं होता, बल्कि यह तो एक आंतरिक क्रिया भी है। अपने अंतर में

आध्यात्मिक रूप से विवाह को स्वीकार कर लेता हूँ और यह कही हुई उक्ति उसी आंतरिक आध्यात्मिक क्रिया को व्यक्त कर रही है। ऑस्टीन का कहना है कि इस प्रकार का विचार प्रचलित भी है, तथा शास्त्रीय विचारों में भी आता रहा है। किन्तु, क्या इसका यह अर्थ है कि वैवाहिक रीति में जब शपथ लिया जाता है, तथा 'स्वीकारता हूँ' वाक्य जैसा कथन कहा जाता है, तो यह वाक्य सूचनात्मक बन जाता है? क्या हम यह कहेंगे कि यह कथन 'स्वीकारता हूँ' किसी आन्तरिक क्रिया का विवरण प्रस्तुत कर रहा है। यदि ऐसा है तो यह सत्य भी हो सकता है असत्य भी। क्या हम इस कथन को सत्य या असत्य कह सकते हैं? स्पष्टतः इस प्रकार की बातें बेतुकी हैं। अतः इस स्पष्टीकरण के आधार पर यह सुगमता से स्वीकारा जा सकता है कि जब विवाह पीठ पर विधिवत 'स्वीकारता हूँ' कहा गया, तो केवल कुछ कहा नहीं किया, विवाह की क्रिया संपादित हुई।

इस स्पष्टीकरण के बाद पुनः इन उदाहरणों को ध्यान में रखें, तो **निष्पादनता** (Performatives) के स्वरूप का स्पष्टीकरण कर सकेंगे।

अभी संभावित आपत्तियों के आलोक में जो विवेचना हुई, वहाँ सत्यता-असत्यता का उल्लेख हुआ तथा उस संदर्भ में कहा गया कि संपादनसूचकता के संबंध में सत्यता-असत्यता संबंधी प्रश्न नहीं उठाया जा सकता। वैवाहिक कर्म के अंतर्गत कहा गया कथन 'स्वीकारता हूँ' के संबंध में यह प्रश्न नहीं उठाया जा सकता कि वह सत्य है या असत्य। वह इसी कारण होता है कि जब विवाह-पीठ पर खड़े होकर विवाह करनेवाला शपथ लेता हुआ कहता है 'स्वीकारता हूँ', तो वह कोई सूचना नहीं दे रहा है, यह भी नहीं कह रहा कि वह विवाह कर रहा है, बल्कि 'वह विवाह कर रहा है'। उसके इस कथन से उसका विवाह संपादित हो रहा है। तो इस कार्य-संपादन की प्रक्रिया के विषय में सत्य असत्य होने का प्रश्न नहीं उठाया जा सकता।

किन्तु, इस स्थल पर एक संभावना की ओर संकेत किया जा सकता है। कहा जा सकता है कि इन सभी संपादनसूचक कथनों में अनेकों सूचनात्मक कथन निहित है। उदाहरणतः जब मैं विवाह-वेदी पर खड़े होकर कहता हूँ, मैं इस महिला को अपने विधिवत विवाहित पत्नी के रूप में स्वीकारता हूँ तो इससे अनेकों सूचनात्मक कथन आपदित हैं, जैसे 'मैं ही इस विवाह का दुल्हा हूँ, कि मै पहले से विवाहित नहीं हूँ आदि-आदि। उसी प्रकार जब मैं जहाज का नामाकरण करता हुआ कहता हूँ कि इस जहाज का नाम रानी एलिजावेथ रखता है' तो यहाँ यह सूचना मिलती है कि 'मैं ही इस नामाकरण के कार्य का अधिकारी हूँ, 'वहाँ पर एक जहाज है, वहाँ अनेकों लोग हैं आदि। ये सभी **स्थिरार्थक** (constantive) हैं, 'वहाँ सबों से कुछ सूचना मिलती है, कुछ स्थितियों का विवरण मिलता है, और वे सभी या तो सत्य हैं या असत्य। आस्टीन इस बात का निराकरण बड़े सरल ढंग से कर देते हैं उनका कहना है कि यह हो सकता है कि किसी संपादनसूचक कथन (performative statement) से **स्थिरार्थक** (constantives) आपदित (implied) हों, तथा वे **स्थिरार्थक** सत्य या असत्य हो, किन्तु अपने में संपादनसूचक कथन के सत्य असत्य होने का प्रश्न नहीं उठता। एक 'वर' है, एक कन्या है, वर अविवाहित है—ये सभी सत्य-असत्य हो सकते हैं, किन्तु विवाह-वेदी पर दिया गया कथन 'स्वीकारता हूँ' अपने में सत्य-असत्य नहीं, वह तो विवाह का संपादन है। यही संपादनसूचक उक्तियों अथवा संपादनसूचकता की विशिष्टता है।

ऑस्टीन का कहना है कि संपादनसूचकता सत्य-असत्य तो नहीं होतीं, किन्तु उनमें कुछ

विसंगतियाँ, अव्यवस्थाएँ उत्पन्न हो सकती हैं। ऑस्टीन का विश्वास है कि ये अव्यवस्थाएँ उस कथन में निहित संपादनता के साथ ही जुटी है। अतः उन अव्यवस्थाओं की संभावनाओं को स्पष्ट करने से भी संपादनसूचकता का स्वरूप और अधिक स्पष्ट होता है। आस्टीन इन अव्यवस्थाओं को अक्षमता (infelicities) कहते हैं। तो अब हम इन पर विचार करें।

(घ) अक्षमताएँ *(Infelicties)*

स्थिरार्थकों(Constantive)के तो तार्किक मूल्य स्पष्ट हैं—सत्यता-असत्यता। **निष्पादनता** (performatives) तो सत्य-असत्य नहीं होते, तो उनका तार्किक मूल्य क्या है? आस्टीन ने इसके लिए **happy (सफल)** तथा **unhappy (असफल)** शब्दों का व्यवहार किया है।[1] कथनों की संपादनता सफल (happy) भी हो सकती है, असफल (unhappy) भी। जब संपादनता असफल होती है तो जो अव्यवस्थाएँ उत्पन्न हो जाती हैं उनके लिए ऑस्टीन का नाम है **अक्षमता** (infelicities)। अर्थात् संपादनता जब असफल रह जाती है, तो **अक्षमताएँ** उत्पन्न होती हैं।

इसका अर्थ मात्र इतना ही है यदि संपादनसूचक कथनों में जिस क्रिया के संपादन की सूचना है वह किसी प्रकार संपादित नहीं हो पायी, तो **अक्षमताएँ** (infelicities) उत्पन्न होती है। ऑस्टीन के अनुसार ऐसा तब होता है जब इन संपादनसूचक कथनों में कुछ मूल नियमों का उल्लंघन हो जाय। अर्थात् सफल संपादनता की सफलता इस बात पर होती है कि वहाँ उन नियमों का उपयुक्त पालन हुआ है, कोई नियम यदि उपेक्षित रह जाता है तो संपादनता संपादनसूचक नहीं रह पाती, **अक्षम** सिद्ध होती है। तो, इसे स्पष्ट करने के लिए पहले उन नियमों को स्पष्ट कर लें।

हम देखेंगे कि इस प्रकार की **अक्षमताएँ** (infelicities) **दो प्रकार** की होती हैं क्योंकि **निष्पादनता के लिए दो प्रकार** के नियमों का पालन होता है। **पहले प्रकार** के नियमों के अन्तर्गत सामान्यतः निम्नलिखित बातें आती हैं—(क) निष्पादनता तो मात्र शाब्दिक कथन नहीं हैं, उसमें कुछ संपादित होता है। तो हर संपादनसूचक कथन किसी विशेष संदर्भ को स्वीकार करता है। उस संदर्भ की कुछ परम्पराएँ (Conventions) होती ही हैं। अतः पहला नियम यह है कि एक मान्य परम्परा (convention) के अंतर्गत कथन दिया है, तथा यह भी कि उस परम्परा में यह भी तय है कि उपयुक्त व्यक्तियों के द्वारा, उपयुक्त स्थिति में कुछ विशेष उक्ति दी जायगी। उदाहरणतः विवाह वाले उदाहरण में यदि 'स्वीकारता हूँ' कथन संपादनसूचक है, तो उसे मान कर चलना है कि उस संपादन-कार्य की एक परम्परा है, जिसमें यह तय है कि किसी उपयुक्त व्यक्ति के द्वारा उपयुक्त स्थिति में 'स्वीकारता हूँ' कथन देना है। (ख) दूसरा नियम है कि परिस्थिति भी उस परम्परा के अनुरूप हो, तथा जो व्यक्ति भी इससे संबंधित हैं वे उस परम्परा में निर्धारित शर्तों के अनुरूप है। उदाहरणतः ऊपर के उदाहरण में खेल के मैदान में 'स्वीकारता हूँ' चिल्लाने से विवाह की संपादनता नहीं आयेगी, अथवा किसी मित्र के समक्ष यह कह देने से 'स्वीकारता हूँ' संपादनसूचक कथन नहीं बन जायगा। विवाह-स्थल पर, विधिवत् 'विशौप के समक्ष 'स्वीकारता हूँ' कहने पर ही इसमें संपादनता आयेगी। (ग) तीसरा नियम यह है कि यह कथन निष्पादनता तभी होगा

1. इस स्थल पर 'happy', 'unhappy' शब्दों के लिये 'सफल-असफल' का प्रयोग प्रारंभ में अनुपयुक्त प्रतीत हो सकता है, किन्तु आस्टीन का वह विशिष्ठ प्रयोग है तथा मेरी समझ में इस संदर्भ में निकटतम शब्द 'सफल-असफल' ही हैं।

जब जिस क्रिया के संपादन को सूचित कर रहा है, वह पूरी तरह, पूर्णरूपेण परम्परागत विधियों के अनुसार संपादित हुई हो, यदि विवाह की विधियाँ पूरी नहीं हुई; और केवल 'स्वीकारता हूँ' कह दिया, तो यह वाक्य विवाह-क्रिया-संपादन को सूचित नहीं कर सकता।

जब इन सभी नियमों का पालन हुआ हो तभी 'स्वीकारता हूँ' वाक्य सफल रूप में संपादनसूचक कहा जा सकता है। किन्तु, यदि इनमें से किसी नियम का उल्लंघन हो गया तो क्रिया संपादित हुई ही नहीं, **निष्पादनता** (performatives) **असफल** (unhappy) सिद्ध हुई। उस अवस्था में तो विचित्रता यह हो जायगी कि संपादन-सूचक कथन का यह दावा कि इस कथन के कहने में ही कुछ कार्य संपादित हुआ रिक्त एवं विफल (void) सिद्ध होगा, क्योंकि जिस कार्य के संपादन को यह सूचित कर रहा है वह कार्य संपादित ही नहीं हुआ। इस प्रकार की **अक्षमता** (infelicities) ऑस्टीन के अनुसार **'बिना गोली के गोली चलाना'** (misfire) या विफल कहा गया है, क्योंकि यहाँ कार्य संपादित ही नहीं हुई बंदूक के 'फिस फिस' जैसा हो गया। इसे हम उदाहरणों के द्वारा स्पष्ट करें।

मान लें पहले नियम का उल्लंघन हुआ है। किसी सेमिनार के उद्घाटन की परंपरा है कि यहाँ कार्य प्रारंभ में ही संपादित होता है। अब यदि कोई सेमिनार के समापन के बाद कहता है कि 'मैं सेमिनार का उद्घाटन करता हूँ' तो यह संपादनसूचक कथन विफल (Misfire) हो गया। दूसरे नियम के उल्लंघन के उदाहरण देखें। उद्घाटन की परम्परा के अनुरूप उद्घाटन कर्त्ता ही उद्घाटन करता है। यदि उसके स्थान पर कोई व्यक्ति या बालक उसी स्थल पर कहता है 'मैं उद्घाटन करता हूँ' तो यह भी विफल (misfire) ही होगा। उसी प्रकार तीसरे नियम के उल्लंघन से भी ऐसा ही होगा। मान लें विवाह की विधि विधिवत् पूरी नहीं हुई और वर कह देता है 'स्वीकारता हूँ' तो यह कथन भी संपादनता में **विफल** (misfire) ही है। बाजी लगाने का उदाहरण लिया गया है। बाजी की परम्परा यह है कि यह दो पार्टी के मध्य हो, तथा दोनों इसे स्वीकारे। अब मान लें मैं कहता हूँ 'मैं दस रुपये की बाजी लगाता हूँ कि अमुक व्यक्ति जीतेगा' किन्तु कोई व्यक्ति इसे नहीं स्वीकारता, तो मेरा कथन संपादनता में असफल हो गया—विफल (misfire) हो गया।

यह तो संपादनसूचक उक्तियों की एक प्रकार की **अक्षमता** (Infelicity) हुई। ऑस्टीन का कहना है कि एक अन्य प्रकार से भी संपादनसूचक उक्तियों की अक्षमता स्पष्ट होती है। अक्षमता का यह रूप तब स्पष्ट होता है जब हम संपादनता के एक अन्य नियम का उल्लंघन करते हैं। सरल रूप में वह नियम मात्र इतना ही है कि संपादनसूचक उक्तियों के पीछे सत्यनिष्ठता हो, निश्छलता (sincerity) हो, ईमानदारी हो। बात यह है कि इस प्रकार की जो **शाब्दिक संपादनताएँ** होती हैं, उनमें अधिकतर ऐसी होती हैं कि उनका व्यवहार वही व्यक्ति करता है जिसमें एक विशेष प्रकार की आस्था हो, एक विशेष भावना हो, तथा जिसकी नीयत भी शुद्ध हो। यदि कोई बिना इन भावनाओं के, बिना शुद्ध नीयत के इस प्रकार की उक्ति देता है, तो वहाँ भी संपादनता विकृत हो जायगी। इस प्रकार की विसंगति अथवा अव्यवस्था को ऑस्टीन **दुरुपयोग** (abuse) कहते हैं। तो **दुरुपयोग** (abuse) भी निष्पादनता की अक्षमता (Infeelicity) का एक प्रकार है।

इसे उदाहरणों से स्पष्ट करें। मान लें मैं किसी को बधाई देता हुआ कहता हूँ 'मैं आपको बधाई देता हूँ।' इस कथन से बधाई की क्रिया संपादित तभी होगी जब हम सचमुच उनकी सफलता से प्रसन्न हुए हैं, तथा मानते हैं कि उस सफलता का श्रेय उसी व्यक्ति को

है। इसके विपरीत यदि हमें उसकी सफलता से प्रसन्नता नहीं हुई है या हम समझते हैं कि उसकी सफलता उनके अपने कारण नहीं है, फिर भी हम बधाई देते हुए कहते हैं 'मैं आपको बधाई देता हूँ, तो यह उक्ति बधाई की क्रिया संपादित करने में अक्षम है, तथा यह उस कथन का **दुरुपयोग** (abuse) होगा। उसी प्रकार यदि हम किसी को वचन देते हैं—वादा करते (Promise) हैं किसी कार्य को कर देने का, किन्तु वचन देने के समय भी हमारी नीयत उस कार्य को करने की नहीं थी, अर्थात् यदि हम वादा निश्च्छल रूप में नहीं करते, तो यह भी उस कथन का **दुरुपयोग** (abuse) होगा। कभी-कभी इस दुरुपयोग का रूप दूसरे ढंग से भी स्पष्ट होता है। कभी-कभी ऐसी स्थिति आती है जब हमारी कोई उक्ति में मेरा भविष्य का आचरण निहित होता है, किन्तु यदि भविष्य में उसके अनुरूप आचरण नहीं हुआ, तो यह भी एक प्रकार का दुरुपयोग हुआ। उदाहरणतः किसी अतिथि के आने पर हम कहते हैं 'आपका स्वागत है' किन्तु बाद में हम उसके साथ ऐसा व्यवहार करते हैं जो कटु है तथा हमारी अप्रसन्नता को व्यक्त करता है तो इसमें भी वस्तुतः हमारे दिये गये कथन 'आपका स्वागत है' का दुरुपयोग हुआ।

इस प्रकार कहा जा सकता है कि संपादनता की अव्यवस्था **अक्षमता** (Infecility) है, तो अक्षमतायें दो प्रकार की होती हैं—**विफल** (misfire) एवं **दुरुपयोग** (abuse)। '**विफल**' तथा '**दुरुपयोग**' में अंतर इस बात में हैं कि **विफल** (misfire) में एक प्रकार से कार्य संपादित होता ही नहीं जबकि **दुरुपयोग** (abuse) में कार्य संपादित तो होता है, किन्तु उसका दुरुपयोग होता है जहाँ संपादन 'विफल' होता है वहाँ नीयत की गड़बड़ी नहीं है, निश्चछलता की कमी नहीं, किन्तु कुछ ऐसा हो जाता है कि कार्य-संपादन विधिवत नहीं हो पाता, किन्तु दुरुपयोग (abuse) में स्पष्टतः एक प्रकार का कपट भाव (Insincerity) है, नीयत ही खराब है।

वैसे ऑस्टीन यह स्वीकारते हैं कि अक्षमताओं (Infecilityes) का इन दो प्रकारों में निर्देश सभी प्रकार की अक्षमताओं को ढँक नहीं लेता, ऐसे भी उदाहरण हो सकते हैं जहाँ अक्षमताएँ इन दोनों से भिन्न हैं। ऑस्टीन ने स्वयं ऐसी अक्षमताओं का भी उदाहरण लिया है। हम उन उदाहरणों को दुहरा नहीं रहे, हम केवल यह दिखाना चाह रहे हैं कि ऑस्टीन के अनुसार 'अक्षमताओं' की सर्वथा पूर्ण सूची नहीं तैयार की जा सकती। सामान्य ढंग से यही कहा जा सकता है कि हमारी अधिकतर अक्षमताएँ (Infelicities) या तो विफल (misfire) होती हैं या दुरुपयोग (misuse)।

उसी प्रकार यह भी निश्चत रूप से नहीं कहा जा सकता है कि ये दोनों (misfire तथा abuse) पूर्णतया पारस्परिक बहिष्कारी है नहीं। ऐसे उदाहरण दिये जा सकते हैं जिसमें संपादनसूचक उक्तियाँ एक प्रकार से विफल भी हुई हैं, तथा वहाँ उनका दुरूपयोग भी हुआ है। तब इन कोटियों से अक्षमता के प्रकार का एक सामान्य भाव अवश्य बन जाता है।

(ङ) संपादनसूचक कथनों की पहचान का प्रश्न

अभी भी एक प्रश्न अनुत्तरित रह गया है—संपादनसूचक कथन तो देखने में, आकार में तथा व्याकरण की दृष्टि में **स्थिरार्थक** (constantive) जैसे ही दिखाई देते हैं। तो हम यह कैसे तय कर सकते हैं कि अमुक कथन संपादन सूचक है या नहीं है। क्या इसके लिए कोई व्याकरण-आधार दिया जा सकता है? ऑस्टीन कहते हैं कि साधारण भाषीय ढंगों को देख कर सामान्य तथा मोटे तौर पर इन्हें पहचानने का आधार तय किया जा सकता है। किन्तु

वे यह भी स्वीकारते हैं कि इस प्रकार की पहचान का कोई पूर्णतया तार्किक—निश्चित आधार नहीं दिया जा सकता। संभव है कि जिस प्रकार के सामान्य आधार की बात वे करते हैं उन्हें जान लेने के बाद भी किसी संपादनसूचकता की पहचान उनके द्वारा नहीं हो पाये। हम उनके बताये कुछ सामान्य आधारों की संक्षिप्त विवेवना करें जिससे उनकी पहचान का एक सामान्य ढंग बन आता है।

इस स्थल पर एक विशेष बात पर ध्यान देना उपयोगी है। संपादनता जितने उदाहरण लिए गये हैं वे सभी **प्रथम पुरुष कथनों** (First Person Statement) के हैं। 'स्वीकारता हूँ', बचन देता हूँ, 'बाजी लगाता हूँ' आदि-आदि—ये सभी प्रथम पुरुष कथन हैं—'मैं' के द्वारा दिये गये कथन हैं। इन सभी उदाहरणों में यह भी समानता है कि वे सभी व्याकरण की दृष्टि से व्यक्तिवाचक, वर्तमानकालीन, निर्देशात्मक तथा कर्तृवाच्य (active voice) में हैं। क्रियाएँ (Verbs) हर उदाहरण में भिन्न हैं, किन्तु उनका आकार, काल (Tense) वाच्य (Voice) आदि सामान हैं। इनमें एक विचित्रिता और है कि यदि इन्हीं क्रियाओं को प्रथम पुरुष (I) के साथ न जोड़ कर अन्य पुरुष (He या You) के साथ जोड़ें तो स्पष्ट अन्तर उभर आता है। उसी प्रकार यदि प्रथम पुरुष के साथ काल का अन्तर कर दे, पुनः इन उक्तियों को देखें 'मैं वचन देता हूँ कि.....', तो मैं वचन देता है कि......', मैंने वचन दिया था कि .....'। स्पष्ट है कि पहले उदाहरण में मैं वचन देने का कार्य सम्पादित कर रहा हूँ। जब मैं कहता हूँ कि मैं वचन देता हूँ......' तो मैं बचन देने के विषय में कोई सूचना नहीं दे रहा—वचन देने की क्रिया कर रहा हूँ। किन्तु यही बात जब अन्य पुरुष के विषय में कही गयी तथा प्रथम पुरुष में काल (Tense) बदल कर कही गयी, तो बात दूसरी हो गयी। जब कहा गया कि 'वह वचन देता है कि.......' या 'मैंने वचन दिया था कि ......' तो वचन देने की क्रिया संपादित नहीं हो रही, बल्कि किसी अन्य के वचन देने के विषय में तथा भूतकाल में अपने वचन देने के विषय में सूचना दी जा रही है।

तो इस प्रकार सामान्य ढंग से एक आधार तो मिल गया जिससे यह स्पष्ट पता चल जाता है कि इस प्रकार के उदाहरणों में कौन-सा कथन संपादनसूचकता है, तथा कौन सा नहीं। इसका यह अर्थ नहीं कि संपादनता का यहाँ कोई सार्वभौम मापदण्ड मिल जाता है, इसका यह भी अर्थ नहीं कि संपादनता के लिए कथनों का प्रथम पुरुष में तथा वर्तमान काल में होना अनिवार्य है। यह तो कुछ उदाहरणों की पहचान का ढंग है।

उसी प्रकार पहचान का एक और सामान्य ढंग ऑस्टीन को दिखाई देता है। उनका कहना हैं कि कुछ उदाहरणों के लिए यह ढंग भी मानक का कार्य करता है, और इस प्रकार की संपादनसूचक उक्तियों के उदाहरण भी अनेक मिलते हैं। इसमें कथन प्रथम पुरुष में नहीं होता तथा कर्तृवाच्य (Active Voice) में भी नहीं होता बल्कि द्वितीय तथा तृतीय पुरूष में होता है, तथा कर्मवाच्य (Passive Voice) में होता है। जैसे रेलवे स्टेशन पर यह चेतावनी दी गयी है, ''यात्रियों को सूचित किया जाता है कि वे पुल से ही दूसरे प्लेटफार्म पर जाँयें' या किसी सरकारी कागज पर यह लिखा जाता है, 'इसके द्वारा आपको अधिकृत किया जाता है कि.....'। स्पष्ट है इन कथनों के सत्य-असत्य होने का कोई प्रश्न नहीं उठता, इनमें किसी वस्तुस्थिति की विवरणात्मक सूचना भी नहीं मिलती, इनमें किसी वस्तुस्थिति की विवरणात्मक सूचना भी नहीं हैं। इन कथनों से कुछ कार्य संपादित हो रहा है—वह चेतावनी देने का कार्य हो या अधिकृत करने का।

ऑस्टीन को ये दो सरल मानक ढंग दिखाई देते हैं जिनके आधार पर संपादनसूचक कथन को पहचाना जा सकता है। किन्तु, उनका अभिप्राय यह कहना नहीं है कि सभी संपादनसूचक इन्हीं दो में किसी एक में आयेंगे, नहीं, संपादनसूचकता कथनों में अनेकों ढंग से प्रवेश कर सकती है। कभी-कभी तो शुद्ध आदेशात्मक कथन भी संपादनसूचक बन जा सकते हैं। उन्होंने इन दो उदाहरणों की बात मात्र इस कारण की है कि इन दो ढंगों, में कुछ ऐसा आधार प्राप्त होता है जिसे अधिकतर संपादनसूचक कथनों की पहचान सुगमता से हो जाती है।

तो उनका कहना है कि व्यावहारिक रूप में ये दो ढंग संपादनसूचक कथनों की पहचान में सहायक अवश्य हैं। इसके आधार पर ऑस्टीन एक पग और आगे अग्रसर होते हैं। हमने देखा कि इस पहचान के लिए कथनों को या तो प्रथम पुरुष में वर्त्तमानकालीन तथा कर्तृवाच्य में होना चाहिए, या अन्य पुरुष में कर्मवाच्य में आना चाहिए। तो, ऑस्टीन कहते हैं कि अब यदि शब्दकोष आदि की सहायता से ऐसी क्रियाओं (verbs) की सूची बना लें जो ऊपर बताये दो मानक रूपों में प्रयोग में आ सकते हैं, तो हम सामान्यतः बता पायेंगे कि संपादनसूचक कथनों से किस प्रकार की क्रियायें संपादित हो सकती है।

यदि इस प्रकार की क्रियाओं (verbs) की सूची बन सकी, तो वे स्पष्टतः संपादनसूचक क्रियाओं (explicit performative verbs) की सूची होगी, तथा इनके द्वारा हम स्पष्टतः बता पायेंगे कि हम कथनों को देने में किस विशेष क्रिया को संपादित कर रहे हैं।

वाक् क्रिया
(Speech Act)

(क) भूमिका

निष्पादनता के अतिरिक्त ऑस्टीन की देन उनका 'वाक्-क्रिया-विवेचन' भी है। वस्तुतः यह विवेचन भाषा-दर्शन के अन्तर्गत नवीन वाद् विषयों को प्रकाश में लाता है, जिसके फलस्वरूप भाषीय प्रयोगों के विषय में दृष्टि ही परिवर्तित होने लगती है। हमने अभी-अभी ऑस्टीन के **निष्पादनता** (performatives) संबंधी विचारों की व्याख्या की है। इसी विचार को अधिक व्यापक कर देखने से यह प्रतीत होने लगता है कि हम तो केवल ऐसे कथनों का उल्लेख कर रहे हैं जो सम्पादनसूचक प्रतीत होते हैं, जिन कथनों के देने में ही कुछ संपादित होता है, किन्तु एक प्रकार से तो **वाक्** (Speech) ही एक क्रिया (act) है', हम जब कुछ कहते हैं, तो कुछ क्रिया तो संपादित हुई है। कुछ भी कहना क्रिया है, बोल-चाल क्रिया है, वाक् ही क्रिया है (Speech is an act)। ऐसा भी नहीं है कि वाक् में जो क्रिया संपादित होती है, वह सदा एक जैसी ही होती है। ऐसा नहीं है कि हर उच्चारण की क्रिया सर्वथा एक जैसी हो। तो आवश्यक हो जाता है कि वाक्-क्रिया का विश्लेषण हो, वाक् (Speech) में किस-किस प्रकार की क्रिया संपादित होती है, इसे समझने की चेष्टा करनी है। यही ऑस्टीन ने अपने वाक्-क्रिया विवेचन में किया है।

(ख) वे अपने वाक्-क्रिया विचार पर किस प्रकार पहुँचते हैं?

ऐसा नहीं है कि ऑस्टीन को वाक्-क्रिया-विवेचन की आवश्यकता एकाएक, अनायास प्रतीत हुई। अपने संपादनसूचकता-विश्लेषण में ही उन्हें कुछ ऐसा दीख गया जिसके फलस्वरूप वे वाक्-क्रिया के विवेचन पर उतर आये।

हमने देखा है कि ऑस्टीन ने संपादनसूचकता का विचार निष्पादनता (performatives) तथा **स्थिरार्थक** (constantive) के भेद पर आधृत किया है। किन्तु धीरे-धीरे उन्हें विचार आने लगा कि यह भेद उतना स्पष्ट नहीं है जैसा कि उन्हें प्रारम्भ में प्रतीत होता था। उन्हें कुछ ऐसे उदाहरण उपलब्ध होने लगे जिनमें इस भेद की स्पष्टता शीथिल पड़ने लगी। उदाहरणतः कुछ ऐसे विषम उदाहरण ऑस्टीन ने लिए जहाँ स्पष्टतः यह कहना कठिन प्रतीत हो जाता है कि वे संपादनसूचक (performative) हैं या 'स्थिरार्थक'। ऑस्टीन ने संपादनसूचकता के लिए कुछ नियमों का उल्लेख किया है, जिनके उल्लंघन से या तो **निष्पादनता विफल** (misfire) हो जाती है या उसका **दुरुपयोग** (misuse) हो जाता है। अब इस उदाहरण को देखें, अपनी टीम के विजय पर हम चिल्लाते हैं, 'हुर्रे'। इस कथन के सत्य-असत्य होने का प्रश्न नहीं उठता, इस हर्षध्वनि से मैं टीम को शाबाशी देने का कार्य संपादित कर रहा हूँ। इस दृष्टि से यह संपादनसूचक कथन (performative) जैसा है, किन्तु इसमें ऑस्टीन के द्वारा दिये गये संपादनता के नियमों का पालन नहीं हुआ है। तो, ऑस्टीन के अर्थ में इसे संपादनसूचक कथन कहेंगे या नहीं? एक दूसरे प्रकार का उदाहरण लें। मुझसे किसी को ठोकर लग जाता है और मैं कहता हूँ 'मुझे खेद है' (I am sorry)। इसी प्रकार के उदाहरण मैं 'क्षमा माँगता हूँ' को संपादनसूचक कथन कहा गया है। किन्तु, 'मुझे खेद है' सर्वथा 'क्षमा माँगता हूँ' जैसा कथन नहीं है। 'क्षमा माँगता हूँ' में तो क्षमा माँगने की क्रिया स्पष्टतः संपादित हो रही है। किन्तु 'मुझे खेद है' बिल्कुल वैसा नहीं है। एक संभावना है कि इस कथन से भी क्षमा माँगने की क्रिया संपादित हो रही हो, किन्तु ऐसा भी तो संभव है कि 'मुझे खेद है' व्यक्ति की भावनात्मक स्थिति का विवरण हो।

उसी प्रकार का एक दूसरा उदाहरण लें, क्रिकेट के खेल में 'अम्पायर' कहता है 'over'। वह स्पष्टतः इस अध्ययन से एक ओर से गेंद फेंकने की क्रिया को समाप्त करने का कार्य संपादित कर रहा है, किन्तु, ऐसा प्रतीत होता है कि इस कथन का तथ्यात्मक आधार भी है, यहाँ कम-से-कम ऐसे तथ्य की ओर संकेत है कि छः गेंद फेंके गये हैं, पाँच नहीं। यह सत्य-असत्य भी हो सकता है।

पुनः एक अन्य उदाहरण देखें। ऑस्टीन को इस प्रकार के वाक्यांश 'मैं कहता हूँ कि.....' (I state that), 'मैं स्वीकारता हूँ कि......' (I admit that) जैसे कथनों में भी यही कठिनाई दिखाई देती है। 'मैं कहता हूँ कि व्हेल स्तन पायी हैं, 'मैं स्वीकारता हूँ कि ह्वेल स्तन पायी हैं।' इन कथनों में कुछ स्थापित कहने की क्रिया संपादित हो रही है या कुछ स्वीकारने की क्रिया संपादित हो रही है। उस दृष्टि से ये संपादनसूचक कथन हैं। किन्तु 'ह्वेल स्तन पायी है'—यह कथन अपने में विवरणात्मक हैं तथा इसमें सत्यता-मूल्य भी है। हय कहना विचित्र लगता है कि इस कथन में मैं कहता हूँ' या 'मैं स्वीकारता हूँ' जोड़ देने से इस कथन का सत्यता-मूल्य समाप्त हो गया।

ऐसे उदाहरणों के फलस्वरूप ऑस्टीन को प्रतीत होता है कि **संपादनसूचकता** तथा स्थिरार्थक का भेद उस रूप में भी करने में कठिनाई उपस्थित होती है, जिस रूप में ऑस्टीन ने स्वयं इस भेद को स्पष्ट किया है। ऑस्टीन ने इस भेद को स्पष्ट करते हुए कहा था कि स्थिराथक (constantive) सत्य-असत्य हो सकते हैं, जब कि संपादनसूचक कथन सक्षम-अक्षम(felicitous/infelicitous)हो सकते हैं। किन्तु, अब उन्हें लगता है कि कुछ स्थिरार्थक

भी सक्षम—अक्षम हो सकते हैं। उदाहरणतः हम कह सकते हैं कि 'चटाई पर बिल्ली है, किन्तु मैं इस पर विश्वास नहीं करता'। यह कथन विचित्र भले लगे—आत्म व्याघातक नहीं है। चटाई पर बिल्ली के होने तथा मेरा उसे नहीं मानना एक साथ सत्य हो सकता है। किन्तु, यहाँ **अक्षमता** (infelicity) स्पष्ट होती है। यह उसी प्रकार की अक्षमता है जिस प्रकार की अक्षमता का उदाहरण दुरुपयोग के रूप में लिया गया था—जैसे मैं वादा करता हूँ कि यह काम करूँगा—जब कि उस काम को करने का मेरा कोई इरादा नहीं था। तो यहाँ भी इन दोनों का भेद ढीला पड़ जाता है।

कुछ ऐसे भी उदाहरण दिये जा सकते हैं जिसमें कथन तो सपष्टतया संपादनसूचक है, किन्तु उन्हें सत्य-असत्य कहना अधिक उपयुक्त प्रतीत हो। उदाहरणतः इसे देखें, 'मैं तुम्हें सतर्क करता हूँ यह साँढ़ तुम पर कूदने वाला है', मैं इस प्रकार का कथन देता हूँ, किन्तु साँढ़ वहाँ पर है नहीं। यह तो संपादनसूचक कथन है, क्योंकि यहाँ सर्तक करने की क्रिया संपादित हो रही है। पहली बार ऐसा प्रतीत हो सकता है कि इसमें अक्षमता (infelicity) है। किन्तु विचार कर देखें इसे **अक्षम** कहना अधिक उपयुक्त होगा या असत्य कहना। स्पष्ट है, इसे **असत्य** कहना ही अधिक उपयुक्त है; क्योंकि यहाँ सम्पादनसूचकता को न **विफल** (misfire) कहा जाना ठीक प्रतीत होता है, न **दुरूपयोग** (misuse) कहना, जब कि इसे असत्य कहना ठीक ही प्रतीत होता है। तो, इस उदाहरण में संपादनसूचकता स्थिरार्थक जैसा ही विवेचित हो रहा है।

ऑस्टीन ने इस प्रकार के अनेकों उदाहरण लिए हैं, जहाँ उन्हें संपादनसूचकता तथा स्थिरार्थक का अन्तर टूटता प्रतीत होता है। इसका अर्थ है कि इस प्रकार के अन्तर करने में ही कुछ कमी है। एक कमी तो स्पष्ट हो जाती है। हम इस प्रकार के कथन— 'मैं तुम्हें आदेश देता हूँ', 'मैं तुम्हें सतर्क करता हूँ' आदि को तो संपादनसूचक मानते हैं क्योंकि इन कथनों में कुछ क्रिया संपादित होती है, किन्तु हम कहने', 'विवरण देने, 'वृत्तान्त सुनाने' आदि के विषय में कहते हैं कि यहाँ कोई क्रिया संपादित नहीं होती। अब ऑस्टीन को लगता है कि ऐसा कहना उपयुक्त नहीं, क्योकि 'कहना', विवरण देना', 'वृतान्त सुनाना' आदि भी तो कुछ क्रिया करना है। कहने की क्रिया भी तो एक क्रिया है, वृतान्त सुनाने की क्रिया भी तो एक क्रिया है। यह तो उपयुक्त नहीं कि 'आदेश देने' को हम क्रिया कहें तथा 'वृतान्त सुनाने' को नहीं। अतः ऑस्टीन को अब प्रतीत होता है कि वाक् ही क्रिया है, बोलना ही क्रिया है, तथा कथनों से सूचित होने वाली सभी क्रियाओं को इस मूल **वाक् क्रिया** (Speech Act) से संबंधित कर ही देखना दार्शनिक दृष्टि से रोचक एवं उपयोगी होगा। इस प्रकार संपादनसूचक कथनों का विवेचन उन्हें वाक्-क्रिया-विवेचन तक ले चलता है, तथा अब वे वाक्-क्रिया की विभिन्न संभावनाओं का विश्लेशण करते हैं।

(ग) वाक्-क्रिया विवेचन : वाक्शैली (Docution) वचनकर्म (Illocution), प्रभावी कर्म (Perlocution)

हमने देखा कि ऑस्टीन अब इस मत पर आ पहुँचते कि वाक् स्पष्टतः एक क्रिया है (speech is an act), कुछ कहना एक क्रिया करना है ही। इस वाक् क्रिया के स्वरूप को समझने की चेष्टा में वे इसकी संभावनाओं को स्पष्ट करते हैं।

वाक्-क्रिया के स्वरूप को स्पष्ट करते हुए ऑस्टीन कहते हैं कि वाक्-क्रिया मे तीन प्रकार की क्रियायें निहित हैं। **स्थूल रूप** में हम इन तीन प्रकार की क्रियाओं को 'की' 'में'

'से' के प्रयोगों के द्वारा समझ सकते हैं। वाक् क्रिया कुछ कहे जाने की क्रिया है, तो इसमें एक तो 'कहने की क्रिया' होती है, पुनः 'कहने में कुछ क्रिया' होती है, तथा 'कहने से भी कुछ क्रिया' होती है। पहले को वे **वाक्-शैली की क्रिया** (Locutionary Act) कहते हैं, दूसरे को वे **'वचन कर्म की क्रिया'** (Illocutionary Act) कहते हैं, तथा तीसरे को वे **'प्रभावी कर्म की क्रिया'** (Perlocutionary Act) कहते हैं। वाक् की क्रिया का एक ढंग है कि हम कुछ अर्थपूर्ण वाक्यों को कहते हैं जिससे कुछ निर्देशित होता है। यह वाक् शैली की क्रिया (Locutionary Act) है। किन्तु, इस प्रकार की वाक् क्रिया में इसके द्वारा कुछ कर्म भी संपादित हो जा सकते हैं—जैसे आदेश देने का कार्य। इस प्रकार की क्रिया में कुछ **पारस्परिक शक्ति** होती है जिससे वे केवल अर्थ सूचित नहीं करते, बल्कि कुछ कर्म संपादित करते हैं। यह वचनकर्म की क्रिया (Illocutionary Act) हैं। किन्तु, वाक्-क्रिया से कुछ ऐच्छिक या अनैच्छिक परिणाम भी उभर आते हैं, जैसे उससे किसी को आश्चर्यचकित कर देते हैं या कोई बात मनवा लेते हैं। यह वाक्-क्रिया का प्रभावी कर्म (Perlocutionery Act) है। इन्हें हम कुछ और अधिक स्पष्ट करें।

'कुछ कहने' का, कुछ उक्ति(utterance)देने का जो भी सामान्य अर्थ हैं, उस सामान्य अर्थ में, 'कुछ कहने की क्रिया' को ऑस्टीन का द्वारा **'वाक्शैली की क्रिया'** (Locutionary Act) कहा गया है। इस प्रकार के कहने का कुछ अर्थ (meaning) होता है, तथा इससे कुछ निर्देशित (reference) होता है। अर्थात् वाक्शैली के कथनों (locution) में **अर्थ** तथा **निर्देश** (sense and reference) दोनों होता है। कहा जा सकता है कि **'कुछ कहने का'** जो सामान्य तथा स्पष्ट अर्थ हैं—जिस अर्थ में कुछ शब्दों को विशेष संरचना में इस प्रकार व्यक्त किया जाता है कि उससे कुछ अर्थबोध हो—उस अर्थ में **'कहने की क्रिया' 'वाक् शैली' की क्रिया** (Locutionary Act) है।

वैसे ऑस्टीन का अभिप्राय इस प्रकार की वाक्-शैली की क्रिया का विशद् विवरण देने का नहीं है। उनका ध्यान वाक्-क्रिया के अन्य ढंगों पर केन्द्रित है, किन्तु वाक् क्रिया के सभी अन्य ढंग एक प्रकार से **वाक्-शैली क्रिया** के बिना संपादित हुए चल ही नहीं सकते। कुछ कहने **में** जो क्रिया होती है, तथा कुछ कहने से जो क्रिया संपादित होती है, वह तभी हो सकती हैं जब कहने की क्रिया संपादित हो। अतः ऑस्टीन इसके स्वरूप को भी स्पष्ट करते हैं।

इस वाक्-शैली (Locution) को और भी स्पष्ट करते हुए ऑस्टीन **उच्चारण क्रिया** (Phonetic Act), **संबोधी क्रिया** (Phatic Act) तथा **पक्षपदीय क्रिया** (Rhetic Act) में भेद करते हैं। उच्चारण क्रिया तो मात्र कुछ ध्वनि निकालना है, कुछ उच्चारण करने की क्रिया है। किन्तु जब इस उच्चारण-क्रिया में हम किसी विशेष शब्द-भंडार के शब्दों को उसके व्याकरण के अनुरूप रखकर व्यक्त करते हैं तो इसे **संबोधी-क्रिया** (Phatic Act) कहा जा सकता है। जब उस प्रकार के शब्द-विन्यास का किसी निश्चित अर्थ में, किसी निर्देश के लिए **व्यवहार** करते हैं, तो इस क्रिया को **पक्षपदी क्रिया** (Rhetic Act) कहा जा सकता है। उच्चारण-क्रिया के तो उदाहरण की आवश्यकता नहीं है क्योंकि कोई आवाज निकालना उच्चारण-क्रिया ही है। इस उदाहरण को देखें, "उसने कहा, 'बिल्ली चटाई पर बैठी है।'' यह एक **संबोधी क्रिया** है, क्योंकि यहाँ कुछ शब्दों का एक व्याकरण के नियमों के अनुरूप रखकर उच्चारण हो रहा है। किन्तु यदि हम इस शब्द-व्यवस्था को अर्थपूर्ण ढंग से कुछ सूचना देने के लिए उपयोग में लाते हैं, तथा उस प्रकार से इसे व्यक्त करते हैं

तो यह **पक्षपदी क्रिया** (Rhetic Act) होगी, जैसे हम कहते हैं, कि 'उसने कहा कि बिल्ली चटाई पर थी'। उसी प्रकार यदि कोई कहता है 'मैं वहाँ पहुँच जाऊँगा, तो यह संबोधी क्रिया (Phatic Act) हुई। यदि हम इसे इस प्रकार व्यक्त करें कि उसने कहा कि वह वहाँ पहुँच जायगा, तो यह पक्षपदी क्रिया (Rhetic Act) है।

संबोधी क्रिया तथा पक्षपदी क्रिया को संपादित करने में उच्चारण-क्रिया को तो सम्पादित करना ही पड़ता है। किन्तु उन दोनों के संबंध में एक दो बातें ज्ञानवर्द्धक हैं।

हमने देखा कि पक्षपदी क्रिया के उदाहरण परोक्ष वाच्य (Indirect speech) में है। बात यह है कि संबोधी क्रिया क़ा नकल किया जा सकता है, उसे उस ही रूप में कहा जा सकता है, जिस रूप में वह कहा गया है। पक्षपदी क्रिया उसे कहने के बारे में सूचना देने जैसा है। अतः इस दृष्टि से पक्षपदी क्रिया के संपादन में एक प्रकार से संबोधी क्रिया भी संपादित हो जाती है, किन्तु संबोधी क्रिया के लिए सदा पक्षपदी क्रिया का भी होना अनिवार्य नहीं है।

वस्तुतः इस स्पष्टीकरण से वाक्-शैली(Locutionary Act)के स्वरूप पर कुछ प्रकाश अवश्य पड़ता है। किन्तु ऑस्टीन के वाक्-क्रिया विश्लेषण में वाक्-क्रिया पर ध्यान केन्द्रित करने की आवश्यकता नहीं, उसे तो हर वाक्-क्रिया से संबंधित होना ही है। अब हम **वचन-कर्म की क्रिया** (Illocutionary Act) तथा **प्रभावी कर्म की क्रिया** (Perlocutionary Act) पर विचार करें।

वस्तुतः वाक्शैली-क्रिया में जब **संबोधी क्रिया** अथवा **पक्षपदी क्रिया** सम्पादित होती है, तो किसी एक भाषा में उसके नियमों के अनुरूप कुछ ऐसा व्यक्त होता है जिससे कुछ अर्थबोध (sense) होता है, तथा कुछ निर्देश मिलता है (reference)। किन्तु ऐसा करने में ही कुछ वचन-कर्म की क्रिया संपादित हो जाती है। हम वाक्-शैली का उपयोग जिस प्रकार करते हैं वही उस उपयोग के **वचन-कर्म** (Illocution) को निर्धारित कर देता है। उसी से यह तय होता है कि उसमें हम **आदेश** दे रहे हैं, या प्रश्न पूछ रहे हैं, कोई सूचना दे रहे हैं या चेतावनी दे रहे हैं, आदि आदि। ऑस्टीन ने निम्नलिखित उदाहरण लेकर इसे स्पष्ट कर दिया है[1]—

कौन-सी वचन-कर्म क्रिया (Illocutionary Act) संपादित हुई—यह जानने के लिए हमें यह देखना होगा कि वाक्-शैली (Locution) का उपयोग किस रूप में हुआ है—

प्रश्न पूछने के लिए या उत्तर देने के लिए

कुछ सूचना या आश्वासन या चेतावनी देने के लिए

कोई निर्णय या अभिप्राय व्यक्त करने के लिए

कोई वाक्य उद्घोषित करने के लिए

कोई नियुक्ति या अपील या आलोचना करने के लिए

किसी को पहचानने के लिए या कोई विवरण देने के लिए तथा इस प्रकार के अनेक अन्य कार्य करने के संबंध में।

ऑस्टीन का कहना है कि ऐसे **असंख्य** उदाहरण दिये जा सकते हैं, किन्तु हर उदाहरण में वाक्-शैली की क्रिया में कुछ कहने में इसी प्रकार के कर्म संपादित हो रहे हैं। यह मात्र

1. 'How to do things with words—p. 98.

अर्थबोध नहीं है—यहाँ इन वचन-कर्मों से कुछ विशेष क्रिया संपादित हो रही है। इस प्रकार की क्रियाओं में कुछ का उदाहरण ऊपर दिया गया है। अर्थात् वाक्-शैली में बचन-कर्म की कुछ शक्ति (Illocutionary force) होती है, तथा **वाक्-क्रिया** के विश्लेषण में उन शक्तियों का विशेष महत्त्व है। एक ही वाक्-शैली से 'सलाह देने' की क्रिया भी संपादित हो सकती है, या 'चेतावनी देने' की क्रिया, या मात्र 'सूचना देने की क्रिया संपादित हो सकती है, तथा तीनों में वाक्-शैली का विश्लेषण भिन्न-भिन्न हो जाता है। इसी कारण ऑस्टीन के लिए वचन-कर्म की क्रिया बड़ा ही महत्त्वपूर्ण है।

ऑस्टीन का विश्वास है कि दार्शनिक चिन्तन की परम्परा अपना ध्यान मात्र वाक्-शैली (locution) पर इस प्रकार केन्द्रित करती रही है कि बचन-कर्म (Illocution) सदा ही उपेक्षित रहा है। उस ओर विचारकों ने ध्यान ही नहीं दिया है। इसी कारण भाषीय विश्लेषण में बहुधा **विवरणात्मक दोष**(Descriptive Fallacy)उजागर होता रहा है—क्योंकि हम वाक्-शैली के विश्लेषण के आधार पर वचन कर्म (Illocution) के विषय में भी निष्कर्ष स्थापित करने की चेष्टा करते रहे हैं। किन्तु उन्हें इस बात की प्रसन्नता है कि अनौपचारिक विश्लेषण के महत्त्व का अवबोध कम से कम इतना तो स्पष्ट ही कर देता है कि वाक्-शैली के विश्लेषण के लिए उसका**संदर्भ**तथा **प्रसंग** प्रासंगिक ही नहीं, महत्त्वपूर्ण है। वाक्-शैली की व्याख्या के लिए जिस संदर्भ में किसी वाक्-शैली का प्रयोग होता है, वह प्रसंग बड़ा ही महत्त्वपूर्ण है। किसी भी शब्द या वाक्य का **प्रयोग** वाक्-शैली की दृष्टि से एक प्रकार का है, तो वचनकर्म की दृष्टि से दूसरे प्रकार का। **संदर्भ** तथा **प्रसंग** उक्तियों अथवा कथनों के वचनकर्म शक्ति(Illocutionary force)को स्पष्ट करने में अपना योगदान देते हैं।

इन दोनों के अतिरिक्त एक तीसरे प्रकार की वाक्-क्रिया (Speech Act) का उल्लेख भी ऑस्टीन ने किया है। उनका कहना है कि कुछ वाक्-शैली-प्रयोग इस प्रकार के होते हैं कि उनमें कुछ वचनकर्म तो संपादित होते ही है, उनसे कुछ प्रभावी कर्म भी संपादित हो जाते हैं। उदाहरणतः हम कुछ कह कर **सलाह देने** का वचनकर्म, अथवा **चेतावनी देने** का वचन कर्म संपादित करते हैं, किन्तु उसी से सुननेवाले की भावना या उसके विचार एवं कर्म पर कुछ प्रभाव भी पड़ता है। बहुधा हम इस प्रकार का प्रभाव उत्पन्न करने के अभिप्राय से सलाह या चेतावनी देते हैं, कभी-कभी हमारे आने-अन्जाने भी हमारी सलाह या चेतावनी का इस प्रकार का **प्रभाव** हो जाता है। तो वाक्-क्रिया में संपादित इस तीसरे ढंग की क्रिया को ऑस्टीन **प्रभावी कर्म की क्रिया** या **प्रभावी कर्म** (Perlocutionary Act or Perlocution) कहते हैं।

हम एक ही प्रकार की वाक्-क्रिया में तीनों का उदाहरण लेकर इसे समझने का प्रयत्न करें—

1. **वाक्-शैली** (locution) में व्यक्त इस उक्ति को देखें—

उसने मुझसे कहा, 'तुम ऐसा नहीं कर सकते'। इसमें **वचन-कर्म** (Illocution) इस रूप में संपादित हुआ—उसने मेरे इस कर्म के विरुद्ध प्रतिवाद व्यक्त किया इसमें **प्रभावी कर्म** (Perlocution) इस रूप में सम्पादित हुंआ—उसने हमे डाँटा—हमे रोका।

2. उसी प्रकार हम इस उदाहरण को देखें—

वाक्-शैली की क्रिया (locution) इस प्रकार व्यक्त हुई—उसने मुझसे कहा, 'उस

पर गोली चलाओ' इसमें **वचन कर्म** (Illocution) इस प्रकार **संपादित हुआ—उसने मुझे** उस पर गोली चलाने के लिए कहा (आदेश दिया या सलाह **दिया) इसमें प्रभावी कर्म** (Perlocution) इस प्रकार संपादित हुआ—उसने मुझे उस पर **गोली चलाने** के लिए राजी कर लिया।

इनके भेद की स्पष्टतया समझ लेने के लिए कुछ विशेष **बातों पर ध्यान रखना अनिवार्य** है। ऑस्टीन ने उन बातों का उल्लेख अपने ढंग से किया है—

(1) हमने देखा है कि वाक्-शैली (locution) में **अर्थ-बोध** (meaning) पर ध्यान केन्द्रित रहता है। किन्तु, इसके कारण हम **प्रयोग** (use) को भी **अर्थ के अन्तर्गत ले आते** हैं। 'अर्थ' तथा 'प्रयोग' की यह मिलावट **वचन कर्म** (**Illocution**) **से ध्यान** हटा लेता है, फलतः हम संदर्भ से अलग हो अर्थ निर्धारित करने **लगते हैं, और अर्थ का अनर्थ** हो जाता है।

(2) प्रयोग (use) पर ध्यान केन्द्रित करने से भी एक प्रकार का व्यामिश्र उत्पन्न होने की संभावना उत्पन्न हो जा सकती है, हम **वचन कर्म** (Illocution) तथा प्रभावी कर्म (Perlocution) के अंतर की उपेक्षा कर दे सकते हैं। उदाहरणतः 'तर्क करना', 'चेतावनी देना' वचन कर्म है। हमें ऐसा प्रतीत हो सकता है कि 'डराना' 'धमकाना' 'राजी कराना' भी उसी प्रकार का कर्म है। किन्तु नहीं, दूसरे प्रकार के **उदाहरण 'प्रभावी कर्म' के उदाहरण** हैं, वचन कर्म के नहीं। उदाहरणतः चेतावनी देने का कर्म **वचन कर्म है, यह 'प्रभाव'** नहीं है। हो सकता है कि 'चेतावनी देने' का **प्रभाव** सुनने वाले पर 'डराने' या '**धमकाने**' का हो जाय। अतः 'डराना', 'धमकाना' प्रभावी कर्म है।

(3) ऑस्टीन कहते हैं कि इन तीनों प्रकार की वाक्-क्रियाओं में '**प्रयत्न**' (**attempt**) तथा '**उपलब्धि**' (achievement) का अंतर करना उपयोगी है। ये तीनों क्रियायें हैं, क्रियाओं का कुछ परिणाम होता है। परिणाम 'पूर्व निर्धारित' भी हो सकते हैं, या अनजानें-अनायास उत्पन्न हो जा सकते हैं। जैसे, कोई वक्ता अपने भाषण से एक विशेष प्रकार का प्रभाव उत्पन्न करना चाहता है, किन्तु वैसा हो नहीं पाता। या कभी-कभी वह जो नहीं चाहता है, वह हो जाता है। अतः वाक्-क्रिया के विश्लेषण में यह **भी स्पष्ट कर लेना एक प्रकार से** अनिवार्य हो जाता है कि किसी **वाक्-क्रिया** में क्या करने का **प्रयत्न** (attempt) था, तथा वस्तुतः उस वाक्-क्रिया की क्या उपलब्धि हुई।

इस प्रकार हम देखते हैं कि वाक्-क्रिया (Speech Act) **के विश्लेषण में ऑस्टीन** एक प्रकार से **वचन कर्म** (Illocution) को केन्द्रीय स्थान दे **देते हैं। कथनों की संपादनसूचकता** (Performative Character) वचन कर्म में स्पष्टतया व्यक्त होती है। वाक्-शैली तो हर वाक्-क्रिया की हो ही जाती है, इसमें जो संपादित होता है वह **वचन कर्म क्रिया है**, तथा इसी वचन कर्म संपादन में जो प्रभाव उत्पन्न होता है, **वह प्रभावी कर्म** क्रिया है। इस प्रकार वचन कर्म क्रिया (Illocutionay Act) की केन्द्रीयता **स्पष्ट हो जाती है। यही कारण है कि** **वाक्-क्रिया** (Speech Act) के विश्लेषण में ऑस्टीन **सबसे अधिक** वचन कर्म(**Illocution**) की ही विवेचना करते हैं।

फलतः ऑस्टीन के लिए**वाक्-क्रिया** (Speech Act) के लिए सबसे महत्त्वपूर्ण उनकी **वचन कर्म शक्ति** (Illocutionry Force) है। इन्हीं शक्तियों के द्वारा वाक्-क्रिया का **क्रिया-रूप** स्पष्ट होता है। प्रश्न है कि वाक्-क्रिया की **इस वचन कर्म शक्ति** को पहचाना

कैसे जा सकता है। क्या कोई ऐसा ढंग है जिससे वाक्-क्रिया की वचन कर्म शक्ति के निर्धारण में सुगमता हो?

ऑस्टीन को अवगति है कि इसका **पूर्णतया निश्चित** ढंग तो तय नहीं किया जा सकता, किन्तु सामान्य ढंग से इनकी पहचान के कुछ ढंग भी बताये जा सकते हैं। अब हम उन्हीं ढंगों का संक्षिप्त विवरण प्रस्तुत करेंगे।

(घ) वचन कर्म शक्ति (*Illocutionary Force*) की पहचान : पाँच क्रिया-रूपों के द्वारा

संपादनसूचकता (Performatives) के **विवेचन** में भी यह प्रश्न उठाया गया था कि यह कैसे पता चलेगा कि कौन सा कथन संपादनसूचक है, इस संदर्भ में कहा गया था कि ऑस्टीन का कहना है कि इनके लिए एक सुगम ढंग यह हो सकता है कि हम **क्रिया-रूपों** (Verbs) के उन रूपों को निर्धारित कर लें जो **स्पष्टतया संपादनसूचक** (Explicit Performative Verbs) है। उसी प्रकार वाक्-क्रिया (Speech Act) के विवेचन से भी यह स्पष्ट हो जाता है कि वाक्-क्रियाओं में सबसे महत्त्वपूर्ण उनकी **वचन कर्म शक्ति** (Illocutionary Force) है। यहाँ भी ऑस्टीन का कहना है कि वाक्-क्रिया की वचन कर्म शक्ति की पहचान का एक सुगम ढंग निर्धारित किया जा सकता है। वह ढंग है कि वाक्-क्रिया के क्रिया-रूपों को पकड़ने की चेष्टा करें। उनका कहना है कि कुछ **क्रियाएँ** (Verbs) ऐसी हैं जिन्हें देखकर उस वचन कर्म की शक्ति की पहचान हो जाती है। ऑस्टीन ने वैसे **क्रिया रूपों** (Verbis) को अपना नाम दे दे कर स्पष्ट किया है। उनका यह नहीं कहना कि मात्र इन्हीं क्रियाओं से वाक्-क्रिया में निहित वचन कर्म-शक्ति स्पष्ट होती है। उनका कहना है कि ये **स्पष्टतया** वाक्-क्रिया में निहित वचन कर्म-शक्ति (Illocutionary Force) को प्रकाश में ले आते हैं। ऐसी **पाँच** प्रकार की उक्तियों का उन्होंने उल्लेख किया है—

(क) अधिनिर्णयात्मक (Verdictives)

(ख) अनुष्ठान सूचक (Exercitives)

(ग) उपार्पित (Commissives)

(घ) आचरण सूचक (Behabitives)

(ङ) निवृत्ति सूचक अथवा वर्णनात्मक (Expositives)

अधिनिर्णयात्मक (Verdictives) कोई निश्चय या निर्णय को सूचित करनेवाली क्रिया हैं। अनुष्ठान सूचक क्रियायें (Exercitives) यह सूचित करते हैं कि कुछ हुआ है—कोई अनुष्ठान है जिसमें किसी शक्ति या प्रभाव का उपयोग हुआ है। **उपार्पित** क्रियाओं (Commissives) से कोई अभिप्राय या प्रतिबद्धता सूचित होती है। आचरण-सूचक क्रियाओं (Behabitives) से विशेष ढंग की मनोवृत्ति व्यक्त होती हैं—स्वभाव व्यक्त होता है। निवृत्ति सूचक अथवा वर्णनात्मक क्रियाओं से सूचनायें, युक्तियाँ तर्क आदि स्पष्ट होते हैं।

ऑस्टीन ने उदाहरण ले-ले कर इन सबों की बड़े यत्न से स्पष्ट किया है, बल्कि उदाहरणों के द्वारा एक की दूसरे से भिन्नता को भी अनेक प्रकार से स्पष्ट किया है। उन सभी उदाहरणों का विशद् विवेचन तो यहाँ संभव नहीं है, हम संक्षेप में उन **पाँचों** क्रियाओं के स्वरूप को स्पष्ट करने का प्रयत्न करें।

अधिनिर्णयात्मक क्रियाओं के उदाहरणस्वरूप उन क्रियाओं को बताया जा सकता

है जहाँ कुछ निर्णय लिया गया हो, कोई निश्चय किया गया हो, पक्ष विपक्ष में एक निर्णयात्मक उक्ति दी गयी हों। इसके अन्तर्गत उस प्रकार के निर्णय आयेंगे जो एक न्यायालय का अधिकारी जज, खेल का अम्पायर आदि देते हैं। ऐसा नहीं है कि इससे जो सूचित होता है वह पूर्णतया अंतिम निर्णय हो। इसी प्रकार की क्रिया वहाँ भी संपादित होती है जहाँ सामान्य ढंग से अपनी जानकारी के अनुसार हम कोई निर्णय देते हैं। उदाहरणतः किसी क्रिकेट के मैच में अम्पायर किसी बल्लेबाज के 'आउट' होने का निर्णय लेता है। उस खेल में तो वह निर्णय अन्तिम है, किन्तु कोई जानकार दर्शक ध्यान से खेल देखता हुआ कहता है कि 'आउट नहीं था' तो यह भी अधिनिर्णात्मक क्रिया ही है। इन दोनों उदाहरणों में जो वाक् क्रिया हुई उसमें वचन-कर्म शक्ति निर्णयात्मक है, क्योंकि इस वाक्-क्रिया में एक निर्णय की क्रिया संपादित हो रही है।

अनुष्ठान-सूचक क्रियाओं की वचन-कर्म-शक्ति (Illocutionary Force) भिन्न है। आदेश देना, वोट देना, बहाली करना, चेतावनी देना, सलाह देना आदि में वचन कर्म की कुछ **'करने'** की शक्ति सूचित होती है। हम जब अपनी **शक्ति**, या **अधिकार** या **प्रभाव** को व्यक्त करने वाली वाक्-क्रिया करते हैं, तो उनकी शक्ति अनुष्ठान-सूचक है, क्योंकि इन सबों में हम अपनी कुछ शक्तियों को व्यक्त करनेवाली क्रिया का प्रयोग कर रहे हैं।

उपार्पित क्रियाएँ प्रतिबद्धता सूचित करती है। उदाहरणतः जब हम कोई 'वादा' करते हैं, कोई 'प्रतिज्ञा' करते हैं, तो इस वाक्-क्रिया से हम अपने को कुछ करने के लिए प्रतिबद्ध करते हैं, उसका दायित्व लेते हैं। स्पष्ट वादा अथवा स्पष्ट रूप में प्रतिबद्धता व्यक्त न भी करें, किन्तु किसी एक पक्ष का 'साथ लें', उसकी साधारण ढंग से तरफदारी करने की बात करें तो ऐसी वाक्-क्रिया की **शक्ति** भी **उपार्पित** ही होगी, क्योंकि वहाँ भी एक प्रकार से हम अपने पर दायित्व-भार ले रहे हैं, तथा उस अर्थ में प्रतिबद्ध हो रहे हैं। ऑस्टीन यह स्वीकारते हैं कि **अधिनिर्णायत्मक** तथा **अनुष्ठान सूचक** क्रियायें भी प्रतिबद्धता उत्पन्न कर सकती हैं, अतः उस दृष्टि से उनका संबंध किसी-किसी उदाहरण में उपार्पित क्रियाओं से हो जाता है।

आचरण सूचक क्रियाओं के अन्तर्गत अनेकों प्रकार की वाक्-क्रियायें आ सकती हैं क्योंकि आचरण का संबंध मनोवृत्ति से भी है तथा सामाजिक चाल चलन व्यवहार आदि से भी है। उदाहरणतः क्षमा मांगना, शाबासी देना, गाली देना, निन्दा करना, चुनौती देना, प्रशंसा करना—इन सबों में जो वाक्-क्रिया होती है उनकी वचन कर्म-शक्ति **आचरण सूचक** है।

वर्णनात्मक क्रियाओं को परिभाषित करना कठिन है इनका क्षेत्र बड़ा व्यापक है। किसी प्रकार के वर्णन की वाक्-क्रिया में यह शक्ति स्पष्ट होती है। हम एक दूसरे से वार्तालाप करते हैं, तर्क करते हैं, युक्तियाँ प्रस्तुत करते हैं। इन सभी प्रयत्नों में हमारी वाक्-क्रिया कुछ 'वर्णन' प्रस्तुत करती है—जो कहना चाहती है उसे दूसरे के समझ स्पष्ट रूप में प्रस्तुत करती है। वार्तालाप के मध्य हम कहते हैं, 'ठहरिये, मैं उत्तर देता हूँ' या 'मैं यह उदाहरण देता हूँ.....', 'मेरा यह तर्क है....', 'मेरी यह मान्यता है......', 'आपकी इस बात को ......स्वीकार करता हूँ' आदि-आदि। वस्तुतः ऐसी सभी कथनों की **वचन कर्म शक्ति** यही है कि इनमें कुछ वर्णन या निवृत्ति की चेष्टा है। इन क्रियाओं का क्षेत्र निश्चित करना सरल नहीं है, किन्तु ऊपर बताये उदाहरणों के आधार पर इनके विषय

में एक धारणा अवश्य बन जाती है कि इन वाक्-क्रियाओं की **वचन कर्म शक्ति** (Illocutionary) किस प्रकार की है।

इस प्रकार ऑस्टीन ने **उक्तियों** के इन पाँच वर्गों का उल्लेख किया है, जिससे कथनों की **वचन कर्म शक्ति** (Illocutionary Force) का पता लग जाता है। इन पाँच कथनों की क्रियायें पाँच प्रकार की हैं क्योंकि इनमें इन पाँच प्रकार के कर्म संपादित करने की शक्ति है। **वर्गीकरण** में उलझने का ऑस्टीन का एक विशेष कारण भी है। उन्हें लगता है कि दार्शनिक चिन्तन की परम्परा को **'सत्यता/असत्यता'** तथा **'तथ्य मूल्य'** पर आधृत चिन्तन से मुक्त करना अनिवार्य है। प्रायः सभी विचारक किसी न किसी रूप में इस मान्यता से जकड़े प्रतीत होते हैं कि हमारे सभी कथन या तो तथ्यात्मक हैं या फिर सत्य हैं या असत्य। ऑस्टीन के अनुसार कथनों को इसी प्रकार सीमाबद्ध करने के फलस्वरूप वैचारिक विसंगतियाँ उत्पन्न होती रही हैं। उससे मुक्त होने का एक स्पष्ट मार्ग यह है कि इस बात पर ध्यान दिया जाय कि विशेष कथन की **वचन कर्म शक्ति** (Illocutionary force) क्या है, उस कथन के कहने में किस प्रकार की क्रिया संपादित हो रही है। सभी कथनों की वचन-कर्म शक्तियों का निर्धारण तो एकबारगी होना संभव ही नहीं है, किन्तु ऑस्टीन के अनुसार इन पाँच वर्गों को समझ लेने से सामान्यतः---साधारणतः हमें जिन कथनों से संबंधित होना पड़ता है, उनकी**वचन कर्म शक्ति** (Illocutionary Force) स्पष्ट हो जाती है। यही इस वर्गीकरण की उपादेयता है।

दार्शनिक चिन्तन में इस प्रकार का विश्लेषण क्यों?

जिस प्रकार के विश्लेषण में ऑस्टीन उलझते रहे हैं उसके विषय में इस प्रकार की शंका का उठना स्वाभाविक है कि आखिर ऐसे विश्लेषण का दर्शन में क्या उपयोग है। वस्तुतः इस प्रकार के प्रश्न संपूर्ण विश्लेषणात्मक दर्शन के विरुद्ध उठाये गये हैं। इसे अनेक बार पूछा गया है कि ऐसे विश्लेषण से किस कार्य की सिद्धि हो रही है। विश्लेषण के उपकरण का प्रयोग अलग-अलग समस्याओं पर अलग-अलग ढंग से हो तो क्या यह मात्र दिमागी खेल जैसा नहीं है जिसमें केवल भाषा की सूक्ष्मताओं के आधार पर अन्तर्गत उलझनें उत्पन्न की जाती हैं, तथा पुनः उन्हें सुलझाने का प्रयत्न होता रहता है। ऐसा विश्लेषण क्यों---किस लिए?

इस प्रकार का प्रश्न तो पूर्ण विश्लेषणात्मक दर्शन के विरुद्ध ही उठा है, ऑस्टीन के विश्लेषण के विरुद्ध यह और सटीक बैठ जाता है, क्योंकि ऑस्टीन तो समस्या से जूझने के क्रम में भाषीय विविधतायें तथा भाषीय सूक्ष्मताओं का खेल-खेलने लग जाते हैं। विश्लेषणात्मक दर्शन की ओर से इस संशय का निराकरण अनेक रूपों में हो सकता है, किन्तु यहाँ हम मात्र ऑस्टीन के अपने मत का उल्लेख करेंगे। लगता है कि ऑस्टीन को यह अवगति थी, उनके चिन्तन के विरुद्ध इस प्रकार के प्रश्न उठाये जायेंगे। अतः अपने एक लेख 'Ifs and Cans' के अन्त में ऑस्टीन ने इस प्रकार की शंका का एक समाधान प्रस्तुत किया है।

उन्होंने दार्शनिक चिन्तन की प्रगति के क्रम का सिंहावलोकन करते हुए अपने मत को स्पष्ट करने का प्रयास किया है। उनका कहना है कि प्रारंभ से ही दर्शन अन्वेषण, जिज्ञासा, चिन्तन का केन्द्र रहा है। काल-क्रम में इससे अनेक शाखाएँ फूटती गयीं जो सब दर्शन से पृथक होते गये। इसी प्रकार गणित और बाद में भौतिकी दर्शन से पृथक हो गया। उसी प्रकार

हाल में दार्शनिक तथा गणितज्ञों के सम्मिलित प्रयास के **फलस्वरूप गणितीय तथा आकारिक** तर्कशास्त्र के विज्ञान का उद्भव हुआ—जो काल-क्रम में **दर्शन के क्षेत्र से प्रायः बाहर ही** चला गया। तो ऑस्टीन का कहना है कि दार्शनिक चिन्तन **में अनेक प्रकार के विचारकों** के योगदान के फलस्वरूप विचार की नयी शाखायें **उत्पन्न होती गयी हैं, जो दर्शन से स्वतंत्र** भी होती गयी हैं। उसी प्रकार ऑस्टीन का कहना है कि **अभी कुछ व्याकरणशास्त्री, भाषा-**शास्त्री तथा उनके ऐसे भाषा-दार्शनिक भाषा के क्षेत्र में मिलकर **भाषीय व्यवहारों तथा कथनों** के ढंगों पर विचार एवं विश्लेषण कर रहे हैं। उन्हें लगता **है कि संभवतः इस सम्मिलित** प्रयास के फलस्वरूप एक **व्यापक भाषा-विज्ञान** का **उद्भव हो हो जाय। यदि ऐसा हुआ** तो दर्शन के अन्तर्गत फूटी हुई एक और शाखा दर्शन से **स्वतंत्र हो जायगी। भाषा-विज्ञान** विचार की एक स्वतंत्र शाखा के रूप में शायद उभर सके। उनके **भाषा-दर्शन की उपयोगिता** इसी सम्मिलित प्रयास में है—उनके विश्लेषण की सार्थकता **इसी बात में हैं कि इस विश्लेषण** का योगदान एक समृद्ध एवं व्यापक भाषा-विज्ञान के विकास के **क्रम में है।**

वे स्वीकारते हैं कि यदि ऐसा **भाषा-विज्ञान** उभरा तो वह **दर्शन से उसी प्रकार स्वतंत्र** हो जायगा किस प्रकार गणित-भौतिकी आदि हो गये। पुनः **दर्शन को अपने एक अंग से** छुटकारा मिल जायेगा। उनके अनुसार यह दर्शन की **परिणति है, दर्शन का निषेध नहीं। वे** बड़े सुन्दर शब्दों में कहते हैं कि अपनी विधाओं से **अपने को इस प्रकार मुक्त करते रहने** की चेष्टा में दर्शन ऊपर उठता है। इस पूरी **बात का सारांश उनके निम्नलिखित शब्दों** से मिलता है—**"Is it nost possible that the next century may see the birth, through the joint labours of philosophers, grammarians and other students of language, of a true and comprehensive *Science of Language* ? Then we shall have rid ourselves of one more part of philosophy (there will still be plenty left) in the only way we ever can get rid of philosophy, by kicking it upstairs."**[1]

❑

1. *Austin*, Philosophical papers (paper on Ifs and Cans), p. 232.

अध्याय 11

एडमण्ड हुसर्रल (१८५९-१९३८) की फेनोमेनोलॉजी का एक संक्षिप्त परिचय

विषय-प्रवेश

फिनामिनालॉजी बीसवीं शताब्दी के एक प्रमुख दर्शन के रूप में प्रतिष्ठित हुआ है। इसका विकास यूरोपीय महादेश में, विशेषतः जर्मनी में हुआ। इस दर्शन की मौलिकता का इतना सबल प्रभाव पड़ा कि फेनोमेनोलॉजी एक वैचारिक दृष्टि के रूप में ज्ञान की विभिन्न शाखाओं में भी प्रवेश कर गया। समाजशास्त्र, मनोविज्ञान, राजनीति दर्शन, तथा विज्ञान में भी फिनामेनोलॉजकीय दृष्टि से विचार करने का ढंग उभर आया। दर्शन के क्षेत्र में तो यह विभिन्न रूपों में तथा विभिन्न दिशाओं में प्रभावशील सिद्ध हुआ। विशेषतः समाजदर्शन के क्षेत्र में तो फिनामेनोलॉजिकीय वैचारिक ढंग को बड़ी मान्यता मिली।

फिर भी फिनामेनोलॉजी के दर्शन को सँवारने तथा विकसित करने वाले विचारकों में अधिकतर बातों में मतैक्य नहीं है। वे सभी फिनामेनोलाजी के छाते के अन्तर्गत आ जाते हैं क्योंकि उन सबों ने फिनामेनोलॉजी का मूल आद्य दृष्टि को अपनाया है। उस मूल दृष्टि को सजाकर रूप देने वाले प्रथम विचारक एडमण्ड हुसर्रल हैं। इसी कारण उन्हें फेनोमेनोलॉजी का प्रणेता कहा जाता है। हुसर्रल ने देखा कि दार्शनिक चिन्तन का प्रचलित ढंग एक प्रकार से असफल है, क्योंकि वह जिस आधार पर टिका है वह चिन्तन का वास्तविक आधार ही नहीं। चिन्तन का वास्तविक आधार वही हो सकता है जिसे किसी अन्य आधार की अपेक्षा न हो, जिसे किसी अन्य पर झुकने की आवश्यकता न हो। अतः चिन्तन के वास्तविक आधार को **स्वतः सिद्ध** तथा **स्वतः प्रदत्त** होना आवश्यक है, अन्यथा सभी चिन्तन पूर्णतया कृत्रिम ही हो जायगा। तो, हुसर्रल का लक्ष्य है कि ऐसे स्वतः प्रदत्त तथा स्वतः सिद्ध आधार को ढूढ़ें, तथा इसके लिए उन्होंने एक उपयुक्त विधि का आविष्कार किया। इस प्रकार हुसर्रल के अनुसार ऐसे स्वतः सिद्ध आधार पर चिन्तन को बिठाने का प्रयास फेनोमेनोलॉजी की दृष्टि है, तथा उस आधार को पकड़ने का ढंग फिनामिनालॉजी की विधि है। यही कारण है कि फेनामेनोलॉजी को सामान्यतः फेनोमेनोलाजी की विधि के साथ एकरूप कर दिया जाता है, क्योंकि फेनोमेनालॉजी के अनुरूप चिन्तन का अर्थ हैं उस विधि का प्रयोग करना।

हम भी यहाँ मूलतः उस विधि की ही रूपरेखा को स्पष्ट करेंगे। हमारा अभिप्राय यहाँ फेनोमेनोलॉजी के अन्य विचारकों के विचारों को प्रस्तुत करना नहीं है। हम यहाँ केवल हुसर्रल के विचारों का ही विवरण देंगे। उस विवरण में मूलतः फेनोमेनोलॉजी के दार्शनिक चिन्तन की विधि ही स्पष्ट होगी। किन्तु हुसर्रल के विचार में प्रवेश करने के पहले फेनोमेनोलॉजी के स्वरूप एवं कार्यप्रणाली के विषय में एक प्रारंभिक जानकारी अनिवार्य है।

फेनोमेनोलॉजी क्या है?

प्रारंभ में ही फेनीमेनोलॉजी का एक **प्रारम्भिक** अबबोध हुसर्रल की फेनामेनोलॉजी को समझने में सहायक सिद्ध हो सकता है। इसकी स्पष्ट रूपरेखा तो हुसर्रल के विचारों के **विवरण के बाद ही उभरेगी। वैसे हुसर्रल ने कहा भी है कि 'फेनोमेनोलॉजी' को उससे अलग होकर-तटस्थ** दृष्टि से पकड़ने की चेष्टा इसकी विशिष्टताओं को समझने में असफल हो जायगी क्योंकि फेनोमेनोलॉजी को 'जानने' के लिए इसके साथ चलना अनिवार्य हो जाता है। इस दृष्टि से क्या स्पष्ट होता है उसका पूर्ण दर्शन तभी हो सकता है, जब इस दृष्टि के अनुरूप दृष्टि अपनायी जाय। किन्तु, उसके लिए भी एक प्रारम्भिक समझ उपयोगी सिद्ध हो सकती है।

वह उपयोगी इस कारण भी होगा क्योंकि दर्शन की परम्परा में 'फेनोमेना' शब्द का अपना एक साहचर्य अर्थ-उभरा हुआ हैं। उसी कारण 'फेनोमेनोलॉजी' शब्द के उच्चारण से ही मन में कुछ साहचर्य उत्पन्न हो जाता है। अतः स्पष्ट कर लेना अनिवार्य है कि 'फेनोमेनोलॉजी के दर्शन उस साहचर्य से सर्वथा पृथक है। 'फेनोमेनोलॉजी' फेनोमेनोलिज्म नहीं है। **'फैनोमेलिज्म' संवृत्तिवाद** है, उस अर्थ में **फैनोमेनोलॉजी को संवृत्तिशास्त्र** नहीं कह सकते। संवृत्तिवादी परम्परा में **संवृत्ति** तथा **तत्त्व** अथवा **दृश्यवस्तु** एवं 'अपने में वस्तु' (Thing-in itself) में भेद किया जाता है। कांट जैसे विचारकों ने इस प्रकार का भेद किया है। उनके अनुसार अपने में वस्तु 'कुछ' है, किन्तु जो ज्ञात होता है, जो दिखाई देता है, वह उससे भिन्न है। उसे ही इस प्रकार के विचारक **संवृत्ति** (Phenomenon) कहते हैं। अतः संवृत्तिवादी दृष्टि वह दृष्टि है जो संवृत्ति (Phenomenon)—इस प्रकार के फेनोमेनन के द्वारा जगत की तथा अनुभव की व्याख्या करता है। फेनोमेनालॉजी इस प्रकार का **संवृत्तिवाद** (Phenomenalisin) नहीं है। फेनोमेनोलॉजी का **'फैनोमेना'** किसी रूप में किसी प्रकार के तत्त्व या अपने में वस्तु (Thing-in-itself) से संबंधित नहीं है।

वस्तुतः इस प्रकार के व्यामिश्र के उत्पन्न होने का कारण 'फेनोमेना' शब्द का सरलार्थ है। ग्रींक शब्द 'Phainomenon' का अर्थ प्रतीति (appearance) भी है, तथा 'logos' भी। 'Logos' शब्द से भी अनेक अर्थ सूचित होते हैं। इसका अर्थ शब्द भी है, **शब्दतत्त्व** भी, तथा बौद्धिक अन्वेषण भी। अर्थात् **'फैनोमना'** से ऐसे **बौद्धिक भाव** अथवा **सारतत्त्व** सूचित होते हैं जो **प्रतीति** (appearance) हैं। **संवृत्तिवाद** (Phenomenailism) अब यह सोचकर अग्रसर होता है कि **प्रतीति** तो किसी की प्रतीति है। अतः उनके अनुसार **'फैनोमेना'** तत्त्व का प्रतीति रूप है। यह ठीक है कि कुछ संवृत्तिवादी विचारक ऐसे किसी **तत्त्व** का निरसन कर देते हैं, उसे नहीं स्वीकारते। किन्तु, उन्हें अस्वीकारने का आधार मात्र यही है कि ऐसे किसी तत्त्व या **अपने में वस्तु** को जानने या स्वीकारने का आधार उनके पास नहीं है। इतना तो है ही कि वे ऐसे किसी तत्त्व के विचार से अपने को मुक्त नहीं कर पाते, उसे अस्वीकारने के प्रयत्न में भी इस धारणा से ग्रसित रहते ही हैं कि **'फैनोमेना' किसी की प्रतीति हैं**, उसे जाने या न जाने।

फेनोमेनोलॉजी भी प्रतीति (appearance) का बौद्धिक अन्वेषण है, किन्तु यहाँ 'प्रतीति' शब्द के दूसरे अर्थ को केन्द्रीय बनाया गया है। **जो प्रतीत होता है वह प्रतीति है, अर्थात् जो अनुभव में आद्य रूप में ग्राह्य होता है बह प्रतीति है।** इसके आद्य रूप में मात्र **प्रदतत्ता** (givenness) है। वह प्रतीति कैसे हुई, वह किसकी प्रतीति है, यह सब

बाद के विचार हैं। जो अनुभव में साक्षात ढंग से—आद्यरूप में प्रदत्त होता है, वह इन सभी वैचारिक स्तरों से पहले की अवस्था है (Pre-reflective levèl)। फेनोमेनोलॉजी का **'फैनामेना'** वह **आद्यरूप में प्रदत्त** भाव है, तथा फेनोमेनोलॉजी उसी 'फेनामेना' का बौद्धिक अन्वेषण करना है। उसी कारण वह फैनोमेनोलॉजी है।

इस 'आद्यरूप में प्रदत्त भाव' का अन्वेषण किस प्रकार होगा? क्या इस प्रकार से प्रदत्त भाव का अन्वेषण वस्तुनिष्ठ ढंग से हो सकता है? क्या इसका अध्ययन मनोवैज्ञानिक ढंगों पर करना है? यह भाव तो चेतना को प्रदत्त होता है, तो यह चेतना में संरचित कैसे होता है? फेनोमेनोलाजी इन सभी संभव **संशयों का निराकरण** कर लेता है। उसका कहना है कि यह अन्वेषण मनोवैज्ञानिक ढंग से नहीं हो सकता। वह यह स्पष्ट करता है कि ये भाव चेतना में संरचित नहीं होते, **चेतना में प्रकट** होते हैं, चेतना उन्हें पकड़ती है।

अतः फेनोमेनोलॉजी का कहना है कि इस आद्य-भाव के अन्वेषण के लिए चेतना (Consciousness) पर ही ध्यान केन्द्रित करना है, क्योंकि चेतना में ही ये भाव स्पष्ट होंगे। **इस प्रकार फेनोमेनोलॉजी के अध्ययन की विषय वस्तु चेतना** (Consciousness) हैं—चेतना के विश्लेषण के द्वारा इन आद्य प्रदत्त भावों को पकड़ने की चेष्ठा फेनोमेनोलाजी है। इसी कारण इसका दावा है कि इस प्रकार पहली बार, इस रूप में चेतना (Consciousness) दार्शनिक अध्ययन का केन्द्र बनी।

इसका यह अर्थ नहीं कि फेनोमेनोलॉजी के अनुसार चेतना का अध्ययन सर्वथा उपेक्षित रहा है। ऐसा फेनोमेनोलॉजी नहीं कहता। वह स्वीकारता है कि दर्शन की परम्परा 'चेतना' के अध्ययन को महत्त्व तो देती रही हैं, किन्तु उनका अध्ययन कुछ दोषग्रस्त भावों पर आधारित रहा है। पहले तो किसी न किसी रूप में चेतना को एक तत्त्व (entity) या द्रव्य (Substance) के रूप में कल्पित किया जाता रहा। भोतिक तथा मानसिक तत्त्वों के द्वैत से दर्शन की परम्परा अपने को मुक्त नहीं कर पायी। इसके फलस्वरूप चेतना का हर प्रकार का अध्ययन—विश्लेषण इसे भौतिक जगत की पृष्ठभूमि में बिठा कर होता रहा। हाल में अतिवैज्ञानिकता के प्रभाव में चेतना की वैज्ञानिक एवं व्यवहारवादी व्याख्या प्रस्तुत की गयी जिसमें 'चेतना' को प्रायः लुप्त ही कर दिया गया क्योंकि वहाँ मात्र यही प्रयत्न होता रहा कि कैसे चेतना-संबंधी कथनों को व्यवहार-संबंधी कथनों में रूपान्तरित कर दिया जाय। कुछ मनोवैज्ञानिक तो चेतना की परिमाणमूलक (Quantitative) व्याख्या भी प्रस्तुत करने लगे।

फेनोमेनोलॉजी इस प्रकार से चेतना से अध्ययन का समर्थक नहीं है। बल्कि, उसका तो कहना है कि इसी प्रकार के अध्ययन के कारण दोनों प्रकार की व्याख्यायें चेतना-संबंधी कुछ तथ्यों की व्याख्या में पूर्णतया असमर्थ है।

अतः फेनोमेनोलॉजी के अनुसार 'चेतना' का जो अध्ययन हुआ है, वास्तविक अर्थ में चेतना का अध्ययन ही नहीं है। दर्शन की परम्परा तो 'चेतना' की विशिष्टता को पकड़ ही नहीं पायी, उसे भौतिक वस्तु के आलोक में समझने की चेष्ठा करती रही। और अतिवैज्ञानिकता के प्रभाव में विकसित दृष्टि भी चेतना को 'परिमाणमूलक' बनाने की चेष्टा करती रही।

यदि हम 'चेतना' के विशिष्ट रूप का अध्ययन करें, तो इन सभी विसंगतियों से मुक्ति मिल जायगी। बात यह है कि इन सभी विचारकों के द्वारा 'चेतना' को एक आत्मनिष्ठ अथवा विषयी परक (Subjective) तत्त्व समझा जाता रहा है, और उन्हें

कठिनाई यह होती है कि आत्मनिष्ठ तत्त्व का विषयनिष्ठ (Objective) अध्ययन कैसे हो—यह ये नहीं समझ पाते। फेनोमेनोलाजी यह स्वीकारता है कि **उसका लक्ष्य पूर्ण वस्तुनिष्ठता का आधार ढूढ़ना है, तथा इस आधार को वह आत्मनिष्ठ चेतना के विश्लेषण द्वारा ढूढ़ने का प्रयत्न करता है।** फेनोमेनोलॉजी की विशिष्ठता यह है कि इन दोनों में उसे कोई विरोध दिखाई नहीं देता, बल्कि वह तो **इसके लिए एक निश्चित विधि दे देता है।** वैसे तो इन सभी बातों का अवबोध हुसर्रल के विचारों के विवेचन के बाद ही होगा, किन्तु एक स्पष्टीकरण कर लेना यहाँ वांछनीय है।

फेनोमेनोलॉजी के अध्ययन का विषय है 'चेतना', उसका लक्ष्य है 'चेतना में आद्यरूप में प्रदत्त भावों को पकड़ना'। इस प्रकार आत्मनिष्ठ चेतना के विश्लेषण के द्वारा वस्तुनिष्ठ, आद्यरूप में प्रदत्त भावों को पकड़ने की चेष्टा करता है। वह ऐसा इस कारण कर पाता है क्योंकि उसने चेतना के विशिष्ट स्वरूप पर ही अपने विचार को स्थित किया है। 'चेतना' कोई तत्त्व नहीं है यह एक दिशा है। इसके दो पहलू हैं—यह कुछ ग्रहण करता है, तथा यह विषयोन्मुख है। हम आगे देखेंगे कि हुसर्रल पर, बल्कि उस अर्थ में फेनोमेनोलॉजी पर ही **ब्रेन्टानो के 'चेतना के विषयापेक्षी सिद्धान्त** (Intentional Theory of Conciousness) का प्रभाव है। इस सिद्धान्त के अनुसार चेतना को अनिवार्यतः किसी विषय की अपेक्षा होती है। चेतना की विषयोन्मुखता में ही उस विषय को पकड़ा जा सकता है। 'विषय' को पकड़ने के लिए चेतना से बाहर जाने की आवश्यकता नहीं है यदि चेतना के आद्यरूप (Primordeal form) का विश्लेषण हो तो उसी चेतना में उसका विषय स्पष्ट हो जायगा। वह विषय पूर्णतया वस्तुनिष्ठ होगा, क्योंकि किसी प्रकार की विकृति अभी उस पर अपना रंग नहीं चढा पायी है, वह विषय का वह रूप होगा जो आद्य अनुभूति में प्रदत्त हुआ है, तथा अपनी विषयनिष्ठता को तनिक भी खो नहीं पाया है। इस प्रकार से चेतना के विश्लेषण से वस्तुनिष्ठता की प्राप्ति हो सकती है, तथा फेनोमेनोलॉजी इसी हेतु अपने फेनोमेनोलॉजी की विधि का आविष्कार करता है।

हुसर्रल ने भी यही किंया है। बल्कि उपयुक्त यह कहना होगा कि इस प्रकार की 'फेनोमेनोलॉजकीय दृष्टि' को स्पष्ट कर एक निश्चित रूप देने वाला हुसर्रल ही है। अतः पुनः यह कह देना आवश्यक है कि फेनोमेनोलॉजी के स्वरूप की समझ हुसर्रल के विचारों के विवेचन के बाद ही स्पष्ट होगी। तब यह है कि इस प्रारम्भिक जानकारी उस समझ में सहायक सिद्ध हो सकती है।

इस स्थल पर केवल एक बात और कहनी है। यदि हम यह विचारें कि कैसे हुसर्रल या अन्य विचारकों को इस प्रकार की दृष्टि सार्थक प्रतीत हुई, तो हमें इसकी सार्थकता का आधार अपने साधारण जीवन में उपलब्ध हो जायगा। यदि हम विचारें तो देखेंगे कि जब भी हम किसी नयी बात को **समझते** हैं, या उसका **अर्थ-निरूपण** करते हैं, तो सदा हम वह **जैसा हमें प्रतीत होता है—जैसा हमें दिखाई देता है** उसी रूप में उसका **अर्थ-निरूपण** करते हैं। यदि कोई अन्य किसी बात की व्याख्या करता है, तथा किसी भाव को स्पष्ट करता है, तो हमारे अवबोध का आधार उन बातों की **हमारी** प्रतीति है। किसी लेखक ने कभी एक टिप्पणी की थी कि वस्तुतः सबसे बड़ा ज्ञानी-विद्वान, व्यक्ति स्वयं होता है, क्योंकि अन्य की विद्वता की सार्थकता भी इस बात पर निर्भर है कि उसे कैसे **प्रतीत** होते हैं, उनकी विद्वता उन्हें किस रूप में प्रदत्त होती है। अर्थ-निरूपण का यही

सामान्य ढंग है, शायद इसका अपवाद भी नही है। फेनोमेनोलाजी के विचारकों को इस बात में महत्त्वपूर्ण तथ्य दिखाई दिया। इसी आधार पर उन्होंने सोचा कि **वैयक्तिक चेतना** में ही **अर्थनिरूपण का आधार** ढूँढा जा सकता है। यदि उसका आद्यरूप पकड़ में आ जाय तो वह तो हर प्रकार के अर्थ-निरूपण का आधार होगा। अतः उन्होंने इस कार्य के लिए एक निश्चित विधि को ढूँढ़ने की चेष्टा की। यही कारण है कि उनके अनुसार इस विधि से जो **आद्य-रूप में प्रदत्त भाव** स्पष्ट होता है, वह अन्ततः एक **अर्थ (Meaning)** ही है। हमें देखेंगें कि **फैनोमेनो** का वह रूप जो इस विधि के प्रयोग के फलस्वरूप स्पष्ट होता है, वह इस दृष्टि से **अर्थ (Meaning)** ही है। अतः इस दृष्टि से कहा जा सकता है कि **चेतना के फैनोमेनोलॉजिकल अन्वेषण** से जो प्राप्त होता है वह **अर्थ** ही है। फेनोमेनोलॉजी एक प्रकार से एक **मूल अर्थों** की खोज है।

इन बातों को पूरी तरह स्पष्ट करने के लिए अब हम हुसर्रल के विचारों का विवेचना करें।

हुसर्रल के विचारों की भूमिका

हुसर्रल अपने प्रारम्भिक शिक्षा काल में ही नक्षत्र-शास्त्र तथा गणित में रुचि लेते थे। लिपजिग विद्यालय मे भी उनके अध्ययन का विषय गणित एवं विज्ञान था। किन्तु वहाँ वे उस समय के प्रसिद्ध मनोविज्ञान शास्त्री वूण्ड की कक्षा में भी जाते थे, तथा उस संपर्क से उनका परिचय मनोविज्ञान से भी हो गया। जब बाद में वे बर्लिन अध्ययन हेतु गये, तो वहाँ भी उनका विषय गणित ही था किन्तु वहाँ उनकी अभिरुचि तर्कशास्त्र एवं दर्शन के प्रति बढ़ी।

बाद में वे पुनः विएना वापस लौट गये तथा वहाँ वे उस समय के प्रमुख चिन्तक सेन्टानो के संपर्क में आये। इन विभिन्न प्रकार की जानकारी का स्पष्ट प्रभाव उनके दर्शन पर पड़ा है।

किन्तु इनके साथ-साथ कुछ अन्य विशिष्ट प्रभाव भी हैं जिनकी स्पष्ट छाप उनकी फेनोमेनोलॉजी पर है। बल्कि, कहा जाता है कि उनके चिन्तन काल के प्रथम चरण में उनका फिनमिनालॉजी पूर्णतया विकसित नहीं हुआ था। 1900-1901 में उनका **'लाजिकल इन्भेस्टीगेसन'** (Logische Untersuohugen)प्रकाशित हुआ था, इसमें उनकी फेनोमेनोलाजी विकसित नहीं हुयी थी। प्रथम स्तर में तो वे गणित दर्शन पर कार्य करते रहे, तथा गणित के क्षेत्र में भी एक 'गेस्टाल्ट' की खोज करने की चेष्टा में रहे। इस स्तर में वे मनोविज्ञान के प्रभाव से उभर नहीं पाये थे। इस स्तर में वस्तुतः उनकी फेनोमेनोलाजी **विवरणात्मक फैनोमेनोलाजी** है, तथा यहाँ वे चेतना के विषयापेक्षी **सिद्धान्त के आधार पर गणित तथा तर्कशास्त्र की मूल अवधारणाओं** का विश्लेषण करते रहे।

किन्तु उनकी फेनोमेनोलॉजी का वास्तविक रूप उनके बाद के ग्रन्थों (Ideas, Cartesian Meditations आदि) में स्पष्ट होता है। इसे समझने के लिए पहले हम उन प्रभावों से परिचित होना पड़ेगा जिनका इस विचार के उभरने में योगदान है।

एक प्रभाव तो ब्रेन्टानों के **विषयापेक्षी सिद्धान्त** (Theory of Intentionality) का है ही। इस प्रभाव से हुसर्रल कभी मुक्त नहीं हुए। इस सिद्धान्त के अनुसार चेतना एक दिशा है सर्वथा **विषयोन्मुख है**। अर्थात् चेतना को विषय की अपेक्षा होती ही है। 'चेतना रिक्त नहीं होती, विषयहीन नहीं होती। चेतना को जानने का अर्थ है इसकी विषयापेक्षी को

जाननां, इसकी विषयोन्मुखता को जानना। हम देखेंगे कि इसी सिद्धान्त के प्रभाव में हुसर्रल को एक आधार मिल जाता है चेतना के विश्लेषण में प्रदत्त विषय को ढूँढ़ लेने का। इसी सिद्धान्त के आलोक में वे चेतना के आत्मनिष्ट रूप तथा उसकी विषयनिष्ठता का विरोध समाप्त कर पाते हैं, क्योंकि उन्हें अब यह स्पष्ट हो जाता है कि चेतना का कार्य विषय को अर्जित करना नहीं है—जैसा कि कांट ने सोचा था। विषय तथा चेतना के द्वैत के कारण ही यह प्रश्न उठ जाता है कि चेतना को विषय किस प्रकार प्रदत्त होते हैं अथवा किस प्रकार चेतना के द्वारा विषय संरचित होते हैं। यदि चेतना एक गति है, तथा अनिवार्यतः इसे विषयापेक्षी रहती है, तो चेतना अपने में ही, अपने से ही विषय को व्यक्त कर सकती है, स्पष्ट कर सकती है। इस प्रकार हुसर्रल के लिए यह सिद्धान्त बड़ा ही उपयोगी सिद्ध हुआ है।

हुसर्रल के विचारों पर एक प्राथमिक प्रभाव ग्रीक वैचारिक दृष्टि की भी है। हुसर्रल ने कहा भी है कि उनका फेनोमेनोलॉजी का दर्शन वस्तुतः वही कर रहा है जो दर्शन की परम्परा प्रारम्भ से करती आ रही है—जिस लक्ष्य को प्लेटो जैसे दार्शनिकों ने स्थापित किया था। प्लेटो ने कहा था कि दर्शन का प्रारंभ 'आश्चर्य' (Wonder) में है। इसका अर्थ मात्र इतना ही है कुछ अनुभूतियों से जो अन्तर में विस्मय का उद्‌भव होता है; उसी के निदान के प्रयत्न में मनुष्य जीवन, आत्म, जगत के अर्थ निरूपण में रत हो जाता है, और यही दर्शन का प्रारंभ है। इसका अर्थ है कि ग्रीक दार्शनिकों के लिए 'दार्शनिक जिज्ञासा' का लक्ष्य कोई निश्चित कार्य सिद्धि नहीं है किसी उपयेागिता के लक्ष्य से यह अग्रसर नहीं होता। इसका लक्ष्य **शुद्ध सैद्धान्तिक** है, इसी कारण इसके निष्कर्षों में व्यापकता है। यदि यह किसी विशेष उपयोगी प्रयोजन के हेतु अग्रसर होता, तो उसकी सार्थकता वहीं तक सीमित हो जाती। **शुद्ध सैद्धान्तिकता** दर्शन की व्यापकता का, उसकी सार्वभौमता का आधार है। हुसर्रल ने ग्रीक दृष्टि के इस मूल भाव को समझा है, तथा इसी प्रभाव में उन्होंने भी अपनी फेनोमेनोलाजी को **शुद्ध सैद्धान्तिक-अन्वेषण** का रूप दिया।

हुसर्रल के समय एक दूसरी समस्या थी विधि की खोज की। उन्हें यह अवगति थी कि जिस प्रकार के सैद्धान्तिक अन्वेषण की वे अनुशंसा कर रहे हैं, उसके लिए एक विशिष्ट विधि का आविष्कार अनिवार्य है। इस स्थल पर वे डेकार्ट के ऋणी हैं। इस ऋण को उन्होंने स्वीकारा भी है। हम देखेंगे कि अपनी विधि की व्याख्या में हुसर्रल डेकार्ट का उल्लेख कर, उसकी विधि का सहारा लेकर अग्रसर होते हैं।

इन भावात्मक प्रभावों के अतिरिक्त परोक्ष रूप में, या निषेधात्मक रूप में उनके विचारों पर कांट के दर्शन का तथा बुद्धिवादी परम्परा के विचारों का भी प्रभाव है। अनुभव-अनुभूति को तो उन्होंने भी केन्द्रीय बनाया है। किन्तु यह पारस्परिक अनुभववाद के समान नहीं। इस कारण बुद्धिवाद के विरुद्ध उनकी वैसी आपत्ति नहीं है जैसी आपत्ति अनुभववाद में उठायी गयी है। उनकी आपत्ति मूलतः यही है कि बुद्धिवाद में दार्शनिक चिन्तन के सैद्धान्तिक पक्ष की उपेक्षा हुई है। इससे भी उन्हें अपने विचार की संरचना के लिए कुछ सामग्री मिल जाती है।

यह तो हुई 'प्रभावों' की बात। इस स्थल पर एक अन्य बात पर प्रकाश देना अनिवार्य है, क्योंकि वह एक प्रकार से हुसर्रल के लिए तत्कालीन प्रेरणा का स्रोत बन गया है। वह है **'उस समय की प्रचलित वैचारिक स्थिति'**।

हुसर्रल को उस समय के यूरोप में एक आपातस्थिति दिखाई दी। यह आपातस्थिति (crisis) उनकी संस्कृति में प्रवेश किया हुआ प्रतीत हुआ। उन्हें लगा कि उस समय के **यूरोप के मनुष्य के जीवन एवं अस्तित्व में उस प्रकार की आपातस्थिति घर कर गयी है।** उन्हें जीवन का आधार नहीं मिल रहा था, उनके लिए जीवन की अर्थपूर्णता ही समाप्त सी हो गयी थी। उनका जीवन 'संशय' का जीवन हो गया, कोई लक्ष्य, कोई मूल्य उन्हें बाँध नहीं पा रहा था। पूर्ण **सापेक्षतावाद** (Relativism) तथा **अर्थहीन संशयवाद** (Sceptisism) उनके जीवन में प्रवेश कर गया था।

हुसर्रल को प्रतीत हुआ कि इस सांस्कृतिक एवं अस्तित्वमूलक आपातस्थिति का कारण एक **वैचारिक आपातस्थिति** (Theoretical crisis) थी। उन्होंने ऐतिहासिक विवेचन के आधार पर यह दिखाया कि कैसे यह वैचारिक आपातस्थिति का उद्‌भव हुआ। **अतिवैज्ञानिकता तथा वैज्ञानिक भाववाद** (Scientific Positivism) का तो योगदान इस प्रकार की वैचारिक आपातस्थिति पर स्पष्ट ही है। संशयवाद तथा सापेक्षतावाद इसकी देन है। एक प्रकार से कांट, हेगेल तथा बुद्धिवादी परंपरा के विचार भी परोक्ष रूप में इस आपातस्थिति को लाने में सहायक सिद्ध हैं। विचार यदि अपने आद्यरूप से विमुख हो जाय तो यह विचार का उन्मूलन है। पाश्चात्य दर्शन की परम्परा ने पाश्चात्य दर्शन को ही अपने जड़ से अलग कर दिया, इसके स्वाभाविक एवं वास्तविक उद्देश्यों की सिद्धि के स्थान पर इन लोगों ने भी विचार में कृत्रिमता भर दी। हुसर्रल के अनुसार यह वैचारिक आपात्तस्थिति ही वर्त्तमान यूरोपीय अस्तित्वमूलक आपातस्थिति का कारण है। अतः इस आपातस्थिति से मुक्ति पाने के लिए विचार को पुनः अपने मूल स्थान पर स्थापित करना अनिवार्य है।

अतः हुसर्रल का एक अन्य कौपरनीकन वैचारिक क्रान्ति की आवश्यकता प्रतीत हुई। उस वैचारिक क्रान्ति का मूल लक्ष्य बस इतना ही है कि जो उपेक्षित रहा है, उसे नये परिवेश में पुनः प्रतिष्ठित किया जाय। क्या उपेक्षित रहा है? हुसर्रल का कहना है कि उपेक्षित रही है वह मूल दार्शनिक दृष्टि जिसे ग्रीक मानस ने समझा था। वह एक सैद्धान्तिक अन्वेषण की दृष्टि थी, वहाँ एक सैद्धान्तिक खोज की उत्कंठा थी, जानने की— अवबोध की आकांक्षा थी, और एक आस्था थी, विश्वास था, निश्चयता में। उन्हें यह आस्था थी कि इस सैद्धान्तिक अन्वेषण से निश्चयता(certainty)की उपलब्धि होगी। उन्हें यह विश्वास था कि संशयवादी एवं सापेक्षतावादी प्रवृत्तियों से ऊपर उठ कर निश्चयता की प्राप्ति की जा सकती है। तो हुसर्रल ने भी विचारा कि वे नये परिवेश में उस पुरानी दृष्टि को पुनः प्रतिष्ठित करें, वे पुनः एक ऐसा सैद्धान्तिक अन्वेषण प्रारम्भ करें जो स्वतःसिद्ध निश्चयता की स्थापना कर सके। उन्हें विश्वास है कि इस सैद्धान्तिक खोज से सभी प्रकार के विचार, ज्ञान, विज्ञान को पुनः एक ठोस निश्चित एवं स्वतःसिद्ध आधार मिल जायगा। हुसर्रल के लिए उनकी फेनोमेनोलाजी इस प्रकार की एक वैचारिक क्रान्ति ही है।

हुसर्रल की फेनोमेनोलाजी का सामान्य स्वरूप एवं लक्ष्य

एक प्रकार से हुसर्रल की फेनोमेनोलाजी की मूल प्रेरणा का उल्लेख हो चुका है। ग्रीक दार्शनिकों के अनुसार उन्हें भी यह विश्वास है कि दार्शनिक खोज एक सैद्धान्तिक खोज है, जिससे 'निश्चयता' की प्राप्ति हो सकती है। वे यह स्वीकारते हैं कि इस प्रकार की वस्तुनिष्ठ निश्चयता की खोज '**चेतना**' (consciousness) के विश्लेषण के द्वारा-चेतना में ही की जा सकती है। इस प्रकार उनका लक्ष्य दर्शन को एक ऐसा स्वतंत्र वैचारिक ढंग

के रूप में प्रतिष्ठित करना है, जिससे वह सभी ज्ञान-विज्ञान के अन्तिम आधार के रूप में उभरे। उनका लक्ष्य है चेतना के दार्शनिक विश्लेषण के आधार पर ऐसे **स्वत:सिद्ध, वस्तुनिष्ठ सारभाव** (essence) को ढूँढ़ ले जो हर प्रकार के ज्ञान-विज्ञान का आधार हो।

इस प्रकार हम देखेंगे कि हुसर्रल के अनुसार जगत अथवा जगत के अनुभव की समस्यात्मकता उस प्रकार की नहीं है जिस प्रकार का हाल के पाश्चात्य दार्शनिक समझते रहे हैं। यह मात्र प्रकृति की प्रकृतिवादी व्याख्या की समस्या नहीं है, यह भौतिक तथा अभौतिक के समन्वय तथा उनकी सम्मिलित व्याख्या का प्रश्न नहीं हैं। हमें इन समस्याओं के प्रति अपने दृष्टिकोण को बदलना अनिवार्य है। इन सभी प्रकार के ढंगों में कुछ न कुछ पहले से माना हुआ होता है। कुछ नहीं तो इन व्याख्यों को प्रस्तुत करने में इतना तो हम पहले से माने हुए रहते हैं कि कुछ 'भौतिक वस्तुयें' है तथा 'कुछ व्यक्ति' हैं। हुसर्रल इन सबों के अनुभवों का निषेध नहीं कर रहे, उनका कहना है कि हमारी सभी व्याख्यायें इन अनुभवों में भी कुछ पहले से स्वीकार कर चुकी होती हैं। इस दृष्टि को छोड़ना उनके अनुसार अनिवार्य है। तो उनके अनुसार यदि **अनुभव** या **अनुभूति** मूल है, तो सारी व्याख्याओं का आधार इसी में उपलब्ध होगा, इससे बाहर होकर कुछ पहले से मान लेना चिन्तन को विकृत कर ही देगा। अतः हुसर्रल की मूल दृष्टि है कि **हम** यह देखें कि अनुभव में क्या प्रदत्त हुआ है, वह भी इस अभिप्राय से कि हम यह जान पाये कि अनुभव की **आद्य प्रदत्तता** (Primordeal Presentation) क्या है। बात यह है कि अनुभव जिस रूप में सामान्यतः प्राप्त होता है, उसमें मानसिक स्थितियों के प्रभाव तथा अन्य विकार पहले से जुटे हुए होते हैं। वे सब अनुभव के आंद्य प्रदत्त रूप में नहीं आते, बल्कि अलग से उनमें जुट गये हैं। अतः उनका लक्ष्य है इन सभी विचारों से मुक्त अपने शुद्ध प्रदत्त रूप में अनुभव को जान पाये। आद्य रूप में शुद्ध प्रदत्त अनुभव-भाव होने के कारण ऐसा भाव पूर्णतया वस्तुनिष्ठ तथा स्वतःसिद्ध होगा, और तब ऐसे भावों के आधार पर ज्ञान-विज्ञान की संरचनायें भी सार्थक होंगी।

इन बातों की पूर्ण समझ तो फेनोमेनोलाजी के पूर्ण विवरण—मूलतः हुसर्रल की विधि की विवेचना के बाद ही होगी, किन्तु हम यहाँ हुसर्रल के मूल तत्त्व का कुछ और स्पष्टीकरण कर सकते हैं।

इसके संदर्भ में एक बात स्मरण रखनी है। हुसर्रल के वैचारिक विकास में जो 'स्तर' दिखाई देते हैं, उनके क्रमिक विवेचन से हुसर्रल का लक्ष्य स्पष्ट नहीं होता, बल्कि बाद की कुछ रचनाओं के आधार पर उनके कुछ प्रारम्भिक विचारों को भी स्पष्ट किया जा सकता है।

फिर भी उनके सभी लेखों में एक मूल दृष्टि है—वह सदा ही **मूल-आधार** (Foundations) की बात करते रहे। उन्होंने प्रारंभ में गणित के मूल आधार का प्रश्न उठाया तथा उस संदर्भ में वे तर्कशास्त्रीय मीमांसा में उलझे। तर्कशास्त्र से वे सामान्य ज्ञानमीमांसा का मूल आधारों के प्रश्न पर पहुँच गये, तथा उसी संदर्भ में विज्ञान एवं दर्शन के मूल आधारों का प्रश्न उठा दिया। अपनी पुस्तक 'Cartesian Meditation' में वे विज्ञान के मूल आधारों को स्थापित करने के लिए विकल प्रतीत होते हैं।

इसी संदर्भ में उन्होंने विज्ञान के संबंध में एक बड़े महत्त्वपूर्ण तथ्य पर प्रकाश दिया—जो उनके दार्शनिक चिन्तन का मूल आधार बन गया। उन्होंने कहा कि विज्ञान की

वैज्ञानिकता उनकी **निश्चयता** अथवा **अनिवार्यता** अथवा **सार्वभौमता** से निर्धारित नहीं होती, क्योंकि वैज्ञानिक निष्कर्ष तो प्रायः सदा ही तात्कालिक एवं सामयिक होते हैं, उनमें पूर्ण निश्चयता नहीं होती—उनके प्रमुख निष्कर्षों के संबंध में भी मात्र इतना ही कहा जा सकता है कि उनमें निश्चयता की मात्रा अत्यधिक है। अतः विज्ञान की वैज्ञानिकता का आधार निश्चयता नहीं है—बल्कि **पूर्ण वस्तुनिष्ठता** (objectivity) है। वैज्ञानिकता की पहचान उनकी इसी वस्तुनिष्ठता से होती है, विज्ञान का लक्ष्य **पूर्णतया वस्तुनिष्ठ अन्वेषण** है।

तो विज्ञान के मूल आधार को ढूँढ़ने में इस केन्द्रीय तथ्य पर ध्यान रखना अनिवार्य है। इसी कारण हुसर्रल कहते हैं कि इस प्रकार का मूल आधार को पूर्णतया वस्तुनिष्ठ होना ही है। उन्हें लगता है कि इस प्रकार की **वस्तुनिष्ठता** तो तभी उपलब्ध हो सकती है, जब हर प्रकार की विकृति को पार कर अनुभव के उस अंश को पकड़ने की चेष्टा हो जो अनुभव का प्राथमिक रूप है—वह अवस्था हो जब अनुभव किसी प्रकार के विकार से अछूता रहा हो। यही तो अनुभव का मूल प्रदत्त रूप होगा, तथा यहाँ तक पहुँचने के लिए हुसर्रल एक विधि देते हैं, जो फेनोमेनोलॉजी की विधि है।

और यह विधि है चेतना **में**—चेतना के माध्यम से उस वस्तुनिष्ठ सारभाव (essence) को पकड़ने की विधि। इसके लिए हुसर्रल चेतना का विश्लेषण करते हैं। किन्तु उनका यह फेनोमेनोलाजिकल विश्लेषण—मनोवैज्ञानिक विश्लेषण तथा तार्किक विश्लेषण दोनों से भिन्न हैं। मनोवैज्ञानिक चेतना को एक मनःस्थिति मान कर उसका अध्ययन करता है, अतः वह उस स्थिति की कल्पना करता है जब चेतना होती है, तथा यह देखता है कि उस स्थिति में मन में या शरीर म क्या होता रहता है। हुसर्रल इस प्रकार का विश्लेषण नहीं करते। पुनः तार्किक विश्लेषण मे भी हम चेतना-संबंधी सत्य-असत्य निर्णयों का विश्लेषण करते हैं। हुसर्रल ऐसा भी नही करते। उनका फेनोमेनोलॉजिकल विश्लेषण कुछ अर्थों में गणिती विश्लेषण के समान **शुद्ध सैद्धान्तिक** विश्लेषण है, जो अपने विश्लेषण में तथ्यों का हवाला दे देकर विश्लेषण नहीं करता—बल्कि शुद्ध वैचारिक स्तर पर चेतना के भाव का सैद्धान्तिक विश्लेषण करता है। वस्तुतः इस विश्लेषण में वह यह जानना चाहता है कि जब हमें चेतना होती है, तो **किस प्रकार का अर्थबोध होता है**। उस समय हुसर्रल के अनुसार हम पहले से न किसी वस्तु को स्वीकारते हैं, न यही सोचते हैं कि चेतन आत्म क्या है। इन सभी विश्वासों से हम अस्थायी रूप में अपने को **असंबंधित** कर मात्र यह जानना चाहते हैं कि कौन-सा भाव **अर्थवान** हुआ है। इस भाव को न तो वह किसी मानसिक स्थिति के रूप में समझता है न किसी मनोवैज्ञानिक तत्त्व के रूप में, बल्कि चेतना के **अभिप्रेत विषय** (Intentional object) मात्र के रूप में पकड़ने की चेष्टा करता है। अर्थात् वह यह देखता है कि चेतना अपने मूलरूप में किस विषय की और उन्मुख है।

इस प्रकार हुसर्रल के फेनोमेनोलाजी का विश्लेषण एक विशिष्ट प्रकार का है, जिसकी वे पूर्ण चित्रण अपने **फैनोमेनोलाजी की विधि** में देते हैं।

इस विधि तथा इस विश्लेषण के मार्ग में हुसर्रल को एक बड़ी कठिनाई दिखाई देती है। हम इस प्रकार के विश्लेषण का प्रयोग करने में असमर्थ प्रतीत होते हैं क्योंकि हम दो प्रकार के विश्वासों से इतने जकड़े हुए हैं कि हम उनसे अपने को मुक्त नहीं कर पाते। एक तो हमारा सामान्य साधारण **प्रकृतिवादी विश्वास** (Naturalistic belief) है। हम

सामान्यतः कुछ बातों को माने हुए होते हैं, जैसे हम हैं, कुछ भौतिक वस्तु हैं आदि। हमारे सामान्य जीवन में इस प्रकार के साधारण प्रकृतिवादी विश्वास बड़े उपयेागी हैं, अतः इनकी पकड़ इतनी कड़ी हो जाती है कि हमारे हर चिन्तन में इस प्रकार का विश्वास प्रवेश कर ही जाता है। उसी प्रकार चेतना के विश्लेषण में हम **मनोवैज्ञानिकता** (Psychologism) से भी अपने को मुक्त नहीं कर पाते। हमारी सामान्य धारणा है कि मन-चेतना आदि मनोवैज्ञानिक तथ्य हैं, तथा उनका विश्लेषण मनोवैज्ञानिक आधारों पर ही किया जा सकता है।

हुसर्रल का कहना है कि फेनोमेनोलाजकीय विश्लेषण को इन दोनों प्रकार के विश्वास तथा भ्रान्तिपूर्ण धारणा से मुक्त करना अनिवार्य है। अतः उनके लिए यह अनिवार्य हो जाता है कि वे इन दोनों धारणाओं के दोषपूर्ण रूप को प्रकट कर दें, उनके भ्रान्तिपूर्ण रूप को प्रकाश में ला दें। इसी कारण वे **मनोवैज्ञानिकता** (Psychologism) तथा सामान्य **प्रकृतिवादी दृष्टि** (Naturalism) दोनों का खंडन करते हैं। वस्तुतः यह उनके विचार का निषेधात्मक पक्ष नहीं है, बल्कि इसी खंडन के आधार पर वे अपनी विधि की रूपरेखा खींचते हैं। अतः यह खण्डन भी भावात्मक रूप में उनकी फेनोमेनोलाजी का अनिवार्य पहलू है। हम भी पहले यही देखेंगे कि इन दोनों धारणाओं के विरुद्ध हुसर्रल की आपत्तियाँ क्या हैं?

मनोवैज्ञानिकता की आलोचना

हमने देखा कि अपनी फेनोमेनोलाजी की स्थापना के लिए हुसर्रल सदा 'प्रकृतिवादी विश्वास' तथा 'मनोवैज्ञानिक व्याख्या-विश्लेषण' से बचने की चेष्टा करते रहे हैं। अतः उनके लिए यह अनिवार्य हो जाता है कि वे दोनों प्रकार की व्याख्याओं तथा विश्वास का दोषपूर्ण रूप स्पष्ट करें। इसी उद्देश्य से वे दोनों का खण्डन करते हैं। सच पूछा जाय तो यह खण्डन भी उनके दर्शन का निषेधात्मक पक्ष नहीं है, क्योंकि इसी खण्डन में उन्होंने अपनी विधि के भावात्मक आधार को समझा है, तथा उसी आधार पर अपनी विधि की रूपरेखा खींची है। इस प्रकार इन दोनों का खण्डन भी उनकी फेनोमेनोलॉजी का भावात्मक अंश है। पहले हम यह देखेंगे कि उन्होंने मनोवैज्ञानिकता की आलोचना किस प्रकार की है।

उन्होंने देखा है कि तत्कालीन स्थिति यह है कि मनोवैज्ञानिक व्याख्या का क्षेत्र केवल मानसिक स्थितियों तक ही सीमित नहीं, बल्कि वह तो उन क्षेत्रों में भी अपना स्थान बना रही है जिन्हें सामान्यतः पूर्णतया वस्तुनिष्ठ अन्वेषण समझा जाता है। इन दिनों दर्शन एवं विज्ञान को भी मनोवैज्ञानिक तत्त्वों के आधार पर समझने का प्रयत्न होता है, तथा तर्कशास्त्र एवं गणित के नियमों की व्याख्या भी मनोवैज्ञानिक नियमों के आधार पर करने की चेष्टा होती है। मनोविज्ञान की इसी व्यापकता को हुसर्रल मनोवैज्ञानिकता (Psychologism) कहते हैं। तथा इसी की आलोचना करते हैं, उनकी आलोचनायें तो कई स्थलों पर बिखरी हुई है, किन्तु उनके मुख्य बिन्दु कुछ निम्नलिखित ढंग के हैं—

(क) उनका कहना है कि यदि इस प्रकार की व्याख्या को महत्त्व दिया गया तो पूर्णतया तटस्थ एवं वस्तुनिष्ठ व्याख्या की संभावना ही समाप्त हो जायगी। इतना ही नहीं, उसका तो यह भी अर्थ हो जाता है कि पूर्णतया वस्तुनिष्ठ भावों का होना ही संभव नहीं। मनोवैज्ञानिक व्याख्या निश्चित दृष्टि से की गयी व्याख्या होती है, उसकी अनिवार्य

पूर्वमान्यता है कि हर भाव वस्तुतः मनोवैज्ञानिक तत्त्वों से संरचित है। तो, इस दृष्टि से, ऐसी पूर्वमान्यता पर आधारित व्याख्या अनिवार्यतः एकांगी ही होगी, वह सार्वभौम हो ही नहीं सकती। तथा, इस दृष्टि से वे व्याख्या भी नहीं कही जा सकती, क्योंकि वे तो किसी एक विशेष आवश्यकता की पूर्ति मात्र ही कर पायेगी उसे व्याख्यित नहीं कर पायेगी।

(ख) हुसर्रल का कहना है कि ऊपर बताये प्रयत्न करने में मनोवैज्ञानिकता एक प्रकार से पुनरुक्ति-दोष से भी ग्रसित हो जाती है। तर्कशास्त्र एवं गणित जैसे वस्तुनिष्ठ शास्त्रों को यदि हम मनोवैज्ञानिक तत्त्वों पर ढालने का प्रयत्न करें, तो उस प्रयत्न में पुनरुक्ति दोष स्पष्टतया चला आता है। इस व्याख्या की सामान्य प्रणाली यही है कि कुछ मनोवैज्ञानिक तथ्यों के आधार पर प्रस्तुत विषय के संबंध में कुछ अनुमान किया जाता है। किन्तु, ऐसी किसी व्याख्या के लिए जब अनुमान की आवश्यकता है, तो इसका अर्थ है कि ऐसी व्याख्या भी अनुमान के नियमों पर आधृत है। दूसरे शब्दों में, इस प्रकार की मनोवैज्ञानिक व्याख्या को भी अनुमान के नियमों को स्वीकार कर ही अग्रसर होना है। किन्तु, तब तो इससे तार्किकता की प्राथमिकता सिद्ध होती है, मनोवैज्ञानिकता की नहीं।

(ग) हुसर्रल को इस मनोवैज्ञानिकता की दृष्टि में निहित एक दोष दिखाई देता है। वर्त्तमान मनोवैज्ञानिकता आधुनिक विज्ञान से इतनी प्रभावित है कि वह मनोविज्ञान को विज्ञान-मूलतः भौतिक-के ढाँचे में ढालने के लिए आतुर है। इस आतुरता में कोई दोष नहीं है, इस आतुरता के प्रभाव में मनोवैज्ञानिक निष्कर्षों को पूर्णतया वस्तुनिष्ठ बनाने की इच्छा भी उपयुक्त ही है। किन्तु मनोविज्ञान अपने निष्कर्षों को वस्तुनिष्ठ बनाने के प्रयत्न में क्या करता है? यह मात्र विज्ञान-मूलतः भौतिकी की नकल करता है, उसी प्रकार के प्रयोगात्मक उपकरण पाने की चेष्टा करता है, मानसिक स्थितियों को स्थूल व्यवहारों में रूपान्तरित करता है, तथा इस प्रकार मनोविज्ञान को **'विज्ञान'** बनाने का प्रयत्न करता है। हुसर्रल को इस प्रकार के प्रयत्न में दो प्रकार के दोष दिखाई देते हैं। एक तो विज्ञान की नकल करने में यह इतना उतावला हो जाता है कि यह भी नहीं देख पाता कि इस प्रकार की नकल मात्र से उसके निष्कर्षों में निश्चयता नहीं आ जायगी, क्योंकि विज्ञान के ही निष्कर्ष—भौतिकी के भी पूर्णतया निश्चित नहीं होते, बल्कि उनमें तो मात्र तात्कालिकता होती है, वे सामयिक होते हैं, इनकी वैज्ञानिकता इसी बात पर निर्भर करती है कि उपयुक्त साक्ष्यों के आधार पर उनका परिवर्त्तन ही नहीं, उन्हें त्यागा भी जा सकता है। मनोवैज्ञानिकता यह सब देख नहीं पाती। वह यह समझ नहीं पाती कि **वस्तुनिष्ठता** एवं **निश्चयता** का आधार विज्ञान नहीं है, बल्कि वह भी तो उसी **वस्तुनिष्ठता** की खोज में रहता है जिसकी खोज मनोविज्ञान को है। वस्तुनिष्ठता साक्ष्यों (evidences) से प्राप्त होती है, यदि ऐसा साक्ष्य उपलब्ध हो जाय जो **स्वतः सिद्ध** (Self-evident) भी हो तथा पूर्णतया वस्तुनिष्ठ भी तो सभी ज्ञान-विज्ञान को वस्तुनिष्ठ आधार मिल जायगा और यही तो फेनोमेनोलाजी की खोज है।

विज्ञान के नकल करने की प्रक्रिया में मनोवैज्ञानिकता एक और अन्य प्रकार के दोष से ग्रसित हो जाती है। वह सर्वथा भूल जाती है कि उसका जो अन्वेष-विषय है वह विज्ञान के अथवा भौतिकी के अन्वेष-विषय से सर्वथा भिन्न है। वह जीवित मनुष्य की क्रियाओं-कर प्रतिक्रियाओं का अन्वेषण करता है। मनुष्य उद्दीपन पर यन्त्रवत प्रतिक्रिया नहीं करता, अपितु वह उद्दीपन को भी अपने ढंग से पहचान कर उसके अनुरूप प्रतिक्रिया करता है। मनोवैज्ञानिक इस बात को भुला देते हैं, तथा मानव-प्रतिक्रियाओं का ऐसे अध्ययन करते

हैं, जैसे वे किसी खनिज-पदार्थ का विश्लेषण कर रहे हों। हुसर्रल के अनुसार मनोवैज्ञानिकता की यह मूल भूल है।

(घ) कुछ ऊपर बतायी बातों के अनुरूप मनोविज्ञान **'चेतना'** की भी व्यवहारवादी व्याख्या जैसी व्याख्या प्रस्तुत करता है। फेनोमेनोलाजी के अन्वेषण का क्षेत्र 'चेतना' ही है, अतः हुसर्रल यह स्पष्ट दिखाते हैं कि 'चेतना' की मनोवैज्ञानिक व्याख्या सर्वथा अयुक्त है। मनोवैज्ञानिक चेतना की व्याख्या उद्दीपन, स्नायु-क्रिया, मांसपेशियों की हरकतें, साहचर्य-क्रिया जैसे मनोवैज्ञानिक तत्त्वों के आधार पर करने का प्रयत्न करता है। हुसर्रल पूछते हैं कि क्या इस प्रकार की व्याख्या को व्याख्या कहा जा सकता है? व्याख्या में कुछ नियम स्थापित होते हैं, तथा जिसकी व्याख्या हो रही है उसे उन नियमों के अन्तर्गत लाने का प्रयत्न होता है किन्तु क्या मनोविज्ञान को जिन तत्त्वों के द्वारा व्याख्या प्रस्तुत करता है, उससे चेतना संबंधी कोई नियम स्थापित होता है? वस्तुतः मनोविज्ञान जिन्हें नियम मान रहे हैं, वे मात्र कुछ आनुभविक तथ्यों के आधार पर किये गये सामान्यीकरण हैं। वे सभी ऐसे सामान्यीकरणों के समान **संशय से परे नहीं है। यही कारण है कि इस प्रकार की हर मनोवैज्ञानिक व्याख्या पर संशय होता ही है, वे निश्चयता दे ही नहीं सकती।**

(ङ) इसी प्रकार हुसर्रल यह भी कहते हैं कि मनोविज्ञान में जिन तत्त्वों को प्रमाण-रूप माना जाता है, वे वस्तुतः प्रमाण हो ही नहीं सकते। सभी मनोवैज्ञानिक व्याख्याओं में प्रमाण के आधार रूप में इस प्रकार के तत्त्वों का उल्लेख होता है—अभिरुचि, आस्था, विश्वास, भावना, भावनाओं का वेग, ईर्ष्या, द्वेष, पक्षपात आदि। मनोवैज्ञानिक व्याख्यायें इन्हीं के आधार पर चलती है। किन्तु, इस प्रकार के तत्त्वों को वस्तुनिष्ठ प्रमाण कैसे माना जा सकता है? वास्तविक 'प्रमाण' तो वहीं हो सकता है, जिसे अपने को प्रमाणित करने के लिए अन्य के सहारे की आवश्यकता न हो। इसी प्रकार के प्रमाणों की खोज तो फेनोमेनोलाजी का लक्ष्य है।

(च) हुसर्रल का कहना है कि मनोवैज्ञानिकता के समर्थकों को शायद यह भ्रान्ति है कि उनके मनोवैज्ञानिक तत्त्व—अभिरूचि, भावना आदि स्वतः सिद्ध तत्त्व है। हुसर्रल का कहना है कि जिस प्रकार से वे अभिरुचि, भावना आदि का उल्लेख करते हैं, उस रूप में वे तो स्वतः सिद्ध हो ही नहीं सकते, क्योंकि मनोविज्ञान में वे सदा ही मनोवैज्ञानिक परिवेश में प्रदत्त होते हैं। उनमें भी स्वतः सिद्धता के अंश को पाने के लिए उन्हें उनकी मनोवैज्ञानिकता से पूर्णतया परिष्कृत कर उनके मूल-आद्य-प्रदत्त-रूप को पकड़ने की चेष्टा करनी होगी, तथा यह मनोवैज्ञानिकता का नहीं, फेनोमेनोलाजी का लक्ष्य है।

प्रकृतिवादी दृष्टि का खण्डन

प्रकृतिवादी दृष्टि क्या है? हुसर्रल का कहना है कि यह एक ऐसी सामान्य दृष्टि है जो प्रायः सभी मनुष्यों की दृष्टि है ही। इस दृष्टि के आधार से यह विश्वास है कि एक तथ्यात्मक जगत (Fact-world) है, जिसमें भौतिक वस्तुएँ हैं, जिसमें व्यक्ति हैं, इन दोनों के मध्य तथा व्यक्तियों के मध्य क्रिया-प्रतिक्रिया होती है, जिसके फलस्वरूप कुछ मुख्य उद्देश्य सर्जित होते हैं आदि। यह एक ऐसा सामान्य विश्वास है जिस पर हमारा साधारण-सामान्य जीवन टिका हुआ है। फेनोमेनोलाजी के अनुरूप विचार करनेवाले विचारक भी व्यावहारिक जीवन में इसी विश्वास को बल देकर जीते हैं।

हुसर्रल का कहना हैं कि यह सब अपने स्थान पर ठीक हों, किन्तु यदि हम इस

विश्वास के सहारे जगत की व्याख्या करना चाहें, तथा यह भी दावा करें कि इस प्रकार की व्याख्या वस्तुनिष्ठ व्याख्या होगी, तो यह दावा अयथार्थ है। उनके अनुसार प्रकृतिवादी ऐसा ही दावा करते हैं, वे इस प्रकार की मनोवृत्ति की स्वाभाविकता एवं सरलता से इतने प्रभावित हो जाते हैं कि इस प्रकार की व्याख्या को केन्द्रीय बना देते हैं।

हुसर्रल के लिए इस प्रकार के विचार का खण्डन दो कारणों से अनिवार्य हो जाता है। एक तो इस कारण कि एक रूप में प्रकृतिवादी विचार फेनोमेनोलाजी का प्रतिद्वन्द्वी सिद्धान्त प्रतीत होता है। फेनोमेनोलाजी व्याख्या का वस्तुनिष्ठ आधार ढूँढ़ना चाहता है, प्रकृतिवाद का दावा है कि उसकी व्याख्या तो वस्तुनिष्ठ है ही। प्रकृतिवाद अपनी व्याख्या को वस्तुनिष्ठ इस कारण मानता है कि यह तो किसी पक्षपात—किसी आत्मनिष्ठ मापदण्ड आदि के आधार पर व्याख्या नहीं है, यह तो भौतिक जगत की वस्तुनिष्ठता को स्वीकार कर, उसी आधार पर व्याख्या देता है। तो हुसर्रल के लिए यह आवश्यक हो जाता है कि वे स्पष्ट दिखा दें कि प्रकृतिवादी वस्तुनिष्ठता वस्तुतः वस्तुनिष्ठता है ही नहीं।

दूसरा कारण जो प्रकृतिवाद के खण्डन के लिए हुसर्रल को प्रेरित करता है, वह है कि उन्हें यह दिखाना आवश्यक है कि वस्तुनिष्ठता का आधार प्रदत्तता (Self- givenness) में हैं, वस्तुनिष्ठता को मान्यता के रूप में स्वीकार लेने में नहीं। व्याख्या को वस्तुनिष्ठ तो होना ही है, किन्तु वह वास्तविक रूप में वस्तुनिष्ठ तभी हो सकती है जब उसके आधार की वस्तुनिष्ठता उसी आधार में निहित हो, न स्वीकारी हुई हो, और न किसी अन्य आधार के द्वारा उसमें स्थापित कर दी गयी हो। फेनोमेनोलाजी ऐसी वस्तुनिष्ठता को स्थापित करना चाहता है, अतः उसे यह दिखाना आवश्यक है कि प्रकृतिवाद्र की वस्तुनिष्ठता उधार ली हुई वस्तुनिष्ठता है।

हुसर्रल का कहना है कि प्रकृतिवाद यह मान कर चलता है कि सब कुछ प्राकृतिक नियमों के द्वारा संचालित है। इस प्रकार के सिद्धान्त को मानने के पीछे इसकी दो मूल मान्यतायें हैं। वस्तुतः इन्हीं दोनों मान्यताओं पर 'प्रकृतिवादी विश्वास' टिका हुआ है। एक मान्यता तो यह है कि यह **प्रकृति** को स्वीकार कर अग्रसर होता है। प्रकृति को स्वीकारने का अर्थ केवल भौतिक वस्तुओं को ही स्वीकारना नहीं, बल्कि सामान्य-ज्ञान के अनुरूप यह भी स्वीकारना है कि कुछ व्यक्ति हैं। अर्थात् प्रकृतिवाद अपनी सत्-संबंधी व्याख्याओं को भी इस सामान्य ज्ञान के अनुरूप '**द्वैत**' पर ही आधारित करता है। प्रकृतिवाद इसी पर रुकता नहीं, इससे एक पग और आगे चलता है। इसकी दूसरी मान्यता है कि ऐसे तत्त्व जो स्पष्टतः अभौतिक प्रतीत होते हैं—जैसे चेतना, संज्ञान आदि—उनकी भी पूर्ण व्याख्या प्रकृतिवादी उपकरणों के द्वारा हो सकती है। आधुनिक प्रकृतिवाद तो विज्ञान का हवाला देते हुए यहाँ तक दावा करता है कि इन सबों की व्याख्या पूर्णतया भौतिक एवं प्राकृतिक नियमों के द्वारा हो सकती है।

हुसर्रल का कहना है कि इस प्रकार के प्रकृतिवादी विश्वास की पकड़ इतनी मजबूत है कि हम इससे अपने को मुक्त नहीं कर पाते, जिसके फलस्वरूप हमारी सभी प्रकार की धारणाये दोषग्रस्त हो जाती हैं, समुचित व्याख्या दे ही नहीं पाती। अतः हुसर्रल प्रकृतिवाद का खण्डन करते हैं, तथा अपने खण्डन का केन्द्र इस प्रंकृतिवादी विश्वास की दो मान्यताओं को बनाते है। उनका कहना है कि ये दोनों मान्यताये, जिस पर यह विश्वास आधृत है, पूर्णतया निर्मूल हैं, अयथार्थ हैं।

(क) इसकी पहली मान्यता हुसर्रल को अयथार्थ इस कारण प्रतीत होती है क्योंकि यहाँ 'प्रदत्त' के स्वरूप में ही एक भ्रान्तिपूर्ण धारणा को आधार बना लिया गया है। यह ठीक हैं कि एक दृष्टि से प्रकृतिवाद एक सही लक्ष्य को लेकर अग्रसर होता है—वह भी चाहता है कि उसके विचार का आधार कोई पूर्वमान्य तत्त्व न हो—बल्कि ऐसा तत्त्व हो जो अनुभव में प्राप्त हो। किन्तु 'अनुभव में प्राप्त' का उनके लिए अर्थ हो गया 'भौतिक वस्तु'। अतः एक प्रकार से प्रकृतिवाद ने 'भौतिक वस्तु' को सत् ही मान लिया। हुसर्रल का कहना है कि इसी स्थल पर भ्रान्ति है। वस्तुतः अनुभव में 'भौतिक वस्तु' प्रदत्त ही नहीं होता। वे लोग यह समझ ही नहीं पाते कि जिसे वे सत् मान रहे हैं, वह भौतिक वस्तु मूल अनुभव—विषय नहीं हैं, बल्कि एक संरचना हैं।

(ख) हुसर्रल का कहना है कि इसी विश्वास पर प्रकृतिवाद भौतिक जगत को सत् जगत कह तो देता है, किन्तु इसके लिए उसके पास कोई साक्ष्य (evidence) नहीं होता। यदि विश्लेषण से यह दिखाया जाय कि भौतिक वस्तु सत् नहीं है, बल्कि एक प्रकार की संरचना है, तो प्रकृतिवाद के पास उसके उत्तर में कहने के लिए कुछ नहीं रह जाता। इस दृष्टि से प्रकृतिवादी विश्वास अंधविश्वास है, एक प्रकार का दुराग्रह है।

(ग) उनका यह दुराग्रह इतना प्रबल है कि वे भौतिक वस्तु-जगत या आनुभविक के अतिरिक्त हर प्रकार की बातों को काल्पनिक या अयथार्थ मान लेते हैं। प्रकृतिवाद डेकार्ट की उस मूल दृष्टि की मर्मज्ञता को पकड़ ही नहीं पाता जहाँ उन्होंने दिखाया है कि 'चेतना' के निरसन का प्रयत्न भी चेतना ही है। वे यह भी नहीं समझ पाते कि जिसे वे 'अनुभव-जगत' कहकर सत् मान रहे हैं, वह अपने आप में कितना सिमटा हुआ, संकीर्ण एवं सीमित है। यदि मात्र उसे ही सत् मान लिया जाय तो 'ज्ञान' की हर संभावना ही समाप्त हो जायगी।

(घ) इसी कारण हुसर्रल कहते हैं कि प्रकृतिवाद की पहली मान्यता तो 'सत्', 'व्याख्या' की संभावना ही समाप्त कर देती है। यदि पहले से ही कुछ तत्त्वों, जैसे भौतिक तत्त्वों, की सत्ता को स्वीकारा हुआ हो, तो कोई व्याख्या पूर्णतया वस्तुनिष्ठ हो ही नहीं सकती। प्रकृतिवाद भौतिक-जगत को वस्तुनिष्ठ मानता अवश्य है, किन्तु इसके लिए उसके पास न कोई प्रमाण है न कोई साक्ष्य, क्योंकि यह तो उसकी मान्यता है। तब तो, यही कहा जा सकता है कि ऐसी वस्तुनिष्ठता मानी हुई वस्तुनिष्ठता है; यह स्वीकार करनेवाले की मान्यता पर निर्भर है। इस दृष्टि से ऐसी वस्तुनिष्ठता वस्तुतः वस्तुनिष्ठता ही नहीं है।

(ङ) हुसर्रल के अनुसार प्रकृतिवाद की दूसरी मान्यता भी यथार्थ नहीं है। प्रकृतिवादी दृष्टि की यह मान्यता है कि चेतना, संज्ञान आदि मानसिक व्यापारों की पूर्ण प्रकृतिवादी व्याख्या हो सकती है तथा उसी प्रकार की व्याख्या उनकी यथार्थ व्याख्या है। हुसर्रल इसका खण्डन करते हुए प्रथमतः तो कहते हैं कि इस प्रकार का प्रयत्न एक दृष्टि से 'मानसिक' के भौतिकीकरण का प्रयत्न है। किन्तु ऐसे प्रयत्न करनेवाले यह देख नहीं पाते कि इस प्रयत्न में स्वयं एक आत्म-व्याघातक स्थिति में उलझ जाते हैं। उदाहरणतः 'चेतना' की प्रकृतिवादी व्याख्या देने वाले कैसे इस अर्थ को संपन्न करते हैं, इसके लिए उन्हें अपनी अनुभूति—अपनी चेतना का सहारा लेना पड़ता है। इस प्रकार जिसकी व्याख्या करनी है—जिसका भौतिकीकरण करना है, उसे उस भौतिकीकरण के लिए भी उसी रूप में स्वीकारना पड़ता है।

(च) हुसर्रल इन तत्त्वों की प्रकृतिवादी व्याख्या की भी परीक्षा करते हैं। सामान्यतः इस प्रकार की व्याख्या का आधार प्रकृतिवाद कुछ 'वैचारिक नियमों' को बनाता है। इन नियमों को भी एक प्रकार से प्राकृतिक नियम मानता है, तथा इस बात पर जोर देता है कि इनके द्वारा प्रस्तुत व्याख्या वैज्ञानिक एवं तथ्यात्मक होती है। हुसर्रल का कहना है, कि इस प्रकार की व्याख्यायें यन्त्रवादी व्याख्या होती हैं, किन्तु इस प्रकार की व्याख्याओं की उपादेयता बड़े ही सीमित क्षेत्र में है। कम-से-कम मानवीय व्यापार के क्षेत्र में, भावना, संज्ञान के क्षेत्र तथा मूल्यों (values) के क्षेत्र में इस प्रकार की व्याख्या का उपयोग ही नहीं हो सकता। तो ऐसी सीमित दृष्टि को चेतना, संज्ञान, भावना आदि का आधार तो बनाया ही नहीं जा सकता और न ऐसा ही सोचा जा सकता है कि ऐसी दृष्टि सभी ज्ञान विज्ञान का पूर्णतया वस्तुनिष्ठ आधार दे पाएगा।

इस प्रकार हुसर्रल मनोवैज्ञानिकता एवं प्रकृतिवाद विश्वास दोनों की आलोचना करते हुए कहते हैं कि ये दोनों हमारे सोचने के ढंग में इस प्रकार प्रवेश कर गये हैं कि वे सभी प्रकार के ज्ञान-विज्ञान को भ्रान्त कर देते हैं। अतः यदि कोई ऐसा पूर्णतया वस्तुनिष्ठ एवं स्वतः सिद्ध भाव (Essence) ढूँढ़ना है जो सभी ज्ञान-विज्ञान का वास्तविक आधार है, तो हमें अपने चेतना विचार को ही इन दोनों की पकड़ से मुक्त करना होगा। यह ठीक है कि इस प्रकार का वस्तुनिष्ठ सारभाव चेतना में ही पकड़ा जा सकेगा, किन्तु इसके लिए चेतना को इन दोनों के प्रभाव से मुक्त कर, परिष्कृत कर चेतना का मूल प्रदत्त-रूप को पकड़ना होगा। यह संभव कैसे होगा? इसी के लिए हुसर्रल ने अपनी **फैनोमेनोलाजी की विधि** दी है। इस विधि का स्पष्टीकरण ही हुसर्रल की फेनोमेनोलाजी है, ऐसा नहीं है कि विधि को स्पष्ट कर तब उसके प्रयोग के द्वारा जो कार्य-सिद्ध हो वह फेनोमेनोलाजी का दर्शन है। नहीं, फेनोमेनोलाजी को समझने का अर्थ है इस विधि के व्यवहार एवं उपयोग को समझना। इसी कारण हुसर्रल कहते हैं कि फेनोमेनोलाजी को जानने के लिए 'फेनोमेनोलाजिस्ट' बनना पड़ता है—इस विधि के प्रयोग में प्रवेश करना पड़ता है। तो अब हम यही करेंगे।

फेनोमेनोलाजी की विधि

सामान्य रूपरेखा

हुसर्रल का विश्वास है कि हर चिन्तन की एक विधि होती ही है। सच पूछा जाय तो हुसर्रल का दार्शनिक चिन्तन का प्रारंभ ही चिन्तन की विधि की अनिवार्यता में है। सामान्यतः चिन्तक इस महत्त्वपूर्ण बात पर ध्यान नहीं देते, तथा अपनी विधि को बिना स्पष्टत किये अपने चिन्तन में अग्रसर हो जाते हैं। हुसर्रल के अनुसार दार्शनिक चिन्तन का यह ढंग सफल हो ही नहीं सकता क्योंकि इसमें दो कमी रह जाती है। एक तो यह कि स्पष्ट रूप में विधि-निरूपण नहीं कर लेने के कारण ही चिन्तन में ऐसी विसंगतियाँ एवं उलझनें उत्पन्न होने लगती हैं, जो विधि-निरूपण कर लेने से उत्पन्न नहीं होती। दूसरी कमी यह हो जाती है कि निश्चित विधि के नहीं रहने के कारण चिन्तन दिशाहीन एवं अव्यवस्थित हो जाता है। इस प्रकार के विचारक यह समझ नहीं पाते कि उनके चिन्तन का अर्थ ही है उनके चिन्तन-विधि के अनुरूप चलना। 'चिन्तन' तथा 'चिन्तन-विधि' पृथक नहीं हैं। हर चिन्तन में विधि तो होती ही है, अतः यदि हम प्रारंभ में ही विधि की स्पष्ट रूपरेखा न बना लें तो चिन्तन उलझ जायगा, और यदि विधि निरूपित हो जाय तो चिन्तन एक निश्चित ढंग से अग्रसर होगा।

तो हुसर्रल का विश्वास है कि फिनामेनोलाजकीय विधि के निरूपण में ही फेनोमेनोलाजकीय चिन्तन चल पड़ेगा। इस बात की अवगति में वे अपनी चिन्तन-विधि को स्पष्ट करते हैं।

इस संबंध में उनकी प्राथमिक उक्ति है कि ऐसे विधि को आत्मनिष्ठ (Subjective) तो होना ही है। यह आत्मनिष्ठ मात्र इस कारण नहीं है कि यह चिन्तन-विधि है, और चिन्तन तो एक अर्थ में आत्मनिष्ठ होता ही है। वह है, किन्तु इसके अतिरिक्त हुसर्रल एक अन्य बात पर भी प्रकाश दे रहे हैं। वे स्वीकारते हैं कि कोई चिन्तक या दार्शनिक सर्वथा नवीन प्रारंभ तो नहीं कर सकता, यह भी ठीक है कि किसी चिन्तन के लिए एक पहले से प्रदत्त क्षेत्र रहता ही है। किन्तु जब इस प्रदत्त-क्षेत्र के विषय में चिन्तन होता है तो उसकी प्रदत्तता का निर्धारण किसी आत्मनिष्ठ केन्द्र के वास्तविक अथवा संभव अनुभव के द्वारा ही संभव होता है। प्रदत्तता उस अनुभव-केन्द्र से संबंधित न हो, तो चिन्तन असंभव हो जायगा। कांट की संवृत्तिवादी दृष्टि ने भी इस तथ्य को समझा था, किन्तु उन्होंने दूसरे छोर पर जाने का अतिक्रमण कर दिया, तथा संवृति को आत्मनिष्ठता से पूर्णरूपेण निर्धारित करने की चेष्टा की और यहाँ तक कह दिया कि मन संवृत्ति जगत की संरचना करता है (Understanding maketh Nature) किन्तु, हुसर्रल के अनुसार यह भी एक प्रकार का वैचारिक अतिक्रमण था क्योंकि यहाँ **आत्मनिष्ठता** (Subjectivity) आत्मनिष्ठता नहीं रह जाती, बल्कि एक प्रकार से वैयक्तिकता(Subjectivism) में परिणत हो जाती है। कांट ने अपने को इस स्थिति से उबारने के अनेकों प्रयत्न किये, किन्तु, वे इससे उबर न सके। तो हुसर्रल कहते हैं कि चिन्तन की विधि को **आत्मनिष्ठ** (Subjective) तो होना ही है, किन्तु इसका यह अर्थ नहीं कि यह **व्यक्तिमूलक** (Subjectivistic) हो जाय। हुसर्रल के फेनोमेनोलाजी के लिए तो यह और भी अनिवार्य है क्योंकि हुसर्रल का लक्ष्य ऐसे **वस्तुनिष्ठ भाव** (Essesnce) को पाना है जो सभी ज्ञान-विज्ञान को वस्तुनिष्ठ आधार दे सकें।

इस प्रकार की आत्मनिष्ठ विधि का एक बड़ा ही सुन्दर उदाहरण डेकार्ट के दर्शन में मिलता है। हुसर्रल ने अनेकों स्थलों पर यह स्वीकारा है कि 'विधि की खोज' में वे डेकार्ट के ऋणी हैं। हुसर्रल का कहना है कि शायद डेकार्ट को स्वयं भी यह अवगति नहीं थी कि उनकी यह चिन्तन-विधि किस रूप में महत्त्वपूर्ण थी। वस्तुतः, हुसर्रल के अनुसार तो, डेकार्ट की इस चिन्तन-विधि ने पाश्चात्य दार्शनिक विचारधारा को एक पूर्णतया नवीन मोड़ दिया है। उन्होंने अपने चिन्तन को ही 'ध्यानशील चिन्तन' (Meditation) कहा है जो इसके आत्मनिष्ठ रूप को स्पष्ट करता है। इस विधि का सबसे प्रबल एवं उपयोगी प्रयोग 'चिन्तक-आत्म (Cagito) की स्थापना में हुआ है। यहाँ वे स्पष्ट कहते हैं कि वे विचार का प्रारम्भ पहले से कुछ मान कर नहीं करेंगे, और इसके कारण जो विचार अपने को स्वीकारने के लिए बाध्य करते हैं, उन पर भी उन्होंने संशय किया। इस दृष्टि से प्रकृतिवादी विश्वास के अनुरूप विषयों पर भी संशय किया, तथा इस क्रम में जो इस वैचारिक संशय के क्रम में संशय से परे प्रतीत हुआ उसे स्थापित किया जो चिन्तक आत्म है। द्रष्टव्य है कि यहाँ 'ध्यानशील चिन्तन' (Meditation) हो रहा है, अतः यह पूर्णतया 'आत्मनिष्ठ चिन्तन' है।

इस प्रकार हुसर्रल को डेकार्ट की विधि में आत्मनिष्ठ विधि का एक बड़ा ही उपयुक्त उदाहरण उपलब्ध होता है। किन्तु हुसर्रल उसे उसी रूप में अपना नहीं सकते, क्योंकि वे स्पष्ट कहते हैं कि डेकार्ट अपनी इस विधि का प्रयोग उचित ढंग से नहीं कर पाये। उनकी

विधि में यह गुण तो है कि वे एक नया प्रारंभ करना चाहते हैं, तथा इसी कारण किसी तत्त्व या सत्ता, या अन्य कोई पूर्वमान्य तत्त्व को वे स्वीकारते नहीं हैं। किन्तु, वे अपनी इस विधि का उपयोग उचित ढंग से नहीं कर पाये। उनके उपयोग में एक कमी तो यह रह गयी कि वे अपने को प्रकृतिवादी विश्वासों से पूर्णतया मुक्त नहीं कर पाये। अचेतन मे वे वाह्य सत्ता, आत्म आदि की सत्ता को स्वीकारे हुए रहें, जिसके फलस्वरूप एक ओर तो वे प्रारंभ में भी इन मान्यताओं से अपने को मुक्त नहीं कर पाये, और बाद में अन्ततः, 'चिन्तक आत्म' की स्थापना के बाद दोनों जगत—भौतिक एवं आत्म को स्थापित करने की चेष्टा में रत हो गये। आत्मनिष्ठ विधि प्रारंभ में प्रयोग में आयी और बाद में उपेक्षित हो गयी। इसके प्रयोग के क्रम में भी वे विचार को **उसके प्रदत्त-रूप** में पकड़ने की चेष्टा नहीं करते रहे, बल्कि उसे अपनी ओर से संशय के बिन्दु उठा-उठा कर गति देते रहे। इसी कारण उनकी विधि में **प्रदत्तता** पूर्णतया स्पष्ट नहीं होती, तथा उसमें आत्मनिष्ठता वस्तुनिष्ठ भावों को पकड़ने का आधार नहीं बन पाती।

तो हुसर्रल डेकार्ट से उसकी आत्मनिष्ठ विधि तो लेते हैं, लेकिन उसका प्रयोग डेकार्ट के समान नहीं करते। वे डेकार्ट की विधि को परिष्कृत करते हैं, अपनी आवश्यकताओं के अनुसार परिमार्जित एवं परिवर्तित करते हैं। डेकार्ट की विधि पर की गयी उनकी टिप्पणियों से यह स्पष्ट हो जाता है कि उनकी आवश्यकतायें क्या हैं। विधि आत्मनिष्ठ तो है ही। उनकी दूसरी आवश्यकता है कि इस विधि का प्रयोग इस ढंग से हो कि **चेतन चिन्तन में शुद्ध** प्रदत्तता पकड़ी जा सके, अर्थात् विचार में आद्य रूप से प्रदत्त हुआ है, उसे उसकी प्रदत्तता में पकड़ना है। तो आत्मनिष्ठ विधि से वस्तुनिष्ठ भाव को पकड़ना है।

यह इस विधि के प्रयोग की प्रारंभिक कठिनाई है—आत्मनिष्ठ विधि से वस्तुनिष्ठता को कैसे पकड़ा जा सकता है? हुसर्रल के लिए तो यह कठिनाई और कठिन है, क्योंकि हुसर्रल का लक्ष्य ऐसे वस्तुनिष्ठ भाव को पकड़ना है, जो स्वतः सिद्ध हो तथा जो हर प्रकार के **ज्ञान** का आधार बन सकें। तो किसी आत्मनिष्ठ चेतना के विश्लेषण से इस प्रकार का स्वतः सिद्ध वस्तुनिष्ठ भाव कैसे उपलब्ध हो सकता है?

हुसर्रल के पास इस कठिनाई का समाधान है। यह ठीक है कि उनके अनुसार चिन्तन के आत्मनिष्ठ होने का अर्थ है—चेतना अनुभव, चेतन-विचार पर ध्यान केन्द्रित करना, 'चेतना' का ही विश्लेषण करना। किन्तु, इस प्रकार की आत्मनिष्ठ चेतना के विश्लेषण में वस्तुनिष्ठ भाव की उपलब्धि कैसे होगी। वस्तुतः हमें इस बात में कठिनाई प्रतीत होती है क्योंकि हम 'आत्मनिष्ठ' एवं 'वस्तुनिष्ठ' के व्याघात से ऊपर नहीं उठ पाते। हम समझते हैं कि दोनों विपरीतार्थक हैं, अतः एक के विश्लेषण से दूसरा उपलब्ध नहीं हो सकता।

किन्तु, हुसर्रल के अनुसार यह कठिनाई केवल इस कारण उपस्थित होती है क्योंकि हम चेतना के स्वरूप को नहीं समझ पाते। हमने पहले ही कहा है कि हुसर्रल के विचारों पर ब्रेन्टानों (Brentano) के 'चेतना के विषयापेक्षा-सिद्धान्त (Theory of Intentionality of Consciousness) का बड़ा प्रभाव है। इस सिद्धान्त के अनुसार चेतना (Consciousness) एक दिशा है, जो किसी 'ओर' उन्मुख है। चेतना कभी भी रिक्त नहीं होती, वह अनिवार्यतः **किसी की** चेतना है (Consiousness of) अर्थात् चेतना का स्वरूप ही है कि वह अनिवार्यतः विषयोन्मुख होती हैः चेतना का 'विषय' चेतना में ही है, अतः चेतना में प्रदत्त विषय वही विषय है जिस ओर चेतना उन्मुख है। तो, स्पष्ट हो जाता है कि चेतना

के ही विश्लेषण से चेतना में प्रदत्त विषय को पकड़ा जा सकता है। चेतना की विषयोन्मुखता में ही चेतना का विषय प्राप्त हो सकता है। इस प्रकार आत्मनिष्ठ विश्लेषण से **विषयनिष्ठ** भाव को पकड़ा जा सकता है, तथा इसमें हुसर्रल के अनुसार न कोई आत्मविरोधी है न कोई विसंगति। चेतना के विषयापेक्षा सिद्धान्त का यह एक बड़ा ही अर्थपूर्ण उपयोग है।

वैसे हुसर्रल इस सिद्धान्त के प्रभाव से कभी मुक्त नहीं हुए। उनके वैचारिक काल के प्रारंभिक चरण में तो वे इसके पूर्ण प्रभाव में थे तथा उनके विवरणात्मक मनोवैज्ञानिक विश्लेषण (Descriptive Psychology) में भी इसके अनुरूप ही विश्लेषण करते हैं। वस्तुतः इस सिद्धान्त में चेतना के विषय के सम्बन्ध में विशद् विवेचन हुआ है। यह प्रश्न उठ ही जाता है कि चेतना जिस विषय के ओर उन्मुख रहती है, उसका स्वरूप क्या है, ब्रेन्टानों के विचार में तो इस 'विषय' के विचार में **अभिप्राय विषयक अनास्तित्त्व विषय** (Intentionally Inexzistent object) का भी उल्लेख आया है, जिसमें यह माना गया है कि चेतना जिस 'विषय' की ओर उन्मुख होती है, वह अभिप्राय विषय (Intentional object) तो है ही किन्तु वह अस्तित्त्ववान नहीं भी हो सकता है। हुसर्रल प्रारम्भ में इस विचार को भी महत्त्व देते थे, किन्तु अपनी फेनोमेनोलाजकीय दृष्टि में उन्होनें इस सिद्धान्त के मूल पक्ष को तो ले लिया, **'विषय'** के स्वरूप संबंध में कुछ अपने ढंग का विवेचन किया। उन्होंने यह तो कहा ही कि चेतना को अनिवार्यतः विषय की अपेक्षा होती है, चेतन होने का अर्थ ही है किसी विषय की ओर चेतन रूप में उन्मुख होना। उस विषय के स्वरूप में प्रदत्तता तो है ही किन्तु इसके बाद वे अपने ढंग का विचार प्रस्तुत करते हैं। हम देखेंगे कि फेनोमेनोलाजी विधि से 'विषय' का जो रूप स्पष्ट होता है वह अन्ततः एक **अर्थ** (Meaning) के रूप में स्पष्ट होता है। इसका स्पष्टीकरण तो आगे होगा, अभी मात्र इतना ही स्पष्टीकरण करना है कि आत्मनिष्ठ विश्लेषण से पूर्णतया वस्तुनिष्ठ विषय को पकड़ा जा सकता है, इसमें कोई विसंगति या दोष नहीं है।

अब प्रश्न यह उठता है कि इस प्रकार का कार्य संपन्न कैसे होगा? किस प्रकार चेतना का विश्लेषण हो कि उसमें प्रदत्त विषय को पकड़ा जा सके?

हुसर्रल का कहना है कि यदि चेतना पूर्णतया परिष्कृत एवं शुद्ध रहे तो उसकी विषयोन्मुखता भी स्पष्ट रहेगी, और तब वहाँ सुगमता से 'विषय' को जाना जा सकेगा। किन्तु, कठिनाई यह है कि जिस रूप में सामान्यतः हम चेतन होते हैं—अर्थात् जिस रूप में 'चेतना' विश्वासों एवं विकारों से विकृत होकर ही उपलब्ध होती है, उस रूप में तो वह शुद्ध रहती ही नहीं। वह अनेक प्रकार के प्रभावों, विश्वासों एवं विकारों से विकृत होकर ही उपलब्ध होती है। हमारी जो सामान्य चेतन अवस्थायें हैं, वे सभी शुद्ध चेतना की अवस्थायें नहीं हैं, बल्कि अनेक प्रकार के प्रभाव उनमें जुटे हुए रहते हैं। यदि चेतना को उसके मौलिक रूप में, उसके आद्य एवं प्राथमिक रूप में, शुद्ध रूप में पकड़ना है, तो 'चेतना' जिस रूप में उपलब्ध है उसे परिष्कृत करना पड़ेगा—उसे विकारों से मुक्त करना पड़ेगा। हुसर्रल के अनुसार फेनोमेनोलाजिकल विधि की उपादेयता पूर्ण रूप से इसी स्थल पर स्पष्ट होती है।

स्थूल रूप में कहा जा सकता है कि दो प्रकार के विकार चेतना को शुद्ध नहीं रहने देते, उसे विवृत कर देते हैं। एक प्रकार का विकार तो 'बाहर' से चेतना को विकृत करते

हैं, तथा दूसरे प्रकार का विकार आन्तरिक स्थितियों या भावों के कारण उत्पन्न होता है। जो बाह्य रूप से विकृत करनेवाले विकार हैं, वे हमारे सामान्य प्रकृतिवादी विश्वास हैं। हम जब चेतन होते हैं, तो उस चेतनावस्था के अन्तर्गत इस प्रकार के भाव नहीं है। किन्तु इस प्रकार के विश्वास हमारी मानसिकता के अंग बने हुए हैं, इसी कारण ये हर चेतनावस्था को प्रभावित कर देते हैं, शुद्ध नहीं रहने देते। दूसरे प्रकार का जो आन्तरिक विकार है वह मनोवैज्ञानिक मान्यताओं से उत्पन्न है। चेतना भी तो आन्तरिक व्यापार है, तो सहज रूप में मनोवैज्ञानिक मान्यतायें इनके साथ जुट जाती हैं, तथा इन्हें शुद्ध चेतन रूप रहने नहीं देती।

हुसर्रल अपनी फेनोमेनोलाजी की विधि के द्वारा चेतना के शुद्ध रूप को पकड़ना चाहते हैं। अतः उनके पास एक ही मार्ग उपलब्ध हैं, वे जिस 'चेतना' का विश्लेषण करते हैं उसे इन दोनों प्रकार के विकारों से मुक्त कर देखें। इसी कारण कहा जाता है कि हुसर्रल की फेनोमेनोलाजी चेतना को परिष्कृत कर उसकी विषयोन्मुखता को परखने की विधि है।

यह परिष्करण या शुद्धिकरण दो स्तरों में संभव है। प्रथमतः तो चेतना को विकृत करने वाले जो **बाह्य** प्रभाव हैं उनसे चेतना को मुक्त करना होगा। हमने देखा कि इस प्रकार वाह्य प्रभाव हैं उनसे चेतना को मुक्त करना होगा। हमने देखा कि इस प्रकार के वाह्य-प्रभाव हमारे **प्रकृतिवादी विश्वास** (Naturalistic beliefe) से जनित होते हैं। तो इस विधि के प्रयोग का यह अनिवार्य स्तर हो जाता है कि हम प्रयत्न करें कि 'चेतना' इन विश्वासों से **असम्बन्धित** रहे, अलिप्त रहे। इसी के लिए हुसर्रल फेनोमेनोलाजी की विधि में **असम्बन्धन** (Epoche) की बात करते हैं।

इस प्रकार यदि हम बाह्य प्रभावों से चेतना को मुक्त कर लेते हैं, तो अब चेतना में केवल **आन्तरिक** विकार उपस्थित रहेंगे जो चेतना के मनोवैज्ञानिक साहचर्यों के कारण उत्पन्न होते हैं। फेनोमेनोलाजी की विधि अब चेतना को इन विकारों से परिष्कृत करने का प्रयत्न करती है। यह प्रक्रिया एकाएक सफल नहीं होती, चेतना को क्रमिक ढंग से परिष्कृत करने की प्रक्रिया चलती है जिससे शनैः-शनैः चेतना मनोवैज्ञानिक साहचर्यों से मुक्त होती जाती है। इस प्रक्रिया में हुसर्रल के अनुसार विभिन्न प्रकार के **अपचयन** (Reductions) आते हैं। इन्हीं स्तरों से होकर फेनोमेनोलाजी चेतना के शुद्ध रूप तक पहुँचने का उपक्रम करती है जिससे चेतना में प्रदत्त 'विषय' को पकड़ा जा सके।

यही कारण है कि बहुधा फेनोमेनालाजी की विधि को असंबंधन (Epoche) तथा विभिन्न स्तरों के अपचयन (Reduction) की विधि कही जाती है। अतः इस विधि को स्पष्ट करने के लिए अब असंबंधन एवं अपचयन की व्याख्या आवश्यक है।

असंबंधन (*Epoche*)

'Epoche' शब्द का अर्थ है 'अलग रखना', अलिप्त रहना। तो विधि के रूप में इसका अर्थ है—'अलग रखने का प्रयत्न' अथवा 'अलिप्त रहने का प्रयत्न'। अर्थात् विधि रूप में यह 'कुछ' ऐसे भावों, विचारों, विश्वासों से अलग करने का प्रयत्न है जो किसी न किसी रूप में अन्वेषण-विषय को घेरे रहते हैं। हमने ऊपर कहा है कि हुसर्रल के अनुसार 'घेरे रखने वाला' प्रभाव प्रकृतिवादी विश्वासों का है, तो **'इपोखे'** का अर्थ है 'ऐसे विश्वासों से अपने को असंबधित करना'। प्रकृतिवादी विश्वासों के अन्तर्गत इस प्रकार के सामान्य विश्वास आते हैं—जैसे 'भौतिक वस्तु' में विश्वास, किसी 'ज्ञाता आत्म' में

विश्वास आदि। हुसर्रल का करना है कि इस प्रकार के विश्वास एक प्रकार से **पूर्वमान्यता** का रूप लिए रहते हैं। फेनोमनोलाजी का लक्ष्य है चेतना में प्रदत्त विषय को उसके प्रदत्त-रूप में पकड़ना, क्योंकि वही उसका वस्तुनिष्ठ रूप होगा। अब यदि हम पहले से ही पूर्वमान्यताओं में जकड़े रहें, तो उस प्रदत्त रूप को नहीं पकड़ पायेंगे। इसी कारण इस विधि के प्रयोग की **प्राथमिक** आवश्यकता है कि हम इन मान्यताओं से अपने को **असंबंधित** करें।

इस **अलिप्तता** अथवा **असंबंधन** को स्पष्ट करने के प्रयत्न में कुछ विशेष शब्दों का भी प्रयोग हुआ है जैसे कोष्टीकरण (Bracketing), विमुख होना (Detachment) या फिर **असम्बोधन** (Disconnection)। इन शब्दों के व्यवहार में फेनोमेनोलाजी का अभिप्राय स्पष्ट होता है, अतः हम इनके द्वारा भी **'इपोखे'** के स्वरूप को समझने का प्रयत्न करेंगे।

हमने देखा कि 'इपोखे' के स्तर में प्रकृतिवादी विश्वास के जो अंश हैं उनसे विचार को असंबधित करना है। इसका यह अर्थ नहीं कि हम इस विश्वास को नकार रहे हैं तथा भौतिक वस्तु आत्म आदि का निषेध कर रहे हैं या उन पर संशय कर रहे हैं। नहीं, यहाँ तात्पर्य यह है कि हम इनके संबंध में किसी प्रकार के निर्णय न लेने की अवस्था में आ जायँ। हम किसी प्रकार की सत्ता, किसी प्रकार के स्थान-काल में स्थिति अस्तित्व को नकार नहीं रहे हैं। वे सब जैसे हैं, वैसे ही रहेंगे। हम मात्र उनके संबंध में निर्णय **स्थगित** (Suspended) रखते हैं। हम उन्हें केवल अपनी विधि-प्रयोग के लिए अपने से अलग कर देते हैं, उनके प्रभाव से अपने को मुक्त करने के लिए उन्हें त्रियाहीन (Out of action) कर देते हैं, उन्हें विचार से अलग रखने की चेष्टा करते हैं। कहा जा सकता है कि 'इपोखे' में कुछ काल के लिए प्रकृतिवादी जगत कोष्ठों के अन्तर्गत बन्द कर दिया जाता है, उसका कोष्टीकरण (Bracketing) हो जाता है, मात्र इस उद्देश्य से कि **वे अभी विचार को प्रभावित-विकृत न करे।** (".......Rather (it) is something unique. We do not abondon the thesis we have adopted, we make no change in our conviction.........And yet the thesis undergoes a modification—whilst remaining in itself what it is, *We set it as it were 'out of action', we disconnect it, bracket it.* .....We put out of action the general thesis which belongs to the essenee of the natural standpoint. we place in brackets whatever it includes respecting the nature of *Being*. This entire nanural world, therefore, which is continually 'there for us' 'present to our hand' and will remain there, is a fact-world of which we continue to be conscious, even though it pleases us to put it in brackets.)।

अतः **'इपोखे'** का अर्थ प्रकृति या वस्तु में अविश्वास या उसका निषेध नहीं, बल्कि कुछ काल के लिए उनके संबंध में निर्णय को स्थगित करना है। हुसर्रल को यह अवगति है कि यह कार्य आसान नहीं है। प्रकृतिवादी विश्वासों की जकड़ इतनी प्रबल है कि उनके संबंध में निर्णय न लेने की विधा का होना भी बड़ा कठिन है। किन्तु इसकी कठिनाई को समझते हुए भी हुसर्रल कहते हैं कि ऐसा करना संभव है। अलिप्त होना, पूर्वमान्यताओं से मुक्त होना हमारे प्रयत्न पर निर्भर है। हुसर्रल का कहना है कि बिना इसके हम फेनोमेनोलाजी की विधि में अग्रसर हो ही नहीं सकते, क्योंकि इसी के द्वारा हम 'चेतना'

को उसकी बाह्य विकृतियों से मुक्त रूप में पकड़ सकते हैं। तो 'इपोखे' के द्वारा प्रकृतिवादी विश्वासों को पीछे ढकेलते-ढकेलते हम **चेतना** के अविकृत **चेतना-रूप** तक पहुँच जाते हैं, बाह्य विकारों से मुक्त-चेतना तक पहुँच जाते हैं।

इसके बाद इस विधि में 'चेतना' को परिष्कृत करने की विधाएँ आती हैं, जो विभिन्न स्तरो से अग्रसर होती हैं। ये विभिन्न स्तर विभिन्न प्रकार के अपचयन के स्तर हैं, अतः अब हम उनकी विवेचना करेंगे।

विभिन्न प्रकार के अपचयन (*Reductions*)

यह पहले ही बताया जा चुका है कि जब बाह्य विकारों से 'इपोखे' के द्वारा चेतना मुक्त हो जाती है, तो अब विभिन्न अपयचन के स्तरों में इसका आन्तरिक विकारों से शुद्धीकरण होता है। यह आन्तरिक विकार इसके मनोवैज्ञानिक साहचर्य के कारण उत्पन्न होते हैं। तो अपचयन के प्रथम स्तर में इसे इस साहचर्य से मुक्त करना होगा। इससे मुक्त होने के वाद भी चेतना 'आत्म' की चेतना के रूप में प्रकट होता है, और तब वह इस रूप में दिखाई देती है जैसे वह पूर्णतया आत्मनिष्ठ हो। उस अवस्था में उसमें वस्तुनिष्ठता—अथवा वस्तुनिष्ठ विषय को नहीं ढूँढ़ा जा सकता। अतः इसे और परिष्कृत करना पड़ता है, जिसमें यह वैयक्तिक आत्मनिष्ठता—आत्मनिष्ठ आन्तरिकता से भी मुक्त हो और इसकी विषयोन्मुखता स्पष्ट हो। किन्तु इसके बाद भी इसकी विषयोन्मुखता मात्र इस चेतना की विषयोन्मुखता के रूप में ही दिखाई दे सकती है। अतः इसे और परिष्कृत करना पड़ता है, जब इस विषयोंन्मुखता में स्पष्ट भाव एक पूर्णतया वस्तुनिष्ठ भाव के रूप में स्पष्ट हो।

इस प्रकार हम देखते हैं कि आन्तरिक विकारों से मुक्त करने की प्रक्रिया **तीन** स्तरो से होकर अग्रसर होती है पहले स्तर में चेतना मनोवैज्ञानिक साहचर्यों से मुक्त होती है, दूसरे स्तर में आत्मनिष्ठ आन्तरिकता से मुक्त होती है, तथा तीसरे स्तर में विषय **एक** चेतना के बंधन से मुक्त हो सामान्य भाव के रूप में प्रतिष्ठित होती है। इस प्रकार चेतना को आन्तरिक विकारों से मुक्त करने के जो प्रयत्न हैं, उनके **तीन** स्तरों का यहाँ उल्लेख हो रहा है। प्रथम स्तर को **'फैनामेनालाजिकल अपचयन'** (Phenomenological Reduction) कहा जा सकता है, दूसरे स्तर को **तात्विक अपचयन** (Transcendental Reduction) कहा जा सकता है, तथा तीसरे स्तर को **मूर्तकल्पी अपचयन** (Eidetic Reduction) कहा जा सकता है। हुसर्रल ने **सर्वथा इसी प्रकार** से इन अपचयनों में इस प्रकार का स्तरीय भेद नहीं किया है, वे इन सभी अपचयनों का प्रायः एक साथ ही विवरण करते हैं, किन्तु उनकी विवेचना के आधार पर इन्हें इस रूप में समझा जा सकता है। अब हम इन तीनों का थोड़ा और स्पष्टीकरण कर लें।

फेनोमेनाजिकल अपचयन मनोवैज्ञानिक साहचर्य से चेतना को मुक्त करने की विधि है। मनोवैज्ञानिकता मन की हर **विधा** को एक मानसिक स्थिति के रूप में देखती है। वह एक प्रकार से सभी मानसिक व्यापारों का **प्रकृतिकरण** कर देती है, जिससे कि वह अपने उपकरणों से इनका अध्ययन विश्लेषण कर सके। इस साहचर्य से 'चेतना' भी एक प्रकृतिवादी मानसिक स्थिति के रूप में ही स्वीकारी जाती है। किन्तु, यदि इस पूर्वमान्यता के अनुरूप 'चेतना' को देखा जाय, तो चेतना का शुद्ध चेतनरूप कभी स्पष्ट होगा ही नहीं। अतः फेनामेनोलाजिकल अपचयन में हम इन पूर्वमान्यओं को चेतना से असम्बन्धित रखने का प्रयत्न करते हैं, चेतना के 'स्थिति रूप' का कोष्टीकरण कर देते हैं। अर्थात्, हम यह

चेष्टा करते हैं कि हम मनोवैज्ञानिकता जिस रूप में इन्हें पकड़ती है, उसे कुछ काल के लिए अलग रखने की चेष्टा करें, जिससे की चेतना को उसके अविकृत चेतना-रूप में देख सकें।

किन्तु यदि हम इस प्रकार का फेनोमेनोलाजिकल अपचयन कर भी लेते हैं, तथा चेतना को मनोवैज्ञानिक साहचर्यों से असंबंधित कर भी लेते हैं, तो उसके बाद भी चेतना एक आत्मनिष्ठ आन्तरिकता के रूप में ही दिखाई देगी। अब वह किसी वैयक्तिक आत्म की आत्मनिष्ठ चेतना के रूप में दिखाई देगी। हुसर्रल का सोचना है कि चेतना के इस रूप में भी उसके प्रदत्त विषय को नहीं ढूँढ़ा जा सकता। इसके लिए तो चेतना के विषयोन्मुख रूप को प्रकाश में लाना आवश्यक है। तो उन्हें आवश्यकता होती है कि चेतना को और परिष्कृत किया जाय—उसे इस आत्मनिष्ठ आन्तरिकता के बंधन से भी मुक्त किया जाय। तात्त्विक अपचयन (Transcendental Reduction) के स्तर में यही होता है। तो, तात्त्विक अपचयन में चेतना का चेतना-रूप प्रकाश में आता है। चेतना में तो अनिवार्यतः विषयापेक्षा होती है, अतः यदि सभी आन्तरिक विकारों से मुक्त चेतना उपलब्ध हो तो उसकी **विषयापेक्षा** में ही 'विषय' की प्रदत्तता स्पष्ट हो सकती है।

किन्तु, इस स्थल पर भी एक और परिमार्जन आवश्यक है। चेतना में जो विषय प्रदत्त होता है—वह अपने शुद्ध प्रदत्त-रूप में '**शुद्ध विषय है**, मात्र उस चेतना का विषय नहीं। अतः हुसर्रल इस परिष्करण के लिए एक अन्य अपचयन का उल्लेख करते हैं, जिसे वे **मूर्तकल्पी अपचयन** (Eidetic Reduction) कहते हैं। यहाँ चेतना में प्रदत्त विषय को एक 'सामान्य' के रूप में समझने की चेष्टा होती है। जो प्रदत्त हुआ उसे उसके सार-सार्वभौम रूप में पकड़ने का प्रयत्न होता हैं। उनकी सार्वभौमता अथवा सामान्य रूप को इस अर्थ में पकड़ा जा सकता है कि अविकृत प्रदत्त भाव किसी विशेष चेतना में प्रदत्त अवश्य हुई है, किन्तु वह अविकृत है, उस विशेष आत्म की आतमनिष्ठता से भी मुक्त है, अतः वह पूर्णतया वस्तुनिष्ठ सामान्य के रूप में समझा जा सकता है। ये सामान्य कांट के बारह मानसिक कोटियों के समान नहीं है, क्योंकि कांट की कोटियाँ तो मन में वर्त्तमान है, **प्रदत्त** नहीं होती, और मन हर अनुभूति पर उनका प्रयोग करता है। ऐसा **हर** ज्ञानात्मक अनुभूति में होता है, इसी कारण कांट उन्हें सार्वभौम तथा सामान्य कहते हैं। हुसर्रल के अनुसार उसके 'भाव' उस प्रकार के सामान्य नहीं है क्योंकि एक तो वे **प्रदत्त** होती हैं, तथा दूसरा यह कि अपने अविकृत रूप में वे किसी विशेष आत्म की चेतना से ग्रसित नहीं। मूर्तकल्पी अपयचन, उनके इस प्रकार की आत्मनिष्ठता से मुक्त रूप को पकड़ता है, और अब वह देख पाता है कि इस प्रकार का अविकृत प्रदत्त भाव पूर्णतया वस्तुनिष्ठ एवं सामान्य भाव है।

इन अपवचनों के स्तरों के बाद ही शुद्ध संवृत्ति-भाव (Pure Phenomena) का **विधान** (constitution) होता है। अतः फेनोमेनोलॉजी की विधि की परिणति इस अन्तिम चरण में होती है, जिसका विवरण अब किया जायगा।

अपचयित शुद्ध संवृत्ति-भाव
(Phcnomenologically Reduced Pure Phenomena)

इस प्रकार जब फेनोमेनोलाजी की विधि विभिन्न स्तरों के असंबंध एवं अपचयनों से होती हुई इस स्तर पर आ जाती है कि वह **शुद्ध संवृत्ति-भाव** (Pure Phenomena)

को देख सके। इस प्रकार के पूर्णतया परिष्कृत चेतना में पूर्णतया अपचयित भाव वे ही भाव होगे जो अपनी स्वतः—प्रदत्तता में दिखाई देते हैं, और इस प्रकार पूर्णतया वस्तुनिष्ठ होते हैं।

इस स्तर में 'चेतना' अपनी मुक्त विषयोन्मुखता में इन प्रदत्त भावों को स्पष्ट करती है। **हमने पहले ही कहा है** कि हुसर्रल यह मानते हैं कि चेतना अनिवार्यतः अभिप्राय विषयक (Intentional) होती है, हर प्रकार की चेतना इस अर्थ में विषयोन्मुख होती है। विश्वास इच्छा, प्रेम, संज्ञान, निर्णय, अवगति, अनुभूति—हर प्रकार की चेतना की उसके मौलिक रूप में किसी **विषय** की अपेक्षा रहती हीं है। यह अनिवार्य नहीं कि वह विषय कोई अस्तित्ववान **वस्तु** हो। वस्तुतः जब चेतना की विषयन्मुखता में 'विषय' स्पष्ट होता है, तो वह विषय का भाव-रूप (essence) है, विषय का अस्तित्त्व नहीं। अतः यहाँ जिस 'प्रदत्त-भाव' का भान है, उसके विषय में यह जानकारी महत्त्वपूर्ण नहीं कि वह किस प्रकार अस्तित्त्ववान है। अपने प्रदत्त-रूप में यह एक 'भाव' है, इसी कारण उसकी वैचारिक वस्तुनिष्ठता स्पष्ट होती है। अस्तित्त्व आदि के प्रश्न इस **आद्य-प्रदत्तता** (Primordeat Presentation) के साथ नहीं जुटे हैं, बल्कि बाद में **वैचारिक स्तर** पर आने के बाद उत्पन्न होते हैं। इसी कारण, हुसर्रल ने कहा है कि इस प्रकार के शुद्ध अपचयित भाव **वस्तुनिष्ठ सार भाव** (Essence) है, जो हर प्रकार के ज्ञान-संज्ञान के जड़ में है।

हुसर्रल का कहना है कि ये एक दृष्टि से मन में है, तथा दूसरी दृष्टि से मन के 'परे' हैं। ये मन 'में' हैं (immanent) क्योंकि ये चेतना को प्रदत्त होते हैं। ये मन के 'परे' है (Transcendent) क्योंकि इनकी मौलिकता या इनका विषयरूप या इनकी प्रदत्तता कुछ भी उस मन पर निर्भर नहीं है।

अतः अब कहा जा सकता है कि इस प्रकार का प्रदत्त वस्तुनिष्ठ भाव एक 'अर्थ' के रूप में प्रकट होता है। इसी के आधार पर, इसी के सहारे अवगति अर्थवान होती है। अतः कहा जा सकता है कि जिस भाव को फेनोमेनोलाजी की खोज है वह वस्तुतः आद्य अर्थ (Primordeal Meaning) है, क्योंकि ऐसे ही मौलिक आद्य अर्थों के आधार पर हमारे लियें हर ज्ञान-संज्ञान अर्थवान होता है। शुद्ध अपचयित संवृत्ति-भाव (Pure Phenementba) की खोज वस्तुतः इन आद्य अर्थों की खोज है—उन अर्थों की खोज है जिसके आधार पर ही अन्ततः हर चेतना में अर्थ दिखाई देता है—हर अवगति—अनुभूति अर्थवान होती है। इस 'अर्थ' के लिए हुसर्रल का प्रयोग है (Noema)।

इसे अब हम उदाहरणों के द्वारा समझने की चेष्टा करे। उदाहरणतः हम एक 'मेज' का प्रत्यक्ष करते हैं। फेनोमेनोलाजी का प्रश्न है इस अवगति में आद्य-रूप में क्या प्रदत्त हुआ? इसे जानने के लिए हम फेनोमेनोलाजी की विधि का प्रयोग करें। प्रथमतः तो हम 'इपोंखे' का उपयोग करें, और थोड़ी देर के लिए विचार को इस विचार से मुक्त करें कि यह मेज है, या यह भौतिक वस्तु है। इन विचारों से यदि असंबंधन हो जाय तो मात्र 'अवगति' रह जायगी। अब इसका परिष्करण करें। प्रथमतः तो फेनोमेनोलाजिकल अपचयन करें, और इसे इसके मनोवैज्ञानिक साहचर्यों से पृथक करके देखें। तब यह मात्र एक आत्मनिष्ठता चेतना प्रतीत होती है। अब हम तात्विक अपचयन के द्वारा इसे इसकी आत्मनिष्ठता में पृथक करें। तो यह शुद्ध चेतना के रूप में प्रतीत होगी। चेतना अभिप्रायविषयक (Intention) होती ही है, अतः इसकी विषयोन्मुखता का विश्लेषण करें। सुविधा के लिए

कह सकते हैं कि—जो 'विषय' इस चेतना में प्रदत्त हो रहे हैं वे हैं 'विस्तार' या 'रंग' आदि। किन्तु यदि ये इस चेतना के ही विषय रह जायँ तो ये मात्र **इन्द्रिय-प्रदत्त** (Sense Data) जैसे तत्त्व बन के रह जायेंगे। अतः हुसर्रल इस स्तर में मूर्त्तककल्पी अपचयन की बात करते हैं। तब 'विस्तार' 'रंग' आदि **एक सामान्य** के रूप में प्रदत्त होते हैं। अब ये कोई **विशेष** विस्तार या विशेष रंग नहीं, बल्कि विस्तार, रंग आदि के सामान्य प्रदत्त भाव है। अब वे इन्द्रिय-प्रदत्तों जैसे किसी अनुभव-केन्द्र से जुटे नहीं हैं, बल्कि सार्वभौम भाव है। इन्हीं सार्वभौम भावों के द्वारा हमारी 'चेतना' संरचित होकर अर्थवान होती है। इस प्रकार के भाव अपने में स्वतः सिद्ध, एवं वस्तुनिष्ठ है, और हम इन्हीं मूल आद्य भावों से अपनी अवगति का अर्थनिरूपण करते हैं। अतः ये **आद्य अर्थ** हैं जिनके द्वारा जिनके आधार पर हमारी *'मेज की अवगति'* अर्थवान हुई है। तो, मेज की अवगति का वास्तविक आधार इन्द्रिय-प्रदत्त नहीं है, बल्कि उनसे अधिक परिष्कृत एवं अधिक मौलिक इस प्रकार के आद्य अर्थ है। **यदि इसी प्रकार के अर्थों को पकड़ा जा सके, तो हमें अपने ज्ञान का वास्तविक आधार उपलब्ध हो जायगा।** हुसर्रल कहते हैं कि इन्हीं मूल-अर्थों को पकड़ कर हम अपने ज्ञान का वास्तविक अर्थनिरूपण कर सकते हैं। उस दृष्टि से उन्होंने वस्तुओं का तादात्म का बिन्दु (Pole of Identity) कहा है। हम जिन मूल अर्थों को पकड़ पाते हैं, उन्हीं के **अनुरूप** वस्तु का अर्थनिरूपण कर पाते हैं। यही कारण है कि वस्तुओं के **अवबोध** में भी भिन्नता होती है, तथा भ्रान्ति की संभावना भी हो जाती है। भ्रान्ति की संभावना तो हर क्षण होती है, क्योंकि हम चेतना में प्रदत्त इन मूल अर्थों को पकड़ नहीं पाते। हर वस्तु के अर्थनिरूपण में भिन्नता इस कारण होती है कि हम यदि मूल अर्थों को देख भी पाते हैं, तो वे एक ही प्रकार से स्पष्ट नहीं होते। इस प्रकार हम देखते हैं कि हुसर्रल की फेनोमेनोलाजी, चेतना एवं अवगति—विशेषतः प्रत्यक्ष की समुचित व्याख्या कर पाता है।

हुसर्रल की फेनोमेनोलाजी में उभरा तात्त्विक पक्ष

जिस रूप में इस खण्ड का शीर्षक' बनाया गया है, उसी से एक बात स्पष्ट हो जाती है। हम हुर्सरल के विचारों के तार्किक पक्ष का उल्लेख नहीं कर रहे, उसमें **उभरे** तात्त्विक पक्ष का उल्लेख कर रहे हैं: हुसर्रल अपनी फेनोमेनोलाजी की योजना में तात्विक विवेचन को स्थान नहीं देते। इनका उद्देश्य—कम से कम प्रारम्भिक उद्देश्य-तात्विक विवेचनाओं में उलझने का नहीं है। उनका उद्देश्य तो विधिमूलक एवं सैद्धान्तिक ढंग से ज्ञानमीमांसीय अन्वेषण था। व्यवहार में तो वे हर प्रकार की तात्विक मान्यताओं से विचार को असंबंधित करने की बात करते हैं। फिर भी अपनी चिन्तन-प्रक्रिया में हुसर्रल को कुछ तात्विक विवेचनाओं में उलझना ही पड़ता है। एक स्थल पर वे अपनी फेनोमेनोलाजी को (Transcen dental Idealism) भी कह देते हैं, किन्तु वे यहाँ भी यह जोर देकर कहते हैं कि उनका यह **'तात्विक विज्ञानवाद'** सामान्य अथवा प्रचलित अर्थ में न तात्त्विक है न प्रत्ययवादी है। एक विशिष्ट अर्थ में ही इसे ऐसा कहा जा सकता है। इसी कारण शीर्षक में कहा गया है कि यहाँ हुसर्रल की फेनोमेनोलाजी में उभरे हुए तात्त्विक पक्ष का विवेचन किया जा रहा है।

हुसर्रल को यह स्वीकारना पड़ता है कि उनकी फेनोमेनोलाजी की विधि अन्ततः एक **अनुभवातीत आत्मनिष्ठता** (Transcendental Subjectivity) तक ले ही चलती है।

वस्तुतः उनकी फेनोमेनोलाजी में जो तात्विकता उभरती है वह इसी अनुभवातीत आत्मनिष्ठता से संबंधित है।

फेनोमेनोलाजी की विधि अनेक स्तरों से होकर अग्रसर होती है। इन स्तरों में असंबंध, अपचयन आदि की प्रक्रिया चलती रहती है। किन्तु इन प्रक्रियों में चलने में यह भी तो स्वीकारना पड़ता है कि कोई अनुभव केन्द्र है जहाँ प्रक्रियायें चल रही हैं, जहाँ इन स्तरों की भी अनुभूति है, तथा इनके क्रमिक रूप में अग्रसर होने की भी अनुभूति है। इस प्रकार एक 'आत्मनिष्ठता' को स्वीकारना ही पड़ता है, अन्यथा विधि की प्रक्रिया जड़हीन हो जायगी, चल ही नहीं पायेगी। इस प्रकार हुसर्रल एक **तात्विक आत्मनिष्ठता** को स्वीकारते हैं। किन्तु इस स्थल पर कुछ महत्त्वपूर्ण बातों पर ध्यान देना अनिवार्य है। हुसर्रल स्पष्ट कहते हैं कि इस आत्मनिष्ठता को विशिष्ट ढंग में समझना आवश्यक है। यह साधारण आत्मनिष्ठता नहीं है। इस आत्मनिष्ठता को मनोवैज्ञानिक ढांचे में नहीं ढाला जा सकता। इसे किसी मनोवैज्ञानिक मानसिक स्थिति के रूप में नहीं समझा जा सकता, इसका कोई मनोवैज्ञानिक स्वरूप या मानसिक संरचना का निर्धारण संभव नहीं है। **यह एक सैद्धान्तिक एवं तार्किक अनिवार्यता के रूप में मान्य है,** प्रकृतिवादी विश्वास के ढंग पर नहीं। इसे स्वीकारे बिना फेनोमेनोलाजी की प्रक्रिया नहीं चल सकती, यह इसकी तार्किक अनिवार्यता है, अस्तित्वसूचक साक्ष्य नहीं।

इसी कारण हुसर्रल इस **तात्विक आत्मनिष्ठता** (Transcendetd Subjectivity) का **तीन** प्रकार से विवरण देते हैं—(क) कहा जा सकता है कि इसकी तात्विकता इस बात में हैं कि एक प्रकार से हर विषयोन्मुख क्रिया (Intentional Act) का यह एक आधार है। विषयोन्मुखता आत्मनिष्ठता 'एवं 'विषय' का संबंध है। हम आत्मनिष्ठता का स्वरूप-निर्धारण भले न कर सकें, उसे अस्तित्ववान भी नहीं दिखा सके, किन्तु यदि विषयोन्मुख क्रिया है तो वह किसी आत्मनिष्ठता को स्वीकार कर ही सार्थक हो सकती है। (ख) तो, कहा जा सकता है कि ऐसी आत्मनिष्ठता का अपने में कोई निश्चित अस्तित्व की विधा नहीं है, बल्कि हर विषयोन्मुख क्रिया में यह नये ढंग से अस्तित्ववान होती है। इस दृष्टि से हुसर्रल की यह आत्मनिष्ठता स्थूल रूप में अस्तित्ववान कोई मानसिक अवस्था नहीं है, बल्कि इसमें एक **तरलता** (fluidity) है, जिसके फलस्वरूप हर विषयोन्मुख क्रिया में वह उस क्रिया के अनुरूप नये अर्थ में अस्तित्ववान होती है। (ग) किन्तु, किसी विवरण में हुसर्रल इस आत्मनिष्ठता का **विज्ञानवादी** (Idealistic) विवरण भी देते हैं। उनका कहना है कि यदि इस आत्मनिष्ठता को उसके पूर्ण **मूर्त** रूप में समझने की चेष्टा करें तो कहा जा सकता है कि यह **आत्म-चेतना** की पूर्ण अभिव्यक्ति है—पूर्ण आत्म-चेतना है। उस दृष्टि से मनोवैज्ञानिक अहं-भाव (Ego-Sense) भी इसी का एक अंश है, और उस दृष्टि से सब कुछ इसी पूर्ण आत्मनिष्ठता में ही संरचित होता है। इस प्रकार का विवरण उन्हें विज्ञानवादी बना देता है। वैसे उनकी फेनोमेनोलाजी में यह पक्ष कभी प्रबल रूप में उभर कर सामने नहीं आया है।

हुसर्रल का ऐतिहासिक महत्त्व

वैसे हुसर्रल अपनी फेनोमेनोलाजी में बड़ा ही व्यापक दावा करते हैं, सभी ज्ञान-विज्ञान के आद्य-आधार को ढूढ़ने का दावा करते हैं, इस 'दावा' के आलोक में देखने पर कहा जा सकता हैं कि 'फेनोमेनोलाजी' इसे पूरा करने में पूर्णतया सफल तो प्रतीत नहीं होती;

किन्तु फेनोमेनोलाजी के प्रणेता के रूप में पाश्चात्यदर्शन एवं विचार के इतिहास में हुसर्रल को एक विशिष्ट स्थान अवश्य मिल गया है।

उनका दार्शनिक महत्त्व मूलतः इस तथ्य में है कि उन्होंने चिन्तन को एक नयी विधि दी। इस विधि की प्रतिष्ठा इस बात में है कि यह प्रचलित लीक से हटकर सोचने की विधि है, सामान्य-ज्ञान के अनुरूप होते हुए भी शास्त्रीय ढंग से सैद्धान्तिक है। यह बात सर्वथा नवीन प्रतीत हुई कि विचार की सार्थकता का आद्य-आधार उस भाव में है जो अपनी शुद्ध प्रदत्तता में ही देखा जा सकता है। यह बात बड़ी व्यापक प्रतीत हुई क्योंकि ऐसा प्रतीत हुआ कि वस्तुतः हम किसी बात को उसी रूप में समझते हैं, जिस रूप में वह हमें प्रदत्त होता है। तो ज्ञान-विज्ञान के क्षेत्र में किसी अर्थबोध के लिए उपयुक्त यही देखना है कि उस भाव का आद्य-प्रदत्त रूप क्या है।

इस विचार की मौलिकता से लोग इतने प्रभावित हुए कि केवल दर्शन के क्षेत्र में ही नहीं, बल्कि विचार के विभिन्न क्षेत्रों में फेनोमेनोलाजी का प्रभाव स्पष्ट दिखाई देने लगा।

दर्शन के क्षेत्र में तो भाषा-दर्शन एवं समाज दर्शन दोनों में फेनोमेनोलाजिकल दृष्टि की एक विधा खुल गयी। भाषा-दर्शन के क्षेत्र में तो अर्थ-निरूपणता का एक नया आधार उपलब्ध हो गया और फेनोमेनोलाजी के प्रभाव में (Hermeneutics) शास्त्रार्थमीमांसा की एक प्रमुख शाखा विकसित हो गयी। कुछ दार्शनिक चिन्तकों ने समांज-दर्शन में भी समाजसंबंधी वाद-विषयों को समझने का एक नया ढंग फेनोमेनोलाजी से पाया।

किन्तु फेनोमेनोलाजी का ऐतिहासिक महत्त्व इस तथ्य में है कि दर्शन के क्षेत्र से बाहर अन्य क्षेत्रों में भी फेनोमेनोलाजी की दृष्टि से अनुरूप नयी शाखायें फूटने लगी। एक विशिष्ट प्रकार के मनोविज्ञान का उद्भव हो गया। समाज-शास्त्रीय अध्ययन की एक नयी शाखा का विकास हो गया, कुछ समाजशास्त्री अपने विश्लेषण में फेनोमेनोलाजी की दृष्टि को अपनाने लगे। साहित्य का क्षेत्र भी इसके प्रभाव से अछूता न रहा। इस प्रकार आज के रोचक क्षेत्र—अन्तर्शास्त्रीय अध्ययन के क्षेत्र में फेनोमेनोलाजी का योगदान प्रबल रहा।

दर्शन के क्षेत्र में तो कुछ विचारकों ने हुसर्रल के प्रति अपने ऋण को स्वीकारा है। हाइडेगर एवं सात्र जैसे विचारक तो हुसर्रल की फेनोमेनोलाजी से स्पष्टतः प्रभावित हैं, और उसी प्रभाव के आलोक में उन्होंने अपने निरीश्वर अस्तित्ववाद को संवारा है।

इस प्रकार हुसर्रल का ऐतिहासिक महत्त्व इस तथ्य में है कि हुसर्रल ने केवल दर्शन के क्षेत्र को ही नहीं, बल्कि विचार के अन्य क्षेत्रों को भी सार्थक ढंग से प्रभावित किया है, तथा उस प्रभाव में विचार के विकास की नयी-नयी दिशायें निर्धारित हुई हैं।

❑

अध्याय 12

अस्तित्ववाद
(EXISTENTIALISM)

---

(1) भूमिका

अस्तित्ववादी विचारकों के विचारों से परिचित होने के पहले यह जानकारी प्रारंभिक रूप में अनिवार्य प्रतीत होती है कि 'अस्तित्ववाद' से सामान्यतः किस प्रकार का विचार सूचित हो रहा है। किन्तु इसका निर्धारण सरल नहीं हैं, क्योंकि हर अस्तित्ववादी विचारक एक प्रकार से पूर्णतया स्वतंत्र चिन्तक है। हर ऐसा विचार दूसरे से स्पष्टतः भिन्न है। अतः उन सभी विचारों में सामान्य बिन्दुओं की खोज बड़ा ही कठिन है। दार्शनिक इतिहास के लिखनेवालों ने भी इसकी इतने ढंगों से व्याख्या की है, इतने प्रकार के विवरण दिए हैं जो सभी समस्या की जटिलता को बढ़ा देते हैं। बांत यह है कि उस प्रकार के सभी विवरण यथार्थ भी हैं तथा यथार्थ नहीं भी हैं। वे यथार्थ हैं क्योंकि वे अस्तित्ववाद के किसी अंश पर प्रकाश अवश्य देते हैं किन्तु वे अयथार्थ है क्योंकि उन विवरणों में अस्तित्ववाद का चित्र नहीं उभरता है। अस्तित्ववादी दृष्टि को स्पष्ट करते हुए अनेकों प्रकार के विवरण दिये गए हैं। **कुछ** लोगों ने इसे **अकर्मण्यता** (Inactivism) का पोषक कहा है, कुछ लोगों ने इसे 'वैयक्तिक स्वतंत्रता का भयावह समर्थक' (dangerous justification of human liberty) कहा है, कुछ लोगों ने इसे 'आपातस्थिति का चिन्तन' (Philosophy of Crisis) कहा है, कुछ लोगों ने इस पर 'चायखाने का दर्शन' (Cafe-Philosophy) कह कर टिप्पणी की है। **अस्तित्ववाद** पर सुगमता से विभिन्न प्रकार की उपाधियाँ चिपकायी गयीं है—जैसे शून्यवाद (Nihilism), निराशावाद (Pessimism), मानववाद (Humanism), उत्कट व्यक्तिवाद (Radical Individualism), अश्लील दर्शन (Vuglar Philosophy) आदि। इन सभी नामों को अस्तित्ववादी विचार पर चिपकाने में लोगों का एक विशेष अभिप्रायः रहा है, वे इसके या इसमें प्रगट किसी विशेष अंश पर प्रकाश देने की चेष्टा करते हैं। किन्तु इस प्रकार की टिप्पणीयाँ अस्तित्ववाद के स्वरूप को स्पष्ट करने में सक्षम तो नहीं ही हैं, इनमें कुछ तो अस्तित्ववाद के स्वरूप को पूर्णतया नहीं समझने के कारण तथा इसके केवल कुछ आकस्मिक साहचर्यों को देख इस पर लगायी जाती है।

बात यह है कि अस्तित्ववाद कोई वैचारिक संप्रदाय (School of thought) नहीं है, यह पूर्णतया निश्चित एवं सर्वसम्मत सिद्धान्तों को प्रतिपादित करने की चेष्टा नहीं है। बल्कि इसका आविर्भाव तो इस प्रकार के प्रयत्नों के विरुद्ध, उनके प्रतिवाद में ही होता है। यह दर्शन के एक नये संप्रदाय को स्थापित करने की चेष्टा में जन्म नहीं लेता। वस्तुतः अस्तित्ववाद कोई 'वाद' नहीं, एक 'दृष्टि' है, विशेष प्रकार की मानवीय स्थितियों को देखने का एक सर्वथा नवीन ढंग है। इसकी इस मूल दृष्टि की मौलिकता तथा नवीनता में ही इसका प्रभाव है। यह कुछ इस ढंग की दृष्टि है कि उस दृष्टि के प्रति यदि संवेदनशीलता जागरूक हो, तो अस्तित्ववाद विचार को उद्वेलित तो करेगा ही, मन को

भी छू लेगा। इसकी बातों में ही एक विचित्र प्रकार की आत्मीयता का बोध होता है। इसी कारण कहा जा रहा है कि अपने ढंग की एक **'दृष्टि'** है। वाद एवं दृष्टि में अन्तर है, 'वाद' यदि खण्डित हो जाय तो वाद की सार्थकता समाप्त हो जाती है। उस प्रकार से 'दृष्टि' खण्डित नहीं होती, दृष्टि यथेष्ठ, अयथेष्ठ हो सकती है, किन्तु इसका पूर्ण निरसन संभव नहीं है। यह एक प्रकार से एक 'झरोखा' खोल देती है, और जब भी कोई उस झरोखे से देखे तो उसी प्रकार के दृश्य दिखाई देंगे, जो उस झरोखे से देखने के अनुरूप है। अतः अस्तित्ववाद को किसी वैचारिक सर्वसम्मत मत या किसी दार्शनिक संप्रदाय के रूप में समझने का प्रयत्न ही निरर्थक है, इसके समझने का अर्थ है 'अस्तित्ववादी दृष्टि का स्पष्टीकरण'।

शायद इसकी इसी विलक्षणता के कारण दर्शन के क्षेत्र में इसका प्रवेश साहित्य के माध्यम के द्वारा हुआ है। इस दृष्टि का प्रतिरूपण साहित्यिक रचनाओं—कहानियों, नाटकों, उपन्यासों आदि में बड़े रोचक एवं सार्थक ढंग में संभव था। अस्तित्ववादी विचारकों ने ऐसा क्रिया भी। ऐसी रचनाओं के पात्रों ने मानव के अन्तर्मन का स्पष्ट प्रतिरूपण किया। परिणाम यह हुआ कि लोगों को इन साहित्यिक रचनाओं में अपनी छवि दिखाई दी, इस प्रकार के पात्रों की भूमिकायें लोगों के लिए 'आइना' के समान हो गयीं। स्वाभाविक था, कि अपना प्रतिरूपण जिन रचनाओं में दिखाई दे, उनका प्रबल प्रभाव पड़ता ही। यह अस्तित्ववाद की प्रथम झांकी थी, जिसके फलस्वरू अभिरुचि बढ़ी, तथा लोगों ने देखा कि इन 'झाँकियों' के पीछे एक विशिष्ट दृष्टि है जिसे विचारकों ने बड़े यत्न से प्रतिष्ठित भी किया है। अतः अब लोगों का झुकाव उन मूल विचारों की ओर बढ़ा, तथा शीघ्र ही अस्तित्ववाद बीसवीं शताब्दी के एक प्रतिष्ठित दर्शन के रूप में उभरा। विभिन्न विचारकों की पुस्तकों का विभिन्न भाषाओं में अनुवाद होने लगा, इस विषय पर स्वतंत्र रचनायें होने लगीं, तथा बीसवीं शताब्दी के तीसरे तथा चौथे दशक में अस्तित्ववाद एक नवीन दर्शन के रूप में प्रतिष्ठित हो गया।

अतः अस्तित्ववादी दृष्टि के स्वरूप को समझने के लिए, इस दृष्टि को पारम्परिक दार्शनिक दृष्टि के आलोक में देखना आवश्यक है। पारम्परिक दर्शन का 'चिन्तन-क्षेत्र' अनिवार्यतः अवधारणात्मक है, इसका लक्ष्य है दार्शनिक अवधारणाओं का विश्लेषण-स्पष्टीकरण। अतः यह मूलतः अवधारणाओं, भावों, प्रत्ययों आदि का विश्लेषण करता रहा है। जितना सूक्ष्म विश्लेषण हो, दार्शनिक चिन्तन उतना ही गंभीर माना जाता है। इसी प्रकार के विश्लेषण के आधार पर दार्शनिक चिन्तन अस्तित्वमूलक निष्कर्ष भी दे देते हैं। अस्तित्ववादी विचारकों के लिए इस प्रकार का चिन्तन यथार्थ से सर्वथा हटा हुआ चिन्तन है। इस प्रकार के चिन्तन को वे अमूर्त **भाव चिन्तन** (Essentialism) कहते हैं तथा इसी प्रकार के चिन्तन के विपरीत उनकी अस्तित्ववादी दृष्टि रूप लेती है।

उनका कहना है कि उस प्रकार से अमूर्त भावों के विश्लेषण के द्वारा तो 'सत्य' तक पहुँचा ही नहीं जा सकता। विशेषतः यदि हम मानवीय सत्यों की बात करते हैं—और हम देखेंगे कि यही अस्तित्ववादी विचार का केन्द्र है—तो इस प्रकार के भाव-जगत में विचरण से, इस प्रकार के बाल की खाल निकालने वाली प्रक्रिया से मानवीय सत्यों को तो पकड़ा ही नहीं जा सकता। मानवीय सत्यों की खोज हम उस प्रकार नहीं कर सकते जिस प्रकार कोई सर्जन 'चिर-फाड़' करता है, उसके लिये तो उन्हें आत्मसात करना होगा, उन्हें

भावनात्मकता की बिना उपेक्षा किये जानने की चेष्टा करनी होगी। उदाहरणतः 'अमरता' के प्रश्न पर ही सोचें। दर्शन की परम्परा अमरता के भाव का विशद एवं सूक्ष्म विश्लेषण करती रही है, पक्ष-विपक्ष में विभिन्न विश्लेषणात्मक युक्तियों को एकत्रित करती रही है, किन्तु इस भाव में निहित जो यथार्थता है उसे पकड़ नहीं पाती। अस्तित्ववादी दृष्टि के अनुरूप कहा जा सकता है कि ऐसा केवल इसी कारण होता है कि हमारे लिये वस्तुतः अमरता का 'भाव' महत्त्वपूर्ण नहीं है, महत्त्वपूर्ण है यह अनुभूति, जो हमारे जीवन का अंश है, कि 'हमें मरना है ही'। उसी प्रकार हमारे लिए यह महत्त्वपूर्ण नहीं है कि मानव का सार्वभौम स्वरूप क्या है, जीवत्व एवं विवेक का विश्लेषण हमारे लिये महत्त्वपूर्ण नहीं है बल्कि महत्त्वपूर्ण है हमारे अस्तित्व की '**स्थितियाँ**' जिनमें हमें जीना है। तो वैचारिक दृष्टि भी इन अस्तित्वमूलक अनुभूतियों के अनुरूप ही सर्जित होनी चाहिए, अन्यथा हमारे विचार से खींचा हुआ चित्र मनवीय सत्यों की बनावटी, कृत्रिम चित्र बन जायगा यही भाव-प्रधान विचार पारम्परिक दर्शन करता रहा है, तथा इसी के विरुद्ध अस्तित्ववाद ने अपनी दृष्टि सर्जित की है।

यही कारण है कि अस्तित्ववाद की केन्द्रीय एवं मूल उक्ति है कि विचार को 'मनुष्य' पर—'अस्तित्ववादी व्यक्ति' पर केन्द्रित होना चाहिये। चिन्तन चाहे जिस रूप में हो, मानवीय तो है ही, अतः वह मानव अस्तित्व की उपेक्षा कर सार्थक नहीं हो सकता। इसी कारण अस्तित्ववादी दृष्टि मानव-केन्द्रित दृष्टि है। इसी अर्थ में कुछ इतिहासज्ञों ने कहा है कि अस्तित्ववादी चिन्तन '**दर्शक**' की दृष्टि का चिन्तन नहीं है, बल्कि '**अभिनेता**' की दृष्टि का चिन्तन है। 'हेगेल' के चिन्तन के ढंग का उपहास करते हुए कर्कगार्ड कहते हैं कि हेगेल हमारे समक्ष जगत तथा मनुष्य के संबंध में एक विशाल नाटकीय दृश्य प्रस्तुत करते हैं, किन्तु वे भ्रान्त हैं क्योंकि वे देख ही नहीं पाते कि मानवीय नाटक के पात्र हम सभी हैं, हम नाटक देखेंगे क्या—हम तो नाटक खेल रहे हैं। इन सभी बातों का केन्द्र यही है कि इन विचारकों के अनुसार मानवीय सत्यों को समझने के लिय मानव की अस्तित्ववादी स्थिति के अनुरूप ही विचार करना आवश्यक है।

इस प्रकार के चिन्तन को रूप देने का कारण यही है कि इन विचारकों को आधुनिक मानव की वर्त्तमान स्थिति की पूर्ण अवगति थी। यह कहना अतिशयोक्ति नहीं है कि अस्तित्ववाद पूर्णतया आधुनिक—पूर्णतया समकालीन विचार है। **वैसे**, विद्वानों ने इस विचार की विशिष्टताओं को प्राचीन ग्रीक एवं भारतीय दर्शनों में, तथा ईसाई दर्शन में भी ढूढ़ने की चेष्टा की है। इस प्रकार का खेल विद्वता का खेल है, यह कहना ही पड़ता है कि अस्तित्ववाद का उद्भव एक विशेष प्रकार की मानव-स्थिति की अनुभूति पर निर्भर है, तथा वह अनुभूति इस मानवीय स्थिति की है जिसमें **आधुनिक** काल का मानव घिरा है। विज्ञान एवं टेकनोलाजी की प्रगति से विकसित मानसिकता, दो विश्व युद्ध की विभीषिकाओं की स्पष्ट अनुभूति—इनकी पृष्ठभूमि में अस्तित्ववादी दृष्टि सर्जित होती है। इस अर्थ में अस्तित्ववादी चिन्तन समकालीन चिन्तन है। यास्पर्स ने कहा है कि एक अर्थ में सभी 'दर्शन' समकालीन ही होते हैं। किन्तु, यहाँ अस्तित्ववाद को इस सामान्य अर्थ में समकालीन नहीं कहा जा रहा, **इसे समकालीन इस अर्थ में कहा जा रहा है कि इस प्रकार की दृष्टि इस युग की देन है।**

कुछ विद्वानों ने कहा है कि एक दृष्टि से आधुनिक काल मानव के लिये एक विशेष प्रकार की आपात्‌स्थिति की अवस्था है। विज्ञान तथा टेक्नोलोली की प्रगति के फलस्वरूप

मनुष्य को सुख-सुविधा के सभी साधन उपलब्ध हो रहे हैं। मात्र 'बटन' चीप कर वह सब कुछ प्राप्त करने की अवस्था में आता जा रहा है। किन्तु जैसे-जैसे सुख-भोग के उपकरण बढ़ते जा रहे हैं, वैसे-वैसे सुख-भोग की अनुभूति ही शिथिल पड़ती जा रही है। मशीनी जीवन जीते-जीते मनुष्य भी मशीन बनता रहा है, उसके सारे कर्म यन्त्रवत होते जा रहे हैं, तथा उसकी आन्तरिकता, उसकी मानवीयता का ही हनन होता जा रहा है। कहा जाता है कि यह आपात्स्थिति मानव के अमानवीयकरण (debumanisation) की प्रक्रिया है, मनुष्य की मानवीयता समाप्त हो रही है। अस्तित्ववादी विचारकों को इस विषमता की अनुभूति है, अतः वैचारिक प्रेरणा का स्रोत यह सोचना है कि मनुष्य इस प्रकार की स्थिति में खो न जाय। इसके लिये उन्हें यह अनिवार्य प्रतीत होता है कि मनुष्य को उसकी मानवीयता, उसकी विशिष्टता एवं उसकी गरिमा की अनुभूति हो जाय। इसी कारण अस्तित्ववादी दृष्टि मनुष्य को विचार के केन्द्र में प्रतिष्ठित करने का प्रयत्न करती है। इस विशेष अर्थ में यह मानव दर्शन है।

(2) अस्तित्ववादी दृष्टि की सामान्य रूपरेखा

(क) भूमिका

जैसा कि हमने ऊपर कहा है, अस्तित्त्ववाद की सामान्य रूपरेखा बनाने में एक मौलिक कठिनाई है। इस नाम से पुकारे जाने वाले विचारकों ने भी कभी कोई 'सामान्य. वादक्षेत्र' बनाने की बात भी नहीं की, 'व्यक्ति' को विचार का केन्द्र बनाने के प्रयास में सबों का विचार एक दूसरे से भिन्न होता गया। अस्तित्ववाद के इतिहासकारों ने किसी अस्तित्ववादी 'ज्ञापनपत्र' को तैयार करने का भी प्रयत्न नहीं किया है। सबों में सामान्य मात्र एक बात है—वह अस्तित्ववादी दृष्टि जिसे सभी अपनाते हैं। इस प्रकार की दृष्टि को अपनाने के फलस्वरूप कुछ ऐसी समस्याएँ उभरती हैं, कुछ ऐसे प्रश्न उठ खड़े होते हैं जिनके प्रति इन सभी विचारकों की **चिन्तायुक्त उत्सुकता** जागती है। इस प्रकार की चिन्तायुक्त उत्सुकता अस्तित्ववादी दृष्टि के रूप में है, फलतः इन सबों की 'समस्यायें' कुछ एक जैसी हैं, जिन प्रश्नों से ये जुझते हैं, वे प्रश्न एक जैसे हैं। यह ठीक है कि इन प्रश्नों से जूझने का इनका ढंग अलग-अलग है, किन्तु प्रश्न एक जैसे हैं। यही कारण है कि अस्तित्ववादी दृष्टि के साथ अनिवार्यतः कुछ अस्तित्वमूलक प्रश्न जुटे हैं, तथा इस दृष्टि के स्वरूप को समझने का अर्थ उन प्रश्नों को समझना है।

अतः अस्तित्ववादी दृष्टि की सामान्य रूपरेखा प्रस्तुत करने का अर्थ है उन वाद् विषयों का उल्लेख एवं विवरण जो इन विचारकों के विचार में सदैव उपस्थित होते रहते हैं। तो, इस सामान्य दृष्टि की विवेचना हम दो ढंगों से करेंगे—पहले तो हम यह देखेंगे कि इस दृष्टि के रूप लेने की प्रेरणा क्या है, अर्थात् हम इस दृष्टि की पृष्ठभूमि से परिचित होंगे। वस्तुतः यह पृष्ठभूमि निषेधात्मक रूप में या परोक्ष में इस दृष्टि को प्रभावित नहीं करती, बल्कि भावात्मक रूप में इस दृष्टि को संरचित करती है। इसके बाद ही हम उन मूल प्रश्नों एवं समस्याओं का उल्लेख करेंगे जिनसे जूझते रहने के कारण हर ऐसा विचारक अस्तित्ववादी विचारक है। पहले हम इस दृष्टि के पनपने की पृष्ठभूमि को देखें।

(ख) प्रतिवाद के विन्दु

कहा जा सकता है कि जिन प्रश्नों एवं समस्याओं से अस्तित्ववाद जूझता है, वे सभी एकाएक, अनयास ढंग से प्रकट नहीं हो जाते। इन समस्याओं के प्रति जो ऐसी चिन्तायुक्त

आतुरता है, इसकी पृष्ठभूमि है। इस प्रकार के प्रश्न उभरते हैं—आधुनिक जीवन के रूप एवं पारम्परिक दार्शनिक चिन्तन के ढंग की स्पष्ट चेतना में। वस्तुतः अस्तित्ववादी दृष्टि इन दोनों ढंगों के विरुद्ध, उनके **प्रतिवाद** के रूप में सर्जित होती है। इन प्रतिवादों के बिन्दुओं को देखने से इस दृष्टि से स्वरूप का अवबोध होता है, क्योंकि इस दृष्टि के संवरने में इन प्रतिवादों का ही मूल योगदान है।

(i) प्रथमतः तो कहा ही जा सकता है कि अस्तित्ववाद एक प्रतिवाद है दर्शन के अतिबौद्धिकीकरण के विरुद्ध। हेगेल एवं हेगेलवाद से जिस प्रकार की चिन्तन-प्रणाली चल निकली वह मानव संबंधी समस्याओं के लिए अनुपयुक्त ही नहीं, हानिकारक भी है। अस्तित्ववाद इसके विरुद्ध प्रतिवाद है। उसका विचार है कि तार्किक एवं बौद्धिक व्यवस्था के द्वारा 'सत्यों' को, विशेषतः मानवगत सत्यों को तो आत्मसात नहीं ही किया जा सकता। इन सत्यों को अनुभूत करना होता है, तथा इसके लिए पूर्ण मानवीय सत् उसके ज्ञानात्मक, भावनात्मक तथा संकल्पनात्मक—सभी पहलुओं का प्रभावित होना आवश्यक है। चिन्तन को अतिबौद्धिक बनाने के प्रयास में इस तथ्य की अवहेलना हो जाती है।

(ii) उसी प्रकार अस्तित्ववाद प्रतिवाद है 'मानव' की उपेक्षा के विरुद्ध चिन्तन तथा विज्ञान दोनों का ढंग कुछ इस प्रकार रहा है कि मानव की मानवीयता का प्रायः हनन ही हो रहा है। पहले यह कार्य अमूर्त भावों के खेल के कारण होता रहा है, और अब वैज्ञानिकता के नाम पर। हेगेल जैसे अमूर्त भावों के पोषक मानव-अस्तित्व के स्थान पर एक 'भावों का चित्र' प्रस्तुत करते रहे। तथा इधर कुछ दिनों से वैज्ञानिकता के प्रभाव में प्रयत्न होता रहा है कि 'मानव' की व्याख्या भी उसी ढंग से हो जिस ढंग से खनिज तत्वों की व्याख्या होती है। अस्तित्ववाद 'विज्ञान' के विरुद्ध नहीं है, किन्तु अतिवैज्ञानिकता के विरुद्ध अवश्य हो जाता है, वह भी जब इसके प्रभाव में मनुष्य को भी एक 'वस्तु' समझ लिया जाता है। मनोविज्ञान के प्रचलित ढंग, **व्यवहारवादी व्याख्या** यह मान कर अग्रसर होती है कि मनुष्य भी प्रतिक्रियाओं का समूह मात्र है, वह भी उद्दीपनों के अनुरूप व्यवस्थित हो सकता है। अस्तित्ववाद इस प्रवृत्ति के विरुद्ध प्रतिवाद है। हम देखेंगे कि अस्तित्ववाद का मूल लक्ष्य मानव की गरिमा को प्रतिष्ठित करना है, अतः यदि अतिवैज्ञानिकता अमानवीयकरण (Dehumanisation) का मार्ग खोल देता है, तो अस्तित्ववाद इसके विरुद्ध प्रतिवाद करेगा ही।

(iii) अस्तित्ववाद यह भी देखता है कि जहाँ चिन्तन एवं विचार में मानव की बात भी होती है, तो वहाँ यही प्रयत्न होता है कि मानव के सार्वभौम एवं अनिवार्य गुणों पर ही ध्यान केन्द्रित हो। ग्रीक काल में जब मानव को 'विवेकशील जीव' कहा गया, शायद तभी से विचार का यह क्रम चल पड़ा है। फलतः मनुष्य के विषय में भी उसी रूप में विचार होता है जिस रूप में अन्य जीवों का विचार होता है। एक 'चूहे' पर प्रयोग करने से जो स्थापनाएँ बनती हैं, वे सभी चूहों पर लागू होती है। उसी ढंग से लोग सोच लेते हैं कि मनुष्य में भी प्रधानता उसके जातीय लक्षणों को है। किन्तु वास्तविकता ऐसी नहीं। मनुष्य में उसकी वैयक्तिकता प्रधान होती है। एक ही परिस्थिति में भिन्न-भिन्न व्यक्ति भिन्न-भिन्न रूप में क्रियावान होता है। मनुष्य के जाति-गुणों को जान लेने से 'मनुष्य' को नहीं जाना जाता। किन्तु मनोविज्ञान में ऐसी प्रवृत्ति जागी है कि वह 'व्यक्ति' की उपेक्षा करता है। अस्तित्ववाद **'व्यक्ति'** की इस उपेक्षा के विरुद्ध भी प्रतिवाद है।

(iv) शायद ऐसा इस कारण होता है कि चिन्तन-मूलतः दार्शनिक चिन्तन 'संपूर्णता' की दृष्टि की बात करता है। अस्तित्ववाद इस प्रकार की 'सम्पूर्णता की दृष्टि' के विरुद्ध भी प्रतिवाद है, क्योंकि इसे यह अवगति है कि ऐसी कोई दृष्टि हो ही नहीं सकती। सिद्धान्ततः ऐसी दृष्टि संभव नहीं है। जब भी हम किसी 'दृष्टि' की बात करते हैं तो वह विशेष परिप्रेक्ष्य की ही दृष्टि होती है। जब हम किसी 'संपूर्णता की दृष्टि' की ही बात करते हैं, तो वह भी किसी व्यक्ति की दृष्टि है। कोई व्यक्ति ही यह तय करता है कि वह चीजों को उनकी संपूर्णता की दृष्टि से देखेगा। यदि कोई सार्वभौम तात्त्विक निष्कर्ष स्थापित होते हैं, तो वह भी प्रथमतः किसी विशेष व्यक्ति की दृष्टि में ही स्थापित होता है।

(v) उसी प्रकार अस्तित्वाद **आन्तरिकता** (Subjectivity) की उपेक्षा के विरुद्ध भी अपना प्रतिवाद प्रस्तुत करता है। सभी प्रकार के मानव-विज्ञान का ध्यान 'वाह्यता' पर ही केन्द्रित रहता है। वे सब यह मान कर चलते हैं कि मानव की क्रियाओं तथा उसके व्यवहारों तथा उसके स्नायुतंत्र, मांसपेशी आदि की हरकतों को देखकर, नाप कर 'मानव' को 'समझ' लिया जा सकता है। इस प्रकार के अध्ययन के समर्थक यह देख नहीं पाते कि उस ढंग से मानव को समझना असंभव है, क्योंकि मानव की वास्तविकता उसके अन्तर (Inwardness) में हैं, उसकी आन्तरिकता में है।

इस स्थल पर एक स्पष्टीकरण अनिवार्य है। जिस ढंग से अस्तित्ववाद के प्रतिवादों का रूप उभर रहा है, उससे अस्तित्ववाद के विरुद्ध उसी स्थल पर एक आपत्ति भी उठ जा सकती है। वस्तुतः ऐसी आपत्तियाँ उठायी गयी है। अस्तित्ववाद मानव-केन्द्रित होने के प्रयत्न में व्यक्ति तक, और पुनः व्यक्ति की आन्तरिकता तक पहुँच जाता है। तो कहा जा सकता है कि अस्तित्ववाद का इस प्रकार का प्रयत्न इसे व्यक्ति केन्द्रित बना देता है। अतः आपत्ति उठ जाती है कि यदि यही अस्तित्ववाद है तो यह पूर्णतया व्यक्तिवादी है, आत्मनिष्ठवादी (Subjectivistic) है।

किन्तु, अस्तित्ववाद में इस संभावित आपत्ति का निराकरण अनेकों ढंग से हुआ है। यह ठीक है कि अस्तित्ववाद का केन्द्र है 'अस्तित्ववान व्यक्ति' किन्तु इससे यह व्यक्तिवादी या आत्मनिष्ठवादी नहीं बन जाता। अस्तित्ववाद पर व्यक्तिवादिता का आरोप तब यथार्थ होता जब यह व्यक्ति को विश्व का मापदण्ड बना देता। अस्तित्ववाद ऐसा नहीं करता। यह ठीक है कि अस्तित्ववाद में इस बात पर जोर दिया गया है कि जब मानव अस्तित्व की बातें हों, तो यह किसी वैयक्तिक दृष्टि के अनुरूप होगी। वस्तुतः हर स्थापना किसी व्यक्ति की ही स्थापना होती है। यह वास्तविकता है, व्यक्तिवादिता नहीं। यह व्यक्तिवादिता तब हो जाती जब यह दृष्टि व्यक्ति को विश्व का केन्द्र बना देती, या विश्व के हर चित्रण को इसी केन्द्र के अनुरूप उभारती। अस्तित्ववाद ऐसा नहीं करता, बल्कि अपने ढंग से अस्तित्ववादी दृष्टि मूल तात्विक संगठन को पकड़ने की चेष्टा करता है। वह मानता है कि व्यक्ति को अपने को एक स्थिति में पाता है, उस स्थिति का विकास भी इन्हीं क्रिया-प्रतिक्रिया की अनुभूति से संरचित है। हम देखेंगे कि इस प्राकर की व्याख्या प्रायः हर अस्तित्वादी देता है। व्यक्ति अन्य को तथा वस्तुओं को अपने अनुरूप ढालने की चेष्टा नहीं करता, बल्कि इसके विपरीत अन्य तथा वस्तुओं के अनुरूप उसकी अपनी वैयक्तिकता संरचित होती है। ऐसा विचार व्यक्तिवादिता का विचार नहीं। वस्तुतः अस्तित्ववाद में आत्मनिष्ठता (Subjectivism) का प्रयोग भी नहीं है, उसका शब्द है (Subjectivity)

जिसका अस्तित्ववादी अर्थ है **'आन्तरिकता'**। अस्तित्ववाद का यही कहना है कि व्यक्ति का वास्तविक अस्तित्व उसके 'अन्तर' में है, उसकी आन्तरिकता में है।

(vi) उसी प्रकार अस्तित्ववाद चिन्तन को केवल **बौद्धिक** मानने के विरुद्ध भी प्रतिवाद है। हेगेल जैसे विचारक ने सत् को ही विवेकरूप (rational) कह दिया। उस परम्परा में माना जाता है कि चिन्तन का अर्थ है विवेक के बौद्धिक खेलों में उलझना। किन्तु अस्तित्ववाद का कहना है कि मनुष्य मात्र विवेक नहीं है, अतः उसकी बौद्धिकता भी उसकी भावनाओं एवं संकल्पों से अछूता नहीं है। ऐसे असंख्य उदाहरण दिये जा सकते हैं जहाँ विवेक का पूरा खेल भावना के एक प्रवाह में बह गया हो। अस्तित्व की अनुभूति मात्र एक **संज्ञान** नहीं है, मात्र एक बौद्धिक जानकारी नहीं है, बल्कि इस अनुभूति का भावनात्मक एवं संकल्पनात्मक पक्ष भी उतना ही प्रबल है। इनकी उपेक्षा पर आधृत मानव-अस्तित्व का हर चित्र पूर्णतया कृत्रिम चित्र होगा।

(vii) इसी कारण अस्तित्ववाद उन सभी प्रयत्नों के विरुद्ध भी प्रतिवाद है जो मानव-अस्तित्व के संबंध में भी पूर्णतया निश्चित एवं अन्तिम निष्कर्ष स्थापित करने के प्रयत्न में रहते हैं। आधुनिक मनोविज्ञान का लक्ष्य भी ऐसा ही है, जो स्पष्टतः अप्राप्य है। अस्तित्ववाद का कहना है कि यह स्वीकार कर ही मानव-अस्तित्व की बात करनी होगी कि मानव-अस्तित्व के संबंध में कोई पूर्णतया निश्चित उत्तर, गणिती उत्तर नहीं दिया जा सकता। इसी कारण वह कहता है कि मानव-निश्चित मूलतः अनिश्चित एवं विभिन्न अर्थबोधक (ambiguous) **होता है। अस्तित्ववाद का तात्पर्य यह है कि मनाव न तो यह पूर्णतया निश्चित** तथा व्यवस्थित है, और न यह सर्वथा दुर्व्यस्थित है। जब यह कहता है कि मानव की स्वतंत्रता अनेक-अर्थ-बोधक (ambiguous) है, तो इसका तात्पर्य मात्र इतना ही है कि व्यक्ति की स्वतंत्रता किस दिशा में प्रवाहित होगी, इसका पूर्वनिर्धारण संभव नहीं है। हर व्यक्ति को हर स्थिति में यह तय स्वयं करना पड़ेगा।

(ग) भावात्मक रूप

इस प्रकार हमने उन मूल प्रतिवाद के बिन्दुओं को स्पष्ट किया है जिनके आलोक में अस्तित्ववादी दृष्टि संरचित होती है। वह अस्तित्ववाद का मात्र निषेधात्मक पक्ष नहीं, इन प्रतिवादों में ही इसके भावात्मक पक्ष के सार छिपे हैं। इन्हीं से यह स्पष्ट हो जाता है कि अस्तित्ववाद का केन्द्र मानव है, वह भी 'अस्तित्ववान व्यक्ति'। यह भी स्पष्ट होता है कि अस्तित्ववाद अस्तित्वान व्यक्ति की अनुभूतियों के माध्यम से मानव-अस्तित्व की कहानी कहता है। यह कहानी मनुष्य की आन्तरिकता की कहानी है, मानव-अस्तित्व की अनुभूति आंतरिकता की अनुभूति है। इन प्रतिवादों में निहित इन बिन्दुओं पर ध्यान से यह भी स्पष्ट हो जाता है कि इस दार्शनिक दृष्टि को अस्तित्ववाद (Existentialism) क्यों कहा जाता है।

वैसे ऊपर की कही बातों के आधार पर प्रथम धारणा बन सकती है कि यहाँ 'अस्तित्ववाद' नाम सार्थक नहीं है, क्योंकि 'अस्तित्व' के अन्तर्गत सामान्यतः केवल मानव को नहीं रखा जाता। सभी पदार्थों को अस्तित्ववान कहा जाता है, तो मानव-केन्द्रित विचार को अस्तित्ववाद क्यों कहा जा रहा है?

इसका एक विशेष कारण है। 'अस्तित्व' (exist) शब्द का जो प्रचलित अर्थ है, उस अर्थ में इससे किसी वस्तु का किसी स्थान में होना सूचित होता है। इस अर्थ में अस्तित्व शब्द से बोध होता है कि 'कुछ वहाँ हैं'। किन्तु, ध्यान से देखा जाय, तो यह 'अस्तित्व'

शब्द का स्थिरार्थक बोध है। अस्तित्ववाद 'अस्तित्व' (exist) शब्द के इस प्रचलित अर्थ पर ध्यान नहीं देता।

अस्तित्ववाद 'exsist' शब्द के मूलार्थ पर ध्यान देता है। इस अर्थ में यह 'exsist' है, जिसका अर्थ होता है 'आविर्भाव या उद्‌गमन (emerging) अथवा 'उभरना', 'उठ खड़ा होना' (Standing out), यह 'exist' शब्द का मूल शब्दार्थ है। इससे यह भी **स्पष्ट** होता है कि इस शब्द के मूल बोध में ही गत्यात्मकता है, यह 'बाहर निकलने', 'उभरने' की प्रक्रिया है। अतः जो अस्तित्ववान है, वह अपने में, अपने से उभरता रहता है, सदा आविर्भावित होता रहता है। किन्तु तब तो इस प्रक्रिया में 'उभरने' की, उद्‌गमन की अनुभूति का होना भी अनिवार्य है, क्योंकि 'उभरने' की प्रक्रिया यदि अनुभूत न हुई तो यह पता ही नहीं चलेगा कि उभरने की प्रक्रिया चल रही है। अतः इस अर्थ में 'अस्तित्व' का अर्थ है 'अस्तित्व' की अनुभूति के साथ उभरते रहना, सतत् आविर्भावित होते रहना। स्पष्ट है कि इस अर्थ में कोई 'वस्तु' अस्तित्ववान नहीं हो सकती। इस अर्थ में **केवल** मानव अस्तित्ववान हो सकता है, क्योंकि केवल मानव को ही सतत अनुभूति होती रह सकती है कि वह अपने में अपने से उभर रहा है। तो 'अस्तित्व' शब्द के मूलार्थ में केवल मानव अस्तित्ववान है, अतः अस्तित्ववाद को मानव-केन्द्रित विचार होना ही है।

तो 'अस्तित्व' शब्द का अस्तित्ववादी अर्थ हो गया 'अस्तित्व की अनुभूति के साथ अस्तित्ववान रहना' तथा इस अर्थ में केवल मानव अस्तित्ववान है। अब प्रश्न यह उठता है कि इस अस्तित्व की कहानी का प्रारंभ कब होता है। उत्तर सरल है, 'जब अस्तित्व की प्रथम अनुभूति हो'। वह कब होती है? इसका पूर्णतया निश्चित उत्तर तो नहीं दिया जा सकता, किन्तु इतना कहा जा सकता है कि बच्चा जब पैदा होता है तो इस अनुभूति के साथ पैदा नहीं होता। अस्तित्ववाद इसे स्वीकारता है, तथा इसी कारण वह कहता है कि नवजात शिशु 'अस्तित्व' के अस्तित्ववादी अर्थ में अस्तित्ववान नहीं, एक प्रकार से यह मानव भी नहीं है। वह भी एक 'वस्तु' जैसी प्रतिक्रियाओं का समूह मात्र है। इसके अस्तित्व की कहानी—मनुष्य की कहानी का प्रारंभ अस्तित्व की प्रथम अनुभूति के साथ है, वह जब भी हो। तो कहा जा सकता है कि अस्तित्ववाद मानव की आन्तरिकता के विकास की कहानी कहता है, जो अस्तित्व की प्रथम अनुभूति से प्रारंभ होती है, तथा मृत्यु तक अस्तित्व के सतत् उभरने की कहानी है।

यह ठीक है कि यह कहानी सभी अस्तित्ववादी विचारक अपने-अपने ढंग से कहते हैं। किन्तु इस मूल विचार पर ध्यान देने से ही कुछ ऐसी समस्यायें प्रकाश में आ जाती हैं जिन समस्याओं से सभी अस्तित्ववादी विचारक जूझते हैं। वे अस्तित्ववादी इसी कारण कहे जाते हैं कि उनकी समस्यायें एक हैं, कुछ ऐसे विचार विषय (Themes) हैं जो इन सभी विचारकों के विचार में चर्चित हैं। रोचक तथ्य है कि उस प्रकार के प्रायः सभी विषय-'अस्तित्व' शब्द के ऊपर बताये मूलार्थ में ही निहित हैं, उसी से निकल आते हैं।

यदि मानव-अस्तित्व का अर्थ है 'अस्तित्व की अनुभूति के साथ जीना' तो इसका एक अर्थ तो यह हो जाता है कि इस प्रकार के विचार का ध्यान 'व्यक्ति' पर केन्द्रित है, क्योंकि इस प्रकार की 'सामान्य' अनुभूति संभव नहीं है। इसी से एक और तथ्य प्रकाश में आता है। यदि मानव-अस्तित्व की कहानी का प्रारम्भ अस्तित्व की ऐसी प्राथमिक अनुभूति में है, तो इसका अर्थ है कि अस्तित्ववाद मानव-**आन्तरिकता** के विकास की कहानी कह रहा है।

यही कारण है कि सभी अस्तित्ववादी विचारक 'अस्तित्ववान व्यक्ति' को तो अपने ध्यान का केन्द्र बनाते ही हैं, उनके विचार एवं विवेचना का केन्द्र आन्तरिकता' (Subjectivity) हो जाती है।

अस्तित्व की प्रथम अनुभूति के साथ ही व्यक्ति को यह अनुभूति भी होती है कि वह एक **परिस्थिति** (Situation) में है। उस प्रथम अनुभूति में ही वह एकाएक अपने को एक परिस्थिति में पाता है। इस प्राथमिक अनुभूति में तो परिस्थिति की चेतना अस्पष्ट ही रहती है, किन्तु बाद का विश्लेषण स्पष्ट कर देता है कि इस परिस्थिति के दो मूल अवयव हैं—एक **वस्तुयें** तथा दूसरा **अन्य**। अब उसे यह भी अनुभूति होती है कि उसी, अपनी वैयक्तिकता का विकास भी उसकी 'वस्तुओं की अनुभूति' तथा उसकी 'अन्य की अनुभूति' से प्रभावित है। इस प्रकार उसके लिये अस्तित्व के तीन आयाम स्पष्ट होते हैं, **वस्तु, वह स्वयं, अन्य**। यह ठीक है कि इन तीनों के पारस्परिक संबंध, व्यक्ति की अन्य के प्रति अनुभूति आदि का विवेचन हर अस्तित्ववादी विचारक अपने-अपने ढंग से करता है। यहाँ तक कि इनमें कुछ इस विवेचन में 'ईश्वर' को ढूढ़ लेते हैं, तथा कुछ इस अनुभूति की पूर्णतया मानवीय व्याख्या को ही उपयुक्त समझते हैं। किन्तु इतना तो है ही कि किसी न किसी रूप में सबों की दृष्टि अस्तित्व के तीनों आयामों पर रहती है, तथा उसी के अनुरूप वे आत्म-अस्तित्व का विवेचन करते हैं।

तब इतना तो कहा ही जा सकता है कि अस्तित्व की प्रथम अनुभूति में किसी 'ईश्वर' को अनुभूति नहीं है, वह तो मात्र आत्म की अनुभूति है, **अकेले** आत्म की, अर्थात् उस अनुभूति में आत्म के अकेलेपन की अनुभूति है। अब इसी अनुभूति के अनुरूप आन्तरिकता को विकसित होना है, अतः यह अनुभूति एक प्रकार से व्यक्ति की मौलिक **स्वतंत्रता** (Freedom) की अनुभूति है। यदि यह अकेलेपन की अनुभूति नहीं होती, यदि इसमें कुछ 'और' भी अनुभव होता, तो वह कुछ 'और' प्रभावित करता या बाधित करता या सहयोग करता। अतः यह मूल अनुभूति एक दृष्टि से स्वतंत्रता की अनुभूति है, और स्वतंत्रता के साथ 'दायित्व' (Responsibility) तो जुट ही जाता है। फलतः अस्तित्ववादी विचारकों के विचार के लिये एक बड़ा रोचक विषय बन जाता है **'स्वतंत्रता एवं दायित्व'**। यह ठीक है कि इस विषय की कोई दो विवेचना एक दूसरे के समान नहीं है, किन्तु यह भी ठीक है कि अस्तित्ववादी विचार का बहुचर्चित विचार-बिन्दुओं में स्वतंत्रता एवं दायित्व विचार भी है।

स्वतंत्रता के विचार के साथ अनिवार्यतः स्वतंत्रता के निर्वाह का प्रश्न जुटा है। प्रश्न है कि हम इस मौलिक स्वतंत्रता की पूर्ण चेतना में इसके अनुरूप कार्य करते हैं; अथवा इस स्वतंत्रता से यथासंभव भागने की चेष्टा करते हैं। इसी आधार पर इन विचारकों ने **प्रामाणिक जीवन** (Authentic existence) तथा **अप्रामाणिक जीवन** (Inauthentic existence) में अंतर किया है, तथा दोनों प्रकार के जीवन के विकास एवं प्रवाह की दिशा पर भी विचार किया है। कुछ विचारकों ने प्रामाणिक जीवन की परिणति 'आस्था' एवं 'ईश्वर-विश्वास' में ढूढ़ी हैं, तथा कुछ लोगों ने प्रामाणिक जीवन का इसके साथ जुटी हुई चिन्ता एवं अन्य सभी साहचर्यों के साथ स्वीकारा है। अप्रामाणिक जीवन के चित्रण में भी आधुनिक जीवन की विसंगतियों को प्रकाश में लाया है। इस प्रकार यह विषय भी अस्तित्ववाद का केन्द्रीय विषय है, तथा इसकी विवेचना में अस्तित्ववाद आधुनिक जीवन

के हार पक्ष का बड़ा सफल चित्रण कर पाता है।

इसी संदर्भ में अस्तित्ववाद में, मूलतः निरीश्वरवादी अस्तित्ववाद में—एक अन्य विचार का उल्लेख बार-बार होता रहा है, वह है **शून्यता** (Nothingness)। इन विचारकों ने इसके ज्ञान मीमांसीय पक्ष तथा इसके अस्तित्व मूलक पक्ष—दोनों पर प्रकाश दिया है। हाइडेगर तथा सार्त्र के विचारों में तो इनका बड़ा महत्वपूर्ण स्थान है। ज्ञानमीमांसीय रूप में इनके अनुसार, **निषेध** (Negation) की सार्थकता यही है कि वह चेतना की संरचना में योगदान देती है, तथा तात्विक पक्ष में यह अस्तित्व की अनुभूति का अनिवार्य अंग है।

वस्तुतः शून्यता-भाव के साथ अस्तित्ववाद में अनेकों ऐसी अनुभूतियों का महत्त्वपूर्ण उल्लेख होता रहा है, जो अस्तित्ववाद को सभी प्रकार के दर्शनों से विलक्षण बना देते हैं। इतिहासज्ञ कहते हैं कि अस्तित्वादी लेखन, चिन्ता, क्लेश, व्यथा, नैराश्य, योजनाओं की निरर्थकता, निष्प्रयोजनता, तथा भय, आतंक, त्रस्तता आदि के विचारों से भरा है। यह ठीक है कि अस्तित्ववाद के अनुसार अस्तित्व की अनुभूति में इस प्रकार की चिन्ता, या ऐसा भय साधारण चिन्ता एवं साधारण भय जैसा नहीं है। साधारण चिन्ता या भय के विषय के संबंध में हम कुछ कह सकते हैं, उदाहरणतः कह सकते हैं कि चिन्ता बीमारी के कारण है, या गरीबी के कारण है। उसी प्रकार कह सकते हैं कि साँप देखने के कारण या अन्य इसी प्रकार के कारण से भय उत्पन्न हुआ। किन्तु अस्तित्ववादी चिन्ता एवं भय के विषय में यदि पूछा जाय कि किस चीज की चिन्ता है या किसका भय है, तो कोई निश्चित उत्तर नहीं दिया जा सकता, मात्र कहा जा सकता है, 'कुछ नहीं है'। फिर भी हमारे हर कार्य, हमारी हर योजना में, वस्तुतः हमारे **जीवन में ही एक अनजाने**, अपरिभाषित, अनिर्धारित भय या चिन्ता है, यह हमारे जीवन का अंग है। इसी कारण अस्तित्ववादी विचार में इनकी विवेचना अनेक ढंगों से हुई है।

कुछ अस्तित्ववादी विचारकों ने वर्त्तमान समय की सामाजिक तथा धार्मिक स्थितियों की भी चर्चा की है। वे स्वीकारते हैं कि जीवन में इनका महत्त्व है, क्योंकि ये व्यक्ति की अनुभूतियों को प्रभावित करते ही हैं। किन्तु, इसके साथ, इनके मध्य रहते हुए भी व्यक्ति एक प्रकार से एकाकी है, क्योंकि इन प्रभावों का भी उसे ही अपने अंतर में मूल्यांकन करना पड़ता है।

तो इस प्रकार कहा जा सकता है कि ऊपर उल्लेखित कुछ ऐसे विषय हैं जो अस्तित्ववादी विचार के केन्द्र हैं। वस्तुतः अस्तित्ववादी विचारक अस्तित्ववादी इसी कारण कहे जाते हैं कि उन सबों के विचार के **विषयों** में एक प्रकार की समानता है, भले ही उनकी विवेचना सबों ने भिन्न-भिन्न ढंग से की हो।

(घ) शाखायें

अस्तित्ववादी दृष्टि की सामान्य विवेचना में एक बात और कहनी है। ऊपर की चर्चा में अनेकों बार 'ईश्वर' का उल्लेख हुआ तथा निरीश्वर अस्तित्ववाद का नाम भी आया। अस्तित्ववाद के इतिहासकारों ने इसके उद्भव के संदर्भ में **ऐक्वीनस, पैसकल** आदि का भी नाम लिया है, तथा नित्से का भी। कुछ लोग तो नित्से को बड़ा ही प्रमुख स्थान भी देते हैं। वैसे जिस रूप में अस्तित्व का दर्शन—दर्शन में प्रतिष्ठा पाता है, उस रूप में इसे सजाने वाले प्रथम विचारक **सोरेन ककगार्ड** ही हैं। तब यह ठीक है कि अस्तित्ववाद की दो शाखायें तो फूटी ही है, **ईश्वरवादी** एवं **निरीश्वरवादी।**

इन दोनों का अन्तर यदि मात्र इतना ही कह कर दिया जाय कि एक शाखा में ईश्वर के लिये स्थान है तथा दूसरी शाखा में नहीं, तो यह बात यथार्थ होते हुए भी बड़ा ही सुविदित एवं मामूली प्रतीत होगी। ईश्वरवादी अस्तित्ववाद (Theistie Existentialism) तथा निरीश्वरवादी अस्तित्ववाद (Atheistic Existentialism) में भेद तो 'ईश्वर' को लेकर है ही, किन्तु उसका आधार पूर्णतया वैचारिक है। दोनों के लिये **प्रारंभिक** बिन्दु वही है जो अस्तित्ववादी दृष्टि का मूल है—अस्तित्व की प्रथम अनुभूति। दोनों यह स्वीकारते हैं कि यह अस्तित्ववान व्यक्ति की अनुभूति है, तथा यह भी कि उसी अनुभूति के अनुरूप व्यक्ति की आंतरिकता का विकास होता है। दोनों यह भी जानने की चेष्टा करते हैं कि इस विकास क्रम के प्रमुख बिन्दु क्या-क्या हैं। इसी क्रम में ईश्वरवादी अस्तित्ववाद 'ईश्वर' को पा लेता है। उसे अपनी आंतरिकता में 'ईश्वर-आस्था' में इस आन्तरिकता का एक आधार मिल जाता है। अब वह जब परिपक्व आस्था की दृष्टि से पुनर्वलोकन करता है, और अपने विकास क्रम को पुनः देखता है, तो सारी विधायें अब दूसरे रूप में दिखाई देती हैं। अवगति की दृष्टि से प्रथम अनुभूति वैयक्तिक थी, किन्तु 'ईश्वर-आस्था' की दृष्टि से—परिपक्व वैचारिक दृष्टि से देखने से सारा परिवेश बदल जाता है। इसके विपरीत **निरीश्वर अस्तित्ववाद** अस्तित्व की प्रथम अनुभूति से प्रारंभ कर उसी के अनुरूप जीवन एवं अस्तित्व की व्याख्या प्रस्तुत करता है, तथा उसे यह व्याख्या उपयुक्त भी प्रतीत होती है, और किसी स्थल पर उसे 'ईश्वर' की आवश्यकता भी प्रतीत नहीं होती। वैसे **सार्त्र** ने तो किसी स्थल पर कुछ ईश्वर विरोधी तर्क भी दिये हैं, किन्तु सामान्यतः यही कहा जाता है कि ये निरीश्वरवादी इस अर्थ में हैं कि अपनी मानव-व्याख्या में उन्हें किसी स्थल पर 'ईश्वर' की कोई आवश्यकता प्रतीत नहीं होती। वे ईश्वर-विचार से उदासीन हैं—ऐसा भी **नहीं** कहा जा सकता, क्योंकि उदासीनता भी एक अर्थ में तटस्थता का भावात्मक रूप है। इनके लिये ईश्वर-भाव अप्रासंगिक है। उन्हें इसकी किसी स्थल पर आवश्यकता नहीं है। इस अर्थ में वे निरीश्वरवादी हैं।

ईश्वरवादी अस्तित्वाद के समर्थकों के रूप में **सोरेन कर्कगार्ड, गैबियल, मार्सल, कार्ल यास्वर्स** आदि के नाम प्रमुख हैं। इनके अतिरिक्त भी मार्टिन बूबर जैसे अन्य विचारक है, तथा कुछ ऐसे ईश्वरवादी विचारक भी आते हैं जो अस्तित्ववाद से प्रभावित हैं जैसे **पॉल टिलिक**। यहाँ हम उन प्रभावित विचारों का विवरण नहीं दे रहे—बल्कि उन विचारों का उल्लेख करेंगे जो अस्तित्ववादी हैं, तथा अपने अस्तित्ववाद में ईश्वरवादी हो गये हैं। निरीश्वरवादी अस्तित्ववाद के अंतर्गत **मार्टिन हाइडेगर**, तथा **जाँ पाल सार्त्र** का नाम सर्वप्रमुख है, वैसे साहित्य के क्षेत्र में **कैमू** को भी बड़ी प्रसिद्धि मिली है।

पहले खण्ड में ईश्वरवादी अस्तित्ववाद के अन्तर्गत आनेवाले कुछ विचारों की चर्चा करेंगे, तथा उसके बाद निरीश्वर अस्तित्ववाद को रूप देने वाले विचारों की।

(3) सोरेन कर्कगार्ड (1813-1855)

(क) भूमिका

बीसवीं शताब्दरी के दार्शनिक विचारों की चर्चा के बीच उन्नीसवीं शताब्दी के एक विचारक का उल्लेख कुछ अस्थानस्थ प्रतीत होता है। किन्तु इस बेतुकेपन का एक वैचारिक औचित्य है। कर्कगार्ड हेगेल के समकालीन थे। उस समय हेगेल के विचारों का प्रभाव इतना प्रबल था कि इनके विचारों को कोई मान्यता नहीं मिला। बीसवीं शताब्दी में, तीसरे, चौथे

दशक में, जब अस्तित्ववाद से बौद्धिक जगत प्रभावित होने लगा, तब लोगों ने देखा कि कोई एक सौ वर्ष पहले उसी प्रकार के विचार को प्रतिपादित करनेवाला एक समर्थ विचारक था, तथा उसके पश्चात् ही 'कर्कगार्ड' के प्रति अभिरुचि बढ़ी, उनकी पुस्तकों का अनुवाद धड़ल्ले से होने लगा तथा कहा जाने लगा कि कर्कगार्ड ही अस्तित्ववाद के प्रणेता हैं। तो व्यक्ति उन्नीसवीं शताब्दी का अवश्य था, किन्तु उसका विचार इस दृष्टि से बीसवीं शताब्दी का ही विचार है।

उन्हें आशंका थी कि उनके विचार इतने मौलिक हैं, विचार के प्रचलित ढंग से इतने हटे हुए हैं कि शायद उन्हें मान्यता नहीं ही मिले। ऐसा होता भी गया। अतः उन्होंने अधिकतर पुस्तकें छद्मनाम से लिखीं। भग्नाशा, विफलता एवं टूटन की उन्हें अपने में ऐसी तीव्र अनुभूति थी कि उन्होंने अपने चिन्तन के मूल में इन तथ्यों को रख दिया तथा यह भी समीक्षा कि इनके साथ जीते रहने पर भी 'ठहराव' की स्थिति संभव है। उन्होंने इस तथ्य पर जोर दिया कि मानवी स्थिति का यथार्थ मूल्यांकन व्यक्ति की विशिष्टता एवं आन्तरिकता के अवबोध के आधार पर ही संभव है। उन्होंने चेष्टा की कि व्यक्ति के आन्तरिक जीवन का यथार्थ चित्र प्रस्तुत हो, इस चित्रण में उन्होंने दिखाया कि व्यक्ति का मानवीय अस्तित्व आन्तरिक तनाव तथा क्लेश की अनुभूति से संरचित है, तथा इसी के साथ समझौता के प्रयत्न में अग्रसर होता है।

हम देखेंगे कि उनके अनुसार इस समझौते का सफल रूप आस्था (Faith) है। यह आस्था 'ईश्वर-आस्था' अवश्य है, किन्तु जिस रूप में ईसाई संप्रदाय इसे उभारता रहा है वह इसकी वास्तविकता नहीं है। उन्होंने **ईसाइयत**, ईसाई धर्म की सांप्रदायिक दृष्टि की कटु-आलोचना भी की तथा ईसाई धर्म की वास्तविकता को अस्तित्ववादी दृष्टि की पृष्ठभूमि में उभारा। ईसाई संप्रदाय वालों के समान वे ईश्वर की खोज किसी वस्तुनिष्ठ सत्ता के रूप में नहीं करते, बल्कि ईश्वर की खोज व्यक्ति की आन्तरिकता में करते हैं। यह उनके विचार की मौलिकता है।

इसी कारण उन्होंने आंतरिकता (Subjectivity) के दर्शन को उभारा है, तथा इसके समर्थन की पृष्ठभूमि के रूप में हेगेल के बुद्धिवादी ढंगों का खण्डन भी किया है। हम कर्कगार्ड के विचारों की संक्षिप्त प्रस्तुति इनके इसी खंडन से प्रारम्भ करते हैं।

(ख) बुद्धिवाद का खण्डन

कर्कगार्ड हेगेल के विचारों से परिचित थे, उन्हें प्रतीत हुआ कि उस प्रकार का विचार अपने वैचारिक उड़ान स्तम्भित कर देता है कि लोग यह सोच भी नहीं पाते कि उस उड़ान से लिया गया चित्र यथार्थ नहीं, पूर्णतया कृत्रिम है। हेगेल के विचारों को निदर्शनात्मक मानते हुए वे **बुद्धिवाद** की ही कटु आलोचना करते हैं। हेगेल के विरुद्ध तो किसी-किसी स्थल पर उनकी भाषा बड़ी कड़ी हो गयी है।

(i) प्रथमतः तो कर्कगार्ड का कहना है कि हेगेल के दर्शन जैसा बुद्धिवादी दर्शन का दावा पूर्णतया खोखला है। वह जगत की पूर्णतया बौद्धिक व्याख्या प्रस्तुत करने का दावा करता है, किन्तु ऐसी व्याख्याओं से जिस प्रकार की ज्ञानात्मक माँगों की पूर्ति होनी चाहिए, उन्हें पूर्ण करने में यह व्याख्या असमर्थ है। इस प्रकार की व्याख्या से सत्ता की अवगति होनी चाहिए, अथवा कम-से-कम उससे वैचारिक तृप्ति या संतोष होना चाहिए। किन्तु, कर्कगार्ड का कहना है कि बुद्धिवादी सत्यान्वेषण का ढंग इसके लिए सर्वथा अयुक्त है।

ऐसा एक तो इस कारण होता है कि यह भाव, विचार, संप्रत्ययों का ऐसा अंबार खड़ा कर देता है कि व्यक्ति उसमें पूर्णतया उलझा रह जाता है। हेगेल की कोटियों के द्वन्द्वात्मक चित्र में जो उलझता है, पुनः निकल नहीं पाता। तो उसे मानव की वास्तविकता का ज्ञान कैसे हो सकता है? कर्कगार्ड कहते हैं कि मात्र भावों के बौद्धिक विश्लेषण से मानव की अस्तित्ववादी अनुभूतियों को पकड़ लेना असंभव है। उदाहरण देते हुए कर्कगार्ड कहते हैं कि हम 'अमरता' के भाव का अतिविशद तथा अत्यन्त सूक्ष्म विश्लेषण करते रहे हैं, किन्तु क्या इससे 'अमरता' की समझ हो जाती है? उनका कहना है कि हमारे लिए अमरता का भाव महत्वपूर्ण है ही नहीं, यह तथ्य महत्वपूर्ण है कि हमें मृत्यु की चेतना है। अमरता के भाव की सार्थकता इस चेतना से अलग नहीं, बल्कि इसी चेतना के संदर्भ में है। ऐसी ही चेतना के फलस्वरूप वह अमरता के विषय में भी आन्तरिक विह्वलता से सोचता है। इसके संबंध में भी वह एक तटस्थ द्रष्टा के समान नहीं सोच सकता, क्योंकि यह चेतना उसकी चेतना है। अतः 'अमरता' के भाव-विश्लेषण से मानवी अस्तित्व की किसी वास्तविकता का चित्रण नहीं होता।

(ii) कर्कगार्ड का कहना है कि बौद्धिक ढंगों में निहित एक कमी है जिसके कारण वे मानवीय सत्यों को पकड़ने में सर्वथा असमर्थ रहेंगे ही। बौद्धिक अन्वेषण प्रक्रिया, चाहे जिस रूप में की जाय, वह एक बात की मान्यता के रूप में स्वीकार कर ही अग्रसर होती है, वह यह माने हुए है कि 'कोई' ज्ञाता है जो 'कुछ' जानना चाहता है। वह 'विषय', यह 'ज्ञेय' उससे पृथक 'कुछ' है जिसे वह प्राप्त करना चाहता है। अर्थात् बौद्धिकता का हर ढंग 'ज्ञाता' तथा 'ज्ञेय' के द्वैत को स्वीकार कर ही अग्रसर होता है। कर्कगार्ड का कहना है कि मानवीय सत्यों के लिए ऐसी मान्यता अयुक्त है ही, क्योंकि उनकी प्राप्ति के लिए हर 'दूरी' को दूर करना पड़ता है, हर द्वैत को समाप्त करना पड़ता है। मानवीय सत्यों का अलग से—दूर से दर्शन सत्य की अनुभूति नहीं है। इनकी जानकारी का अर्थ है कि इन्हें धारण करना, इन्हें आत्मसात् करना। इसी कारण बौद्धिकता इस कार्य में असफल है।

(iii) इसी प्रकार का तर्क एक दूसरे रूप में भी प्रस्तुत किया गया है। कर्कगार्ड बुद्धिवाद के ज्ञानोपार्जन विधि की समीक्षा करते हुए कहते हैं कि यहाँ 'बुद्धि' तथा 'वाह्यजगत' के बीच एक प्रकार की संवादिता चलती है, जिसके द्वारा बुद्धि वाह्यजगत की संरचना करती है। परिणाम होता है कि बुद्धि के लिए यह अनिवार्य हो जाता है कि वह वाह्यजगत के अनुरूप ही अपनी बौद्धिक संरचना करे। काम बुद्धि का है, किन्तु एक प्रकार से उसे वाह्यजगत के आदेशानुसार कार्य करना पड़ता है। कर्कगार्ड का कहना है कि इस प्रयत्न में आन्तरिकता की प्रायः अवहेलना ही हो जाती है। वे मानते हैं कि वाह्यजगत से पूर्ण संबंधविच्छेद मानसिक विकार हो सकता है, किन्तु यदि वाह्यता में इस प्रकार खो जायें कि वही सर्वोपरि हो जाय और आंतरिकता उपेक्षित रहे, तो यह भी पागलपन है।

(iv) कर्कगार्ड के अनुसार बुद्धिवाद मानवीय सत्यों को पकड़ने में इस कारण भी असमर्थ है क्योंकि यह तो एक अर्थ में अमानवीयकरण को जन्म देता है। ऐसा यह दो प्रकार से करता है। एक तो बौद्धिक विश्लेषण ऐसा दूरस्थ एवं तटस्थ होता है कि यह सभी मानवीय गुणों को भी शुष्क बना देता है। इसकी दृष्टि कुछ उस प्रकार की है जैसी दृष्टि

किसी 'सर्जन' की शल्य-क्रिया करते हुए रहती है। मानवीय गुणों की अनुभूति इस प्रकार की दृष्टि से संभव नहीं है। अमानवीयकरण करने का दूसरा ढंग बुद्धिवाद के 'सार्वभौमता' पर जोर देने के कारण उत्पन्न होता है। अपने बुद्धिवादी विश्लेषण में बुद्धिवाद अनिवार्यतः सार्वभौमता पर जोर देता है। अतः मानव की बुद्धिवादी व्याख्या भी मानव के सार्वभौम लक्षणों पर ही ध्यान केन्द्रित रखेगी। इसका अर्थ है कि मानव की 'विशिष्टतायें' उपेक्षित हो गयीं। इस दृष्टि से चित्रित मानव समुदाय का एक उदाहरण मात्र रह जाता है। उस अवस्था में 'मानव' की व्याख्या भी भीड़ वृत्ति-रूप ही रह जाती है। परिणाम यह होता है कि इस प्रभाव में मानव उसी प्रकार का **अप्रामाणिक जीवन** जीने लगता है। वह अपनी वैयक्तिक विशिष्टताओं को भूल जाता है तथा संप्रदाय से स्थापित नियमों को अपना भाग्य तथा जीवन मानकर उसी के अनुरूप जीने लगता है। कर्कगार्ड का कहना है कि इस प्रकार का चित्र मानव का यथार्थ चित्र नहीं है।

वे तो यहाँ तक कहते हैं कि इसी प्रकार की बुद्धिवादी प्रवृत्ति के कारण ही ईसाई धर्म भी एक **संप्रदाय** मात्र बन कर रह गया है। चर्च के द्वारा दिये गये धार्मिक फतवे के द्वारा धर्म के निर्देश चलाये जाते हैं, व्यक्ति की अपनी धार्मिक आंतरिकता का कोई मूल्य ही नहीं रह गया है। शायद इसी कारण इस बाह्य धर्म में शनैः शनै व्यक्ति को रस भी नहीं मिल पाता।

(v) कर्कगार्ड का यह भी कहना है कि बुद्धिवाद वस्तुतः 'अवबोध', 'चेतना', 'अनुभूति', आदि का वास्तविक अर्थ नहीं पकड़ पाता। वह किसी-न-किसी कारण यह माने हुए रहता है कि ये सभी मात्र ज्ञानात्मक कोटियाँ हैं, तथा इनमें भावना संवेग, संकल्प आदि के लिये कोई स्थान नहीं है। कर्कगार्ड का कहना है कि यह बुद्धिवाद की प्रमुख भूल है। उनका स्पष्ट मत है कि वास्तविक ज्ञान 'भावना' की उपेक्षा नहीं कर सकता। अनुभूति संज्ञानात्मक अवश्य है, किन्तु वह अनिवार्यतः भावनात्मक भी है। बुद्धिवाद इसी महत्त्वपूर्ण तथ्य पर ध्यान नहीं देता।

(ग) सत्य आत्मीयता है *(Truth is Subjectivity)*

बुद्धिवादी प्रयत्नों के इन्हीं दोषों के कारण कर्कगार्ड सत्य का ही विवरण विशिष्ट ढंग में करते हैं। कर्कगार्ड ने सत्य को 'आत्मीयता' के द्वारा परिभाषित ही कर दिया है (Truth is subjectivity)। इसका यह अर्थ नहीं है कि उनके अनुसार 'आत्मीयता', कोई पृथक वैचारिक कोटि है जिसे सत्य पर **आरोपित** किया है। उनका अभिप्राय यह है कि ये दोनों एक दृष्टि से पर्यायवाची हैं।

इस स्थल पर एक भेद को समझ लेना आवश्यक है। कर्कगार्ड के लिये 'वैचारिक आत्म' तथा 'अस्तित्ववान आत्म' में एक प्रकार का भेद है। उनका कहना है कि सामान्य प्रचलित धारणा के विपरीत यह कहा जा सकता है कि वैचारिक आत्म को सत्यों की अनुभूति नहीं हो सकती। सत्य की अवधारणा नहीं बनायी जा सकती, जबकि वैचारिक आत्म अवधारणायें पर ही विचार करता है। यदि वैचारिक आत्म 'सत्य' का कोई चित्र प्रस्तुत भी करता है तो वह 'वैचारिक-सत' हो सकता है, वास्तविक सत् नहीं। वास्तविक सत्यों की अवधारणा नहीं बनती, उन्हें 'जिया' जाता है, उन्हें झेला जाता है। कर्कगार्ड

कहते हैं 'मैं सत्य को तबतक नहीं जान सकता जब तक वह मुझमें जीवन्त न हो जाय '(I do not know Truth exeept when it becomes life in me)[1] ।

यदि सत्य ऐसा है, तो इसका अर्थ है कि सत्य 'आन्तरिकता' है। इसका अर्थ है कि सत्य हम पर बाहर से लादा हुआ नहीं होता, यह किसी बाह्य क्षेत्र से एकाएक हमारी चेतना के प्रकाश में नहीं आ जाता। यह अन्तर में जागता है, इसी कारण यह आन्तरिकता है।

इस बात को ध्यान में रखते हुए कर्कगार्ड ने सत्य को इस रूप में परिभाषित करने का प्रयत्न किया है। **'सत्य प्रबलरूप में भावनात्मक आन्तरिकता के आत्मीयकरण-प्रक्रिया के दृढ़ावलम्बन में जकड़ी हुई वस्तुनिष्ठ अनिश्चियता है'**। ("an objective uncertainty help fast in an appropriation process of the most passionate inwardness is the Truth.)[2] । इसी परिभाषा के अनुरूप सत्य को 'आत्मनीयता' कहा गया है।

इस परिभाषा के अर्थ-निरूपण में ही कर्कगार्ड का अभिप्राय स्पष्ट हो जायेगा। जैसा कि इस परिभाषा से स्पष्ट है, यदि हम सत्य को वस्तुनिष्ठ ढंग से जानने की चेष्टा करें तो हमें सत्य नहीं मिलेगा बल्कि अनिश्चयता मिलेगी। इस वस्तुनिष्ठ अन्वेषण से प्राप्त अनिनिश्चत की चेतना संभवतः किसी मन. में एक आन्तरिक बिह्वलता की स्थिति उत्पन्न कर सकती है। यदि इस विह्लता से वह भावनात्मक रूप में उद्वेलित हो जाय, तो उसकी आन्तृरिकता में जकड़ी हुई अनिश्चयता ही उस भावनात्मक आत्मनीयता में सत्य को पा लेने का आधार बन जायेगी। वह अनिश्चियता ही आत्मीयता के भावनात्मक जकड़ में सत्य का रूप ले लेगी। इस पूरे विवरण को हम कर्कगार्ड के एक उदाहरण के द्वारा स्पष्ट करें। कर्कगार्ड ने 'ईश्वर' के उदाहरण से इसे स्पष्ट किया है। संदर्भ मानवीय सत्यों का है, अतः कर्कगार्ड मानवीय सत्यों का ही उदाहरण लेते हैं। 'ईश्वर' शुद्ध मानवीय सत्य है, क्योंकि इसकी अनुभूति मात्र मानव को ही होती है तो कर्कगार्ड यह स्पष्ट करते हैं कजिस मन में ईश्वर सत्य के रूप में प्राप्त होता है; वह किस प्रकार प्राप्त होता है। उनकी दी हुई परिभाषा इसे पूर्णतया स्पष्ट करती है।

यदि हम 'ईश्वर' को वस्तुनिष्ठ ढंग से जानने की चेष्टा करते हैं, तर्क देते हैं, युक्तियाँ बनाते हैं तथा समर्थन में साक्ष्य प्रस्तुत करते हैं, तो इस वस्तुनिष्ठ प्रक्रिया से वस्तुतः ईश्वर की अनुभूति नहीं होती, ईश्वर 'प्राप्त' नहीं होता, बल्कि उसके संबंध में कुछ वस्तुनिष्ठ अनिश्चयतायें अवश्य प्राप्त हो जाती हैं। अब इसके मन में इस प्रकार की अनिश्चयता के कारण एक अजीब आन्तरिक विह्वलता जागती है। यदि यह विह्वलता प्रबल रूप में भावनात्मक हो जाय, तो उस प्रबल भावनात्मका में इस अनिश्चयता का भी आत्मीयकरण हो जाता है, तथा इसे इसी आत्मीयता में एक ठहराव मिलता है, **आस्था** मिलती है और उस व्यक्ति के लिए यह आस्था सत्य बन कर उभरती है। अतः ईश्वर आस्था भी प्रबल भावनात्मक आत्मीयता में जकड़ी हुई अनिश्चयता है। अब अनिश्चयता अनिश्चयता नहीं है, आत्मीयकरण-प्रक्रिया में इसका ठहराव उत्पन्न होता है. आस्था में। इसी प्रकार 'ईश्वर-सत्य' प्राप्त होता है। अतः कर्कगार्ड कहते हैं कि तीव्र आन्तरिक भावनात्मक विह्वलता से आस्था जागती है। भावनात्मक रूप में सशक्त आस्था ईश्वर-सत्य

1. कर्कगार्ड, Training in christianity, p. 47
2. कर्कगार्ड, Concluding unscientific Postscript, p. 182.

है। इस प्रकार का सत्य किसी वस्तुनिष्ठ तत्त्व को 'पा' लेने नहीं है, यह आन्तरिकता में ईश्वर को 'पा' लेना है। अतः सिद्ध होता है कि इस अर्थ में सत्य आत्मीयता है।

सत्य के इस आत्मीयता रूप को एक दूसरे ढंग से भी दिखाया जा सकता है। कर्कगार्ड कहते हैं कि दो 'आत्मा' के बीच में पूर्णतया वस्तुनिष्ठ संबंध संभव हो ही नहीं सकता। 'आत्म' रूप एवं 'ईश्वर' के बीच भी तब उसी अर्थ में वस्तुनिष्ठ संबंध हो ही नहीं सकता। यदि ऐसा संबंध दिखाया जाय तो वहाँ अवश्य ही दोनों में किसी एक का आत्म-रूप खण्डित हो जायगा। यदि 'मैं' ईश्वर को वस्तुनिष्ठ रूप में जानता हूँ, तो इनका अर्थ है कि ईश्वर आत्म-रूप है ही नहीं, वह विषय है, वस्तुनिष्ठ है। इसका अर्थ भी है कि ईश्वर-ज्ञान आंतरिकता में ही संभव है, आत्मसात्करण में संभव है। इस प्रकार भी सत्य को आत्मीयता सिद्ध किया गया है। इसी कारण कर्कगार्ड कहते हैं कि वस्तुतः सत्य आत्मीयता ही है।

(घ) अस्तित्व की तीन अवस्थितियाँ *(Spheres of Existence)*

हमने देखा कि कर्कगार्ड के अनुसार मानवीय सत्य आन्तरिकता में है। अतः मानव-अस्तित्व के आन्तरिक विकास में मनुष्य के अन्तर में कुछ विकल्प उपस्थित होते हैं, जिनमें उसे कुछ चयन करना पड़ता है, तथा उसके इसी चुनाव के अनुरूप उसका जीवन उसका अस्तित्व रूप लेता है। कर्कगार्ड ने इन विकल्पों पर विचार किया है, तथा कहा है कि ऐसे अस्तित्वमूलक **तीन** विकल्प संभव हैं। इन तीन स्तरों को उन्होंने **संवेदनात्मक** (Aesthetic) **नैतिक** (ethical) तथा **धार्मिक** (Religious) कहा है।[1]

इन तीनों के विवरण के पहले एक स्पष्टीकरण आवश्यक है। इन तीन विकल्पों का विवरण **'अस्तित्व की अवस्थितियाँ'** (Spheres of Exitence) कह कर किया गया है तथा **'जीवन के तीन स्तर'** (Three Stages of Life) भी कह कर किया गया है। इन विवरणों को ऊपर से देखने पर संशय जागना स्वाभाविक है कि यदि ये स्तर (stages) हैं, तो ये क्रमिक हैं। तब इनका होना क्रम से, एक के बाद दूसरे वाले ढंग से होना है। किन्तु, तब इन्हें अस्तित्व की अवस्थितियाँ नहीं कहा जा सकता, क्योंकि अवस्थितियों में क्रमिक संबंध नहीं होता, वे तो एक साथ भी रह सकती हैं, वे तो अस्तित्व के मात्र तीन विकल्प हैं, तीन आयाम हैं।

कर्कगार्ड के अभिप्राय को समझने पर इस प्रकार के संशय का निराकरण हो जाता है। ये अस्तित्व की तीन अवस्थितियाँ इस अर्थ में हैं कि अस्तित्व के विकास के लिये ये तीन विकल्प हैं ही। उनका यह कहना नहीं है कि **अनिवार्यतः** व्यक्ति पहले संवदेनशीलता के स्तर में रहता ही है, तथा उसी क्रम में अग्रसर होता है। उनका कहना है कि ये तीन संभावनायें हैं, इनमें से जिसका चयन हो, उसी के अनुरूप अस्तित्व रूप लेता है। यह भी कोई आवश्यक नहीं है कि एक विकल्प के साथ दूसरा विकल्प न रह सकें। कर्कगार्ड स्वीकारते हैं कि कोई व्यक्ति जो मूलतः संवेदनशीलता के स्तर पर है, किसी क्षण में नैतिक भी हो सकता है, तथा किसी अन्य क्षण में धार्मिक भी। नैतिकता के जीवन का यह अर्थ नहीं कि उस अवस्थिति में संवदेनशीलता पूर्णतया समाप्त हो गयी है। उनका अभिप्राय

---

1. कर्कगार्ड, Stages of Life's way—p. 430

यह कहना है कि मानव के समक्ष जो विकल्प हैं, उन्हें सामान्य रूप में इन तीन अवस्थितियों में रखा जा सकता है। किसी एक प्रवृत्ति की **प्रधानता** के आधार पर ही कहा जाता है कि अमुक व्यक्ति संवेदनशीलता की स्थिति में है, या नैतिकता की या धार्मिकता की। वैसा, किसी भी अवस्थिति में अन्य अवस्थितियों की प्रवृतियाँ दिखाई दे सकती हैं। इसके संबंध में कर्कगार्ड के विचारों में किसी प्रकार की अनम्यता नहीं हैं।

फिर भी एक विशेष अर्थ में इन्हें जीवन के तीन **स्तर** (Stages) भी कहा जा सकता है। कहा गया- कि व्यक्ति संवेदनशील है, या नैतिक या धार्मिक—यह प्रवृत्तियों की प्रधानता पर ही तय किया जाता है। किन्तु तब तो इसका अर्थ है कि व्यक्तियों में ऐसे अवसर आते हैं जब उसके जीवन में किसी एक प्रवृत्ति की प्रधानता हो। ध्यान से देखा जाय तो ऐसा नहीं होता कि जिस व्यक्ति के जीवन में धार्मिक प्रवृत्तियों की प्रधानता हो गयी हो, उसमें पुनः संवेदनात्मकता की प्रधानता हो जाय, किन्तु ऐसा हो सकता है कि जिसमें संवेदनशीलता की प्रधानता हो उसमें संवेदनशीलता के स्थान पर धार्मिकता की प्रधानता हो जाय। इसी तथ्य के आधार पर कर्कगार्ड कहते हैं कि एक स्थिति से दूसरे की '**बदलाव**' के ढंग को देखने पर, यह प्रतीत होता है कि इस बदलाव में एक **क्रम** है, इस क्रम में संवेदनशीलता पहले है, उसके बाद नैतिकता है, तथा उसके बाद धार्मिकता है। इस दृष्टि से इन्हें **जीवन का स्तर** (Stages of Life) भी कहा जा सकता है। किन्तु यहाँ भी कर्कगार्ड कहते हैं कि यह अनिवार्य नहीं है कि इसी ढंग से हर व्यक्ति के जीवन में ऐसा ही बदलाव हो। किन्तु संवेदनशीलता के स्तर से नैतिकता के स्तर में परिवर्तन तथा नैतिकता के स्तर से धार्मिकता के स्तर में परिवर्तन होने में कुछ ढंग स्पष्ट होते हैं, जिन ढंगों की व्याख्या भी करना आवश्यक प्रतीत होता है। अतः कर्कगार्ड इन तीन अवस्थितियों का स्वरूप स्पष्ट करते हैं, तथा साथ-साथ यह भी बताते हैं किन उत्पादानों के प्रकट होने पर संवेदनशीलता के स्तर से नैतिकता के स्तर में और फिर नैतिकता के स्तर से धार्मिकता के स्तर में बदलाव होता है।

पहले हम सामान्य ढंग से इन तीनों की प्रारंभिक व्याख्या करेंगे, और तब एक-एक अवस्थिति का पृथक-पृथक विवरण करेंगे।

इन तीनों अवस्थितियों का विवरण करते हुए कर्कगार्ड कहते हैं, संवेदनशीलता की अवस्थिति **तात्कालिकता** (Immediacy) की अवस्थिति है, नैतिकता की अवस्थिति **अपेक्षा** (Requirement) की अवस्थिति है, तथा धार्मिकता की अवस्थिति **सम्पुष्टि** (Fulfilment) की अवस्थिति है। '**तात्कालिकता**' से उनका तात्पर्य है कि संवेदनशीलता की अवस्थिति में व्यक्ति अपने **तात्कालिक** संपर्क की वस्तुओं के साथ जीता है। नैतिकता की अवस्थिति में व्यक्ति वर्त्तमान तथा तात्कालिक मांगों से ऊपर उठने की **आवश्यकता** अनुभूत करता है, तथा 'अन्य' से अपने विचारों एवं क्रियाओं को संबंधित करता है। धार्मिकता की स्थिति में उसे अपने जीवन के लिये एक **ठहराव** मिल जाता है, अन्य अवस्थितियों से संबंध, विसंगतियों एवं निराशाओं से वह अपने को ऊपर उठा लेता है। यह उसकी आन्तरिक **सम्पुष्टि** की स्थिति हो जाती है। इन तीनों को पूरी तरह से समझने के लिये हम इनका पृथक-पृथक विवेचन करें।

जैसा कि ऊपर कहा गया, संवेदनशीलता की अवस्थित में व्यक्ति वर्त्तमान में जीता है। इन्द्रियजन्य संवेदनाओं की तृप्ति उसका लक्ष्य हो जाता है, अतः सुख-भोग की प्रवृत्ति

उसका सबसे प्रमुख प्रेरक बन जाती है। अब वह उन्हीं वस्तुओं में अभिरुचि लेता है, वैसे ही तत्वों के संपर्क में आता है जिससे उसे वैयक्तिक **सुख** मिले। सुख उसका मूल मंत्र बन जाता है, अतः शारीरिक कष्ट, दुख आदि के उपकरणों से वह यथासंभव बचने की चेष्टा करता रहता है। वह सुख, ऐश्वर्य आदि के साधनों को एकत्रित करता रहता है, तथा इसे ही जीवन का सर्वोपरि कार्य समझ लेता है। किन्तु कर्कगार्ड का कहना है कि इस प्रकार का जीवन जीते-जीते उसमें अपने आप एक विचित्र ढंग की विरक्ति उत्पन्न होने लगती है। वह सुख-भोग के प्रयत्नों से ऊबने लगता है, उसी प्रतीत होने लगता है कि इस प्रकार का जीवन उसे एकांकी बनाता जा रहा है, उसे ऐसा प्रतीत होने लगता है कि जीवन के केवल सुख भोग की आकांक्षा जीवन का उपहास है। अब जिस सुख की खोज में पागल हो रहा था, उसके स्थान पर उसे एक विचित्र **निराशा** मिलने लगती है।

इसी कारण, संवेदनाशीलता की अवस्थिति के विवरण में कर्कगार्ड इसके तीन लक्षणों का उल्लेख करते हैं—**संवेदनशील तात्कालिकता** (Sensual Immediacy), **संशय** (Doubt), तथा **नैराश्य** (Despair)। इन तीन लक्षणों को सूचित करने के लिये कर्कगार्ड **तीन** प्रमुख ऐतिहासिक चरित्रों का उल्लेख करते हैं। उसका कहना है कि संवेदनशील व्यक्ति प्रारंभ में 'Don Juan' होता है, अतः सुख भोग की प्रवृत्तियों को अनियंत्रित छूट दिये रहता है। सुख भोग के पीछे उन्मत्त होकर दौड़ते रहने के कारण उसे यह आभास होता है कि क्या यह सब निरर्थक नही है। अतः सुख-भोग के प्रति **संशय** जागता है कर्कगार्ड के अनुसार Don Juan अब Faust बन कर उभरता है। इस प्रकार का संशय क्रमशः एक नैराश्य को जन्म देता है। उसे प्रतीत होता है कि जिस सुख-भोग के पीछे वह पागल था वह भी उसे उपलब्ध नहीं। इस 'नैराश्य' की स्थिति को सूचित करने के लिये कर्कगार्ड घुमक्कड़ यहूदी Ahaseurus को प्रतीक बनाते हैं। इस **नैराश्य** को वे **संवेदन शीलताजन्य नैराश्य** (Aesthetic Despair) कहते हैं, और मानते हैं कि इस स्थिति की परिणति इस प्रकार के नैराश्य में होती ही है।

कर्कगार्ड का कहना है कि यही **नैराश्य** संवेदनशीलता के स्तर से नैतिकता के स्तर में बदलाव का उपादान है। इस नैराश्य में व्यक्ति को प्रतीत होता है कि इसका मूल कारण उसका 'स्व' के प्रति अत्यधिक लगाव था। यह लगाव उसे अपने में समेटे था, उसे पूर्णतया एकांकी बना रहा था। अतः अब उसे **आवश्यकता** (Requirement) प्रतीत होती है कि वह इस 'स्व' की सीमा को तोड़े, तथा **'अन्य'** के साथ अपने को जोड़े। अब वह अन्य के महत्व को समझता है, तथा 'स्व' से ऊपर उठ 'पर' की ओर उन्मुख होता है। अब वह अपने को परिवार, समाज, राज्य आदि से संबंधित करता है, और उनसे संबंधित दायित्व उठाने का संकल्प करता है। अब वह एक सामाजिक प्राणी बन जाता है, तथा नैतिक आदर्शों को ध्यान में रखते हुए अन्य से संबंधित, परहित का कार्य करता है। कर्कगार्ड ने अपनी पुस्तक 'Either/or' के दो खण्डों में संवेदनशीलता एवं नैतिकता की स्थितियों का विवरण दिया है। उनका कहना है कि संवेदनशीलता की अवस्थिति व्यक्ति केन्द्रित है, नैतिकता की स्थिति 'पर' से संबंधित है। किन्तु इसका यह अर्थ नहीं कि यहाँ 'व्यक्ति' की वैयक्तिकता का सर्वथा हनन हो जाता है, क्योंकि यह निर्णय कि उसे 'पर' से जुटना है उसी वैयक्तिकता का ही निर्णय है। कर्कगार्ड का कहना है कि इस स्तर में व्यक्ति स्वयं यह निर्णय लेता है कि उसे संवेदनशीलता के स्तर से उत्पन्न नैराश्य से मुक्त होने के लिए अन्य के प्रति दायित्वों एवं कर्त्तव्यों का पालन करना है।

किन्तु, कर्कगार्ड का कहना है कि इस जीवन से भी अन्ततः एक प्रकार की निराशा (Ethical despair) ही मिलती है। नैतिकता के आदेश बड़े अमूर्त होते हैं। विशिष्ट परिस्थितियों में मात्र इन आदेशों के आधार पर यह तय करना कठिन हो जाता है कि कौन-सा मार्ग वस्तुतः नैतिक है। वास्तविक परिस्थितियों में नैतिक नियम किसी चुनाव में सहायक सिद्ध नहीं हो पाते। नैतिक नियमों की ऐसी विफलता से वह निराश होता है—इसके अतिरिक्त जिस नैराश्य से ऊपर उठने के लिय वह 'स्व' से ऊपर उठ 'अन्य' से अपने को जोड़ता है, उस नैराश्य से क्षणिक त्राण मिलता भले ही प्रतीत हो, एक दूसरे प्रकार का तनाव उत्पन्न हो जाता है—'स्व' एवं 'अन्य' से जुटी प्रवृत्तियों के बीच का तनाव। यह अनुभूति भी **निराशा** की अनुभूति है, यह अनुभूति है कि नैतिकता भी संपुष्टि (fulfilment) का आधार नही हो सकती।

इस **नैतिक निराशा** (Ethical despair) में, इस संपुष्टि की आकांक्षा में पुनः स्तरीय बदलाव का उपादान प्रकट हो जाता है, और यह स्तर **धार्मिकता के स्तर** में बदलने लगता है। जिस प्रकार की धार्मिकता की स्थिति की कल्पना कर्कगार्ड करते हैं, वह धार्मिकता के सामान्य प्रचलित ढंग से सर्वथा भिन्न है। साधारणतः आधुनिक जीवन में मानव जिसे 'धार्मिकता' कह कर जीता है, वह नैतिकता से भिन्न नहीं है, उसी के समान का जीवन है। यहाँ भी नैतिकता के स्तर के समान कुछ धार्मिक आदेशों को सर्वोपरि मान लिया जाता है, तथा उन्हीं के अनुरूप जीने को धार्मिक स्तर कहा जाता है। कर्कगार्ड जिस धार्मिक स्तर का उल्लेख कर रहे हैं, यह इस प्रकार की धार्मिकता नहीं है। यहाँ किसी धार्मिक संस्था के आदेश महत्त्वपूर्ण नहीं हैं, यह व्यक्ति के अन्तर में, आत्मीयता के सघन जीवन में उदय हुआ स्वर है। यह धार्मिक की आन्तरिक अनुभूति है, जिसमें व्यक्ति हर प्रकार के संस्थागत, नैतिक अथवा धार्मिक आदेशों से ऊपर उठ जाता है। कर्कगार्ड के अनुसार यह सघन **आस्था** (faith) का स्तर है, जहाँ आस्था के लिए सभी प्रकार के आदेश नगण्य हो जाते हैं। यह व्यक्ति पर किसी प्रकार से बाहर से लायी हुई धार्मिकता नहीं है, यह उसके अन्तर में उदित होता है।

नैतिक निराशा से धार्मिकता की ओर जो व्यक्ति की आन्तरिकता उन्मुख होती है उसके लिए कर्कगार्ड विशेष वाक्यांश का प्रयोग करते हैं। उनका कहना है कि यह **नैतिकता से सोद्देश्य ऊपर उठने की प्रक्रिया**' है (Teleological Suspension of the Ethical)। अब सभी नैतिक आदेश नगण्य हो जाते हैं, व्यक्ति नैतिक आदेशों की **सामान्यता** के स्थान पर अब व्यक्ति की **आन्तरिक आस्था** (faith) महत्वपूर्ण हो जाती है, और उसके निर्णय/निश्चय इसी आस्था के अनुरूप होते हैं। यही धार्मिकता का स्तर है।

इसे कर्कगार्ड ने एक उदाहरण से स्पष्ट किया है। एक प्रकार से यह कर्कगार्ड का ऐसा प्रतिमान उदाहरण है जिसका उपयोग उन्होंने अनेकों स्थल में किया है। यह **अब्राहम** की कहानी का उदाहरण है। अब्राहम ने ईश्वर की उपासना प्रार्थना के आधार पर एक पुत्ररत्न पाया था, जिसका नाम था **ईसाक**। ईसाक सभी दृष्टि से बड़ा ही योग्य बालक था। एकाएक अब्राहम को ईश्वरीय आदेश प्राप्त हुआ कि वह ईसाक की बलि पर चढ़ा दे। अब्राहम पुत्र को लेकर एकान्त स्थल पर जाते हैं और बलि देने का उपक्रम करते हैं। अब्राहम के इस कर्म को प्रबल धार्मिकता का उदाहरण माना जाता है। किन्तु इसमें धार्मिकता क्या हैं? किसी भी नैतिक दृष्टि से यह कार्य जघन्य है, अनुचित है। बाप को बेटे

के लिए हर प्रकार का बलिदान देना नैतिक है, इसके लिए स्वयं दुख उठाना उसका कर्त्तव्य है और यहाँ एक बाप बेटे की बलि दे रहा है। पुनः किसी योग्य एवं निर्दोष व्यक्ति की हत्या अनैतिक ही नहीं, पाप है और यहाँ हम अब्राहम के कार्य को धार्मिकता का चरम उदाहरण कह रहे हैं। कर्कगार्ड की व्याख्या है कि यदि अब्राहम भी नैतिक स्तर पर होते तो उसके मन में भी ऐसे ही विचार आते। किन्तु इस ईश्वरी आदेश-पालन में अब्राहम नैतिक आदेशों के बंधन से मुक्त हैं, नैतिकता के स्तर से ऊपर उठ गये हैं। वे इस ऊपर उठने में ईश्वर के प्रति **निरपेक्ष** रूप से समर्पित हैं। उनके लिए किसी प्रकार का सोच-विचार किसी प्रकार का बंधन महत्वहीन है। महत्वपूर्ण मात्र उनकी **आस्था** है, उनकी **वैयक्तिक** आस्था हर सामान्य नियमों से ऊपर है, किसी प्रकार का अन्य विचार उनकी आस्था को विचलित करने में समर्थ नहीं है। 'आस्था' की यह परिणति है, तथा इसी कारण अब्राहम को 'आस्था का प्रणेता' (father of faith) कहा जाता है।

यही धार्मिकता का स्तर है जिसमें महत्व मात्र एक तथ्य का है—अपने अन्तर में ईश्वर के प्रतिपूर्ण एवं निरपेक्ष आस्था का उदय होना। कर्कगार्ड स्वीकारते हैं कि आस्था का यह रूप बुद्धि को किसी प्रकार ग्राह्य नहीं होता, क्योंकि बुद्धि इसें किसी सार्वभौम अवधारणा पर उतार नहीं पाती। फिर भी धार्मिकता की चरम स्थिति यही है। इसी स्थिति में अस्तित्व को एक ठहराव प्राप्त होता है, नैराश्य एवं जीवन की विडम्बनाओं से एक प्रकार का समझौता हो जाता है। यह ठीक है कि साधारण दृष्टि से इस स्थिति में मानसिक क्लेश, तनाव एवं वेदना दिखाई दे सकती है। अब्राहम अपने बेटे की बलि देने के निश्चय में तनाव की स्थिति में रहा होगा। किन्तु कर्कगार्ड का कहना है कि इस प्रकार का तनाव एवं क्लेश तो वास्तविक धार्मिकता का—आस्था का आवरण है, कलेश्वर है।

(ङ) जीवन-व्याधि: चिन्ता, भय, क्लेश

हमने देखा है कि अस्तित्ववादी विचारधारा में, चिन्ता, निराशा, एक विचित्र घबड़ाहट आदि को मानवजीवन का अनिवार्य अंग माना गया है। कार्कगार्ड ने भी इन पर अपने ढंग से विचार किया है, तथा इसके विभिन्न पहलुओं पर प्रकाश दिया है। हमने देखा है कि कर्कगार्ड के अनुसार धार्मिक आस्था में मानव-जीवन को एक ठहराव सा प्राप्त होता है। वस्तुतः व्यक्ति की वैयक्तिकता अपनी सीमित शक्तियों एवं अपनी अपूर्णता की चेतना में विकसित है। संभवतः इस अपूर्णता की चेतना के साथ एक प्रकार का समझौता ईश्वरीय संबंध पर पूर्ण आस्था रखने से हो। किन्तु अधिकांश व्यक्तियों के साथ यह नहीं हो पाता। जिन विरले व्यक्तियों के साथ ऐसा हो भी, उन्हें भी इस स्थिति तक पहुँचने के पहले उन्हीं अनुभूतियों का जीवन जीना पड़ता है जिस प्रकार की अनुभूति के साथ सामान्य मनुष्य जीता है। यह एक प्रकार की घबराहट का जीवन है। इस घबड़ाहट को वश में रखने के प्रयत्न में व्यक्ति या तो अपने सहज मानवीय ढंगों को छोड़ कृत्रिमता को अपना लेता है, या अपनी सहजता को समेटे रखने के प्रयत्न में क्षण-क्षण अपने ढंगों में परिवर्त्तन करता जाता है। दोनों ही अवस्था में उसे निराशा ही मिलती है। उसे सब कुछ अनिश्चित प्रतीत होता है, उसे प्रतीत होता है कि उसके द्वारा किया गया हर कार्य शायद निष्फल एवं निष्प्रयोजन है। इस प्रकार उसका अस्तित्व ही चिन्ता एवं एक अस्पष्ट भय से ग्रसित हो जाता है। उसे प्रतीत होता है कि वह इस क्लेश एवं भय से सभी मुक्त नहीं हो पायेगा। इसी कारण कर्कगार्ड इस भावना को **जीवन-व्याधि** (Sickeness unto Death) कहते हैं।

इस चिन्ता एवं भय के स्वरूप पर कर्कगार्ड ने कई दृष्टिकोण से विचार किया हैं। उनके इस विचार की विवेचना मुख्यतः तीन शीर्षकों के अंतर्गत की जा सकती है। ये तीन शीर्षक वस्तुतः **इस समस्या को देखने के तीन ढंग** है। ये तीनों ढंग वास्तविक जीवन के उदाहरणों के आधार पर यह देखते हैं कि किस प्रकार की भावना में चिन्ता, भयं आदि की अनुभूति की प्रारंभिक उत्पति होती है। उन्होंने कहा है कि इस प्रकार की तीन आद्य भावनायें हैं—(क) **ससीमता-असीमता** की अनुभूति में चिन्ता, भय आदि का आधार (ख) **संभावनाओं एवं अनिवार्यताओं** की अनुभूति में चिन्ता, भय आदि का आधार, तथा (ग) **चेतन एवं अचेतन जीवन** में इन भावनाओं का उद्भव। अब हम इन तीनों का अलग-अलग विवेचन करें।

(i) ससीमता-असीमता की अनुभूति के आधार पर विवेचन—कर्कगार्ड का कहना है कि यदि हम मानव जीवन की वास्तविकताओं को देखें तों स्पष्ट दिखाई देगा कि कुछ व्यक्ति ऐसे हैं जिन्हें अपनी सीमितता की बड़ी तीव्र चेतना रहती है, तथा कुछ व्यक्ति ऐसें हैं जिन्हें प्रतीत होता है कि वे सब कुछ कर सकते हैं। दोनों अवस्थाओं में चिन्ता, निराशा, भय का उद्भव होता है।

ससीमता की अनुभूति से उत्पन्न निराशा निराशा का बड़ा प्रचलित रूप है। इस प्रकार की अनुभूति वाले व्यक्ति अपने को इतना ससीम समझता है, कि वह स्वतंत्र रूप में कुछ करने का साहस ही नहीं कर पाता। वह पारम्परिक एवं रूढ़िवादी ढंगों में अपने को 'लय' कर देता है। किसी भी प्रचलित ढंग या लीक से हट कर वह जी नहीं पाता। किन्तु इस प्रकार से जीने पर भी उसे त्राण नहीं मिलता, उसके लिये पारम्परा ही बोझ है जिससे न तो वह मुक्त हो पाता है, तथा जिससे हटने का भय भी उसे खाये जाता है। कर्कगार्ड का कहना है कि ऐसा व्यक्ति एक प्रकार से अपनी वैयक्तिकता, अपनी विशिष्ठता का हनन कर देता है। इसी से उसे निराशा मिलती है। कर्कगार्ड के अनुसार यह आध्यात्मिक निर्बलता की स्थिति है, जिसके फलस्वरूप व्यक्ति चिन्ताग्रस्त एवं एक प्रकार से भयभीत रहता है।

इसके विपरीत कुछ ऐसे भी व्यक्ति हैं जिन्हें अपनी असीमता की अनुभूति है। ऐसे व्यक्ति को लगता है कि ऐसा कुछ नहीं है जो वह नहीं कर सकता। उसे अपनी आत्मशक्ति असीम प्रतीत होती है। परिणाम यह होता है कि अपनी असीमता की चेतना में वह प्रायः अप्राप्य लक्ष्य निर्धारित कर लेता है, ऐसे लक्ष्य 'तय' कर लेता है जिसकी उपलब्धि वस्तुतः संभव ही नहीं होती। इस विफलता से उत्पन्न निराशा में शनैः शनैः उसका जीवन वास्तविकता से दूर हटता जाता है, वह काल्पनिक जीवन जीने लगता है, तथा मानसिक विकारों से ग्रस्त हो जाता है। उसे अब यह प्रतीत भी नहीं होता कि उसकी यह अवस्था उसकी असीमता की अनुभूति से जनित है। उसके वास्तविक जीवन में एक अस्पष्ट क्लेश उत्पन्न हो ही जाता है, जिससे वह अपने को मुक्त नहीं कर पाता।

(ii) संभावनाओं एवं अनिवार्यताओं की अनुभूति के आधार पर विवेचन—कर्कगार्ड इस समस्या पर एक दूसरे ढंग से भी विचार करते हैं। जीवन में कुछ व्यक्ति ऐसे मिलते हैं जिन्हें किसी न किसी रूप से विश्वास रहता है कि सब कुछ संभव है। इसके विपरीत कुछ ऐसे व्यक्ति हैं जो संभवनाओं की बात तो नहीं करते, किन्तु मानते हैं कि जो कुछ भी होता है वह नियत है, तय है, अनिवार्य है, उसे होना ही है। कर्कगार्ड दिखाते हैं कि कैसे दोनों प्रकार के विश्वास चिन्ता एवं भय के कारक हैं।

संभवनाओं के परिवेश में जीने पर निराशा एवं चिन्ता स्वाभाविक है। संभावनाओं की चेतना मनुष्य की विचित्र ढंग से ठग लेती है। सब कुछ संभावित प्रतीत होता है, किन्तु उपलब्धियाँ उसके अनुरूप नहीं होती। उसकी अनुभूति एंव उपलब्धियों की वास्तविकता में कोई मेल ही नहीं बैठता। अतः कहाँ भावनात्मक स्तर पर उसे सब कुछ संभावित प्रतीत होता था जब कि वास्तविकता के स्तर पर उसे तृप्ति नहीं ही मिली। परिणाम यह होता है कि ऐसा मनुष्य भी वास्तविक तृप्ति के स्थान पर काल्पनिक तृप्ति के सहारे जीने लगता है। उसकी वैयक्तिकता का यह टूटन, उसकी भावना एवं तृप्ति का यह अनमेल संबंध उसके जीवन का सतत क्लेश बन जाता है।

इसके विपरीत कुछ ऐसे व्यक्ति हैं जिन्हें सब कुछ अनिवार्य प्रतीत होता है। उसे प्रतीत होता है कि जो कुछ होता है वह इस कारण होता है कि उसे होना ही हैं। अनिवार्यता की इस प्रकार की अनुभूति ऐसे व्यक्तियों को दैववादी बना देता है। अब वह स्वीकार कर लेता है कि वह कुछ करे या न करे, जो होना है वह तो होगा ही। फलतः वह पूर्णतया निष्क्रिय अकर्मण्य हो जाता है। अत्यन्त दुख भी उसे जागरूक एवं सक्रिय नहीं कर पाते क्योंकि उसकी भाग्यवादिता वाली दृष्टि उसे उस स्थिति की अनिवार्यता को भी मनवा लेती है। उसकी अपनी प्रेरणा—अपनी प्राण-शक्ति प्रायः शीथिल ही रहती है। और यही उसके जीवन का क्लेश है। भविष्य की अनिश्चयता एवं अनिवार्यता उसे भयभीत भी रखती हैं, तथा इस प्रकार से भय एवं चिन्ता से मुक्त नहीं हो पाता क्योंकि ये सब उसकी भाग्यवादी दृष्टि से उत्पन्न हैं।

(iii) अचेतन एवं चेतन रूप में उत्पन्न चिन्ता भय—कर्कगार्ड कहते हैं कि इस प्रकार की चिन्ता एवं भय का स्रोत अचेतन जीवन में भी ढूँढा जा सकता है, तथा चेतन जीवन में भी।

चिन्ता, भय, निराशा आदि अचेतन ढंग से भी उत्पन्न होते हैं। हर व्यक्ति का अचेतन एक प्रकार से एक ब्यूह की रचना कर लेता है, जिसके मध्य वह अपना जीवन समेटे रहता है। अचेतन एक प्रकार से चेतन की सम्पूर्ति है। चेतन की कमियों, चेतन में अप्राप्त प्रसंगों को अचेतन अपने ढंग से पूर्ण कर लेता है। इस दृष्टि से इसकी रचना प्रायः 'अयथार्थ' पर ही होती है। किन्तु अचेतन में रचित यह जगत, अवास्तविक भले ही हो, व्यक्ति के चेतन जीवन की सम्पूर्ति है। अतः यदि कोई इस 'हवाई किले' को खण्डित करने का प्रयत्न करे, तो व्यक्ति अपने को असुरक्षित समझने लगता है। कर्कगार्ड का कहना है कि कुछ बुद्धिवादी तत्त्व-दार्शनिकों के द्वारा प्रस्तुत सत् का चित्र भी इसी प्रकार की अचेतन प्रवृतियों से संरचित 'हवाई किला' है। किन्तु वह वास्तविक तो नहीं, अतः वह जीवन का सम्बल, जीवन का आधार तो बन नहीं पाता। परिणाम यह होता है कि एक ओर तो व्यक्ति असुरक्षा की आशंका से भयग्रस्त रहता है, तो दूसरी ओर अवास्तविक जीवन के कारण चिन्ताग्रस्त है।

चेतन जीवन में जिस प्रकार चिन्ता उत्पन्न होती है, उसका कर्कगार्ड ने एक अलग ढंग से विवेचन किया है। उनका कहना है कि चेतन जीवन में इस प्रकार की चिन्ता, निराशा आदि उत्पन्न होती है कभी-कभी निर्वलता की चेतना में, तो कभी-कभी सशक्तता की 'चेतना में। कुछ व्यक्ति चेतन रूप में अपने को निरीह एवं अशक्त समझते हैं, तथा पूर्णतया अन्य पर निर्भर रहते हैं। वे सदा परिस्थितियों के दास बने रहते हैं, उनसे जूझने की शक्ति एकत्रित नहीं कर पाते, अतः अन्य के सहारे पर अपने को छोड़ देते हैं या नियति एवं भाग्य का हवाला देकर बैठ जाते हैं। स्पष्ट है, उनकी समस्याओं का निदान हो

ही नहीं सकता, क्योंकि वे स्वयं अपने को असमर्थ समझ कुछ करते ही नहीं। फलतः उन्हें कष्ट, चिन्ता एवं निराशा ही मिलेगी।

इसके विपरीत कुछ व्यक्ति को अपनी समर्थता की ऐसी चेतना रहती है कि वे मान कर चलते हैं कि वे अपनी शक्ति एवं क्षमता से परिस्थितियों को अपने अनुकूल बना सकते हैं, तथा हर कार्य संपन्न कर सकते हैं। किन्तु, परिणाम सदा अनुकूल होते नहीं। इससे जो उन्हें निराशा होती है उसके कारण परिस्थितियों को अनुकूल बनाने के लिये वे उचित-अनुचित हर प्रकार का कार्य करने लग जाते हैं। अतः उनके कुछ कार्य में दायित्व भाव का अभाव हो जाता है, और वह कष्टकर परिणामों को जन्म देता है। फलतः उनके चेतन जीवन में चिन्ता एवं निराशा का उद्भव होता है। यह निराशा किसी विशेष योजना के विफल होने की निराशा नहीं है, बल्कि यह तो निहित है उनके चेतन जीवन के मूल रूप में।

इस प्रकासर कर्कगार्ड ने दिखाया है कि चिन्ता, निराशा जीवन एवं अस्तित्व के अंग हैं। यह जीवन-व्याधि है। इसका मूल स्वरूप यही है कि यह कोई विशेष वस्तु या विषय के लिये चिन्ता-निराशा नहीं है, बल्कि जीवन की मूलभूत अनुभूतियों में उत्पन्न चिन्ता है। इसी कारण इस भय या चिन्ता के निश्चित विषय का निर्देश नहीं किया जा सकता है। यह प्रायः अस्पष्ट ही है, फिर भी जीवन में निहित है।

(च) ईसाई धर्म के प्रति कर्कगार्ड की अभिवृत्ति

कर्कगार्ड का दावा है कि वे ईसाई धर्म का सच्चा प्रतिरूपण कर रहे हैं। आस्था के स्वरूप के विवेचन, धार्मिकता में निहित कष्ट एवं बलिदान भाव, तथा सूली पर टंगे ईसा के विवरणों में कर्कगार्ड ईसाई धर्म के पूर्णतया अनुरूप प्रतीत होते हैं। फिर भी वे इसाई संप्रदाय के कटु आलोचक भी हैं। उन्होंने 'ईसाईयत पर आक्रमण' (Attack upon Christiandom) के नाम से एक पुस्तक ही लिखी है।

बात यह है कि वे ईसाई मत के विरुद्ध नहीं, बल्कि ईसाईयत के विरुद्ध हैं, ईसाई संप्रदाय के विरुद्ध हैं। उनका विश्वास है कि ईसाई संप्रदाय ने ईसाई धर्म को कुण्ठित कर दिया है, उसकी वास्तविकता का हनन कर, उसपर कुछ बाह्य उपकरणों को लाद कर उसे कृत्रिम बना दिया है। फलतः जिस रूप में ईसाई संप्रदाय ईसाई धर्म को प्रस्तुत करता है, उस रूप में वह धर्म है ही नहीं।

ईसाई संप्रदाय के विरुद्ध उनकी मुख्य आपत्ति यही है कि उसने 'चर्च', संस्था एवं संप्रदाय को इतना प्रमुख बना दिया है कि इसकी प्रमुखता में धर्म की वास्तविकता ही समाप्त हो गयी है। उनके अनुसार धर्म की वास्तविकता व्यक्ति की आन्तरिकता में है, उसकी सहजता एवं स्वतः प्रवृत्ति में है। धार्मिकता का अर्थ है कि व्यक्ति सहज रूप में, स्वतः अपने अंतर में आस्था जगा सके। ऊपर से लादे गये नियम, बाह्य आदेश तथा कुछ व्यक्तियों एवं पादरियों के हाथ में धर्म का पूर्ण दायित्व—यह सब कर्कगार्ड को स्वीकार्य नहीं है। उन्हें यह सब धार्मिकता के स्वरूप के विरुद्ध प्रतीत होता है। उनके अनुसार इस प्रकार की धार्मिकता तो ओढ़ी हुई धार्मिकता है, बाह्य आदेशों पर आश्रित कृत्रिम धार्मिकता है।

कर्कगार्ड का कहना है कि ईसा का ईसाई धर्म इस प्रकार के धर्म का समर्थन ही नहीं करता। उनका तो यह भी कहना है कि इन संप्रदायों ने जिस ढंग से 'ईसा मसीह' का चित्र

उभारा है, उसमें भी ईसा को ही सर्वथा गलत ढंग से प्रस्तुत किया जा रहा है। परिणाम यह होता है कि 'ईश्वर' का भी वह रूप प्रगट नहीं हो पाता जिसे ईसा ने प्रस्तुत किया था।

ईसा का ईश्वर 'पिता' था। इसका अर्थ है कि उसके प्रति भावनात्मक एवं आस्था का संबंध ही उपयुक्त संबंध है। इसी प्रकार की भावना एवं आस्था से ही ईश्वर को अपनी आंतरिकता में पाया जा सकता है। किन्तु ईसाईयत के ठीकेदारों ने 'ईश्वर' को भी बौद्धिक ढाँचे में ढालने का प्रयत्न किया। धर्म को बौद्धिक बनाने के प्रयत्न में उन लोगों ने ईश्वर-अस्तित्व-समर्थन के लिये बौद्धिक युक्तियाँ दी, तथा ईश्वर का स्वरूप एवं लक्षणों का बौद्धिक विवरण दिया। कर्कगार्ड के अनुसार यह ईसाई ईश्वर का रूप ही नहीं, क्योंकि वह तो आस्था पुंज है।

उसी प्रकार ईसाई संप्रदाय ने 'ईसा' के भी वास्तविक महत्व को गौण बना दिया है। कर्कगार्ड का कहना है कि ईसाईयत ने ईसा के ईश्वरीय रूप को भी बौद्धिक अर्थ देने के प्रयत्न में ईसाई धर्म की मूल मांगों की उपेक्षा कर दी है। उनके अनुसार ईसाई धर्म की मांगें बड़ी-बड़ी हैं, उन्हें सरल बनाने का प्रयत्न अनुचित है। ईसाई धर्म अटूट आस्था माँगती है, तथा उस आस्था में जो संघर्ष है, कष्ट है, तनाव है उन्हें भी स्वीकारती है, उनके निराकरण के भय से किसी प्रकार के समझौता को स्वीकार नहीं करती। इसी दृष्टि से सलीब पर टंगे ईसा का महत्त्व है, जो भयानक शारीरिक यातना में, भीषण वेदना को भोगते हुए, उन आततायियों के लिये भी क्षमादान चाहता है, जिन्होंने यातना दी है। यह आस्था से उत्पन्न आत्मबल है। इस आत्मा की शक्ति को नियमों के द्वारा बौद्धिक ढंग से निरूपित नहीं किया जा सकता, यह तो व्यक्ति की आन्तरिकता में स्वतः ही उत्पन्न हो सकती है। कष्ट, बलिदान आदि तो इस प्रकार के जीवन के अंग हैं।

अतः कर्कगार्ड का कहना है कि जबसे ईसाईयत में संस्था का प्रभाव बढ़ा और जबसे यह एक धार्मिक संप्रदाय बन गया, तभी से इसमें ईसाई धर्म के मूल उपदेशों को गौण बना दिया गया। लोग यह भी भूल गये कि 'सलीब' किस सत्य का प्रतीक है। उनका कहना है कि आज के ईसाई धर्मावलम्बी ईसा के अनुयायी नहीं, ईसा के प्रशंसक मात्र है। अतः वे जो कहते हैं, वह खोखले शब्दों का भंडार मात्र हैं। सच्चा ईसाई वही है जो समझे कि वास्तविक गुरु 'ईसा ही है, जो ईसा के जीवन में चित्रित 'पाप' और आस्था के संघर्ष को अपने अंतर में अनुभूत करे, तथा अपने अन्तर में ईसा के उस जीवन तथा ईश्वर के प्रति एक अटूट आस्था उत्पन्न कर ले।

ग्रैब्रियल मार्सल (1889-1973)

(क) विचार-प्रवेश

अस्तित्ववादी आधार पर खड़े होकर ईश्वर एवं आस्था के रूप देने वाले विचारकों में एक समर्थ विचारक ग्रैब्रियल मार्सल भी है। जीवन के प्रारंभिक काल में ही जिस प्रकार का शिक्षण एवं वातावरण उन्हें मिला, उसी से उनके विचार की दशा निर्धारित हो गयी। वैसे तो उनके पिता रोमन कैथोलिक धर्मावलम्बी थे, किन्तु अपने सामान्य वैचारिक जीवन में वे एक प्रकार से अज्ञेयवादी हो गये थे। कम उम्र में माता के देहान्त हो जाने के कारण उन्हें अपनी चाची के संरक्षण में रखा गया था। वे उदार प्रोटेस्टेन्ट मत में आस्था रखती थी। अतः वाल्यकाल से ही धार्मिक प्रभाव में रहे, तथा उस समय से ही उनके मन पर पिता

के अज्ञेयवादी विचारों की छाप भी पड़ती रही। इन दो प्रकार के विरोधी विचारों के बीच एक प्रकार के तनाव की अनुभूति उनकी मानसिकता की अंग बन गयी।

इसी तनाव के कारण वे जीवन के रहस्यों को समझने के प्रयत्न के लिए प्रेरित हुए। अपनी धार्मिक मानसिकता के फलस्वरूप उन्होने यह स्पष्ट रूप से समझ लिया कि जीवन तथा विचार की विंसगतियों का निराकरण शुद्ध बौद्धिक ढंग पर नहीं किया जा सकता। किन्तु पिता के अज्ञेयवादी विचारों के संपर्क में रहने के कारण उन्हें यह भी लगने लगा कि धार्मिकता के प्रचलित ढंगों पर भी जीवन को पूर्णतया आधृत नहीं किया जा सकता।

फलतः अपने स्कूल के जीवन में ही मार्सल पढ़ाई के प्रचलित ढंगों से कुछ विरक्त से होने लगे। उन्हें यह स्पष्ट समझ आने लगी कि अतिशय बौद्धिकता सृजनात्मकता का हनन कर देती है। वर्ग के ढंगों से उन्हें उब होती, परिणामस्वरूप शनैः शनैः 'आन्तरिक खोज के महत्व को समझने लगे गये। बाद में वे कुछ प्रसिद्ध तत्त्वमिमांसकों के विचारों से परिचित हुए, उन्हें हेगेल बैडले आदि के दर्शनों में सृजनात्मकता का प्रयत्न अवश्य दिखाई दिया, किन्तु साथ-ही-साथ उन विचारों की अर्मूतता में निहित कृत्रिमता को देख उन्हें ऐसा लगा कि दर्शन को शुद्ध बौद्धिक विचार-सिद्धान्त बनाना वांछनीय नहीं है। उसके लिये यह जानना भी आवश्यक है कि इस प्रकार के विचारों का आन्तरिक स्रोत क्या है।

उनकी यह आन्तरिकता की ओर झुकाव प्रथम युद्ध के अनुभवों के बाद और दृढ़ हो गयी। युद्ध में उन्हें मृत-व्यक्तियों का आंकड़ा इकट्ठा करना तथा उनके संबंधियों को सूचना देने का कार्य मिला था। इस अनुभव के फलस्वरूप उन्हें लगा कि आधुनिक जीवन के शुद्ध बौद्धिक ढंग तो मानव को भी अनुसंधान का विषय मात्र बना दे रहे हैं। उनकी प्रतिक्रिया स्वाभाविक थी, तथा इसी प्रतिक्रिया में उनका यह विचार और अधिक दृढ़ हो गया कि सार्वभौम, तथा अनिवार्य एवं वस्तुनिष्ठ व्यवस्था की खोज निरर्थक है। उन्हें लगा कि व्यक्ति की आन्तरिकता ही उन्हें अपने ढंग से किसी लक्ष्य की ओर अग्रसर कर सकती है। आत्म-अनुभूति की केन्द्रियता कुछ इतने सघन रूप में उनके जीवन एवं विचारों में उतरी कि वे अन्ततः आन्तरिकता की खोज में रोमन कैथोलिक धर्म के अन्तर्गत आ गये। उनका यह परिवर्त्तन उनके लिये एक साधारण घटना नहीं थी, किन्तु आन्तरिकता की खोज में रत होने का साधन था, क्योंकि उन्हें प्रतीत हुआ कि इस जीवन में रहकर जीवन को समझने का तात्विक रहस्य में डूबने का मार्ग शायद सुलभ हो।

वैसे मार्सल नाटककार तथा संगीतज्ञ भी थे। अतः कला के माध्यम से भी उन्होंने अपने विचारों को व्यक्त करने का प्रयत्न किया है। उन्हें अस्तित्ववादी इस कारण कहा जाता है कि अन्य अस्तित्वववादी विचारकों के समान उन्होंने कला के माध्यम को भी विचार की अभिव्यक्ति का एक सफल रूप समझा, तथा सामान्य अस्तित्ववादी दृष्टिकोण के अनुरूप व्यक्ति की आन्तरिकता को केन्द्रीय बनाया। उन्हें ईश्वरवादी अस्तित्ववाद का समर्थक इस कारण कहा जाता है क्योंकि कर्कगार्ड के समान उन्होंने भी धार्मिकता, आस्था, ईश्वर आदि को व्यक्ति की आन्तरिकता में बिठाने की चेष्टा की। परम्परावादी ईसाई विचारक मार्सल को अपनी कोटि में रखने में हिचकते हैं, किन्तु अस्तित्व की अनुभूति के विकास-क्रम में ईश्वर के लिये भी स्थान बना देने वाले एक समर्थ विचारक हैं।

(ख) दार्शनिक विचार का केन्द्रीय प्रश्न

मार्सल के अनुसार विचार का केन्द्र मनुष्य है। उनके दर्शन में 'मनुष्य कहने से जो

चित्र उभरता है, वह आदिमानव का चित्र नहीं, इतिहास क्रम से विकसित विभिन्न चित्र नहीं, बल्कि मूलतः 'आधुनिक मानव' का चित्र है। उनका समस्त दर्शन इस अनुभूति पर आश्रित है कि आज का मानव किसी-न-किसी प्रकार अपनी वास्तविकता से अपनी तात्विक स्थिति से विश्रृंखल हो गया है। उन्हें लगता है कि आज के मानव जीवन में जो टूटन, अशान्ति एवं दिशाहीनता अब दिखाई देती है, उसका मूल कारण यही है कि आज का मानव अपने आप से ही अलग हो गया है। मार्सल को यह अलगाव (estrangement) दो स्तरों पर स्पष्ट रूप से दिखाई देता है—एक तो वैचारिक स्तर पर दूसरा जीवन के स्तर पर, वास्तविक अस्तित्व के स्तर पर। वैचारिक स्तर का विश्लेषण करते हुए मार्सल कहते हैं कि डेकार्ट से एक परम्परा आरम्भ हुई है, तथा, संपूर्ण पश्चात्य विचारधारा उसी परम्परा के अनुरूप सर्जित होती रही है। डेकार्ट के आत्म-अस्तित्व का आधार—''मैं हूँ'' का आधार ''मैं सोचता हूँ'' रहा है। तब से 'मैं सोचता हूँ''—यही हर प्रकार के विचार का आधार बना रहा है, तथा पाश्चात्य विचार का हर ढंग 'मैं सोचता हूँ' के ही आधार पर अपनी संरचनायें प्रस्तुत करता रहा है। कुछ ऐसा प्रतीत होता हैं कि मानव मात्र सोचने वाला ही जीव हैं, अन्य कुछ नहीं। इस परंपरा में लोग यह भी भूल जाते हैं कि मनुष्य ''जीता'' है, जीना मात्र सोचना नहीं है। केवल सोच-समझकर यदि 'जीने' का रूप एवं ढंग निर्धारित किया तो वह चित्र मानव का चित्र नहीं रह पायेगा। इसी कारण मार्सल का कहना है कि इस प्रकार की विचार-प्रणाली बुद्धि को जीवन एवं अस्तितव से स्वतंत्र बना देती है जिसके फलस्वरूप इस प्रकार के विचार में कृत्रिमता आ जाती है; क्योंकि यह मानव के संगठित वैयक्तिकता को अपने वैचारिक विश्लेषण से खंडित कर देता है। आधुनिक जीवन में यह और स्पष्ट रूप में दिखाई देने लगा है, जहाँ 'मृत्यु' महत्त्वपूर्ण नहीं, मृत-व्यक्तियों का आंकड़ा महत्त्वपूर्ण हैं।

इसी प्रभाव में आधुनिक मानव के वास्तविक के स्तर में इस 'टूटन' की स्पष्ट अनुभूति होती है। आज के वैज्ञानिक उपकरण मानव-अस्तित्व को भी कुछ स्नायुतंत्रों एवं मांसपेशियों की क्रिया-प्रतिकिया मात्र बना देते हैं। फलतः उसका जीवन कुछ इतना धरातली जीवन हो जाता है कि वह मशीनों के समान यन्त्रवत चलने का आदि हो जाता है। मनुष्य अपने जीवन की यथार्थता एवं गहराइयों से पृथक हो जाता है, फलतः टूटन एवं ऊब उसके जीवन के अंग बन जाते हैं।

अतः मार्शल के लिये चिन्तन का विषय है—'आधुनिक मानव'। उनका प्रश्न है कि किस प्रकार आधुनिक मानव को अपनी वास्तविकता की अनुभूति करायी जाय, कैसे यह टूटा हुआ आज का मानव अपनी यथार्थता एवं विशिष्टता के अनुरूप अपने जीवन को रूप दे सकता है। अतः उनका लक्ष्य है कि मानव को अपनी मानवीयता की आत्म-अनुभूति हो जाय, एवं वर्तमान अलगाव-भाव के साथ मानवीय संमझौता हो सके, तथा मानव का मानव रूप प्रतिष्ठित हो सके।

(ग) समस्या एवं तात्विक रहस्य (*Problem and Mystery*)

ऊपर बताये केन्द्रीय प्रश्न की विवेचना में मार्सल एक विशेष विचार पर ध्यान केन्द्रित करते हैं, तथा उसी के आधार पर अपने प्रश्न का उत्तर ढूंढ़ते हैं। यह विचार है **'समस्या'** (problem) तथा **'रहस्य'** (mystery) का भेद। उन्होंने दिखाया है कि आधुनिक मानव

का जीवन समस्याओं का जीवन हो गया है और इसी कारण वह अपने तात्त्विक रहस्य से अनभिज्ञ रह जाता है। यह अनभिज्ञता ही उसके जीवन की रिक्तता एवं ऊब का कारण है। अतः समस्याओं के जीवन से अपने को कुछ मुक्त कर अपने तात्त्विक रहस्य में डूबने के प्रयत्न में ही मनुष्य की विशिष्टता स्पष्ट हो सकती है।

वैसे उनकी मान्यता है कि जीवन को समस्यात्मक बनाने का प्रयत्न पाश्चात्य दर्शन की परंपरा में होता ही रहा है। जैसा कि ऊपर कहा गया है, जब से डेकार्ट ने 'मैं सोचता हूँ' के आधार पर आत्म-अस्तित्व की स्थापना का प्रयास किया है, तब से अस्तित्व के हर पहलू पर वैचारिकता बाह्य रूप में लगती रही, परिणाम यह हुआ कि शनैः शनैः विचार जीवन से तटस्थ होता रहा। आधुनिक युग में विज्ञान एवं टेकनोलाजी के प्रभाव में विचार एवं जीवन की दूरी और बढ़ती गयी, तथा तटस्थ चिन्तन वैज्ञानिक चिन्तन का आदर्श माना जाने लगा। वैज्ञानिक दृष्टि का लक्ष्य हो गया पूर्णतया वस्तुनिष्ठ विवेचन, जिसमें किसी प्रकार भी वैयक्तिक ढंगों का कोई प्रभाव न पड़े। परिणाम यह हुआ कि मनुष्य का चिन्तन अपने को अपने से पूर्णतया अलग रख कर देखने का ढंग बन गया। परिणामस्वरूप विचार एवं जीवन एक दूसरे से इतने पृथक एवं दूर हो गये कि 'जीवन' ही **समस्या रूप** हो गया।

मार्सल का कहना है कि इसी मूल दृष्टि के फलस्वरूप आधुनिक जीवन 'समस्याओं' का जीवन है। बौद्धिकता के नये-नये ढंग तथा विज्ञान के नये-नये आविष्कार इन समस्याओं के समाधान का दावा करते हैं। उन सबों के ऐसे दावे की मान्यता बस यही है कि किसी-न-किसी प्रकार वे मान कर चलते हैं कि जीवन की हर बात कारण-कार्य नियम अथवा वैसा ही किसी यन्त्रवादी नियम के आधार पर व्याख्या के अन्तर्गत लायी जाती है। मानव-अस्तित्व के संबंध में भी ऐसा ही विश्वास घर कर गया है। मार्सल का कहना है कि इस प्रकार मानव-अस्तित्व की गुत्थियाँ नहीं सुलझ सकतीं, क्योंकि इस प्रकार का दृष्टिकोण ही भ्रान्तिपूर्ण धारणा पर आधृत है।

वह भ्रान्तिपूर्ण धारणा यही है कि इस प्रकार की दृष्टि मानव-अस्तित्व-संबंधी हर बात को **समस्या** (Problem) समझती है। इसका अर्थ है कि इन बातों को भी वे उसी रूप में सुलझाना चाहते हैं जिस रूप में कोई गणितज्ञ किसी हिसाब का हल ढूँढता है, या वैज्ञानिक अपनी प्रयोगशाला में कोई प्रयोग करता है। उनके लिये समस्या का अर्थ है जिस पर विश्लेषण या प्रयोग हो सके तथा उस प्राकर से उसका सार्वभौम समाधान ढूँढ़ा जा सके। बौद्धिकता के प्रभाव में इस प्रकार के लोग यह सोच लेते हैं कि अस्तित्व अथवा जीवन के संबंध में भी ऐसे प्रयोगों के द्वारा सार्वभौम समाधान ढूँढ़ा जा सकता है। मार्सल का कहना है कि यही ऐसे विचारकों की भ्रान्ति है, वे अस्तित्व-संबंधी तथ्यों का सार्वभौम समाधान ढूँढ़ने का प्रयास करते हैं। अतः उनकी मूल भ्रान्ति यही है कि मानवीय जीवन को अथवा मानव-अस्तित्व को भी **एक समस्या** (Problem) समझते हैं, और सार्वभौम समाधान पाने के प्रयत्न में रहते हैं।

मार्सल का कहना है कि मानव-अस्तित्व को समस्या बना कर समझने की चेष्टा सर्वथा निरर्थक है, क्योंकि इसका **सार्वभौम** समाधान हो ही नहीं सकता। अस्तित्वमूलक तथ्यों के समाधान में मानव की विशिष्टता प्रधान है, उसके सार्वभौम लक्षण नहीं। वैसे मार्सल 'विज्ञान' के विरोधी नहीं है। किन्तु अतिशय वैज्ञानिकता से उत्पन्न इस दृष्टि के वे विरोधी हैं जो हर अन्वेषण को समस्यात्मक समझता है, तथा वस्तुनिष्ठता की खोज में उन्मत्त हो हर प्रयोग पूर्णतया तटस्थ रूप में करता है।

मार्सल के अनुसार अस्तित्व का अवबोध इस प्रकार नहीं हो सकता। अस्तित्व अपना अस्तित्व है, इसे दूर से तटस्थ होकर देखने पर कुछ हाथ नहीं लगेगा। इसकी गहराई में डूबने पर ही इसकी वास्तविकता की अनुभूति संभव है। इसी कारण मार्सल ने कहा है कि अस्तित्व की अनुभूति के लिये, मानव की यथार्थता को पकड़ पाने के लिये यह आवश्यक है कि मानव जीवन को समस्या नहीं **रहस्य** (Mystery) समझा जाय। रहस्य क्या होता है। प्रथमतः जहाँ दूर से देखने पर, ऊपर-ऊपर देखने पर कुछ ज्ञात न हो उसे ही 'रहस्य' कहा जाता है। जो धरातल पर ही स्पष्ट है, सीधे दिखाई दे जाता है वह रहस्य नहीं। 'रहस्य' वह है जिसमें डूब कर—जिसमें प्रवेश कर देखा जाता है। पुनः 'रहस्यों' के समझने का कोई **सार्वभौम ढंग नहीं होता**, रहस्य की अनुभूति उसे ही होती है जो उसमें डूबे। तो, मार्सल के अनुसार मानव इस अर्थ में रहस्य है। मानव-अस्तित्व को रहस्य समझने का अर्थ ही है कि इसकी अनुभूति के लिये इसमें डूबना होगा। इसे दूर तटस्थ रूप में नहीं जाना जा सकता; तथा हर इच्छुक व्यक्ति को इसे अपने ढंग से अनुभूत करना होगा। मार्सल का कहना है कि 'रहस्य' की यह अनुभूति कोई सर्वथा असाधारण अनुभूति नहीं, यह व्यक्ति के लिये संभव है, यह ऐसा चिन्तन है जिसमें चिन्तन स्वयं डूबा है, यह ऐसा चिन्तन है जिसमें चिन्तक स्वयं अन्तर्गस्त्र हो, आविष्ट हो, बँध हुआ हो। यह ऐसी अनुभूति है जिसमें स्पष्ट चेतना है कि मैं इससे पृथक नहीं—इसके साथ अनिवार्यतः जुटा हूँ। यहाँ 'चिन्तक' एवं 'विषय' की दूरी नहीं है, दोनों का एक प्रकार का एकीकरण है। ऐसी ही दृष्टि से जीवन की गुत्थी सुलझ सकती है, जीवन की विशिष्टताओं को आत्मसात करने के लिए उन्हें समस्या न समझ कर—इस अर्थ में 'रहस्य' समझना आवश्यक है।

इसे उदाहरणों के द्वारा समझने का प्रयत्न करे। अशुभ कष्ट, अथवा दुख की समस्या को लें। पाश्चात्य दर्शन की परंपरा 'दुख' को एक समस्या रूप देकर इसके संबंध में अनेक प्रकार के समाधान प्रस्तुत करता है। किन्तु प्रश्न है कि क्या इस प्रकार के विवेचन में दुख की वास्तविक अनुभूति का कोई स्थान है। विचार इस समस्या का तटस्थ एवं बौद्धिक विश्लेषण करता है, किन्तु उस प्रकार 'दुख' का ज्ञान नहीं हो सकता, उसके लिये तो दुख झेलना होगा, दुख की वास्तविक अनुभूति करनी होगी। उसी प्रकार 'प्रेम' को अनुभूति है। 'प्रेम' का बौद्धिक विश्लेषण 'प्रेम' नहीं है, 'प्रेम' तो वस्तुतः रहस्य है जिसमें डूब कर उसे अनुभूत किया जा सकता है।

मार्शल का कहना है कि इस अन्तर के द्वारा यह स्पष्ट हो जाता है कि क्यों इन मानवीय तथ्यों की समस्यात्मक व्याख्या न व्याख्या होती है, न उसकी सार्वभौम उपादेयता है। ऐसा कोई समस्यात्मक निदान नहीं है जो हर व्यकित पर लागू हो ही जाय। आधुनिक मनुष्य वैज्ञानिकता के प्रभाव में यह मान बैठा है कि सब कुछ 'समस्या' है, 'रहस्य' कुछ भी नहीं। इसी कारण उसके जीवन में टूटन तथा अपने आप से अलगाव उत्पन्न हो गया है, इसी कारण उसका जीवन यन्त्रवत एवं कृत्रिम हो गया है।

इसी संदर्भ में मार्सल ने दार्शनिक चिन्तन के दो लक्ष्यों का उल्लेख किया है—पाना (To have) तथा होना (To be)। समस्याओं में उलझे रहना पहले प्रकार का चिन्तन है, 'रहस्य' की अनुभूति दूसरे प्रकार का चिन्तन है। समस्या रूप में चिन्तन करने का लक्ष्य है कुछ पाना, कुछ उपलब्धि। यहाँ जानकारी की उत्कंठा है, कुछ सूचनायें मिलने पर उन्हें

उपलब्धि माना जाता है। किन्तु अस्तित्व की अनुभूति कुछ 'पाने' की अनुभूति नहीं है, अस्तित्व को आत्मसात करने की अनुभूति है, आत्म एवं जीवन के द्वैत के मिट जाने की अनुभूति है, जीवन के 'रहस्य' से एक 'हो जाने' की अनुभूति है।

(घ) आत्म और अन्य

हमने ऊपर देखा कि मार्सल के अनुसार जब हम किसी तथ्य पर तटस्थ रूप में चिन्तन करते हैं, तो वह 'समस्या' बन कर उभरती है मानवीय सत्यों को इस प्रकार नहीं जाना जा सकता, उसके लिये अपनी आन्तरिकता में डूबना अनिवार्य हैं, तभी रहस्य की अनुभूति होती है। तो, इसका अर्थ हुआ कि मानव की यथार्थता उसकी आंतरिकता में है, उसकी आत्मीयंता में है।

किन्तु मार्सल कहते हैं कि इस यह अर्थ नहीं कि व्यक्ति केवल आत्म है। नहीं, वे भी स्वीकारते हैं कि व्यक्ति एकाएक अपने को किसी 'स्थिति' में पाता है। उस परिस्थिति के अन्तर्गत बाह्य जगत भी है तथा अन्य भी, भौतिक वस्तुयें भी हैं तथा अन्य व्यक्ति भी। डेकार्ट के समान वे भौतिक जगत को स्थापना की आवश्यकता नहीं समझते क्योंकि व्यक्ति की अस्तित्ववादी अनुभूति में ही निहित है कि वह एक परिस्थिति में है।

सामान्यतः आत्म का तथा बाह्य जगत का (अथवा भौतिक वस्तुओं का) संबंध समस्यात्मक ही होता है। यहाँ 'आत्म' तथा 'विषय' का संबंध है। यह संबंध भी ऐसा है कि 'विषय' 'आत्म' से सीधा सम्पर्क में नहीं है, बल्कि उसका सीधा सम्पर्क 'शरीर' से है। वैसे 'शरीर' तथा अन्य 'भौतिक वस्तु' भी सर्वथा एक कोटि के या एक प्रकार के नहीं है, क्योंकि अन्य भौतिक वस्तु में पूर्ण बाह्यता है, अपने शरीर के साथ वैसी बाह्यता नहीं है। फिर भी यह तो कहा ही जा सकता है कि जहाँ 'शरीर' सीधे सम्पर्क में किसी वस्तु से हैं, वहाँ समस्यातमक चिन्तन ही संभव है। भोतिक जगत के सम्बन्ध में समस्यात्मक चिन्तन इसी कारण होता है क्योंकि भौतिक जगत आत्म से सीधा सम्पर्क में नहीं है। किन्तु 'शरीर' का संबंध 'आत्म' के साक्षात सम्पर्क का है, अतः यह संबंध रहस्यात्मक ही है। इस संबंध का भी बौद्धिक निर्देश नहीं किया जा सकता, हर रहस्य के समान इसे भी अनुभूत ही किया जा सकता है।

मार्सल ने आत्म एवं अन्य व्यक्तियों के संबंध की विवेचना दूसरे ढंग से की है। वैसे वे स्वीकारते हैं कि आत्म अन्य व्यक्तियों से भी दो ढंगों से सम्पर्क में आ सकता है। एक तो वह ढंग होगा जहाँ आत्म व्यक्तियों को भी विषय रूप ही समझे। अर्थात् यह संभव है कि आत्म व्यक्तियों के संपर्क में भी उसी रूप में हैं जिस रूप में वह भौतिक वस्तुओं के सम्पर्क में हैं। वह बस यही सोचता है कि जिस प्रकार वह कुछ वस्तुओं से घिरा है, उसी प्रकार कुछ अन्य व्यक्तियों से भी घिरा है। वह उनकी वैयक्तिता—उनके आत्मरूप से प्रभावित ही नहीं होता, मात्र उन्हें वस्तु-समान विषय बना कर देखे। इस प्रकार के संबंध के विषय में चिन्तन भी समस्यामूलक चिन्तन ही होता है।

किन्तु आत्म अन्य व्यक्तियों से दूसरे रूप में भी संबंधित हो सकता है, वहाँ एक आत्म अन्य आत्म से संबंधित होता है, वहाँ व्यक्ति तथा विषय का संबंध नहीं दो आत्म का संबंध हो सकता है। इन दोनों प्रकार के संबंध में भेद करते हुए मार्सल कहते हैं कि पहला संबंध मैं और यह (it) के बीच है, क्योंकि उस संबंध में अन्य भी वस्तुरूप ही हैं। किन्तु दूसरा संबंध मैं (I) तथा तू (Thou) के बीच का संबंध है, दो आत्म का संबंध

है। मार्सल के अनुसार इस प्रकार का संबंध रहस्य (Mystery) है, इसका बौद्धिक निरूपण नहीं हो सकता, इसकी अनुभूति हो सकती है। 'प्रेम' के संबंध का उदाहरण लें। यहाँ यह नहीं कह सकते कि प्रेमी प्रेमिका को एक वस्तु के समान समझता है जिसे वह बस उसी प्रकार पाना (To have) चाहता है जैसा किसी टी॰ वी॰ सेट को। नहीं यदि ऐसा संबंध है तो वह 'प्रेम' है ही नहीं। प्रेम की वास्तविकता है कि यह दो आत्म का संबंध है यहाँ प्रेमी यदि **'मैं'** (I) है, तो प्रेमिका **'यह'** (It) नहीं, **तू** (Thou) है। इस प्रेम की वास्तविकता का बौद्धिक विश्लेषण संभव नहीं, क्योंकि यह रहस्य है। इसकी अनुभूति ही हो सकती है, वह भी इसकी गहराई में डूब कर।

हम देखेंगे कि मार्सल ने दो आत्म के इस रहस्य-रूप संबंध के आधार पर 'ईश्वर' तक पहुँचने का मार्ग सुलभ कर लिया है। वे दिखायेंगे कि दो आत्म के इस प्रकार के संबंध की परिणति केवल एक व्यक्ति (I) तथा अन्य व्यक्ति (Thou) तक ही सीमित नहीं रहती, बल्कि एक **व्यक्ति** (I) तथा **परात्म तू** (Afsolute Thou) तक पहुँच जाती है। यह भी रहस्य है, अतः इसका भी बौद्धिक निर्देश संभव नहीं, यह भी अनुभूत ही हो सकता है। किन्तु 'ईश्वर' तक पहुँचने के पहले मानव-संबंधी एक और 'कड़ी' की विवेचना आवश्यक है क्योंकि मैं से परात्म तू तक का मार्ग उसी से सुलभ होता है।

(ङ) स्वतंत्रता

और वह कड़ी है 'मानव-स्वतंत्रता' की—मार्शल ने दिखाया है कि 'स्वतंत्रता' के अर्थ में ही उस 'परात्म तू (Absolute Thou) की ओर उन्मुख होने की संभावना निहित है।

वैसे अन्य अस्तित्ववादी विचारकों के 'मानव' के चित्र में भी 'स्वतंत्रता' उसका अनिवार्य अंग है। वे भी मानव की प्रारंभिक स्वतंत्रता से ही प्रारंभ करते हैं, किन्तु उनकी विवचेना कुछ भिन्न है।

मार्सल कहते हैं कि मानव मूलतः स्वतंत्र है, किन्तु उनका यह तात्पर्य नहीं कि स्वतंत्रता मानव की कोई जन्मजात शक्ति हो। उनके अनुसार स्वतंत्रता का अर्थ सब कुछ कर सकने की शक्ति भी नहीं हैं। स्वतंत्रता का सामान्य अर्थ है चुनाव अथवा निर्णय की स्वतंत्रता, किन्तु मार्सल यह भी नहीं कहते कि स्वतंत्रता का अर्थ निर्णय के लिये पूर्ण अनअवरुद्ध छूट है। उनका कहना है कि व्यक्ति की प्रारंभिक अनुभूति उसके अकेलेपन की अनुभूति अवश्य है, किन्तु उसी अनुभूति में यह भी है कि वह एक 'परिस्थिति' में अकेला है, अन्य व्यक्त्यिों तथा वस्तुओं के बीच अकेला है। अतः 'अकेला' होने का यह अर्थ नहीं कि मात्र वही है, उसके अतिरिक्त कुछ नहीं है। जिस परिस्थिति में वह अपने को पाता है, उसमें 'वस्तुयें' भी हैं, तथा 'अन्य' भी है।

अनुभूति की इस अति प्राथमिक अवस्था में सभी स्वतंत्रता की भी अनुभूवि नहीं होती। मार्सल कहते हैं कि स्वंतत्रता व्यक्ति में निहित है, किन्तु प्राथमिक स्थिति में वह अव्यक्त रहती है। इसका एहसास तब होता है जब वह व्यक्त होती है। अतः मार्सल के अनुसार स्वतंत्रता का अर्थ ही है व्यक्ति में निहित अव्यक्त शक्तियों का व्यक्त हो जाना'। स्वतंत्रता के इस अर्थ पर जोर देने के आधार पर ही मार्शल आधुनिक व्यवहारवादी मानव-संबंधी व्याख्यों के साथ सहमत नहीं होते। बल्कि उनकी स्पष्ट अनुशंसा होगी कि आधुनिक व्यवहारवादी मानव विज्ञान का यह कहना सर्वथा अयथार्थ है कि वातावरण के अनुशीलन

एवं नियंत्रण के द्वारा किसी व्यक्ति को प्रशिक्षित कर कोई रूप दिया जा सकता है। इस प्रकार क़ा यन्त्रवादी विचार मानवीय स्वतंत्रता के ऊपर बताये इस मौलिक अर्थ पर ध्यान नहीं देता। मानव की अव्यक्त शक्तियाँ अपने ढंग से व्यक्त होगी, तथा हर प्रशिक्षण एवं अनुशीलन अपने ढंग से प्रवाहित करेगी। तब यह है कि मानवीय स्वतंत्रता ऊपर से धरातल पर दिखाई नहीं देती। वस्तुतः यदि मनुष्य अपने को यन्त्रवत बनाये रखे, और उसी के अनुरूप समस्याओं से जूझता रहे, तो वह मशीनी मानव बना रहेगा। उस अवस्था में उसकी स्वतंत्रता अव्यक्त ही रह जाती है उसे स्वतंत्रता को अनुभूति भी नहीं होतीं। मार्सल का कहना है कि व्यक्ति जब इस जीवन से ऊपर उठ अपने तात्विक रहस्य में डूबता है, तभी उसे स्वतंत्रता की अनुभूति होती है।

मार्सल का कहना है कि इस रहस्य में डूबने का प्रारंभ तब होता है जब आत्म और अन्य के संबंध की अनुभूति 'मैं' और 'तू' के संबंध के रूप में—अर्थात् दो 'आत्म' के संबंध के रूप में—होती है। तो व्यक्ति अपनी स्वतंत्रता से सम्मुख तब होता है, जब इस प्रकार की अनुभूति है, तथा स्वतंत्रता की परिणति तब होती है जब इस प्रकार के संबंध की परिणति होती है, और वह परिणति है व्यक्ति और ईश्वर (I and Absolute Thou) के संबंध की अनुभूति में।

मार्सल स्वतंत्रता के संदर्भ में इन बातों को कुछ इस प्रकार स्पष्ट करते हैं। उनका कहना है कि यदि व्यक्ति सचमुच सर्वथा अकेला होता, तो उसकी स्वतंत्रता का कोई प्रश्न ही नहीं होता। पूर्णतया एकाकी जीवन तो बंधन है, अपने आप से सिमट कर रह जाना है। स्वतंत्रता का अर्थ है इस सिमटने से ऊपर उठना, इस प्रकार के एकांकी बन्धन में नहीं रहना। अतः स्वतंत्रता का अर्थ है व्यक्ति में निहित 'अपने से परे जाने की शक्ति'। इसी कारण, तथा इसी अर्थ में मार्सल स्वतंत्रता को **उन्मुक्तता** (opening out) कहते हैं। यह व्यक्ति में निहित ऐसी शक्ति है, जो यदि खुल जाय (open out) तो वह अपनी आंतरिकता में 'अन्य' नहीं, 'परमात्मा को भी आत्मसात कर सकता है। मार्सल का कहना है कि यही तो मनुष्य की विशिष्टता है, इसी कारण मनुष्य 'मनुष्य' है तथा अन्य जीवों से सर्वथा भिन्न है।

इस प्रकार कहा जा सकता है कि जैसे-जैसे व्यक्ति को अपनी स्वतंत्रता की अनुभूति होती है, वैसे-वैसे वह उन्मुक्त होता जाता है। यह 'उन्मुक्त होने' (opening out) में क्रमशः मनुष्य अपने से परे जाता है, 'अन्य' को भी अपनी आन्तरिकता में अनुभूत करता है। मार्सल कहते हैं कि यह उन्मुक्त होना मनुष्य की सृजनात्मकता का भी द्योत्तक है क्योंकि इसी के माध्यम से वह नये आयामों में प्रवेश करता है। 'उन्मुक्त होना' पूर्ण तटस्थता' एवं पूर्ण प्रतिबद्धता'—दोनों से ऊपर उठना है। तटस्थता स्वतंत्रता से भागना है, पूर्ण प्रतिबद्धता भी बंधन है—दासत्व है क्योंकि इसमें भी प्रतिबद्धता का विषय स्वतंत्रता का हनन कर देता है। स्वतंत्रता नयी दिशाओं की ओर अग्रसर होने की सतत् प्रेरणा है इसी शक्ति से स्वतंत्रता 'ईश्वर' को भी 'पा' लेती है। मार्सल स्वीकारते हैं कि हम साधारणतः स्वतंत्रता के इस स्वरूप को पकड़ ही नहीं पाते, किन्तु अस्तित्व की वास्तविक अनुभूति में हमें इसका अवबोध हो जाता है, अस्तित्व की वास्तविक अनुभूति हमें प्रेरित करती है नयी दिशाओं की ओर, इस प्रेरणा का आधार आत्म में निहित शक्ति के खुल पड़ने (open out) का आग्रह है, और यही स्वतंत्रता है।

(च) ईश्वर एवं आस्था

स्वतंत्रता की विवचेना में ही कहा गया है कि मार्सल के अनुसार मानवीय स्वतंत्रता में यह संभावना छिपी है कि यदि वह पूरी तरह खुले तो 'ईश्वर' को भी ढूँढ़ ले सकती है। मार्सल इसी कारण कहते हैं कि स्वतंत्रता एवं तात्विक रहस्य की अनुभूति में ही मनुष्य के अन्तर में 'ईश्वर के प्रति आस्था जागती है। हमने कहा था कि मार्सल ने स्वेच्छा से रोमन कैथोलिक धर्म को अंगीकार किया। रोमन कैथोडिक धर्म में 'आस्था' एवं 'प्रेम' को बड़ा महत्व दिया गया है, यही उनके लिऐ इस धर्म का मुख्य आकर्षण था, किन्तु उनका ईश्वर विचार 'आस्था एवं 'प्रेम' के इस मूल महत्त्व को स्वीकारते हुए भी कैथोलिक धर्म-या-सामान्य ईसाई धर्म के ईश्वर-विचार से कुछ भिन्न ही रूप में, स्पष्ट होता है।

मार्सल स्पष्टतः किसी प्रकार की 'ईश्वर-मीमांसा' (Theology) स्थापित करने के पक्ष में नहीं है। उनका स्पष्ट मत है कि तार्किक युक्तियों या बौद्धिक व्यायाम के द्वारा ईश्वर-अस्तित्व की स्थापना ईश्वर का स्वरूप निर्धारण निरर्थक प्रयत्न है। उनका कहना है कि वस्तुतः ईश्वर की वस्तुनिष्ठ सत्ता स्थापित करने का प्रयास सफल हो ही नहीं सकता। इस प्रकार के प्रयन्त तो समस्यात्मक प्रयत्न हैं, और 'ईश्वर' कोई बौद्धिक समस्या नहीं है। यदि बौद्धिक युक्तियों के आधार पर ईश्वर एक सार्वभौम सत्ता के रूप में स्थापित हो जाय तो इसका अर्थ है कि ईश्वर में कोई 'रहस्य' रह ही नहीं गया है, अब तो उसके सारे लक्षण ऐसे हो जायेंगे जो बुद्धि को पूर्णतया ज्ञात हो गये हैं। ऐसा ईश्वर तो 'ईश्वर' ही नहीं है, ईश्वर की विशिष्टता है उसकी **रहस्यात्मकता**, यदि बुद्धि पकड़ पाती है तो उसकी रहस्यात्मकता समाप्त हो जाती है, अर्थात् उसकीं विशिष्टता का ही हनन हो जाता है। यही कारण है कि जब ईसाई संप्रदाय भी ईश्वर के संबंध में बौद्धिक सिद्धान्त देना प्रारंभ कर देता है, तो वह 'ईश्वर' से दूर हो जाता है।

अतः मार्सल कहते हैं कि ईश्वर की रहस्यात्मकता की अनुभूति ही हो सकती है, उसे सिद्ध नहीं किया जा सकता। यह अनुभूति तभी संभव है जब व्यक्ति की आन्तरिकता सघन होकर इस ओर उन्मुख हो। आंतरिकता के सघन होने का अर्थ है कि व्यक्ति तथा अन्य के आत्म-रूप संबंध को पकड़ने की चेष्टा। यह कुछ पाने (To have) की चेष्टा नहीं है, बल्कि होने (To be) की चेष्टा है। दो 'आत्मा' का संबंध एक दूसरे को आत्मसात करने का संबंध है। इसी प्रकार का संबंध जब विस्तृत होता जाय तथा 'परात्म' की ओर उन्मुख हो, तभी 'ईश्वर' के होने की अनुभूति हो सकती है। मार्सल कहते हैं कि इस प्रकार ईश्वर की ओर उन्मुख होने का यह अर्थ नहीं कि किसी विशेष क्षण में ऐसी अनुभूति हो जायगी; किसी विशेष क्षण में जो हो, वह दूसरे क्षण में लुप्त हो जाती है। अतः यह 'होना' नहीं है, एक क्षण की उपलब्धि होगी। अतः जिस अनुभूति की बात मार्सल करते हैं उसमें एक निरंतरता है, वह किसी क्षण की अनुभूति नहीं अविरत एवं अविच्छिन्न अनुभूति है।

उनके अनुसार यही 'आस्था' है। आस्था किसी क्षण की उपलब्धि नहीं है, यह तो आस्था के पुंज के साथ एकरूप होना है, और सतत् उस अवस्था में रहना है। मार्सल स्वीकारते हैं कि आस्था के इस स्वरूप को हम पूर्णतया व्यक्त नहीं कर पाते, क्योंकि व्याख्या, विवरण आदि के उपकरण भी बौद्धिक ही है। साधारण बुद्धि इस तात्विक रहस्य को पकड़ नहीं पाती, और वस्तुनिष्ठ ढंग से इसका विवरण देने का असफल प्रयास करती

है। 'आत्म' का रहस्यात्मक के प्रति आन्तरिक संबंध आस्था का ही है, इस आस्था में समस्यात्मक जीवन से उत्पन्न अलगाव-भाव एवं टूटन, तथा उत्पन्न कलेश के साथ एक शान्तियुक्त समझौता भी हो जाता है।

मार्सल के अनुसार दृढ़ धारणा (Conviction) तथा आस्था (faith) में अंतर है। दृढ़ धारणा का स्तर बौद्धिक है, उसका अर्थ है कि कोई बौद्धिक युक्ति सुगमता से इस धारणा को प्रभावित नहीं कर सकती। इस प्रकार दृढ़ धारणा में एक प्रकार की बौद्धिक हठवादिता भी है। आस्था में हठवादिता नहीं, आस्था की अभिव्यक्ति बौद्धिक तर्कों में नहीं होती, यह स्तर ही बौद्धिकता का नहीं हैं। दृढ़ धारणा का विषय भी निश्चित होता है, उसका निर्देश भी किया जा सकता है, समर्थक युक्तियाँ दी जा सकती हैं। आस्था के साथ ऐसा कुछ संभव नहीं है। सच पूछा जाय तो आस्था का विषय भी पूर्णतया निश्चित विषय नहीं है। यही तो इसकी रहस्यात्मकता है।

निष्कर्षतः कहा जा सकता है कि आस्था का अर्थ है व्यक्ति की आन्तरिकता का 'परात्म तू' (Absolute Thou) अथवा 'ईश्वर' की ओर निरन्तर उन्मुख रहना। वस्तुतः यह संबंध भी रहस्यात्मक है, आस्था का अर्थ ही इस रहस्यात्मकता में भावात्मक रूप में डूबे रहना। परिणाम यह होता है कि इस प्रकार की आस्था जीवन एवं आचरण को ही अपने अनुरूप ढाल देती है। अब व्यक्ति समस्याओं से घिरा रह कर अशान्त नहीं रहता, बल्कि रहस्यात्मकता में डूब कर उस अशान्ति से ऊपर उठ जाता है। इसी के फलस्वरूप समस्यात्मक जीवन की निराशा के स्थान पर आस्था का जीवन एक आशा का संचार करती है। मार्सल का निष्कर्ष है कि आधुनिक मानव के अशान्त मन के लिये आस्था संबल है, और आशा जीवन-संदेश।

(4) कार्ल यास्पर्स (1883-1969)

(क) भूमिका

एक दृष्टि से देखा जाय तो यास्पर्स का स्थान अस्तित्ववादी विचारकों में सबसे विलक्षण है। एक तो विशेष बात यही है कि उन्होंने स्पष्टतः अपने विवेचन में अस्तित्ववादी दर्शन (Existential Philosophy) का उल्लेख किया है। दूसरी बात यह है कि सामान्यतः ईश्वरवादी अस्तित्ववाद के समर्थक कहे जाने के बाद भी तो कहा ही जा सकता है कि इनके विचारों में दोनों प्रकार के अस्तित्ववाद के अंश दिखाई देते हैं। निरीश्वरवादी अस्तित्ववाद के समान मानव की वर्तमान स्थिति की चिन्तायुक्त चेतना है, दूसरी ओर ईश्वरवादी अस्तित्ववाद के समान मानवीय आन्तरिकता में ऊपर उठने की विह्वलता है।

उनके विचारों में एक विशिष्टता यह भी है कि उनके दार्शनिक विचार की आधारशिला उनके चिकित्सा-शास्त्र में एम॰ डी॰ की उपाधि प्राप्त की। 1919 में हाइडलबर्ग विश्वविद्यालय में वे मनोविज्ञान के प्राध्यापक नियुक्त हुए, तथा उसी विश्वविद्यालय में 1921 में उन्होंने दर्शनशास्त्र के प्राध्यापक का कार्यभार संभाल लिया, तथा 1937 तक वे उस पद पर बने रहे। इन विविध जानकारियों का उनके चिन्तन पर सबल प्रभाव पड़ा।

यास्पर्स पारम्परिक दर्शन के प्रति उदार नहीं थे। उनकी मान्यता थी कि पारम्परिक दर्शन भावों के खेल में उलझ कर जीवन एवं अस्तित्व की मौलिक समस्याओं से दूर हट गया है। इसी प्रकार की टिप्पणियों के कारण प्रारंभ में उन्हें समकालीन दार्शनिकों की ओर

से किसी प्रकार का समर्थन नहीं मिला। किन्तु अब उनकी रचनायें एक के बाद एक के क्रम में प्रकाश में आने लगी। तथा जब उन रचनाओं में आधुनिक मानव का यथार्थ चित्र उभरने लगा, तब इनके विचारों में भी लोगों की अभिरुचि बढ़ी। मूलतः उनकी मानव संबंधी कुछ पुस्तके जो बड़े ही स्पष्ट एवं सरल रूप में लिखी गयी (जैसे मानव का भविष्य' आधुनिक युग में मानव'—तो लोग उनके विचारों की यथार्थता एवं मौलिकता से प्रभावित हुए। उन्होंने 1958 में 'अणुबम' पर भी एक पुस्तक लिखी थी। अब उनकी ख्याति आधुनिक मानव-दर्शन के दार्शनिक के रूप बढ़ी।

यास्पर्स के विचारों का केन्द्र आधुनिक मानव है। उन्होंने आधुनिक संस्कृति में घिरे हुए मनुष्य की चेतना है, और उनकी चिन्ता यही है कि कहीं यह परिवेश मानव की मानवीयता का हनन तो नहीं कर देगा। अतः उनके चिन्तन की चिन्ता यही है कि किस प्रकार मनुष्य अपनी विशिष्ठता को बचाये रख सके।

इसी संदर्भ में यास्पर्स ने 'अस्तित्व' शब्द को भी मानव-जीवन के साथ जोड़ दिया। उनकी समस्या 'अस्तित्व' की समस्या है, मानव के जीवन की समस्या है, और उन्हें यह भी अवगति है कि इस समस्या का कोई सार्वभौम वैचारिक निदान नहीं दिया जा सकता, इसका निदान हर व्यक्ति जीते हुए स्वयं अपने ढंग का निदान पा सकता है। जीवन में भी वह एक बार निदान नहीं पा सकता, उसे सदा नयी-नयी संभावनाओं में नये-नये रूप में अस्तित्ववान होना है। इसी कारण उसका जीवन असंख्य—न समाप्त होने वाले प्रश्नों की शृंखला है। अस्तित्ववान व्यक्ति निरन्तर प्रश्न करता रहता है, उसके लिये कोई ठहराव ऐसा नहीं जो अन्तिम हो, क्योंकि 'जगत' जिसमें वह रहता है, 'अन्य' जिनके साथ वह रहता है, वे सतत् नये-नये रूप में उसके समक्ष प्रस्तुत होते हैं, वह सतत इनके साथ अपनी आंतरिकता में जुटता जाता है। अतः उसका जीवन इस आंतरिकता में नये आयामों के साथ जुटना है। इसे ही वे व्याप्तता (Encompassing) कहते हैं जो 'वैयक्तिक आन्तरिकता की विधा हैं, किन्तु सतत उसकी परिधि विस्तृत होती जाती, तथा सत् की व्याप्तता (encompassing that is Being as such) की ओर उठती जाती है (Transcndence) हम देखेंगे यास्पर्स का अस्तित्ववादी विचार अस्तित्ववान व्यक्ति के केन्द्र पर स्थिति हो व्याप्तता (encompassing) एवं परात्मकता (Transcendence) का दर्शन बन जाता है।

(ख) दार्शनिक मान्यतायें

यास्पर्स की रचनायें इतनी हैं, तथा इतने भिन्न-भिन्न विषयों पर है कि उन सबों में विकसित विचारों को संक्षेप में संकलित करना कठिन है। फिर भी उनके आधार पर यह संकेत स्पष्ट मिलता है कि उनकी कुछ मूल दार्शनिक मान्यतायें हैं, जिनके अनुरूप ही उनके हर क्षेत्र के विचार अग्रसर होते हैं।

अन्य अस्तित्ववादी विचारकों के समान यास्पर्स की प्रारंभिक मान्यता तो यह रही ही है कि दार्शनिक चिन्तन का संबंध 'जीवन' से है, 'मानव-अस्तित्व' से है। वैसे यह कोई नया विचार नहीं, किन्तु आधुनिक संदर्भ में यह एक नये रूप में अर्थवान होता है। आधुनिक युग में वैज्ञानिकता के प्रभाव में एक ओर तो आधुनिक मानव का जीवन 'मशीनी' होता जा रहा है, उसके ढंग इतने यन्त्रवत होते जा रहे हैं कि वह अपनी मानवीयता को ही खोता जा रहा है। दूसरी ओर वैचारिक क्षेत्र में भी वह 'भावों' 'अवधारणाओं' 'भाषीय कथनों'

के विश्लेषण में इस प्रकार उलझ गया है कि उसका चिन्तन भी जीवन की वास्तविकताओं से दूर हट गया है। इसी प्रकार की बातों की ओर जागरूक रहने के कारण यास्पर्स की मूल मान्यता यह बन गयी कि दर्शन का लक्ष्य है—एक ऐसी चेतना जागृत करना जिससे 'आधुनिक युग का मानव' (man in the modern age) अपने जीवन एवं अस्तित्व के प्रति सचेत हो जाय।

उनकी एक मान्यता यह भी है कि दार्शनिक चिन्तन सदा समकालीन होता है। विज्ञान के विकास का क्रम एक लीक में क्रमशः प्रगति का क्रम है। एक काल में विज्ञान के कुछ सत्य स्थापित होते हैं, किन्तु वैज्ञानिक विकास का अर्थ है कि दूसरे काल में वे पूर्व स्थापित सत्य गलत सिद्ध हो जाते हैं तथा नये सत्य एवं तथा उनपर आधृत नये सिद्धान्त उनका स्थान ले लेते हैं। दार्शनिक चिन्तन के विकास का ढंग वैसा नहीं है। नये विचार, प्लेटो, अरस्तू, काँट, हेगेल आदि के विचारों का स्थान नहीं लेते। नये विचारों का उद्‌भव होता है, किन्तु उससे पुराने विचारों की प्रासंगिकता समाप्त नहीं होती, बल्कि उन विचारों का महत्व हर काल के लिये रह जाता है। एक काल का विचारक अपने पहले के विचारों की उपेक्षा नहीं कर सकता, बल्कि उन विचारों की अवगति के आधार पर ही उसकी अभी तक समग्र दृष्टि उभरती है। उस विचारक की समकालीन दृष्टि में प्राचीन विचार के अंश विद्यमान हैं, यह ठीक है कि उसके विचार में प्राचीन विचारक नये ढंग से जीवित हो गया है। यास्पर्स ने नित्से पर पुस्तक लिखीं, और स्पष्ट कहा कि वे नित्से के विचारों को मृत प्रत्ययों के समान इकट्ठा नहीं कर रहे हैं। इस अर्थ में उनकी मान्यता है कि दर्शन सदा समकालीन होता है, यदि आज प्लेटो के किसी वैचारिक अंश को प्रतिष्ठित किया जाय, तो वह आज के परिवेश में 'प्लेटो' है—प्राचीन प्लेटो नहीं।

प्राचीन दार्शनिक विचारों को इस प्रकार मान्यता देने के साथ आधुनिक ज्ञान-विज्ञान के संबंध में भी उनका एक निश्चित मत है। उनका कहना है कि बौद्धिक ज्ञान तथा वैज्ञानिक ज्ञान का अपना महत्त्व है, एवं उनकी अपनी उपयोगिता भी है, किन्तु उनका महत्त्व उनके अपने क्षेत्र में है। इन दिनों उनके महत्त्व का अतिक्रमण भी कर दिया जाता है, तथा उस प्रभाव में 'आस्था' के महत्व को प्रायः गौण बना दिया जाता है। यास्पर्स का निश्चित मत है कि मानवीय प्रश्नों के संदर्भ में आस्था की उपेक्षा अयुक्त होगी, क्योंकि उस संदर्भ में उसका अनिवार्य महत्व है।

वैसे, यास्पर्स के दर्शन का केन्द्र है 'मनुष्य'-'अस्तित्ववान मनुष्य', संदर्भानुसार कहा जा सकता है, आधुनिक युग का अस्तित्ववान मनुष्य। किन्तु इस केन्द्रीय प्रश्न की विवेचना में चिन्तन अनिवार्यतः दो अन्य महत्त्वपूर्ण समस्याओं में उलझ जाता है। मनुष्य का अस्तित्व जगत में हैं, तथा अपने सचेतन चिन्तन में वह 'अपने' एवं 'जगत' के द्वैत में उलझ, इस द्वैत से ऊपर उठने के लिये प्रयत्नशील रहता है। उन्हें लगता है कि शायद वही ऊपर उठना—वही परात्मकता (Transcendence) जीवन की चरम वास्तविकता है। अतः मनुष्य के साथ-साथ 'जगत' एवं 'सत्ता' भी उनके दर्शन के अंग बन जाते हैं। इसी कारण यास्पर्स सत्ता के तीन रूपों की विवेचना में उलझते हैं—(1) उसका **विषय-रूप तत्र-अस्तित्व** (being there), (2) उसका विषयी **रूप स्व-अस्तित्व** (being oneself) तथा उसका **परात्मक रूप स्वतन्त्र अस्तित्व** (being itself)। उनका दार्शनिक चिन्तन अस्तित्व के इन्हीं तीन रूपों के चारों ओर घूमता रहता है।

यास्पर्स का चिन्तन एक द्विविधा से आरम्भ होता है—एक ऐसी द्विविधा से जिसकी अनुभूति से व्यक्ति अपने को सामान्यतः मुक्त कर ही नहीं पाता। यह द्विविधा 'विषयी' एवं 'विषय' के द्वैत में निहित है। सत्ता को पूर्णरूपेण विषयी भी नहीं कहा जा सकता है। इनके समन्वय के प्रयत्न भी सार्थक सिद्ध नहीं होते। अतः उनकी मान्यता हो जाती है कि सत्ता की खोज इस मान्यता से ऊपर उठने में हैं। इसी संदर्भ में यास्पर्स का परात्मकता विचार तथा ईश्वर विचार का महत्त्व स्पष्ट होता है।

(ग) दर्शन एवं विज्ञान

आधुनिक युग में परात्मकता तथा आस्था के महत्त्व पर जोर देने के लिये यह अनिवार्य हो जाता है कि इसका मूल्य वैज्ञानिक ज्ञान के संदर्भ में आँका जाय। यास्पर्स 'विज्ञान' के महत्व को समझते हैं, उसकी सार्थकता एवं उपयोगिता का उन्हें ज्ञान है। वे इस संदर्भ में विज्ञान के समर्थक ही है। किन्तु उनका कहना है कि विज्ञान के प्रभाव में इसकी सीमा को भूल जाना उचित नहीं है। उनकी स्वीकारोक्ति है कि दार्शनिक दृष्टि विज्ञान के खंडन पर आधृत नहीं हो सकती, वे स्वीकारते हैं कि कुछ अनिवार्य बातों के लिये दर्शन को विज्ञान पर झुकना ही पड़ता है। वे विज्ञान के समर्थन में कहते हैं कि विज्ञान की सबसे बड़ी देन है कि वह मनुष्य की अंधविश्वास, संवेगात्मक अभिनीतियाँ, भावनात्मक पूर्वाग्रहों आदि से मुक्त कराने में सहायक सिद्ध होता है। विज्ञान की सार्थकता इस बात में भी हैं कि यह 'विश्वास' साधारण संज्ञान, ज्ञान आदि के अंतर को स्पष्ट करता है। दर्शन को विज्ञान के सहारे की आवश्यकता पड़ती है क्योंकि 'तथ्यों' का यथार्थ निर्देश विज्ञान के द्वारा ही संभव है। वस्तुतः मानव-स्थितियों के संबंध में कोई विचार 'तथ्यों' की उपेक्षा नहीं कर सकता, तथा 'तथ्यों का जगत' विज्ञान का जगत है। अतः स्पष्ट है कि यास्पर्स विज्ञान के विरोधी नहीं हैं। वे तो यहाँ तक कहते हैं कि आधुनिक काल में वैज्ञानिक विधि के महत्व को समझना आवश्यक है। विज्ञान की वैज्ञानिकता का प्राण 'वैज्ञानिक विधि' है। आधुनिक काल में यह विधि स्पष्टतः प्रयोगात्मक भी हो गयी है, तथा इसी प्रकार की विधि के प्रयोग से विज्ञान सार्वभौम निष्कर्षों की स्थापना करने में सफल होता है।

फिर भी, यास्पर्स का कहना है कि विज्ञान की अतिशयता भी मानव-अस्तित्व के लिये घातक सिद्ध हो सकती है। अतः उनकी स्पष्ट अनुशंसा है कि विज्ञान की सीमा की चेतना भी जीवन के लिये अनिवार्य है। विज्ञान स्वरूपतः सीमित तो है ही। स्थान तथा काल दोनों में विज्ञान को बिठा कर देखे, तो स्पष्ट हो जायगा कि अनादि भूत एवं अनन्त भविष्य के बीच की बहुत ही सीमित अवधि में विज्ञान रूप ले सका है। इसका क्षेत्र अत्यन्त सीमित है। तो ऐसे सीमित अध्ययन रूप को सत्ता की संपूर्णता के ज्ञान का आधार तो नहीं ही बनाया जा सकता। विज्ञान संवृत्ति जगत के संबंध में कुछ जानकारी अवश्य दे पाता है। किन्तु इस प्रकार के ज्ञान से सत्ता का ज्ञान कहाँ मिलता है? इस प्रकार के संवृत्ति ज्ञान से 'मानव' के विषय में तो ज्ञान मिल ही नहीं सकता। विज्ञान की दृष्टि एक अर्थ में एकांगी भी है। यह वस्तुनिष्ठ ज्ञान देने का दावा करता है, किन्तु इस बात की सर्वथा उपेक्षा कर देता है कि ऐसे वस्तुनिष्ठ ज्ञान के अतिरिक्त ज्ञान की अन्य विधायें, कुछ अन्य संभावनायें भी हो सकती हैं। यास्पर्स के अनुसार विज्ञान से अधिक अतिवैज्ञानिकता घातक सिद्ध हो सकती है, क्योंकि इसके प्रभाव में मनुष्य अपने को भी उसी प्रकार के मशीनी ढाँचे में ढालने लग जाता है। उनका जीवन कुछ ऐसा यन्त्रवत चलने लगता है कि शनैःशनैः

उसकी मानवीयता का ही अपहरण होने लगता है। यास्पर्स कहते हैं कि वैज्ञानिक ज्ञान अनिवार्य अवश्य है, किन्तु जीवन की चेतन अनुभूति भी उससे अधिक आवश्यक है अतिवैज्ञानिकता में सहायक सिद्ध होने के स्थान पर, मानवीय अस्तित्व की अनुभूति—चेतन जीवन में अवरोध ही उत्पन्न कर देता है।

यही कारण है कि यास्पर्स दार्शनिक विधि के अंतर्गत आस्था (faith) एवं विवेक (Reason) की बात करते हैं। उनके अनुसार आस्था अन्धविश्वास नहीं, बल्कि अपनी वास्तविकता में यह 'जीवन' का ठोस आधार सिद्ध हो सकती है। 'विवेक' शब्द का भी यास्पर्स के दर्शन में एक विशिष्ट अर्थ है। 'विवेक 'साधारण बुद्धि' नहीं यह सामान्य बौद्धिकता नहीं। सामान्य बौद्धिकता तो ज्ञाता-ज्ञेय के क्षेत्र में ही विचरण करती है। विवेक साधारण, सामान्य ज्ञान के सीमित ढंगों से ऊपर उठने की चेष्टा है। विवेक को साधारण बौद्धिक ज्ञान की सीमितता की अवगति है, अतः वह उससे परे जाने का प्रयत्न करता है इसी कारण यास्पर्स इसे **परात्मकता की विधि** (Mode of Transcendence) कहते हैं। इस अर्थ में विवेक एवं आस्था में विरोध नहीं, पूर्ण सहयोग है। विवेक आस्था के बल पर ऊपर उठने की प्रक्रिया है। वस्तुतः विवेक के इस स्वरूप को साधारण बुद्धि पकड़ नहीं पाती। विवेक के विषय के अंतर्गत वैसे विचार भी आ सकते हैं जिन्हें साधारण बुद्धि नकार देती है या जिसकी पूर्ण उपेक्षा करती है, जैसे 'रहस्यात्मक अनुभूति', बौद्धिक दृष्टि से व्याघातक तत्त्व, इन्द्रिय एवं बुद्धि के परे की अवस्थायें आदि। साधारण बुद्धि इनके संबंध में कोई उक्ति नहीं देती। कांट ने यह दिखाया भी था किन्तु कांट ने ही बुद्धि (understanding) और विवेक (Reason) का अंतर भी स्पष्ट किया था कि विवेक बौद्धिक ज्ञान नहीं दे सकता, किन्तु उसने विवेक की क्रियाओं की विधाओं की ओर भी संकेत किया था। यास्पर्स 'बुद्धि' एवं 'विवेक' के इस अंतर को स्वीकरते हैं, तथा कांट से एक पग आगे जाते हुए कहते हैं कि कांट भी जब विवेक तथा'आस्था' को सम्मिलित कर लेते हैं तो उन्हें भी तात्विक सत्ताओं में विश्वास करने का आधार मिल जाता है। उनके 'नैतिकता के दर्शन' में यह स्पष्ट हो जाता है। तो यास्पर्स के अनुसार विवेक आस्था पर खड़े हो बौद्धिक ज्ञान की सीमाओं से ऊपर उठने की विधि है, अतः यह परात्मकता (Transcendence) की ओर उन्मुख भी हो सकता है। इसी कारण यास्पर्स के अनुसार दार्शनिक चिंतन की विधि 'आस्था' एवं 'विवेक' दोनों को अपने अंतर्गत समाविष्ट करती है, क्योंकि अंततः यह परात्मकता की ही विधि हैं।

(घ) तत्र-अस्तित्व (*Being there*), स्व-अस्तित्व (*Being oneself*) तथा स्वतंत्र अस्तित्व (*Being itself*)

जैसा कि ऊपर कहा गया है यास्पर्स इन्हीं तीन मूल कोटियों के आधार पर अपने तत्त्व-विचार की रूप रेखा खीचते हैं। तत्र-अस्तित्व (Being there) से यास्पर्स का तात्पर्य वह जगत् है जिसमें मनुष्य अपने को स्थित पाता है, जिसमें वह जीता है। यह बात बड़े महत्त्व की है कि 'जगत' की विवेचना यास्पर्स उस ढंग से नहीं करते जिस ढंग से पारम्परिक तत्वदर्शनों में किया जाता है। जगत को बाह्य, पहले से वर्त्तमान पृथक, वस्तुनिष्ठ सत्ता को रूप में नहीं माना जा रहा। 'जगत' की सार्थकता इसी में है कि मानव अपने को उसमें स्थित पाता है, मानव को अपने अस्तित्व की अनुभूति में यह चेतना होती है कि वह एक 'जगत' में स्थित है। इस अस्तित्ववादी अर्थ में जगत तत्र-अस्तित्व है।

किन्तु यास्पर्स कहते हैं कि अस्तित्व की अनुभूति में आत्म' की अनुभूति तो है ही। स्व' की अनुभूति में ही यह अनूभूति है कि वह एक जगत में है। अर्थात् अस्तित्व की अनुभूति में 'स्व-अस्तित्व' तथा 'तत्र-अस्तित्व' का स्पष्ट भेद किया जाता है। इस अनुभूति में इन दोनों की भिन्नता की भी चेतना है। इस भिन्नता की चेतना में प्रथमतः तो यह संज्ञान है कि स्व-अस्तित्व तत्र-अस्तित्व से पूर्णतया बंधा हुआ नहीं है, उसमें स्थित है, फिर भी उससे स्वतंत्र है। अतः स्व-अस्तित्व में निहित स्वतंत्रता की चेतना है। इस स्वतंत्रता की चेतना में यह आभास है कि उसका स्व-अस्तित्व बाह्य उद्दीपनों से संचालित अस्तित्व नहीं है, बल्कि उसकी प्रतिक्रियायें उसके स्वतंत्र निर्णयों एवं चुनावों पर आधृत है। वैसे, कहा जा सकता है कि एक अर्थ में मानव शरीर भी तत्र-अस्तित्व है, क्योंकि अपनी अस्तित्व-अनुभूति में वह अपने को शरीर में स्थित पाता है। किन्तु यास्पर्स का कहना है कि शरीर के तत्र-अस्तित्व-रूप से मनुष्य पूर्णतया संचालित या निरूपित नहीं। स्नायु क्रियायें तथा मांसपेशियों की हरकतों के द्वारा मानव का निरूपण नहीं होता, बल्कि उसका निरूपण उसके स्वतंत्र निर्णयों के द्वारा ही होता है। यह स्व-अस्तित्व में निहित स्वतंत्रता की अनुभूति है। यास्पर्स कहते हैं कि स्व-अस्तित्व में निहित इस स्वतंत्रता के कारण ही 'स्व-अस्तित्व' की कोई सार्वभौम धारणा नहीं बनाई जा सकती। स्व-अस्तित्व का कोई सार्वभौम चित्र नहीं। इसी कारण साधारण बुद्धि अस्तित्व के स्वरूप को समझ ही नहीं पाती क्योंकि उसे तो सार्वभौम चित्रों की अपेक्षा है। स्व-अस्तित्व के संबंध में यह कहना ही है कि हर स्व-अस्तित्व का अपना विलक्षण ही चित्र उभर सकता है, जो दूसरे से कुछ ढंगों में भिन्न होगा ही। यास्पर्स इस आधार पर स्व-अस्तित्व के संबंध में एक और निष्कर्ष देते हैं, यदि हर स्व-अस्तित्व अपनी स्वतंत्रता के अनुरूप अस्तित्ववान होता रहता है, तो इसका अर्थ है कि इसका कोई निश्चित, अंतिम रूप भी नहीं है, यह सतत् प्रक्रिया है। यह एक प्रवाह है जिससे हर क्षण नयी-नयी संभावनायें आत्म-अस्तित्व की चेतना को विकसित करती रहती है।

स्वतंत्र अस्तित्व से यास्पर्स का तात्पर्य उस सत्ता से है जिस ओर मनुष्य की परात्मकता उन्मुख होती है। स्व-अस्तित्व को तत्र-अस्तित्व को तत्र-अस्तित्व की अनुभूति है। इस संपर्क में नयी-नयी संभावनायें स्पष्ट होती हैं, तो यह संभावना भी स्पष्ट होती है कि इस संपर्क से ऊपर उठा जा सकता है। इस ऊपर उठने की संभावना का आधार यह विश्वास है कि जब स्व-अस्तित्व का हर सम्पर्क एक नयी संभावना को उत्पन्न करता है तो ऐसा भी कुछ अवश्य होगा जिसके संपर्क से अनन्त संभावनायें उत्पन्न हो सकती है। इसी विश्वास में जिस ओर स्व-अस्तित्व की चेतना उन्मुख होती है उसे यास्पर्स **स्वतंत्र-अस्तित्व** (Being itself) कहते हैं। वे स्वीकारते है कि स्वतंत्र-अस्तित्व की न तो कोई परिभाषा दी जा सकती है, न तो उसके संबंध में निश्चित ज्ञान दिया जा सकता है। आत्म तथा जगत (जिसमें आत्म स्थित है) के संपर्क की चेतना में ही, उससे ऊपर उठने की चेतना भी है। वस्तुतः इसी 'ऊपर उठने की चेतना' के अनुरूप स्वतंत्र-अस्तित्व में विश्वास उत्पन्न होता है। यह **उपर ऊठने की अनुभूति, यह परात्मकता (Transcendence) ही स्वतंत्र अस्तित्व में विश्वास का आधार है।** अंततः यह स्वतंत्र अस्तित्व ईश्वरीय अस्तित्व है जिसे स्वीकारने का आधार आस्था ही है, तथा इस आस्था को बल ऊपर उठने **की अनुभूति (Transcendence)** से मिलता है। यास्पर्स ने स्पष्ट दिखाया है कि वह

परात्मकता (Transcendence) जीवन का सबल आधार बन सकता है, जिसके द्वारा आधुनिक मानव अपनी मानवीयता, अपनी विशिष्टता को सार्थक ढंग से प्रतिष्ठित कर सकता है।

(ङ) चरम स्थितियाँ (*Ultimate Situations*)

यास्पर्स के अनुसार इस परात्मकता की प्रक्रिया को प्रेरित करनेवाली अनुभूतियों में एक महत्वपूर्ण अनुभूति **'चरम स्थितियों** (Ultimate Situations) की अनुभूति है। एक प्रकार से यास्पर्स स्वीकारते हैं कि चरम स्थितियों की अनुभूति एक प्रकार से स्व को इस परात्मकता को और उन्मुख कर ही देती है।

यास्पर्स ने बताया है कि जीवन की कुछ ऐसी स्थितियाँ हैं जिनका जीवन में बड़ा महत्त्व होता है। उन स्थितियों का हर जीवन पर एक ढंग का प्रभाव तो नहीं पड़ता, किन्तु वे ऐसी स्थितियाँ हैं जिनकी किसी-न-किसी रूप में स्पष्ट अनुभूति हर किसी को होती ही है। वह उनसे प्रभावित भी होता है, किन्तु उनमें आमूल परिवर्त्तन भी नहीं कर पाता। इसी कारण यास्पर्स उन्हें चरम (ultimate) स्थितियाँ कहते हैं। वे 'चरम' प्रथमतः इस कारण कही गयी है कि किसी न किसी रूप में हर व्यक्ति को इनकी अनुभूति होती है, और ये चरम इस कारण भी हैं कि इनसे कोई अपने को सर्वथा अलग रख भी नहीं सकता, इनके संबंध में एक प्रकार की अनिवार्य विवशता जैसी कुछ रहती है। जीवन की हर प्रकार की समस्याओं से हम जूझते, हैं, उनमें कुछ का निराकरण भी कर लेते हैं, कुछ से अपने को अलग भी कर लेते हैं, किन्तु इन स्थितियों से न हम मुक्त हो सकते हैं, न इनका निरसन ही कर सकते हैं। अधिक से अधिक हम विवशता में इनके साथ अपने ढंग का समझौता भर कर सकते हैं, किन्तु इन्हें अस्वीकारना हमारें वश में नहीं है। इसी कारण ये चरम स्थितियाँ हैं।

यास्पर्स को यह अवगति है कि ऐसी स्थितियों की हम कोई निश्चित सूची नहीं बना सकते, फिर भी इनमें कुछ स्थितियाँ हैं जिनकी अनुभूति प्रायः स्पष्ट ही होती है। वैसी ही कुछ चरम स्थितियों का उल्लेख यास्पर्स ने किया है। उनका यह दावा नहीं है कि वे कोई सूची दे रहे हैं, किन्तु उनके विवरण से **चरम स्थितियाँ क्या हैं**—यह स्पष्ट हो जाता है।

प्रथमतः तो उन्होंने ऐतिहासिक नियतत्वता (Historical Determinacy) को ऐसी स्थिति कहा है। व्यक्ति किसी नियम ऐतिहासिक समय, तथा किसी नियत स्थान पर अस्तित्ववान होता है। यह भी नियत ही होता है कि पुरुष हो या स्त्री। यह भी प्रायः ऐतिहासिक रूप में नियंत है कि हर जीवन अवसरों तथा आकस्मिक घटनाओं से प्रभावित होगा ही, और जीवन उन प्रभावों में उम्र के घेरे में बंधा हुआ अग्रसर होता रहे। इन स्थितियों पर उसका अपना नियंत्रण नहीं, इन्हें वह बदल भी नहीं सकता। उम्र बढ़ने के क्रम में वह अपने ओर से कुछ इधर-उधर भले ही कर ले, उम्र के साथ उसे बढ़ना ही है। इस पर उसका कोई नियंत्रण नहीं।

एक अन्य प्रकार की चरम स्थिति को वे **संघर्ष** (Conflict) की स्थिति कहते हैं। इससे उनका तात्पर्य है जीवन में निहित संघर्ष से। एक प्रकार से अस्तित्व ही संघर्ष है, इस संघर्ष की अभिव्यक्ति भोजन, आवास, पेशा जैसे हर कार्य में दिखाई देती है। इस संघर्ष से कोई अछूता नहीं है। यह संघर्ष केवल भौतिक स्तर पर ही नहीं बल्कि मानसिक एवं

आन्तरिक स्तरों पर भी दिखाई देता है। यास्पर्स का तात्पर्य मानव-कृत संघर्षों से नहीं है, बल्कि उस संघर्ष से है जो उसके 'होने' में ही निहित है।

उसी प्रकार दुख या कष्ट की स्थिति है। जिस प्रकार के दुख की स्थिति को चरम स्थिति कहा गया है, वह मानव के अपने किये से उत्पन्न दुख नहीं है, बल्कि वह दुख है जो उसके मनुष्य होने के साथ जुटा है, जिससे वह कभी मुक्त नहीं हो सकता। मानव की सीमितता में निहित कुछ दुःख है, उसके अस्तित्व की अनुभूति से उत्पन्न कुछ दुख हैं, जिनकी अनुभूति भौतिक, शारीरिक आन्तरिक सभी स्तरों पर स्पष्ट रूप में होती है।

यास्पर्स ने **अपराध भाव** (Guilt) को भी चरम स्थिति माना है। कहा जा सकता है कि ऐसा शायद उन्होंने ईसाई धर्म के प्रभाव में किया हो, किन्तु, जिस ढंग से उन्होंने अपराध-भाव (Guilt) को चित्रित किया है, उससे स्पष्ट हो जाता है कि इसे चरम स्थिति कहना उपयुक्त ही है। बात यह है कि 'अपराध भाव' अपने द्वारा किये गये कर्मों का फल तो है ही किन्तु कुछ अपराध-भाव ऐसे हैं जहाँ चरम स्थितियों वाली विवशता स्पष्ट है। अपराध की भावना एक ही अवस्था में नहीं जाग सकती है—जब व्यक्ति सदा निर्दोष रूप में कार्य करे। किन्तु ऐसा संभव नहीं है और ऐसा संभव इसलिये भी नहीं है कि कार्य या उसकी परिस्थिति पर अपना नियंत्रण रह ही नहीं सकता। किसी कार्य को संपादित करने के समय उसके सम्बन्ध में सारे उपादानों की जानकारी भी नहीं रहती। अतः अवश, अनजाने कुछ ऐसा हो जा सकता है जिसके कारण व्यक्ति सदा अपने को दोषी समझता रहे। यास्पर्स का कहना है कि हर व्यक्ति किसी-न-किसी रूप में, किसी-न-किसी कार्य के लिए अपने को दोषी समझता ही है। यही स्थिति अपराध-भाव की चरम स्थिति है।

यास्पर्स ने सबसे स्पष्ट, सबसे प्रभावशाली चरम-स्थिति 'मृत्यु' को माना है। इस चरम स्थिति की अनिवार्यता ऐसी है कि नवजात शिशु के समक्ष में यदि कुछ पूर्णतया निश्चित रूप में कहा जा सकता है, तो बस यही कहा जा सकता है उसे मरना है ही। यह ऐसी प्रबल चरम स्थिति है कि जीवन हर क्षण अनिवार्यतः उसी की ओर अग्रसर हो रहा है। उसकी अनिवार्यता की अनुभूति हमारे जीवन के ढंगों को, हमारी योजनाओं को निरूपित करती रहती है, तथा इससे मुक्ति का प्रश्न ही नहीं उठता।

यास्पर्स का कहना है कि इस प्रकार की चरम स्थितियों से हमारा जीवन बंधा है, ये हमारे अस्तित्व की संभावनाओं को अवरोधित करती है। फलतः हमारी मूलभूत स्वतंत्रता की अनुभूति तथा इन चरम स्थितियों की अनुभूति के बीच सतत एक तनाव स बना रहता है। फलतः एक विचित्र उलझन की चिन्ता-युक्त भावना जन्म ले लेती है, जीवन का अंश बन जाती है। वह जीवन का अंश इसलिये बन जाती हैं कि इस तनाव के दोनों छोर अनिवार्य है, न स्व-अस्तित्व से मुक्ति है और न चरम स्थितियों की अनुभूति से। अब अपने-अपने ढंग से व्यक्ति इस उलझन से जूझता रहता है, अतः यह तनाव एक प्रकार से अस्तित्व के विकास का अनिवार्य उपकरण बन जाता है, इसी के निराकरण के प्रयत्न में हम परात्मकता की ओर भी उन्मुख हो सकते हैं।

(च) व्याप्तता तथा परात्मकता (*Enocmpassing and Transcendence*)

हमने देखा कि कैसे यास्पर्स चरम स्थितियों की अनुभूति की विशिष्टता को स्पष्ट करते हैं। इनकी विशिष्टता यही है कि इनकी चेतना में स्व-अस्तित्व के हर प्रयत्न एवं

निश्चय पर प्रश्न उठाये जा सकते हैं। यह प्रश्न पूछा जा सकता है कि क्या स्वअस्तित्व में निश्चित योजनायें वेमानी तथा निरर्थक नहीं, क्या हम जो निर्णय—निश्चय करते हैं वह सब निष्प्रयोजन नहीं है? जब-जब 'मृत्यु की चरम स्थिति की प्रबल अनुभूति होती है (जैसे अपनों की मृत्यु में, अथवा कट्टर शत्रु के अकस्मात मृत्यु पर) तब-तब सब कुछ प्रयोजनहीन एवं निरर्थक प्रतीत होता है। यास्पर्स कहते हैं कि कभी-कभी तो इस प्रकार की अशक्तता एवं विफलता की ऐसी तीव्र अनुभूति होती है कि प्रतीत होता है कि 'सब कुछ खत्म ही हो गया। इस पूर्ण टूटन की भावना, यह संत्रास, यह अनुभूति कि 'सब कुछ टूटता हुआ, गिरता हुआ प्रतीत हो, आन्तरिक जीवन के लिये बड़ा ही विह्वल अनुभूति है। यास्पर्स इसे **टूटन की 'अनुभूति'** (Feeling of Foundering) कहते हैं किन्तु उनका यह भी कहना है कि आन्तरिक विह्वलता की ऐसी स्थिति अपना संबल-अपना ठहराव भी ढूंढ़ लेती है। उनके अनुसार ऐसी ही विह्वलता में आस्था जागती है, क्योंकि 'आस्था' में ही वह संबल उपलब्ध हो सकता है। यास्पर्स का कहना है कि आस्था पुनः सब कुछ समेट लेती है, टूटन की भावना में ठहराव आ जाता है। यही आस्था **स्वतंत्र** अस्तित्व अथवा **ईश्वर** की ओर बढ़ने का सोपान बन जाती है, क्योंकि आस्था में परात्मकता का अग्रह होता है।

यास्पर्स इस **आग्रह** को एक प्रकार के संदेश (Message) के रूप में लेते हैं। संदेश कहाँ से आता है? कौन सा केन्द्र है जहाँ से इस प्रकार के आग्रह की प्रेरणा मिलती रहती है? वस्तुतः यास्पर्स के विचारों का लक्ष्य उसी केन्द्र' की खोज है। उस 'केन्द्र' को हम यास्पर्स के एक बड़े विशिष्ट **अर्थपूर्ण** उक्ति से सूचित कर सकते हैं, उन्होंने इसे एक नाम दिया है **व्याप्ततता** (Encompassing)। यास्पर्स का यह व्याप्ततता-विचार जटिल विचार तो है ही, किन्तु उन्होंने इसे कई ढंगों से समझने का प्रयास किया है। इसका अर्थ 'छा जाना', 'ढक लेना', 'समेट लेना'। तो उनका कहना है कि ऊपर उठने का जो आग्रह है, उस आग्रह का स्रोत जीवन की अनुभूतियों से उत्पन्न उस विश्वास में है कि यह सब कुछ ऐसा नहीं है जिस रूप में वह अनुभूत हो रहा है। सब कुछ टूटता, गिरता प्रतीत होता है(foundering) किन्तु उसी में किसी-न-किसी रूप में यह विश्वास भी है कि सब कुछ समेटा जा सकता है, ऐसा कुछ है जो सब पर छाया हुआ है। यह **व्याप्ततता** (encompassing), तथा ऊपर उठने का आग्रह इस 'व्याप्ततता' में विश्वास के कारण आता है।

यास्पर्स ने इस व्याप्तता को केन्द्रीय बनाया है, और इसी कारण इसके विभिन्न ढंगों को स्पष्ट करने का प्रयास किया है। वैसे तो व्याप्ततता की विधाओं को निश्चित रूप में तय कर लेना असंभव है, किन्तु इसके संबंध में इसके दो ढंग यास्पर्स को स्पष्ट दिखाई देते हैं। कहा जा सकता है कि एक दृष्टि से मैं विश्व को अपने में समेटे हूँ तथा दूसरी दृष्टि से कुछ है जो समस्त विश्व को समेटे हैं, मुझे भी। यहाँ स्मरण यह रखना है कि इन विचारों का यास्पर्स ने कोई अमूर्त, अथवा वैयक्तिक आंतरिकता से सर्वथा स्वतंत्र एवं वस्तुनिष्ठ विचार नहीं दिया है। उनका कहना है इसे व्यक्ति की आंतरिकता से जोड़ कर ही सोचना है। पूर्ण टूटन की अनुभूति से उबरने का प्रयास ऊपर उठने के आग्रह में है, तथा यह आग्रह इस समझ एवं विश्वास के कारण होता है कि, 'नहीं अभी भी मैं दृष्टि से सब कुछ समेटे हुए हूँ तथा साथ-साथ यह भी विश्वास है कि 'कुछ है जो विश्व, हमें, सब को समेटे हैं'। इसी कारण यास्पर्स दो प्रकार की व्याप्ततता का उल्लेख करते हैं—**व्याप्ततता जो आत्म में हैं** (The encompassing which we are), तथा **व्याप्ततता जो सत्ता में हैं** (The encompassing that is Being itself).

इन दोनों को अब थोड़ा स्पष्ट कर लें।

व्याप्तता जो आत्म में है वह अनुभूति है जो किसी-न-किसी रूप में यह विश्वास देता है कि मैं अपने जगत को समेटे हुए हूँ। मुझी में कुछ है जिससे मैं अपने संपर्क में आनेवाले सबों पर छाया हुआ हूँ। मैं 'टूटन' का उपकरण हूँ, 'समेटने' का आधार भी हूँ। इसी अर्थ में मुझमें एक विशिष्ट व्याप्तता है। यास्पर्स इसे स्पष्ट करते हुए तीन ऐसे क्षेत्रों का उल्लेख करते हैं जिसमें यह व्याप्तता स्पष्ट रूप में प्रकट है। प्रथमतः तो साधारण, तथ्यात्मक आनुभाविक जीवन में भी स्पष्ट है। हमारा साधारण सामान्य, आनुभवाविक जीवन अपने आद्य-रूप में एक संपूर्णता है, यहाँ आत्म अपने अनुभव-जगत को पूर्णतया समेटे है। यहाँ बाद में हम अनुभव तथा अनुभव—जगत का विश्लेषण करते हैं, इसे खण्डित कर देते हैं, किन्तु अपने आद्य रूप में यह एक सम्पूर्णता है, तथा आत्म ही इस संपूर्णता को समेटे हैं। यह व्याप्तता जो आत्म में है उसकी **पहली विधा** (mode) है।

किन्तु, कहा जा सकता है कि ऐसी चेतना (consciousness) में विश्लेषण की शक्ति तो है ही, वह उस मूल अनुभव को खण्डित तो कर ही सकता है, साथ-ही-साथ चेतना एक अन्य रूप में भी पृथकत्व या टूटन का उपकरण है। क्योंकि इसी चेतना के कारण मैं 'अपने' तथा 'अन्य' में भेद कर लेता हूँ। अतः यास्पर्स **आत्म-रूप व्याप्तता** की दूसरी विधा (mode) का उल्लेख करते हैं, और कहते हैं कि चेतना केवल वैयक्तिक नहीं हैं, बल्कि 'शुद्ध चेतना' (consciousness as such) भी है, जो एक अर्थ में व्यक्ति तक सीमित नहीं, बल्कि 'अन्य' को समेटे रखने का आधार है। इसी के कारण हर व्यक्ति को सबों में व्याप्त रहने का ढंग मिल जाता है, उदाहरणतः उचित, अनुचित का भेद, नैतिकता का आधार, सार्वभौम तार्किकता आदि वैयक्तिक चेतना में आधृत नहीं, बल्कि वैयक्तिक चेतना से परे शुद्ध चेतना पर आधृत है, जो वैयक्तिक सीमा से उपर है।

व्याप्तता जो आत्म हैं'—की तीसरी विधा (mode) के रुप में यास्पर्स **'आध्यात्मिक आत्म'** (Spirit) का उल्लेख करते हैं। इसका विवेचन बहुत स्पष्ट नहीं है, किन्तु यास्पर्स का तात्पर्य स्पष्ट है। 'आध्यात्म आत्म' भी टूटन' को रोकने तथा बिखराव को समेटेने का आधार है। यह एक प्रकार से यह ऐसी कारक शक्ति है जो अपने विषयों पर 'छा' जा सकती है, तथा अनेक ढंगों से विखराब रोक **सर्जनात्मकता** का स्रोत बन सकती है। उदाहरणतः कला, साहित्य, दर्शन आदि के निर्माण में, तथा उच्च आदर्शों की प्राप्ति में, सामाजिक उत्थान के कार्यों में **आध्यात्मिक आत्म की व्याप्तता** पूर्णतया स्पष्ट होती है। यहाँ आध्यात्मिक आत्म सभी प्रवृत्तियों पर 'छा' कर उन्हें समेटे रखती है।

इस प्रकार यास्पर्स कहते हैं कि आत्म में निहित व्याप्तता की इन्हीं विधाओं के कारण अन्तर में आग्रह उत्पन्न होता है कि हम 'समेट' सकते हैं, अतः हमें ऊपर उठना है।

अब थोड़ा सा विवेचन **'व्याप्तता जो सत्ता में हैं'**—(The encompassing that is being as such) का भी कर लें। आत्म में व्याप्तता है, वह विखराव को समेटता है, किन्तु इस व्याप्तता में ही इसके 'परे' की व्याप्तता का भी संदेश है। मैं अपने जगत को **'आनुभविक जीवन में'**, या **'चेतना के स्तर पर'** या **'आध्यात्मिक आत्म के रूप में'** बाँधे हुए रखता हूँ, किन्तु इन सबों में किसी-न-किसी रूप में यह भी प्रतीत होता है कि कुछ है जिसकी ऐसी व्याप्तता है कि वह संपूर्ण जगत को तथा मुझे भी समेटे हुए हैं।

इसी को यास्पर्स नाम देते हैं—**'व्याप्ततता जो सत्ता में है।'** हमें इस व्याप्तता की अनुभूति दो रूपों में होती है—एक तो जगत के रूप में, तथा दूसरा परात्मकता के रूप में। जगत (world) एवं परात्मकता (transceerdece) सत्ता की व्याप्तता की दो विधायें हैं।

हमें यह अनुभूति है कि मैं अपने जगत को समेटे हूँ, किन्तु साथ-साथ यह भी लगता है कि मेरे जगत से कहीं अधिक व्यापक जगत है जो एक अर्थ में मुझे भी समेटे है। यह जगत (world) अनेक रूपों में झलक जाता है, सदा हमारे अपने जगत से पृथक प्रतीत होता है, और यह भी लगता है कि यह जगत हम पर भी व्याप्त है।

किन्तु इसी के साथ-साथ व्याप्तता के चरम रूप की भी झलक मिल जाती है। यह किसी-न-किसी रूप में प्रतीत होता है कि सत्ता शायद इस रूप में सब कुछ समेटे हैं, कि उस ओर ऊपर उठने पर—'विखराव' के स्थान पर 'व्यापकता' की ही अनुभूति हो जाय। व्याप्ततता के इस रूप को यास्पर्स **'परात्मकता'** (trasceerdence) कहते हैं। उनका कहना है कि व्याप्ततता की सर्वांगी अनुभूति 'ईश्वर' को पा लेना है, परात्मकता—अर्थात ऊपर उठने की विधा—का लक्ष्य इस प्रकार की पूर्ण व्याप्ततता है। यहाँ **परात्मकता** तथा **व्याप्ततता** एक रूप हो जाते हैं, तथा इसमें तथ्य तथा मानव-जगत सब सिमट आते हैं। यास्पर्स कहते हैं कि इसका **स्पष्ट** चित्रण तो संभव नहीं है, किन्तु मानवीय आन्तरिकता में इसका चित्र उभरता है। 'टूटन' एवं विखराव' की स्थिति में यदि प्रमाणिक विह्वलता एवं चिन्ता हो, तो उससे निकल आने का आग्रह भी वहाँ स्पष्ट होता है। इस आग्रह में ही यह निर्देश है कि कैसे आत्म और फिर **सत्ता** 'सिमटने' का स्रोत है, विखराब का नहीं।

तब यह है कि हर व्यक्ति को ऐसी अनुभूति हो—यह अनिवार्य नहीं। यास्पर्स का कहना है कि जिसकी मानवीयता सजग हो, तथा जो प्रमाणिक जीवन (authentic existence)—अर्थात् मानवीयता की विशिष्ठता के अनुरूप जीने—जीवन का निश्चय करे, उसी में व्याप्तता एवं परात्मकता की अनुभूति जाग सकती है। प्रमाणिक अस्तित्व में जीने वाले व्यक्तियों को यास्पर्स **प्रमाणिक रूप में अस्तित्ववान** (existenz) कहते हैं, तथा उनका कहना है कि केवल ऐसे ही व्यक्ति व्याप्तता एवं परत्मकता को अनुभूत कर सकते हैं।

(6) मार्टिन हाइडेगर (1889—)

(क) भूमिका

अस्तित्ववादी विचारधारा के अन्तर्गत हाईडेगर के अध्ययन में प्रारंभ में ही एक विरोधाभास का उल्लेख अनिवार्य है। एक ओर तो कुछ विद्वानों के अनुसार अस्तित्ववाद के कुछ मूल विचारों को अस्तित्ववादी रूप में संभालने का श्रेय हाइडेगर को ही दिया जाता है, तथा कुछ विचारक उन्हें 'तत्त्वमीमांसक' के रूप में प्रतिष्ठित करते हैं। हाइडेगर स्वयं भी अपने को अस्तित्ववादी नहीं कहना चाहते थे, बल्कि वे सदा अपने को इस छाते से बाहर ही रखने की चेष्टा करते रहे। यह ठीक है कि उनकी मूल दार्शनिक कृतियाँ (Being and Time) (Sein and Zeit 1927) तथा 'What is Metaphysics' (1929) तत्त्वमीमांसा की पुस्तक ही प्रतीत होती है। उन्होंने स्पष्ट कहा भी है कि उनके विचार का मूल लक्ष्य सत्त् (being) का अन्वेषण है। उनकी स्वीकारोक्ति है कि उनका उद्देश्य एक मूल प्राथमिक तत्त्वमीमांसा (fundamental ontology) की रचना है। फिर भी उन्हें हम अस्तित्ववादी विचारक कहते हैं—उसका कारण स्पष्ट है। हम देखेंगे कि उसका सत्ता अन्वेषण (search of being) जिस आधार पर अग्रसर होता है, वह **मानवअस्तित्व का विश्लेषण** है। सत्ता को पकड़ने का मार्ग 'मानव' के माध्यम से ही है। तथा, हाइडेगर उस मानव-अस्तित्व विवेचन में उन सभी विषय-वस्तुओं पर प्रकाश देते हैं जो अस्तित्ववादी विचार के विषय-वस्तु हैं। वस्तुतः कहा जा सकता है कि हाइडेगर का 'सत्ता-दर्शन' पूर्ण रूप में प्रस्तुत हो ही नहीं पाया, वह जिस रूप में प्रस्तुत हो पाया है, वह मानव-अस्तित्व विवेचना पर ही आधृत है। इसी कारण हाइडेगर को भी अस्तित्ववादी विचारक माना जाता है।

वैसे, हाइडेगर के विचारों को समझने में एक मूल कठिनाई है। कभी-कभी ऐसा प्रतीत होता है कि हाइडेगर जानबूझ कर विचारों को उलझा देते हैं। उनकी भाषा तथा अभिव्यक्ति का उनका ढंग भी प्रायः उलझा हुआ ही प्रतीत होता है। ऐसा प्रतीत होता है कि उनका उद्देश्य वैचारिक मान्यता उत्पन्न करना नहीं है, बल्कि एक 'प्रभाव' उत्पन्न करना है। शब्दों के चयन एवं व्यवहार में भी हाइडेगर कुछ अपने ढंग के है, या तो वे नये शब्दों का व्यवहार नये अर्थों में करते हैं, या कुछ शब्दों का व्यवहार ऐसे विशिष्ट अर्थों में करते हैं जिसे वे उसका मूलार्थ कहते हैं। इन्हीं कठिनाइयों के कारण विश्लेषणात्मक दर्शन की परम्परा के कुछ विचारक हाइडेगर के वाक्यों पर अपनी विधि का पैना प्रयोग करते रहे हैं। फिर भी यदि हाइडेगर की मूल दृष्टि को पकड़ा जा सके, तो उनके विचारों में निहित 'प्रभाव' भी स्पष्ट हो जाता है, और तब उनके विचारों को समझ पाना कठिन नहीं रहता। यहाँ उनके विचारों को उसी उद्देश्य से प्रस्तुत किया जा रहा है।

(ख) फेनोमेनोलौजी का प्रभाव

हाइडेगर के विचारों के विवरण के पहले यह जान लेना आवश्यक है कि हाइडेगर अपने ढंग से फेनोमेनोलाजी से प्रभावित है। फेनोमेनोलौजी के विकास के ऐतिहासिक विवरण में हाइडेगर का नाम आता ही है। किन्तु, जिस रूप में हुसर्रल ने फेनोमेनोलाजी को चित्रित किया है, उससे हाइडेगर की फेनोमेनोलाजी कुछ भिन्न है। हुसर्रल ने इस मौलिक तथ्य पर जोर दिया है कि चेतना में जो आद्य रूप में ग्राह्य होता है, वह हमारी अर्थपूर्ण संरचनाओं का मौलिक आधार है, अतः हुसर्रल ने फैनोमेनोलाजी को इस रूप में संवारा कि उस दृष्टि के आधार पर चेतना में प्रदत्त उस आद्य 'भाव' को पकड़ा जा सके। इसी के अनुरूप फेनोमेनोलाजी की दृष्टि प्रतिष्ठित हुई तथा फेनोमेनोलाजी के अनुरूप देखने का ढंग निखरा। हाइडेगर इस दृष्टि—इस विधि को मान्यता अवश्य देते हैं किन्तु इस दृष्टि अथवा विधि का उपयोग उनके अपने ढंग का है।

हम देखेंगे कि हाइडेगर के अनुसार दार्शनिक चिन्तन का मूल लक्ष्य तत्त्वमीमांसीय है, तथा उनकी फेनोमेनोलाजी की दृष्टि की सार्थकता इस बात में है कि उस दृष्टि से जो आद्य रूप में ग्राह्य होता है, वह तात्त्विक सत् (Being) की **झलक** है। उनकी मान्यता है कि तत्त्व-दर्शन फेनोमेनोलाजी के रूप में ही संभव होता है (only as phenomenology is Ontology possible)। सत् (being) वस्तुतः छिपा है सामान्य दृष्टि से वह दिखाई नहीं देता, बीच-बीच में किसी-किसी अनुभूति में सत् झलकता सा प्रतीत होता है, फिर भी वह छिपा ही रह जाता है, फेनोमेनोलाजी की सार्थकता इसी में है कि इस रूप में देखने पर सत् की झाँकी मिल जाती है।

इस प्रकार हम देखते हैं कि हुसर्रल तथा हाइडेगर की फेनोमेनोलाजी में मूलतः दो बातों में अन्तर है। प्रथमतः यह कहा जा सकता है कि दोनों में फेनोमेनोलाजी का विधि-

रूप (Phenomenology as a method) तो स्पष्ट होता है, फिर भी हुसर्रल में यह विधि तथा इस विधि का प्रयोग जिस विषय पर होता है वे एक प्रकार से साथ-साथ अग्रसर होते हैं। हुसर्रल के अनुसार फेनोमेनोलाजी को विधि के प्रयोग तथा उससे प्राप्त अपचयित संवृत्ति भाव-विषय एक-दूसरे से पृथक नहीं, विधि का अर्थ ही है उस 'विषय' तक पहुँचना। इस दृष्टि से विषय विधि का अंग है। हाइडेगर में इन दोनों का भेद अधिक स्पष्ट है। फेनोमेनोलाजी मूलतः एक विधि है जिसके परिष्कृत प्रयोग से सत्ता की झाँकी मिल सकती है। सत्ता का अन्वेषण (Discovery of Being) ही चिन्तन का लक्ष्य है, तथा इस लक्ष्य की प्राप्ति का साधन फेनोमेनोलाजी है।

किन्तु दोनों की फेनोमेनोलाजी के अन्तर को अधिक स्पष्ट रूप में हाइडेगर के शब्दावली के द्वारा स्पष्ट किया जा सकता है। कहा जा सकता है कि हुसर्रल की फेनोमेनोलाजी का संबंध अनुभूत सत्ताओं (beings) से है, तथा हाइडेगर की फेनोमेनोलाजी का संबंध मूल सत् (being) से है। हुसर्रल चेतना को पूर्णतया अलिप्त रखते हुए विभिन्न रूप में उसे परिष्कृत करते हुए यह पकड़ना चाहते हैं कि चेतना में प्राथमिक रूप में कौन सा अर्थ प्रदत्त हुआ। अतः विभिन्न चेतन अनुभूतियों में फेनोमेनोलाजी उनमें मूल रूप में प्रदत्त विषय-भावों (essences) को पकड़ती है। हाइडेगर इस प्रकार की विभिन्न अनुभूत सत्ताओं (beings) पर नहीं रुकते, उनकी मान्यता है कि इन सबों के पीछे जो मूल तात्विक सत् (being) है, उसकी झलक भी इस विधि से मिल जाती है। अतः उनकी फेनोमेनोलाजी का लक्ष्य ही अस्तित्व मूलक एवं तात्विक है, जब कि हुसर्रल अपनी प्रारंभिक योजना में तात्विक प्रश्नों में उलझना नहीं चाहते। किन्तु इस अन्तर को पूरी तरह समझने के लिए तथा हाइडेगर के विचारों से परिचित होने के लिये प्रारंभ में ही **अनुभूत सत्ताओं (beings) तथा तात्विक सत् (being)** के अन्तर को समझ लेना आवश्यक है।

(ग) तात्विक सत् एवं सत्तायें *(Being and Beings)*

हाइडेगर के दार्शनिक विचारों में प्रवेश करने के लिये यह अनिवार्य है कि प्रारंभ में ही हम उनके द्वारा किया गया 'तात्विक सत् एवं 'सत्तायें (Being and Beings) के भेद को समझ लें। हमने भूमिका में ही कहा है कि उनका उद्देश्य एक प्राथमिक तत्त्वमीमांसा (fundamental ontology) की स्थापना है। इस प्रकार की तत्त्वमीमांसा तत्त्वमीमांसा के सामान्य ढंगों के परे जाती है। उनकी शब्दावली में दर्शनाशास्त्र के अन्तर्गत विकसित सामान्य तत्त्वमीमांसायें 'सत्ताओं' (Beings) से संबंधित रहती है, अथवा ऐसी सत्ताओं की सम्पूर्णता से संबंधित रहती है। किन्तु इस प्रकार का संबंध मूल तात्विक सत् (being) से संबंधित होना नहीं है। पारम्परिक तत्त्वदर्शन का ढंग सामान्यतः यही रहा है कि वे सत् की भिन्न-भिन्न अभिव्यक्तियों से, अर्थात् उन अनुभूत वस्तुओं से संबंधित रहें हैं जिन्हें वे सत् की अभिव्यक्ति समझते हैं। अब इन विभिन्न अनुभूत सत्ताओं के आधार पर वे सत् के स्वरूप का परिकल्पनात्मक चिन्तन करते हैं। किन्तु हाइडेगर का कहना है कि इस प्रकार का अमूर्त्त चिन्तिन सत् को पकड़ नहीं पाता, क्योंकि वह तो मूलतः अनुभूत सत्ताओं तक ही रुका हुआ है—मूल तात्विक सत् को तो देख नहीं पाता, मूल तात्विक सत् (Being) तो सभी सत्ताओं का आधार है, जिसकी झलक पाने के लिये इन विभिन्न सत्ताओं में भी उस सत् को देखना अनिवार्य है। अतः इन सत्ताओं तथा मूल तात्विक सत् के अन्दर को

समझ लेना आवश्यक है।

हाइडेगर का कहना है कि पारम्परिक तत्त्व-दर्शन यह भूल जाता है कि विभिन्न अनुभूत सत्ताओं के क्रम-कड़ी आदि चित्रित करने के पहले यह समझ अनिवार्य है कि 'होना' (to be) क्या है—सत् होने का प्राथमिक आद्य अर्थ क्या है? उनका कहना है कि इन दिनों—आधुनिक मानव इस मूल प्रश्न के महत्त्व को भूल बैठा है—वह इस प्रश्न से उद्वेलित नहीं होता, जिसके फलस्वरूप ही उसका जीवन वास्तविकता से दूर हटता गया। इस अनुभूति को स्पष्ट करने के लिये यह आवश्यक है कि **तात्त्विक सत्** (Being) तथा सत्ताओं (beings) के अन्तर को स्पष्ट कर लिया जाय।

तात्त्विक सत् (Being) के लिये हाइडेगर का शब्द है 'Sein', तथा सत्ताओं के लिये उनका शब्द है (Seiendes)। इसी भेद को स्पष्ट करने के लिये अंग्रेजी अनुवाद में सत् के लिये बड़े (B) से (being) शब्द का व्यवहार हुआ है, तथा सत्ताओं के लिने छोटे (b) से 'beings' शब्द का व्यवहार हुआ है। हाइडेगर का कहना है है कि हमारे सामान्य आनुभविक एवं वैज्ञानिक ज्ञान के विषय 'beings'—सत्तायें ही हैं, जब कि दार्शनिक चिन्तन के अन्वेषण का चरम लक्ष्य सत् (Being) की समझ है। इन अन्तर को समझने के लिये हाइडेगर के द्वारा किया गया एक और भेद को स्पष्ट कर लेना आवश्यक है। यदि हम सामान्य तात्विक कथनों की परीक्षा करें तो देखेंगे कि इस प्रकार के कथन दो प्रकार से दिये जाते हैं, एक तो ऐसे कथन हो सकते हैं जो **सत्ताविषयक** (ontological) हैं, तथा ऐसे कथन हो सकते हैं जो वास्तविक संबंध सूचक (ontical) हैं। सत्ताविषयक कथनों में किसी विषय में निहित-उसमें झलक जाने वाले सत् एवं सत् की संपूर्ण संभावनाओं के विषय में कुछ कहा जाता है, किन्तु वास्तविक संबंध सूचक (ontical) कथनों में यही कहा जाता है कि अमुक तत्त्व वस्तुतः अन्य तत्त्वों से किस प्रकार संबंधित है। स्पष्ट है कि वास्तविक-संबंध-सूचक (ontical) कथन 'सत्' की जानकारी नहीं देते, सत् की झाँकी पर आधृत कथन सत्ताविषय कथन (ontological) ही हो सकते हैं। हाइडेगर का कहना है कि प्रारंभिक तत्त्वमीमांसा सामान्यतः वास्तविक संबंध-सूचक (ontical) स्तर पर ही रुका रहता है, अतः उनसे जो जानकारी मिलती है वह सत्ताओं (beings) की जानकारी है। सत् (Being) की जानकारी तो सत्ता-विषयक (ontologicial) अन्वेषण से ही संभव है।

तब यह है कि हर संबंध सूचक (ontical) कथन में कुछ सत्ताविषयक (ontological) अर्थ निहित रहता है, क्योंकि किसी तत्त्व के अन्य तत्त्वों के साथ वास्तविक संबंधों के निर्देश में सत् की संभावना की ओर संकेत मिलता ही है। अतः यदि हमें वास्तविक संबंध सूचक (ontical) कथनों में निहित सत्ताविषयक अर्थों को पकड़ सके, तथा उसका अन्वेषण-विश्लेषण कर सके तो यह सत्ताविषयक (ontological) अन्वेषण होगा, तथा ऐसे ही अन्वेषण से हम तात्त्विक सत् (Being) के विषय में कुछ जान सकते हैं।

इस बात को थोड़ा और स्पष्ट कर लेना बांछनीय है। पारम्परिक तत्त्व-दर्शन आनुभविक सत्ताओं तथा उनके आपसी संबंधों पर विचार करता रहा है, तथा उस आधार पर वह उन संबंधों के पीछे जा उनके मूल सत्—विषय में अवधारणा बनाता है। किन्तु हाइडेगर का कहना है कि इस प्रकार जो सत् की अवधारणा बनती है, वह अमूर्त ही होगी, उस प्रकार के अमूर्त सत् के साथ सजीव संबंध संभव ही नहीं है। यही कारण है कि पारम्परिक तत्त्वदर्शन सत्ताओं (beings) के क्षेत्र में ही उलझा रह गया है, तात्त्विक सत् (being) को नहीं पकड़ पाता। उसके लिये अनिवार्य है कि हर अनुभव में 'सत्' को

अनुभूत किया जा सके, यह समझ हो सके कि वस्तुतः 'होने का प्राथमिक अर्थ क्या है—क्या वह आद्य अर्थ है जिसके अनुरूप सत् स्पष्ट हो सकता है। हाइडेगर का कहना है कि उस सत् (Being) की परिभाषा नहीं दी जा सकती, उसकी अवधारणा नहीं बनायी जा सकती, उसे 'फील' किया जा सकता है, उसके साथ समस्वरता (attunement) स्थापित की जा सकती है, उसके आह्वान (evoke) को अनुभूत किया जा सकता है। यह ठीक है कि इन पद्यात्मक उक्तियों का उपयोग हाइडेगर करते हैं, किन्तु वे जो कहना चाहते हैं वह सरल ही है। कुछ इतिहासकारों ने उनकी बातों को 'प्रेम' के उदाहरण से स्पष्ट करने की चेष्टा की है। मान लें हम किसी लड़के को किसी विशेष लड़की से विवाह करने के लिये कहते हैं। वह कहता है कि उसे उस लड़की से प्रेम करना चाहिये—और युक्ति दे कि वह अत्यधिक सुन्दर है, सुशील है, तो इससे उसके मन में उस लड़की के प्रति कोई 'भाव' नहीं जाग पायेगा, बल्कि वह तो कह सकता है कि 'सुन्दर' होने से क्या होता है? किन्तु मान लें कि उसे उस लड़की से सचमुच 'प्रेम' हो गया हो तो अब कोई तर्क, कोई युक्ति, कोई अवधारणा आवश्यक नहीं है, अब वह उस प्रेम को अनुभूत कर रहा है, तथा अब उसकी प्रतिक्रिया उस मूल अनुभूति के अनुरूप है। उसी प्रकार सत् की अवधारणा बनाने की चेष्टा निष्फल है, सत् की अनुभूति मौलिक है, सत् का अन्तर में आह्वान अनिवार्य है। जो दर्शन ऐसा करा सकता है, वही वास्तविक सत्-दर्शन—सत् (Being) की वास्तविक मीमांसा है। पारम्परिक तत्त्वमीमांसा तत्त्वमीमांसा रूपी वृक्ष के धड़ (Trunk) तक ही सीमित है, किन्तु वह उस जमीन पर नहीं पहुँच पाती हैं जहाँ वृक्ष उत्पन्न हुआ है। अतः सत् (Being) का दर्शन उस मिट्टी में छिपे मूल भाव की पहचान है।

(घ) इस मूल सत् *(Being)* तक पहुँचने का मार्ग : अस्तित्ववान मानव *(Dasein)*

यदि दार्शनिक चिन्तन का लक्ष्य इस मूल सत् (Being) का अन्वेषण है तो हाइडेगर के समक्ष यह प्रश्न आता है कि इस सत् का आह्वान कैसे हो सकता है? यदि हमारी सामान्य आनुभविक एवं वैज्ञानिक जानकारी ढंग 'सत्ताओं' (Beings) तक ही रुक जाते हैं तो आखिर तात्विक सत् (Being) तक पहुँचने का मार्ग क्या है?

इस स्थल पर यह स्पष्ट रूप में समझ लेना आवश्यक है कि हाइडेगर जब तात्विक सत् तक पहुँचने की बात करते हैं तो वह प्लेटों के 'Ideas' की खोज जैसी खोज नहीं है। ऐसा नहीं है कि हाइडेगर आनुभविक जगत को भ्रामक अथवा प्रतीति मानते हुए उनके पीछे अपरिवर्तनशील सत्—'भाव' को ढूँढ़ना चाह रहे हैं। नहीं, हाइडेगर आनुभविक जगत की यथार्थता को स्वीकारते हैं, वे यह भी समझते हैं कि मनुष्य आनुभविक जगत में स्थित हो तात्विक सत्ताओं के विषय में सोचता भी है, तो वह सामान्यतः हर तत्व के वास्तविक संबंधों तक ही रुका रहता है। उसकी साधारण तात्विक दृष्टि उसे सत्ताओं (Beings) तक ही सीमित रखती है किन्तु इन सत्ताओं के पीछे जाने में ही वह **तात्विक सत्** (Being) तक पहुँच सकता है। उसके समक्ष ऐसे क्षण उपस्थित हो सकते हैं जब उसे तात्विक सत् का भान हो, वह उसे अनुभूत कर सके, उस क्षण में उसे देख सके। उसके लिये एक विशेष ढंग की प्रमाणिक (authentic) दृष्टि का जागना आवश्यक है।

हाइडेगर का कहना है कि 'सत्' को देखने का **झरोखा** मनुष्य स्वयं है, तात्विक सत् की अनुभूति का मार्ग मानव स्वयं है। यह विचार हाइडेगर का बड़ा ही महत्त्वपूर्ण विचार

है क्योंकि इसी स्थल पर उनका तत्त्व-दर्शन अस्तित्ववादी हो जाता है। हाइडेगर ने मानव का अस्तित्व ही विश्लेशण किया है, तथा इस विश्लेषण में ही स्पष्ट हो जाता है कि **मानव-अस्तित्व की ऐसी संभावनायें हैं जिनमें वह 'सत' (Being) की और सजग एवं चेतन हो जाय। इसी कारण मानव को सत् का झरोखा कहते हैं।**

ऐसा कहा जा सकता है कि हाइडेगर के अनुसार मानव-अस्तित्वं की विधाओं का विवरण 'मानव' की 'संभावनाओं' को समझना है, तथा उन संभावनाओं में ही 'सत्' का अवबोध—सत् की समझ निहित है। हाइडेगर की शब्दावली में कहा जा सकता है कि **'फैनोमेनोलाजिकल मानव अन्वेषण'** (Phenomenological Anthropology) के आधार पर 'प्राथमिक तत्व मीमांसा (Fundamental Ontology) तक पहुँचा जा सकता है।

इस बात को इतना महत्त्व देने के पीछे हाइडेगर का बड़ा ही युक्तिसंगत तर्क है। मानव अस्तित्व की विशिष्टता इस बात को स्पष्टतया प्रमाणित करती है कि 'इसी' की विधाओं में 'सत्' के संबंध में प्रश्न पूछ सकता है, केवल वही सत् के प्रश्न से उद्वेलित हो सकता है। मनुष्य के अस्तित्व में ही सत् का प्रश्न निहित है, वही इस प्रश्न से परेशान होता है कि 'ऐसा कैसे है कि कुछ है, केवल शून्य नहीं?' हाइडेगर का कहना है कि 'सत्' तक पहुँचने का हमारे पास एकमात्र आधार बस यही है, यही एक सूत्र है जहाँ 'सत् का प्रश्न अर्थपूर्ण ढंग से उठता है, अतः उनका कहना है कि इस प्रश्न से यदि हम पूर्ण रूप में उद्वेलित हो, यदि इस प्रश्न के महत्त्व को अपने अंतर में समझें, तभी हम 'सत्' को अनुभूत करने का ढंग पा सकते हैं।

यह ठीक है कि मनुष्य चाहे तो इस प्रश्न की उपेक्षा कर सकता है, ऐसा कुछ मनुष्य करते भी हैं। हाइडेगर का कहना है कि इस प्रकार का मानव-जीवन पूर्णतया प्रमाणिक मानव जीवन नहीं हो सकता, क्योंकि इसमें मानव-जीवन की सर्वप्रमुख विशिष्टता की ही उपेक्षा हो गयी है। केवल मानव ही 'सत्' के प्रति चेतन है केवल वही अस्तित्व की चेतना के साथ अस्तित्ववान होता है, अतः इसी मूल चेतना की उपेक्षा का जीवन मानवीय जीवन नहीं हो सकता-प्रमाणिक (authentic) नहीं हो सकता। तो, हाइडेगर का कहना है कि यदि मानव-अस्तित्व चेतन रूप में प्रमाणिक जीवन जीये तो 'सत्' के प्रति सजग रहेगा ही, तथा उसी सजगता से सत् की ओर उन्मुख हुआ जा सकता है। इसी अर्थ में मानव ही सत् से संपर्क का बिन्दु है, सत् के अवबोध का मार्ग है।

फलतः अब हाइडेगर मानव-अस्तित्व में निहित संभावनाओं को, उसकी अनेकों विधाओं को स्पष्ट करते हैं क्योंकि उसी माध्यम से वे 'सत् तक पहुँच सकते हैं। कहा जा सकता है कि उनका दर्शन इन संभावनाओं को स्पष्ट करने में इतना उलझा रहा है कि वे अपने जीवन-काल में अपने 'सत्-दर्शन' को रूप नहीं दे पाये। उन मानवीय संभावनाओं के स्पष्टीकरण में वे अस्तित्ववादी विचारक के रूप में मानवीय विधाओं का विवरण करते हैं।

(च) मानव-अस्तित्व (*Dasein*) की विशिष्टतायें

ऊपर कही बातों से इतना तो स्पष्ट हो गया कि हाइडेगर के अनुसार मानव-अस्तित्व के विश्लेषण में ही 'सत्' से सम्पर्क का आधार ढूँढ़ा जा सकता है। इस विश्लेषण के लिये यह मानव के अस्तित्व की विधा है, अस्तित्ववान मानव को सूचित करता है, अस्तित्व की चेतना के साथ जीतें हुए मानव का बोध करता है। तो 'Dasein' को हम **'मानव-अस्तित्व'** कह सकते हैं। प्रथमतः हम इसका विश्लेषण करेंगे, और तब इसमें निहित सभी

संभावनाओं को स्पष्ट करने की चेष्टा करेंगे।

'Dasein' शब्द का जो जर्मन शब्दार्थ है, उससे बहुत अधिक अर्थ हाइडेगर ने इस शब्द में रख दिया है। इसका शब्दार्थ है 'यहाँ होना' (being here) किन्तु हाइडेगर के अर्थ में यह 'मानव के होने की विधा' है, 'आस्तित्व की मानवीय विधा' है—इसी कारण इसे हिन्दी में 'मानव अस्तित्व' कहा जा रहा है। इसे इस में परिभाषित करने का उद्देश्य यही है कि इसी रूप में इसे समझने पर यह 'सत्' के दर्शन का मार्ग बन जाता है।

इस प्रकार के प्रयोग से यह तो स्पष्ट ही हो जाता है कि हाइडेगर 'मानव-स्वभाव' या 'मानव स्वरूप' का विवरण नहीं कर रहें हैं। हर मनुष्य अपने विशिष्ट रूप में—अस्तित्ववान होता है। अतः वे मानव-अस्तित्व की परिभाषा नहीं देते, उसके सामान्य लक्षणों को निरूपित करने की चेष्टा नहीं करते, बल्कि यह देखना चाहते हैं कि उसके अस्तित्व की विधायें (modes) क्या हैं? 'मानव स्वभाव' या 'मानव स्वरूप' तो मनुष्य के सामान्य लक्षणों को पकड़ता है, किन्तु हर मनुष्य का अस्तित्व उसका अपना है। तो मानव-अस्तित्व को समझने का अर्थ है इसकी विभिन्न विधाओं को, इसके विभिन्न ढंगों को देखना। इसी कारण हाइडेगर कहते हैं कि मानव-अस्तित्व को समझने के लिये इसके विभिन्न **विद्यमानताओं** (existentialia) को उल्लेख करना आवश्यक है—यह देखना आवश्यक है कि किन-किन रूपों में मानव अस्तित्ववान होता है।

यहाँ मानवीय अस्तित्व का अर्थ स्पष्ट होता है। कहा जा सकता है कि 'अस्तित्व' के दो रूप हैं, जो दोनों मानव-अस्तित्व में है। एक रूप में वह तत्वों के समान अस्तित्ववान है, जैसे एक वृक्ष है, एक पहाड़ है, वैसे मनुष्य भी है। किन्तु मानव-अस्तित्व यदि मात्र इतना ही होता तो वह मानव-अस्तित्व नहीं होता। अतः इसमें एक अन्य रूप और है जो अन्य किसी तत्व या जीवन में नहीं है। वह **अस्तित्व की चेतना** के साथ अस्तित्ववान है। यही मानव-अस्तित्व की विशिष्टता है। वह 'है' और अपने जीने की हर विधा की उसे चेतना है। इसी चेतना के कारण वह प्रतिक्रियाओं का समूह मात्र नहीं। जब भी कोई उद्दीपन-कोई क्रिया उसे प्रभावित करती है, तो वह अपने अस्तित्व की चेतना के अनुरूप यह तय करता है, निर्णय लेता है कि वह किस रूप में प्रतिक्रिया करे। अर्थात् 'अस्तित्व की चेतना' भी उसके अस्तित्व का अनिवार्य अंग है, तथा इसके आलोक में ही उसके अस्तित्व की विभिन्न संभावनाओं को उसके **विद्यमानताओं** (existentialia) को निरूपित किया जा सकता है।

हाइडेगर का कहना है कि मानव का अस्तित्ववान होना अन्य तत्त्वों के अस्तित्ववान होने से सर्वथा भिन्न ढंग का है। जिस प्रकार से 'मेज' इस कमरे में है, या 'कलम' मेरे हाथ में है, उस प्रकार से मानव जगत में नहीं है। मानव-अस्तित्व की चेतना में उसके जगत में होने की चेतना भी निहित है, तथा उसके अस्तित्व की हर विधा इस चेतना से संरचित है। शायद इस चेतना की हर संभावना को निरूपित नहीं किया जा सकता, किन्तु कुछ ऐसी विधायें हैं जो मानव-अस्तित्व में प्रायः स्पष्ट हैं। हाइडेगर उन **विधाओं** का स्पष्ट विवरण करते हैं, तथा कहते हैं कि **मानव-अस्तित्व-विश्लेषण** (Analytic of Dasein) का अर्थ ही है, उन स्पष्ट विधाओं के द्वारा मानव-अस्तित्व को समझना।

(च) हाइडेगर के मानव-अस्तित्व विवेचन की योजना

हमने देखा कि हाइडेगर का ध्यान मानव-अस्तित्व विश्लेषण पर आ जाता है क्योंकि

उन्हें प्रतीत होता है कि इसी विश्लेषण में सत् की झाँकी का आधार मिलता है। हमने यह भी देखा कि इस विश्लेषण में मानव-अस्तित्व की स्पष्ट विधाओं का विवरण प्रस्तुत करना चाहते हैं। अब हमारे सामने समस्या यह है कि इस विवरण को किस प्रकार व्यवस्थित किया जाये। हाइडेगर के विचार इतने छितराये हुए हैं कि उनमें व्यवस्था स्थापित करने के प्रयत्न में अप्रमाणित का भय बना ही रहता है। फिर भी हम यथा शक्ति अपने ढंग से उनके विचारों को व्यवस्थित करेंगे।

हमने पहले यह भी देखा है कि हाइडेगर ने मानव विश्लेषण के दो ढंगों की बात की है, एक तो वह ढंग है जो उनके **वास्तविक संबंधों पर आधृत** है (ontical) तथा दूसरा **वह ढंग है जो सत्ताविषयक** (ontological) है। तो हाइडेगर के मानव अस्तित्व विवेचन को भी हम दो ढंगों से प्रस्तुत करेंगे। प्रथमतः हम इसका **सत्ता विषयक** (ontological) विवरण देंगे, जिसमें यह स्पष्ट किया जायगा कि मानव-अस्तित्व की कौन सी विद्यायें सामान्य रूप में स्पष्ट हैं। हाइडेगर ने इस विधा के मूल रूप को **'जगत में होना'** (Being in the world) कहा है। तो प्रथमतः हम देखेंगे कि उनके अनुसार 'जगत में होने' की विधा क्या है। मानव चेतन रूप में जगत में है, तो वह 'होना' क्या है? इसी के अन्तर्गत उद्वेगपूर्ण ध्यान (care), शून्यता भाव (Nothingness) आदि का उल्लेख होगा।

किन्तु मनुष्य का साधारण जीवन तो वास्तविक संबंधों के बीच का जीवन हैं (ontical)। हाइडेगर तो यहाँ तक कहते हैं कि आधुनिक मानव तो अपने तात्विक संबंधों को भूल आनुभविक संबंधों के मध्य ही जीता है। तो उसके इस वास्तविक संबंधों के जीवन (ontical living) का विश्लेषण भी अनिवार्य है। यह अनिवार्य इस कारण भी है कि इसी जीवन में तात्विकता की दृष्टि जगानी है। यह अनिवार्य इस कारण भी है कि इसी जीवन में तात्विकता की दृष्टि जगानी है। ये दोनों स्तर एक दूसरे से सर्वथा अलग भी नहीं है। तो इस स्तर की विवेचना में तथ्यता (facticity), चिन्ता, अप्रमाणिक जीवन (inauthenticity) आदि का विवरण होगा और तब अन्त में प्रमाणिकता (authenticity) का विवरण होगा जहाँ वास्तविक संबंध-सूचक जीवन (ontical) में सत्ता विषयक दृष्टि (ontological) की संभावना का उल्लेख होगा।

(छ) जगत में मानव-अस्तित्व

सबसे पहले हम मानव-अस्तित्व की प्राथमिकता विधा का विवरण करेंगे—जिसे उन्होंने 'जगत में मानव-अस्तित्व' कहा है। (being-in-the-world.)

इस वाक्यांश 'जगत में मानव-अस्तित्व' (being-in-the-world) को हाइडेगर ने अस्तित्ववादी दृष्टि से समझाने की चेष्टा की है। इसका अर्थ यह तो है ही कि 'जगत' तथा मानव' एक दूसरे से पूर्णतया संबद्ध है। किन्तु इस संबंध की कुछ विशिष्टतायें हैं। प्रथमतः तो कहा जा सकता है कि 'मानव का जगत में होना' हाइडेगर के लिये एक ईकाई है। उसकी 'आत्म-अस्तित्व की चेतना'—उसके 'जगत में होने' की चेतना है। ऐसा नहीं है कि 'आत्म' की चेतना पृथक हो, तथा 'जगत' की पृथक। हम विश्लेषण से दोनों को पृथक कर सकते हैं, विश्लेषण से यह भी पृथक कर सकते हैं कि आत्म जिस जगत में है—उसमें कुछ तत्व एवं वस्तुएँ भी हैं, तथा 'अन्य' भी। किन्तु 'मानव-अस्तित्व' का अर्थ' जगत में मानव-अस्तित्व' है। सामान्यतः तत्त्व दार्शनिक आत्म एवं जगत के इस प्राथमिक संगठन की उपेक्षा कर देते हैं, इन दोनों को दो पृथक तत्त्व समझ लेते हैं, और तब उन्हें संबंधित करने का प्रयास करते हैं।

इस स्थल पर यह भी स्पष्ट कर लेना आवश्यक है कि हाइडेगर के अनुसार **जगत** (world) का भी एक विशेष अर्थ है। जब वें 'जगत में मानव-अस्तित्व' की बात करते हैं, तो यहाँ 'जगत की आवश्यकता भी इसी संबंध में अनुरूप सर्जित हुई है। हाइडेगर इस स्थल पर जगत से वैज्ञानिक वस्तुनिष्ठ 'जगत' की बात नहीं कर रहे, वैसे वस्तुनिष्ठ जगत की बात नहीं करते जिसमें वस्तुएँ' तथा आत्म रह रहे हैं। जगत को वे किसी 'डब्बा' के रूप में नहीं देखते, जिसमें समान रखे हुए हैं। उनके अनुसार जब वे 'जगत' में मानव अस्तित्व की बात करते हैं, तो उनका तात्पर्य मानव-जगत से है, उस जगत से है जिससे मानव व्यावहारिक रूप में संबंधित हैं। इस 'जगत' का वह तटस्थ द्रष्टा नहीं है, इस जगत में वह जी रहा है, अतः उसका जगत उसकी योजनाओं के अनुरूप निखरा जगत है। उसका जगत ऐसा जगत है जिस पर उसके मानवीय उपकरण कार्यरत रह सकते हैं। उदाहरणतः इस बात को स्पष्ट करने के लिए 'स्थान' (space-distance) का उदाहरण लें। सामान्य वस्तुनिष्ठ जगत की अवधारणा में 'स्थान' को भी जगत का एक वस्तुनिष्ठ अंग माना जाता है, तथा इसे एक ऐसी दूरी के रूप में समझा जाता है, जिसे मापा जा सकता है। हाइडेगर के जगत में स्थान की यह अवधारणा प्राथमिक नहीं है। स्थान का अर्थ होगा 'मानवीय संबंधों के अनुरूप निरूपित स्थान'। सैकड़ों मील दूर दो व्यक्ति के बीच टेलिफोन की बातचीत में वस्तुनिष्ठ दूरी तो सैकड़ों मील की है, किन्तु मानवीय दृष्टि से वह स्थान बिल्कुल सिमट कर छोटा हो गया। मानव अपने जगत में अपने अनुरूप स्थान काल आदि छोटा कर लेता है तथा वहीं उसके जगत का स्थान काल है। अतः जिस जगत में 'मानव-अस्तित्व' है वह जगत भी मानव-अनुरूप ही है, इसी कारण 'जगत' तथा 'मानव-अस्तित्व' पूर्णतया संबंद्ध है।

मानव-अस्तित्व के जगत में होने की तात्विकता को हाईडेगर ने इतना महत्त्व दिया है, कि इसके तात्विक विश्लेशण में इस संबंध के स्वरूप के विभिन्न पहलू स्पष्ट होते हैं। इस विशिष्ट रूप में जगत में मानव अस्तित्व के होने का अर्थ है मानव का अन्य व्यक्तियों के साथ तथा जगत की वस्तुओं के साथ विशेष प्रकार का संबंध होना। उन्हीं संबंधों के अनुरूप वह अपने जगत में 'जी' सकेगा। वस्तुओं को वह अपने अनुरूप अपनी योजनाओं को रूप देगा। इसका अर्थ है कि जगत में मानव-अस्तित्व के होने के कुछ विशेष ढंग होंगे—कुछ विशेष आयाम होंगे। मानव जगत में उस प्रकार नहीं है जैसे लोटे में जल, इस अन्तर को या मानव-अस्तित्व के जगत में होने के विभिन्न विधाओं का संक्षिप्त उल्लेख करेंगे। हम इनका विवरण पृथक-पृथक कर रहे हैं, किन्तु मानव-अस्तित्व में ये एक साथ मिले-जुटे रहते हैं।

(ज) इसकी विभिन्न विधाएँ

(i) उद्देश्यपूर्ण लगाव (care or concern)—हाइडेगर का शब्द है 'sorge' जिसे अंगरेजी में 'care' या 'concern' कहा गया है। प्रथमतः यह तो समझ लेना ही है कि हाइडेगर के अनुसार मानव के जगत के साथ संबंधित होने का**तार्किक स्वरूप यह 'उद्वेगपूर्ण लगाव'** (care) है। हाइडेगर ने स्पष्ट कहा है कि इस शब्द के साथ जो भावनात्मक साहचर्य है, उसके अनुरूप इसे नहीं समझना है। यह जीवन की चिन्ता 'विषाद', 'क्लेश', 'कष्ट' आदि को इस स्थल पर सूचित नहीं कर रहा है। यह संभव है कि इस तात्विक लक्षण की अभिव्यक्ति जब वास्तविक मानवीय-संबंधों (ontically) में हो, तो वहाँ इस प्रकार की भावनायें उजागर हो जाँय, किन्तु यहाँ हम मानव के जगत में होने की तात्विक विधा का विवरण कर रहे हैं, यहाँ हाइडेगर का तात्पर्य यह है कि मानव-अस्तित्व का जगत के साथ एक विशिष्ट लगाव (care) है। यदि यह 'लगाव' न हो तो अस्तित्व की अनुभूति ही न रहे। मानव के

अस्तित्ववान होने का अर्थ ही है उसका अज्ञात के प्रति यह लगाव। इसी प्राथमिक लगाव के अनुरूप उसका अस्तित्व विकसित होता है। मानव के 'जगत' में होने का अर्थ ही है— 'जगत' के प्रति इस लगाव का होना। इसी प्राथमिक 'लगाव' के कारण मानव 'जगत' में उस प्रकार नहीं है, जिस प्रकार एक 'पहाड़' जगत में है।

वस्तुतः इस शब्द **'उद्वेगपूर्ण लगाव'** (Care-Sorge) में हाइडेगर ने इतना कुछ समेट लिया है कि इसका अवबोध कठिन प्रतीत होता है। कहा जा सकता है कि मुख्यतः कि इस शब्द से सूचित विचार के तीन अनिवार्य अंश हैं, जिन तीनों का संगठित रूप इस 'लगाव' का संगठित रूप है।

इस विचार को स्पष्ट करने के लिए हाइडेगर ने मिथक **'हाईजिनस'** की एक कहानी का सहारा लिया है।[1] Care एक दिन एक नदी किनारे जा रही थी—वहाँ कुछ विशिष्ट मिट्टी को देख उस मिट्टी को एक विशेष रूप में ढाल दिया। वहाँ पर Jupiter पहुँच गये। Care ने Jupiter से आग्रह किया कि वे मिट्टी के उस ढाँचे में प्राण-संचार कर दें। जूपिटर ने वैसा कर दिया अब प्रश्न हुआ उस रूप को नाम देने का इस पर दोनों अपना नाम देने का दावा करने लगे। इस बीच 'पृथ्वी' Earth भी उठ आई—और उसने भी अपना दावा प्रस्तुत किया कि वह 'जीव' तो उसी की मिट्टी से बना है। जब आपस में कोई फैसला नहीं हो पाया तो इन लोगों ने Saturn से फैसला करने का आग्रह किया। Saturn ने अपना फैसला दिया जो निर्याणक-फैसला हो गया। उसने कहा कि Jupiter ने इसे 'प्राण' या 'आत्म' दिया है तो इसकी मृत्यु के बाद इसका आत्म जूपिटर ले लेंगे। पृथ्वी ने इसे शरीर दिया हैं—अतः मृत्यु के बाद वह शरीर पृथ्वी ले लेगी लेकिन इसे बनाने का प्राथमिक विचार Care को आया था। अतः उसके जीवन-भर 'Care' इस पर छाई रहेगी। यही जीव 'मानव' है, और जब तक यह 'है'—इसे Care के साथ जीना है।

अतः Care के साथ के इस 'अस्तित्व' में कुछ तो वैसे लक्षण हैं जो Earth के द्वारा दिये गये 'शरीर' के अनुरूप हैं, कुछ Jupiter के द्वारा संचारित आत्म के अनुरूप हैं और कुछ Saturn के निर्णय के अनुरूप हैं। हाइडेगर ने इन तीनों के अनुरूप 'लगाव' (care) के तीन लक्षणों का उल्लेख किया है। इन तीनों को उन्होंने क्रमशः **तथ्यता** (Facticity), **संभावना** (Possibility) तथा **गिरावट** (Fallenness) कहा है।

तथ्यता की विषद व्याख्या तो आगे होगी, यहाँ यही स्मरण रखना है कि जगत में जो मानव का अस्तित्व है, उस अस्तित्व में निहित जो **उद्वेगपूर्ण लगाव** (care) हैं, उसका एक अनिवार्य लक्षण यह प्राथमिक-आद्य अनुभूति है कि मानव अपने को एकाएक जगत् में **'फेंका'** हुआ पाता है। (Thrown)। इस अनुभूति में ऐसे प्रश्न नहीं उभरते कि वह कहाँ से आया—कैसे आया, बस उसे अपने 'होने' की—अपने अस्तित्व की चेतना है। वह क्या है उसका शरीर-क्या है?—यह सब वाद के प्रश्न हैं जिनका निराकरण वह बाद में अपने निर्णयों के अनुरूप करता रहता है। किन्तु यह प्राथमिक अनुभूति की वह 'है' एक प्रकार से उसकी हर योजना को प्रभावित करती है। वह जगत में अन्य वस्तुओं के मध्य अपने को पाता है—और यह एक प्रकार से उसकी प्राथमिक सीमा है जिसे वह नकार नहीं सकता, और इसी कारण इसे तथ्यता कहा गया है।

---

1. यहाँ हम उस मिथक में आये नामों को जानबूझकर अंग्रेजी में लिख रहे हैं—क्योंकि वहाँ उन नामों का शुद्ध व्यक्तिवाचक प्रयोग है।

संभावना (Possibility) से हाइडेगर का तात्पर्य है कि उसके जगत के प्रति उद्वेगपूर्ण लगाव (care) का एक अनिवार्य लक्षण यह भी है कि 'जगत' उसे 'संभावना' के रूप में प्रतीत होता है। जगत केवल बाहर स्थित जगत नहीं है—जिसे हम टकराते हैं। सामान्यतः हम यही समझते हैं कि जगत के साथ हमारा संज्ञानात्मक संबंध हैं—जगत् की हमें अवगति होती है। किन्तु हाइडेगर का कहना है कि जगत के प्रति **लगाव** का एक आधार यह भी है कि जगत—जगत की हर वस्तु में हमें असंख्य संभावनायें दिखाये देती है—जिन्हें हम अपनी उपयोगिता तथा आवश्यकता के अनुसार काम में ला सकते हैं। जगत एक **उपकरण** (Instrument) के रूप में प्रतीत होता है—जिनका उपयोग हम अपनी आवश्यकता के अनुरूप तथा अपनी योजनाओं के अनुरूप कर सकते हैं। एक पहाड़ी में रेल-लाइन के लिए 'टनैल' की संभावना दिखाई दे सकती है, एक जल-प्रपात में बिजली-उत्पादन की संभावना दिखाई दे सकती है, एक सफेद कोरे कागज में लिखने की संभावना है, चूल्हा जलाने की संभावना है, कान-खोदने की संभावनायें छिपी हैं। इसी आधार पर, तो हाइडेगर का कहना है कि जगत में मानव-अस्तित्व में सत् के अवबोध (Apprehension of Being) की संभावना निहित है।

यहाँ **गिरावट** (Fallenness) का अर्थ है गिरावट की संभावना। जगत के प्रति इस लगाव एक अनिवार्य आधार गिरावट की यह संभावना है। बात है कि हाईडेगर के अनुसार मानव को शुद्ध सत् (Being) की ओर उन्मुख होना है, किन्तु यह संभव है कि वह सत् (Being) के अनुभविक अभिव्यक्तियों में ही उलझ कर रह जाय, वह अपनी विशिष्टता को भूल जगत में ही पूर्णतया रम जाय। यही उसकी गिरावट की अवस्था होगी। इसका विशद विवरण आगे होगा। किन्तु गिरावट की इस संभावना की चिन्ता भी जगत के प्रति उद्वेगपूर्ण लगाव (care) का एक अंश है।

(ii) **संभावना-रूप-जगत** (*The World as Potentialities*)—मानव का जगत में होने की एक विधा यह भी है कि वह जगत से इस प्रकार संबंधित रहता है कि जगत में उसे ऐसी संभावनायें प्रतीत होती हैं जिन्हें वह अपने संबंधों के अनुरूप व्यक्त कर सकता है। हाइडेगर के विचारों के स्पष्टीकरण के प्रयत्न में इसे 'समक्ष प्रस्तुत जगत' (persent-in -hand) तथा 'उपयोग में आने के लिये तत्पर जगत' (Readiness-in-hand) में भेद करते हुए स्पष्ट किया जा सकता है। जो मानव का जगत के साथ संज्ञानात्मक संबंध है, तथा जिसे सामान्यतः मानव-जगत के संबंध का ढंग समझा जाता है, वह संबंध है 'जगत का मानव के समक्ष प्रस्तुत रहना'। इस संबंध में जगत एवं मनुष्य दो पृथक तत्त्व हो जाते हैं, तथा एक को तटस्थ रूप में जगत की जानकारी होती है। जब हाइडेगर 'जगत में मानव-अस्तित्व' की बात करते हैं, तो वहाँ वे इस प्रकार के संबंध की बात नहीं करते। उनके अनुसार इस संबंध में मानव का जगत के साथ तात्विक 'लगाव' है। अतः यह जगत दूर स्थित जगत नहीं है, उसके अस्तित्व का अंग है। उन्हें प्रतीत हो सकता है कि जगत के तत्त्व उनके सहयोगी हैं, या उसकी योजनाओं के मार्ग के रुकावट भी हो सकते हैं। इन्हीं अनुभूतियों के अनुरूप वह उन तत्त्वों से संबंधित होता है। इसका अर्थ है कि उसे वे तत्त्व '**संभावनाओं**' के रूप में प्रतीत होते हैं, जिसका वह अपनी आवश्यकतानुसार उपयोग कर सकता है। यही 'readiness-in-hand' का अर्थ है। उदाहरणतः एक हथौड़ा मानव के लिये मात्र जगत में पड़ी हुई वस्तु नहीं है, उनका जब भी हथौड़े के साथ संबंध होगा तो

वह उसमें विभिन्न संभावनाओं को देखेगा, चाहे वह कांटी ठोकने की संभावना हो या किसी के सर फोड़ने की संभावना हो।

कहा जा सकता है कि जगत से संबंधित होने की इस विधा में 'जगत' मानव को एक उपकरण (equipment) के रूप में प्रतीत होता है। हाइडेगर ने इसका विवरण देते हुए कहा हैं कि मानव-अस्तित्व का जगत के साथ संबंधित होने की इस विधा में जगत के तत्त्व 'इसलिये कि.....' (something in order to......) के रूप में प्रकट होते हैं। अर्थात् मानव हर तत्त्व में निहित कुछ ऐसी संभावनाओं को देखता है जिन्हें यह अपने निर्णयों के अनुरूप व्यक्त कर सकता है। इसी अर्थ में जगत के तत्त्व उसे चुनौती रूप में दिखाई दे सकते हैं, 'पहाड़' में उसे फोड़ कर रेल लाइन बिछाने की संभावना दिखाई देती है, मरुभूमि में उसे हरी भरी खेती की संभावनायें दिखाई देती है। इस प्रकार उदाहरण तो विशिष्ट है, किन्तु साधारण अवस्था में भी मनुष्य जगत को तटस्थ रूप में नहीं देखता, उसे जगत के हर तत्त्व उसकी योजना के उपकरण के ढंग प्रतीत होते हैं, हर तत्त्व में उसे कुछ ऐसी संभावनायें दिखाई देती हैं जिन्हें वह अपनी आवश्यकतानुसार व्यक्त कर संकता है।

(iii) **आगे आगे जीना** *(Living Ahead)*—मानव-अस्तित्व के जगत में होने की एक विधा यह भी है कि मानव सदा आगे- आगे जीता रहता है। वैसे सभी विचारक इतना मानते हैं कि मानव का जीवन वर्त्तमान तक सीमित नहीं, वह भ्धष्यि में भी जीता है, उसकी हर योजना भविष्य सं संबंधित होती है। हाइडेगर मानव की इस विशिष्टता को तात्विकता प्रदान करते हैं, तथा कहते हैं कि मानव का जगत में अस्तित्ववान होने का तात्विक अर्थ है कि मानव 'आगे-आगे चलता है', उनका तात्पर्य है कि मानव-अस्तित्व के निरूपण में मात्र उस काल के संबंधों के आधार पर मानव-अस्तित्व को नहीं समझा जा सकता, क्योंकि उसकी योजनायें वर्तमान से नहीं, 'आगे' से भी संबंधित रहती है। हमने देखा है कि हाइडेगर के अनुसार जगत के हर तत्त्व एक प्रकार से संभावनायें प्रस्तुत करती हैं। उस संभावनाओं को व्यक्त करने में वर्त्तमान सार्थक है ही, भविष्य भी सार्थक है। यही कारण है कि मानव-अस्तित्व का कोई निश्चित स्वरूप नहीं होता। उसका 'आगे' का जीवन, 'भविष्य' की ओर प्रेरित उसके निश्चय उसे नये-नये रूपों में जगत से संबंधित करते हैं, नये-नये रूपों में अस्तित्ववान करते हैं।

यह भी कहा जा सकता है कि मानव-अस्तित्व का जो जगत के प्रति 'लगाव' (care) है, उसकी एक विधा उसका यह 'आगे-आगे जीना' है। यदि उसके अस्तित्व की चेतना में 'आगे-आगे जीने' की चेतना नहीं होतीं, तो जगत के प्रति उद्वेगपूर्ण लगाव रह ही नहीं जाता, इस विधा की अभिव्यक्ति जब वास्तविक संबंधों (ontieally) में होती हैं, तो वह भविष्य की अनिश्चयता, योजनाओं की विफलता की संभावना आदि का रूप ले लेती है, तथा हमारे वास्तविक जीवन को भावनात्मक रूप में प्रभावित करती है। किन्तु इसका तात्विक आधार यही है कि मानव-अस्तित्व में आगे-आगे जीने' की विधा विद्यमान है। किसी भी काल के मानव-अस्तित्व में मानव-अस्तित्व (Dasein) की भविष्य की विधा भी निहित रहती है। इसी पक्ष को हाइडेगर मानव का आगे-आगे जीना (living ahead) कहते हैं।

(iv) **अवबोध** *(Understanding)*—हाइडेगर का कहना है कि जगत में मानव-अस्तित्व के होने की एक स्पष्ट विधा है 'अवबोध' (understanding) की। इसे भी

हाइडेगर ने अपने अस्तित्ववादी ढंग से समझा है। सामान्यतः अवबोध को ज्ञानात्मक कोटि का माना जाता है, अवबोध को सामान्यतः 'जगत के समझने' के अर्थ में ही समझा जाता है। किन्तु हाइडेगर का कहना है कि 'अवबोध को इस प्रकार मात्र बौद्धिक अथवा ज्ञानात्मक कोटि मानना उपयुक्त नहीं है, क्योंकि 'अवबोध' एक बड़ा ही व्यापक पद है जिसके अन्तर्गत—जगत से हर प्रकार का संबंध तथा जगत के प्रति अभिवृत्ति भी चले आते हैं। हाइडेगर ने अवबोध को भी संभावना-रूप जगत के अनुरूप समझने का प्रयत्न किया है। उनका कहना है कि मानव जगत में एक विशिष्ट रूप में है। वह जगत का सैद्धान्तिक ज्ञाता नहीं है, वह 'जगत' को संभावना रूप समझ उसे अपनी-योजना के अनुरूप ढालता है—इस पूरे संबंध में अवबोध' सार्थक होता है। इस प्रकार के संबंध में हीं अवबोध को स्पष्ट करने का प्रयत्न हुआ है।

हाइडेगर कहते हैं कि हमारा सोचने का सामान्य ढंग सैद्धान्तिक ज्ञान तथा व्यावहारिक कार्य में भेद करता है, तथा कहता है कि सैद्धान्तिक ज्ञान में हम 'देखते' हैं, 'जानते हैं', तथा व्यावहारिक कार्य में हम कुछ क्रिया करते हैं। इस प्रकार का विचार 'अवबोध' (understanding) को सैद्धान्तिक ज्ञान की कोटि में रख देता है। किन्तु, हाइडेगर का कहना है कि क्रियाओं में भी अवबोध निहित है, और वह भी पूर्णतया प्राथमिक है। उनका कहना है कि जब तक हमें किसी वस्तु से 'लगाव' न हो, तब तक हमें उसका अवबोध नहीं हो सकता। उससे एक विशिष्ट प्रकार का संपर्क अनिवार्य है। इसी कारण हाइडेगर का कहना है कि 'मानव के जगत में होने' की विधा अवबोध है। उनके अनुसार 'मानव-अस्तित्व के जगत में होने' की संरचना का एक अनिवार्य पक्ष 'अवबोध' है। किसी भी वस्तु का उपकरण रूप में उपयोग करने की संभावना में जो अवबोध निहित है, वह सैद्धान्तिक अवबोध नहीं, बल्कि कार्यक्षमता' को भी अवबोध के अन्तर्गत रखते हैं, तथा इस बात पर जोर देते हैं कि मानव-अस्तित्व तथा जगत के संबंध में यही अवबोध प्राथमिक एवं महत्त्वपूर्ण है। सैद्धान्तिक अवबोध तो अमूर्त होता है, वास्तविक तत्त्वों से उसके अंशों को पृथक कर उन्हें उस पृथकता में संबंधित करना है। मानव का 'जगत' का अवबोध ऐसा अमूर्त नहीं, वह अवबोध भी उसके अस्तित्व के साथ चलता है।

हाइडेगर के अनुसार इस 'अवबोध' के दो अवयव हैं। हमने देखा कि उनके अनुसार अवबोध जगत में निहित संभावनाओं से संबंधित है, इसका अर्थ है कि जगत के उपकरण रूप का अवबोध होता है। बच्चा जब चम्मंच को मुख में ले जाता है, तो यह मुख में ले जाने की गोजना नहीं है, बल्कि यह अवबोध है कि चम्मच भी उपकरण है, कि उसका उपयोग अपने अनुरूप किया जा सकता है। हाइडेगर के अनुसार यह अवबोध का एक अवयव है।

इसका दूसरा अवयव है कि अवबोध में ही जगत-अथवा जगत के वस्तु अर्थपूर्ण होते हैं। अपने में जगत की कोई सार्थकता नहीं है। मानव का जगत में होना उसे नया अर्थ देता है। यह पूर्णतया प्रत्ययवादी विचार नहीं। हाइडेगर यह नहीं कहते कि जगत का होना उसके देखे जाने पर निर्भर करता है। वे यह नहीं कहते कि अवबोध से स्वतंत्र कुछ नहीं रह सकता। उनका मात्र यही कहना है कि मानव जगत के जिस तत्त्व के संपर्क में आता है वह उसके अवबोध के अनुरूप उसके लिये उपयोगी सिद्ध होता है। 'हथोड़े' का अवबोध भी कांटी ठोकने के रूप में सार्थक हैं, तो कभी ईंटा तोड़ने के उपकरण के रूप में, तथा

कभी किसी के सर फोड़ने के उपकरण के रूप में। अवबोध हर संपर्क में एक प्रकार से अर्थ प्रक्षेपित (project) करता है। हाइडेगर के अनुसार 'अवबोध' इसी **प्रक्षेपण-प्रक्रिया से** जगत को सार्थक बनाता है। उनका यह भी कहना है कि मानव के जगत में होने की एक अनिवार्य विधा इस प्रकार का अवबोध है।

(v) शून्यता की अनुभूति (*Apprehension of Nothingness*)—मानव अस्तित्व के जगत में होने के विवरण में हाइडेगर एक महत्त्वपूर्ण विचार 'शून्यता' का उल्लेख करते हैं। वैसे 'शून्यता' का विश्लेषण तात्त्विक स्तर (ontologically) पर हुआ है, तथा वास्तविक जीवन (ontically) के स्तर पर भी हुआ है। अभी हम शून्यता की तात्त्विकता को स्पष्ट करेंगे।

हमने देखा है कि हाइडेगर के अनुसार वही विचार अनुशंसित है जो तत्वों में 'तात्त्विक सत्' (Being) को देख सके। जगत में मानव-अस्तित्व के विश्लेषण में भी इसी बात को उभारने की चेष्टा हुई है। अनुशंसा है कि मानवीय **सत्** में सत् को पहचाना जा सके, अर्थात मानव का जगत के साथ हर संपर्क में सत् की झाँकी मिले: स्पष्ट है कि शुद्ध बौद्धिक या तार्किक विश्लेषण ऐसा नहीं कर सकता। अतः इस ढंग से '**शून्यता**' को न समझा जा सकता है, न इसकी अवधारण बनायी जा सकती है। इसी कठिनाई के कारण तार्किक विश्लेषणवादी हाइडेगर के **शून्यता-विचार** की कड़ी आलोचना करते हैं, तथा इस संबंध में दी गयी उक्तियां को अर्थहीन कहते हैं। किन्तु, तात्त्विकता की दृष्टि से हाइडेगर के दर्शन में यह बड़ा महत्त्वपूर्ण विचार है, और उनके अभिप्राय को समझते हुए इसे समझना अनिवार्य है।

हाइडेगर के अनुसार **शून्यता** सत् (Being) में निहित है, सत् के अवबोध का अनिवार्य अंग है। उनका तो यहाँ तक कहना है कि सत्-सत् भी शून्यता के चलते ही है। यदि 'शून्यता को न स्वीकारें तो सत् की अनुभूति भी संभव नहीं होगी। इसे अब थोड़ा अपने ढंग से स्पष्ट करें।

हाइडेगर के अनुसार 'शून्यता' (Nothingness) बड़ा ही समृद्ध विचार है। यह मात्र **निषेध** (Negation) नहीं है, यह निषेध के माध्यम से सत् की अनुभूति है। मानव-अस्तित्व में सत् (Being) की झांकी इसी कारण संभव है कि मानव-अस्तित्व में ही 'शून्यता' (Norhengnesss) तथा सत् (Being) का संगम है। इसे इस प्रकार सोचें। मान लें यदि जगत के सभी तत्त्व एवं पदार्थ न परिवर्तित होते, न नष्ट होते, तथा सभी मनुष्य रोगमुक्त एवं अमर होते, तो शायद 'सत्' की ओर उन्मुख होने का कोई उपादान ही नहीं बन पाता, सत् की अनुभूति का शायद प्रश्न ही नहीं उठता। किन्तु वस्तुओं का नष्ट होना, व्यक्ति का नहीं रहना आदि ही उपादान बन जाते हैं जो सत् को देखने के माध्यम बन जाते हैं। इसी 'शून्यता' (Nothingness) में सत् को समझने की आवश्यकता प्रतीत होती है। क्योंकि 'नहीं' की अनुभूति में 'होना' भी रहस्यपूर्ण बन जाता है। मानव-अस्तित्व में सत् की झाँकी संभव इसी कारणं है कि मानव-अस्तित्व में शून्यता की अनुभूति संभव है, जो अन्य किसी जीव या पदार्थ में नहीं है।

हाइडेगर का कहना है कि शून्यता-बोध के कारण ही **'अस्तित्व के परे'** का प्रश्न भी उठ जाता है, और तभी 'होने' की वास्तविकता झलकती है। यह जो मूल शून्यता भाव है उसका स्पष्ट अनुभव वास्तविक जीवन में भी होता है। हमारा वास्तविक जीवन भी मात्र

सैद्धान्तिक अन्वेषण का विषय नहीं है, बल्कि जीवन का अर्थ ही है उद्देश्यपूर्ण, चिन्तायुक्त जीवन, जिसकी एक प्रमुख विधा यही है कि 'जीवन' ही एक प्रकार से रहस्यमय प्रतीत होता है। इस रहस्यमयता का एक आधार जीवन में शून्यता की अनुभूति है। हम आगे देखेंगे कि वास्तविक मानव-जीवन के विश्लेषण में हाइडेगर किस प्रकार **'मृत्यु-बोध'** को महत्त्वपूर्ण बना लेते हैं। मृत्यु बोध भी तात्त्विक शून्यता-बोध की वास्तविक आनुभविक जगत में अभिव्यक्ति ही हैं। वास्तविक जीवन में इस प्रकार की अनुभूतियाँ—मृत्युबोध जैसी अनुभूतियाँ 'अस्तित्व' को अर्थपूर्ण ढंग से सर्जित करती हैं। हम देखेंगे कि वास्तविक जीवन में इस प्रकार के बोध को वे **भावावस्था** (Mood) या जीवन की वृत्ति (disposition) कहते हैं, किन्तु तात्विक स्तर पर यही कहा जा सकता है कि यह शून्यता-बोध के द्वारा सत् की झाँकी है।

(vi) प्रमाणिकता अप्रमाणिकता *(Authenticity-Inauthenticity)*—वैसे प्रमाणिक जीवन (Authentic existence) तथा अप्रमाणिक जीवन का कुछ विशेष विवरण आगे होगा—जब हम मनुष्य के वास्तविक जीवन की मूल अभिवृत्तियों का विवरण करेंगे। किन्तु अभी यह स्पष्ट कर देना अनिवार्य है कि 'जगत में मानव-अस्तित्व' की एक तात्विक विधा यह भी है कि उसके अस्तित्व में ही यह निहित है कि वह या तो प्रमाणिक ढंग (authentically) से जीये, या अप्रमाणिक ढंग (Inauthentieally) से जीये। बात यह है कि 'जगत में मानव-अस्तित्व' की एक अजीब विचित्रता है। मानव जगत में अवश्य है, फिर भी वह जगत का नहीं है जगत में होते हुए भी उसे यह चेतना है कि वह जगत से पृथक अपनी विशिष्टता—अपनी मानवीयता में जीता है। उसी विचित्रता में उसके जीवन का प्रमाणिक-अप्रमाणिक होने का आधार निहित है।

हमने देखा है कि मानव-अस्तित्व का अर्थ ही है 'जगत में मानव-अस्तित्व'। मानव एवं जगत एक दूसरे से पूर्णतया संबद्ध है। फिर भी मानव जगत् का 'अवयव' नहीं है। मानव जगत में उस प्रकार नहीं है जिस प्रकार 'वस्तुएँ' जगत में है। मानव जगत में होते हुए भी अपने अस्तित्व में जगत से पृथक अपनी विशिष्टता में अस्तित्ववान है।

किन्तु, ऐसा संभव है कि मानव अपनी विशिष्टता से भागने के प्रयत्न में जगत 'का' बन जाय, वह अपने को भी भौतिक वस्तुओं के समान बना ले, तथा जगत का एक अंग बन जाय। यह कब कैसे संभव होता है—यह तो हम आगे देखेंगे। किन्तु यह संभावना है कि वह अपनी विशिष्टता को, अपनी मानवीयता को भुला अपने को जगत में लय कर दें। उसके अस्तित्व का यह ढंग अप्रमाणिक (Inauthentic) होगा। इसके विपरीत यह भी संभावना है कि वह अपनी मानवीयता को किसी भी दिशा में खोने को तैयार न हो। मानव-अस्तित्व से संबंधित कुछ ऐसी आशंकायें होती हैं जिनके भय से, जिनसे बचने-भागने के लिए मनुष्य अपनी मानवीयता को छोड़ 'जगत' के रंग में रंग जाता है। किन्तु यदि उन **'खतरों'**, 'आशंकाओं' को झेलता हुआ भी मानव अपनी विशिष्टता-अपनी मानवीयता को बनाये रखे, जगत के अन्य तत्वों से अपनी भिन्नता को समझता हुआ, अपनी मानवीय गरिमा के साथ किसी प्रकार का समझौता न करे तो उसका 'अस्तित्व' प्रमाणिक (Authentic) होगा। इस प्रमाणिकता में वह जगत के संपर्क में भी अपनी **स्वतंत्रता** बनाये रखता है। हम आगे देखेंगे कि हाइडेगर के अनुसार मानव-अस्तित्व (Dasein) की **प्रमाणिकता** (authenticity) में ही **सत्** (Being) की झांकी संभव है।

(झ) अप्रमाणिक जीवन के आयाम *(Dimensions of Inauthentic Existence)*

हमने देखा है कि मानव-अस्तित्व की तात्विकता में उसकी प्रमाणिकता-अप्रमाणिकता की संभावना निहित है। तो पहले हम यह देखें कि अप्रमाणिकता (Inautenticity) के प्रकट होने के कारण क्या है? क्या मानव-अस्तित्व की तात्विकता में ही कुछ ऐसा है जिसके फलस्वरूप यह संभावना उत्पन्न हो जाती है? इसे समझ लेने के बाद हम अप्रमाणिक जीवन के लक्षणों का विवरण करेंगे।

इस स्थल पर एक और बात स्मरण रखना अनिवार्य है। इस प्रकार का विवेचन पूर्णतया तत्वविषयक (ontological) नहीं है, बल्कि समान्यतः वास्तविक जीवन के संबंधों पर आधृत (ontical) है। फिर भी 'जीवन' में जो होता है उसका कुछ आधार तो मानव अस्तित्व की तात्विकता में है ही। हम देखेंगे कि हमारा वास्तविक जीवन जो अप्रमाणिक हो जाता है, उसके अप्रमाणिक होने का **मूल** मानव अस्तित्व के **तात्विक स्वरूप** में ही है। इसे ही स्पष्ट करने के लिये हम पहले **'तथ्यता'** (Facticity), **फेंका हुआ होना** (thrownness) चिन्ता (Anxiety) आदि की चर्चा करेंगे, और तब यह बतायेंगे कि इनके फलस्वरूप उत्पन्न अप्रमाणिक जीवन के सामान्य लक्षण क्या हैं।

(ञ) तथ्यता *(Facticity)*

हाइडेगर का कहना है कि मानव-अस्तित्व का एक प्रमुख लक्षण यह भी है कि मानव की अस्तित्व—अनुभूति में उसकी **तथ्यता** की अनुभूति है, यह अनुभूति है कि उसका अस्तित्व एक **तथ्य** है। इसका यह अर्थ नहीं कि वह जगत के अन्य तथ्यों के समान एक तथ्य है। 'तथ्यता' को वस्तुनिष्ठ, प्राकृतिक अथवा भौतिक तथ्य के समान नहीं समझना है। इससे उनका तात्पर्य यह है कि अपने अस्तित्व की अनुभूति का अर्थ है कि हमें यह अनुभूति है कि 'मैं हूँ तथा मुझे रहना है'। 'मैं कैसे आया', 'कहाँ से आया', 'किस प्रकार मैं हूँ?'—ये सारी बातें छिपी हैं किन्तु यह तथ्य स्पष्ट है कि 'मैं हूँ'।

हाइडेगर के अनुसार इस अनुभूति के दो स्पष्ट पक्ष है। प्रथमतः तो यह वस्तुनिष्ठ तथ्यता नहीं है, बल्कि तथ्यता की अनुभूति है, अर्थात् 'अपने होने' की अनुभूति है। अतः हाइडेगर का कहना है कि तथ्यता का एक पक्ष तो यह है कि इसमें जो **तथ्य** स्पष्ट होता है, वह हमारा 'अपना-अस्तित्व' है। मानव-अस्तित्व कोई सार्वभौम अस्तित्व नहीं है, वह सदा वैयक्तिक होता है। मेरे अस्तित्व की अनुभूति में जो अस्तित्व स्पष्ट होता है, वह विशिष्टतः **मेरा** है। इसी कारण वे कहते हैं कि अस्तित्व की तथ्यता में सार्वभौमता नहीं है, ऐसा नहीं है कि हमें जिस अस्तित्व की अनुभूति है, उसी अस्तित्व की अनुभूति दूसरे को भी हो। ऐसी वस्तुनिष्ठता तथ्यों में होती है, जहाँ एक 'तथ्य' हमें भी तथा अन्य को भी तथ्य ही दिखाई देता है। अस्तित्व की तथ्यात्मकता ऐसी हीं है, वह सदा ही वैयक्तिक है।

इस तथ्यता का दूसरा पक्ष यह है कि यह उस अर्थ में तथ्य नहीं है जिस अर्थ में 'अभी वर्षा का होना' तथ्य है। मुझे 'वर्षा के होने' की अवगति है, यह तथ्य मेरे लिये एक 'विषय' है। किन्तु मानव-अस्तित्व की तथ्यता इस रूप में तथ्य नहीं, वह ऐसा 'तथ्य' है जो हमारे लिये कभी भी शुद्ध **'विषय'** (object) नहीं बन सकता। हम यदि चेष्टा भी करें तो उसे अपने से पृथक 'विषय' बना ही नहीं पायेंगे—क्योंकि यह 'तथ्यता' हमारे

अस्तित्व में ही है। अतः हाइडेगर का कहना है कि मानव-अस्तित्व की 'तथ्यता' का अर्थ हैं कि हर व्यक्ति को यह अनुभूति है कि वह 'है' तथा उसे जगत में रहना है।

(ट) 'फेंका हुआ होना' *(Thrownness)*

तथ्यता के साथ-साथ हाइडेगर मानव-अस्तित्व संबंधी एक और विचार को स्पष्ट करते हैं। हाइडेगर कहते हैं कि मानव-अस्तित्व का एक विशिष्ट लक्षण यह भी है कि मानव को यह भी अनुभूति है कि एक प्रकार से वह 'अस्तित्व' में, जीवन में, फेंका हुआ' है। कहा जाता है कि हाइडेगर को यह विचार तब सूझा था जब वह प्रथम विश्वयुद्ध में खण्डक में पड़ा था। वहाँ वह अपनी स्वेच्छा से नहीं गया था, उसे बिठा दिया गया था। उसी प्रकार मानव-अस्तित्व में यह अनुभूति भी निहित है कि वह जगत में बस आ गया है, जगत में वह स्वेच्छा से नहीं आया, यह उसका अपना निर्णय नहीं है कि वह जगत में आये। एकाएक वह अपने को जगत में पाता है। जगत में 'होने' के लिए उससे पूछा नहीं गया, वह बस जगत में हैं, और उसे एकाएक यह अनुभूति होती है।

इस 'फंके हुए होने' के कारण स्पष्टतः अस्तित्व की संभावनायें इससे कुछ सीमित तो अवश्य हो जाती है। यदि हम स्वयं अपने 'होने' के आधार होते तो संभावनायें भी हमारी स्वतंत्रता के अनुरूप होतीं। किन्तु हमनें अपने 'फेके जाने' का निर्णय नहीं लिया है, और जिस रूप में मैं फेंका गया हूँ उसे स्वीकारते हुए हमें जीना है। स्पष्ट है कि हमारे चुनाव, अथवा हमारे स्वतंत्र निर्णय की संभावनायें इस मूल तथ्यता से प्रभावित ही नहीं, उसके अनुरूप सीमित हो जाती है।

(ठ) चिन्ता *(Anxiety)*

हाइडेगर का कहना है कि इस प्रकार मानव-अस्तित्व की एक अनुभूति तो फंके हुए होने तथा 'तथ्यता' की अनुभूति है। दूसरी ओर उसकी **तात्विकता** उसे 'सत्' की ओर उन्मुख करती है, वह 'सत्' को भी पाना चाहता है—इस तनाव में जो अभिवृत्ति जागती है। उसे हाइडेगर चिन्ता (anxiety) कहते हैं।

हाइडेगर ने इस तात्विक तनाव का बड़े सुन्दर ढंग से विश्लेषण किया है। एक ओर यह अनुभूति है कि 'वह' एक अंजान जगत में फेंका हुआ है, तथा उसी में उसे जीना है। यह अनुभूति एक प्रकार से एक चुनौती भी है कि कैसे इस अनजान जगत के साथ मानवीय ढंग में जीते हुए समझौता किया जा सकता है। दूसरी ओर आत्म-अस्तित्व एवं जगत की रहस्यात्मकता का भी भान है, जिसके फलस्वरूप एक प्रवृत्ति यह भी जागती है कि अस्तित्व की वास्तविकता इसके सत्-रूप को समझने में है। इस दूसरी प्रवृत्ति में व्यवधान प्रथम प्रवृत्ति से आती है क्योंकि 'अस्तित्व' की 'तथ्यता' स्वतंत्र निर्णय पर एक बन्धन जैसा है। इस तनाव की सामान्य प्रतिक्रिया यह होती है कि सत् की पुकार को अनसुनी कर मनुष्य अपने को जगत के रूप में ढाल ले तथा जगत में अपनी मानवीयता का हनन करते हुए जगत की माँगों के अनुरूप जीये। यह अप्रमाणिकता का जीवन तो है, किन्तु यह सहज एवं सरल है, क्योंकि सत् की ओर उन्मुख होने के लिये एक विशेष प्रकार की प्रतिक्रिया की आवश्यकता है जो उतना सहज नहीं है। फिर भी सत् की ओर की उन्मुखता समाप्त नहीं होती। फलतः अप्रमाणिकता की प्रवृत्ति एवं सत् की ओर उन्मुखता में एक तनाव तो उभर ही जाता है तथा इसी 'तनाव' को हाइडेगर **चिन्ता** (anxiety) कहते हैं।

ऊपर 'चिन्ता' का **तात्विक चित्रण** किया गया है, किन्तु वास्तविक आनुभविक जीवन में इसकी अभिव्यक्ति बड़े स्पष्ट ढंग से होती है, तथा इसके वास्तविक, आनुभविक (ontical) विवरण से इसका अवबोध भी सरल हो जाता है। जिसे तात्विक दृष्टि से (ontologically) 'चिन्ता' कहा जा रहा है, उसे वास्तविक मानवीय मनःस्थितियों के अनुरूप (ontically) **भावावस्था** (Mood) कहा जा सकता है। हाइडेगर का कहना है कि **भावावस्था** में सामान्य अर्थ में 'ज्ञान' भले न मिले, इसमें अपने ढंग की अवगति एवं अवबोध निहित है। वस्तुतः अस्तित्व की अनुभूति इन भावावस्थाओं से ही होती है। जिस भावावस्था को हाइडेगर के अर्थ में चिन्ता की अभिव्यक्ति कहा जा सकता है, वह एक ऐसे तनाव की अनुभूति है जिसमें अस्तित्व की झलक मिलती है, क्योंकि यह अस्तित्व में निहित है। 'जीने में', 'जगत में होने में ही' यह तनाव—यह चिन्ता की भावावस्था रहती है। हाइडेगर कहते हैं कि यह एक प्रकार की **धुकधुकी** की अवस्था है, जो जीवन का अनिवार्य अंग है। यह धुकधुकी साधारण भय जैसी कोई भावावस्था नहीं है। साधारण भय का कुछ निश्चित विषय होता है, किसी विषय से हम भयभीत होते हैं, किन्तु इस चिन्ता का कोई निश्चित विषय नहीं। फिर भी यह अस्तित्व का अंग है।

हाइडेगर ने इस चिन्ता को विशेष महत्व दिया है, क्योंकि यही 'चिन्ता' हमें पूर्णतया अप्रमाणिक हो जाने से बचा सकती है। यह चिन्ता इसी कारण है कि 'सत्' (Being) से पूर्णतया तटस्थ या अलिप्त नहीं हो गये हैं, अप्रमाणिकता में जीने में भी यह चिन्ता ही सत् से हमारे संपर्क की कड़ी है। अतः यही हमें प्रमाणिकता की ओर अग्रसर करने का उपादान सिद्ध हो सकती है।

(ड) मृत्यु की अनुभूति

हमने देखा कि हाइडेगर के अनुसार अस्तित्वमूलक चिन्ता ही 'सत्' से हमारा संपर्क बनाये रखने की कड़ी है। इस संदर्भ में हाइडेगर ने मृत्यु की अनुभूति को बड़ा महत्व दिया है। हाइडेगर की मूल दार्शनिक कृति **Sein and Zeit** (Being and Time) में 'काल' को प्रधानता दी गयी है। काल का सामान्य प्रचलित विचार हाइडेगर के मानव अस्तित्व (Dasein) विचार के अनुरूप नहीं है। साधारण काल एक क्रमिक प्रवाह के रूप में समझा जाता है जिसमें भूत, वर्त्तमान, भविष्य का इस प्रकार भेद किया जाता है कि जो छूट गया वह 'भूत' है, तथा जो आने को है वह भविष्य है। किन्तु मानव (Dasein) का जीवन इस अर्थ में काल में नहीं है, मानव-अस्तित्व हर क्षण भूत, वर्तमान, भविष्य तीनों को समेटे रहता है। मानव-अस्तित्व के लिये जो बीतगया वह समाप्त नहीं होता, जो बीत गया तथा जो आने को है—दोनों सदा प्रासंगिक एवं सार्थक हैं। अतः हाइडेगर के अनुसार 'काल' मानव-अस्तित्व का एक आयाम है। मानव-अस्तित्व के हर क्षण में भूत तथा भविष्य दोनों वर्त्तमान हैं।

'मानव-अस्तित्व' तथा 'काल' के इस संबंध में **'मृत्यु की अनुभूति'** का महत्व विशिष्ट रूप में उजागर होता है। **मृत्यु निश्चित भविष्य है।** मानव-अस्तित्व के भविष्य के संबंध में यदि कोई पूर्ण निश्चयता है, तो वह 'मृत्यु की अनिवार्यता' की ही। और यह अनुभूति हर क्षण जीवित है—वर्त्तमान है।

हम अपने साधारण अप्रामणिक जीवन में इस अनुभूति से भागे चलते हैं। हम मृत्यु की अनिवार्यता को जानबूझ कर भुलाये बैठे रहते हैं, और इस प्रकार जीते हैं जैसे अभी हमें वर्षों जीना है, अभी अन्त बहुत दूर है। कुछ लोग मृत्यु के विषय में बात भी नहीं

करते, तथा कुछ लोग इससे त्राण पाने के लिये मृत्यु के उपरान्त जीवन की या अमरता की कल्पना कर लेते हैं। हाइडेगर का कहना है कि इन सभी प्रयत्नों में मृत्यु की अनुभूति से भागने की चेष्टा है, वे सभी मृत्यु की अनुभूति के भावात्मक पक्ष पर ध्यान नहीं देते।

मृत्यु की अनुभूति की एक भावात्मक विशिष्ट्रता तो यह है कि जिस प्रकार हमारा अस्तित्व हमारा है, वैसे ही हमारी मृत्यु भी हमारी है। कोई सार्वभौम मृत्यु नहीं होती, कोई अन्य मेरी मृत्यु नहीं मर सकता। इसकी दूसरी विशिष्टता यह है कि यह अस्तित्व की समाप्ति नहीं, उसकी परिणति है। मृत्यु ही है जो हर मनुष्य के अस्तित्व को एक सूत्र में बांधे है। यदि मृत्यु की इन अनिवार्य विशिष्टताओं की अनुभूति हो जाय, तो अस्तित्व की समझ आ जाय—जीवन प्रमाणिक (authentic) हो जाय, क्योंकि इस समझ में अनिवार्य शून्यता (Nothingness) की समझ के द्वारा अस्तित्व की समझ हो जाती है, सत् की झाँकी मिल जाती है। इसका एक साधारण उदाहरण तो यह है कि 'अस्तित्व' की जिस प्रकार की समझ श्मशान घाट में होती है, वैसी समझ साधारण अप्रमाणिक जीवन में नहीं होती।

(ढ) अप्रमाणिक जीवन ***(Inauthentic Existence)***

हमने देखा कि हाइडेगर के अनुसार मानव-अस्तित्व प्रमाणिकता एवं अप्रमाणिकता के तनाव में विकसित होता है। हमने यह भी देखा कि इस तनाव का आधार दो प्रकार की प्रवृत्तियों में है—एक ओर तो वे प्रवृत्तियाँ हैं जो मानव-अस्तित्व की 'तथ्यता' एवं 'फंके होने' की अनुभूति से उत्पन्न होती हैं, तथा दूसरी ओर 'चिन्ता' तथा 'मृत्यु' की अनिवार्य अनुभूति हैं। तथ्यता हमारी स्वतंन्त्रता को सीमित करती है, संभावनाओं को सीमित करती है, तथा अप्रमाणिकता की ओर प्रलुब्ध करती है, तथा दूसरी ओर चिन्ता एवं मृत्यु की अनुभूति प्रमाणिकता के प्रति जागरूक रखती है। अप्रमाणिकता अपनी विशिष्टता से भागना है, प्रमाणिकता अपनी मानवीय गरिमा के अनुरूप जीना है—सत् के अनुरूप जीना है।

तो अब हम पहले अप्रामणिक जीवन के प्रमुख लक्षणों का उल्लेख करते हुए उसका चित्रण करें। अप्रमाणिक जीवन वैसी संभावनाओं को रूप देता है जो मानव-अस्तित्व की प्राथमिक संभावनायें नहीं हैं। अतः इसमें एक प्रकार से मानव का **अमानवीयकरण** (depersonalisation) हो जाता है।

(i) अमानवीयकरण *(Depersonalisation)*— हाइडेगर ने मानव का 'इस अन्य के साथ जीने' का अपने ढंग से विश्लेषण किया है। व्यक्ति का 'अन्य' के साथ उस प्रकार का नहीं है जिस प्रकार का संबंध 'भौतिक वस्तुओं' के साथ है। वस्तुएँ उसके लिए 'उपकरण' (Instrument-equipment) हैं, अतः वस्तुओं के साथ उसका संबंध एक प्रकार से व्यावहारिक है। किन्तु 'अन्य' के साथ उसका **संबंध वैसा नहीं, वहाँ दो 'व्यक्तियों' (Persons) का संबंध है। तकनीकी भाषा में यह संबंध मैं और यह'** (I—it) का नहीं, बल्कि **'मैं और तुम'** I—Thou) का संबंध है।

अब यहाँ दो प्रकार की संभावनाएँ हैं, या तो यह संबंध इस प्रकार बना रहे कि दोनों व्यक्तियों की वैयक्तिकता—दोनों की मानवीयता भी बनी रहे, अर्थात् यह पूर्णतया दो **अस्तित्ववान मानवों** (Dasein) का संबंध हो। हम आगे देखेंगे कि इस प्रकार का संबंध प्रमाणिकता (authenticity) का संबंध होगा। किन्तु, यह भी संभावना है कि दोनों का संबंध अप्रमाणिक (Inauthentce) हो जाय। अभी हम उसी दूसरी संभावना का विशेष विवरण करेंगे।

ऐसा संभव है कि मैं अन्य से अपने संबंध में अपनी विशिष्टता को भूल अपने को अन्य के अनुरूप बनाने की चेष्टा करूँ। अन्य का एक प्रकार से हमारी मानवीयता पर प्रभुत्व हो जाय, मैं अन्य के लिए व्यक्ति नहीं रह कर एक विषय (object) बन जाऊँ। इसका सबसे स्पष्ट रूप भीड़वृत्ति' में दिखाई देता है—जहाँ हम व्यक्ति नहीं रहते, जहाँ भीड़-समुदाय हम पर इस प्रकार छा जाता है कि हम उसके संकेत पर ही नाचने लगते हैं। यहाँ किसी विशेष व्यक्ति का प्रभाव हम पर नहीं पड़ा है, बल्कि हम अपने को **सामान्य अन्य** ('das Man'—'they') के अनुरूप ढाल लेते हैं। अब हम जो करते है उसके पीछे एक आवरण ओढ़ लेते हैं—कि ऐसा ही हो रहा है—कि 'लोग' ऐसा करते हैं। इस 'लोग' को हो हाइडेगर (das man) अथवा अनाम वे (anonymous they) कहते हें। इस प्रकार इस अवस्था में व्यक्ति अपनी विशिष्ट मानवीयता को 'भीड़' में खो देता है, वह 'व्यक्ति' नहीं रहता, इस अर्थ में इस प्रकार 'भीड़ में खोना' उसका अमानवीयकरण होना है।

यदि इस **अमानवीयकरण** के लक्षणों को देखें तो कुछ विशेष बातें स्पष्ट दिखाई देती हैं, जो इस प्रकार जीवन जीने वाले व्यक्ति में स्पष्ट रूप में उजागर रहती हैं। हाइडेगर ने इन लक्षणों को विशेष नाम दे देकर समझाने की चेष्टा की है। प्रथमतः तो इस प्रकार के जीवन का एक लक्षण **दैनिकता** (everydayness) को बताया गया है। इस शब्द का यहाँ एक विशिष्ट प्रयोग है। इसका अर्थ है कि इस प्रकार के जीवन जीने वाले व्यक्ति के लिए 'व्यवस्था' से स्थापित नियम परिपाटी के अनुरूप ज़ीते रहना ही सुरक्षित एवं निरापद है। यह अपनी दिनचर्या में किसी भी प्रकार के परिवर्त्तन से घबड़ाता है, बस नियत ढंग से जीते रहना उसका क्रम बन जाता है। इस प्रकार के मानवीय जीवन का दूसरा लक्षण सामान्य **मध्यमता** (Mediocrity or Averageness) बताया गया है। ऐसा होता है कि सार्वजनिक प्रभाव में एक सामान्य औसत ढंग के जीवन का मापक अपने आप बन जाता है, और इस प्रकार के जीवन जीने वाले व्यक्ति उसी 'औसत' जीवन को अपना लेते हैं। इस प्रकार के जीवन में किसी प्रकार की श्रेष्ठता या किसी विशेष गुणवत्ता को पनपने का अवसर नहीं मिलता, हर व्यक्ति औसत जीवन जी कर ही संतुष्ट रहता है। हमारे वास्तविक जीवन के साधारण उदाहरण भी इस बात को स्पष्ट करते हैं, जो अधिकांश व्यक्ति करते रहते हैं, प्रायः दूसरे भी उसी रूप में करते हैं। सबों की पसन्द औसत है, सब प्रातः दूध लेने से लेकर टिकट खरीदने तक आप से आप क्यू में लग जाते हैं, सबों के मनोरंजन के साधन प्राय एक जैसे हैं, किसी श्रेष्ठता या विशिष्टता को संशय की दृष्टि से देखा जाता है।[1] मानव के अमानवीयकरण की स्थिति में एक और लक्षण दिखाई देता है जिसे हाइडेगर **सार्वजनिकता** (Publicity) कह सकते हैं। यह भी मध्यता जैसा ही लक्षण है। इसका अर्थ है कि अपनी वैयक्तिक विशिष्टता में तो व्यक्ति को अपनी स्वंतन्त्रता तथा अपने व्यक्तित्व का चेतना रहती है। इससे भागने का एक सुगम मार्ग यह है कि 'अपने'

1. हाइडेगर ने अमानवीयकरण के इस पक्ष को स्पष्ट करते हुए अत्यन्त समर्थ भाषा में कहा है कि 'मध्यमता' से बँधे रहने के होड़ में श्रेष्ठता को नकारने की प्रवृत्ति जाग जाती है। वे कहते हैं, 'Every supremacy is silently suppressed, every original thought is glossed over as well known, every triumph is vulgarised, every mystery loses its power'

—*Being & Time, p.* 127

को **सार्वजनिकता** का अंश मात्र बना लें। यह सामान्य अनुभव है कि दायित्व से भागने का सबसे सीधा मार्ग यह कहता है कि **'लोग ऐसा करते हैं'**। इस 'लोग' के पीछे व्यक्ति को दफन कर देना हीं 'सार्वजनिकता' है। इस प्रकार के जीवन में सार्वजनिकता की पकड़ इतनी प्रबल होती है कि इस जीवन में मनुष्यों की अभिरुचि, पंसदगी आदि भी सार्वजनिकता से ही निर्धारित होती है। इस प्रकार के मानवीय जीवन का एक और प्रमुख लक्षण है **रिक्त उत्सुकता** (empty curiosity)। हाइडेगर का तात्पर्य यह है कि इस प्रकार के जीवन जीनेवाले बिना स्वयं कुछ किये सब कुछ जान लेने की उत्सुकता रखते हैं। अपने से वे इतने अलग हो जाते हैं, तथा अन्य पर इतने निर्भर हो जाते हैं कि जानकारीं अनुभूति आदि भी वे अन्य से उधार ही ले लेते हैं, एक प्रकार से उनका जीवन ही बासी, उधार लिया हुआ जीवन हो जाता है। यह भी सामान्य अनुभव की बात है कि अनेक लोग बिना स्वयं उपक्रम किये हर बात चाहे वह ज्ञान की हो या कार्यक्षमता की अन्य से सुन कर ही जानने की चेष्टा करते हैं। उसकी उत्सुकता अंतर से उठी हुई नहीं होंती, धरातली होती है। इसी कारण कभी-कभी वह वास्तविकता के स्थान पर काल्पनिक से भी अपनी उत्सुकता शान्त कर लेता है।

(ii) **गिरावट की अवस्था** (*Fallenness*)—हाइडेर ने अप्रमाणिक जीवन के लक्षणों को **'गिरावट की अवस्था'** (Fallenness) कह कर भी स्पष्ट करने का प्रयत्न किया है। यहाँ 'गिरावट' मानव की अपनी विशिष्टता से गिरावट है, अपनी प्रमाणिकता से गिरावट है। यह 'गिरावट' कहा गया है क्योंकि मानव अपने मानव-अस्तित्व में निहित दायित्व से भागने-बचने की चेष्टा करता है।

हाइडेगर के अनुसार यह दो रूपों में प्रकट होता है। हमने देखा है कि 'जगत में मानव-अस्तित्व' जगत के पदार्थों तथा अन्य व्यक्तियों—दोनों से संपर्क में आता है। यह संपर्क अनिवार्य है, क्योंकि यह उसकी तथ्यता (Facticity) में निहित है। किन्तु, मानव की मानवीयता इस बात में है कि वह इन सम्पर्कों में रहते हुए भी अपने वैयक्तिक विशिष्टता को सम्हाले रखे, तथा उसी के अनुरूप जीये। किन्तु, उस प्रकार के जीवन में स्वतन्त्रता एवं दायित्व का बोझ है, तनाव है, चिन्ता है। ऐसा होता है कि व्यक्ति इन सबों से बचने का मार्ग ढूंढ़ ले। यह दो प्रकार से संभव है। एक तो, जैसा हमने ऊपर देखा, यह अपने **अमानवीयकरण** में संभव होता है। व्यक्ति अपनी विशिष्टता को छोड़ अपने को समुदाय का अंग बना ले, तथा उसी प्रकार से जीय जिस प्रकार समुदाय उसका निर्धारण करे। इसका दूसरा ढंग यह है कि व्यक्ति अपने को **'जगत की वस्तुओं'** में उलझा दे। वह यह समझ ले कि उसके जगत में होने' का अर्थ है, जगत का हो जाना। वह अपने आकर्षण का केन्द्र जगत की वस्तुओं को कुछ इस प्रकार बना लेता है कि शनैः शनैः वह भी एक वस्तु' जैसा ही बन जाता है। अब उसके कार्य यन्त्रवत चलने लगते हैं, वह अपनी मानवीय प्रतिक्रियाओं को रोक वस्तु-समूह का एक अंश बन जाता है।

हाइडेगर के अनुसार गिरावट की अवस्था' (Fallenness) के ये दोनों भावात्मक आयाम हैं, क्योंकि दोनों में मनुष्य का अपनी मनुष्यता से पतन हो गया है, एक में वह अपनी मानवीयता को भूल सार्वजनिकता में—भीड़ में खो गया है, तथा दूसरे में अपनी मानवीयता का हनन कर अपने को वस्तु रूप बना लेता है।

गिरावट के इन दोनों भावात्मक आयामों के अतिरिक्त हाइडेगर इसके निषेधात्मक पक्ष

का भी उल्लेख करते हैं जो इन्हीं में निहित है। इसके भावात्मक पक्ष में एक आकर्षण (temptation) है, और तृप्ति (contgentment) भी। आकर्षण यह है कि मानवअस्तित्व (Dasein) के जीवन में निहित दायित्व, चिन्ता, धुकधुकी से छुटकारा मिलता है। कम-से-कम गिरावट में उसे ऐसा प्रतीत होता है कि छुटकारा मिला।

(ण) प्रमाणिक जीवन *(Authentic Existence)*

हमने देखा कि अप्रमाणिक जीवन (Inauthentic existence) एक प्रकार से गिरावट की अवस्था है, जिसमें मानव अपनी मानवीयता से हटकर कृत्रिमता में जीता है, तथा इसमें उसे अस्थायी तृप्ति भी मिलती प्रतीत होती है, वह अपने को सुरक्षित एवं निरापद समझता रहता है। किन्तु, यह तो उसका वास्तविक, अनुभाविक जीवन है—ऐसा जीवन है जिससे वह 'वस्तुओं' या 'व्यक्तियों' के साथ एक विशेष प्रकार का संबंध बना 'जी' रहा है। यह उसका वास्तविक संबंध-सूचक जीवन (ontical existence) है। किन्तु वह तो मानव-अस्तित्व (Dasein) है ही, अतः उसमें **तत्त्वविषयक संभावनायें** (ontological possibilities) भी छिपी हैं ही।

यदि ऐसी संभावनायें जागरूक हो जाये तो उसकी प्रमाणिकता की संभावना जागरूक होती हैं। इन संभावनाओं के सजीव होने की एक स्पष्ट **विधा** का हाइडेगर उल्लेख करते हैं। यह संभव है कि कभी-कभी अस्तित्वमूलक चिन्ता स्पष्ट हो जाय। जब इस प्रकार की चिन्ता जागती है तथा जब मृत्यु की अनिवार्यता की चेतना स्पष्ट होती है, तब-तब अस्तित्व के मूल अर्थ का प्रश्न उठ खड़ा होता है। उस समय यह अपने निरापद कृत्रिम जगत में सिमट कर नहीं रह पाता, उसे सोचना पड़ता है कि अन्ततः 'सत्' क्या है। इसी प्रश्न में वह प्रमाणिक जीवन की ओर उन्मुख होता है। अप्रमाणिक जीवन की कृत्रिमता एवं टूटन को अपनी तात्विक विशिष्टता के अनुरूप समेटने में प्रमाणिकता की ओर हम अग्रसर होते हैं। अतः प्रमाणिकता का अर्थ है 'मानव-अस्तित्व' को 'सत्' (Being) से संबंधित करना। अप्रमाणिक जीवन में यह संबंध टूटा हुआ होता है, किन्तु मनुष्य की विशिष्टता यही है कि केवल मनुष्य ही 'सत्' को संबंधित होने के विषय में सोच सकता है—यह पूछ सकता है कि अपने अस्तित्व की विशिष्टता है क्या? इस प्रकार यदि उसके अन्तर में यह प्रश्न जगा रहे, तो वह स्पष्ट समझ सकेगा कि उसका अप्रमाणिक जीवन अप्रमाणिक मात्र इस कारण है कि वह अपनी विशिष्टता को 'छोड़' जीने की चेष्टा कर रहा है। तो प्रमाणिकता का अर्थ है कि मानव-अस्तित्व सत् के साथ अपने तात्विक संबंध को कभी भूले नहीं, बल्कि यह समझता रहे कि इस संबंध को बनाये रखना उसका तात्विक दायित्व है।

प्रमाणिकता के इस तत्वविषयक (ontological) विवरण में कोई विचित्रता नहीं है, क्योंकि इस जीवन का वास्तविक मानवीय जीवन के संबंधों पर भी प्रभाव पड़ता है। इसके अनुरूप जीवन के प्रति, अन्य व्यक्तियों के प्रति, जगत के प्रति दृष्टि ही बदल जाती है। अब उसे यह समझ आ जाती है कि उसका भीड़ में खो जाना अथवा अपने को मशीनी बना लेना उसकी मानवीयता के अनुरूप नहीं है। अब उसे मानव-अस्तित्व की प्रमाणिकता इसी बात में हैं कि वह अपनी मानवीयता को उसकी सारी संभावनाओं के साथ जीये। 'चिन्ता' 'मृत्यु की चेतना' आदि को स्वीकारते हुए, उनके साथ अपने मानवीय दायित्व को सम्हाले रखना ही उसकी विशिष्टता है।

इस स्थल पर एक प्रश्न अभी और रह गया है। प्रश्न यह है कि प्रमाणिकता की यह

अवाज व्यक्ति सुन कैसे लेता है? यह प्रश्न प्रासंगिक इसलिये भी है कि यदि जीवन 'अप्रमाणिक' ढंग से जीया जा रहा है, तो उसका अर्थ ही है प्रमाणिकता की उपेक्षा हो गयी है। तो फिर इस प्रकार का जागरण संभव कैसे होगा। हाइडेगर का उत्तर स्पष्ट है। हम अप्रमाणिक ढंग भले ही जीं रहे हों, हमारे तात्त्विक स्वरूप में हमारी विशिष्टता—सत्रूप तो हैं हीं, वह समाप्त हो नहीं हो गयी है। कभी-कभी व्यक्ति में—किसी संवेदनशीलता की घड़ी या किसी विशेष अनुभूति में वह जाग जाती है। हाइडेगर इसे **'अन्तःकरण की पुकार'** (call of conscience) कहते हैं।

'अन्तःकरण की पुकार' करने वाले भी हम हैं, और उसे सुनने वाले भी हैं। अन्तर यह है कि 'सुनने' वाला व्यक्ति को गिरावट की अवस्था (fallenness) में स्थित व्यक्ति हैं, जिसने अपने को भीड़' तथा 'जगत' में खो दिया है। पुकारने वाला व्यक्ति भी वह स्वयं है—किन्तु वह उसकी प्रमाणिकता का पक्ष है। यह पक्ष कभी मरता नहीं—अतः कभी-कभी वह मूल संभावनाओं की ओर जागरूक कर देता है। अपेन वास्तविक संबंधों में वह अपनी विशिष्टता को भुला देता है, किन्तु अपनी तात्विकता में उसकी विशिष्टता जीवित रहती है। यही जीवित विशिष्टता पुकारती है। इस पुकार में उसे अपनी तात्विक संभावनाओं की चेतना जागती है, और यही चेतना प्रमाणिकता की ओर अग्रसर होने का उपादान है। वैसे अपने साहित्य-संबंधी विचार में हाइडेगर ने काव्यात्मकता एवं साहित्य-बोध को भी इसका साधन कहा है, किन्तु यहाँ उसका विवरण संभव नहीं है।

किन्तु, इस स्थल पर एक स्पष्टीकरण आवश्यक है—हाइडेगर की दृष्टि में 'अन्तःकरण' का क्या स्वरूप स्पष्ट होता है? सामान्यतः अन्तःकरण (conscience) को एक विशेष रूप में समझा जाता है। यह एक ऐसी आंतरिक शक्ति या आवाज के रूप में समझा जाता है जिसे शुभ-अशुभ की पहचान है, जो कुछ भी अनुचित या गलत होने पर **काटती है** (Prick), तथा कुछ श्रेयस्कर कार्य करने पर आन्तरिक संतोष की भावना उत्पन्न करती है।

किन्तु हाईडेगर के अनुसार अन्तःकरण का यह स्वरूप नहीं है। इसकी आवाज शुभ-अशुभ की पहचान की आवाज नहीं है—यह तो एक **आह्वान** है—**पुकार** है (Summons)। हाइडेगर कहते हैं कि यह आह्वान आत्म-अवबोध (Self-disclosure) का आह्वान हैं—उन मूल तात्विक रूपों के प्रति जागरूक और सचेत करने का आह्वान है जिसकी हम अप्रमाणिक जीवन में उपेक्षा किये रहते हैं। जो इस आवाज—इस आह्वान को सुन पाता है—वह भीड़ से अलग हो अपनी विशिष्टताओं के प्रति सजग हो जाता है।

(7) जॉ पाल सात्र (1905-1980)

भूमिका

सात्र भी हाइडेगर के समान निरीश्वरवादी अस्तित्ववाद के समर्थक हैं, किन्तु सात्र एवं हाइडेगर के विचारों के प्रस्तुतीकरण के ढंग में एक स्पष्ट भिन्नता है। हाइडेगर की भाषा, तथा उनके विचार भी उलझे हुए रूप में प्रस्तुत होते हैं, कभी-कभी तो ऐसा प्रतीत होता है कि यह उलझाव जानबूझ कर उत्पन्न किया गया है। सात्र के विचार अपेक्षाकृत अधिक स्पष्ट एवं सुलझे हुए हैं। इसका एक कारण यह भी है कि हाइडेगर का लक्ष्य मानव-अस्तित्व में सत् की झाँकी पाना है, फलतः उसमें कुछ रहस्यात्मकता आ जाती है। किन्तु सात्र बस 'मानव-अस्तित्व' तक ही अपने विचारों को सीमित रखते हैं, अतः वहाँ रहस्यात्मकता के लिये स्थान नहीं रह जाता।

इन अन्तर का एक कारण यह भी है कि सात्र ने प्रारंभ में अपने अस्तित्ववादी विचारों की अभिव्यक्ति का माध्यम 'साहित्य' एवं 'नाटक' को बनाया। उन्होंने उपन्यास, कहानी, नाटक आदि के द्वारा अपने विचारों को प्रस्तुत करने की चेष्टा की। उनके नाटक खेले भी गये जहाँ उनके विचारों का 'मूर्त्त' प्रदर्शन हुआ। इन सबों का बड़ा प्रबल प्रभाव पड़ा, एक तो इस कारण वि उन विचारों की नवीनता एवं मौलिकता से लोग प्रभावित हुए ही, तथा दूसरा प्रमुख कारण यह भी हुआ कि उन विचारों में लोगों को अपने आत्म-अस्तित्व की झलक मिलने लगी। इसका परिणाम यह हुआ कि जब उनकी मूल दार्शनिक कृति 'Being and Nothingness' का 1943 में प्रकाशन हुआ तो लोगों ने इसका स्वागत किया क्योंकि ऐसा लगा कि जिन विचारों से वे प्रभावित हो चुके थे, उन विचारों को उस पुस्तक में एक दार्शनिक परिवेश मिला।

अतः यह कहना अतिशयोक्ति नहीं है कि अस्तित्ववाद को लोकप्रिय बनाने का सर्वाधिक श्रेय सात्र को ही है। सात्र ने आधुनिकता की प्रवृत्तियों को समझा, तथा यह भी स्पष्ट रूप में देखा कि आज का मानव उन प्रवृत्तियों की ओर किस रूप में संवेदनशील है। डेकार्ट की विधि तथा फेनोमेनोलाजी के अध्ययन से उन्हें दार्शनिक चिन्तन की विधि मिली, तथा उनका साहित्य-बोध उन्हें अपने विचारों को व्यक्त करने का सबल माध्यम देता रहा। युद्ध के अनुभव, विशेषतः युद्धबन्दी होने के बाद के अनुभव में उन्हें यह स्पष्ट अवगति हुई कि किस प्रकार मानव की मानवीयता का हनन होता है। अतः उन्होंने अपने विचारों में मानव की मानवीयता को प्रतिष्ठित करने का निश्चय किया, और इसके लिए मानव की विशिष्टता के वास्तविक चित्रण के महत्व को समझा। उनका अस्तित्ववादी विचार इन विभिन्न प्रभावों, परिस्थितियों, अनुभूतियों का परिणाम है।

उन्होंने मूलतः 'ला हैवरे' तथा 'पेरिस' में अध्यापन का कार्य किया था, किन्तु युद्ध विराम (द्वितीय विश्व युद्ध) के साथ ही उन्होंने अध्यापन का कार्य छोड़ दिया। वैसे पहले भी तथा अध्यापन-कार्य छोड़ने के बाद भी सात्र-बहुधा छात्रों एवं मित्रों के साथ विभिन्न विषयों पर विचार-विमर्श करते रहते थे, चायखानों में भी अक्सर ऐसी गोष्ठी जम जाया करती थी, उनका जीवन, चिन्तन, विचार तथा न्यायोचित कर्मठता का जीवन हो गया। इसी प्रेरणा में वे कभी-कभी राजनैतिक समस्याओं में भी उलझते रहे, यहाँ तक कि उनका 'नोबल प्राइज' मिलना भी विवादाग्रस्त हो गया। कुछ लोगों का कहना है कि उनके जीवन की इस प्राकर की विविधताएँ उनकी सैद्धान्तिकता, तथा वास्तविक अस्तित्वमूतक संघर्ष की अनुभूति के बीच के तनाव की अभिव्यक्तियाँ थीं।

वैसे सात्र को लिखने की आदत बचपन से ही थी। सात्र की यह मान्यता रही है कि दर्शन और साहित्य संस्कृति के प्राण हैं। इसी कारण लेखन-कार्य को उन्होंने सदा ही पवित्र कार्य समझा, तथा वे इस विश्वास से लेखन-कार्य में रत रहे कि इससे न केवल तृप्ति मिलती है, बल्कि जीवन को समर्थन भी मिलता है।

'मानवीयता के जीवन का समर्थन'—यही उनके अस्तित्ववादी विचार का मूल केन्द्र है। उन्हें हाइडेगर के समान निरीश्वर अस्तित्ववाद का समर्थक कहा जाता है। उसका यह अर्थ नहीं कि उन्होंने निरीश्वरवाद को स्थापित करने की, या ईश्वरावाद के खण्डन की कोई स्पष्ट चेष्टा की हो। नहीं, उनका लक्ष्य मानव-अस्तित्व का विश्लेषण है, तथा इस विश्लेषण में उन्हें किसी स्थल पर 'ईश्वर' की आवश्यकता प्रतीत नहीं होती। सात्र

'अस्तित्व' शब्द को ही मानवीय अर्थ देते हैं, जिस अर्थ में 'अस्तित्व' का अर्थ 'अस्तित्व की चेतना के साथ जीना' है। इस अर्थ में मानव उस दिन अस्तित्ववान होता है, जिस दिन उसे 'अस्तित्व की—अपने होने' की प्रथम अनुभूति होती है। अब सात्र उस प्राथमिक अनुभूति से आरंभ करते हैं, तथा उसी के आधार पर अस्तित्व की हर विधा के विकास की व्याख्या कर देते हैं। इस व्याख्या में किसी स्थल पर उन्हें 'ईश्वर' की आवश्यकता प्रतीत नहीं होती। इसी कारण उनका अस्तित्ववाद निरीश्वरवादी है। अतः उनके अस्तित्ववाद की विशिष्टताओं को स्पष्ट करने के पहले हम कुछ बातें उनकी 'नास्तिकता' पर कर लें।

सात्र की नास्तिकता

वस्तुतः नास्तिकता सात्र के अस्तित्ववादी दृष्टिकोण की मान्यता है। सात्र को 'मानव' की व्याख्या में मानव-अनुभूति, अथवा मानव-चेतना से बाहर आने की आवश्यक ही प्रतीत नहीं होती। उनके अनुसार विचार का प्रारम्भ जन्म के साथ नहीं होता, सच पूछा जाय तो विचार की शक्ति के पनपने के बहुत पहले व्यक्ति को आत्म-अस्तित्व की चेतना हो जाती है। अतः हर प्रकार का विचार—ईश्वर विचार भी इस चेतना के बाद, इसी के अनुरूप सर्जित होता है। अतः प्राथमिक ईश्वर-चेतना नहीं है, प्राथमिक आत्म-चेतना है, तथा बाद का हर वैचारिक विकास, जिसके अन्तर्गत ईश्वर-भाव भी आता है, एक रूप में मानव की अपनी प्राथमिक चेतना के अनुरूप बनायी हुई संरचना है।

इस मूल बात को ध्यान में रखते हुए हम सात्र की नास्तिकता को स्पष्ट करेंगे। इसके लिए प्रथमतः तो हम देखेंगे कि ईश्वर-भाव संरचित किस प्रकार होता है। सात्र ने यह स्पष्ट करने की चेष्टा की है कि हम किस प्रकार ईश्वर-भाव तक पहुँचते हैं। इसी विश्लेषण में ईश्वर-भाव की अवास्तविकता भी स्पष्ट हो जाएगी। वैसे किसी-किसी स्थल पर सात्र ने कुछ ऐसी युक्तियाँ भी दी हैं जो 'ईश्वर-भाव' को स्पष्ट रूप में नकारती है। हम उनका भी संक्षिप्त उल्लेख करेंगे।

पहले हम यह देखें कि सात्र के अनुसार ईश्वर-भाव तक पहुँचने का ढंग क्या है। उनका कहना है कि ईश्वर का भाव भी कुछ उसी ढंग से बनता है, जिस ढंग से अन्य व्यक्तियों की उपस्थिति का आभास होता है। सात्र का कहना है कि अपने अस्तित्व की चेतना में ही व्यक्ति को अन्य व्यक्तियों की **'दृष्टि'** की चेतना होती है। उसे यह प्रतीत होता है कि उसे भी 'देखा' जा रहा है—शायद उसी ढंग से देखा जा रहा है जिस ढंग से किसी भोतिक वस्तु को देखा जाता है। यह 'मैं' और 'अन्य' के संबंध की चेतना है। इस चेतना की प्रतीति यह है कि यदि 'अन्य व्यक्ति' मेरे वातावरण के अंग हैं—यदि वे 'मेरे लिए' हैं, तो 'मैं' भी उनके वातावरण का अंग हूँ, 'उनके लिए' हूँ। यह व्यक्ति की चेतना का विश्लेषण है। किन्तु कभी-कभी जब मस्तिष्क 'भाव' एवं 'प्रत्ययों' में उलझ जाता है, तब वह इस वास्तविक मानवीय संबंधों से अलग हो, इनके पीछे जाने का प्रयत्न करता है। वह विचार करता है कि शायद 'कोई' ऐसा भी है जो सभी व्यक्तियों के पीछे हैं, जो किसी व्यक्ति की दृष्टि का विषय नहीं है, तथा सभी व्यक्ति उसकी दृष्टि के 'विषय' है। साधारणतः तो हर व्यक्ति अन्य की दृष्टि का 'विषय' है ही, किन्तु हम सोच लेते हैं कि एक 'ऐसा' है जो किसी दृष्टि का विषय नहीं, फिर भी हर व्यक्ति उसकी दृष्टि के विषय है। ऐसे ही व्यक्ति का विचार ईश्वर-विचार है। किन्तु इसी विचार में स्पष्ट है

कि इस विचार तक हम तभी पहुँचते हैं जब हम वास्तविक मानवीय संबंधों से ऊपर उठ जाते हैं। इस विचार तक पहुँचना यथार्थता से ऊपर उठना है, एक प्रकार से शून्य में (emptily) विचार करना है। अतः यह विचार शून्यता का ही विचार है, यथार्थता का नहीं।

सात्र इस बात को एक और रूप में स्थापित करते हैं 'मूझे' (us) तथा 'मैं विषयी' (we-subject) के विश्लेशण में भी सात्र इसी प्रकार ईश्वर-भाव का उल्लेख करते हैं। ऊपर चर्चित 'मैं तथा अन्य' की चेतना के विश्लेशण को आगे बढ़ाते हुए सात्र कहते हैं कि यदि किसी की दृष्टि में मैं एक 'विषय' हूँ, तो उसके संबंध में 'मैं' नहीं 'मुझे' (us) हूँ, 'विषयभूत मुझे', (us-object) हूँ। यह बात हर व्यक्ति पर लागू होती है। अपनी दृष्टि में मैं 'मैं' हूँ, अन्य की दृष्टि में 'मुझे'। सात्र ने कुछ इसी ढंग से **'मैं-विषयी'** (we-subject) तथा **'विषयभूत मुझे'** (us-object) का भेद किया है। अब यदि 'द्रष्टा मैं' तथा 'विषयभूत मुझे' के संबंध पर पुनः विचार करें, तथा यह सोचने लगे कि कैसे जो अपने में 'द्रष्टा' है अन्य के लिए 'विषय' हो जाता है, तो हमें विचारना पड़ता है कि ऐसा शायद इस कारण होता है कि इस प्रकार के संबंध को एक 'तीसरे' की अपेक्षा है, जो तीसरा—इस प्रकार के संबंध का आधार होगा। वह तीसरा इन मानवीय भेदों से अवश्य ही अलग होगा क्योंकि सभी व्यक्ति अन्ततः उसी पर आधृत होंगे। वह ऐसा होगा जो हर व्यक्ति को तो देख रहा है, किन्तु जो स्वयं किसी व्यक्ति की दृष्टि का विषय नहीं। वह किसी की दृष्टि का 'विषय' नहीं, अतः कोई व्यक्ति उसे देख नहीं पाता। वही ईश्वर-भाव है।

इस विश्लेषण को सात्र ने एक उपमा के द्वारा समझने की चेष्टा की है, तथा उसी उपमा से यह भी स्पष्ट हो जाता है कि सात्र के अनुसार यह भी स्पष्ट हो जाता है कि ऐसे ईश्वर-भाव को अवास्तविक होना ही है। मान लें मैं किसी सभा में भाषण दे रहा हूँ। मुझे यह भी चेतना है कि लोग मुझे देख रहे हैं, किन्तु मेरा ध्यान मूलतः अपने विचारों को प्रकट करने पर लगा है: अन्य व्यक्तियों की उपस्थिति की हमें एक सामान्य चेतना है। उपस्थित व्यक्तियों का अलग-अलग ज्ञान नहीं, सामान्यरूप में 'श्रोता' का ज्ञान है, जो सामान्य अर्थ में उपस्थिति व्यक्तियों का सामान्य 'ऐक्य' है। किन्तु, यदि सच पूछा जाय तो यह 'श्रोता-भाव' अवास्तविक ही है, कोई यथार्थ श्रोता-रूप नहीं। यदि किसी क्षण मैं अपने विचारों के प्रवाह को रोक 'श्रोता' को देखने की चेष्टा करू, तो कोई 'श्रोता' दिखाई नहीं देगा, बल्कि तत्क्षण अलग-अलग व्यक्तियों के सर एवं चेहरे दिखाई देंगे। अतः वस्तुतः 'श्रोता-भाव' अयथार्थ ही है। उसी प्रकार 'अपने' और 'अन्य' के संवंध पर विचार करने से ऐसा प्रतीत होता है कि इसके पीछे कोई सामान्य 'एकता' है, जो सबों को समेटे हैं। किन्तु 'श्रोता-रूप' के समान यह 'एकता' की प्रतीति भी अवास्तविक ही है, क्योंकि उस एकता को समझने में हम सदा किसी न किसी मानवीय संबंध से टकरायेंगे, उस एकता-रूप 'ईश्वर' से नहीं। इस प्रकार सात्र दिखाते हैं कि हम अपने विचार में किस प्रकार ईश्वर-भाव तक पहुँचते हैं तथा उस विश्लेषण में ही ईश्वर भाव की अवास्तविकता स्पष्ट हो जाती है।

सात्र की नास्तिकता के विवरण में सात्र के द्वारा दीं गयीं कुछ ऐसी युक्तियों का भी उल्लेख आवश्यक है जिनके द्वारा सात्र ने किसी किसी स्थल पर ईश्वर-भाव का स्पष्ट खण्डन किया है।

प्रथमतः वे कहते हैं कि जिस रूप में पाश्चात्य विचारधारा में ईश्वर विचार विकसित हुआ है, उस रूप में वह स्पष्टतः आत्म-व्याघातक है। उस ईश्वर भाव को सात्र के अनुसार चेतन-सत्—अचेतन-सत् (Being-in-itself-for-itself) कहा जा सकता है, क्योंकि ईश्वर को 'स्वयंभू' कहा जाता है, उसे अपना कारण स्वयं माना (Self-caused) माना जाता है। सात्र के अनुसार यह भाव ही आत्म-व्याघातक है। सात्र की भाषा में कहा जा सकता है कि यदि यह **चेतन-मात्र** (for-itself) है, तो चेतन सत् के समान यह लचीला है क्योंकि यह अपने से बाहर जा सकता है। किन्तु तब यह 'अचेतन सत्' (in itself) नहीं हो सकता, क्योंकि अचेतन तत्त्व तो स्थूल, अलम्य इकाई होते हैं। अतः इसमें व्याघात स्पष्ट हो जाता है। साधारण भाषा में इस तर्क को कुछ इस प्रकार प्रस्तुत किया जा सकता है। यदि ईश्वर 'स्वयंभू' है, तो इसका अर्थ है कि इसका अपना कारण वह स्वयं है। यदि ऐसा है तो इसका अर्थ होगा कि ईश्वर अपने ही से पृथक-भिन्न हो जायगा, क्योंकि कारण कार्य से पृथक होता है। यही तो ईश्वर-भाव में निहित व्याघात है।

इस तर्क का एक दूसरा पक्ष भी है। यदि ईश्वर स्वयंभू है तो इसका अर्थ है कि ईश्वर अपने अस्तित्व के लिये अन्य पर निर्भर नहीं करता। किन्तु, तब तो ईश्वर अस्तित्ववान हो ही नहीं सकता क्योंकि 'अस्तित्ववान' होने के लिये अन्य उपादानों पर निर्भर करना ही पड़ता है।

सात्र में अपनी पुस्तक Being and Nothingeess (पृ० 301) में एक अन्य तर्क दिया है। सात्र पूछते हैं कि यदि ईश्वर है, तो जगत की सम्पूर्णता के साथ उसका किस प्रकार का संबंध संभव है? ईश्वर को जगत दो रूपों में दिखाई दे सकता है—'विषय' के रूप में या 'विषयी' (Subject) के रूप में। यदि जगत की संपूर्णता ईश्वर के लिये विषय (object) है तो दोनों के द्वैत को स्वीकारना पड़ता है। तथा यदि ईश्वर के लिए जगत भी एक विषयी (Subejct) है, तो ईश्वर को इस संपूर्णता की उपस्थिति का आभास मात्र ही हो सकता है, क्योंकि एक द्रष्टा को दूसरे द्रष्टा की उपस्थिति का मात्र आभास ही हो सकता है—पूर्ण ज्ञान नहीं। दोनों ही अवस्था में ईश्वर का ईश्वर रूप सीमित एवं खण्डित हो जाता है।

सात्र के ऐसे तर्कों को एक विशेष रूप में भी प्रस्तुत किया जा सकता है। सात्र भी स्वीकारते हैं कि चेतना अनिवार्यतः (intentional) विषयोन्मुख होती है, उसे 'विषय' की अपेक्षा रहती है। रिक्त चेतना होती ही नहीं है। अब यदि 'ईश्वर' की सत्ता को स्वीकार कर लिया जाय, तो इसका अर्थ हो जाता है कि सृष्टि के पहले ही से ईश्वर के रूप में एक शुद्ध चेतना थी, जिसे किसी विषय की अपेक्षा नहीं थी। यह चेतना के स्वरूप के विपरीत पड़ता है।

इस प्रकार 'ईश्वर' के विरुद्ध कुछ तर्क भी प्रस्तुत हुए हैं। किन्तु, इन सभी विवेचनाओं से भी सात्र की नास्तिकता की विशिष्टता स्पष्ट नहीं होती। ये सब तो सात्र की नास्तिकता की अभिव्यक्ति है, सात्र की नास्तिकता का आधार नहीं। अतः हम उन मूल आधारों का संक्षिप्त विवेचन करेंगे जिसमें सात्र की नास्तिकता की विशिष्टता झलकती है।

प्रथमतः तो कहा जा सकता है कि ईश्वर-विचार सात्र की अस्तित्ववादी योजना से ही असंगत है। सात्र की मान्यता है कि दार्शनिक चिन्तन के प्रचलित ढंग सामान्यतः अनर्गल सवादों में उलझे रहते हैं, और यह भी भूल जाते हैं कि वह मूलतः मानव-विचार है। सात्र

यह भी कहते हैं कि दार्शनिक चिन्तन का प्रारंभ जन्म के साथ नहीं होता। इससे बहुत पहले मनुष्य को आत्म-अस्तित्व की चेतना हो जाती है, तथा उसी चेतना के अनुरूप उसके विचार भी सर्जित होते हैं। यदि किसी वैयक्तिक आन्तरिकता में ईश्वर-भाव भी बनता है, तो वह भी इसी प्राथमिक चेतना के बाद एवं उसके अनुरूप बनता है। सात्र मानव-अस्तित्व के हर पक्ष तथा हर आयाम की व्याख्या इसी प्राथमिक चेतना के अनुरूप समर्थनरूप में कर लेते हैं, उसके लिये किसी स्थल पर 'ईश्वर' की आवश्यकता प्रतीत नहीं होती।"

पुनः यह कहा जा सकता है कि सात्र की नास्तिकता का सबसे प्रमुख आधार सात्र की मानवीय स्वतंत्रता में विश्वास है। 'ईश्वर' तथा 'मानवीय स्वतंत्रता' में मौलिक विरोध हैं। यदि जगत की सृष्टि 'ईश्वर' के द्वारा स्वीकारी जाय, तो इसका अर्थ हो जाता है कि सृष्टिकर्त्ता ने मनुष्य को भी एक पूर्वकल्पित भाव के अनुरूप बनाया है—ठीक उसी प्रकार जिस प्रकार एक शिल्पी अपने कलाकृति का सृजन करता है। किन्तु, तब तो मानव का हर रूप पूर्वनिर्धारित हो जाता है। इससे मानवीय स्वतंत्रता का अपहरण हो जाता है। सात्र यह स्वीकार ही नहीं सकते, क्योंकि उनके अनुसार तो अस्तित्व की प्राथमिक अनुभूति में ही मानव को मौलिक स्वतंत्रता की अनुभूति निहित है, बल्कि उस प्राथमिक अनुभूति में ईश्वर की ही अनुभूति नहीं है। अतः मानवीय स्वतंत्रता के प्रबल समर्थक होने के कारण सात्र के समक्ष नास्तिकता के अतिरिक्त अन्य कोई विकल्प ही नहीं है।

अस्तित्व भाव से पहले है
(Existence Precedes Essence)

सात्र की मूल अस्तित्ववादी उक्ति है कि 'अस्तित्व भाव से पहले हैं'। इस कथन को इतना महत्त्व दिया गया है कि इतिहासकारों ने इसे अस्तित्ववादी विचार की मूलोक्ति के रूप में प्रस्तुत किया है। सात्र ने इसकी व्याख्या अपने ढंग से की है। तब यह है कि उनकी इसी व्याख्या में उनके अस्तित्ववादी विचार का प्रारंभिक बिन्दु स्पष्ट हो जाता है।

हमारी साधारण प्रचलित धारणा यही है कि 'भाव' (essence) का स्थान अस्तित्व (existence) से पहले आता है। उदाहरणतः हम सामान्यतः यह मान कर चलते हैं कि 'घट' या 'मेज' के निर्माण के पहले निर्माणकर्त्ता के मन में 'घट' या 'मेज' का एक भाव रहता है, जिसके अनुरूप, जिसे व्यक्त करने के प्रयत्न में वह 'घट' या 'मेज' का निर्माण करता है। इस प्रकार यहाँ 'घट' या मेज का भाव भाव उनके 'होने' के पहले आता है। 'घट' या 'मेज' के निर्माण के पहले निर्माणकर्त्ता के मन में 'घट' या 'मेज' के निर्माण करता है। इस प्रकार यहाँ 'घट' या मेज का भाव उनके अस्तित्व के पहले हैं। उसी प्रकार जो लोग ईश्वर को सृष्टिकर्त्ता के रूप में सोचते हैं, वे यह भी सोचते हैं कि हर अस्तित्ववान वस्तु का भाव ईश्वरीय मन में पहले से विद्यमान था, जिसके अनुरूप ईश्वर ने उस वस्तु को अस्तित्व दिया। इस दृष्टि से 'मनुष्य' का भाव भी मनुष्य के अस्तित्ववान होने के पहले से ईश्वरीय मन में था। इस प्रकार के विचार में मनुष्य के 'अस्तित्व' से पहले है।

किन्तु, सात्र इससे विपरीत ढंग से सोचते हैं। वे देखते हैं कि ईश्वर आदि की बात तो व्यक्ति बहुत बाद में करता है, इस दृष्टि से ईश्वर-भाव के बहुत पहले व्यक्ति को 'अहं' की अथवा 'आत्म-अस्तित्व' की चेतना हो जाती है। अतः सात्र 'ईश्वर' को मान कर नहीं सोचते। तो जब कोई ईश्वरी सत्ता नहीं है, तो कहा जा सकता है कि एक ऐसी सत्ता है जिसमें स्पष्टतः 'अस्तित्व' 'भाव' से पहले हैं। सात्र के अनुसार वह मानव-सत्ता

है। मनुष्य पहले 'है', उसे आत्म-अस्तित्व की चेतना भी पहले होती है। इस 'चेतना' के बाद ही उसमें 'भाव' बनाने की क्षमता आती है, और तब वह 'मानव-भाव' भी बना लेता है। किन्तु किसी भी प्रकार के 'भाव' के पहले—बल्कि प्राथमिक रूप में उसे अस्तित्व की ही चेतना होती है। नवजात शिशु तो पैदा होने के समय प्रायः 'शून्य' है। वास्तविक अथवा अस्तित्ववादी दृष्टि से देखा जाय तो वह अभी 'मानव' भी नहीं है, क्योंकि वह स्थूल तत्वों के समान अभी प्रतिक्रियाओं का समूह मात्र है। अस्तित्ववादी अर्थ में उसका होना—उसका मानव होना, उसके अस्तित्व की प्राथमिकता अनुभूति के साथ आरंभ होता है। अतः उसके लिए 'अस्तित्व' पहले है। अब इसी प्राथमिक चेतना के अनुरूप वह, उसका जीवन विकसित होता है। उसकी आत्म संबंधी अवधारणा क्या होगी, उसमें किस प्रकार के भावों के निर्माण की क्षमता आयेगी—यह सब भी उसी पर निर्भर करता है। उसकी सभी योजनायें अब उसके इसी प्राथमिक अनुभूति के अनुरूप, उसी के द्वारा निर्मित होंगी। यही तो उसकी मानवीय विशिष्टता एवं गरिमा है। इसी दृष्टि से यह भौतिक वस्तुओं से (चट्टान या मेज) भिन्न है। बस वही एक सत्ता है जिसमें 'अस्तित्व' हर प्रकार के भाव-विचार आदि से पहले हैं। वही एक सत्ता है जिसे पहले अस्तित्व की अनुभूति होती है, तथा उसके बाद ही, इसी अनुभूति के अनुरूप, अपने को जीवन की योजनाओं में लगा देता है। तो जब सात्र 'अस्तित्व को भाव से पहले' कहते हैं, तो उसका तात्पर्य है कि वे अस्तित्व की अनुभूति को 'प्राथमिकता' प्रदान कर रहे हैं। आत्मीयता (Subjecttivity) में विकसित यह अनुभूति वह प्राथमिक एवं प्रारंभिक बिन्दु है, जिस पर वे अपने अस्तित्ववादी मानव चित्रण की इमारत खड़ी करते हैं।

सत्ता के तीन आयाम

इस प्रकार हमने देखा कि सात्र के विचार का केन्द्र 'मानव-अस्तित्व' है, तथा उसका प्रारंभिक बिन्दु 'अस्तित्व की प्रथम चेतना' है यह चेतना कोई सार्वभौम चेतना नहीं, बल्कि हर व्यक्ति की अपनी चेतना है। अतः 'मानव-अस्तित्व' के विकास की कहानी का अर्थ है 'अस्तित्ववान व्यक्ति की प्राथमिक चेतना के अनुरूप उसकी आन्तरिकता के विकास की कहानी'। अतः उनके विचार का मूल केन्द्र 'चेतन', अस्तित्ववान व्यक्ति' है। किन्तु यह व्यक्ति अपनी प्राथमिक चेतना में ही अपने को एकाएक एक **स्थिति** (Situation) में पाता है। उस चेतना में उसे यह अनुभूति होती है कि अब सब कुछ उसी पर निर्भर है, किन्तु अपने को वह एक स्थिति में ही पाता है। उस स्थिति (Situation) के दो अनिवार्य अवयव हैं—एक तो उसके अन्तर्गत कुछ 'वस्तु' हैं, तथा उसके अन्तर्गत अन्य व्यक्ति भी है। इस प्रकार सात्र चेतना के अस्तित्ववादी विश्लेषण में सत्ता के तीन आयामों का उल्लेख करते हैं। इस प्रकार कहा जा सकता है कि मानव की अस्तित्ववादी चेतना के विश्लेषण में ही सत्ता के तीन आयाम स्पष्ट होते हैं। इन्हें सात्र **अचेतन सत** (Being-it self, insoi), **चेतन सत्ता** (Being-for-itself, pour-soi) तथा **अन्य सत्ता** (Being-for-others) कहते हैं। हम देखेंगे कि वस्तुतः उनके अनुसार मानव चेतन सत्ता (for-itself) है। इसकी विशिष्टताओं को स्पष्ट करने में उन्हें इस चेतन सत्त का अन्तर अचेतन सत् (in itself) से स्पष्ट करना पड़ता है, तथा यह भी स्पष्ट होता है कि अपने चारों ओर फैले अचेतन-सत् की चेतना में किस प्रकार चेतन सत्-अर्थात अस्तित्ववान व्यक्ति के अस्तित्व का विकास होता है। उसी संदर्भ में—**मानव अस्तित्व के विकास के संदर्भ में अन्य सत्ता** (Being-for-others) भी प्रासंगिक हो जाती है।

अचेतन सत् (in-itself) के अन्तर्गत सामान्य रूप में वे सभी वस्तुयें आती हैं जिनमें मनुष्य घिरा रहता है। सात्र के अनुसार अचेतन सत् बस 'है' वह मात्र वही है जो वह है। इससे हम 'टकरा' सकते हैं, किन्तु इसमें अपनी कोई स्व-प्रक्रिया नहीं है। इसमें न किसी प्रकार की सर्जनात्मकता निहित है न कोई विकास-क्रम। सात्र ने इसके विवरण में इसके अचेतन लक्षणों को विभिन्न विशेषणें के द्वारा स्पष्ट करने की चेष्टा की है। अचेतन तत्त्व अभेद्य है, गहन है, अपरागम्य है। वे केवल होते हैं, उनसे कोई अर्थ सर्जित नहीं होता। लोग इसके पीछे जा कर, इसके सारतत्व (essence) को पकड़ने की चेष्टा करते हैं, किन्तु इससे 'इसका' कोई अर्थ नहीं उभरता, बल्कि मानवीय अर्थ उभरते हैं। मानव के अतिरिक्त अन्य जीव भी कुछ इसी प्रकार के हैं; उनमें कोई अपनी कोई स्वतः प्रेरणा, अपनी कोई अभिक्रमशीलता नहीं होती। वे कुछ इस प्रकार से संरचित है कि उन्हें किसी विशेष उद्दीपन में विशेष प्रकार की प्रतिक्रिया करनी ही है। इस दृष्टि से अचेतन जगत बेतुका, तथा अर्थहीन है। सात्र इसे अर्थहीन (absurd) आ अरुचिकर (detrop) कहते हैं। उनका कहना है कि इसमें अर्थवत्ता केवल मानव के लिए ही संभव है, केवल चेतन मनुष्य अपने अनुसार इसे सार्थक बनाता है।

वस्तुतः सात्र इस अचेतन सत् (in-itself) के लक्षणों को कुछ विशद विवरण देते हैं। **प्रथमतः** उनका कहना है कि इसका प्रमुख लक्षण—इसका मूल गुण (Quality) मात्र यही है कि यह चेतन-मनुष्य की आत्म-चेतना का एक आवश्यक उपकरण है। इससे टकरा कर ही चेतन मनुष्य इससे अपनी भिन्नता को समझ पाता है, और इस प्रकार अपने मानवीय-अस्तित्व की विशिष्टता को समझ पाता है। **दूसरी** बात यह है कि यह चेतन-अस्तित्व के लिए **संभावनाओं** (Potentiality) का भंडार है। जब चेतन-अस्तित्व (for-itself) इससे अपनी भिन्नता को समझ लेता है, तो वह अचेतन-तत्वों में असंख्य संभावनाओं को देख पाता है जिनका उपयोग वह आवश्यकतानुसार किया करता है। इसी कारण सात्र अचेतन तत्त्वों का **तीसरा** लक्षण इसकी **निषेधिता** (Nihilation) को मानते हैं। इन तत्वों का स्वरूप ही यही है कि इनका स्वरूप चेतन-सत के हर योजना के अनुरूप **निषेधित** होता रहता है। चेतन-सत् अचेतन तत्वों में अपनी योजानाओं के अनुरूप नये-नये अर्थ—नये-नये प्रयोजन भरता जाता है। अब चेतन-सत् के लिए वह तत्त्व मात्र उसी रूप में अर्थवान है जो अर्थ चेतन सत् ने स्वयं उसमें रखा है। अचेतन-तत्त्व अब मात्र वह अर्थ—वह प्रयोजन है, उसका अपना अचेतन स्वरूप यहाँ **निषेधित** हो जाता है, और यह उस नये अर्थ में चेतन तत्त्व की योजना का अंश बन जाता है।

अतः चेतन मनुष्य (for itself, Pour Soi) ही सात्र के विचारों का केन्द्र है। सात्र चेतन अस्तित्व को, जो मानव-अस्तित्व है, अचेतन तत्व की अपेक्षा विचित्र समझते हैं, क्योंकि जहाँ अचेतन तत्वों का ढंग पूर्णतया उनकी संरचना में ही निहित है। चेतन-अस्तित्व को किसी निश्चित ढाँचे में ढाला नहीं जा सकता है। सात्र कहते हैं कि चेतन मनुष्य वस्तुतः एक विचित्र विरोधाभास है, क्योंकि कहा जा सकता है कि 'वह जो है वह नहीं है, तथा जो वह नहीं है, वह है'। अर्थात किसी क्षण में हम मानव के निश्चित लक्षणों का विवरण करते हुए यह नहीं कह सकते कि मानव वस यही है। प्रतीकात्मक भाषा में कहा जा सकता है कि चेतन मनुष्य एक ऐसा 'खोल' है जिसे वह सदा अपने से ही भरता रहता है। इसके अस्तित्ववान होने का अर्थ ही है कि इसे सदा अपने अस्तित्व को 'चेतना है, तथा वह आत्म-अस्तित्व की चेतना, (वह चेतन-जीवन) सदा नये-नये ढंगों में उभरती रहती है।

सात्र कहते हैं कि 'चेतना' में एक 'कमी' की चेतना होती है, तथा चेतन-मनुष्य सदा

उस 'कमी को दूर करता रहता है। इसी प्रकार वह सदा सर्जित होने की, विकसित होते रहने की प्रक्रिया में रहता है। सात्र के अनुसार इस प्रकार की 'कमी की अनुभूति' वस्तुतः उस मानवीय शक्ति का सूचक है जिसके द्वारा मनुष्य चेतन निर्णय लेता है, 'स्वीकार' एवं 'निषेध' करता है। इस निर्णय लेने की शक्ति को स्वतंत्रता कहा गया है जिसे चेतन मानव-अस्तित्व का अनिवार्य लक्षण माना गया है। स्वतंत्रता की इसी अनुभूति के अनुरूप मानव आत्म-निर्माण करता है, क्योंकि इसी के अनुरूप उसकी योजनायें रूप लेती हैं, तथा इन योजनाओं में इनके अनुरूप उसका चेतन-अस्तित्व विकसित होता है।

सात्र के अनुसार इस चेतन अस्तित्व के विकास के क्रम में अन्य की चेतना का विशिष्ट स्थान है। आत्म-चेतना में अन्य की चेतना निहित है और यह आत्म-अस्तित्व की संरचना तथा क्रमिक विकास का एक अंग बन जाती है। सात्र ने 'अन्य की उपस्थिति का बड़ा ही सूक्ष्म तथा विचारोत्पादक विवरण दिया है। 'अन्य की उपस्थिति' की चेतना का आत्म-अस्तित्व पर दो प्रकार से सूक्ष्म प्रभाव पड़ सकता है। एक तो यह प्रतीत होता है कि मैं जिस 'जगत' को विषय-रूप में देख रहा हूँ, वह मेरी 'थाती' नहीं, वह केवल मेरी चेतना का विषय नहीं, बल्कि 'अन्य' की चेतना का भी विषय हैं। सात्र का कहना है कि इस प्रकार की अनुभूति एक दृष्टि से मेरी स्वतंत्रता पर आघात है। यह हमारी मौलिक स्वतंत्रता की चेतना पर एक प्रकार का प्रतिबन्ध है, जो हमें प्रायः बाध्य करती है कि अब हम इस अवगति के अनुसार ही निर्णय लें, इस अवगति के आलोक में अपनी योजना को बनायें।

सात्र के विश्लेषण के अनुसार 'अन्य' की उपस्थिति को चेतना एक दूसरे प्रकार से भी हमारे आत्म-रूप पर आघात है। मैं अन्य को देख रहा हूँ, इस अवगति में यह अनुभूति है कि अन्य को भी मेरी उपस्थिति की चेतना है। इस अनुभूति से मेरा शुद्ध विषयी रूप-मेरा आत्म-रूप खण्डित होता है, क्योंकि मैं अब अन्य की चेतना का 'विषय' बन जाता हूँ। सात्र का कहना है कि यह समझ कि 'मैं' भी अन्य के लिए 'विषय' बन जाता हूँ। सात्र का कहना है कि यह समझ कि 'मैं' भी अन्य के लिए 'विषग' हूँ व्यक्ति के लिये लज्जास्पद अनुभूति है। अन्य की उपस्थिति की चेतना से उत्पन्न यह लज्जा की भावना हमें प्रभावित करती है, और हमें बाध्य करती है कि मैं इस अवगति के अनुरूप अपने संकल्पों को रूप दूँ। इस प्रकार सात्र का कहना है कि अन्य की उपस्थिति की चेतना (Being for otrhers) भी एक प्रकार से चेतन-अस्तित्व, या अस्तित्वान व्यक्ति के अस्तित्व की संरचना एवं विकास का अनिवार्य अंग है।

बात यह है कि अन्य की उपस्थिति की अनुभूति—यह अनुभूति की अन्य के लिए मैं भी 'विषय' हूँ— मेरी स्वतंत्रता के निर्विरोध प्रवाह के मार्ग में अवरोध है, और इस प्रकार यह व्यक्ति की स्वतंत्रता पर आघात है। 'विषय' के रूप में समझा जाना व्यक्ति के लिए लज्जास्पद है, और उसकी स्वतंत्रता भी अवरोधित है। इस प्रकार की स्थिति से उबरने के लिए व्यक्ति को अपनी योजनाओं को इस आलोक में ही रूप देना पड़ता है। वह 'अन्य' के समक्ष या तो अपनी स्वतंत्रता पर बल देता है, या किसी प्रकार का समझौता कर लेता है। उसकी सभी मनोवृत्तियाँ इसी प्रकार रूप लेती हैं, इसी की अभिव्यक्ति अहंकार, ईर्ष्या, घृणा, शत्रुता, हिंसा, झूठ, धोखा, या फिर मृदुता, आज्ञाकारिता, विश्वसनीयता, प्रेम, करुणा आदि में भिन्न भिन्न रूप में है। सात्र के अनुसार इस प्रकार की सभी मानवीय विधायें व्यक्ति और 'अन्य' के उसी प्राथमिक अनुभूति के आधार पर रूप लेती हैं।

इस प्रकार यह स्पष्ट हो जाता है कि सात्र के लिए प्राथमिक तो चेतन-अस्तित्व (for-itself) ही है, किन्तु अपनी संरचना, विकास में चेतन मनुष्य अचेतन तत्त्व (in-itself) तथा अन्य की उपस्थिति की अवगति के अनुरूप ही आत्म-अस्तित्व को रूप देता है। चेतन-अस्तित्व तो मूलतः चेतना ही है, और चेतना एक कमी है—निषेधों से संरचित है। अतः चेतन-अस्तित्व (for-itself) के विवरण में चेतना तथा निषेध का विवरण आवश्यक है।

चेतना तथा निषेधभाव
(Consciousness and Nothingness)

सात्र के लिये **चेतना** का विश्लेषण अनिवार्य इस कारण हो जाता है कि उनके अनुसार अस्तित्ववान व्यक्ति वस्तुतः चेतन मनुष्य (for-itself) है। चेतना के विश्लेषण में निषेध-**भाव** की प्रासंगिकता स्पष्ट होती है क्योंकि, जैसा हम दखेंगे, चेतना एक प्रकार से निषेधों (Negation) के द्वारा ही सर्जित होती है। वैसे सात्र की निषेध-भाव-विवेचना में 'निषेध' से संबंधित तीन प्रकार के विचार स्पष्ट होते हैं—**कमी या अभाव की चेतना, निर्षेधता तथा शून्यता (Nothingness) की अनुभूति।**

सात्र के अनुसार मानव-अस्तित्व तो 'चेतन-अस्तित्व' है। इसका अर्थ है कि मानव मूलतः **चेतना** (Conciousness) है। इसका अर्थ है कि मानव की प्राथमिक शक्ति यही है कि उसे 'आत्म'—अस्तित्व की चेतना है, यह चेतना है कि वह 'है'। इस चेतना में निहित दूसरा पक्ष यह है कि उसे यह भी चेतना है कि वह अन्य तत्त्वों (in-itself) से भिन्न है। मानव का मूल आद्य रूप यही है।

सात्र ने 'चेतना' का बड़ा ही मौलिक विश्लेषण किया है। उनके अनुसार उसी प्राथमिक आद्य चेतना में ही चेतना का मूल रूप स्पष्ट होता है। वे डेकार्ट के 'सोचता हूँ इसलिए हूँ' (Cogito Ergo Sum) का विश्लेषण करते हुए कहते हैं कि सात्र ने जो 'आत्म-चेतना' को स्थापित किया है, वह मूल चेतना नहीं है। उन्होंने जो वैचारिक चेतना या संशय करने वाली चेतना है उसमें तथा चेतना के अपने मूल स्वरूप में व्यामिश्र कर दिया है। 'मैं' हूँ'—की चेतना वह चेतना नहीं है जो संशय करने की चेतना है। एक स्वभाविक है, और दूसरी--संशय करने वाली चेतना—विधिमूलक (Methodological) है, जिसे अपनी ओर से, संशय के बिन्दु उठा कर ढकेला जा रहा है, वह स्वतः—अपने आप चेतन होने वाली चेतना नहीं है। सच पूछा जाय तो संशय करने वाली चेतना 'चेतना' नहीं है, किन्तु चेतन-विचार का विषय है, अतः सात्र के अनुसार चेतना का मूल रूप **प्रागवैचारिक** (Pre-reflective) है। जब भी हम अपने विचार को किसी विषय पर केन्द्रित करते हैं, तो स्वतः—प्रागवैचारिक रूप में यह भी चेतना रहती है कि हमें अभी किस विषय की चेतना है। अतः उस प्रागवैचारिक स्तर पर ही मूल चेतना का स्वरूप स्पष्ट होता है।

सात्र का कहना है कि इस स्तर पर **'अहं'** (Ego) की चेतना नहीं है—वह चेतना तो वैचारिक स्तर पर प्रकट होती है, तब प्रकट होती है जब हम स्थिति (Situation) पर जिस जगत में हम अपने को पाते हैं। उस जगत पर—विचार करते हैं। उस दृष्टि से अहं (Ego) मूल चेतना का अंश नहीं, बल्कि जगत में है।

सात्र जब इस मौलिक चेतना का विश्लेषण करते हैं तो पाते हैं कि यह चेतना अनिवार्यतः किसी कमी (lack) की चेतना है। इसी कारण वे 'चेतना' को ही 'कमी' कहते

हैं, तथा इसकी व्याख्या अनेक प्रकार से करते हैं। इसकी एक व्याख्या तो इस प्रकार दी गयी है। चेतना में 'विषयों' की अवगति होती है, तथा यह भी अवगति है कि मुझे यह अवगति है। यह प्राक्-वैचारिक चेतना (Pre-reflective consciousness) है। इसका अर्थ है कि 'चेतना' ही अपने को 'जिन विषयों की इसे चेतना है' उनसे पृथक कर लेती है। यह अन्तर एक प्रकार से चेतना तथा विषय के बीच की दूरी हो जाती है, यह चेतना में एक प्रकार की 'रिक्तता'—या कमी है।

इसे हम एक अन्य प्रकार से भी स्पष्ट कर सकते हैं। हम जानते हैं कि 'फेनोमेनोलाजी' के प्रभाव में सात्र भी चेतना के विषयापेक्षी रूप (Intentionality) को स्वीकारते हैं। चेतना का यह स्वरूप ही है कि वह विषयोन्मुख होती है, उसका विषय की ओर अनिवार्य संकेत रहता है। इसका अर्थ यह है कि चेतना में ही 'चेतना' तथा 'विषय' दोनों हैं, किन्तु यदि पूछा जाय कि दोनों में क्या भेद है, तो वस्तुतः वह **कुछ नहीं है।** चेतना में जो 'कमी' है वही चेतना तथा विषय का अन्तर है। ऐसा नहीं है कि दोनों स्पष्टतया दो भिन्न तत्त्व है, विषयी तथा विषय का जो सामान्य प्रचलित भेद है उस अर्थ में 'चेतना' तथा 'चेतना के विषय' में अन्तर नहीं किया जा सकता, क्योंकि 'विषय' चेतना में है, उससे अलग नहीं है। चेतना अपने **में** ही यह भेद बना लेती है, अतः यह भेद भी चेतना ही है, उससे बाहर नहीं। इसी कारण सात्र कहते हैं कि यह भेद वस्तुतः 'कुछ नहीं' (Nothingness) है, तथा यह भी कहते हैं कि इस दृष्टि से **चेतना** ही कुछ नहीं है **निषेधता** है, क्योंकि इसी के द्वारा चेतना संरचित है। चेतना का स्वरूप ही निषेधता हो जाता है।

इस **निषेधता** का विश्लेषण करते हुए सात्र कहते हैं कि यह 'हाँ' या 'नहीं' कहने की शक्ति है, 'स्वीकारने', अस्वीकारने की क्षमता है। प्रश्न है कि **'क्या'** स्वीकारने-अस्वीकारने की शक्ति है यह? सात्र का इस स्थल पर विश्लेषण बड़ा ही वैचारिक है। इसका विश्लेषण वे मानव-अस्तित्व में निहित **संभावनाओं** के आधार पर करते हैं। उनके अनुसार मानव-अस्तित्व तो चेतना ही है, अस्तित्त्व की इस चेतना में यह अनुभूति निहित है कि उसे **पूर्णतया**, 'आत्म-अस्तित्व' की संभावनाओं के साथ **'आत्म'** को अनुभूत करना है। आत्म-चेतन आत्म की चेतना है, किन्तु 'आत्म' कभी अपने में निहित पूर्ण संभावनाओं को व्यक्त करता हुआ अनुभूत नहीं हो रहा है। सात्र समझते हैं कि इस प्रकार की अनुभूति संभव भी नहीं है, क्योंकि अपनी पूर्ण संभावनाओं के साथ तो केवल वस्तुएँ (thing-in-itself) व्यक्त होती हैं। तो मानव-चेतना का लक्ष्य है आत्म को इस प्रकार अनुभूत करना जैसे वह भी कोई स्व-अस्तित्व' हो, और यह लक्ष्य असंभव है क्योंकि वह (For-itself) है (in-itself) नहीं। इसी कारण कहा जा सकता है कि आत्म-अस्तित्व की चेतना 'जो आत्म नहीं है'—उसकी चेतना है, **सम्भावनाओं** की चेतना है, और सम्भावनाएँ अभी वास्तविक नहीं हुईं—प्रकट नहीं हुई है। उन संभावनाओं को व्यक्त करने के निर्णय भी व्यक्ति पर हैं, उन्हें स्वीकारने, अस्वीकारने का निर्णय उसी में हैं। इसी कारण यहीं पर मानव की मौलिक **स्वतंत्रता** भी निखर जाती है, जो मानव के अस्तित्ववादी रूप में निहित है। सात्र ने इसी दृष्टि से मनुष्य को कभी-कभी (uslesess passion) कहा है, क्योंकि मनुष्य जो वह नहीं हो सकता (पूर्ण संभावनाओं के साथ अनुभूत—वस्तुओं के समान), वहीं होना चाहता है। यहीं उसका स्वरूप है, और इसी कारण कहा गया है—कि कमी (lack) —यह नहीं होना (Nothingness) मानव-अस्तित्व का स्वरूप है।

सात्र ने मानव-अस्तित्व की केवल ऊपर बताये ढंग की तात्त्विक व्याख्या ही नहीं दी

है, बल्कि चेतना तथा निषेध के स्वरूप की **ज्ञानमीमांसीय** व्याख्या भी प्रस्तुत की है, तथा अस्तित्वमूलक व्याख्या भी प्रस्तुत की है। इन दोनों विचारों के पीछे **शून्यता** का तात्विक स्वरूप **तो है ही**।

ज्ञान मीमांसीय व्याख्या में वे 'निषेध' (Negation) के भाव का उपयोग करते हैं, तथा विभिन्न उदाहरणों में यह दिखाते हैं कि कैसे हर 'अवगति'—हर चेतना' निषेधों से ही संरचित होती है। उन्हीं के एक उदाहरण से इसे स्पष्ट करें। मैं 'कफे' में जाता हूँ और 'पायरे' को ढूढ़ता हूँ। मैं 'कफे' में झाँकता हूँ, अब यह देखें कि इस झांकने की जो चेतना है वह किस प्रकार संरचित हो रही है। मैं 'कफे' के हर कोने को देख रहा हूँ, वहाँ जो कुछ भी है वह 'पायरे' नहीं है। अतः हर व्यक्ति, कुर्सी, मेज सभी मैं नकारता जा रहा हूँ, अन्त में मुझे 'पायरे' भी नहीं दिखाई देता, अतः 'पायरे'(भी नकारा जाता है। और यदि 'पायरे' दिखाई देता है, तो यह अवगति भी जो पायरे नहीं है उन सबों के निषेध से ही संरचित है। यहाँ निषेध पहले 'कफे' के निषेध के रूप में, तथा पुनः पायरे के निषेध के रूप में स्पष्ट होती है। तथा यदि 'पायरे' दिखाई देता है, तो सभी अन्य के निषेध के बाद। अतः चेतना बिना निषेध (Negation) के संरचित हो ही नहीं सकती। कहा जा सकता है कि **'कफे की चेतना' मेरे लिए एक नये रूप में एक नया अर्थ लेते हुए अर्थवान हुई है—मेरे लिये अभी 'कफे' का अर्थ है 'पायरे का नहीं होना' पायरे का निषेध।**

कहा जा सकता है कि सात्र के '**शून्यता-भाव**' तथा निषेध के विचार को समझने के लिए इसके तीनों स्तरों का स्पष्ट अवबोध आवश्यक है। इसे स्पष्ट करने के प्रयत्न में यह कहना अनुपयुक्त नहीं है कि ज्ञानमीमांसीय स्तर पर है यह **निषेध** (Negation) हैं, तात्विक स्तर पर **निषेधता** (Nihilation) है, तथा अस्तित्व-मूलक स्तर पर शून्यता भाव (Nothingness) है।

हमने ऊपर निषेध की ज्ञानमीमांसीय विवेचना की है—जहाँ यह स्पष्ट होता है कि कैसे चेतना निषेधों से संरचित होती है।

अब हम पहले इसका तात्विक विवेचन करें जहाँ यह **निषेधता** (Nihilation) का रूप ले लेता है। चेतन सत् को सात्र **'For-itself'** (Pour-Soi) कहते हैं। इस उक्ति में 'itself' शब्द भी आया है जो अचेतन तत्त्व का घोतक है। तो चेतन सत् वह सत् है **जिसके लिए अचेतन तत्त्व है। अर्थात् अचेतन तत्त्व की सार्थकता ही चेतन सत् के लिए है।** इस अचेतन 'itself' से चेतन 'For' का अन्तर एक—(hypen) से किया गया है। इसका क्या अर्थ है? इसका अर्थ मात्र इतंना ही है कि वस्तुतः इस 'For' और 'itself' का अन्तर कुछ नहीं है।

इसका क्या अर्थ है? हमने देखा है कि **चेतन सत्** (for-itself) एक **प्रागवैचारिक चेतना है,** जो अपने प्राथमिक स्वरू में मात्र चेतना होने की **वृत्ति है**—जिसे किसी स्थान में निरूपित नहीं किया जा सकता। हमने यह भी देखा है कि **स्वरूपतः** इसे 'विषय' की अपेक्षा है, क्योंकि यह **स्वरूपतः विषयोन्मुख** है। अर्थात् इसका 'विषय' भी चेतना में ही है। तो 'चेतना' और इस '**विषय**' में भेद क्या है—अन्तर क्या है। सात्र इस भेद को **शून्य** (Nothing) कहते हैं। उनके कहने का अर्थ है कि चेतना को अपने विषय की चेतना है तथा दोनों का भेद भी चेतना ही है, अर्थात् चेतना देखने की एक वृत्ति है जो विषय को देखती है, और विषय से अपने भेद से भी चेतन रहती है।

अब इस **विश्लेषण को 'अचेतन** तत्त्व (Being-in-itself) पर लगायें। 'चेतन-सत्' 'अचेतन-तत्त्व' को **देखता है, और** उससे **अपने भेद** को भी देखता है। जैसा हमने पहले भी कहा है, **अचेतन तत्त्व अपने में** मात्र संभावना है, और चेतन-सत् अपनी आवश्यकतानुसार उसमें अर्थ, **प्रयोजन आदि भरता** है, अर्थात् अचेतनतत्त्व उसी रूप में अर्थवान होता है जिस रूप में चेतना **उसमें 'अर्थ'** देती है। यह एक दृष्टि से 'अचेतन-तत्त्व' की निषेधता (Nihilation) **है, क्योंकि अब** वह मात्र वहीं अर्थ है जो उसमें रखा गया है—उसका अपना अचेतन **स्वरूप निषेधित है**। यहाँ सात्र एक बड़ा रोचक निष्कर्ष निकाल लेते हैं। 'चेतन-सत्' **को अचेतन-तत्त्व की** इस **निषेधता** (Nihilation) की चेतना है, और **इसी चेतना में उसका अपना और अचेतन** तत्त्व का अन्तर स्पष्ट होता है। जो **निषेधित** होता है उससे वह **भिन्न है, और इस** प्रकार उसकी यह आत्म-चेतना **निषेधता** से संरचित है। इसी अर्थ में **निषेधता चेतना के** स्वरूप का अनिवार्य अंश है।

निषेधता की **अस्तित्वमूलक** व्याख्या सात्र का एक बड़ा ही मौलिक विचार है चेतना को एक **कमी (Lack)** कहा गया है। यह कमी क्या है? सात्र के अनुसार मूलतः यह **कमी** एक ऐसी **संरचना की कमी** है जिसमें कोई कमी न रहे। अर्थात् मूल कमी यही है कि चेतना स्वरूपतः **इस चेतना** से त्रस्त है कि उसमें कमी है।

इसका अर्थ हुआ **की यह** कमी मूलतः एक ऐसी संरचना की चाह है जिसमें कोई कमी न रहे। कोई **'कमी न रहने का अर्थ'** है कि उसमें निहित सभी संभावनायें व्यक्त रहे। वह जो है, वह पूर्णतया **वैसा रहे**। किन्तु ऐसा तो अचेतन तत्त्वों में होता है, उसके स्वरूप में **कुछ जोड़ा** नहीं जा सकता, उससे कुछ निकाला नहीं जा सकता, उनमें कुछ 'नवीन' नहीं होता। तो चेतना की **यह** 'कमी' एक असंभव योजना है—क्योंकि चेतन सत् को इस कमी में यह 'चाह' है कि वह अचेतन तत्त्वों जैसा भी रहे। अर्थात् उसकी मूल योजना है कि वह ऐसी संरचना को प्राप्त करे जो चेतन सत् भी रहे और अचेतन तत्त्व जैसा भी रहे (For-itself-in-Being-in-itself) यह असंभव है क्योंकि इसमें निहित व्याघात इसे असंभव बनाते हैं। इस बात को व्यक्त करते हुए सात्र कहते हैं कि मनुष्य की मूल योजना 'ईश्वर' बनने की है क्योंकि ईश्वर की अवधारणा चेतन सत् तथा अचेतन तत्त्व के विचारों का सम्मिश्रण है। किन्तु **यह** योजना ही ऐसी है कि वह अपने में ही निषेधित है। अतः सात्र के अनुसार मनुष्य की मूल योजना उस लक्ष्य की प्राप्ति की है जिसकी प्राप्ति असंभव है। यही मूल कारण उसके शून्यता-भाव के प्रकट होने की है। इसी अर्थ में सात्र मनुष्य को **निरर्थक उद्वेग** (useless passion) कहते हैं।

इस प्रकार **अस्तित्वमूलक व्याख्या** में भी **'निषेध'** की विशिष्टता स्पष्ट होती है। सात्र का कहना है कि वस्तुतः मानव अपनी योजनाओं को भी निषेधात्मक ढंग से ही सर्जित करता है। वह भविष्य के लिए ऐसी परिस्थितियों की कल्पना करता है, जो स्पष्टतः वास्तविक नहीं है। ऊपर 'संभावनाओं का उल्लेख हुआ था। सात्र का कहना है कि मनुष्य सदा भविष्य में जीता है, क्योंकि हर क्षण वह निर्णय लेता है, कुछ योजना बनाता है जो भविष्य से संबंधित है। उसका चरम लक्ष्य तो 'सभी संभावनाओं की पूर्ण अभिव्यक्ति' है, जो स्पष्टतः अप्राप्य लक्ष्य है, क्योंकि इसका अर्थ है कि चेतना मानव 'अचेतन तत्व' जैसा हो जाय क्योंकि अचेतन तत्त्वों में उनकी सभी संभावनायें व्यक्त रहती हैं। अतः उसके तथा लक्ष्य के बीच 'शून्यता' की अनुभूति है—कमी की अनुभूति है। यही 'कमी' की अनुभूति

उसके तथा जगत के बीच 'सेतु' है, तथा इन्हीं के मध्य उसका जीवन है। इसी कारण कहा जाता है कि मानव-अस्तित्व का अनिवार्य अंग यह 'कमी' की अनुभूति है।

किसी-किसी अवसर पर इस 'कमी', इस 'शून्यता-भाव' (Nothingness) की अनुभूति भावनात्मक स्तर पर इतनी स्पष्ट हो जाती है कि अस्तित्व की प्रमाणिक विशिष्टता का अवबोध हो जाता है। उदाहरणतः निकटतम की एकाएक मृत्यु जीवन की वास्तविकता की अनुभूति उत्पन्न कर देता है, जो मानव-अस्तित्व की प्रमाणिकता का एक उपकरण बन जाता है।

स्वतंत्रता तथा दायित्व-बोध

ऊपर निषेधता की अनुभूति में 'स्वतंत्रता' का उल्लेख हुआ था। सात्र के अस्तित्ववादी विचार में 'स्वतंत्रता' की बड़ी स्पष्ट एवं मार्मिक व्याख्या हुई है। उनके अनुसार मानव-अस्तित्व की अनुभूति का अर्थ है मानव की मौलिक स्वतंत्रता की अनुभूति। मानव को अस्तित्व की प्रथम अनुभूति में ही अपने एकाकीपन की अनुभूति होती है, वह अपने को एक स्थिति में वस्तुओं तथा अन्य से घिरा पाता है, तथा साथ-साथ यह भी भान होता है कि ईश्वर के समान कोई सहारा नहीं है जिसपर वह झुक सके, अतः वह क्या बनेगा, किस दिशा में उसका अस्तित्व प्रवाहित होगा—यह सब उसी के निर्णय-निश्चय पर निर्भर करता है। यही स्वतंत्रता की प्राथमिक अनुभूति है। एकाएक वह अपने को ऐसी स्थिति में पाता है, जहाँ स्वतंत्रता की अनुभूति होती है। यह स्थिति या यह अनुभूति उसके कारण नहीं है, वह स्थिति में एक प्रकार से फेंका हुआ है, वह एकाएक अपने को इस स्थिति में पाता है जहाँ उसे स्पष्ट अनुभूति होती है कि अब सब कुछ उसी पर निर्भर है। सात्र इस तथ्य का सुन्दर विवरण देते हुए कहते हैं कि 'मानव स्वतंत्र होने के लिये अभिशप्त है' (condemned to be free)। चुनाव तो उसे करना ही है, ऐसा नहीं हो सकता है कि वह चुनाव करे ही नहीं, किसी निश्चित चुनाव को वह टाल सकता है। यह टालना भी एक प्रकार का चुनाव ही है। वह नहीं कर सकता है तो बस 'किसी प्रकार का चुनाव नहीं करना'। यह विवशता स्वतंत्रता की मजबूरी है, उसकी अभिशप्तता है।

वैसे तो सात्र के दर्शन में स्वतंत्रता की विशद तात्विक व्याख्या हुई है, किन्तु, मूलतः 'स्वतंत्रता' से उनका तात्पर्य 'चुनाव की स्वतंत्रता' अथवा 'निर्णय की स्वतंत्रता' से है। यहाँ उनके विचारों के इस **संक्षिप्त** विवरण में हम उनके स्वतंत्रता-विचार के इसी पक्ष को स्पष्ट करेंगे। व्यक्ति क्या बनेगा किस रूप में उसकी योजनायें सर्जित होंगी यह उसके स्वतंत्र निर्णय पर ही निर्भर करता है। सात्र स्पष्ट कहते हैं कि 'मनुष्य अपनी स्वतंत्र इच्छा-शक्ति से ही आत्म-निर्माण करता है, वह जो कुछ बनता है वह उसके स्वतंत्र निर्णय का ही परिणाम है।'

इसका यह अर्थ नहीं कि सात्र 'प्रभावों के महत्त्व की उपेक्षा करते हैं। उनका कहना है कि व्यक्ति ही अन्ततः प्रभावों को आंकता है, विकल्पों के विषय में सोचता है। उसकी स्वतंत्रता इस तथ्य में है कि सभी प्रभावों के मध्य **अन्तिम** चुनाव उसे ही करना है। यदि वह 'प्रभावों से प्रभावित होता है तो यह भी उसी का निश्चय होगा। सात्र इसे अपने एक विद्यार्थी के उदारहण के द्वारा स्पष्ट करते हैं। वह सात्र के पास यह सलाह लेने गया था कि वह युद्ध में जाय या अकेली बूढ़ी माँ के पास रह जाय। सात्र ने उसे समझाया कि वह या अन्य कोई उसे जो भी सलाह दे, अन्ततः यह तो उसी को निश्चय करना है कि वह

'सलाह' को माने या न माने। वह विद्यार्थी सात्र के पास सलाह के लिये जाता है—यह भी उसी का निश्चय है, इसमें भी वह एक प्रकार से **'निर्णय'** ही ले रहा है, क्योंकि 'सलाहकार' के चुनाव में भी अन्तिम निर्णय का अंश है, क्योंकि सलाहकार के विषय में उसे सामान्य जानकारी है कि वह किस प्रकार की सलाह दे सकता है। हम इस बात को एक अन्य उदाहरण से और स्पष्ट कर सकते हैं। मान लें कि कोई विद्यार्थी, एकाएक पिता का देहान्त होने के बाद अत्यन्त आर्थिक अभाव, तथा छोटे भाई-बहनों की देख-रेख के लिये पढ़ाई छोड़ किसी नौकरी में लग जाता है। यहाँ कहा जा सकता है कि वहाँ परिस्थितियों ने उसे ऐसा करने के लिये विवश कर दिया। किन्तु, सात्र की ओर से कहा जा सकता है कि पढ़ाई छोड़ने का अन्तिम निर्णय विद्यार्थी ही ने लिया। यह नहीं कहा जा सकता कि उसके पास कोई 'चारा'—कोई विकल्प नहीं था, क्योंकि विकल्प थे, बह 'आत्महत्या' कर सकता था, ऐसा उसने निर्णय नहीं लिया। उसने सभी विकल्पों को परखा, तब अन्तिम निर्णय लिया। इस प्रकार उसका यह 'चुनाव' उसकी मौलिक स्वतंत्रता की अभिव्यक्ति ही है। इस प्रकार सात्र का कहना है कि व्यक्ति जिस वातावरण परिस्थिति में अपने को पाता है, वहाँ वातावरण की ओर से स्वतंत्रता के मार्ग में अवरोध उत्पन्न हो सकता है, किन्तु स्वतंत्रता में निहित यह शक्ति है कि वह अपना दिशा-निर्देश स्वयं कर लेता है। सात्र के अनुसार स्वतंत्रता एक सतत् प्रवाह है, एक अनन्त प्यास है, जो हर निश्चय के साथ नये-नये रूप में मुखरित होती है। यदि यह प्रवाह रुक जाय तो चेतन-अस्तित्व ही समाप्त हो जाय। यही मौलिक स्वतंत्रता मनुष्य की विशिष्टता है जो इसे असत् तत्त्वों (Being in itself) से भिन्न बनाती है।

सात्र के अनुसार 'स्वतंत्रता' की अनुभूति में **'दायित्व भाव'** अनिवार्यतः निहित है। मनुष्य की स्वतंत्रता उसे सतत् क्रियाशील रखती है, इसी क्रियाशीलता में उसका अस्तित्व विकसित होता है, इन्हीं स्वतंत्र निर्णयों के अनुरूप वह आत्म-निर्माण करता है। कोई 'ईश्वर' जैसा सहारा नहीं है, आत्म निर्माण वहीं स्वयं करता है। अतः आत्म-निर्माण का पूर्ण **'दायित्व'** उसी पर है। सात्र का कहना है कि इस दृष्टि से स्वतंत्रता एक भार है, हर निर्णय में व्यक्ति को एक **भार** वहन करना पड़ता है। वह भार **'दायित्व'** का भार है। सात्र का कहना है कि चेतन अस्तित्व का अर्थ है 'इस दायित्व-भार' के प्रति सदा, सतत सजग रहना'।

सात्र ने इस 'दायित्व-बोध' को स्पष्ट करते हुए कहा है कि इस प्रकार के दायित्व की भावना व्यक्ति में 'अपने प्रति' भी है तथा 'अन्य के प्रति' भी। हर निर्णय में अपने प्रति दायित्व का बोध है क्योंकि उसे अवगति है कि उसी निर्णय पर उसकी योजनायें निर्भर करती है, यह निर्भर करता है कि वह किस रूप में अब अस्तित्ववान होगा। उनका कहना है कि इसके अतिरिक्त हर निर्णय में सूक्ष्म रूप से उसे 'अन्य के प्रति' भी अपने दायित्व का बोध रहता है। **उसका हर निर्णय अन्ततः तभी लिया जाता है, जब उसे वह निर्णय अन्य विकल्पों की अपेक्षा अधिक उपयुक्त लगे।** इस दृष्टि से उसका निर्णय उस परिस्थिति में सर्वश्रेष्ठ निर्णय के रूप में उभरता है। इसका अर्थ है कि वह निर्णय तभी लेता है जब वह यह सोच लेता है कि ऐसी परिस्थिति में फंसा हर व्यक्ति यही निर्णय लेगा। इस प्रकार अपने लिये निर्णय लेने में एक प्रकार से वह अन्य का भी मार्ग दर्शक बन जाता है, अन्य के प्रति अपने दायित्व के लिये सजग रहता है, तथा यह सोच लेता

है कि इस स्थिति में सभी ऐसा करेंगे। सात्र के विद्यार्थी वाले उदाहरण के विश्लेषण के द्वारा इस बात को स्पष्ट किया जा सकता है। मान लें उस विद्यार्थी ने अन्ततः युद्ध में जाने का निर्णय लिया। यह ठीक है कि अन्तिम निर्णय उसे ही लेना पड़ा, किन्तु इस निर्णय लेने की प्रक्रिया में जो उसका अन्तर्द्वन्द रहा, यह जो विकल्पों की परख का सिलसिला चलता रहा—वह सब उसके दायित्व-बोध की अभिव्यक्ति है। अपने प्रति तो उसका दायित्व-बोध स्पष्ट है क्योंकि इस निर्णय के अनुरूप उसका जीवन एक विशेष दिशा में प्रवाहित हुआ। किन्तु इस निर्णय में उसका 'अन्य के प्रति' दायित्व भी परिलक्षित है। ऐसा निर्णय वह तभी ले पाया जब उसे यह समझ आयी कि ऐसी परिस्थिति में हर व्यक्ति युद्ध में जाने का ही निर्णय लेता। इस प्रकार अपने लिये 'चुनाव' करने में वह अन्य के लिये भी चुनाव कर रहा है। यही उसका अन्य के प्रति दायित्व-बोध है।

अस्तित्व में निहित कुछ वृत्तियाँ चिनता, निराशा आदि

हमने देखा कि जिस प्रकार सात्र मानव-अस्तित्व के विकास का चित्र खींचते हैं, उसमें ईश्वर का सहारा नहीं है' 'एकाकीपन की चेतना है' यह चेतना है कि उसे ही अपनी योजनाओं के निर्माण निश्चय करने की स्वतंत्रता है, तथा इस चेतना में गहरा दायित्व-बोध है अपने प्रति भी तथा अन्य के प्रति भी। इन सबों का सम्मिलित प्रभाव यह होता है कि मनुष्य के अन्तर में कुछ भावनात्मक स्ववृत्तियाँ (Dispositions) उत्पन्न हो जाती है' जो उसके जीवन उसके अस्तित्व के अनिवार्य अंश के रूप में उभरती हैं। सात्र ने इस स्ववृत्तियों को भिन्न-भिन्न नाम देकर स्पष्ट किया है।

सात्र ने ऐसी एक मनोदशा को **कुत्सा या मचलाहट** (Nausea) की भावना कहा है। इस नाम से उनकी प्राथमिक साहित्यिक कृति भी है। वस्तुतः इस भावना का स्रोत मानवीय स्वतंत्रता पर अचेतन तत्त्वों का सतत अवरोध की अनुभूति है। चेतन मनुष्य को सदा यह प्रतीत होता है कि स्थूल अचेतन तत्त्व (being-in-itself) यदि उसे इस प्रकार घेरे नहीं रहते, तो उसकी स्वतंत्रता का प्रवाह सहज तथा सरल होता। उसे लगता है कि उसे इन्हीं के चलते हर क्षण अपने निर्णयों को नया-नया रूप देना पड़ता है। इस प्रकार की विचित्र मानसिक अनुभूति का स्पष्ट उदाहरण ऐसे क्षणों में प्राप्त होता है, जब हमारी कोई योजना एकाएक किसी भौतिक घेरे के कारण रूकने लगती है। यह समझ कि निर्जीव, अचेतन तत्त्व भी हमारे चेतन अस्तित्व को अवरुद्ध कर सकती है **मचलाहट** (Nausea) की भावना है।

ऐसी ही एक मनोवृत्ति है **चिन्ता** (anxiety) तथा **परिताप** (anguish)। वस्तुतः **'चिन्ता'** उस सामान्य अस्तित्ववादी चिन्ता को सूचित करती है, जो मानव-अस्तित्व का अनिवार्य अंग है। इस चिन्ता का कोई निश्चित विषय नहीं है; फिर भी अनामरूप इस चिन्ता से मानव को मुक्ति नहीं। सात्र के विचार में इस चिन्ता का मूल मानवीय स्वतंत्रता है। मानव की यह अनुभूति कि उसका जीवन उसी के स्वतंत्र निर्णय पर निर्भर करता है, मनुष्य में चिन्ता उत्पन्न करती है। साथ-साथ प्रबल दायित्व-बोध—वह भी केवल अपने प्रति नहीं, बल्कि अन्य के प्रति भी दायत्वि-बोध एक सतत् भार-रूप प्रतीत होता है, तथा इसी से चिन्ता उपजती है। यदि कोई ईश्वर जैसा सहारा होता तो यह चिन्ता नहीं उपजती। किन्तु यह बोध कि सब कुछ मुझे ही करना है, वह भी इस रूप में कि अन्य के प्रति भी दायित्व निभे-चिन्ताकारक है ही। इस चिन्ता के विषय में यह भी नहीं कहा जा सकता कि यह चिन्ता किस 'चीज' की चिन्ता है। यह अनभिज्ञता ही परिताप (anguish) को जन्म देती है।

इसी संदर्भ में सात्र ने **एक अन्य स्ववृत्ति-निरावलम्बता या असहायता** (Forlorness) का भी उल्लेख किया है। निरावलम्बता की अनुभूति का एक अनिवार्य उपकरण तो यह अनुभूति है कि कोई ईश्वर-या कोई सहारा नहीं है। साथ ही साथ उसे यह भी अनुभूति है कि बिना सहारे के उसे हर क्षण-आत्म-अस्तित्व का निर्माण करना है। इस निर्माण में उसे कोई ऐसा माणदण्ड या निर्देश भी उपलब्ध नहीं है जिसके द्वारा वह अपनी योजनाओं को रूप दे सके। परम्परा कुछ स्थापित मूल्य तथा नैतिक आदर्श तो प्रस्तुत करती है, किन्तु वास्तविक परिस्थितियों में ऐसा कोई नैतिक नियम या निर्देश सहायता नहीं कर पाता, उन निर्देशों के विषय में भी व्यक्ति को ही निर्णय लेना पड़ता है। सात्र का कहना ही है कि प्रचलित नैतिक निर्देश तो वास्तविक स्थितियों को तो नहीं ही सुलझा सकते क्योंकि वे कोई कार्य-प्रणाली को सूचित नहीं करते, और न कोई निर्णयात्मक आदेश ही देते हैं, क्योंकि वे वस्तुतः पहले के मनुष्यों के द्वारा लिये गये कुछ निर्णयों की सूचना मात्र है। इसी कारण वास्तविक परिस्थितियों में तो इस प्रकार के आदेशों से और उलझन ही पैदा होती है। अतः उसे यह स्पष्ट अनुभूति होती है कि उसकी योजनाएँ मात्र उसी पर निर्भर हैं, उसके लिये किसी प्रकार का आधार या किसी प्रकार का सहारा उपलब्ध नहीं। यही अनुभूति **निरवलम्बता** (Forloness) है।

सात्र ने एक अन्य भावनात्मक मनोवृत्ति का भी विवरण दिया है जिसे वे **निराशा** (Despair) कहते हैं। जब वे अस्तित्ववादी **निराशा** को अस्तित्व का अंग कहते हैं तो उनका एक विशेष अभिप्राय स्पष्ट होता है। मानवीय अस्तित्व की विचित्र विडम्बना यह है कि उसके निर्णय पर आधृत योजनाएँ भी मात्र **संभावित** होती हैं, निश्चित नहीं हैं। योजनाओं को व्यक्ति तो स्वयं बनाना है, उनका पूर्ण दायित्व उसी के स्वतंत्र निर्णय पर है, फिर भी यह किसी निश्चित परिणाम की न घोषणा कर सकता है और न उसकी कल्पना ही कर सकता है। उसके निर्णय 'संभावनाओं' से ही संबंधित हो सकते हैं, निश्चयता से नहीं। अनिश्चयता की ऐसी अनुभूति निराशा (Despair) उत्पन्न करती है। हम निर्णय ले रहे हैं, कार्यों को रूप दे रहे हैं, और साथ-साथ यह भी समझ रहे हैं कि सब कुछ अनिश्चित है। कोई आवश्यक नहीं कि योजनाएँ सफल हों, यही अनिश्चियता निराशा कारक है।

सात्र का कहना है कि चेतन अस्तित्व (Being-for-itself) के जीवन की ये अनिवार्य विधायें हैं। अस्तित्ववान होने का—मानव होने का—अर्थ ही हैं इन अनुभूतियों के साथ जीना। अतः सात्र के दर्शन में ये अनुभूतियाँ नकारात्मक नहीं। सात्र अस्तित्ववादी 'निराशा' की बात करते हुए अपने अस्तित्ववादी विचार को निराशावादी (Pessimistic) नहीं कहते, क्योंकि इन्हीं अनुभूतियों से तो मानव का विशिष्ट मानवीय रूप निखरता है। इनके साथ जीना ही तो **मानव** होना है, यही तो मनुष्य की **प्रमाणिकता** (authenticity) है।

आत्म-प्रवंचना
(Bad Faith)

ऊपर कहा गया कि अस्तित्व में निहित, चिन्ता, निरावलम्बता, निराशा आदि की अनुभूति मनुष्य की प्रमाणिकता—उसकी विशिष्ट मानवीयता के अनिवार्य उपकरण हैं। किन्तु बहुधा लोग इस प्रकार की अनुभूति से त्रस्त हो जाते हैं। इससे घबड़ाकर वे इस अनुभूति से बचने का मार्ग ढूंढ़ने लगते हैं। आधुनिक काल में अधिकतर मनुष्य ऐसा ही

करते हैं। उन्हें प्रतीत होता है कि प्रमाणिक जीवन जीना बड़ा कठिन है, क्योंकि वे चिन्ता, क्लेश, निराशा से बचना चाहते हैं। बिडम्बना यह है कि मानवीय अस्तित्व की विशिष्टता, मानवीयता की गरिमा इन अनुभूतियों के साथ जीने में है, अतः इन अनुभूतियों से भागने का अर्थ है अपनी मानवीयता से भागना।

प्रश्न है कि वह अपनी मानवीयता के कैसे भाग सकता है। सात्र इसकी संभावनाओं को सरल रूप में स्पष्ट करते हैं। उसे तो यह अनुभूति है ही कि चिन्ता, निराशा आदि उसके **चेतन-अस्तित्व** के अंग है, ये सब मनुष्य की 'मानवीयता' के जीवन में उत्पन्न होते हैं। तो इनसे भागने का ढंग तो वही हो सकता है जो 'मानवीयता' के दायित्व-बोध से भागने का ढंग हो, 'चेतन-अस्तित्व' (for-itself) से हटने का ढंग हो। चेतन-अस्तित्व के अतिरिक्त सत्ता के दो **अन्य आयाम** हैं—'अचेतन-अस्तित्व' तथा 'अन्य अस्तित्व'। दोनों की अनुभूति 'चेतन-अस्तित्व' को है। तो अपने चेतन-अस्तित्व से भागने का एक डंग तो यह संभव है कि वह अपने चेतन-रूप को भूल अपने को 'वस्तु' बन जाने दे। अपने चेतन-रूप को भूलने का दूसरा ढंग यह हो सकता है कि यह निर्णय की स्वतंत्रता को छोड़ अपने को 'अन्य' के संकेत पर छोड़ दे।

सात्र का कहना है कि अधिकांश व्यक्ति ऐसा ही करते हैं। उन्हें यह लगता है कि इन **दोनों** ढंगों से वे अपने दायित्व-बोध तथा उससे उत्पन्न चिन्ता-निराशा आदि से मुक्ति पा सकते हैं, अथवा कम-से-क़म उसे सहनीय तो बना ही सकते हैं। इसे ही सात्र **'आत्म-प्रवंचना'** (Bad Faith) कहते हैं। यह **आत्म प्रवंचना** है क्योंकि यह एक प्रकार से अपने को ठगना है, अपने को इस भुलावे में डालने का प्रयत्न है कि नियति एवं परिस्थितियाँ—स्थल-जगत तथा अन्य से भरे समाज—के निर्मम बंधन में मनुष्य का अपना कुछ वश नहीं है, अतः उन्हीं के ढाँचे में अपने को ढाल लेना तथा उन्हीं के अनुरूप चलने में त्राण है। सात्र का कहना है कि यही समझ तो **प्रवंचनात्मक विश्वास** (Bad faith) है। यह अपने आपको छलने का बहाना है क्योंकि यह अपनी वास्तविकता को अपने ही से छिपाने की चेष्टा है। वह अपनी मूल विशिष्टता, अपनी मानवीयता, अपनी मौलिक स्वतंत्रता से वस्तुतः भाग भी नहीं सकता, किन्तु वह समझ बैठता है कि वह ऐसा कर रहा है। यही **प्रवंचनात्मक विश्वास** (Bad Faith) है।

सात्र ने इसका विशद् विवरण किया है, इसके तात्विक रूप का भी विवरण हुआ है, तथा वास्तविक जीवन में इसकी अभिव्यक्ति के ढंगों का भी।

इसके तात्विक आधार को स्पष्ट करते हुए इसका आधार चेतना के **निषेधता** (Nothingness) रूप में दिखाते हैं। हमने देखा है कि उनके अनुसार चेतना का एक अनिवार्य पक्ष निषेधता है, वह निषेधों से ही सर्जित होती है। चेतना में निहित यह निषेधता कुछ व्यक्तियों में प्रमुख हो जाती है। अनेक उदाहरण दिये जा सकते हैं जहाँ व्यक्ति इन **'निषेधों'** (Not) को ही प्रमुख बना कर कार्य करता है। एक बंदी जो कारागार से भाग रहा है, **वह यदि रक्षकों**, सिपाहीगण आदि की संभावना को स्वीकारे रहे, तो वह भागने का उपक्रम करेगा ही नहीं। **तो उसके भागने के उपक्रम में उसके लिए रक्षक 'नहीं' है, रक्षकों की निषेधता उसकी योजना का** अनिवार्य अंग है। विपक्षी की बातों के खण्डन के लिये हम कभी-कभी अज्ञान का छल करते हैं। इस क्रिया में हम एक प्रकार से जो कह रहे हैं उसका निषेध ही कर रहे हैं। तो चेतना में निहित **'निषेधता' किसी-किसी**

व्यक्ति में कुछ अवसरों पर प्रमुख हो ही जाती है। सात्र कहते हैं कि विडम्बना यह है कि कभी-कभी यह निषेधता-शक्ति **अन्तर्मुखी** हो जाती है, तथा अपना ही, चेतना ही का, चेतन-अस्तित्व ही का **निषेध** करने लगतीं है। ऐसा अनेक व्यक्तियों में अनेक अवसरों पर होता है। इसी मनोवृत्ति को वे **प्रवंचनात्मक विश्वास** (Bad Faith—mauvaise foi) कहते हैं।

कहा जा सकता है कि एक अर्थ में यह अपने से **झूठ बोलना** (lying) है। किन्तु 'झूठ बोलने' का जो सामान्य ढंग है, उससे तथा इसमें कुछ भिन्नता है। साधारण झूठ बोलने में एक बात स्पष्ट है, व्यक्ति जब झूठ बोलता है, तो वह **जानता है** कि 'सत्य' क्या है। यदि वह 'सत्य' नहीं जानता होता तो उसका झूठ-झूठ ही नहीं होता। वह सत्य को **जानता हुआ** उसे जानबूझ कर छिपा लेता है, तभी वह झूठ है। इससे एक दूसरी बात भी स्पष्ट होती है। झूठ सत्य का निषेध है, किन्तु झूठ के साधारण उदाहरणों में झूठ बोलने वाले व्यक्ति के अन्तर में वृत्ति निषेधात्मक नहीं है, बल्कि पूर्णतया भावात्मक है क्योंकि उसे पूर्ण अवगति है कि वास्तविकता क्या है। इसका अर्थ है कि झूठ में उसकी आन्तरिक वृत्ति की अभिव्यक्ति नहीं होती। उसे **सुननेवाला**, उसकी बातों के आधार पर, उसे जो समझ रहा है, वह वस्तुतः नहीं है, तथा वह जानता है कि जैसा वह समझ जा रहा है, वह उसका आन्तरिक रूप नहीं है। अतः झूठ के साधारण उदाहरण में 'झूठ' व्यक्ति की वास्तविक आन्तरिक वृत्ति की अभिव्यक्ति नहीं होती।

किन्तु आत्म-प्रवंचना (Bad Faith) में, अपने से झूठ बोलने में, स्थिति इससे कुछ भिन्न है। **यहाँ मैं 'अन्य' से नहीं, अपने आप से ही सत्य को छिपा रहा हूँ।** तो, यहाँ यह संभव ही नहीं कि आन्तरिक वृत्ति 'कुछ' हो और उसकी अभिव्यक्ति 'कुछ और'। यहाँ साधारण झूठ के समान केवल 'ऊपर-ऊपर झूठ' बोला ही नहीं जा सकता। अतः यहाँ व्यक्ति की चेतना 'खण्डित' नहीं है, 'अपने लिए कुछ अन्य के लिये कुछ' जैसा नहीं है, क्योंकि यहाँ 'अपने' तथा 'अन्य' का भेद नहीं है। अतः साधारण झूठ के समान यह 'चेतना' के साथ जानबूझ कर बाहर का कोई लक्षण जोड़ा नहीं गया है, यह चेतना की एक **विधा** है, 'चेतना' कभी-कभी अपने को इस रूप में ढाल लेती है। यह व्यक्ति की एक विशिष्ट योजना हैं, जिसमें वह 'विस्मरण' का एक ढंग निकालने का निश्चय करता है। यहाँ साधारण झूठ के समान 'जानकारी' एवं 'अनभिज्ञता' का दो स्तर बन ही नहीं सकता, क्योंकि यहाँ 'प्रवंचक' तथा 'जिसे ठगा जा रहा है' दो व्यक्ति नहीं है। तो 'चेतना' जब इस रूप में मुखरित हो कि वह किसी प्रकार अपनी विशिष्टता को भूल सके, तो प्रवंचनात्मक विश्वास उत्पन्न होता है। यह 'प्रवंचना' तो है ही क्योंकि व्यक्ति अपने को 'छल' रहा है, किन्तु इस छलने के समय वह पूर्ण रूप से उसी छलावे में जी रहा है। साधारण झूठ में जानता है कि 'सच' क्या है, केवल अन्य 'छलावे' में हैं। यहाँ किसी प्रकार वह अपने आप से 'बेखुदी' में आ गया है, उसने अपने आप को भुलावे में रख लेता है, अभी वह किसी प्रकार अपनी विशिष्टता को भुला कर जी रहा है।

सात्र कहते हैं कि 'प्रवंचनात्मक विश्वास' के इस रूप को समझने के लिए इसके उन ढंगों का विवरण अनिवार्य है जिसमें वह जीवन में व्यक्त होता है। उनका कहना है कि आत्म प्रवंचना-मूलतः दो ढंगों से व्यक्त होती है। सत्ता के तीनों आयामों में मानव की सत्ता चेतन-**सत्ता**' है। अपने इसी रूप को भुला देना आत्म-प्रवंचना है। यह दो प्रकार से संभव

होता है, या तो जब 'चेतन सत्ता' अपने को अचेतन तत्त्व में परिणत कर दे, या वह अपने को अन्य की दृष्टि का विषय-मात्र बना दे। **पहली अवस्था में चेतन सत्ता अपने को इस प्रकार छोड़ देती है।** जैसे वह कोई निर्णय लेनेवाला व्यक्ति नहीं, बल्कि 'वस्तुओं' के समान प्रतिक्रियाओं का समूह मात्र है। दूसरी अवस्था में वह अपने को पूर्णतया 'अन्य' के संकेत पर नाचनेवाली कठपुतली के समान बना लेता है। दोनों ही अवस्थाओं में वह इस प्रकार जीता है, जैसे निर्णय-निश्चय उसके कार्य ही नहीं है, जैसे 'स्वतंत्रता' उसका रूप ही नहीं है।

इन दोनों अवस्थाओं का स्पष्टीकरण कुछ विशेष प्रकार के उदाहरणों के द्वारा किया गया है। पहले प्रकार की आत्म-प्रवंचना के उदाहरण-स्वरूप सात्र ने एक 'स्त्री' का उदाहरण लिया है। वह स्त्री किस पुरुष के साथ पहली बार बाहर जाती है। वह पुरूष उसे भिन्न-भिन्न स्थलों पर ले जाता है, एकान्त में ले जाता है। वहाँ वह उसका हाथ थाम लेता है। इसी की व्याख्या करते हुए सात्र कहते हैं कि महिला अपने 'हाथ' को उस पुरुष की गोद में छोड़े हुए है, जैसे वह हाथ किसी चेतन व्यक्ति का हाथ न हो, कोई स्थूल, निर्जीव वस्तु हो। वह निर्णय के दायित्व से अपने आप को अलग रख रही है, और इसीलिये उसने अपने को 'वस्तु' में परिणत कर लिया है। उसे यह अवगति है कि अन्ततः उसे इधर या उधर कुछ निश्चय करना ही पड़ेगा, किन्तु वह अपने साथी के ढंग में 'आदर' ही देखते जा रही है। वहाँ भविष्य की **'संभावनाओं'** से आँख मूँदे हैं, और केवल उस क्षण के वर्त्तमान में जी रही है। यदि वह कहता है 'तुम बेहद सुन्दर हो' तो वह उसकी कामुक भावनाओं की ओर ध्यान नहीं देती, बल्कि इस बात को ऐसे देखती है जैसे वह उसके **'वस्तु-रूप'** का विवरण हो। अभी उसने 'शरीर' को अपने 'चेतन-रूप' से अलग कर लिया है, जैसे उसके स्वीकारने-अस्वीकारने से उसके शरीर पर कोई प्रभाव न पड़े। सात्र का कहना है कि यह उस स्त्री का **प्रवंचनात्मक विश्वास** है, वह अपने को विषयरूप में परिणत कर अपने को ही ठग रही है।

दूसरे प्रकार के उदाहरण के स्वरूप में सात्र होटल के उस आदेशपालक (waiter) का उदाहरण लेते हैं, जो हर मेज पर आदेशानुसार समान पहुँचाता है। सात्र कहते हैं कि वह 'वेटर' वस्तुतः उस प्रकार से 'वेटर' नहीं है जिस प्रकार यह कलम कलम है। फिर भी वह अपने को मात्र 'वेटर' बना लेता है, तथा अन्य के आदेशों के अनुसार दौड़ता चलता है। वस्तुतः उसे यह अवगति है कि वह एक व्यक्ति हैं, जिसने 'वेटर' बनने का निश्चय किया है, जिसमें 'वेटर' बनने से कुछ अतिरिक्त पैसे भी मिलेंगे। किन्तु अपने 'वेटर' के कार्य में वह अपनी संभावनाओं को भुलाये रखता है। यदि वह 'वेटर' के कार्य के मध्य इन संभावनाओं को चेतना में रखे, तो वह 'वेटर' का कार्य दक्षता से नहीं कर पायेगा। अतः धीरे-धीरे वह अपने की पूर्णतया 'वेटर' बना लेता है। वह ऐसा बन जाता है कि उसके पास 'वेटर' बनने के अतिरिक्त कोई विकल्प नहीं है। सात्र कहते हैं कि यह साधारण 'धोखा' या 'झूठ' के समान नहीं हुआ, क्योंकि साधारण 'धोखे' के उदाहरण में व्यक्ति के 'अंतर तथा व्यक्ति के कार्य' में अनुरूपता नहीं होती। वहाँ व्यक्ति जानते हुए 'धोखा' करता है। किन्तु अपने को धोखा देने वाले—आत्म-प्रवंचना के इस उदाहरण में व्यक्ति किसी प्रकार यह समरूपता स्थापित कर लेता है। जैसे कोई **अभिनेता** श्रेष्ठ अभिनेता तभी होता है, जब वह अन्तर और बाहर दोनों में उस क्षण अभिनेता बना रहे, उसी प्रकार श्रेष्ठ 'वेटर' भी है। यदि अभिनेता अभिनय के क्षण में यह सोचता रहे कि

वस्तुतः यह तो अभिनय है, वास्तविकता नहीं, तो वह श्रेष्ठ अभिनय नहीं कर सकता। अतः 'वेटर' पूर्णतया 'वेटर' बन जाता है। किन्तु 'वेटर' का यह रूप **प्रवंचनात्मक विश्वास** में जीना है क्योंकि यह उसकी वास्तविकता नहीं, यह भी एक प्रकार का अभिनय ही है। आत्म-प्रवंचना (Bad faith) का यह रूप पहले से भिन्न है, क्योंकि यहाँ व्यक्ति अपनी वास्तविकता से भागने के प्रयत्न में अपने को अन्य के 'आदेश' एवं 'संकेत' पर छोड़ देता है।

सात्र का कहना है कि मनुष्य बड़ी सुगमता से इस प्रकार के प्रवंचनात्मक विश्वास में जीने लगता है। किन्तु इस आत्म-प्रवंचनात्मक जीवन में वस्तुतः उस चिन्ता, निराशा से मुक्ति पाने के उपक्रम में व्यक्ति शनैः-शनैः अपना अमानवीयकरण करता जाता है। उसे लगता है कि चिन्ता-निराशा तो चेतन-मानव को होती है, अतः शायद इस प्रकार के अप्रमाणिक जीवन से इस प्रकार के अमानवीयकरण से वह चिन्ता-निराशा से मुक्त हो जायगा। किन्तु उसकी वास्तविकता तो मरती नहीं, फलतः उसके जीवन में एक **कृत्रिमता** प्रवेश कर जाती है, जिसके फलस्वरूप ऊब, घुटन आदि उसके जीवन के अंग बन जाते हैं। यह आत्म-प्रवंचना उसे इस रूप में छलती है कि एक तो उसे त्राण भी नहीं मिलता, तथा वह अपने मानवीय गरिमा को भी खो देता है।

अतः सात्र के अनुसार मनुष्य की मानवीयता, उसका प्रमाणिक जीवन, अपनी गरिमा को बनाये रखने में हैं, दायित्व-बोध में है। चिन्ता, निराशा तो उसके अनिवार्य अंग हैं, उन्हें स्वीकारना, उनके साथ जीने में ही मनुष्य की मानवीय गरिमा निहित है। प्रमाणिकता का अर्थ है अपने दायित्वों को स्वीकारते हुए अपने निर्णयों को रूप देना—तथा पुनः उसके परिणामों के अनुरूप जीना इस जीवन के जो मूल्य अनुशंसित हैं वे इस प्रकार के मूल्य हैं जैसे स्वतंत्रता, सृजनात्मकता, मानव-गरिमा, निष्ठा, प्रतिबद्धता, प्रेम आदि।

सात्र के विचारों में मौलिक परिवर्त्तन

सात्र अपने जीवन के अन्तिम चरण में अपने अस्तित्ववादी विचारों से कुछ परे चले जाते हैं। यहाँ हमारा उद्देश्य सात्र के अस्तित्ववादी विचारों का विवरण देना है। फिर भी उनके विचारों में जो यह मौलिक परिवर्त्तन आया उसका हम एक संक्षिप्त उल्लेख कर दे रहे हैं---वह भी इस ढंग से कि इस परिवर्त्तन को भी उनके अस्तित्ववाद परिप्रेक्ष्य में समझा जा सके।

सन् 1960 में सात्र ने अपनी नयी पुस्तक 'Critrique of Dialectical Method' का प्रथम खण्ड प्रकाशित किया, जिसकी भूमिका का अंगरेजी अनुवाद 'Search for a Method' भी बाद में प्रकाशित हुआ। इस पुस्तक के साथ एक नया 'सात्र' प्रकट हुआ। ऐसा प्रतीत होने लगा कि सात्र ने अपने अस्तित्ववादी विचारों में आमूल परिवर्त्तन कर लिया है, तथा **मार्क्सवाद** का समर्थन एवं पोषण किया है।

अब सात्र कहते हैं कि वर्तमान युग का वास्तविक दर्शन 'मार्क्सवाद' ही है। अस्तित्ववाद को अधिक-से-अधिक एक दृष्टि या सिद्धान्त (Ideology) के रूप में मान्यता मिल सकती है, 'दर्शन' के रूप में नहीं। 'दर्शन' जीवन की सम्पूर्णता को व्यक्त करता है, सिद्धान्त किसी विशेष दृष्टि से कुछ तथ्यों पर प्रकाश दे पाता है। सात्र अस्तित्ववाद को पूर्णतया नकारते नहीं हैं, वे स्वीकारते हैं कि अस्तित्ववादी विचारधारा का केन्द्र-बिन्दु---'स्वतंत्र व्यक्ति' उनके मार्क्सवादी दर्शन का केन्द्र-बिन्दु नहीं। अब वे व्यक्ति

की मौलिक स्वतंत्रता के अनुरूप मानव-जीवन की व्याख्या नहीं करते। अब उन्हें यह प्रतीत होता है कि उस प्रकार की व्याख्या जीवन की 'सम्पूर्णता' को समझ ही नहीं पाती है।

बात यह है कि अपने अस्तित्ववादी विचार में सात्र ने 'समाज-व्यवस्था' की ओर कोई विशेष ध्यान नहीं दिया था। यहाँ तो उनकी मान्यता थी कि हर व्यक्ति को अपने ढंग से अपने जीवन का निर्माण करना है। सामाजिक व्यवस्था को भी व्यक्ति-केन्द्रीय बनाने का प्रयत्न हुआ, यहाँ तक कि सार्वजनिक मूल्यों की विवेचना भी नहीं हुई। संभवतः इस स्थिति से सात्र स्वयं असंतुष्ट हो गये। अब उन्हें व्यक्ति के एकाकीपन का हरण अनिवार्य प्रतीत होने लगा। उन्हें लगा कि व्यक्ति की ऐतिहासिकता इस बात की साक्षी है कि व्यक्ति अनिवार्यतः समाज का अंग है। अतः व्यक्ति की कहानी उसकी वैयक्तिक कहानी नहीं होती, समाजिकता की कहानी होगी। इस दृष्टि से उन्हें मार्क्सवाद में तथ्य दिखाई दिया, अतः उन्होंने एक साफ-सुथरे मार्क्सवाद का समर्थन किया। मार्क्सवाद के विभिन्न रूपान्तरों (जैसे लेनिनवाद) का वे समर्थन नहीं करते, उनका कहना है कि वे द्वन्द्वात्मक बुद्धि की अनिवार्यता को सिद्ध करते हुए, वे मूल मार्क्सवाद को पूर्णतया परिष्कृत करना चाहते हैं।

ऐसा लगता है कि मानव-जीवन पर विचार करते हुए सात्र को यह प्रतीत होने लगा कि मानव-जीवन मूलतः **अभावता** (Scarcity) की अनुभूति में ही अग्रसर होता है। 'अभावता' के अन्तर्गत केवल 'भोजन' जैसे आवश्यक तत्त्वों का अभाव ही नहीं आता, बल्कि वैसी हर 'कमी' आती है, जो जीवन को अनिवार्यतः प्रभावित करती है। इसी कमी की अनुभूति में तनाव, हिंसा आदि भी उत्पन्न होते हैं, 'संघर्ष' की स्थिति उत्पन्न होती है और मानव-जीवन इन संघर्षों से सर्जित होता है। सात्र के अनुसार इस **अभावता** (Scarcity) का आधार वातावरण के वैसे तत्व हैं, जो निश्चेष्ट होते हुए भी क्रियात्मक रूप में कार्यों को निश्चित ढंग से प्रभावित करते हैं (Practico Inert) इस प्रकार की प्रभावशाली **क्रियात्मक निश्चेष्टता** (Practico Inert) की व्याख्या करते हुए सात्र कहते हैं कि यह निश्चित रूप में संभावनाओं को सीमित करती हैं, तथा मानवीय स्वतंत्रता को उन सीमाओं से अवरोधित करती है। उदाहरणतः आवागमन के नवीनतम ढंगों की अतिशयता के फलस्वरूप जो प्रदूषण उत्पन्न हुआ है, उससे हमारी स्वतंत्रता एक दृष्टि से अवरुद्ध हुई है, हम स्वच्छ हवा में श्वास नहीं ले पाते, मार्गों पर सुविधा से चल भी नहीं सकते। यह सभी सीमाएँ अस्पष्ट नहीं है, कुछ बहुत पहले के ढंगों से उत्पन्न हैं, फिर भी उस प्रकार निश्चेष्ट होते हुए वे सूक्ष्म रूप से हमारी स्वतंत्रता को सीमित कर रहे हैं। इस प्रकार सात्र कहते हैं कि 'जीवन' की व्याख्या के लिए केवल मानवीय स्वतंत्रता यथेष्ट नहीं, बल्कि वे 'तथ्य' भी अनिवार्य है जो मानवीय स्वतंत्रता को भी सीमित एवं निरूपित करते हैं। अतः वे '**मानव की क्रियाशीलता**' तथा वातावरण में उपलब्ध 'क्रियात्मक निश्चेष्टता' के द्वन्द्वात्मक संबंध के द्वारा मानव जीवन की व्याख्या करना अधिक उपयुक्त समझते हैं। इसी संदर्भ में वे यह भी देखते हैं कि आधुनिक काल में संघर्ष उत्पन्न करनेवाली अभावता पूँजीवादी की स्वतंत्रता तो निरापद रहे, किन्तु अभाव (Scarcity) अन्य की स्वतंत्रता को सीमित कर दे। सात्र के मार्क्सवाद के आकर्षण का एक मुख्य कारण यह भी था कि उन्हें इस परिस्थिति में मार्क्सवाद ही आधुनिक काल का दर्शन प्रतीत हुआ, क्योंकि इसी में 'मानवीय क्रियाशीलता' एवं 'क्रियात्मक निश्चेष्टता' के द्वन्द्वात्मक संबंध के आधार पर एक ऐसी व्याख्या दी गयी है जो अभावता के द्वारा उत्पन्न किया हुआ पूँजीवादी शोषण का समाधान करते हुए एक स्वस्थ मानव समाज का चित्र खींचता है।

हमरा उद्देश्य सात्र के इस विचार का विशद् विवरण देना नहीं है, क्योंकि हम सात्र के अस्तित्ववाद का विवरण कर रहे हैं। किन्तु हमारे लिए एक प्रश्न प्रासंगिक है—सात्र के विचारों में इस परिवर्त्तन में 'अस्तित्ववाद' से 'मार्क्सवाद' तक पहुँचने का कोई नैचारिक आधार है, या क्या सात्र ने अपने अस्तित्वाद को पूर्णतया त्याग कर दिया है?

सात्र ने संकेत दिया है कि एक दृष्टि से अस्तित्ववाद भी मार्क्सवाद तक पहुँचने का सोपान हो सकता है। अस्तित्वाद में जो 'व्यक्ति की व्याख्या है, उसमें कुछ तथ्य महत्त्वपूर्ण हैं। व्यक्ति सदा अपने को 'परिस्थितियों' (Situations) में पाता है। अपने मार्क्सवादी विचार में सात्र इन्ही परिस्थितियों को उनके सामाजिक एवं ऐतिहासिक संदर्भ में समझने की अनिवार्यता पर जोर देते हैं। पुनः अस्तित्ववादी व्याख्या में सात्र कहते हैं कि व्यक्ति अपनी चेतना में एक कमी की अनुभूति करता है। उनके मार्क्सवादी विचार में यह **'कमी'** द्वन्द्वात्मक बुद्धि' (Diaeletical Reason) में निहित व्याघात संबंध है, जिसके द्वारा व्यक्ति तथा समाज के संबंधों की व्याख्या होती है। पुनः अस्तित्ववादी विचार के अनुसार शक्ति की स्वतंन्त्रता उसके स्व-निर्माण का आधार है। किन्तु अब सात्र को यह दिखाई देता है कि व्यक्ति की स्वनिर्मित योजनाएँ पुनः व्यक्ति को प्रभावित करती है। अपने निर्णयों के अनुरूप उसकी योजनाएँ अग्रसर होती है, किन्तु अब इन योजनाओं से पुनः व्यक्ति सीमित प्रभावित होता है। यही तो द्वन्द्वात्मक संबंध है जिसके आधार पर केवल वैयक्तिक जीवन की ही नहीं, बल्कि सामाजिक एवं ऐतिहासिक संपूर्णता की भी व्याख्या हो सकती है।

अतः हम कहते हैं कि सात्र न अपने अस्तित्ववादी विचारों का पूर्ण निषेध या निरसन नहीं किया है, किन्तु उसे त्यागा है कुछ इस ढंग से कि उसके कुछ अंश उनके मार्क्सवादी विचार के अंग बन कर जीवित रह सकें।

❑

परिशिष्ट

तार्किक भाववाद के बाद का तत्त्वमीमांसीय चिन्तन

तार्किक भाववाद के बाद का तत्त्वमीमांसीय चिन्तन

विषय-प्रवेश—इस प्रकार के चिन्तन के दो रूप

तार्किक भाववाद एवं तार्किक अनुभववाद के दर्शनों में तत्त्वमीमांसा-निरसन का बड़ा प्रचण्ड प्रयत्न हुआ। इस प्रयत्न की प्रारंभिक सबलता इतनी प्रबल थी कि प्रतीत होने लगा कि तत्त्वमीमांसीय चिन्तन का ढंग समाप्त हो जायेगा। किन्तु, जिस वेग से तार्किक भाववाद का प्रभाव बढ़ा था, उसी वेग से यह क्षीण भी होने लगा। किन्तु, इसकी कुछ पैनी आपत्तियों का प्रभाव तत्त्वमीमांसीय चिन्तन पर पड़ना स्वाभाविक था। फलतः तार्किक भाववाद के तत्त्वमीमांसा-निरसन प्रयत्न के विरुद्ध तत्त्वमीमांसा के क्षेत्र में तीव्र प्रतिक्रियाएँ हुईं।

कहा जा सकता है कि ऐसी तीन प्रतिक्रियाएँ प्रकाश में आयीं। इनमें प्रथम तो कारगर प्रतिक्रिया सिद्ध नहीं हुई, क्योंकि यह उदासीनता की प्रतिक्रिया थी। कुछ ऐसे परम्परावादी एवं रूढ़िवादी तत्त्व-दार्शनिक थे जिन्होंने तार्किक भाववाद की बातों को अनर्गल समझा, इस पर ध्यान नहीं दिया, तथा परम्परागत ढंग से अपने चिंतन में रत रहे। स्पष्टतः ऐसी प्रतिक्रियाओं को समर्थन एवं मान्यता वैसी नहीं मिल पायी क्योंकि यह अनिवार्य हो गया था कि तार्किक भाववाद की आपत्तियों के आलोक में तत्व-दार्शनिक अपनी चिन्तन-पद्धति पर पुनः ध्यान दें, तथा उसे उस आलोक में नये ढंग से प्रतिष्ठित करें।

तो, इस दृष्टि से तत्त्व-दर्शन के क्षेत्र में तार्किक भाववाद के विरुद्ध **दो** प्रकार की प्रतिक्रियाएँ हुईं।

(क) एक तो तत्त्वमीमांसा **के स्वरूप के संबंध में** पुनः विचार होने लगा।

(ख) नये ढंग का तत्त्व-दर्शन प्रकाश में आने लगा, जो पारम्परिक तत्त्व-दर्शन से स्वरूपतः भिन्न हो गया।

पहले 'क' को **तत्त्व-मीमांसा का दर्शन** कह सकते हैं, और दूसरे 'ख' के अन्तर्गत उस समय में विकसित **नये ढंग के तत्त्वमीमांसीय चिन्तन**' को रखा जा सकता है। पहले में तत्त्वमीमांसा का कोई नया रूप नहीं उभरता, बल्कि तत्त्वमीमांसा के स्वरूप से संबंधित नये-नये विचार प्रकाश में आये, दूसरे में नयी तत्त्वमीमांसा ही उभरी। पहले में चिन्तन का विषय है 'तत्त्वमीमांसा का स्वरूप', किन्तु दूसरे में, नये परिवेश में नवीन तत्त्वमीमांसा का ही सृजन होने लगा।

दोनों की सामान्य मान्यताएँ

इसके पहले की इन दोनों शाखाओं की अलग-अलग विवेचना की जाय, यह जान लेना आवश्यक है कि तत्त्वमीमांसीय चिन्तन के इन दोनों रूपों की कुछ एक जैसे सामान्य मान्यताएँ भी प्रकाश में आयीं। **प्रथमतः** तो इन दोनों ढंगों की अब मान्यता बन गयी कि तत्त्वमीमांसीय चिन्तन का प्रारंभ भी 'अनुभव' के आधार पर ही संभव है। तत्त्वमीमांसा के

विरुद्ध भाववाद की आपत्ति का आधार था 'उनके' द्वारा अनुभव की केन्द्रियता को स्वीकारना'। नवीन तत्त्वमीमांसीय चिन्तन ने भी देखा कि वह भी अनुभव-आश्रित ही है, अतः उन्होंने इसे स्वीकारते हुए अपनी तत्त्वमीमांसीय को रूप देने का प्रयत्न किया। वैसे, पहले भी, ब्रैडले जैसे तत्त्वमीमांसक 'अनुभव' के ही आधार पर अपनी इमारत खड़ी करने का प्रयत्न करते रहे हैं, किन्तु उनके द्वारा कल्पित 'अनुभव' के ही आधार पर अपनी इमारत खड़ी करने का प्रयत्न करते रहे हैं, किन्तु उनके द्वारा कल्पित 'अनुभव' की अवधारणा भी कुछ तत्त्वमीमांसीय हो गयी है, कम-से-कम अनुभव का जो सामान्य, साधारण अवबोध है उससे भिन्न तो अवश्य है। किन्तु, इन नये तत्त्वमीमांसकों का प्रयत्न इस दिशा में रहा कि वे 'अनुभव' के सामान्य, साधारण अर्थ के आधार पर ही अपनी तत्त्वमीमांसा का सृजन करें, तथा इसमें उन्हें कोई असंगति या कोई कठिनाई नहीं दिखायी दी। हमारे चिन्तन का आधार हमारा वैयक्तिक अनुभव ही है, अतः तत्त्वमीमांसीय चिन्तन भी इसी आधार पर अग्रसर हो सकता है।

इन दोनों शाखाओं की एक और अन्य मान्यता यह रही कि उन्होंने अपने चिन्तन के पहले यह समझने की चेष्टा की कि वस्तुतः तत्त्वमीमांसा क्या है इसका स्वरूप क्या है? इसके स्वरूप के संबंध में चिन्तन करने के लिए भी पहले इसकी एक प्रारंभिक समझ अनिवार्य है, तथा किसी भी प्रकार की तात्त्विक संरचना के लिए तो यह समझ और भी अनिवार्य है। विभिन्न चिन्तकों ने इस प्रारंभिक रूप में भी तत्त्वमीमांसा को भिन्न-भिन्न ढंगों से परिभाषित करने का प्रयत्न किया, किन्तु उनके इन प्रयत्नों के पीछे सामान्य रूप में तत्त्वमीमांसा को समझने का एक प्रारंभिक रूप उभरता है। उस प्रारंभिक रूप की समझ इन दोनों शाखाओं के विवरण-विवेचन के लिए उपयोगी है।

तत्त्वमीमांसा के स्वरूप की एक प्रारंभिक समझ

इस नये परिवेश में तत्त्वमीमांसा के पारंपरिक स्वरूप के संबंध में मौलिक प्रश्न उठाये जाने लगे। ऐसा प्रतीत होने लगा कि तत्त्वमीमांसा की प्रारंभिक समझ के लिए भी उन प्रश्नों को उठाया जाना—उन पर पुनः विचार—आवश्यक है। अतः जो प्रश्न उठाये जाने लगे वे कुछ इस प्रकार के हुए—क्या तत्त्वमीमांसा तात्त्विक सत्ताओं के विषय में विचार है? क्या तत्त्वमीमांसा में हम सत्-संबंधी कोई व्यापक दृष्टि प्राप्त करते हैं? क्या यह जीवन एवं जगत के संबंध में कोई आद्य—मौलिक समझ है? क्या यह हमारे सामान्य अनुभवों के सार्वभौम आधार को ढूँढ़ने का प्रयत्न है? क्या यह अनुभवों के प्रागनुभविक आधारों को परखने की चेष्टा है। ऐसे ही प्रश्न उठाये जाने लगे, इन सबों की विवेचना विभिन्न ढंगों से होने लगी। उनमें से कुछ प्रमुख विवेचनाओं का उल्लेख आगे होगा। किन्तु, रोचक तथ्य यह है कि इन सभी विवेचनाओं में निहित एक ऐसी वैचारिक मान्यता प्रकाश में आयी जिसमें तत्त्वमीमांसा के स्वरूप के संबंध में एक सामान्य प्रारंभिक समझ उभरी। तत्त्वमीमांसा के इस प्रारंभिक किन्तु मूल अर्थ में कुछ ऐसी व्यापकता है कि इसके अंतर्गत तत्त्वमीमांसा के केवल नये उभरते रूप ही नहीं, बल्कि उसका पारम्परिक स्वरूप भी समाविष्ट है।

वैसे इस प्रारंभिक समझ की अभिव्यक्ति भी भिन्न-भिन्न ढंगों से की गयी है, किन्तु सामान्य रूप में कहा जा सकता है कि 'तत्त्वमीमांसा **जो ज्ञान हमें उपलब्ध है** उसे पुनः नये ढंग से व्यवस्थित करने का प्रयत्न है, और यह प्रयत्न अग्रसर होता है **जो ज्ञान हमें उपलब्ध हो सकता है**, उसके आलोक में।(It is an attempt to organize the knowledge that we have in terms of the knowledge that we can have) तो 'उपलब्ध ज्ञान' और 'ज्ञान उपलब्ध होने की अतिरिक्त संभावनाएँ—इन्हीं दोनों के तालमेल में तत्त्वमीमांसीय चिन्तन प्रस्फुटित होता है। हमें साधारण सामान्य ज्ञान सहज रूप में उपलब्ध है। वह ज्ञान उपयोगी है, और हमारा जीवन उसी ज्ञान के सहारे चलता है। किन्तु, यदि हम उस उपलब्ध ज्ञान के स्वरूप पर विचार करते हैं, तो प्रतीत होता है कि यह ज्ञान अयथेष्ट ही नहीं, शायद वास्तविक ज्ञान भी नहीं। इसी विचार में यह भी स्पष्ट होने लगता है कि जो ज्ञान हमें उपलब्ध है वह, उपयोगी होते हुए भी, बड़ा ही सीमित एवं अपूर्ण है। इसी अवगति में ज्ञान की संभावनाओं की दिशा भी स्पष्ट होने लगती है, ज्ञान के नये-नये आयाम भी दिखाई देने लगते हैं। कभी-कभी ऐसा भी होता है कि इन नवीन संभावनाओं तथा इन नये आयामों के आलोक में हम अपने उपलब्ध ज्ञान को नये ढंग से संयोजित—व्यवस्थित करने लगते हैं। यही तत्त्वमीमांसीय चिन्तन का रूप ले लेता है।

इस प्रकार तत्त्वमीमांसीय चिन्तन एक प्रकार का वैचारिक पुनर्वलोकन है (Conceptual Revision) जिसमें एक ऐसी वैचारिक व्यवस्था रूप लेती है जो सतत् हमारे आनुभविक उपकरणों एवं उपलब्ध आनुभविक ज्ञान के साथ उन नवीन मांगों के समन्वय का प्रयत्न करती रहती है जो अनुभव के संभावित आयामों के द्वारा प्रेषित हैं। इसी कारण कहा जाता है कि तत्त्वमीमांसा इन्द्रिय-आश्रित सामान्य ज्ञान से ऊपर उठने की चेष्टा में जन्म लेती है। वही अनुभव जो सामान्य ज्ञान का आधार है, ज्ञान के नये आयामों की संभावनाओं की ओर भी हमें सजग करता है। और तब विचार दोनों के तालमेल, आदान-प्रदान के आधार पर एक नयी वैचारिक व्यवस्था (Conceptual Scheme) को रूप देता है। इसी प्रकार तत्त्वमीमांसीय चिन्तन अग्रसर होता है।

स्पष्ट है, ऐसा चिन्तन कभी भी पूर्ण या अन्तिम रूप नहीं ले सकता है। यह वैचारिक पुनर्वलोकन है, अतः इसमें एक निरन्तरता है, क्योंकि पुनर्वलोकन की संभावना कभी समाप्त नहीं होती। तत्त्वमीमांसा कभी भी अन्तिम तत्त्वमीमांसा नहीं हो सकती, यह सदा अयथेष्ठ ही रह सकती है, क्योंकि अनुभव के उभरते आयाम अन्तिम आयाम नहीं है। परम्परागत तत्त्वमीमांसा में यही तो भूल थी कि उन विचारकों ने अपनी तत्त्वमीमांसा को पूर्ण एवं अन्तिम मान लिया, और यह समझ बैठे कि अब अनुभव के किसी नये आयाम की संभावना बाकी नहीं रही। तार्किक भाववाद का आघात वस्तुतः इसी प्रकार की तत्त्वमीमांसा के विरुद्ध था। अब यह स्पष्ट हो गया कि 'वैचारिक पुनर्वलोकन' की प्रक्रिया का कोई अन्तिम रूप नहीं हो सकता, यह भी एक सतत् एवं निरन्तर प्रवाहित होने वाला वैचारिक प्रवाह है।

तत्त्वमीमांसा के स्वरूप की इस प्रारंभिक समझ के अनुरूप अब हम तत्त्वमीमांसीय चिन्तन के ऊपर बताये गये दो रूपों का अलग-अलग विवरण करेंगे। पहले पहली शाखा के अन्तर्गत कुछ प्रमुख विचारों का उल्लेख करें।

तत्त्वमीमांसा का दर्शन
(Philosophy of Metaphysics)

तार्किक भाववाद के तत्त्वमीमांसीय-निरसन के प्रचण्ड प्रयत्न के बाद तत्त्वमीमांसा के स्वरूप के संबंध में नये-नये रूपों में विचार होने लगे, जिन विचारों को 'तत्त्वमीमांसा का दर्शन' कहा जा सकता है, भिन्न-भिन्न विचारकों ने अपने-अपने ढंग से इस पर विचार

किया, रोचक बात यह है कि इन सभी विचारों में तत्त्वमीमांसा के स्वरूप पर एक नया प्रकाश पड़ा तथा कुछ नये वाद्विषय प्रकाश में आये। हम उनमें से कुछ प्रमुख मतों का उल्लेख कर रहे हैं।

(1) वाल्स का मत

इस दिशा में वाल्स ने एक बड़ा सरल प्रयत्न किया। उन्होंने देखा कि तत्त्वमीमांसा-निरसन का आधार जिसे तार्किक अनुभववादी विचारकों ने बड़ा महत्त्व दिया था, **अनुभव** ही था। उन्हें भी ऐसा प्रतीत हुआ कि 'अनुभव' की उपेक्षा वास्तविकता की उपेक्षा ही है। किन्तु, उन्हें तत्त्वमीमांसीय चिन्तन निरर्थक भी प्रतीत नहीं होता। अतः उन्होंने इस निर्देश का प्रयत्न किया कि तत्त्वमीमांसीय चिन्तन अनुभव के विपरीत नहीं, बल्कि अनुभव-आधृत है।

पहले तो उन्होंने यह दिखाने का प्रयत्न किया कि तत्त्वमीमांसीय चिन्तन हवा की बातें नहीं हैं (not a news form nowhere) प्लेटो, ब्रैडले जैसे विचारक कोई सर्वथा अनर्गल, भ्रामक या बेतुकी बातें नहीं कर रहे थे, क्योंकि ऐसे लोगों ने जगत एवं जीवन के अनुभव या अनुभूतियों की उपेक्षा नहीं की थी। उन लोगों ने भी इन्हीं अनुभवों के ठोस धरातल पर अपनी तत्त्वमीमांसीय संरचना की थी।

अतः वाल्स का कहना है कि तत्त्वमीमांसा का संपर्क ठोस जीवन तथा जगत से कभी छूटता नहीं, बल्कि हम यहाँ जो देखते हैं, जो अनुभव करते हैं, उसी पर हम अपनी तत्त्वमीमांसा खड़ी करते हैं। अतः तत्त्वमीमांसा वस्तुतः आनुभविक तत्त्वों की मीमांसा है। इसका संबंध भी हम जो अनुभव करते हैं उसी से है। हम अपने अनुभवों को जब भी संगठित करते हुए उसकी एकरूपता का विवरण करते हैं तो तत्त्वमीमांसा रूप लेती है। तत्त्वमीमांसा अनुभव का वह चित्र है जो उसके छितराये अंशों में ऐक्य स्थापित करने के प्रयत्न में चित्रित होता है। (Metaphysics is a unitary account of experience.)

अनुभव को संगठित करने, उसमें ऐक्य स्थापित करने का क्या अर्थ है? वाल्स का कहना है कि इस प्रक्रिया में हम अनुभव के 'क्या' और 'क्यों'—दोनों प्रश्नों का उत्तर ढूँढ़ने का प्रयत्न करते हैं। हम तो यह विचार करते ही हैं कि **क्या है** जिसका हमने अनुभव किया। साथ-साथ हम यह भी समझना चाहते हैं कि क्यों हमें अनुभव उस विशेष रूप में ही प्राप्त हुआ जिसमें वह हमें प्राप्त होता है। अतः जब हम अनुभव को संगठित करने का प्रयत्न करते हैं, तो उसमें तीन प्रक्रियायें कारगर होती हैं। वहाँ **विवरण** प्रस्तुत होता है, उसमें **व्याख्या** प्रस्तुत होती है, तथा इनके फलस्वरूप एक विशेष प्रकार की **दृष्टि का निरूपण** होता है। **विवरण, व्याख्या, दृष्टि-निरूपण**—इन तीनों प्रक्रियाओं के सम्मिलित रूप को ही अनुभव का संगठित चित्रण कहा जा सकता है। तत्त्वमीमांसा बस इसी प्रकार का प्रयत्न करती है।

कहा जा सकता है कि इसी प्रकार का कार्य तो वैज्ञानिक चिन्तन में भी होता है। वहाँ भी विवरण प्रस्तुत होता है, व्याख्या मिलती है, और एक सामान्य दृष्टि भी सर्जित होती है। तो क्या तत्त्वमीमांसीय चिन्तन और वैज्ञानिक चिन्तन स्वरूपतः एक ही प्रकार के चिंतन हैं? वाल्स ऐसा नहीं कहते, और इसी कारण वे दोनों की भिन्नता को भी स्पष्ट करते हैं। उनके अनुसार दोनों की भिन्नता कुछ इस प्रकार की है—

(i) प्रथमतः तो यह कहा जा सकता है कि दोनों के दृष्टिकोण तथा दोनों की प्रणाली में भिन्नता है। विज्ञान की दृष्टि एक विशेष निश्चित समस्या-संदर्भ से जुटी होती है, तथा

उसी के अनुरूप उसकी विशिष्ट प्रणाली का विकास होता है। अतः वैज्ञानिक दृष्टि से एक सीमितता है। इसके विपरीत तत्त्वमीमांसीय दृष्टि में एक प्रकार की व्यापकता है, जो इसी तथ्य से सिद्ध है कि वह वैज्ञानिक दृष्टि का भी सहारा लेती है, तथा साथ-साथ अन्य दृष्टियों पर भी आधृत हो सकती है।

(ii) वैज्ञानिक दृष्टि कुछ मूल मान्यताओं को स्वीकार कर अग्रसर होती है। वे मान्यताएँ पूर्वस्थापित सत्यों के अनुरूप है, अतः उनमें एक प्रकार की स्वतः-सिद्धता आ जाती है। यह ठीक है कि उनकी यह स्वतः—सिद्ध मान्यता उसी विशेष संदर्भ से जुटी हैं, किन्तु उस संदर्भ से जुटी है, किन्तु उस संदर्भ में उन मान्यताओं पर प्रश्न नहीं उठाये जाते, बल्कि उनसे जो आपादित है; उनके आधार पर जो अनुमान किये जा सकते हैं, उन पर विचार होता है। इसके विपरीत, तत्त्वमीमांसीय दृष्टि सतत् आत्म—समीक्षात्मक होती है। तत्त्वमीमांसा की मान्यताएँ ऐसी नहीं होतीं जिन पर प्रश्न नहीं उठाये जा सकते।

(iii) वाल्स का कहना है कि वैज्ञानिक-चिन्तन में तथ्यात्मक अन्वेषण सर्वोपरि है। उसका लक्ष्य है तथ्यों के स्वरूप की वास्तविक जानकारी। तत्त्वमीमांसीय चिन्तन में यह प्रधान नहीं, बल्कि कभी-कभी तो ऐसा प्रतीत होता है यह अन्वेषण तथ्यों से कुछ हटा हुआ है। इसे एक उदाहरण से समझने का प्रयास करें। इसके लिए वैज्ञानिक अवधारणा 'इलेक्ट्रॉन' तथा तत्त्वमीमांसीय भाव 'ईश्वर' को दोनों का प्रतिमान उदाहरण मानकर दोनों की तुलनात्मक विवेचना करें। दोनों में एक समानता हैं कि, दोनों मूलतः '**सैद्धान्तिक संरचना**' (Theoretical Constructs) ही हैं। किन्तु 'इलेक्ट्रॉन' की अवधारणा की सार्थकता इसी तथ्य में है कि वह अनेकों तथ्यों की व्याख्या कर सकता है, और वे सभी तथ्य सामान्यतः भौतिक तथ्य हैं। ईश्वर की अवधारणा का उपयोग भी कुछ भौतिक तथ्यों की व्याख्या के लिए किया जाता है, किन्तु इस प्रकार की व्याख्या एक ओर तो वैज्ञानिक भौतिक व्याख्या से कुछ भिन्न होती है, तथा साथ-साथ इसकी विशिष्टता यह भी है कि यह जीवन के अन्य आयामों की भी व्याख्या का प्रयत्न करती है, जैसे मानवीय आकांक्षाओं, मानवीय संबंधों आदि की भी व्याख्या का प्रयत्न करती है। इस दृष्टि से यह वैज्ञानिक व्याख्या से कुछ भिन्न है।

इसी कारण वाल्स स्वीकार करते हैं कि भले ही तत्त्वमीमांसीय चिन्तन एवं वैज्ञानिक चिन्तन में कुद बातों में समानता दिखाई दे, दोनों की वैचारिक कोटि सर्वथा एक जैसी नहीं है।

(2) पीयर्स का मत

पीयर्स ने तत्त्वमीमांसा के स्वरूप पर प्रकाश डालने की चेष्टा इस कारण की, कि उन्हें तत्त्वमीमांसीय चिन्तन के एक विशिष्ट लक्षण ने प्रभावित किया। उन्होंने देखा कि इस प्रकार के चिन्तन की विशिष्टता यह है कि यह एक ओर तो बड़े सबल ढंग से आकर्षित करता है, और दूसरी ओर यह एक ऐसी प्रतिक्रिया को भी उत्पन्न करता है जो इसे मात्र वैचारिक या काल्पनिक उड़ान मात्र समझती है। यह इन दोनों विरोधी प्रतिक्रियाओं को उत्पन्न कर सकता है। इसकी इस विशेषता पर ध्यान देने पर यह स्पष्ट हो जाता है कि इसका कारण क्या है? इसका कारण है कि तत्त्वमीमांसीय चिन्तन के परिकल्पनात्मक (Speculative) रूप का आधार यह तथ्य है कि यह जन्म लेता है जब इसके समक्ष एक दुविधा अथवा असमंजस की स्थिति (Quandry) उपस्थित हो जाती है। हर तत्त्वमीमांसीय

चिन्तन का प्रारंभ ऐसी स्थिति के उपस्थिति होने पर ही होता है। इसे एक उदाहरण से स्पष्ट करें। 'भौतिक जगत के होने अथवा उसके ज्ञान' से संबंधित जो तत्त्वमीमांसीय चिन्तन होता रहा है, उसका उदाहरण लें। इसका आधार है एक दुविधा की स्थिति का उत्पन्न होना। भौतिक जगत को स्वीकारते हुए हमारा साधारण सामान्य जीवन सुचारू रूप से चलता है—यह इस स्थिति की एक विधा है। दूसरी ओर दार्शनिक चिन्तन—बौद्धिक तर्क—इन पर संशय करने के अनेक आधार प्रस्तुत कर देता है—यह इस स्थिति कि दूसरी विधा है। अब हम इस असमंजस में पड़ जाते हैं कि इन दोनों विधाओं के विरोध का समाधान कैसे करें? कभी दोनों के समन्वय का प्रयास होता है, तो कभी इन विधाओं से ऊपर उठकर इन्हें एक संपूर्णता की दृष्टि में समेटने का प्रयास होता है। इसी प्रकार का प्रयास तत्त्वमीमांसीय चिन्तन को जन्म देता है जिसका आधार परिकल्पनात्मक हो जाता है।

पीयर्स का कहना है कि इस प्रकार की दुविधा की स्थिति के समक्ष जो प्रतिक्रिया होती रही है वह प्रायः तीन ढंगों से होती रही है।

(क) प्रागनुभविक प्रतिक्रिया (*The Transcendentalist Response*)—इस प्रतिक्रिया में चिन्तन किसी अनुभवातीत भाव या सिद्धान्त को आधार बना उस असमंजस की स्थिति से ऊपर उठने का प्रयास करता है। इसी प्रकार का परिकल्पनात्मक चिन्तन '**ईश्वर**' जैसे भाव को चिन्तन का आधार बना लेता है।

(ख) अस्वीकृति की प्रतिक्रिया (*The Rejector's Response*)—एक प्रतिक्रिया ऐसी भी हो सकती है कि इस दुविधा की स्थिति की सभी विधाओं पर ही संशय किया जाय। चिन्तन बौद्धिक आधारों पर इन विधाओं पर प्रश्न चिह्न उठा सकता है, और उन पर संशय करने का ठोस बौद्धिक आधार प्रस्तुत कर सकता है। ह्यूम ने भी यही किया था, इसी कारण ह्यूम का संशयवाद भी तत्त्वमीमांसीय चिन्तन का ही एक रूप बन गया।

(ग) अपचयवादी प्रतिक्रिया (*Reductionist Response*)—इस प्रकार की प्रतिक्रयाएँ '**तार्किक अणुवाद**' तथा '**संवृत्तिवाद**' जैसे दर्शनों में दिखाई देती हैं। इनमें सामान्य ज्ञान से प्राप्त तथ्यों का अपचयन कुछ ऐसे उपकरणों या आधारों पर करने का प्रयास होता है, जो अनुभव-आधृत हैं। संवृत्तिवाद में भौतिक वस्तु का अपचयन संवृत्ति—जगत में होता है, तार्किक अणुवाद में उनका अपचयन इन्द्रिय-प्रदत्तों में करने का प्रयास होता है।

पीयर्स का कहना है कि दुविधा की स्थिति पर तत्त्वमीमांसीय संरचना सामान्यतः इन्हीं तीन रूपों में होती है। अब इन प्रतिक्रियाओं को ध्यान में रखते हुए तत्त्वमीमांसीय चिन्तन के स्वरूप के संबंध में कुछ और बातें कही जा सकती हैं।

पीयर्स कहते हैं कि इन प्रतिक्रियाओं के ढंगों को परखते हुए कहा जा सकता है कि तत्त्वमीमांसीय चिन्तन एक प्रकार का पुनर्विचार है, वैचारिक पुनः निरीक्षण (Conceptual Revision) है। तत्त्वमीमांसीय चिन्तन एक ऐसा सतत् प्रयत्न है जिसमें वैचारिक चित्र नये-नये स्तरों पर उभरता रहता है।

पीयर्स से पूछा जा सकता है कि इस प्रकार के प्रयत्न का लक्ष्य क्या है, विचार को इस प्रकार नये-नये स्तरों में बिठा कर नये-नये चित्र उभारने का कार्य किस उद्देश्य की पूर्ति करता है? पीयर्स का कहना है कि यह कार्य भिन्न-भिन्न प्रकार के उद्देश्यों की पूर्ति के लिए किया जाता है। सभी विचारकों के लक्ष्य सर्वथा एक नहीं भी हो सकते। उनके अनुसार इस प्रकार का कार्य निम्नलिखित प्रकार के लक्ष्यों की प्राप्ति के लिए किया जा सकता है।

(i) कुछ लोगों के अनुसार इस प्रकार विचार के नये स्तरों को प्रकाश में लाने से विज्ञान को—वैज्ञानिक चिन्तन को—अपनी सीमा का निर्देश मिल जाता है। सामान्यतः वैज्ञानिक चिन्तन को इन सीमाओं की चेतना नहीं रहती, फलतः वे वैचारिक अतिक्रमण कर जाते हैं। (ii) कुछ तत्त्वमीमांसकों के लिए इस प्रकार के कार्य के पीछे उनकी ऐतिहासिकता की समझ है। वे ऐतिहासिकता की चेतना में विचार को नये ढंग से प्रतिष्ठित करने का प्रयत्न करते हैं। (iii) कुछ तत्त्वमीमांसीय संरचनाएँ नैतिकता-अवबोध अथवा धार्मिक चेतना के आलोक में भी होती हैं। उन लोगों की मान्यता है कि अनुभव की विवरण-गाथा अयथेष्ठ तो है ही, जीवन के कुछ अनिवार्य अंगों के लिए तो सर्वथा सीमित है। नैतिकता, धार्मिक चेतना आदि भी जीवन के अनिवार्य पक्ष हैं, और यह आवश्यक है कि हमारा आनुभविक जीवन उनके अनुरूप भी संरचित हो। कुछ तत्त्वमीमांसीय चिन्तन इसी लक्ष्य की ओर प्रेरित रहते हैं। तो, पीयर्स का कहना है कि इन्हीं या ऐसे ही लक्ष्यों की प्राप्ति के लिए तत्त्वमीमांसीय संरचनाएँ होती हैं।

इस प्रकार के चिन्तन की व्यापकता पर बल देते हुए पीयर्स कहते हैं कि तत्त्वमीमांसीय पुनः निरीक्षण किसी सीमित वैचारिक वाद्विषय का पुनः निरीक्षण नहीं है, इसमें एक बड़ी ही प्रभावशाली व्यापकता है, जिसके कारण यह हर प्रकार के विचार पर अपना कुछ प्रभाव छोड़ जाती है। यह बात इस तथ्य से प्रमाणित है कि इस प्रकार के चिन्तन में वैसी सार्वभौम अवधारणाओं का सामान्य उपयोग है, जिन अवधारणाओं की उपयोगिता हर प्रकार के विभागीय अथवा आंशिक चिन्तन में रहती है। उदाहरणतः निम्नलिखित अवधारणाओं को देखें—'ज्ञान', 'सत्', 'अस्तित्व', 'तादात्म', 'आत्म एकरूपता' आदि। कोई ऐसा अध्ययन या विचार की शाखा नहीं है जिनमें इन अवधारणओं की उपयोगिता न हो। और तत्त्वमीमांसीय चिन्तन में इन अवधारणाओं का बाहुल्य है।

पीयर्स ने अपनी बातों का सारांश एक उपमा के द्वारा स्पष्ट करने का प्रयत्न किया है। वे कहते हैं कि तत्त्वमीमांसा एक **वृक्ष** के समान है। हम यह निर्णय ले सकते हैं कि कहाँ और किस प्रकार इसका पौधा लगायें। हम अपने अनुसार इसे सींच सकते हैं, काट-छाँट सकते हैं, तथा इसके पनपने का उपक्रम कर सकते हैं। इन सब के लिए निर्णय लेने में हम स्वतंत्र हैं। किन्तु हम यह निश्चित नहीं कर सकते न यह निर्णय ले सकते हैं कि यह पौधा बढ़ेगा या नहीं बढ़ेगा, और यदि बढ़ेगा, तो किस रूप में तथा किस दिशा में बढ़ेगा। हमारी हर सावधानी के बाद भी हो सकता है कि कुछ पौधे बढ़े ही नहीं सूख जायें। कुछ पौधे छोटे रहे और कुछ विशाल वृक्ष बन जायें।

पीयर्स का कहना है कि हमारी वैचारिक धरती के कुछ स्थान अधिक उपजाऊ होते हैं, जिस जमीन की संवेदनशीलता बड़ी तीव्र होती है। यदि कोई वैचारिक पौधा इस जमीन पर लग जाता है, तो वह तीव्रता से बढ़ता और फैलाता है, और संभवतः उसकी जड़ें भी गहरी हो जाती हैं, और उस वृक्ष का फैलाव भी अत्यधिक होता है। कुछ तत्त्वमीमांसीय संरचनाएँ इसी प्रकार की हैं। तार्किक भाववाद की कुल्हाड़ी इनकी कुछ शाखाओं को काटती है, किन्तु गहरी जड़ों की शक्ति से वे फिर पनप जाते हैं। पीयर्स कहते हैं कि विटगेन्स्टीन के कुदाल से इसकी कुछ जड़ें खुद जाती हैं, किन्तु इनकी जड़ें चारों ओर फैली होती हैं। वे पुनः बढ़ती हैं। यह भी हो सकता है कि ऐसी खुदाई से उन जड़ों की शक्ति और बढ़ जाय और उन्हें पनपने में उस प्रकार की खुदाई सहायक हो जाय। उस अवस्था में खुदाई भी तत्त्वमीमांसीय संरचना का एक अंश बन जाती है। यही कारण है कि

कुछ तत्त्वमीमांसक कहते हैं कि तत्त्वमीमांसा की जड़ें खोदने का प्रयास भी एक प्रकार की तत्त्वमीमांसीय संरचना है।

(3) ड्रेनन का मत

ड्रेनन (Drennan) ने तत्त्वमीमांसा के स्वरूप पर अपने ढंग से विचारा है, उन्होंने तत्त्वमीमांसा के उस पक्ष को उभारने का प्रयास किया है जिसे अन्तर्गत पारस्परिक तत्त्वमीमांसीय चिन्तन तथा आधुनिक चिन्तन दोनों का समावेश हो जाय। इस संदर्भ में उनका यह प्रायः निश्चित निष्कर्ष है कि तत्त्वमीमांसा का निरसन असंभव है। उनके अनुसार हमारी वैचारिक विधा ऐसी है कि उसके लिए तत्त्वमीमांसीय चिन्तन प्रायः अनिवार्य है। इसकी अनिवार्यता के निर्देश के पक्ष में वे कुछ स्पष्ट प्रमाण्य का भी उल्लेख करते हैं। (1) प्रथमतः तो उनका कहना है कि हमारे वैचारिक ढंग का स्वरूप ही ऐसा है कि वह अनिवार्यतः तत्त्वमीमांसीय चिन्तन में उलझेगा ही। इस प्रकार के विचार का ढंग हमारे मूल वैचारिक शक्ति में ही निहित है। (2) इसका कारण यह है कि ऐसे बहुत से स्थल उपस्थित हो जाते हैं जिनकी व्याख्या विचार नहीं कर पाती। उदाहरणतः हमारी वैचारिक शक्ति 'हमारी' ही व्याख्या नहीं कर पाती, यह 'हमें' ही समझने में अक्षम है। इस अक्षमता में ही तत्त्वमीमांसीय चिन्तन उत्पन्न होता है। अतः इसे छोड़ने या त्यागने का प्रश्न नहीं उठता।(3) ड्रेनन का कहना है कि तत्त्वमीमांसीय चिन्तन की अनिवार्यता इसी से सिद्ध है कि इसके निरसन का प्रयत्न—इसके स्वरूप के विषय में विचार करने का प्रयत्न—तत्त्वमीमांसीय चिन्तन को ही जन्म देता है। ऐसे विचारको को ड्रेनन 'भाई तत्त्वमीमांसक (Brother Metaphysician) कहते हैं। तो हमारे समक्ष कुछ ऐसी विवशता है कि तत्त्वमीमांसीय चिन्तन को व्याखने में भी हम तत्त्वमीमांसीय चिन्तन ही करते हैं। (4) ड्रेनन के अनुसार उनके इस विश्वास को ऐतिहासिक तथ्य भी बल देते हैं। विचार के प्रारंभ काल से ही तत्त्वमीमांसीय चिन्तन होता रहा है। बीच-बीच में इस पर आघात भी किये गये, इसके निरसन के प्रबल प्रयत्न हुए। किन्तु, ऐसे सभी प्रयत्न विफल ही हुए, तत्त्वमीमांसीय चिन्तन कभी समाप्त नहीं हुआ। यही इसकी अनिवार्यता के पक्ष में प्रबल ऐतिहासिक साक्ष्य है।

ड्रेनन इस बात के समर्थन में तत्त्वमीमांसा के स्वरूप पर प्रकाश देते हैं। 'रहस्य की अनुभूति'—यह चेतना कि जो प्रस्तुत है उसमें कुछ रहस्यात्मकता (Mystery) है—आश्चर्य या विस्मय को जन्म देती है (Wonder)। रहस्य विस्मय का उत्पादक है और विस्मय तत्त्वमीमांसीय चिन्तन को जन्म देता है। जब हम विस्मित हो जाते हैं, तो विचार उस विस्मय की स्थिति से उबरने का कुछ ढंग ढूंढता है, और यही तो तत्त्वमीमांसीय चिन्तन का प्रारम्भ है। इसी कारण ड्रेन्न कहते हैं कि जब तक रहस्यानुभूति होती रहेगी, तत्त्वमीमांसा जीवित रहेगी और विचार का ढंग अनिवार्यतः ऐसे कगारों तक पहुँच ही जाता है जहाँ रहस्यानुभूति होनी ही है।

तो, ड्रेनन के अनुसार तत्त्वमीमांसा रहस्य एवं विस्मय से उत्पन्न एक वैचारिक ढंग—एक दृष्टि है। यह दृष्टि एक ऐसी मानसिकता—एक ऐसी मनोवृत्ति का रूप ले लेती है जो तत्त्वों को एक विशेष ढंग से देखने की वृत्ति बन जाती है। इसी कारण तत्त्वमीमांसीय चिन्तन जीवन और जगत को देखने का एक विशेष ढंग हैं—एक जीवन-दृष्टि है।

ड्रेनन तो यहाँ तक कहते हैं कि वैज्ञानिक भी कभी-कभी तत्त्वमीमांसीय चिन्तन में उलझता ही है। जब वह अपने क्षेत्र में किसी 'रहस्य' से टकराता है, और उसकी चेतना

में आश्चर्यचकित, विस्मित होता है, तो वह भी ऐसी संरचनाएँ करता है जो उसे तत्त्वमीमांसा के क्षेत्र में बिठा देती हैं। बड़े-बड़े वैज्ञानिकों के साथ भी ऐसा होता रहा है। और यह भी तत्त्वमीमांसीय चिन्तन की अनिवार्यता के पक्ष में एक तर्क है।

(4) डोरोथी इमेंट का मत

तत्त्वमीमांसा के स्वरूप के संबंध में डोरोथी इमेंट ने एक बड़ा ही मौलिक तथा नवीन मत प्रतिपादित किया है। उनकी समस्या है कि तत्त्वमीमांसीय चिन्तन का क्या कोई अपना विशिष्ट ढंग है जो इसे सर्वथा अनूठा बना देता है। उन्होंने इसी प्रश्न का समाधान किया है, तत्त्वमीमांसीय चिन्तन के इस मूल रूप को स्पष्ट किया है, और तब विशिष्ट एवं प्रसिद्ध तत्त्वमीमांसा के उदाहरणों में भी यह स्पष्ट किया है कि वें सभी इसी मूल तत्त्वमीमांसीय रूप के अनुरूप हैं।

उनका निष्कर्ष है कि तत्त्वमीमांसा मूलतः सादृश्यता मूलक चिन्तन (analogical way of thinking) है। उन्होंने विभिन्न ढंगों से इस मूलोक्ति का स्पष्टीकरण तथा निर्देश किया है।

'सादृश्यमूलक चिन्तन' का अर्थ है कि विचार को स्पष्ट करने के लिए उसी प्रकार के संबंध का निर्देश अनुभव के अधिक परिचित अंश, या अधिक परिचित अवधारण में किया जाता है। उनका कहना है कि इस प्रकार के चिन्तन में हम अनुभव के ऐसे क्षेत्र से कुछ अवधारणाओं या विचारों का चयन करते हैं जिससे हम पहले से अधिक परिचित हैं, और फिर उसमें परिलक्षित संबंधों के द्वारा अनुभव के प्रस्तुत क्षेत्र के संबंध में कुछ कहते हैं। इस प्रकार का सादृश्यतामूल चिन्तक तत्त्वमीमांसीय हो जाता है जब उस प्रकार के सादृश्यामूलक चिन्तन के आधार पर हम अन्य अनुभवों के साथ संगति स्थापित करने की चेष्टा करते हैं। उदाहरणतः हम अपने सामान्य अनुभवों से कुछ विचार, अवधारणा, संबंधों की सादृश्यता के आधार पर सत् के संबंध में कुछ कह पाते हैं। 'बाह्य जगत', 'आत्म', 'सत्ता', 'ईश्वर', आदि के संबंध में हम विचार करते हैं, और उस विचार का आधार होता है हमारे दैनिक अनुभव के कुछ अंशों से उन विचारों की सादृश्ता।

तो 'तत्त्वमीमांसीय सादृश्यता' (Metaphysical Analogy) क्या है। इमेंट कहती हैं कि यह कोई गणिती समानुपात पर आधृत तर्क नहीं है, इसमें यह संकेत नहीं दिया जाता कि जिस अनुभव की सादृश्यता पर बातें की जा रही हैं, उसमें और प्रस्तुत अनुभव में पूर्ण समानुपातिक समरूपता है। उसी प्रकार इसे किसी प्रकार का 'आगमनात्मक तर्क' (Inductive Argument) भी नहीं समझना चाहिये। इसमें यह भी दावा नहीं है कि हम अनुभव के कुछ परिचित अंशों की सादृश्यता के आधार पर अनुभव के अन्य अंश या पूर्ण अंश पर अनुभव-आधृत निष्कर्ष देने का प्रयत्न करते हैं। उनका कहना है कि 'तत्त्वमीमांसीय सादृश्यता' एक प्रकार का **'सादृश्यमूलक चित्रण'** (Illustrative Analogy) है, वह भी एक विशिष्ट ढंग का जिसमें हम अनुभव के परिचित अंशों के ढंग पर अपरिचित आनुभविक अंशों के चित्रण का प्रयास करते हैं।

इसे और स्पष्ट करते हुए इमेंट कहती हैं कि तत्त्वमीमांसीय सिद्धान्तों को सादृश्यमूलक कम से कम **पाँच अर्थों** में कहा जा सकता है।

(क) निगमनात्मक अर्थ में *(Deductive Sense)*—तत्त्वमीमांसा का सादृश्यमूलक चिन्तन कभी-कभी निगमनात्मक रूप ले लेता है। हम अनुभव के कुछ विशेष ढंगों के ज्ञान

से प्रारंभ करते हैं, और उनकी सादृश्यता के आधार पर कुछ घटना चक्र या आनुभविक तत्त्वों के विषय में अनुमान कर लेते हैं। उदाहरणतः हमें यह ज्ञान है कि जगत के **चार** कोने हैं, हम यह भी जानते हैं कि सामान्य ढंग से **चार** जगत हैं, इसी आधार पर इसी सादृश्यता पर कुछ धर्मविचारकों ने अनुमान कर लिया कि धर्म-सिद्धान्त (Gospel) भी **चार** हैं। पुनः हमें यह अवगति है कि समाज तथा राज्य में जहाँ शक्तियाँ हमारे हाथ में नहीं, वहाँ वे अन्ततः किसी राजा, कर्त्ता, या संचालक के हाथ में होती हैं। उसी सादृश्यता के आधार पर हम यह अनुमान कर लेते हैं कि जब जगत में हम अंजान शक्तियों पर निर्भर हैं, तो जगत का भी एक संचालक है। इस प्रकार के अनुमान सादृश्यामूलक तो हैं ही, निगमनात्मक भी हैं, क्योंकि यहाँ आधार वाक्य की व्यापकता से ही निष्कर्ष वाक्य का निगमन हुआ है।

(ख) प्रक्षेपण के अर्थ में *(Projective Sense)*—इमेंट का तात्पर्य यह है कि कभी-कभी हम जब सादृश्यमूलक चिन्तन करते हैं, तो हम वस्तुतः अपने अनुभवों का विषय पर प्रक्षेपण कर देते हैं। यहाँ सादृश्यता 'अनुभव' और जिस विषय की ओर वे संकेत करते हैं—इन दोनों के बीच है। हमें वस्तुओं का अनुभव 'फैलाव' में होता है, इसी सादृश्यता के आधार पर कुछ तत्त्वमीमांसक सत् का अनिवार्य गुण 'फैलाव' को मान लेते हैं।

(ग) प्राक्कल्पनात्मक अर्थ में *(Hypothetical Sense)*—इमेंट का कहना है कि किसी तत्त्वमीमांसा में इस प्रकार का सादृश्यमूलक चिन्तन प्राक्कल्पनात्मक रूप में व्यक्त होता है। इस प्रकार के चिन्तन का बड़ा ही स्पष्ट रूप वह है जहाँ हम अनुभव के कुछ अंशों की सादृश्यता के आधार पर जगत की संपूर्णता के विषय में कुछ प्राक्कल्पनात्मक निष्कर्ष स्थापित करते हैं। ईश्वर-अस्तित्व के पक्ष में प्रस्तुत की गयी 'प्रयोजनात्मक युक्ति' (Teleological Proof) कुछ इसी प्रकार की हैं। हमारा सामान्य अनुभव है कि जहाँ हम व्यवस्था, प्रयोजन, संगठन को देखते हैं, हम किसी निर्माणकर्त्ता को देखते हैं, जैसे घड़ी की व्यवस्था घड़ीसाज के द्वारा। इसी सादृश्यता के आधार पर हम यह प्राक्कल्पना बना लेते हैं कि विश्व के संगठन या इसकी व्यवस्था के पीछे भी कोई संचालक अवश्य है।

इन तीनों के अतिरिक्त डोरोथी इमेंट दो अन्य प्रकार के सादृश्यमूलक चिन्तन का उल्लेख करती हैं। ध्यान देने की बात यह है कि ऊपर बताये तीन प्रकार के चिन्तन तत्त्वमीमांसा में होते तो रहे हैं, किन्तु इमेंट इन्हें अत्यधिक मान्यता नहीं देती, क्योकि इनमें उन्हें कुछ स्पष्ट वैचारिक दोष दिखाई देते हैं। इनके द्वारा प्रस्तुत निष्कर्षों के भ्रान्त होने की संभावना अत्यधिक है। अतः इमेंट का कहना है कि उपयोगी एवं समुचित सादृश्यमूलक चिन्तन जो तत्त्वमीमांसा के लिए उपयोगी सिद्ध हो सकते हैं—**दो** अन्य प्रकार के हैं जिनका उल्लेख नीचे किया जा रहा है।

(घ) समन्वित सादृश्यता *(Co-ordinating Analogies)*—इसे स्पष्ट करते हुए इमेंट कहती हैं कि इस प्रकार का चिन्तन किसी अनुभव या अनुभवों के संबंधों से एक मूल-भाव को पकड़ लेता है, और तब इसी भाव के अनुरूप वह अनुभव के अन्य अंशों को समन्वित करने की चेष्टा करता है। इसे हम अपने ढंग से तत्त्वमीमांसीय चिन्तन के एक उदाहरण से समझने की चेष्टा कर सकते हैं। हाइडेगर देखते हैं कि हमारे हर अनुभव-विचार में 'होने' (Being) का प्रश्न अनिवार्यतः उभर जाता है। उन्हें यह बड़ा ही महत्त्वपूर्ण 'मूल-भाव' (key-idea) प्रतीत होता है, और तब वे इसी के अनुरूप अनुभव के सभी अंशों को समन्वित करने का प्रयत्न करते हैं।

(ङ) **अन्त-आनुभविक सादृश्यता** (*Intra-experiential Analogy*)—कभी-कभी इमेंट इसे विशेष अर्थ में 'अस्तित्वमूलक सादृश्यता' भी कहती हैं, क्योंकि उन्हें प्रतीत होता है कि इस प्रकार का सादृश्यमूलक चिन्तन सामान्यतः हम करते ही हैं। यह उन अनुभवों पर लगता है जहां किसी विषय या वस्तु का अनुभव आंशिक रूप में हुआ हो। उस विषय का आंशिक अनुभव तो हुआ है, किन्तु उसके अन्य अंश ऐसे रह गये हैं जिनका अनुभव नहीं हुआ। यहां अनुभवों के ढंगों की सादृश्यता के आधार पर हम उन आंशिक अनुभवों में उसके अप्राप्त अंशों के संबंध में भी कुछ भाव बना लेते हैं, और उस अनुभव की संपूर्णता का चित्रण कर लेते हैं। इस प्रकार की संरचना एक दृष्टि से अस्तित्वमूलक मांग है अनुभव को संपूर्णता में देखने की, और यह चिन्तन अनुभव की आंतरिक संरचना कर लेता है। आंशिक अनुभवों के आधार पर अनुभव की संपूर्णता की तात्विक संरचना हम बहुधा किया करते हैं, और यह प्रकार का तत्त्वमीमांसीय चिन्तन है।

डोरोथी इमेंट ने अपने इस सिद्धान्त को पुष्ट करने के लिए प्रसिद्ध तत्त्वमीमांसीय चिन्ताकों के विचारों का उदाहरण लेते हुए यह दिखाने का प्रयत्न किया है कि उन सबों ने अनुभव के किसी विशिष्ट अंश की सादृश्यता के आधारपर अपनी तत्त्वमीमांसीय संरचना की है। इमेंट ने प्लेटो, स्पीनोजा, लाइबनीज, हेगेल, ब्रैडले जैसे महान एवं प्रसिद्ध तत्त्वमीमांसकों के विचारों में इस बात का निर्देश किया है। हम कुछ उदाहरणों को देखें।

प्लेटो की तत्त्वमीमांसीय संरचना का आधार, इमेंट के अनुसार, अनुभव का वह विशिष्ट अंश है जहाँ हमें '**रूप**' (form) के सुगठित सौन्दर्य की अनुभूति होती है। इमेंट कहती हैं कि इसी अनुभूति के आधार पर उन्होंने '**रूप**' को ही एक तात्विक स्वरूप प्रदान कर दिया। स्पीनोजा के उदाहरण में भी इमेंट कहती हैं कि उनकी तत्त्वमीमांसा का सृजन भी अनुभव के एक स्पष्ट अंश की सादृश्यता पर ही आधृत है। यह सामान्य अनुभव है कि यदि हमें कुछ अनिवार्य प्रतीत होता है, तो उसकी अनिवार्यता को स्वीकारते ही उससे आपदित सभी लक्षणों को स्वीकारना पड़ता है। इसी आनुभविक अंश की सादृश्यता पर उन्होंने 'एक सत्' की अनिवार्यता तथा उससे आपदित लक्षणों को स्वीकारा और इस प्रकार अपनी तत्त्वमीमांसा को रूप दिया। लाइबनीज बीजगणिती निरन्तरता से बड़े प्रभावित थे, इसी की सादृश्यता के अनुरूप उन्होंने अपने 'मौनेड' की तत्त्वमीमांसा का सृजन किया। कान्ट के दर्शन के तत्त्वमीमांसीय अंश भी अनुभव के एक अंश की सादृश्यता पर ही आधृत हैं। अनुभव में हम 'सैद्धान्तिक विवेकशक्ति' (Theoretical Reason), तथा व्यवहारिक विवेकशक्ति (**Practical Reason**) में भेद करते हैं। इसी आधार पर उनकी तत्त्वमीमांसीय संरचनाएँ हुई हैं। हेगेल का निरपेक्षवाद मूलतः अनुभव की एक विशिष्ट वृत्ति पर आधृत हैं, जिसमें हमें 'विवेक' की अनिवार्यता स्वीकारनी ही पड़ती है। 'विवेक' की अनिवार्यता स्वीकारनी ही पड़ती है। 'विवेक' अथवा 'प्रज्ञा' की इसी अनिवार्यता के आधार पर उन्होंने अपनी द्वन्द्वात्मक कोटियों तथा निरपेक्ष सत् की परिकल्पना की। ब्रैडले ने देखा कि अनुभव को हम खण्डित भले ही करते हैं, यह प्राप्त होता है कि इकाई के रूप में ही। हमारे जैविक अनुभव के इस स्वरूप की सादृश्यता के अनुरूप उन्होंने सत् को ही पूर्णतया अविभाज्य, एक अनुभवस्वरूप ही माना। इस प्रकार इमेंट यह दिखाती हैं कि जो भी समुचित तत्त्वमीमांसीय चिन्तन होता रहा है, वे सभी सादृश्यमूलक चिन्तन ही रहे हैं।

(5) मौरिस लाजरोविच का मत

अभी तक तत्त्वमीमांसा के दर्शन के संबंध में जिन मतों का विवेचन हुआ है, वे सभी किसी न किसी रूप में तत्त्वमीमांसा के स्वरूप के संबंध में उदार ही नहीं, भावात्मक दृष्टि अपनाते हैं। अब, तत्त्वमीमांसा के संबंध में जिस प्रकार के मत की चर्चा होने जा रही है, वह सर्वथा भिन्न प्रकार का है, और उसे 'भावात्मक' तो नहीं ही कहा जा सकता। इसी प्रकार का मत **विजडम** ने भी दिया है, किन्तु उन्होंने इस प्रकार के मत का प्रतिपादन दूसरे संदर्भ में किया है, उनका प्रसिद्ध ईश्वर-संबंधी नीतिकथा (Parable) उन्हें कुछ इसी प्रकार के निष्कर्ष पर ले जाता है, जैसा लाजरोविच ने दिया है। कुछ अर्थों में विजडम का मत अधिक स्पष्टवादी प्रतीत होता है। किन्तु, लाजरोविच ने अपने विचार को स्पष्टतः तत्त्वमीमांसा के स्वरूप पर केन्द्रित किया, तथा अपनी पुस्तक *'The Structure of Metaphysics'* में अपने निष्कर्षों की स्थापना की।

उस समय तक भाषा-विश्लेषण की विविध विधायें प्रकाश में आने लगी थीं, और लाजरोविच ने अपने निष्कर्षों की स्थापना के लिए उनका भी उपयोग किया। उनकी पस्तुक की प्रस्तावना विजडम ने ही लिखी है, स्पष्टतः उनके अपने मत और पुस्तक में प्रतिपादित मत में उन्होंने समानता देखी है।

अपने प्रथम परिच्छेद में ही लाजरोविच ने दार्शनिक विचारों के संबंध में दिये गये मूर के प्रसिद्ध विरोधाभास (Paradox) के उदाहरण का उल्लेख किया है। इसी उदाहारण में उन्हें अपनी पुस्तक के लिए विषयवस्तु मिल जाती है। अपने प्रसिद्ध लेख 'A Defence of Commonsense' में मूर कहते हैं कि दार्शनिक अपने दार्शनिक सिद्धान्तों के रूप में कुछ ऐसी स्थापनाओं में निष्ठापूर्वक विश्वास करते हैं जो कुछ स्पष्ट तथ्यों से सर्वथा असंगत हैं, और वे भी जानते हैं कि जिन तथ्यों से वे स्थापनाएँ असंगत हैं, वे तथ्य सत्य हैं। मूर कहते हैं कि दार्शनिक चिन्तन की परम्परा में ऐसा सदा होता रहा है।

लाजरोविच ने इसी को अपनी केन्द्रीय समस्या बनाया है। वे यह जानना चाहते हैं कि ऐसा क्यों होता है। विचारक को स्पष्ट अवगति है कि जिन बातों को वे स्वीकार कर रहे हैं या जिन पर विश्वास कर रहे हैं, वे हमारे सामान्य अनुभव के अनरूप नहीं हैं, बल्कि उनसे असंगत हैं। फिर भी, वे उन्हें स्वीकारते ही हैं और उन पर विश्वास करते ही हैं ऐसा भी नहीं है कि उनका यह अविश्वास कुछ तथ्यों की अनभिज्ञता के कारण है। नहीं, यदि उन्हें ऐसे तथ्य स्पष्ट रूप में दिखा भी दिये जायें, जो उनके विश्वास से असंगत हैं, तो ऐसी जानकारी के बाद भी कोई अन्तर नहीं पड़ता, वे अपने विश्वासों पर टिके रहते हैं।

लाजरोविच समझते हैं कि तत्त्वमीमांसीय सिद्धान्त भी कुछ इसी कोटि के हैं। उनका कहना है कि तत्त्वमीमांसीय विचारों में एक अजीब विचित्रता है जो वैज्ञानिक विचारों में नहीं होती। एक तत्त्वमीमांसीय सिद्धान्त एक विचारक के लिए सत्य होता है, और किसी अन्य विचारक के लिए असत्य। दोनों विचारक पूर्णतया जागरुक रहते हैं और पूर्ण निष्ठा के साथ अपने-अपने मतों का—जो परस्पर विरोधी हैं—सशक्त समर्थन करते हैं। यही विचित्रता लाजरोविच को परेशान करती है।

वे देखते हैं कि इस उलझन का कारण तत्त्वमीमांसा की जटिलता भी नहीं है। यह इस कारण भी नहीं है कि विचार समर्थ विचारक नहीं है। विचारकों की तार्किकता कमजोर नहीं है, और वे समस्या की जटिलता को सरल बनाने में समर्थ हैं। दोनों पक्षों की युक्तियां भी

सबल हैं, फिर भी समस्या रह ही जाती है कि आखिर दो विरोधी विचारों में किसे सत्य समझा जाय और किसे असत्य।

लाजरोविच को प्रतीत होता है कि यह समस्या कुछ ऐसी है जिसका शायद समाधान संभव ही नहीं है। समाधान वहीं संभव होता है जहां चिन्तन किसी एक विचार के पक्ष और समर्थन में सबल तथ्य और ठोस साक्ष्य ढूंढ लेता है। किन्तु, ऊपर दिये उदाहरणों में नये साक्ष्यों और तथ्यों को प्रस्तुत करने पर भी कोई अन्तर नहीं पड़ता, विरोधी पक्ष अपने-अपने मतों पर टिके ही रहते हैं।

अतः लाजरोविच का विचार है कि इस प्रकार के तत्त्वमीमांसीय विचार पर हमें पुनः एक नये सिरे से सोचना होगा। इनके प्रति जो हमारी मनोवृति, धारणा या दृष्टि है उसमें आमूल परिवर्तन करना होगा। उपमा की भाषा में वे कहते हैं कि हमें अपने बच्चों को, जिन्हें हम बेहद सुघड़ और अनुशासित समझते हैं, अपने उन अतिथियों की आँखों से देखना होगा जो उनसे परेशान हो चुके हैं।

अतः लाजरोविच पहले तो उन दृष्टियों की चर्चा करते हैं जिनके अनुरूप हम तत्त्वमीमांसा के स्वरूप को आंकते हैं। फिर यह देखना होगा कि इन दृष्टियों से परिस्थितियों में कोई परिवर्त्तन नहीं होता, ऊपर बताये विरोधाभास की स्थिति बनी रहती है। और तब वे दृष्टि-परिवर्तन की रूपरेखा खींचते हैं, और उसी आधार पर अपने निष्कर्षों की स्थापना करते हैं।

लाजरोविच कहते हैं कि तत्त्वमीमांसा के स्वरूप के संबंध में चार प्रकार के सिद्धान्तों को प्रशय मिलता रहा है।

(क) कुछ विचारकों का कहना है कि तत्त्वमीमांसा की स्थापनाएँ भी वस्तुतः आनुभविक स्थापनाएँ ही हैं, जिनका संबंध जगत से है। वे यह भी मानते हैं कि इन स्थापनाओं का प्रमाणीकरण या निरसन भी अनुभव के द्वारा संभव है।

(ख) कुछ अन्य विचारकों का मत है कि तत्त्वमीमांसा सत् के संबंध में कुछ प्रागनुभविक प्रतिज्ञप्तियाँ प्रस्तुत करती है। इन प्रतिज्ञप्तियों की स्थापना या उनकी असत्यता का निर्देश प्रागनुभविक आधारों पर ही किया जाता है, उसके लिए किसी निरीक्षण या आनुभविक प्रयोग की आवश्यकता नहीं रहती।

(ग) कुछ ऐसे भी विचारक हैं जो मानते हैं कि तत्त्वमीमांसीय चिन्तन भाषीय व्यवहार के ढंगों पर प्रकाश देता है। हमारे सामान्य-साधारण प्रयोग उक्तियों में निहित व्यवहार के ढंगों पर प्रकाश देती है। ऊपर से देखने पर प्रतीत होता है कि तत्त्वमीमांसा कथन भाषीय प्रयोगों के सामान्य ढंगों से हटे हुए हैं, किन्तु वे भी अपने ढंग से भाषीय प्रयोगों से ही संबंधित हैं, और छिपे रूप में वे यही दावा करते हैं कि उन प्रयोगों को भी भाषीय मान्यता प्राप्त है।

(घ) कुछ विचारक स्पष्ट रूप में कहते हैं कि भाषीय उक्तियाँ अर्थहीन हैं। उनमें व्याकरण के नियमों का तो पालन होता है, किन्तु अर्थपूर्णता की कसौटी पर वे विफल सिद्ध होती हैं, क्योंकि अर्थपूर्णता की मांगों के अनुरूप वे नहीं हैं।

तो, लाजरोविच के अनुसार तत्त्वमीमांसा के स्वरूप के संबंध में ऊपर दिये गये चार प्रकार के मत प्रचलित रहे हैं। उनके अनुसार इन चारों मतों में एक बात की समानता है। वे सभी किसी न किसी रूप में यह स्वीकारते हैं कि तत्त्वमीमांसीय सिद्धान्तों को हम समझते

तो हैं, उनके समझने में कठिनाई नहीं है, विवाद तो इस बात पर है कि वे जो कह रहे हैं वह सत्य है या असत्य। इसी सामान्य धारणा के अनुरूप इन चारों मतों को प्रतिपादित किया गया है। लाजरोविच का कहना है कि उनकी यह धारणा ही भ्रान्तिपूर्ण है। एक तो उनका यह समझना कि वे तत्त्वमीमांसीय सिद्धान्तों को समझ लेते है, अपने में भ्रान्ति है। पुनः उनका यह कहना कि विवाद उन स्थापनाओं की सत्यता-असत्यता से संबंधित है—यह भी एक भ्रान्ति है। यह भ्रान्ति है, क्योंकि उनकी सत्यता-असत्यता को स्थापित करना असंभव है। कोई साक्ष्या या कोई तर्क उन्हें सत्य या असत्य सिद्ध नहीं कर पाता—फलतः सभी युक्तियों के बाद भी दो विरोधी मतों के समर्थक अपनी-अपनी बात पर टिके रहते हैं।

तत्त्वमीमांसा के स्वरूप की इस समझ के अनुरूप लाजरोविच अपना लक्ष्य निर्धारित करते हैं। उस लक्ष्य की स्थापना के लिए अपनी विधि तय करते हैं, तथा उस विधि के प्रयोग के आधार पर अपने निष्कर्षों की स्थापना करते हैं। इन तीनों (लक्ष्य, विधि, उनके निष्कर्ष) की विवेचना में ही उनके द्वारा विश्लेषित 'तत्त्वमीमांसा की संरचना' (Structure of Metaphysics) स्पष्ट हो जाती है।

उनका **लक्ष्य है** कि यह स्पष्ट करना कि तत्त्वमीमांसा जिस प्रकार की समस्या प्रस्तुत करती है उनका कोई समाधान नहीं। तत्त्वमीमांसा सिद्धान्तों में सत्यता-मूल्य रहता ही नहीं। तत्त्वमीमांसा में जो मतभेद उठते हैं, अथवा जो विवाद चलते हैं, वे वस्तुतः सत्यता-असत्यता के संबंध में विवाद है ही नहीं। कोई अनुभव आश्रित या प्रागनुभविक विधि इन विवादों को सुलझा नहीं सकती। तो प्रश्न उठता है कि यदि ऐसी बात है तो तत्त्वमीमांसकों की धारणा ऐसी कैसी बन गयी। यदि उनकी धारणा भ्रान्तिपूर्ण है, तो प्रश्न उठ ही जाता है कि वे इस प्रकार की भ्रान्ति से मुक्त कैसे हो गये हैं। यह भ्रान्ति व्यापक हैं, तो इसके भ्रान्त रूप और इसकी व्यापकता की व्याख्या क्या है।

इस व्याख्या के लिए लाजरोविच एक निश्चित विधि का प्रयोग करते हैं। जिस विधि का वे उपयोग करते हैं, वह उस समय की प्रचलित विधि है। उन्होंने देखा कि जब तत्त्वमीमांसीय निष्कर्ष, मतभेद विवाद आदि की जड़ें वास्तविकता में नहीं, तो इसका अर्थ है कि किसी अन्य सबल ढंग से इस भ्रान्ति को बल मिलता रहा है। उस ढंग को जानने की विधि क्या होगी? एक ही ढंग संभव है, हमें यह देखना है कि जब हम तत्त्वमीमांसीय उक्तियाँ देते हैं, तो क्या हमें इस बात की चेतना रहती है कि हम भाषा का प्रयोग सही ढंग से कर रहे हैं। क्या हमने जिस भाषीय जाल को बुना है, उसे हम अच्छी तरह समझ रहे हैं। इसे सपष्ट करने के लिए **भाषीय विश्लेषण की विधि** ही कारगर हो सकती हैं, और इसे ही लाजरोविच ने अपनाया है। इस विधि से वे उस भाषीय तन्त्र को स्पष्ट करते हैं जो इस प्रकार की भ्रान्ति को जन्म देता है। वे तत्त्वमीमांसा की भाषीय संरचना को स्पष्ट करते हैं जिससे यह भी स्पष्ट हो जाता है कि क्यों इसे सबल मान्यता प्राप्त होती रही है, और क्यों उनमें इतनी व्यापकता है।

इसी **क्रम** में उनके निष्कर्ष स्थापित होते हैं। जिन लक्ष्यों की प्राप्ति उनका उद्देश्य रहा, वे लक्ष्य प्राप्त हो जाते हैं। जैसे, तत्त्वमीमांसा की **स्पष्ट** समझ उभरती है, और इस समझ में यह भी स्पष्ट होता है कि इस समझ के नहीं रहने के कारण ही हम तत्त्वमीमांसीय समस्याओं का समाधान ढूंढ़ते हैं। इस समझ के साथ यह अवगति भी हो जाती है कि तत्त्वमीमांसीय समस्याओं के समाधान का प्रश्न ही नहीं उठता। हम भ्रान्त धारणा से मुक्त हो जाते हैं।

लाजरोविच का कहना है कि तत्त्वमीमांसा की भाषीय संरचना के आधार के स्पष्टीकरण के फलस्वरूप यह समझ स्पष्ट हो जाती है कि तत्त्वमीमांसीय विवाद का आधार कोई वास्तविक तथ्यात्मक मतभेद नहीं। इसकी जड़ें **अचेतन** में हैं अचेतन शक्तियों के द्वारा ऐसी धारणा निर्मित हो जाती है, और इसी कारण उनमें एक दृढ़ता आ जाती है, जो विपरीत साक्ष्यों से भी प्रभावित नहीं होती। लाजरोविच कहते हैं, कि उस दृष्टि से इसका अर्थ भी है, और इससे कुछ उद्देश्य सिद्धि भी होती है। हमें यह रमणीय प्रतीत हो सकता है, और हम इसका एक प्रकार का रसस्वादन कर सकते हैं, या इससे हमें विकर्षण भी हो सकता है, यह हमें सुख दे सकता है या अप्रिय भी प्रतीत हो सकता है। किन्तु इसका वास्तविक अर्थ स्पष्ट नहीं हो सकता। अचेतन की सारी भंगिमायें इसमें हैं। यह एक स्वप्न के समान है, अन्तर यही है कि स्वप्न निद्रावस्था में देखते हैं, और यह स्वप्न भाषीय जाल के द्वारा जाग्रतावस्था में देखते हैं। लारोविच ने इस सभी बातों को बड़े सुन्दर ढंग से स्पष्ट किया है—

We are not consciously aware what we are doing with language when we imagine ourselves to be expressing or demonstrating or refuting profound and important views about the limits of human knowledge, the nature of Space or the Will. We do not understand our own linguistic creations. Like a dream a metaphysical theory is a production of the unconscious and has both sense and motivation. We enjoy it or are repelled by it, it gives us pleasure or pain, a feeling of security or one of danger, but its meaning is hidden from us. Just as in our sleep we dream with images, so many of us in our waking intellectual life, dream with words.[1]

तो, एक प्रकार से कहा जा सकता है कि लाजरोविच के अनुसार तत्त्वमीमांसीय संरचनाएँ अचेतन के प्रभाव में सर्जित हैं। यह एक प्रकार का मानसिक विकार है, और इसी कारण उस पर तर्क या युक्तियों का प्रभाव नहीं पड़ता। दर्शनशास्त्री अपने विश्लेषण के द्वारा उसी प्रकार का कार्य कर सकता है जिसकी अनुशंसा उत्तरकालीन विटगेन्स्टीन ने की है। दर्शनशास्त्री अपने विश्लेषण के माध्यम से मनोवैज्ञानिक विश्लेषण (Psychoanalysis) का कार्य कर सकता है। वस्तुतः इस प्रकार की समस्या की जड़ें किसी मनःग्रन्थि में हैं, जिसके कारण विचारक भाषीय उलझनों में भटक जाता है। यदि भाषीय व्यापार स्पष्ट कर दिये जायें, तो इस प्रकार की संरचना का आधार भी स्पष्ट हो जायेगा, और यह भी किसी ऐसी भ्रान्ति से क्यों हम ग्रसित हो जाते हैं। इस समझ से उस भ्रान्त धारणा से मुक्त हो सकते हैं कि तत्त्वमीमांसा वास्तविक समस्याएँ प्रस्तुत करती हैं, तथा उनका समाधन ढूंढती हैं।

तत्त्वमीमांसा के नवीन रूप

अब हम तत्त्वमीमांसा चिन्तन के दूसरे ढंग की चर्चा करेंगे। जैसा कहा गया है, इस काल में कुछ नये ढंग की तत्त्वमीमांसा प्रकाश में आयी, जिनमें अनुभव-आश्रिता भी है, तत्त्वमीमांसीय अन्वेषण भी। इसके अन्तर्गत हम मात्र दो विचारों का उल्लेख करेंगे। पहले को **अन्वेष्णात्मक तत्त्वमीमांसा** (Heuristic Metaphysics) कहा जा सकता है, और दूसरे को **विवरणात्मक तत्त्वमीमांसा** (Descriptive Metaphysics)। अन्वेष्णात्मक

1. *Structure of Metaphysics, p. 26.*

तत्त्वमीमांसा का एक सुन्दर उदाहरण **हाईडेगर** के दर्शन में प्रस्तुत होता है और **पी० एफ० स्ट्रासन** ने विवरणात्मक तत्त्वमीमांसा की रूपरेखा खींची है।

हाईडेगर की अन्वेष्णात्मक तत्त्वमीमांसा

वस्तुतः इसकी हम विशद चर्चा यहाँ नहीं करेंगे, क्योंकि हाईडेगर के विचारों की विशद चर्चा हम अस्तित्ववाद के अन्तर्गत कर चुके हैं। यहाँ हम इस बात पर स्पष्टीकरण प्रस्तुत करेंगे कि हाईडेगर के विचार किस अर्थ में अन्वेष्णात्मक तत्त्वमीमांसा प्रस्तुत करते हैं। कुछ बातों को दुहराते हुए उनके इस पक्ष पर प्रकाश दिया जायेगा। इसकी विशद चर्चा के लिए उस परिच्छेद को देखना वांछनीय होगा।

हाईडेगर पारम्परिक तत्त्वमीमांसा के परे जाने की चेष्टा करते हैं, क्योंकि उनके अनुसार पारम्परिक तत्त्वमीमांसा उन्हीं सत्ताओं तक अपने को सीमित रखती है जो उन्हें सामान्य अनुभवों में सामान्यतः प्रदत्त होते हैं, वे उस मूल 'सत्' (Being) को नहीं पकड़ पाते। ऐसा इसी कारण होता है कि वे प्रायः उस मूल सत् (Being) की उपेक्षा किये रहते हैं, क्योंकि इस प्रश्न से उद्वेलित नहीं होते कि अन्ततः 'होना' है क्या? पारम्परिक तत्त्वमीमांसा भी सामान्य ज्ञान-विज्ञान के समान सामान्य अनुभव की जड़ में पहुँचने के लिए वैचारिक विश्लेषण करता है, और इस प्रकार के अमूर्त भावों के द्वारा 'सत्' का चित्र बनाता है। किन्तु, हाईडेगर के अनुसार इस प्रकार का अमूर्त्त चित्रण सत् की अनुभूति नहीं दे सकता। 'सत्' की पकड़ इस संभावना पर आधृत है कि हम इस प्रश्न से उद्वेलित रहें कि अन्ततः यह 'होना' क्या है—इसकी आद्य अनुभूति क्या है। हाइडेगर का कहना है कि सत् का 'अमूर्त्त भाव' नहीं बन सकता, इसकी अवधारणा नहीं बनायी जा सकती है, इसकी 'अनुभूति' हो सकती है, इसके साथ समस्वरता (attunement) स्थापित किया जा सकता है, इनका आह्वान (evoke) किया जा सकता है, और तभी इमें इसकी साक्षात अनुभूति हो सकती है।

प्रश्न हैं कि यह संभव किस प्रकार हो। हाईडेगर का संपूर्ण दर्शन इसी अवधारणा में लगा है। वह यह भी देखता है कि कैसे इसकी उपेक्षा हमारे सामान्य जीवन का अंश बन जाता है, और हम अप्रमाणिक (Inauthentic) जीवन जीते रहते हैं। वे यह भी देखते हैं कि कैसे प्रमाणिकता (authenticity) की ओर जागरुक हो सकते हैं तथा 'सत्' की ओर उन्मुख हो सकते हैं। उनका सारा दर्शन इसी अन्वेषण में रत है, वह सत् (Being) का अन्वेषण है। इसी कारण हाइडेगर कहते हैं कि उनका लक्ष्य एक प्राथमिक तत्त्वमीमांसा (Fundamental Ontology) की स्थापना है। इस प्राथमिक तत्त्वमीमांसा का स्वरूप अन्वेषणात्मक है, जिस अन्वेषण का केन्द्र है 'मानव-अस्तित्व' (Dasein)।

हाँ, हाईडेगर के अनुसार इस अन्वेषण का केन्द्र मानव-अस्तित्व ही है, क्योंकि मानव ही एकमात्र जीव है जो 'सत्' (Being) के संबंध में प्रश्न उठा सकता है। तो, अन्वेषणात्मक तत्त्वमीमांसा मानव-अस्तित्व के अन्वेषण के आधार पर 'सत्' की अनुभूति जगाने का प्रयत्न है।

इस पूरे विचार की विंवेचना 'अस्तित्ववाद' क अन्तर्गत हो चुकी है। अतः उसे दुहराया नहीं जा रहा।

पी॰ एफ॰ स्ट्रासन का विवरणात्मक तत्त्वमीमांसा
(Strawson's Descriptive Metaphysics)

भूमिका

स्ट्रासन एक अनूठे विचारक हैं, और इसी कारण उन्हें किसी विशेष दार्शनिक संप्रदाय के अन्तर्गत नहीं बिठाया जा सकता। वे भी 'ऑक्सफोर्ड स्कूल' के ही सदस्य हैं, वे भी भाशा-विश्लेषण का प्रयोग करते हैं, वे भी साधारण भाषा को महत्त्व देते हैं तथा कथनों, उक्तियों, शब्दों आदि का भाषीय विश्लेषण करते हैं। फिर भी उन्हें राइल, आस्टीन आदि के समान 'भाषा-विश्लेषण' के दार्शनिक समुदाय का प्रतिनिधि नहीं कहा जा सकता। कुछ विचारों में वे इन सबों से पृथक हो जाते हैं। वे स्वयं कहते हैं कि कुछ सीमा तक शब्दों के वास्तविक प्रयोगों की परीक्षा एवं उनका विश्लेषण बड़ा उपयोगी है। किन्तु यह अपने में पूर्ण नहीं, इसी को पूर्णतया यथेष्ट मान लेना उचित नहीं। उसका एक कारण तो यह है कि इस विधि का प्रयोग एक सीमित क्षेत्र में होता है, और उस सीमितता के कारण यह भावों के 'सामान्य' संबंधों का—वैसे संबंधों का जिनमें कुछ व्यापकता है—वैसा विश्लेषण नहीं कर पाता जिससे कुछ अवबोध स्पष्ट हो सके। वे स्वयं भावों, शब्दों, उक्तियों का विश्लेषण करते हैं, एक सीमा तक उनके लिए यह भी उपयोगी और रोचक दोनों हैं, किन्तु जहाँ 'वैचारिक व्यवस्था' की सामान्य विशिष्टताओं के विवरण का प्रश्न उठता है वहाँ इस प्रकार का विश्लेषण पूर्णतया उपयोगी सिद्ध नहीं होता। अपने इसी मत के अनुरूप उन्होंने अपने दार्शनिक विश्लेषण के द्वारा एक नये प्रकार के तत्त्वमीमांसीय चिन्तन की रूपरेखा खींची, जिसे उन्होंने **'विवरणात्मक तत्त्वमीमांसा'** (Descriptive Metaphysics) की संज्ञा दी। यहाँ हम इनके इसी विचार को स्पष्ट करने की चेष्टा करेंगे। वैसे उनका योगदान 'दार्शनिक तर्कशास्त्र' के क्षेत्र में बड़ा प्रमुख रहा है, किन्तु हम यहाँ उसका विवरण नहीं दे पायेंगे क्योंकि 'तर्कशास्त्र दर्शन' पर इस पुस्तक में विचार नहीं किया जा रहा।

यह ठीक है कि बीसवीं शताब्दी में, अंगरेजी-भाषी देशों में, 'दार्शनिक विश्लेषण' ही दार्शनिक चिन्तन का मूल ढंग बनता गया है। विश्लेषण का ढंग, रूप, कलेवर—सब बदलता भी रहा है। मूर का विश्लेषण, इसेल के विश्लेषण का ढंग तार्किक भाववाद में विकसित विश्लेषण ये सब एक प्रकार के नहीं रहे हैं। विटगेन्स्टीन ने पहले औपचारिक तथा बाद में अनौपचारिक विश्लेषक का प्रतिपादन किया। विश्लेषण कभी अवधारणात्मक रहा, कभी भाषीय। भाषीय विश्लेषण में कभी 'आदर्श भाषा' को आधार माना गया, तो कभी 'साधारण भाषा' को। कभी 'अर्थ' पर बल दिया गया तो कभी वास्तविक भाषीय 'व्यवहारों' पर। किन्तु विश्लेषण के इन सभी ढंगों के पीछे किसी-न-किसी रूप में 'अनुभव' को मान्यता मिलती रही है। हर विश्लेषण के पीछे 'अनुभव' का आधार स्वीकारा हुआ प्रतीत होता है, इसी कारण उनमें किसी प्रकार की प्रागनुभविक मान्यताएँ नहीं दिखाई देतीं। इसी कारण बीसवीं शताब्दी के मध्य में इन अनुभवों से संबंधित मूल प्रश्न उठाये जाने लगे, 'मन' तथा 'शरीर' के संबंधों पर इस परिप्रेक्ष्य में नये ढंग से विचार होने लगे। इसी क्रम में यह स्पष्ट होता गया कि अनुभव का आधार तो **व्यक्ति** (Person) है, और व्यक्ति की वैयक्तिकता की पहचान का आधार **शरीर अथवा काया** (body) है। किन्तु विश्लेषण मात्र अपने उपकरणों से 'व्यक्ति' तथा 'शरीर' पर अधिक प्रकाश नहीं दे पाता, जिसके फलस्वरूप 'अनुभव', जो उनका वैचारिक आधार है, प्रायः अस्पष्ट रह जाता है।

स्ट्रासन ने इसी विचार पर अपना चिन्तन केन्द्रित किया, और उनके इसी प्रयास में नये प्रकार के तत्त्वमीमांसीय चिन्तन—**विवरणात्मक तत्त्वमीमांसा** (Descriptive Metaphysics) को रूप मिला।

विवरणात्मक तत्त्वमीमांसा का स्वरूप

स्ट्रासन ने अपनी पुस्तक 'Individuals' को 'विवरणात्मक तत्त्वमीमांसा से संबंधित एक रचना' कहा है। अतः इसके स्वरूप की एक प्रारंभिक समझ अनिवार्य है।

स्ट्रासन कहते हैं कि तत्त्वमीमांसा अधिकतर विवरणात्मक नहीं रही है, बल्कि परिशोधनात्मक (Revisionary) रही है। दोनों का मूल अन्तर यही है कि विवरणात्मक तत्त्वमीमांसा (Descriptive Metaphysics) का लक्ष्य जगत-संबंधी हमारे विचार की संरचना का विवरण है, तथा परिशोधनात्मक तत्त्वमीमांसा (Revisionary Metaphysics) एक उच्चतर जगत की सृजनात्मकता से संबंधित है। परिशोधनात्मक तत्त्वमीमांसा मात्र विवरण से तृप्त नहीं होती, उसमें विचार कुछ ऐसे रोचक एवं प्रभावशाली चित्रों के निर्माण में संलग्न रहता है जो सदा प्रशंसनीय प्रभाव उत्पन्न करे, तथा जो वैचारिक दृष्टि से उपयोगी भी प्रतीत हों। इसी कारण परिशोधनात्मक तत्त्वमीमांसा के द्वारा प्रस्तुत चित्रों में रोचकता शाश्वत रहती है। ऐसा प्रतीत होता है कि वे वैचारिक जगत की विशिष्ट उपलब्धि हों। उनकी अभिव्यक्ति का ढंग का इतना प्रभावशाली होता है कि वह मन को छू लेता है, उनकी इसी अद्भुत शक्ति के कारण उनका प्रभाव कभी घटता नहीं।

किन्तु स्ट्रासन का कहना है कि उनके दार्शनिक दृष्टि से उपयोगी प्रतीत होने का आधार बस यही है कि जो दूसरे प्रकार की तत्त्वमीमांसा है। उसका उद्देश्य मात्र जिज्ञासा की तृप्ति है—मात्र समझने का प्रयास है। परिशोधनात्मक तत्त्वमीमांसा के समान यह उच्चतर वैचारिक सृजनात्मकता का प्रयास भी नहीं करता, यह मात्र अपनी खोजों की ओर अधिक स्पष्ट करने का प्रयास करता है। इसी कारण स्ट्रासन इस प्रकार की तत्त्वमीमांसा को विवरणात्मक कहते हैं, क्योंकि यहाँ उद्देश्य जगत-संबंधी विचारों का विश्लेषण—विवरण—स्पष्टीकरण है। उस दृष्टि से परिशोधनात्मक सृजनात्मकता की वैचारिक संरचना का भी विश्लेषण—विवरण—हो जाता है।

यही कारण है कि स्ट्रासन कहते हैं कि इन दोनों की अवधारणात्मक भिन्नता के रहते हुए भी यह नहीं कहा जा सकता है कि अमुक तत्त्वमीमांसा पूर्णतया विवरणात्मक है, तथा अमुक पूर्णतया परिशोधनात्मक। उनमें मत में अभिप्राय या परिणाम या किसी दृष्टि से कोई तत्त्वमीमांसीय चिन्तन, जिनके उदाहरण दर्शन के इतिहास में भरे पड़े हैं, पूर्णतया विवरणात्मक या परिशोधनात्मक नहीं हैं। वैसे स्ट्रासन सामान्य ढंग से डेकार्ट, लाइबनीज, बर्कले आदि को परिशोधनात्मक कहते हैं, तथा अरिस्टॅाटल, कान्ट आदि को विवरणात्मक। मूर के संबंध में उनका कहना है, कि उन्हें किसी एक कोटि में रखना कठिन है, क्योंकि वे कहीं-कहीं विवरणात्मक है, तो कहीं-कहीं परिशोधनात्मक।

तो कहा जा सकता है कि विवरणात्मक तत्त्वमीमांसा का आधार वैचारिक जिज्ञासा है, उसकी संतुष्टि के प्रयास में यह वैचारिक संरचनाओं के विवरण का प्रयास करता है। किन्तु, इस विवरण की एक विशिष्टता है। इस विवरण का यह अर्थ नहीं कि 'इसमें व्यक्ति कैसे विचार करता है', 'उसके क्या-क्या उपकरण है' जैसे प्रश्नों का उत्तर प्राप्त होता है। नहीं, विवरणात्मक तत्त्वमीमांसा व्यक्ति के विभिन्न विचारों का, विशेष विचारों का विवरण नहीं

देता, बल्कि उन सामान्य वैचारिक उपकरणों का विवरण देता है, जिनका किसी-न-किसी रूप में विचार और चिन्तन में उपयोग होता ही रहा है। विवरणात्मक तत्त्वमीमांसा का संबंध मूलतः विचार के उसी आन्तरिक ढाँचे से है, जो किसी-न-किसी रूप में हर विचार में विद्यमान है। इसी कारण इस तत्त्वमीमांसीय चिन्तन में एक प्रकार की सार्वभौमता है, विचार के इस सामान्य ढाँचे, विचार के इस अन्तरतम अंश (Core) से स्ट्रासन का क्या तात्पर्य है? स्ट्रासन इसे स्पष्ट करने के लिए दो प्रश्न उठाते हैं, और उन्हीं दोनों प्रश्नों का समाधान करते हुए इस मूल प्रश्न का उत्तर देते हैं।

उनका पहला प्रश्न है कि यदि हम विवरणात्मक तत्त्वमीमांसा में भी विचार एवं अनुभव की संरचना का विवरण देते हैं, तो इसमें तथा 'वैचारिक विश्लेषण' में भिन्नता क्या है? वैचारिक विश्लेषण (Conceptual Analysis) में भी तो हम विचार तथा अनुभव की वैचारिक संरचनाओं का विश्लेषण ही करते हैं। दोनों का कार्य तो एक ही जैसा है, तो एक को **तत्त्वमीमांसीय** चिन्तन क्यों कहा जा रहा है? स्ट्रासन इस भिन्नता को स्पष्ट करते हैं, तथा उसी प्रयास में यह भी स्पष्ट हो जाता है कि क्यों उनका विवरण तत्त्वमीमांसीय कहा जा रहा है।

उनका कहना है कि इन दोनों में गुणात्मक भिन्नता नहीं है, ऐसा नहीं है कि दोनों सर्वथा भिन्न-भिन्न प्रकार के चिन्तन हैं। दोनों में अभिप्राय अथवा उद्देश्य की भी भिन्नता नहीं है, क्योंकि दोनों का लक्ष्य वैचारिक संरचना का ही विवरण—विश्लेषण है। फिर भी दोनों में विषय-क्षेत्र (scope) तथा सामान्यत दृष्टिकोण (Generality) की भिन्नता है। विषय-क्षेत्र की भिन्नता इस अर्थ में है कि वैचारिक विश्लेषण का प्रयोग सदा एक विशेष क्षेत्र में होता है, इसमें एक तदर्थता होती है, जैसे-जैसे समस्याएँ उभरती है, वैसे-वैसे उन पर विश्लेषण विधि का प्रयोग होता है। किन्तु, विवरणात्मक तत्त्वमीमांसा में ऐंसी तदर्थता नहीं है, क्योंकि इसका लक्ष्य वैचारिक संरचनाओं का सामान्य एवं सार्वभौम विशिष्टताओं का विवरण-विश्लेषण है। इस प्रकार की भिन्नता के फलस्वरूप दोनों के प्रयोग—क्षेत्र में भिन्नता हो जाती है। उसी प्रकार यह भी कहा जा सकता है कि इस प्रकार के तत्त्वमीमांसीय चिन्तन की सामान्य दृष्टि भी कुछ अपने ढंग की है। इस प्रकार का चिन्तन भी वैचारिक विश्लेषण करता है, उस विधि की सहायता लेता है, फिर भी इसकी दृष्टि कुछ ऐसे लक्ष्यों की प्राप्ति है कि वैचारिक विश्लेषणपर उसकी निर्भरता एक सीमा तक ही है। विवरणात्मक तत्त्वमीमांसा एक सीमा तक शब्दों, कथनों आदि के वास्तविक व्यवहार के विश्लेषण की विधि का उपयोग अवश्य करती है, किन्तु इस विधि से जो संबंध या जो वैचारिक अन्तर आदि स्पष्ट होते हैं, वे इतने व्यापक नहीं होते कि तत्त्वमीमांसीय मांगों की पूर्ति कर सकें। इसका कारण यही है कि सामान्य वैचारिक विश्लेषण की कुछ स्वीकारी हुई मान्यताएँ हैं, जिन्हें वह मानकर ही अग्रसर होता है। अपने विश्लेषण के प्रयोग में यह एक वैचारिक संरचना को स्वीकार कर ही अग्रसर होता है। विवरणात्मक तत्त्वमीमांसा इस वैचारिक संरचना की विशिष्टताओं को ही समझने का प्रयास करती है। हर विश्लेषण एक वैचारिक संरचना की मान्यता पर आधृत है। किन्तु, तब यह प्रश्न उठ ही जाता है कि क्या वैचारिक संरचना का कोई ऐसा **सामान्य एवं व्यापक रूप है** जो किसी-न-किसी रूप में हर विश्लेषण में मान्य है। विश्लेषण इस प्रश्न का उत्तर नहीं दे पाता, विवरणात्मक तत्त्वमीमांसा उन्हीं का अन्वेषण—विवरण प्रस्तुत करती है। इसी कारण कहा जाता है कि

इस प्रकार के चिन्तन में तदर्थता नहीं है, बल्कि यह तो वैचारिक संरचना की उन सामान्य विशिष्टताओं का विवरण करता है जिनके द्वारा ही हमें अपने जगत के अनुभवों का अवबोध होता है, या जिनके द्वारा ही हम जगत के विषय में विचार करते हैं।

विवरणात्मक तत्त्वमीमांसा की विषय-वस्तु

तो, अब इतना तो स्पष्ट हो जाता है कि जिस संरचना का स्पष्टीकरण विवरणात्मक तत्त्वमीमांसा का उद्देश्य है, वह भाषा के धरातल पर दिखाई नहीं देती। उसे स्पष्ट करने के लिए भाषा की तह में, उसकी गहराई में उतरना आवश्यक है। साधारण विश्लेषण शब्दों के वास्तविक व्यवहारों में ही इतना उलझ जाता है कि वह देख नहीं पाता कि भाषा के इन व्यवहारों की तह में क्या मान्यतायें हैं।

स्ट्रासन के अनुसार इस उद्देश्य की पूर्ति के लिए यह आवश्यक है कि हम अपनी वैचारिक व्यवस्था के सार-केन्द्र, सामान्य मूल पक्ष को उभारने की चेष्टा करें। प्रश्न है कि यह संभव कैसे होगा। और इसे तत्त्वमीमांसीय चिन्तन कैसे सुलझा सकता है? सामान्यतः तत्त्वमीमांसीय चिन्तन के संबंध में यह विश्वास प्रचलित है कि यह विचार को नयी दिशा देता है, और इस प्रकार यह वैचारिक परिवर्तन का माध्यम है। कान्ट ने तो अपने ढंग से तत्त्वमीमांसीय चिन्तन के इस रूप पर प्रकाश दिया था, यह और बात है कि उनकेअनुसार इस प्रकार का चिन्तन ज्ञान का सर्जन नहीं करता, दिशा-निर्देश मात्र करता है। तो किसी न किसी रूप में इस प्रकार की दिशा-निर्देशिता तत्त्वमीमांसीय चिन्तन का लक्षण माना जाता है। स्ट्रासन भी इसे स्वीकारते हैं, वे यह भी स्वीकारते हैं कि विचार परिवर्तित होता रहता है—वैचारिक अवधारणाओं में परिवर्तन होता रहता है। स्ट्रासन तो यहाँ तक कहते हैं कि इस प्रकार के वैचारिक एवं अवधारणात्मक परिवर्तन से केवल विषेषज्ञों तथा विचार-शास्त्र के विद्वानों का ही चिन्तन प्रभावित नहीं होता, बल्कि इनका प्रभाव हमारे सामान्य-साधारण विचारों पर भी पड़ता है। स्ट्रासन स्वीकारते हैं कि तत्त्वमीमांसीय चिन्तन का संबंध इन परिवर्तनों से ही है, किन्तु उनके अनुसार वह मात्र इतना ही नहीं है।

स्ट्रासन कहते हैं कि इस प्रकार के संबंधों में ही हम इतना उलझ जाते हैं कि एक महत्त्वपूर्ण तथ्य की उपेक्षा कर बैठते हैं। यदि हम विचार करें तो देखेंगे कि वस्तुतः विचार के इतिहास की तह में कुछ ऐसे 'मूल भाव'—कुछ ऐसे सार-तत्त्व (Core) हैं जिनका उल्लेख विचार के इतिहास में प्रायः नहीं ही होता रहा है, और फिर भी वे किसी न किसी रूप में हर विचार—हर वैचारिक परिवर्तन में विद्यमान हैं। वे कुछ मूल कोटियाँ एवं अवधारणायें हैं (Categories and Concepts), जिनका मौलिक रूप कभी परिवर्तित नहीं होता। उनकी मौलिकता इसी बात से स्पष्ट है कि विचार का हर रूप उन्हें किसी न किसी रूप में स्वीकार कर ही अग्रसर होता है। वे सुसंस्कृत चिन्तन के कोई विशिष्ट रूप नहीं, किन्तु चिन्तन के आद्य रूप के अंश हैं, जिनको हर सुसंस्कृत चिन्तन को भी स्वीकारना ही पड़ता है। स्ट्रासन इस तथ्य पर बल देते हैं कि हमारी वैचारिक व्यवस्था की जड़ में इस प्रकार के कुछ मौलिक सार—भाव—कुछ मूल कोटियां एवं अवधारणाएँ हैं ही। इन्हीं मूल-भावों की वैचारिक संरचना तथा उनके पारस्परिक संबंधों से ही विवरणात्मक तत्त्वमीमांसा संबंधित है। इस प्रकार का चिन्तन तत्त्वमीमांसीय है ही, क्योंकि इनका संबंध विचार के सामान्य—मूल—भाव से है, जो किसी न किसी रूप में हर विचार में उपलब्ध रहते हैं।

स्ट्रासन का कहना है कि तत्त्वमीमांसन का इतिहास भी इस तथ्य का साक्षी है, यह

और बात है कि तत्त्वमीमांसीय चिन्तन स्पष्ट रूप में विवरणात्मक न रहा हो। अब यह प्रश्न उठता है कि यदि विवरणात्मक तत्त्वमीमांसा का संबंध ऐसी मूल अवधारणाओं एवं कोटियों से है जो विचार के इतिहास क्रम में अपरिवर्तित रहे हों, तो इस प्रकार के चिन्तन में नवीनता क्या रह जाती है? स्ट्रासन स्वीकारते हैं कि विवरणात्मक तत्त्वमीमांसा में नये-नये सत्यों की खोज नहीं होती, किन्तु, इसका यह अर्थ भी नहीं कि इस प्रकार के चिन्तन में जो विवरण प्रस्तुत होता है वह एकबारगी अन्तिम चिन्तन हो गया। ऐसा सोचना भ्रान्तिपूर्ण है कि इस प्रकार का चिन्तन उन मूल भावों का पूर्णतया अन्तिम एवं पूर्ण विवरण कर देता है। स्ट्रासन कहते हैं कि इस प्रकार के चिन्तन से सर्वथा नवीन सत्यों की उपलब्धि नहीं होती, नये मूल भावों का आविष्कार नहीं होता। भाव तो वही है, किन्तु उनकी नये-नये रूपों में खोज संभव हो जाती है (Rediscovery), पुराने सत्यों को नया रूप मिल जाता है।

स्ट्रासन अपने इस निष्कर्ष को बड़े ही प्रमाणिक ढंग से स्पष्ट करते हैं। उनका कहना है कि विवरणात्क तत्त्वमीमांसा का संबंध ऐसे वैचारिक मूल भावों से है जो परिवर्तित नहीं होते अर्थात् विवरणात्मक तत्त्वमीमांसा की विषय-वस्तु में परिवर्तन नहीं होता। किन्तु, हमारे विचार के ढंगों में, दार्शनिक चिन्तन के समीक्षात्मक चिन्तन के ढंगों में, दार्शनिक विश्लेषण के वाक्चार (Idiom) में तो परिवर्तन होता ही रहता है। अतः जब भी इन मूल-अपरिवर्तित भावों का विवरण प्रस्तुत होता है, तो वह विवरण तो उस समय के वैचारिक ढंग, उस समय के दार्शनिक वाक्चार (Idiom) के अनुरूप होता है। तो इन विवरणों में तो स्थायीत्व या शाश्वतता नहीं रह सकती यह तो **शाश्वत संबंधों का अस्थायी** विवरण है (Permanent relationships described in an impermanent idiom)। इस प्रकार के हर विवरण में उस समय की दार्शनिक दृष्टि, वैचारिक आबोहवा प्रतिबिम्बित होती है। हर दार्शनिक का अपना वैचारिक ढंग भी होता है तथा उस ढंग की छाप उसके द्वारा प्रस्तुत विवरण में पड़ती ही है। स्ट्रासन का कहना है कि कोई चिन्तन अपने पूर्वजों के विचारों को नहीं समझ पाता जब तक वह उन विचारों का स्वयं अपने ढंग से, अपने युग के प्रचलित वैचारिक वाक्चार के अनुरूप नहीं सोच लेता। ऐसा सभी महान चिन्तकों ने भी किया है। तो, स्ट्रासन के अनुसार विचार के ढंग की इसी विशिष्टता में विवरणात्मक तत्त्वमीमांसा की सार्थकता है। यह नये सत्य नहीं देता, किन्तु वैचारिक मूल भावों को सदा नये-नये रूपों में प्रतिष्ठित कर सकता है,वह सदा इन भावों को अपने काल के प्रचलित ढंगों के अनुरूप सजा सकता है, और यही इसकी उपयोगिता है।

तो स्ट्रासन अपनी पुस्तक 'Individuals' में, जिसे वे विवरणात्मक तत्त्वमीमांसा की रचना कहते हैं, दो कार्य करते हैं। प्रथमतः तो वे ऐसे मूल भावों की पहचान करते हैं, जिन्हे प्राथमिक कहा जा सकता है, इनकी प्राथमिकता की पहचान इस तथ्य से होती है कि हर अन्य भाव इनकी अपेक्षा गौण है, किसी न किसी रूप में इनकी प्राथमिकता को स्वीकारे हुए है। स्ट्रासन के अनुसार **इस प्रकार के मूल एवं प्राथमिकी विशेषों** (Basic or Fundamental Categories) के अन्तर्गत **भौतिक काया या शरीर** (Material Bodies) **तथा व्यक्ति** (Person) आते हैं। तो अपनी पुस्तक के प्रथम खण्ड में स्ट्रासन इन 'मूल विशेषों' तथा 'आद्य अवधारणा की' पहचान करते हैं तथा दूसरे खण्ड में किसी विशेष के सामान्य भाव का संबंध निर्देशित प्रसंग या तार्किक उद्देश्य-विषय (Logical Subject) से दिखाने का प्रयत्न करते हैं। बात यह है कि जब भी किसी विशेष भाव को किसी निर्देशित

संदर्भ में, किसी निर्देशित विषय से संबंधित किया जाता है तो उद्देश्य तथा विधेय (Subject and Predicate) का प्रश्न उठ खड़ा होता है, तथा यह भी प्रश्न उठ जाता है कि तार्किक दृष्टि से वह कौन सा उद्देश्य (Logical Subject) है, जिनसे भावों को विधेय के रूप में जोड़ा जाता है। यहाँ हम पुस्तक के दूसरे खण्ड की विवेचना में प्रवेश नहीं करेंगे, हम मात्र विवरणात्मक तत्त्वमीमांसा की विषय-वस्तु के उन मूल भावों की पहचान कर उनका विवरण प्रस्तुत करेंगे।

हमने पहले ही संकेत दिया है कि स्ट्रासन के अनुसार इन मूल भावों के अन्तर्गत **भौतिक शरीर** (Bodies) तथा **व्यक्ति** (Person) आते हैं। भौतिक शरीर को वे **'मूल विशेष** (Bodies Particulars) कहते हैं तथा व्यक्ति की अवधारणा को वे **आद्य** (Primitive) मानते हैं। तो हम अपने विवरण में इन्हीं दोनों की पहचान के ढंग का विवरण करेंगे।

भौतिक शरीर तथा मूल विशेष
(Material Bodies and Basic Particulars)

स्ट्रासन भौतिक शरीर (Bodies) का उल्लेख एकाएक नहीं करते। इन्हें वे **मूल विशेष** (Basic Particulars) कहते हैं, और इन 'मूल-विशेष' तक पहुँचने की एक व्यवस्था, एक कम है।

वस्तुतः इस संबंध में उनके विचार का प्रारंभ एक सामान्य ज्ञान से होता है। हम जब भी 'जगत' के विषय में सोचते हैं तो हम यही सोचते हैं कि जगत में कुछ विशेष तत्त्व स्थित हैं, जिनमें कुछ हमसे स्वतंत्र हैं। यह भी ठीक है कि हम सामान्य बातचीत में इन विशेषों के विषय में बात करते हैं। इसी आधार पर हम यह भी कहते हैं कि हम जिस जगत-तत्त्व के विषय में सोचते या बातचीत करते हैं उसमें कुछ 'वस्तुनिष्ठ विषय' (Objective Particulars) हैं। तो स्ट्रासन का कहना है, कि जब हम जगत के विषय में जो हमारी वैचारिक व्यवस्था (Conceptual Scheme) है, उसकी संरचनात्मक विशिष्टताओं का विवरण देना चाहते हैं, तो हमारे इस तत्त्वमीमांसीय चिन्तन में हमें इन विशेषों के विचार को भी ध्यान में रखना होगा। यहीं पर इन विशेषों की पहचान (Identification) का प्रश्न उठ खड़ा होता है।

विशेषों की पहचान (Indentification of Particulars) से स्ट्रासन का तात्पर्य बड़ा सरल है। वैसे सामान्यतः तो हम ऐतिहासिक घटनाओं, भौतिक वस्तुओं, व्यक्तियों आदि को 'विशेष' कहते हैं, जबकि गुण, लक्षण, संख्या आदि को विशेष नहीं कहते। किन्तु, प्रश्न है कि विशेषों की पहचान कैसे होती है। स्ट्रासन साधारण बातचीत के ढंगों के आधार पर इसे स्पष्ट करते हैं। जब दो व्यक्तियों में बातचीत होती है, तो वह किसी 'विशेष' का उल्लेख करता है। सामान्यतः सुनने वाले को भी यह अवगति रहती है कि वक्ता किस विशेष या व्यक्ति का उल्लेख कर रहा है, किन्तु कभी-कभी वह यह नहीं भी जान पाता कि किस विशेष का उल्लेख हो रहा है। कभी-कभी एक व्यक्ति यह समझ कर किसी विशेष का उल्लेख करता है, कि सुननेवाले यह जान लेगा कि किसका उल्लेख हो रहा है, अर्थात् वक्ता की दृष्टि से यह एक पहचान मूलक निर्देश (Identifying reference) है। जैसे हम किसी व्यक्ति का नाम लेते हैं यह समझते हुए कि सुननेवाला उस व्यक्ति को पहचान लेगा। यह मेरी ओर से 'पहचान मूलक' निर्देश है, किन्तु यह आवश्यक नहीं कि

यह निर्देश वस्तुतः पहचान (Identification) ही हो। सुननेवाला नहीं भी पहचान पाता। किन्तु, यदि सुननेवाला भी उस व्यक्ति को पहचान लेता है जिसका निर्देश दिया गया है, तो यहाँ पर विशेष की पहचान हो जाती है। इस प्रकार विशेषों की पहचान के दो अर्थ निकल आये, एक वक्ता की दृष्टि से तथा दूसरा श्रोता की दृष्टि से। वक्ता एक पहचान मूलक निर्देश देता है, यदि उस निर्देश की उसी रूप में पहचान हो जाती है, तो विषय की पहचान (Identification of Particular) हो गयी। अतः स्ट्रासन के अनुसार इस पहचान का स्पष्ट केन्द्र भाषीय संवाद में है, विशेषों की पहचान भाषीय व्यवहारों में होती है।

इस संदर्भ में एक दूसरा महत्त्वपूर्ण तथ्य प्रकाश में आता है। बहुधा यह भी संभव है कि किसी एक विशेष की पहचान किसी दूसरे विशेष की पहचान पर निर्भर हो। उदाहरणतः हम किसी विशेष मकान के विषय में कहते हैं कि 'यह वही मकान है जिसे जैक ने बनवाया था', या हम किसी व्यक्ति के विषय में कहते हैं कि 'यही एब्राहम लिंकन का हत्यारा था'। यहाँ सुननेवाले के लिए उस विशेष 'मकान' की पहचान दूसरे विशेष 'जैक' की पहचान पर निर्भर है; उसी प्रकार विशेष 'हत्यारे' की पहचान, एब्राहम लिंकन की पहचान पर निर्भर है। स्ट्रासन को यह बात वैचारिक व्यवस्था की सामान्य संरचना के अन्वेषण के लिए बड़ी महत्त्वपूर्ण प्रतीत होती है, क्योंकि इस आधार पर यह तय किया जा सकता है कि कौन-सा विशेष अन्य विशेषों की अपेक्षा अधिक प्राथमिक है। उदाहरणतः यदि किसी विशेष 'क' की पहचान किसी अन्य विशेष 'ख' की पहचान के बिना संभव नहीं है, जबकि विशेष 'ख' की पहचान के लिए विशेष 'क' की पहचान आवश्यक नहीं है, तब कहा जा सकता है कि विशेष 'ख' विशेष 'क' की अपेक्षा अधिक प्राथमिक है। तब यह भी कहा जा सकता है कि विशेष 'ख' तत्त्वमीमांसीय दृष्टि से विशेष 'क' से प्राग्वर्ती (Prior) है—पूर्व है। स्ट्रासन के लिए यह बात महत्त्वपूर्ण है क्योंकि (क) इसी आधार पर **'मूल विशेष'** (Basic Particulars) तक पहुँचा जा सकता है। इस बात से एक और महत्त्वपूर्ण तथ्य आपदित है। इससे यह भी स्पष्ट होता है कि (ख) यदि किसी विशेष की साक्षात पहचान या निदर्शात्मक पहचान (Demonstrative Identification) संभव नहीं हो, तो इसकी पहचान किसी ऐसे विवरण (description) से संभव हो सकती है जिसका संकेत अन्ततः ऐसे विशेष की ओर है जिसकी निदर्शात्मक पहचान संभव है। इससे यह भी स्पष्ट होता है कि (ग) कि सभी पहचान मूलक विवरणों में अन्ततः किसी न किसी रूप में निदर्शात्मक अंश विद्यमान रह सकता है। इस स्थल पर स्ट्रासन का विचार इसेल के परिचयात्मक तथा विवरणात्मक ज्ञान के विचार से कुछ मिलता प्रतीत होता है।

स्ट्रासन को अवगति है कि इस प्रकार के समाधान या इस प्रकार के निष्कर्ष मूलतः सैद्धान्तिक स्तर के निष्कर्ष हैं। स्ट्रासन के अनुसार यह अवगति कि इस समस्या का सैद्धान्तिक समाधान उपलब्ध है—बड़ा ही महत्त्वपूर्ण है, क्योंकि एक ओर तो हमारी वैचारिक व्यवस्था के स्वरूप की जानकारी के लिए यह एक महत्त्वपूर्ण है, क्योंकि एक ओर तो हमारी वैचारिक व्यवस्था के स्वरूप की जानकारी के लिए यह एक महत्त्वपूर्ण तथ्य है, तथा दूसरी ओर इसका संबंध पहचान की व्यवहारिक मांगों एवं आवश्यकताओं से भी है।

तो अब यह प्रश्न है कि व्यवहार में पहचान की शर्तों का पालन किस प्रकार संभव होता है। विभिन्न विकल्पों का विश्लेषण करते हुए स्ट्रासन इस निष्कर्ष पर पहुँचते हैं कि

यह संभव इसी रूप में होता है कि किसी न किसी रूप में हर पल हमारे वैचारिक ढाँचे में विशेषों के ज्ञान की रूपरेखा रहती है। यह वैचारिक ढांचा एक ही निश्चित ढंग का सदा नहीं रहता, किन्तु इसमें जिन विशेषों की सामान्य जानकारी रहती है उसमें सामान्यतः तात्कालिक वातावरण, आसपास के माहौल, एक दूसरे के साथ विशिष्ट संबंध आदि के अंश रहते ही हैं। स्ट्रासन कहते हैं कि यह नकारा नहीं जा सकता कि इसी वैचारिक ढाँचे के सहारे हमारे वैचारिक ढाँचे के कोष में नये-नये विशेषों की पहचान जुटती रहती है। उनका कहना है कि ऐसा अनिवार्य रूप में होता रहता है, नये विशेषों की पहचान इन ज्ञात विशेषों की वैचारिक व्यवस्था के अनुरूप ही होती है, और तब वह नया विशेष भी उस व्यवस्था का अंश बन जाता है।

स्ट्रासन को अपने इस मत के विरुद्ध आपत्तियों की अपेक्षा है, जिनका वे उल्लेख तथा समाधान करते हैं। एक आपत्ति महत्त्वपूर्ण है। कहा जा सकता है कि विशेषों की इस वैचारिक व्यवस्था में विशेषों का संबंध तो कालिक तथा स्थान-संबंधी है। तो क्या कारण है कि इस काल एवं स्थान पर आधृत संबंध को ही पहचान का आधार माना जा रहा है। क्या विशेषों में अन्य प्रकार के संबंध नहीं हो सकते? स्ट्रासन का कहना है कि एक दृष्टि से काल एवं स्थान के संबंध की जो व्यवस्था है, वह बड़ी ही व्यापक है तथा हर अन्य संबंध को भी ढंक लेता है। इसकी यह विशिष्टता इस तथ्य में है कि इसी संबंध के आधार पर विशेषों की **प्रारंभिक** पहचान होती है। जहाँ ऐसा नहीं हो पाता वहाँ विशेषों की पहचान के लिए अन्य विशेषों के विवरण का सहारा लिया जाता है। तो पहचान की प्रारंभिक विधा विशेषों के ज्ञान के इसी वैचारिक ढाँचे के अनुरूप कारगर होती है।

अतः स्ट्रासन का निष्कर्ष है कि किसी भी विशेष की पहचान का आधार यही है कि क्या हम उस विशेष को अपने काल एवं स्थान की दृष्टि से संबंधित विशेषों की व्यवस्था में स्थान दे सकते हैं।

स्ट्रासन के लिए इस स्थल पर एक प्रश्न बड़ा ही महत्त्वपूर्ण है, जिसके समाधान में ही वे **मूल प्रारंभिक विशेष** (Basic Particulars) के विचार तक पहुँच जाते हैं तथा भौतिक शरीर (Bodies) को ही 'प्रारंभिक विशेष' कहते हैं।

जैसा कि ऊपर के विवरण से स्पष्ट है, किसी विशेष की पहचान अन्ततः इस संभावना पर आधृत है कि हमारी सामान्य वैचारिक व्यवस्था में विशेषों के स्थान तथा काल के संबंध की सामान्य वैचारिक ढाँचे में—उस विशेष के लिए स्थान निरूपित हो सके। यहाँ स्ट्रासन ने 'अन्ततः' (Ultimately) शब्द का प्रयोग बड़े समझ-बूझ के साथ किया है। उदाहरणतः यह संभव है कि हम अपनी बातचीत में एक ही व्यक्ति के विषय में बात कर रहे हों, किन्तु उसके संबंध में कुछ बातों में हमारा पूर्ण मतभेद हो। हम एक ही वस्तु के विषय में बात करते रहें, किन्तु वह किस स्थान में है इसके विषय में हम एकमत न रहें। किन्तु, इन सभी मतभेदों की संभावना भी इसी बात पर निर्भर है कि हमारी बातचीत के 'विषय' में कुछ ऐसे सम्बन्ध हैं जिन्हें हम स्वीकारे हुए हैं। तभी तो बातचीत हो रही है, और यह पहचान भी हो रही है कि किस विशेष के विषय में बात हो रही है। अर्थात् हमारी सामान्य वैचारिक व्यवस्था में उस विशेष के लिए स्थान निकल आया है, और इसी आधार पर तो उसकी पहचान हो रही है।

तो अब स्ट्रासन के समक्ष एक प्रश्न रह जाता है—कि क्या इस पहचान की दृष्टि से

कुछ ऐसे विशेष हैं जिन्हें **प्राथमिक या मूल विशेष** (Basic Particulars) कहा जा सकता है? अर्थात् क्या विशेषों की कुछ ऐसी कोटि है जिनकी पहचान के आधार पर ही अन्य विशेषों की पहचान होती है, जिनके निर्देश के बिना अन्य विशेषों की पहचान संभव नहीं, जबकि उन विशेषों की पहचान के लिए अन्य विशेषों की पहचान आवश्यक नहीं?

इसी प्रश्न के उत्तर में स्ट्रासन कहते हैं कि इस प्रकार के **मूल विशेष** (Basic Particulars) के अन्तर्गत 'भौतिक शरीर-वस्तु' (Material Bodies) आते हैं। 'भौतिक वस्तु' होने की यह अनिवार्य शर्त है कि उसमें 'स्पर्श' के कुछ लक्षण रहें—जैसे यदि उसे स्पर्श किया जाय तो प्रतिरोध की अनुभूति हो। स्ट्रासन कहते हैं कि भौतिक वस्तु का डेकार्ट के अनुसार 'विस्तार' लक्षण है, तथा लौक के अनुसार 'ठोसपन' (Solidity)। किन्तु, स्ट्रासन के विचार में ऊपर बताया हुआ लक्षण इन दोनों से अधिक मौलिक और अनिवार्य है। कुछ लोगा 'प्रकाश की किरण' तथा 'गैस' आदि का उदाहरण देकर कह सकते हैं कि उनमें तो स्पर्श के लक्षण नहीं हैं, फिर भी वे हैं तो 'भौतिक वस्तु' ही। स्ट्रासन कहते हैं कि इसी कारण तो 'प्रकाश की किरण', 'गैस' आदि को उस रूप में 'भौतिक वस्तु' नहीं कहा जा सकता जिस रूप में स्थूल भौतिक तत्त्वों को जिनका स्पर्श संभव है।

अपने इस निष्कर्ष को पुष्ट करने के लिए स्ट्रासन विशेषों के कुछ ऐसे उदाहरणों की परीक्षा करते हैं जिनसे यह स्पष्ट हो जाता है कि उनकी पहचान कुछ अन्य विशेषों की पहचान पर निर्भर है। साथ-साथ वे साक्षात् ढंग से यह भी परीक्षा करते हैं कि किन विशेषों की पहचान अन्य की पहचान पर निर्भर है। वे विशेषों के उदाहरणों के आधार पर अपने उस निष्कर्ष का समर्थन करते हैं जिसका स्थापन वे 'पहचान' की दृष्टि से कर चुके हैं।

इस स्थल पर स्ट्रासन ने अपने विश्लेषण-विधि का बड़ा सुन्दर उपयोग किया है। उनका मूल उद्देश्य यह दिखाना है कि किस विशेष की पहचान में निर्भरता है (Identity Dependence) तथा कौन-सा विशेष इस निर्भरता से मुक्त है। वे एक-एक कर ऐसे विकल्पों का उदाहरण देते हैं जिन्हें इस निर्भरता से मुक्त समझा जा सकता है, किन्तु उन सबों में कोई न कोई कठिनाई उपस्थित हो जाती है, और इस प्रकार अन्ततः 'भौतिक वस्तु' ही विशेषों की एक ऐसी कोटि बच जाती है, जो इस निर्भरता से मुक्त है, और जिसकी पहचान के आधार पर ही अन्य विशेषों की पहचान होती है। उनके इस पूर्ण विश्लेषण और उसकी सूक्ष्मताओं का पूर्ण चित्रण तो यहाँ संभव नहीं, हम सामान्य ढंग से उसकी चर्चा कर सकते हैं।

उन्हें प्रतीत होता है कि इस प्रकार की पहचान निर्भरता का एक स्पष्ट उदाहरण तो हैं, जिसमें एक कोटि के विशेष की पहचान दूसरे की पहचान पर निर्भर है। पहले को 'वैयक्तिक विशेष' (Private Particulars) कहा जा सकता है, जिनके अन्तर्गत कुछ संवदेनाएँ, मानसिक घटनाएँ, इन्द्रिय-प्रदत्त आदि आते हैं, किन्तु इनकी पहचान के लिए उस व्यक्ति की पहचान आवश्यक है जिसके साथ ये घटित होती हैं। कुछ लोग इन संवेदनाओं आदि को ही प्राथमिक मान लेते हैं, किन्तु वे यह भूल जाते हैं कि 'दांत का दर्द' या 'लाल की अनुभूति' जैसे वैयक्तिक अनुभवों के लिए यह पहचान आवश्यक है कि यह दर्द या यह अनुभूति किसे हो रही है।

तो इस आधार पर शायद यह कहा जा सकता है कि 'वैयक्तिक अनुभूतियों' से प्राप्त गुण तो प्राथमिक नहीं है, अतः शायद वे विशेष 'मूल' कहे जायें जिनकी सार्वजनिक

अनुभूति संभव हो—जिन्हें हम भी देखे सकें, और और अन्य भी, अर्थात, वे वैसी वस्तुएँ हों जिन्हें कहने वाला तथा सुनने वाला साक्षात ढंग से देख सके, या छू सके। तो क्या जिन विशेषों को सार्वजनिक ढंग से देखा जा सके, तथा जिसकी सबों को साक्षात अनुभूति हो रही हो उन्हें 'मूल विशेष' कहा जाय? ऐसे तत्त्वों के अन्तर्गत क्या-क्या आ सकते हैं। स्ट्रासन इनके अन्तर्गत दो तत्त्वों की बात करते हैं—एक ओर तो **घटनाओं** तथा **प्रक्रियाओं** की ओर **स्थितियों** की बात हो सकती है, तथा दूसरी ओर **भौतिक वस्तुओं** की या **भौतिक शरीरधारी तत्त्वों** की।

क्या प्रथम कोटि के विशेषों की पहचान अपने में ही यथेष्ठ है? क्या उन्हें अपनी पहचान के लिए किसी अन्य विशेष की पहचान पर निर्भर नहीं करना पड़ता? स्ट्रासन इनका विश्लेषण करते हुए दिखाते हैं कि इन्हें भी 'मूल विशेष' नहीं माना जा सकता। स्थिति, प्रक्रिया, घटना, उपाधि की पहचान में भी पहचान की एक अनिवार्य शर्त की पूर्ति नहीं हो पाती। हमने देखा है कि पहचान का आधार यह भी है कि उन विशेषों की एक वैचारिक व्यवस्था भी उपलब्ध हो, तथा नवीन विशेष का उसमें स्थान मिल सके। स्थिति, उपाधि, घटना, प्रक्रिया आदि में यह कमी है कि वे अपनी कोटि की कोई ऐसी वैचारिक व्यवस्था उपलब्ध नहीं करा पाते, अतः इन कोटियों के किसी नये विशेष की पहचान अस्पष्ट ही बनी रहेगी।

इस प्रकार सभी विकल्पों का निरसन करते हुए स्ट्रासन कहते हैं कि सभी दृष्टि से **'भौतिक शरीरधारी वस्तु'** ही बच जाते हैं जब पहचान की सभी शर्तों का समुचित पालन हो पाता है। इनमें यह भी क्षमता है कि वे एक ऐसी व्यवस्था प्रस्तुत कर पाते हैं जिनमें विशेषों की पहचान हो सके। उनकी अपनी पहचान तात्कालिक और साक्षात है, तथा उसके लिए उनमें पहचान-निर्भरता नहीं है। साथ ही साथ अन्य विशेषों की पहचान भी इसी कारण संभव हो पाती है कि वे ऐसी वैचारिक व्यवस्था भी प्रस्तुत करने में सक्षम है जिनमें हर अन्य विशेष का स्थान ढूंढा जा सकता है।[1] अतः 'भौतिक शरीर वस्तु' (Material Bodies) को 'मूल विशेष' कहा जा सकता है। इस स्थल पर भी स्ट्रासन ने कुछ आपत्तियों की संभावना का उल्लेख किया है, और अपने निष्कर्ष को स्थापित किया है, यह स्वीकारते हुए कि पहचान प्रक्रिया में सदा सामान्य वैचारिक व्यवस्था स्पष्ट रूप में व्यक्त नहीं होती, उसे नकारा भी नहीं जा सकता

व्यक्ति
(Persons)

हमने देखा है कि स्ट्रासन ने 'भौतिक शरीर' (Material Bodies) को 'मूल विशेष' कहा है, तथा 'व्यक्ति' (Persons) की अवधारणा को आद्य (Primitive) माना है। 'आद्य' से उनका तात्पर्य है कि यह अवधारणा अन्य भावों या अवधारणाओं से निर्मित या संरचित नहीं होती, यह अपने में एक प्राथमिक अवधारणा है। इसका यह भी तात्पर्य है कि हमारे विचार के ढंग किसी न किसी रूप में 'व्यक्ति' की अवधारणा को एक मूल इकाई के रूप में स्वीकार कर ही अग्रसर होते हैं। स्ट्रासन का उद्देश्य है—इस अवधारणा के

1. स्ट्रासन कहते हैं, "They (Material Bodies) supply both literally and figuratively, both in the short and in the long term, both widely and narrowly, our physical geography, the features we note on our map". Individuals, p. 55.

संबंध में दो निष्कर्षों की संभावना (क) एक तो इस अवधारणा का विश्लेषण एवं स्पष्टीकरण तथा (ख) इस अवधारणा की आद्यता की स्थापना।

जैसा हम देखेंगे, इस स्थल पर भी 'विशेषों' की पहचान से संबंधित विचार, जो पहले स्पष्ट हो चुके हैं, पुनः प्रासंगिक होंगे। क्योंकि यहाँ भी यह प्रश्न उठ ही जाता है कि 'व्यक्ति की पहचान कैसे होती है? सामान्यतः हम यही समझते हैं कि 'व्यक्ति' की पहचान का आधार उसके 'शरीर' की पहचान है। व्यक्ति को हम 'शरीरधारी' व्यक्ति ही समझते हैं, और 'शरीर' के आधार पर ही व्यक्ति की पहचान होती है। इस दृष्टि से 'व्यक्ति' की अवधारणा 'शरीर' की अवधारणा पर निर्भर हो जाती है, और तब इस अवधारणा को 'आद्य' कहना कठिन हो जाता है। इसी कारण अपनी इस विवेचना में स्ट्रासन मूल प्रश्न से ही प्रारंभ करते हैं, व्यक्ति की अवधारणा क्या है, और उस अवधारणा की संरचना कैसे होती है।

वे इस प्रश्न को इस रूप में उठाते हैं—हम सभी अपने विचार में एक अन्तर तो करते हैं—अपने या अपनी स्थिति तथा 'जो हम या हमारी स्थिति नहीं है' इन दोनों के बीच। प्रश्न है कि इस अन्तर का आधार क्या है, यह अन्तर किन शर्तों के अनुरूप किया जाता है। स्ट्रासन समझते हैं कि इस आधार के विवेचन/विश्लेषण से 'व्यक्ति' की अवधारणा स्पष्ट हो सकती है।

इसके लिए हम यह विचार करें कि सामान्यतः हम अपने विषय में किस ढंग से बात करते हैं। हम सामान्यतः कैसे-कैसे गुणों का अपने पर आरोपण करते हैं? हम अपने ऊपर कुछ ऐसे गुणों का आरोपण करते हैं, जैसे **क्रियात्मकता, अभिप्राय, प्रयोजन, संवेदना, वैचारिक क्षमता, संवेग, प्रत्यक्षीकरण** एवं **स्मृति की क्षमता, स्थिति एवं मनोवृत्ति** आदि-आदि। साथ-साथ हम अपने में कुछ ऐसे गुणों का आरोपण भी करते हैं जिन्हें हम भौतिक वस्तुओं पर भी आरोपित करते हैं। जिन्हें हम भौतिक वस्तुओं पर भी आरोपित करते हैं। ऊपर बताये गुणों को हम भौतिक वस्तुओं पर आरोपित नहीं करते, किन्तु कुछ ऐसे गुण हैं जो भौतिक वस्तुओं पर भी आरोपित होते हैं, और जिन्हें हम अपने पर भी आरोपित करते हैं, जैसे **ऊँचाई, रंग आकार, वजन** आदि। इन दूसरे प्रकार के गुणों के आरोपण में कोई विसंगति नहीं प्रतीत होती, क्योंकि हम 'सशरीर' हैं, और मानवीय शरीर पर एक भौतिक वस्तु ही है।

किन्तु यहाँ विचारणीय प्रश्न यह है कि यह कैसे हो रहा है कि हम जिस पर इन 'भौतिक गुणों' का आरोपण कर रहे हैं, **उसी पर** 'चेतना की स्थितियों' का भी आरोपण कर रहे हैं? अतः यहाँ दो प्रश्न उठ जाते हैं, एक तो यह कि 'चेतना की स्थितियों' के आरोपण का आधार क्या है, तथा दूसरा यह कि ऐसा कैसे हो रहा है कि 'चेतना की स्थितियों' का आरोण उसी पर हो रहा है जिस पर भौतिक गुणों एवं लक्षणों का आरोपण हो रहा है? दोनों प्रश्न एक दूसरे के साथ जुड़े हुए हैं।

इस समस्या का एक साधारण समाधान तो यही है कि 'व्यक्ति' की पहचान का आधार उसका 'शरीर' है। व्यक्ति के 'शरीर' में एक प्रकार की विशिष्टता है। प्रत्यक्ष की चेतना के उदाहरण के आधार पर, उसका विश्लेषण करते हुए स्ट्रासन यह दिखाते हैं कि 'मानव शरीर' की यह विशिष्टता क्या है? एक दृष्टि से व्यक्ति के शरीर की विशिष्टता यही है कि वह उसके वैचारिक अनुभव का कारक (Causal Position) प्रतीत होता है।

यह कारणता हर अनुभव में विशिष्ट ढंग से कारगर होती है। इसकी दूसरी विशिष्टता यह भी है कि यह अन्य भौतिक वस्तुओं से भिन्न प्रकार की वस्तु है। स्ट्रासन के अनुसार शरीर की इस प्रकार की विशिष्टता पर बल देने पर कुछ बातों पर प्रकाश अवश्य मिलता है, जैसे यह कुछ समझ में आ जाता है कि क्यों अपने 'शरीर' के प्रति हमें एक विशिष्ट मोह होता है, या क्यों हम उसे **अपना** शरीर कहते हैं। किन्तु इससे ऊपर के दोनों प्रश्नों का उत्तर नहीं मिलता। यह तो समझा पाता है कि क्यों हम 'शरीर' को अपना कहते हैं, किन्तु इससे 'आत्म' की अवधारणा की व्याख्या नहीं होती। यहाँ पर एक और सूक्ष्म अन्तर की व्याख्या नहीं होती। यह तो समझ में आता है कि 'शरीर' को 'मेरा' क्यों कहा जाता है, यह भी स्पष्ट हो जाता है कि 'भौतिक लक्षणों' का आरोपण इस शरीर पर ही होता है, किन्तु यह स्पष्ट नहीं होता कि उसी शरीर पर 'चेतना की स्थितियों' (जैसे संवेग, विचार आदि) का आरोपण क्यों होता है? अर्थात् स्ट्रासन को उनके मूल प्रश्न का उत्तर नहीं मिल पाता।

इस स्थल पर स्ट्रासन दो मतों का उल्लेख करते हैं जिनको दर्शन के इतिहास में प्रतिष्ठा मिली है। एक तो डेकार्ट और उनके अनुयायियों का मत है, तथा दूसरा जिसे वे 'अस्वामीत्व का सिद्धान्त' (No-ownership theory) कहते हैं, तथा जिसकी झांकी कारनेप के एक समय के विचारों में तथा विटगेन्स्टीन के कुछ विचारों में मिलती है। दोनों मतों में किसी न किसी रूप में यह कहा जाता रहा है कि जिस अवधारणा पर हम विचार कर रहे हैं उसी में व्यामिश्र है, या यह कि वे भाषीय व्यवहार जिनके द्वारा हम इन भिन्न-भिन्न गुणों का आरोपण कर रहे हैं, उन्हीं में कुछ अस्पष्टता एवं संभ्रान्ति है। पहले मत के अनुसार जब भी हम 'व्यक्ति' की बात करते हैं, तो वस्तुतः हम **दो द्रव्यों** की बात करते हैं जो एक दूसरे से भिन्न कोटि के हैं। दोनों की स्थितियाँ एवं गुण, लक्षण भिन्न-भिन्न प्रकार के हैं। 'चेतना की स्थिति' इनमें से एक लक्षण है, तथा 'भौतिक गुण' दूसरे का। दूसरे मत में सामान्यतः इस बात पर बल दिया गया है कि जिस रूप में इन दोनों गुणों का आरोपण होता है, उन भाषीय ढंगों से इन अवधारणाओं के वास्तविक रूप पर आवरण पड़ जाता है, और यही विभ्रान्ति का कारण है।

स्ट्रासन इन दोनों मतों की परीक्षा करते हुए यह दिखाते हैं कि इनसे भी हमारे दो मूल प्रश्नों का उत्तर नहीं मिल पाता।

इन विवेचनाओं के सारांश को कुछ इस रूप में व्यक्त किया जा सकता है। ऊपर बताये गये समाधान पूर्णतया संगत प्रतीत होते हैं यदि हम यह स्वीकार लें कि व्यक्ति एक प्रकार से 'आत्म तत्त्व' तथा 'भौतिक शरीर' का मिश्रण है। डेकार्ट तथा उसके अनुयायीओं ने इसे प्रायः स्पष्ट रूप में ही स्वीकार लिया, अस्वामित्व-सिद्धान्त में उतनी स्पष्टता नही है, किन्तु वहाँ भी वह स्वीकारा हुआ प्रतीत होता है। किन्तु, स्ट्रासन व्यक्ति की इस अवधारणा को स्वीकार नहीं करते। वे मानते हैं कि 'चेतना की स्थितियों' तथा 'भौतिक लक्षणों'—दोनों का आरोपण व्यक्ति पर होता है, किन्तु इससे यह सिद्ध नहीं होता कि व्यक्ति दो तत्त्वों—आत्मरूप तथा भौतिक तत्त्व—का योग या मिश्रण है।

उनके अनुसार व्याख्या भी इसी तथ्य की ढूंढ़नी है कि इन दोनों गुणों का आरोपण एक ही तत्त्व पर कैसे हो सकता है। यदि व्यक्ति को इन दोनों तत्त्वों का योग मान लिया जाय, तो इस बात की व्याख्या नहीं हो सकती कि हम किस आधार पर 'चेतना की

स्थितियों' का आरोपण '**अन्य**' पर कर पाते हैं, बल्कि इसमें तो यह व्याख्या भी नहीं मिल पायेगी कि इन गुणों का आरोपण अपने पर करने का आधार क्या है। भौतिक लक्षणों के आरोपण को स्ट्रासन M-Predicates (म-विधेय) का आरोपण कहते हैं और चेतना की स्थितियों के आरोपण को P-Predicates (प-विधेय) का आरोपण कहते हैं। प्रश्न रह जाता है कि दोनों का आरोपण एक ही व्यक्ति पर कैसे संभव है।

जहाँ तक 'म—विधेय' अर्थात् भौतिक लक्षणों के आरोपण का प्रश्न है, कोई विशेष कठिनाई नहीं है, क्योंकि किसी भी सिद्धान्त में यह आरोपण कठिनाई उत्पन्न नहीं करता। किन्तु 'चेतना की स्थितियों'—प-विधेय—के आरोपण में कठिनाई हो जाती है, क्योंकि दूसरे प्रश्न का ही उत्तर नहीं मिल पाता कि क्यों—किस आधार पर—हम चेतना के गुणों का आरोपण व्यक्ति पर करते हैं।

यहाँ पर स्ट्रासन इस आरोपण का एक आधार प्रस्तुत करते हैं। वे कहते हैं ".....That it is a necessary condition of one's states of consciousness, experiences, to onself in the way one does, that one should also ascribe them or be prepared to ascribe them, to others, who are not onself."[1] अर्थात् 'आत्म' पर चेतना के गुणों के आरोपण की अनिवार्य शर्त है कि हम उन गुणों को 'अन्य' पर भी आरोपित कर सकते हैं। दूसरे शब्दों में कहा जा सकता है कि हम अपने पर जब इन गुणों का आरोपण की भाषा का प्रयोग सवर्था उसी अर्थ में होता है जिस अर्थ में इसका प्रयोग 'अन्य' पर इन गुणों के आरोपण में किया जाता है। उदाहरणतः मैं कहूँ कि मैं दर्द में हूँ' या 'वह दर्द में है' तो इसमें अर्थ की भिन्नता नहीं है।

उन्हें यह अवगति है कि साधारण दृष्टि से इसमें कोई कठिनाई न हो, दार्शनिकों की दृष्टि में तो इसमें कठिनाई स्पष्ट है क्योंकि दोनों में परीक्षणीयता दो ढंग की है। 'अन्य' के उदाहरण में तो 'अन्य' भी परीक्षणीयता का एक अलग आधार बन जाता है।

स्ट्रासन का कहना है कि इस प्रकार की कठिनाई भी उसी कारण उठती है कि आलोचकों के मन में व्यक्ति की अवधारणा 'चेतना' तथा 'भौतिक शरीर' जैसे दो भिन्न कोटियों के तत्त्वों का योग ही प्रतीत होता है। ये सारी कठिनाइयाँ लुप्त हो जाती हैं यदि हम यह समझ लें कि व्यक्ति (Persons) की अवधारणा एक आद्य अवधारणा (Primitive Concept) है। उनके अनुसार व्यक्ति की अवधारणा को आद्य मानने का तात्पर्य यही है कि दोनों प्रकार के विधेय—चेतना की स्थितियों के आरोपण करनेवाले तथा भौतिक लक्षणों के आरोपण करने वाले विधेय **एक ही व्यक्ति**, पर आरोपित होते हैं। यह व्यक्ति दो तत्त्वों का योग नहीं है, यदि उस भाषा में बात करनी हो तो इतना ही कहा जा सकता है कि जिसे हम व्यक्ति कहते हैं, जो एक इकाई है और जिसका निर्देश 'I' (अहं) शब्द से होता है वह आरोपण की दृष्टि से दो उद्देश्यों का कार्य करता है—एक उद्देश्य (Subject) वह है जिसमें भौतिक लक्षणों का आरोपण होता है, दूसरा उद्देश्य (Subject) वह है जिस पर चेतना की स्थितियों का आरोपण होता है। आरोपण के उद्देश्य दो प्रतीत होते हैं, किन्तु व्यक्ति एक ही है।

इसी कारण तो हम 'चेतना की स्थितियों' का आरोपण स्वयं पर और अन्य पर—दोनों पर—कर पाते है। इस दृष्टि से व्यक्ति की अवधारणा, वैयक्तिक चेतना से

1. *Individuals*, p. 99.

अधिक प्राथमिक है। व्यक्ति की अवधारणा किसी 'चेतना शरीर' की अवधारणा नहीं है, या किसी 'शरीरी चेतना' की अवधारणा नहीं है। यह अपने में एक **'आद्य इकाई'** है। जिसका निर्देश हम **'I'** (अहं) शब्द से करते हैं। 'अहं' का अर्थ 'शरीरधारी अहं' (ego) भी नहीं है। 'I' या 'में' शब्द से न 'शरीरधारी में' सूचित होता है, और न कोई शुद्ध उद्देश्य (Pure Subject) सूचित होता है। इससे बस वह व्यक्ति सूचित होता है जिसमें भौतिक तथा चेतना के गुण आरोपित होते हैं, तथा जिस आरोपण से उसका 'एकत्व' तथा 'आद्यता' खण्डित नहीं होती। इसकी विशिष्टता इस बात में है कि हमारी सारी वैचारिक व्यवस्थायें किसी न किसी रूप में इसे स्वीकार कर ही अग्रसर होती हैं। इस दृष्टि से जगत के विषय में जो हम विचार करते हैं उस विचार की संरचना एक सामान्य और अनिवार्य अंश 'व्यक्ति' की अवधारणा है। जिस प्रकार हमारे सभी विचार सामान्य रूप में 'भौतिक वस्तुओं' को स्वीकार कर अग्रसर होते हैं, उसी प्रकार वे व्यक्ति की अवधारणा को भी स्वीकारे हुए होते हैं।

इसी आधार पर स्ट्रासन की विवरणात्मक तत्त्वमीमांसा इन दोनों को—भौतिक वस्तु (Material Bodies) और व्यक्ति (Persons) —हमारी वैचारिक व्यवस्था का सामान्य अंश मानती है।

❑

संक्षिप्त पुस्तक-सूची

(अंग्रेजी की पुस्तकों की)

ब्रैडले

Bradley, F. H. *Appearance and Reality,* Oxford University Press, 2nd Edition, 1897.

— *Essays on Truth and Reality,* Oxford, 1914.

— *Collected Essays,* Oxford, 1935.

Church, R. W. *Bradley's Dialectic,* London, 1942.

Cunningham, G. *The Idealistic Argument in Recent British and American Philosophy,* MacMillan & Co. New York, 1933.

Ewing, A. C *Idealism, A Critical Survey,* London, 1936.

Lofthouse, W. F. — *F. H. Bradley,* London, 1949.

Wolheinm, R — *F. H. Bradley,* Harmondsworth, paperback, 1959.

उपयोगितावाद
(Pragmatism)

Ayer, A. J. *Origin of Pragmatism,* MacMillan & Co. Ltd. London, Melbourn, Toranto, 1968.

Bernstein, E. R. *Perspective on Peirce,* New Haven, Yale University Press, 1965.

Dewey, John, *Reconstruction in Philosophy,* Holt, Rinehart and Winston, New York, 1920.

— *Experience and Nature,* Open Court Publishing Co. New York, 1925.

— *Freedom and Culture,* George Allen & Unwin, London, 1940.

Fiebleman, James *An Inrtroduction to Perice's Philosophy, Interpreted as a System,* George Allen & Unwin, London, 1960.

Gallie, W. B. *Peirce and Pragmatism,* Harmondsworth, paper, 1952.

Hoole S. (Ed.) *John Dewey, Philosopher of Science and Freedom.* New York, 1950.

James, William, *Pragmatism and other Essays*, Longman Green and Co; London, 1914.

— *A Pluralistic Universe*, Longman Green & Co; London, 1909.

— *The Meaning of Truth*, Longman Green & Co; London, 1909.

— The Will to Believe and Other Essays in *Popular Philosophy*, Longman Green & Co; London, 1911.

— *Essay in Radical Empircism*, Longman Green & Co; London, 1912.

Kallen, H. M. *The Philosophy of William James*, The Modern Library, 1953.

Moore, E. C. *American Pragmatism*, P. J. D; Columbia University Press, New York, 1961.

Morris, C. *The Pragmatic Movement in American Philosophy*, New York, 1970.

Murphy, M.G. *The Development of Peirce's Philosophy*, Cambridge, Mass, 1961.

Perry, R. B. *The Thought and Character of W. James*, Little Brown & Co; Boston, 1935-36.

Schiller, F. C. S. *Studies in Humanism*, 1907 (Specially the Chapter on 'The Making of Reality').

— Logic for Use, 1929.

Schilpp, P. A. (Ed.) *The Philosophy of John Dewey*, Evanston III, North Western University Press, 1939.

अमेरिकी वास्तववाद

Drake, Pratt & Others *Essays in Critical Realism*, MacMillan & Co; New York, 1920.

Hatt, Marvin & Others *The New Realism*, MacMillan & Co; New York, 1912.

Kurta, P. *American Philosophy in the Twentieth Century*, MacMillan Co; Second Edition, 1967.

Lovejoy, A. O. *The Revolt Against Realism*, W. W. Norton & Co. New York, 1930.

Mendder, W. G. and Sears L. *The Development ofAmerican Philosophy*, Houghton, Mifflin Co; Boston, 1940.

Perry, R. B. *Present Philosophical Tendencies*, Longman Green and Co; New York, 1919.

Schncider, H. W. *A History of American Philosophy*, Motilal Banarsidass, Delhi, Indian Edition, 1969.

Stroh, G. H. *American Philosophy from Edwards to Dewey* (East-West Edition) Von Nostrand Renhold Co. New York, 1968.

हेनरी वर्गसाँ

Bergson Henry *Time and Free Will* (F. C. Pagson Tr.) The MacMillan Co; New York, 1913.

— *Matter and Money* (M.M. Paul and W. S. Palmer Tr.) MacMillan Co; New York, 1911.

— *Creative Evolution* (A. Mitchel Tr.) Holt, Rinehart and Winston Inc. New York, 1911.

— *The Creative Mind* (M. L. Anderson Tr.) Philosophical Library Inc. 1946.

Chevalier, J. *Bergson* (L. A. Clare Tr.) MacMillan Co; New York, 1928.

Car, H. W. *The Philosophy of Change*, Henry Bergson, F. W. Dodge Corporation, New York, 1912.

जी॰ ई॰ मूर

Ayer, A. J. *Russell and Moore, The Analytical Heritage*, Mac Millan Co., 1971.

Moore, G. E. *Some Main Problems of Philosophy,* MacMillan Co. New York, 1953.

— *Philosophical Studies*, Routledge and Kegan Paul, London, 1922.

— *Principia Ethica,* Cambridge University Press, Paperback, 1959.

— *Philosophical Papers*, MacMillan Co; New York, 1959.

— *Note Book*, C. Lewy Ed. London, 1963.

White, A. R *G. E. Moore : A Critical Exposition*, Oxford Blackwell and Molt Ltd, 1958.

Schilpp, P. A. *The Philosophy of G. E. Moore*, Evanston III, North Western University Press, 1942.

बर्ट्रेंड रसेल

Ayer, A. J. *Russell*, Fontana/Collins, London, 1972.

— *Russell and Moore, The Analytical Heritage*, MacMillan, 1971.

Fritz, C. A. *Russell's Construction of the External World*, London, 1952.

Russell, B. *Logic and Knowledge*, (R. C. Marsh Ed.), George Allen & Unwin Ltd; London, 1956.

— *Problems of Philosophy*, Holt, Rinehart & Winston Inc; New York, 1912.

— *Our Knowledge of the External World*, Open Court Publishing House, Chicago, 1914.

— *Mysticism and Logic*, Longman Green & Co; London, 1918.

— *Analysis of Mind*, MacMillan Co; New York, 1921.

— *Analysis of Matter*, Hartcourt Brace World Inc. New York, 1927.

— *An Inquiry into Meaning and Truth*, W. W. Norton & Co. Ins, New York, 1940.

— *Human Knowledge: Its Scope and Limits*, Simon and Schuster, New York, 1948.

— *My Philosophical Development*, George Allen & Unwin Ltd; London, 1959.

Pears, D. F. *Bertrand Russell and the British Tradition in Philosophy*, Fontana, 1967.

— (Ed.) *Bertrand Russel*, Doubleday, 1972.

— (Ed.) *Russell*'s Logical Atorism, Fontana, 1972.

Schilpp, P.A.(Ed.) *The Philosophy of Bertrand Russell, The Library of Living Philosophers*, Tudor Publishing, 1944/1951.

Schoenman, R. (Ed.) *Bertrand Russell, Philosopher of the Century*, George Allen & Unwin Ltd; London, 1967.

Watling, John *Bertrand Russell*, Oliver and Boyd, 1970.

Wood, Alan *Bertrand Russell, The Passionate Sceptic*, George Allen & Unwin, 1957.

अल्फ्रेड नौर्थह्वाइहेड

Christian, W. A **An Introduction to Whitehead's Metaphyiscs, New Haven, Yale University Press, 1959.**

Lawerence, N. — *Whitehead's Philosophical Development*, Berkeley University of California Press, 1956.

Leclerc, I. — *Whitehead's Metaphysics, an Introductory Exposition*, MacMillan Co; New York, 1958.

Schilpp, P. A. (Ed.) — *The Philosophy of A. N. Whitehead*, Tudor Publishing Co; New York, 1951.

Whitehead, A. N. — *An Enquiry Concerning the Principles of Natural Knowledge*, Cambridge University Press, 1919.

— *The Concept of Nature*, Cambridge University Press. 1920.

— *Science and the Modern World*, MacMillan Co; New York, 1925.

— *Process and Reality*, MacMillan Co; New York, 1929.

— *Adventures of Ideas*, MacMillan Co; New York, 1933.

— *A. N. Whitehead* : An Anthology (F. S. C. Northrop & M. Gross Ed.) MacMillan Co; 1953.

तार्किक भाववाद

Ayer, A. J. — *Language, Truth and Logic*, London, Gollanz, 1946.

— (Ed.) *Logical Positivism*, The Free Press of Glencoe, New York, 1959.

Bergmann, G. — *The Metaphysics of Logical Positivism*, Longman Green, London, 1954.

Carnap, Rudolf, — *The Logical Syntax of Language*, Hartcourt Brace and World Inc; New York, 1937.

— *Meaning and Necessity*, Chicago University Press, 1947.

— *Philosophy and Logical Syntax*, Kegan Paul, London 1935.

Craft, Victor, — *The Vienna Circle*, Philosophical Library Ins. New York, 1953.

Frank, P. — *Modern Science and its Philosophy*, Cambridge, Harvard University Press, 1951.

Goodman, Nelson — *The Structure of Appearance*, Cambridge Mass. Harvard University Press, 1951

Jorgensen, J. — *The Development of Logical Empiricism*, University of Chicage Press, 1951.

Kolakowski, L. *Positivist Philosophy (form Hume to Vienna Circle)* Penguin Books, 1972.

Morris, C. W. *Logical Positivism, Pragmatism and Scientific Humanism*, Hermann, Paris, 1937.

Reichenbach, H *The Rise of the Scientific Philosophy*, University of California Press, Berkeley, 1951.

Richards, I. A. and Ogden, C.K *The Meaning of Meaning*, Hartcourt Brace & Co; (5th Edition), New York, 1938.

Schlick, M. *Philosophy of Nature*, Philosophical Library, New York, 1949.

Weinberg, *An Examination of Logical Positivism*, Hartcourt Brace, New York, 1936.

लुडविग विटगेन्स्टीन

Anscombe, G. E. M. *An Introduction to Wittgenstein's Tractatus*, Hutchinson, London, 1959.

Hartnac, Justus, *Wittgenstein and Modern Philosophy* (M. Cranston Tr.) Methuen & Co. Ltd; London, 1965.

Kenny, Anthony, *Wittgenstein*, penguin Books, 1975.

Malcom, N. *Ludwig Wittgenstein*, A Memoir, Oxford University Press, 1959.

Maslow, A. *A Study in Wittgenstein's Tractatus*, Berkeley, University of California Press, 1961.

Pears, David, *Wittgenstein*, Fontana, 1972.

Pitcher, G. *The Philosophy of Wittgenstein*, (Eastern Economy Edition) Prentice Hall of India Ltd; 1979.

— (Ed.) *Wittgenstein (The Philosophical Investigations) Modern Studies in Philosophy*, MacMillan, London, 1968.

Pole , D. *The Later Philosophy of Wittgenstein*, Athbone Press, London, 1958.

Stemus, E. *Wittegenstein's Tractatus*, Ithaca, Cornell University Press, London, 1960.

Wittgenstein, *Tractatus Logico-Philosophicus* (German and English)

Ludwig, (D. F Pears and B. Mc Guiness Tr.), Routledge & Kegan Paul, New York, (Paperback), 1981.

— *Philosophical Investigations*, (Anscombe Tr.) MacMillan, New York, 1953/1954.

— *Remarks on the Foundations of Mathematics*, Basil Blackwell, Oxford, 1958.

— *The Blue and Brown Books* (Anscombe Tr.) Basil Blackwell, Oxford, 1958.

— *Notebooks 1914-16* (Von Wright and Anscombe Ed.) Basil Blackwell, Oxford 1961.'

विश्लेषणात्मक दर्शन

Ammerman, R. (Ed.) *Classics of Analytic Philosophy*, Tata McGraw Hill, Bombay, Delhi, 1965.

Austin, J. L *Philosophical Papers* (Warnock and Urmson Ed.) Oxford, Clarendon Press, 1961.

— *How to do Things with Words*, (William James Lectures delivered in 1955) Oxford University Press, 1962.

— *Ifs and Cans, British Academy Annual Philosophy Lecture*, Oxford University Press, London, 1956.

Black, Max. (Ed.) *Philosophical Analysis*, Cormell University Press, Ithaca, New York, 1950.

Maxwell, J. *Philosophy and Linguistic Analysis*, Duqueane University Press, Pittsburg, Pa, 1961.

Charlesworth, M. J. *Wittgenstein and Linguistic Analysis*, Duqueane University Press, Pittsburg, 1959.

Edwards, Paul Ban A (Ed.) *A Modern Introductions to Philosophy*, George Allen & Unwin London, 1957.

Feigl, H and Sellars (Ed.) *Readings in Philosophy of Science*, Appleton Century Crafts, New York, 1953.

Feigl, H. and Brodbeck, M. (Ed.) *Readings in Philosophical Analysis*, Appleton Cent. Craft, New York, 1949.

Flew, Anthony, (Ed.) *Essays on Logic and Language* (1st Series) Basil Blackwell, Oxford, 1951.

— *Essays on Logic and Language*, (2nd Series) Basil Blackwell, Oxford, 1955.

— *Essays in Conceptual Analysis*, St. Martin Press, Inc. New York, 1956.

Lewis H. D. (Ed.) *Contemporary British Philosophy* (3rd Series) George Allen & Unwin Ltd. London, 1956.

Macdonald, M. (Ed.) *Philosophy and Analysis*, Basil Blackwell, Oxford, 1954.

Pap, A. *Elements of Analytic Philosophy*, MacMillan, New York, 1949.

Ryle, G. *Philosophical Arguments, Oxford University Press*, 1945.

— *The Concept of Mind*, London, Huchinson, 1949.

— *Dilemmas*, Cambridge University Press, 1954.

Ryle, G; et al. *The Revolution in Philosophy*, St. Martin Press, New York, 1956.

Waismann, F. *The Principles of Linguistic Analysis*, (R. Harre Ed.) St. Martin Press, MacMillan, 1965.

Wisdom, John *Interpretation and Analysis*, Kegan Paul, London, 1951.

— *The Metamorphosis of Philosophy*, Cairo Al Haarif Press, 1937.

— *Philosophy and Physcho-Analysis*, Basil Blackwell, Oxford, 1953.

फेनोमेनोलाजी

Chishholm, R. M. *Introduction to Realism and the Background of Phenomenology*, The Free Press of Glencoe, New York, 1960.

Edie, James, (Ed.) *Invitation to Phenomenology*, Qudrangle, Chicago, 1965.

— *New Essay in Phenomenology,* Qudrangle, Chicago, 1969.

Eleveton, R. O. (Ed.) *The Phenomenology of Husserl*, Quadrangle, Chicago, 1970.

Farber, Marvin *The Aims of Phenomenology*, Harper and Row, New York, 1966.

— (Ed.) *Philosiphical Essays in Memory of Edmund Husserl*, Cambridge, Mass, Harvard University Press, 1940.

— *The Foundation of Phenomenology*, State University of New York Press, Albany, New York, 1969.

Husserl Edmund *Ideas* (W. R. Boyce-Gibson Tr.) MacMillan, New York, 1962.

— *Logical Investigations*, (J. N. Findlay Tr..) Humanities Press, New York, 1970.

— *Paris Lectures* (Koestenbaum Tr.), M. Njhoff, The Hague, 1964.

— *Phenomenology*, Encyclopaedia Britanica, 14th Ed.

— *Cartesian Meditations*, (D. Carins Tr.) M.Nijhoff, The Hague, 1960.

— *The Idea of Phenomenology* (Alston and Nannikhian Tr.) in Readings in Twentieth Cent. Philosophy, Free Press of Glencoe, 1963.

Kockleman's Josheph (Ed.) *Phenomenology*, Doubleday, Anchor Books, New York, 1969.

Lauer, Quentin, *Phenomenology, its Genesis and Prospects*, Harper and Row, New York, 1958.

Natanson, Maurice, (Ed.) *Essays in Phenomenology*, M. Nijhoff, The Hague, 1959.

Osborne, A. *The Philosophy of Husserl*, Columbia University Press, 1934.

Thevenaz, P. (James Edie Ed.) *What is Phenomenology*? Quadrangle Books Inc. Chicago, 1962.

Welch, E. P. *Philosophy of Edmund Husserl*, Octagon, New York, 1965.

अस्तित्ववाद

Abbagnano, N. (N. Languinllu Tr.), *Critical Existentialism*, Doubleday, New York, 1969.

Alberes, R. M. *Jean Paul Sartre, Philosopher Without Faith*, Wisdom Library, New York, 1961.

Allen, E. L. *Existentialism from Within*, Routledge and Kegan Paul, London, 1953.

Barnes, Hazel, *An Existentialist Ethics*, Knopf, New Yorkm 1968.

Barrett, William, *Irrational Man*, Doubleday, New York, 1958.

Breisach, Ernst, *Introduction to Modern Existentialism*, Grove Press, New York, 1962.

Cain, Seymour, *Gabriel Marcel*, Hillary House, New York, 1963.

Collins, James, *The Existentialists*, Regnery, Chicago, 1946.

Cranston, Maurice, *Jean Paul Sartre*, Grove Press, New York, 1962.

Francis, Manfred, (Ed) *Heidegger and the Quest for Truth*, Quadrangle, Chicago, 1968.

Green, Majorie, *Martin Heidegger*, Bowes and Bowes, London, 1957.

Heidegger, Martin *Being and Time* (John Macquairre and Edward Robinson Tr.) Harper and Row, New York, 1962.

— *Introduction to Metaphysics* (R. Manheim Tr.) New Haven, Yale University Press, 1958.

— *Kant and the Problem of Metaphysics*, (J. Churchill, Tr.) Indiana University Pr Bloomington, 1962.

— *The Questions of Being* (Kluback and Wilde Tr.) Twayne, new York, 1958.

— *What is Metaphysics* (A. Crick and R. Hull Tr..) in W. Brock, Ed. *"Existence and Being"*, Regnery, Chicago, 1949.

Heinemann, F. H. *Existentialism and the Human predicament*, Harper and Row, New York, 1954.

King, Magda, *Heidegger's Philosophy*, MacMillan, New York, 1964.

Jaspers, Karl, *The Philosophy of Existence*, (Grabau Tr.), University of Pennsylvania Press, Philadelphia, 1971.

— *Man in the Modern Age*, Routledge, London, 1933.

— *Way to Wisdom*, Yale University Press, New Haven, 1951.

— *Reason and Existence*, Noonday Press, New York, 1955.

— *The Perennial Scope of Philosophy*, Philosophical Library, New York, 1949.

Kierkegaard, Soven *Concluding Unscientific Postscript*, (David F. Swenson Tr; Walter Lowrie completed) Oxford University Press, London, 1945.

— *Philosophical Fragments*, (David F. Swenson Tr.) Princeton University Press, 1936.

— *The Point of View for My Work as an Author*, (Walter Lowrie Tr.), Oxford University Press, 1939.

— *Fear and Trembling*, (Robert Payne Tr.), Oxford University Press, 1939.

— *The Sickness Unto Death*, (Walter Lowrie Tr.), Princeton University Press, 1941.

— *Either/ Or : A Fragment of Life*, (Vol. I, Tr. by Swenson) and Vol, II, Tr. by Walter Lowrie), Princeton University Press, 1944.

— *Attack upon Christendom*, (Walter Lowrie Tr.), Princeton University Press, 1944.

— *The Concept of Dead*, (Walter Lowrie Tr.), Princeton University Press, 1944.

— *Stages on Life Ways*, (Walter Lowrie Tr.) Princeton University Press, 1940.

— *The Journal of Kierkegaard*, (1834-1854) (Alexander Dru Tr.), Fontana Books, 1960.

— *The Diary of Soven Kierkegaard*, (M. Anderson Tr.), Wisdom Library, New York, 1960.

— *A Kierkegaard Anthology*, (Robert Bretall Ed.), The Modern Library, Reprint, 1946.

Langan, Thomas, *The Meaning of Heidegger*, Cloumbia University Press, New York, 1959.

Maçquarrie, John, *An Existentialist Theology*, S. C. M. Press, London 1955.

— *Existentialism*, Pelican, 1976.

Manser, A. *Sartre, a Philosophical Study*, Oxford University Press, London, 1966.

Macel, Gabriel *Being and Having* (K. Ferrer Tr.) Beacon, Boston, 1951.

— *The Mystery of Being*, 2 vols, (Fraser and Hague Tr.), Regnery, Chicago, 1951.

— *The Philosophy of Existence* (M. Harari Tr.), Philosophical Library, New York, 1949.

Molina, Fernando, *Existentialism as Philosophy*, N. J. Prentice Hall, Englewood Cliff, 1962.

Sartre J. P. *Being and Nothingness*, (H. Barnes Tr.), Philosophical Library, New York, 1956.

— *Search for a Method*, (H. Barnes Tr.) Knoff, New York, 1963.

— *Existentialism and Human Emotion*, The Wisdom Library, New York, 1957.

— *Imagination* (F. William Tr.), University of Michigan Press, Ann Arbor, 1962.

— *Psychology of Imagination*, (R. Frechtma Tr.), Philosophical Library, Lodnon, 1948.

— *Situations* (Benita Eisler Tr.), Faweet Crest Book, 1965.

Schilpp, P. A. (Ed.) *The Philosophy of Karl Jaspers*, Evanston III, 1958.

Steiner, George, *Heidegger*, Fontana/ Collins, Glasgow, 1978.

Stern, Alfred, *Sartre*, Liberal Arts, New York, 1953.

Unamuno, Miguel de, *The Tragic Sense of Life*, MacMillan, London, 1971.

Wall, Jean, *Philosophies of Existence*, (F. Lory Tr,), Schocken, New York, 1969.

Warnock, Mary, *Existentialism*, Oxford University Press, 1970.

— *The Philosophy of Sartre*, Hutchinson, London, 1955.

Walroff, Charles, *Karl Jaspers*, Princeton University Press, 1970.

Wild, John, *The Challenge of Existentialism*, Indiana University Press, Bloomington, 1955.

— *Existence and the World of Freedom*, N. J. Prentice Hall, Englewood Cliffs, 1963.

Wyschogrod, M. *Kierkegaard and Heidegger*, Humanities Press, New York, 1954.

सामान्य

Alston, W. & Natnnikhian, F. (Eds.) *Readings in Twentieth Century Philosophy*, The Free Press of Glencoe, London, 1963.

Ayer, A. J. *Philosophy in the Twentieth Century*, Counter Point, Unwin Paperback, London, 1984.

Black, Max, (Ed.) *Philosophical Analysis*, Cornell University Press, Ithaca, New York, 1950.

Bochenskie, I. M. (Nicholl and Aschenbrenner Tr.), *Contemporary European Philosophy*, University of California Press, Berkeley, 1956.

Collingwood, *An Essay on Metaphysics*, 1940.

Copleston, F. *Contemporary Philosophy*, Burnes and Oates, London, 1956.

Datta, D. M. *The Chief Currents of Contemporary Philosophy*, University of Calcutta, 1950.

Emmet, *The Nature of Metaphysical Thinking*, 1945.

Gill, Jerry, H. (Ed.) *Philosophy Today* (in three vols.), MacMillan Co; New York, 1968, 1969, 1970.

Johnes, W. T. *The Twentieth Century of Wittgnestein and Sartre, A History of Westen Philosophy* (Revised) Jovanovich Ins, Hartcourt Brace, New York, 1975.

Lazerowitch, Morris, *The Structure of Metaphysics*, Routledge & Kegan Paul, London, 1955.

Lec, E. and Mandlebaum, (Eds.) *Phenomenology & Existentialism*, John Hopkins University Press, Baltimore, 1967.

Mace, C. A; (Ed.) *British Philosophy at Mid Century*, Allen & Unwin Ltd. London, 1957.

Muirhead, J. H. (Ed.) *Contemporary British Philosophy*, (1st and 2nd Series), George Allen & Unwin Ltd. London 1924 & 1925.

O' Conner, D. J; (Ed.) *A Critical History of Western Philosophy*, Collrir/ MacMillan, London, Free Press of Glencoe, N. J. 1964.

Pears, D. F. (Ed.) *The Nature of Metaphysics*, London, MacMillan 3rd. edn., 1960.

Runes, D. (Ed.) *Twentieth Century Philosophy*, Philosophical Library, New York, 1943.

Sulomon, Robert C. (Ed.) *Phenomenology and Existentialism*, Harper and Row, New York/ London, 1972.

Strawson, P. F. *Individuals, and Essay in Descriptive Metaphysics*, Methuen & Co; Ltd, London, 1959.

Warnock, G. J. *English Philosophy Since 1990*, Oxford University Press, London, 1958.

White, M. *The Age of Analysis*, The New American Library, New York, 1957.

Uronoson, J. O. *Philosophical Analysis*, its *Development between the Two World Wars*, Clarendon Press, Oxford. 1956.

❑

अनुक्रमणिका

❑